上海研究院
智库丛书

李培林　主编

中国创世神话母题实例与索引

（3-3）

王宪昭 | 著

中国社会科学出版社

图书在版编目(CIP)数据

中国创世神话母题实例与索引：全三册/王宪昭著．—北京：中国社会科学出版社，2018.12

(上海研究院智库丛书)

ISBN 978-7-5203-3604-8

Ⅰ.①中… Ⅱ.①王… Ⅲ.①神话—研究—中国 Ⅳ.①B932.2

中国版本图书馆 CIP 数据核字(2018)第 273227 号

出 版 人	赵剑英
责任编辑	史慕鸿
责任校对	王 京
责任印制	戴 宽

出　　版	中国社会科学出版社
社　　址	北京鼓楼西大街甲 158 号
邮　　编	100720
网　　址	http://www.csspw.cn
发 行 部	010-84083685
门 市 部	010-84029450
经　　销	新华书店及其他书店

印刷装订	北京君升印刷有限公司
版　　次	2018 年 12 月第 1 版
印　　次	2018 年 12 月第 1 次印刷

开　　本	787×1092　1/16
印　　张	227.5
字　　数	4490 千字
定　　价	998.00 元(全三册)

凡购买中国社会科学出版社图书,如有质量问题请与本社营销中心联系调换
电话:010-84083683
版权所有　侵权必究

3-3 基本母题检索

1.7 山石
【W1800～W1869】

‖ 1.7.1 山的产生 ‖
【W1800～W1824】

✿ W1800　山的产生　【2391】
　W1800a　山产生的原因　【2391】
　W1801　山来源于某个地方　【2394】
　W1802　山自然产生　【2395】
✻ W1803　山是造出来的
　　　　　（造山）　【2396】
　W1803a　造山的原因　【2397】
　W1804　神或神性人物造山　【2397】
　W1805　特定的神或神性人物
　　　　　造山　【2407】
　W1806　人造山　【2411】
　W1807　动物造山　【2412】
　W1808　其他人物造山　【2415】
　W1809　造山的方法　【2416】
　W1810　与造山有关的其他
　　　　　母题　【2438】

✻ W1811　山是生育产生的　【2444】
　W1812　神或神性人物生山　【2444】
　W1813　卵生山　【2445】
　W1814　与生育产生山有关的
　　　　　其他母题　【2446】
✻ W1815　山是变化产生的　【2447】
　W1816　神或神性人物变化
　　　　　为山　【2447】
　W1817　人变成山（人变成
　　　　　山峰）　【2453】
　W1818　动物或动物肢体变化
　　　　　成山　【2455】
　W1819　特定的肢体变成山　【2460】
　W1820　植物变成山　【2469】
　W1821　自然物或无生命物
　　　　　变化成山　【2470】
　W1822　与变成山有关的其他
　　　　　母题　【2480】
　W1823　与山的产生有关的
　　　　　其他母题　【2481】

‖ 1.7.2 山的特征 ‖
【W1825～W1834】

　W1825　山的大小（山的高低）【2490】

W1826	山的颜色	【2494】
W1827	山的位置的确定	【2497】
W1828	会行走的山	【2499】
W1829	会飞的山	【2500】
W1830	山不相连的原因	【2500】
W1830a	山与山相连	【2504】
W1831	山多石头多的来历	【2504】
W1832	山的形状	【2505】
W1833	与山的特征有关的其他母题	【2507】

‖ 1.7.3　与山有关的其他母题 ‖
【W1835 ~ W1854】

W1835	山的变化	【2518】
W1836	山的倒塌	【2527】
W1836a	山的裂缝	【2528】
W1837	山的丫口的来历	【2528】
W1838	一山分两界	【2529】
W1839	与山有关的其他母题	【2529】
W1840	火山	【2539】
W1841	火焰山	【2542】
W1842	雪山	【2546】
W1842a	冰山	【2548】
W1843	丘陵（山岭、山丘、山地）	【2549】
W1844	山峰	【2564】
W1845	山谷（沟壑、峡谷、山洼、山沟）	【2575】
W1846	山洞	【2601】
W1847	山坡	【2615】
W1848	山峦的产生	【2621】
W1849	山的其他形态的形成	【2621】
W1850	昆仑山	【2628】
W1851	五岳	【2639】
W1852	其他特定的山	【2654】

‖ 1.7.4　石头（岩石）‖
【W1855 ~ W1869】

✿ W1855	石头的产生	【2735】
W1855a	石头产生的原因	【2735】
W1856	石头来源于某个地方或自然产生	【2735】
W1857	石头是造出来的	【2737】
W1858	石头是生育产生的	【2739】
W1859	石头是变化产生的	【2740】
W1860	与石头的产生有关的其他母题	【2759】
✿ W1861	石头的特征（岩石的特征）	【2760】
W1862	岩石上的凹痕（岩石上的痕迹）	【2760】
W1863	岩石上的洞	【2761】
W1864	岩石的颜色（石头的颜色）	【2761】
W1865	与石头的特征有关的其他母题	【2765】
W1866	特定名称的石头	【2774】
W1867	与石头有关的其他母题	【2789】

1.8　江河湖海（水）
【W1870 ~ W1979】

‖ 1.8.1　水的概说 ‖
【W1870 ~ W1899】

✿ W1870	水的产生	【2810】

| ❋ **W1871** 水来源于某个地方或自然存在 【2812】
| W1872 水来源于天上 【2812】
| W1873 水源于其他地方 【2815】
| W1873a 与水来源于某个地方有关的其他母题 【2817】
| ❋ **W1874** 水是造出来的（造水）【2817】
| W1875 神或神性人物造水 【2817】
| W1876 龙造水 【2821】
| W1876a 蛇造水 【2822】
| W1877 与造水有关的其他母题 【2822】
| ❋ **W1878** 水是生育产生的 【2824】
| W1879 神生水 【2824】
| W1880 神性人物生水 【2824】
| W1881 动物生水 【2824】
| W1882 植物生水 【2825】
| W1883 卵生水 【2825】
| W1884 与生水有关的其他母题 【2826】
| ❋ **W1885** 水是变化产生的 【2830】
| W1886 汗变成水 【2830】
| W1886a 唾液变成水 【2831】
| W1887 血变成水 【2831】
| W1888 尿变成水 【2833】
| W1889 眼泪变成水 【2834】
| W1890 与变化为水有关的其他母题 【2835】
| W1891 与水的产生有关的其他母题 【2838】
| ❋ **W1892** 水的特征 【2841】
| W1893 水的雌雄 【2841】
| W1894 水的居所 【2841】
| W1895 水的颜色 【2842】
| W1896 与水的特征有关的其他母题 【2844】
| W1897 与水有关的其他母题 【2851】

‖ 1.8.2　江河湖海 ‖
【W1900 ~ W1964】

✿ **W1900** 江河湖海的产生 【2870】
    W1900a 以前没有江河湖海 【2870】
    W1901 江河湖海自然存在 【2871】
    W1902 江河湖海是造出来的 【2871】
    W1903 江河湖海是生育产生的 【2877】
    W1904 江河湖海是变化产生的 【2877】
    W1905 与江河湖海产生有关的其他母题 【2882】
    W1905a 与江河湖海有关的其他母题 【2883】
✿ **W1910** 江河的产生 【2883】
❋ **W1911** 江河自然产生 【2884】
    W1912 河源于天上 【2884】
    W1913 河流源于其他地方 【2885】
❋ **W1914** 江河是造出来的（造江河）【2886】
    W1914a 造江河的原因 【2886】
    W1915 特定的人物造江河 【2887】
    W1916 动物造江河 【2895】
    W1917 地面凹下去的地方成为江河 【2900】
    W1918 造河流的材料（造江河的工具）【2903】
    W1919 与造江河有关的其他母题 【2906】
    W1920 江河是生育产生的 【2909】

✵ **W1921**	江河是变化形成的	【2911】		W1946	湖是造出来的	
W1922	河是某物的化身	【2911】			（造湖）	【2985】
W1923	神或神性人物变成			W1947	湖是生育产生的	【2991】
	江河	【2911】		W1948	湖是变化产生的	【2992】
W1924	人变成江河	【2911】		W1949	湖产生的其他方式	【2997】
W1925	动物变成江河	【2912】		W1949a	与湖的产生有关的	
W1926	眼泪变成江河	【2912】			其他母题	【3002】
W1927	血液变成江河	【2916】		W1950	与湖有关的其他母题	【3003】
W1928	特定的水变成江河	【2920】		✵ **W1951**	海的产生	【3022】
W1929	排泄物变成江河	【2923】		W1952	海自然产生	【3022】
W1930	植物的液汁变成江河	【2926】		W1953	海是造出来的	【3024】
W1931	肠子变成江河	【2927】		W1954	海是生育产生的	【3029】
W1932	与变化为江河有关的			W1955	海是变化产生的	【3029】
	其他母题	【2931】		W1956	海的其他产生方式	【3042】
✵ **W1933**	江河产生的其他方式	【2934】		W1957	与海的产生有关的	
W1934	泉水流成河	【2934】			其他母题	【3044】
W1934a	特定的水流成河	【2934】		✵ **W1958**	海的特征	【3049】
W1935	江河是特定的痕迹	【2936】		W1959	海的大小	【3049】
W1936	与河的产生有关的			W1960	海的颜色	【3051】
	其他母题	【2945】		W1961	海的温度	【3051】
✵ **W1937**	江河的特征	【2951】		W1962	海的味道	【3052】
W1938	江河的流向	【2951】		W1963	与海的特征有关的	
W1939	河流弯曲的原因	【2953】			其他母题	【3055】
W1940	与江河的特征有关的			W1964	与海有关的其他母题	【3059】
	其他母题	【2954】				
W1941	长江	【2958】		‖ **1.8.3 其他一些**		
W1942	黄河	【2959】		**常见的水体** ‖		
W1943	其他特定的江河的			【W1965 ~ W1979】		
	产生	【2965】				
W1944	与江河有关的其他			✵ **W1965**	泉的产生	
	母题	【2977】			（泉水的产生）	【3080】
✵ **W1945**	湖的产生（湖泊的			W1966	泉源于某个特定地方	【3080】
	产生）	【2985】		W1967	泉是造出来的	【3081】
W1945a	湖产生的原因	【2985】		W1968	泉是生出来的	【3085】

W1969	泉是变化产生的	【3091】
W1970	特定的活动形成泉	【3094】
W1971	与泉的产生有关的其他母题	【3098】
W1972	与泉有关的其他母题	【3101】
✳ **W1975**	**其他水体的产生**	【3120】
W1976	池塘（水坑、池、水池、水塘、鱼塘、泡子）	【3120】
W1977	潭	【3126】
W1978	井	【3136】
W1979	与水体有关的其他母题	【3149】

1.9　其他物质与生物
【W1980 ～ W1999】

‖ 1.9.1　金属 ‖
【W1980 ～ W1984】

W1980	金属的产生（金属的获得）	【3158】
W1980a	金属的特征	【3171】
W1981	金的产生	【3173】
W1982	银的产生	【3181】
W1982a	银的特征	【3184】
W1982b	与银有关的其他母题	【3184】
W1983	铁的产生	【3184】

| W1984 | 与金属有关的其他母题 | 【3190】 |

‖ 1.9.2　矿物 ‖
【W1985 ～ W1989】

W1985	矿物的产生	【3197】
W1985a	矿物的特征	【3198】
W1985b	矿物的数量	【3199】
W1986	煤的产生	【3199】
W1987	炭的产生	【3201】
W1988	与矿物有关的其他母题	【3202】

‖ 1.9.3　生命（生物）‖
【W1990 ～ W1999】

✳ **W1990**	**生命的产生（生物的产生）**	【3203】
W1990a	以前没有生命（以前没有生物）	【3203】
W1991	自然出现生命	【3205】
W1992	生命是造出来的	【3205】
W1993	生命是生育产生的	【3208】
W1994	生命是变化产生的	【3210】
W1995	与生命的产生有关的其他母题	【3211】
W1996	最早产生的生命	【3215】
W1997	与生命有关的其他母题	【3234】

3 – 3
【W1800 ~ W1999】

1.7 山石
【W1800 ~ W1869】

1.7.1 山的产生
【W1800 ~ W1824】

✿ W1800
山的产生
【汤普森】A960
实例
（参见下级母题实例）

W1800a
山产生的原因
实例
（参见下级母题实例）

W1800a.1
以前没有山
实例

白族 洪荒时代，大地上也没有高山和大海。
【流传】（无考）
【出处】《洪荒时代》，原载杨国政讲，李杨亮才记录整理《开天辟地》注释，见姚宝瑄主编《中国各民族神话》（白族、拉祜族、景颇族），太原：山西出版传媒集团·书海出版社2014年版，第4页。

哈尼族 远古时候，世界只有云雾水气，没有山川湖泊。
【流传】云南省·（西双版纳傣族自治州）·勐海县
【出处】朗特讲，古梅搜集整理：《天怀孕，地怀孕》，见姚宝瑄主编《中国各民族神话》（哈尼族、傣族），太原：山西出版传媒集团·书海出版社2014年版，第15页。

苗族 远古的时候，天上没有日月星辰，地上没有山川河流。
【流传】广西壮族自治区·（柳州市）·融水苗族自治县
【出处】
（a）杨达香讲，梁彬搜集整理：《创世纪》（一、开天辟地，地始天初），见梁彬、王天若编《苗族民间故事选》，南宁：广西人民出版社1986年版。
（b）同（a），见姚宝瑄主编《中国各民族神话》（布依族、仡佬族、苗族），太原：山西出版传媒集团·书海出版社2014年版，第168页。

普米族 古时候，地上没有山也没有人。
【流传】云南省·（丽江市）·宁蒗（宁蒗彝族自治县），四川省·（凉山

彝族自治州）·木里（木里藏族自治县）等地

【出处】

(a) 曹正初讲，章虹宇搜集：《石头阿祖和石头子孙》，载《山茶》1986年第5期。

(b) 同（a），见姚宝瑄主编《中国各民族神话》（佤族、阿昌族、纳西族、普米族、德昂族），太原：山西出版传媒集团·书海出版社2014年版，第292页。

彝族　以前，天地混浊，上无日月星辰，下无岩石山川。

【流传】（无考）

【出处】《支格阿鲁》，原载毛星主编《中国少数民族文学》（下册）（原名《勒乌特衣》），见袁珂《中国神话大词典》，北京：华夏出版社2015年版，第429页。

W1800a.1.0
以前没有山河

实例

哈尼族　远古的时候，分不清黑夜和白天，没有山峦和河川。

【流传】（无考）

【出处】《杀牛龙，造天地》，根据张牛朗、杨批斗、李书周等演唱，杨保生、李家顺等翻译，杨笛、郭纯礼等整理《十二奴局》和《奥色密色》翻译稿改写，见姚宝瑄主编《中国各民族神话》（哈尼族、傣族），太原：山西出版传媒集团·书海出版社2014年版，第9页。

彝族　古时无天地日月星辰，无云雾风雨，无树木山河。

【流传】（无考）

【出处】《黑埃罗波赛神》（原名《查姆·万物起源歌》），原载毛星主编《中国少数民族文学》（下册），见袁珂《中国神话大词典》，北京：华夏出版社2015年版，第436页。

W1800a.1.1
特定的山原来不存在

实例

汉族　（实例待考）

黎族　从前，海南岛上没有五指山。

【流传】海南省·（三亚市）·保亭县（保亭黎族苗族自治县）

【出处】

(a) 容斯焕整理：《五指山传说》，见广东民族学院中文系编《黎族民间故事选》，上海：上海文艺出版社1983年版。

(b) 同（a），见姚宝瑄主编《中国各民族神话》（高山族、黎族、畲族），太原：山西出版传媒集团·书海出版社2014年版，第64页。

W1800a.1.2
真主创世时没有山

实例

塔吉克族　真主在创造世界时，本没有

1.7.1 山的产生　　‖W1800a.1.3–W1800a.3‖ 2393

创造山。

【流传】新疆维吾尔自治区·（喀什地区）·塔什库尔干塔吉克自治县·提孜那甫乡

【出处】肉恰依克讲，西仁·库尔班等采录翻译：《山的神话》，见中国民间文学集成全国编辑委员会编《中国民间故事集成》（新疆卷），北京：中国ISBN中心2008年版，第25页。

塔吉克族　真主创造世界时，本没有山。

【流传】（新疆维吾尔自治区）

【出处】西仁·库尔班、段石羽搜集整理：《真主造大山》，见姚宝瑄主编《中国各民族神话》（乌孜别克族、哈萨克族、柯尔克孜族、俄罗斯族、维吾尔族、塔吉克族、塔塔尔族、锡伯族），太原：山西出版传媒集团·书海出版社2014年版，第279页。

W1800a.1.3
产生天地后没有山

实　例

彝族（阿细）　天稳了，地稳了。可是，地上还没有山。

【流传】（a）云南省·红河哈尼族彝族自治州·弥勒县·（西山镇）

【出处】

（a）潘正兴等唱述，云南省民族民间文学红河调查队搜集翻译整理：《阿细的先基》，昆明：云南人民出版社1959年版。

（b）云南省民族民间文学红河调查队搜集整理，古梅改写：《最古的时候》，见姚宝瑄主编《中国各民族神话》（羌族、彝族），太原：山西出版传媒集团·书海出版社2014年版，第132页。

W1800a.2
因世界荒凉造山

实　例

彝族　天神觉得土地太荒凉，于是挥动万能之手，创造出山、水、风、云、林木、荒草和飞禽走兽。

【流传】云南省·（昆明市）·路南（石林彝族自治县）·圭山（圭山镇）

【出处】

（a）王伟收集：＊《天神创世》，见谷德明编《中国少数民族神话》，北京：中国民间文艺出版社1987年版，第309～310页。

（b）同（a），见吕大吉、何耀华总主编《中国各民族原始宗教资料集成》（彝族卷、白族卷、基诺族卷），北京：中国社会科学出版社1996年版，第25页

W1800a.3
为压地造山

【关联】[W1376.3] 压住大地把地变稳

实　例

塔吉克族　支地的牛经常制造地震，使

得大地之上灾难重重，苦不堪言。仁慈的真主立即造出七座大山，将大地稳稳压住。

【流传】（新疆维吾尔自治区）

【出处】西仁·库尔班、段石羽搜集整理：《真主造大山》，见姚宝瑄主编《中国各民族神话》（乌孜别克族、哈萨克族、柯尔克孜族、俄罗斯族、维吾尔族、塔吉克族、塔塔尔族、锡伯族），太原：山西出版传媒集团·书海出版社2014年版，第279页。

W1801
山来源于某个地方
实例

（参见下级母题实例）

W1801.1
山从天降
实例

（参见下级母题实例）

W1801.1.1
神从天上撒下山
实例

（参见下级母题实例）

W1801.1.1.1
山从云上被射下来
实例

鄂伦春族 创世的巨灵鄂尔德穆把白云上面的山一箭射下来。

【流传】（中国东北部地区）

【出处】《鄂尔德穆》，见姚宝瑄主编《中国各民族神话》（达斡尔族、鄂伦春族、鄂温克族、蒙古族），太原：山西出版传媒集团·书海出版社2014年版，第20页。

W1801.2
山源于水
实例

藏族 以前只有漫天的大水，过了很多年，有一座山从水里露出来。

【流传】四川省·（阿坝藏族羌族自治州）·阿坝县·城关（阿坝镇）

【出处】大纳柯讲，泽仁当州翻译，阿强等采录：《其公和日玛依》，见中国民间文学集成全国编辑委员会编《中国民间故事集成》（四川卷·下），北京：中国ISBN中心1998年版，第936页。

W1801.3
山从远处飞来
【关联】［W1852.6.41a］飞来山

实例

汉族 浙江又北径山阴县西，西门外百余步，有怪山，本琅邪郡之东武县山也，飞来徙此，压杀数百家。

【流传】（无考）

【出处】

(a)［北魏］郦道元：《水经注·浙江水》。

（b）《怪山》，见袁珂《中国神话大词典》，北京：华夏出版社2015年版，第209页。

W1801.4
山从远处赶来

【关联】［W9687.2.4］赶山鞭赶山（石头）

实例

（参见下级母题实例）

W1801.4.1
神仙从远方赶来山

实例

苗族 神仙老伯最聪明，他从东方往西行，一手上拿着书本，一手挥鞭赶山奔，赶山就像赶马群，赶着山坡向西行，赶来十二座山坡，十二座岭紧相连。

【流传】原文无流传地，据文本及注释推测该神话流传于贵州省·黔东南苗族侗族自治州·凯里市、台江县等地。

【出处】张启庭、张荣光、张正玉、张启德演唱，张明搜集，燕宝整理译注：《创造宇宙·开天辟地》，见贵州省少数民族古籍整理出版规划小组办公室编，燕宝整理译注《苗族古歌》，贵阳：贵州民族出版社1993年版，第37页。

W1802
山自然产生

实例

（参见下级母题实例）

W1802.1
山是支撑大地的脊背高的部分

实例

（实例待考）

W1802.2
洪水落后出现山

实例

哈尼族 洪水后，有的地方随着洪水陷落变成了河谷，没有陷下去的地方，变成了山。

【流传】云南省·（普洱市）·墨江县（墨江哈尼族自治县）

【出处】

（a）李恒忠讲，李灿伟采录：《兄妹传人》，见中国民间文学集成全国编辑委员会编《中国民间故事集成》（云南卷），北京：中国ISBN中心2003年版，第165页。

（b）李灿伟搜集整理：《兄妹传人种》，见《哈尼族民间故事》编辑组编《哈尼族民间故事》，昆明：云南人民出版社1984年版。

藏族 （实例待考）

W1802.2.1
海水干后形成山

实例

鄂温克族 （实例待考）

佤族 大海后退，大地随着改变了模样，有高山。

【流传】（无考）

【出处】埃戛搜集整理：《谁敢做天下万物之王》，见谷德明编《中国少数民族神话》，北京：中国民间文艺出版社 1987 年版，第 378 页。

W1802.3
开天辟地后出现山

实例

（参见下级母题实例）

W1802.3.1
盘古开天辟地后 1 个月产生山

实例

汉族 盘古开天辟地之后，一个月出现了山。

【流传】山东省·（菏泽市）·东明县·东明集镇

【出处】任随菊讲，东明集镇文化站采录：《日月运行》，见中国民间文学集成全国编辑委员会编《中国民间故事集成》（山东卷），北京：中国 ISBN 中心 2007 年版，第 3 页。

汉族 盘古用神力开天辟地后，一个月生山。

【流传】浙江省·海宁市·祝场、斜桥等乡及毗邻的海盐县部分农村

【出处】沈关勇、汪彩贞讲，郑伟成、王钱松记录，王钱松整理：《日月平升》（1981），见姚宝瑄主编《中国各民族神话》（汉族），太原：山西出版传媒集团·书海出版社 2014 年版，第 191~192 页。

W1802.4
地上最早出现山

【关联】[W1376.3.2.3] 最早出现的一座山压地

实例

（参见下级母题实例）

W1802.4.1
平地起高山

实例

汉族 在气人（人名）死的地方，突然，平地起了一座非常高大的土山。

【流传】河南省·（开封市）·杞县

【出处】李少白（大学历史系讲师）讲，李国富采录整理：《高高山》，见张振犁编著《中原神话通鉴》（第一卷），郑州：河南大学出版社 2017 年版，第 160 页。

※W1803
山是造出来的（造山）

实例

（参见下级母题实例）

W1803a
造山的原因

实例

（参见下级母题实例）

W1803a.1
为挡风造山

实例

瑶族　密洛陀对山神阿亨阿独说："你是个男神，要造出高山把大风挡住，要造出峻岭把大风拦住。"

【流传】（无考）

【出处】《密洛陀神谱》，蓝田根据农学冠等撰写的《瑶族神话传说中的人物》编写，见姚宝瑄主编《中国各民族神话》（土家族、毛南族、侗族、瑶族），太原：山西出版传媒集团·书海出版社2014年版，第146页。

W1803a.2
因地太平造山

实例

黎族　大力神拱天射日月以后，看到平展展的一片大地，没有山川森林也没有河流，就界定造山垒岭。

【流传】海南省五指山一带

【出处】
（a）林大陆讲，龙敏、林树勇、陈大平整理：《大力神》，见广东民族学院中文系编《黎族民间故事选》，上海：上海文艺出版社1983年版。

（b）同（a），见姚宝瑄主编《中国各民族神话》（高山族、黎族、畲族），太原：山西出版传媒集团·书海出版社2014年版，第49页。

W1803a.3
为镇地造山

实例

柯尔克孜族　造物主创造了能压住大地的大山。

【流传】新疆维吾尔自治区·（克孜勒苏柯尔克孜自治州）·阿合奇县·哈拉奇乡

【出处】苏力坦阿里·包尔布代讲，夏依拉西采录，依斯哈别克·别克别克等译：《大山的由来》，见中国民间文学集成全国编辑委员会编《中国民间故事集成》（新疆卷），北京：中国ISBN中心2008年版，第25页。

W1804
神或神性人物造山

【汤普森】A962

实例

布朗族　宇宙大神给儿子帕雅英一把宝刀，帕雅英在地上造出了山川。

【流传】云南省·西双版纳（西双版纳傣族自治州）·勐海县

【出处】《帕雅英与十二瓦席》，见云南省民族事务委员会编《布朗族文化大观》，昆明：云南民族出版社1999年版，第 173 页。

W1804.0
神造山

实例

汉族

（参见 W1804.1 母题实例）

W1804.0.1
神用泥土沙石造山

实例

侗族 大神姜古造地时，从四面八方把泥土沙石拢成一堆，又用水浇湿，然后使劲用双手双脚搓揉和踩踏，让泥土和沙石混杂，接着又用他的五指和巴掌尽力挤压，还用力蹬了几脚。所以现在的地面是高山丘陵纵横，江河溪涧交错。

【流传】（无考）

【出处】杨锡光提供：《姜古造地》，见姚宝瑄主编《中国各民族神话》（土家族、毛南族、侗族、瑶族），太原：山西出版传媒集团·书海出版社 2014 年版，第 115 页。

W1804.0.2
神拍出五座山

实例

彝族 洪水后，恒哲和佳鲁（均为天神名）重整大地时，右手向下拍，拍出五座山。

【流传】（贵州省彝族地区）

【出处】《索恒哲》，见王富慧（珠尼阿依）译著，贵州省民族古籍整理办公室编《彝族神话史诗选》，北京：民族出版社 2013 年版，第 77 页。

W1804.1
天神造山

【关联】[W1809.16.5.1] 天神用魔法造出山

实例

彝族 天神觉得土地太荒凉，于是挥动万能之手，创造出山、水、风、云、林木、荒草和飞禽走兽。

【流传】云南省·（昆明市）·路南（石林彝族自治县）·圭山（圭山镇）

【出处】
(a) 王伟收集：*《天神创世》，见谷德明编《中国少数民族神话》，北京：中国民间文艺出版社 1987 年版，第 309~310 页。

(b) 同 (a)，见吕大吉、何耀华总主编《中国各民族原始宗教资料集成》（彝族卷、白族卷、基诺族卷），北京：中国社会科学出版社 1996 年版，第 25 页

W1804.1.1
天神犁出山

实例

哈尼族

（参见 W1804.12.4 母题实例）

W1804.1.2
天神用手指在地上划出山

实例

拉祜族 （实例待考）

W1804.1.3
天神撒沙石成山

实例

羌族 （实例待考）

W1804.1.4
天神捏神土造山

【关联】［W1810.1.3］用神土造山

实例

珞巴族 天神三兄弟到了白玛岗撒神土造地时，神土快完了。三兄弟只得一小撮一小撮地放。所以，白玛岗就有了一座一座的高山。

【流传】西藏自治区·珞渝地区（包括上珞渝，泛指古称的白马岗即今林芝市墨脱县、马尼岗、梅楚卡一带，下珞渝则泛指永木河、锡约尔河、巴恰西仁河流域）

【出处】布洛（60多岁）讲，于乃昌、张力凤、陈理明整理：《天神三兄弟》，原载于乃昌《西藏民间故事——珞巴族、门巴族专辑》，见陶阳、钟秀编《中国神话》（上），北京：商务印书馆2008年版，第48~49页。

W1804.1.5
天神巨手一挥造出山

实例

彝族 天神出天宫云游四海时，巨手一挥，创造山水。

【流传】（无考）

【出处】《人与石头》，原载谷德明编《中国少数民族神话选》（原名《人类和石头的战争》），见袁珂《中国神话大词典》，北京：华夏出版社2015年版，第427页。

W1804.2
地神造山

【关联】

① ［W1809.4.8］地神积土成山
② ［W1915.1.1.1］地神造河
③ ［W1953.2］地神造海

实例

哈尼族 地上的大神用绿泥巴做成了山。

【流传】云南省·（玉溪市）·元江县（元江哈尼族彝族傣族自治县）·咪哩乡、羊岔街乡及因远镇一带

【出处】《开天辟地歌》，见元江县哈尼文化学会、元江县史志编纂办公室编《元江哈尼族古歌集》，内部编印，2005年，第10页。

W1804.2.1
地王造山岭

实例

侗族

（参见 W1847.1.1.3 母题实例）

W1804.2.2
地神堆出山

【关联】［W1845.1.4.1］天神推出山谷

实例

佤族 地刚形成时是空的。伦（地神，旧译"路安神"）用泥土不住地堆，最后堆出了高山。

【流传】（云南省·普洱市·西盟佤族自治县）

【出处】随戛、岩扫、岩瑞等讲，艾荻、张天达搜集整理：《司岗里》，见姚宝瑄主编《中国各民族神话》（佤族、阿昌族、纳西族、普米族、德昂族），太原：山西出版传媒集团·书海出版社 2014 年版，第 11 页。

佤族 以前的地是空的。伦（地神，旧译"路安神"）用泥土不住地堆，堆出了高山。

【流传】云南省·（普洱市）·西盟县（西盟佤族自治县），（临沧市）·沧源县（沧源佤族自治县）

【出处】随戛、岩扫、岩瑞等讲述，艾荻、张开达搜集整理：《司岗里》，载《山茶》1988 年第 1 期。

W1804.2.3
地神捏出山

实例

佤族 "伦"（神名）把地堆厚实后，"勒"（神名）又来捏出山。

【流传】云南省·（普洱市）·西盟佤族自治县、澜沧拉祜族自治县等地

【出处】毕登程、隋嘎编著：《司岗里——佤族创世史诗》，昆明：云南出版集团公司·云南人民出版社 2009 年版，第 8 页。

W1804.2a
山神造山

实例

瑶族 山神阿亨阿独去造山。

【流传】（无考）

【出处】《密洛陀神谱》，蓝田根据农学冠等撰写的《瑶族神话传说中的人物》编写，见姚宝瑄主编《中国各民族神话》（土家族、毛南族、侗族、瑶族），太原：山西出版传媒集团·书海出版社 2014 年版，第 146 页。

W1804.2a.1
山王造山

【关联】［W1805.4.2］喇嘛让山王造山

实例

蒙古族 山王造山，水王造水。

【流传】（ab）吉林省·（松原市）·

前郭尔罗斯内蒙古自治县·乌兰敖都乡

【出处】

（a）宝音特古斯讲：《人和国家》，见本县编《吉林省民间文学集成·前郭尔罗斯卷》，内部资料，1988年，第5页。

（b）宝音特古斯讲，苏赫巴鲁采录翻译：《武当喇嘛创世》，见中国民间文学集成全国编辑委员会编《中国民间故事集成》（吉林卷），北京：中国文联出版公司1992年版，第3页。

（c）宝音特古斯讲，苏赫巴鲁、苏伦巴根搜集：《人和国家》，载《吉林民间文学》1982年第3~4期。

W1804.3

造地者造山

实例

景颇族　宁贯娃（改天整地者）造了当汪山和松康山。

【流传】云南省·（德宏傣族景颇族自治州）·陇川县

【出处】施戛崩等讲，何峨采录：《宁贯娃改天整地》，见中国民间文学集成全国编辑委员会编《中国民间故事集成》（云南卷），北京：中国ISBN中心2003年版，第61页。

W1804.3.1

造地者的不认真造成高山

实例

壮族　造地的七个神叫口朝，他们造地时分心去捉螃蟹，耽搁了造地的时间。又遇到天上打雷、打闪和下雨，再无法造下去了，于是形成了高山、有平地，十分不平。

【流传】云南省·（红河哈尼族彝族自治州）·金平县（金平苗族瑶族傣族自治县）·大寨（大寨乡）

【出处】黄金福讲，黄荣记录：《地为什么没有造平》，原载徐保国等主编《云南民间文学集成——金平故事卷》，内部资料，1989年，见姚宝瑄主编《中国各民族神话》（仫佬族、壮族、京族），太原：山西出版传媒集团·书海出版社2014年版，第129页。

W1804.3.2

造地者拉拢风道口时形成山河

【关联】[W1915.1.7]造地者造河

实例

哈尼族　加波俄郎（神名）造地时，因得知父亲病死后心里一急，用力一拉，拉拢了风道口。于是平坦的大地上也被拉出了高山和河川。这就是今天山川平地的来源。

【流传】云南省·西双版纳（西双版纳傣族自治州）

【出处】飘马讲，白章富搜集整理：《奥颠米颠》，见姚宝瑄主编《中国各民族神话》（哈尼族、傣族），太原：山西出版传媒集团·书海出版社2014年版，第79页。

W1804.4
上帝造山

实 例

哈萨克族 上帝就创造了很多高大的山，从各处镇压住平坦的地。

【流传】（无考）

【出处】比达尔克买提·木海讲，胡扎依尔·萨杜瓦哈斯搜集，安蕾、毕梓译：《神牛支撑大地》，见满都呼主编《中国阿尔泰语系诸民族神话故事》，北京：民族出版社1997年版，第57页。

哈萨克族 大地渐渐变轻了，开始摇晃。上帝就创造了很多大山，把大山放在平原的各个角落，不让大地摇来晃去。

【流传】新疆维吾尔自治区·（阿勒泰地区）·阿勒泰市·切尔齐西乡（切尔克齐乡）

【出处】毕达合买提·木海讲，呼扎依尔·沙德瓦哈斯采录，杨凌等译：《天与地的由来》，见中国民间文学集成全国编辑委员会编《中国民间故事集成》（新疆卷），北京：中国ISBN中心2008年版，第7~8页。

W1804.5
大力神造山

实 例

黎族 大力神拱天、射日月之后，复思大地平展光秃，无山川林木，人将何以生息繁殖？因取天上彩虹为扁担，地上道路为绳索，从海畔挑来沙土造山垒岭。

【流传】（海南省？）

【出处】袁珂改编：《大力神》，原载谷德明编《中国少数民族神话选》，见袁珂《中国神话大词典》，北京：华夏出版社2015年版，第507页。

W1804.6
造物主造山

实 例

柯尔克孜族 造物主创造了能压住大地的大山。

【流传】新疆维吾尔自治区·（克孜勒苏柯尔克孜自治州）·阿合奇县·哈拉奇乡

【出处】苏力坦阿里·包尔布代讲，夏依拉西采录，依斯哈别克·别克别克等译：《大山的由来》，见中国民间文学集成全国编辑委员会编《中国民间故事集成》（新疆卷），北京：中国ISBN中心2008年版，第25页。

W1804.7
英雄造山

【汤普森】≈ A962.7

实 例

佤族 原来地面时平的，男人劈柴劈坏了地面，形成了高山。

【流传】云南省

【出处】《天地的变化》，见中国社会科学院云南少数民族文学研究所等编

《云南少数民族文学资料》第1辑，内部编印，1980年，第10页。

W1804.7.1
英雄用剑劈出山
【汤普森】A962.7
【关联】［W1804.9.2］仙子劈出山

实 例

（实例待考）

W1804.8
祖先造山
【关联】［W1851.5.2］女始祖造恒山

实 例

（参见下级母题实例）

W1804.8.1
祖先犁出高山

实 例

布依族 阿祖驾驭神牛犁大地，犁出高山。

【流传】贵州省
【出处】《阿祖犁土》，见何积全、陈立浩主编《布依族文学史》，贵阳：贵州民族出版社1992年版，第53页。

W1804.8.2
始祖造山河
【关联】［W1902.1.1］始祖造江河湖海

实 例

壮族 始祖布洛陀到天上造出日月星辰后，又回地上造山河田地，造牛马万物，为人类造福。

【流传】广西壮族自治区红水河地区（红水河一带）
【出处】覃剑萍搜集整理：＊《祭始祖布洛陀》（1990），见吕大吉、何耀华总主编《中国各民族原始宗教资料集成》（土家族卷、瑶族卷、壮族卷、黎族卷），北京：中国社会科学出版社1998年版，第531页。

W1804.8.3
祖先的战争形成山
【汤普森】A964

实 例

（实例待考）

W1804.8.4
特定名称的祖先造山

实 例

（参见下级母题实例）

W1804.8.4.1
始祖宁贯瓦造山

实 例

景颇族 半人半神的宁贯瓦造山河。

【流传】（无考）
【出处】《人类始祖宁贯瓦》，见中央民族学院少数民族文艺研究所编《中国民族民间文学》，北京：中央民族学院出版社1987年版，第325页。

W1804.9
神仙造山

实例

(参见下级母题实例)

W1804.9.1
仙女造山

实例

水族 九位仙女分别从天上降到凡间，为水族先民造山。

【流传】贵州省·（黔南布依族苗族自治州）·三都县（三都水族自治县）·九阡镇、周覃镇；荔波县·玉屏镇、茂兰镇

【出处】《九仙下凡》，见中国民间文学集成全国编辑委员会编《中国民间故事集成》（贵州卷），北京：中国ISBN中心2003年版，第59页。

W1804.9.1.1
九仙女中的大姐造山

实例

水族 九仙女中的大姐阿崴造山造田。

【流传】贵州省·（黔南布依族苗族自治州）·三都县（三都水族自治县）、荔波县一带

【出处】蒙健康等讲，蔡中运搜集整理：《阿崴造山造田》，见祖岱年、周隆渊编《水族民间故事选》，上海：上海文艺出版社1988年版，第19页。

W1804.9.2
仙子劈出山

【关联】[W1809.9] 劈砍形成山

实例

彝族 九个年轻的仙子每人一把铜铁斧平整大地时，她们见高山就劈，见深谷就打。打一锤，成了山。

【流传】（无考）

【出处】《天神造天地》，见姚宝瑄主编《中国各民族神话》（羌族、彝族），太原：山西出版传媒集团·书海出版社2014年版，第89页。

W1804.9.3
仙子平整地面打造出山

实例

彝族 九个青年仙子随同司惹约祖去平整地面时，遇着高山就劈，遇见深谷就打，结果有的地方打成山，成为牧羊之地。

【流传】（无考）

【出处】伍精忠整理：《大地是怎样形成的》，见姚宝瑄主编《中国各民族神话》（羌族、彝族），太原：山西出版传媒集团·书海出版社2014年版，第278页。

W1804.10
巨人造山

实例

(参见下级母题实例)

W1804.10.1
巨人防风用青泥造山

实例

汉族 巨人防风伸手到天上挖来青泥，在一片低地上堆成一座座大山。

【流传】浙江省·（湖州市）·德清县·三合乡

【出处】沈益民讲，钟铭等采录：《大禹找防风》，见中国民间文学集成全国编辑委员会编《中国民间故事集成》（浙江卷），北京：中国ISBN中心1997年版，第68页。

W1804.10a
巨神造山

实例

苗族 巨神养优决定要造山，造山才能生万物，造山才能养活万物，造山才能种粮食，造山才能养活人类。

【流传】贵州省·（黔东南苗族侗族自治州）·台江县、施秉县、凯里县（凯里市）等地

【出处】秦公、岩公、李普奶等苗族八歌手说唱，唐春芳、桂舟人搜集整理：《巨鸟生天地，众神辟地天》，见姚宝瑄主编《中国各民族神话》（布依族、仡佬族、苗族），太原：山西出版传媒集团·书海出版社2014年版，第116页。

W1804.10b
巨灵造山

实例

汉族 有巨灵胡者，偏得坤元之道，能造山川，出江河。

【流传】（无考）

【出处】《遁甲开山图》。

W1804.11
鬼造山

实例

（参见下级母题实例）

W1804.11.1
魔鬼造山

【汤普森】A969.9

实例

（实例待考）

W1804.11.2
天鬼造山

实例

景颇族 一对天鬼娃衮能退腊和能星农锐木占造了高山和深谷。

【流传】（无考）

【出处】斋瓦贡退干唱，李向前、木然瑶都搜集整理，木子改写：《穆脑斋瓦——宁冠瓦》，见姚宝瑄主编《中国各民族神话》（白族、拉祜族、景颇族），太原：山西出版传媒集团·

书海出版社 2014 年版，第 225 页。

W1804.12
其他神或神性人物造山

实 例

（参见下级母题实例）

W1804.12.1
男神女神共同造山河

实 例

苗族　女神雷鲁和男神朱幂米造山河。

【流传】云南省·文山地区（文山壮族苗族自治州）

【出处】刘德荣等整理：《苗族古歌》（文山本），内部编印，第71页。

W1804.12.2
神灵把泥土堆成山

实 例

汉族

（参见 W1915.3.3 母题实例）

W1804.12.3
无极造山

【关联】
① [W1504.9.5] 无极造万物
② [W1983.4.5.1] 无极造铁山

实 例

苗族　天生无极，无极造了山，立了坡

【流传】湖南省苗族地区

【出处】龙王六演唱，龙炳文翻译：《开天立地》，苗地根据《楚风》刊登的《苗族古歌》的第一部分《开天日立》改写，见姚宝瑄主编《中国各民族神话》（布依族、仡佬族、苗族），太原：山西出版传媒集团·书海出版社 2014 年版，第 129 页。

W1804.12.4
神人犁出大山

实 例

哈尼族　最早造出来的地坑坑洼洼。九个神人转动着金犁，赶着三头彪焊的牯子牛修整大地时，从东犁到西，又从西犁到东；从南犁到北，又从北犁到南。那被犁翻的土筏子，高的变成了大山。

【流传】（无考）

【出处】《杀牛龙，造天地》，根据张牛朗、杨批斗、李书周等演唱，杨保生、李家顺等翻译，杨笛、郭纯礼等整理《十二奴局》和《奥色密色》翻译稿改写，见姚宝瑄主编《中国各民族神话》（哈尼族、傣族），太原：山西出版传媒集团·书海出版社 2014 年版，第 10~11 页。

W1804.12.5
巨灵造山

【关联】[W1809.16.5.2] 巨灵神用道术造山

实例

汉族 有巨灵胡者，偏得坤元之道，能造山川，出江河。

【流传】（无考）

【出处】《文选·西京赋》，李善注。

W1804.12.6
造物主造山

实例

（参见下级母题实例）

W1804.12.6.1
造物主把地劈轻的地方变成高山

实例

景颇族 造物主能贯娃先造天，后造地，手持巨斧，东打西劈，劈重者成平坝，轻者成高山。

【流传】（无考）

【出处】袁珂改编：《能贯娃》（原名《驾驭太阳的母亲》），原载谷德明编《中国少数民族神话选》，见袁珂《中国神话大词典》，北京：华夏出版社2015年版，第555页。

W1805
特定的神或神性人物造山

实例

（参见下级母题实例）

W1805.1
盘古造山

【关联】

① ［W1505.1］盘古造万物

② ［W1809.8.2.1］盘古在地上顿斧头形成山

③ ［W1810.1.5.4］盘古用泥捏山

④ ［W1847.1.2］盘古造山坡

⑤ ［W1850.1.0.2］盘古踢出昆仑山

⑥ ［W1857.2.1］盘古造石头

实例

汉族 盘古开天辟地，造出许多大山。

【流传】河南省·（南阳市）·桐柏（桐柏县）

【出处】姚义雨讲，马卉欣搜集整理：《盘古开天》，见中华民族故事大系编委会编《中华民族故事大系》第1卷（汉族、蒙古族、回族），上海：上海文艺出版社1995年版，第5页。

汉族 盘古开天辟地，造出许多大山。

【流传】河南省·（南阳市）·桐柏县

【出处】姚义雨等讲，马卉欣搜集整理：《盘古兄妹》，载《民间文学》1986年第1期。

汉族 盘古开天辟地，曾造就多座大山。

【流传】（河南省）

【出处】《盘古山》，原载河南师大中文系编《河南民间故事》，见袁珂《中国神话大词典》，北京：华夏出版社2015年版，第390页。

汉族 盘古开天辟地那时候，造了很多座大山。

【流传】河南省桐柏山一带

【出处】马卉欣、梁燕搜集，马卉欣整理：《盘古山》，原载中国民间文艺研究会河南分会编《河南民间故事集》，见姚宝瑄主编《中国各民族神话》（汉族），太原：山西出版传媒集团·书海出版社2014年版，第95~100页。

瑶族 盘古造出山河。

【流传】湖南省·永州（永州市）、郴州（郴州市）；广东省粤北（南雄市、始兴县、仁化县、乐昌市、乳源瑶族自治县、曲江区、翁源县、新丰县、浈江区、武江区等）

【出处】郑德宏、李本高整理译释：《盘王大歌》，长沙：岳麓书社1988年版。

W1805.1.1
盘古用泥造山

实例

瑶族 洪水退后，盘古皇降至地面，捏稀泥以为大小泥团，使成大山与茅草坡。

【流传】（无考）

【出处】《盘古皇》，原载《云南少数民族文学资料》（第三辑），见袁珂《中国神话大词典》，北京：华夏出版社2015年版，第472页。

W1805.1.2
盘古砍出山

实例

汉族 盘古天上遨游时，砍破飘来的一个大气包。大气包一破，跑了气，往下落，盘古追上去，站在了这个大圆疙瘩上。这个大气包包的圆疙瘩是大石头。盘古站在上边站不稳，就用斧子砍了些凸凸凹凹，后来凸的地方成了大大小小的山。

【流传】河南省·（南阳市）·桐柏县·（安棚乡、固县镇、大河乡、二郎山乡、月河镇金桥村等地）；（湖北省·随州市·随县·小林镇）

【出处】姚义雨、郑昌寿、黄发美、陈鸣声、刘太举、胡安辰、方家义、曹衔玉等讲，马卉欣采录整理：《盘古开天》，见张振犁编著《中原神话通鉴》（第一卷），郑州：河南大学出版社2017年版，第56页。

W1805.2
女娲造山

【关联】[W0710]女娲

实例

（参见下级母题实例）

W1805.2.1
女娲撒土造山

【关联】[W1809.4]积土成山

实例

(参见下级母题实例)

W1805.2.1.1
女娲撒3把土造出3座山

实例

汉族 女娲抓三把土，往地上一撒，平地冒出三个山头。

【流传】河南省·（周口市）·西华县·聂堆乡（聂堆镇）·思都岗（思都岗村）

【出处】张慎重讲，陈连忠采录：《女娲造山修城》，见中国民间文学集成全国编辑委员会编《中国民间故事集成》（河南卷），北京：中国ISBN中心2001年版，第21页。

W1805.2.1.2
女娲抱土造山

实例

汉族 女娲修女娲城时，抱三抱土要造三座山。土地爷不想把这里变成山地，才变成鸡子叫的。因为他不想叫修城，鸡一叫，土就不能变成山了。

【流传】河南省·（周口市）·西华县·（聂堆镇）·思都岗村

【出处】李燕宾（84岁，农民，私塾）讲，张振犁、程健君录音采集：《女娲补天（五）》（1983.11.03），见张振犁编著《中原神话通鉴》（第一卷），郑州：河南大学出版社2017年版，第134页。

W1805.3
真主造山

实例

塔吉克族 安拉造出宇宙之后，又在大地上创造了山峦。

【流传】新疆维吾尔自治区·（喀什地区）·塔什库尔干塔吉克自治县·瓦尔西代乡

【出处】马达里汗讲，西仁·库尔班等采录翻译：《人类的来历》，见中国民间文学集成全国编辑委员会编《中国民间故事集成》（新疆卷），北京：中国ISBN中心2008年版，第34页。

W1805.3.1
真主造出7座大山

实例

塔吉克族 真主造出七座大山，这七座大山留下了许多后代，这便是现在世界上大大小小无数的山脉。

【流传】新疆维吾尔自治区·（喀什地区）·塔什库尔干塔吉克自治县·提孜那甫乡

【出处】肉恰依克讲，西仁·库尔班等采录翻译：《山的神话》，见中国民间文学集成全国编辑委员会编《中国民间故事集成》（新疆卷），北京：中国ISBN中心2008年版，第25页。

塔吉克族 真主立即造出七座大山。

【流传】（新疆维吾尔自治区）

【出处】西仁·库尔班、段石羽搜集整

理：《真主造大山》，见姚宝瑄主编《中国各民族神话》（乌孜别克族、哈萨克族、柯尔克孜族、俄罗斯族、维吾尔族、塔吉克族、塔塔尔族、锡伯族），太原：山西出版传媒集团·书海出版社 2014 年版，第 279 页。

W1805.4
喇嘛造山

实例

（参见下级母题实例）

W1805.4.1
喇嘛造 9 座山

实例

蒙古族 武当喇嘛造 9 座山，9 道水。

【流传】（无考）

【出处】满德胡：《蒙古族民间文学》，见中央民族学院少数民族文艺研究所编《中国民族民间文学》，北京：中央民族学院出版社 1987 年版，第 464 页。

蒙古族 创造万物的喇嘛创造了九座山。

【流传】新疆维吾尔自治区·（巴音郭楞蒙古自治州）·和硕县·布尔图一牧场

【出处】根登讲，布·孟克采录，乌恩奇译：《乌旦喇嘛创造了世界》，见中国民间文学集成全国编辑委员会编《中国民间故事集成》（新疆卷），北京：中国 ISBN 中心 2008 年版，第 6 页。

W1805.4.2
喇嘛让山王造山

【关联】［W1804.2a.1］山王造山

实例

（参见下级母题实例）

W1805.4.2.1
喇嘛让山王造 9 座山

实例

蒙古族 扎萨喇嘛叫山王造了九座山。

【流传】内蒙古自治区·哲里木盟（通辽市）·（科尔沁左翼右旗）·甘旗卡镇

【出处】哈拉巴拉讲，徐少义采录：《扎萨喇嘛》，见中国民间文学集成全国编辑委员会编《中国民间故事集成》（宁夏卷），北京：中国 ISBN 中心 2007 年版，第 6 页。

W1805.5
其他特定的神或神性人物造山

【关联】［W1809.3a.1］张古老补地时的用力过猛形成山

实例

（参见下级母题实例）

W1805.5.1
混沌造山

【关联】

① ［W1057.1］混沌（浑沌、昆屯、混

沌卵）

② ［W1843.6.3］混沌捏泥造岭

实 例

毛南族 昆屯把地上的石头捏成山。

【流传】广西壮族自治区·（河池市）·环江毛南族自治县·上南（上南乡）、中南（中南乡）、下南（下南乡）·上纳屯

【出处】（a）蒙贵章讲，蒙国荣、韦志华、谭贻生记录翻译，蒙国荣整理：《昆屯开天盖》（1984.07），见姚宝瑄主编《中国各民族神话》（土家族、毛南族、侗族、瑶族），太原：山西出版传媒集团·书海出版社 2014 年版，第 61 页。

W1805.5.2
诰恩造山

实 例

瑶族 密洛陀（女神）命诰恩（神或神性人物）造山。

【流传】（无考）

【出处】《密洛陀》，原载《瑶族民间故事选》，见袁珂《中国神话大词典》，北京：华夏出版社 2015 年版，第 472 页。

W1805.5.3
如来佛造山

【关联】［W1810.1.5.3］如来佛用水、沙土、石块和成泥浆撒在水上造山

实 例

汉族 以前，发生了大洪水，如来佛为拯救众生，在手掌里用水、沙土、石块和成泥浆，朝洪水上一撒，泥浆里的石子落到哪块，哪块就成为山。

【流传】江苏省·（盐城市）·阜宁县·古河乡（古河镇）·古河村

【出处】张俊之讲，孙友光采录：《绿鸭淘沙造大地》，见中国民间文学集成全国编辑委员会编《中国民间故事集成》（江苏卷），北京：中国 ISBN 中心 1998 年版，第 13 页。

W1806
人造山

实 例

汉族 盘古王让人拿起赶山竹篙把扁古王开得平展展的地赶起皱来，地上就有了高山。

【流传】四川省·（宜宾市）·屏山县·屏边乡（屏边镇）·麻柳村

【出处】徐云华讲，徐登奎采录：《盘古开天地》，见中国民间文学集成全国编辑委员会编《中国民间故事集成》（四川卷·上），北京：中国 ISBN 中心 1998 年版，第 23 页。

W1806.1
女子造山

实 例

（参见下级母题实例）

W1806.1.1
洪水后幸存的姐弟中姐姐造山

实例

壮族 洪水后，幸存姐弟俩。姐姐造出了山。

【流传】广西壮族自治区·（南宁市）·横县·云表乡（云表镇）

【出处】黄家香讲：《姐弟造人伦》，见张声震总主编，农冠品编注《壮族神话集成》，南宁：广西民族出版社2007年版，第347页。

W1806.2
男人造山

实例

佤族 原来地面都是平的，有一个男人劈柴劈坏了地面，形成了高山。

【流传】云南省

【出处】《天地的变化》，见中国社会科学院云南少数民族文学研究所等编《云南少数民族文学资料》第1辑，内部编印，1980年，第10页。

W1806.3
其他特定的人造山

实例

（参见下级母题实例）

W1806.3.1
李郎造山

实例

汉族 李郎把地扯皱，就有了高山。

【流传】四川省·（宜宾市）·筠连县·高坪苗族乡·英雄村

【出处】刘公品讲，四川大学中文系85级采风队采录：《张郎治天，李郎治地》，见中国民间文学集成全国编辑委员会编《中国民间故事集成》（四川卷·上），北京：中国ISBN中心1998年版，第24页。

W1807
动物造山

实例

（参见下级母题实例）

W1807.1
鸟造山

实例

（参见下级母题实例）

W1807.1.1
鸟用嘴掘地造山

实例

塔吉克族 创造神命白鸟降落大地上用嘴掘地，造出山。

【流传】（无考）

【出处】陈岗龙：《蒙古族潜水神话研

究》，载《民族艺术》2000 年第 2 期。

W1807.1.2
鸟拍打出山
【汤普森】A961.1

实例

（实例待考）

W1807.2
独角兽造山

实例

（参见下级母题实例）

W1807.2.1
独角神兽造山

实例

满族　独角神兽开沟造山。

【流传】（无考）

【出处】王宏刚：《论萨满教创世神话中的文化精神》，载《萨满学术论坛》2006 年第 1 期。

W1807.3
乌龟造山

实例

汉族　一只乌龟挖起海涂堆了三座山：太阳山、太平山和涂山。

【流传】浙江省·（杭州市）·萧山市·欢坛乡·涂里坞村

【出处】孙金发讲，吴桑梓采录：《禹王搬涂山》，见中国民间文学集成全国编辑委员会编《中国民间故事集成》（浙江卷），北京：中国 ISBN 中心 1997 年版，第 65 页。

W1807.4
蛇造山

【关联】［W1809.2.6］长蛇缩地形成山河

实例

汉族

（参见 W1809.2.6 母题实例）

W1807.4a
马鬃蛇造山

实例

佤族　马鬃蛇使大地有了高山、平原、河流、湖泊。

【流传】（无考）

【出处】埃嘎整理：《谁做天下万物之王》，见中华民族故事大系编委会编《中华民族故事大系》第 7 卷（黎族、傈僳族、佤族），上海：上海文艺出版社 1995 年版，第 630 页。

W1807.4b
龙造山

实例

仡佬族　张龙王和李龙王把地抱起来箍，结果箍出一些皱皱、包包，这就是现在的高山。

【流传】贵州省·（遵义市）·遵义县（播州区）·平正公社（平正仡佬族乡）·尖山（今属遵义市播州区三岔镇）

【出处】熊文帮讲，葛镇亚搜集：《天与地》，见陶立璠、赵桂芳等编《中国少数民族神话汇编》（开天辟地篇等），中央民族学院少数民族古籍整理出版规划领导小组办公室印（未署出版时间），第324页。

彝族 诺谷（龙的名字）始造山和川。

【流传】云南·红河（哈尼族彝族自治州）·元阳、绿春、石屏，（玉溪市）·元江哈尼族彝族傣族自治县，（普洱市）·墨江哈尼族自治县

【出处】龙倮贵搜集整理，黄建明摘录：《祭龙的根由》，转引自吕大吉、何耀华总主编：《中国各民族原始宗教资料集成》（彝族卷、白族卷、基诺族卷），北京：中国社会科学出版社1996年版，第280~281页。

W1807.5
与动物造山有关的其他母题

【关联】[W1809.1.1] 青蛙推压大地形成山

实 例

（参见下级母题实例）

W1807.5.1
鱼潜水取泥造山

【关联】[W1179.4.2] 鱼潜水取土造地

实 例

（实例待考）

W1807.5.2
虾用杂草树叶造山

实 例

珞巴族 洪水后，大虾用杂草树叶垒出来山。

【流传】西藏自治区·下珞渝·迦龙部落顿村

【出处】维·埃尔温搜集：《普克和如克》，见李坚尚、刘芳贤编《珞巴族门巴族民间故事选》，上海：上海文艺出版社1993年版，第35页。

W1807.5.3
猪拱出山

【关联】
① [W1285.6.2] 猪拱开天地
② [W1845.1] 拱出山谷

实 例

彝族 天神格兹苦的儿女造的天小地大，于是格兹苦令野猪三对、大象三双掘拱之，掘拱成为高山深沟，于是天地乃合。

【流传】（无考）

【出处】《天神格兹苦》（原名《云南彝族史诗·梅葛》），原载毛星主编《中国少数民族文学》（下册），见袁珂《中国神话大词典》，北京：华夏出版社2015年版，第430页。

W1807.5.3.1
野猪拱出山

【关联】[W1916.6.1] 野猪拱出河

实例

彝族 最早造出的天地天小地大。麻蛇缩地之后，为箍齐地边，阿夫（神名）放出三对野猪和三对大象去拱地。它们拱了七十七昼夜，大地上便出现了山。

【流传】（云南省·楚雄彝族自治州·姚安县·官屯乡·马游村，大姚县·昙华乡等）

【出处】

（a）郭天元（马游村）、李申呼颇（昙华乡）、李福玉颇（苴）演唱，郭思九、许明学、龚维顺、张宝省、陈志群、胡炳文等搜集，刘德虎、龚维顺、陈志群、李树荣、郭天元等整理：《梅葛》（第一部"创世"），见云南省民族民间文学楚雄调查队《梅葛》（1959），昆明：云南人民出版社2009年版。

（b）《打虎开天辟地》，蔷紫据云南省民族民间文学楚雄调查队著《梅葛》（云南人民出版社2009年版）改写，见姚宝瑄主编《中国各民族神话》（羌族、彝族），太原：山西出版传媒集团·书海出版社2014年版，第192页。

W1807.5.4
蚂蚁造山

【关联】[W1916.5] 蚂蚁造江河

实例

彝族 蚂蚁是造山的英雄。

【流传】云南省·（红河哈尼族彝族自治州）·弥勒县、泸西县，（昆明市）·路南县（石林彝族自治县）等地

【出处】毕荣亮讲，光未然采集整理，古梅改写：《创世纪》，见姚宝瑄主编《中国各民族神话》（羌族、彝族），太原：山西出版传媒集团·书海出版社2014年版，第92页。

W1808
其他人物造山

实例

（参见下级母题实例）

W1808.1
风造山

实例

（参见下级母题实例）

W1808.1.1
风用土石造山

实例

彝族（阿细） 以前，地上没有山。小风来安山，用九把土来安山，用九片

石头来安山。

【流传】（a）云南省·红河哈尼族彝族自治州·弥勒县·（西山镇）

【出处】

（a）潘正兴等唱述，云南省民族民间文学红河调查队搜集翻译整理：《阿细的先基》，昆明：云南人民出版社1959年版。

（b）云南省民族民间文学红河调查队搜集整理，古梅改写：《最古的时候》，见姚宝瑄主编《中国各民族神话》（羌族、彝族），太原：山西出版传媒集团·书海出版社2014年版，第132页。

W1809

造山的方法

实例

（参见下级母题实例）

W1809.1

推压大地形成山

【关联】

① ［W1843.1］推压大地形成丘陵
② ［W1845.1.5］挤压出山谷

实例

佤族 伦（地神，又译"路安神"）在地上推出高山。

【流传】云南省·（普洱市）·西盟县（西盟佤族自治县），（临沧市）·沧源县（沧源佤族自治县）

【出处】隋嘎、岩扫等讲，艾荻等搜集整理：《司岗里》，见尚仲豪、郭九思等编《佤族民间故事选》，上海：上海文艺出版社1989年版，第1页。

藏族 开始时天小地大，撒拉甲伍挤地时，鼓出来的地方，就成了高山、坡地。

【流传】四川省白马藏族地区

【出处】扎嘎才让、小石桥、顶专讲，谢世廉、周善华、姜志成、周贡中搜集：《绷天绷地》，见姚宝瑄主编《中国各民族神话》（门巴族、珞巴族、怒族、藏族），太原：山西出版传媒集团·书海出版社2014年版，第79页。

W1809.1.1

青蛙推压大地形成山

实例

哈尼族 造地的青蛙阿依用劲推压刚造好的大地，形成现在陆地上的高山。

【流传】云南省·（普洱市）·墨江县（墨江哈尼族自治县）

【出处】金开兴讲，蓝明红采录：《青蛙造天地》，见中国民间文学集成全国编辑委员会编《中国民间故事集成》（云南卷），北京：中国ISBN中心2003年版，第34页。

W1809.2

缩地时的褶皱形成山

【关联】［W1902.3.4］修整大地时整出的褶皱成为江河湖海

实例

傣族 地太大，天地合不拢，地便皱起来，成了高山。

【流传】云南省·德宏地区（德宏傣族景颇族自治州）

【出处】岩峰、王松：《变扎贡帕》，见中国各民族宗教与神话大词典编审委员会编《中国各民族宗教与神话大词典》，北京：学苑出版社1990年版，第82页。

W1809.2.1
抓地形成山脉

实例

景颇族 宁贯娃抓地形成山脉。

【流传】（无考）

【出处】何峨整理：《宁贯娃改天整地》，见中华民族故事大系编委会编《中华民族故事大系》第10卷（景颇族、柯尔克孜族、土族），上海：上海文艺出版社1995年版，第19页。

W1809.2.2
没拉平地脉形成山

【关联】［W1238］地脉（地维、地筋）

实例

（参见下级母题实例）

W1809.2.2.1
造地之神没拉平地脉形成山

实例

怒族 造地的9个神仙拉9根地脉，有的拉平了，有的没有拉平。没有拉平的地脉就成了高山。

【流传】云南省·（怒江傈僳族自治州）·福贡县·架怒村

【出处】此阿妹讲，叶世富等采录：《高山和平地的由来》，见中国民间文学集成全国编辑委员会编《中国民间故事集成》（云南卷），北京：中国ISBN中心2003年版，第79页。

W1809.2.2.2
神仙没拉平地脉形成山

实例

怒族 九个神仙造地时慌慌忙忙，每人拉一根地脉，胡乱合在一起后便急忙赶回家去了。结果九根地脉，有的拉平了，有的没拉平。没拉平的起了绉折成为高山峡谷。

【流传】（无考）

【出处】《天地的由来》，编者根据叶世富的《怒族民间故事》（云南人民出版社1988年版）重新整理，见吕大吉、何耀华总主编《中国各民族原始宗教资料集成》（纳西族卷、羌族卷、独龙族卷、傈僳族卷、怒族卷），北京：中国社会科学出版社2000年版，第899页。

W1809.2.3
盘古缩地时的褶皱形成山

实例

汉族 盘古开了天地，天小地大盖不住，就将地缩缩，将平地缩出许多皱褶，高处成了山。

【流传】浙江省·（丽水市）·青田（青田县）

【出处】季培贵讲，季从姚采录：《盘古开天》，见中国民间文学集成全国编辑委员会编《中国民间故事集成》（浙江卷），北京：中国ISBN中心1997年版，第16页。

汉族 盘古王先造的地是平的。后来因为天小地大，他就把地鼓捣往中间一歇一歇捏，结果地皱拢来了，有的地方高，有的地方矮，再也不像开初那样展展平了。从那阵起，地上就有了山，有了沟，也还有些平地。

【流传】四川省·巴县（今重庆市·巴南区）

【出处】王国珍讲，罗桂英记录，金祥度搜集整理：《盘古王造天地》（1988.01），见姚宝瑄主编《中国各民族神话》（汉族），太原：山西出版传媒集团·书海出版社2014年版，第29~30页。

W1809.2.4
盘古的弟弟盘生缩地时的褶皱形成山

【关联】
① ［W0725.3.1］盘古和盘生两兄弟
② ［W1505.5.1］盘古的弟弟盘生造万物
③ ［W1809.12.1］盘古的儿子盘生画出山

实 例

白族 盘古的弟弟盘生缩地，地面上就出现了许多皱纹。这些皱纹便是大地上的山。

【流传】云南省·（大理白族自治州）·大理（大理市）、洱源（洱源县）、剑川（剑川县）

【出处】杨国政讲，杨亮才记录整理：《开天辟地》，见中华民族故事大系编委会编《中华民族故事大系》第5卷（瑶族、白族、土家族），上海：上海文艺出版社1995年版，第318~319页。

白族 盘古氏与盘生氏分别造天地时，天狭而地偏阔，乃缩地以就天，于是地面出现皱纹，即今山川平地之所由来。

【流传】（无考）

【出处】《开天辟地》，原载谷德明编《中国少数民族神话》，见袁珂《中国神话大词典》，北京：华夏出版社2015年版，第474页。

白族 变出地的盘生（盘古的弟弟）用缩地法把他的地缩小时，地面上就出现了许多皱纹。这些皱纹便是大地上的山。

【流传】云南省·（大理白族自治州）·大理（大理市）、洱源（洱源县）、剑川（剑川县）等地

【出处】杨国政讲，杨亮才记录整理：《开天辟地》，原载《云南民间故事选》（不详），见姚宝瑄主编《中国

各民族神话》（白族、拉祜族、景颇族），太原：山西出版传媒集团·书海出版社2014年版，第6页。

W1809.2.5
神修整天地产生的褶皱形成山

实例

苗族 四个大神修整天地时，一齐用力一抖，把十二层地抖出了皱纹，一条条皱纹，就像一条百叶裙。凹处就是江河湖泊，凸处就是大坡高山。

【流传】（无考）

【出处】陶春保讲，刘永鸿整理：《生天养地的爹娘》，见姚宝瑄主编《中国各民族神话》（布依族、仡佬族、苗族），太原：山西出版传媒集团·书海出版社2014年版，第133页。

W1809.2.5.1
创世女神修地时抖出的褶皱形成山

实例

基诺族 阿嫫腰白（神名，创世女神）把天地合拢时，地太宽，她就把地抓起来抖了一下，大地起了皱，形成了高山。

【流传】云南省·（西双版纳傣族自治州）·景洪县（景洪市）

【出处】白桂林等讲，刘怡采录：《阿嫫腰白造天地》，见中国民间文学集成全国编辑委员会编《中国民间故事集成》（云南卷），北京：中国ISBN中心2003年版，第77页。

W1809.2.5.2
天神缩地时皱巴的地方形成山

实例

傈僳族 天神缩地时，变成了皱巴巴的一块，高的地方形成了高山峻岭。

【流传】云南省·（德宏傣族景颇族自治州）·陇川县·（陇把镇）·邦外公社（邦外村）

【出处】李有华讲，黄云松等采录：《天地人的来历》，见中国民间文学集成全国编辑委员会编《中国民间故事集成》（云南卷），北京：中国ISBN中心2003年版，第44页。

W1809.2.6
长蛇缩地形成山河

【关联】［W1393.1.6a］蛇缩地

实例

彝族（罗鲁泼） 长蛇把地一缩，便又了山和河川。

【流传】云南省·（楚雄彝族自治州）·永仁县

【出处】

（a）李德宝演唱，李必荣、李荣才搜集，夏光辅、诺海阿苏翻译：《冷斋调》（1984），见云南省社会科学院楚雄彝族文化研究所编《彝族民间文学》第2辑，1985年。

（b）夏光辅、诺海阿苏翻译，古梅改写：《冷斋调》，见姚宝瑄主编《中国各民族神话》（羌族、彝族），太原：山西出版传媒集团·书海出版社 2014 年版，第 114 页。

W1809.2.6a
龙王箍地形成山

【实 例】

仡佬族 天包不住地，张、李二位龙王把地抱起来估倒箍，箍出一些皱皱、包包。形成的现在的高山。

【流传】贵州省·（遵义市）·遵义县（播州区）·平正公社（平正仡佬族乡）·尖山（今属遵义市播州区三岔镇）

【出处】熊文帮讲，葛镇亚搜集：《天与地》，见陶立璠、赵桂芳等编《中国少数民族神话汇编》（开天辟地篇等），中央民族学院少数民族古籍整理出版规划领导小组办公室印（未署出版时间），第 324 页。

W1809.2.7
赶地时形成的褶皱变成山

【实 例】

汉族 盘古王让人拿起赶山竹篙把扁古王开得平展展的地赶起皱来，地上就有了高山。

【流传】四川省·（宜宾市）·屏山县·屏边乡（屏边镇）·麻柳村

【出处】徐云华讲，徐登奎采录：《盘古开天地》，见中国民间文学集成全国编辑委员会编《中国民间故事集成》（四川卷·上），北京：中国 ISBN 中心 1998 年版，第 23 页。

W1809.3
缩地时凸起的地方形成山

【关联】[W1845.1.9.2] 修整大地时凹下的地方成为山谷

【实 例】

阿昌族

（参见 W1845.1.12.2 母题实例）

仡佬族 （实例待考）

畲族 造地的女人很勤快，结果造大了。她们缩地时，有的地方凸起来，有的地方凹下去。凸起来的地方变成了山川。

【流传】福建省·（宁德市）·福安（福安市）

【出处】钟瑞珠讲，郑万生采录：《男造天，女造地》，原载《中国少数民族民间文学丛书·畲族民间故事选》，上海：上海文艺出版社 1993 年版，见《福建省少数民族古籍丛书》编委会编《畲族卷·民间故事》，福州：海峡出版发行集团·海峡书局 2013 年版，第 2 页。

W1809.3.0
盘古缩地时凸起的地方形成山

【实 例】

汉族 盘古把天造小了，就皱拢地，有的地方高，就有了山。

【流传】四川省·巴县（今重庆市·巴南区）

【出处】王国珍讲，罗桂英采录：《盘古开天地》，见中国民间文学集成全国编辑委员会编《中国民间故事集成》（四川卷），北京：中国 ISBN 中心 1998 年版，第 22 页。

W1809.3.1
神造成的大地凸起形成山

实 例

汉族 两个神仙按住地的四边往里缩，因为刚造好的地有硬有软，硬的地方凸起，变成山。

【流传】浙江省·（杭州市）·淳安县·上梧乡·陈家门村

【出处】陈南生讲，王水根记录整理：《天为什么比地大》，见淳安县民间文学征集办公室编《中国民间文学集成浙江省淳安县故事、歌谣、谚语卷》，内部编印，1988 年，第 3 页。

W1809.3.1.1
神用斧子撞击大地时凸起的地方形成山

实 例

景颇族

（参见 W1809.16.3 母题实例）

W1809.3.2
大地因寒冷冷缩出山

【关联】［W1393.1］地的缩小（缩地）

实 例

壮族 天神从宗爷爷把天上的 12 个太阳全射落以后，大地又立刻变得寒冷，原先像开水般沸腾的洪水，开始冷缩了，地上虽然现出了高山和平坝。

【流传】云南省·文山壮族苗族自治州

【出处】黎之整理：《从宗爷爷造人烟》，原载李子贤编《云南少数民族神话选》，云南人民出版社 1990 年版，见姚宝瑄主编《中国各民族神话》（仫佬族、壮族、京族），太原：山西出版传媒集团·书海出版社 2014 年版，第 120 页。

W1809.3.3
大地缩身体时鼓出的地方变成山

实 例

珞巴族 大地拼命缩小身体，使自己的身上一部分鼓起来，一部分陷下去，高的变成了大山。

【流传】
（a）西藏自治区·下珞渝（泛指永木河、锡约尔河、巴恰西仁河流域）
（b）西藏自治区·下珞渝（又写作"下珞瑜"）西巴霞曲流域

【出处】
（a）维·埃尔温搜集：《天地的故事》，见中华民族故事大系编委会编《中华民族故事大系》第 16 卷（赫哲族、门巴族、珞巴族、基诺族），上海：上海文艺出版社 1995 年版，第

‖W1809.3.4-W1809.4‖　1.7.1　山的产生

396 页。

（b）同（a），见李坚尚、刘芳贤编《珞巴族门巴族民间故事选》，上海：上海文艺出版社1993年版，第9页。

W1809.3.4
祖先箍地形成的凸起变成山

【关联】

① [W1821.5.4] 鼓出的地变成山

② [W1823.3] 地面隆起形成山

实例

瑶族　发枚（始祖名）带领大家把用篾条箍地时，地上凸起很多皱皱，高的地方就变成高山。

【流传】贵州省·（黔东南苗族侗族自治州）·从江县·（翠里乡）·高芒乡（高芒村）

【出处】赵金荣讲，杨路塔采录：《发枚造天地》，见中国民间文学集成全国编辑委员会编《中国民间故事集成》（贵州卷），北京：中国ISBN中心2003年版，第9页。

W1809.3a
补地时的失误形成山

实例

（参见下级母题实例）

W1809.3a.1
张古老补地时的用力过猛形成山

实例

土家族　李古老急急忙忙补地，他北边用力过猛，堆成了一座山。

【流传】四川省·秀山县（今重庆市·秀山土家族苗族自治县）·海洋乡

【出处】彭国然讲，李绍明采录：《依罗娘娘造人》，见中国民间文学集成全国编辑委员会编《中国民间故事集成》（四川卷·下），北京：中国ISBN中心1998年版，第1211页。

W1809.3a.2
李张古老补地时捏出的疙瘩形成山

实例

土家族　李古老补地时，胡乱用力把地一捏，地被他捏得疙疙瘩瘩，这疙疙瘩瘩成了今天的山山岭岭。

【流传】湖南省、湖北省、贵州省等地

【出处】田建柏讲，彭勃等搜集整理：《补天补地》，见中华民族故事大系编委会编《中华民族故事大系》第5卷（瑶族、白族、土家族），上海：上海文艺出版社1995年版，第658页。

W1809.4
积土成山

【关联】

① [W1265.3.5] 撒土成岛

② [W1805.2.1] 女娲撒土造山

③ [W1809.4.8] 天神积土成山

④ [W1821.5] 泥土变成山

⑤ [W1833.8.3.2.2] 天神撒土形成山脉

实例

（参见下级母题实例）

W1809.4.1
动物堆出山

【关联】
① ［W1257.2］鸟衔石堆出平地
② ［W1265.3.6］神堆出岛

实例

（实例待考）

W1809.4.2
独角神兽堆石为山

【关联】［W3599.4］独角兽

实例

满族 （实例待考）

W1809.4.3
水中积土成山

实例

（参见下级母题实例）

W1809.4.3.1
土垡子填水塘变山

实例

景颇族 恩官瓦（创造大地的人）的土垡子填满水塘，变成高山。

【流传】云南省·（德宏傣族景颇族自治州）·陇川县

【出处】岳品荣讲，陈景东等采录：《南宛河和罗卜坝河》，见中国民间文学集成全国编辑委员会编《中国民间故事集成》（云南卷），北京：中国ISBN中心2003年版，第393页。

W1809.4.4
尘土堆积成山

【关联】［W1821.5.3］尘土变成山

实例

德昂族 天上的尘土就落在大网上，变成了大地，凸出来的部分就成了高山。

【流传】（a）云南省·德宏州（德宏傣族景颇族自治州）

【出处】

（a）李来岩等讲，李岩牙等翻译，朱宜初采录：《葫芦传人种》，见中国民间文学集成全国编辑委员会编《中国民间故事集成》（云南卷），北京：中国ISBN中心2003年版，第208页。

（b）李志崖讲，朱宜初搜集，谷德明整理：《大火和洪水》，见谷德明编《中国少数民族神话》，北京：中国民间文艺出版社1987年版，第515页。

蒙古族 神箭手阿勒坦·沙盖与长着七十五颗脑袋的恶魔年儿年·煞拉比赛摔跤，摔了三年不分胜负。他们的脚刨起的尘土，堆成了一座座高山。

【流传】内蒙古自治区

【出处】

（a）布拉托夫整理：《阿勒坦·沙盖父子战多头恶魔》，见郝苏民、薛守邦译编《布里亚特蒙古民间故事集》，北京：中国民间文艺出版社 1984年版。

（b）同（a），见姚宝瑄主编《中国各民族神话》（达斡尔族、鄂伦春族、鄂温克族、蒙古族），太原：山西出版传媒集团·书海出版社 2014年版，第 193 页。

W1809.4.4.1
巨人修天落到地上的粉尘聚成山

实例

苗族　纳罗引勾（半人半兽的巨人）修整天地时，把天心抠下来，把地掏空，落到地上的粉尘，堆积多的聚成山。

【流传】广西壮族自治区·（柳州市）·融水苗族自治县

【出处】

（a）杨达香讲，梁彬搜集整理：《创世纪》（一、开天辟地，地始天初），见梁彬、王天若编《苗族民间故事选》，南宁：广西人民出版社 1986 年版。

（b）同（a），见姚宝瑄主编《中国各民族神话》（布依族、仡佬族、苗族），太原：山西出版传媒集团·书海出版社 2014 年版，第 170 页。

W1809.4.4.2
洪水时蜘蛛水上结网积尘土高的地方形成山

实例

德昂族　大地没于洪水，蜘蛛结网水上，网大而密。天上尘土落于网上，复变大地，其凸出之处，乃成高山。

【流传】（无考）

【出处】袁珂改编：《大火与洪水》，原载谷德明编《中国少数民族神话选》，见袁珂《中国神话大词典》，北京：华夏出版社 2015 年版，第 582 页。

W1809.4.5
神挑的土落地成山

实例

黎族　大力神从天上取下彩虹当作扁担，拿来地上的道路当作绳索，从海边挑来沙土造山垒岭。

【流传】

（a）海南省·（三亚市）·乐东县（乐东黎族自治县）·抱由镇

（bc）海南省五指山区

【出处】

（a）林大陆讲，广东民族学院中文系七七级采风组采录：《大力神》，见中国民间文学集成全国编辑委员会编《中国民间故事集成》（海南卷），北京：中国 ISBN 中心 2002 年版，第 14 页。

（b）同（a），见谷德明编《中国少数民族神话》，北京：中国民间文艺出版社 1987 年版，第 191 页。

（c）同（a），见广东民族学院中文系编《黎族民间故事选》，上海：上海文艺出版社 1982 年版，第 1 页。

彝族　哥自天神担土造平坝时，扁担断成两截，他挑的土倒下来，便变成了双肩山。

【流传】云南省·（昆明市）·路南县（石林彝族自治县）

【出处】黄石玉讲，陈思清记录整理：《石林》，见姚宝瑄主编《中国各民族神话》（羌族、彝族），太原：山西出版传媒集团·书海出版社2014年版，第273页。

W1809.4.5.1
二郎神担山时倒的鞋中土形成山

【关联】［W1809.4a.1］二郎神倒的鞋中沙子形成山

实 例

汉族 两座大土山是二郎神从鞋壳里倒出的土。

【流传】河南省·（三门峡市）·渑池县·西村乡

【出处】《二郎担山追太阳》，见《民间故事全书》（河南省·渑池卷），内部编印，2009年，第3页。

W1809.4.6
泥巴堆积成山

实 例

汉族 二郎神担着山走到伏牛山前怀时，正赶上天下雨，脚下沾着厚厚的泥巴。脚上甩掉的泥块飞在不远的地方，鼓起一个圪堆，这就是"踢脚山"。

【流传】河南省

【出处】吴光瑞、尚保元讲，尚海三记录：《二郎担山撵太阳》，见姚宝瑄主编《中国各民族神话》（汉族），太原：山西出版传媒集团·书海出版社2014年版，第134~135页。

瑶族（布努） 密洛陀（万物之母，女始祖，女神）生的12个男孩中，让第一个儿子阿亨阿独左手抓把泥块，右手捏把土团，捏起土团堆成岭，抓起泥巴堆成山。

【流传】广西壮族自治区·（河池市）·都安县（都安瑶族自治县）、巴马县（巴马瑶族自治县）、南丹县、（百色市）·田东县、平果县等地

【出处】桑布郎等传，蒙凤标（83岁）、罗仁祥（73岁）等唱：《密洛陀》（1983），见蓝怀昌、蓝书京、蒙通顺搜集翻译整理《密洛陀》，北京：中国民间文艺出版社1988年版，第62页。

W1809.4.7
始祖挑土造山

实 例

基诺族 水中生出始祖尧白之后，她挖沟，挑土造山，这样山川和河流就出来了，大水便流进了海洋。

【流传】（无考）

【出处】《水里浮起的尧白阿嫫》，见姚宝瑄主编《中国各民族神话》（水族、布朗族、独龙族、基诺族、傈僳族），太原：山西出版传媒集团·书海出版社2014年版，第154页。

基诺族 创世母亲挑土创造澜沧江边的大山。

【流传】云南省·（西双版纳傣族自治州·景洪市）·基诺山（基诺山基诺族乡）·巴亚寨、巴卡寨、戛里果箐

【出处】白腊约等讲，杜玉亭调查整理：《创世母亲遇难》（1958~1981），见吕大吉、何耀华总主编《中国各民族原始宗教资料集成》（彝族卷、白族卷、基诺族卷），北京：中国社会科学出版社1996年版，第880页。

W1809.4.8
天神积土成山

实例

佤族 伦（传说中的天神之一）在地上用泥巴不停地堆，堆出了高山。

【流传】云南省·（普洱市）·西盟县（西盟佤族自治县）

【出处】达老屈等讲，隋嘎等采录：《司岗里》，见中国民间文学集成全国编辑委员会编《中国民间故事集成》（云南卷），北京：中国ISBN中心2003年版，第96页。

W1809.4.9
地神积土成山

实例

汉族 地神挖一块堆一块，越堆越高，形成尖峰。

【流传】浙江省·（杭州市）·临安县（临安市）·高桥镇（玲珑街道）·祥里村

【出处】陈光林讲，张涛采录：《山与海是怎样来的》，见中国民间文学集成全国编辑委员会编《中国民间故事集成》（浙江卷），北京：中国ISBN中心1997年版，第21页。

W1809.4.10
筑堤成山

实例

汉族 鲧治水时筑堤成山。

【流传】浙江省·宁波市·宁海县·（西店镇）·紫江村

【出处】邬荣绍讲，麻承照记录：《鲧山禹河》（1987.05），见罗杨总主编，戴余金本卷主编《中国民间故事丛书·浙江宁波·宁海卷》，北京：知识产权出版社2015年版，第8页。

W1809.4a
积沙成山

【关联】［W1843.5.4］积沙成岭

实例

（参见下级母题实例）

W1809.4a.1
二郎神倒的鞋中沙子形成山

实例

汉族 东边不远的平明山，是二郎神磕鞋子倒的泥沙堆子。所以这山连一

1.7.1　山的产生　　‖W1809.4a.2-W1809.4a.3.1‖　**2427**

块整石头都没有。

【流传】江苏省·（连云港市）·东海县

【出处】王运家讲，朱守和记录：《二郎神挑来平明龙虎山》，见姚宝瑄主编《中国各民族神话》（汉族），太原：山西出版传媒集团·书海出版社 2014 年版，第 114~115 页。

汉族　杨二郎挑山赶日时，靴子里灌满了泥沙，他把靴子脱下往海滩上倒了一摊泥，这摊泥就是如今的沙碛子（小山包）。

【流传】辽宁省·（丹东市）·东沟县（东港市），（大连市）·庄河县（庄河市）一带

【出处】王锦函讲，王荷清记录整理：《杨二郎填海追太阳》，见姚宝瑄主编《中国各民族神话》（汉族），太原：山西出版传媒集团·书海出版社 2014 年版，第 123~130 页。

W1809.4a.2
女子沙袋中漏的沙子形成山

实　例

蒙古族　丫鬟骑的风海骝马跑在最前边。她看见十二个脑袋的蟒古斯的红马跑过来了，就割开第一个麻袋，沙子流出来，堆成了一座山，红马跌下去死了。

【流传】内蒙古自治区·（巴彦淖尔市）·乌拉特中旗

【出处】

（a）额尔登达来讲，巴彦尔翻译，赵永晖、陈代明搜集整理：《英雄当德巴特尔》，载《民间文学》1984 年第 11 期。

（b）同（a），见姚宝瑄主编《中国各民族神话》（达斡尔族、鄂伦春族、鄂温克族、蒙古族），太原：山西出版传媒集团·书海出版社 2014 年版，第 171 页。

W1809.4a.3
积沙成为沙山

实　例

汉族　李二郎（人名）担山时，鞋里塞了些泥沙，他脱鞋一抖，鞋里落下来泥沙垒成了个大土堆堆。

【流传】四川省青城山一带

【出处】王纯五记录整理：《二郎担山赶太阳》，见姚宝瑄主编《中国各民族神话》（汉族），太原：山西出版传媒集团·书海出版社 2014 年版，第 130~133 页。

W1809.4a.3.1
沙山

实　例

白族　很远的地方飘来一团黑乎乎的飞沙，飘落在应山铺沙登村。飞沙走石聚成了一座沙山。

【流传】云南省·（大理白族自治州）·宾川县

【出处】董德珍讲，王富记录：《沙漠大王》，见姚宝瑄主编《中国各民族神

话》（白族、拉祜族、景颇族），太原：山西出版传媒集团·书海出版社2014年版，第93~94页。

W1809.4b
积灰成山

实例

（参见下级母题实例）

W1809.4b.1
二郎神留下的灰堆变成山

实例

汉族　二郎神往西走了不远，肚子饿了，就找了几块石头支起鏊子烙馍做饭。后来留下的灰堆成了一座小山，就叫"鏊子山"。

【流传】河南省

【出处】吴光瑞、尚保元讲，尚海三记录：《二郎担山撵太阳》，见姚宝瑄主编《中国各民族神话》（汉族），太原：山西出版传媒集团·书海出版社2014年版，第134~135页。

W1809.5
积石成山（堆石造山）

实例

（参见下级母题实例）

W1809.5.0
神或神性人物堆石成山

实例

（参见下级母题实例）

W1809.5.0.1
祖先堆石成山

实例

侗族　始祖神丈良丈美造水归河，造石归山。

【流传】（无考）

【出处】三江侗族自治县集成办公室编：《侗族款词耶歌酒歌》，内部资料，1987年，第130页。

W1809.5.0.2
神兽先堆石成山

实例

满族　独角神兽安班德德瞒爷创地开沟，堆石为山。

【流传】（无考）

【出处】王宏刚：《论萨满教创世神话中的文化精神》，载《萨满学术论坛》2006年第1期。

W1809.5.1
动物堆石成山

实例

黎族　熊、豹、白蚁、毒蜂、恶鸟等搬来许多泥土和大岩石，把一对夫妻被坏人杀害的五个儿子的尸体埋葬了，堆成了五座高高的山。

【流传】海南省·（三亚市）·保亭县（保亭黎族苗族自治县）

【出处】

（a）容斯焕整理：《五指山传说》，见

广东民族学院中文系编《黎族民间故事选》，上海：上海文艺出版社 1983 年版。
(b) 同（a），见姚宝瑄主编《中国各民族神话》（高山族、黎族、畲族），太原：山西出版传媒集团·书海出版社 2014 年版，第 65 页。

W1809.5.2
女子垒石成山

实 例

汉族 夫行役未回，其妻登山而望，每登山辄以藤箱盛土，积石累功，渐益高峻，故以名焉。

【流传】（无考）
【出处】
(a) ［宋］王象之：《舆地纪胜》卷三〇。
(b) 《望夫山》，见袁珂《中国神话大词典》，北京：华夏出版社 2015 年版，第 303 页。

W1809.5.3
神抛石成山

【关联】［W1821.4.3 射日者抛的石头变成山

实 例

傣族 射神惟鲁塔射日前，磨石造箭。磨第七支箭时，因用力过猛，被折断成两截。他生气地把一截朝东一扔，把另一截朝西一甩，两截都插入大地，成了两座大石山。

【流传】（无考）
【出处】岩峰、王松搜集整理：《射神惟鲁塔》，原载《中国各民族宗教与神话大词典》编审委员会编《中国各民族宗教与神话大词典》，学苑出版社 1990 年版，见姚宝瑄主编《中国各民族神话》（哈尼族、傣族），太原：山西出版传媒集团·书海出版社 2014 年版，第 381 页。

W1809.6
赶石成山

【关联】［W1867.3.1］天神赶石形成石林

实 例

汉族 （实例待考）

彝族

（参见 W1867.3.1 母题实例）

W1809.7
潜水取泥造山

【关联】
① ［W1179.4］潜水取土造地
② ［W1807.5.1］鱼潜水取泥造山

实 例

（实例待考）

W1809.8
击打形成山

实 例

（参见下级母题实例）

W1809.8.1
神击打出山

实例

景颇族 能贯娃（又作"宁冠哇"，造物主、创世神）用石锤（又作"开山巨斧"）敲打地面，打得轻的地方成了高山。

【流传】云南省

【出处】

（a）木然瑙都搜集整理：《宁冠娃》，载《山茶》1983年第3期。

（b）同（a）见谷德明编《中国少数民族神话》，北京：中国民间文艺出版社1987年版，第465页。

（c）岳志明、杨国治翻译整理：《驾驭太阳的母亲》，见谷德明编《中国少数民族神话》，北京：中国民间文艺出版社1987年版，第468页。

W1809.8.1.1
天母击打出山

实例

羌族 发生了大地震时，红满西（天母）和女儿忙用棒槌砸地面，把地捶得高一梗低一梗的，高处就成了山。

【流传】四川省·（阿坝藏族羌族自治州）·理县·桃坪乡·桃坪村

【出处】余青海讲，罗世泽采录：《开天辟地》，见中国民间文学集成全国编辑委员会编《中国民间故事集成》（四川卷·下），北京：中国ISBN中心1998年版，第1107页。

W1809.8.2
在地上顿斧头形成山

实例

（参见下级母题实例）

W1809.8.2.1
盘古在地上顿斧头形成山

实例

土家族 仙人盘古拿了把大斧头，朝天和地的中间砍了起来。他把斧头把往地上顿几下，地上出现了高山、平地。

【流传】湖南省·（湘西土家族苗族自治州）·吉首市

【出处】黄德裕讲，杨启良等采录：《盘古开天、女娲补天》，见中国民间文学集成全国编辑委员会编《中国民间故事集成》（湖南卷），北京：中国ISBN中心2002年版，第5页。

W1809.8.3
用锤敲击大地形成山

实例

羌族 一位母亲因烧掉女儿的蛤蟆皮，造成地皮拱了起来，她便赶紧用棒槌捶。没有捶到的地方，就拱成高山

【流传】（无考）

【出处】

（a）《山沟平坝的形成》，见杨亮才、

陶立璠、邓敏文著《中国少数民族文学》（上册），北京：人民出版社1985年版。

（b）林忠亮：《试析羌族的古老神话》，载《西南民族学院学报》1981第2期。

（c）同（a），见姚宝瑄主编《中国各民族神话》（羌族、彝族），太原：山西出版传媒集团·书海出版社2014年版，第4页。

彝族 司惹约祖（人神名）领着九个男神到大地上整地时，见高山就劈，见深谷就打。打一锤成山，做牧羊的地方。

【流传】（四川省·凉山彝族自治州）

【出处】

（a）冯元蔚译：《勒俄特依》，成都：四川民族出版社1986年版。

（b）冯元蔚译，蔷紫改写：《勒俄特依》，见姚宝瑄主编《中国各民族神话》（羌族、彝族），太原：山西出版传媒集团·书海出版社2014年版，第151页。

W1809.8.3.1

文化英雄的儿子用锤敲击大地形成山

实例

彝族 支格阿龙的儿子用锤把地捶平时睡着了，醒后胡乱去锤形成高低不平的山地。

【流传】四川省·（凉山彝族自治州）·西昌市

【出处】吉拉马恼讲，沈伍己采录：《平地》，见中国民间文学集成全国编辑委员会编《中国民间故事集成》（四川卷·下），北京：中国ISBN中心1998年版，第776页。

W1809.9

劈砍形成山

【关联】

① ［W1804.7.1］英雄用剑劈出山

② ［W1804.9.2］仙子劈出山

实例

（参见下级母题实例）

W1809.9.1

盘古用斧子劈出山

实例

汉族

（参见 W1822.1.1 母题实例）

W1809.9.2

劈坏地面形成山

实例

佤族 原来地面时平的，男人劈柴劈坏了地面，形成了高山。

【流传】云南省

【出处】《天地的变化》，见中国社会科学院云南少数民族文学研究所等编《云南少数民族文学资料》第1辑，内部编印，1980年，第10页。

W1809.9.3
用宝刀造山

实 例

布朗族 帕雅英的父亲宇宙大神给他一把宝刀，在地上造出了山川。

【流传】云南省·西双版纳（西双版纳傣族自治州）·勐海县

【出处】《帕雅英与十二瓦席》，见云南省民族事务委员会编《布朗族文化大观》，昆明：云南民族出版社1999年版，第173页。

W1809.10
犁出山

【关联】
① [W1845.1.3] 犁出山谷
② [W1935.1] 犁出江河

实 例

（参见下级母题实例）

W1809.10.1
神或神性人物犁出山

实 例

（参见下级母题实例）

W1809.10.1.1
天神犁出山

实 例

傣族 （实例待考）

W1809.10.1.1.1
天神用天牛犁出山

实 例

哈尼族 阿波摩米（天神）就驾起天牛来犁地，犁起来的垡块成了高山。

【流传】云南省

【出处】王文清讲，毛佑全等搜集整理：《俄八美八》，见谷德明编《中国少数民族神话》，北京：中国民间文艺出版社1987年版，第332页。

W1809.10.1.2
祖先犁出山

实 例

布依族 阿祖驾驭神牛犁大地，犁出高山。

【流传】贵州省

【出处】《阿祖犁土》，见何积全、陈立浩主编《布依族文学史》，贵阳：贵州民族出版社1992年版，第53页。

W1809.10.2
牛耙出高山

实 例

哈尼族 天门开了，地门开了，天已经亮了，犁地的三头黄牛只好停下来。可是许多地方却耙成了高山和深谷。

【流传】云南省

【出处】刘辉豪、白章富搜集整理，昌文根据古梅改写的《奥色密色》中的一节改写：《塔婆、模米生儿女》，见姚宝瑄主编《中国各民族神话》（哈尼族、傣族），太原：山西出版传媒集团·书海出版社 2014 年版，第 69 页。

W1809.10.3
天牛犁地犁出高山

【关联】［W1809.10.1.1.1］天神用天牛犁出山

实 例

哈尼族 因为太阳晒出地缝，阿波摩米（天神名）就驾起天牛来犁地，犁起来的垄成了高山。

【流传】（云南省）

【出处】王文清讲，毛佐全、傅光宇搜集整理：《俄八美八》，原载《玉溪文化》，见姚宝瑄主编《中国各民族神话》（哈尼族、傣族），太原：山西出版传媒集团·书海出版社 2014 年版，第 88~89 页。

W1809.10.4
犀牛犁地形成高山

实 例

布依族 翁戛老祖从天上拉来犀牛，让犀牛犁地耕田。犀牛犁出地上的高山。

【流传】贵州省布依族地区

【出处】杨正荣、祝登壅讲，岭玉清、汛河搜集整理，古梅改写：《翁戛造万物》，见姚宝瑄主编《中国各民族神话》（布依族、仡佬族、苗族），太原：山西出版传媒集团·书海出版社 2014 年版，第 9 页。

W1809.11
山是刻出来的

实 例

（参见下级母题实例）

W1809.11.1
神刻出山

实 例

汉族 （实例待考）

W1809.11.2
玉帝刻出山

实 例

（参见下级母题实例）

W1809.11.2.1
玉帝用剑刻出山

实 例

汉族 玉帝用剑在地球上雕刻出大大小小的山。用泥土捏出各种鸟兽。照自己的样子用泥土造人。

【流传】陕西省·（汉中市）·南郑县·协税镇、周家坪镇

【出处】何章讲，李小曼搜集整理：《人的出世》，见南郑县民间故事集成编委会编《中国民间故事集成陕西卷·南郑县故事集成》，内部编印，1988 年，第 3 页。

W1809.12
山是画出来的

【关联】［W1935.4.6］画地成河

实 例

（参见下级母题实例）

W1809.12.1
盘古的儿子盘生画出山

实 例

汉族 大地上的山是盘古的儿子盘生画出来的。

【流传】湖北省·（荆州市）·洪湖市·郑道湖镇

【出处】蓝德财讲，龚达雄采录：《盘生划地》，见中国民间文学集成全国编辑委员会编《中国民间故事集成》（湖北卷），北京：中国ISBN中心1999年版，第7页。

W1809.13
山是挑来的

【关联】［W1809.4.5］神挑的土落地成山

实 例

（参见下级母题实例）

W1809.13.1
二郎神担山追日时挑来山

【关联】

① ［W1852.6.2.1］骊山是二郎神挑来的

② ［W9867.2］二郎神担山追杀太阳

实 例

汉族 二郎神担山捉太阳时，把肩上担着的两座山放在海边了，这便是今泗洪县石集乡境内的柳山和毛山。

【流传】江苏省·（宿迁市）·泗洪县·城头（城头乡）·莫台村

【出处】莫天创讲，莫云搜集整理：《二郎担山赶太阳》（1988.12），见姚宝瑄主编《中国各民族神话》（汉族），太原：山西出版传媒集团·书海出版社2014年版，第120~121页。

W1809.13.2
大力神挑来山

实 例

汉族 尖峰山是大力神挑来的。

【流传】浙江省·金华市·婺城区·双龙乡·洞前村

【出处】方康忠讲，杨学成采录：《大禹乩水》，见中国民间文学集成全国编辑委员会编《中国民间故事集成》（浙江卷），北京：中国ISBN中心1997年版，第66页。

W1809.13a
山是挑出来的

实 例

（参见下级母题实例）

W1809.13a.1
颛顼用宝剑挑成山

实例

汉族 颛顼用宝剑一挑,挑成个山,起名叫鲥山。

【流传】河南省·(安阳市)·内黄县·梁庄乡·三杨庄

【出处】寇四妮讲,张毅力采录:《颛顼降水怪》,见中国民间文学集成全国编辑委员会编《中国民间故事集成》(河南卷),北京:中国 ISBN 中心2001年版,第40页。

W1809.14
山是踩出来的

【关联】[W1917.2]造地者踩出江河

实例

(参见下级母题实例)

W1809.14.1
神在地上行走时踩出了山

实例

彝族 (实例待考)

W1809.15
山是抛撒出来的

实例

黎族 (实例待考)

W1809.15.1
天神向地上撒金子、石头、泥巴,撒得多的地方变成山

【关联】[W1821]自然物或无生命物变化成山

实例

羌族 天神为镇住洪水向地上抛撒金子、石头、泥巴的时候,用力不均,撒得多的地方就变成了山。

【流传】四川省·(阿坝藏族羌族自治州)·松潘县·小姓乡

【出处】林波讲,西南民院中文系采风队采录者:《山是咋个来的》,见中国民间文学集成全国编辑委员会编《中国民间故事集成》(四川卷·下),北京:中国 ISBN 中心 1998 年版,第1109页。

羌族 天神撒金子、石头、泥土治洪水的时候,用力不均,其中,撒得多的地方就变成了山。

【流传】(无考)

【出处】

(a)《大地生成神话》,见西南民族学院《羌族文学简史》编写组编《羌族民间文学资料集》(一),1987年4月。

(b) 同 (a),见吕大吉、何耀华总主编《中国各民族原始宗教资料集成》(纳西族卷、羌族卷、独龙族卷、傈僳族卷、怒族卷),北京:中国社会科学出版社 2000 年版,第 579 页。

羌族　天神在撒金子、石头、泥巴治洪水时，用力不均，有的地方撒得多，有的地方撒得少，有的地方撒到了，有的地方没有撒到。撒到的地方就变成了山。

【流传】四川省·（阿坝藏族羌族自治州）·松潘县·小姓乡

【出处】林波讲，王康、吴文光、龚剑雄采录，王康整理：《山是咋个来的》，原载西南民族学院图书馆与西南民族学院《羌族文学简史》编写组1987年合编《羌族民间文学资料集》（一），见姚宝瑄主编《中国各民族神话》（羌族、彝族），太原：山西出版传媒集团·书海出版社2014年版，第14页。

W1809.15.2
玉帝撒的彩纸碎片变成山

实例

汉族　玉帝向人间撒的彩纸碎片变成地上山川。

【流传】河南省·（南阳市）·桐柏县

【出处】《盘古开天地》，见桐柏网，http://tongbai.01ny.cn，2001.01.26。

W1809.16
其他造山方法

实例

（参见下级母题实例）

W1809.16.1
神捏出山

实例

佤族　（实例待考）

W1809.16.1a
神人捏出山

【关联】[W1809.3a.2] 李张古老补地时捏出的疙瘩形成山

实例

土家族　神人李古老慌忙中造地，以双手捏出大山。

【流传】（无考）

【出处】《张古老与李古老》（原名《张古老制天李古老制地》），原载毛星主编《中国少数民族文学》（中册），见袁珂《中国神话大词典》，北京：华夏出版社2015年版，第488页。

W1809.16.2
神抓出山

【关联】[W1265.3.7] 抓地成岛

实例

纳西族　开天的盘神九兄弟和辟地的禅神七姐妹，拎着地往上一揪，地上出现了重重望不断的高山。

【流传】云南省·（丽江市）·丽江县（古城区、玉龙纳西族自治县）

【出处】木丽春采集整理：《石蛙谋士》，见木丽春编著《纳西族民间故事集》，昆明：云南人民出版社 2007 年版，第 18 页。

W1809.16.3
神造地时用斧子打得重的地方成为高山

【关联】［W1809.3.1］神用斧子撞击大地时凸起的地方形成山

实 例

景颇族 造物主能贯娃手持一柄开山巨斧，东边打打，西边劈劈，有时打得重，有时打得轻，打得重的地方成了平地，打得轻的地方成了高山。

【流传】（云南省·德宏傣族景颇族自治州）

【出处】岳志明、杨国治翻译整理：《驾驭太阳的母亲》，见姚宝瑄主编《中国各民族神话》（白族、拉祜族、景颇族），太原：山西出版传媒集团·书海出版社 2014 年版，第 204 页。

W1809.16.4
搬山治水形成山水

实 例

汉族 防风（巨人名）搬山治洪水时，他自己长手长脚，搬座小青泥山一扔，再搬座小青泥山一扔，扔了九天九夜，把大片洪水挤到海里去啦，出现了一大片有山有水的好地盘。

【流传】浙江省·（湖州市）·德清县·三合乡

【出处】沈益民讲，钟铭、钟伟今采录：《尧封防风国》，见陶阳、钟秀编《中国神话》（中），北京：商务印书馆 2008 年版，第 813~814 页。

W1809.16.5
用魔法造出山

实 例

（参见下级母题实例）

W1809.16.5.1
天神用魔法造山

实 例

拉祜族 天神用手指划一下，平地上就变出一座高山。

【流传】云南省·（普洱市）·镇沅县（镇沅彝族哈尼族拉祜族自治县）

【出处】何正才等讲，自力采录：《洪水后幸存的两兄妹》，见中国民间文学集成全国编辑委员会编《中国民间故事集成》（云南卷），北京：中国ISBN中心 2003 年版，第 178 页。

W1809.16.5.2
巨灵神用道术造山

实 例

汉族 有巨灵胡者，偏得坤元之道，能造山川，出江河。

【流传】（无考）

【出处】《文选·西京赋》，李善注。

W1810
与造山有关的其他母题

实 例

（参见下级母题实例）

W1810.0
最初没有造山

实 例

塔吉克族 （实例待考）

W1810.1
造山的材料

【关联】 ［W1804.0.1］神用泥土沙石造山

实 例

（参见下级母题实例）

W1810.1.1
用牛骨头造山

【关联】 ［W1859.2.5］牛的骨头变成石头

实 例

哈尼族 阿匹梅烟大神杀查牛，用牛骨头做高山。

【流传】（无考）

【出处】《查牛补天地》，见中国各民族宗教与神话大词典编审委员会编《中国各民族宗教与神话大词典》，北京：学苑出版社1990年版，第169页。

哈尼族 众神杀的查牛（天地神专养的神牛）的千千万万节骨头拿去做世上层层叠叠的大山。

【流传】云南省·（红河哈尼族彝族自治州）·元阳（元阳县）、红河（红河县）、绿春（绿春县）、金平（金平苗族瑶族傣族自治县）

【出处】朱小和讲唱，史军超搜集整理：《查牛补天地》（1983），原载云南省民间文学集成办公室编《哈尼族神话传说集成》，中国民间文艺出版社1990年版，见姚宝瑄主编《中国各民族神话》（哈尼族、傣族），太原：山西出版传媒集团·书海出版社2014年版，第56页。

W1810.1.2
用牛肋造高山

实 例

哈尼族 天神们杀翻塔婆的龙牛铺设天地造万物时，用牛肋造高山、平原和梯田。

【流传】（无考）

【出处】《杀牛龙，造天地》，根据张牛朗、杨批斗、李书周等演唱，杨保生、李家顺等翻译，杨笛、郭纯礼等整理《十二奴局》和《奥色密色》翻译稿改写，见姚宝瑄主编《中国各民族神话》（哈尼族、傣族），太原：山西出版传媒集团·书海出版社2014年版，第12页。

W1810.1.3
用土造山

【关联】［W1823.6.1.1］积土形成土山

实例

黎族 大力神从海边挑来沙土造山垒岭。从此，大地上便出现了高山峻岭。

【流传】海南省五指山一带

【出处】

（a）林大陆讲，龙敏、林树勇、陈大平整理：《大力神》，见广东民族学院中文系编《黎族民间故事选》，上海：上海文艺出版社1983年版。

（b）同（a），见姚宝瑄主编《中国各民族神话》（高山族、黎族、畲族），太原：山西出版传媒集团·书海出版社2014年版，第49页。

W1810.1.3.1
用神土造山

【关联】［W1804.1.4］天神捏神土造山

实例

珞巴族 天神三兄弟到了白玛岗撒神土造地时，神土快完了。三兄弟只得一小撮一小撮地放。所以，白玛岗就有了一座一座的高山。

【流传】西藏自治区·珞渝地区（包括上珞渝，泛指古称的白马岗即今林芝市墨脱县、马尼岗、梅楚卡一带，下珞渝则泛指永木河、锡约尔河、巴恰西仁河流域）

【出处】布洛（60多岁）讲，于乃昌、张力风、陈理明整理：《天神三兄弟》，原载于乃昌《西藏民间故事——珞巴族、门巴族专辑》，见陶阳、钟秀编《中国神话》（上），北京：商务印书馆2008年版，第48～49页。

W1810.1.4
用乳房造山

【关联】

① ［W1819.9］乳房变成山

② ［W1844.1.2.1］神用乳房造山峰

实例

彝族 山神割下自己的乳房，人间造了大小山。

【流传】云南省·（红河哈尼族彝族自治州）·红河县、元阳县

【出处】龙保贵搜集整理，黄建明摘录：《祭山经》，见吕大吉、何耀华总主编《中国各民族原始宗教资料集成》（彝族卷、白族卷、基诺族卷），北京：中国社会科学出版社1996年版，第87页。

W1810.1.5
用泥造山

【关联】

① ［W1804.10.1］巨人防风用青泥造山

② ［W1805.1.1］盘古用泥造山

实例

汉族 （实例待考）

W1810.1.5.1
神用泥块造山

实例

瑶族 山神阿亨阿独遵照密洛陀的命令，赶到洛立堞防，用手捏泥块土团，堆成千山万岭。

【流传】（无考）

【出处】《密洛陀神谱》，蓝田根据农学冠等撰写的《瑶族神话传说中的人物》编写，见姚宝瑄主编《中国各民族神话》（土家族、毛南族、侗族、瑶族），太原：山西出版传媒集团·书海出版社2014年版，第147页。

W1810.1.5.2
神人用泥土捏山

实例

土家族 制地的神人李古老顺手抓了把泥土急急忙忙一捏，捏成个大山包。

【流传】湖南省土家族居住地区

【出处】《张古老制天，李古老制地》，苗风根据《中国少数民族文学》（湖南人民出版社1983年版）改写，见姚宝瑄主编《中国各民族神话》（土家族、毛南族、侗族、瑶族），太原：山西出版传媒集团·书海出版社2014年版，第4页。

W1810.1.5.3
如来佛用水、沙土、石块和成泥浆撒在水上造山

实例

汉族 如来佛在手掌里用水、沙土、石块和成泥浆朝洪水上一撒，泥浆里的石子落到哪块，哪块就是大大小小的山。

【流传】江苏省·（盐城市）·阜宁县·古河乡（古河镇）·古河村

【出处】张俊之讲，孙友光采录：《绿鸭淘沙造大地》，见中国民间文学集成全国编辑委员会编《中国民间故事集成》（江苏卷），北京：中国ISBN中心1998年版，第13页。

W1810.1.5.4
盘古用泥捏山

【关联】［W1805.1］盘古造山

实例

瑶族 洪水退后，盘古皇把稀泥巴捏成一团团泥包，形成大山。

【流传】云南省

【出处】《盘古皇》，见中国社会科学院云南少数民族文学研究所等编《云南少数民族文学资料》第3辑，内部编印，1981年，第94页。

W1810.1.5.5
大力士用泥捏山

实例

傈僳族 一个力大无比的青年造大地时

母亲去世，把捏好的泥山、大箐扔到怒江边上就走了，后来就变成怒江的许多大山和大箐。

【流传】云南省

【出处】《怒江为什么山多箐多》，见中国社会科学院云南少数民族文学研究所等编《云南少数民族文学资料》第1辑，内部编印，1980年，第151页。

W1810.1.6
用污垢造山

实例

（参见下级母题实例）

W1810.1.6.1
神用身上的污垢造山

实例

拉祜族 天神厄莎搓下手上的污垢，他搓下脚上的污垢，污垢一下子就堆成了山。

【流传】云南省大拉祜及黄拉祜中部一带

【出处】小八讲，古木整理：《天神厄莎》（整理中参照了《牡帕密帕》和《古根》），见姚宝瑄主编《中国各民族神话》（白族、拉祜族、景颇族），太原：山西出版传媒集团·书海出版社2014年版，第159页。

W1810.1.7
用珍珠垒山

实例

蒙古族 从前，有三座珍珠垒起的大山，大得晶莹剔透，闪闪发光。

【流传】（无考）

【出处】哈扎搜集，巴音巴图、姚宝瑄记录整理：《郭拉斯青和七仙女》，见姚宝瑄主编《中国各民族神话》（达斡尔族、鄂伦春族、鄂温克族、蒙古族），太原：山西出版传媒集团·书海出版社2014年版，第223页。

W1810.1.8
用多种物质造山

实例

（参见下级母题实例）

W1810.1.8.1
人用泥巴、石头和沙粒造山

实例

哈尼族 沙罗阿龙（人名）造地时，让屎壳郎找来泥巴，大头蜂拱来石头，豆夹虫抬来沙粒。沙罗阿龙把这些东西合在一起，用手掌捏成一团一团的，把它们放在一起，就造成了山，大团大团的是高山，小团小团的是矮山。

【流传】云南省·（西双版纳傣族自治州）·勐腊（勐腊县）

【出处】张猴讲，杨万智搜集整理：《沙罗阿龙造天地》，原载云南省民间文学集成办公室编《哈尼族神话传说集成》，中国民间文艺出版社1990年版，见姚宝瑄主编《中国各民族神话》（哈尼族、傣族），太原：山西出

W1810.2
山是水冲刷出来的
【实例】
汉族 （实例待考）

W1810.2.1
洪水造成高山
【实例】
傈僳族 洪水过后，大地不像洪水泛滥之前那样平坦了，大地上出现了高山、平地等。
【流传】（无考）
【出处】 ＊《兄妹成婚》，见《傈僳族简史》编写组编《傈僳族简史》，昆明：云南人民出版社1983年版，第5～7页。

W1810.2.1.1
洪水冲刷岩石形成山
【实例】
蒙古族 由于洪水的冲刷，有岩石的地方变成了高山。
【流传】 内蒙古自治区·（通辽市）·扎鲁特旗·巴雅尔图古硕镇（巴雅尔图胡硕镇）
【出处】 来小子讲，桑普勒诺日布采录整理，乌恩奇翻译：《造山》，见中国民间文学集成全国编辑委员会编《中国民间故事集成》（内蒙古卷），北京：中国ISBN中心2007年版，第5页。

W1810.2.2
大雨冲出山川
【关联】
① ［W1843.6.5］大雨在平原上冲出丘陵
② ［W1845.3.3.1］大雨在平原上冲出沟壑
③ ［W1935.2.2］大雨冲出江河
【实例】
汉族 ☆孙悟空把玉帝水缸里的水倒向人间，形成的大雨，大雨把原来的平整的大冲得七沟八汊，凸起的地方就成了今天的高山。
【流传】 宁夏回族自治区·（固原市）·西吉县·新营乡
【出处】 张甫讲，张宗琪采录：《地面为啥有山有沟》，见《中国民间文学集成全国编辑委员会编《中国民间故事集成》（宁夏卷），北京：中国ISBN中心1999年版，第22页。

彝族 聪明的龙王罗阿玛按神王的指点，来到开阔的平原。她吐出倾盆大雨，大雨便拍打着平原，大雨形成洪流，汹涌的洪流冲刷着泥土，出现了沟河山川。
【流传】（云南省·楚雄彝族自治州·双柏县，红河哈尼族彝族自治州等地）
【出处】
（a）云南省民族民间文学楚雄、红河调

查队搜集，郭思九、陶学良整理：《查姆》，昆明：云南人民出版社1981年版。

（b）郭思九、陶学良整理，古梅改写：《彝家的古根》，选自《云南民族文学资料》第七集中的《查姆》上部前三章，见姚宝瑄主编《中国各民族神话》（羌族、彝族），太原：山西出版传媒集团·书海出版社2014年版，第57页。

W1810.2.3
水的流动冲出山川

【关联】［W1934a.7］水的流动形成江河

实例

侗族 地上的冰水、雪水融化不断流进五湖，五湖的水满后又涌进四个大海洋。日久天长，地上出现了川谷山岗。

【流传】广西壮族自治区·（柳州市）·三江（三江侗族自治县），（桂林市）·龙胜（龙胜各族自治县）

【出处】杨卜林喜、杨卜松林、杨明世讲，杨国仁、涛声搜集整理，蔷紫改写：《创世女神萨天巴》，原文为过伟改写自侗族创世史诗《嘎茫莽道时嘉——远祖歌》（未出版稿），见姚宝瑄主编《中国各民族神话》（土家族、毛南族、侗族、瑶族），太原：山西出版传媒集团·书海出版社2014年版，第85页。

W1810.3
拉天缝地形成山脉

实例

瑶族 拉天缝地时，地面起了褶皱，凸起的是山脉。

【流传】广西壮族自治区·（来宾市）·金秀县（金秀瑶族自治县）

【出处】赵美流等讲，黄承辉整理：《天地山河的来历》，见曹廷伟编著《广西民间故事辞典》，南宁：广西教育出版社1993年版，第13页。

W1810.4
争斗时形成山

【关联】
① ［W1258.3］争斗的痕迹形成平地
② ［W1845.1.11.2］人妖争斗时脚蹬出沟

实例

（参见下级母题实例）

W1810.4.1
青牛斗火神时形成山

实例

柯尔克孜族 天帝变成了一头巨大的青牛斗火神，牛角碰到地上，有些地方凸起，变成了高山。

【流传】（无考）

【出处】张彦平摘译：《火神》，见满都呼主编《中国阿尔泰语系诸民族神话故事》，北京：民族出版社1997年版，第80页。

W1810.4.2
天神斩的魔鬼尸体形成山

实例

满族 阿不凯恩都哩与他的作恶的徒弟耶鲁哩展开天宫大战，耶鲁哩和他的妖魔鬼怪，被天神剁成一片片、一堆堆，成了今天的山岭。

【流传】黑龙江省·（牡丹江市）·宁安县·宁安镇

【出处】关振川讲，傅英仁采录：《阿不凯恩都哩创世》，见中国民间文学集成全国编辑委员会编《中国民间故事集成》（黑龙江卷），北京：中国ISBN中心2005年版，第17~18页。

W1810.5
铺地不平形成山

实例

（参见下级母题实例）

W1810.5.1
皇天爷皇天姆铺地不平形成山

实例

畲族 皇天爷和皇天姆取土造人，世间平铺铺的地上，就挖得凸凹不平，高的变山。

【流传】福建省·（宁德市）·福鼎县（福鼎市）·桐山（桐城街道）·浮柳村

【出处】蓝升兴讲，蓝俊德等采录：《皇天爷和皇天姆造人》，见中国民间文学集成全国编辑委员会编《中国民间故事集成》（福建卷），北京：中国ISBN中心1998年版，第6页。

※ W1811
山是生育产生的

实例

（参见下级母题实例）

W1812
神或神性人物生山

实例

（参见下级母题实例）

W1812.1
山是神的儿女

【汤普森】A962.9

实例

（实例待考）

W1812.2
巨人生山川

实例

彝族 巨人阿黑西尼摩生下山和川。

【流传】云南省·红河（红河哈尼族彝族自治州）

【出处】《阿黑西尼摩》，见王松《论神话及其他》，昆明：云南人民出版社

2006 年版，第 18 页。

W1812.3
神的种子种出山

实例

羌族

（参见 W1823.2.1 母题实例）

W1812.4
神婚生山

实例

（参见下级母题实例）

W1812.4.1
昆仑山女神与玉龙雪山神婚生山

实例

普米族 纳可穆玛（昆仑山女神）和吉西尼（玉龙雪山神）的后代儿孙们长大了，又生下了许多儿孙，九千年后，大地上就有了九万九千座大山。

【流传】云南省·（丽江市）·宁蒗（宁蒗彝族自治县）；四川省·（凉山彝族自治州）·木里（木里藏族自治县）

【出处】曹正初讲，章虹宇搜集整理：《石头阿祖和石头子孙》，载《山茶》1986 年第 5 期。

W1813
卵生山

实例

（参见下级母题实例）

W1813.0
神的卵生山

实例

（参见下级母题实例）

W1813.0.1
神的卵生大山和小山

实例

珞巴族 女乌佑（珞巴语，鬼、精灵，也可指神、神灵）生的卵中生出了土乐和土基，即现在的大山和小山。

【流传】
(a) 西藏自治区·下珞瑜（泛指永木河、锡约尔河、巴恰西仁河流域）
(b) 西藏自治区·下珞渝（又写作"下珞瑜"）·西巴霞曲一带（山区米里部落切米尔村）

【出处】
(a) 维·埃尔温搜集：《重刚义如木夫妇》，见中华民族故事大系编委会编《中华民族故事大系》第 16 卷（赫哲族、门巴族、珞巴族、基诺族），上海：上海文艺出版社 1995 年版，第 401 页。
(b) 同 (a)，见李坚尚、刘芳贤编《珞巴族门巴族民间故事选》，上海：上海文艺出版社 1993 年版，第 15 页。

W1813.1
精灵的卵生山

实例

（参见下级母题实例）

W1813.1.1
精灵感水珠生的蛋中生出山

实例

珞巴族 精灵感水珠生的蛋中生出山。

【流传】西藏自治区·下珞渝（下珞渝则泛指永木河、锡约尔河、巴恰西仁河流域）

【出处】维·埃尔温搜集：《重刚义如木夫妇》，见中华民族故事大系编委会编《中华民族故事大系》第16卷（赫哲族、门巴族、珞巴族、基诺族），上海：上海文艺出版社1995年版，第401页。

W1813.2
鸟卵生山

实例

汉族 鸟祖卵生日月山。

【流传】浙江省

【出处】董楚平：《"鸟祖卵生日月山"——良渚文化文字释读之一，兼释甲骨文"帝"字》，载《故宫文物月刊》（台湾）1997年第3期。

W1814
与生育产生山有关的其他母题

实例

（参见下级母题实例）

W1814.0
地生山

【关联】[W1515.1] 地生万物

实例

（参见下级母题实例）

W1814.0.1
地因为打赌失败长出山

实例

珞巴族 石奇（珞巴语，地）打赌失败，结果长出大小众山，变得十分丑陋。

【流传】

（a）西藏自治区·下珞渝（泛指永木河、锡约尔河、巴恰西仁河流域）

（b）西藏自治区·下珞渝（又写作"下珞瑜"）·德根部落巴比村

【出处】

（a）维·埃尔温搜集：《尼多和石奇》，见中华民族故事大系编委会编《中华民族故事大系》第16卷（赫哲族、门巴族、珞巴族、基诺族），上海：上海文艺出版社1995年版，第391~392页。

（b）B.K.舒克拉搜集：《尼多和石奇》，见李坚尚、刘芳贤编《珞巴族门巴族民间故事选》，上海：上海文艺出版社1993年版，第6页。

W1814.1
山是大地的孩子

【汤普森】A969.6

实例

（实例待考）

W1814.2
地的裂缝中生出山

【汤普森】A969.8

实例

（实例待考）

W1814.3
木火土铁水五种元素中产生山

【关联】［W1947.3］木火土铁水五种元素中生出湖

实例

纳西族 木火土铁水五种元素中产生39座金黄色的山。

【流传】云南省

【出处】［美籍奥地利人］约瑟夫·洛克等著，杨福泉摘译：《纳西手写本目录》，联邦德国威斯巴登，1965年，第241~244页。

✻ W1815
山是变化产生的

实例

（参见下级母题实例）

W1816
神或神性人物变化为山

实例

（参见下级母题实例）

W1816.1
巨人变成山

【汤普森】A969.1

【关联】［W1844.1.3.1］巨人变成山峰

实例

（实例待考）

W1816.1.1
巨人的身体变成山

实例

汉族 巨人盘古撑开天地，力气用尽，累死的时节，他高大的身体变成高大的山岳。

【流传】浙江省·（温州市）·永嘉县各地

【出处】陈仁讲，谢圣铎搜集整理：《盘古开天地》（1985），见姚宝瑄主编《中国各民族神话》（汉族），太原：山西出版传媒集团·书海出版社2014年版，第13~14页。

W1816.1.1.1
巨人夸父的尸体变成山

【关联】［W1852.6.72.1］夸父的尸体变成夸父山

实例

汉族 夸父捉太阳，死后身体变大山。

【流传】河南省·（三门峡市）·灵县县（灵宝市）

【出处】许顺湛记录：《夸父和桃林》，见张楚北《中原神话》，郑州：海燕出版社1988年版，第73页。

汉族 夸父死后，他的身体变成了一座大山。

【流传】河南省

【出处】许顺湛等搜集，李庆红等整理：《夸父山和桃林塞》，见中华民族故事大系编委会编《中华民族故事大系》第1卷（汉族、蒙古族、回族），上海：上海文艺出版社1995年版，第25~26页。

汉族 巨人族的首领夸父死后，身体变成了一座大山。

【流传】河南省

【出处】

（a）许顺湛、丹书记录，李庆红、张极华整理：《夸父山和桃林塞》，见中国民间文艺研究会河南分会编《河南民间故事集》，中国民间文学出版社1985年版。

（b）同（a），见姚宝瑄主编《中国各民族神话》（汉族），太原：山西出版传媒集团·书海出版社2014年版，第375~377页。

汉族 夸父死后，身体变成了一座大山。这就是现在灵宝县西三十五里灵湖峪和池峪中间的夸父山。

【流传】河南省·（三门峡市）·灵县（灵宝市）

【出处】许顺湛、丹书记录，李庆红、张振犁整理：《夸父追日》，原载中国民间文艺研究会河南分会等编《河南民间故事集》，见陶阳、钟秀编《中国神话》（中），北京：商务印书馆2008年版，第657~658页。

W1816.2
盘古变成山

【关联】[W1852.6.1.1] 盘古死后左脚变成苍山

实　例

汉族 盘古死后，身体变成地面山岳。

【流传】江苏省·（淮安市）·涟水（涟水县）各地

【出处】徐学尧讲，徐省生搜集整理：《开天辟地和人的由来》（1986.06），见姚宝瑄主编《中国各民族神话》（汉族），太原：山西出版传媒集团·书海出版社2014年版，第20~22页。

W1816.2.0
盘古死后变成山

实　例

汉族 盘古死后，变成了一座大山。

【流传】湖北省西北部一带

【出处】马卉欣整理：《盘古顶天》，见桐柏网，http://tongbai.01ny.cn，2001.01.26。

实　例

汉族 盘古死后，身体变成高山峻岭。

【流传】福建省·晋江县（今泉州市）·

鲤城（鲤城区）·（常泰街道）·大锦田村（锦田社区）

【出处】傅继扁讲，傅孙义采录：《盘古分天地》，见中国民间文学集成全国编辑委员会编《中国民间故事集成》（福建卷），北京：中国 ISBN 中心 1998 年版，第 3 页。

汉族 巨人盘古撑开天地，力气用尽，累死的时节，他高大的身体变成高大的山岳。

【流传】浙江省·（温州市）·永嘉县各地

【出处】陈仁讲，谢圣铎搜集整理：《盘古开天地》（1985），见姚宝瑄主编《中国各民族神话》（汉族），太原：山西出版传媒集团·书海出版社 2014 年版，第 13～14 页。

W1816.2.1

盘古的手足四肢变成山

实例

白族 盘古死时，两手两脚变成四座大山：左手变鸡足山，右手变武当山，左脚变点苍山，右脚变老君山。

【流传】云南省·（大理白族自治州）·大理（大理市）、洱源（洱源县）、剑川（剑川县）等地

【出处】杨国政讲，杨亮才记录整理：《开天辟地》，原载《云南民间故事选》（不详），见姚宝瑄主编《中国各民族神话》（白族、拉祜族、景颇族），太原：山西出版传媒集团·书海出版社 2014 年版，第 6 页。

汉族 盘古的四条臂膊化成高山、江海、树木、花草。

【流传】上海市·黄浦区

【出处】曹鸿翔讲，方卡采录：《女娲娘娘造人》，见中国民间文学集成全国编辑委员会编《中国民间故事集成》（上海卷），北京：中国 ISBN 中心 2007 年版，第 4 页。

汉族 盘古死后，手足四肢，变成了高山峻岭。

【流传】河南省

【出处】程玉林讲述，缪华、胡佳作搜集整理：《九重天的来历》，原载张振犁、程健君合编《中原神话专题资料》，见陶阳、钟秀编《中国神话》（上），北京：商务印书馆 2008 年版，第 19～21 页。

汉族 盘古死后，他的手脚四肢，变成了高山峻岭。

【流传】河南省尾山一带

【出处】程玉林讲，缪华、胡佳作搜集整理：《盘古寺》，原载张振犁、程健君编《中原神话专题资料》，见姚宝瑄主编《中国各民族神话》（汉族），太原：山西出版传媒集团·书海出版社 2014 年版，第 4～6 页。

W1816.2.2

盘古的两只角变成山

实例

汉族 有两角的盘古撞掉的两角变

成山。

【流传】浙江省·（金华市）·兰溪（兰溪市）

【出处】王阿英讲述、蔡斌采录：《石鼓响，天地开》，见中国民间文学集成全国编辑委员会编《中国民间故事集成》（浙江卷），北京：中国 ISBN 中心1997年版，第16页。

汉族　困在石鼓里面的盘古用力向上一举，把半爿石鼓变成天。盘古脚底的半爿石鼓，统统都是水，盘古撞落两只角，在水中变作很多很多的山头。

【流传】（无考）

【出处】王阿英讲，蔡斌搜集整理：《盘古开天地》，见姚宝瑄主编《中国各民族神话》（汉族），太原：山西出版传媒集团·书海出版社2014年版，第17~18页。

W1816.2.3
盘古死后骨架变成山

实例

苗族　盘古公公英雄汉，久久撑天太久长，身子散架落纷纷，盘古死后变山坡。

【流传】原文无流传地，据文本及注释推测该神话流传于贵州省·黔东南苗族侗族自治州·凯里市、台江县等地。

【出处】张启庭、张荣光、张正玉、张启德演唱，张明搜集，燕宝整理译

注：《创造宇宙·开天辟地》，见贵州省少数民族古籍整理出版规划小组办公室编，燕宝整理译注《苗族古歌》，贵阳：贵州民族出版社1993年版，第31页。

W1816.3
仙女变成山

实例

满族　小仙女为拯救人类失去了双眼，无法回到天廷，慢慢僵化，变成了一座石峰。

【流传】（无考）

【出处】

（a）曾层、佟畤搜集整理：《日月峰》，见满都呼主编《中国阿尔泰语系诸民族神话故事》，北京：民族出版社1997年版，第270页。

（b）《日月峰》，见中国民间文艺研究会编《满族民间故事选》（二），沈阳：春风文艺出版社1985年版。

水族　仙女阿叵变为大黑岩山。

【流传】（无考）

【出处】潘有圣讲：《阿叵送火种》，见刘江华编《中国神话故事》（天、地、人物卷），北京：中国世界语出版社1999年版，第114~119页。

W1816.3.1
天女变成山

实例

满族　天上玉皇大帝的小女儿小翠抠

出了双眼变成日月，拔掉了牙齿变成星星后，就再也不能动了，最后变成了一座大山。

【流传】辽宁省·（鞍山市）·岫岩满族自治县·牧牛乡一带

【出处】洪希山、孙洪运讲，崔勇搜集整理：《太阳、月亮和星星的传说》，见姚宝瑄主编《中国各民族神话》（满族、赫哲族、朝鲜族），太原：山西出版传媒集团·书海出版社 2014 年版，第 62~63 页。

W1816.4
龙女变成山

实 例

彝族 龙女朴莫乃日死后变成大山。

【流传】云南省金河江沿岸

【出处】《阿鲁举热》，见张永祥《彝族民间故事》，昆明：云南出版集团 2009 年版，第 83 页。

W1816.5
神或神性人物的尸体变成山

【关联】［W1816.1.1.1］巨人夸父的尸体变成山

实 例

（参见下级母题实例）

W1816.5.0
水神的尸体变成山

实 例

珞巴族 水中的乌佑（珞巴语，鬼、精灵，也可指神、神灵）依杜木·波特死后，尸体变成山。

【流传】西藏自治区·下珞渝（又写作"下珞瑜"，泛指永木河、锡约尔河、巴恰西仁河流域）·民荣部落日乌村

【出处】维·埃尔温搜集：《波隆索波和依杜木·波特》，见李坚尚、刘芳贤编《珞巴族门巴族民间故事选》，上海：上海文艺出版社 1993 年版，第 37 页。

W1816.5.1
神灵死后肉变成山

实 例

珞巴族

（参见 W1819.2.3 母题实例）

W1816.5.2
祖先化身为山岗

实 例

佤族

（参见 W1852.6.5.1 母题实例）

W1816.5.3
英雄死后变成山

实 例

满族 完达（英雄名）杀死恶龙，筋疲力尽地刚站起来，眼前一黑，朝着长白山的方向倒了下去，变成了一座山。

【流传】黑龙江省

【出处】

（a）赵书搜集整理：《女真定水》，见乌丙安等编《满族民间故事选》，上海：上海文艺出版社1983年版，第66~76页。

（b）同（a），见姚宝瑄主编《中国各民族神话》（满族、赫哲族、朝鲜族），太原：山西出版传媒集团·书海出版社2014年版，第50~60页。

怒族 搓海玩海死后，白预老人让他的尸体化为山岭。

【流传】（无考）

【出处】《搓海玩海》，见陶立璠，李耀宗编《中国少数民族神话传说选》，成都：四川民族出版社1985年版，第28页。

W1816.5.4
妖魔的尸骨变成山

【关联】[W1859.1.2.5]妖魔的尸骨变成岩石

实例

满族 天宫大战时，耶鲁哩和他的妖魔鬼怪，被天神剁成一片片、一堆堆，成了今天的山岭。

【流传】黑龙江省·（牡丹江市）·宁安县·宁安镇

【出处】关振川讲，傅英仁采录：《阿不凯恩都哩创世》，见中国民间文学集成全国编辑委员会编《中国民间故事集成》（黑龙江卷），北京：中国ISBN中心2005年版，第17~18页。

W1816.6
神物变成山

实例

藏族 （实例待考）

W1816.7
神的孩子变成山

【关联】[W0155]神的子女

实例

（参见下级母题实例）

W1816.7.1
女山神的后代变成特定的山

实例

普米族 纳可穆玛（昆仑山女神）一胎生下了五对子女。其中，四姑娘角姑与四儿子打史结伴向北走到了沃开洼（今云南鹤庆县），他们跟布谷鸟、穿山甲学会了纺线织布和栽花种树的本领。姐弟结婚生了三个姑娘和两个男娃，就是鹤庆的月山、朝霞山、玉屏山和五老山、岗脊山。

【流传】云南省·（丽江市）·宁蒗（宁蒗彝族自治县）；四川省·（凉山彝族自治州）·木里（木里藏族自治县）

【出处】曹正初讲，章虹宇搜集整理：《石头阿祖和石头子孙》，载《山茶》1986年第5期。

W1817

人变成山（人变成山峰）

【关联】［W9530］人的变形

实 例

（参见下级母题实例）

W1817.1

世界上最早的人死后的肉变山

实 例

珞巴族 世界上最早的人死后的肉变山。

【流传】西藏自治区·下珞渝（下珞渝则泛指永木河、锡约尔河、巴恰西仁河流域）

【出处】维·埃尔温搜集：《波宁和达宁》，见中华民族故事大系编委会编《中华民族故事大系》第16卷（赫哲族、门巴族、珞巴族、基诺族），上海：上海文艺出版社1995年版，第393页。

W1817.2

1对夫妻变成山

实 例

仡佬族 夫妻变成两座山。

【流传】贵州省·（安顺市）·镇宁（镇宁布依族苗族自治县），（六枝特区）·郎岱（郎岱镇）

【出处】王德和等讲，王国平整理：《夫妻山》，见中华民族故事大系编委会编《中华民族故事大系》第13卷（仡佬族、锡伯族、阿昌族），上海：上海文艺出版社1995年版，第189页。

W1817.2a

1对兄妹变成山

实 例

（参见下级母题实例）

W1817.2a.1

1对托日月升天的兄妹变成山

实 例

汉族 兄妹俩吃了龙眼，把太阳和月亮弄上了天，结果他俩再也无法变矮，时间长了，就变成了两座高山。

【流传】江苏省·（连云港市）·东海县

【出处】王户朵讲，朱守和记录整理：《兄妹俩夺日月》，见姚宝瑄主编《中国各民族神话》（汉族），太原：山西出版传媒集团·书海出版社2014年版，第183~184页。

W1817.3

特定的人死后变成山

实 例

满族

（参见 W1969.2.2 母题实例）

W1817.4
小伙变成山

实例

水族 水族小伙子阿宝变为大黑岩山。

【流传】（无考）

【出处】潘有圣讲：《阿㫰送火种》，见刘江华编《中国神话故事》（天、地、人物卷），北京：中国世界语出版社1999年版，第114~119页。

W1817.5
姑娘变成山

【关联】［W1833.0.2.4］美女山

实例

（参见下级母题实例）

W1817.5.1
寻找太阳的女子变成山

实例

彝族 寻找太阳的三姑娘僵死后其身直立未倒，脚所立处，长出高山三座，尖峰向天，托出一轮红日，是为三尖山。

【流传】（无考）

【出处】《三女寻太阳》，原载谷德明编《中国少数民族神话》（原名《三女找太阳》），见袁珂《中国神话大词典》，北京：华夏出版社2015年版，第428页。

W1817.6
人被火炼成山

实例

（参见下级母题实例）

W1817.6.1
莫拉被大火炼成红石山

实例

裕固族 勇敢的莫拉（人名）为扑救大火，被大火炼成为一座红石山，屹立在草原边上。

【流传】（甘肃省祁连山一带）

【出处】

（a）乔维森、野枫记录整理：《莫拉》，见《少数民族文学作品选》编辑委员会编《中国少数民族文学作品选》（第二分册），上海：上海文艺出版社1981年版。

（b）同（a），见姚宝瑄主编《中国各民族神话》（土族、东乡族、回族、保安族、裕固族、撒拉族），太原：山西出版传媒集团·书海出版社2014年版，第94页。

W1817.7
人身体增大后变成山

实例

高山族 青年渔民大尖哥与水社姐夫妇因食龙睛，身忽高长，分踞潭旁，化为大山。

【流传】（台湾？）

【出处】袁珂改编：《日月潭》，原载《榕树文学丛刊》1980年，见袁珂《中国神话大词典》，北京：华夏出版社2015年版，第524页。

W1818

动物或动物肢体变化成山

【汤普森】A961

【关联】［W1983.2］动物变成铁

实 例

（参见下级母题实例）

W1818.1

牛变成山

实 例

（参见下级母题实例）

W1818.1.1

神牛死后变成山

实 例

珞巴族 铁神牛拉玛索布死了以后，它的毛骨头变成了大地上的山脉。

【流传】（ab）西藏自治区·（林芝地区）·米林县·纳玉公社（南伊乡）

【出处】

(a) 达牛讲：《三个神牛》，见谷德明编《中国少数民族神话》，北京：中国民间文艺出版社1987年版，第263页。

(b) 达牛讲，于乃昌整理：《三个神牛》，见《珞巴族民间故事》：http://www.tibet-web.com/old/min-jian/ync/gushi/mulu.htm，2003.10.02。

(c)《三个神牛》，见谷德明编《中国少数民族神话》，北京：中国民间文艺出版社1987年版，第263页。

(d) 同（c），见中央民族学院少数民族文艺研究所编《中国民族民间文学》，北京：中央民族学院出版社1987年版，第404页。

W1818.1.2

水牛变成山

实 例

布依族 水牛变成了一座又大又高的山。

【流传】贵州省·（安顺市）·镇宁县（镇宁布依族苗族自治县）·扁担山（扁担山镇）

【出处】韦绍珍、韦绍景讲：《阿祖犁土》，见燕宝、张晓编《贵州神话传说》，贵阳：贵州人民出版社1997年版，第10~11页。

W1818.2

鱼变成山

实 例

（参见下级母题实例）

W1818.2.1

鱼背露出水面变成山

【汤普森】A961.2

实 例

（参见下级母题实例）

W1818.2.1.1
鳗鱼背露出水面变成山

实例

高山族（曹人） 大鳗的脊背变成高山丘陵。

【流传】（无考）

【出处】《曹人洪水神话》，见中国各民族宗教与神话大词典编审委员会编《中国各民族宗教与神话大词典》，北京：学苑出版社1990年版，第144页。

高山族 怪鳗挡住河水造成洪水越涨越高，螃蟹抓破顾怪鳗洪水退去。巨鳗的背上有的地方变成起伏的山脊。

【流传】（无考）

【出处】《巨鳗化山林》，见姚宝瑄主编《中国各民族神话》（高山族、黎族、畲族），太原：山西出版传媒集团·书海出版社2014年版，第28页。

W1818.3
蛇变成山

【汤普森】A961.4

实例

（参见下级母题实例）

W1818.3.1
马鬃蛇的背脊变成山

实例

佤族 洪水时，人们派乌鸦、斑鸠、青蛙都不能治水。最后派马鬃蛇想办法治水，马鬃蛇的背脊变成了无数座大山、小山。

【流传】（无考）

【出处】肖门江讲，王有明、黄伦翻译，张相松搜集整理：《人》，见姚宝瑄主编《中国各民族神话》（佤族、阿昌族、纳西族、普米族、德昂族），太原：山西出版传媒集团·书海出版社2014年版，第6页。

W1818.3.2
怪蛇变成山

实例

（参见下级母题实例）

W1818.3.2.1
羲男羲女婚生的怪蛇的头变成山

实例

汉族 羲男和羲女兄妹婚后生的1条怪蛇，蛇头化为山岗。

【流传】浙江省·（嘉兴市）·海盐（海盐县）

【出处】希佳整理：《伏羲王》，载《民间文学论坛》1983年第3期。

W1818.4
鸟变成山

【关联】［W1852.6.122］石鸡山

实例

（参见下级母题实例）

W1818.4.1
鸟的筋络变成山

【实例】

藏族 混沌中出现一只大飞鸟，它身上的筋络，成了地球上的山脉。

【流传】
(a) 四川省·（凉山彝族自治州）·木里县（木里藏族自治县）·卡拉乡
(b) 四川省

【出处】
(a) 陈安礼讲，陈青贵翻译，四川省民协木里采风队采录：《天和地是怎样来的》，见中国民间文学集成全国编辑委员会编《中国民间故事集成》（四川卷·下），北京：中国ISBN中心1998年版，第933页。
(b) 刘尚乐整理：《天和地是怎样来的》，见中国各民族宗教与神话大词典编审委员会编《中国各民族宗教与神话大词典》，北京：学苑出版社1990年版，第749页。

W1818.4.1.1
人面大鸟的筋络变成山

【实例】

彝族 一只脸面像人的大鸟的筋络化做了山脉。

【流传】 四川省·凉山州（凉山彝族自治州）·木里县（木里藏族自治县）

【出处】 *《大鸟扇出天地》，见《藏族原始宗教资料丛编》，内部编印，第53页。

W1818.5
其他动物变成山

【关联】 ［W1852.5.1］蜈蚣精化为九华山

【实例】

藏族 母猴死后，她的骨头化成了一座石山。

【流传】 四川省·（阿坝藏族羌族自治州）·阿坝县·城关（阿坝镇）

【出处】 大纳柯讲，泽仁当州翻译，阿强等采录：《其公和日玛依》，见中国民间文学集成全国编辑委员会编《中国民间故事集成》（四川卷·下），北京：中国ISBN中心1998年版，第936页。

W1818.5.1
骆驼变成山

【实例】

（参见下级母题实例）

W1818.5.1.1
野公骆驼变成山

【实例】

蒙古族 野公驼逃入深山，变成一座黑色的山峦。

【流传】 内蒙古自治区

【出处】 杜守恒采录：《白云鄂博的传说》，见中国民间文学集成全国编辑委员会编《中国民间故事集成》（内蒙古卷），北京：中国 ISBN 中心 2007 年版，第 203 页。

W1818.5.2
蜂的尸体堆积成山

实例

畲族 勇团（英雄名）把蛤蟆王吐出的九里蜂的翅膀烧掉，焦松松的九里蜂落在地上，堆成了两座小山。

【流传】浙江省

【出处】

（a）王国全搜集整理：《天眼重开》，见谷德明编《中国少数民族神话》，北京：中国民间文艺出版社 1987 年版，第 209～224 页。

（b）同（a），见姚宝瑄主编《中国各民族神话》（高山族、黎族、畲族），太原：山西出版传媒集团·书海出版社 2014 年版，第 122 页。

W1818.5.3
鹿的内脏变成山

实例

普米族 巨神简剑祖射死马鹿造天地万物时，把鹿心、鹿肝和鹿肺抛向了大地，鹿心、鹿肝和鹿肺立刻就化成高耸的群山和低窄的峡谷。

【流传】（普米族广大地区）

【出处】杨祖德、杨学胜讲：《简剑祖射马鹿创天地》，据杨庆文《普米族文学简介》中的《捉马鹿的故事》和季志超《藏族普米族创世神话比较》中的《吉赛叽》等编写，见姚宝瑄主编《中国各民族神话》（佤族、阿昌族、纳西族、普米族、德昂族），太原：山西出版传媒集团·书海出版社 2014 年版，第 303 页。

W1818.5.3.1
马鹿的心变成山

实例

普米族 巨人简剑祖杀死马鹿后，鹿心变为山。

【流传】（无考）

【出处】《捉马鹿的故事》，见毛星主编《中国少数民族文学》（下），长沙：湖南人民出版社 1983 年版，第 146 页。

W1818.5.3.2
马鹿的胆变成山

实例

普米族 简锦祖（巨人）杀死了作恶的马鹿，取下马鹿的胆，鹿胆变成连绵不断的山。

【流传】云南省·（怒江傈僳族自治州）·兰坪县（兰坪白族普米族自治县），（丽江市）·宁蒗县（宁蒗彝族自治县）

【出处】王震亚采录：《简锦祖杀马鹿》，见中国民间文学集成全国编辑委员会编《中国民间故事集成》（云南卷），北京：中国 ISBN 中心 2003

W1818.5.4
骡子变成狮子山

实 例

彝族 哥自天神造平坝时赶着的小骡子，被大公鸡的叫声吓坏了，呆若木鸡似的停下了，变成了狮子山。

【流传】云南省·（昆明市）·路南县（石林彝族自治县）

【出处】黄石玉讲，陈思清记录整理：《石林》，见姚宝瑄主编《中国各民族神话》（羌族、彝族），太原：山西出版传媒集团·书海出版社 2014 年版，第 273 页。

W1818.5.4a
狮子变成狮子山

实 例

纳西族 有个掌管狮子的女神，名叫狮格干姆。她的坐骑化为雄伟的狮子山，她就做了狮子山的女神。

【流传】（无考）

【出处】达史车尔讲，杨世光采录：《阿注婚的来由》，原载中国民间文学集成全国编辑委员会编《中国民间故事集成》（云南卷），北京：中国 ISBN 中心 2003 年版，见陶阳、钟秀编《中国神话》（下），北京：商务印书馆 2008 年版，第 1509～1512 页。

W1818.5.5
凤凰公主变成山

实 例

彝族 凤凰公主死了，乡亲们把她埋在她生前爱跳舞唱歌的湖畔草地上。坟墓一年年长大长高，变成了一座好像美女的山，人们说它是凤凰公主的化身。

【流传】（云南省·玉溪市·新平彝族傣族自治县）

【出处】李友祥讲，吴成贵搜集整理：《百鸟山》，见姚宝瑄主编《中国各民族神话》（羌族、彝族），太原：山西出版传媒集团·书海出版社 2014 年版，第 268 页。

W1818.5.6
龙变成山

实 例

汉族 洪水后，盘古爷姐弟从石狮肚里出来，石狮说："你们拿上我的两只眼珠，啥就不怕了。"盘古爷姐弟俩拿着粮食籽儿和两只红宝珠往狮子背上一站，见盘古山下边，他们原来种地的地方，有九条龙在翻滚。他俩把宝珠一亮，九条龙就趴下去不动了，变成了山包。

【流传】河南省·（南阳市）·桐柏县·二郎山·李沟村·黄楝沟（采录地点：桐柏县盘古山三月三盘古神话说讲会）

【出处】刘国山（60岁，农民，小学）讲，马卉欣、殷润璞录音，马卉欣采录整理：《盘古姐弟造人七千》（1989.04.08），见张振犁编著《中原神话通鉴》（第一卷），郑州：河南大学出版社2017年版，第84页。

W1818.5.7
蛟龙的尸体变成山

实例

汉族　瑶姬以轰雷除蛟龙，遗尸于江，化为崇山峻岭

【流传】（三峡！）

【出处】袁珂改编：《神女峰》，原载田海燕《三峡民间故事》，见袁珂《中国神话大词典》，北京：华夏出版社2015年版，第387页。

W1819
特定的肢体变成山

实例

（参见下级母题实例）

W1819.1
神或神性人物的肢体变成山

【汤普森】A962.1

实例

（参见下级母题实例）

W1819.1.0
神的乳房变成山

实例

彝族　黑埃罗波赛神死后，眼变日月，齿变星星，乳房变大山小山。

【流传】（无考）

【出处】《黑埃罗波赛神》（原名《查姆·万物起源歌》，原载毛星主编《中国少数民族文学》（下册），见袁珂《中国神话大词典》，北京：华夏出版社2015年版，第436页。

W1819.1.1
地母的两个乳房变成山

实例

阿昌族　（实例待考）

W1819.1.2
祖先死后奶头变成大山

实例

彝族　（实例待考）

W1819.1.2.1
男始祖的乳房变成山

实例

阿昌族　因遮帕麻（男始祖名，被奉为"天公"）造出的日月没有居处，他就用自己的两个乳房变成了太阴山和太阳山。

【流传】（云南省）

【出处】赵安贤讲，智克整理：《遮帕麻与遮米麻》，见姚宝瑄主编《中国各民族神话》（佤族、阿昌族、纳西族、普米族、德昂族），太原：山西出版传媒集团·书海出版社2014年版，

第 75 页。

W1819.2
骨骼变成山

【关联】

① ［W1859.2］骨头变为石头

② ［W1980.2.2］骨骼变成金属

实 例

（参见下级母题实例）

W1819.2.1
天女的骨头变成山

实 例

汉族 玉皇大帝的小女儿把自己的骨头抛在大地上，变成了高山大岭。

【流传】江西省·宜春市·（袁州区）·湖田乡（湖田镇）·双湖村

【出处】易世才讲，李鉴采录：《玉皇大帝的女儿》，见中国民间文学集成全国编辑委员会编《中国民间故事集成》（江西卷），北京：中国 ISBN 中心 2002 年版，第 3 页。

W1819.2.2
星星的骨骼变成山

实 例

珞巴族 天公地母生的星星两兄弟很调皮，打闹时兄弟俩从天庭上掉了下来，弟弟跌落到地上，骨骼变成了座座大山。

【流传】西藏自治区·林芝市·墨脱县·达木珞巴民族乡、旁辛乡（讲述地点：墨脱县·达木珞巴民族乡·马尔康村）

【出处】安布、江措讲：《珞巴族神话（三）》，见冀文正《珞巴族民间故事》，成都：四川民族出版社 2011 年版，第 4 页。

W1819.2.3
最早的人死后骨骼变成山

实 例

珞巴族 在世界上只有哥哥波宁和弟弟达宁两兄弟。兄弟相残，波宁死后的骨骼变成了山。

【流传】

（a）西藏自治区·下珞渝（泛指永木河、锡约尔河、巴恰西仁河流域）

（b）西藏自治区·下珞渝（又写作"下珞瑜"）·博日部落嘎升村

【出处】

（a）维·埃尔温搜集：《波宁和达宁》，见中华民族故事大系编委会编《中华民族故事大系》第 16 卷（赫哲族、门巴族、珞巴族、基诺族），上海：上海文艺出版社 1995 年版，第 393 页。

（b）同（a），见李坚尚、刘芳贤编《珞巴族门巴族民间故事选》，上海：上海文艺出版社 1993 年版，第 7 页。

W1819.2.3a
人的尸骨变成山

实 例

汉族 女娲的三哥气人天天喊叫"天

要塌啦，天要塌啦！"奔跑间还撞坏王宫，东娄公大怒，抽出天子宝剑，走出金銮殿，把他砍成一摊肉泥。据说，杞县城西南角的高高山，就是气人尸骨的风化物。

【流传】河南省·（开封市）·杞县

【出处】尹守礼（农民）讲，王怀聚采录整理：《杞人忧天》（一），见张振犁编著《中原神话通鉴》（第一卷），郑州：河南大学出版社 2017 年版，第 159 页。

W1819.2.4
精灵的骨骼变成山

实 例

珞巴族 住在水中的萨嘎拉乌佑（乌佑，珞巴语音译，泛指珞巴族崇拜的各种精灵）排掉大水，露出大地后，他的骨头变成了山。

【流传】西藏自治区·林芝市·墨脱县·达木珞巴民族乡、旁辛乡、甘登乡（讲述地点：墨脱县·达木珞巴民族乡·达木村）

【出处】仁真刀杰讲：《珞巴族神话（八）》（1957.09），见冀文正《珞巴族民间故事》，成都：四川民族出版社 2011 年版，第 7 页。

W1819.2.5
龙骨变成山

实 例

汉族 恶龙的尸骨化作大石山。

【流传】（无考）

【出处】《黄牛岩》，原载中国民间文艺研究会湖北分会编《三峡的传说》，见袁珂《中国神话大词典》，北京：华夏出版社 2015 年版，第 389 页。

W1819.2.6
巨人杀死后的骨骼变成山

【汤普森】A961.5

实 例

汉族 （实例待考）

W1819.2.7
猴骨变成山

实 例

藏族 母猴死后，骨头化成了一座石山。

【流传】四川省·（阿坝藏族羌族自治州）·阿坝县·城关（阿坝镇）

【出处】大纳柯讲，泽仁当州翻译，阿强等采录：《其公和日玛依》，见中国民间文学集成全国编辑委员会编《中国民间故事集成》（四川卷·下），北京：中国 ISBN 中心 1998 年版，第 936 页。

W1819.2.8
盘古氏的骨骼变成山

实 例

汉族 盘古氏造人累死后再也没有醒来，骨头成了山。

【流传】河南省·（三门峡市）·陕县（陕州区）·张茅乡·白土坡村
【出处】刘小锁（1929年生，农民，小学）讲，刘邦项采录整理：《盘古氏造世界》，见张振犁编著《中原神话通鉴》（第一卷），郑州：河南大学出版社2017年版，第22页。

W1819.3
头颅变成山

实例

（参见下级母题实例）

W1819.3.1
神的头颅变成山

【汤普森】A962.8

实例

（实例待考）

W1819.3.2
盘古的头变成四岳

【关联】
① ［W1851.0.1］盘古的四肢五体变成五岳
② ［W1851.0.2］盘古的头和四肢变成五岳

实例

汉族 昔盘古氏之死也，头为四岳。

【流传】（无考）
【出处】［南朝·梁］任昉：《述异记》。

W1819.3.3
盘古死后头变成山

实例

汉族 盘古开天辟地死后，脑袋变成了大山。

【流传】河北省·（邯郸市）·涉县
【出处】《女娲兄妹结亲的传说》，见张振犁编著《中原神话通鉴》（第一卷），郑州：河南大学出版社2017年版，第313页。

W1819.4
鼻子变成山

实例

（参见下级母题实例）

W1819.4.1
盘古死后鼻子变成笔架山

实例

白族 盘古死后，观音的手指到哪里，他就变到哪里，他的鼻子变成了笔架山。

【流传】
（a）云南省·（大理白族自治州）·大理（大理市）、洱源县等地
（b）云南省·（大理白族自治州）·洱源县

【出处】
（a）杨国政讲，杨亮才采录：《开天辟地》，见中国民间文学集成全国编辑

委员会编《中国民间故事集成》（云南卷），北京：中国 ISBN 中心 2003 年版，第 9 页。
（b）同（a），见谷德明编《中国少数民族神话》，北京：中国民间文艺出版社 1987 年版，第 293 页。

W1819.5
毛发变成山

实例

（参见下级母题实例）

W1819.5.1
头发变成山

实例

（参见下级母题实例）

W1819.5.1.1
盘古死后头发变成山

实例

汉族　盘古死后头发成了山岳。

【流传】宁夏回族自治区·（固原市）·固原县·彭堡乡

【出处】孙振旺讲，郭宏毅采录：《盘古开天地》，见《中国民间文学集成全国编辑委员会编《中国民间故事集成》（宁夏卷），北京：中国 ISBN 中心 1999 年版，第 3 页。

W1819.5.2
毛发和胡子变成山

实例

（参见下级母题实例）

W1819.5.2.1
盘古的毛发和胡子变成山

实例

汉族　盘古拔下毛发和胡子落下来，变成了山川。

【流传】湖北省西北部一带

【出处】马卉欣整理：《盘古顶天》，见桐柏网，http://tongbai.01ny.cn，2001.01.26。

W1819.5a
指甲变成山

实例

（参见下级母题实例）

W1819.5a.1
巨人的指甲变成山

实例

傣族　巨人英叭把指甲撕下来，丢到水面，便出现了大山、高峰。

【流传】云南省·西双版纳（西双版纳傣族自治州）·（勐海县）

【出处】《阳光和风成婚生英叭》，原文本为叭补答讲，刀昌德记录《开天辟地的故事》，见姚宝瑄主编《中国各民族神话》（哈尼族、傣族），太原：山西出版传媒集团·书海出版社 2014 年版，第 235 页。

W1819.6
四肢变成山

实 例

（参见下级母题实例）

W1819.6.1
盘古死后四肢变成山

【关联】

① ［W1167.2.2］盘古的四肢化为四极
② ［W1348.2.1.1］盘古的四肢变成地柱
③ ［W1851.0.1］盘古的四肢五体变成五岳
④ ［W1851.0.2］盘古的头和四肢变成五岳

实 例

白族 盘古死后，按观音的指点变万物。他的两手两脚变成四座大山。

【流传】 云南省·（大理白族自治州）·大理（大理市）、洱源（洱源县）、剑川（剑川县）

【出处】 杨国政讲，杨亮才记录整理：《开天辟地》，见中华民族故事大系编委会编《中华民族故事大系》第5卷（瑶族、白族、土家族），上海：上海文艺出版社1995年版，第319~320页。

汉族 盘古死后，左臂南岳衡山，右臂北岳恒山。

【流传】 湖北省·神农架（神农架林区）

【出处】 胡崇峻搜集整理：《黑暗传》，武汉：长江文艺出版社2002年版。

汉族 盘古死后，手足四肢变成了高山峻岭。

【流传】 河南省·济源市·（城关）

【出处】 程玉林讲，缪华、胡佳作采录：《盘古寺》，见张振犁编著《中原神话通鉴》（第一卷），郑州：河南大学出版社2017年版，第4页。

W1819.6.2
女娲死后四肢变成山

实 例

汉族 女娲死后，四肢成了山脉。

【流传】 四川省·德阳市·市中区

【出处】 胡能才讲，胡世用采录：《女娲娘娘的眼泪》，见中国民间文学集成全国编辑委员会编《中国民间故事集成》（四川卷·上），北京：中国ISBN中心1998年版，第56页。

W1819.7
手变成山

实 例

（参见下级母题实例）

W1819.7.0
神或神性人物的手变成山

【汤普森】 A962.2

实 例

汉族

（参见 W1819.6.1 母题实例）

W1819.7.1
盘古死后手变成鸡足山

实例

白族 盘古死后，观音的手指到哪里，他就变到哪里，他的左手变鸡足山。

【流传】
（a）云南省·（大理白族自治州）·大理（大理市）、洱源县等地
（b）云南省·（大理白族自治州）·洱源县

【出处】
（a）杨国政讲，杨亮才采录：《开天辟地》，见中国民间文学集成全国编辑委员会编《中国民间故事集成》（云南卷），北京：中国ISBN中心2003年版，第9页。
（b）同（a），见谷德明编《中国少数民族神话》，北京：中国民间文艺出版社1987年版，第293页。

W1819.7.2
盘古的手臂变成山

实例

汉族

（参见W1819.6.1母题实例）

W1819.7.3
大禹的手掌变成山

实例

汉族 大禹化熊时一只熊掌变成了山头，人们就称这座山叫"五指岭"。

【流传】河南省·（郑州市）·登封县（登封市）·芦店镇·景店村

【出处】甄西庚讲，甄秉浩采录：《大禹推山泄洪》，见中国民间文学集成全国编辑委员会编《中国民间故事集成》（河南卷），北京：中国ISBN中心2001年版，第53页。

汉族 大禹的一只手掌化为五指岭。

【流传】河南嵩山北部

【出处】甄秉浩：《五指岭》，见张楚北《中原神话》，郑州：海燕出版社1988年版，第166页。

W1819.8
拳头变成山

实例

（参见下级母题实例）

W1819.8.1
盘古的拳头变成山

实例

汉族 盘古的两个拳头，一个成了山，一个成了岭。

【流传】辽宁省·（沈阳市）·辽中县·于家坊子乡（于家房镇）·插拉村

【出处】任泰芳讲，李明采录：《双性人》，见中国民间文学集成全国编辑委员会编《中国民间故事集成》（辽宁卷），北京：中国ISBN中心1994年版，第15页。

W1819.8.2
盘皇的拳头变成山

实例

苗族 盘皇的两个拳头，一个变成山，一个变成岭。

【流传】海南省·（三亚市）·陵水县（陵水黎族自治县）·祖关镇（本号镇）·白水岭苗村

【出处】邓文安讲，潘先樗采录：《盘皇造万物》，见中国民间文学集成全国编辑委员会编《中国民间故事集成》（海南卷），北京：中国 ISBN 中心 2002 年版，第 3 页。

W1819.9
乳房变成山

实例

（参见下级母题实例）

W1819.9.1
神的乳房变成山

实例

彝族 黑埃波罗赛神死后奶头变大小山，脚趾手指变山梁。

【流传】（无考）

【出处】

（a）《黑埃波罗赛造天地》，见中国各民族宗教与神话大词典编审委员会编《中国各民族宗教与神话大词典》，北京：学苑出版社 1990 年版，第 677 页。

（b）郭思九、陶学良整理：《查姆》，昆明：云南人民出版社 1981 年版。

W1819.9.2
天公的乳房变成山

实例

阿昌族 造天的天公遮帕麻的两个乳房变成山。

【流传】（无考）

【出处】刘江：《阿昌族文化史》，昆明：云南民族出版社 2001 年版，第 288 页。

W1819.9.3
祖先的乳头变成山

实例

彝族 先祖阿卜多莫死后，奶头变大山。

【流传】（无考）

【出处】《阿卜多莫石》，见《楚雄民间文学资料》第 1 辑，内部编印。

W1819.10
心变成山

实例

（参见下级母题实例）

W1819.10.1
鹿心变成山

【关联】［W1818.5.3.1］马鹿的心变

成山

实例

普米族

（参见 W1818.5.3.1 母题实例）

W1819.11
胆变成山

实例

（参见下级母题实例）

W1819.11.1
鹿胆变成山

【关联】［W1818.5.3.2］马鹿的胆变成山

实例

普米族

（参见 W1818.5.3.2 母题实例）

W1819.12
皮变成山

实例

（参见下级母题实例）

W1819.12.1
鹿皮变成山

实例

普米族 吉赛米（杀鹿人）猎杀鹿后，鹿皮变成了山川坝子。

【流传】云南省·丽江（丽江市）·宁蒗县（宁蒗彝族自治县）

【出处】《吉赛米》（杀鹿人），见宁蒗彝族自治县志编委会编《宁蒗彝族自治县志》，昆明：云南民族出版社1993年版，第239页。

W1819.13
筋络变成山

实例

汉族

（参见 W1833.8.3.3 母题实例）

藏族

（参见 W1818.4.1 母题实例）

W1819.13.1
鸟的筋络变成山

实例

藏族

（参见 W1833.8.3.3.3.1 母题实例）

W1819.14
生殖器变成山

实例

（参见下级母题实例）

W1819.14.1
女始祖的阴部变成山

实例

壮族 始祖女神米洛甲的阴部变一座巨山。

【流传】（无考）

【出处】过竹：《葫芦说》，载《民间文学论坛》1985年第5期。

W1819.15
其他特定肢体变成山

实例

（参见下级母题实例）

W1819.15.1
角变成山

【关联】［W1816.2.2］盘古的两只角变成山

实例

汉族　有两角的盘古撞掉的两角变成山。

【流传】浙江省·（金华市）·兰溪（兰溪市）

【出处】王阿英讲述、蔡斌采录：《石鼓响，天地开》，见中国民间文学集成全国编辑委员会编《中国民间故事集成》（浙江卷），北京：中国ISBN中心1997年版，第16页。

W1819.15.2
脚趾手指变成山梁

实例

彝族

（参见W1819.9.1母题实例）

W1819.15.3
脑髓变成山

【关联】［W1866.4.3a］精髓变作玉

实例

（参见下级母题实例）

W1819.15.3.1
青蛙的脑髓变成山

实例

藏族　居于龙神之湖的青蛙，被梵天抛往天空，坠地后身碎肢离，脑浆化作穆族的白色圣山。

【流传】青藏高原多湖泊地区

【出处】格明多杰整理：《龙神青蛙》，见BBS水木清华站：http://www.smth.edu.cn，2006.07.20。

W1820
植物变成山

【关联】［W1524］植物变成万物

实例

（参见下级母题实例）

W1820.1
树变成山

实例

（参见下级母题实例）

W1820.1.1
树干变成山

【关联】［W1844.1.3a.7］树枝变成山峰

实例

珞巴族　树倒后树干变岩山。

【流传】西藏自治区·下珞渝（下珞渝则泛指永木河、锡约尔河、巴恰西仁河流域）

【出处】维·埃尔温搜集：《德日雅木拉》，见中华民族故事大系编委会编《中华民族故事大系》第16卷（赫哲族、门巴族、珞巴族、基诺族），上海：上海文艺出版社1995年版，第395页。

W1820.2
茶叶铺地最厚的地方成为高山

实例

德昂族 茶叶化为铺地的泥土。有的地方薄些，就是平展展的坝子；有的地方厚些，就是山丘；茶叶堆得最厚的地方，就是地上最高大的山。

【流传】云南省·德宏州（德宏傣族景颇族自治州）

【出处】
（a）陈志鹏搜集整理：《祖先创世纪》，见李子贤编《云南少数民族神话选》，昆明：云南人民出版社1990年版。
（b）同（a），见姚宝瑄主编《中国各民族神话》（佤族、阿昌族、纳西族、普米族、德昂族），太原：山西出版传媒集团·书海出版社2014年版，第396页。

W1820.3
神草变成山

实例

彝族 支格阿鲁（文化英雄名）决心为人造福，采得神草足罗八鸟一束，揉碎望空撒之，天上遂有日月星辰；向地撒之，地上遂有岩石山川。

【流传】（无考）

【出处】《支格阿鲁》，原载毛星主编《中国少数民族文学》（下册）（原名《勒乌特衣》），见袁珂《中国神话大词典》，北京：华夏出版社2015年版，第429页。

W1821
自然物或无生命物变化成山

实例

（参见下级母题实例）

W1821.1
天柱变成山

【关联】[W1332.5]用山做天柱

实例

彝族 4根顶天柱变化成4座高山。

【流传】四川省·（凉山彝族自治州）·雷波县

【出处】
（a）保木和铁讲，芦芙阿梅译，白芝采录：《开天辟地》，见中国民间文学集成全国编辑委员会编《中国民间故事集成》（四川卷·下），北京：中国ISBN中心1998年版，第749页。
（b）《开天辟地》，见陶立璠、赵桂芳等编《中国少数民族神话汇编》（开天辟地篇等），中央民族学院少数民族古籍整理出版规划领导小组办公室印（未署出版时间），第 85~95 页。

W1821.2
地变成山

实例

珞巴族 地与天打赌比输后变丑形成山。

【流传】西藏自治区·下珞渝（下珞渝则泛指永木河、锡约尔河、巴恰西仁河流域）

【出处】B.K. 舒克拉搜集：《尼多和石奇》，见中华民族故事大系编委会编《中华民族故事大系》第 16 卷（赫哲族、门巴族、珞巴族、基诺族），上海：上海文艺出版社 1995 年版，第 392 页。

W1821.2.1
赶地成山

实例

汉族 开天盘古王看到开地的扁古王快完工了，就生了个坏主意。他请来一个叫"赶出篙"的人，叫他把扁古王开的地赶成和天一样大。赶出篙拿起山竹连赶几下，把扁古王开得平展展的地堆成了几座大山，地和天大小一样了。

【流传】河南省·（驻马店市）·新蔡县

【出处】杜程氏（68 岁，农民）讲，杜小喜采录，龚国强采录整理：《盘古王和扁古王》（1987.09.15），见张振犁编著《中原神话通鉴》（第一卷），郑州：河南大学出版社 2017 年版，第 42 页。

W1821.3
金银变成山

实例

彝族

（参见 W1859.4.5 母题实例）

W1821.4
石头变成山（山脉）

【汤普森】A963

实例

（参见下级母题实例）

W1821.4.1
不断增大的宝石变成山

【关联】[W1865.2] 石头会长

实例

汉族 宝石在龙肚里继续长大，巨石长出龙背，变成了四座龙山。

【流传】（无考）

【出处】
（a）来层林记录搜集整理：《鞭击五龙》，载《民间文学》1981 年第 2 期。

（b）来层林记录搜集整理：《天然嫂鞭击五龙》，见姚宝瑄主编《中国各民族神话》（汉族），太原：山西出版传媒集团·书海出版社 2014 年版，第

W1821.4.2
夸父支锅的石头变成山

【关联】[W1816.1.1.1] 巨人夸父的尸体变成山

实例

汉族　夸父用三块石头支起锅来做饭。后来，这三块支锅石就成了辰州东面的三座大山。

【流传】河南省

【出处】许顺湛等搜集，李庆红等整理：《夸父山和桃林塞》，见中华民族故事大系编委会编《中华民族故事大系》第1卷（汉族、蒙古族、回族），上海：上海文艺出版社1995年版，第25页。

汉族　夸父追赶太阳时，中途做饭三块支锅石就成了辰州东面的三座大山。

【流传】河南省·（三门峡市）·灵县（灵宝市）

【出处】许顺湛、丹书记录，李庆红、张振犁整理：《夸父追日》，原载中国民间文艺研究会河南分会等编《河南民间故事集》，见陶阳、钟秀编《中国神话》（中），北京：商务印书馆2008年版，第657~658页。

汉族　夸父逐日时，用三块石头支起锅来做饭。后来，这三块支锅石就成了辰州东面的三座大山。

【流传】河南

【出处】

(a) 许顺茫、丹书记录，李庆红、张极华整理：《夸父山和桃林塞》，见中国民间文艺研究会河南分会编《河南民间故事集》，中国民间文学出版社1985年版。

(b) 同（a），见姚宝瑄主编《中国各民族神话》（汉族），太原：山西出版传媒集团·书海出版社2014年版，第375~377页。

W1821.4.3
射日者抛的石头变成山

实例

傣族　一个青年射日前磨制大石箭时，一块岩石磨断了，他就举起一截断石扔向东面，又将另一截断石扔向西边。结果两节断石落在那里，就变成了各居一方的石山。

【流传】（云南省）

【出处】岩温扁、杨胜能、吴军搜集整理：《太阳的传说》，原载李子贤编《云南少数民族神话选》，云南人民出版社1990年版，见姚宝瑄主编《中国各民族神话》（哈尼族、傣族），太原：山西出版传媒集团·书海出版社2014年版，第326~327页。

W1821.4.4
磨盘变成山

实例

汉族　狮神奉玉帝之命下凡劝盘古兄

妹成婚遭拒后，手托两扇石磨让盘古兄妹滚磨相合后成婚。结果两磨相合。妹妹气愤地看着两扇磨说："这是你们利用神的骗术欺人，还配得当神仙吗？"说罢一脚把一扇青石磨踢出十万八千里。这扇磨落的地方起了一座大山。

【流传】河南省·（驻马店市）·泌阳县·官庄乡·陈楼村

【出处】陈绪堂（农民）讲，余建方整理：《滚磨成亲》，见张振犁编著《中原神话通鉴》（第一卷），郑州：河南大学出版社 2017 年版，第 95 页。

W1821.5
泥土变成山

【汤普森】①A963.3；②A963.9

【关联】
① ［W1805.1.1］盘古用泥造山
② ［W1809.4］积土成山

实　例

汉族　（实例待考）

W1821.5.1
神撒的土块变成山

实　例

朝鲜族

（参见 W1844.1.3a.1.1 母题实例）

满族　（实例待考）

W1821.5.1.1
天神扔出的天河泥变成山

实　例

珞巴族　住在天庭河边的一对慈悲的天神奥尼和桑达老两口下凡造人时，他们扔下一把把河泥，地上有了山。

【流传】西藏自治区·林芝市·墨脱县·背崩乡、甘登乡、墨脱乡（讲述地点：墨脱县·墨脱乡·布姆村）

【出处】朗措、仁增讲：《天神造人》（1957.07），见冀文正《珞巴族民间故事》，成都：四川民族出版社 2011 年版，第 12 页。

W1821.5.2
烧的泥变成山

实　例

汉族　（实例待考）

W1821.5.3
尘土变成山

【关联】［W1809.4.4］尘土堆积成山

实　例

汉族　防风（巨人名）长得又高又大，眼看就要碰着天了。他看看脚底下全是白茫茫的洪水，看看头顶上全是青稀稀的青泥，稀奇煞了，就举起手来一摸，落下来一点点小灰尘。那灰尘一到下面就变成了一座巨大巨大的大山。

【流传】浙江省·（湖州市）·德清县·三合乡

【出处】沈益民讲，钟铭、钟伟今采录：《尧封防风国》，见陶阳、钟秀编《中国神话》（中），北京：商务印书馆2008年版，第813~814页。

W1821.5.4
鼓出的地变成山

【关联】[W1823.3] 地面隆起形成山

实例

珞巴族　地母用尽全力缩小身体，大地一部分鼓了起来，成了高山、丘陵。

【流传】西藏自治区·（林芝市）·墨脱县·达木珞巴民族乡、旁辛乡、甘登乡

【出处】安布讲，冀文正采集：《天和地》，见冀文正《珞巴族民间故事》，成都：四川民族出版社2011年版，第3页

W1821.5.4.1
神捶地凸起的地方成为山

【关联】[W1809.8.3] 用锤敲击大地形成山

实例

景颇族　天神的儿子宁冠瓦用石锤捶地，凸出来的地方，成了大大小小高矮不平的群山。

【流传】（无考）

【出处】斋瓦贡退干唱，李向前、木然瑶都搜集整理，木子改写：《穆脑斋瓦——宁冠瓦》，见姚宝瑄主编《中国各民族神话》（白族、拉祜族、景颇族），太原：山西出版传媒集团·书海出版社2014年版，第225~226页。

W1821.5.4.2
神拖地凸起的地方成为山

实例

苗族　最早造的天小地大。四个大力神把地一拖，凹处形成了河流和湖泊，凸起的地方就是一座座山峦、一面面山坡，这一来，天都盖住地了。

【流传】云南省·文山（文山壮族苗族自治州）一带

【出处】邓光北、闪永仙说唱，项保昌、刘德荣搜集：《开天补天，辟地补地》，见姚宝瑄主编《中国各民族神话》（布依族、仡佬族、苗族），太原：山西出版传媒集团·书海出版社2014年版，第125~126页。

W1821.5.4.3
神推地成山

实例

珞巴族　大地生下石迪麦洛（神或神性人物的名字）把一些地方堆成高山。

【流传】

（a）西藏自治区·下珞渝（泛指永木河、锡约尔河、巴恰西仁河流域）

（b）西藏自治区·下珞渝（又写作"下珞瑜"）·博日部落嘎升村

【出处】

(a) 维·埃尔温搜集：《波宁和达宁》，见中华民族故事大系编委会编《中华民族故事大系》第16卷（赫哲族、门巴族、珞巴族、基诺族），上海：上海文艺出版社1995年版，第393页。

(b) 同（a），见李坚尚、刘芳贤编《珞巴族门巴族民间故事选》，上海：上海文艺出版社1993年版，第7页。

W1821.5.5
人撒的黄泥变成山

实例

汉族　宝山公的儿子儿子寻找太阳时，眼前出现了茫茫大海。他把村里人给他的黄泥撒一把，海上就堆成一座山。

【流传】浙江省·（丽水市）·松阳县·（大东坝镇）·后宅村

【出处】阙土旺讲，蔡维萍记录：《找太阳》（1987.09.21），见姚宝瑄主编《中国各民族神话》（汉族），太原：山西出版传媒集团·书海出版社2014年版，第170~172页。

W1821.5.6
造地时翻出的土堆成为山

实例

哈尼族　造地时，三个地神王架起牛，把地犁耙得高高低低的，那些翻过来的土堆，变成高山和矮山。

【流传】云南省·（红河哈尼族彝族自治州）·元阳县、金平县（金平苗族瑶族傣族自治县）、红河县等地

【出处】朱小和讲，史军超、卢朝贵搜集整理：《烟本霍本》，原载刘辉豪、阿罗编《哈尼族民间故事选》，上海文艺出版社1989年版，见姚宝瑄主编《中国各民族神话》（哈尼族、傣族），太原：山西出版传媒集团·书海出版社2014年版，第38页。

W1821.5.7
造人剩下的泥巴变成山

实例

汉族　天塌地陷后，幸存女娲姐弟俩挖泥巴，造泥人。后来泥人死了很多，女娲哭的泪淌了一地，地上就有了河，捏剩下的泥巴成了山。

【流传】河南省·（周口市）·西华县·聂堆乡·思都岗村

【出处】贾松才（65岁，农民，不识字）讲，高有鹏采录：《女娲氏的来历》（1984.03），见张振犁编著《中原神话通鉴》（第一卷），郑州：河南大学出版社2017年版，第195页。

W1821.6
天上的落物变成山

【关联】[W1809.15.2] 玉帝撒的彩纸碎片变成山

实例

汉族　玉帝向人间撒的彩纸碎片变成

地上山川。

【流传】河南省·（南阳市）·桐柏县

【出处】《盘古开天地》，见桐柏网，http://tongbai.01ny.cn，2001.01.26。

W1821.6.1
落到地上的天梭变成山

实 例

普米族 落到地上的天梭变成山。

【流传】云南省·（丽江市）·宁蒗（宁蒗彝族自治县）；四川省·（凉山彝族自治州）·木里（木里藏族自治县）、盐源（盐源县）·左所（左所区）等地

【出处】曹正初讲，章虹宇整理：《石头阿祖和石头子孙》，见中华民族故事大系编委会编《中华民族故事大系》第14卷（普米族、塔吉克族、怒族、俄罗斯族、鄂温克族），上海：上海文艺出版社1995年版，第41页。

普米族 一个仙女织云锦时不小心失手掉了天梭。天梭穿过云层，落到地上，变成了纳可穆玛山。

【流传】云南省·（丽江市）·宁蒗（宁蒗彝族自治县）；四川省·（凉山彝族自治州）·木里（木里藏族自治县）等地

【出处】

(a) 曹正初讲，章虹宇搜集：《石头阿祖和石头子孙》，载《山茶》1986年第5期。

(b) 同（a），见姚宝瑄主编《中国各民族神话》（佤族、阿昌族、纳西族、普米族、德昂族），太原：山西出版传媒集团·书海出版社2014年版，第292页。

普米族 织云锦的仙女不慎掉了天梭，落到地上变成纳可穆玛（昆仑山）。

【流传】（无考）

【出处】《石头阿祖和石头子孙》，见中国各民族宗教与神话大词典编审委员会编《中国各民族宗教与神话大词典》，北京：学苑出版社1990年版，第520页。

W1821.6.2
太阳被射落后变成山

实 例

羌族 （实例待考）

W1821.7
水凝固变成山

【汤普森】A969.5

实 例

（实例待考）

W1821.8
气变成山

实 例

汉族 气包下沉变成了大山。

【流传】河南省·南阳市

【出处】杨仁权整理：《南阳三月三祭盘古》，见桐柏网，http://tongbai.01ny.cn，2001.01.26。

W1821.8.1
魔气化成山

实例

满族 恶魔耶鲁里逃跑时放散的魔气，化成了山峦、恶瘴等。

【流传】黑龙江省·黑河地区（黑河市）·孙吴县·（沿江满族达斡尔族乡）·四季屯（四季屯村）

【出处】吴纪贤、富希陆讲：《天宫大战——黑水女真人传世神话》（1939，选自富育光、郭淑云整理的手稿），见姚宝瑄主编《中国各民族神话》（满族、赫哲族、朝鲜族），太原：山西出版传媒集团·书海出版社 2014 年版，第 35 页。

W1821.9
排泄物变成山

【关联】［W1859.5.5］排泄物变成石头

实例

（参见下级母题实例）

W1821.9.1
粪便变成山

【关联】［W1833.8.2］特定人物的粪便变成群山

实例

（参见下级母题实例）

W1821.9.1.1
神的粪便变成山

实例

（参见下级母题实例）

W1821.9.1.1.1
日月的子女的粪便变成山

实例

珞巴族 太阳的儿子达西和月亮的女儿亚姆在地上的粪便变成了群山。

【流传】西藏自治区·（林芝地区）·墨脱县·（达木珞巴族乡）·卡布村

【出处】安布讲，冀文正采录：《珞巴五兄弟》，见中国民间文学集成全国编辑委员会编《中国民间故事集成》（西藏卷），北京：中国 ISBN 中心 2001 年版，第 16 页。

珞巴族 太阳的儿子达西与月亮的女儿亚姆下凡婚生 5 个儿子。没过几年，五兄弟都长大了，他们把粪便撒落在地上，变成了座座群山。

【流传】西藏自治区·林芝市·墨脱县·达木珞巴民族乡、墨脱乡（讲述地点：墨脱县·达木珞巴民族乡·卡布村）

【出处】安布讲：《五兄弟的传说》（1955.08），见冀文正《珞巴族民间故事》，成都：四川民族出版社 2011 年版，第 18 页。

W1821.9.1.2
巨人排泄肚子中的土与水变成山

实例

朝鲜族 古时有一个长得十分高大身影长九百里的老人，被放逐途中吃地下的土，喝海里的水。死后，慢慢排泄肚子里的土和水。他排出的土，变成了今日的白头山。

【流传】（无考）

【出处】金东勋整理：《巨石老翁造山河》，见姚宝瑄主编《中国各民族神话》（满族、赫哲族、朝鲜族），太原：山西出版传媒集团·书海出版社2014年版，第163页。

W1821.9.1.3
祖先屙屎变成山

实例

布依族 翁戛（人类祖先）屙一堆屎，就变成一座座又高又大的大山。

【流传】贵州省·（黔西南布依族苗族自治州）·望谟县、贞丰县，（安顺市）·关岭（关岭布依族苗族自治县）、紫云（紫云苗族布依族自治县）、镇宁（镇宁布依族苗族自治县）一带

【出处】伍也香、韦少云、蒙远平唱，立浩、汛河搜集整理，古梅改写：《翁戛分年月》，见姚宝瑄主编《中国各民族神话》（布依族、仡佬族、苗族），太原：山西出版传媒集团·书海出版社2014年版，第49页。

W1821.9.1.4
鸟的粪便变成山

实例

汉族 很早时，火鸟拉屎在鳌背上，变大山。

【流传】浙江省·（金华市）·东阳县（东阳市）

【出处】徐移根讲：《天和地合》，见陶阳、钟秀编《中国神话》，上海：上海文艺出版社1996年版，第124页。

汉族 火鸟飞到半天空拉了堆大泻屙，大泻屙掉在鳌鱼背上结住了，便变成大山。

【流传】浙江省·（金华市）·东阳县（东阳市）

【出处】徐移根讲，周中帆记录整理：《天和地合》，见陶阳、钟秀编《中国神话》（上），北京：商务印书馆2008年版，第193~194页。

汉族 世界上最早出现火鸟和鳌鱼。火鸟飞到半天空拉了堆大泻屙，掉在鳌鱼背上，结住了，便变成大山。

【流传】浙江省·（金华市）·东阳县

【出处】徐移根讲，周中帆搜集整理：《天和地合》，见姚宝瑄主编《中国各民族神话》（汉族），太原：山西出版传媒集团·书海出版社2014年版，第42~43页。

W1821.10
其他无生命物变成山

【关联】[W1809.15.1] 天神向地上撒金子、石头、泥巴，撒得多的地方变成山

实例

（参见下级母题实例）

W1821.10.1
扁担变成山

实例

白族　大汉把挑山的扁担一甩，后来变成了一架弯弓形的山。

【流传】云南省·（玉溪市）·元江（哈尼族彝族傣族自治）

【出处】杨志文讲，白玉龙等搜集整理：《开辟甸索坝》，见中华民族故事大系编委会编《中华民族故事大系》第5卷（瑶族、白族、土家族），上海：上海文艺出版社1995年版，第335~336页。

W1821.10.1a
神棍变成山

实例

傣族　神王英叭拨了一根毫毛变成的神棍随风飞去，冲破厚厚的云层，插入顶天神象月朗宛的眼睛，变成了一座大石山。

【流传】云南省·西双版纳傣族地区（西双版纳傣族自治州）

【出处】《巴塔麻嘎捧尚罗》，王松据岩温炳翻译《巴塔麻晏》（开天辟地）改写，见姚宝瑄主编《中国各民族神话》（哈尼族、傣族），太原：山西出版传媒集团·书海出版社2014年版，第292页。

W1821.10.2
地与天打赌比输后变丑形成山

实例

珞巴族

（参见 W1821.2 母题实例）

W1821.10.3
4根顶天柱变成4座高山

实例

彝族

（参见 W1821.1 母题实例）

W1821.10.4
焚烧的残余物变成山

实例

汉族　天皇地皇把黑团团拘到天火盆里去烧，盆底一些炼渣落到地上变成了大山。

【流传】河北省·（石家庄市）·藁城县（藁城市）·（常安镇）·耿村

【出处】王玉田讲，杨志忠采录：《日月星的来历》，见中国民间文学集成全国编辑委员会编《中国民间故事集

成》（河北卷），北京：中国ISBN中心2003年版，第13页。

W1821.10.5
岛变成高山

实 例

白族 地震海啸时，发生地陷，小岛周围的水流进大地的裂沟后，小岛变成一座屏风似的高山，水才平缓下来。

【流传】云南省·大理白族地区（大理白族自治州）

【出处】邓英鹦搜集整理：《鹤拓》，原载《大理民间故事选》，见姚宝瑄主编《中国各民族神话》（白族、拉祜族、景颇族），太原：山西出版传媒集团·书海出版社2014年版，第30~31页。

W1821.10.6
水中的沫变成山

实 例

傣族 最早的大地上只有水，看不见土地。雪落在水面上变成了水沫，风吹水沫使之连成一片，水沫高的地方就成了高山。

【流传】（无考）

【出处】《水沫造地》，原文本为仓齐华翻译，周开学记录，谷德明整理《开天辟地》，原载谷德明《中国少数民族神话选》，西北民族学院研究所，内部发行，1983年，见姚宝瑄主编《中国各民族神话》（哈尼族、傣族），太原：山西出版传媒集团·书海出版社2014年版，第238页。

傣族 宇宙大火毁灭万物，持续燃烧，不知历经几万年。天仍降雪，雷降水面成水沫，风吹水沫，连成一片，沫高者为高山。

【流传】（云南省？）

【出处】袁珂改编：《开天辟地》，原载谷德明编《中国少数民族神话选》，见袁珂《中国神话大词典》，北京：华夏出版社2015年版，第498页。

W1822
与变成山有关的其他母题

实 例

（参见下级母题实例）

W1822.1
蛋壳变成山

【关联】[W1859.5.2] 蛋壳变成石头

实 例

（参见下级母题实例）

W1822.1.1
世界卵的壳变成山

【关联】[W1726.0] 混沌卵壳劈碎变成星星

实 例

汉族 混沌卵里面生出的鸡头龙身的盘古拿了把斧子，劈开大鸡蛋。那些劈碎的硬壳崩到蛋黄里的都变成了石头，大的变成了高山。

【流传】河南省·（濮阳市）·濮阳县（五星乡）·西八里庄村

【出处】魏世敏（60岁）讲，魏盼先采录：《盘古开天》（1990.06），见张振犁编著《中原神话通鉴》（第一卷），郑州：河南大学出版社 2017 年版，第 14 页。

藏族 元始之初，由自然形成一只大蛋，蛋壳化为白色神崖（指山峰）。

【流传】（无考）

【出处】贡乔泽登：《藏族神话传说——始祖神话》，见水木清华站，http://smth.edu.cn，2005.03.13。

W1822.2
特定的混合物变成山

实例

（参见下级母题实例）

W1822.2.1
盘古的眼泪与石头混合形成山

实例

汉族 盘古流下的眼泪和砍下的石头混到一起，变成了高山。

【流传】陕西省·宝鸡县（宝鸡市）·（渭滨区）·马营镇·永清村

【出处】张世爱讲，李泞采录：《开天辟地》，见中国民间文学集成全国编辑委员会编《中国民间故事集成》（陕西卷），北京：中国 ISBN 中心 1996 年版，第 4 页。

W1822.3
特定的地方变成山

实例

（参见下级母题实例）

W1822.3.1
仙女自尽的火坑变成山

实例

水族 仙女阿娾斗不过雷公和天兵，于是纵身跳进火坑自尽了。阿娾自尽的火坑，变成了一座大黑岩山，烧着万丈烈火，终年不熄。

【流传】（贵州省·黔南布依族苗族自治州·三都水族自治县）

【出处】蒙健康、潘有圣讲，蔡中运搜集整理：《阿娾送火种》，原载《水族民间故事选》，见陶阳、钟秀编《中国神话》（中），北京：商务印书馆 2008 年版，第 942~948 页。

W1823
与山的产生有关的其他母题

【汤普森】A969

实例

（参见下级母题实例）

W1823.0
水消失后形成山

实例

（参见下级母题实例）

W1823.0.1
大水退去出现高山

【关联】［W1843.6.6.1］洪水退去出现丘陵

实 例

<u>白族</u> 以前天水相连。水退去了，群山露出来了，蓝天现出来了，彩云在蓝天上飘移。

【流传】云南省·（大理白族自治州）·剑川（剑川县）

【出处】李恩发讲，李绍尼整理：《"五百天"神》，原载陶立璠、李耀宗《中国少数民族神话传说选》，四川民族出版社1985年版，见姚宝瑄主编《中国各民族神话》（白族、拉祜族、景颇族），太原：山西出版传媒集团·书海出版社2014年版，第117页。

W1823.0.2
海水退去出现高山

实 例

<u>佤族</u> 大海后退，大地随着改变了模样，有高山，有平原。

【流传】（无考）

【出处】挨嘎搜集整理：《谁做天下万物之王》，原载中国少数民族文学学会编《中国少数民族民间故事选》，中国民间文艺出版社1981年版，见姚宝瑄主编《中国各民族神话》（佤族、阿昌族、纳西族、普米族、德昂族），太原：山西出版传媒集团·书海出版社2014年版，第8页。

W1823.0.2.1
海水退去形成山川

实 例

<u>鄂伦春族</u> 柯阿汗（英雄名）斗跑恶龙后，海水退了，凹凸不平的海底露了出来，就变成了卡仙洞、奇奇岭这些山山水水。

【流传】内蒙古自治区·（呼伦贝尔市）·鄂伦春族自治旗

【出处】
（a）葛德宏讲，隋书金记录整理：《猎人柯阿汗》，见隋书金编《鄂伦春族民间故事选》，上海：上海文艺出版社1988年版。
（b）同（a），见姚宝瑄主编《中国各民族神话》（达斡尔族、鄂伦春族、鄂温克族、蒙古族），太原：山西出版传媒集团·书海出版社2014年版，第84~90页。

W1823.0.3
海水干后形成山

实 例

<u>鄂温克族</u> 仨兄弟射落的8个太阳陨落，填满了大海，烧干了海水，海中出现了千峰万岭，形成无尽的山脉。

【流传】（无考）

【出处】
（a）何秀芝讲，杜梅整理：《豪英峰的

传说》，见满都呼主编《中国阿尔泰语系诸民族神话故事》，北京：民族出版社1997年版，第307页。

（b）《豪英峰的传说》，见杜梅《鄂温克族民间故事》，呼和浩特：内蒙古人民出版社1989年版，第107页。

W1823.1
特定事件形成山
【实 例】
（参见下级母题实例）

W1823.1.1
大火导致山的产生
【汤普森】A969.3
【实 例】
（实例待考）

W1823.1.2
地震形成山
【实 例】

阿昌族 地母遮米麻为使天地吻合抽去三根地线，造成地震。结果大地有的地方凸起，有的地方凹下。凸起的地方成了高山。

【流传】（云南省）
【出处】赵安贤讲，智克整理：《遮帕麻与遮米麻》，见姚宝瑄主编《中国各民族神话》（佤族、阿昌族、纳西族、普米族、德昂族），太原：山西出版传媒集团·书海出版社2014年版，第76页。

W1823.1.3
山崩形成特定的山
【实 例】

汉族 梓潼郡治有五妇山，故蜀五丁力士所拽蛇崩山处也。

【流传】（无考）
【出处】
（a）[晋]常璩：《华阳国志·汉中志》。

（b）《五妇山》，见袁珂《中国神话大词典》，北京：华夏出版社2015年版，第60页。

W1823.1.4
塌的一块天堆成山
【实 例】

汉族 天塌了一块，堆成了一座山。

【流传】江苏省·（徐州市）·新沂市
【出处】徐太风讲，孟玉红搜集整理：《人的来历和女娲补天》（1986.03.14），见姚宝瑄主编《中国各民族神话》（汉族），太原：山西出版传媒集团·书海出版社2014年版，第58~61页。

W1823.1.5
填湖成山
【实 例】

达斡尔族 棒槌孩（人名）带领着鹿群搬了五天五夜的石头填入莲花湖，湖水不见了，出现了一座直入云天的大山。棒槌孩命名这座山叫"万鹿山"。

【流传】黑龙江省·（齐齐哈尔市）·富裕县

【出处】

(a) 沃根图讲，陈玉谦整理：《棒槌孩》，见谷德明编《中国少数民族神话选》，西北民族学院研究所1983年编印，内部发行。

(b) 同（a），见姚宝瑄主编《中国各民族神话》（达斡尔族、鄂伦春族、鄂温克族、蒙古族），太原：山西出版传媒集团·书海出版社2014年版，第10～15页。

W1823.1.6
山是神搏斗的痕迹

【关联】［W1810.4］争斗时形成山

实例

柯尔克孜族 凹凸不平的山川河流是宇宙之神和火神在大地上长时间扭打、搏斗，留下的痕迹。

【流传】新疆维吾尔自治区·柯尔克孜地区（克孜勒苏柯尔克孜自治州）

【出处】《火神》，斯丝根据多里昆·吐尔地、阿地力·朱玛吐尔地撰写的《柯尔克孜族宗教与神话》改写，见姚宝瑄主编《中国各民族神话》（乌孜别克族、哈萨克族、柯尔克孜族、俄罗斯族、维吾尔族、塔吉克族、塔塔尔族、锡伯族），太原：山西出版传媒集团·书海出版社2014年版，第147页。

W1823.2
种出山

【关联】［W1812.3］神的种子种出山

实例

（参见下级母题实例）

W1823.2.1
天神给下凡的女儿山的种子

实例

羌族 天神给下凡的女儿山的种子。

【流传】四川省·（阿坝藏族羌族自治州）·汶川（汶川县）

【出处】陈兴云讲，蓝寿清等搜集：《山和树的来历》，见中华民族故事大系编委会编《中华民族故事大系》第11卷（达斡尔族、仫佬族、羌族），上海：上海文艺出版社1995年版，第659页。

W1823.2a
影子中产生山

【关联】［W1518.1］万物源于影子

实例

（参见下级母题实例）

W1823.2a.1
山影中产生山

【关联】［W1957.5］影子中产生海

实例

彝族 大地还没有产下时，山的影形

已生长了。山的影形产下了山。

【流传】（无考）

【出处】蔷紫改写：《影与变创世纪·扯舍十代论》，原载贵州省民间文学工作组编《民间文学资料》，1986年，见姚宝瑄主编《中国各民族神话》（羌族、彝族），太原：山西出版传媒集团·书海出版社2014年版，第127页。

W1823.2a.1.1
山的前身是山的影子

实　例

纳西族 太古那时候，山和谷地还没有形成，先出现了三样山影子和谷影子。

【流传】（云南省）

【出处】和芳、和志新编译：《崇邦统——人类迁徙记》，见姚宝瑄主编《中国各民族神话》（佤族、阿昌族、纳西族、普米族、德昂族），太原：山西出版传媒集团·书海出版社2014年版，第137页。

W1823.3
地面隆起形成山

【关联】［W1821.5.4］鼓出的地变成山

实　例

哈尼族 射星星时，大团大团的碎星落到地上，使大地的四方隆起，从此大地上有了大山。

【流传】云南省·（玉溪市）·元江县（元江哈尼族彝族傣族自治县）·咪哩乡、羊岔街乡及因远镇一带

【出处】《人种物种歌》，见元江县哈尼文化学会、元江县史志编纂办公室编《元江哈尼族古歌集》，内部编印，2005年，第46页。

W1823.3.1
突然冒出山

实　例

哈萨克族 肯得克依（英雄名）正带着马群正在一片开阔的草原上赶路，突然在他们前面齐齐地冒出来七座大山。

【流传】（新疆维吾尔自治区）

【出处】哈巴斯讲：《骑黑骏马的肯得克依勇士》，见姚宝瑄主编《中国各民族神话》（乌孜别克族、哈萨克族、柯尔克孜族、俄罗斯族、维吾尔族、塔吉克族、塔塔尔族、锡伯族），太原：山西出版传媒集团·书海出版社2014年版，第119页。

W1823.4
土的增长形成山

【关联】
① ［W1809.4］积土成山
② ［W1821.3］泥土变成山

实　例

（参见下级母题实例）

W1823.4.1
土日日长，地日日沉形成山

实例

满族 独角神兽死于石害，埋入土中，土日日长，地日日沉，出现了高山。

【流传】（无考）

【出处】王宏刚：《论萨满教创世神话中的文化精神》，载《萨满学术论坛》2006年第1期。

W1823.5
山产生的时间

实例

（参见下级母题实例）

W1823.5.1
最早产生的1座山

【关联】［W1376.3.2.3］最早出现的一座山压地

实例

纳西族（摩梭） 世界最早只有一座山一个海。喇踏山的山脚伸进海子，稳着大地，地才不会摇

【流传】云南省·（丽江市）·宁蒗县（宁蒗彝族自治县）

【出处】
(a)《昂姑咪》，载《山茶》1986年第3期。
(b) 同(a)，见姚宝瑄主编《中国各民族神话》（佤族、阿昌族、纳西族、普米族、德昂族），太原：山西出版传媒集团·书海出版社2014年版，第104页。

W1823.5.2
世界最早只有1座山

【关联】［W1055］最早的世界是山

实例

德昂族 很古的时候，世界上没有人，只有一座大山。

【流传】（无考）

【出处】李崩格搜集：《龙女和神》，见姚宝瑄主编《中国各民族神话》（佤族、阿昌族、纳西族、普米族、德昂族），太原：山西出版传媒集团·书海出版社2014年版，第388页。

W1823.5.3
最早产生的3座山

实例

（参见下级母题实例）

W1823.5.3.1
最早的3座山是太阳山、月亮山和地面山

实例

彝族 世界最早时有三座山。一座太阳山，一座月亮山和一座地面山。

【流传】云南省·楚雄彝族自治州

【出处】《门米间扎节》，古梅根据《楚

雄民间文学资料》改写，见姚宝瑄主编《中国各民族神话》（羌族、彝族），太原：山西出版传媒集团·书海出版社2014年版，第84页。

W1823.5.4
地上最先产生山

实例

汉族 混沌过后，地球又长出来了，先长出来的是山。

【流传】河南省·（周口市）·西华县［采录地点：西华县逍遥镇］

【出处】刘炎（60岁，农民）讲，河南大学"中原神话调查组"采录，张振犁、程健君录音整理：《人祖爷（一）》（1983.11.04），见张振犁编著《中原神话通鉴》（第一卷），郑州：河南大学出版社2017年版，第339页。

W1823.6
土山

实例

（参见下级母题实例）

W1823.6.1
土山的产生

实例

（参见下级母题实例）

W1823.6.1.1
积土形成土山

【关联】［W1810.1.3］用土造山

实例

白族 神人杨大汉挑山时，两只脚站在甸索河两边，草鞋陷在泥沙里，踩起来的土，后来变成了小土堆。

【流传】云南省·（玉溪市）·元江（哈尼族彝族傣族自治）

【出处】杨志文讲，白玉龙等搜集整理：《开辟甸索坝》，见中华民族故事大系编委会编《中华民族故事大系》第5卷（瑶族、白族、土家族），上海：上海文艺出版社1995年版，第335~336页。

W1823.6.1.2
祖先造土山

实例

布依族 翁戛老祖先把大山造，造出了岩山和土山，处处有土山，处处有岩山。

【流传】贵州省布依族地区

【出处】杨正荣、祝登壅讲，岭玉清、汛河搜集整理，古梅改写：《翁戛造万物》，见姚宝瑄主编《中国各民族神话》（布依族、仡佬族、苗族），太原：山西出版传媒集团·书海出版社2014年版，第9页。

W1823.6.1.3
人死后变成土山

实例

汉族 居住在杞国的一对老夫老妻的老大是男孩，乳名叫气人。因患"忧天症"死在了杞国都城西二里的地方。气人死后，变成了一座高大雄伟的土山，杞国人称"高高山"。

【流传】河南省·（开封市）·杞县
【出处】李少白（大学历史系讲师）讲，李国富采录整理：《杞人忧天（二）》，见张振犁编著《中原神话通鉴》（第一卷），郑州：河南大学出版社2017年版，第162页。

W1823.6.2
与土山有关的其他母题

实例

（参见下级母题实例）

W1823.6.2.1
土堆

实例

汉族 二郎担山赶太阳时，抖草鞋泥成为两小土堆。

【流传】四川省·都江堰市
【出处】《二郎担山赶太阳》，见袁珂《中国神话大词典》，北京：华夏出版社2015年版，第5页。

W1823.6.2.1.1
凤凰堆

【关联】[W6892.3]以动物命名的山

实例

汉族 岐山在昆仑山东南，为地乳，上多白金。周之兴也，鸳鸯鸣于岐山，时人亦谓岐山为凤凰堆。

【流传】（无考）
【出处】
(a)《汉学堂丛书》辑《河图括地象》。
(b)《凤凰堆》，见袁珂《中国神话大词典》，北京：华夏出版社2015年版，第75~76页。

W1823.6.2.1.2
振履堆

实例

汉族 振履堆者，故老云，夸父逐日，振履于此，故名之。

【流传】（无考）
【出处】
(a)《太平御览》卷五六引《安定图经》。
(b)《振履堆》，见袁珂《中国神话大词典》，北京：华夏出版社2015年版，第257页。

W1823.6.2.2
土岭

实例

（参见下级母题实例）

W1823.6.2.2.1
石狮化为土岭

实例

汉族 大石狮子化成了一道土岭，那就是黄河北岸延绵在温县和武陟的青风岭。

【流传】河南省·（焦作市）·武陟县·阳城乡·郭下村

【出处】李待见（女，42 岁，农民，小学）讲，王广先采录整理：《石狮子同伏羲和女娲》，见张振犁编著《中原神话通鉴》（第一卷），郑州：河南大学出版社 2017 年版，第 302 页。

W1823.6a
土丘

实例

（参见下级母题实例）

W1823.6a.1
会长的土丘

实例

维吾尔族 维吾尔人的祖先居住在土拉河和色楞格河交汇的地方。这里并排生长着两棵树，树中间冒出来一个土丘，有一道亮光自天而降，照在土丘上。自此，土丘慢慢长大了。

【流传】（新疆维吾尔自治区）

【出处】张越改写：《树的儿子》，见姚宝瑄主编《中国各民族神话》（乌孜别克族、哈萨克族、柯尔克孜族、俄罗斯族、维吾尔族、塔吉克族、塔塔尔族、锡伯族），太原：山西出版传媒集团·书海出版社 2014 年版，第 233 页。

W1823.7
有关联的两座山

实例

（参见下级母题实例）

W1823.7.1
两座山同时产生

实例

汉族 二郎神担山追赶天上的太阳。他的扁担成了石岭。扁担的两头担子左边的叫青龙山，右边的叫虎山。

【流传】江苏省·（连云港市）·东海县

【出处】丁维英讲，陈绍武、王运生记录：《二郎担山赶太阳》（1987.05），见姚宝瑄主编《中国各民族神话》（汉族），太原：山西出版传媒集团·书海出版社 2014 年版，第 113 页。

汉族 二郎神担山捉太阳。现在毛山西南面的堰埂村附近的一道长长的土岭子将两座山连起来，它就是二郎神担山用过的扁担。

【流传】江苏省·（宿迁市）·泗洪县·城头（城头乡）·莫台村

【出处】莫天创讲，莫云搜集整理：《二郎担山赶太阳》（1987），见姚宝瑄主编《中国各民族神话》（汉族），太原：山西出版传媒集团·书海出版社2014年版，第120~121页。

汉族 二郎神担山压太阳时，把肩头挑的两座山向下一摔，便回到天庭去了。摔下来的这两座山，就是现在的前云台和后云台。

【流传】江苏省·连云港市

【出处】孙佳讯搜集整理：《二郎担山赶太阳》，见姚宝瑄主编《中国各民族神话》（汉族），太原：山西出版传媒集团·书海出版社2014年版，第116~117页。

W1823.8
无宝不成山

实 例

汉族 无宝不成山。

【流传】江苏省·张家港市

【出处】丁品森搜集整理：《香山宝泉》，见陈世海《张家港曲艺丛书：张家港故事选集》，南京：江苏凤凰文艺出版社2016年版，第41页。

1.7.2 山的特征
【W1825~W1834】

W1825
山的大小（山的高低）

【关联】［W1835.1］会成长的山（会增长的山）

实 例

（参见下级母题实例）

W1825.0
山为什么大小不同

实 例

（参见下级母题实例）

W1825.0.1
山的大小与造山的材料有关

实 例

（参见下级母题实例）

W1825.0.1.1
山大小不一是因为造山的骨头大小不同

实 例

哈尼族 众神杀的查牛（天地神专养的神牛）的千千万万节骨头拿去做世上层层叠叠的大山，查牛骨是大块小块的，做出来的山也像狗牙一样高高矮矮的不整齐。

【流传】云南省·（红河哈尼族彝族自治州）·元阳（元阳县）、红河（红河县）、绿春（绿春县）、金平（金平苗族瑶族傣族自治县）

【出处】朱小和讲唱，史军超搜集整理：《查牛补天地》（1983），原载云南省民间文学集成办公室编《哈尼族神话传说集成》，中国民间文艺出版社

1990 年版，见姚宝瑄主编《中国各民族神话》（哈尼族、傣族），太原：山西出版传媒集团·书海出版社 2014 年版，第 56 页。

W1825.1
巨大无比的山（高山）

【汤普森】 ≈ F750

【关联】［W1404］连接天地的山

实 例

（参见下级母题实例）

W1825.1.1
能挡住神出行的高山

实 例

鄂温克族 开天辟地的时候，呼伦湖旁有座拔地千丈的大山，挡住天神出进的道路。天神们从这里过路都要绕道而行。

【流传】 内蒙古自治区·呼伦贝尔盟（呼伦贝尔市）·（鄂温克族自治旗）·巴彦托海镇

【出处】

（a）黄长林讲，马名超搜集整理：《天神的传说》（1979），见马名超、王士媛、白衫编《鄂温克族民间故事选》，上海：上海文艺出版社 1989 年版，第 1 页。

（b）《天神的传说》，见吕大吉、何耀华总主编《中国各民族原始宗教资料集成》（鄂伦春族卷、鄂温克族卷、赫哲族卷、达斡尔族卷、锡伯族卷、满族卷、蒙古族卷、藏族卷），北京：中国社会科学出版社 1999 年版，第 93 页。

W1825.2
高不可攀的山

实 例

（参见下级母题实例）

W1825.2.1
特定的山高于日月

实 例

汉族 昆仑山有昆陵之地，其高出日月之上。

【流传】（无考）

【出处】《昆仑山》，见［晋］王嘉撰，［梁］萧绮录，齐治平校注：《拾遗记》卷十，中华书局 1981 年版，第 221 页。

W1825.3
山为什么高矮不同

实 例

（参见下级母题实例）

W1825.3.1
有的山矮是被踢断的结果

实 例

黎族 雷公的兄弟扬叉和法耶凝下凡到地上造山压地。扬叉造出五指山。法耶凝堆出七指岭。二神比本领时，扬叉一脚把七指岭踢飞了半节，可是法耶凝踢不动五指山。所以现在的七指岭低五指山一大截。

【流传】（海南省）

【出处】

（a）王知会讲，谢盛圻搜集整理：《五指山与七指岭》，见广东民族学院中文系编《黎族民间故事选》，上海：上海文艺出版社1983年版。

（b）同（a），见姚宝瑄主编《中国各民族神话》（高山族、黎族、畲族），太原：山西出版传媒集团·书海出版社2014年版，第53页。

W1825.3.2

最高的山

【关联】

① ［W1437.3b］通过高的地方上天

② ［W1852.6.155.2］须弥山是地上最高的山

实例

蒙古族　须弥山原为大地最高之山，宛如一座天梯，其峰直插于天，其身则淹没于蓝色云雾中。

【流传】（无考）

【出处】＊《麦德尔神女》，原载陶阳、钟秀编《中国神话》，见袁珂《中国神话大词典》，北京：华夏出版社2015年版，第399页。

W1825.3.2.1

岜赤山是最高的山

实例

壮族　岜赤山是壮民间传说中最高的山。

【流传】广西壮族自治区红水河流域各县

【出处】

（a）《布伯的故事》，载《民间文学》1979年第10期。

（b）同（a）（王松选定），见姚宝瑄主编《中国各民族神话》（仫佬族、壮族、京族），太原：山西出版传媒集团·书海出版社2014年版，第104页。

W1825.3.2.2

珠穆朗玛峰是最高的山

【关联】［W1852.6.149］喜马拉雅山

实例

佤族　图莫伟龙（大概是指珠穆朗玛峰）是人间最高的山峰，安木拐（佤族女祖先）就从这里登云上了天。

【流传】云南省·（普洱市）·西盟佤族自治县、澜沧拉祜族自治县等地

【出处】毕登程、隋嘎编著：《司岗里——佤族创世史诗》，昆明：云南出版集团公司·云南人民出版社2009年版，第54页。

W1825.3.2.3

不周山是最高的山

【关联】

① ［W1326.2.4］不周山支天

② ［W1332.5.2.1］不周山是天柱

③ ［W1339.2.4.1］共工撞倒天柱不周山

④ ［W1789.2.1.1］天柱不周山的上端

顶着天河

⑤［W1852.6.21］不周山

实　例

汉族　中天山很高大，除了西天镇下的不周山比它高二寸九厘三，再没有比它高大的山了。

【流传】河南省·（开封市）·杞县

【出处】尹守礼（农民）讲，王怀聚采录整理：《杞人忧天》（一），见张振犁编著《中原神话通鉴》（第一卷），郑州：河南大学出版社2017年版，第158页。

W1825.3.3
最矮的山

实　例

（参见下级母题实例）

W1825.3.3.1
矮山

【关联】［W1835.3］山的变低（山的变小）

实　例

哈尼族　（参见W1821.5.6母题实例）

W1825.3.3.1.1
最早造出的山都是矮山

【关联】［W1835.2］山的升高（山的变大）

实　例

鄂温克族　最早造出的第一个大地很小，上面的山很低矮。

【流传】内蒙古自治区·呼伦贝尔盟（呼伦贝尔市）·（鄂温克族自治旗）·巴彦托海镇

【出处】

（a）阿拉诺海讲，马名超记录整理：《大地的传说》（1979.05.23），见马名超、王士媛、白衫编《鄂温克族民间故事选》，上海：上海文艺出版社1989年版，第21页。

（b）《大地的传说》，见吕大吉、何耀华总主编《中国各民族原始宗教资料集成》（鄂伦春族卷、鄂温克族卷、赫哲族卷、达斡尔族卷、锡伯族卷、满族卷、蒙古族卷、藏族卷），北京：中国社会科学出版社1999年版，第94页。

W1825.4
大山

【关联】

①［W1804.12.4］神人犁出大山

②［W1819.1.2］祖先死后奶头变大山

③［W1850.1.4.1］昆仑山是真主造的七座大山的后代

实　例

布依族

（参见W1821.9.1.3母题实例）

汉族

（参见W1821.8母题实例）

W1825.5
小山

【关联】［W1813.0.1］神的卵生大山和小山

实例

（参见下级母题实例）

W1825.5.1
祖先用鞭子打出很多小山

实例

壮族　布洛陀（男始祖，神）用赶山鞭抽打成群的小山。

【流传】广西壮族自治区右江、红河一带

【出处】周朝珍口述，何承文整理：《布洛陀》，原载蓝鸿恩编《壮族民间故事选》，见陶阳、钟秀编《中国神话》（上），北京：商务印书馆2008年版，第67～86页。

W1825.5.2
最早的山很小

【关联】［W1850.3.2］昆仑山原来很小

实例

苗族　最初古时悠悠远，天刚生来的时候，山只有茶杯大，道路最大像脚杆。

【流传】原文无流传地，据文本及注释推测该神话流传于贵州省·黔东南苗族侗族自治州·凯里市、台江县等地。

【出处】张启庭、张荣光、张正玉、张启德演唱，张明搜集，燕宝整理译注：《创造宇宙·开天辟地》，见贵州省少数民族古籍整理出版规划小组办公室编，燕宝整理译注《苗族古歌》，贵阳：贵州民族出版社1993年版，第20～21页。

W1826
山的颜色

实例

（参见下级母题实例）

W1826.1
红色的山

实例

（参见下级母题实例）

W1826.1.1
山的红色是血液染成的

【关联】［W1252.4.1.2］血染出红土地

实例

壮族　山的红色是血液染成的。

【流传】广西壮族自治区·（百色市）·凌乐（凌乐县，为旧县名，今为凌云县、乐业县）

【出处】广西壮族文学史编辑室搜集，曹廷伟整理：《杀蟒哥》，见中华民族故事大系编委会编《中华民族故事大系》第3卷（彝族、壮族、布依族），上海：上海文艺出版社1995年版，第 417 页。

W1826.1.1.1
山的红色是火龙的血染成的

实例

汉族 七头山那儿的黄泥巴里，至今还夹杂有红石子。据说，它是火龙的血染成的。

【流传】四川省青城山一带

【出处】王纯五记录整理：《二郎担山赶太阳》，见姚宝瑄主编《中国各民族神话》（汉族），太原：山西出版传媒集团·书海出版社 2014 年版，第 130~133 页。

W1826.1.2
红土山

【关联】[W1252.4.1] 红土（红泥）

实例

（参见下级母题实例）

W1826.1.2.1
二郎神吐血染出红土山

实例

汉族 二郎神担山追太阳累的吐出一口鲜血，这口血后来就凝成一座红土山，那山泥土至今还跟鲜血似的，周围上百里都没有这样的红土，能写墙字。

【流传】江苏省·（连云港市）·东海县

【出处】王运家讲，朱守和记录：《二郎神挑来平明龙虎山》，见姚宝瑄主编《中国各民族神话》（汉族），太原：山西出版传媒集团·书海出版社 2014 年版，第 114~115 页。

汉族 二郎神追赶天上的太阳，太阳东跑西躲。二郎拼命追赶，结果追到东海的上空，这个太阳不见了。二郎又气又累，撂下担子，吐了一口鲜血，变成了一座红土山。

【流传】江苏省·（连云港市）·东海县

【出处】丁维英讲，陈绍武、王运生记录：《二郎担山赶太阳》（1987.05），见姚宝瑄主编《中国各民族神话》（汉族），太原：山西出版传媒集团·书海出版社 2014 年版，第 113 页。

W1826.2
黄色的山

实例

（参见下级母题实例）

W1826.2.1
黄龙化成的山是黄色

实例

仡佬族 黄龙化成的山是黄色。

【流传】贵州省·（遵义市）·仁怀（仁怀市）

【出处】王采南讲，徐文仲整理：《黑龙洞》，见中华民族故事大系编委会编《中华民族故事大系》第 13 卷（仡佬族、锡伯族、阿昌族），上海：上海文艺出版社1995年版，第170页。

W1826.2.2
木火土铁水五种元素生金黄色的山

【关联】［W1814.3］木火土铁水五种元素中产生山

实 例

纳西族 木火土铁水五种元素中产生39座金黄色的山。

【流传】云南省

【出处】［美籍奥地利人］约瑟夫·洛克等著，杨福泉摘译：《纳西手写本目录》，联邦德国威斯巴登，1965年，第241~244页。

W1826.3
黑色的山（黑山）

【关联】［W1833.0.3.2］男山为黑色

实 例

（参见下级母题实例）

W1826.3.1
黑龙化成的山是黑色

实 例

仡佬族 黑龙化成的山是黑色。

【流传】贵州省·（遵义市）·仁怀（仁怀市）

【出处】王采南讲，徐文仲整理：《黑龙洞》，见中华民族故事大系编委会编

《中华民族故事大系》第13卷（仡佬族、锡伯族、阿昌族），上海：上海文艺出版社1995年版，第170页。

W1826.4
白色的山（白山）

实 例

纳西族

（参见 W1833.0.2.2 母题实例）

W1826.5
绿色的山

实 例

（实例待考）

W1826.6
有多种颜色的山

实 例

（参见下级母题实例）

W1826.6.1
五色山

实 例

汉族 玉笥山，本名群玉山，胚混初分，此山积五色而成形，睹若群玉之状，皆虚无之貌浮焉。

【流传】（无考）

【出处】

(a) ［明］陈仁锡：《潜确类书》卷一五引《陶贞白龟山经》。

(b) 《群玉山》，见袁珂《中国神话大

词典》，北京：华夏出版社 2015 年版，第 335 页。

W1826.7
会变色的山
【关联】［1864.6］会变色的石头（变色石）

实例

汉族　玉笥山，本名群玉山，胚混初分，此山积五色而成形，睹若群玉之状，皆虚无之貌浮焉。至庖牺氏之时，山乃坚，石委地，变为五色，遂号群玉山。

【流传】（无考）
【出处】
（a）［明］陈仁锡：《潜确类书》卷一五引《陶贞白龟山经》。
（b）《群玉山》，见袁珂《中国神话大词典》，北京：华夏出版社 2015 年版，第 335 页。

W1827
山的位置的确定

实例

（参见下级母题实例）

W1827.0
山的方位

实例

（参见下级母题实例）

W1827.0.1
山的方位自然产生

实例

蒙古族　天地刚刚分开的时候，山刚刚有了方位。

【流传】内蒙古自治区·（松原市）·前郭尔罗斯（前郭尔罗斯蒙古族自治县）·乌兰敖都（乌兰敖都乡）
【出处】白音特古斯讲，苏赫巴鲁搜集整理：《日蚀和月蚀的由来》，原载陶立潘、李耀宗编《中国少数民族神话传说选》，见陶阳、钟秀编《中国神话》（上），北京：商务印书馆 2008 年版，第 254～255 页。

W1827.1
山的放置

实例

（参见下级母题实例）

W1827.1.1
天神定排山的位置

实例

傣族　山应站在哪里，水应流到哪里，都由天神定。

【流传】云南省·（普洱市）·景谷县（景谷傣族彝族自治县）
【出处】波罕康朗赛讲，岩峰采录：《射弄法》，见中国民间文学集成全国编辑委员会编《中国民间故事集成》

W1827.1.2
山神定排山的位置

实 例

瑶族 山神阿亨阿独造好千山万岭后，喝令石山土岭各奔东西，寻找各自的位置。

【流传】（无考）

【出处】《密洛陀神谱》，蓝田根据农学冠等撰写的《瑶族神话传说中的人物》编写，见姚宝瑄主编《中国各民族神话》（土家族、毛南族、侗族、瑶族），太原：山西出版传媒集团·书海出版社2014年版，第147页。

W1827.1.3
盘古把山放在天地的西南角

实 例

仫佬族 盘古开天辟地的时候，把九万九千九百九十九座大山安放在天地的西南角上。

【流传】（无考）

【出处】罗代超讲，梁瑞光、包玉堂搜集整理：《罗义射狮》，原载包玉堂等编《仫佬族民间故事选》，上海文艺出版社1988年版，见姚宝瑄主编《中国各民族神话》（仫佬族、壮族、京族），太原：山西出版传媒集团·书海出版社2014年版，第41页。

W1827.1.4
盘古安排山的位置

实 例

汉族 当初盘古开辟天地的时候，地上的高山河流，就由他老人家给定好位置了。

【流传】河南省·安阳市

【出处】陈水旺讲：《女娲移山的传说》，见张振犁编著《中原神话通鉴》（第一卷），郑州：河南大学出版社2017年版，第206页。

W1827.2
以前的山在云与天堂之间

实 例

鄂伦春族 古时山川草木都生在白云之上、天堂之下。

【流传】（无考）

【出处】《鄂尔德穆》，见马名超、崔焱《鄂伦春族宗教与神话》，见中国各民族宗教与神话大词典编审委员会编《中国各民族宗教与神话大词典》，北京：学苑出版社1990年版。

鄂伦春族 很古的时候，大地上什么也没有，那些山川、草木都只生长在天堂之下、白云之上。

【流传】（中国东北部地区）

【出处】《鄂尔德穆》，见姚宝瑄主编《中国各民族神话》（达斡尔族、鄂伦春族、鄂温克族、蒙古族），太原：山西出版传媒集团·书海出版社2014

年版，第 20 页。

W1827.3
大山居于水与大地之上的来历
实 例

（参见下级母题实例）

W1827.3.1
大山居于水与大地之上是造物主的安排
实 例

柯尔克孜族 大地在水面上漂浮不定，造物主创造了能压住大地的大山，所以大山总是居于水与大地之上。

【流传】新疆维吾尔自治区·（克孜勒苏柯尔克孜自治州）·阿合奇县·哈拉奇乡

【出处】苏力坦阿里·包尔布代讲，夏依拉西采录，依斯哈别克·别克别克等译：《大山的由来》，见中国民间文学集成全国编辑委员会编《中国民间故事集成》（新疆卷），北京：中国ISBN中心 2008 年版，第 25 页。

W1828
会行走的山
【关联】

① ［W1533.1］以前柴草会行走

② ［W1839.0］奇特的山

③ ［W9687.2.4］赶山鞭赶山（石头）

实 例

瑶族（布努） 密洛陀（万物之母，女始祖，女神）生的 12 个男孩中，让第一个儿子阿亨阿独赶山山会走，山向东跑几万里，大山累得气喘喘。

【流传】广西壮族自治区·（河池市）·都安县（都安瑶族自治县）、巴马县（巴马瑶族自治县）、南丹县，（百色市）·田东县、平果县等地

【出处】桑布郎等传，蒙凤标（83 岁）、罗仁祥（73 岁）等唱：《密洛陀》（1983），见蓝怀昌、蓝书京、蒙通顺搜集翻译整理《密洛陀》，北京：中国民间文艺出版社 1988 年版，第 62 页。

W1828.1
以前山会行走
【汤普森】F775.6

【关联】

① ［W1091.8.1］以前有个河水会说话，大山会走路的时代

② ［W9687.2］赶山鞭

实 例

纳西族（摩梭） 天神格尔美刚创造出天地和万物时，山会走路。

【流传】云南省·（丽江市）·宁蒗县（宁蒗彝族自治县）

【出处】巴采若、桑绒尼搓讲，章虹宇搜集整理：《喇氏族的来源》，载《民间文学》1986 年第 3 期。

W1828.1.1
以前山会行走还会飞
实 例

汉族 古时候的山，会走、会跑还

会飞。

【流传】云南省·（大理白族自治州）·鹤庆县·黄坪乡·黄坪村

【出处】唐元清讲，章虹宇采录：《山生葫芦传人种》，见中国民间文学集成全国编辑委员会编《中国民间故事集成》（云南卷），北京：中国ISBN中心2003年版，第213页。

W1829
会飞的山

【汤普森】F755.3

【关联】
① [W1839.0] 奇特的山
② [W1852.6.162] 夜飞山

实例

（参见下级母题实例）

W1829.1
会飞的山被砍掉翅膀

【汤普森】A1185

实例

（实例待考）

W1829.2
会飞的山被射落在现在的地方

实例

汉族 以前豫南的伏牛山和豫北的韶山会飞，在争雄时，被管山老君射落在现在的地方。

【流传】河南省·（三门峡市）·渑池（渑池县）

【出处】《飞山的来历》，见白庚胜总主编《民间故事全书》（河南省·渑池卷），北京：知识产权出版社2009年版，第9页。

W1829.3
会飞的山失去行走能力

实例

汉族 （实例待考）

W1830
山不相连的原因

实例

（参见下级母题实例）

W1830.1
山被劈为几段

【关联】[W1852.6.18] 半边山

实例

（参见下级母题实例）

W1830.1.1
特定的人物把山劈开

实例

（参见下级母题实例）

W1830.1.1.1
神把山劈成3截

实例

鄂温克族 呼伦湖旁边一座大山挡着天神的路，有位天神用降魔宝剑把大山拦腰砍成了三截。

【流传】内蒙古自治区·（呼伦贝尔市）·鄂温克族自治旗·南屯（巴彦托海镇的旧称）

【出处】

（a）黄长林讲，马名超搜集整理：《西博山》，见满都呼主编《中国阿尔泰语系诸民族神话故事》，北京：民族出版社1997年版，第311页。

（b）《西博山》，见《鄂温克族民间故事选》，上海：上海文艺出版社1989年版。

W1830.1.1.1.1
天神把山劈成几段

实例

鄂温克族 山不能相连是天神用剑劈开后移开的结果。

【流传】内蒙古自治区·呼伦贝尔盟（呼伦贝尔市）·（鄂温克族自治旗）·巴彦托海镇

【出处】黄长林讲：《天神的传说》，见吕大吉、何耀华主编《中国各民族原始宗教资料集成》（鄂伦春族卷、鄂温克族卷、赫哲族卷、达斡尔族卷、锡伯族卷、满族卷、蒙古族卷、藏族卷），北京：中国社会科学出版社1999年版，第93页。

W1830.1.1.1.2
巨灵神把山劈成2段

实例

汉族 河神巨灵把一山劈成为二华山，黄河从中而流。

【流传】（无考）

【出处】［晋］干宝：《搜神记》卷一三。

W1830.1.1.2
龙把山劈成两半

实例

水族 龙把山劈成两半。

【流传】贵州省·（黔南布依族苗族自治州）·三都（三都水族自治县）

【出处】韦玉容等讲，王予凡整理：《水族为什么住木楼》，见中华民族故事大系编委会编《中华民族故事大系》第9卷（水族、东乡族、纳西族），上海：上海文艺出版社1995年版，第279页。

W1830.1.1.3
始祖把山劈断

实例

壮族 布洛陀把山劈成两半。

【流传】广西壮族广西壮族自治区·（河池市）·巴马县（巴马瑶族自治县）·所略乡·所略村

【出处】周朝珍讲：《布洛陀》，见张声震总主编，农冠品编注《壮族神话集成》，南宁：广西民族出版社2007年版，第36页。

W1830.1.1.3.1
布洛陀用鞭把山劈开

【关联】[W1318a.3.3]布洛陀通过升天削山把天地距离增大

实 例

壮族　布洛陀来到一座大山前，一鞭把大山劈成两半，然后往两边撬开。

【流传】广西壮族自治区右江、红河一带

【出处】周朝珍口述，何承文整理：《布洛陀》，原载蓝鸿恩编《壮族民间故事选》，见陶阳、钟秀编《中国神话》（上），北京：商务印书馆2008年版，第67~86页。

W1830.1.1.4
大禹用脚把山蹬成两半

实 例

汉族　大禹治水到到三门峡时，有大山挡道。大禹就用右脚蹬在北山山峰上，叉开两腿将山蹬成两半，中间开出了河道。

【流传】河南省·三门峡市

【出处】陈连山整理：《神脚掌》，见姚宝瑄主编《中国各民族神话》（汉族），太原：山西出版传媒集团·书海出版社2014年版，第347页。

W1830.1.1.5
特定的人把山砍断

【关联】[W1845.1.2.1]劈山形成山谷

实 例

（参见下级母题实例）

W1830.1.1.5.1
小伙把山砍为3截

实 例

汉族　小伙用剑把青龙山腰断三截。

【流传】辽宁省·朝阳市·龙城区·西大营子（西大营子镇）

【出处】张广镇讲：《青龙山腰断三截》，见本县编《辽宁省民间文学集成·朝阳市卷》，内部资料，1986年，第48~51页。

W1830.1.1.5.2
射日者把山砍为2截

实 例

傣族　射日的青年磨箭时把岩块（山）折成了两截。

【流传】云南省·（西双版纳傣族自治州）·景洪市

【出处】波岩少讲，岩温扁等翻译：《青年射日》，见中国民间文学集成全国编辑委员会编《中国民间故事集成》（云南卷），北京：中国ISBN中心2003年版，第140页。

W1830.1.1.5.3
天神把山砍为3截

实 例

鄂温克族　天神见山峰挡住出路，就抽

出宝剑用力抢起来,把那冲天大山拦腰砍成了三截。

【流传】蒙古族自治区·呼伦贝尔市

【出处】黄长林讲,马名超记录整理:《西博山》,见姚宝瑄主编《中国各民族神话》(达斡尔族、鄂伦春族、鄂温克族、蒙古族),太原:山西出版传媒集团·书海出版社2014年版,第118页。

鄂温克族 有一座能挡住天神出行的高山,一位天神十分恼怒,就抽出身上佩带的降魔宝剑,对准那拦路的高山猛地一抢,一下把那冲天大山砍成了三截。

【流传】内蒙古自治区·呼伦贝尔盟(呼伦贝尔市)·(鄂温克族自治旗)·巴彦托海镇

【出处】

(a) 黄长林讲,马名超搜集整理:《天神的传说》(1979),见马名超、王士媛、白衫编《鄂温克族民间故事选》,上海:上海文艺出版社1989年版,第1页。

(b)《天神的传说》,见吕大吉、何耀华总主编《中国各民族原始宗教资料集成》(鄂伦春族卷、鄂温克族卷、赫哲族卷、达斡尔族卷、锡伯族卷、满族卷、蒙古族卷、藏族卷),北京:中国社会科学出版社1999年版,第93页。

W1830.1.1.6
山被扁担压成三截

实 例

(参见下级母题实例)

W1830.1.1.6.1
山被二郎神的扁担压成三截

【关联】[W1832.4.1]二郎担山时造成山的凸起

实 例

汉族 二郎奉旨担山撵太阳时,扁担闪断,两座山也掉了下去。其中一座落下地时,恰好折成了两半截的扁担从空中落在它上面,压了两道深槽,把山分成三截。

【流传】河南省

【出处】吴光瑞、尚保元讲,尚海三记录:《二郎担山撵太阳》,见姚宝瑄主编《中国各民族神话》(汉族),太原:山西出版传媒集团·书海出版社2014年版,第134~135页。

W1830.1.2
山腰被斩断

实 例

(参见下级母题实例)

W1830.1.2.1
山腰被砍成三截

实 例

鄂温克族

(参见W1830.1.1.5.3母题实例)

W1830.2
山争吵后不再相连

实例

（实例待考）

W1830a
山与山相连

【关联】［W1850.2.4］昆仑山山山相连

实例

（参见下级母题实例）

W1830a.1
山川在地下有孔相连

实例

汉族 地下有八柱，柱广十万里，有三千六百轴，互相牵制，名山大川，孔穴相通。

【流传】（无考）

【出处】

（a）《汉唐地理书钞》辑《河图括地象》。

（b）同（a），见袁珂《中国神话大词典》，北京：华夏出版社 2015 年版，第 7 页。

W1831
山多石头多的来历

实例

（参见下级母题实例）

W1831.1
神的耙子坏齿造成山多石头多

实例

黎族 万家（神名）用造的很大的耙和很大的牛耙地。耙地的时候，耙齿坏了几根，许多石头、高山都从坏了的耙齿里漏出来。因此东方、白沙、琼中、保亭一带，成了山多石多的一片山区地带。

【流传】海南省·琼中县（琼中黎族苗族自治县）·五指山公社·番龙村（今属五指山市·水满乡·番龙村）

【出处】王克福讲，冯秀梅采录：《山区与平原的由来》，见中国民间文学集成全国编辑委员会编《中国民间故事集成》（海南卷），北京：中国 ISBN 中心 2002 年版，第 5 页。

W1831.2
有些地方为什么山多

实例

（参见下级母题实例）

W1831.2.1
有些地方山多是赶山造成的

实例

壮族 莫一大王（英雄名，首领）赶山造海时，他守寡的妈妈看见石山像牛帮马队滚滚而来，怕把她的牛群压死，就叫喊起来："你们这些背时的石山，要把我养的牛群压死了！"这些石山一听寡母婆的话，便不再滚动了。所以我们壮族地区石山多，还都挤在一块。

【流传】广西壮族自治区·（河池市）·南丹（南丹县）·河池（已撤销，今属河池市）、宜山（宜州市），（柳州市）·柳城（柳城县）等地

【出处】蓝鸿恩搜集整理：《莫一大王的故事》，见姚宝瑄主编《中国各民族神话》（仫佬族、壮族、京族），太原：山西出版传媒集团·书海出版社2014年版，第178~179页。

W1832

山的形状

实 例

（参见下级母题实例）

W1832.1

山形是特定的痕迹

实 例

（参见下级母题实例）

W1832.1.1

山形是神的指头痕迹

实 例

汉族　天神地神分别造天地时，造的天小地大。地神只好用手把地抓小，结果褶皱形成高山和沟壑。现在的山形便是当年地神的指头痕迹。

【流传】浙江省·（丽水市）·庆元县

【出处】余岩塔讲，余塔和搜集整理：《造天造地》，见姚宝瑄主编《中国各民族神话》（汉族），太原：山西出版传媒集团·书海出版社2014年版，第36页。

W1832.2

山为什么是尖的

【关联】［W1839.11］山尖

实 例

（参见下级母题实例）

W1832.2.1

特定人物把山弄尖

实 例

（参见下级母题实例）

W1832.2.1.1

金姑娘用金棍子把山擀尖

实 例

彝族（阿细）　最古的时候，山不尖。有个漂亮的金姑娘走到石山上，用金棍子去擀石山，就把石山擀尖了。

【流传】（a）云南省·红河哈尼族彝族自治州·弥勒县·（西山镇）

【出处】

(a) 潘正兴等唱述，云南省民族民间文学红河调查队搜集翻译整理：《阿细的先基》，昆明：云南人民出版社1959年版。

(b) 云南省民族民间文学红河调查队搜

集整理，古梅改写：《最古的时候》，见姚宝瑄主编《中国各民族神话》（羌族、彝族），太原：山西出版传媒集团·书海出版社2014年版，第133页。

W1832.3
有的山圆形的来历
实例

（参见下级母题实例）

W1832.3.1
特定人物把山变圆
实例

（参见下级母题实例）

W1832.3.1.1
金姑娘用金棍子把山擀圆
实例

彝族（阿细） 最古的时候，山不圆。有个漂亮的金姑娘，她拿了一根闪亮的金棍子，走到土山上，用金棍子去擀山，就把一个个土山擀成了圆圆的。

【流传】（a）云南省·红河哈尼族彝族自治州·弥勒县·（西山镇）

【出处】
（a）潘正兴等唱述，云南省民族民间文学红河调查队搜集翻译整理：《阿细的先基》，昆明：云南人民出版社1959年版。

（b）云南省民族民间文学红河调查队搜

W1832.4
山的形状与特定人物有关
实例

（参见下级母题实例）

W1832.4.1
二郎担山时造成山的凸起
实例

汉族 二郎担着山走到伏牛山前时，越走越拖不动。他用力甩了一下，一声扁担闪断了，两座山也掉了下去，一座成了现在的"先主山"；一座落下地时，恰好折成了两半截的扁担从空中落在它上面，压了两道深槽，把山分成三截，鼓起三个疙瘩。这就是"寺山"。

【流传】河南省

【出处】尚保元、吴光瑞讲，尚海三记录：《二郎担山撵太阳》，原载河南师大中文系编《河南民间故事》，见陶阳、钟秀编《中国神话》（中），北京：商务印书馆2008年版，第673~674页。

W1832.5
象形山

实例

（参见下级母题实例）

W1832.5.1
像人鸟的山

实例

汉族 聚窟洲，在西海中。洲上有大山，形似人鸟之象，因名之为人鸟山。

【流传】（无考）

【出处】［汉］东方朔：《十洲记》。

W1833
与山的特征有关的其他母题

实例

（参见下级母题实例）

W1833.0
山的性别

【关联】
① ［W1865.0］山头的性别
② ［W1893］水的雌雄

实例

（参见下级母题实例）

W1833.0.1
山的雌雄的产生

实例

（参见下级母题实例）

W1833.0.1.1
为造人分出山的雌雄

实例

彝族（阿细） 男神阿热和女神阿咪造人的时候商量，要想造人就要先分出雌雄，山就要先分雌雄，石头就要分雌雄。不分出雌雄，就无法造人。

【流传】（a）云南省·红河哈尼族彝族自治州·弥勒县·（西山镇）

【出处】

（a）潘正兴等唱述，云南省民族民间文学红河调查队搜集翻译整理：《阿细的先基》，昆明：云南人民出版社1959年版。

（b）云南省民族民间文学红河调查队搜集整理，古梅改写：《最古的时候》，见姚宝瑄主编《中国各民族神话》（羌族、彝族），太原：山西出版传媒集团·书海出版社2014年版，第141页。

W1833.0.2
雌山（女山）

实例

（参见下级母题实例）

W1833.0.2.1
雌山有像乳房的山头

实例

彝族（阿细） 山怎么分雌雄？这事也

很间单。尖尖的山头，那就是雄山；团团的像乳房一样的山头，那就是雌山。

【流传】（a）云南省·红河哈尼族彝族自治州·弥勒县·（西山镇）

【出处】

（a）潘正兴等唱述，云南省民族民间文学红河调查队搜集翻译整理：《阿细的先基》，昆明：云南人民出版社1959年版。

（b）云南省民族民间文学红河调查队搜集整理，古梅改写：《最古的时候》，见姚宝瑄主编《中国各民族神话》（羌族、彝族），太原：山西出版传媒集团·书海出版社2014年版，第141页。

W1833.0.2.2
女山为白色

实例

纳西族 黑底干木山，是穿白衣，戴白头巾，骑白马的女山。

【流传】云南省·（凉山彝族自治州）·木里县（木里藏族自治县）、盐源县

【出处】严汝娴、宋兆麟、刘尧汉调查整理：*《祭山神》，见四川省编辑组《四川省纳西族社会历史调查》，成都：四川省社会科学院出版社1987年版，第234页

W1833.0.2.3
女山叫将姆

实例

藏族 三座山统称"汪确母"。男山叫"将莫"，女山叫"将姆"。

【流传】（四川省·凉山彝族自治州·冕宁县·泸宁乡·拉乌堡子）

【出处】杨光甸：《冕宁县泸宁区藏族调查笔记》（打印稿），西南民族学院研究所编印，1982年，见吕大吉、何耀华总主编《中国各民族原始宗教资料集成》（鄂伦春族卷、鄂温克族卷、赫哲族卷、达斡尔族卷、锡伯族卷、满族卷、蒙古族卷、藏族卷），北京：中国社会科学出版社1999年版，第959页。

W1833.0.2.4
美女山

【关联】[W1817.5] 姑娘变成山

实例

纳西族 很古的时候，塔城关有一座美女山，她叫岩耍山。

【流传】云南省·（丽江市）·丽江县（古城区、玉龙纳西族自治县）

【出处】木丽春采集整理：《奶头石的来历》，见木丽春编著《纳西族民间故事集》，昆明：云南人民出版社2007年版，第129页。

W1833.0.3
雄山（男山）

【实 例】

（参见下级母题实例）

W1833.0.3.1
雄山有尖尖的山头

【实 例】

彝族（阿细） 山怎么分雌雄？这事也很简单，尖尖的山头，那就是雄山。

【流传】（a）云南省·红河哈尼族彝族自治州·弥勒县·（西山镇）

【出处】

（a）潘正兴等唱述，云南省民族民间文学红河调查队搜集翻译整理：《阿细的先基》，昆明：云南人民出版社1959年版。

（b）云南省民族民间文学红河调查队搜集整理，古梅改写：《最古的时候》，见姚宝瑄主编《中国各民族神话》（羌族、彝族），太原：山西出版传媒集团·书海出版社2014年版，第141页。

W1833.0.3.2
男山为黑色

【关联】［W1826.3］黑色的山（黑山）

【实 例】

纳西族 所有的布兰山，是骑青蛙，穿黑衣，戴黑帽的男山。黑底干木山，是穿白衣，戴白头巾，骑白马的女山。

【流传】云南省·（凉山彝族自治州）·木里县（木里藏族自治县）、盐源县

【出处】严汝娴、宋兆麟、刘尧汉调查整理：*《祭山神》，见四川省编辑组《四川省纳西族社会历史调查》，成都：四川省社会科学院出版社1987年版，第234页

W1833.0.3.3
男山叫将莫

【实 例】

藏族 三座山统称"汪确母"。男山叫"将莫"，女山叫"将姆"。

【流传】（四川省·凉山彝族自治州·冕宁县·泸宁乡·拉乌堡子）

【出处】杨光旬：《冕宁县泸宁区藏族调查笔记》（打印稿），西南民族学院研究所编印，1982年，见吕大吉、何耀华总主编《中国各民族原始宗教资料集成》（鄂伦春族卷、鄂温克族卷、赫哲族卷、达斡尔族卷、锡伯族卷、满族卷、蒙古族卷、藏族卷），北京：中国社会科学出版社1999年版，第959页。

W1833.0.3.4
粗犷的男山

【实 例】

纳西族 很古的时候，塔城关有一座美

女山，她叫岩耍山。隔着金沙江的彼岸，也有一座粗犷的男山，他叫昧达吉青山。

【流传】云南省·（丽江市）·丽江县（古城区、玉龙纳西族自治县）

【出处】木丽春采集整理：《奶头石的来历》，见木丽春编著《纳西族民间故事集》，昆明：云南人民出版社 2007 年版，第 129 页。

W1833.0.3.5
白马神山是雄山

实 例

藏族（白马） 白马藏人认为，白马神山是雄山。

【流传】（四川省·绵阳市·平武县等地）

【出处】《万物有灵》，见周贤中《走进白马藏人》，成都：电子科技大学出版社 2016 年版，第 57 页。

W1833.1
神奇之山（魔力之山）

【汤普森】①D932；②F754

【关联】［W1829］会飞的山

实 例

（参见下级母题实例）

W1833.1.1
有生命的山

【汤普森】F755

实 例

鄂温克族 （实例待考）

W1833.1.2
会复原的山

【关联】［W9380］复原

实 例

鄂温克族 大山拦腰砍成了三截后，隔不久，三截山又照原样接到一处。

【流传】内蒙古自治区·（呼伦贝尔市）·鄂温克族自治旗·南屯（巴彦托海镇的旧称）

【出处】

(a) 黄长林讲，马名超搜集整理：《西博山》，见满都呼主编《中国阿尔泰语系诸民族神话故事》，北京：民族出版社 1997 年版，第 311 页。

(b)《西博山》，见《鄂温克族民间故事选》，上海：上海文艺出版社 1989 年版。

鄂温克族 一座山被神砍为三截后不久，又照原样接到一处，而且还隆隆地往上长。

【流传】内蒙古自治区·呼伦贝尔盟（呼伦贝尔市）·（鄂温克族自治旗）·巴彦托海镇

【出处】

(a) 黄长林讲，马名超搜集整理：《天神的传说》（1979），见马名超、王士媛、白衫编《鄂温克族民间故事选》，上海：上海文艺出版社 1989 年版，第 1 页。

(b)《天神的传说》，见吕大吉、何耀华总主编《中国各民族原始宗教资料集成》（鄂伦春族卷、鄂温克族卷、赫哲族卷、达斡尔族卷、锡伯族卷、满族卷、蒙古族卷、藏族卷），北京：中国社会科学出版社1999年版，第93页。

W1833.2
山的寿命

实 例

（参见下级母题实例）

W1833.2.1
山为什么不会老

【关联】
① ［W1161.2］天不会死（长生天）
② ［W1613.0］日月不会死亡

实 例

（参见下级母题实例）

W1833.2.1.1
山不会老是因为洒上不老药

实 例

纳西族　三兄弟从西方盗来长生不老药，一滴落到居那什罗山，山高不会老。

【流传】云南省·丽江（丽江市）·青龙乡（不详）

【出处】和芳（东巴）读经，和志武调查整理：《崇仁潘迪彻舒》（1954），见吕大吉、何耀华总主编《中国各民族原始宗教资料集成》（纳西族卷、羌族卷、独龙族卷、傈僳族卷、怒族卷），北京：中国社会科学出版社2000年版，第348页。

W1833.3
山的温度

实 例

（参见下级母题实例）

W1833.3.1
山由热变凉

【关联】［W1835.6］山变凉爽

实 例

汉族　女娲炼五彩石留下的炉渣，堆成了一座很热的山，玉帝派13条青龙放凉气清热。形成今天夏天也凉爽的"清凉山"。

【流传】河南省·（安阳市）·安阳县·磊口乡·清凉山村

【出处】赵金和讲，牛化法采录：《女娲炼石补天》，见中国民间文学集成全国编辑委员会编《中国民间故事集成》（河南卷），北京：中国ISBN中心2001年版，第17页。

W1833.3.2
寒冷的高山

实 例

哈尼族　多娘地方是个冷气和冰雪堆成的高山。

【流传】云南省·（红河哈尼族彝族自治州）·元阳（元阳县）、红河（红河县）、绿春（绿春县）、金平（金平苗族瑶族傣族自治县）

【出处】朱小和等讲，史军超、卢朝贵

搜集整理：《遮天树王》，杨知勇选自云南省民间文学集成办公室编《哈尼族神话传说集成》，中国民间文艺出版社，1990年，见姚宝瑄主编《中国各民族神话》（哈尼族、傣族），太原：山西出版传媒集团·书海出版社2014年版，第124页。

W1833.3.3
清凉山为什么清凉

实例

汉族 由于女娲炼石补天的炉渣、碎石堆积成山。玉帝派的十三条青龙给降温时，一趴下来，热气就全消了，就是最热最热的夏天，这里也是清凉凉的。所以人们才叫它"清凉山"。

【流传】河南省·（安阳市）·安阳县·磊口乡·清凉山村［采录地点：安阳县磊口乡目明学校］

【出处】赵金和（36岁，中师）讲，牛化法采录：《清凉山的传说》（1987.04.07），见张振犁编著《中原神话通鉴》（第一卷），郑州：河南大学出版社2017年版，第155页。

W1833.4
通天的山

【汤普森】F55

【关联】［W1450］山为天梯

实例

汉族

（参见 W1450 母题实例）

W1833.5
无影山

【关联】［W1839.9］山的影子

实例

汉族 （实例待考）

W1833.6
可以居住人的山

实例

汉族

（参见 W6178.2 母题实例）

W1833.7
宝山

实例

汉族 九嶷山是一座宝山，前山有座藏银洞，后山有条流金河。

【流传】（无考）

【出处】李美清讲，杨鹏搜集整理：《舜帝审案》，原载陶阳编《中国民间故事大观》，见陶阳、钟秀编《中国神话》（中），北京：商务印书馆2008年版，第822~823页。

W1833.7.1
喷火的宝山

【关联】［W1840］火山

实例

彝族 支格阿龙经过喷火的里模哈撒

（彝语"奇珍异宝"的意思）山。

【流传】（无考）

【出处】朱叶整理：《支格阿龙寻父亲》，见姚宝瑄主编《中国各民族神话》（羌族、彝族），太原：山西出版传媒集团·书海出版社 2014 年版，第 289 页。

W1833.8
群山

实 例

（参见下级母题实例）

W1833.8.1
缩地时推出群山

实 例

珞巴族 最早大神的两个儿子造天地，弟弟造地造大了，缩地时用力把大地上的土堆高，结果那些堆高的地方，就成了现在的群山。

【流传】
（a）西藏自治区·下珞瑜（泛指永木河、锡约尔河、巴恰西仁河流域）
（b）西藏自治区·下珞渝（又写作"下珞瑜"）·布根部落森冲村

【出处】
（a）维·埃尔温搜集：《尼布和尼利》，见中华民族故事大系编委会编《中华民族故事大系》第 16 卷（赫哲族、门巴族、珞巴族、基诺族），上海：上海文艺出版社 1995 年版，第 402 页。

（b）同（a），见李坚尚、刘芳贤编《珞巴族门巴族民间故事选》，上海：上海文艺出版社 1993 年版，第 16 页。

W1833.8.2
特定人物的粪便变成群山

【关联】[W1821.9.1] 粪便成为山

实 例

珞巴族 太阳的儿子达西和月亮的女儿亚姆降落人间，婚生的五个儿子把粪便撒落在地上，变成了座座群山

【流传】西藏自治区·（林芝市）·墨脱县·达木珞巴民族乡、墨脱乡

【出处】安布讲，冀文正采集：《五兄弟的传说》，见冀文正《珞巴族民间故事》，成都：四川民族出版社 2011 年版，第 18～19 页。

W1833.8.3
山脉

实 例

（参见下级母题实例）

W1833.8.3.1
造山者为山分支脉

实 例

水族 始祖婆伢俉造了东西南北中五座大山（五岳），伢俉又给各座大山分支分脉。这样山就布满天下，处处都有山。

【流传】（无考）

【出处】潘静流唱，燕宝记译，化斯改写：《伢俣开创世界》（原名《造天造地》），见姚宝瑄主编《中国各民族神话》（水族、布朗族、独龙族、基诺族、傈僳族），太原：山西出版传媒集团·书海出版社2014年版，第7页。

W1833.8.3.2
神或神性人物造山脉

实例

（参见下级母题实例）

W1833.8.3.2.1
神造山脉

实例

傈僳族 大神造成地之后，继续又造了许多河流、山脉。

【流传】（无考）

【出处】《横断山脉的传说》，原载左玉堂《傈僳族宗教与神话》，见姚宝瑄主编《中国各民族神话》（水族、布朗族、独龙族、基诺族、傈僳族），太原：山西出版传媒集团·书海出版社2014年版，第189页。

W1833.8.3.2.2
天神撒土形成山脉

【关联】[W1265.3.5]撒土成岛

实例

珞巴族 天神三兄弟在大海中支起石锅，又在石锅上面盖了大石板，在石板上开始撒神土造地。开始土层撒的又厚又匀，形成了平原和草原。后来，神土不多了，他们就一条一条地撒下来，就形成了山脉。

【流传】西藏自治区·珞渝地区（包括上珞渝，泛指古称的白马岗即今林芝市墨脱县、马尼岗、梅楚卡一带，下珞渝则泛指永木河、锡约尔河、巴恰西仁河流域）

【出处】布洛（60多岁）讲，于乃昌、张力凤、陈理明整理：《天神三兄弟》，原载于乃昌《西藏民间故事——珞巴族、门巴族专辑》，见陶阳、钟秀编《中国神话》（上），北京：商务印书馆2008年版，第48~49页。

W1833.8.3.2.3
神拍地指缝中凸出来山脉

实例

傈僳族 大神造大地时，听说父母死亡，一面大哭，一面双手就往他造了一半的平地上扒了下去。这一巴掌下去，四个手指打出了四条河流，那指缝缝就凸出来三条山脉。

【流传】（无考）

【出处】《横断山脉的传说》，原载左玉堂《傈僳族宗教与神话》，见姚宝瑄主编《中国各民族神话》（水族、布朗族、独龙族、基诺族、傈僳族），太原：山西出版传媒集团·书海出版社2014年版，第190页。

W1833.8.3.3
筋络变成山脉

实 例

汉族 盘古为改造世界仆地而死，将自己的筋络变成山脉。

【流传】江苏省·（淮安市）·涟水县·南集乡·禹庄村

【出处】徐学尧讲，徐省生搜集整理：《世界的由来》（1983），见姚宝瑄主编《中国各民族神话》（汉族），太原：山西出版传媒集团·书海出版社2014年版，第24~28页。

W1833.8.3.3.1
鸟的筋络变成山脉

实 例

藏族 混沌世界中最早出现一个人面鸟身的马世纪（鸟名），它身上的各种筋络，成了大地上的山脉。

【流传】（四川省·凉山彝族自治州·木里藏族自治县）

【出处】陈安礼讲，陈青贵等译：《天和地怎样来的》，原载《中国民间故事集成·木里卷》，见吕大吉、何耀华总主编《中国各民族原始宗教资料集成》（鄂伦春族卷、鄂温克族卷、赫哲族卷、达斡尔族卷、锡伯族卷、满族卷、蒙古族卷、藏族卷），北京：中国社会科学出版社1999年版，第938页。

藏族 世界最早出现的一只人面大鸟，它的筋络成了山脉。

【流传】（无考）

【出处】刘尚乐搜集整理：《天和地是怎样来的》，见姚宝瑄主编《中国各民族神话》（门巴族、珞巴族、怒族、藏族），太原：山西出版传媒集团·书海出版社2014年版，第84页。

W1833.8.3.4
骨骼变成山脉

实 例

（参见下级母题实例）

W1833.8.3.4.1
神牛的骨头变成山脉

实 例

珞巴族 大地生火神牛、铁神牛、土神牛三兄弟。大哥火神牛害死了二弟铁神牛。铁神牛死后，它的骨头变成了大地的石头和山脉。

【流传】西藏自治区·（林芝地区）·米林县·纳玉区（南伊乡）

【出处】达牛讲，于乃昌搜集：《三个神牛》，见姚宝瑄主编《中国各民族神话》（门巴族、珞巴族、怒族、藏族），太原：山西出版传媒集团·书海出版社2014年版，第26页。

W1833.8.3.4.2
盘古死后骨骼变成山脉

实 例

汉族 （盘古）由于劳累过度，倒下了。他的骨骼形成了地上纵横的山脉。

【流传】河南省·汝州市薛庄乡·徐洼村

【出处】王欢进采录：《盘古创世》（1989.10.07），见张振犁编著《中原神话通鉴》（第一卷），郑州：河南大学出版社2017年版，第23页。

W1833.8.3.5
特定人物的五官变成山脉

实例

（参见下级母题实例）

W1833.8.3.5.1
盘古的耳鼻变成山脉

实例

白族 盘古氏的耳鼻化为山峰与山脉。

【流传】（无考）

【出处】《开天辟地》，原载谷德明编《中国少数民族神话》，见袁珂《中国神话大词典》，北京：华夏出版社2015年版，第475页。

W1833.8.3.6
大山生出山脉

实例

塔吉克族 真主造出七座大山将大地稳稳压住。七座大山留下的后代，又使大地上产生了现在无数大大小小的山脉。

【流传】（新疆维吾尔自治区）

【出处】西仁·库尔班、段石羽搜集整理：《真主造大山》，见姚宝瑄主编《中国各民族神话》（乌孜别克族、哈萨克族、柯尔克孜族、俄罗斯族、维吾尔族、塔吉克族、塔塔尔族、锡伯族），太原：山西出版传媒集团·书海出版社2014年版，第279页。

W1833.9
山为什么是直立的

实例

（参见下级母题实例）

W1833.9.1
神把山拉直

实例

苗族 巨神养优把大地拉起来，矮的把它拉高，高的把它压矮，弯的把它拉直，直的把它拉弯，山就直起来了。

【流传】贵州省·（黔东南苗族侗族自治州）·台江县、施秉县、凯里县（凯里市）等地

【出处】秦公、岩公、李普奶等苗族八歌手说唱，唐春芳、桂舟人搜集整理：《巨鸟生天地，众神辟地天》，见姚宝瑄主编《中国各民族神话》（布依族、仡佬族、苗族），太原：山西出版传媒集团·书海出版社2014年版，第117页。

W1833.10

有的山为什么倾斜

实 例

（参见下级母题实例）

W1833.10.1

山被特定人物撬斜

【关联】［W1849.1.2.1］神撬出山崖

实 例

（参见下级母题实例）

W1833.10.1.1

山被布洛陀撬斜

实 例

壮族　布碌陀开河入海退洪水时遇到大的山峰，就用撬山棍撬开，所以有些地方，大山向南面或北面歪着，有的则平平地横倒。

【流传】（a）广西壮族自治区右江及红水河一带

【出处】

（a）周朝珍讲，何承文整理：《布碌陀》，载广西民间文学研究会编印《广西民间文学丛刊》第5期。

（b）《布碌陀》（王松选定），见姚宝瑄主编《中国各民族神话》（仫佬族、壮族、京族），太原：山西出版传媒集团·书海出版社2014年版，第80页。

壮族　布洛陀（男始祖，神）治水时，用撬山棍撬开大的山峰。所以有些地方，大山向南面或北面斜歪着。

【流传】广西壮族自治区右江、红河一带

【出处】周朝珍口述，何承文整理：《布洛陀》，原载蓝鸿恩编《壮族民间故事选》，见陶阳、钟秀编《中国神话》（上），北京：商务印书馆2008年版，第67~86页。

W1833.10.2

山思念恋人变倾斜

实 例

藏族　西面的女山神曲诺依依卓玛依恋东部的山神王都吉纳着，所以至今，曲诺依依神山仍旧是往东边倾斜着。

【流传】（四川省·甘孜藏族自治州·九龙县）

【出处】伍呷：《九龙藏族社会的历史调查》，原载西南民族学会编印《雅砻江上游考察报告》，1985年，见吕大吉、何耀华总主编《中国各民族原始宗教资料集成》（鄂伦春族卷、鄂温克族卷、赫哲族卷、达斡尔族卷、锡伯族卷、满族卷、蒙古族卷、藏族卷），北京：中国社会科学出版社1999年版，第795页。

W1833.10.3

山因斗气变倾斜

实 例

藏族　吓吉里男山神与约沙厄女山神

之间发生了战斗，后来议和时，由于双方各不相让，约沙厄山神把头扭向洪坝方向，所以至今约沙厄山，还是向洪坝方向倾斜着。

【流传】（四川省·甘孜藏族自治州·九龙县·夏卡乡）

【出处】伍呷：《九龙藏族社会的历史调查》，原载西南民族学会编印《雅砻江上游考察报告》，1985年，见吕大吉、何耀华总主编《中国各民族原始宗教资料集成》（鄂伦春族卷、鄂温克族卷、赫哲族卷、达斡尔族卷、锡伯族卷、满族卷、蒙古族卷、藏族卷），北京：中国社会科学出版社1999年版，第943页。

W1833.11
有的山为什么秃（山秃的来历）

实例

（参见下级母题实例）

W1833.11.1
因在山顶撒灰山变秃

实例

羌族 一位妈妈在高的地方撒了灰，所以高山上就不长树也不长草了。

【流传】四川省·（阿坝藏族羌族自治州）·茂县·雅都乡·中心村

【出处】泽幼讲，李冀祖采录：《高山平坝的来历》，见中国民间文学集成全国编辑委员会编《中国民间故事集成》（四川卷·下），北京：中国IS-BN中心1998年版，第1108页。

W1833.11.2
大火烧成秃山

实例

瑶族 卡恩造山时，打火石烧烟，不小心给火烧光了草木。密洛陀（万物之母，女始祖，女神）只好用白布遮盖光秃秃的山坡。

【流传】广西壮族自治区·（河池市）·巴马县（巴马瑶族自治县）·东山乡·幕山村

【出处】蒙老三（70岁）讲，蒙灵记录翻译：《密洛陀》（1981），原载南宁师范学院编《广西少数民族与汉族民歌民间故事》，见陶阳、钟秀编《中国神话》（上），北京：商务印书馆2008年版，第106~109页。

1.7.3 与山有关的其他母题
【W1835～W1854】

W1835
山的变化

【关联】
① ［W1197.11］海里露出的山变成地
② ［W9575.3］山（石）变成动物

实例

（参见下级母题实例）

W1835.1
会成长的山（会增长的山）

【汤普森】F755.4

【关联】［W1839.0］奇特的山

实 例

鄂温克族 大山轰隆隆地往上长，一会儿比一会儿高大。

【流传】蒙古族自治区·呼伦贝尔市

【出处】黄长林讲，马名超记录整理：《西博山》，见姚宝瑄主编《中国各民族神话》（达斡尔族、鄂伦春族、鄂温克族、蒙古族），太原：山西出版传媒集团·书海出版社2014年版，第118页。

W1835.1.1
山在洪水中长高

实 例

（参见下级母题实例）

W1835.1.1
石狮子山在洪水中长高

实 例

汉族 洪水时，盘古兄妹根据石狮吩咐，钻入石狮腹中。大雨已倾盆而下，树淹山塌，唯石狮子山随水高长，几与天齐。

【流传】（河南省）

【出处】《盘古山》，原载河南师大中文系编《河南民间故事》，见袁珂《中国神话大词典》，北京：华夏出版社2015年版，第390页。

汉族 大雨一直突突往下流，树也淹没了，山也泡塌了，只有腹中躲藏着盘古兄妹的石狮子山随暴水涨，越长越高，高得就快挨着天了。

【流传】河南省·（南阳市）·桐柏县

【出处】姚义雨等讲，马卉欣搜集整理：《盘古兄妹》，载《民间文学》1986年第1期。

W1835.1.2
山每年长高五丈

实 例

汉族 杨二郎肩挑二座大山追赶危害百姓的太阳神时，在东海县横沟乡石文港村的摩云山顶上休息。发现这座摩云山非同一般，每年长高五丈。

【流传】江苏省·（连云港市）·东海县·横沟乡一带

【出处】赵传花讲，柴刚记录：《二郎南岭与二郎北岭》（1987.05），见姚宝瑄主编《中国各民族神话》（汉族），太原：山西出版传媒集团·书海出版社2014年版，第137~138页。

W1835.2
山的升高（山的变大）

实 例

（参见下级母题实例）

W1835.2.0
特定人物把山变高

实例

（参见下级母题实例）

W1835.2.0.1
萨满把山变大

实例

鄂温克族 天神造好第二个大地后，世间就出现了神通广大的萨满，他们用法力把大地变大，山峰也增高了。

【流传】内蒙古自治区·呼伦贝尔盟（呼伦贝尔市）·（鄂温克族自治旗）·巴彦托海镇

【出处】

（a）阿拉诺海讲，马名超记录整理：《大地的传说》（1979.05.23），见马名超、王士媛、白衫编《鄂温克族民间故事选》，上海：上海文艺出版社1989年版，第21页。

（b）《大地的传说》，见吕大吉、何耀华总主编《中国各民族原始宗教资料集成》（鄂伦春族卷、鄂温克族卷、赫哲族卷、达斡尔族卷、锡伯族卷、满族卷、蒙古族卷、藏族卷），北京：中国社会科学出版社1999年版，第94页。

W1835.2.0.2
龙把山撑高

实例

汉族 大腹山比石狮子山还矮三尺，这条龙钻进山肚里一拱，山腹撑大了，山顶也高了。后人叫它为大腹山（又名太白顶）。

【流传】河南省·（南阳市）·桐柏县·（回龙乡）·黄棟沟村（黄棟岗村?）（采录地点：桐柏县二郎山乡李沟村）

【出处】刘国山（51岁，农民）讲，马卉欣采录：《盘古降龙》（1984.11），见张振犁编著《中原神话通鉴》（第一卷），郑州：河南大学出版社2017年版，第47页。

W1835.2.1
天升高造成山的升高

【关联】[W1300] 天的升高

实例

傈僳族 天升高的时候，山也跟着天升高了。

【流传】云南省·（怒江傈僳族自治州）·福贡县

【出处】都玛恒讲，和四海采录：《天地分开》（1988），见中国民间文学集成全国编辑委员会编《中国民间故事集成》（云南卷），北京：中国ISBN中心2003年版，第161页。

珞巴族 山原来是不高的，天父地母分开时，它分给了地母。但它见天父离开时急忙追赶，想同天父一起走，追到半空又舍不得地母，就成了现在的样子。

【流传】西藏自治区·（林芝地区）·

米林县·马尼岗·穷林村

【出处】亚如、亚崩讲，高前译，李坚尚等搜集整理：《天和地》，见中国民间文学集成全国编辑委员会编《中国民间故事集成》（西藏卷），北京：中国ISBN中心2001年版，第8页。

W1835.2.2
山下埋特定物造成山的升高

实例

（参见下级母题实例）

W1835.2.2.1
山下埋了巨人尸体后不断升高

实例

蒙古族 博格达山包自从埋葬了巨人夭乌麦勒根的尸体后，就一天天增高，慢慢地插进了云端。

【流传】（无考）

【出处】阿·太白搜集翻译，姚宝瑄、巴音巴图整理：《赤脚巨人》，见姚宝瑄主编《中国各民族神话》（达斡尔族、鄂伦春族、鄂温克族、蒙古族），太原：山西出版传媒集团·书海出版社2014年版，第216页。

W1835.2.3
山停止长高

实例

（参见下级母题实例）

W1835.2.3.1
鸡叫后山不再增高

实例

汉族 （实例待考）

W1835.2.3.2
鸡叫使山不再升高

实例

汉族 伏羲眼看女娲造的三座山要起来，自己打的赌要输，就学三声鸡叫，山就停住不长了。

【流传】河南省·（周口市）·西华县·聂堆乡（聂堆镇）·思都岗（思都岗村）

【出处】张慎重讲，陈连忠采录：《女娲造山修城》，见中国民间文学集成全国编辑委员会编《中国民间故事集成》（河南卷），北京：中国ISBN中心2001年版，第21页。

W1835.3
山的变低（山的变小）

【关联】

① [W1421.1] 把山锯矮绝地天通
② [W1825.3.3.1] 矮山

实例

（参见下级母题实例）

W1835.3.0

山变小的原因

实例

（参见下级母题实例）

W1835.3.0.1

祖先因地上人变多把山变小

实例

壮族 天下地上的人多了，保洛陀（男祖先名）嫌天地小了，就把天加大加高，把地加宽加厚，把山岭削低削小。

【流传】（无考）

【出处】岭隆业、杨荣杰、金稼民搜集、整理：《铜鼓的来历》，原载蓝鸿恩编：《壮族民间故事选》，上海文艺出版社1984年版，见姚宝瑄主编《中国各民族神话》（仫佬族、壮族、京族），太原：山西出版传媒集团·书海出版社2014年版，第149页。

W1835.3.1

山被砸低

实例

（参见下级母题实例）

W1835.3.1.1

女娲把山砸低

实例

汉族 女娲用石夯向昆仑山头打去，让昆仑山低了十丈零八尺。

【流传】青海省·（海东市）·平安县（平安区）·石灰窑乡

【出处】魏永发讲，魏占乾采录：《女娲炼石补天》，见中国民间文学集成全国编辑委员会编《中国民间故事集成》（青海卷），北京：中国ISBN中心2007年版，第5页。

W1835.3.2

山被削低

实例

（参见下级母题实例）

W1835.3.2.1

祖先把山削低削小

实例

壮族 壮家的开天辟地老祖布洛陀，造了天地和人。后来人多了，布洛陀嫌天地小了，就把天加大加高，把地加宽加厚，把山岭削低削小。

【流传】广西壮族自治区·（百色市）·西林县

【出处】岑永钦、黎显春讲，岑隆业、杨荣杰、金稼民整理：《铜鼓的来历》，原载选自蓝鸿恩编《壮族民间故事选》，见陶阳、钟秀编《中国神话》（下），北京：商务印书馆2008年版，第1271~1274页。

W1835.3.3
山被砍低

实例

（参见下级母题实例）

W1835.3.3.1
雷公把山砍矮

实例

苗族　喝（雷公）的三板斧根本没有碰到嘎波（蛤蟆精）的一根毫毛，却把山砍矮了。

【流传】贵州省·（黔东南苗族侗族自治州）·雷山（雷山县）·西江地区（西江镇）

【出处】

（a）杨正光、侯昌德讲，杨正光、侯昌德搜集整理：《雷公坪》，载《南风》1981年第1期。

（b）同（a），见姚宝瑄主编《中国各民族神话》（布依族、仡佬族、苗族），太原：山西出版传媒集团·书海出版社2014年版，第136页。

W1835.3.4
山被挖低

实例

（参见下级母题实例）

W1835.3.4.1
人取石把山变矮

实例

满族　以前，大兴安岭的山顶比天上的云还高。完达和女真夫妇斗恶龙时，不断用石头向恶龙身上砸去。后来，山顶表面的石头很快用光了，山逐渐矮下去。

【流传】黑龙江省

【出处】

（a）赵书搜集整理：《女真定水》，见乌丙安等编《满族民间故事选》，上海：上海文艺出版社1983年版，第66~76页。

（b）同（a），见姚宝瑄主编《中国各民族神话》（满族、赫哲族、朝鲜族），太原：山西出版传媒集团·书海出版社2014年版，第50~60页。

W1835.3.5
山被踩低

【关联】［W1809.14］山是踩出来的

实例

（参见下级母题实例）

W1835.3.5.1
二郎神把山踩低

实例

汉族　杨二郎一算八卦，知道用不了几代人的时间，摩云山就要压掉周围几百里的村庄、田园，害苦周围的百姓。于是他运气八天，脚下生根，把山给踩下去了。

【流传】江苏省·（连云港市）·东海县·横沟乡一带

【出处】赵传花讲，柴刚记录：《二郎南

岭与二郎北岭》（1987.05），见姚宝瑄主编《中国各民族神话》（汉族），太原：山西出版传媒集团·书海出版社2014年版，第137~138页。

W1835.4
山的移动
【关联】
① ［W1265.3.3］移山成岛
② ［W9687.2］赶山鞭

实 例

藏族（白马） 白马老爷（白马神山）是从甘肃来到现在的地方，白马老爷变成一座山，他的桌子和板凳变成山脚下两块方形大石头。

【流传】（四川省·绵阳市·平武县等地）

【出处】《白马神山的传说》，见周贤中《走进白马藏人》，成都：电子科技大学出版社2016年版，第89页。

W1835.4.1
神移山

实 例

黎族 万家（神名）用造的很大的耙和很大的牛，把石块大山都耙到大海里。

【流传】海南省·琼中县（琼中黎族苗族自治县）·五指山公社·番龙村（今属五指山市·水满乡·番龙村）

【出处】王克福讲，冯秀梅采录：《山区与平原的由来》，见中国民间文学集成全国编辑委员会编《中国民间故事集成》（海南卷），北京：中国ISBN中心2002年版，第5页。

W1835.4.1.1
天神移山

实 例

鄂温克族 天神下凡人间，把被砍成四四方方的那一截山，留在原处当了底座。中间的那截长方的，移到东边。还有一截像锥子似的，挪到另外一侧。

【流传】蒙古族自治区·呼伦贝尔市

【出处】黄长林讲，马名超记录整理：《西博山》，见姚宝瑄主编《中国各民族神话》（达斡尔族、鄂伦春族、鄂温克族、蒙古族），太原：山西出版传媒集团·书海出版社2014年版，第119页。

W1835.4.2
佛祖移山

实 例

汉族 如来佛为将要压太阳的二郎神移来王莽、黑牛两座大山。

【流传】陕西省·安康市

【出处】孙鹏讲，柳庆康采录：《二郎神担山赶太阳》，见中国民间文学集成全国编辑委员会编《中国民间故事集成》（陕西卷），北京：中国ISBN中心1996年版，第22页。

W1835.4.3
二郎担山

【关联】

① ［W0673］二郎神
② ［W9867.2］二郎神担山追杀太阳

实 例

汉族 以前，这一带都是山，后来被杨二郎担走了。

【流传】山东省·（菏泽市）·郓城县·杨庄集乡·袁屯村

【出处】刘秀英讲，潘永修采录：《二郎担山撵太阳》，见中国民间文学集成全国编辑委员会编《中国民间故事集成》（山东卷），北京：中国 ISBN 中心 2007 年版，第 8 页。

W1835.4.4
人移山

实 例

（参见下级母题实例）

W1835.4.4.1
人担山移山

实 例

仫佬族 一个男子担山把山搬掉。

【流传】广西壮族自治区·（河池市）·罗城（罗城仫佬族自治县）

【出处】潘代球讲，潘琦整理：《依达搬山》，见中华民族故事大系编委会编《中华民族故事大系》第 11 卷（达斡尔族、仫佬族、羌族），上海：上海文艺出版社 1995 年版，第 311 页。

仫佬族 青年人依达向苍天发誓，不管山有多高多密，有朝一日，他一定要把群山搬走，造出一块块平川来，让祖祖辈辈受苦受难的仫佬人下山耕田种地，过上好日子。

【流传】广西壮族自治区·（河池市）·罗城县（罗城仫佬族自治县）·东门乡（东门镇）

【出处】潘代球讲，潘琦搜集整理：《依达搬山》，原载包玉堂等编《仫佬族民间故事选》，上海文艺出版社 1988 年版，见姚宝瑄主编《中国各民族神话》（仫佬族、壮族、京族），太原：山西出版传媒集团·书海出版社 2014 年版，第 36 页。

W1835.4.4.2
大禹移山

实 例

汉族 太湖之东，吴国西十八里，有岈岭山。俗说此山本在太湖中，禹治水，移进近吴。又东及西南，有两小山，皆有石如卷笮，俗云禹所用牵山也。

【流传】（无考）

【出处】

(a) ［北魏］郦道元：《水经注·沔水》。

(b)《岈岭山》，见袁珂《中国神话大词典》，北京：华夏出版社 2015 年

W1835.4.5
负山之龟移山

实例

汉族 岱舆、员峤、方壶、瀛洲、蓬莱为五神山。龙伯之国有大人，举足不盈数步而暨五山之所，一钓而连。六鳌，合负而趣，归其国，灼其骨以数焉。于是岱舆、员峤二山流于北极，沉于大海，仙圣之播迁者巨亿计。

【流传】（无考）
【出处】
（a）《列子·汤问》。
（b）《五神山》，见袁珂《中国神话大词典》，北京：华夏出版社 2015 年版，第 61 页。

W1835.4.6
山的移动的停止

实例

（参见下级母题实例）

W1835.4.6.1
罗汉镇山后山不再移动

实例

汉族 为使飞来的山峰不再飞去更祸他人，济颠乃倡议凿五百石罗汉以镇此山，袖中出凿锥无数以与众人，众人同心协力，遂于一夜成之，即今飞来峰之诸石像。

【流传】（无考）
【出处】《飞来峰》，原载《中国地方风物传说选》，见袁珂《中国神话大词典》，北京：华夏出版社 2015 年版，第 374~375 页。

W1835.5
山的变软

实例

（参见下级母题实例）

W1835.5.1
洪水后山变软

实例

傈僳族 很古时候，洪水淹没人间，只剩下碧罗山、高黎贡山，还露出了峰顶，而且都变得像糯米饭团一样松软。

【流传】（无考）
【出处】
（a）曹德旺、周忠枢翻译整理：《岩石月亮》，载《山茶》1982 年第 2 期。
（b）同（a），见谷德明编《中国少数民族神话》，北京：中国民间文艺出版社 1987 年版，第 365 页。

W1835.6
山变凉爽

【关联】[W1833.3.1] 山由热变凉

实例

（参见下级母题实例）

W1835.6.1
龙居山中使山凉爽
实例

汉族

(参见 W1833.3.1 母题实例)

W1835.7
两山相合
实例

(参见下级母题实例)

W1835.7.1
神令山相合
实例

拉祜族 天神厄莎运其神力，令二山合为一处。

【流传】（无考）

【出处】袁珂改编：《造天造地》（原名《牡帕密帕·勐呆密呆》），原载毛星主编《中国少数民族文学》（下册），见袁珂《中国神话大词典》，北京：华夏出版社 2015 年版，第 534 页。

W1836
山的倒塌
实例

(参见下级母题实例)

W1836.1
山被撞倒
实例

(参见下级母题实例)

W1836.1.1
火神把山撞倒
实例

藏族 火神与水神争斗时，火神为水神所败，怒而触于布州山上。布州山塌。

【流传】（无考）

【出处】《女娲娘娘补天》，原载谷德明编《中国少数民族神话选》，见袁珂《中国神话大词典》，北京：华夏出版社 2015 年版，第 407 页。

W1836.1.2
水神把山撞倒
实例

藏族 水神被火神打败了，怒气未消，一头撞在不周山上，将山撞倒了。

【流传】云南省·迪庆藏族自治州

【出处】马龙祥、李子贤搜集整理：《女娲娘娘》，载《民间文学》1985 年第 4 期。

W1836.2
山被撒上死亡的种子后开始会倒塌

实 例

彝族 天王撒下死种籽。死种撒出去，会让的就能活在世上。结果死种撒到山头上，山也不会让，山会塌下来。

【流传】云南省·楚雄彝族自治州·姚安县、大姚县等彝族地区

【出处】《丧葬·死亡》，见云南省民族民间文学楚雄调查队整理编写《梅葛》，昆明：云南人民出版社2009年版，第217页。

W1836a
山的裂缝

实 例

（参见下级母题实例）

W1836a.1
神劈出山的裂缝

【关联】［W1970.3］劈山出泉

实 例

（参见下级母题实例）

W1836a.1.1
神用开天斧劈出雪山的裂缝

实 例

纳西族 陆、色（神名）提了一把开天斧，朝着雪山猛地一斧头砍了过去，雪山惊骇得闪出一道亮光，雪山倒塌了一角，一架雪山中央砍出了一条大裂缝。

【流传】云南省·（丽江市）·丽江县（古城区、玉龙纳西族自治县）

【出处】木丽春采集整理：《蓝月亮谷的传说》，见木丽春编著《纳西族民间故事集》，昆明：云南人民出版社2007年版，第162页。

W1837
山的丫口的来历

实 例

（参见下级母题实例）

W1837.1
山的丫口是踩出来的

实 例

（参见下级母题实例）

W1837.1.1
山的丫口是两兄妹踩出来的

实 例

拉祜族 兄妹俩（洪水遗孤）一架山走一步，落下脚的地方，就把高高的山头踩凹下去了，从此，每架山头便有了一个山丫口。

【流传】云南省·（普洱市）·镇沅县（镇沅彝族哈尼族拉祜族自治县）

【出处】何正才等讲，自力采录：《洪水后幸存的两兄妹》，见中国民间文学

1.7.3 与山有关的其他母题

集成全国编辑委员会编《中国民间故事集成》（云南卷），北京：中国ISBN中心2003年版，第178页。

W1838
一山分两界

实例

（参见下级母题实例）

W1838.1
一山分黑白两界

实例

纳西族 居那若倮山分黑白两界：东半光明，西半黑暗，树木不相缠，飞鸟不往来。

【流传】（a）云南省·丽江县（丽江市）

【出处】

（a）和正才等讲，杨世光采录，李即善翻译者：《东术争战记》，见中国民间文学集成全国编辑委员会编《中国民间故事集成》（云南卷），北京：中国ISBN中心2003年版，第378页。

（b）李即善翻译，杨世光整理：《东术争战记》，见谷德明编《中国少数民族神话》，北京：中国民间文艺出版社1987年版，第435页。

W1839
与山有关的其他母题

【关联】

① [W0391] 山神

② [W0906.3] 山灵（山鬼、山妖）

③ [W1845] 山谷（沟壑、峡谷、山洼）

实例

（参见下级母题实例）

W1839.0
奇特的山

【关联】

① [W1833.1] 神奇之山（魔力之山）

② [W1835.1] 会成长的山（会增长的山）

③ [W1897.1] 神奇的水（奇特的水）

④ [W1983.4.5] 铁山

实例

（参见下级母题实例）

W1839.0.1
怪山

实例

（参见下级母题实例）

W1839.0.1.1
怪山压杀多人

实例

汉族 浙江又北径山阴县西，西门外百余步，有怪山，本琅邪郡之东武县山也，飞来徙此，压杀数百家。

【流传】（无考）

【出处】

（a）[北魏] 郦道元：《水经注·浙江

水》。

(b)《怪山》，见袁珂《中国神话大词典》，北京：华夏出版社2015年版，第209页。

W1839.0.2
横断山

实例

（参见下级母题实例）

W1839.0.2.1
神斧劈出横断山

【关联】［W0962］神斧

实例

藏族 一个人登上喜玛拉雅山大呼一声，用神斧将高山劈开。

【流传】（无考）

【出处】

(a)《人的由来》，见谷德明编《中国少数民族神话选》，西北民族学院研究所编印，内部资料，1983年。

(b) 同（a），见姚宝瑄主编《中国各民族神话》（门巴族、珞巴族、怒族、藏族），太原：山西出版传媒集团·书海出版社2014年版，第84页。

W1839.0.3
魔力掌控着山

【汤普森】D2152

实例

（实例待考）

W1839.1
圣山

【关联】

① ［W0956］神山

② ［W1852.4.2］长白山是圣山

实例

满族 因为黑龙在天池救了女真族的祖先，所以到女真的后裔满族，还一直把长白山当作圣山。

【流传】黑龙江省·（哈尔滨市）·双城（双城区）一带

【出处】赵焕讲，王宏刚、马亚川、程迅整理：《女真族传说》（1982），见乌丙安、李文刚等编《满族民间故事选》，上海：上海文艺出版社1983年版。

(b) 同（a），见姚宝瑄主编《中国各民族神话》（满族、赫哲族、朝鲜族），太原：山西出版传媒集团·书海出版社2014年版，第40~43页。

W1839.1.1
祖先居住的山是圣山

实例

壮族 因为祖公布洛陀和祖婆姆六甲下凡后，在广西田阳县的敢壮山居住，创造出万物，繁衍后代，所以敢壮山成为布洛陀圣山。

【流传】广西壮族自治区·百色市·田阳县·坡洪镇

【出处】黄明标主编：《壮族麽经布洛陀

遗本影印译注》（上卷），南宁：广西人民出版社 2016 年版，第 1 页。

W1839.1a
仙山
【关联】［W1852.6.5.2］峨眉山是仙山

实 例

（参见下级母题实例）

W1839.1a.1
五座仙山

实 例

（参见下级母题实例）

W1839.1a.1.1
五座仙山是岱舆、员峤、蓬莱、瀛洲、方丈
【关联】
① ［W1852.6.107］蓬莱山（蓬邱）
② ［W1852.6.146.1］五神山即岱舆、员峤、方壶、瀛洲、蓬莱

实 例

汉族 海上有五座仙山，分别是岱舆、员峤、蓬莱、瀛洲、方丈。

【流传】（无考）

【出处】《列子·汤问》。

W1839.2
山是神（仙）的使者

实 例

（参见下级母题实例）

W1839.2.1
华山是玉帝花园的使者
【关联】
① ［W1844.4.3］华山峰
② ［W1851.4］华山（西岳）

实 例

汉族 华山和少华山以前都是天宫中玉帝花园里的使者。

【流传】陕西省·（渭南市）·华县·少华乡

【出处】王满年讲，东生勤搜集整理：《华山和少华山比高低》，见华县民间故事集成编委会：《中国民间文学集成陕西卷·华县民间故事集成》，内部编印，1988 年，第 1 页。

W1839.3
山是地钉

实 例

（参见下级母题实例）

W1839.3.1
山是祖先造地时的地钉

实 例

苗族 董冬穹（男性人名，祖先）造山陵祖先做地钉，地才牢固。

【流传】贵州省·（安顺市）·紫云县（紫云苗族布依族自治县）麻山苗区

【出处】杨再华唱诵，杨正江译：《亚鲁族源》，见中国民间文艺家协会主编

《亚鲁王》，北京：中华书局 2011 年版，第 35 页。

W1839.4
定山针

实例

（参见下级母题实例）

W1839.4.1
大禹的肋骨变成定山针

实例

汉族　大禹就取下身上的三根肋巴骨，变成了三根定山针。

【流传】河南省·（信阳市）·商城县·四顾墩乡·莲塘村

【出处】王德里讲，王平采录：《大禹赶山挡海水》，见中国民间文学集成全国编辑委员会编《中国民间故事集成》（河南卷），北京：中国 ISBN 中心 2001 年版，第 56 页。

W1839.5
顶山柱

实例

（参见下级母题实例）

W1839.5.1
山作为顶山柱

【关联】

[W1330]天柱（顶山的柱子）

实例

撒拉族　山作为顶山柱。

【流传】青海省·（海东市）·循化（循化撒拉族自治县）

【出处】热海木讲，大漠整理：《顶山柱的来历》，见中华民族故事大系编委会编《中华民族故事大系》第 12 卷（布朗族、撒拉族、毛南族），上海：上海文艺出版社 1995 年版，第 271 页。

W1839.6
镇山石

实例

（参见下级母题实例）

W1839.6a
定水石

【关联】[W1964.2.1]定海神针

实例

（参见下级母题实例）

W1839.6a.1
神女用定水石定水

实例

汉族　小龙掀起洪涛，撞山成峡，人民漂溺。山神奔告巫山神女，神女以定水石退去洪水。

【流传】（无考）

【出处】

(a)《错开峡》，载《民间文学》1980 年第 9 期。

(b)《错开峡》，见袁珂《中国神话大词典》，北京：华夏出版社 2015 年版，第 332 页。

W1839.7
山上的景物

【关联】[W1850.2.9] 昆仑山的景物

实 例

（参见下级母题实例）

W1839.7.1
山上的印迹

实 例

（参见下级母题实例）

W1839.7.1.1
山上的巨人的脚印

【关联】[W1862.1] 岩石上的凹痕是人留下的脚印

实 例

汉族　夸父逐日时一脚踏下去，就在浙江临海县的复釜山下，留下一个长长的巨人脚印。

【流传】河南

【出处】

(a) 许顺茫、丹书记录，李庆红、张极华整理：《夸父山和桃林塞》，见中国民间文艺研究会河南分会编《河南民间故事集》，中国民间文学出版社 1985 年版。

(b) 同 (a)，见姚宝瑄主编《中国各民族神话》（汉族），太原：山西出版传媒集团·书海出版社 2014 年版，第 375～377 页。

W1839.7.1.2
山腰一圈白色的来历

实 例

纳西族　前所大白山山神生怕玉龙山神把狮格干姆拐走，悄悄用一根大银链把她拦腰挽住，后来狮子山腰有一圈白崖子，就是这根大银链变的。

【流传】（无考）

【出处】达史车尔讲，杨世光采录：《阿注婚的来由》，原载中国民间文学集成全国编辑委员会编《中国民间故事集成》（云南卷），北京：中国 ISBN 中心 2003 年版，见陶阳、钟秀编《中国神话》（下），北京：商务印书馆 2008 年版，第 1509～1512 页。

W1839.7.2
山的阶梯

实 例

（参见下级母题实例）

W1839.7.2.1
神砍出山的阶梯

实 例

藏族（嘉绒）　夺尔基山神与木尔多山神比本领时，挥刀直砍木尔多山神，木尔多根本不还手，每砍一刀他就朝山顶跳一步，夺尔基山神一共砍了一百零八刀，木尔多山神就跃了一百零八次。至今木尔多山神从山脚到山顶还留有一百零八级砍出的梯级。

【流传】（无考）

【出处】侯光、蒋永志：《嘉绒藏区的信仰民俗》，原载《巴蜀风》1990年第3期，见吕大吉、何耀华总主编《中国各民族原始宗教资料集成》（鄂伦春族卷、鄂温克族卷、赫哲族卷、达斡尔族卷、锡伯族卷、满族卷、蒙古族卷、藏族卷），北京：中国社会科学出版社1999年版，第946页。

W1839.8
高山与流水的分野

实例

汉族 九疑山有九峰。九峰的九水七则流归岭北，二则翻注广南。

【流传】（无考）

【出处】
（a）［宋］李昉等：《太平御览》卷四一引《郡国志》。
（b）《九嶷山》，见袁珂《中国神话大词典》，北京：华夏出版社2015年版，第12页。

W1839.9
山的影子

【关联】［W1833.5］无影山

实例

彝族 大地还没有产下时，山的影形已生长了。

【流传】（无考）

【出处】蔷紫改写：《影与变创世纪·扯舍十代论》，原载贵州省民间文学工作组编《民间文学资料》，1986年，见姚宝瑄主编《中国各民族神话》（羌族、彝族），太原：山西出版传媒集团·书海出版社2014年版，第127页。

W1839.10
山冈

实例

（参见下级母题实例）

W1839.10.1
山冈的产生

实例

（参见下级母题实例）

W1839.10.1.1
缩地时形成山冈

实例

畲族 以前，没有天也没有地，混沌卵里的阿公造天，阿婆造地。天地造好后合拼在一起时，发现地造大了。阿公怒吼阿婆。阿婆用力将平展展的大地捏了捏，地变得皱巴巴的，凸起的地方叫做山冈，凹下的地方叫做山谷。

【流传】福建省·（宁德市）·寿宁（寿宁县）

【出处】吴兰妃讲，刘善林采录：《天地是如何形成的》，原载《闽东畲族文化全书》，北京：民族出版社2009年版，见《福建省少数民族古籍丛书》编委会编《畲族卷·民间故事》，福州：海峡出版发行集团·海峡书局2013年版，第4页。

W1839.10.2
特定的山冈

实例

（参见下级母题实例）

W1839.10.2.1
金牛冈

实例

汉族 长沙西南有金牛冈。汉武帝时，有一田父牵赤牛俱上渡船。及半江，牛粪于船，渔人怒其污船，以桡拨粪弃水，欲尽，方觉是金。讶其神异，乃蹑之，但见人牛入岭。随而掘之，莫能及也。今掘处犹存。

【流传】（无考）
【出处】
(a) ［宋］李昉等：《太平广记》卷四三四引《湘中记》。
(b)《金牛冈》，见袁珂《中国神话大词典》，北京：华夏出版社2015年版，第206页。

W1839.11
山尖（山顶、山巅）

实例

（参见下级母题实例）

W1839.11.1
特定山尖的来历

实例

（参见下级母题实例）

W1839.11.1.1
山尖是特定人物造成的

实例

汉族 （禹王爷）白黑不住歇，一天一夜挑三十担。他用了三天三夜的功夫，挡住了南地的大水。这九十担石头，后来就变成了九节长白山；有一个山尖，是禹王爷倒下的第十担石头。

【流传】（无考）
【出处】*《长白山》，原载《中国民间故事选（第一集）·禹王爷和长白山》，见袁珂《中国神话大词典》，北京：华夏出版社2015年版，第377页。

W1839.11.2
山巅是天的一部分

实例

独龙族 天和地息息相关，高耸入云的山巅就是天的一部分。

【流传】（无考）
【出处】吕大吉、何耀华总主编：《中国各民族原始宗教资料集成》（纳西族卷、羌族卷、独龙族卷、傈僳族卷、

W1839.12
山门
实例

（参见下级母题实例）

W1839.12.1
山的石门
实例

满族　古昔不咸山，为十六峰合围而成，中有池，平如镜，十六峰如十六尖刀绕而卫之，严实如铁桶。一峰曰姑布利，有石门。

【流传】（无考）

【出处】

（a）《姑布利开石门》，原载《满族民间故事选》，见袁珂《中国神话大词典》，北京：华夏出版社2015年版，第462页。

W1839.12.2
特定的山的山门
实例

（参见下级母题实例）

W1839.12.2.1
果洛山有6个门
实例

藏族　神山果洛山共有六位山的"门神"。其中，正面左侧门神叫那耶尕吾（白色神牛之意）；右侧门神叫加什达玛吾（红色神虎之意）；东面山关门神叫拉翁托洛；南面山关门神叫克采囊谦，西面山关门神叫扎衣赛查；北面山关门神叫帕隆知玉。

【流传】青海省·果洛藏族自治州

【出处】《果洛藏族自治州概况》，青海人民出版社1985年版，见吕大吉、何耀华总主编《中国各民族原始宗教资料集成》（鄂伦春族卷、鄂温克族卷、赫哲族卷、达斡尔族卷、锡伯族卷、满族卷、蒙古族卷、藏族卷），北京：中国社会科学出版社1999年版，第796页。

W1839.12.3
开山的钥匙

【关联】[W9698.1.3]打开特定宝藏的钥匙

实例

（参见下级母题实例）

W1839.12.3.1
仙女有开山的钥匙
实例

仡佬族　仙女拿出打开火山的钥匙。

【流传】贵州省·（六盘水市）·六枝（六枝特区）

【出处】施少云讲，刘成学整理：《煤山的钥匙》，见中华民族故事大系编委会编《中华民族故事大系》第13卷（仡佬族、锡伯族、阿昌族），上海：上海文艺出版社1995年版，第100页。

W1839.12a
山口

实 例

（参见下级母题实例）

W1839.12a.1
特定物变成山口

实 例

（参见下级母题实例）

W1839.12a.1.1
碓柱变成山口

实 例

苗族 （春枫树种用的）碓柱送到西边去，后来变成山坳口。

【流传】原文无流传地，据文本及注释推测该神话流传于贵州省·黔东南苗族侗族自治州·凯里市、台江县等地。

【出处】耆富演唱，苗丁搜集，燕宝整理译注：《枫木生人·枫香树种》，见贵州省少数民族古籍整理出版规划小组办公室编，燕宝整理译注《苗族古歌》，贵阳：贵州民族出版社1993年版，第423页。

W1839.13
山峡

实 例

（参见下级母题实例）

W1839.13.1
伊阙

实 例

汉族 伊水又北，入伊阙。昔大禹疏以通水，两山相对，望之若阙。伊水历其间，北流，故谓之伊阙矣。春秋之阙塞也。

【流传】（无考）

【出处】

（a）［北魏］郦道元：《水经注·伊水》。

（b）《伊阙》，见袁珂《中国神话大词典》，北京：华夏出版社2015年版，第133~134页。

W1839.13.1.1
伊阙即龙门

实 例

汉族 隋炀帝谓伊阙即龙门。

【流传】（无考）

【出处】

（a）《两京记》。

（b）《伊阙》，见袁珂《中国神话大词典》，北京：华夏出版社2015年版，第134页。

W1839.13.2
三门峡

实 例

（参见下级母题实例）

W1839.13.2.1
大禹凿出三门峡

【关联】

① [W1915.3.3] 大禹造河

② [W1919.4.2] 大禹开山成河

实例

汉族 （三门峡）始特一巨石，而平如砥。想昔河水泛滥，禹遂凿之为三。水行其间，声如激雷。而鬼门尤险恶，舟筏一入，鲜有得脱。

【流传】（河南省·三门峡市）

【出处】

（a）[明] 都穆：《游名山记》卷一。

（b）《三门峡》，见袁珂《中国神话大词典》，北京：华夏出版社 2015 年版，第 15 页。

汉族 三门峡，相传是大禹根治九河，凿龙门，开砥柱，把三门凿开以后才改名的。

【流传】（无考）

【出处】

（a）巴牧：《三门峡的传说·三门峡》。

（b）《三门峡》，见袁珂《中国神话大词典》，北京：华夏出版社 2015 年版，第 15 页。

汉族 大禹治水来到今天的三门峡一带，用大斧在山上劈开了三门（鬼门、神门、人门）。

【流传】河南省·三门峡市

【出处】陈连山整理：《通天柱与巡河大王》，见姚宝瑄主编《中国各民族神话》（汉族），太原：山西出版传媒集团·书海出版社 2014 年版，第 346 页。

W1839.13.2.2
三门峡有神门、鬼门和人门三门

实例

汉族 离州（陕州，今河南省三门峡市，旧称陕县），循河行，十里至三门集津。三门者，中曰神门，南曰鬼门，北曰人门。

【流传】（河南省·三门峡市）

【出处】

（a）[明] 都穆：《游名山记》卷一。

（b）《三门峡》，见袁珂《中国神话大词典》，北京：华夏出版社 2015 年版，第 15 页。

W1839.13.2.3
三门峡又称三门山

实例

汉族 三门峡古称三门山，亦称三门集津。

【流传】（河南省·三门峡市）

【出处】《三门峡》，见袁珂《中国神话大词典》，北京：华夏出版社 2015 年版，第 15 页。

W1839.13.3
长江三峡

实例

（参见下级母题实例）

1.7.3 与山有关的其他母题

W1839.13.3.1
瑶姬劈出长江三峡

实 例

汉族 瑶姬一连劈开了十二座龙骨峰,开辟了长江三峡。

【流传】四川省

【出处】朱奉天讲,唐探峰采录:《神女瑶姬的传说》,见陶阳、钟秀编《中国神话》(上),北京:商务印书馆2008年版,第438~441页。

W1839.13.3.2
大禹凿开三峡

实 例

汉族 瑶姬派人帮助大禹凿开三峡。

【流传】(四川省)

【出处】袁珂改编:《神女导航》,原载《长江万里行》,见袁珂《中国神话大词典》,北京:华夏出版社2015年版,第387页。

W1839.13.4
错开峡

实 例

汉族 斩龙台,治西南八十里;错开峡,一石特立。相传禹王导水至此,一龙错行水道,遂斩之。故峡名错开,台名斩龙。

【流传】(无考)

【出处】
(a)《巫山县志》卷三〇。
(b)《错开峡》,见袁珂《中国神话大词典》,北京:华夏出版社2015年版,第332页。

汉族 有小青蛇修道于巫山南,渐变为龙。值端午节,欲归大海。鲤龟指路,小龙不理,询诸牧童。牧童时正割草,乃以镰刀指向东,小龙未细察,随刀尖所弯,奔而投北。北有大山阻路,小龙愤恼,遂掀起洪涛,撞山成峡。后有错开峡之谓。

【流传】(无考)

【出处】
(a)《错开峡》,载《民间文学》1980年第9期。
(b)《错开峡》,见袁珂《中国神话大词典》,北京:华夏出版社2015年版,第332页。

W1839.13.5
虎跳峡

实 例

汉族 (实例待考)

W1840
火山

【汤普森】F753

实 例

汉族 南荒外有火山,其中生不尽之木,昼夜火燃,得暴风不猛,猛雨不灭。

【流传】（无考）

【出处】[汉]东方朔：《神异经·南荒经》。

汉族 鲧到昆仑山上的天帝的行宫中取息壤的路上，忽然看见前面有一个山头嗤嗤地往外蹿火，拦住了去路。

【流传】淮河流域

【出处】常山讲：《鲧王治水》，原载茆文斗搜集整理《河蚌姑娘》，见姚宝瑄主编《中国各民族神话》（汉族），太原：山西出版传媒集团·书海出版社2014年版，第100～106页。

W1840.1
火山的产生
【汤普森】A966

实例

（参见下级母题实例）

W1840.1.1
盗天火时扔的火种形成火山

实例

（参见下级母题实例）

W1840.1.1.1
盘老大盗天火时扔的火种形成火山

实例

苗族 盘老大（人名）盗天火时，把火种扔向凡间，大砣的就变成了火山。

【流传】四川省·（宜宾市）·筠连县

【出处】熊凤祥讲，刘宇仁采录：《盘老大偷天火》，见中国民间文学集成全国编辑委员会编《中国民间故事集成》（四川卷·下），北京：中国ISBN中心1998年版，第1325页。

W1840.1.2
太阳落地形成火山

实例

汉族 后羿射中的10个太阳落到了地面上，形成了无数座火山。

【流传】湖南省·（衡阳市）·祁东县

【出处】谢开讲，谢德元采录：《后羿射日》，见中国民间文学集成全国编辑委员会编《中国民间故事集成》（湖南卷），北京：中国ISBN中心2002年版，第10页。

W1840.1.2.1
太阳的碎片形成火山

实例

汉族 杨二郎压在大山底下那十一个太阳，不老实待着，常会出来逛逛，因为它们被杨二郎砸碎了，出来时也不是整个太阳，而是太阳的碎片。这碎片儿一出来，就是如今的火山爆发。

【流传】辽宁省·（丹东市）·东沟县（东港市），（大连市）·庄河县（庄河市）一带

【出处】王锦函讲，王荷清记录整理：

《杨二郎填海追太阳》，见姚宝瑄主编《中国各民族神话》（汉族），太原：山西出版传媒集团·书海出版社2014年版，第123～130页。

W1840.1.3
火魔吐火形成火山

实 例

汉族 吃火的妖魔在地下吃了很多地下火。为了报复人类，每年到了埋它的日子——七月十五，它便用浓烟冲破山峰，然后把它吃了一年的地下火，全喷出来，形成火山。

【流传】东北长白山一带
【出处】佟畴、曾层搜集整理：《天池》，见姚宝瑄主编《中国各民族神话》（汉族），太原：山西出版传媒集团·书海出版社2014年版，第348～352页。

W1840.2
火山的特征

实 例

（参见下级母题实例）

W1840.2.1
火山昼夜不息

实 例

汉族 昆仑山的外面，又被一座炎火的大山包围着，大火昼夜不息，无论什么东西一碰见它就会燃烧。

【流传】（无考）
【出处】袁珂重述：《射日奔月》，原载袁珂《神异篇》，见陶阳、钟秀编《中国神话》（上），北京：商务印书馆2008年版，第279～288页。

W1840.2.2
火山常年喷火

实 例

哈萨克族 一座常年喷火的火山是火焰河的源头。

【流传】（新疆维吾尔自治区）
【出处】哈巴斯讲：《骑黑骏马的肯得克依勇士》，见姚宝瑄主编《中国各民族神话》（乌孜别克族、哈萨克族、柯尔克孜族、俄罗斯族、维吾尔族、塔吉克族、塔塔尔族、锡伯族），太原：山西出版传媒集团·书海出版社2014年版，第119页。

W1840.2.3
火山爆发规律

实 例

汉族 南方有炎火山，四月生火，十二月火灭，火灭之后，草木皆生枝条。至火生，草木叶落，如中国寒时也。

【流传】（无考）
【出处】［南朝·梁］任昉：《述异记》上。

W1840.3
与火山有关的其他母题

【关联】

① ［W1236.4.3］地心冒火

② ［W1833.7.1］喷火的宝山

实 例

（参见下级母题实例）

W1840.3.1
火山在特定的地方

实 例

布依族 茫耶到西方神洞中取五谷种时，睡梦中一个白胡子老人告诉他："你过了红水河，三十天后会遇到一座大火山。"

【流传】（无考）

【出处】

（a）汛河搜集整理：《茫耶寻谷种》，见谷德明编《中国少数民族神话选》，西北民族学院研究所1983年编印，内部资料。

（b）同（a），见姚宝瑄主编《中国各民族神话》（布依族、仡佬族、苗族），太原：山西出版传媒集团·书海出版社2014年版，第41页。

W1840.3.2
地下有1万零1座火山

实 例

德昂族 地下有一万零一座火山。

【流传】云南省·德宏州（德宏傣族景颇族自治州）

【出处】

（a）陈志鹏搜集整理：《祖先创世纪》，见李子贤编《云南少数民族神话选》，昆明：云南人民出版社1990年版。

（b）同（a），见姚宝瑄主编《中国各民族神话》（佤族、阿昌族、纳西族、普米族、德昂族），太原：山西出版传媒集团·书海出版社2014年版，第393页。

W1841
火焰山

实 例

维吾尔族 一位远近闻名的智慧老人住在火焰山上的一个山洞中。

【流传】（新疆维吾尔自治区）

【出处】阿孜古丽翻译，伏特加·司马义·铁木尔记录整理：《高昌汗国的传说》，见姚宝瑄主编《中国各民族神话》（乌孜别克族、哈萨克族、柯尔克孜族、俄罗斯族、维吾尔族、塔吉克族、塔塔尔族、锡伯族），太原：山西出版传媒集团·书海出版社2014年版，第234页。

W1841.1
火焰山产生

实 例

（参见下级母题实例）

W1841.1.1
神造火焰山

实例

（参见下级母题实例）

W1841.1.1.1
天神为降恶龙造火焰山

实例

维吾尔族 天上的神为制服恶龙，就下了一场沙暴，把龙住的地方淹没了，又从旁边挖了许多土和石头，堆在上边，成了火焰山。

【流传】（无考）

【出处】巴克·吐尔地讲，阿布里克木·巴克整理，赵永红译：《坎儿井的来历》，见满都呼主编《中国阿尔泰语系诸民族神话故事》，北京：民族出版社1997年版，第35页。

W1841.1.2
燧人氏无法灭火形成火焰山

实例

汉族 燧人氏从火龙太子只学到了出火的口诀，没有学到熄火的口诀，弄得一座山都燃起来了，成了火焰山。

【流传】四川省·巴县（今重庆市·巴南区）·广阳镇

【出处】杨学模讲，杜志榜采录：《火的来历》，见中国民间文学集成全国编辑委员会编《中国民间故事集成》（四川卷·上），北京：中国ISBN中心1998年版，第58页。

W1841.1.3
火龙驹的尸骨变成火焰山

实例

蒙古族 火龙驹的尸骨变成火焰山，日日夜夜喷吐着火红的岩浆。

【流传】内蒙古自治区·（兴安盟）·科右前旗（科尔沁右翼前旗）

【出处】谢凤芝讲，王良采录：《火龙驹》，见中国民间文学集成全国编辑委员会编《中国民间故事集成》（内蒙古卷），北京：中国ISBN中心2007年版，第42页。

W1841.2
火焰山的特征

实例

（参见下级母题实例）

W1841.2.1
火焰山温度极高

实例

（参见下级母题实例）

W1841.2.1.1
火焰山能把飞鸟化为灰烬

实例

藏族 到昆仑山要经过火焰山，飞鸟也要被化为青烟。

【流传】（无考）

【出处】李波搜集整理：《九龙山的传说》，原载《中国少数民族风物传说选》，中央民族学院出版社1986年版，见吕大吉、何耀华总主编《中国各民族原始宗教资料集成》（鄂伦春族卷、鄂温克族卷、赫哲族卷、达斡尔族卷、锡伯族卷、满族卷、蒙古族卷、藏族卷），北京：中国社会科学出版社1999年版，第947页。

W1841.2.1.2
火焰山能烧化金子

实例

汉族 火焰山把金子都能烧化。

【流传】淮河流域

【出处】常山讲述：《鲧王治水》，原载茆文斗搜集整理《河蚌姑娘》，见陶阳、钟秀编《中国神话》（上），北京：商务印书馆2008年版，第412~418页。

W1841.2.2
火焰山越扇火越旺

实例

汉族 （实例待考）

W1841.2.3
火焰山有八百里火焰

实例

汉族 老者对三藏之言云："敝地唤做火焰山，无春无秋，四季皆热。那山离此有六十里远，正是西方必由之路。却有八百里火焰，四周寸草不生。若过得山，就是铜脑袋、铁身躯，也要化成汁。"

【流传】（无考）

【出处】
（a）《西游记》第五十九回。
（b）《火焰山》，见袁珂《中国神话大词典》，北京：华夏出版社2015年版，第80页。

W1841.3
与火焰山有关的其他母题

实例

（参见下级母题实例）

W1841.3.1
火焰山在遥远的地方

实例

布依族 很早以前，离我们这里很远很远的地方，有座高高的火焰山，山上有个万恶的旱精。

【流传】贵州省

【出处】韦习弄、罗华林、岑尕等讲，立浩、汛河搜集整理：《翁夏捉旱精》，原载陶立璠、李耀宗编《中国少数民族神话传说选》，见陶阳、钟秀编《中国神话》（中），北京：商务印书馆2008年版，第696~698页。

W1841.3.1.1
火焰山在遥远的西方

实例

布依族 在遥远之西方，有火焰山。

【流传】（无考）

【出处】《翁戛捉旱精》（原名《捉旱精》），原载谷德明编《中国少数民族神话选》，见袁珂《中国神话大词典》，北京：华夏出版社2015年版，第451页。

布依族 很早以前，离我们这里很远很远的西方，有座高高的火焰山。

【流传】贵州省·（黔西南布依族苗族自治州）·望谟县、册亨县、安龙县一带

【出处】
(a) 韦习弄、罗华林、岑尕搜集：《捉旱精》，见谷德明编《中国少数民族神话选》，西北民族学院研究所1983年编印，内部资料。
(b) 同（a），见姚宝瑄主编《中国各民族神话》（布依族、仡佬族、苗族），太原：山西出版传媒集团·书海出版社2014年版，第83页。

W1841.3.1.2
西方火焰山

实例

回族

（参见 W1841.3.1.3 母题实例）

W1841.3.1.3
火焰山在西天边

实例

回族 西边天脚的火焰山里有火种。

【流传】（无考）

【出处】
(a) 贵州省民间文学工作组整理：《阿当寻火种》，见谷德明编《中国少数民族神话选》，西北民族学院研究所编印，内部资料，1983年。
(b) 同（a），见姚宝瑄主编《中国各民族神话》（土族、东乡族、回族、保安族、裕固族、撒拉族），太原：山西出版传媒集团·书海出版社2014年版，第62页。

W1841.3.2
炎火山

实例

汉族 昆仑之丘，其下有弱水之渊环之，其外有炎火之山，投物辄然。

【流传】（无考）

【出处】
(a)《山海经·大荒西经》。
(b)《炎火山》，见袁珂《中国神话大词典》，北京：华夏出版社2015年版，第210页。

W1841.3.2.1
炎火山在南方

实例

汉族 南方有炎火山，四月生火，十

二月火灭，火灭之后，草木皆生枝条。至火生，草木叶落，如中国寒时也。

【流传】（无考）

【出处】

（a）《述异记》卷上。

（b）《炎火山》，见袁珂《中国神话大词典》，北京：华夏出版社 2015 年版，第 210 页。

W1842
雪山

实例

（参见下级母题实例）

W1842.1
雪山是变成产生的

实例

（参见下级母题实例）

W1842.1.1
头顶变成雪山

实例

（参见下级母题实例）

W1842.1.1.1
大地死后头顶变成雪山

实例

珞巴族 地死后头顶变雪山。

【流传】西藏自治区·下珞渝（下珞渝则泛指永木河、锡约尔河、巴恰西仁河流域）

【出处】维·埃尔温搜集：《库朱木·禅图》，见中华民族故事大系编委会编《中华民族故事大系》第 16 卷（赫哲族、门巴族、珞巴族、基诺族），上海：上海文艺出版社 1995 年版，第 400 页。

珞巴族 库朱木·禅图（珞巴语，阿帕塔尼部落方言，意为"大地"）死后，头顶变成大雪山。

【流传】

（a）西藏自治区·下珞瑜（泛指永木河、锡约尔河、巴恰西仁河流域）

（b）西藏自治区·下珞渝（又写作"下珞瑜"）·阿帕塔尼部落日如村

【出处】

（a）维·埃尔温搜集整理：《库朱木·禅图》，见中华民族故事大系编委会编《中华民族故事大系》第 16 卷（赫哲族、门巴族、珞巴族、基诺族），上海：上海文艺出版社 1995 年版，第 400 页。

（b）同（a），见李坚尚、刘芳贤编《珞巴族门巴族民间故事选》，上海：上海文艺出版社 1993 年版，第 14 页。

W1842.1.2
白石变成雪山

实例

羌族 始祖神从天上抛下三白石变成三座大雪山。

【流传】（无考）

【出处】

（a）罗世泽、时逢春搜集整理：《木姐珠与斗安珠》，成都：四川民族出版社1983年版。

（b）同（a），见吕大吉、何耀华总主编《中国各民族原始宗教资料集成》（纳西族卷、羌族卷、独龙族卷、傈僳族卷、怒族卷），北京：中国社会科学出版社2000年版，第450页。

W1842.1.3
特定的人物变成雪山

实 例

（参见下级母题实例）

W1842.1.3.1
雨神被泼水盖雪后变成雪山

实 例

普米族 雨神吉西尼下凡与昆仑山姑娘约会，被天神王都若惩罚他变成花同塔（今云南丽江地区）去受苦。天神王还派了三千个天兵天将，一刻不停地轮流着往吉西尼身上泼水、盖雪、扇风。吉西尼身上终年冰雪不化，人们便把它叫作卡六巴黑（即今云南丽江地区的玉龙雪山）。

【流传】云南省·（丽江市）·宁蒗（宁蒗彝族自治县）；四川省·（凉山彝族自治州）·木里（木里藏族自治县）

【出处】曹正初讲，章虹宇搜集整理：《石头阿祖和石头子孙》，载《山茶》1986年第5期。

W1842.2
有的山为什么终年有积雪

实 例

（参见下级母题实例）

W1842.2.1
山终年积雪是山神的满头白发

实 例

普米族 昆仑山和玉龙山终年都是白的，是因为纳可穆玛（昆仑山女神）和吉西尼（玉龙雪山神）老了，满头白发。

【流传】云南省·（丽江市）·宁蒗（宁蒗彝族自治县）；四川省·（凉山彝族自治州）·木里（木里藏族自治县）

【出处】曹正初讲，章虹宇搜集整理：《石头阿祖和石头子孙》，载《山茶》1986年第5期。

W1842.2.2
雪山的白雪是仙女的白发

实 例

塔吉克族 善良的仙女受天神惩罚，被永远固定在山顶。山上那皑皑白雪，便是她在痛苦中熬白了的长发。

【流传】（新疆维吾尔自治区）

【出处】西仁·库尔班、段石羽搜集整

理：《慕士塔格的传说》，见姚宝瑄主编《中国各民族神话》（乌孜别克族、哈萨克族、柯尔克孜族、俄罗斯族、维吾尔族、塔吉克族、塔塔尔族、锡伯族），太原：山西出版传媒集团·书海出版社 2014 年版，第 276 页。

W1842.3
与雪山有关的其他母题

实例

（参见下级母题实例）

W1842.3.1
雪山拔地而起

实例

藏族 转眼间一座冰雕玉砌的雪山拔地而起。

【流传】（青海省·果洛藏族自治州）

【出处】周协邦整理：《阿尼玛卿雪山的传说》，原载果洛州群艺馆编《果洛民间故事选》，内部资料，见吕大吉、何耀华总主编《中国各民族原始宗教资料集成》（鄂伦春族卷、鄂温克族卷、赫哲族卷、达斡尔族卷、锡伯族卷、满族卷、蒙古族卷、藏族卷），北京：中国社会科学出版社 1999 年版，第 945 页。

W1842a
冰山

实例

（参见下级母题实例）

W1842a.1
冰山的产生

实例

（参见下级母题实例）

W1842a.1.1
眼泪结成冰山

实例

塔吉克族 善良的仙女受天神惩罚，被永远固定在山顶。年复一年，她的眼泪结成了大山厚厚的坚冰。

【流传】（新疆维吾尔自治区）

【出处】西仁·库尔班、段石羽搜集整理：《慕士塔格的传说》，见姚宝瑄主编《中国各民族神话》（乌孜别克族、哈萨克族、柯尔克孜族、俄罗斯族、维吾尔族、塔吉克族、塔塔尔族、锡伯族），太原：山西出版传媒集团·书海出版社 2014 年版，第 276 页。

W1842a.2
冰山的特征

实例

（实例待考）

W1842a.3
与冰山有关的其他母题

【关联】［W1082.6.6］地狱的冰山（阴间的冰山）

1.7.3 与山有关的其他母题 ||W1842a.3.1–W1843.0.2|| 2549

实 例

(参见下级母题实例)

W1842a.3.1
冰山之父

实 例

塔吉克族 慕士塔格被称为"冰山之父"。

【流传】(新疆维吾尔自治区)

【出处】西仁·库尔班、段石羽搜集整理：《慕士塔格的传说》，见姚宝瑄主编《中国各民族神话》(乌孜别克族、哈萨克族、柯尔克孜族、俄罗斯族、维吾尔族、塔吉克族、塔塔尔族、锡伯族)，太原：山西出版传媒集团·书海出版社 2014 年版，第 276 页。

塔吉克族 真主造出七座大山将大地稳稳压住。帕米尔高原上的"冰山之父"，就是这七座大山之首。

【流传】(新疆维吾尔自治区)

【出处】西仁·库尔班、段石羽搜集整理：《真主造大山》，见姚宝瑄主编《中国各民族神话》(乌孜别克族、哈萨克族、柯尔克孜族、俄罗斯族、维吾尔族、塔吉克族、塔塔尔族、锡伯族)，太原：山西出版传媒集团·书海出版社 2014 年版，第 279 页。

W1843
丘陵（山岭、山丘、山地）

【汤普森】A967

实 例

(参见下级母题实例)

W1843.0
造山岭

实 例

(参见下级母题实例)

W1843.0.1
女娲抓出山岭

【关联】

① [W1809.16.2] 神抓出山
② [W1845.1.1.4] 巨人抓出山沟

实 例

汉族 女娲造好天地后，又用五个指头在地上乱七八糟地抓，抓出蛮多皱脊，长出草，便成了山岭礁岛。

【流传】浙江省·舟山市·(定海区)·干览乡(干览镇)·南岙村

【出处】顾阿登讲，林胜强记录，周明搜集整理：《女娲补天》(1987.06.15)，见姚宝瑄主编《中国各民族神话》(汉族)，太原：山西出版传媒集团·书海出版社 2014 年版，第 57~58 页。

W1843.0.2
文化英雄挑山造山岭

实 例

壮族 岑逊(英雄名)为治理洪水，把敲断的山挑到河的两岸和偏僻的地方去，堆成了崇山峻岭。

【流传】(无考)

【出处】黄景山、黄继良、覃文珍讲，

杨士衡、覃建才搜集整理：《岑逊王》，原载《民间文学集刊》第八本，见姚宝瑄主编《中国各民族神话》（仫佬族、壮族、京族），太原：山西出版传媒集团·书海出版社 2014 年版，第 185～186 页。

W1843.1
推压大地形成丘陵

【关联】

① ［W1845.1.5］挤压出山谷

② ［W1849.3.1］推压大地形成山坳

实例

（参见下级母题实例）

W1843.1.1
造地者推压大地形成丘陵

实例

哈尼族 造地的青蛙阿依用劲推压刚造好的大地，形成现在陆地上的丘陵。

【流传】云南省·（普洱市）·墨江县（墨江哈尼族自治县）

【出处】金开兴讲，蓝明红采录：《青蛙造天地》，见中国民间文学集成全国编辑委员会编《中国民间故事集成》（云南卷），北京：中国 ISBN 中心 2003 年版，第 34 页。

W1843.1.2
祖先缩地时的褶皱成为山岭

实例

彝族（俚颇） 阿文（彝族的祖宗）按天神的吩咐要使天地相合，他拉起地筋，用力一抖，要把地缩拢过来就天。结果出现了许多皱褶。从此，大地便出现了山岭和平川。

【流传】云南省·（楚雄彝族自治州）·大姚县·昙华山区（昙华乡）

【出处】

（a）陆颇梭颇（毕摩）演唱，夏光辅、诺海阿苏翻译：《俚泼古歌》，见云南省社会科学院楚雄彝族文化研究所编《彝族民间文学》第 2 辑，1985 年。

（b）陆颇梭颇（毕摩）演唱，夏光辅、诺海阿苏翻译，古梅改写：《赤梅葛——俚泼古歌》，见姚宝瑄主编《中国各民族神话》（羌族、彝族），太原：山西出版传媒集团·书海出版社 2014 年版，第 96 页。

W1843.1.3
修整大地时鼓出的地方形成山岭

实例

汉族 拱屎虫和螟蛉虫分别造的地大天小。女始祖姝六甲抓地使天地合严时，大地鼓起来的地方就成为高山和峻岭。

【流传】辽宁省·（大连市）·瓦房店市·炮台镇·长岭村、老染房村一带

【出处】秦淑慧讲，孙波搜集整理：《姝六甲》（1986.03），见姚宝瑄主编《中国各民族神话》（汉族），太原：山西出版传媒集团·书海出版社 2014 年版，第 36～38 页。

W1843.1.4
地母缩身体时凸出的地方形成丘陵

实 例

<u>珞巴族</u> 地母为了与天公婚配，就用尽全力缩小身体，一缩再缩，结果，大地一部分鼓了起来，成了高山、丘陵。

【流传】西藏自治区·林芝市·墨脱县·达木珞巴民族乡、旁辛乡、甘登乡（讲述地点：墨脱县·达木珞巴民族乡·马尔康村）

【出处】安布讲：《天和地》（1955.10），见冀文正《珞巴族民间故事》，成都：四川民族出版社 2011 年版，第 3 页。

W1843.2
抛撒物变成丘陵

实 例

（参见下级母题实例）

W1843.2.1
神从天上撒石沙（金银、泥巴等），不均匀的地方成为丘陵

实 例

<u>满族</u> 天地初分时水天相连，天神的小女儿白云格格盗阿玛的宝匣从天上撒土，形成江河、平川、山丘。

【流传】（无考）

【出处】孙玉清讲，王惠立搜集：《白云格格》，见乌丙安等《满族民间故事选》，上海：上海文艺出版社 1983 年版。

W1843.2.2
天神抛物治水时撒得不多的地方变成丘陵

实 例

<u>羌族</u> 天神为镇住洪水向地上撒金子、石头、泥巴的时候，用力不均，撒得不那么多的地方就变成了丘陵。

【流传】四川省·（阿坝藏族羌族自治州）·松潘县·小姓乡

【出处】林波讲，西南民院中文系采风队采录者：《山是咋个来的》，见中国民间文学集成全国编辑委员会编《中国民间故事集成》（四川卷·下），北京：中国 ISBN 中心 1998 年版，第 1109 页。

<u>羌族</u> 天神撒金子、石头、泥土治洪水的时候，用力不均，其中，撒得不那么多的地方就变成了丘陵。

【流传】（无考）

【出处】

（a）《大地生成神话》，见西南民族学院《羌族文学简史》编写组编《羌族民间文学资料集》（一），1987 年 4 月。

（b）同（a），见吕大吉、何耀华总主编《中国各民族原始宗教资料集成》（纳西族卷、羌族卷、独龙族卷、傈僳族卷、怒族卷），北京：中国社会

科学出版社 2000 年版，第 579 页。

W1843.2.3
茶叶铺地厚的地方成为山丘

实例

德昂族　茶叶化为铺地的泥土。有的地方薄些，就是平展展的坝子；有的地方厚些，就是山丘。

【流传】云南省·德宏州（德宏傣族景颇族自治州）

【出处】

（a）陈志鹏搜集整理：《祖先创世纪》，见李子贤编《云南少数民族神话选》，昆明：云南人民出版社 1990 年版。

（b）同（a），见姚宝瑄主编《中国各民族神话》（佤族、阿昌族、纳西族、普米族、德昂族），太原：山西出版传媒集团·书海出版社 2014 年版，第 396 页。

W1843.2.4
天女撒土变成丘陵

【关联】

① ［W1833.8.3.2.2］天神撒土形成山脉

② ［W1845.1.11.5］神撒土不均形成山谷

实例

满族　天帝的小女儿白云格格从阿玛的聚宝宫中盗取一个金黄色和一个黑黄色宝匣，撒下治洪水时，由于心慌撒得不匀，土多的地方凸出一条条山丘，土少的地方成了平川。

【流传】黑龙江沿岸，黑龙江省·（黑河市）·孙吴县、瑷珲县（爱辉区）

【出处】赵瞎子、富郭氏等讲，育光搜集整理：《白云格格》，原载育光编《七彩神火》，见陶阳、钟秀编《中国神话》（中），北京：商务印书馆 2008 年版，第 763~767 页。

W1843.3
撒漏的泥沙形成山丘

实例

（参见下级母题实例）

W1843.3.1
神造山时筐里漏下来的泥沙形成山丘

实例

黎族　大大小小的山丘，是大力神造山垒岭时大筐里漏下来的泥沙。

【流传】

（a）海南省·（三亚市）·乐东县（乐东黎族自治县）·抱由镇

（bc）海南省五指山区

【出处】

（a）林大陆讲，广东民族学院中文系七七级采风组采录：《大力神》，见中国民间文学集成全国编辑委员会编《中国民间故事集成》（海南卷），北京：中国 ISBN 中心 2002 年版，第 14 页。

（b）同（a），见谷德明编《中国少数民族神话》，北京：中国民间文艺出版社 1987 年版，第 191 页。

(c) 同（a），见广东民族学院中文系编《黎族民间故事选》，上海：上海文艺出版社1983年版，第1页。

黎族 大大小小的山丘是大力神从海边挑来沙土造山垒岭时，从他的大筐里漏下来的泥水。

【流传】海南省五指山一带
【出处】
(a) 林大陆讲，龙敏、林树勇、陈大平整理：《大力神》，见广东民族学院中文系编《黎族民间故事选》，上海：上海文艺出版社1983年版。
(b) 同（a），见姚宝瑄主编《中国各民族神话》（高山族、黎族、畲族），太原：山西出版传媒集团·书海出版社2014年版，第49页。

W1843.4
敲打大地形成丘陵

实 例

（参见下级母题实例）

W1843.4.1
神用棍棒敲打大地形成丘陵

实 例

羌族

（参见 W1809.8.1.1 母题实例）

W1843.4.2
人敲土成丘陵

实 例

苗族 阿陪果本（人名）在天上追打雷公时，拿起铁棍到处乱打乱敲，敲了一下土，就成了丘陵。

【流传】湖南省湘西一带；贵州省·（铜仁市）·松桃地区（松桃苗族自治县）
【出处】
(a) 滕树宽、龙炳文搜集，江波整理：《阿陪果本》，见燕宝编《苗族民间故事选》，上海：上海文艺出版社1981年版。
(b) 同（a），见姚宝瑄主编《中国各民族神话》（布依族、亿佬族、苗族），太原：山西出版传媒集团·书海出版社2014年版，第154页。

W1843.4.3
特定人物锤出山地

【关联】
① ［W1845.1.9.3］神整地时锤出沟壑
② ［W1847.1.4］神整地时锤出坡

实 例

（参见下级母题实例）

W1843.4.3.1
文化英雄锤地不认真形成山地

实 例

彝族 支格阿龙（英雄名）父子二人各拿着锤去平地。支格阿龙平得又认真又仔细，成了大平原。但他儿子睡着了，当他一觉醒来，太阳已经偏西，他急了，一手拿着铜锤，一手拿铁锤，在四面八方胡乱地捶打，形成了高低不平的山地。

【流传】（无考）

【出处】沈伍己整理：《平地》，见姚宝瑄主编《中国各民族神话》（羌族、彝族），太原：山西出版传媒集团·书海出版社 2014 年版，第 299~300 页。

彝族 支格阿龙（文化英雄名）和儿子二人各举了一只铜锤一只铁锤去平地时，儿子因贪睡耽误时辰，就一手拿铜锤，一手拿铁锤，在四面八方胡乱地捶打，形成了高低不平的山地。

【流传】四川省·凉山州（凉山彝族自治州）

【出处】沈伍己整理：《平地》，原载李德君、陶学良编《彝族民间故事选》，见陶阳、钟秀编《中国神话》（中），北京：商务印书馆 2008 年版，第 675~686 页。

W1843.5
特定的物（肢体）变成丘陵

实 例

（参见下级母题实例）

W1843.5.1
脊背变丘陵

实 例

（参见下级母题实例）

W1843.5.1.1
鱼的脊背变丘陵

实 例

高山族（曹人）

（参见 W1818.2.1.1 母题实例）

W1843.5.1.2
地死后的脊骨变成丘陵

实 例

珞巴族 地死后脊骨变丘陵。

【流传】西藏自治区·下珞渝（下珞渝则泛指永木河、锡约尔河、巴恰西仁河流域）

【出处】维·埃尔温搜集：《库朱木·禅图》，见中华民族故事大系编委会编《中华民族故事大系》第 16 卷（赫哲族、门巴族、珞巴族、基诺族），上海：上海文艺出版社 1995 年版，第 400 页。

珞巴族 库朱木·禅图（珞巴语，阿帕塔尼部落方言，意为"大地"）死后，脊骨变成高矮不一的丘陵。

【流传】

(a) 西藏自治区·下珞瑜（泛指永木河、锡约尔河、巴恰西仁河流域）

(b) 西藏自治区·下珞渝（又写作"下珞瑜"）·阿帕塔尼部落日如村

【出处】

(a) 维·埃尔温搜集整理：《库朱木·禅图》，见中华民族故事大系编委会编《中华民族故事大系》第 16 卷

1.7.3 与山有关的其他母题　　‖W1843.5.2–W1843.5.2.3‖ **2555**

（赫哲族、门巴族、珞巴族、基诺族），上海：上海文艺出版社1995年版，第400页。

（b）同（a），见李坚尚、刘芳贤编《珞巴族门巴族民间故事选》，上海：上海文艺出版社1993年版，第14页。

W1843.5.2
神或神性人物的尸体变成山岭

实 例

怒族 搓海玩海死后，尸体化为山岭、土丘，骨粉变成森林。

【流传】（无考）

【出处】《搓海玩海》，见陶立璠，李耀宗编：《中国少数民族神话传说选》，成都：四川民族出版社1985年版，第28页。

W1843.5.2.1
盘古的尸体化成山丘

【关联】［W1850.1.2.1］盘古的尸体变成昆仑山

实 例

汉族 盘古开天辟地，累死后身子化成了山丘。

【流传】湖北省·（黄冈市）·罗田县·（三里畈镇）·邱家河村

【出处】邱玉堂讲，邱玉潮采录：《洪钧老祖造人》，见中国民间文学集成全国编辑委员会编《中国民间故事集成》（湖北卷），北京：中国ISBN中心1999年版，第6页。

W1843.5.2.2
恶神的尸体变成山岭

实 例

满族 天神阿布卡恩都里知道了二弟子耶路里干的坏事，派他最小的一个弟子多隆卑子到地上国除掉耶路里。多隆卑子刺死耶路里后，他的尸体化作碎片，落到大地上，变成了一座座高山和峻岭。

【流传】（无考）

【出处】傅英仁、余金讲述整理：《耶路里》，见姚宝瑄主编《中国各民族神话》（满族、赫哲族、朝鲜族），太原：山西出版传媒集团·书海出版社2014年版，第86~88页。

W1843.5.2.3
国王的尸体变成山岭

实 例

朝鲜族 赫居世王即位六十一年后，遗体一分为五，散落于地。后来分五体各葬五处，遂变为五陵。

【流传】（无考）

【出处】金永奎改写：《赫居世神话》，见姚宝瑄主编《中国各民族神话》（满族、赫哲族、朝鲜族），太原：山西出版传媒集团·书海出版社2014年版，第165~166页。

W1843.5.3
骨骼变成山岭

实 例

（参见下级母题实例）

W1843.5.3.1
盘古的骨头变成山丘

【关联】[W1980.2.2.2]盘古的骨骼变成金属

实 例

汉族 盘古神的大小骨头，变为众多的大山和小丘。

【流传】浙江省·（丽水市·莲都区·万象街道）·刘祠堂背

【出处】孙华仙讲，唐宗龙搜集整理：《盘古造化天地》（1963），见姚宝瑄主编《中国各民族神话》（汉族），太原：山西出版传媒集团·书海出版社2014年版，第9~10页。

W1843.5.4
积沙成岭

【关联】
① [W1809.4a] 积沙成山
② [W1809.4a.3] 积沙成为沙山

实 例

汉族 杨二郎肩挑二座大山追赶危害百姓的太阳神，走到村南，觉得鞋里有沙子，脱下鞋翻过来倒在村南，沙下成岭，方圆二里多。后人就把这个岭称为"二郎南岭"

【流传】江苏省·（连云港市）·东海县·横沟乡一带

【出处】赵传花讲，柴刚记录：《二郎南岭与二郎北岭》（1987.05），见姚宝瑄主编《中国各民族神话》（汉族），太原：山西出版传媒集团·书海出版社2014年版，第137~138页。

W1843.5.5
特定动物变成山岭

实 例

（参见下级母题实例）

W1843.5.5.1
蟒变成山岭

实 例

汉族 天上降下来的南蟒和北蟒变成了南北蟒岭。

【流传】河南省·（焦作市）·孟州市

【出处】刘清顺讲，马久智采录：《黄河的由来》，见张振犁编著《中原神话通鉴》（第一卷），郑州：河南大学出版社2017年版，第19页。

W1843.5.5.2
动物的尸骨变成岭

实 例

（参见下级母题实例）

W1843.5.5.2.1
石狮的尸骨变成岭

实例

汉族　伏羲想起了天塌时拯救他和女娲的石狮子。石狮子救下他俩后虽然化了，但它留下的尸骨——青风岭还在。

【流传】河南省·（焦作市）·武陟县·阳城乡·郭下村

【出处】李待见（那农民，小学）讲，王广先采录整理：《四大怀药》，见张振犁编著《中原神话通鉴》（第一卷），郑州：河南大学出版社2017年版，第196页。

W1843.5.5.3
鳗鱼变成丘陵

实例

高山族　巨鳗之背，或化为起伏山脊，或化为茂密森林，或化为广阔丘陵。

【流传】（无考）

【出处】袁珂改编：《巨鳗与胡古鸟》（原名《洪水中取火》），原载谷德明编《中国少数民族神话选》，见袁珂《中国神话大词典》，北京：华夏出版社2015年版，第523页。

W1843.6
与山岭的产生有关的其他母题

【关联】［W1804.2.1］地王造山岭

实例

（参见下级母题实例）

W1843.6.0
山岭自然存在

实例

汉族　古时候，大地上只有山岭、河流、花草树木、鸟兽虫鱼等，没有人。

【流传】河南省·（南阳市）·西峡县·太平镇乡·回龙寺村

【出处】刘克旺（50岁，不识字）讲，王改芹采录，杨平采录整理：《女娲补天（七）》（1986.05），见张振犁编著《中原神话通鉴》（第一卷），郑州：河南大学出版社2017年版，第136页。

W1843.6.1
无意中造出丘陵

实例

（参见下级母题实例）

W1843.6.1.1
造地者无意中踩出丘陵

实例

汉族　（实例待考）

W1843.6.2
补地时形成山岭

实例

土家族　李古老急急忙忙补地，他西边挺几挺，变成了山岭。

【流传】四川省·秀山县（今重庆市·秀山土家族苗族自治县）·海洋乡

【出处】彭国然讲，李绍明采录：《依罗娘娘造人》，见中国民间文学集成全国编辑委员会编《中国民间故事集成》（四川卷·下），北京：中国ISBN中心1998年版，第1211页。

W1843.6.3
混沌捏泥造岭

【关联】［W1057.1］混沌（浑沌、昆屯、混沌卵）

实例

毛南族　昆屯把泥巴拢成岭和坡，把漫铺地面的水集成海和河。

【流传】广西壮族自治区·（河池市）·环江毛南族自治县·上南（上南乡）、中南（中南乡）、下南（下南乡）·上纳屯

【出处】(a)蒙贵章讲，蒙国荣、韦志华、谭贻生记录翻译，蒙国荣整理：《昆屯开天盖》（1984.07），见姚宝瑄主编《中国各民族神话》（土家族、毛南族、侗族、瑶族），太原：山西出版传媒集团·书海出版社2014年版，第61页。

W1843.6.4
扁担变成山岭

【关联】［W1821.10.1］扁担变成山

实例

（参见下级母题实例）

W1843.6.4.1
二郎神的扁担变成山岭

【关联】［W1809.4b.1］二郎神留下的灰堆变成山

实例

汉族　二郎神担山追赶天上的太阳。他的扁担成了石岭。

【流传】江苏省·（连云港市）·东海县

【出处】丁维英讲，陈绍武、王运生记录：《二郎担山赶太阳》（1987.05），见姚宝瑄主编《中国各民族神话》（汉族），太原：山西出版传媒集团·书海出版社2014年版，第113页。

汉族　二郎神挑山追太阳的那根扁担，天长日久就化成了一座长岭，后人称作玉平山。那长岭中有个凹窝子，据说是扁担折断的痕印子

【流传】江苏省·（连云港市）·东海县

【出处】王运家讲，朱守和记录：《二郎神挑来平明龙虎山》，见姚宝瑄主编《中国各民族神话》（汉族），太原：山西出版传媒集团·书海出版社2014年版，第114~115页。

W1843.6.4.1.1
杨二郎的扁担变成山岭

实例

（实例待考）

W1843.6.4.2
李二郎的扁担变成山岭
【关联】［W1845.3.7.1］李二郎担山造渠

实例

汉族　李二郎（人名）担山时，断了的扁担变成了弯弯扭扭、长约四里的"横山子"。

【流传】四川省青城山一带

【出处】王纯五记录整理：《二郎担山赶太阳》，见姚宝瑄主编《中国各民族神话》（汉族），太原：山西出版传媒集团·书海出版社2014年版，第130~133页。

W1843.6.5
大雨在平原上冲出丘陵

实例

彝族　聪明的龙王罗阿玛按神王的指点，来到开阔的平原。她吐出倾盆大雨，大雨便拍打着平原，大雨形成洪流，在大地冲出了丘陵和河滩。

【流传】（云南省·楚雄彝族自治州·双柏县，红河哈尼族彝族自治州等地）

【出处】

（a）云南省民族民间文学楚雄、红河调查队搜集，郭思九、陶学良整理：《查姆》，昆明：云南人民出版社1981年版。

（b）郭思九、陶学良整理，古梅改写：《彝家的古根》，选自《云南民族文学资料》第七集中的《查姆》上部前三章，见姚宝瑄主编《中国各民族神话》（羌族、彝族），太原：山西出版传媒集团·书海出版社2014年版，第57页。

W1843.6.6
洪水冲出山岭
【关联】［W8540］洪水的结果

实例

苗族　你（雷公）放洪水淹天下，造成高凸凸山岭，造成深凹凹山谷。

【流传】原文无流传地，据文本及注释推测该神话流传于贵州省·黔东南苗族侗族自治州·凯里市、台江县等地。

【出处】潘正昌唱，张海平搜集：《浩劫复生·洪水滔天》，见贵州省少数民族古籍整理出版规划小组办公室编，燕宝整理译注《苗族古歌》，贵阳：贵州民族出版社1993年版，第604~605页。

W1843.6.6.1
洪水退去出现丘陵

实例

高山族　怪鳗挡住河水造成洪水越涨越高，螃蟹抓破怪鳗洪水退去。有的地方化为茂密的森林，有的地方变成广阔的丘陵。

【流传】（无考）

【出处】《巨鳗化山林》，见姚宝瑄主编

《中国各民族神话》（高山族、黎族、畲族），太原：山西出版传媒集团·书海出版社2014年版，第28页。

珞巴族 很早以前，天上有九个太阳，烤得地上冒火，水不断减少，慢慢露出了好多平原和丘陵。

【流传】西藏自治区·林芝市·墨脱县·达木珞巴民族乡、墨脱乡（讲述地点：墨脱县·达木珞巴民族乡·卡布村）

【出处】安布讲：《五兄弟的传说》（1955.08），见冀文正《珞巴族民间故事》，成都：四川民族出版社2011年版，第18页。

W1843.6.7
海浪冲大地后高处成为山岭

实例

白族 九万层海涛，把地冲陷得往下降落，高耸的地方成了山和岭。

【流传】云南省·（大理白族自治州）·鹤庆（鹤庆县），丽江（丽江市）及（丽江市）·永胜（永胜县）

【出处】李剑飞讲，李缵绪、章虹宇记录：《人类和万物的起源》（又名《劳谷与劳泰》、《古干古洛创世记》），原载李缵绪主编《白族神话传说集成》，中国民间文艺出版社1986年版，见姚宝瑄主编《中国各民族神话》（白族、拉祜族、景颇族），太原：山西出版传媒集团·书海出版社2014年版，第18页。

W1843.6.8
天塌形成山岭

实例

汉族 西方的顶天柱被共工撞塌后，西天就跟着塌了。当时，洪水遍地流，石头到处滚。西方堆满了石头，成了山陵地。

【流传】河南省·（开封市）·杞县

【出处】王怀聚讲，王宪明搜集整理：《杞人忧天》，见姚宝瑄主编《中国各民族神话》（汉族），太原：山西出版传媒集团·书海出版社2014年版，第75~77页。

W1843.6.9
地震形成山岭

实例

汉族 经过地震后，出现了风后岭。

【流传】河南省·（郑州市）·新郑市

【出处】袁固（63岁，高师）讲，河南大学"中原神话调查组"录音，张振犁、蔡柏顺、程健君采录：《风后岭》（1983.11.26），见张振犁编著《中原神话通鉴》（第一卷），郑州：河南大学出版社2017年版，第142页。

W1843.7
特定名称的山岭

实例

（参见下级母题实例）

1.7.3 与山有关的其他母题　　‖W1843.7.1-W1843.7.5‖　**2561**

W1843.7.1
赤岭

【实　例】

【汉族】歙州（今安徽省祁门县西百里）赤岭下有大溪。俗传昔有人造横溪鱼梁，鱼不得下，半夜飞，从此岭过。其人遂于岭上张网以捕之。鱼有越网而过者，有飞不过变为石者。今每雨，其石即赤，故谓之赤岭。

【流传】（无考）

【出处】
（a）《古今图书集成·禽虫典》卷一四六引《歙州图经》。
（b）《赤岭》，见袁珂《中国神话大词典》，北京：华夏出版社2015年版，第159页。

W1843.7.2
大兴安岭

【实　例】

【满族】大兴安岭的山顶比天上的云还高，山上寸草不生，全都是大大小小的石头。

【流传】黑龙江省

【出处】
（a）赵书搜集整理：《女真定水》，见乌丙安等编《满族民间故事选》，上海：上海文艺出版社1983年版，第66~76页。
（b）同（a），见姚宝瑄主编《中国各民族神话》（满族、赫哲族、朝鲜族），太原：山西出版传媒集团·书海出版社2014年版，第50~60页。

W1843.7.3
凤凰岭

【实　例】

（实例待考）

W1843.7.4
金鸡岭

【实　例】

【汉族】丰邑（今江西省上饶市广丰县）金鸡岭在胡村坳，闽浙贩客皆取道于此。昔有老人住岭上，捆屦，常捣草于当门巨石上。中有金鸡，夜见而昼隐，老人不知。遇西域胡人度岭，见茗，知为宝，遂取之去。土人因以名其岭。

【流传】（无考）

【出处】
（a）《古今图书集成·职方典》卷八六六引《广信府志》。
（b）《金鸡岭》，见袁珂《中国神话大词典》，北京：华夏出版社2015年版，第207页。

W1843.7.5
七指岭

【关联】［W1852.3］五指山

【实　例】

【黎族】为防止天地倒覆，雷公的兄弟

扬叉和法耶凝奉命下凡，挑土搬石堆山压地，其中法耶凝堆了七座比五指山还高的山峰，这就是七指岭。

【流传】（海南省）

【出处】

(a) 王知会讲，谢盛圻搜集整理：《五指山与七指岭》，见广东民族学院中文系编《黎族民间故事选》，上海：上海文艺出版社1983年版。

(b) 同（a），见姚宝瑄主编《中国各民族神话》（高山族、黎族、畲族），太原：山西出版传媒集团·书海出版社2014年版，第52页。

W1843.7.6
秦岭

实 例

（实例待考）

W1843.8
特定名称的山丘

实 例

（参见下级母题实例）

W1843.8.0
九丘

实 例

汉族　南海之内，黑水、青水之间，有九丘，以水络之。名曰陶唐之丘、（有）叔得之丘、孟盈之丘、昆吾之丘、黑白之丘、赤望之丘、参卫之丘、武夫之丘、神民之丘。

【流传】（无考）

【出处】

(a)《山海经·海内经》。

(b)《九丘》，见袁珂《中国神话大词典》，北京：华夏出版社2015年版，第9页。

W1843.8.1
平丘

实 例

汉族　平丘在三桑东。爰有遗玉、青鸟、视肉、杨柳、甘柤、甘华，百果所生。有两山夹上谷，二大丘居中，名曰平丘。

【流传】（无考）

【出处】

(a)《山海经·海外北经》。

(b)《平丘》，见袁珂《中国神话大词典》，北京：华夏出版社2015年版，第87页。

W1843.8.1a
蛇丘

实 例

汉族　东海有蛇丘，地险多渐洳。

【流传】（无考）

【出处】［唐］张鷟：《朝野佥载》卷五。

W1843.8.1a.1
蛇丘多蛇

实 例

汉族　东海有蛇丘之地，险多渐洳，

众蛇居之，无人民。

【流传】（无考）

【出处】鲁迅：《古小说钩沉》辑《玄中记》。

W1843.8.2
轩辕丘

【关联】

① [W0696.1] 黄帝轩辕氏
② [W1852.6.156] 轩辕山

实例

汉族 穷山在其北，不敢向西射，畏轩辕之丘。在轩辕国北。其丘方，四蛇相绕。

【流传】（无考）

【出处】

（a）《山海经·海外西经》。

（b）《轩辕丘》，见袁珂《中国神话大词典》，北京：华夏出版社2015年版，第155页。

汉族 轩辕之丘即今河南省新郑市轩辕丘，古为有熊国都城，故为轩辕氏。

【流传】（河南省·新郑市）

【出处】《黄帝》，见乌丙安主编《中国民间神谱》，沈阳：辽宁人民出版社2007年版，第53页。

W1843.8.2.1
轩辕丘无草木

实例

汉族 玉山（西王母所居山）又西四万八十里，曰轩辕之丘，无草木。

【流传】（无考）

【出处】

（a）《山海经·西次三经》。

（b）《轩辕丘》，见袁珂《中国神话大词典》，北京：华夏出版社2015年版，第155页。

W1843.8.3
珠丘

实例

（参见下级母题实例）

W1843.8.3.1
舜墓名珠丘

实例

汉族 舜葬苍梧之野，有鸟如雀，自丹州而来，吐五色之气，氤氲如云，名曰凭霄雀，能群飞衔土成丘坟。此鸟能反形变色，常游丹海之际，时来苍梧之野，衔青砂珠，积成垄阜，名曰珠丘。

【流传】（无考）

【出处】

（a）[晋]王嘉：《拾遗记》卷一。

（b）《珠丘》，见袁珂《中国神话大词典》，北京：华夏出版社2015年版，第259页。

W1843.8.4
卫丘

实例

汉族 卫丘方圆三百里，丘南帝俊竹林在焉，大可为舟。竹南有赤泽水，名曰封渊。有三桑无枝。丘西有沈渊，颛顼所浴。

【流传】（无考）

【出处】

（a）《山海经·大荒北经》。

（b）《卫丘》，见袁珂《中国神话大词典》，北京：华夏出版社2015年版，第28页。

W1843.9
与山陵有关的其他母题

实例

（参见下级母题实例）

W1843.9.1
丘陵的特征

实例

（参见下级母题实例）

W1843.9.1.1
丘陵漫漫无边

实例

苗族 董冬穸（男性人名，祖先）造的土丘漫漫无边。

【流传】贵州省·（安顺市）·紫云县（紫云苗族布依族自治县）麻山苗区

【出处】杨再华唱诵，杨正江译：《亚鲁族源》，见中国民间文艺家协会主编《亚鲁王》，北京：中华书局2011年版，第35页。

W1843.9.2
丘陵的变化

实例

汉族 （实例待考）

W1844
山峰

实例

（参见下级母题实例）

W1844.1
山峰的产生

实例

（参见下级母题实例）

W1844.1.1
山峰自然产生

实例

（参见下级母题实例）

W1844.1.1.1
山峰自然演化产生

【关联】[W1859.6.2] 经演化变成石头

实例

黎族 由于洪水冲，太阳晒，地上积成了许多山岭。

【流传】海南省·琼中县（琼中黎族苗族自治县）·五指山公社·番龙村（今属五指山市·水满乡·番龙村）

【出处】王克福讲，冯秀梅采录：《山区与平原的由来》，见中国民间文学集成全国编辑委员会编《中国民间故事集成》（海南卷），北京：中国ISBN中心2002年版，第5页。

W1844.1.2
山峰是造出来的

实例

（参见下级母题实例）

W1844.1.2.1
神用乳房造山峰

【关联】
① ［W1810.1.4］用乳房造山
② ［W1819.9］乳房变成山

实例

阿昌族

（参见W1852.6.12.1母题实例）

W1844.1.2.2
始祖用泥团造山峰

实例

壮族 姆洛甲捏的泥团都变硬了，形成了如今地上高低不一的无数山峰。

【流传】广西壮族自治区·（百色市）·西林县·那佐乡·那来村

【出处】（a）黄公受讲，岑护双采录翻译：《巨人夫妻》，见中国民间文学集成全国编辑委员会编《中国民间故事集成》（广西卷），北京：中国ISBN中心2001年版，第55页。

（b）同（a），见张声震总主编，农冠品编注《壮族神话集成》，南宁：广西民族出版社2007年版，第31页。

壮族 姆洛甲（女始祖）捏的泥团都变硬了，形成了如今地上高低不一的无数山峰。

【流传】广西壮族自治区

【出处】黄公受讲，岑护双采录翻译：《巨人夫妻——姆洛甲与布洛陀》，原载中国民间文学集成全国编辑委员会编《中国民间故事集成》（广西卷），北京：中国ISBN中心2001年版，见陶阳、钟秀编《中国神话》（中），北京：商务印书馆2008年版，第659~667页。

W1844.1.2.3
创世母亲挑土造山峰

实例

基诺族 创世母亲挑土造山时，筐里的土倒出后形成乳房式山峰。

【流传】云南省·（西双版纳傣族自治州·景洪市）·基诺山（基诺山基诺族乡）·巴亚寨、巴卡寨、戛里果箐

【出处】白腊约等讲，杜玉亭调查整理：《创世母亲遇难》（1958~1981），见吕大吉、何耀华总主编《中国各民族原始宗教资料集成》（彝族卷、白族卷、基诺族卷），北京：中国社会科学出版社1996年版，第880页。

W1844.1.3
特定人物变成山峰

实例

（参见下级母题实例）

W1844.1.3.1
巨人变成山峰

【关联】［W1816.1］巨人变成山

实例

蒙古族 巨人禾乌麦勒根的妻子每天都痛哭死去的丈夫，头发渐渐地变白了，慢慢地化为一座山峰。

【流传】（无考）

【出处】阿·太白搜集翻译，姚宝瑄、巴音巴图整理：《赤脚巨人》，见姚宝瑄主编《中国各民族神话》（达斡尔族、鄂伦春族、鄂温克族、蒙古族），太原：山西出版传媒集团·书海出版社 2014 年版，第 217 页。

W1844.1.3.2
罗汉变成山峰

实例

满族 白山老祖烧了一盆热水，吩咐一个罗汉给寒冷中光着身子的天女佛库伦送去，罗汉走到山顶，看到佛库伦赤身裸体，就不好意思再往前走去，扭转身子倒背着手端盆，后来变成了一座山峰。

【流传】吉林省·（延边朝鲜族自治州）·敦化市·额穆镇

【出处】

（a）伊化山、纪祥春讲，李果钧、刘忠义搜集整理：《天女浴躬池》，见《满族民间故事选》，上海：上海文艺出版社 1983 年版。

（b）同（a），见姚宝瑄主编《中国各民族神话》（满族、赫哲族、朝鲜族），太原：山西出版传媒集团·书海出版社 2014 年版，第 95~99 页。

W1844.1.3.3
女子化为山峰

实例

仫佬族 凤凰姑娘被黑龙咬伤后顺水跳出了水潭，化成了一座青秀的山峰。

【流传】广西壮族自治区·（河池市）·罗城县（罗城仫佬族自治县）·四把（四把乡）、东门（东门镇）

【出处】杨小妹讲，潘琦、包玉堂搜集整理：《凤凰山和鬼龙潭》，见姚宝瑄主编《中国各民族神话》（仫佬族、壮族、京族），太原：山西出版传媒集团·书海出版社 2014 年版，第 26~27 页。

W1844.1.3.4
仙化为山峰

实例

水族 挺拔峻峭之山峰凡九，紧密相连，传云山乃九仙所化，故九阡亦称九仙。

【流传】（贵州省·三都水族自治县·九阡区）

【出处】袁珂改编：《古隆与札花》，原载谷德明编《中国少数民族神话选》，见袁珂《中国神话大词典》，北京：华夏出版社2015年版，第537页。

W1844.1.3a
特定物变成山峰

实 例

（参见下级母题实例）

W1844.1.3a.1
土块变成山峰

实 例

（参见下级母题实例）

W1844.1.3a.1.1
巨神撒的土块变成山峰

实 例

朝鲜族 巨神老妪所撒下的土块儿变成了岛上的大大小小的山峰和丘陵。

【流传】（无考）

【出处】*《巨神老妪造海岛》，见金东勋《朝鲜族的神话传说》，http://www.chinactwh.com，2003.09.02。

W1844.1.3a.1.2
天神抛的泥团变成山峰

实 例

傈僳族 天神木布帕把没有捏完的泥土捏成坨坨，然后向已造好的平地扔去，有的落在地面上，成了高山奇峰。

【流传】（无考）

【出处】刘辉豪等：《天、地、人的由来》，见祝发清、左玉堂、尚仲豪编《傈僳族民间故事选》，上海：上海文艺出版社1985年版，第1~3页。

傈僳族 天神木布帕造大地时，把没捏完的泥土捏成坨坨，然后向已造好的平地扔去。有的落在地面上，成了高山奇峰。

【流传】云南省·（怒江傈僳族自治州）·碧江县（1986年撤销县制，归入福贡县等）、泸水县

【出处】

（a）《木布帕捏地球》（原题为《天·地·人的形成》），原载祝发清、左玉堂、尚仲豪编《傈僳族民间故事选》，上海文艺出版社1985年版。

（b）同（a），见姚宝瑄主编《中国各民族神话》（水族、布朗族、独龙族、基诺族、傈僳族），太原：山西出版传媒集团·书海出版社2014年版，第189页。

W1844.1.3a.2
蛋壳化为山峰

实 例

藏族 元始之初自然形成一只大蛋，蛋壳化为白色山峰。

【流传】（无考）

【出处】贡乔泽登整理：《始祖神话》，见 BBS 水木清华站：http://www.smth.edu.cn，2006.07.20。

W1844.1.3a.3
射落的日月的碎片变成山峰

实例

瑶族 火神昌朗也和弓箭神昌郎仪射日月时，中箭的太阳和月亮变成碎片，雪片似的飘落下来，大地堆起千万座山峰。

【流传】广西壮族自治区·（河池市）·大化县（大化瑶族自治县）·七百弄乡

【出处】蓝阿勇（72 岁）讲，蒙冠雄采录翻译：《密洛陀》（1982），见中国民间文学集成全国编辑委员会编《中国民间故事集成》（广西卷），北京：中国 ISBN 中心 2001 年版，第 11~22 页。

W1844.1.3a.4
掉落的星星变成山峰

实例

满族 掉到地上的一半星星，成为北方的曼君乌延哈达（满语，岩石突起而成的山峰。）。

【流传】（黑龙江省·黑河市·爱辉区、孙吴县一带的黑水女真）

【出处】白蒙元讲，富希陆、吴纪贤记录整理：《天宫大战·玖腓凌》（1939），见吕大吉、何耀华总主编《中国各民族原始宗教资料集成》（鄂伦春族卷、鄂温克族卷、赫哲族卷、达斡尔族卷、锡伯族卷、满族卷、蒙古族卷、藏族卷），北京：中国社会科学出版社 1999 年版，第 483 页。

W1844.1.3a.5
坠落的陨石变成山峰

【关联】[W1866.1] 陨石

实例

哈尼族 有一天，从天上掉下三个绿茵茵的大石头，石头炸开了，地上隆起几座又高又大的山峰。

【流传】云南省·（普洱市）·孟连县（孟连傣族拉祜族佤族自治县）

【出处】李格、王富帮讲，张犁翻译，李灿伟、莫非搜集整理：《天、地、人和万物的起源》，原载云南省民间文学集成办公室编《哈尼族神话传说集成》，中国民间文艺出版社 1990 年版，见姚宝瑄主编《中国各民族神话》（哈尼族、傣族），太原：山西出版传媒集团·书海出版社 2014 年版，第 59 页。

W1844.1.3a.6
龙的尸骨变成山峰

实例

汉族 瑶姬杀死的十二条孽龙的尸骨横七竖八地落在了巫山，变成了奇形怪状的山峰。

【流传】四川省

1.7.3 与山有关的其他母题

【出处】朱奉天讲，唐探峰采录：《神女瑶姬的传说》，见陶阳、钟秀编《中国神话》（上），北京：商务印书馆2008年版，第438~441页。

W1844.1.3a.7
树枝变成山峰

【关联】[W1820.1.1] 树干变成山

实例

珞巴族 树倒后树枝变山峰。

【流传】西藏自治区·下珞渝（下珞渝则泛指永木河、锡约尔河、巴恰西仁河流域）

【出处】维·埃尔温搜集：《德日雅木拉》，见中华民族故事大系编委会编《中华民族故事大系》第16卷（赫哲族、门巴族、珞巴族、基诺族），上海：上海文艺出版社1995年版，第395页。

珞巴族 以前，水中生的一棵大树倒下了。树枝变成高高低低的大小山峰。

【流传】
（a）西藏自治区·下珞渝（泛指永木河、锡约尔河、巴恰西仁河流域）
（b）西藏自治区·下珞渝（又写作"下珞瑜"）西巴霞曲流域

【出处】
（a）维·埃尔温搜集：《德日雅木拉》，见中华民族故事大系编委会编《中华民族故事大系》第16卷（赫哲族、门巴族、珞巴族、基诺族），上海：上海文艺出版社1995年版，第395页。

（b）同（a），见李坚尚、刘芳贤编《珞巴族门巴族民间故事选》，上海：上海文艺出版社1993年版，第9页。

W1844.1.3a.8
烟凝结成山峰

实例

彝族 兄妹二人每人在山上燃起一堆火，浓烟腾空，连结成一座山峰。

【流传】（无考）

【出处】柯象峰：《猡猡文字之初步研究》，见吕大吉、何耀华总主编《中国各民族原始宗教资料集成》（彝族卷、白族卷、基诺族卷），北京：中国社会科学出版社1996年版，第274~275页。

W1844.1.3a.9
神射的箭变成山峰

实例

藏族 吓吉里男山神用抛石器抛石头攻击约沙厄女山神，但被约沙厄躲开了。约沙厄发了一箭，使吓吉里脑袋开了花成了三块，所以今天吓吉里的山头，是由三个山峰组成。

【流传】（四川省·甘孜藏族自治州·九龙县·夏卡乡）

【出处】伍呷：《九龙藏族社会的历史调查》，原载西南民族学会编印《雅砻江上游考察报告》，1985年，见吕大吉、何耀华总主编《中国各民族原始宗教资料集成》（鄂伦春族卷、鄂温克族卷、赫哲族卷、达斡尔族卷、锡伯族卷、满族卷、蒙古族卷、藏族卷），北京：中国社会科学出版社1999年版，第943页。

W1844.1.3a.10
女娲补天炼石的碎渣堆积成山峰

实例

汉族 由于女娲炼石补天的炉渣、碎石堆积，平展展的地上成了许多大大小小的山峰，就是现在清凉山周围的那许多山骨堆儿。

【流传】河南省·（安阳市）·安阳县·磊口乡·清凉山村（采录地点：安阳县磊口乡目明学校）

【出处】赵金和（36岁，中师）讲，牛化法采录：《清凉山的传说》（1987.04.07），见张振犁编著《中原神话通鉴》（第一卷），郑州：河南大学出版社2017年版，第155页。

W1844.1.4
与山峰产生有关的其他母题

实例

（参见下级母题实例）

W1844.1.4.1
神犁天耙天时耙漏的地方形成山峰

实例

哈尼族 天地产生后，神们拖着金犁，拉着银耙犁天耙天，耙漏的地方，成了大大小小的山峰。

【流传】云南省

【出处】

（a）朱小和讲，芦朝贵等整理：《天、地、人的传说》，载《山茶》1983年第4期。

（b）同（a），见谷德明编《中国少数民族神话》，北京：中国民间文艺出版社1987年版，第313页。

（c）朱小和讲，芦朝贵等整理：《天、地、人的传说》，见陶立璠、赵桂芳等编《中国少数民族神话汇编》（开天辟地篇等），中央民族学院少数民族古籍整理出版规划领导小组办公室印（未署出版时间），第261页。

哈尼族 最早时天地不平坦。众神决定改天换地，他们犁地时劲头小，干得马马虎虎，结果犁得差，耙得差，有的地方犁得深，有的地方犁得浅，有的地方耙着了，有的地方耙漏了。耙着的地方成了平坝，耙漏的地方成了大大小小的山峰。

【流传】云南省·（红河哈尼族彝族自治州）·元阳县

【出处】朱小和讲，芦朝贵、杨笛搜集整理：《大鱼脊背甩出的世界》，原载《山茶》1983年第4期（王松将原题目《天、地、人的传说》改为此题目），见姚宝瑄主编《中国各民族神话》（哈尼族、傣族），太原：山西出版传媒集团·书海出版社2014年版，第26页。

W1844.1.4.2
叠山成峰

【关联】［W1820.1］树枝变成山峰

实例

壮族　布洛陀（男性始祖）抓住一座座山，把它们叠成一座高入云端的大山峰。

【流传】
（a）广西壮族自治区·（百色市）·西林县·那佐乡·那来村
（b）广西壮族自治区

【出处】
（a）黄公受讲，岑护双采录翻译：《巨人夫妻》，见中国民间文学集成全国编辑委员会编《中国民间故事集成》（广西卷），北京：中国 ISBN 中心 2001 年版，第 55~60 页。
（b）黄公受讲，岑护双采录翻译：《巨人夫妻——姆洛甲与布洛陀》，原载中国民间文学集成全国编辑委员会编《中国民间故事集成》（广西卷），北京：中国 ISBN 中心 2001 年版，见陶阳、钟秀编《中国神话》（中），北京：商务印书馆 2008 年版，第 659~667 页。

W1844.1.4.3
山被水冲刷出山峰

实例

白族　地陷时，小岛变成的高山上全是泥土、石头。后来，从山顶流出十八股水，把水、泥巴、石头冲到山脚海子里。年深月久，水越流，沟越深，就成了十八条溪涧，把一座山分隔成十九座峰。

【流传】云南省·大理白族地区（大理白族自治州）

【出处】邓英鹦搜集整理：《鹤拓》，原载《大理民间故事选》，见姚宝瑄主编《中国各民族神话》（白族、拉祜族、景颇族），太原：山西出版传媒集团·书海出版社 2014 年版，第 30~31 页。

W1844.1.4.4
地山被火烧后形成山峰

实例

布朗族　原来平坦的大地被大火烧后形成山峰。

【流传】云南省·（西双版纳傣族自治州）·景洪（景洪市）

【出处】波尔帕讲，岩温扁整理：《征服太阳神》，见中华民族故事大系编委会编《中华民族故事大系》第 12 卷（布朗族、撒拉族、毛南族），上海：上海文艺出版社 1995 年版，第 11 页。

W1844.1.4.5
妖魔把佛塔拉成了山峰

实例

珞巴族　老牧人曲琼·米琼加措带领 3 个儿子造佛塔。妖婆巴唐从地下破坏不了佛塔，就从天上抓住佛塔往上拉，一直拉到云里，再也拉不动了，佛塔就成了现在的南峰，它的顶部四季都掩隐在白云缭绕的天际。

【流传】西藏自治区·林芝市·墨脱县·达木珞巴民族乡、甘登乡（讲述地点：墨脱县·达木珞巴民族乡·达木村）

【出处】工觉、旺扎、扎西巴讲：《神秘的南峰》（1997.02），见冀文正《珞巴族民间故事》，成都：四川民族出版社 2011 年版，第 58 页。

W1844.2
山峰特征的来历

实例

（参见下级母题实例）

W1844.2.1
很高的山峰

【关联】［W1437.3b］通过高的地方上天

实例

（参见下级母题实例）

W1844.2.1.1
山峰挡住神的出路

实例

鄂温克族 开天辟地时，呼伦湖旁边有座最大的山峰，挡着天神进出的路。

【流传】内蒙古自治区·呼伦贝尔市

【出处】黄长林讲，马名超记录整理：《西博山》，见姚宝瑄主编《中国各民族神话》（达斡尔族、鄂伦春族、鄂温克族、蒙古族），太原：山西出版传媒集团·书海出版社 2014 年版，第 118 页。

W1844.2.2
最高的山峰

实例

（参见下级母题实例）

W1844.2.2.1
最高的山峰在 3 万座大山的东方

实例

瑶族 三万座大山中东方有座最高、最陡的山峰。太阳从东方出来，最先照到这座高峰；月亮从东方出来，也最先照到这座高峰。

【流传】广西壮族自治区·（河池市）·南丹县

【出处】

(a)《谢古婆与格怀》，见陶立璠、李耀宗编《中国少数民族神话传说选》，成都：四川民族出版社，1985 年版。

(b) 同 (a)，见姚宝瑄主编《中国各民族神话》（土家族、毛南族、侗族、瑶族），太原：山西出版传媒集团·书海出版社 2014 年版，第 204 页。

W1844.3
与山峰有关的其他母题

实 例

(参见 W1844.4 母题实例)

W1844.4
特定名称的山峰

实 例

(参见下级母题实例)

W1844.4.1
飞来峰

【关联】[W1852.6.41a] 飞来山

实 例

汉族　杭州灵隐寺有飞来峰，传系自蜀之峨眉山飞来。

【流传】(无考)

【出处】《飞来峰》，原载《中国地方风物传说选》，见袁珂《中国神话大词典》，北京：华夏出版社 2015 年版，第 374 页。

汉族　飞来峰，介乎灵隐、天竺两山之间，怪石森立，青苍玉削，壁间布镌佛像，皆元浮屠杨琏真伽所为也。晋咸和元年，西僧慧理因树锡结庵，名曰灵隐，命其峰曰飞来。

【流传】(无考)
【出处】
(a) [明] 田汝成：《西湖游览志》卷一〇。

(b) 《飞来峰》，见袁珂《中国神话大词典》，北京：华夏出版社 2015 年版，第 33 页。

W1844.4.2
雷祖峰

实 例

汉族　雷祖从帝（黄帝）南游，死于衡山，遂葬之。今岣嵝有雷祖峰，上有雷祖之墓，谓之先蚕冢。

【流传】(无考)
【出处】
(a) [清] 李元度重修：《南岳志》引《湘衡稽古》。

(b) 《雷祖峰》，见袁珂《中国神话大词典》，北京：华夏出版社 2015 年版，第 329 页。

W1844.4.3
华山峰

实 例

汉族　明星玉女，华山峰名也。

【流传】(无考)
【出处】
(a) 《诗含神雾》。

(b) 《太华山》，见袁珂《中国神话大词典》，北京：华夏出版社 2015 年版，第 52 页。

W1844.4.4
玉女峰

实 例

汉族　（华山）东峰左襟下为玉女

峰。昔有人见玉女乘石马入峰间。

【流传】（无考）

【出处】

(a)［清］李云圃辑：《华岳志》卷一。

(b)《玉女峰》，见袁珂《中国神话大词典》，北京：华夏出版社2015年版，第94页。

汉族 （玉女峰）居东峰之左襟，乃一峰而歧出者。峰顶有石如龟，长二十余丈，（玉女）祠即踞其上。石背圆洼五，深如臼，中涵积水，作绀碧色，即玉女洗头盆。

【流传】（无考）

【出处】

(a) 傅增湘：《秦游日录·登太华杞》。

(b)《玉女峰》，见袁珂《中国神话大词典》，北京：华夏出版社2015年版，第94页。

W1844.4.4a
神女峰

实例

（参见下级母题实例）

W1844.4.4a.1
神女化为神女峰

实例

汉族 神女久立高岩，关心民瘼，忘返西天，身遂渐化为峻峭秀丽之峰峦，即今之神女峰。

【流传】（三峡一带？）

【出处】袁珂改编：《神女峰》，原载田海燕《三峡民间故事》，见袁珂《中国神话大词典》，北京：华夏出版社2015年版，第387页。

W1844.4.4a.2
瑶姬化为神女峰

实例

汉族 瑶姬派人帮助大禹凿开三峡后，自己留下来为行船导航，最后就化成了神女峰。

【流传】（四川省）

【出处】袁珂改编：《神女导航》，原载《长江万里行》，见袁珂《中国神话大词典》，北京：华夏出版社2015年版，第387页。

W1844.4.5
丈人峰

【关联】［W1852.6.174］丈人山

实例

汉族 三十里至青城（今四川省都江堰市），夜宿丈人观。观在丈人峰下，五峰峻峙如屏。丈人自唐以来号五岳丈人。

【流传】（无考）

【出处】

(a)［宋］范成大：《吴船录》卷上。

(b)《丈人峰》，见袁珂《中国神话大词典》，北京：华夏出版社2015年版，第14页。

1.7.3 与山有关的其他母题

W1844.4.6
祝融峰

【关联】[W0767.7] 与祝融有关的其他母题

实例

汉族 祝融峰乃（衡山）七十二峰最高者。记云，位置离宫以应火德，乃祝融君游息之所。

【流传】（无考）

【出处】

（a）[清]李元度重修《南岳志》卷五引《名胜志》。

（b）《祝融峰》，见袁珂《中国神话大词典》，北京：华夏出版社2015年版，第248页。

W1844.4.7
上霄峰

实例

汉族 庐山有上霄峰，可千仞，上有石迹，云夏禹治水时泊舟之所。

【流传】（无考）

【出处】

（a）[明]陈继儒：《珍珠船》卷一。

（b）《上霄峰》，见袁珂《中国神话大词典》，北京：华夏出版社2015年版，第23页。

W1845
山谷（沟壑、峡谷、山洼、山沟）

【汤普森】A983

实例

（参见下级母题实例）

W1845.1
山谷的产生

实例

（参见下级母题实例）

W1845.1.0
以前没有山谷（以前没有沟壑）

实例

蒙古族 上古时，大地是一片平坦，没有山峦和沟壑。

【流传】内蒙古自治区·（通辽市）·扎鲁特旗·巴雅尔图古硕镇（巴雅尔图胡硕镇）

【出处】来小子讲，桑普勒诺日布采录整理，乌恩奇翻译：《造山》，见中国民间文学集成全国编辑委员会编《中国民间故事集成》（内蒙古卷），北京：中国ISBN中心2007年版，第5页。

W1845.1.1
造出山谷

实例

（参见下级母题实例）

W1845.1.1.0
神造山谷

实例

（参见下级母题实例）

W1845.1.1.0.1
神蹬出山谷

实例

彝族 洪水后，恒哲和佳鲁（均为天神名）重整大地时，手脚合并，双脚向前蹬，蹬出了大冲。

【流传】（贵州省彝族地区）

【出处】《索恒哲》，见王富慧（珠尼阿依）译著，贵州省民族古籍整理办公室编《彝族神话史诗选》，北京：民族出版社2013年版，第77页。

W1845.1.1.1
始祖创造高山深谷

实例

景颇族 人祖彭干支伦和木占外顺创造了高山深谷。

【流传】云南省·（德宏傣族景颇族自治州）·盈江县·卡场公社（卡场镇）·乌帕大队（乌帕村）

【出处】贡退干唱：《穆脑斋瓦》，见中国社会科学院云南少数民族文学研究所等编《云南少数民族文学资料》第1辑，内部编印，1980年，第123页。

W1845.1.1.2
鸟用嘴掘地造山谷

实例

塔吉克族 创造神命白鸟降落大地上用嘴掘地，造出山谷。

【流传】（无考）

【出处】陈岗龙：《蒙古族潜水神话研究》，载《民族艺术》2000年第2期。

W1845.1.1.3
神仙为流水造出沟壑

实例

彝族 开天辟地后修整大地时，九个青年仙子随同司惹约祖去平整地面时，遇着高山就劈，遇见深谷就打，结果有的打成沟谷，作为流水的地方。

【流传】（无考）

【出处】伍精忠整理：《大地是怎样形成的》，见姚宝瑄主编《中国各民族神话》（羌族、彝族），太原：山西出版传媒集团·书海出版社2014年版，第278页。

W1845.1.1.4
巨人抓出山沟

【关联】[W1809.16.2] 神抓出山

实例

拉祜族（苦聪） 以前的地很平。巨人

基比阿罗吃饱了饭，睡好了觉，便用手用力把地一抓，又用力一抖，大地一惊，就成了皱巴巴的。山出来了，山沟形成了，地上的水便淌走了，大地才干干爽爽。

【流传】云南省·红河地区（红河哈尼族彝族自治州）的深山老林

【出处】杨老三讲，樊晋波、陈继陆、韩延搜集，韩延整理，古木改写：《阿罗阿娜造天地》，原载《红河文艺》，原题目为《苦聪创世歌》，见姚宝瑄主编《中国各民族神话》（白族、拉祜族、景颇族），太原：山西出版传媒集团·书海出版社2014年版，第173~174页。

W1845.1.1.5
天鬼造山谷

实 例

景颇族　一对天鬼娃衷能退腊和能星农锐木占造了高山和深谷

【流传】（无考）

【出处】斋瓦贡退干唱，李向前、木然瑶都搜集整理，木子改写：《穆脑斋瓦——宁冠瓦》，见姚宝瑄主编《中国各民族神话》（白族、拉祜族、景颇族），太原：山西出版传媒集团·书海出版社2014年版，第225页。

W1845.1.1.6
丽山氏造山谷

实 例

汉族　丽山氏分布元气，各生次序，产生山谷。

【流传】（无考）

【出处】[清]王谟：《汉唐地理书钞》辑《荣氏遁甲开山图》。

W1845.1.1.7
女子在地上砍出山沟

实 例

羌族　女儿的蛤蟆皮被母亲烧掉，引起地壳变化时。母亲为防止地壳变化，就顺手抽出织麻布之木片砍之，砍着之地乃成山沟，摇到之地遂成平坝，砍与摇所不及地遂成高山。

【流传】（无考）

【出处】袁珂改编：《癞蛤蟆皮》（原名《山沟平坝的形成》），原载毛星主编《中国少数民族文学》（上册），见袁珂《中国神话大词典》，北京：华夏出版社2015年版，第566页。

W1845.1.2
劈出山谷（砍出山谷）

【关联】［W1836a.1］神劈出山的裂缝

实 例

（参见下级母题实例）

W1845.1.2.1
劈山形成山谷

【关联】［W1830.1.1.5］山被神砍为三截

实 例

水族　（实例待考）

W1845.1.2.2
人劈坏地面形成山谷

实例

佤族 原来地面是平的，男人劈柴劈坏了地面，形成了深谷。

【流传】云南省

【出处】《天地的变化》，见中国社会科学院云南少数民族文学研究所等编《云南少数民族文学资料》第1辑，内部编印，1980年，第10页。

W1845.1.2.3
一位母亲砍出山沟

实例

羌族 一位母亲因烧掉女儿的蛤蟆皮，造成地皮拱了起来，她便赶紧用棒槌捶。但是，拱起来的地方太多她捶不赢，便顺手抽出织麻布的"哈米"（木片片）去砍。这样，砍的地方便成了山沟。

【流传】（无考）

【出处】

（a）《山沟平坝的形成》见杨亮才、陶立璠、邓敏文著《中国少数民族文学》（上册），北京：人民出版社1985年版。

（b）林忠亮：《试析羌族的古老神话》，载《西南民族学院学报》1981第2期。

（c）同（a），见姚宝瑄主编《中国各民族神话》（羌族、彝族），太原：山西出版传媒集团·书海出版社2014年版，第4页。

（d）同（b），见姚宝瑄主编《中国各民族神话》（羌族、彝族），太原：山西出版传媒集团·书海出版社2014年版，第18页。

W1845.1.3
犁出山谷

【关联】[W1809.10] 犁出山

实例

（参见下级母题实例）

W1845.1.3.1
神犁出山谷

实例

哈尼族 天地产生后，神们拖着金犁，拉着银耙犁天耙天，犁沟成了深浅不同的山谷。

【流传】云南省

【出处】

（a）朱小和讲，芦朝贵等整理：《天、地、人的传说》，载《山茶》1983年第4期。

（b）同（a），见谷德明编《中国少数民族神话》，北京：中国民间文艺出版社1987年版，第313页。

（c）朱小和讲，芦朝贵等整理：《天、地、人的传说》，见陶立璠、赵桂芳等编《中国少数民族神话汇编》（开天辟地篇等），中央民族学院少数民族古籍整理出版规划领导小组办公室印（未署出版时间），第261页。

哈尼族 最早时天地不平坦。众神决定改天换地，他们犁地时劲头小，干得马马虎虎，结果犁得差，耙得差，深浅不一。耙着的地方成了平坝，耙漏的地方成了大大小小的山峰，犁沟成了深浅不同的山谷。

【流传】云南省·（红河哈尼族彝族自治州）·元阳县

【出处】朱小和讲，芦朝贵、杨笛搜集整理：《大鱼脊背甩出的世界》，原载《山茶》1983年第4期（王松将原题目《天、地、人的传说》改为此题目），见姚宝瑄主编《中国各民族神话》（哈尼族、傣族），太原：山西出版传媒集团·书海出版社2014年版，第26页。

W1845.1.3.2
神人犁出山谷

实 例

哈尼族 最早造出来的地坑坑洼洼。九个神人转动着金犁，赶着三头彪悍的牯子牛修整大地时，从东犁到西，又从西犁到东；从南犁到北，又从北犁到南。犁地犁出的墒沟变成了深谷。

【流传】（无考）

【出处】《杀牛龙，造天地》，根据张牛朗、杨批斗、李书周等演唱，杨保生、李家顺等翻译，杨笛、郭纯礼等整理《十二奴局》和《奥色密色》翻译稿改写，见姚宝瑄主编《中国各民族神话》（哈尼族、傣族），太原：山西出版传媒集团·书海出版社2014年版，第10~11页。

W1845.1.3.3
犀牛犁地形成沟壑

实 例

布依族 翁戛老祖从天上拉来犀牛，让犀牛犁地耕田。大地上便有了大沟小沟，大沟小沟便把大地的积水吸进沟里。

【流传】贵州省布依族地区

【出处】杨正荣、祝登壅讲，岭玉清、汛河搜集整理，古梅改写：《翁戛造万物》，见姚宝瑄主编《中国各民族神话》（布依族、仡佬族、苗族），太原：山西出版传媒集团·书海出版社2014年版，第9页。

W1845.1.3.4
地神犁出的地沟变成峡谷

实 例

哈尼族 造地时，三个地神王架起牛，把地犁耙得高高低低的。犁下去的沟沟，变成峡谷和洼崖。

【流传】云南省·（红河哈尼族彝族自治州）·元阳县、金平县（金平苗族瑶族傣族自治县）、红河县等地

【出处】朱小和讲，史军超、卢朝贵搜集整理：《烟本霍本》，原载刘辉豪、阿罗编《哈尼族民间故事选》，上海文艺出版社1989年版，见姚宝瑄主

编《中国各民族神话》（哈尼族、傣族），太原：山西出版传媒集团·书海出版社2014年版，第38页。

W1845.1.4
推出山谷

实例

（参见下级母题实例）

W1845.1.4.1
天神推出山谷

实例

佤族 伦（传说中的天神之一）在地上用泥巴不停地堆，堆出了深谷。

【流传】云南省·（普洱市）·西盟县（西盟佤族自治县）

【出处】达老屈等讲，隋嘎等采录：《司岗里》，见中国民间文学集成全国编辑委员会编《中国民间故事集成》（云南卷），北京：中国ISBN中心2003年版，第96页。

W1845.1.4.2
地神推出山谷

实例

佤族 伦（地神，又译"路安神"）在地上推出山谷。

【流传】云南省·（普洱市）·西盟县（西盟佤族自治县），（临沧市）·沧源县（沧源佤族自治县）

【出处】隋嘎、岩扫等讲，艾荻等搜集整理：《司岗里》，见尚仲豪、郭九思等编《佤族民间故事选》，上海：上海文艺出版社1989年版，第1页。

佤族 地刚形成时是空的。伦（地神，旧译"路安神"）用泥土不住地堆，最后堆出了高山，堆出了深谷。

【流传】（云南省·普洱市·西盟佤族自治县）

【出处】隋夏、岩扫、岩瑞等讲，艾荻、张天达搜集整理：《司岗里》，见姚宝瑄主编《中国各民族神话》（佤族、阿昌族、纳西族、普米族、德昂族），太原：山西出版传媒集团·书海出版社2014年版，第11~12页。

W1845.1.5
挤压出山谷

【关联】

①［W1843.1.1］造地者推压大地形成丘陵

②［W1849.3.1］推压大地形成山坳

实例

（参见下级母题实例）

W1845.1.5.1
造地者挤压出山谷

实例

哈尼族 造地的青蛙阿依用劲推压刚造好的大地，形成现在陆地上的箐沟。

【流传】云南省·（普洱市）·墨江县（墨江哈尼族自治县）

【出处】金开兴讲，蓝明红采录：《青蛙

1.7.3 与山有关的其他母题 ||W1845.1.5.2–W1845.1.5.4|| **2581**

造天地》，见中国民间文学集成全国编辑委员会编《中国民间故事集成》（云南卷），北京：中国 ISBN 中心2003年版，第34页。

藏族 造天地时，天小地大，罗拉甲伍只好使劲挤地在挤的时候，地面上有些地方鼓了出来，有的地方陷了下去，凹下去的地方就形成了沟壑。

【流传】 四川省·（绵阳市）·平武县·白马藏区（白马藏族乡）

【出处】

（a）*《绷天绷地》，见《四川白玛藏族民族文学资料集》，四川藏族研究所内部编印，1991年，第80页。

（b）扎嘎才让讲，四川大学中文录采风队采录：《创世传说》，见中国民间文学集成全国编辑委员会编《中国民间故事集成》（四川卷·下），北京：中国 ISBN 中心1998年版，第934页。

（c）扎嘎才让等讲，谢世廉等搜集：《创世传说》，见陶立璠、赵桂芳等编《中国少数民族神话汇编》（开天辟地篇等），中央民族学院少数民族古籍整理出版规划领导小组办公室印（未署出版时间），第1页。

W1845.1.5.2
创世母亲挤压出山谷

实 例

基诺族 创世母亲做的天地大小，于是又用手挤压大地，这样地上就出现了皱纹，这就形成地上的山岭与沟壑。

【流传】云南省·（西双版纳傣族自治州·景洪市）·（基诺山基诺族乡）·巴亚寨

【出处】巴卡老四等讲，杜玉亭调查整理：《创世母亲造天地万物》（1958~1981），见吕大吉、何耀华总主编《中国各民族原始宗教资料集成》（彝族卷、白族卷、基诺族卷），北京：中国社会科学出版社1996年版，第879页。

W1845.1.5.3
天老爷挤地挤出山谷

实 例

藏族（白马） 罗拉甲伍（天老爷）和杀拉甲伍（地老爷）造天地时，天小地大。在挤地的时候，地面上有的地方鼓了出来，有的地方陷了下去。鼓出来的地方，就形成了山坡、高地；凹下去的地方就形成了沟壑、海子。

【流传】四川省

【出处】扎嘎才让、小石桥、顶专讲述，谢世廉、周益华、姜志成、周贤中搜集：《天、地、人的起源》，原载中国民间文艺研究会四川分会编《四川白马藏族民间文学资料集》，见陶阳、钟秀编《中国神话》（上），北京：商务印书馆2008年版，第35~37页。

W1845.1.5.4
地母缩身体时凹陷的地方形成峡谷

实 例

珞巴族 最早出现的天公小得可怜，地

母大得吓人。地母为了与天公婚配，就用尽全力缩小身体，一缩再缩，结果，大地一部分鼓了起来，成了高山、丘陵；一部分陷了下去，成了湖泊、峡谷。

【流传】西藏自治区·林芝市·墨脱县·达木珞巴民族乡、旁辛乡、甘登乡（讲述地点：墨脱县·达木珞巴民族乡·马尔康村）

【出处】安布讲：《天和地》（1955.10），见冀文正《珞巴族民间故事》，成都：四川民族出版社2011年版，第3页。

W1845.1.6
用鞭抽出山沟

实 例

（参见下级母题实例）

W1845.1.6.1
神鞭抽出山沟

【关联】［W9687.4］神鞭

实 例

汉族

（参见 W1845.1.6.2 母题实例）

W1845.1.6.2
二郎神用鞭抽出山沟

实 例

汉族 现在各个山的沟岔都是杨二郎赶山赶不动用鞭子抽的。

【流传】辽宁省·（抚顺市）·清原县（清原满族自治县）·斗虎屯镇

【出处】何忠良讲，周世新采录：《张天师与二郎神》，见中国民间文学集成全国编辑委员会编《中国民间故事集成》（辽宁卷），北京：中国ISBN中心1994年版，第8页。

W1845.1.7
拱出山谷

实 例

（参见下级母题实例）

W1845.1.7.1
猪八戒拱出山谷

实 例

汉族 ☆地面上的山山沟沟以前猪八戒疏通洪水时用嘴头子拱的。

【流传】宁夏回族自治区·（吴忠市）·盐池县·大水坑乡·段头沟村

【出处】崔喜讲·张树林采录：《地面为啥有山有沟》，见中国民间文学集成全国编辑委员会编《中国民间故事集成》（宁夏卷），北京：中国ISBN中心1999年版，第22页。

W1845.1.8
地的褶皱变成山谷

实 例

（参见下级母题实例）

W1845.1.8.1
地神缩地的褶皱成为沟壑

实例

汉族 天神地神分别造天地时，造的天小地大。地神只好用手把地抓小，地的面积也往里缩了许多。这样，天便笼罩着地了，但地却被地神这一抓，折出了许多弯弯扭扭、高低不平的皱纹，高的地方成了高山，低的地方成了沟壑。

【流传】浙江省·（丽水市）·庆元县

【出处】余岩塔讲，余塔和搜集整理：《造天造地》，见姚宝瑄主编《中国各民族神话》（汉族），太原：山西出版传媒集团·书海出版社 2014 年版，第 36 页。

W1845.1.8.2
盘古缩地的褶皱形成山谷

实例

汉族 盘古双手捧住大地缩地时，把纸平的地面促出许许多多的皱褶来，这些皱褶，高的地方成了山峰，低的地方成了山谷。

【流传】浙江省·（丽水市）·青田县·温溪区·坑外村

【出处】季培贵讲，季从姚搜集整理：《盘古开天》（1940s），见姚宝瑄主编《中国各民族神话》（汉族），太原：山西出版传媒集团·书海出版社 2014 年版，第 14~15 页。

W1845.1.8.3
造地者缩地的褶皱形成山谷

实例

傈僳族 造天的三个神兄造的天小，两个弟弟造的地大。哥哥只好把天拉得紧绷绷的，造地的两个神弟为了让天盖着地，便拼力地挤皱地，让造大了的地缩拢。这样，原来造得平坦辽阔的地，为了适合天，形成了高山和深谷。

【流传】（无考）

【出处】

（a）《开天辟地》，载《山茶》1983 年第 3 期。

（b）同（a），见姚宝瑄主编《中国各民族神话》（水族、布朗族、独龙族、基诺族、傈僳族），太原：山西出版传媒集团·书海出版社 2014 年版，第 180 页。

W1845.1.8.4
创世女神缩地的褶皱形成山谷

实例

基诺族 阿嫫腰白（神名，创世女神）把天地合拢时，地太宽，她就把地抓起来抖了一下，大地起了皱，形成了峡谷。

【流传】云南省·（西双版纳傣族自治州）·景洪县（景洪市）

【出处】白桂林等讲，刘怡采录：《阿嫫腰白造天地》，见中国民间文学集成全国编辑委员会编《中国民间故事集成》（云南卷），北京：中国 ISBN 中心 2003 年版，第 77 页。

W1845.1.9
地的凹陷处变成山谷

【关联】[W1976.1.2] 地神造地时凹陷的地方成为水塘

实例

（参见下级母题实例）

W1845.1.9.1
缩地时低的地方形成峡谷

实例

傈僳族 天神缩地时，变成了皱巴巴的一块，低的地方形成了峡谷。

【流传】云南省·（德宏傣族景颇族自治州）·陇川县·（陇把镇）·邦外公社（邦外村）

【出处】李有华讲，黄云松等采录：《天地人的来历》，见中国民间文学集成全国编辑委员会编《中国民间故事集成》（云南卷），北京：中国 ISBN 中心 2003 年版，第 44 页。

W1845.1.9.1.1
地母缩地陷下去的地方形成峡谷

实例

珞巴族 地母用尽全力缩小身体，一部分陷了下去，成了峡谷。

【流传】西藏自治区·（林芝市）·墨脱县·达木珞巴民族乡、旁辛乡、甘登乡

【出处】安布讲，冀文正采集：《天和地》，见冀文正《珞巴族民间故事》，成都：四川民族出版社 2011 年版，第 3 页

W1845.1.9.2
修整大地时凹下的地方成为山谷

【关联】[W1936.2.4.1] 修整大地时凹下去的地方形成河谷

实例

汉族 拱屎虫和蜈蛉虫分别造的地大天小。女始祖姝六甲抓地使天地合严时，大地凹下的地方就成为深壑峡谷。

【流传】辽宁省·（大连市）·瓦房店市·炮台镇·长岭村、老染房村一带

【出处】秦淑慧讲，孙波搜集整理：《姝六甲》（1986.03），见姚宝瑄主编《中国各民族神话》（汉族），太原：山西出版传媒集团·书海出版社 2014 年版，第 36~38 页。

壮族 姆六甲（女始祖）让天地吻合时，把大地一把抓起来，把地皮扯得鼓胀起来，于是大地上鼓起来的地方，成为山包高地；凹下的地方，成为深壑峡谷。

【流传】（无考）

【出处】《姆六甲》，原载蓝鸿恩搜集整理《神弓宝剑》，中国民间文艺出版社 1985 年版，见吕大吉、何耀华总

主编《中国各民族原始宗教资料集成》（土家族卷、瑶族卷、壮族卷、黎族卷），北京：中国社会科学出版社1998年版，第604页。

W1845.1.9.2.1
1 对公婆捏地时凹下的地方成为山谷

实 例

汉族 一公一婆分别造天地时，做的天小地大。阿婆就用劲将平展展的大地捏了捏。地和天拼得合了，可是皱巴巴的，阿婆把那凸起的叫山冈，凹下的叫山谷。

【流传】福建省·（宁德市）·寿宁县·大安乡·伏际村

【出处】吴兰妃讲，刘善林记录：《天地人》（1986.03.17），见姚宝瑄主编《中国各民族神话》（汉族），太原：山西出版传媒集团·书海出版社2014年版，第58~61页。

W1845.1.9.3
地上的脚印成为山谷

实 例

（参见下级母题实例）

W1845.1.9.3.1
地神在地上留下的脚印成为山谷

实 例

哈尼族 地神留着起雾的脚印，变成峡谷。

【流传】云南省·（玉溪市）·元江县（元江哈尼族彝族傣族自治县）·羊街乡、那诺乡及因远镇清水河流域一带

【出处】《修天补地歌》，见元江县哈尼文化学会、元江县史志编纂办公室编《元江哈尼族古歌集》，内部编印，2005年，第25页。

W1845.1.9.4
争斗在地上形成的凹陷成为山谷

实 例

（参见下级母题实例）

W1845.1.9.4.1
神的争斗在地上顶出的凹陷成为山谷

实 例

柯尔克孜族 天帝变成了一头巨大的青牛斗火神，牛角碰到地上，有些地方凹下，就变成了峡谷。

【流传】（无考）

【出处】张彦平摘译：《火神》，见满都呼主编《中国阿尔泰语系诸民族神话故事》，北京：民族出版社1997年版，第80页。

1845.1.9.5
大地缩身体时低陷的地方变成峡谷

【关联】［W8573］地陷（地的塌陷）

实　例

珞巴族　大地拼命缩小身体，使自己的身上一部分鼓起来，一部分陷下去，低的就成为峡谷。

【流传】

（a）西藏自治区·下珞渝（泛指永木河、锡约尔河、巴恰西仁河流域）

（b）西藏自治区·下珞渝（又写作"下珞瑜"）西巴霞曲流域

【出处】

（a）维·埃尔温搜集：《天地的故事》，见中华民族故事大系编委会编《中华民族故事大系》第16卷（赫哲族、门巴族、珞巴族、基诺族），上海：上海文艺出版社1995年版，第396页。

（b）同（a），见李坚尚、刘芳贤编《珞巴族门巴族民间故事选》，上海：上海文艺出版社1993年版，第9页。

W1845.1.9.6

神整地时锤出沟壑

【关联】［W1847.1.4］神整地时锤出坡

实　例

彝族　司惹约祖（人神名）领着九个男神到大地上整地时，见高山就劈，见深谷就打。打一锤，打成沟壑，做流水的地方。

【流传】（四川省·凉山彝族自治州）

【出处】

（a）冯元蔚译：《勒俄特依》，成都：四川民族出版社1986年版。

（b）冯元蔚译，蔷紫改写：《勒俄特依》，见姚宝瑄主编《中国各民族神话》（羌族、彝族），太原：山西出版传媒集团·书海出版社2014年版，第152页。

W1845.1.9.7

神仙锤出沟壑

实　例

彝族　九个年轻的仙子每人一把铜铁斧平整大地时，她们打一锤，打成个沟壑，做流水的地方。

【流传】（无考）

【出处】《天神造天地》，见姚宝瑄主编《中国各民族神话》（羌族、彝族），太原：山西出版传媒集团·书海出版社2014年版，第89页。

W1845.1.9.8

雷公的舂臼槌落地砸出山谷

实　例

畲族　闾山法主送给雷公一把舂臼槌。雷公不小心掉在地上，结果震得大地裂开，凹凸不平，形成高山和深谷。

【流传】福建省·（宁德市）·福鼎（福鼎市）

【出处】蓝俊德、蓝开雅讲，蓝振河采录：《雷公和雷婆》，原载《中国民间故事集成·福建卷·闽东畲族故事》，宁德地区民间文学集成编委会1990年编印，见《福建省少数民族古籍丛书》编委会编《畲族卷·民间故事》，福州：海峡出版发行集团·海峡书局2013年版，第28页。

W1845.1.10
动物变成山谷

实　例

（参见下级母题实例）

W1845.1.10.1
牛的小肠变成井沟

【关联】［W1931.3.2.2］神牛的小肠变成江河

实　例

彝族　观音杀牛造出天地日月后，又使出法术，把牛的小肠变成井沟。

【流传】云南省·楚雄彝族自治州

【出处】罗文荣演唱，李世忠翻译，蔷紫改写：《老人梅葛》，见姚宝瑄主编《中国各民族神话》（羌族、彝族），太原：山西出版传媒集团·书海出版社2014年版，第124页。

W1845.1.10.2
马鹿的心肝肺变成峡谷

实　例

普米族　巨神简剑祖射死马鹿造天地万物时，把鹿心、鹿肝和鹿肺抛向了大地，鹿心、鹿肝和鹿肺立刻就化成高耸的群山和低窄的峡谷。

【流传】（普米族广大地区）

【出处】杨祖德、杨学胜讲：《简剑祖射马鹿创天地》，据杨庆文《普米族文学简介》中的《捷巴鹿的故事》和季志超《藏族普米族创世神话比较》中的《吉赛叽》等编写，见姚宝瑄主编《中国各民族神话》（佤族、阿昌族、纳西族、普米族、德昂族），太原：山西出版传媒集团·书海出版社2014年版，第303页。

W1845.1.11
特定的行为形成山谷

实　例

（参见下级母题实例）

W1845.1.11.1
神钻地形成山谷

实　例

鄂伦春族　玛尼神钻到水下，掘土造地，翻起砂砾，地上才有山谷。

【流传】（无考）

【出处】王宏刚：《论萨满教创世神话中的文化精神》，载《萨满学术论坛》2006年第1期。

W1845.1.11.2
人妖争斗时脚蹬出沟

【关联】［W1258.3］争斗的痕迹形成平地

实　例

蒙古族　神箭手阿勒坦·沙盖与长着七

十五颗脑袋的恶魔夯儿夯·煞拉比赛摔跤，摔了三年不分胜负。他们的脚蹬来蹬去，蹬出了一条条深沟。

【流传】内蒙古自治区

【出处】

（a）布拉托夫整理：《阿勒坦·沙盖父子战多头恶魔》，见郝苏民、薛守邦译编《布里亚特蒙古民间故事集》，北京：中国民间文艺出版社1984年版。

（b）同（a），见姚宝瑄主编《中国各民族神话》（达斡尔族、鄂伦春族、鄂温克族、蒙古族），太原：山西出版传媒集团·书海出版社2014年版，第193页。

W1845.1.11.3
神箍地时箍出沟壑

实例

仡佬族　布什格制天，布比密制地时，造的天小地大。布什格和布比密就牵起手把地抱起来箍。他们用力一箍，又把地箍出一些皱皱包包来。现在那些山坡、山洼、山冲、河沟，就是这样箍出来的。

【流传】贵州省·遵义市、（遵义市）·仁怀（仁怀市）、（安顺市）·平坝（平坝区）等地

【出处】《制天地》，见姚宝瑄主编《中国各民族神话》（布依族、仡佬族、苗族），太原：山西出版传媒集团·书海出版社2014年版，第102页。

W1845.1.11.4
龙钻出裂沟

【关联】[W1935.7]龙的脚印形成江河

实例

苗族　龙王比本领时，钻进地下去，朝前猛力奔跑，只见乱石飞空，泥土遍翻，它所跑过的地方，成了一道数十里长的大裂沟。

【流传】贵州省

【出处】

（a）罗亮臣讲，王春德搜集整理：《阿各林和葫芦兄妹》，见中国作家协会贵阳分会筹委会等编《民间文学资料》第十五集（苗族传说故事），内部资料，1959年编印。

（b）同（a），见姚宝瑄主编《中国各民族神话》（布依族、仡佬族、苗族），太原：山西出版传媒集团·书海出版社2014年版，第303页。

W1845.1.11.5
神撒土不均形成山谷

【关联】

① [W1833.8.3.2.2]天神撒土形成山脉

② [W1843.2.4]天女撒土变成丘陵

实例

珞巴族　天神三兄弟在大海中支起石锅，又在石锅上面盖了大石板，在石板上开始撒神土造地。开始土层撒的又厚又匀，形成了平原和草原。后

1.7.3 与山有关的其他母题   ‖W1845.1.11.5a–W1845.1.11.6‖ **2589**

来，神土不多了，他们就一条一条地撒下来，就形成了深谷。

【流传】西藏自治区·珞渝地区（包括上珞渝，泛指古称的白马岗即今林芝市墨脱县、马尼岗、梅楚卡一带，下珞渝则泛指永木河、锡约尔河、巴恰西仁河流域）

【出处】布洛（60多岁）讲，于乃昌、张力凤、陈理明整理：《天神三兄弟》，原载于乃昌《西藏民间故事——珞巴族、门巴族专辑》，见陶阳、钟秀编《中国神话》（上），北京：商务印书馆2008年版，第48~49页。

W1845.1.11.5a
天神抛泥坨形成峡谷

实例

傈僳族 天神木布帕把没有捏完的泥土捏成坨坨，然后向已造好的平地扔去。这些泥坨坨有的打进地里，成了峡谷深涧。

【流传】（无考）

【出处】刘辉豪等：《天、地、人的由来》，见祝发清、左玉堂、尚仲豪编《傈僳族民间故事选》，上海：上海文艺出版社1985年版，第1~3页。

傈僳族 天神木布帕造大地时，把没捏完的泥土捏成坨坨，然后向已造好的平地扔去。这些泥坨坨有的打进地里，成了峡谷深涧。

【流传】云南省·（怒江傈僳族自治州）·碧江县（1986年撤销县制，归入福贡县等）、泸水县

【出处】

(a)《木布帕捏地球》（原题为《天、地、人的形成》），原载祝发清、左玉堂、尚仲豪编《傈僳族民间故事选》，上海文艺出版社1985年版。

(b) 同（a），见姚宝瑄主编《中国各民族神话》（水族、布朗族、独龙族、基诺族、傈僳族），太原：山西出版传媒集团·书海出版社2014年版，第189页。

W1845.1.11.6
雷神用天枪插地形成山谷

实例

苗族 雷神拿起天枪（梭标）从天门口往地下乱插退洪水时，把地上插成了高高低低的，高的就成了现在的山坡，低的就成了现在的河流和山谷。

【流传】贵州省

【出处】

(a) 罗亮臣讲，王春德搜集整理：《阿各林和葫芦兄妹》，见中国作家协会贵阳分会筹委会等编《民间文学资料》第十五集（苗族传说故事），内部资料，1959年编印。

(b) 同（a），见姚宝瑄主编《中国各民族神话》（布依族、仡佬族、苗族），太原：山西出版传媒集团·书海出版社2014年版，第307页。

W1845.1.11.7
大力神用脚踢出山谷

【关联】［W0131.2］大力神

实　例

<u>黎族</u> 大力神用脚踢群山，凿通了大小无数的沟谷。

【流传】海南省五指山一带

【出处】

（a）林大陆讲，龙敏、林树勇、陈大平整理：《大力神》，见广东民族学院中文系编《黎族民间故事选》，上海：上海文艺出版社1983年版。

（b）同（a），见姚宝瑄主编《中国各民族神话》（高山族、黎族、畲族），太原：山西出版传媒集团·书海出版社2014年版，第49页。

W1845.1.11.8
野猪神划出山谷

实　例

（参见下级母题实例）

W1845.1.11.8.1
野猪神用獠牙划出山谷

实　例

<u>满族</u> 野猪神的獠牙划出了山谷沟壑。

【流传】吉林省·（长春市）·九台县（九台市）·莽卡满族乡

【出处】萨满杨世昌讲唱，富育光、王宏刚记录：《尼玛察氏野神祭》，见吕大吉、何耀华总主编《中国各民族原始宗教资料集成》（鄂伦春族卷、鄂温克族卷、赫哲族卷、达斡尔族卷、锡伯族卷、满族卷、蒙古族卷、藏族卷），北京：中国社会科学出版社1999年版，第529页。

W1845.1.11.9
造地者手脚忙乱形成山谷

实　例

<u>畲族</u> 玉皇大帝派两个神仙兄弟造天地。弟弟领了一碗黄土和一碗水造地时，不老实，觉得辛苦，整天睡大觉，看到哥哥提前造好了天，慌了手脚，造成地面高低不平，形成了现在的高峰和山谷。

【流传】福建省·（漳州市）·华安（华安县）

【出处】钟国姓讲，钟武艺采录：《兄弟俩造天地》，原载《中国民间故事集成·福建卷·漳州市分卷》，漳州市民间文学集成编委会1991年编印，见《福建省少数民族古籍丛书》编委会编《畲族卷·民间故事》，福州：海峡出版发行集团·海峡书局2013年版，第2~3页。

W1845.1.12
山谷产生的其他方式

实　例

（参见下级母题实例）

W1845.1.12.1
箭射开山形成峡谷

【实例】

水族 旺虽公（射日者）把射日剩下的第十二支神箭随手向岩石缝里丢去，结果射开两边山，成了一条长长的箭道峡谷。

【流传】贵州省·（黔南布依族苗族自治州）·三都县（三都水族自治县）·恒丰乡

【出处】韦金荣讲，祖岱年采录：《旺虽射日》，见中国民间文学集成全国编辑委员会编《中国民间故事集成》（贵州卷），北京：中国 ISBN 中心 2003 年版，第 26 页。

W1845.1.12.2
地震形成山沟

【关联】［W8569］与地震有关的其他母题

【实例】

阿昌族 地母遮米麻为使天地吻合抽去三根地线，造成地震。结果大地有的地方凸起，有的地方凹下，凸起的地方成了高山，凹下的地方成了平原、山箐。

【流传】（云南省）

【出处】赵安贤讲，智克整理：《遮帕麻与遮米麻》，见姚宝瑄主编《中国各民族神话》（佤族、阿昌族、纳西族、普米族、德昂族），太原：山西出版传媒集团·书海出版社 2014 年版，第 76 页。

W1845.1.12.3
神跺脚形成山谷

【实例】

纳西族 开天的盘神九兄弟和辟地的禅神七姐妹，使劲地往下跺着脚，大地上也出现了数不清的沟谷。

【流传】云南省·（丽江市）·丽江县（古城区、玉龙纳西族自治县）

【出处】木丽春采集整理：《石蛙谋士》，见木丽春编著《纳西族民间故事集》，昆明：云南人民出版社 2007 年版，第 18 页。

W1845.1.12.4
神挡石形成峡谷

【实例】

瑶族（布努）密洛陀（万物之母，女始祖，女神）的二儿子波防密龙挖沟造河时，造成山石下崩。他伸右耳朵去把乱石挫，他伸左耳朵去把乱石顶。右耳朵拦石的地方，变成山湖了。左耳朵挡石的地方，变成峡谷。

【流传】广西壮族自治区·（河池市）·都安县（都安瑶族自治县）、巴马县（巴马瑶族自治县）、南丹县，（百色市）·田东县、平果县等地

【出处】桑布郎等传，蒙凤标（83 岁）、罗仁祥（73 岁）等唱：《密洛陀》（1983），见蓝怀昌、蓝书京、蒙通顺

搜集翻译整理《密洛陀》，北京：中国民间文艺出版社 1988 年版，第 74 页。

W1845.2
山谷的特征

实例

（参见下级母题实例）

W1845.2.1
山谷为什么很深

实例

（参见下级母题实例）

W1845.2.1.1
无底山谷

实例

汉族　渤海之东，不知几亿万里，有大壑焉，实惟无底之谷。其下无底，名曰归墟，八纮九野之水，天汉之流，莫不注之，而无增减焉。

【流传】（无考）

【出处】

(a)《列子·汤问》。

(b)《五神山》，见袁珂《中国神话大词典》，北京：华夏出版社 2015 年版，第 61 页。

汉族　渤海之东，不知几亿万里，有大壑焉，实为无底之谷，其下无底，名曰归墟。其中有五山焉，一曰岱舆。

【流传】（无考）

【出处】

(a)《列子·汤问》。

(b)《岱舆》，见袁珂《中国神话大词典》，北京：华夏出版社 2015 年版，第 198 页。

W1845.3
与山谷（沟壑、峡谷）有关的其他母题

实例

（参见下级母题实例）

W1845.3.0
奇特的山谷

实例

（参见下级母题实例）

W1845.3.0.1
神秘谷

实例

汉族　有乐道好事者，在天门郡仙谷中洗沐，以求飞仙，往往得去。有长意思人，疑必妖怪。乃以大石自坠，牵一犬入谷中，犬复飞去，其人还告乡里。募数十人，执杖，揭山草，伐木，至山顶观之。遥见一物，长数十丈，其高隐人，耳如簸箕，格射刺杀之。所吞人骨，积此左右有成。封蟒开口，广丈余，前后失人，皆此蟒气所噙上。于是此地遂安稳无患。

【流传】（无考）

【出处】

(a)［晋］张华：《博物志·杂说》。

(b)《天门郡仙谷》，见袁珂《中国神话大词典》，北京：华夏出版社 2015 年版，第 58 页。

W1845.3.1
沟是砍出来的

实 例

(参见下级母题实例)

W1845.3.1.1
沟是天女砍出来的

实 例

羌族 女娃娃（天母的女儿）用喀迷（织布用的木板）在地上乱砍，砍下一条一条的深沟。

【流传】四川省·（阿坝藏族羌族自治州）·理县·桃坪乡·桃坪村

【出处】余青海讲，罗世泽采录：《开天辟地》，见中国民间文学集成全国编辑委员会编《中国民间故事集成》（四川卷·下），北京：中国 ISBN 中心 1998 年版，第 1107 页。

W1845.3.2
沟是敲打出来的

实 例

(参见下级母题实例)

W1845.3.2.1
人用锤敲打出沟

实 例

羌族 一位妈妈在矮的地方没有撒灰，用锤锤敲了几下，就成了沟沟。

【流传】四川省·（阿坝藏族羌族自治州）·茂县·雅都乡·中心村

【出处】泽幼讲，李冀祖采录：《高山平坝的来历》，见中国民间文学集成全国编辑委员会编《中国民间故事集成》（四川卷·下），北京：中国 ISBN 中心 1998 年版，第 1108 页。

W1845.3.3
沟是冲出来的

实 例

(参见下级母题实例)

W1845.3.3.1
大雨在平原上冲出沟壑

实 例

保安族 青海同仁尕沙尔（尕沙尔：地名，又写作"尕撒尔"，在青海省同仁县，即今临夏大墩村保安族的原籍地）一带，沟壑纵横，据说就是那次兔子倒天上神缸的水形成的大雨冲的。

【流传】（青海省）

【出处】

(a) 马少青搜集整理：《妥勒尕尕上天

取雨》（妥勒尕尕，保安语"兔子哥哥"），见郝苏民编《东乡族保安族裕固族民间故事选》，上海：上海文艺出版社1987年版。

(b) 同（a），见姚宝瑄主编《中国各民族神话》（土族、东乡族、回族、保安族、裕固族、撒拉族），太原：山西出版传媒集团·书海出版社2014年版，第69页。

汉族 ☆孙悟空把玉帝水缸里的水倒向人间，形成大雨，大雨把原来的平整的大地冲得七沟八汊，凹下去的地方则成了今天的深谷。

【流传】宁夏回族自治区·（固原市）·西吉县·新营乡

【出处】张甫讲，张宗琪采录：《地面为啥有山有沟》，见《中国民间文学集成全国编辑委员会编《中国民间故事集成》（宁夏卷），北京：中国ISBN中心1999年版，第22页。

彝族 聪明的龙王罗阿玛按神王的指点，来到开阔的平原。她吐出倾盆大雨，大雨便拍打着平原，大雨形成洪流，汹涌的洪流冲刷着泥土，使平原出现了出现了深箐万壑。

【流传】（云南省·楚雄彝族自治州·双柏县，红河哈尼族彝族自治州等地）

【出处】

(a) 云南省民族民间文学楚雄、红河调查队搜集，郭思九、陶学良整理：《查姆》，昆明：云南人民出版社1981年版。

(b) 郭思九、陶学良整理，古梅改写：

《彝家的古根》，选自《云南民族文学资料》第七集中的《查姆》上部前三章，见姚宝瑄主编《中国各民族神话》（羌族、彝族），太原：山西出版传媒集团·书海出版社2014年版，第57页。

W1845.3.3.2
洪水造成沟壑

实例

蒙古族 由于洪水的冲刷，沙石和泥土的地方被冲成了沟壑。

【流传】内蒙古自治区·（通辽市）·扎鲁特旗·巴雅尔图古硕镇（巴雅尔图胡硕镇）

【出处】来小子讲，桑普勒诺日布采录整理，乌恩奇翻译：《造山》，见中国民间文学集成全国编辑委员会编《中国民间故事集成》（内蒙古卷），北京：中国ISBN中心2007年版，第5页。

羌族 很早以前，地面是平的，没有沟壑和山峰。洪水之后，地面上沟渠纵横。

【流传】（四川省）

【出处】

(a) 朱文仙讲，倪明高记录整理：《太阳和月亮》，见四川阿坝州文化局主编《羌族民间故事集》，北京：中国民间文艺出版社1988年版。

(b) 同（a），见姚宝瑄主编《中国各民族神话》（羌族、彝族），太原：山西出版传媒集团·书海出版社2014

年版，第12页。

W1845.3.4
沟是挑出来的

实例

（参见下级母题实例）

W1845.3.4.1
空行母用拐杖挑出沟

实例

门巴族 空行母吉巴萨布让来到那嘎湖，用她的拐杖挑出了一条深沟。

【流传】西藏自治区·（山南市）·错那县·勒布区·麻妈村

【出处】其美多杰讲，于乃昌整理：《那嘎湖》，见《门巴族民间故事》：http://www.tibet-web.com/old/minjian/ync/gushi/mulu.htm，2003.10.02。

实例

门巴族 那嘎湖湖水越来越高，危及天庭。空行母吉巴萨布让来到这里，用拐杖挑开了东面的乌坚学山，然后向南挑出了一条深沟，把湖水放了出去，引向了南方。

【流传】西藏自治区·（山南市）·错那县·勒布区（麻麻门巴族乡）·麻麻村（麻玛村）

【出处】其美多杰讲：《那嘎湖》，见姚宝瑄主编《中国各民族神话》（门巴族、珞巴族、怒族、藏族），太原：山西出版传媒集团·书海出版社2014年版，第6页。

W1845.3.5
沟是挖出来的

实例

（参见下级母题实例）

W1845.3.5.1
天神挖出大沟

实例

纳西族 泉寨的卧虎岑山上，有一条缠在山腰上的弯弯曲曲的干沟，是一位天神在一个夜间开挖出来的。

【流传】云南省·（丽江市）·丽江县（古城区、玉龙纳西族自治县）

【出处】木丽春采集整理：《美泉水和术家女儿》，见木丽春编著《纳西族民间故事集》，昆明：云南人民出版社2007年版，第114页。

W1845.3.5.2
天神挖水沟

实例

拉祜族 为了给地上水，天神厄莎领着他的两个助手扎罗和娜罗到山脚去，挖了九天的水沟，山脚下便出现了许许多多大大小小的水沟。

【流传】云南省大拉祜及黄拉祜中部一带

【出处】小八讲，古木整理：《天神厄莎》（整理中参照了《牡帕密帕》和《古根》），见姚宝瑄主编《中国各民族神话》（白族、拉祜族、景颇族），太原：山西出版传媒集团·书海出版社2014年版，第163页。

W1845.3.6
沟壑是堆出来的

实例

（参见下级母题实例）

W1845.3.6.1
地神用泥堆出深谷

实例

佤族 以前的地是空的。伦（地神，旧译"路安神"）用泥土不住地堆，堆出了深谷。

【流传】云南省·（普洱市）·西盟县（西盟佤族自治县），（临沧市）·沧源县（沧源佤族自治县）

【出处】随戛、岩扫、岩瑞等讲述，艾荻、张开达搜集整理：《司岗里》，载《山茶》1988年第1期。

W1845.3.7
渠

实例

（参见下级母题实例）

W1845.3.7.1
李二郎担山造渠

【关联】

① [W1843.6.4.2] 李二郎的扁担变成山岭

② [W9867.2] 二郎神担山追杀太阳

实例

汉族 李二郎（人名）拿上他的神木扁担，担起他的神竹筐筐，去担山造渠。

【流传】四川省青城山一带

【出处】王纯五记录整理：《二郎担山赶太阳》，见姚宝瑄主编《中国各民族神话》（汉族），太原：山西出版传媒集团·书海出版社2014年版，第130~133页。

W1845.3.7.2
天神用金锄开渠

实例

彝族 模佳鲁（天神名）治洪水时，拿起了金锄，开始便挖沟，尔后又开渠。挖沟九十九，开渠九十九。洪水顺河淌，洪水顺河流，流向大海洋。

【流传】（贵州省彝族地区）

【出处】《索恒哲》，见王富慧（珠尼阿依）译著，贵州省民族古籍整理办公室编《彝族神话史诗选》，北京：民族出版社2013年版，第74~75页。

W1845.3.8
山箐

实例

（参见下级母题实例）

W1845.3.8.1
巨人开辟山箐

实例

苗族 杨鲁（祖先名）子孙开辟了黑洋大箐。

【流传】贵州省·（毕节市）·织金县，（安顺市）·普定县，安顺（西秀区、平坝区）一带

【出处】《戛董蒙丈》，见甘雪春《中外学者与纳西族历史研究》，载《云南师范大学学报》2001年第4期。

W1845.3.8.2
野猪拱出山箐

【关联】[W1845.1.11.8] 野猪神划出山谷

实例

彝族 最早造出的天地天小地大。麻蛇缩地之后，为箍齐地边，阿夫（神名）放出三对野猪和三对大象去拱地。它们拱了七十七昼夜，大地上便出现了山和山箐。

【流传】（云南省·楚雄彝族自治州·姚安县·官屯乡·马游村，大姚县·昙华乡等）

【出处】

（a）郭天元（马游村）、李申呼颇（昙华乡）、李福玉颇（苴）演唱，郭思九、许明学、龚维顺、张宝省、陈志群、胡炳文等搜集，刘德虎、龚维顺、陈志群、李树荣、郭天元等整理：《梅葛》（第一部"创世"），见云南省民族民间文学楚雄调查队《梅葛》（1959），昆明：云南人民出版社2009年版。

（b）《打虎开天辟地》，蔷紫据云南省民族民间文学楚雄调查队著《梅葛》（云南人民出版社2009年版）改写，见姚宝瑄主编《中国各民族神话》（羌族、彝族），太原：山西出版传媒集团·书海出版社2014年版，第192页。

彝族 开始时，造的天小地大。缩地时，放三对野猪来拱地，放三对大象来拱地，拱了七十七昼夜，有了山来有了箐。

【流传】云南省·楚雄彝族自治州·姚安县、大姚县等彝族地区

【出处】《创世·开天辟地》，见云南省民族民间文学楚雄调查队整理编写《梅葛》，昆明：云南人民出版社2009年版，第7页。

W1845.3.8.3
山箐的影子生山箐

【关联】[W1515.6.2] 影子生万物

实例

彝族 山箐还没有生时，便生了山箐的影形。

【流传】（无考）

【出处】蔷紫改写：《影与变创世纪·扯舍十代论》，原载贵州省民间文学工作组编《民间文学资料》，1986年，见姚

宝琼主编《中国各民族神话》（羌族、彝族），太原：山西出版传媒集团·书海出版社2014年版，第127页。

W1845.4
特定名称的沟壑

实例

（参见下级母题实例）

W1845.4.0
大壑

实例

汉族 上至列缺兮，降望大壑。

【流传】（无考）

【出处】

（a）［战国］屈原：《楚辞·远游》。

（b）《大壑》，见袁珂《中国神话大词典》，北京：华夏出版社2015年版，第20页。

W1845.4.0.1
大壑在东海之外

实例

汉族 东海之外大壑，少昊之国。少昊孺帝颛顼于此，弃其琴瑟。

【流传】（无考）

【出处】

（a）《山海经·大荒东经》。

（b）《大壑》，见袁珂《中国神话大词典》，北京：华夏出版社2015年版，第20页。

W1845.4.1
归墟

实例

汉族 渤海之东有大壑，名曰归墟，其中有五山焉，二曰员峤。

【流传】（无考）

【出处】

（a）《列子·汤问》。

（b）《员峤》，见袁珂《中国神话大词典》，北京：华夏出版社2015年版，第163页。

W1845.4.1.1
归墟是无底之谷

实例

汉族 渤海之东，不知几亿万里，有大壑焉，实惟无底之谷，其下无底，名曰归墟。

【流传】（无考）

【出处】［春秋战国］列御寇：《列子·汤问》。

实例

汉族 列子曰：渤海之东，有大壑焉，实惟无底之谷，名曰归墟。

【流传】（无考）

【出处】

（a）［战国］屈原《楚辞·远游》，洪兴祖补注。

（b）《大壑》，见袁珂《中国神话大词典》，北京：华夏出版社2015年版，第 20 页。

汉族 渤海之东，不知几亿万里，有大壑焉，实为无底之谷，其下无底，名曰归墟。八纮九野之水，天汉之流，莫不注之，而无增减焉。

【流传】（无考）

【出处】《归墟》，原载《列子·汤问》，见袁珂《中国神话大词典》，北京：华夏出版社 2015 年版，第 102 页。

W1845.4.2
蒙谷（昧谷）

实　例

汉族 （日）至于虞渊，是谓黄昏；至于蒙谷，是谓定昏。日入于虞渊之氾，曙于蒙谷之浦。

【流传】（无考）

【出处】

(a) ［汉］刘安及门客：《淮南子·天文训》。

(b) 《蒙谷》，见袁珂《中国神话大词典》，北京：华夏出版社 2015 年版，第 326 页。

汉族 "分命和仲，宅西，曰昧谷。"传曰："昧，冥也；日入于谷而天下冥，故曰昧谷。"

【流传】（无考）

【出处】

(a) 《书·尧典》孔安国传。

(b) 《蒙谷》，见袁珂《中国神话大词典》，北京：华夏出版社 2015 年版，第 326 页。

W1845.4.3
汤谷（旸谷、阳谷）

实　例

汉族 分命羲仲，宅嵎夷，曰旸谷。

【流传】（无考）

【出处】

(a) 《书·尧典》。

(b) 《旸谷》，见袁珂《中国神话大词典》，北京：华夏出版社 2015 年版，第 162 页。

汉族 左瞰旸谷，右睨玄圃。

【流传】（无考）

【出处】［汉］张衡：《东京赋》。

W1845.4.3.1
汤谷是日出之地

实　例

汉族 （黑齿国）下有汤谷。汤谷上有扶桑，十日所浴。

【流传】（无考）

【出处】

(a) 《山海经·海外东经》。

(b) 《汤谷》，见袁珂《中国神话大词典》，北京：华夏出版社 2015 年版，第 141 页。

汉族 瞻彼上天，一明一晦，有夫羲和之子，出于阳谷。

【流传】（无考）

【出处】

(a) 《玉函山房辑佚书》辑《归藏·启

笾》。

(b)《阳谷》，见袁珂《中国神话大词典》，北京：华夏出版社 2015 年版，第 148 页。

汉族 东表之地称嵎夷。旸，明也。日出于谷而天下明，故称旸谷。旸谷、嵎夷一也。

【流传】（无考）

【出处】《书·尧典》孔安国释。

汉族 旸谷、嵎夷一也。据日所出谓之旸谷，指其地名即称嵎夷。

【流传】（无考）

【出处】《禹贡锥指》。

W1845.4.3.2
汤谷上有扶木

实例

汉族 汤谷上有扶木，一日方至，一日方出，皆载于乌。

【流传】（无考）

【出处】

(a)《山海经·大荒东经》。

(b)《汤谷》，见袁珂《中国神话大词典》，北京：华夏出版社 2015 年版，第 141 页。

W1845.4.3.3
汤谷水热

实例

汉族 谷（汤谷）中水热也。

【流传】（无考）

【出处】

(a)《山海经·海外东经》郭璞注。

(b)《汤谷》，见袁珂《中国神话大词典》，北京：华夏出版社 2015 年版，第 141 页。

汉族 羲和之国有汤谷，汤谷之水很热，因为每日羲和妈妈为十个太阳儿子洗澡，将水洗成发烫的水。

【流传】（无考）

【出处】陶阳根据《山海经》、《淮南子》、《楚辞》重述：《太阳神》，见陶阳、钟秀编《中国神话》（中），北京：商务印书馆 2008 年版，第 718~720 页。

W1845.4.3.4
汤谷即温源谷

实例

汉族 "大荒之中，有谷曰温源谷。"注曰："温源，汤谷也。"

【流传】（无考）

【出处】

(a)《山海经·大荒东经》郭璞注。

(b)《温源谷》，见袁珂《中国神话大词典》，北京：华夏出版社 2015 年版，第 323 页。

W1845.4.4
禺谷（虞渊）

实例

（参见下级母题实例）

W1845.4.4.1
虞渊是日落之所

实 例

汉族　夸父不量力，欲追日景，逮之于禺谷。禺渊，日所入也；今作"虞渊"。

【流传】（无考）

【出处】

（a）《山海经·大荒北经》郭璞注。

（b）《禺谷》，见袁珂《中国神话大词典》，北京：华夏出版社 2015 年版，第 230 页。

W1845.4.5
飞谷

实 例

汉族　"吸飞泉（山谷名）之微液兮。"云："飞泉，飞谷也，在昆仑西南。"

【流传】（无考）

【出处】

（a）［战国］屈原《楚辞·远游》洪兴祖补注引张揖语。

（b）《飞泉》，见袁珂《中国神话大词典》，北京：华夏出版社 2015 年版，第 33 页。

W1845.4.6
天门郡仙谷

实 例

汉族　天门郡有幽山峻谷，谷在上，人有从下经过者，忽然踊林表，状如飞仙，遂绝迹。年中如此甚数，遂名此处为仙谷。

【流传】（无考）

【出处】

（a）［晋］张华：《博物志·杂说》。

（b）《天门郡仙谷》，见袁珂《中国神话大词典》，北京：华夏出版社 2015 年版，第 58 页。

W1846
山洞

实 例

（参见下级母题实例）

W1846.1
特定的人物挖出山洞

实 例

（参见下级母题实例）

W1846.1.1
山洞是螃蟹挖出来的

【关联】［W1919.2.6］螃蟹挖河

实 例

苗族　纳罗引勾（祖先，半人半兽巨人）造人时，请乌箭乌列河滩的螃蟹来挖地洞，以后山就有了洞。

【流传】

（a）广西壮族自治区·（柳州市）·融水县（融水苗族自治县）·滚贝乡

（b）广西壮族自治区·（柳州市）·融水县（融水苗族自治县）

【出处】

（a）杨达香讲，梁彬采录翻译：《纳罗引勾开天辟地造人》，见中国民间文学集成全国编辑委员会编《中国民间故事集成》（广西卷），北京：中国ISBN中心2001年版，第24页。

（b）杨达香讲，梁彬搜集整理：《创世记》，见谷德明编《中国少数民族神话》，北京：中国民间文艺出版社1987年版，第545页。

苗族 纳罗引勾（半人半兽的巨人）请乌筛乌列（天河）河滩的螃蟹来挖地洞，山才有了洞。

【流传】广西壮族自治区·（柳州市）·融水苗族自治县

【出处】

（a）杨达香讲，梁彬搜集整理：《创世纪》（二、捏人捏兽，栽果撒谷），见梁彬、王天若编《苗族民间故事选》，南宁：广西人民出版社1986年版。

（b）同（a），见姚宝瑄主编《中国各民族神话》（布依族、仡佬族、苗族），太原：山西出版传媒集团·书海出版社2014年版，第174页。

W1846.1.2
雷公电母劈山为洞

实例

汉族 王母娘娘命雷公电母劈山为洞，以作行宫，令可不时来游。二神遵命，果施霹雳闪电，于悬崖陡壁劈山洞成。

【流传】（无考）

【出处】《王母洞》，原载《河南民间故事集》，见袁珂《中国神话大词典》，北京：华夏出版社2015年版，第376页。

W1846.1.2.1
雷神凿出山洞

实例

纳西族（摩梭） 在喇踏山的半腰，有一个又大又深的石洞，是天地刚分开时，天神怕地下的海水漫到天上，叫雷神凿出来，做泄水用的。

【流传】云南省·（丽江市）·宁蒗县（宁蒗彝族自治县）

【出处】桑直若史、益依关若讲，章天锡、章天铭搜集，章虹宇整理：《昂姑咪》，载《山茶》1986年第3期。

纳西族（摩梭） 喇踏山的半腰有一个又大又深的石洞（哈咪洞），是天神叫雷神凿出来的。

【流传】云南省·（丽江市）·宁蒗县（宁蒗彝族自治县）

【出处】《昂姑咪》，见姚宝瑄主编《中国各民族神话》（佤族、阿昌族、纳西族、普米族、德昂族），太原：山西出版传媒集团·书海出版社2014年版，第104页。

W1846.1.3
虎神刨出山洞

【关联】

① ［W0502］虎神

② ［W1266.1.1.1］虎神刨土形成盆地

实　例

纳西族（摩梭） 虎神下凡造人时遇到大山挡路，就用一双爪子不停地刨山打洞，刨了七百七十七天，终于把大山打通了，形成了一个山洞。

【流传】云南省·（丽江市）·宁蒗县（宁蒗彝族自治县）

【出处】巴采若、桑绒尼搓讲，章虹宇搜集整理：《喇氏族的来源》，载《民间文学》1986年第3期。

W1846.1.4
神钻出山洞

实　例

（参见下级母题实例）

W1846.1.4.1
神为捉妖钻出山洞

实　例

满族 天神阿布卡赫赫将恶魔耶鲁里驱赶至穆丹阿林（地名）。这里的山中多幽洞，是阿布卡赫赫派诸神捉拿魔头，钻拱出来的。

【流传】（无考）

【出处】《穆丹阿林》，见姚宝瑄主编《中国各民族神话》（满族、赫哲族、朝鲜族）之《〈天宫大战〉的其他版本》，太原：山西出版传媒集团·书海出版社2014年版，第39~40页。

满族 山中多幽洞，是阿布卡赫赫（女天神）派诸神抓拿魔头时，给钻拱出来的。

【流传】黑龙江省

【出处】满族瓜尔佳氏祖传萨满讲，富希陆搜集：《神玉的来历》，见吕大吉、何耀华总主编《中国各民族原始宗教资料集成》（鄂伦春族卷、鄂温克族卷、赫哲族卷、达斡尔族卷、锡伯族卷、满族卷、蒙古族卷、藏族卷），北京：中国社会科学出版社1999年版，第485页。

W1846.1.5
龙开出山洞

实　例

（参见下级母题实例）

W1846.1.5.1
神龙为排水开山洞

实　例

彝族 彝族山区所有的山洞都是洪水时神龙开洞排水时造成的。

【流传】广西壮族自治区·（百色市）·隆林各族自治县·德峨镇·德峨村

【出处】吴玉章讲，黄国政、农巧玉整理：《沙娓姐弟治人烟》，原载广西师范学院民族文学研究所编《回、彝、水、仫佬、毛南、京六族故事选》，广西人民出版社1988年版，见姚宝瑄主编《中国各民族神话》（羌族、彝族），太原：山西出版传媒集团·

书海出版社 2014 年版，第 236 页。

W1846.1.5.2
龙在山中乱窜形成山洞

实例

汉族　善卷洞中所有大洞、小洞、直洞、弯洞，传云即为火龙于山腹中乱搅乱窜所成。

【流传】（无考）

【出处】袁珂改编：《石龙降火龙》（原名《石龙》），原载江苏省宜兴县文化局编《陶都宜兴的传说》，见袁珂《中国神话大词典》，北京：华夏出版社 2015 年版，第 378 页。

W1846.1.6
英雄戳出山洞

实例

（参见下级母题实例）

W1846.1.6.1
莫一大王用伞把戳出山洞

实例

壮族　莫一（英雄名）用伞把的尖尖，向挡住流水的山腰戳了过去，竟捅出一个山洞来。从此，五坪那条河的水，就穿过山洞流到九圩来了。

【流传】广西壮族自治区·（河池市）·南丹（南丹县）·河池（已撤销，今属河池市）、宜山（宜州市），（柳州市）·柳城（柳城县）等地

【出处】蓝鸿恩搜集整理：《莫一大王的故事》，见姚宝瑄主编《中国各民族神话》（仫佬族、壮族、京族），太原：山西出版传媒集团·书海出版社 2014 年版，第 178 页。

W1846.1.7
神造山时造出岩洞

实例

（参见下级母题实例）

W1846.1.7.1
神造山时用扁担穿出岩洞

实例

瑶族（布努）　密洛陀（万物之母，女始祖，女神）生的 12 个男孩，让第一个儿子阿亨阿独造山。现在石山有岩洞，就是当年阿亨阿独的扁担所穿。

【流传】广西壮族自治区·（河池市）·都安县（都安瑶族自治县）、巴马县（巴马瑶族自治县）、南丹县，（百色市）·田东县、平果县等地

【出处】桑布郎等传，蒙凤标（83 岁）、罗仁祥（73 岁）等唱：《密洛陀》（1983），见蓝怀昌、蓝书京、蒙通顺搜集翻译整理《密洛陀》，北京：中国民间文艺出版社 1988 年版，第 63 页。

W1846.2
特定物变成山洞

实例

（参见下级母题实例）

W1846.2.1
嘴巴变成山洞

实例

（参见下级母题实例）

W1846.2.1.1
神死后嘴变成山洞

实例

仡佬族　神死后，嘴变成山洞。

【流传】贵州省·（遵义市）·遵义县·平正公社（平正仡佬族乡）

【出处】陈保和讲，田兴才搜集：《布什格制天、布比密制地》，见贵州民研会、贵州民族学院编《民间文学资料》第49集，内部资料，1982年。

W1846.2.2
女祖先的阴道变成山洞

【关联】［W0654.3.3］祖先的巨大生殖器

实例

壮族　姆六甲（女始祖）造出人和鸟兽，下雨时，鸟兽和人都没有地方躲雨，姆六甲便张开双脚，坐下来，变成一个岩洞。从此，人和鸟兽就到岩洞去避风躲雨。

【流传】（无考）

【出处】《姆六甲》，原载蓝鸿恩搜集整理《神弓宝剑》，中国民间文艺出版社1985年版，见吕大吉、何耀华总主编《中国各民族原始宗教资料集成》（土家族卷、瑶族卷、壮族卷、黎族卷），北京：中国社会科学出版社1998年版，第604页。

W1846.2a
石头融化形成岩洞

实例

毛南族　天皇（天皇，毛南语音译，神名）造出十二个太阳，不分白天黑夜地向地面照射，晒得地上直冒火烟，连石头也溶化成浆，留下了那么多奇奇怪怪的岩洞。

【流传】广西壮族自治区·（河池市）·环江毛南族自治县·上南（上南乡）、中南（中南乡）、下南（下南乡）·上纳屯

【出处】

（a）蒙贵章讲，蒙国荣、韦志华、谭贻生记录翻译，蒙国荣整理：《天皇到盘、古》（1984.07），见杨光富《回、彝、水、仡佬、毛南、京六族故事选》，南宁：广西人民出版社1988年版。

（b）同（a），见姚宝瑄主编《中国各民族神话》（土家族、毛南族、侗族、瑶族），太原：山西出版传媒集团·书海出版社2014年版，第49页。

W1846.2b
岩洞是山神挑山的痕迹

实例

瑶族 山神阿亨阿独用扁担把一座一座山挑到各自位置时，有些石山太重，挑到一半，扁担突然断了，他只好用木撬来撬。因为又挑又撬，所以现在桂西的山才出现了岩洞和白崖。岩洞是阿亨阿独挑山的痕迹；白崖是阿亨阿独撬山的痕迹。

【流传】（无考）

【出处】《密洛陀神谱》，蓝田根据农学冠等撰写的《瑶族神话传说中的人物》编写，见姚宝瑄主编《中国各民族神话》（土家族、毛南族、侗族、瑶族），太原：山西出版传媒集团·书海出版社2014年版，第147页。

W1846.3
与山洞有关的其他母题

【关联】[W1244.4] 地洞

实例

（参见下级母题实例）

W1846.3.1
山洞是地的嘴

实例

仡佬族 （实例待考）

W1846.3.2
石洞（石穴、岩洞）

【关联】[W1863] 岩石上的洞

实例

（参见下级母题实例）

W1846.3.2.1
石户

实例

汉族 巢父城北十五里石户。圣人去，转欲闭；今裁广数寸，窥屋里方二丈。

【流传】（无考）

【出处】

(a)《太平御览》卷一八四引《解道虎齐记》。

(b)《石户》，见袁珂《中国神话大词典》，北京：华夏出版社2015年版，第90页。

W1846.3.2.2
梦幻石穴

实例

汉族 肥城东南有玉女山，山有一石穴，中若房宇，有玉女入穴不出。穴前有修竹，下有石坛，风微动竹，拂坛如帚。

【流传】（无考）

【出处】

(a)《太平御览》卷四四引《梁州记》。

(b)《玉女山》，见袁珂《中国神话大词典》，北京：华夏出版社 2015 年版，第 94 页。

W1846.3.2.3
九女闭

【实例】

汉族　九女闭在石门（今湖南省石门县）偏阳之溪滨，瞰溪如双扉。昔有十女郎采蕨于山，见石穴深，遂相与睹之，留一女于外。九女方入，石合门闭，其九女不得归，一女独归。至今呼为九女闭。

【流传】（无考）

【出处】

(a)［宋］王象之：《舆地纪胜》卷七〇。

(b)《九女闭》，见袁珂《中国神话大词典》，北京：华夏出版社 2015 年版，第 10 页。

W1846.3.3
溶洞

【关联】［W1244.4］地洞

【实例】

（参见下级母题实例）

W1846.3.3.1
山被烧出溶洞

【实例】

苗族　十二个太阳出来时，见竹烧竹，见树木烧树木，柴见了起火，炭见了化成灰。千丈高山被烧空，成了溶洞。

【流传】湖南省苗族地区

【出处】龙王六演唱，龙炳文翻译：《开天立地》，苗地根据《楚风》刊登的《苗族古歌》的第一部分《开天日立》改写，见姚宝瑄主编《中国各民族神话》（布依族、仡佬族、苗族），太原：山西出版传媒集团·书海出版社 2014 年版，第 128 页。

W1846.4
特定名称的洞

【实例】

（参见下级母题实例）

W1846.4.1
白龙洞

【实例】

汉族　峨眉山有白龙洞，传为白娘子（白蛇）修仙得道之地。

【流传】（无考）

【出处】《白龙洞》，原载张承业《峨眉山的传说》，见袁珂《中国神话大词典》，北京：华夏出版社 2015 年版，第 378 页。

W1846.4.2
蝴蝶洞

【实例】

汉族　罗浮山有蝴蝶洞，在云峰岩

下，古木丛生，四时出彩蝶，世传葛仙遗衣所化。

【流传】（无考）

【出处】

（a）《古今图书集成·禽虫典》卷一六九引《罗浮旧志》。

（b）《蝴蝶洞》，见袁珂《中国神话大词典》，北京：华夏出版社2015年版，第349页。

W1846.4.3
华阳洞

实例

汉族 茅山道士吴绰，素擅洁誉。神凤初因采药于华阳洞口，见一小儿手把大珠三颗，其色莹然，戏于松下。

【流传】（无考）

【出处】

（a）《龙城录》。

（b）《华阳洞》，见袁珂《中国神话大词典》，北京：华夏出版社2015年版，第136页。

W1846.4.4
罗汉洞

实例

汉族 洞（罗汉洞）即狮子岩，以形得名。相传前代有五百圣僧居之，日饭于福严寺。寺中故有凡僧五百，合为千人。然饭罢辄隐其半。主者疑焉。一日披荆迹之，尽在洞中。后遂移巨石塞其门，至今无敢排闼者。

【流传】（无考）

【出处】

（a）［清］李元度辑：《南岳志》卷三引明黄星周《衡岳游记》。

（b）《罗汉洞》，见袁珂《中国神话大词典》，北京：华夏出版社2015年版，第194页。

W1846.4.5
群仙洞

实例

汉族 群仙洞在武连县（今四川省剑阁县西南）。洞中无他物，惟石窟数间如堂宇，有水自西向东，不知所来。山下长老云，曾有数人耘苗，见洞中声乐嘹亮，密觇于洞口，见列坐如天人状，奏乐者无数。欲进观之，即不见。自后人数见焉，因名群仙洞。

【流传】（无考）

【出处】

（a）［明］曹学佺：《蜀中名胜记》卷二六。

（b）《群仙洞》，见袁珂《中国神话大词典》，北京：华夏出版社2015年版，第336页。

W1846.4.6
水帘洞

实例

汉族 水帘洞，在秭归县西二里，有水自龙山而下，挂崖如帘。

【流传】（无考）
【出处】
（a）［宋］王象之：《舆地纪胜》卷七四。
（b）《水帘洞》，见袁珂《中国神话大词典》，北京：华夏出版社 2015 年版，第 85 页。

W1846.4.6.1
水帘洞在华山

实例

汉族 华山白石仙人洞，上有瀑布，飞流直下三千余丈，状如垂帘，故又称水帘洞。

【流传】（无考）
【出处】
（a）［明］徐应秋：《玉芝堂谈荟》卷二二。
（b）《水帘洞》，见袁珂《中国神话大词典》，北京：华夏出版社 2015 年版，第 85 页。

W1846.4.7
水母洞

实例

汉族 水母洞，在龟山寺。俗传泗州僧伽降水母于此。

【流传】（无考）
【出处】
（a）［宋］王象之：《舆地纪胜》卷四四。
（b）《水母洞》，见袁珂《中国神话大词典》，北京：华夏出版社 2015 年版，第 85 页。

W1846.4.8
通天洞

实例

（参见下级母题实例）

W1846.4.8.1
龙王造通天洞

实例

鄂伦春族 小龙王宝座的后面还有一个通往地海的洞，在洞中拐弯处上端，有一个小通天洞，这是小龙王为了上天入地方便而开的。

【流传】内蒙古自治区·（呼伦贝尔市）·鄂伦春族自治旗
【出处】
（a）葛德宏讲，隋书金记录整理：《猎人柯阿汗》，见隋书金编《鄂伦春族民间故事选》，上海：上海文艺出版社 1988 年版。
（b）同（a），见姚宝瑄主编《中国各民族神话》（达斡尔族、鄂伦春族、鄂温克族、蒙古族），太原：山西出版传媒集团·书海出版社 2014 年版，第 84~90 页。

W1846.4.9
王母洞

实例

汉族 王屋山最高峰天坛山上有大石

洞，曰王母洞。洞深，内有数大厅，厅厅相连。入口虽窄，厅则恢广，能容万马千军。

【流传】（无考）

【出处】《王母洞》，原载《河南民间故事集》，见袁珂《中国神话大词典》，北京：华夏出版社 2015 年版，第 376 页。

W1846.4.9.1
西王母石室

【关联】

① ［W0755］西王母
② ［W0758.1］西王母穴居

实例

汉族 金城郡临羌，西北至塞外，有西王母石室、仙海、盐池。

【流传】（无考）

【出处】

(a)《汉书·地理志》。

(b)《西王母石室》，见袁珂《中国神话大词典》，北京：华夏出版社 2015 年版，第 128 页。

汉族 （河水）南有湟水出塞外，东径西王母石室石釜，西海盐池北。

【流传】（无考）

【出处】

(a)《水经注·河水》。

(b)《西王母石室》，见袁珂《中国神话大词典》，北京：华夏出版社 2015 年版，第 128 页。

汉族 赤松子常止西王母石室中。

【流传】（无考）

【出处】

(a)《列仙传》。

(b)《西王母石室》，见袁珂《中国神话大词典》，北京：华夏出版社 2015 年版，第 128 页。

W1846.4.10
无底洞

实例

汉族 好大圣，急睁火眼金睛，漫山看处，只见那陡崖前，有一座三檐四簇的牌楼，上有六个大字，乃"陷空山无底洞"。

【流传】（无考）

【出处】［明］吴承恩：《西游记》第八十二回。

W1846.4.10.1
龙洞是无底洞

实例

满族 龙洞原来是一个直上直下、四壁冰滑的无底洞。

【流传】黑龙江省

【出处】

(a) 赵书搜集整理：《女真定水》，见乌丙安等编《满族民间故事选》，上海：上海文艺出版社 1983 年版，第 66～76 页。

(b) 同（a），见姚宝瑄主编《中国各民族神话》（满族、赫哲族、朝鲜族），太原：山西出版传媒集团·书海出版社 2014 年版，第 50～60 页。

W1846.4.11

仙猫洞

实例

汉族 天坛（山名，在河南省济源县，即王屋山绝顶）中岩有仙猫洞。世传燕真人丹成，鸡犬亦升仙，而猫独不去，在洞已数百年。游人至洞前，呼仙哥，间有应者。己亥夏四月，予自阳云台宫将至上方，过洞前，命儿子叔仪呼之，随呼而应，声殊清远也。

【流传】（无考）

【出处】

(a)［金］元好问：《续夷坚志》卷四。

(b)《仙猫洞》，见袁珂《中国神话大词典》，北京：华夏出版社2015年版，第107页。

W1846.4.12

仙女洞

实例

汉族 仙女洞，在龙安府（今四川省平武县）治南。山势盘旋，崖洞深远，水自中出，百里流入剑南。故老相传，风日晴和，遥见仙女靓妆，游行岩上，或理发，或浣衣于洞壑中，隐显不常。洞中石乳融结，状甚奇怪，色如碧玉，取可供玩。

【流传】（无考）

【出处】

(a)［明］陈仁锡：《潜确类书》卷二八。

(b)《仙女洞》，见袁珂《中国神话大词典》，北京：华夏出版社2015年版，第107页。

汉族 仙女洞中住仙女，常为涪江纤夫做鞋，只须留布洞中，鞋便做成。

【流传】重庆市·潼南县（潼南区）大佛寺

【出处】《仙女洞》，见袁珂《中国神话大词典》，北京：华夏出版社2015年版，第107页。

W1846.4.13

禹洞（禹穴）

【关联】

① ［W0751］禹（大禹）

② ［W1979.3.9.2］禹迹溪

实例

汉族 剐儿坪在石泉县南石纽山下，绝壁上有"禹穴"二字。

【流传】（无考）

【出处】

(a)《锦里新编》卷一四。

(b)《剐儿坪》，见袁珂《中国神话大词典》，北京：华夏出版社2015年版，第185页。

汉族 "二十而南游江淮，上会稽，探禹穴。"禹巡狩至会稽而崩，因葬焉，上有孔穴，民间云禹入此穴。

【流传】（无考）

【出处】

(a)《史记·太史公自序》裴骃集解引

张晏语。

(b)《禹穴》，见袁珂《中国神话大词典》，北京：华夏出版社2015年版，第238页。

汉族 靖蛉县有禹穴。靖蛉即云南废邑，有禹穴，穴内有金马碧鸡，其先倏忽，人皆见之。汉王褒入蜀祀之。

【流传】（无考）

【出处】

(a)《汉唐地理书钞》辑《乐资九州要记》。

(b)《禹穴》，见袁珂《中国神话大词典》，北京：华夏出版社2015年版，第238页。

W1846.4.14

玉女洞

实例

汉族 玉女洞在大字崖前，龙居山北，已废。数年前山崖雨裂，石壁间露此三字，洞字惟水旁数点，玉女字完好

【流传】（无考）

【出处】

(a)〔清〕彭洵：《青城山记》。

(b)《玉女洞》，见袁珂《中国神话大词典》，北京：华夏出版社2015年版，第94页。

汉族 素女在青城天谷山，今名玉女洞。

【流传】（无考）

【出处】

(a)〔明〕杨慎：《山海经补注》。

(b)《玉女洞》，见袁珂《中国神话大词典》，北京：华夏出版社2015年版，第94页。

W1846.4.15

张公洞

实例

汉族 张公洞在县东南五十五里，湖汊之上。相传孙吴赤乌二年，一夕大风迅雷，洞忽自开。高六十仞，麓周五里，洞深五十余仞，三面皆飞崖绝壁。不可跻攀。惟北向一窦，广逾四寻，嵌空可入。怀石纵横离立，势若欲堕，色皆碧绿如扶，乳髓滴沥如疏雨。有仙人房、元武石、芝田、丹灶、锦屏、瑶草，奇怪万状。时有石燕相飞击。

【流传】（无考）

【出处】

(a)《古今图书集成·山川典》卷九九引《宜兴县志》。

(b)《张公洞》，见袁珂《中国神话大词典》，北京：华夏出版社2015年版，第181页。

W1846.4.16

其他一些特定的洞穴

实例

（参见下级母题实例）

W1846.4.16.1

金牛穴

实 例

汉族 洞庭山，上有天帝坛山，山有金牛穴。吴孙权时，令人掘金，金化为牛，走上山，其迹荐焉，故号为金牛穴。

【流传】（无考）

【出处】《金牛穴》，见袁珂《中国神话大词典》，北京：华夏出版社 2015 年版，第 206 页。

汉族 洞庭山有宫五门：东通林崖，西达峨眉，南接罗浮，北连岱岳。东有石楼，楼下两石，扣之清越，所谓神钲。昔有青童，秉烛飚飞轮之车至此，其迹存焉。上有天帝坛山，山有金牛穴。吴孙权时，令人掘金，金化为牛，走上山，其迹存焉，故号为金牛穴。

【流传】（无考）

【出处】[南朝·梁] 任昉：《述异记》卷上。

W1846.4.16.2

神农窟（神农穴）

【关联】

① [W0731] 神农
② [W0737.1] 神农居天马山

实 例

汉族 隋县永阳有山，壁立千仞，崖上有石室，古名为神农窟。窟前有百药丛茂，莫不毕备。又别有异物藤花，形似菱菜，朝紫，中绿，哺黄，暮青，夜赤，五色迭耀。

【流传】（无考）

【出处】

(a) [南朝·宋] 刘敬叔：《异苑》卷二。

(b) 《神农窟》，见袁珂《中国神话大词典》，北京：华夏出版社 2015 年版，第 251 页。

汉族 永阳县西北二百三十里厉乡山东有石穴。高三十丈，长二百丈，谓之神农穴。

【流传】（荆州永阳县？）

【出处】[北宋] 李昉、李穆、徐铉等：《太平御览》卷七八引《荆州图记》。

W1846.4.16.3

熊穴

实 例

汉族 熊山，有穴焉，熊之穴，恒出神人。夏启而冬闭；是穴也，冬启乃必有兵。

【流传】（无考）

【出处】

(a)《山海经·中次九经》。

(b)《熊穴》，见袁珂《中国神话大词典》，北京：华夏出版社 2015 年版，第 345 页。

汉族 熊山有穴曰熊穴，恒出神人。夏启而冬闭；是穴若冬启夏闭，乃必有兵。

【流传】（无考）

【出处】

（a）《太平御览》卷五四引《山海经·中次九经》。

（b）《熊穴》，见袁珂《中国神话大词典》，北京：华夏出版社2015年版，第345页。

W1846.4.16.4
母猪神洞

实例

怒族 "母猪神洞"因洞外有一形似母猪的钟乳石而得名。

【流传】云南省·（怒江傈僳族自治州）·贡山（贡山独龙族怒族自治县）·丙中洛乡

【出处】何叔涛调查整理：《贡山地区的崖神类》（1988），见吕大吉、何耀华总主编《中国各民族原始宗教资料集成》（纳西族卷、羌族卷、独龙族卷、傈僳族卷、怒族卷），北京：中国社会科学出版社2000年版，第848页。

W1846.5
奇特的洞

实例

（参见下级母题实例）

W1846.5.1
能流出特定物的洞

实例

（参见下级母题实例）

W1846.5.1.1
流出瓜叶的瓜穴

实例

汉族 卫国县（今河南省范县西北）西南有瓜穴，冬夏常出水，望之如练，时有瓜叶出焉。

【流传】（无考）

【出处】

（a）[唐]段成式：《酉阳杂俎·玉格》。

（b）《瓜穴》，见袁珂《中国神话大词典》，北京：华夏出版社2015年版，第104页。

W1846.5.2
能穿越的洞

实例

（参见下级母题实例）

W1846.5.2.1
马穿穴

实例

汉族 夷陵县北三十里，有石穴，名曰马穿。尝有马入穴，人逐之，入穴，潜行入汉中。汉中人失马，亦尝出此穴。相去数千里。

【流传】（无考）

【出处】

（a）[北魏]郦道元：《水经注·江水》。

(b)《马穿穴》,见袁珂《中国神话大词典》,北京:华夏出版社 2015 年版,第 32 页。

W1846.5.3
通大海的洞

实 例

(参见下级母题实例)

W1846.5.3.1
巨蛇洞通大海

实 例

傣族 巨蛇洞通大海。

【流传】(云南省?)

【出处】袁珂改编:《开辟易武》,原载毛星主编《中国少数民族文学》(下册),见袁珂《中国神话大词典》,北京:华夏出版社 2015 年版,第 498 页。

W1846.5.4
火洞(火穴)

实 例

汉族 神丘有火穴,光照千里。

【流传】(无考)

【出处】[清]王谟:《汉唐地理书钞》辑《括地图》。

W1847
山坡

实 例

(参见下级母题实例)

W1847.1
山坡是造出来的

实 例

(参见下级母题实例)

W1847.1.1
神或神性人物垒出山坡

实 例

(参见下级母题实例)

W1847.1.1.1
神垒出山坡

实 例

水族 古恩公(神名)垒成山坡。

【流传】贵州省

【出处】《恩公开辟地方》,见陶立璠、赵桂芳等编《中国少数民族神话汇编》(开天辟地篇等),中央民族学院少数民族古籍整理出版规划领导小组办公室印(未署出版时间),第 291 页。

W1847.1.1.2
熊公嫦婆垒出山坡

实 例

苗族 熊公嫦婆两老人(神性人物名),他俩去撮石渣渣,去撮碎土细泥巴,拿来垒砌那山坡。熊公公来垒上层,嫦婆婆去垒下层,这才垒成那山坡。

【流传】原文无流传地，据文本及注释推测该神话流传于贵州省·黔东南苗族侗族自治州·凯里市、台江县等地。

【出处】张启庭、张荣光、张正玉、张启德演唱，张明搜集，燕宝整理译注：《创造宇宙·开天辟地》，见贵州省少数民族古籍整理出版规划小组办公室编，燕宝整理译注《苗族古歌》，贵阳：贵州民族出版社1993年版，第63～64页。

W1847.1.1.3
地王造出山坡

实例

侗族 地王十二兄弟造山坡、绿岭。

【流传】贵州省·（黔东南苗族侗族自治州）·从江县·高增公社（高增乡）

【出处】梁普安等讲，龙玉成采录：《古老和盘古》，见中国民间文学集成全国编辑委员会编《中国民间故事集成》（贵州卷），北京：中国ISBN中心2003年版，第4页。

W1847.1.2
盘古造山坡

【关联】
① ［W1505.1］盘古造万物
② ［W1810.1.5.4］盘古人用泥捏山

实例

（参见下级母题实例）

W1847.1.2.1
盘古用草造山坡

实例

瑶族 洪水退后，盘古皇把稀泥巴捏成一团团泥包，形成茅草坡（山坡）。

【流传】云南省

【出处】《盘古皇》，见中国社会科学院云南少数民族文学研究所等编《云南少数民族文学资料》第3辑，内部编印，1981年，第94页。

W1847.1.2.2
盘古用斧子砍出山坡

实例

汉族 九重天上的龙蛋孵出盘古。盘古手拿斧子到了云海上，见面前有个大包包，飘来飘去，就站到那个大包包上。因为风大站不稳，他就用斧子乱砍。结果砍出的那些凸凸，成了大山和小坡。

【流传】河南省·（南阳市·桐柏县·二郎山乡）

【出处】刘太举、姚义亮讲述，马卉欣录音整理：《盘古出世》，原载马卉欣编著《盘古之神》，见陶阳、钟秀编《中国神话》（上），北京：商务印书馆2008年版，第11～12页。

W1847.1.3
祖先抓地皮造山坡

实例

（参见下级母题实例）

W1847.1.3.1
布洛陀抓地皮缩地形成山坡

【关联】

① ［W1393.1.4.3］布洛陀抓地皮缩地
② ［W1393.1.7.3］抓地皮做成山坡缩地

实 例

壮族　布洛陀用手指抓地皮，做出很多山坡。

【流传】广西壮族广西壮族自治区·（河池市）·巴马县（巴马瑶族自治县）·所略乡·所略村

【出处】周朝珍讲：《布洛陀》，见张声震总主编，农冠品编注《壮族神话集成》，南宁：广西民族出版社2007年版，第35页。

壮族　开始时天小地大。布碌陀用手指把地皮抓起，做成了很多山坡。

【流传】（a）广西壮族自治区右江及红水河一带

【出处】

（a）周朝珍讲，何承文整理：《布碌陀》，载广西民间文学研究会编印《广西民间文学丛刊》第5期。

（b）《布碌陀》（王松选定），见姚宝瑄主编《中国各民族神话》（仫佬族、壮族、京族），太原：山西出版传媒集团·书海出版社2014年版，第76页。

壮族　造的天小地大，布洛陀（男始祖，神）想了个巧办法，用手指把地皮抓起来，做成了很多山坡。这样地面就缩小了，天能盖住地，造成了一个很好的天地。

【流传】广西壮族自治区右江、红河一带

【出处】周朝珍口述，何承文整理：《布洛陀》，原载蓝鸿恩编《壮族民间故事选》，见陶阳、钟秀编《中国神话》（上），北京：商务印书馆2008年版，第67~86页。

壮族　造出的天小地大。布碌陀缩地时，以指抓地皮成山坡无数。

【流传】（无考）

【出处】《布碌陀造天地》（原名《布碌陀》），原载谷德明编《中国少数民族神话选》，见袁珂《中国神话大词典》，北京：华夏出版社2015年版，第439页。

W1847.1.4
神整地时锤出坡

【关联】

① ［W1843.4.3］特定人物锤出山地
② ［W1845.1.9.3］神整地时锤出沟壑

实 例

彝族　司惹约祖（人神名）领着九个男神到大地上整地时，见高山就劈，见深谷就打。打一锤成坡，做种荞的地方。

【流传】（四川省·凉山彝族自治州）

【出处】

（a）冯元蔚译：《勒俄特依》，成都：

四川民族出版社 1986 年版。

（b）冯元蔚译，蔷紫改写：《勒俄特依》，见姚宝瑄主编《中国各民族神话》（羌族、彝族），太原：山西出版传媒集团·书海出版社 2014 年版，第 152 页。

W1847.1.4a
仙人整地时锤出山坡

实例

彝族 九个年轻的仙子每人一把铜铁斧平整大地时，她们打一锤，成了个山坡地，做种荞的地方。

【流传】（无考）

【出处】《天神造天地》，见姚宝瑄主编《中国各民族神话》（羌族、彝族），太原：山西出版传媒集团·书海出版社 2014 年版，第 89 页。

W1847.1.4a.1
仙人整地时打出山坡

实例

彝族 九个青年仙子随同司惹约祖去平整地面时，遇着高山就劈，遇见深谷就打，结果有的打成坡。

【流传】（无考）

【出处】伍精忠整理：《大地是怎样形成的》，见姚宝瑄主编《中国各民族神话》（羌族、彝族），太原：山西出版传媒集团·书海出版社 2014 年版，第 278 页。

W1847.1.5
文化英雄为生草造山坡

实例

苗族 最初古时期，姜央（半神半人，文化英雄）是个聪明人，他造山坡生草草。

【流传】原文无流传地，据文本及注释推测该神话流传于贵州省·黔东南苗族侗族自治州·凯里市、台江县等地。

【出处】张启庭、张荣光、张正玉、张启德演唱，张明搜集，燕宝整理译注：《创造宇宙·开天辟地》，见贵州省少数民族古籍整理出版规划小组办公室编，燕宝整理译注《苗族古歌》，贵阳：贵州民族出版社 1993 年版，第 6 页。

W1847.1.6
文化英雄架起炉来铸山坡

实例

苗族 修狃（半神半鸟）是个英雄汉。他把炉子架在坪地上，架起炉来铸山坡，要铸才成好山坡。

【流传】原文无流传地，据文本及注释推测该神话流传于贵州省·黔东南苗族侗族自治州·凯里市、台江县等地。

【出处】张启庭、张荣光、张正玉、张启德演唱，张明搜集，燕宝整理译注：《创造宇宙·开天辟地》，见贵州省少数民族古籍整理出版规划小组办公室编，燕宝整理译注《苗族古歌》，贵阳：贵州民族出版社 1993 年版，第 44 页。

W1847.1.7
祖先用砂泥造山坡

实例

布依族 翁戛老祖用砂泥造坡。

【流传】贵州省布依族地区

【出处】杨正荣、祝登壅讲，岭玉清、汛河搜集整理，古梅改写：《翁戛造万物》，见姚宝瑄主编《中国各民族神话》（布依族、仡佬族、苗族），太原：山西出版传媒集团·书海出版社 2014 年版，第 9 页。

W1847.2
特定的肢体变成山坡

实例

（参见下级母题实例）

W1847.2.1
神死后手和脚变成山坡

实例

仡佬族 神死后，手和脚变山坡。

【流传】贵州省·（遵义市）·遵义县·平正公社（平正仡佬族乡）

【出处】陈保和讲，田兴才搜集：《布什格制天，布比密制地》，见贵州民研会、贵州民族学院编《民间文学资料》第 49 集，内部资料，1982 年。

W1847.2.2
文化英雄的胳膝和手腕变成山坡

实例

（参见下级母题实例）

W1847.2.2.1
撑天者死后膝盖手腕变成山坡

【关联】［W1859.2.6.0］撑天者的骨头变成石头

实例

布依族 撑天的后生力戛死了以后，胳膝和手腕变成了山坡。

【流传】贵州省

【出处】王燕、春甫等讲，汛河记录整理：《力戛撑天》，见谷德明编《中国少数民族神话》，北京：中国民间文艺出版社 1987 年版，第 611 页。

布依族 撑天的力戛死后，他的膝与腕为山坡。

【流传】（无考）

【出处】《力戛撑天》，原载谷德明编《中国少数民族神话选》，见袁珂《中国神话大词典》，北京：华夏出版社 2015 年版，第 445 页。

布依族 撑天修天的力戛（人名，大力士）死了以后，膝和手腕变成了山坡。

【流传】各地布依族地区

【出处】王燕、春甫、班告爷讲，汛河

记录整理：《力戛创世》，见姚宝瑄主编《中国各民族神话》（布依族、仡佬族、苗族），太原：山西出版传媒集团·书海出版社2014年版，第6页。

布依族 力戛（巨人名）把天撑高钉稳后累死了。他死后，膝盖和手腕变成了山坡。

【流传】贵州省

【出处】王燕、春甫、班告爷等讲，汛河搜集整理：《力戛撑天》，原载陶立璠、李耀宗编《中国少数民族神话传说选》，见陶阳、钟秀编《中国神话》（中），北京：商务印书馆2008年版，第773~775页。

W1847.2.3
神死后骨头变成坡头

实例

仡佬族 神死后，骨头变成了坡头。

【流传】贵州省·（遵义市）·遵义县·平正公社（平正仡佬族乡）

【出处】陈保和讲，田兴才搜集：《布什格制天，布比密制地》，见贵州民研会、贵州民族学院编《民间文学资料》第49集，内部资料，1982年。

W1847.3
鼓出的地方成为山坡

【关联】[W1821.5.4]鼓出的地变成山

实例

藏族 天小地大，罗拉甲伍只好使劲挤地在挤的时候，地面上有些地方鼓了出来，有的地方陷了下去，鼓出来的地方成了山坡。

【流传】四川省·（绵阳市）·平武县·白马藏区（白马藏族乡）

【出处】

（a）*《绷天绷地》，见《四川白玛藏族民族文学资料集》，四川藏族研究所内部编印，1991年，第80页。

（b）扎嘎才让讲，四川大学中文录采风队采录：《创世传说》，见中国民间文学集成全国编辑委员会编《中国民间故事集成》（四川卷·下），北京：中国ISBN中心1998年版，第934页。

（c）扎嘎才让等讲，谢世廉等搜集：《创世传说》，见陶立璠、赵桂芳等编《中国少数民族神话汇编》（开天辟地篇等），中央民族学院少数民族古籍整理出版规划领导小组办公室印（未署出版时间），第1页。

W1847.4
与山坡有关的其他母题

实例

（参见下级母题实例）

W1847.4.1
犁头变成山坡

实例

苗族 （榜香耕田的）犁头变成一个尖山坡。

【流传】原文无流传地，据文本及注释

推测该神话流传于贵州省·黔东南苗族侗族自治州·凯里市、台江县等地。

【出处】耇富演唱，苗丁搜集，燕宝整理译注：《枫木生人·犁东耙西》，见贵州省少数民族古籍整理出版规划小组办公室编，燕宝整理译注《苗族古歌》，贵阳：贵州民族出版社1993年版，第451页。

W1847.4.2
碓嘴变成山坡

实例

苗族 （舂枫树种用的）碓嘴送去山坡里，后来变成尖山坡。

【流传】原文无流传地，据文本及注释推测该神话流传于贵州省·黔东南苗族侗族自治州·凯里市、台江县等地。

【出处】耇富演唱，苗丁搜集，燕宝整理译注：《枫木生人·枫香树种》，见贵州省少数民族古籍整理出版规划小组办公室编，燕宝整理译注《苗族古歌》，贵阳：贵州民族出版社1993年版，第423~424页。

W1847.4.3
山坡的变小

实例

（参见下级母题实例）

W1847.4.3.1
特定人物把山坡变小

实例

苗族 修狃（半神半鸟）是个英雄汉，喙子大得像碓杆。它去撬拱十二坡，一拱山坡就崩塌。它用喙子咚咚撞，口水滴淌洗山坡，山坡岩石纷纷落，十二座山全破碎，变成千个小山坡。

【流传】原文无流传地，据文本及注释推测该神话流传于贵州省·黔东南苗族侗族自治州·凯里市、台江县等地。

【出处】张启庭、张荣光、张正玉、张启德演唱，张明搜集，燕宝整理译注：《创造宇宙·开天辟地》，见贵州省少数民族古籍整理出版规划小组办公室编，燕宝整理译注《苗族古歌》，贵阳：贵州民族出版社1993年版，第42页。

W1848
山峦的产生

【汤普森】A968

实例

（实例待考）

W1849
山的其他形态的形成

实例

（参见下级母题实例）

W1849.1
悬崖的产生（山崖的产生）

【汤普森】A965

实例

（参见下级母题实例）

W1849.1.1
特定物变成山崖

实例

（参见下级母题实例）

W1849.1.1.1
神的耳朵变成悬崖

实例

（实例待考）

W1849.1.1.2
火星落地变成山崖

实例

瑶族（布努） 桑勒也和桑勒宜兄弟射日月，射得月亮溅起了满天火星，火星掉落在地面变成座座山崖。

【流传】广西壮族自治区·（河池市）·都安县（都安瑶族自治县）、巴马县（巴马瑶族自治县）、南丹县，（百色市）·田东县、平果县等地

【出处】桑布郎等传，蒙凤标（83岁）、罗仁祥（73岁）等唱：《密洛陀》（1983），见蓝怀昌、蓝书京、蒙通顺搜集翻译整理《密洛陀》，北京：中国民间文艺出版社1988年版，第186页。

W1849.1.2
特定人物造出山崖

实例

（参见下级母题实例）

W1849.1.2.1
神撬出山崖

【关联】［W1833.10.1］山被特定人物撬斜

实例

瑶族（布努） 密洛陀（万物之母，女始祖，女神）生的12个男孩，让第一个儿子阿亨阿独造山。现在石山有白崖，就是当年阿亨阿独的木橇所掀。

【流传】广西壮族自治区·（河池市）·都安县（都安瑶族自治县）、巴马县（巴马瑶族自治县）、南丹县，（百色市）·田东县、平果县等地

【出处】桑布郎等传，蒙凤标（83岁）、罗仁祥（73岁）等唱：《密洛陀》（1983），见蓝怀昌、蓝书京、蒙通顺搜集翻译整理《密洛陀》，北京：中国民间文艺出版社1988年版，第63页。

W1849.1.2.2
悬崖峭壁是被特定人物砍出来的

实例

（参见下级母题实例）

W1849.1.2.2.1
悬崖峭壁是人砍出来的

实例

哈尼族　藤条江伙子见山谷间的岩子太陡，就挥起长刀，左劈右砍，所以现在哀牢山处处是悬崖峭壁，那是被他的长刀劈砍出来的。

【流传】（云南省）

【出处】芦朝贵、龙惹讲述整理：《红河与藤条江》，见姚宝瑄主编《中国各民族神话》（哈尼族、傣族），太原：山西出版传媒集团·书海出版社2014年版，第105~106页。

W1849.1.2.3
神用巴掌打出山崖

实例

苗族　赛杜（祖先名，神）接着打一巴掌成一片山崖。

【流传】贵州省·（安顺市）·紫云县（紫云苗族布依族自治县）麻山苗区

【出处】杨再华唱诵，杨正江译：《亚鲁族源》，见中国民间文艺家协会主编《亚鲁王》，北京：中华书局2011年版，第42页。

W1849.1.3
山崖朝向的来历

实例

（参见下级母题实例）

W1849.1.3.1
山崖思乡形成寻找的抽象

实例

汉族　前云台山和后云台山的老家原住在西北方，二郎神把它们担到了东南，年长日久，想念老家，那些大大小小的崖头都掉头过来，一齐向西北望着。

【流传】江苏省·连云港市

【出处】孙佳讯搜集整理：《二郎担山赶太阳》，见姚宝瑄主编《中国各民族神话》（汉族），太原：山西出版传媒集团·书海出版社2014年版，第116~117页。

W1849.1.4
与山崖产生有关的其他母题

实例

（实例待考）

W1849.1.5
山崖的特征

实例

（参见下级母题实例）

W1849.1.5.1
山崖为什么险要

实例

汉族　（实例待考）

W1849.1.6
特定名称的山崖

【实例】

（参见下级母题实例）

W1849.1.6.1
万佛崖

【实例】

汉族　康熙五十年，肃州合黎山顶，忽有人呼曰："开不？开不开？"如是数日，无人敢答。一日有牧童过，闻之，戏应声曰："开！"顷刻霶然，风雷怒号，山石大开，中现一崖，有天生菩萨像数千，须眉宛然，至今人呼为万佛崖。

【流传】（无考）

【出处】

（a）[清] 袁枚：《子不语》卷一六。

（b）《万佛崖》，见袁珂《中国神话大词典》，北京：华夏出版社 2015 年版，第 13 页。

W1849.1.6.2
珠崖

【实例】

汉族　火星之精，坠于南海中为大珠，径尺余，时出海上，光照数百里，红气亘天。今名其地为珠池，亦名珠崖，后有时出焉。

【流传】（无考）

【出处】

（a）[五代·蜀] 杜光庭：《录异记》卷七。

（b）《珠崖》，见袁珂《中国神话大词典》，北京：华夏出版社 2015 年版，第 259 页。

汉族　郡在大海中崖岸之间，出真珠，故曰珠崖。

【流传】（无考）

【出处】《汉书·地理志》颜师古注引应劭语。

W1849.1.6.3
红石崖

【实例】

（参见下级母题实例）

W1849.1.6.3.1
女娲的补天浆糊变成红石崖

【实例】

汉族　女娲补好最后一处天空，把剩下的石糊倒下来，正好落在红裤子旁边。天长日久，和红裤子一起化为红石崖。

【流传】河南省·（郑州市）·登封市

【出处】据《淮南子》和登封传说整理：《红裤子崖》，见张振犁编著《中原神话通鉴》（第一卷），郑州：河南大学出版社 2017 年版，第 141 页。

W1849.2
山涧的形成

实 例

（参见下级母题实例）

W1849.2.1
拐杖划出山涧

实 例

（参见下级母题实例）

W1849.2.1.1
神农以杖划地为涧

实 例

汉族　神农涧在卫辉府温县。神农采药至此，以杖画地，遂成涧。

【流传】（无考）

【出处】〔明〕陈仁锡：《潜确类书》卷三一。

汉族　神农采药至卫辉府温县一带，以杖画地，遂成涧。

【流传】（无考）

【出处】《神农涧》，见袁珂《中国神话大词典》，北京：华夏出版社 2015 年版，第 251 页。

W1849.2.2
与山涧有关的其他母题

实 例

（参见下级母题实例）

W1849.2.2.1
神农涧

实 例

汉族　神农涧在卫辉府温县。神农采药至此，以杖画地，遂成涧。

【流传】（无考）

【出处】《神农涧》，见袁珂《中国神话大词典》，北京：华夏出版社 2015 年版，第 251 页。

W1849.3
山坳的形成

实 例

（参见下级母题实例）

W1849.3.1
推压大地形成山坳

【关联】［W1843.1］推压大地形成丘陵

实 例

哈尼族　造地的青蛙阿依用劲推压刚造好的大地，形成现在陆地上的山坳。

【流传】云南省·（普洱市）·墨江县（墨江哈尼族自治县）

【出处】金开兴讲，蓝明红采录：《青蛙造天地》，见中国民间文学集成全国编辑委员会编《中国民间故事集成》（云南卷），北京：中国 ISBN 中心 2003 年版，第 34 页。

W1849.3.2
特定物变成山坳

【实 例】

（参见下级母题实例）

W1849.3.2.1
射落的太阳变成山坳

【关联】［W9796］与射日月结果有关的其他母题

【实 例】

苗族 （实例待考）

W1849.3.2.2
猛马变成山坳

【实 例】

苗族 枉生（有的说是星王"北斗星"）用枪射中一个太阳，落下来的是一个猛马，枉生让它变成山坳。

【流传】
（a）广西壮族自治区·（柳州市）·融水县（融水苗族自治县）·滚贝乡
（b）广西壮族自治区·（柳州市）·融水县（融水苗族自治县）

【出处】
（a）杨达香讲，梁彬采录翻译：《枉生射太阳》，见中国民间文学集成全国编辑委员会编《中国民间故事集成》（广西卷），北京：中国ISBN中心2001年版，第42页。
（b）杨达香讲，梁彬搜集整理：《创世记》，见谷德明编《中国少数民族神话》，北京：中国民间文艺出版社1987年版，第545页。

苗族 枉生（星王，指的是北斗星）用枪射太阳时，一连几枪打下的太阳是不同的动物，枉生就把其中的猛马变成山坳。

【流传】广西壮族自治区·（柳州市）·融水苗族自治县

【出处】
（a）杨达香讲，梁彬搜集整理：《创世纪》（四、降服太阳，枉生求助），见梁彬、王天若编《苗族民间故事选》，南宁：广西人民出版社1986年版。
（b）同（a），见姚宝瑄主编《中国各民族神话》（布依族、仡佬族、苗族），太原：山西出版传媒集团·书海出版社2014年版，第191页。

W1849.3.2.3
牛轭变成山坳

【实 例】

苗族 （榜香耕田的）牛轭送到西边去，等到以后的年代，变成一个山坳坳。

【流传】原文无流传地，据文本及注释推测该神话流传于贵州省·黔东南苗族侗族自治州·凯里市、台江县等地。

【出处】耇富演唱，苗丁搜集，燕宝整理译注：《枫木生人·犁东耙西》，见贵州省少数民族古籍整理出版规划小组办公室编，燕宝整理译注《苗族古歌》，贵阳：贵州民族出版社1993年版，第451页。

W1849.3.3
特定人物砸出山坳

实例

苗族 赛杜（祖先名，神）赶紧敲一锤子成一个山垭。

【流传】贵州省·（安顺市）·紫云县（紫云苗族布依族自治县）麻山苗区

【出处】杨再华唱诵，杨正江译：《亚鲁族源》，见中国民间文艺家协会主编《亚鲁王》，北京：中华书局2011年版，第42页。

W1849.3.3.1
巨人用锤在平地上砸出山坳

实例

苗族 四个巨人公公用金银造天柱，要把炼好的金银夹牢。他们抢起大锤，锤子砸下去，平地变成了山坳。

【流传】贵州省·（黔东南苗族侗族自治州）·台江县、施秉县、凯里县（凯里市）等地

【出处】宝久老、岩公、李普奶等八位歌手演唱，桂舟人、唐春芳搜集，苗地改写：《打柱撑天》，见姚宝瑄主编《中国各民族神话》（布依族、仡佬族、苗族），太原：山西出版传媒集团·书海出版社2014年版，第120页。

W1849.3.4
山坳像马鞍的来历

实例

（参见下级母题实例）

W1849.3.4.1
山坳像马鞍是神造的结果

实例

苗族 巨神养优造山时，造的山头就像一顶顶帽子，山坳像一个个马鞍子，山腰像一把把椅子，山梁子像一根根手指。山谷互相通，有弯又有直。

【流传】贵州省·（黔东南苗族侗族自治州）·台江县、施秉县、凯里县（凯里市）等地

【出处】秦公、岩公、李普奶等苗族八歌手说唱，唐春芳、桂舟人搜集整理：《巨鸟生天地，众神辟地天》，见姚宝瑄主编《中国各民族神话》（布依族、仡佬族、苗族），太原：山西出版传媒集团·书海出版社2014年版，第117页。

W1849.3.5
与山坳有关的其他母题

实例

（参见下级母题实例）

W1849.3.5.1
垭口

实例

彝族 九个青年仙子随同司惹约祖去平整地面时，遇着高山就劈，遇见深谷就打，结果有的打成垭口，作为打仗地。

【流传】（无考）

【出处】伍精忠整理：《大地是怎样形成的》，见姚宝瑄主编《中国各民族神话》（羌族、彝族），太原：山西出版传媒集团·书海出版社2014年版，第278页。

W1850
昆仑山

实例

（参见下级母题实例）

W1850.1
昆仑山的产生

实例

（参见下级母题实例）

W1850.1.0
昆仑山是造出来的

实例

（参见下级母题实例）

W1850.1.0.1
真主造昆仑山

实例

塔吉克族 真主造出七座大山，这七座大山留下了许多后代。昆仑山就是七座大山的后代。

【流传】新疆维吾尔自治区·（喀什地区）·塔什库尔干塔吉克自治县·提孜那甫乡

【出处】肉恰依克讲，西仁·库尔班等采录翻译：《山的神话》，见中国民间文学集成全国编辑委员会编《中国民间故事集成》（新疆卷），北京：中国ISBN中心2008年版，第25页。

W1850.1.0.2
盘古踢出昆仑山

【关联】[W1805.1] 盘古造山

实例

汉族 盘古王管理天地，他下天九年，在地只有九日。九日里他踢出昆仑山。

【流传】浙江省·（丽水市）·缙云县一带

【出处】上官旭昌讲，上官新友搜集整理：《扁鼓王劈地》（1985），见姚宝瑄主编《中国各民族神话》（汉族），太原：山西出版传媒集团·书海出版社2014年版，第18~20页。

W1850.1.1
撒土成为昆仑山

实例

（参见下级母题实例）

W1850.1.1.1
华胥撒土挡洪水时高的变成昆仑山

实例

汉族 华胥撒出去戊己丑未土，挡住了共工的水，高的就变成了昆仑山。

【流传】浙江省·湖州市·镇西乡·赵家坪（不详）

【出处】冯雨轩讲，钟铭采录：《华胥补天》，见中国民间文学集成全国编辑委员会编《中国民间故事集成》（浙江卷），北京：中国 ISBN 中心 1997 年版，第 18 页。

W1850.1.2
尸体变成昆仑山

实例

（参见下级母题实例）

W1850.1.2.1
盘古的尸体变成昆仑山

【关联】［W1843.5.2.1］盘古的尸体化成山丘

实例

汉族 盘古死后，身子变成昆仑山。

【流传】
(a) 浙江省·（金华市）·东阳县（东阳市）·青联乡·雅坑村
(b) 浙江省·（金华市）·东阳县（东阳市）

【出处】张宣元讲，周耀明采录：《盘古开天》，见中国民间文学集成全国编辑委员会编《中国民间故事集成》（浙江卷），北京：中国 ISBN 中心 1997 年版，第 15 页。

汉族 盘古死后，身子变成昆仑山。

【流传】浙江省·（金华市）·东阳县（东阳市）

【出处】张宣元讲述，周耀明搜集整理：《盘古王开天》，载《民间文学》1986 年第 11 期。

汉族 盘古生十万八千岁乃死。死后身化昆仑。

【流传】（浙江省东部一带）

【出处】《盘古王开天》，见袁珂《中国神话大词典》，北京：华夏出版社 2015 年版，第 390 页。

汉族 盘古活到十万八千岁，死后身子变成了昆仑山。

【流传】浙江省·（金华市）·东阳县（东阳市）

【出处】
(a) 张宣元讲，周耀明搜集整理：《盘古王开天》，见姚宝瑄主编《中国各民族神话》（汉族），太原：山西出版传媒集团·书海出版社 2014 年版，第 6~7 页。

汉族　盘古死了以后，身子变成了昆仑山。

【流传】河南省·（濮阳市）·濮阳县（五星乡）·西八里庄村

【出处】魏世敏（60岁）讲，魏盼先采录：《盘古开天》（1990.06），见张振犁编著《中原神话通鉴》（第一卷），郑州：河南大学出版社2017年版，第14页。

W1850.1.2.2
浪荡子的五节尸体化成昆仑山

实例

汉族　江沽的一个儿子浪荡子的五节尸体落到海底，化成昆仑山。

【流传】湖北省·神农架林区·松柏镇·堂房村

【出处】曹良坤讲，胡崇峻采录：《江沽养天育地》，见中国民间文学集成全国编辑委员会编《中国民间故事集成》（湖北卷），北京：中国ISBN中心1999年版，第3页。

W1850.1.3
掉下的天梭变成昆仑山

实例

普米族　一个仙女织云锦时不小心，失手掉了天梭。天梭穿过云层，落到了地上，变成了纳可穆玛山（昆仑山）。

【流传】云南省·（丽江市）·宁蒗（宁蒗彝族自治县）；四川省·（凉山彝族自治州）·木里（木里藏族自治县）

【出处】曹正初讲，章虹宇搜集整理：《石头阿祖和石头子孙》，载《山茶》1986年第5期。

W1850.1.4
特定的山生昆仑山

实例

（参见下级母题实例）

W1850.1.4.1
昆仑山是真主造的七座大山的后代

实例

塔吉克族　真主造出七座大山将大地稳稳压住。帕米尔高原上的"冰山之父"，就是这七座大山之首。现在的帕米尔山脉、天山、昆仑山脉都是七座大山的后代。

【流传】（新疆维吾尔自治区）

【出处】西仁·库尔班、段石羽搜集整理：《真主造大山》，见姚宝瑄主编《中国各民族神话》（乌孜别克族、哈萨克族、柯尔克孜族、俄罗斯族、维吾尔族、塔吉克族、塔塔尔族、锡伯族），太原：山西出版传媒集团·书海出版社2014年版，第279页。

W1850.1.5
特定肢体变成昆仑山

实例

（参见下级母题实例）

W1850.1.5.1
盘古的乳房变成昆仑山

实例

汉族 盘古死,目为日月,髭为星辰,眉为斗枢,九窍为九州,乳为昆仑。

【流传】(无考)

【出处】[唐]释澄观:《大方广佛华严经随疏演义钞》卷四二引《三王历》。

W1850.2
昆仑山的特征

【关联】

① [W1437.3.3] 通过昆仑山上天
② [W1450.3] 昆仑山是天梯

实例

(参见下级母题实例)

W1850.2.1
昆仑山有9层

实例

汉族 昆仑山有9层。

【流传】(无考)

【出处】《昆仑山》,见[晋]王嘉撰,[梁]萧绮录,齐治平校注:《拾遗记》卷一〇。

W1850.2.2
昆仑山每层相隔万里

实例

汉族 昆仑山有9层,每一层相去万里。

【流传】(无考)

【出处】《昆仑山》,见[晋]王嘉撰,[梁]萧绮录,齐治平校注:《拾遗记》卷一〇。

W1850.2.3
昆仑山的高度

【关联】

① [W1437.3.3] 通过昆仑山上天
② [W1450.3] 昆仑山是天梯
③ [W1850.2.5.5] 昆仑山通天

实例

(参见下级母题实例)

W1850.2.3.1
昆仑山高2500余里

实例

汉族 昆仑其高二千五百余里……其上有醴泉、瑶池。

【流传】(无考)

【出处】

(a)《史记·大宛列传》引《禹本纪》。

(b)《瑶池》,见袁珂《中国神话大词典》,北京:华夏出版社2015年版,第338页。

汉族 昆仑其高二千五百余里,日月所相避隐为光明也。

【流传】(无考)

【出处】

(a) [西汉]司马迁:《史记·大宛列传》引《禹本纪》。

(b)《昆仑》，见袁珂《中国神话大词典》，北京：华夏出版社2015年版，第197页。

W1850.2.3.2
昆仑山高1万1千余里

【实例】

汉族　昆仑山高一万一千多里。

【流传】（无考）

【出处】袁珂重述：《射日奔月》，原载袁珂《神异篇》，见陶阳、钟秀编《中国神话》（上），北京：商务印书馆2008年版，第279~288页。

W1850.2.3.3
昆仑山高万仞

【实例】

汉族　海内昆仑之虚，在西北，帝之下都。昆仑之虚，方八百里，高万仞。

【流传】（无考）

【出处】
(a)《山海经·海内西经》。
(b)《昆仑》，见袁珂《中国神话大词典》，北京：华夏出版社2015年版，第196页。

W1850.2.3a
昆仑山的方圆

【实例】

（参见下级母题实例）

W1850.2.3a.1
昆仑山方圆8百里

【实例】

汉族　海内昆仑之虚，方八百里。

【流传】（无考）

【出处】
(a)《山海经·海内西经》。
(b)《昆仑》，见袁珂《中国神话大词典》，北京：华夏出版社2015年版，第196页。

W1850.2.4
昆仑山山山相连

【关联】[W1830a] 山与山相连

【实例】

汉族　昆仑山山套山，山环山，山山不断；岭接岭，岭挨岭，岭岭相连。

【流传】淮河流域

【出处】常山讲述：《鲧王治水》，原载茆文斗搜集整理《河蚌姑娘》，见陶阳、钟秀编《中国神话》（上），北京：商务印书馆2008年版，第412~418页。

W1850.2.5
昆仑山是神山

【实例】

汉族　昆仑山，是西方的一座神山，黄帝住在这里，西王母也住在这里。

【流传】（无考）

【出处】袁珂重述：《射日奔月》，原载袁珂《神异篇》，见陶阳、钟秀编《中国神话》（上），北京：商务印书馆 2008 年版，第 279~288 页。

W1850.2.5.1
昆仑山有灵性

实例

普米族 天长日久，纳可穆玛山（昆仑山）受了日月的灵气，有了灵性。

【流传】云南省·（丽江市）·宁蒗（宁蒗彝族自治县）；四川省·（凉山彝族自治州）·木里（木里藏族自治县）

【出处】曹正初讲，章虹宇搜集整理：《石头阿祖和石头子孙》，载《山茶》1986 年第 5 期。

W1850.2.5.2
昆仑山生元气

实例

汉族 昆仑，山名也，在西北，元气所出。

【流传】（无考）

【出处】
（a）《楚辞·天问》王逸注。
（b）《县圃》，见袁珂《中国神话大词典》，北京：华夏出版社 2015 年版，第 162 页。

W1850.2.5.3
昆仑山可朝圣

实例

汉族 吉日辛酉，天子升于昆仑之邱，以观黄帝之宫。

【流传】（无考）

【出处】
（a）《穆天子传》卷二。
（b）《昆仑》，见袁珂《中国神话大词典》，北京：华夏出版社 2015 年版，第 196 页。

W1850.2.5.4
昆仑山是神的居所

【关联】
① ［W1850.3.9］昆仑宫
② ［W1850.3.5］昆仑山是仙人居所

实例

汉族 昆仑之丘，是实惟帝之下都，神陆吾司之。其神状虎身而九尾，人面而虎爪。是神也，司天之九部，及帝之囿时。有鸟焉，其名曰鹑鸟，是司帝之百服。

【流传】（无考）

【出处】
（a）《山海经·西次三经》。
（b）《昆仑》，见袁珂《中国神话大词典》，北京：华夏出版社 2015 年版，第 196 页。

W1850.2.5.5
昆仑山通天

实例

`汉族` 昆仑，山名也，在西北，元气所出。其巅曰县圃，乃上通于天也。

【流传】（无考）

【出处】
（a）《楚辞·天问》王逸注。
（b）《县圃》，见袁珂《中国神话大词典》，北京：华夏出版社2015年版，第162页。

W1850.2.6
昆仑山的形状

实例

（参见下级母题实例）

W1850.2.6.1
昆仑山呈五龙形

实例

`汉族` 昆仑山长成五龙形。

【流传】（无考）

【出处】陶阳根据《黑暗传》资料重述：《盘古老祖是龙之子》，见陶阳、钟秀编《中国神话》（中），北京：商务印书馆2008年版，第539~540页。

W1850.2.6.2
昆仑山会变形

实例

`普米族` 昆仑山在白天是一座大山，静静地躺在那里；到了晚上，她就变成了一个大姑娘，能说会唱。

【流传】云南省·（丽江市）·宁蒗（宁蒗彝族自治县）；四川省·（凉山彝族自治州）·木里（木里藏族自治县）

【出处】曹正初讲，章虹宇搜集整理：《石头阿祖和石头子孙》，载《山茶》1986年第5期。

W1850.2.7
昆仑山发光

实例

`汉族` 槐江之山，实惟帝之平圃，神招司英之，其状马身而人面，虎文而鸟翼，徇于四海，其音如榴。南望昆仑，其光熊熊，其气魂魂。

【流传】（无考）

【出处】
（a）《山海经·西次三经》。
（b）《县圃》，见袁珂《中国神话大词典》，北京：华夏出版社2015年版，第162页。

W1850.2.8
昆仑山有多层

实例

`汉族` 昆仑之丘，或上倍之，是谓凉

风之山，登之而不死；或上倍之，是谓悬圃，登之乃灵，能使风雨；或上倍之，乃维上天，登之乃神，是谓太帝（即天帝）之居。

【流传】（无考）

【出处】

（a）[汉]刘安及门客：《淮南子·地形训》。

（b）《天梯》，见袁珂《中国神话大词典》，北京：华夏出版社2015年版，第56页。

W1850.2.8.1
昆仑山有三级

实 例

汉族 昆仑之山三级：下曰樊桐，一名板桐；二曰玄圃，一名阆风；上曰层城，一名天庭。

【流传】（无考）

【出处】[北魏]郦道元：《水经注·河水一》。

W1850.2.8.1.1
昆仑山有樊桐、玄圃、天庭三级

实 例

汉族 三成为昆仑丘。曰："昆仑之山三级：下曰樊桐，一名板桐；二曰玄圃，一名阆风；上曰层城，一名天庭，是为太帝之居。"

【流传】（无考）

【出处】

（a）[北魏]郦道元：《水经注·河水一》引《昆仑记》。

（b）《县圃》，见袁珂《中国神话大词典》，北京：华夏出版社2015年版，第162页。

W1850.2.9
昆仑山的景物

实 例

（参见下级母题实例）

W1850.2.9.1
昆仑山的疏圃

实 例

汉族 倾宫、旋室、县圃、凉风、樊桐在昆仑阊阖之中，是其疏圃。

【流传】（无考）

【出处】

（a）[汉]刘安及门客：《淮南子·地形训》。

（b）《昆仑》，见袁珂《中国神话大词典》，北京：华夏出版社2015年版，第197页。

W1850.2.9.2
昆仑山有许多动物

实 例

汉族 （昆仑山）开明南有树鸟，六首；蛟、蝮、蛇、蜼、豹、鸟秩树，于表池树木，诵鸟、鹗、视肉。

【流传】（无考）

【出处】

（a）《山海经·海内西经》。

(b)《昆仑》,见袁珂《中国神话大词典》,北京:华夏出版社 2015 年版,第 196 页。

W1850.2.10
昆仑山有多个门

实例

(参见下级母题实例)

W1850.2.10.1
昆仑山有九门

实例

汉族　(昆仑山)上有木禾,长五寻,大五围。面有九井,以玉为槛。面有九门,门有开明兽守之。百神之所在。

【流传】(无考)
【出处】
(a)《山海经·海内西经》。
(b)《昆仑》,见袁珂《中国神话大词典》,北京:华夏出版社 2015 年版,第 196 页。

W1850.2.11
昆仑山多冰

【关联】[W1387.7.4.2] 女娲用昆仑山的冰补西北天

实例

汉族　(实例待考)

W1850.3
与昆仑山有关的其他母题

【关联】
① [W0678.3.1] 伏羲居住昆仑山
② [W0693.1] 黄帝居住昆仑山
③ [W0717.2.2] 女娲居住昆仑山
④ [W0812.5] 群仙居住昆仑山
⑤ [W1252.3.2] 息壤在昆仑山
⑥ [W1337.5.3] 天柱立在昆仑山
⑦ [W1978.5.3.1] 九井在昆仑

实例

(参见下级母题实例)

W1850.3.1
昆仑山的瑶池

【关联】[W1794.1.2] 瑶池在昆仑山上

实例

汉族

(参见 W1850.2.3.1 母题实例)

W1850.3.2
昆仑山原来很小

实例

蒙古族　很早的时候,昆仑山是一座山丘。

【流传】内蒙古自治区
【出处】阿拉穆斯等采录,胡尔查翻译:《旱獭子的来历》,见中国民间文学集成全国编辑委员会编《中国民间故事集成》(内蒙古卷),北京:中国IS-

BN 中心 2007 年版，第 365 页。

W1850.3.3
登昆仑山不死

实例

汉族 昆仑之丘，或上倍之，是谓凉风之山，登之而不死。

【流传】（无考）

【出处】［汉］刘安及门客：《淮南子·地形训》。

W1850.3.3.1
登昆仑之凉风山能不死

实例

汉族 凉风之山，登之而不死。

【流传】（无考）

【出处】［汉］刘安及门客：《淮南子·地形训》。

W1850.3.4
西王母治昆仑西北隅

实例

汉族 （实例待考）

W1850.3.5
昆仑山是仙人居所

【关联】［W1850.2.5.4］昆仑山是神的居所

实例

汉族

（参见 W1850.2.5.4 母题实例）

W1850.3.6
昆仑山是天心地胆所在

【关联】

① ［W1165］天心

② ［W1165.2］天心在昆仑山的中心

③ ［W1236a］地胆

实例

汉族 天心地胆在昆仑山的中心。

【流传】（无考）

【出处】陶阳根据《黑暗传》资料重述：《盘古老祖是龙之子》，见陶阳、钟秀编《中国神话》（中），北京：商务印书馆 2008 年版，第 539～540 页。

W1850.3.6.1
昆仑山在地中央

【关联】

① ［W1237c］地的中央

② ［W1337.5.3］天柱立在昆仑山

实例

汉族 昆仑者，地之中也。

【流传】（无考）

【出处】

(a)《汉唐地理书钞》辑《河图括地象》。

(b) 同(a)，见袁珂《中国神话大词典》，北京：华夏出版社 2015 年版，第 7 页。

W1850.3.7
有不同的昆仑山

实例

（参见下级母题实例）

W1850.3.7.1
特定的山叫昆仑山

实例

鄂伦春族 阿里河东南方向距卡仙洞有五十多里路的昆仑山山顶上。鄂伦春族老人管这个山叫"奇奇勒"也叫奇奇岭。后来又叫窟窿山和昆仑山。

【流传】内蒙古自治区·（呼伦贝尔市）·鄂伦春族自治旗

【出处】

（a）葛德宏讲，隋书金记录整理：《猎人柯阿汗》，见隋书金编《鄂伦春族民间故事选》，上海：上海文艺出版社1988年版。

（b）同（a），见姚宝瑄主编《中国各民族神话》（达斡尔族、鄂伦春族、鄂温克族、蒙古族），太原：山西出版传媒集团·书海出版社2014年版，第84~90页。

W1850.3.7.2
西昆仑山

实例

汉族 昆仑山有西方之昆仑。

【流传】（无考）

【出处】《昆仑》，见袁珂《中国神话大词典》，北京：华夏出版社2015年版，第197页。

W1850.3.7.3
东昆仑山

实例

汉族 昆仑有西方之昆仑，又有东南方之昆仑。

【流传】（无考）

【出处】《昆仑》，见袁珂《中国神话大词典》，北京：华夏出版社2015年版，第197页。

W1850.3.7.4
东海方丈即昆仑山

实例

汉族 东海方丈，亦有昆仑之称。

【流传】（无考）

【出处】

（a）［北魏］郦道元：《水经注·河水》。

（b）《昆仑》，见袁珂《中国神话大词典》，北京：华夏出版社2015年版，第197页。

W1850.3.8
昆仑竹山

实例

汉族 伏羲和女娲从树林里爬到昆仑竹山上，想在那里结成夫妻。

【流传】江西省·南昌（南昌市）

【出处】周仑讲，稚翁采录：《洪水的传说》，原载南昌市民间文学集成编委会编《南昌民间故事集成》，见陶阳、钟秀编《中国神话》（上），北京：商务印书馆2008年版，第475~477页。

W1850.3.9
昆仑宫

实 例

汉族 昆仑山有三角，其一角正东，名曰昆仑宫。其处有积金，为天墉城，面方千里，城上安金台五所，玉楼十二。

【流传】（无考）

【出处】

（a）［北魏］郦道元：《水经注·河水》引《十洲记》。

（b）《昆仑宫》，见袁珂《中国神话大词典》，北京：华夏出版社2015年版，第197页。

W1850.3.10
昆仑铜柱

实 例

（参见下级母题实例）

W1850.3.10.1
昆仑铜柱是天柱

【关联】［W1332.4.2a］用铜做天柱

实 例

汉族 昆仑之山，有铜柱焉。其高入天，所谓天柱也，围三千里，周圆如削。

【流传】（无考）

【出处】

（a）《神异经·中荒经》。

（b）《昆仑铜柱》，见袁珂《中国神话大词典》，北京：华夏出版社2015年版，第197页。

W1850.3.11
昆仑山顶称县圃

实 例

汉族 昆仑，山名也，在西北，元气所出。其巅曰县圃。

【流传】（无考）

【出处】

（a）《楚辞·天问》王逸注。

（b）《县圃》，见袁珂《中国神话大词典》，北京：华夏出版社2015年版，第162页。

W1851
五岳

实 例

（参见下级母题实例）

W1851.0
五岳的产生

实 例

（参见下级母题实例）

W1851.0.1
盘古化生五岳

【关联】
① ［W1167.2.2］盘古的四肢化为四极
② ［W1348.2.1.1］盘古的四肢变成地柱
③ ［W1819.6.1］盘古死后四肢变成山

【实例】
（参见下级母题实例）

W1851.0.1.1
盘古的四肢五体变成五岳

【实例】
汉族 盘古四肢五体，为四极五岳。
【流传】（无考）
【出处】《五运历年记》，见［清］马骕《绎史》卷一。

【实例】
畲族 盘古用他的四肢五体，造出了地下的四极和五岳。
【流传】畲族地区
【出处】《盘古》，钟后根据畲族蓝国运、蓝国根《畲族古老神话传说及人物》改写，见姚宝瑄主编《中国各民族神话》（高山族、黎族、畲族），太原：山西出版传媒集团·书海出版社2014年版，第84页。

W1851.0.1.2
盘古的头和四肢变成五岳

【实例】
汉族 盘古死后，头为东岳泰山，脚为西岳华山，肚为中岳崇山，左臂南岳衡山，右臂北岳恒山。
【流传】湖北省·神农架（神农架林区）
【出处】胡崇峻搜集整理：《黑暗传》，武汉：长江文艺出版社2002年版。

汉族 盘古为改造世界仆地而死，将自己的头和四肢变成五岳。
【流传】江苏省·（淮安市）·涟水县·南集乡·禹庄村
【出处】徐学尧讲，徐省生搜集整理：《世界的由来》（1983），见姚宝瑄主编《中国各民族神话》（汉族），太原：山西出版传媒集团·书海出版社2014年版，第24～28页。

W1851.0.1.3
盘古氏的头变成五岳

【实例】
汉族 盘古氏之死也，头为五岳。
【流传】（无考）
【出处】［唐］不题撰人：《灌畦暇语》。

W1851.0.1.4
盘古的身体变成五岳

【实例】
汉族 盘古顶天立地后，身体变成了五岳名山。
【流传】河南省·（驻马店市）·新蔡县·裳村乡
【出处】刘义（76岁，农民）讲，刘国富采录，龚国强采录整理：《盘古开天地的来历》（1987.09.05），见张振犁编著《中原神话通鉴》（第一卷），郑州：河南大学出版社 2017 年版，第 25 页。

W1851.0.1.5
盘古的身体和四肢变成五岳

实例

汉族 盘古临死时，四肢身体变为广阔的田野和五岳名山——东岳泰山、西岳华山、南岳衡山、北岳恒山、中岳嵩山。

【流传】河南省·登封市

【出处】《嵩山的来历》（据《述异记·盘古化物》整理），见张振犁编著《中原神话通鉴》（第一卷），郑州：河南大学出版社 2017 年版，第 12 页。

汉族 盘古开辟天地后，全身突然起了大变化。他的身体和四肢变成了五岳。

【流传】河南省·新乡市

【出处】马如心（50 岁）讲，马安中采录整理：《盘古开天地》（1986.08），见张振犁编著《中原神话通鉴》（第一卷），郑州：河南大学出版社 2017 年版，第 16~17 页。

W1851.0.1.6
盘古的五体变成五岳

实例

汉族 （盘古）垂死化身，四肢五体为四极五岳。

【流传】（无考）

【出处】

(a) 《五运历年记》，见［清］马骕《绎史》卷一。

(b) 《五运历年记》，见［明］董斯张《广博物志》卷九。

汉族 首生盘古，垂死化身，气成风云，声为雷霆，左眼为日，右眼为月，四肢五体为四极五岳。

【流传】（无考）

【出处】［宋］张澡：《元气论》。

W1851.0.2
盘古的五世孙分管五岳

实例

汉族 盘古的五世孙中，有金蝉氏和金虹氏两兄弟，弟弟为东岳之神。哥哥金蝉氏的 4 个儿子分管其他四岳。

【流传】（无考）

【出处】《大地之神后土娘娘》，见王德恒等《造神史话》，天津：百花文艺出版社 2002 年版，第 86~87 页。

W1851.0.3
女始祖造五岳

实例

（参见下级母题实例）

W1851.0.3.1
始祖婆伢侯造五岳

实例

水族 因为地上荒凉，始祖婆伢侯在丑年开始造山。伢俣造了五大山，东边泰山、西边华山、北面恒山、南面衡岳、中间嵩山。

【流传】（无考）

【出处】潘静流唱，燕宝记译，化斯改写：《伢俣开创世界》（原名《造天造地》），见姚宝瑄主编《中国各民族神话》（水族、布朗族、独龙族、基诺族、傈僳族），太原：山西出版传媒集团·书海出版社 2014 年版，第 7 页。

W1851.1
泰山（东岳）

【关联】［W1236.2.1］泰山居地的中心

实例

（参见下级母题实例）

W1851.1.0
特定人物造泰山

实例

（参见下级母题实例）

W1851.1.0.1
女始祖造泰山

实例

水族 因为地上荒凉，始祖婆伢俣在丑年开始造山。伢俣造了五大山，其中，东边是泰山。

【流传】（无考）

【出处】潘静流唱，燕宝记译，化斯改写：《伢俣开创世界》（原名《造天造地》），见姚宝瑄主编《中国各民族神话》（水族、布朗族、独龙族、基诺族、傈僳族），太原：山西出版传媒集团·书海出版社 2014 年版，第 7 页。

W1851.1.1
盘古的头化为东岳泰山

【关联】［W0720］盘古

实例

汉族 盘古氏头为东岳，腹为中岳，左臂为南岳。

【流传】（无考）

【出处】［南朝·梁］任昉：《述异记》。

汉族 盘古死后，头为东岳。

【流传】（无考）

【出处】［唐］不题撰人：《灌畦暇语》。

汉族 盘古死后，脑壳拱起成了东岳泰山。

【流传】湖南省·（衡阳市）·衡山县

【出处】彭祥三讲，彭玉成采录：《盘古与衡山》，见中国民间文学集成全国编辑委员会编《中国民间故事集成》（湖南卷），北京：中国 ISBN 中心 2002 年版，第 4 页。

汉族 盘古死后，头为东岳泰山。

【流传】湖北省·神农架（神农架林区）

【出处】胡崇峻搜集整理：《黑暗传》，武汉：长江文艺出版社 2002 年版。

W1851.1.1a
盘古的腔变成泰山
实例

汉族 盘古死，目为日月，髭为星辰，眉为斗枢，九窍为九州，乳为昆仑，膝为南岳，股为太山。

【流传】（无考）

【出处】[唐]释澄观：《大方广佛华严经随疏演义钞》卷四二引《三王历》。

W1851.1.2
泰山是地府
实例

汉族

（参见 W1082.9.1 母题实例）

W1851.1.3
泰山五岳独尊的来历
实例

（参见下级母题实例）

W1851.1.3.1
泰山是群山之祖
实例

汉族 泰山者，乃群山之祖，五岳之宗、天帝之孙、神灵之府也。

【流传】（无考）

【出处】秦子晋：《新编连相搜神广记·绘图三教源流搜神大全》（外二种），上海：上海古籍出版社1990年版。

W1851.1.3.2
泰山是五岳之祖
实例

汉族 泰山是天帝之孙，群灵之府，为五岳祖，主司人间生死贵贱之神。

【流传】（无考）

【出处】《五岳神》，见乌丙安主编《中国民间神谱》，沈阳：辽宁人民出版社2007年版，第28页。

W1851.1.4
泰山奶奶的来历
【关联】[W0773]碧霞元君

实例

汉族

（参见 W0773.5 母题实例）

W1851.1.5
泰山石敢当的来历
实例

（参见下级母题实例）

W1851.1.5.1
石敢当镇百鬼
实例

汉族 今人家正门适当巷陌桥道之冲，则立一小石将军或植一小石碑，镌其上曰"石敢当"以厌禳之。

【流传】（无考）

【出处】[元]陶宗仪：《辍耕录》卷

一七。

汉族 兴化军有石敢当碑，注云：庆历中，张纬宰莆田，再新县治，得一石铭。其文曰："石敢当，镇百鬼，压灾殃；官利福，百姓康。风教盛，礼乐张。唐大历五年县令郑押字记。"

【流传】（今福建莆田、仙游等地？）

【出处】［清］俞樾：《茶香室续钞》卷一九引［宋］王象之《舆地碑目记》。

W1851.1.6
大小泰山

实例

（参见下级母题实例）

W1851.1.6.1
小泰山称东泰山

实例

汉族 有小泰山称东泰山，故泰山为西泰山。

【流传】（无考）

【出处】《西泰山》，见袁珂《中国神话大词典》，北京：华夏出版社2015年版，第127页。

W1851.1.6.2
泰山又称西泰山

实例

汉族 昔者黄帝合鬼神于西泰山之上。

【流传】（无考）

【出处】

（a）《韩非子·十过》。

（b）《西泰山》，见袁珂《中国神话大词典》，北京：华夏出版社2015年版，第127页。

W1851.1.7
泰山是天帝孙

实例

（参见下级母题实例）

W1851.1.7.1
泰山又称天孙

实例

汉族 泰山，一曰天孙，言为天帝孙也，主召人魂魄。

【流传】（无考）

【出处】

（a）［晋］张华：《博物志·地》。

（b）《天孙》，见袁珂《中国神话大词典》，北京：华夏出版社2015年版，第54页。

汉族 泰山乃天帝之孙。

【流传】（无考）

【出处】《五岳神》，见乌丙安主编《中国民间神谱》，沈阳：辽宁人民出版社2007年版，第28页。

W1851.1.8
泰山为什么神多

实例

（参见下级母题实例）

W1851.1.8.1
泰山神多是因为集中了各地的神

实例

汉族 白氏郎（吕洞宾与情人白牡丹的私生子）提着能装神的葫芦，周游了天下的名山名水、庙宇、仙洞，把所有的神都装起来了，后来到了泰安神州后，放出了这些神。

【流传】（山东省·泰安一带）

【出处】程金富讲，张屯岭采录：《白氏郎的故事——泰山众神的由来》，原载陶阳编《泰山民间故事大观》，见陶阳、钟秀编《中国神话》（中），北京：商务印书馆 2008 年版，第 747~752 页。

W1851.1.9
泰山很高

【关联】［W1322.2.1］盘古在泰山上顶天

实例

（参见下级母题实例）

W1851.1.9.1
泰山顶通南天门

实例

汉族 泰山顶上能通南天门。

【流传】江苏省·（徐州市）·新沂市

【出处】叶炳南讲，张希贤整理：《追赶太阳》，见姚宝瑄主编《中国各民族神话》（汉族），太原：山西出版传媒集团·书海出版社 2014 年版，第 121~123 页。

W1851.1.9.2
泰山通天

实例

汉族 泰山是君主告成于天的封禅圣地，被人视为通天之所。

【流传】（无考）

【出处】《东岳》，见乌丙安主编《中国民间神谱》，沈阳：辽宁人民出版社 2007 年版，第 29 页。

W1851.1.10
与泰山有关的其他母题

实例

（参见下级母题实例）

W1851.1.10.1
福建的泰山

实例

水族 始祖婆伢俣造出的东边的泰山，把它落在福建（原文如此）。

【流传】（无考）

【出处】潘静流唱，燕宝记译，化斯改写：《伢俣开创世界》（原名《造天造地》），见姚宝瑄主编《中国各民族神话》（水族、布朗族、独龙族、基诺族、傈僳族），太原：山西出版传媒集团·书海出版社 2014 年版，第 7 页。

W1851.1.10.2
泰山管人的灵魂

实例

汉族 泰山，一曰天孙，言为天帝孙也，主召人魂魄。

【流传】（无考）

【出处】

（a）［晋］张华：《博物志·地》。

（b）《天孙》，见袁珂《中国神话大词典》，北京：华夏出版社2015年版，第54页。

W1851.1.10.2.1
泰山主召人魂魄

实例

汉族 泰山，一曰天孙，言为天帝孙也，主召人魂魄。

【流传】（无考）

【出处】［晋］张华：《博物志·地》。

汉族 泰山主招人魂魄。东方万物始成，知人生命之长短。

【流传】（无考）

【出处】［日］安居香山、中村璋八辑：《重修纬书集成》，东京：明德出版社1975年版。

W1851.2
衡山（南岳）

实例

汉族 （禹）北至人正之国，夏海之穷，衡山之上，犬戎之国，夸父之野。

【流传】（无考）

【出处】

（a）《吕氏春秋·求人》。

（b）《衡山》，见袁珂《中国神话大词典》，北京：华夏出版社2015年版，第356页。

W1851.2.0
特定人物造衡山

实例

（参见下级母题实例）

W1851.2.0.1
女始祖造衡山

实例

水族 始祖婆伢俣造了五大山，其中在南面和北边，她各造了一座山，北面的叫做恒山，南面的叫做衡岳。

【流传】（无考）

【出处】潘静流唱，燕宝记译，化斯改写：《伢俣开创世界》（原名《造天造地》），见姚宝瑄主编《中国各民族神话》（水族、布朗族、独龙族、基诺族、傈僳族），太原：山西出版传媒集团·书海出版社2014年版，第7页。

W1851.2.1
盘古的左胳膊化为衡山

实例

汉族 盘古死后，头为东岳，腹为中

1.7.3　与山有关的其他母题

岳，左臂为南岳。

【流传】（无考）

【出处】［唐］不题撰人：《灌畦暇语》。

> 汉族　盘古死后，左胳膊一摊开，就成了南岳衡山。

【流传】湖南省·（衡阳市）·衡山县

【出处】彭祥三讲，彭玉成采录：《盘古与衡山》，见中国民间文学集成全国编辑委员会编《中国民间故事集成》（湖南卷），北京：中国 ISBN 中心 2002 年版，第 4 页。

W1851.2.1.1
盘古氏的左臂为南岳

实例

> 汉族　盘古氏头为东岳，腹为中岳，左臂为南岳，右臂为北岳，足为西岳。

【流传】（无考）

【出处】［南朝·梁］任昉：《述异记》。

W1851.2.1a
盘古的膝变成南岳

实例

> 汉族　盘古死，目为日月，髭为星辰，眉为斗枢，九窍为九州，乳为昆仑，膝为南岳。

【流传】（无考）

【出处】［唐］释澄观：《大方广佛华严经随疏演义钞》卷四二引《三王历》。

W1851.2.2
动物变成衡山

实例

（参见下级母题实例）

W1851.2.2.1
仙鸟化为衡山

实例

> 汉族　仙鸟化成了"五岳独秀"的南岳衡山。

【流传】湖南省·（衡阳市）·衡山（衡山县）

【出处】姜培元讲，彭玉成采录：《五谷的来历》，见中国民间文学集成全国编辑委员会编《中国民间故事集成》（湖南卷），北京：中国 ISBN 中心 2002 年版，第 42 页。

W1851.2.3
衡山五岳独秀的来历

实例

（实例待考）

W1851.2.4
衡山为什么冬暖夏凉

实例

（参见下级母题实例）

W1851.2.4.1
蛟龙使衡山冬暖夏凉

实例

汉族 南岳的蛟龙就伏下不动，让地火发出热气，蒸得每个潭里、洞里都热烘烘的。所以南岳一直是冬暖夏凉。

【流传】（无考）

【出处】
（a）《八百蛟龙护南岳》，载《民间文学》1982年第7期。
（b）同（a），见姚宝瑄主编《中国各民族神话》（汉族），太原：山西出版传媒集团·书海出版社2014年版，第372～375页。

W1851.2.5
南海有衡山

实例

汉族 南海之内，有衡山。

【流传】（无考）

【出处】
（a）《山海经·海内经》。
（b）《衡山》，见袁珂《中国神话大词典》，北京：华夏出版社2015年版，第356页。

W1851.2.6
衡山有炎帝殿

实例

汉族 南岳衡山传为炎帝游息地，故其下有炎帝殿，上有祝融峰。

【流传】（无考）

【出处】《衡山》，见袁珂《中国神话大词典》，北京：华夏出版社2015年版，第356页。

W1851.2.7
与衡山有关的其他母题

实例

（参见下级母题实例）

W1851.2.7.1
衡山主掌星象分野

实例

汉族 衡山主掌星象分野、水族鱼龙。

【流传】（无考）

【出处】［明］冯应京：《月令广义》。

W1851.2.7.2
衡山管水族

实例

汉族 道教以为衡山主掌世界分野之地，兼督鳞甲水族龙鱼之事。

【流传】（无考）

【出处】《南岳》，见乌丙安主编《中国民间神谱》，沈阳：辽宁人民出版社2007年版，第30页。

W1851.3
嵩山（中岳）

实例

汉族 嵩山是中国五岳之一，位居五岳之中，便叫中岳嵩山。

【流传】河南省·登封市

【出处】《嵩山的来历》（据《述异记·盘古化物》整理），见张振犁编著《中原神话通鉴》（第一卷），郑州：河南大学出版社2017年版，第12页。

W1851.3.1
盘古的肚皮化生中岳嵩山

【关联】［W1977.3.1］神死后肚皮变龙潭

实 例

汉族 盘古死后，肚皮一挺起，就成了中岳嵩山。

【流传】湖南省·（衡阳市）·衡山县

【出处】彭祥三讲，彭玉成采录：《盘古与衡山》，见中国民间文学集成全国编辑委员会编《中国民间故事集成》（湖南卷），北京：中国ISBN中心2002年版，第4页。

汉族 盘古死后，肚为中岳嵩山。

【流传】湖北省·神农架（神农架林区）

【出处】胡崇峻搜集整理：《黑暗传》，武汉：长江文艺出版社2002年版。

W1851.3.1.1
盘古的肚子变成中岳

实 例

汉族 盘古氏头为东岳，腹为中岳。

【流传】（无考）

【出处】［南朝·梁］任昉：《述异记》。

汉族 盘古死后，头为东岳，腹为中岳。

【流传】（无考）

【出处】［唐］不题撰人：《灌畦暇语》。

W1851.3.1a
盘古的头和身子变成中岳嵩山

实 例

汉族 嵩山是上古时候开天辟地的盘古死后，他的头和身子变的。

【流传】河南省·登封市

【出处】《嵩山的来历》（据《述异记·盘古化物》整理），见张振犁编著《中原神话通鉴》（第一卷），郑州：河南大学出版社2017年版，第12页。

W1851.3.2
始祖婆伢侯造中岳嵩山

【关联】

① ［W1704.2.1］伢俣女神造星星

② ［W1851.0.3.1］始祖婆伢侯造五岳

实 例

水族 始祖婆伢侯造了五大山，其中造的一座叫嵩山，坐落在中间。

【流传】（无考）

【出处】潘静流唱，燕宝记译，化斯改写：《伢俣开创世界》（原名《造天造地》），见姚宝瑄主编《中国各民族神话》（水族、布朗族、独龙族、基诺族、傈僳族），太原：山西出版传媒集团·书海出版社2014年版，第

W1851.3.3
中岳泰室山

实例

汉族 泰室之山，其上有木焉，叶状如梨而赤理，其名曰栯木，服者不妒。注曰："即中岳嵩高山也，今在阳城县西。启母化为石而生启，在此山。"

【流传】（无考）

【出处】
（a）《山海经·中次七经》郭璞注。
（b）《泰室山》，见袁珂《中国神话大词典》，北京：华夏出版社2015年版，第262页。

W1851.3.4
中岳是神山

实例

汉族 中岳因临近洛水，被奉为神岳，尊嵩山神为天中王。

【流传】（无考）

【出处】《中岳》，见乌丙安主编《中国民间神谱》，沈阳：辽宁人民出版社2007年版，第32页。

W1851.3.5
嵩山是神

实例

（参见下级母题实例）

W1851.3.5.1
嵩山是主牛羊食啖之神

实例

汉族 嵩山为主宰土地山川、牛羊食啖之神。

【流传】（无考）

【出处】[明]冯应京：《月令广义》。

W1851.3.6
嵩山为什么高大

实例

（参见下级母题实例）

W1851.3.6.1
嵩山高大是因为它是由盘古的头变成的

【关联】[W1851.1.1]盘古的头化为东岳泰山

实例

汉族 盘古临死时，他的头和身子，躺在那儿比四肢哪个部位都高大，因此变成了嵩山。

【流传】河南省·登封市

【出处】《嵩山的来历》（据《述异记·盘古化物》整理），见张振犁编著《中原神话通鉴》（第一卷），郑州：河南大学出版社2017年版，第12页。

W1851.3.7
与嵩山有关的其他母题

实例

(参见下级母题实例)

W1851.3.7.1
嵩山为什么称中岳

实例

汉族　盘古临死时，他的头和身子变成了嵩山。因在四肢中间，后人就叫它中岳嵩山。

【流传】河南省·登封市

【出处】《嵩山的来历》（据《述异记·盘古化物》整理），见张振犁编著《中原神话通鉴》（第一卷），郑州：河南大学出版社2017年版，第12页。

W1851.4
华山（西岳、太华山）

实例

汉族　太华山谓西岳华山。以其西南有少华山，故名。

【流传】（无考）

【出处】《太华山》，见袁珂《中国神话大词典》，北京：华夏出版社2015年版，第52页。

W1851.4.1
盘古的脚化为西岳华山

实例

汉族　盘古氏头为东岳，腹为中岳，左臂为南岳，右臂为北岳，足为西岳。

【流传】（无考）

【出处】［南朝·梁］任昉：《述异记》。

汉族　盘古死后，头为东岳，腹为中岳，左臂为南岳，右臂为北岳，足为西岳。

【流传】（无考）

【出处】［唐］不题撰人：《灌畦暇语》。

汉族　盘古死后，脚为西岳华山。

【流传】湖北省·神农架（神农架林区）

【出处】胡崇峻搜集整理：《黑暗传》，武汉：长江文艺出版社2002年版。

W1851.4.2
盘古的脚趾化为西岳华山

实例

汉族　盘古死后，脚趾向上伸得笔直，成了西岳华山。

【流传】湖南省·（衡阳市）·衡山县

【出处】彭祥三讲，彭玉成采录：《盘古与衡山》，见中国民间文学集成全国编辑委员会编《中国民间故事集成》（湖南卷），北京：中国ISBN中心2002年版，第4页。

W1851.4.3
与华山有关的其他母题

【关联】

① ［W1246.4.6.1］水帘洞在华山

② ［W1839.2.1］华山是玉帝花园的使者

③ ［W1844.4.3］华山峰

W1851.4.3.1
华山在燕国

实例

水族 始祖婆伢俣造了五大山，其中西边是华山，她把它放在燕国。

【流传】（无考）

【出处】潘静流唱，燕宝记译，化斯改写：《伢俣开创世界》（原名《造天造地》），见姚宝瑄主编《中国各民族神话》（水族、布朗族、独龙族、基诺族、傈僳族），太原：山西出版传媒集团·书海出版社2014年版，第7页。

W1851.4.3.2
华山高5千仞

实例

汉族 太华之山，削成而四方，其高五千仞，其广十里，鸟兽莫居。

【流传】（无考）

【出处】
(a)《山海经·西山经》。
(b)《太华山》，见袁珂《中国神话大词典》，北京：华夏出版社2015年版，第52页。

W1851.4.3.3
华山掌管金银铜铁

实例

汉族 华山掌管金银铜铁。

【流传】（无考）

【出处】[明]冯应京：《月令广义》。

W1851.5
恒山（北岳）

实例

（参见下级母题实例）

W1851.5.1
盘古的右胳膊化为北岳恒山

实例

汉族 盘古死后，头为东岳，腹为中岳，左臂为南岳，右臂为北岳。

【流传】（无考）

【出处】[唐]不题撰人：《灌畦暇语》。

汉族 盘古死后，右胳膊一弯起，成了北岳恒山。

【流传】湖南省·（衡阳市）·衡山县

【出处】彭祥三讲，彭玉成采录：《盘古与衡山》，见中国民间文学集成全国编辑委员会编《中国民间故事集成》（湖南卷），北京：中国ISBN中心2002年版，第4页。

W1851.5.1.1
盘古氏的右臂为北岳

实例

汉族 盘古氏头为东岳，腹为中岳，左臂为南岳，右臂为北岳。

【流传】（无考）

【出处】[南朝·梁]任昉：《述异记》。

W1851.5.2
女始祖造恒山

【关联】[W1804.8]祖先造山

实例

水族　始祖婆忇俣造了五大山,其中南面和北边,她各造了一座山,北面的叫做恒山。

【流传】(无考)

【出处】潘静流唱,燕宝记译,化斯改写:《忇俣开创世界》(原名《造天造地》),见姚宝瑄主编《中国各民族神话》(水族、布朗族、独龙族、基诺族、傈僳族),太原:山西出版传媒集团·书海出版社2014年版,第7页。

W1851.5.3
与北岳恒山有关的其他母题

实例

(参见下级母题实例)

W1851.5.3.1
北岳最早在河北曲阳

实例

汉族　最初北岳是指河北曲阳县西北之恒山。

【流传】(无考)

【出处】《北岳》,见乌丙安主编《中国民间神谱》,沈阳:辽宁人民出版社2007年版,第31页。

W1851.5.3.2
恒山主宰江河淮济

实例

汉族　恒山主宰江河淮济、四足负荷等事。

【流传】(无考)

【出处】[明]冯应京:《月令广义》。

W1851.6
与五岳有关的其他母题

实例

(参见下级母题实例)

W1851.6.1
五岳各放一国

实例

水族　始祖婆忇俣造了东西南北中五座大山(五岳),忇俣把它各放在一国。

【流传】(无考)

【出处】潘静流唱,燕宝记译,化斯改写:《忇俣开创世界》(原名《造天造地》),见姚宝瑄主编《中国各民族神话》(水族、布朗族、独龙族、基诺族、傈僳族),太原:山西出版传媒集团·书海出版社2014年版,第7页。

W1851.6.2
三山五岳

实例

(参见下级母题实例)

W1851.6.2.1
盘古的头和四肢化作三山五岳

实 例

汉族 盘古死了，倒在地上，头和四肢化作三山五岳。

【流传】河南省·（南阳市）·新野县

【出处】曹学典讲，曹宝泉采录：《盘古爷开天》，见张振犁编著《中原神话通鉴》（第一卷），郑州：河南大学出版社2017年版，第34页。

W1852
其他特定的山

【关联】［W9960］特定风物的来历

实 例

（参见下级母题实例）

W1852.1
黄山

实 例

汉族 （黄山）称为轩辕栖真之地。唐天宝以前曰黟山。

【流传】（无考）

【出处】

(a)《古今图书集成·山川典》卷八七引《图经》。

(b)《黄山》，见袁珂《中国神话大词典》，北京：华夏出版社2015年版，第288页。

W1852.1.1
黄山的来历

实 例

汉族 （实例待考）

W1852.1.2
黄山36峰

实 例

汉族 黄山三十六峰，在县南三十里，高一千一百余丈，盘亘三百里。

【流传】（无考）

【出处】

(a)《古今图书集成·山川典》卷八七引《太平县志》。

(b)《黄山》，见袁珂《中国神话大词典》，北京：华夏出版社2015年版，第288页。

W1852.1.3
黄山因黄帝得名

【关联】

① ［W0690］黄帝

② ［W6873］与神或神性人物命名有关的其他母题

实 例

（参见下级母题实例）

W1852.1.3.1
因黄帝炼丹的黟山改名黄山

【关联】［W0791.3.4］太上老君炼丹

实例

汉族 因黟山为黄帝炼丹地，后人遂改黟山为黄山。

【流传】（无考）

【出处】《黄山的来历》，原载《中国地方风物传说选》（二），见袁珂《中国神话大词典》，北京：华夏出版社 2015 年版，第 389 页。

W1852.1.3.2
因黄帝游黟山遂改名黄山

实例

汉族 轩辕问道于浮丘公，曰："愿抠衣躬侍修炼。"浮丘公曰："江南黟山，神仙所居。有古木灵药，其泉香美清温，冬夏无变，沐浴饮者，万病全却。"因与容成子、浮丘公同游于此，故又名黄山。

【流传】（无考）

【出处】

（a）《古今图书集成·山川典》卷八七引《神仙传》。

（b）《黄山》，见袁珂《中国神话大词典》，北京：华夏出版社 2015 年版，第 288 页。

W1852.2
庐山

实例

汉族 （实例待考）

W1852.3
五指山

实例

（参见下级母题实例）

W1852.3.1
海南五指山的来历

实例

（参见下级母题实例）

W1852.3.1.0
海南以前没有五指山

实例

黎族 从前，海南岛原是一片平原，岛上没有五指山。

【流传】海南省·（三亚市）·保亭县（保亭黎族苗族自治县）

【出处】

（a）容斯焕整理：《五指山传说》，见广东民族学院中文系编《黎族民间故事选》，上海：上海文艺出版社 1983 年版。

（b）同（a），见姚宝瑄主编《中国各民族神话》（高山族、黎族、畲族），太原：山西出版传媒集团·书海出版社 2014 年版，第 64 页。

W1852.3.1.1
五个兄弟的坟墓变成五指山

实例

黎族 五个兄弟的坟墓变成五指山。

【流传】海南省·（三亚市）·保亭县（保亭黎族苗族自治县）

【出处】荣斯焕整理：《五指山的传说》，见中华民族故事大系编委会编《中华民族故事大系》第7卷（黎族、傈僳族、佤族），上海：上海文艺出版社1995年版，第18~19页。

黎族　人们为了怀念一对夫妻的五个儿子，便把埋他们尸体的五座山叫"五子山"。又因为五子山直竖着像五只手指一样，就把它称为"五指山"。

【流传】海南省·（三亚市）·保亭县（保亭黎族苗族自治县）

【出处】
（a）容斯焕整理：《五指山传说》，见广东民族学院中文系编《黎族民间故事选》，上海：上海文艺出版社1983年版。
（b）同（a），见姚宝瑄主编《中国各民族神话》（高山族、黎族、畲族），太原：山西出版传媒集团·书海出版社2014年版，第65页。

W1852.3.1.2
雷公的兄弟推出五指山

实例

黎族　为了天地的稳定，雷公的兄弟推出五指山。

【流传】海南省·（三亚市）·保亭县（保亭黎族苗族自治县）、琼中县

【出处】王知会讲，谢盛圻整理：《五指山与七指岭》，见中华民族故事大系编委会编《中华民族故事大系》第7卷（黎族、傈僳族、佤族），上海：上海文艺出版社1995年版，第20页。

黎族　为防止天地倒覆，雷公的兄弟扬叉和法耶凝奉命下凡，挑土搬石堆山压地，其中扬叉堆了五座连绵的山峰，这就是五指山。

【流传】（海南省）

【出处】
（a）王知会讲，谢盛圻搜集整理：《五指山与七指岭》，见广东民族学院中文系编《黎族民间故事选》，上海：上海文艺出版社1983年版。
（b）同（a），见姚宝瑄主编《中国各民族神话》（高山族、黎族、畲族），太原：山西出版传媒集团·书海出版社2014年版，第52页。

W1852.3.1.3
五指山是神的巨掌

【关联】[W079.4]与神的手臂有关的其他母题

实例

黎族　大力神临死前怕天再倒塌，便又撑起他的巨掌，变成擎天柱，把天牢牢擎住，就是传说中那巍然屹立的五指山。

【流传】海南省五指山一带

【出处】
（a）林大陆讲，龙敏、林树勇、陈大平整理：《大力神》，见广东民族学院中文系编《黎族民间故事选》，上海：上海文艺出版社1983年版。

1.7.3 与山有关的其他母题 ‖W1852.3.1.4–W1852.3.3.1‖

（b）同（a），见姚宝瑄主编《中国各民族神话》（高山族、黎族、畲族），太原：山西出版传媒集团·书海出版社 2014 年版，第 49 页。

黎族 大力神临死，犹恐天塌，乃伸其巨掌，高举中天。相传彼巍然屹立之五指山，即黎族祖先英雄大力神巨手之所化。

【流传】（海南省？）

【出处】袁珂改编：《大力神》，原载谷德明编《中国少数民族神话选》，见袁珂《中国神话大词典》，北京：华夏出版社 2015 年版，第 507 页。

W1852.3.1.4
女子的手变成五指山

实例

黎族 翠花姑娘斗妖时，山头惟见姑娘高举巨臂之五指，已化为山形之石柱。后人为纪念姑娘除妖之德，因改称郭山为五指山。

【流传】（海南省？）

【出处】袁珂改编：《五指山》（原名《五指山的由来》），原载王越辑《五指山的传说》，见袁珂《中国神话大词典》，北京：华夏出版社 2015 年版，第 507 页。

W1852.3.2
其他地区五指山的来历

实例

（参见下级母题实例）

W1852.3.2.1
5 个孩子变成五指山

实例

壮族 布洛陀和姆六甲的 5 个孩子变成五指山。

【流传】广西壮族自治区·（百色市）·田阳县·百育乡·六联村·那贯屯

【出处】黄公开堂讲：《敢壮山与五指山的来历》，见张声震总主编，农冠品编注《壮族神话集成》，南宁：广西民族出版社 2007 年版，第 169 页。

W1852.3.3
与五指山有关的其他母题

【关联】［W1843.7.5］七指岭

实例

（参见下级母题实例）

W1852.3.3.1
五指山原名邪山

实例

黎族 五指山原名邪山。若干年前，山上忽出妖王，专以食人为生，附近居民皆惊惧惺恐。

【流传】（海南省？）

【出处】袁珂改编：《五指山》（原名《五指山的由来》），原载王越辑《五指山的传说》，见袁珂《中国神话大词典》，北京：华夏出版社 2015 年版，第507页。

W1852.3.3.2
五指山一带原来是平原

实例

黎族 昔海南岛无五指山，唯一片平原。

【流传】（海南省？）

【出处】袁珂改编：《五指山》（原名《五指山的由来》），原载广东民族学院中文系编《黎族民间故事选》，见袁珂《中国神话大词典》，北京：华夏出版社2015年版，第507页。

W1852.3.3.3
五子山后来称为五指山

实例

黎族 四野之熊、豹、毒蜂、白蚁、恶鸟等齐奔飞而来，啮亚尾及海贼俱死，且搬来泥土与岩石，葬五子之尸，垒成高山五座。其后人因怀念五子，遂名山曰五子山。后又因其形似五指之矗立，乃又名之曰五指山。

【流传】（海南省？）

【出处】袁珂改编：《五指山》（原名《五指山的由来》），原载广东民族学院中文系编《黎族民间故事选》，见袁珂《中国神话大词典》，北京：华夏出版社2015年版，第507页。

W1852.4
长白山

【关联】[W5641.6] 满洲起源于长白山某个特定的地方

实例

（参见下级母题实例）

W1852.4.0
特定人物造长白山

实例

（参见下级母题实例）

W1852.4.0.1
禹王爷担石造9节长白山

【关联】
① [W0751] 禹（大禹）
② [W1852.6.35.1] 大禹造砥柱山

实例

汉族 （禹王爷）白黑不住歇，一天一夜挑三十担。他用了三天三夜的功夫，挡住了南地的大水。这九十担石头，后来就变成了九节长白山。

【流传】（无考）

【出处】*《长白山》，原载《中国民间故事选（第一集）·禹王爷和长白山》，见袁珂《中国神话大词典》，北京：华夏出版社2015年版，第377页。

W1852.4.1
长白山是神山

【关联】[W0956] 神山

1.7.3 与山有关的其他母题

【实例】

满族（实例待考）

W1852.4.2
长白山是圣山

【关联】［W1839.1］圣山

【实例】

满族 因为黑龙在天池救了女真族的祖先，所以到女真的后裔满族，还一直把长白山当作圣山。

【流传】黑龙江省·（哈尔滨市）·双城（双城区）一带

【出处】赵焕讲，王宏刚、马亚川、程迅整理：《女真族传说》（1982），见乌丙安、李文刚等编《满族民间故事选》，上海：上海文艺出版社1983年版。

（b）同（a），见姚宝瑄主编《中国各民族神话》（满族、赫哲族、朝鲜族），太原：山西出版传媒集团·书海出版社2014年版，第40～43页。

W1852.4.3
长白山为什么药材多

【关联】［W6240］与药的产生有关的其他母题

【实例】

（参见下级母题实例）

W1852.4.3.1
长白山药材多是仙女撒下的

【实例】

满族 日吉纳（满语，杜鹃花）姑娘降伏了火魔后，被天帝和王母收做了女儿，成了七仙女。但日吉纳怀念长白山和乡亲们，便向长白山撒下了大把种子。这些种子后来长出了许许多多珍奇的药材来，千秋万代地帮助人们除灾治病。

【流传】吉林省

【出处】

（a）佟畤、曾层搜集整理：《日吉纳姑娘》，见乌丙安、李文刚等编《满族民间故事选》，上海：上海文艺出版社1983年版。

（b）同（a），见姚宝瑄主编《中国各民族神话》（满族、赫哲族、朝鲜族），太原：山西出版传媒集团·书海出版社2014年版，第91～95页。

W1852.5
九华山

【实例】

（参见下级母题实例）

W1852.5.1
蜈蚣精化为九华山

【关联】［W0533］蜈蚣神（蜈蚣精）

【实例】

汉族 ☆蜈蚣精化成了一座长长的山，这山就是九华山。

【流传】江苏省·南京（南京市）

【出处】《金鸡和蜈蚣》，见《南京的传说》（中国地方风物传说之十），上海：上海文艺出版社1984年版，第17页。

W1852.6

其他特定的山的来历

实例

（参见下级母题实例）

W1852.6.0

阿里山

实例

（参见下级母题实例）

W1852.6.0.1

阿里山本名秃山

实例

高山族 昔阿里山本名秃山，缘山上山下不生草木。

【流传】（台湾嘉义县？）

【出处】袁珂改编：《阿里山》，原载陶阳、钟秀编《中国神话》，见袁珂《中国神话大词典》，北京：华夏出版社2015年版，第526页。

W1852.6.1

苍山

实例

（参见下级母题实例）

W1852.6.1.1

盘古死后左脚变成苍山

【关联】[W1816.2]盘古变成山

实例

白族 盘古死后，观音的手指到哪里，他就变到哪里，他的左脚变成苍山。

【流传】

（a）云南省·（大理白族自治州）·大理（大理市）、洱源县等地

（b）云南省·（大理白族自治州）·洱源县

【出处】

（a）杨国政讲，杨亮才采录：《开天辟地》，见中国民间文学集成全国编辑委员会编《中国民间故事集成》（云南卷），北京：中国ISBN中心2003年版，第9页。

（b）同（a），见谷德明编《中国少数民族神话》，北京：中国民间文艺出版社1987年版，第293页。

白族 盘古死时，两手两脚变成四座大山，其中左脚变了点苍山。

【流传】云南省·（大理白族自治州）·大理（大理市）、洱源（洱源县）、剑川（剑川县）等地

【出处】杨国政讲，杨亮才记录整理：《开天辟地》，原载《云南民间故事选》（不详），见姚宝瑄主编《中国各民族神话》（白族、拉祜族、景颇族），太原：山西出版传媒集团·书海出版社2014年版，第6页。

W1852.6.2

骊山

【关联】

① [W0768.6]骊山老母

② [W1388.4.1.1]骊山老母补天的地方是骊山

实例

(参见下级母题实例)

W1852.6.2.1
骊山是二郎神挑来的

【关联】[W1809.13.1] 二郎神担山追日时挑来山

实例

汉族 现在的临潼骊山是二郎当年追太阳时担来的。

【流传】陕西省·（咸阳市）·彬县·小章乡·赵寨村

【出处】池老犟讲，纪笑强采录：《二郎神担山压太阳》，见中国民间文学集成全国编辑委员会编《中国民间故事集成》（陕西卷），北京：中国ISBN中心1996年版，第21页。

W1852.6.3
九龙山

实例

汉族 盘古爷、盘古奶在山上捆住作恶的九条龙，这座山既叫盘古山，又叫九龙山。因为盘古爷在这座山降住九条龙。

【流传】河南省·（南阳市）·桐柏县·二郎乡·山六里村（采录地点：桐柏县盘古山三月三盘古神话说讲会）

【出处】李天刚（22岁，中专）讲，马卉欣、殷润璞录音采录，马卉欣整理：《盘古和猴子》（1989.04.08），见张振犁编著《中原神话通鉴》（第一卷），郑州：河南大学出版社2017年版，第81页。

W1852.6.3.1
9条龙死后变成山叫九龙山

实例

羌族 9条龙死后变成山叫九龙山。

【流传】四川省·（绵阳市）·北川（北川县）

【出处】杨万兵讲，王羽中搜集：《大禹和端阳节》，见中华民族故事大系编委会编《中华民族故事大系》第11卷（达斡尔族、仫佬族、羌族），上海：上海文艺出版社1995年版，第722页。

W1852.6.4
天山

实例

(参见下级母题实例)

W1852.6.4.1
真主造天山

实例

(参见下级母题实例)

W1852.6.4.1.1
真主造的7座大山形成天山

实例

塔吉克族 真主造出七座大山，这七座

大山留下了许多后代。天山就是七座大山的后代。

【流传】新疆维吾尔自治区·（喀什地区）·塔什库尔干塔吉克自治县·提孜那甫乡

【出处】肉恰依克讲，西仁·库尔班等采录翻译：《山的神话》，见中国民间文学集成全国编辑委员会编《中国民间故事集成》（新疆卷），北京：中国ISBN中心2008年版，第25页。

W1852.6.5
峨眉山

实例

（参见下级母题实例）

W1852.6.5.1
祖先化身为峨眉山

实例

佤族　布伟（佤族祖先佤、万的第九个娃娃）化身为山，传说就是那峨眉山。

【流传】云南省·（普洱市）·西盟佤族自治县、澜沧拉祜族自治县等地

【出处】毕登程、隋嘎编著：《司岗里——佤族创世史诗》，昆明：云南出版集团公司·云南人民出版社2009年版，第53页。

W1852.6.5.2
峨眉山是仙山

【关联】[W0956a]仙山

实例

彝族（俚颇）　要找好叶，要找好草，草要嫩的草，叶要嫩的叶，就要到峨眉山去找。那里的草地野兽没有践踏过，因为那是神仙住的地方。

【流传】云南省·（楚雄彝族自治州）·大姚县·昙华山区（昙华乡）

【出处】
（a）陆颇梭颇（毕摩）演唱，夏光辅、诺海阿苏翻译：《俚泼古歌》，见云南省社会科学院楚雄彝族文化研究所编《彝族民间文学》第2辑，1985年。
（b）陆颇梭颇（毕摩）演唱，夏光辅、诺海阿苏翻译，古梅改写：《赤梅葛——俚泼古歌》，见姚宝瑄主编《中国各民族神话》（羌族、彝族），太原：山西出版传媒集团·书海出版社2014年版，第102~103页。

W1852.6.5.3
峨眉山离天三尺三

实例

汉族　四川有个峨眉山，离天只有三尺三。

【流传】四川省·成都市

【出处】张承业搜集整理：《天门石》，见姚宝瑄主编《中国各民族神话》（汉族），太原：山西出版传媒集团·书海出版社2014年版，第82~84页。

W1852.6.6
不死山

【关联】[W0959.2]不死水

1.7.3 与山有关的其他母题

实 例

汉族

（参见 W1852.6.20 母题实例）

W1852.6.7
红石山

【关联】［W1864.1］红石

实 例

（参见下级母题实例）

W1852.6.7.1
英雄变成一座红石山

实 例

裕固族 战雪妖的莫拉，最后变成一座红石山。

【流传】（无考）

【出处】《莫拉》，见杨进智《裕固族研究论文集》，兰州：兰州大学出版社 1996 年版，第 349~350 页。

W1852.6.8
金山

【关联】［W1981.4c.1］金子生金子

实 例

景颇族 第二天早上，太阳出来，照在东山上，东山闪金光，东山变成了金子山；照到西山上，西山闪银光，西山变成了银子山。

【流传】（云南省·德宏傣族景颇族自治州）

【出处】

（a）云南省德宏州民族文学调查队搜集，段胜鸥、周兴渤整理：《一个头儿》，见《景颇族民间故事选》，上海：上海文艺出版社出版 1991 年版。

（b）同（a），见姚宝瑄主编《中国各民族神话》（白族、拉祜族、景颇族），太原：山西出版传媒集团·书海出版社 2014 年版，第 245 页。

W1852.6.8.1
无极造金山

【关联】［W1804.12.3］无极造山

实 例

汉族 （实例待考）

苗族 天生无极，无极造山的时候，先造了金山。

【流传】湖南省苗族地区

【出处】龙王六演唱，龙炳文翻译：《开天立地》，苗地根据《楚风》刊登的《苗族古歌》的第一部分《开天日立》改写，见姚宝瑄主编《中国各民族神话》（布依族、仡佬族、苗族），太原：山西出版传媒集团·书海出版社 2014 年版，第 129~130 页。

W1852.6.8.2
金山有金子

实 例

汉族 老头到金山里取金子，这些金山上的金子到地上还会生出金子。

【流传】辽宁省·（葫芦岛市）·建昌县·二道湾子（二道湾子蒙古族乡）一带

【出处】谢林德讲，冷朝阳记录：《月亮的传说》，见姚宝瑄主编《中国各民族神话》（汉族），太原：山西出版传媒集团·书海出版社2014年版，第269～271页。

汉族 老人家骑上蝇甩子变成的大鹏鸟，到金山里取金子。

【流传】辽宁省·（葫芦岛市）·建昌县·二道湾子（二道湾子蒙古族乡）一带

【出处】谢林德讲，冷朝阳记录：《月亮的传说》，见姚宝瑄主编《中国各民族神话》（汉族），太原：山西出版传媒集团·书海出版社2014年版，第269～271页。

W1852.6.9
银山

实例

（参见下级母题实例）

W1852.6.9.1
无极造银山

【关联】
① ［W1804.12.3］无极造山
② ［W1852.6.8.1］无极造金山

实例

苗族 天生无极，无极造山的时候，先造了金山，然后才造银山。

【流传】湖南省苗族地区

【出处】龙王六演唱，龙炳文翻译：《开天立地》，苗地根据《楚风》刊登的《苗族古歌》的第一部分《开天日立》改写，见姚宝瑄主编《中国各民族神话》（布依族、仡佬族、苗族），太原：山西出版传媒集团·书海出版社2014年版，第129～130页。

W1852.6.9.2
银山上全是白金

【关联】［W1981.5.5］白金

实例

汉族 西南有银山焉，长五十余里，广四五里，高百余丈，皆悉白金，不杂土石，不生草木。

【流传】（无考）

【出处】
（a）《艺文类聚》卷八三引东方朔《神异经》。
（b）《银山》，见袁珂《中国神话大词典》，北京：华夏出版社2015年版，第297页。

W1852.6.10
䃌䃍钜山

实例

汉族 䃌䃍钜山为日月所入之山。

【流传】（无考）

【出处】
（a）《山海经·大荒西经》。
（b）《日月所入山》，见袁珂《中国神话大词典》，北京：华夏出版社2015年版，第64页。

1.7.3 与山有关的其他母题　　‖W1852.6.11–W1852.6.13‖　**2665**

W1852.6.11

八宝山

实例

汉族（实例待考）

W1852.6.12

八公山

实例

汉族（淝水）北对八公山，山上有淮南王刘安庙。

【流传】（安徽省·凤台县）

【出处】

(a)［北魏］郦道元：《水经注·淝水》。

(b) 同(a)，见袁珂《中国神话大词典》，北京：华夏出版社2015年版，第7页。

W1852.6.12a

八子山

实例

汉族　盘古走遍了天涯海角，天南地北，把八个儿子的灵魂全部找回，埋在石狮子山南边。现在，盘古山以南三十里的"八子山"还在。

【流传】河南省·（南阳市）·桐柏县·（安棚乡、固县镇、大河乡、二郎山乡、月河镇金桥村等地）；（湖北省·随州市·随县·小林镇）

【出处】姚义雨、郑昌寿、黄发美、陈鸣声、刘太举、胡安辰、方家义、曹衔玉等讲，马卉欣采录整理：《盘古开天》，见张振犁编著《中原神话通鉴》（第一卷），郑州：河南大学出版社2017年版，第58页。

W1852.6.13

白鹤山

实例

汉族（永兴）县东南十八里有射的山。射的山南，水中有白鹤山。鹤为仙人取箭，曾刮壤寻索，遂成此山。

【流传】（无考）

【出处】

(a) 鲁迅：《会稽郡故书杂集》辑《孔灵符会稽记》。

(b)《白鹤山》，见袁珂《中国神话大词典》，北京：华夏出版社2015年版，第111页。

汉族　郡（临海郡，今浙江省临海县）西北有白鹤山，周回六十里，高三百丈，有池水悬注，遥望如倒挂白鹤，因以为客。古传云：此山昔有晨飞鹄，入会稽雷门鼓中，于是雷门鼓鸣，洛阳闻之。孙恩时，斫此鼓，见白鹤飞出，翱翔人云，此后鼓无复远声。

【流传】（无考）

【出处】

(a)《艺文类聚》卷九〇引《临海记》。

(b)《白鹤山》，见袁珂《中国神话大词典》，北京：华夏出版社2015年版，第111页。

W1852.6.14
白马山

实例

汉族 白马山下，常有白马群行，悲鸣则河决，驰走则山崩。

【流传】（无考）
【出处】
(a)《汉唐地理书钞》辑《荣氏遁甲开山图》。
(b)《白马山》，见袁珂《中国神话大词典》，北京：华夏出版社2015年版，第110页。

W1852.6.14.1
马山

实例

（参见下级母题实例）

W1852.6.14.1.1
马化为马山

实例

汉族 刁马狂逃至太湖滩而死，化为一山，即今之马山。

【流传】（无考）
【出处】袁珂改编：《大阿福》，原载江苏省民间文学工作者协会苏州市分会编《太湖传说故事》，见袁珂《中国神话大词典》，北京：华夏出版社2015年版，第373页。

W1852.6.14.2
金马山

实例

汉族 金马山，在柘东城，螺山南二十余里，高百余丈，与碧鸡山东南西北相对。

【流传】（柘东城？今云南省·昆明市）
【出处】[唐]樊绰：《蛮书》卷二。

W1852.6.15
白水山

【关联】[W1920.1.2]白水出白水山

实例

汉族 有白水山，白水出焉，而生白渊，昆吾之师所浴也。

【流传】（无考）
【出处】
(a)《山海经·大荒南经》。
(b)《白水》，见袁珂《中国神话大词典》，北京：华夏出版社2015年版，第108页。

W1852.6.16
百鸟山

实例

汉族 新平县城西北角有一座大山，每年秋夜百鸟就云集在这里，人们叫它"百鸟山"。

【流传】（云南省·玉溪市·新平彝族傣族自治县）

【出处】李友祥讲，吴成贵搜集整理：《百鸟山》，见姚宝瑄主编《中国各民族神话》（羌族、彝族），太原：山西出版传媒集团·书海出版社 2014 年版，第 265 页。

W1852.6.17
百丈山

实例

汉族　百丈山，在昌化（今属浙江省，临安县西），一名潜山。尧时洪水，此山潜而不没，其高在水面犹百丈。

【流传】（无考）

【出处】

（a）[明] 陈仁锡：《潜确类书》卷二十引《吴兴地志》。

（b）《百丈山》，见袁珂《中国神话大词典》，北京：华夏出版社 2015 年版，第 121 页。

W1852.6.18
半边山

【关联】[W1830] 山不相连的原因

实例

布依族　贵阳花溪有半边山，其临水之面为笔直峭壁，宛如神工鬼斧削成。

【流传】（无考）

【出处】《半边山》，原载贵州省社会科学院文学研究所编《布依族文学史》，见袁珂《中国神话大词典》，北京：华夏出版社 2015 年版，第 447 页。

W1852.6.19
笔架山

实例

（参见下级母题实例）

W1852.6.19.1
鼻子变成笔架山

【关联】[W1819.4.1] 盘古死后鼻子变成笔架山

实例

白族　盘古死后，观音的手指到哪里，他就变到哪里，他的鼻子变成了笔架山。

【流传】

（a）云南省·（大理白族自治州）·大理（大理市）、洱源县等地

（b）云南省·（大理白族自治州）·洱源县

【出处】

（a）杨国政讲，杨亮才采录：《开天辟地》，见中国民间文学集成全国编辑委员会编《中国民间故事集成》（云南卷），北京：中国 ISBN 中心 2003 年版，第 9 页。

（b）同（a），见谷德明编《中国少数民族神话》，北京：中国民间文艺出版社 1987 年版，第 293 页。

白族　盘古死后，按观音的指点变万物。他的鼻子变成了笔架山。

【流传】云南省·（大理白族自治州）·大理（大理市）、洱源（洱源

县）、剑川（剑川县）

【出处】杨国政讲，杨亮才记录整理：《开天辟地》，见中华民族故事大系编委会编《中华民族故事大系》第5卷（瑶族、白族、土家族），上海：上海文艺出版社1995年版，第319~320页。

白族 盘古死时，鼻子变成笔架山。

【流传】云南省·（大理白族自治州）·大理（大理市）、洱源（洱源县）、剑川（剑川县）等地

【出处】杨国政讲，杨亮才记录整理：《开天辟地》，原载《云南民间故事选》（不详），见姚宝瑄主编《中国各民族神话》（白族、拉祜族、景颇族），太原：山西出版传媒集团·书海出版社2014年版，第6页。

W1852.6.19.2
神放笔的地方变成笔架山

实例

汉族 （实例待考）

W1852.6.20
不死山

实例

汉族 流沙之东，黑水之间，有山名不死之山。

【流传】（无考）

【出处】

(a)《山海经·海内经》。

(b)《不死山》，见袁珂《中国神话大词典》，北京：华夏出版社2015年版，第44页。

W1852.6.20.1
不死山即员丘

实例

汉族 不死之山即员丘也。

【流传】（无考）

【出处】

(a)《山海经·海内经》郭璞注。

(b)《不死山》，见袁珂《中国神话大词典》，北京：华夏出版社2015年版，第44页。

W1852.6.21
不周山

【关联】

① ［W1326.2.4］不周山支天

② ［W1332.5.2.1］不周山是天柱

③ ［W1339.2.4.1］共工撞倒天柱不周山

④ ［W1789.2.1.1］天柱不周山的上端顶着天河

⑤ ［W1825.3.2.3］不周山是最高的山

实例

汉族 不周山的山形最是奇崛突兀，直上云霄。它原本是一根撑天的柱子，是身为上帝的颛顼维持他宇宙统治的主要凭借之一。

【流传】（无考）

【出处】《共工怒触不周山》，原载袁珂编译《中国神话故事》，见陶阳、钟

秀编《中国神话》（中），北京：商务印书馆 2008 年版，第 721～723 页。

W1852.6.21.1
不周山在西北方

实 例

汉族

（参见 W1852.6.21.4 母题实例）

W1852.6.21.2
不周山在昆仑西北

实 例

汉族 不周，山名，在昆仑西北。

【流传】（无考）

【出处】

(a)《楚辞·离骚》王逸注。

(b)《不周》，见袁珂《中国神话大词典》，北京：华夏出版社 2015 年版，第 44 页。

W1852.6.21.3
不周山在西北海之外

实 例

汉族 西北海之外，大荒之隅，有山而不合，名曰不周。

【流传】（无考）

【出处】

(a)《山海经·大荒西经》。

(b)《不周》，见袁珂《中国神话大词典》，北京：华夏出版社 2015 年版，第 44 页。

W1852.6.21.4
不周山是幽都之门

实 例

汉族 八纮之外，乃有八极。其中西北方曰不周之山，曰幽都之门。

【流传】（无考）

【出处】

(a)［汉］刘安及门客：《淮南子·地形训》。

(b) 同 (a)，见袁珂《中国神话大词典》，北京：华夏出版社 2015 年版，第 7 页。

W1852.6.21.5
不周山上的植物

实 例

汉族 饭之美者，玄山之禾，不周之粟。

【流传】（无考）

【出处】

(a)《吕氏春秋·本味》。

(b)《不周》，见袁珂《中国神话大词典》，北京：华夏出版社 2015 年版，第 44 页。

汉族 不周之山，爰有嘉果，其实如桃，其叶如枣，黄华而赤柎，食之不劳。

【流传】（无考）

【出处】

(a)《山海经·西次三经》。

(b)《不周》，见袁珂《中国神话大词

W1852.6.21.6
不周山名称的来历

实例

汉族 不周之山原为天柱，经共工触坏，始有"不周"之名。

【流传】（无考）

【出处】《不周》，见袁珂《中国神话大词典》，北京：华夏出版社 2015 年版，第 44 页。

W1852.6.22
常羊山（常阳山）

实例

（参见下级母题实例）

W1852.6.22.1
日月落常阳山

【关联】
① ［W1852.6.28.1］日月入大荒山
② ［W4870］日月的居所

实例

汉族 常羊山为日月所入之山。

【流传】（无考）

【出处】
(a)《山海经·大荒西经》。
(b)《日月所入山》，见袁珂《中国神话大词典》，北京：华夏出版社 2015 年版，第 64 页。

W1852.6.22.2
常阳山在大荒之中

实例

汉族 大荒之中，有山名曰常阳之山，日月所入。

【流传】（无考）

【出处】
(a)《山海经·大荒西经》。
(b)《常阳山》，见袁珂《中国神话大词典》，北京：华夏出版社 2015 年版，第 295 页。

W1852.6.23
承筐山

实例

（参见下级母题实例）

W1852.6.23.1
女娲生于承筐山

实例

汉族 任城县（山东省济宁市任城区），古之任国，太皞之后，风姓也。承筐山在县东南七十里，云女娲生处，今山下有女娲庙。

【流传】（无考）

【出处】
(a)《太平寰宇记》卷一四。
(b)《承筐山》，见袁珂《中国神话大词典》，北京：华夏出版社 2015 年版，第 414 页。

1.7.3 与山有关的其他母题

W1852.6.24
仇夷山

实 例

汉族 仇夷山（今甘肃省成县西）四绝孤立，太昊之治，伏羲生处。

【流传】（无考）

【出处】

（a）［宋］李昉：《太平御览》卷七八引《遁甲开山图》。

（b）《仇夷山》，见袁珂《中国神话大词典》，北京：华夏出版社2015年版，第70页。

W1852.6.25
大别山

实 例

（实例待考）

W1852.6.26
大虫山

实 例

汉族 大虫山，在州（梧州）东三里。

【流传】（无考）

【出处】［宋］王象之：《舆地纪胜》卷一〇八《景物下》。

实 例

汉族 扶南王范寻养虎于山，若有犯罪者，投与虎，不噬，乃赦之。因此以大虫名山。

【流传】（无考）

【出处】

（a）［东晋］干宝：《搜神记》卷二。

（b）《大虫山》，见袁珂《中国神话大词典》，北京：华夏出版社2015年版，第21页。

W1852.6.27
大翮山

实 例

汉族 （阳沟水）西径大翮、小翮山南，高峦截云，层陵断雾，双阜共秀，竞举群峰之上。郡人王次仲少有异志，年及弱冠，变苍颉旧文为今隶书。

【流传】（无考）

【出处】

（a）［北魏］郦道元：《水经注·漯水》。

（b）《大翮山》，见袁珂《中国神话大词典》，北京：华夏出版社2015年版，第21页。

W1852.6.28
大荒山

实 例

（参见下级母题实例）

W1852.6.28.1
日月入大荒山

【关联】

① ［W1852.6.22.1］日月落常阳山

② ［W4870］日月的居所

实例

汉族 大荒山为日月所入之山。

【流传】（无考）

【出处】

（a）《山海经·大荒西经》。

（b）《日月所入山》，见袁珂《中国神话大词典》，北京：华夏出版社2015年版，第64页。

汉族 大荒之中，有山名曰大荒之山，日月所入。

【流传】（无考）

【出处】

（a）《山海经·大荒西经》。

（b）《大荒山》，见袁珂《中国神话大词典》，北京：华夏出版社2015年版，第21页。

W1852.6.29
大明山

实例

壮族 （实例待考）

W1852.6.30
大凉山

实例

彝族 （实例待考）

W1852.6.31
大人之市（大人山）

【关联】

① [W0660] 巨人

② [W5926] 巨人国

实例

汉族 大人之市（山名）在海中。

【流传】（无考）

【出处】

（a）《山海经·海内北经》。

（b）《大人市》，见袁珂《中国神话大词典》，北京：华夏出版社2015年版，第20页。

W1852.6.32
大言山

实例

汉族 大言山为日月所出之山。

【流传】（无考）

【出处】

（a）《山海经·大荒东经》。

（b）《日月所出山》，见袁珂《中国神话大词典》，北京：华夏出版社2015年版，第64页。

W1852.6.32.1
大言山为日月所出

实例

汉族 东海之外，大荒之中，有山名曰大言，日月所出。

【流传】（无考）

【出处】《山海经·大荒东经》。

W1852.6.33
丹山

实例

汉族 有始州之国。有丹山。此山纯出丹朱也。

【流传】（无考）

【出处】

(a)《山海经·大荒北经》郭璞注。

(b)《丹山》，见袁珂《中国神话大词典》，北京：华夏出版社2015年版，第72页。

汉族 和甲西征，得一丹山。

【流传】（无考）

【出处】

(a)《竹书纪年》。

(b)《丹山》，见袁珂《中国神话大词典》，北京：华夏出版社2015年版，第72页。

W1852.6.34
狄山

实例

汉族 狄山，帝尧葬于阳，帝喾葬于阴。爰有熊、罴、文虎、蜼、豹、离朱、视肉。吁咽、文王皆葬其所。一曰汤山。

【流传】（无考）

【出处】

(a)《山海经·海外南经》。

(b)《狄山》，见袁珂《中国神话大词典》，北京：华夏出版社2015年版，第167页。

W1852.6.35
砥柱

实例

（参见下级母题实例）

W1852.6.35.1
大禹造砥柱山

【关联】［W0751.6］与禹有关的其他母题

实例

汉族 砥柱，山名也。昔禹治洪水，山陵当水者凿之，故破山以通河。河水分流，包山而过，山见水中，若柱然，故曰砥柱也。三穿既决，水流疏分，指状表目，亦谓之三门矣。

【流传】（无考）

【出处】

(a)［北魏］郦道元：《水经注·河水》。

(b)《砥柱》，见袁珂《中国神话大词典》，北京：华夏出版社2015年版，第258页。

W1852.6.36
吊鸟山

实例

汉族 （叶榆）县西北八十里，有吊鸟山。众鸟千百为群，其会鸣呼啁哳。每岁七八月至，十六七日则止。俗言凤凰死于此山，故众鸟来吊，因名吊鸟。

【流传】（无考）

【出处】

(a)［北魏］郦道元：《水经注·叶榆河》。

(b)《吊鸟山》，见袁珂《中国神话大词典》，北京：华夏出版社2015年版，第 128 页。

W1852.6.37
钓鱼山

实例

汉族 钓鱼山，在石照县（今四川省合川县东）东十里。山南大石砥平，有巨人迹。相传异人坐其上，投钓江中，山以是名。

【流传】（无考）

【出处】

(a)［宋］王象之：《舆地纪胜》卷一五九。

(b)《钓鱼山》，见袁珂《中国神话大词典》，北京：华夏出版社 2015 年版，第 199 页。

W1852.6.38
东极山

实例

汉族 东极山为日月所出之山。

【流传】（无考）

【出处】

(a)《山海经·大荒东经》。

(b)《日月所出山》，见袁珂《中国神话大词典》，北京：华夏出版社 2015 年版，第 64 页。

W1852.6.39
独山

实例

（参见下级母题实例）

W1852.6.39.1
担山落得石头成为独山

【关联】

①［W1258.4.1］人挑走大山形成平地

②［W9779.6］担山射日

实例

汉族 李二郎（人名）担山的路上，换肩时一个堆在筐顶的石块块甩落下来，变成了"走石山"，就是现在的灌县崇义铺北边平坝里那个孤零零的石头山。

【流传】四川省青城山一带

【出处】王纯五记录整理：《二郎担山赶太阳》，见姚宝瑄主编《中国各民族神话》（汉族），太原：山西出版传媒集团·书海出版社 2014 年版，第 130~133 页。

W1852.6.40
方丈（方壶）

【关联】［W1244.2a.1］方丈洲

实例

汉族 海上有五座仙山，岱舆、员峤，流入海底。留下蓬莱、瀛洲、方丈，山上是仙境，有长生不老药。

【流传】（无考）

【出处】《列子·汤问》。

W1852.6.40.1
方丈是群仙居所

实例

汉族 方丈洲在东海中心，西南东北

1.7.3 与山有关的其他母题 ||W1852.6.41-W1852.6.42|| **2675**

岸正等。方丈，方圆各五千里，上专是群龙所聚。有金玉琉璃之宫。三天司命所治之处。群仙不欲升天者，皆往来此洲。

【流传】（无考）

【出处】

（a）［汉］东方朔撰：《海内十洲记》。

（b）《方丈》，见袁珂《中国神话大词典》，北京：华夏出版社2015年版，第78~79页。

W1852.6.41
飞浮山

实例

汉族 飞浮山在黄河中，出没不时，峰峦下垂，上平知几，山势可三四里许。近河好事者，或棹舟敲取其石为玩。石窍皆空，能吸水倒升。顺治丁酉岁，浮出河面，不久而没，非常见也。史又作飞服山。

【流传】（无考）

【出处】

（a）［清］钮琇：《觚剩》卷六。

（b）《飞浮山》，见袁珂《中国神话大词典》，北京：华夏出版社2015年版，第34页。

W1852.6.41a
飞来山

【关联】

① ［W1801.3］山从远处飞来
② ［W1844.4.1］飞来峰

实例

汉族 飞来山，在（福州）府城北。相传越王时，自会稽一夕飞来。

【流传】（无考）

【出处】

（a）［明］陈仁锡：《潜确类书》卷二一。

（b）《飞来峰》，见袁珂《中国神话大词典》，北京：华夏出版社2015年版，第33页。

W1852.6.42
风山

实例

汉族 北屈县故城西四十里有风山。上有穴如轮，风气萧瑟，习常不止。当其冲飘也，略无生草，盖常不定，众风之门故也。

【流传】（无考）

【出处】

（a）《水经注·河水》。

（b）《风山》，见袁珂《中国神话大词典》，北京：华夏出版社2015年版，第73页。

汉族 长洲，在南海辰巳之地，地方各五千里，去岸二十五万里，上饶山川，及多大树，树乃有二千围者。又有风山，山恒震声。

【流传】（无考）

【出处】

（a）［汉］东方朔：《海内十洲记》。

（b）《长洲》，见袁珂《中国神话大词

典》，北京：华夏出版社 2015 年版，第 76 页。

W1852.6.42.1
风山有风穴

实例

汉族 风山之首方高三百里，风穴如电，突深三十里，春风自此而出也。

【流传】（无考）
【出处】
（a）［晋］张华：《博物志·杂说上》。
（b）《风山》，见袁珂《中国神话大词典》，北京：华夏出版社 2015 年版，第 73 页。

W1852.6.43
封山

实例

汉族 风渚在武康县东十八里，古防风国，有风公庙。水曰风渚，山即封山也。

【流传】（无考）
【出处】
（a）《太平御览》卷四六"封山"条引《吴兴记》。
（b）《封山》，见袁珂《中国神话大词典》，北京：华夏出版社 2015 年版，第 225 页。

W1852.6.44
凤凰山

【关联】
① ［W1823.6.2.1.1］凤凰堆

② ［W6892.3］以动物命名的山

实例

汉族 南恩州北甘山壁立千仞，有瀑水飞下，猿狖不能至。凤凰巢其上，彼人呼为凤凰山。

【流传】（无考）
【出处】
（a）［宋］王象之：《舆地纪胜》卷九八引《倦游录》。
（b）《凤凰山》，见袁珂《中国神话大词典》，北京：华夏出版社 2015 年版，第 75 页。

汉族 凤皇山在潞城，一名天冢冈，相传神农时凤皇栖于此山。

【流传】（无考）
【出处】
（a）［明］陈仁锡：《潜确类书》卷一七引《事迹记》。
（b）《凤凰山》，见袁珂《中国神话大词典》，北京：华夏出版社 2015 年版，第 75 页。

W1852.6.44.1
凤凰变成凤凰山

实例

仫佬族 一对凤凰一直站立在九头山的东北面，监视着三头狮子，变成了如今的凤凰山。

【流传】（无考）
【出处】罗代超讲，梁瑞光、包玉堂搜集整理：《罗义射狮》，原载包玉堂等编《仫佬族民间故事选》，上海文艺出版社 1988 年版，见姚宝瑄主编《中国各民族神话》（仫佬族、壮族、京族），太原：山西出版传媒集团·书海出版社 2014 年版，第 45 页。

W1852.6.45
扶桑山

实例

汉族　扶桑山的四面都是水，看不见一间屋，见不到一个人。

【流传】山东省·（青岛市）·崂山（崂山区）

【出处】宋宗科讲，徐其仁搜集整理：《西荫氏找桑蚕》，原载青岛市艺术馆、崂山县文化馆编《崂山民间故事集》第 3 集，见陶阳、钟秀编《中国神话》（下），北京：商务印书馆 2008 年版，第 1212~1215 页。

W1852.6.45.1
扶桑山有玉鸡

实例

汉族　巨洋海中，升载海日，盖扶桑山有玉鸡。

【流传】（无考）

【出处】

（a）《神异经·东荒经》。

（b）《扶桑山》，见袁珂《中国神话大词典》，北京：华夏出版社 2015 年版，第 158 页。

W1852.6.46
浮山

【关联】

① ［W1852.6.47］浮来山
② ［W1867.1.2］浮石

实例

汉族　济州有浮山。故老相传云，尧时大雨，此浮水上。时有人缆船岩石间，今犹有断铁锁。

【流传】（无考）

【出处】

（a）《太平御览》卷七六九引《郡国志》。

（b）《浮山》，见袁珂《中国神话大词典》，北京：华夏出版社 2015 年版，第 278 页。

汉族　海中有浮石山，而峙高数十丈，去永平营百余里，浮在水上。昔李逊征朱崖，欲审其实否，牵长索于山底洞过。

【流传】（无考）

【出处】

（a）《太平御览》卷四九引《交州记》。

（b）《浮山》，见袁珂《中国神话大词典》，北京：华夏出版社 2015 年版，第 278 页。

W1852.6.46.1
浮在水上的山

实例

汉族　（参见 W1852.6.46 母题实例）

W1852.6.47
浮来山

【关联】[W1852.6.46]浮山

【实例】

汉族 罗，罗山也；浮，浮山也。二山合体，谓之罗浮。在层城、博罗二县之境，有罗水南流，注于海。旧说罗浮高三千丈，长八百里，有七十二石室、七十二长溪、神湖、神禽、玉树、朱草。相传云，浮山从会稽来，今浮山上犹有东方草木。

【流传】（无考）

【出处】

（a）《太平御览》卷四一引《罗浮山记》。

（b）《罗浮山》，见袁珂《中国神话大词典》，北京：华夏出版社2015年版，第194页。

W1852.6.48
覆船山

【实例】

汉族 覆船山。尧遭洪水，维舟树下，船因覆焉。

【流传】（无考）

【出处】

（a）《太平御览》卷四四引《十道录》。

（b）《覆船山》，见袁珂《中国神话大词典》，北京：华夏出版社2015年版，第362页。

W1852.6.49
覆釜山（釜山）

【实例】

汉族 台州（今浙江省临海县）覆釜山，云夏帝登此得龙符处。有巨迹，云是夸父逐日之所践。

【流传】（无考）

【出处】

（a）《太平御览》卷四七引《郡国志》。

（b）《覆釜山》，见袁珂《中国神话大词典》，北京：华夏出版社2015年版，第362页。

汉族 禹梦玄夷苍水使者，故倚歌覆釜之山。

【流传】（无考）

【出处】

（a）[汉]赵晔：《吴越春秋·越王无余外传》。

（b）《覆釜山》，见袁珂《中国神话大词典》，北京：华夏出版社2015年版，第362页。

汉族 会稽山有石，状如覆鬴，谓之覆鬴山，一名釜山。

【流传】（无考）

【出处】

（a）《舆地志》。

（b）《覆釜山》，见袁珂《中国神话大词典》，北京：华夏出版社2015年版，第362页。

1.7.3 与山有关的其他母题

W1852.6.49a
伏牛山

实例

汉族 天神争斗救助两兄妹的铁牛身体一晃，变成了重峦叠嶂的一条大山脉。这山脉，后人传说就是八百里伏牛山。

【流传】河南省·南阳市

【出处】邱海观（农民），李明才采录整理：《盘古的传说》，见张振犁编著《中原神话通鉴》（第一卷），郑州：河南大学出版社 2017 年版，第 28 页。

W1852.6.50
高骊山

实例

汉族（丹徒县，今江苏省镇江市）高骊山。传云，昔高骊国女来此，东海神乘船致酒礼聘之，女不肯。海神拨船覆酒，流入曲阿河，故曲阿酒美也。

【流传】（无考）

【出处】

（a）《太平寰宇记》卷八九。

（b）《高骊山》，见袁珂《中国神话大词典》，北京：华夏出版社 2015 年版，第 276 页。

W1852.6.51
姑射山

实例

汉族 卢其之山，南三百八十里，曰姑射之山，无草木，多水。又南水行三百里，流沙百里，曰北姑射之山，无草木，多石。又南三百里，曰南姑射之山，无草木，多水。

【流传】（无考）

【出处】

（a）《山海经·东次二经》。

（b）《姑射山》，见袁珂《中国神话大词典》，北京：华夏出版社 2015 年版，第 217 页。

汉族 藐姑射之山，有神人居焉，肌肤若冰雪，绰约若处子。

【流传】（无考）

【出处】《庄子·逍遥游》。

W1852.6.52
龟山

实例

汉族 龟山，在盱眙县（今属安徽省）北三十里。其西南上有绝壁，下有重渊。

【流传】（无考）

【出处】

（a）［宋］王象之：《舆地纪胜》卷四四。

（b）《水母洞》，见袁珂《中国神话大词典》，北京：华夏出版社 2015 年版，第 85 页。

汉族 龟山，禹治水以铁锁锁淮涡水神无支奇（水神名）于龟山之足。

【流传】（无考）

【出处】［宋］王象之：《舆地纪胜》卷四四。

W1852.6.52.1
乌龟变成龟山

实例

白族 乌龟大王也想逃跑，但已经来不及了，早被金鸡大王用手一点，化为一座山。因这山状如乌龟，人们就称它"龟山"。

【流传】云南省·（大理白族自治州）·宾川县、大理市

【出处】李朝讲，王艳钧记录：《灰龙、金鸡治黑龙》（1981.07），见姚宝瑄主编《中国各民族神话》（白族、拉祜族、景颇族），太原：山西出版传媒集团·书海出版社 2014 年版，第 79 页。

W1852.6.52.2
山形似龟命名龟山

实例

汉族 越王无疆，为楚所伐，去琅邪，止东武，人随居山下，远望此山（即怪山），其形似龟，故亦有龟山之称也。

【流传】（无考）

【出处】
（a）《吴越春秋·勾践归国外传》。
（b）《怪山》，见袁珂《中国神话大词典》，北京：华夏出版社 2015 年版，第 209 页。

W1852.6.53
合虚山

实例

汉族 合虚山为日月所出之山。

【流传】（无考）

【出处】
（a）《山海经·大荒东经》。
（b）《日月所出山》，见袁珂《中国神话大词典》，北京：华夏出版社 2015 年版，第 64 页。

W1852.6.54
壑明俊疾山

实例

（参见下级母题实例）

W1852.6.54.1
日月出壑明俊疾山

实例

汉族 壑明俊疾山为日月所出之山。

【流传】（无考）

【出处】
（a）《山海经·大荒东经》。
（b）《日月所出山》，见袁珂《中国神话大词典》，北京：华夏出版社 2015 年版，第 64 页。

W1852.6.55
花果山

实例

汉族 东胜神洲，海外有一国土，名

曰傲来国。国近大海，海中有一座名山，唤为花果山。

【流传】（无考）

【出处】

（a）［明］吴承恩：《西游记》第一回。

（b）《水帘洞》，见袁珂《中国神话大词典》，北京：华夏出版社 2015 年版，第 85 页。

羌族 在喀尔克别山的凡间境地上，有一峻峭幽美的花果山，叫做尼罗甲格山。这里有山有水，花果丛林，水草茂盛，鸟语花香，四时宜人。每当吉祥的日子，神仙都喜欢到这里游玩。

【流传】四川省·（阿坝藏族羌族自治州）·茂县

【出处】《燃比娃取火》，原载茂县文化馆《羌族民间故事》（三），1982 年 12 月，见吕大吉、何耀华总主编《中国各民族原始宗教资料集成》（纳西族卷、羌族卷、独龙族卷、傈僳族卷、怒族卷），北京：中国社会科学出版社 2000 年版，第 579 页。

W1852.6.56
会骸山

实 例

汉族 带海有会骸山。传云，山有金牛。昔有兄弟三人，共凿求之，坎崩同死，因以为名。

【流传】（无考）

【出处】

（a）《太平御览》卷四六引《吴郡沿海四县记》。

（b）《会骸山》，见袁珂《中国神话大词典》，北京：华夏出版社 2015 年版，第 131 页。

W1852.6.57
会稽山

实 例

（参见下级母题实例）

W1852.6.57.1
会稽山即涂山

实 例

汉族 会稽之山，四方。今在会稽郡山阴县南，上有禹冢及井。

【流传】（无考）

【出处】

（a）《山海经·南次二经》郭璞注。

（b）《会稽山》，见袁珂《中国神话大词典》，北京：华夏出版社 2015 年版，第 131 页。

W1852.6.57.2
会稽山原名茅山

实 例

汉族 禹始也，忧民救水，到大越，上茅山大会计，爵有德，封有功，更名茅山曰会稽。

【流传】（无考）

【出处】

（a）［汉］袁康：《越绝书·外传记地》。

(b)《会稽山》，见袁珂《中国神话大词典》，北京：华夏出版社2015年版，第131页。

W1852.6.58
鸡笼山

实例

汉族 鸡笼山，在州（和州，今安徽省和县）西北四十里下盘绵峦，上冠巨石，纵裂棱摺，状若莲花，高数十仞，俯视群山，无敢并者。按旧志，昔城邑将沦没，神独告一姥使西走。即携鸡笼登是山，笼化为石，其形犹然。湖之东南有姥庙。

【流传】（无考）

【出处】

(a)《古今图书集成·职方典》卷八三九。

(b)《鸡笼山》，见袁珂《中国神话大词典》，北京：华夏出版社2015年版，第177页。

W1852.6.59
鸡足山

【关联】[W1819.7.1]盘古死后手变成鸡足山

实例

白族 盘古死后，观音的手指到哪里，他就变到哪里，他的左手变鸡足山。

【流传】

(a) 云南省·（大理白族自治州）·大理（大理市）、洱源县等地

(b) 云南省·（大理白族自治州）·洱源县

【出处】

(a) 杨国政讲，杨亮才采录：《开天辟地》，见中国民间文学集成全国编辑委员会编《中国民间故事集成》（云南卷），北京：中国ISBN中心2003年版，第9页。

(b) 同(a)，见谷德明编《中国少数民族神话》，北京：中国民间文艺出版社1987年版，第293页。

白族 金鸡大王与灰龙一起除掉作恶的大黑龙后，在灰龙山上住下来，它立过的地方，出现了奇迹：前伸三趾，后蹬一趾，活像鸡足。以后，人们将灰龙山更名为"鸡足山"。

【流传】云南省·（大理白族自治州）·宾川县、大理市

【出处】李朝讲，王艳钧记录：《灰龙、金鸡治黑龙》（1981.07），见姚宝瑄主编《中国各民族神话》（白族、拉祜族、景颇族），太原：山西出版传媒集团·书海出版社2014年版，第79～80页。

W1852.6.60
积石山

实例

（参见下级母题实例）

W1852.6.60.0
大禹积石成为积石山

实例

汉族 禹所积石之山在其（博父国）

东，河水所入。

【流传】（无考）

【出处】

（a）《山海经·海外北经》。

（b）《积石山》，见袁珂《中国神话大词典》，北京：华夏出版社 2015 年版，第 265 页。

汉族 大荒之中，有山名曰先槛大逢之山，河、济所入，海北注焉。其西有山，名曰禹所积石。

【流传】（无考）

【出处】

（a）《山海经·大荒北经》。

（b）《积石山》，见袁珂《中国神话大词典》，北京：华夏出版社 2015 年版，第 265 页。

W1852.6.60.1
女娲堆出积石山

实例

汉族 很早以前，一块天塌下来了。女娲在甘肃临夏和青海循化的交界地方将天青蓝色的石头搬运到天塌陷处。补天剩下的大石头堆成一座又高又大的石山，这大山上堆积的石头跟天穹颜色一样，青蓝青蓝的，而且随着日出日落，不断地变化着深浅不同的色彩。后来人们把这座大山就叫"积石山"。

【流传】（无考）

【出处】《积石山传说》，http://baike.baidu.com。

W1852.6.60.2
禹积石山疏水

实例

汉族 河水出东北隅，以行其北，西南又入渤海，又出海外，即西而北，入禹所导积石山。

【流传】（无考）

【出处】

（a）《山海经·海内西经》。

（b）《积石山》，见袁珂《中国神话大词典》，北京：华夏出版社 2015 年版，第 265 页。

W1852.6.60.3
积石山流水

实例

汉族 积石之山，其下有石门，河水冒以西流。

【流传】（无考）

【出处】

（a）《山海经·西次三经》。

（b）《积石山》，见袁珂《中国神话大词典》，北京：华夏出版社 2015 年版，第 265 页。

W1852.6.61
稷王山

实例

汉族 稷山一名稷神山，后稷始教稼穑地也，俗呼稷王山。

【流传】（无考）

【出处】

(a)《稷山县志》。

(b)《五谷石》，见袁珂《中国神话大词典》，北京：华夏出版社2015年版，第60页。

W1852.6.62

金华山

实例

汉族 金华山（今浙江省金华县北），皇（黄）帝作一鼎，高一丈三尺，大如十石瓮，象龙腾云，百神螭兽满其中。曰："真金作鼎，百神率服。"

【流传】（无考）

【出处】

(a)［南朝·梁］虚荔：《鼎录》。

(b)《金华山》，见袁珂《中国神话大词典》，北京：华夏出版社2015年版，第206页。

W1852.6.62.1

女山神的儿子变成金华山

实例

普米族 纳可穆玛（昆仑山女神）一胎生下了娜卡、筒巴、尼史、角姑、扯扭五个姑娘和黑咕卡、羊而若、绒布巴、打史、格若五个儿子。其中，二姑娘筒巴与二儿子羊而若一直向南走，姐弟二人结成了夫妻，生下了两男两女。两个姑娘就是剑川的东岭山和羊岭山；两个儿子就是剑川的金华山和巩北山。

【流传】云南省·（丽江市）·宁蒗（宁蒗彝族自治县）；四川省·（凉山彝族自治州）·木里（木里藏族自治县）

【出处】曹正初讲，章虹宇搜集整理：《石头阿祖和石头子孙》，载《山茶》1986年第5期。

W1852.6.63

金牛山

实例

汉族 金牛山，在海盐县西南五十里。《吴地志》云，昔有金牛粪金，村民皋伯与弟随之，牛穴此山而入。二人凿山以取之，入不止，山颓，兄弟皆死，遂以名之。亦曰金牛洞。

【流传】（无考）

【出处】

(a)［宋］王象之：《舆地纪胜》卷三。

(b)《金牛山》，见袁珂《中国神话大词典》，北京：华夏出版社2015年版，第206页。

W1852.6.64

缙云山

实例

汉族 括州括苍县缙云山，黄帝游仙之处。有孤石特起，高二百丈，峰数十，或如羊角，或似莲花，谓之三天子都。

【流传】（无考）

【出处】

(a)《太平御览》卷四七引《郡国志》。

(b)《缙云山》,见袁珂《中国神话大词典》,北京:华夏出版社 2015 年版,第 336 页。

汉族 缙云山在县(巴县,今重庆市巴州区)西北百三十里。其山高耸,多林木,下有温泉,分东西流,相传黄帝于此合药。

【流传】(无考)

【出处】

(a)[明]曹学佺:《蜀中名胜记》卷一七引《图经》。

(b)《缙云山》,见袁珂《中国神话大词典》,北京:华夏出版社 2015 年版,第 336 页。

W1852.6.65
九陇山

实 例

汉族 九陇山在县(今甘肃省酒泉市)南百里。

【流传】(无考)

【出处】

(a)《太平寰宇记》卷一五二。

(b)《九陇山》,见袁珂《中国神话大词典》,北京:华夏出版社 2015 年版,第 12 页。

汉族 昔有神人,坐张掖西方山上,西射酒泉郡西金山之白神,射得九箭,画此山上,遂成九龙,因"九陇山"为名。

【流传】(无考)

【出处】

(a)《周地图》。

(b)《九陇山》,见袁珂《中国神话大词典》,北京:华夏出版社 2015 年版,第 12 页。

W1852.6.66
九嶷山(九疑山)

实 例

(参见下级母题实例)

W1852.6.66.1
九嶷山的来历

实 例

汉族 营水出营阳泠道县南山,西流径九疑山下。蟠基苍梧之野,峰秀数郡之间,罗岩九举,各导一溪;岫壑负阻,异岭同势;游者疑焉,故曰九疑山。

【流传】(无考)

【出处】

(a)[北魏]郦道元:《水经注·湘水》。

(b)《九嶷山》,见袁珂《中国神话大词典》,北京:华夏出版社 2015 年版,第 12 页。

W1852.6.66.2
九嶷山有 9 个峰

实 例

汉族 九疑山有九峰:一曰丹朱峰;

二曰石城峰；三曰楼溪峰；四曰娥皇峰；五曰舜源峰；六曰女英峰；七曰箫韶峰；八曰纪峰；九曰纪林峰。

【流传】（无考）

【出处】

（a）《太平御览》卷四一引《郡国志》。

（b）《九嶷山》，见袁珂《中国神话大词典》，北京：华夏出版社2015年版，第12页。

W1852.6.66.3
九嶷山在苍梧

实例

汉族　南方苍梧之丘，苍梧之渊，其中有九嶷山，舜之所葬。在长沙零陵界中。

【流传】（无考）

【出处】

（a）《山海经·海内经》。

（b）《九嶷山》，见袁珂《中国神话大词典》，北京：华夏出版社2015年版，第12页。

W1852.6.67
鞠陵于天山

实例

（参见下级母题实例）

W1852.6.67.1
鞠陵于天山是日月所出之山

实例

汉族　鞠陵于天山为日月所出之山。

【流传】（无考）

【出处】

（a）《山海经·大荒东经》。

（b）《日月所出山》，见袁珂《中国神话大词典》，北京：华夏出版社2015年版，第64页。

W1852.6.68
君山（老君山）

实例

（参见下级母题实例）

W1852.6.68.1
盘古的右脚变成老君山

实例

白族　盘古死后，观音的手指到哪里，他就变到哪里，他的右脚变老君山。

【流传】

（a）云南省·（大理白族自治州）·大理（大理市）、洱源县等地

（b）云南省·（大理白族自治州）·洱源县

【出处】

（a）杨国政讲，杨亮才采录：《开天辟地》，见中国民间文学集成全国编辑委员会编《中国民间故事集成》（云南卷），北京：中国ISBN中心2003年版，第9页。

（b）同（a），见谷德明编《中国少数民族神话》，北京：中国民间文艺出版社1987年版，第293页。

白族　盘古死时，两手两脚变成四座

大山，其中右脚变老君山。

【流传】云南省·（大理白族自治州）·大理（大理市）、洱源（洱源县）、剑川（剑川县）等地

【出处】杨国政讲，杨亮才记录整理：《开天辟地》，原载《云南民间故事选》（不详），见姚宝瑄主编《中国各民族神话》（白族、拉祜族、景颇族），太原：山西出版传媒集团·书海出版社 2014 年版，第 6 页。

W1852.6.68.2
湘夫人居君山

实 例

汉族 君山，洞庭之山是也，帝之二女居之，曰湘夫人。帝女遣精卫至王母取西山之玉印印东海北山。

【流传】（无考）

【出处】

（a）[晋] 张华：《博物志》卷六。

（b）《君山》，见袁珂《中国神话大词典》，北京：华夏出版社 2015 年版，第 176~177 页。

W1852.6.69
空桑山

实 例

汉族 空桑之山，北临食水，东望沮吴，南望沙陵，西望湣泽。

【流传】（无考）

【出处】

（a）《山海经·东次二经》。

（b）《空桑山》，见袁珂《中国神话大词典》，北京：华夏出版社 2015 年版，第 208 页。

W1852.6.69.1
空桑山无草木

实 例

汉族 空桑之山，无草木，冬夏有雪。空桑之水出焉，东流注于滹沱。

【流传】（无考）

【出处】

（a）《山海经·北次三经》。

（b）《空桑山》，见袁珂《中国神话大词典》，北京：华夏出版社 2015 年版，第 208 页。

W1852.6.70
崆峒（空同、空桐）

实 例

汉族 广成子者，古之仙人也，居崆峒之山（今河南省临汝县西南）石室之中，黄帝闻而造焉。

【流传】（无考）

【出处】

（a）[晋] 葛洪：《神仙传》。

（b）《崆峒》，见袁珂《中国神话大词典》，北京：华夏出版社 2015 年版，第 294 页。

W1852.6.70.1
崆峒为仙人居所

实 例

汉族 黄帝立为天子十九年，令行天

下，闻广成子在于空同之上，故往见之。

【流传】（无考）

【出处】

(a)《庄子·在宥》。

(b)《崆峒》，见袁珂《中国神话大词典》，北京：华夏出版社 2015 年版，第 294 页。

W1852.6.71
孔子山

实例

汉族 黄州（今湖北省黄冈市）东百里有孔子山，相传孔子适楚尝登山。上有孔子坐石，草木不侵。有砚石，墨水浸出。

【流传】（无考）

【出处】

(a)《格致镜原》卷六引《山川纪异》。

(b)《孔子山》，见袁珂《中国神话大词典》，北京：华夏出版社 2015 年版，第 83 页。

W1852.6.72
夸父山

实例

（参见下级母题实例）

W1852.6.72.1
夸父的尸体变成夸父山

【关联】[W1816.1.1.1] 巨人夸父的尸体变成山

实例

汉族 夸父死后，身体变成了一座大山。这就是现在灵宝县西三十五里灵湖峪和池峪中间的夸父山。

【流传】河南省·（三门峡市）·灵县（灵宝市）

【出处】许顺湛、丹书记录，李庆红、张振犁整理：《夸父追日》，原载中国民间文艺研究会河南分会等编《河南民间故事集》，见陶阳、钟秀编《中国神话》（中），北京：商务印书馆 2008 年版，第 657~658 页。

W1852.6.72.2
夸父山上有桃林

实例

汉族 夸父之山，其北有林焉，名曰桃林，是广员三百里，其中多马。

【流传】（无考）

【出处】

(a)《山海经·中次六经》。

(b)《夸父山》，见袁珂《中国神话大词典》，北京：华夏出版社 2015 年版，第 122 页。

W1852.6.73
昆吾山

实例

（参见下级母题实例）

W1852.6.73.1
昆吾山下多金

实例

汉族 昆吾山,其下多赤金,色如火。

【流传】(无考)

【出处】

(a) [晋] 王嘉:《拾遗记》卷一〇。

(b) 《昆吾》,见袁珂《中国神话大词典》,北京:华夏出版社 2015 年版,第 197 页。

W1852.6.73.2
昆吾山出铜

【关联】[W1984.1.2.1.1] 昆吾山有铜

实例

汉族 昆吾之山,其上多赤铜。其色如火,以之作刃,切玉如割泥也。

【流传】(无考)

【出处】

(a) 《山海经·中次二经》。

(b) 《昆吾》,见袁珂《中国神话大词典》,北京:华夏出版社 2015 年版,第 197 页。

W1852.6.73.3
昆吾山在流洲

【关联】[W1244.2a.4] 流洲

实例

汉族 流洲,在西海中,地方三千里,去东岸十九万里,上多山川积石,名为昆吾。冶其石成铁作剑,光明洞照,烟水精状,割玉物如割泥。亦饶仙家。

【流传】(无考)

【出处】

(a) 《十洲记》。

(b) 《流洲》,见袁珂《中国神话大词典》,北京:华夏出版社 2015 年版,第 278 页。

W1852.6.74
阆风

【关联】[W1852.6.153.1] 县圃即阆风

实例

汉族 阆风,山名,在昆仑之上。

【流传】(无考)

【出处】

(a) 《楚辞·离骚》王逸注。

(b) 《阆风》,见袁珂《中国神话大词典》,北京:华夏出版社 2015 年版,第 272 页。

W1852.6.75
离瞀山

实例

(参见下级母题实例)

W1852.6.75.1
离瞀山为日月所出

实例

汉族 离瞀山为日月所出之山。

【流传】（无考）
【出处】
（a）《山海经·大荒东经》。
（b）《日月所出山》，见袁珂《中国神话大词典》，北京：华夏出版社2015年版，第64页。

W1852.6.76
黎母山

实例

黎族 太古之时，雷摄一卵至山中，遂生一女。岁久，有交阯蛮过海采香者，与之相合，遂生子女，是为黎人之祖。因名其山曰黎母山。

【流传】（无考）
【出处】
（a）[清]陆次云：《峒溪纤志》卷上。
（b）《黎母山》，见袁珂《中国神话大词典》，北京：华夏出版社2015年版，第351页。

W1852.6.76.1
子孙们为纪念祖先黎母命名黎母山

实例

黎族 雷公带来的一颗蛇卵中生出一个女孩子，雷公给她起名叫"黎母"。黎母与一个从大陆渡海来一位年轻人结婚，生了许多子孙后代。子孙们为了纪念自己的祖先，便把这座高山叫做黎母山。

【流传】（海南省）
【出处】广东民族学院中文系采风组搜集整理：《黎母山》，原载《黎族民间故事选》，见陶阳、钟秀编《中国神话》（中），北京：商务印书馆2008年版，第776页。

黎族 在海南岛思河附近的高山上，蛇卵生的黎母与大陆来的男子结婚后繁衍后代。子孙们为了纪念自己的祖先，便把这座高山叫做黎母山。

【流传】（海南省）
【出处】
（a）广东民族学院中文系七七级采风组搜集整理：《黎母山传说》，见广东民族学院中文系编《黎族民间故事选》，上海：上海文艺出版社1983年版。
（b）同（a），见姚宝瑄主编《中国各民族神话》（高山族、黎族、畲族），太原：山西出版传媒集团·书海出版社2014年版，第63页。

W1852.6.77
历山

实例

汉族 昔者舜耕于历山，陶于河濒，渔于雷泽，灰于常阳，尧得之服泽之阳，立为天子。

【流传】（无考）
【出处】
（a）《墨子·尚贤下》。
（b）《舜耕历山》，见袁珂《中国神话大词典》，北京：华夏出版社2015年版，第321页。

汉族 齐郡接历山，上有古铁锁，大如人臂，绕其峰再浃。

【流传】（无考）

【出处】

（a）［唐］段成式：《酉阳杂俎·诺皋记上》。

（b）《历山铁锁》，见袁珂《中国神话大词典》，北京：华夏出版社2015年版，第40页。

W1852.6.78

灵山

【关联】

① ［W1374.1.1］神和佛造灵山稳固天地

② ［W1437.3.1］通过灵山上天

③ ［W1438.1.3.4］灵山是通天的路

④ ［W1866.8］灵石

实例

汉族 巨灵赑屃，首冠灵山。

【流传】（无考）

【出处】

（a）《文选·左思〈吴都赋〉》。

（b）《灵山》，见袁珂《中国神话大词典》，北京：华夏出版社2015年版，第178页。

W1852.6.78.1

捣衣山即灵山

实例

汉族 捣衣山，一名灵山，在琅琊郡（今山东省东南部）。山南绝险岩有方石，昔有神女于此捣衣，其石明莹，谓之玉女捣练碪。

【流传】（无考）

【出处】

（a）《述异记》卷上。

（b）《捣衣山》，见袁珂《中国神话大词典》，北京：华夏出版社2015年版，第257页。

W1852.6.78.2

神造灵山

实例

纳西族 大力神九高那布管领之下，终于建成了一座灵山。

【流传】（云南省·丽江市）

【出处】和志武翻译整理：《人类迁徙记》，原载中共丽江地委宣传部编《纳西族民间故事选》，见陶阳、钟秀编《中国神话》（中），北京：商务印书馆2008年版，第856~876页。

W1852.6.78.3

灵山在南海

实例

汉族 南海之内，黑水、青水之间，有灵山，有赤蛇在木上，名曰蝡蛇，木食。

【流传】（无考）

【出处】

（a）《山海经·海内经》。

（b）《灵山》，见袁珂《中国神话大词典》，北京：华夏出版社2015年版，第178页。

W1852.6.78.4
灵山在大荒之中

实例

汉族 大荒之中，有灵山、巫咸、巫即、巫盼、巫彭、巫姑、巫真、巫礼、巫抵、巫谢、巫罗十巫，从此升降，百药爰在。

【流传】（无考）

【出处】

（a）《山海经·大荒西经》。

（b）《灵山》，见袁珂《中国神话大词典》，北京：华夏出版社2015年版，第178页。

W1852.6.78.5
灵山名称的来历

实例

汉族 灵山峰多杂树，昔蜀王鳖灵帝登此，因名灵山。山东南有五女捣练石。山顶有池，常清；有涧穴，绝微。

【流传】（无考）

【出处】

（a）《汉唐地理书钞》辑《周地图记》。

（b）《灵山》，见袁珂《中国神话大词典》，北京：华夏出版社2015年版，第178页。

W1852.6.79
灵台山

实例

（参见下级母题实例）

W1852.6.79.1
灵台山即天柱山

【关联】［W1852.6.135］天柱山

实例

汉族 灵台山，一名天柱山。汉末张道陵在此学道，使弟子王长、赵升投身绝壑以取仙桃。长等七试已讫，九丹遂成，随陵白日升天。

【流传】（无考）

【出处】

（a）《汉唐地理书钞》辑《周地图记》。

（b）《灵台山》，见袁珂《中国神话大词典》，北京：华夏出版社2015年版，第178页。

W1852.6.80
龙巢山

实例

汉族 龙巢山下有丹水，水中有丹鱼。

【流传】（无考）

【出处】

（a）《述异记》卷下。

（b）《丹鱼》，见袁珂《中国神话大词典》，北京：华夏出版社2015年版，第73页。

W1852.6.81
龙池山

实例

汉族 龙池之山，四方高，中央有

池，方七百里，群龙居之。多五花树，群龙食之。去会稽四万五千里。

【流传】（无考）

【出处】

(a)《汉唐地理书钞》辑《括地图》。

(b)《龙池山》，见袁珂《中国神话大词典》，北京：华夏出版社2015年版，第99页。

W1852.6.82

龙门（龙门山）

【关联】[W1839.13.1.1] 伊阙即龙门

实 例

汉族 （禹）导河积石，至于龙门。

【流传】（无考）

【出处】

(a)《书·禹贡》。

(b)《龙门》，见袁珂《中国神话大词典》，北京：华夏出版社2015年版，第96页。

汉族 昔上古龙门（今山西省河津县西北）未开，吕梁未发，河出孟门，大溢逆流，无有丘陵沃衍平原高阜，尽皆灭之，名曰鸿水。

【流传】（无考）

【出处】

(a) [秦] 吕不韦：《吕氏春秋·爱类》。

(b)《龙门》，见袁珂《中国神话大词典》，北京：华夏出版社2015年版，第96页。

W1852.6.82.1

禹凿龙门

实 例

汉族 龙门山，在河东界。禹凿山断门阔一里余。黄河自中流下，两岸不通车马。

【流传】（无考）

【出处】

(a)《太平广记》卷四六六"龙门"条引《三秦记》。

(b)《鲤鱼跳龙门》，见袁珂《中国神话大词典》，北京：华夏出版社2015年版，第350页。

汉族 禹凿龙关之山，亦谓之龙门。

【流传】（无考）

【出处】

(a) [晋] 王嘉：《拾遗记》卷二。

(b)《禹凿龙门》，见袁珂《中国神话大词典》，北京：华夏出版社2015年版，第239页。

汉族 昔伯禹随山浚川，起自积石，凿龙门，至一空穴。

【流传】（无考）

【出处】

(a)《北堂书钞》卷一五八引王子年《拾遗记》。

(b)《禹凿龙门》，见袁珂《中国神话大词典》，北京：华夏出版社2015年版，第239页。

W1852.6.82.2
伊阙即龙门

实例

汉族 隋炀帝谓伊阙即龙门。

【流传】（无考）

【出处】

（a）《两京记》。

（b）《伊阙》，见袁珂《中国神话大词典》，北京：华夏出版社2015年版，第134页。

W1852.6.83
龙母山

实例

汉族 容县（今广西壮族自治区北流县北）南白花村，有龙潭，渟泓莫测。猺女饮水，为龙所据，阴云罩幂。既归，常有寒气，人莫敢近。岁余产龙，无血，水数升，下云雾扶去。母无恙。数年母卒。既殓，龙拥其骸向潭。潭侧万峰回拱，成一月堂。众随去。龙负骸入，龙出石合。

【流传】（无考）

【出处】

（a）［明］邝露：《赤雅》卷上。

（b）《龙母山》，见袁珂《中国神话大词典》，北京：华夏出版社2015年版，第99页。

W1852.6.84
龙盘山

实例

汉族 齐有龙盘山，上有大脚，姜嫄所履迹。

【流传】（无考）

【出处】

（a）《太平御览》卷三八八引《述征记》。

（b）《龙盘山》，见袁珂《中国神话大词典》，北京：华夏出版社2015年版，第99页。

W1852.6.85
龙山

【关联】［W1852.6.3］九龙山

实例

汉族 水帘洞，在秭归县西二里，有水自龙山而下，挂崖如帘。

【流传】（无考）

【出处】

（a）［宋］王象之：《舆地纪胜》卷七四。

（b）《水帘洞》，见袁珂《中国神话大词典》，北京：华夏出版社2015年版，第85页。

W1852.6.85.1
龙山为日月所入

【关联】［W1852.6.112.2］日月山为日月所入

【实例】

汉族　龙山为日月所入之山。

【流传】（无考）

【出处】

(a)《山海经·大荒西经》。

(b)《日月所入山》，见袁珂《中国神话大词典》，北京：华夏出版社2015年版，第64页。

W1852.6.85.2
龙山在大荒之中

【实例】

汉族　大荒之中，有龙山，日月所入。

【流传】（无考）

【出处】

(a)《山海经·大荒西经》。

(b)《龙山》，见袁珂《中国神话大词典》，北京：华夏出版社2015年版，第95页。

W1852.6.85.3
龙山为仙人居所

【实例】

汉族　易县（今属河北省）西南三十里，有龙山，石上往往有仙人及龙迹。西麓谷有一坑，春则风出东，夏出南，秋出西，冬出北。有沙门法猛，以夏日入其冬穴，欲穷诸穴。

【流传】（无考）

【出处】

(a)《太平御览》卷四五引《隋图经》。

(b)《龙山》，见袁珂《中国神话大词典》，北京：华夏出版社2015年版，第95页。

W1852.6.85.4
与龙山有关的其他母题

【实例】

（参见下级母题实例）

W1852.6.85.4.1
青龙山

【实例】

布依族　通过青龙山顶上那棵长齐天的马桑树可以爬到天上。

【流传】贵州省·（黔西南布依族苗族自治州）·望谟县、册亨县、安龙县一带

【出处】

(a) 韦朝路覃玉竹讲，汛河搜集整理：《铜鼓的来历》，见贵州省民族事务委员会编《民间文学资料》第四十四集（布依族神话传说故事寓言童话），内部资料，1980年编印。

(b) 同(a)，见姚宝瑄主编《中国各民族神话》（布依族、仡佬族、苗族），太原：山西出版传媒集团·书海出版社2014年版，第95页。

汉族　二郎神担山追赶天上的太阳。他的扁担成了石岭。扁担的两头担子左边的叫青龙山，右边的叫虎山。

【流传】江苏省·（连云港市）·东海县

【出处】丁维英讲，陈绍武、王运生记录：《二郎担山赶太阳》（1987.05），见姚宝瑄主编《中国各民族神话》（汉族），太原：山西出版传媒集团·书海出版社2014年版，第113页。

W1852.6.86
龙首山

实例

汉族 龙首山长六十里，头入渭水，尾达樊川，头高二十丈，尾渐下，高五六丈，土赤不毛。昔有黑龙出山饮水，其行道成土山。今长安城即疏山为台基殿址，不假筑。

【流传】（无考）

【出处】
（a）《太平御览》卷四三引《辛氏三秦记》。
（b）《龙首山》，见袁珂《中国神话大词典》，北京：华夏出版社2015年版，第99页。

W1852.6.87
龙穴山

实例

汉族 龙穴山，在六安州，上有张龙公祠。张路斯为宣城令，生九子。每夕，戌出丑归，体湿且冷。夫人石（氏）异之。公曰："吾龙也，蓼人郑祥远亦龙也，据吾池，屡与之战，不胜，明日取决。令吾子射：系鬣以青绢者郑也，绛绢者吾也。"子遂射，中青绢者。郑衄，怒投合肥西山死，即今龙穴（山）也。

【流传】（无考）

【出处】
（a）[明]陈仁锡：《潜确类书》卷一六。
（b）《龙穴山》，见袁珂《中国神话大词典》，北京：华夏出版社2015年版，第98页。

W1852.6.87.1
龙血变成龙穴山

实例

汉族 龙穴山在（阴平）县东北五十虽，亦名龙像岩。古老相传，昔此山有龙斗死，血变为石。

【流传】（无考）

【出处】
（a）《太平寰宇记》卷八四。
（b）《龙像岩》，见袁珂《中国神话大词典》，北京：华夏出版社2015年版，第99页。

W1852.6.87.2
龙穴山为化龙之所

实例

汉族 青绡者投于合淝之西山以死，为龙穴山。九子皆化为龙。

【流传】（无考）

【出处】
（a）[清]陈元龙：《格致镜原》卷九

○引《赵耕（张）龙公碑》。

(b)《张龙公》，见袁珂《中国神话大词典》，北京：华夏出版社 2015 年版，第 181 页。

W1852.6.88
庐山

实 例

(参见下级母题实例)

W1852.6.88.1
庐山即匡山

实 例

汉族 匡俗，周武王时人，屡逃征聘，结庐此山，后登仙，空庐尚在，弟子等呼为庐山，又名匡山。

【流传】（无考）

【出处】

(a)《太平御览》卷四一引《庐山记》。

(b)《庐山》，见袁珂《中国神话大词典》，北京：华夏出版社 2015 年版，第 176 页。

W1852.6.88.2
庐山名称的来历

实 例

汉族 庐俗，字君孝，本姓匡。父东野王，共鄱阳令吴芮，佐汉定天下而亡。汉封俗于鄡阳，曰越庐君。俗兄弟七人，皆好道术，遂寓精于宫亭之山，故世谓之庐山。

【流传】（无考）

【出处】

(a)〔北魏〕郦道元：《水经注·庐江水》引《豫章旧志》。

(b)《庐山》，见袁珂《中国神话大词典》，北京：华夏出版社 2015 年版，第 176 页。

汉族 周武王时，方辅先生与李老君跨白驴入山炼丹，得道仙去，惟庐存，故名庐山。

【流传】（无考）

【出处】

(a)〔清〕褚人获：《坚瓠广集》卷五"庐山"条。

(b)《庐山》，见袁珂《中国神话大词典》，北京：华夏出版社 2015 年版，第 176 页。

W1852.6.89
螺峰山

实 例

汉族 （实例待考）

W1852.6.89.1
螺峰山是天柱

实 例

白族 从海心冒出了一峰石柱之后，天不摇了，地不晃了；天不升了，地不陷了，这石柱像一个倒竖着的大海螺，后人就把这叫作螺峰山。

【流传】云南省·（大理白族自治州）·鹤庆（鹤庆县），丽江（丽江

市）及（丽江市）·永胜（永胜县）

【出处】李剑飞讲，李缵绪、章虹宇记录：《人类和万物的起源》（又名《劳谷与劳泰》、《古干古洛创世记》），原载李缵绪主编《白族神话传说集成》，中国民间文艺出版社1986年版，见姚宝瑄主编《中国各民族神话》（白族、拉祜族、景颇族），太原：山西出版传媒集团·书海出版社2014年版，第18～19页。

W1852.6.90

马当山

实例

汉族 马当山，在东流（东流县），横枕大江中，多蛟蜃之怪，古今称为至险。舟人煎炙过之，必遭汹涌，急以一物投下，久而自息。

【流传】（无考）

【出处】

（a）［明］陈仁锡：《潜确类书》卷一六。

（b）《马当山》，见袁珂《中国神话大词典》，北京：华夏出版社2015年版，第31页。

W1852.6.91

马迹山

实例

汉族 马迹山在西青嘴，石壁屹立，下有四穴，围径各盈尺，深六七寸，水涸，四穴皆见，少涸则见其二。旧说秦始皇游幸，神马所践之迹，因以名。

【流传】（江苏省·常州市·武进县）

【出处】

（a）《古今图书集成·职方典》卷七二四引《武进县志》。

（b）《马迹山》，见袁珂《中国神话大词典》，北京：华夏出版社2015年版，第31～32页。

汉族 马迹山在太湖中，隶武进，山麓周百二十里，山西石壁屹立，下有四穴，迹圆各盈尺，深五六寸，水落则见。旧经谓秦皇巡幸，马迹所践。

【流传】（无考）

【出处】

（a）［明］陈仁锡：《潜确类书》卷一六引《名胜志》。

（b）《马迹山》，见袁珂《中国神话大词典》，北京：华夏出版社2015年版，第31～32页。

W1852.6.92

马岭山

实例

汉族 桂阳郴县东北五里，有马岭山，高六百余丈，苏耽所栖游处，因而得仙。后有见耽乘白马，还此山中，世因名为马岭。

【流传】（无考）

【出处】

（a）《艺文类聚》卷七引庾仲雍《湘中记》。

(b)《马岭山》，见袁珂《中国神话大词典》，北京：华夏出版社 2015 年版，第 31 页。

汉族　苏耽少孤，养母至孝，言语虚无，时人谓之痴。后成为仙，乘白马还此山中，百姓为立坛祠，因名为马岭山。

【流传】（无考）
【出处】
(a)［北魏］郦道元：《水经注·耒水》引《桂阳列仙传》。
(b)《马岭山》，见袁珂《中国神话大词典》，北京：华夏出版社 2015 年版，第 31 页。

W1852.6.93
马穴山

实例

汉族　（中庐）县故城南有水，出西山。山有石穴，出马，谓之马穴山。汉时有数百匹马出其中，马形小，似巴滇马。三国时，陆逊攻襄阳，于此穴又得马数十匹送建业。蜀使至，有家在滇池者，识其马毛色，云其父所乘马，对之流涕。

【流传】（湖北省）
【出处】
(a)［北魏］郦道元：《水经注·沔水》。
(b)《马穴山》，见袁珂《中国神话大词典》，北京：华夏出版社 2015 年版，第 30 页。

W1852.6.94
孟门山

实例

汉族　孟门之山，其上多苍玉，多金，其下多黄垩，多涅石。

【流传】（无考）
【出处】
(a)《山海经·北次三经》。
(b)《孟门山》，见袁珂《中国神话大词典》，北京：华夏出版社 2015 年版，第 218 页。

汉族　龙门未辟，吕梁未凿，河出于孟门之上，大溢逆流，无有丘陵高阜，灭之，名曰洪水。

【流传】（无考）
【出处】
(a)《山海经·北次三经》郭璞注引《尸子》。
(b)《孟门山》，见袁珂《中国神话大词典》，北京：华夏出版社 2015 年版，第 218~219 页。

W1852.6.95
明星山

实例

（参见下级母题实例）

W1852.6.95.1
明星山为日月出之山

实例

汉族　明星山为日月所出之山。

【流传】（无考）

【出处】

（a）《山海经·大荒东经》。

（b）《日月所出山》，见袁珂《中国神话大词典》，北京：华夏出版社2015年版，第64页。

汉族 大荒之中，有山名曰明星，日月所出。

【流传】（无考）

【出处】

（a）《山海经·大荒东经》。

（b）《明星》，见袁珂《中国神话大词典》，北京：华夏出版社2015年版，第197页。

W1852.6.96

木客山

实例

汉族 吴王遣木客入山求木不得，工人忧思，作《木客吟》。一旦，神木自生，长二十丈，作姑苏台。

【流传】（无考）

【出处】

（a）［宋］李昉：《太平御览》卷一七八引《郡国志》。

（b）《木客山》，见袁珂《中国神话大词典》，北京：华夏出版社2015年版，第42页。

汉族 木客山去会稽县十五里。

【流传】（无考）

【出处】

（a）《吴越春秋》卷一〇注。

（b）《木客山》，见袁珂《中国神话大词典》，北京：华夏出版社2015年版，第42页。

W1852.6.97

木枥山

实例

汉族 万县西百里有木枥山。昔大禹治水过此，见众山漂没，惟此山木枥不动，故名。

【流传】（无考）

【出处】

（a）［明］曹学佺：《蜀中洺胜记》卷二三引《一统志》。

（b）《木枥山》，见袁珂《中国神话大词典》，北京：华夏出版社2015年版，第41页。

W1852.6.98

木叶山

实例

汉族 木叶山，在广宁中屯卫（今辽宁省凌海市）城东。上建契丹始祖庙，奇首可汗在南，可敦在北。

【流传】（无考）

【出处】

（a）［明］陈仁锡：《潜确类书》卷一七引《舆地考》。

（b）《契丹始祖庙》，见袁珂《中国神话大词典》，北京：华夏出版社2015年版，第221页。

W1852.6.99
南山

实例

汉族 南山在其东南。自此山来，虫为蛇，蛇号为鱼。一曰南山在结匈东南。

【流传】（无考）

【出处】

（a）《山海经·海外南经》。

（b）《南山》，见袁珂《中国神话大词典》，北京：华夏出版社 2015 年版，第 227 页。

W1852.6.99a
南极山

实例

汉族 八纮之外，乃有八极。其中南方曰南极之山，曰暑门。

【流传】（无考）

【出处】

（a）［汉］刘安及门客：《淮南子·地形训》。

（b）同（a），见袁珂《中国神话大词典》，北京：华夏出版社 2015 年版，第 7 页。

W1852.6.100
鸟山

实例

汉族 流沙之西，有鸟山者，三水出焉。

【流传】（无考）

【出处】

（a）《山海经·海内经》。

（b）《鸟山》，见袁珂《中国神话大词典》，北京：华夏出版社 2015 年版，第 106 页。

W1852.6.101
女床山

实例

汉族 女床之山，其阳多赤铜，其阴多石涅，其兽多虎豹犀兕。

【流传】（无考）

【出处】

（a）《山海经·西次二经》。

（b）《女床》，见袁珂《中国神话大词典》，北京：华夏出版社 2015 年版，第 35 页。

W1852.6.102
女观山

实例

汉族 县（夷道县，今湖北省宜都县西北）北有女观山。古老传言，昔有思妇，夫官于蜀，屡愆秋期，登此山绝望，忧感而死。山木枯悴，鞠为童枯，乡人哀之，因名此山为女观焉。葬之山顶，今孤坟尚存矣。

【流传】（湖北省）

【出处】

（a）［北魏］郦道元：《水经注·江

水》。

(b)《艺文类聚》卷七引《荆州图副》。

(c) 同（ab），《女观山》，见袁珂《中国神话大词典》，北京：华夏出版社2015年版，第37页。

汉族 南陵县有女观山。俗传云，昔有妇人，夫官于蜀，屡愆秋期，忧思感伤，登此盼望，因化为石，如人之形，所牵狗亦为石。

【流传】（无考）
【出处】

(a)《汉唐地理书钞》辑顾野王《舆地志》。

(b)《女观山》，见袁珂《中国神话大词典》，北京：华夏出版社2015年版，第37页。

W1852.6.103
女回山

实例

汉族 同官县女回山，在县北四十里。相传孟姜女负夫骸，回经此，追兵将至，山回遮之，故名。

【流传】（陕西省）
【出处】

(a)《古今图书集成·职方典》卷四九五。

(b)《女回山》，见袁珂《中国神话大词典》，北京：华夏出版社2015年版，第37页。

W1852.6.104
女几山

实例

汉族 葛仙翁于女几山凭白桐木几，学道数十年，白日登仙。几化为白鹿，三脚两头，人往往见之。

【流传】（无考）
【出处】

(a) 鲁迅：《会稽郡故书杂集》辑虞预《会稽典录》卷下"女几山"条。

(b)《女几山》，见袁珂《中国神话大词典》，北京：华夏出版社2015年版，第36页。

W1852.6.105
女郎山

实例

汉族 梁州（陕西省南郑县东）女郎山。强鲁女浣衣石上，女便怀孕。鲁谓邪淫，乃放之。后生二龙。及女死，将殡，柩车忽腾跃升此山，遂葬焉。其水旁浣衣石犹在，谓之女郎山。

【流传】（无考）
【出处】

(a)《太平御览》卷五二引《郡国志》。

(b)《女郎山》，见袁珂《中国神话大词典》，北京：华夏出版社2015年版，第37页。

W1852.6.106
盘古山

【关联】[W0720] 盘古

实 例

汉族 虔州盘古山有异兽，或六足或八足，能负两三人。

【流传】（无考）

【出处】

(a)《汉唐地理书钞》辑《梁载言十道志》。

(b)《盘古山》，见袁珂《中国神话大词典》，北京：华夏出版社 2015 年版，第 299 页。

汉族 今赣之会昌有盘古山，本盘固名。

【流传】（无考）

【出处】《路史·前纪一》罗苹注。

汉族 河南省桐柏县亦有盘古山，山上有盘古庙，祀盘古，每年旧历三月三日必举行盘古庙会。

【流传】（无考）

【出处】《盘古山》，见袁珂《中国神话大词典》，北京：华夏出版社 2015 年版，第 299 页。

汉族 今日游览盘古山，山内好似滚油煎。昔日圣地真名世，今日荒凉更凄惨。

【流传】河南省·济源县（济源市）·（克井镇）·康村

【出处】李高升抄，河南大学中原神话调查组采录：《盘古寺内题壁诗抄》（1985.04.13），见张振犁编著《中原神话通鉴》（第一卷），郑州：河南大学出版社 2017 年版，第 8 页。

汉族 盘古生活居住的石狮子山，被后人叫作盘古山。

【流传】河南省·（南阳市）·桐柏县·（安棚乡、固县镇、大河乡、二郎山乡、月河镇金桥村等地）；（湖北省·随州市·随县·小林镇）

【出处】姚义雨、郑昌寿、黄发美、陈鸣声、刘太举、胡安辰、方家义、曹衔玉等讲，马卉欣采录整理：《盘古开天》，见张振犁编著《中原神话通鉴》（第一卷），郑州：河南大学出版社 2017 年版，第 58 页。

汉族 在河南省的泌阳县和桐柏县之间，有一座山，叫盘古山。

【流传】河南省·（驻马店市）·泌阳县

【出处】秦道山讲，冯天佑采录：《盘古告状》，见张振犁编著《中原神话通鉴》（第一卷），郑州：河南大学出版社 2017 年版，第 77 页。

W1852.6.106.1
为纪念盘古夫妻命名盘古山

【关联】

① [W0725.4.1] 盘古女娲是夫妻
② [W0725.4.2] 盘古爷盘古奶是夫妻

实 例

汉族 盘古兄妹洪水后结婚造人，遂

成各类名姓。后人为纪念盘古夫妻所居之石狮山，乃名之曰盘古山。

【流传】（河南省）

【出处】《盘古山》，原载河南师大中文系编《河南民间故事》，见袁珂《中国神话大词典》，北京：华夏出版社2015年版，第390页。

W1852.6.106.2
盘古死后尸体变成盘古山

实例

汉族 盘古死后，尸体即化作一座盘古山。

【流传】
（a）河南省·（南阳市）·社旗县
（b）河南省·驻马店市·汝南县
（c）河南省·（新乡市）·封丘县

【出处】
（a）杨东来搜集整理：《天女散花》，见张振犁编著《中原神话通鉴》（第一卷），郑州：河南大学出版社2017年版，第38页。
（b）申汪让讲，张丽卿采录整理：《天女散花》，同（a）出处，第39页。
（c）王又凡（50多岁，教师）讲，王海燕采录：《花神》（1989.12.16），同（a）出处，第40页。

W1852.6.106.3
盘古山一带风调雨顺的来历

实例

汉族 盘古从玉帝那里获得了行三场私雨的权力，从此，盘古山一带年年风调雨顺，五谷丰登，没有一个愿搬走离开盘古山的。

【流传】河南省·（驻马店市）·泌阳县

【出处】秦道山讲，冯天佑采录：《盘古告状》，见张振犁编著《中原神话通鉴》（第一卷），郑州：河南大学出版社2017年版，第77页。

W1852.6.106.4
盘古山又称盘古川

实例

汉族 泌阳故城，城南有蔡水，出盘古山，亦曰盘古川。

【流传】河南省

【出处】《古今图书集成·山川典》。

W1852.6.106.4a
盘古山本名盘山

实例

汉族 盘古山，在泌阳县南三十里，蔡水出焉。本名盘山，后讹为盘古山，因建盘古氏庙。

【流传】河南省·（驻马店市）·泌阳县

【出处】《泌阳县志》。

W1852.6.106.5
公母盘古山

实例

汉族 祖先落在桐柏山的一个山头

上；姑娘落在桐柏山的另一个山头上，现在人们称这两座山为公盘古山和母盘古山。

【流传】河南省·（南阳市）·桐柏县·平氏镇·平南村

【出处】王布英讲，马卉欣采录整理：《盘古修炼》（原名《盘古令》），见张振犁编著《中原神话通鉴》（第一卷），郑州：河南大学出版社2017年版，第118页。

W1852.6.106.6
盘古山是九州的中心

实 例

汉族 以盘古山为中间，东有了人，西有了人，南有了人，北有了人，东南有了人，东北有了人，西南有了人，西北有了人，天下有了九州。

【流传】河南省·（南阳市）·桐柏县

【出处】卖艺盲人讲，马卉欣采录整理：《盘古死在大梁山》，见张振犁编著《中原神话通鉴》（第一卷），郑州：河南大学出版社2017年版，第111页。

W1852.6.107
蓬莱山（蓬邱）

实 例

汉族 昆仑山的蓬莱是天宫诸神聚会之地。

【流传】江苏省·（徐州市）·新沂市

【出处】胡凯讲，胡凯整理：《二郎扁担》（1987.12.27），见姚宝瑄主编《中国各民族神话》（汉族），太原：山西出版传媒集团·书海出版社2014年版，第117~119页。

W1852.6.107.1
蓬莱山在海中

实 例

汉族 蓬莱山在海中。

【流传】（无考）

【出处】

（a）《山海经·海内北经》。

（b）《蓬莱山》，见袁珂《中国神话大词典》，北京：华夏出版社2015年版，第327页。

W1852.6.107.2
蓬莱山是仙人居所

【关联】［W0812］仙的居所

实 例

汉族 蓬邱，蓬莱山是也。对东海之东北岸，周回五千里。外别有圆海绕山。圆海水正黑，而谓之冥海也。无风而洪波百丈，不可得往来，唯飞仙有能到其处耳。

【流传】（无考）

【出处】

（a）《十洲记》。

（b）《蓬莱山》，见袁珂《中国神话大词典》，北京：华夏出版社2015年版，第327页。

W1852.6.107.3
蓬莱山在鳌鱼背上

实例

汉族 "鳌戴山抃，何以安之？"王逸注："《列仙传》曰：'有巨灵之鳌，背负蓬莱之山，而抃舞戏沧海之中。'"

【流传】（无考）

【出处】［战国］屈原：《楚辞·天问》王逸注。

汉族 鳌负蓬莱山，而抃沧海之中。

【流传】（无考）

【出处】
（a）《列仙传》。
（b）《灵山》，见袁珂《中国神话大词典》，北京：华夏出版社2015年版，第178页。

W1852.6.108
桥山

实例

汉族 黄帝葬桥山，山崩无尸，惟剑舄存。

【流传】（无考）

【出处】
（a）鲁迅：《古小说钩沉》辑《列异传》。
（b）《桥山》，见袁珂《中国神话大词典》，北京：华夏出版社2015年版，第259页。

W1852.6.109
青城山

实例

汉族 阳庭城东西（南）二百五十里青城山。秦始皇登此山造石城，入河三十里。临海射鱼，方四百里，水变血色，今犹尔也。

【流传】（无考）

【出处】
（a）《太平御览》卷一九二引《三齐略记》。
（b）《青城山》，见袁珂《中国神话大词典》，北京：华夏出版社2015年版，第191页。

W1852.6.109.1
青城山通昆仑山

实例

汉族 蜀郡有青城山（今四川省都江堰市）。有洞穴潜行，分道为三，道各通一处。西北通昆仑。

【流传】（无考）

【出处】
（a）鲁迅：《古小说钩沉》辑《玄中记》。
（b）《青城山》，见袁珂《中国神话大词典》，北京：华夏出版社2015年版，第191页。

W1852.6.110
青丘山

实例

汉族 青丘之山有兽焉，其状如狐而九尾，其音如婴儿，能食人，食者不蛊。

【流传】（无考）

【出处】

（a）《山海经·南山经》。

（b）《青丘山》，见袁珂《中国神话大词典》，北京：华夏出版社2015年版，第191页。

W1852.6.111
穷山

实例

汉族 轩辕之国，在穷山之际。

【流传】（无考）

【出处】

（a）《山海经·海外西经》。

（b）《穷山》，见袁珂《中国神话大词典》，北京：华夏出版社2015年版，第175页。

汉族 阻穷（穷山）西征，岩何越焉？化为黄熊，巫何活焉？

【流传】（无考）

【出处】[战国] 屈原：《楚辞·天问》。

汉族 鲧遭杀戮后，化为黄熊，越此穷山之岩，求活于昆仑之诸巫，即其事也。

【流传】（无考）

【出处】唐兰：《天问"阻穷西征"新解》，见《古史辨》第七册下编。

W1852.6.112
日月山

【关联】[W1752.2.2.1] 日月山是天枢

实例

汉族 大荒之中，有山名日月山。

【流传】（无考）

【出处】

（a）《山海经·大荒西经》。

（b）《天门》，见袁珂《中国神话大词典》，北京：华夏出版社2015年版，第52页。

W1852.6.112.1
男始祖的两个乳房变成太阳山和月亮山

【关联】[W1819.1.2.1] 男始祖的乳房变成山

实例

阿昌族 太阳造好了，没有窝；月亮造成了，没有放的地方。遮帕麻（男始祖、天公）就用右手抓下左边的乳房，变成一座太阴山；用左手撕下右边的乳房，变成一座太阳山。

【流传】云南省·（德宏傣族景颇族自治州）·梁河县

【出处】赵安贤讲述，杨叶生翻译，智克整理：《遮帕麻与遮米麻》，载《山茶》1981年第2期。

W1852.6.112.2
日月山为日月所入

【关联】［W1852.6.85.1］龙山为日月所入

实　例

汉族　日月山为日月所入之山。

【流传】（无考）

【出处】
(a)《山海经·大荒西经》。
(b)《日月所入山》，见袁珂《中国神话大词典》，北京：华夏出版社2015年版，第64页。

W1852.6.112.3
日月山在大荒之中

实　例

汉族　大荒之中，有山名曰日月山，天枢也。吴姖天门，日月所入。

【流传】（无考）

【出处】
(a)《山海经·大荒西经》。
(b)《日月山》，见袁珂《中国神话大词典》，北京：华夏出版社2015年版，第63页。

W1852.6.113
三尖山

实　例

汉族　（实例待考）

彝族　哀牢山中有三高山，山峰似竹笋，一峰高胜一峰，即著名的三尖山。

【流传】（无考）

【出处】《三女寻太阳》，原载谷德明编《中国少数民族神话》（原名《三女找太阳》），见袁珂《中国神话大词典》，北京：华夏出版社2015年版，第428页。

W1852.6.113.1
3个找太阳的姑娘化为三尖山

实　例

彝族　寻找太阳的三个姑娘就死去了。但她们没有倒下，而是化作三座山峰，托起一轮红彤彤的太阳，把光明和温暖洒遍人间。据说，哀牢山里的三尖山就是那三个姑娘的化身。

【流传】（无考）

【出处】《三女镇夜猫精》，王四代根据此誉阿立讲，摩依翻译，上元、邹志诚整理《三女找太阳》（谷德明编《中国少数民族神话选》，西北民族学院研究所1983年内部资料）改写，见姚宝瑄主编《中国各民族神话》（羌族、彝族），太原：山西出版传媒集团·书海出版社2014年版，第299~363页。

W1852.6.114
三清山

实　例

汉族　（实例待考）

W1852.6.115
三神山

实　例

（参见下级母题实例）

W1852.6.115.1
三神山即蓬莱、方丈、瀛洲

【关联】［W1244.2a.7.1］瀛洲在东海

实　例

汉族　齐人徐市等上书，言海中有三神山，名曰蓬莱、方丈、瀛洲。

【流传】（无考）

【出处】

(a)［西汉］司马迁：《史记·秦始皇本纪》。

(b)《三神山》，见袁珂《中国神话大词典》，北京：华夏出版社2015年版，第17页。

W1852.6.116
三天子都

实　例

汉族　南海之内，有山名三天子之都。

【流传】（无考）

【出处】

(a)《山海经·海内经》。

(b)《三天子都》，见袁珂《中国神话大词典》，北京：华夏出版社2015年版，第18页。

汉族　浙江出三天子都。庐江出三天子都。一曰天子鄣。

【流传】（无考）

【出处】

(a)《山海经·海内东经》。

(b)《三天子都》，见袁珂《中国神话大词典》，北京：华夏出版社2015年版，第18页。

汉族　三天子都山在闽西海北。一曰在海中。

【流传】（无考）

【出处】

(a)《山海经·海内南经》。

(b)《三天子都山》，见袁珂《中国神话大词典》，北京：华夏出版社2015年版，第18页。

W1852.6.117
三王山（三首山）

实　例

汉族　（三天子鄣山）今在新安歙县东，今谓之三王山，浙江出其边也。

【流传】（无考）

【出处】

(a)《山海经·海内南经》郭璞注。

(b)《三天子鄣山》，见袁珂《中国神话大词典》，北京：华夏出版社2015年版，第18页。

汉族　三王山，在溧阳县。楚王与眉间尺并一客，三首葬于一山，名三王山。其顶有石，击之有声。眉间尺者，楚良冶干将子也。亦名三首山。

【流传】（无考）

【出处】

（a）［明］陈仁锡：《潜确类书》卷一六。

（b）《三王山》，见袁珂《中国神话大词典》，北京：华夏出版社2015年版，第15页。

W1852.6.118
三危（三危山）

实 例

汉族 玄趾、三危，皆山名也，在西方。趾一作沚。

【流传】（无考）

【出处】《楚辞·天问》王逸注。

汉族 黑水淫淫，穷于不姜。玄趾则北，三危则南，言玄趾所居地位。

【流传】（无考）

【出处】

（a）［唐］柳宗元：《天对》。

（b）《玄趾》，见袁珂《中国神话大词典》，北京：华夏出版社2015年版，第115页。

汉族 穆王十三年，西征，至于青鸟之所憩，即此山（三危山）。

【流传】（无考）

【出处】

（a）《艺文类聚》卷九一引《竹书纪年》。

（b）《三危山》，见袁珂《中国神话大词典》，北京：华夏出版社2015年版，第16页。

W1852.6.118.1
三危山有3个峰

实 例

汉族 三危山有三峰，故曰三危。俗亦名卑羽山，在沙州燉煌县东南三十里。

【流传】（无考）

【出处】

（a）《史记·五帝本纪》张守节正义引《括地志》。

（b）《三危山》，见袁珂《中国神话大词典》，北京：华夏出版社2015年版，第16页。

W1852.6.118.2
三危山上的居住者

实 例

（参见下级母题实例）

W1852.6.118.2.1
青鸟居三危山

实 例

汉族 三危之山，三青鸟居之。是山也，广员百里。

【流传】（无考）

【出处】

（a）《山海经·西次三经》。

（b）《三危山》，见袁珂《中国神话大词典》，北京：华夏出版社2015年版，第16页。

W1852.6.118.2.2
三苗居三危山

实例

汉族 迁三苗于三危（三危山）。

【流传】（无考）

【出处】

（a）［汉］司马迁：《史记·五帝本纪》。

（b）《三危山》，见袁珂《中国神话大词典》，北京：华夏出版社 2015 年版，第 16 页。

W1852.6.119
三嵕山

实例

汉族 三嵕山，一名灵山，一名麟山，在（屯留）县西北三十五里，三峰高峻，为县伟观，相传羿射九日之所。

【流传】（无考）

【出处】

（a）《古今图书集成·职方典》卷三二一。

（b）《三嵕山》，见袁珂《中国神话大词典》，北京：华夏出版社 2015 年版，第 18 页。

W1852.6.120
少室山

【关联】［W1983.0.2.1］少室山多铁

实例

汉族 少室之山，百草木成囷。其上有木焉，其名曰帝休，叶状如杨，其枝五衢，黄华黑实，服者不怒。其上多玉，其下多铁。

【流传】（无考）

【出处】

（a）《山海经·中次七经》。

（b）《少室山》，见袁珂《中国神话大词典》，北京：华夏出版社 2015 年版，第 65 页。

W1852.6.120a
韶山

实例

汉族 湘潭县西有韶山，相传舜南巡时奏韶乐于此。

【流传】（无考）

【出处】

（a）［清］李天度重修：《南岳志》卷一〇引《一统志》。

（b）《韶山》，见袁珂《中国神话大词典》，北京：华夏出版社 2015 年版，第 344 页。

W1852.6.121
石城山

实例

汉族 东阳永康县南四百里有石城山，上有小石城，云黄帝曾游此。

【流传】（无考）

【出处】

（a）《张氏土地记》。

（b）《三天子鄣山》，见袁珂《中国神

话大词典》，北京：华夏出版社 2015年版，第 18 页。

W1852.6.122
石鸡山

【关联】［W1818］动物或动物肢体变化成山

实例

汉族　晋永嘉之乱时，宜阳县（今属河南省）有女子彭娥离家失所，逃至溪际大山，临壁仰天呼曰："皇天宁有神不？我为何罪，而当如此！"因奔走向山，山立开，广数丈，平路如砥，群贼亦逐娥入山，山遂隐合，泯然如初。贼皆压死山里，头出山外。娥遂隐不复出。娥所舍汲器化为石，形似鸡；土人因号曰石鸡山。

【流传】（无考）

【出处】

（a）鲁迅：《古小说钩沉》辑《幽明录》。

（b）《石鸡山》，见袁珂《中国神话大词典》，北京：华夏出版社 2015 年版，第 91~92 页。

W1852.6.123
石燕山

实例

汉族　湘水又东北，水出永昌县北罗山。东南流径石燕山东。其山有石，绀而状燕，因以名山。

【流传】（无考）

【出处】

（a）［北魏］郦道元：《水经注·湘水》。

（b）《石燕山》，见袁珂《中国神话大词典》，北京：华夏出版社 2015 年版，第 92 页。

W1852.6.123a
石狮子山

实例

汉族　盘古兄妹费了七七四十九天的工夫，做了一个又大又威风的石狮子，放在山顶上，还把这个山起名叫石狮子山。

【流传】河南省·（南阳市）·桐柏县·（安棚乡、固县镇、大河乡、二郎山乡、月河镇金桥村等地）；（湖北省·随州市·随县·小林镇）

【出处】姚义雨、郑昌寿、黄发美、陈鸣声、刘太举、胡安辰、方家义、曹衔玉等讲，马卉欣采录整理：《盘古开天》，见张振犁编著《中原神话通鉴》（第一卷），郑州：河南大学出版社 2017 年版，第 57 页。

W1852.6.124
双牙山

实例

汉族　双牙山在成都府简县（简阳县）东，山顶有古井，山半有石箱。昔有两金鹅浴于井，夜栖于箱。人欲捕之，遂飞上南山，化为双石，对峙

1.7.3 与山有关的其他母题

若齿牙然。

【流传】（无考）

【出处】

（a）《格致镜原》卷八〇引《山堂肆考》。

（b）《双牙山》，见袁珂《中国神话大词典》，北京：华夏出版社2015年版，第82页。

W1852.6.125
舜哥山（舜王山）

【关联】

① ［W0739.5］与舜有关的其他母题
② ［W1978.5.1.8］舜井（舜泉）

实 例

汉族　舜哥山，在寿州，旧名舜王山。俗传舜帝躬耕处，石上有大人足迹。

【流传】（无考）

【出处】

（a）［明］陈仁锡：《潜确类书》卷一六引《寰舆记》。

（b）《舜哥山》，见袁珂《中国神话大词典》，北京：华夏出版社2015年版，第321页。

W1852.6.126
太行山

实 例

汉族　太形（太形山即今太行山）、王屋二山，方七百里，高万仞，本在冀州之南，河阳之北。天帝感愚公移山之诚，命夸蛾氏二子，负二山，一厝朔东，一厝雍南。

【流传】（无考）

【出处】

（a）《列子·汤问》。

（b）《王屋山》，见袁珂《中国神话大词典》，北京：华夏出版社2015年版，第48页。

汉族　太行山在怀庆府城北二十里，其山西自济源，东北接河内修武、卫辉、林县至磁州界。《禹贡》太行、恒山至于碣石，入于海。

【流传】（无考）

【出处】《河南通志·山川》。

W1852.6.126.1
五行山即今太行山

实 例

汉族　"夫五行之山，固塞险阻之地也。使我德能覆之，则天下纳其贡职者回也。"高诱注："五行山，今太行山也。在河内野王县北上党关是也。"

【流传】（无考）

【出处】［汉］刘安及门客：《淮南子·氾论训》高诱注。

汉族　太行即五行之名。

【流传】（无考）

【出处】［宋］李石：《续博物志》。

汉族　太行山一名五行山。

【流传】（无考）

【出处】［明］杨慎：《丹铅总录》。

W1852.6.127
太姥山
实例

（参见下级母题实例）

W1852.6.127.1
太姥山有36峰
实例

汉族 太姥山三十六峰，在长溪县（今福建省霞浦县南三十里）。

【流传】（无考）

【出处】

(a) ［宋］王象之：《舆地纪胜》卷一二八。

(b) 《太姥山》，见袁珂《中国神话大词典》，北京：华夏出版社2015年版，第52页。

W1852.6.127.2
太姥山有36奇
实例

汉族 尧时有老母，以蓝染为业，后得九转丹砂法，乘九色龙而仙。汉武时名尧母所居之山为太姥山，凡有三十六奇。

【流传】（无考）

【出处】

(a) ［汉］王烈：《蟠桃记》。

(b) 《太姥山》，见袁珂《中国神话大词典》，北京：华夏出版社2015年版，第52页。

W1852.6.128
太阳山
【关联】

① ［W1823.5.3.1］最早的3座山是太阳山、月亮山和地面山

② ［W1852.6.112.1］男始祖的两个乳房变成太阳山和月亮山

实例

汉族 在很远的地方，有一座很高的大山，因它离太阳的家最近，所以叫"太阳山"。

【流传】中国北方地区（辽宁省·铁岭市·开原县·城郊乡·大山岗堡村）

【出处】李兰香讲，张晶记录整理：《太阳瓜》，见姚宝瑄主编《中国各民族神话》（汉族），太原：山西出版传媒集团·书海出版社2014年版，第158~162页。

景颇族 造物主能贯娃原来居住在高高的太阳山上。

【流传】（云南省·德宏傣族景颇族自治州）

【出处】岳志明、杨国治翻译整理：《驾驭太阳的母亲》，见姚宝瑄主编《中国各民族神话》（白族、拉祜族、景颇族），太原：山西出版传媒集团·书海出版社2014年版，第204页。

壮族 在女子太阳节时，年满16岁以上的女子要到太阳山祭祀女太阳神，然后送太阳神上天。

【流传】云南省·文山壮族苗族自治州·西畴县·西洒镇·汤果村一带

【出处】杨丽讲：《西畴汤果村的神话传说》，王宪昭 2015 年 3 月 20 日采集整理。

W1852.6.128.1
太阳山高 10 万 8 千丈

实例

阿昌族 因遮帕麻（男始祖名，被奉为"天公"）造出的日月没有居处，他就用左手抓下右边的乳房，变成一座太阳山。山高十万八千丈。

【流传】（云南省）

【出处】赵安贤讲，智克整理：《遮帕麻与遮米麻》，见姚宝瑄主编《中国各民族神话》（佤族、阿昌族、纳西族、普米族、德昂族），太原：山西出版传媒集团·书海出版社 2014 年版，第 75 页。

W1852.6.128.2
太阳山很美

实例

汉族 太阳山很美。满山的树，各式各样的花，花间蝴蝶飞舞，林中百鸟欢唱。

【流传】中国北方地区（辽宁省·铁岭市·开原县·城郊乡·大山岗堡村）

【出处】李兰香讲，张晶记录整理：《太阳瓜》，见姚宝瑄主编《中国各民族神话》（汉族），太原：山西出版传媒集团·书海出版社 2014 年版，第 158~162 页。

W1852.6.129
太阴山

实例

阿昌族 因遮帕麻（男始祖名，被奉为"天公"）造出的日月没有居处，他就用右手抓下左边的乳房，变成一座太阴山。

【流传】（云南省）

【出处】赵安贤讲，智克整理：《遮帕麻与遮米麻》，见姚宝瑄主编《中国各民族神话》（佤族、阿昌族、纳西族、普米族、德昂族），太原：山西出版传媒集团·书海出版社 2014 年版，第 75 页。

W1852.6.129a
汤山

实例

（参见下级母题实例）

W1852.6.129a.1
汤山即"狄山"

实例

汉族 汤山即"狄山"

【流传】（无考）

【出处】《汤山》，见袁珂《中国神话大词典》，北京：华夏出版社 2015 年版，第 141 页。

W1852.6.130
天池（天池山）

【关联】

① ［W1752.4b］天池（天池星、天渊）

② ［W1794.0］天池

实例

汉族 天池之山，其上无草木，多文石。

【流传】（无考）

【出处】

(a)《山海经·北次三经》。

(b)《天池》，见袁珂《中国神话大词典》，北京：华夏出版社2015年版，第53页。

W1852.6.131
天耳山

实例

汉族 天耳山，蒙化厅（今云南省巍山彝族自治县）城北。相传凡有人计度言语，虽甚秘，山中即有人传之。

【流传】（无考）

【出处】

(a)［明］杨慎：《南诏野史》下卷。

(b)《天耳山》，见袁珂《中国神话大词典》，北京：华夏出版社2015年版，第57页。

W1852.6.132
天姥山

实例

汉族 剡县有天姥山，传云，登者闻天姥歌谣之音。

【流传】（无考）

【出处】

(a)《汉唐地理书钞》辑《张勃吴地理志》。

(b)《天姥山》，见袁珂《中国神话大词典》，北京：华夏出版社2015年版，第57页。

汉族 （梦游天姥山时）霓为衣兮风为马。云之君兮纷纷而来下。虎鼓瑟兮鸾回车，仙之人兮列如麻。

【流传】（无考）

【出处】

(a)［唐］李白：《梦游天姥吟留别》。

(b)《天姥山》，见袁珂《中国神话大词典》，北京：华夏出版社2015年版，第57页。

汉族 天姥山（今浙江省新昌县东）南峰，昔鲁班刻木为鹤，一飞七百里。后放于北山西峰上，汉武帝使人往取，遂飞上南峰。往往天将雨，则翼翅摇动，若将奋飞。

【流传】（无考）

【出处】

(a)《述异记》卷下。

(b)《天姥山》，见袁珂《中国神话大词典》，北京：华夏出版社2015年版，第57页。

W1852.6.133
天神山

实例

汉族 天神山，在赤水县西十里。相传有姓杨人夫妇佣于田家，前知晴雨，人颇异之。一日辞去，至山，化为石。人为立祠。因以为名。

【流传】（无考）

【出处】

（a）[宋]王象之：《舆地纪胜》卷一五九。

（b）《天神山》，见袁珂《中国神话大词典》，北京：华夏出版社2015年版，第57页。

W1852.6.134
天坛山

实 例

汉族　天坛山，在河南省济源县，即王屋山绝顶，相传为轩辕祈天之所。

【流传】（无考）

【出处】《仙猫洞》，见袁珂《中国神话大词典》，北京：华夏出版社2015年版，第107页。

W1852.6.135
天柱山

【关联】[W1852.6.79.1]灵台山即天柱山

实 例

汉族　天柱山有凤皇祠，或曰其峰高峻，迥出诸山，状若柱，因以为名。

【流传】（无考）

【出处】[北魏]郦道元：《水经注·渭水》。

W1852.6.136
桐柏山

实 例

汉族　（禹）导淮自桐柏。

【流传】（无考）

【出处】

（a）《书·禹贡》。

（b）《桐柏》，见袁珂《中国神话大词典》，北京：华夏出版社2015年版，第259页。

汉族　禹理水，三至桐柏山。

【流传】（无考）

【出处】

（a）《太平广记》卷四六七"李汤"条引《戎幕闲谈》。

（b）《桐柏》，见袁珂《中国神话大词典》，北京：华夏出版社2015年版，第259页。

W1852.6.136.1
盘古造桐柏山

实 例

汉族　盘古造成了桐柏山以后，实在太累了，就躺在北山脚下睡着了。

【流传】河南省桐柏山一带

【出处】马卉欣、梁燕搜集，马卉欣整理：《盘古山》，原载中国民间文艺研究会河南分会编：《河南民间故事集》，见姚宝瑄主编《中国各民族神话》（汉族），太原：山西出版传媒集团·书海出版社2014年版，第95～

100页。

W1852.6.137
涂山

【关联】［W0751.6.0.2.1］禹的妻子涂山氏

实 例

汉族　禹合诸侯于涂山，执玉帛者万国。

【流传】（无考）

【出处】《左传·哀公七年》。

汉族　昔禹致群神于会稽之山，防风后至。禹杀而戮之，其骨节专车。

【流传】（无考）

【出处】《国语·鲁语下》。
（b）《涂山》，见袁珂《中国神话大词典》，北京：华夏出版社2015年版，第277页。

汉族　涂山有四，一者会稽，二者渝州，三者濠洲，四者宣州当涂县。

【流传】（无考）

【出处】
（a）［唐］苏鹗：《苏氏演义》。
（b）《涂山》，见袁珂《中国神话大词典》，北京：华夏出版社2015年版，第277页。

W1852.6.138
万户山

实 例

汉族　万户山在府（汾州府，即今山西省汾阳县治）城西。尧时洪水，诸山皆没，惟此山独存，所济者万户。

【流传】（无考）

【出处】
（a）［明］陈仁锡：《潜确类书》卷一七引《一统志》。
（b）《万户山》，见袁珂《中国神话大词典》，北京：华夏出版社2015年版，第13页。

W1852.6.139
万花山

实 例

汉族　万花山上有无数群毒蜂保卫着蜂王。杀死蜂王，比杀死大蜘蛛更困难。

【流传】（无考）

【出处】胡仲实搜集整理：《岩刚河的来历》，见姚宝瑄主编《中国各民族神话》（仫佬族、壮族、京族），太原：山西出版传媒集团·书海出版社2014年版，第164页。

W1852.6.140
王屋山

实 例

汉族　天坛山即王屋山绝顶，相传为轩辕祈天之所。

【流传】（无考）

【出处】《仙猫洞》，见袁珂《中国神话大词典》，北京：华夏出版社2015年版，第107页。

1.7.3 与山有关的其他母题 ‖W1852.6.141–W1852.6.143‖ 2719

汉族 王屋之山（在今山西省阳城县西南），是多石。水出焉，而西北流注于泰泽。

【流传】（无考）

【出处】

(a)《山海经·北次三经》。

(b)《王屋山》，见袁珂《中国神话大词典》，北京：华夏出版社2015年版，第48页。

W1852.6.141

望夫山

【关联】

① [W7938.4] 夫妻相见（夫妻重逢）

② [W9553] 人变山

实 例

汉族 望夫山（今安徽省芜湖市东南）。昔人往楚，累岁不还。其妻登此山望夫，乃化为石。其山临江，周回五十里，高一百丈。

【流传】（无考）

【出处】

(a)《太平御览》卷四六引《宣城图经》。

(b)《望夫山》，见袁珂《中国神话大词典》，北京：华夏出版社2015年版，第303页。

汉族 望夫山，在德安县（今属江西省）西北一十五里，高一百丈。按《方舆记》云，夫行役未回，其妻登山而望，每登山辄以藤箱盛土，积石累功，渐益高峻，故以名焉。

【流传】（无考）

【出处】[宋]王象之：《舆地纪胜》卷三〇。

W1852.6.142

委羽山

实 例

汉族 烛龙在雁门北，蔽于委羽之山，不见日。委羽，山名也，在北极之阴，不见日也。

【流传】（无考）

【出处】

(a) [汉]刘安及门客：《淮南子·地形训》高诱注。

(b)《委羽山》，见袁珂《中国神话大词典》，北京：华夏出版社2015年版，第201页。

W1852.6.143

沃焦山（尾闾山）

实 例

汉族 羿射九日，落为沃焦。

【流传】（无考）

【出处】

(a)《庄子·秋水》成玄英疏引《山海经》（今本无）。

(b)《沃焦》，见袁珂《中国神话大词典》，北京：华夏出版社2015年版，第175页。

汉族 沃焦在碧海之东，有石阔四万里，居百川之下，故又名尾闾。

【流传】（无考）

【出处】

(a) 吴任臣：《山海经广注》辑《山海经佚文》。

(b)《沃焦》，见袁珂《中国神话大词典》，北京：华夏出版社2015年版，第175页。

汉族　天下之强者，东海之沃焦焉，水灌之而不已。沃焦者，山名也，在东海南，方三万里，海水灌之而即消，故水东南流而不盈也。

【流传】（无考）

【出处】

(a) 鲁迅：《古小说钩沉》辑《玄中记》。

(b)《沃焦》，见袁珂《中国神话大词典》，北京：华夏出版社2015年版，第175页。

汉族　天下之水，莫大于海，万川归之，不知何时止而不盈；尾闾泄之，不知何时已而不虚。

【流传】（无考）

【出处】

(a)《庄子·秋水》。

(b)《尾闾》，见袁珂《中国神话大词典》，北京：华夏出版社2015年版，第177页。

W1852.6.143.1
尾闾山为海水聚集处

实例

汉族　尾闾，水之从海水出者也，一名沃燋，在东大海之中。尾者，在百川之下，故称尾；闾者，聚也，水聚族之处，故称闾也。在扶桑之东，有一石方圆四万里，厚四万里，海水注者无不燋尽，故名沃燋。

【流传】（无考）

【出处】

(a)《文选·嵇康〈养生论〉》注引司马彪语。

(b)《尾闾》，见袁珂《中国神话大词典》，北京：华夏出版社2015年版，第177页。

W1852.6.144
武当山

实例

白族　盘古死时，两手两脚变成四座大山，其中右手变成武当山。

【流传】云南省·（大理白族自治州）·大理（大理市）、洱源（洱源县）、剑川（剑川县）等地

【出处】杨国政讲，杨亮才记录整理：《开天辟地》，原载《云南民间故事选》（不详），见姚宝瑄主编《中国各民族神话》（白族、拉祜族、景颇族），太原：山西出版传媒集团·书海出版社2014年版，第6页。

W1852.6.145
五妇山

实例

汉族　梓潼郡治有五妇山，故蜀五丁力士所拽蛇崩山处也。

1.7.3 与山有关的其他母题

【流传】（无考）

【出处】

(a)［晋］常璩：《华阳国志·汉中志》。

(b)《五妇山》，见袁珂《中国神话大词典》，北京：华夏出版社 2015 年版，第 60 页。

汉族 五妇山在（梓潼）县北十二里，高四百二十丈。

【流传】（无考）

【出处】

(a)［明］曹学佺：《蜀中名胜记》卷二六。

(b)《五妇山》，见袁珂《中国神话大词典》，北京：华夏出版社 2015 年版，第 60 页。

W1852.6.146
五神山

实 例

（参见下级母题实例）

W1852.6.146.1
五神山即岱舆、员峤、方壶、瀛洲、蓬莱

【关联】［1839.1a.1.1］五座仙山是岱舆、员峤、蓬莱、瀛洲、方丈

实 例

汉族 渤海之东，不知几亿万里。其中有山（五神山）焉：一曰岱舆，二曰员峤，三曰方壶，四曰瀛洲，五曰蓬莱。其山高下周旋三万里，其顶平处九千里，山之中间相去七万里，以为邻居焉。

【流传】（无考）

【出处】

(a)《列子·汤问》。

(b)《五神山》，见袁珂《中国神话大词典》，北京：华夏出版社 2015 年版，第 61 页。

W1852.6.147
武夷山

实 例

汉族 武夷山（今福建省崇安县西南）高五百仞，岩石悉红紫二色，望之若朝霞。有石壁峭拔数百仞于烟岚之中。其石间有木碓、砦、簸箕、筹、箸、什器等物，靡不有之，顾野王谓之地仙之宅。半岩有悬棺数千。传云，昔有神人武夷君居此，故因名之。

【流传】（无考）

【出处】

(a)《太平御览》卷四七引《萧子开建安记》。

(b)《武夷山》，见袁珂《中国神话大词典》，北京：华夏出版社 2015 年版，第 188 页。

汉族 武夷山者，篯铿炼丹之所也。铿进雉羹于尧，尧封于彭城，故谓之彭祖，年七百七十七岁而卒。铿有子二人，其一曰武，其二曰夷，因以名山。

【流传】（无考）

【出处】

（a）［明］陈耀文《天中记》卷七引《列仙传》。

（b）《武夷山》，见袁珂《中国神话大词典》，北京：华夏出版社2015年版，第188页。

W1852.6.148
西王母山

【关联】［W1246.4.9.1］西王母石室

实例

<汉族> 有西王母之山、壑山、海山。

【流传】（无考）

【出处】

（a）《山海经·大荒西经》。

（b）《西王母山》，见袁珂《中国神话大词典》，北京：华夏出版社2015年版，第128页。

<汉族> 天子遂驱升于弇山，乃纪丌迹于弇山之石而树之槐，眉曰西王母之山。

【流传】（无考）

【出处】

（a）《穆天子传》卷三。

（b）《西王母山》，见袁珂《中国神话大词典》，北京：华夏出版社2015年版，第128页。

W1852.6.149
喜马拉雅山

【关联】［W1825.3.2.2］珠穆朗玛峰是最高的山

实例

（参见下级母题实例）

W1852.6.149.1
喜马拉雅山以前是洪水

【关联】［W1498.1.3］高山以前是大海

实例

<藏族> 在远古时候，喜马拉雅山为洪水所侵犯，并且时间很长，无人出来治理。

【流传】（无考）

【出处】

（a）《人的由来》，见谷德明编《中国少数民族神话选》，西北民族学院研究所编印，内部资料，1983年。

（b）同（a），见姚宝瑄主编《中国各民族神话》（门巴族、珞巴族、怒族、藏族），太原：山西出版传媒集团·书海出版社2014年版，第84页。

W1852.6.149.2
喜马拉雅山以前被洪水包围

实例

<藏族> 远古时，喜马拉雅山为洪水所侵，历时极久，无人治理。

【流传】（无考）

【出处】＊《人之由来》，原载谷德明编《中国少数民族神话选》（原名《人的由来》），见袁珂《中国神话大词典》，北京：华夏出版社2015年版，第407页。

1.7.3 与山有关的其他母题 ‖W1852.6.150-W1852.6.153‖

W1852.6.150
系舟山

实例

汉族 系舟山。尧遭洪水，系舟于此，在县（秀容县，今山西省忻县西北）南四十里。

【流传】（无考）

【出处】

(a)《太平寰宇记》卷四二。

(b)《系舟山》，见袁珂《中国神话大词典》，北京：华夏出版社 2015 年版，第 167 页。

W1852.6.151
仙鸡山

实例

汉族 仙鸡山上有石井石床，又有铜瓶，非人力所能举。旁有石鸡，俗云是扶桑鸡飞下，因以为名。

【流传】（无考）

【出处】

(a)《会稽郡故书杂集》辑《夏侯曾先会稽地志》。

(b)《仙鸡山》，见袁珂《中国神话大词典》，北京：华夏出版社 2015 年版，第 107 页。

W1852.6.152
仙桃山

【关联】[W0943] 仙桃（神桃）

实例

汉族 黄十公，下管黄坳人。宋时樵于仙桃山，见二仙对弈。

【流传】（无考）

【出处】

(a)《古今图书集成·草木典》卷二一九引《皮元县志》。

(b)《仙桃山》，见袁珂《中国神话大词典》，北京：华夏出版社 2015 年版，第 107 页。

W1852.6.153
县圃（玄圃、玄圃、悬圃）

实例

汉族 县圃、凉风、樊桐在昆仑阊阖之中。

【流传】（无考）

【出处】《淮南子·地形训》。

汉族 昆仑之邱，或上倍之，是谓悬圃（之山），登之乃灵，能使风雨。

【流传】（无考）

【出处】

(a)[汉]刘安及门客：《淮南子·地形训》。

(b)《阆风》，见袁珂《中国神话大词典》，北京：华夏出版社 2015 年版，第 272 页。

汉族 右睇玄圃。悬圃在昆仑阊阖之中。玄与悬古字通。

【流传】（无考）

【出处】

(a)《文选·张衡〈东京赋〉》李善注。

(b)《玄圃》，见袁珂《中国神话大词典》，北京：华夏出版社 2015 年版，第 114 页。

汉族 昆仑悬圃，非经义所载。

【流传】（无考）

【出处】

（a）［南朝·梁］刘勰：《文心雕龙·辨骚》。

（b）《悬圃》，见袁珂《中国神话大词典》，北京：华夏出版社 2015 年版，第 293 页。

W1852.6.153.1
县圃即阆风

【关联】［1852.6.74］阆风

实例

汉族 昆仑山三级，二曰玄圃（县圃），一名阆风。

【流传】（无考）

【出处】

（a）［北魏］郦道元：《水经注·河水》引《昆仑记》。

（b）《阆风》，见袁珂《中国神话大词典》，北京：华夏出版社 2015 年版，第 272 页。

W1852.6.153.2
玄圃即平圃

实例

汉族 "槐江之山，实惟帝之平圃。"郭璞注："即玄圃也。"

【流传】（无考）

【出处】《山海经·西次三经》郭璞注。

W1852.6.154
星山

实例

满族 布星女神卧勒多赫赫聚星助战时，为了拦截恶魔耶鲁里，形成了白亮亮、光闪闪，绵亘东西，宛如一座顶天立地、不可逾越的星山。

【流传】黑龙江省·黑河地区（黑河市）·孙吴县·（沿江满族达斡尔族乡）·四季屯（四季屯村）

【出处】吴纪贤、富希陆讲：《天宫大战——黑水女真人传世神话》（1939，选自富育光、郭淑云整理的手稿），见姚宝瑄主编《中国各民族神话》（满族、赫哲族、朝鲜族），太原：山西出版传媒集团·书海出版社 2014 年版，第 35 页。

W1852.6.155
须弥山

实例

汉族 （实例待考）

W1852.6.155.1
须弥山以前很小

实例

蒙古族 远古，当香海为小泥坑、须弥山为小丘时，天下有二老，一曰寒神老人，一曰暖神老人。

【流传】（无考）

1.7.3 与山有关的其他母题 ‖W1852.6.155.2—W1852.6.157‖ 2725

【出处】 *《寒神与暖神》，原载谷德明编《中国少数民族神话》（原名《冬天和夏天》），见袁珂《中国神话大词典》，北京：华夏出版社 2015 年版，第 403 页。

W1852.6.155.2
须弥山是地上最高的山

【关联】［W1450.2］须弥山是天梯

实 例

蒙古族 须弥山原为大地最高之山，宛如一座天梯，其峰直插于天，其身则淹没于蓝色云雾中。

【流传】（无考）

【出处】 *《麦德尔神女》，原载陶阳、钟秀编《中国神话》，见袁珂《中国神话大词典》，北京：华夏出版社 2015 年版，第 399 页。

蒙古族 须弥宝山是原来大地上最高的山，是登天的梯子。

【流传】新疆蒙古族居住地区

【出处】姚宝瑄搜集整理：《麦德尔神女开天辟地》，载《民间文学》1986 年第 3 期。

W1852.6.156
轩辕山

【关联】

① ［W0696.1］黄帝轩辕氏
② ［W1843.8.2］轩辕丘

实 例

汉族 轩辕之山，其上多铜，其下多竹。

【流传】（无考）

【出处】

（a）《山海经·北次三经》。
（b）《轩辕山》，见袁珂《中国神话大词典》，北京：华夏出版社 2015 年版，第 155 页。

汉族 禹娶涂山，治鸿水，通轩辕山，化为熊。

【流传】（无考）

【出处】

（a）［清］马骕：《绎史》卷一二引《随巢子》。
（b）《轩辕山》，见袁珂《中国神话大词典》，北京：华夏出版社 2015 年版，第 360 页。

汉族 轩辕山在县（缑氏县，今河南省偃师县东南）东南四十六里，有轩辕关，道路险隘，凡十二曲，将去复还，故曰轩辕。

【流传】（无考）

【出处】

（a）［唐］李吉甫：《元和郡县志》卷五。
（b）《轩辕山》，见袁珂《中国神话大词典》，北京：华夏出版社 2015 年版，第 360 页。

W1852.6.157
崦嵫（弇兹）

实 例

汉族 崦嵫，日所入山也，下有蒙水，水中有虞渊。

【流传】（无考）

【出处】

(a) [战国]屈原：《楚辞·离骚》王逸注。

(b) 《崦嵫》，见袁珂《中国神话大词典》，北京：华夏出版社2015年版，第294页。

汉族 鸟鼠同穴山西南三百六十里，曰崦嵫之山。

【流传】（无考）

【出处】

(a) 《山海经·西次四经》。

(b) 《崦嵫》，见袁珂《中国神话大词典》，北京：华夏出版社2015年版，第294页。

汉族 （弱水）西行极崦嵫之山，在西海郡北。山有石，赤白色。以两石相打，则水润。打之不已，润尽则火出，山石皆然。炎起数丈，径日不灭。有大黑风，自流沙出，奄之乃灭，其石如初。

【流传】（无考）

【出处】

(a) [北魏]郦道元：《水经注·禹贡山水泽地所在》。

(b) 《崦嵫》，见袁珂《中国神话大词典》，北京：华夏出版社2015年版，第294页。

W1852.6.158

雁门山

实例

汉族 烛龙在雁门北，蔽于委羽之山。

【流传】（无考）

【出处】

(a) [汉]刘安及门客：《淮南子·地形训》。

(b) 《雁门山》，见袁珂《中国神话大词典》，北京：华夏出版社2015年版，第307页。

汉族 雁门山，雁出其间，在高柳北。

【流传】（无考）

【出处】

(a) 《山海经·海内西经》。

(b) 《雁门山》，见袁珂《中国神话大词典》，北京：华夏出版社2015年版，第307页。

W1852.6.159

羊飞山

实例

汉族 羊飞山，在州（万州·今重庆市万州区）西南五十里。旧经云，昔有人于此山学道，常养二羊。忽一日，诫童子云："勿放羊。"童子放之，一羊冲天而去，因名。

【流传】（无考）

【出处】

(a) [宋]王象之：《舆地纪胜》卷一七七。

(b) 《羊飞山》，见袁珂《中国神话大词典》，北京：华夏出版社2015年版，第138页。

1.7.3　与山有关的其他母题

W1852.6.160
尧山

【关联】

① ［W0747.6］与尧有关的其他母题
② ［W1978.5.1.12］尧井

实例

汉族　尧山在县（鄱阳县，今属江西省）西，水路三十里。尧九年大水，人居避水，因以为名。或遇大水，此山不没，时人云此山浮。

【流传】（无考）

【出处】

(a)《太平寰宇记》卷一〇七引《鄱阳记》。

(b)《尧山》，见袁珂《中国神话大词典》，北京：华夏出版社2015年版，第122~123页。

汉族　尧山，其阴多黄垩，其阳多黄金，其木多荆芑柳檀，其草多藷藇苓。

【流传】（无考）

【出处】

(a)《山海经·中次十二经》。

(b)《尧山》，见袁珂《中国神话大词典》，北京：华夏出版社2015年版，第122页。

W1852.6.160.1
立尧祠的山名尧山

实例

汉族　尧之末孙刘累以龙食帝孔甲，孔甲又求之，不得，累惧而迁于鲁县（今河南省鲁山县），立尧祠于西山，谓之尧山。

【流传】（无考）

【出处】

(a)［北魏］郦道元：《水经注·滍水》。

(b)《尧山》，见袁珂《中国神话大词典》，北京：华夏出版社2015年版，第122页。

汉族　尧山，在广固（今山东省青州市西北）城西七里。尧巡狩所登，遂以为名。山顶立祠，祠边有柏树，枯而复生，不知几代树也。又石上有尧迹，于今犹存。

【流传】（无考）

【出处】

(a)《太平御览》卷五三七引《三齐略记》。

(b)《尧山》，见袁珂《中国神话大词典》，北京：华夏出版社2015年版，第122页。

W1852.6.161
猗天苏门山

实例

(参见下级母题实例)

W1852.6.161.1
猗天苏门山为日月所出

实例

汉族　猗天苏门山为日月所出之山。

【流传】（无考）

【出处】

（a）《山海经·大荒东经》。

（b）《日月所出山》，见袁珂《中国神话大词典》，北京：华夏出版社 2015 年版，第 64 页。

W1852.6.162

夜飞山

【关联】[W1829] 会飞的山

实例

汉族 夜飞山在慈溪。相传此山自蜀中飞来，蜀客识之。其山出甘草灵药。

【流传】（无考）

【出处】

（a）[明] 陈仁锡：《潜确类书》卷二〇。

（b）《飞来峰》，见袁珂《中国神话大词典》，北京：华夏出版社 2015 年版，第 33 页。

W1852.6.163

鱼山

实例

汉族 鱼山一名五山，《瓠子歌》所谓也。魏熹平中，有神女成公智琼降弦超室，后复遇此山陌上。

【流传】（无考）

【出处】

（a）《太平御览》卷四二"鱼山"条引郭延生《述征记》。

（b）《鱼山》，见袁珂《中国神话大词典》，北京：华夏出版社 2015 年版，第 202 页。

汉族 鱼山（今山东省东阿县西）临河，神女智琼与弦超会所。

【流传】（无考）

【出处】

（a）《西征记》。

（b）《鱼山》，见袁珂《中国神话大词典》，北京：华夏出版社 2015 年版，第 202 页。

W1852.6.164

羽山

实例

汉族 鲧窃帝之息壤以堙洪水，不待帝命，帝令祝融杀鲧于羽（羽山）郊。

【流传】（无考）

【出处】

（a）《山海经·海内经》。

（b）《羽山》，见袁珂《中国神话大词典》，北京：华夏出版社 2015 年版，第 146 页。

汉族 今东海祝其县西南有羽山，即鲧所殛处，计此道理不相应，似非也。

【流传】（无考）

【出处】

（a）《山海经·南次二经》郭璞注。

（b）《羽山》，见袁珂《中国神话大词典》，北京：华夏出版社 2015 年版，第 146 页。

W1852.6.165
雨母山

【关联】［W0302.1］女雨神

实 例

汉族 湘东有雨母山，山有祠坛。每祈祷，无不降泽，是以名之。

【流传】（无考）

【出处】

（a）《太平御览》卷一一引盛弘之《荆州记》。

（b）《雨母山》，见袁珂《中国神话大词典》，北京：华夏出版社 2015 年版，第 186~187 页。

W1852.6.166
玉女山

实 例

汉族 贝丘西有玉女山。

【流传】（无考）

【出处】

（a）［唐］段成式：《酉阳杂俎·玉格》。

（b）《玉女山》，见袁珂《中国神话大词典》，北京：华夏出版社 2015 年版，第 94 页。

汉族 肥城东南有玉女山。

【流传】（无考）

【出处】

（a）《太平御览》卷四四引《梁州记》。

（b）《玉女山》，见袁珂《中国神话大词典》，北京：华夏出版社 2015 年版，第 94 页。

W1852.6.167
玉山（群玉山）

实 例

汉族 天子北征东还，乃循黑水。癸巳，至于群玉之山。

【流传】（无考）

【出处】

（a）《穆天子传》卷二。

（b）《群玉山》，见袁珂《中国神话大词典》，北京：华夏出版社 2015 年版，第 335 页。

汉族 若非群玉山头见，会向瑶台月下逢。

【流传】（无考）

【出处】

（a）［唐］李白：《清平调》。

（b）《群玉山》，见袁珂《中国神话大词典》，北京：华夏出版社 2015 年版，第 335 页。

W1852.6.167.1
玉山有五色

实 例

汉族 群玉山，胚混初分，此山积五色而成形，睹若群玉之状，皆虚无之貌浮焉。至庖牺氏之时，山乃坚，石委地，变为五色，遂号群玉山。至夏殷之世，人多采其玉。百灵虑损其山形，遂化为五色土石，而生之丛木。今溪涧中五色赤碧，而皆变色。

【流传】（无考）
【出处】
（a）[明]陈仁锡：《潜确类书》卷一五引《陶贞白龟山经》。
（b）《群玉山》，见袁珂《中国神话大词典》，北京：华夏出版社2015年版，第335~336页。

W1852.6.167.2
玉山多玉

实例

汉族 谓群玉之山为玉山。

【流传】（无考）
【出处】
（a）《穆天子传》。
（b）《玉山》，见袁珂《中国神话大词典》，北京：华夏出版社2015年版，第93页。

W1852.6.167.3
玉山是西王母的居所

实例

汉族 "玉山，是西王母所居也。"此山名玉石，因以名云。

【流传】（无考）
【出处】
（a）《山海经·西次三经》郭璞注。
（b）《玉山》，见袁珂《中国神话大词典》，北京：华夏出版社2015年版，第93页。

汉族 玉山，西王母所居者。

【流传】（无考）
【出处】
（a）《穆天子传》卷二，郭璞注《山海经·西次三经》。
（b）《群玉山》，见袁珂《中国神话大词典》，北京：华夏出版社2015年版，第335页。

W1852.6.167.4
玉山出洪水

实例

汉族 时玉山出水，若尧之洪水，望帝不能治，使鳖灵决玉山，民得安处。

【流传】（无考）
【出处】
（a）《全上古三代秦汉三国六朝文·全汉文》辑《蜀王本纪》。
（b）《玉垒山》，见袁珂《中国神话大词典》，北京：华夏出版社2015年版，第93页。

W1852.6.167.5
群玉山即玉笥山

实例

汉族 玉笥山，本名群玉山。

【流传】（无考）
【出处】
（a）[明]陈仁锡：《潜确类书》卷一五引《陶贞白龟山经》。
（b）《群玉山》，见袁珂《中国神话大词典》，北京：华夏出版社2015年版，第335~336页。

1.7.3 与山有关的其他母题 ‖W1852.6.168–W1852.6.170‖ **2731**

W1852.6.168
玉垒山

实例

汉族 七国称王，杜宇称帝。会有水灾，其相开明决玉垒山以除水害。

【流传】（无考）

【出处】
(a)［晋］常璩：《华阳国志·蜀志》。
(b)《玉垒山》，见袁珂《中国神话大词典》，北京：华夏出版社2015年版，第95页。

汉族 玉垒山去县三百里，众峰丛拥，远望无形，惟云表崔嵬稍露。山石莹洁可为器。

【流传】（无考）

【出处】
(a)［明］曹学佺：《蜀中名胜记》卷六引《灌县志》。
(b)《玉垒山》，见袁珂《中国神话大词典》，北京：华夏出版社2015年版，第95页。

W1852.6.169
玉石山

实例

满族 天神阿布卡赫赫将恶魔耶鲁里驱赶至穆丹阿林（地名）。阿布卡赫赫从头上摘下来一块玉坠，向耶鲁里打去，打掉了耶鲁里的一颗头，那块玉坠也被打碎，落在耶鲁里被打掉的头上，形成一座玉石山。

【流传】（无考）

【出处】《穆丹阿林》，见姚宝瑄主编《中国各民族神话》（满族、赫哲族、朝鲜族）之《〈天宫大战〉的其他版本》，太原：山西出版传媒集团·书海出版社2014年版，第39~40页。

W1852.6.169.1
神丢的玉坠变成玉石山

实例

满族 在阿布卡赫赫（女天神）驱赶恶魔耶鲁里时，从头上摘下玉坠打向耶鲁里，耶鲁里的头被打掉下一颗，掉在此地，那块玉坠也被打碎落在耶鲁里掉下来的头上，便成了一座玉石山。

【流传】黑龙江省

【出处】满族瓜尔佳氏祖传萨满讲，富希陆搜集：《神玉的来历》，见吕大吉、何耀华总主编《中国各民族原始宗教资料集成》（鄂伦春族卷、鄂温克族卷、赫哲族卷、达斡尔族卷、锡伯族卷、满族卷、蒙古族卷、藏族卷），北京：中国社会科学出版社1999年版，第485页。

W1852.6.170
元天（元天山）

实例

汉族 《庄子》曰："阏奕之隶，与殷翼之孙，遏氏之子，三士相与谋致人于造物，共之元天之上；元天者，其高四见列星。"司马彪曰:"元天,山名也。"

【流传】（无考）

【出处】

(a)《文选·颜延年〈车驾幸京口侍游蒜山作〉》李善注。

(b)《元天》，见袁珂《中国神话大词典》，北京：华夏出版社2015年版，第39页。

汉族　元天高北列，日观临东溟。

【流传】（无考）

【出处】

(a)《文选》辑颜延年《车驾幸京口侍游蒜山作》。

(b)《元天》，见袁珂《中国神话大词典》，北京：华夏出版社2015年版，第39页。

W1852.6.171

员丘山

实例

（参见下级母题实例）

W1852.6.171.1

员丘山上有不死树

实例

汉族　员丘山上，有不死树，食之乃寿；有赤泉，饮之不老。多大蛇，为人害，不得居也。

【流传】（无考）

【出处】

(a)［晋］张华：《博物志·物产》。

(b)《员丘山》，见袁珂《中国神话大词典》，北京：华夏出版社2015年版，第163页。

W1852.6.171a

月亮山

实例

（参见下级母题实例）

W1852.6.171a.1

月亮山通天

实例

水族　阿波缘月亮山而登天引得仙女至人间。

【流传】（无考）

【出处】袁珂改编：《月亮山》，原载谷德明编《中国少数民族神话选》，见袁珂《中国神话大词典》，北京：华夏出版社2015年版，第536页。

W1852.6.172

云雨山

实例

汉族　大荒之中，有云雨之山。禹攻云雨。

【流传】（无考）

【出处】

(a)《山海经·大荒南经》。

(b)《云雨山》，见袁珂《中国神话大词典》，北京：华夏出版社2015年版，第43页。

W1852.6.173
长右山

实例

汉族 长右之山，无草木，多水。有兽焉，状如禺而四耳，其名长右，其音如吟，见则郡县大水。

【流传】（无考）

【出处】

(a)《山海经·南次二经》。

(b)《长右》，见袁珂《中国神话大词典》，北京：华夏出版社2015年版，第76页。

W1852.6.174
丈人山

【关联】[W1844.4.5]丈人峰

实例

汉族 自为青城客，不唾青城地，为爱丈人山，丹梯近幽意。

【流传】（无考）

【出处】

(a)[唐]杜甫：《丈人山》

(b)《丈人峰》，见袁珂《中国神话大词典》，北京：华夏出版社2015年版，第14页。

W1852.6.175
钟山

实例

汉族 （崇山）西北四百二十里，曰钟山，其子曰鼓，其状如人面而龙身，是与钦䲹杀葆江于昆仑之阳，帝乃戮之钟山之东。

【流传】（无考）

【出处】

(a)《山海经·西次三经》。

(b)《钟山》，见袁珂《中国神话大词典》，北京：华夏出版社2015年版，第235页。

汉族 黄帝乃取峚山之玉荣，而投之钟山之阳。

【流传】（无考）

【出处】

(a)《山海经·西次三经》。

(b)《钟山》，见袁珂《中国神话大词典》，北京：华夏出版社2015年版，第235页。

W1852.6.175.1
钟山石首

实例

汉族 "北方有钟山焉，山上有石首如人首；左目为日，右目为月；开左目为昼，开右目为夜；开口为春夏，闭口为秋冬。"按《山海经·海外北经》云："钟山之神名曰烛阴，视为昼，瞑为夜，吹为冬，呼为夏。"

【流传】（无考）

【出处】

(a) 鲁迅：《古小说钩沉》辑《玄中记》。

(b)《钟山石首》，见袁珂《中国神话大词典》，北京：华夏出版社2015年

W1852.6.175.2
钟山即春山

实 例

汉族 季夏丁卯，天子北升于春山（即钟山）之上，以望四野。春山之泽，清水出泉，温和无风，飞鸟百兽之所饮食，先王所谓县圃。天子于是得玉荣枝斯之英。

【流传】（无考）
【出处】
（a）《穆天子传》卷二。
（b）《春山》，见袁珂《中国神话大词典》，北京：华夏出版社 2015 年版，第 284 页。

W1852.6.175.3
钟山之神烛阴

实 例

汉族 钟山之神，名曰烛阴。

【流传】（无考）
【出处】
（a）《山海经·海外北经》。
（b）《钟山》，见袁珂《中国神话大词典》，北京：华夏出版社 2015 年版，第 235 页。

W1852.6.175a
终南山

实 例

（参见下级母题实例）

W1852.6.175a.1
终南山又名地肺

实 例

汉族 终南山，一名地肺，可避洪水。俗人云，上有神人乘船行，追之不可及。

【流传】（无考）
【出处】［唐］白居易：《白氏六帖事类集》卷二引《三秦记》。

W1852.6.176
中天山

【关联】［W1318a.4.1］中天山上的中天镇离天只有 3 尺

实 例

汉族

（参见 W1825.3.2.3 母题实例）

W1852.6.177
中皇山

实 例

（参见下级母题实例）

W1852.6.177.1
九州之中中皇山

实 例

汉族 女娲在中皇山炼石补天的原因之一就是这里是正居九州之中，便于普救苍生。

【流传】河北省·（邯郸市）·涉县

【出处】李光藩、赵德崇讲：《女娲炼石补天的传说》，见张振犁编著《中原神话通鉴》（第一卷），郑州：河南大学出版社2017年版，第151～152页。

1.7.4 石头（岩石）
【W1855～W1869】

❋ W1855
石头的产生

【汤普森】A970

实 例

（参见下级母题实例）

W1855a
石头产生的原因

【关联】[W1860.1]岩石的产生源于惩罚

实 例

（参见下级母题实例）

W1855a.1
以前没有石头

实 例

（参见下级母题实例）

W1855a.1.1
世界刚形成时没有石头

实 例

藏族 斯巴（世界）形成的时候，没有石头，是游牧人挖了草皮当架锅石。

【流传】（无考）

【出处】才旦旺堆搜集，蔷紫整理：《大鹏分天地》，王松注释，见姚宝瑄主编《中国各民族神话》（门巴族、珞巴族、怒族、藏族），太原：山西出版传媒集团·书海出版社2014年版，第80页。

W1855a.1.1.1
刚造出天地时没有石头

实 例

傣族 神王英叭刚开创出来天地时，世间还没有石。

【流传】云南省·西双版纳傣族地区（西双版纳傣族自治州）

【出处】《巴塔麻嘎捧尚罗》，王松据岩温炳翻译《巴塔麻晏》（开天辟地）改写，见姚宝瑄主编《中国各民族神话》（哈尼族、傣族），太原：山西出版传媒集团·书海出版社2014年版，第273页。

W1856
石头来源于某个地方或自然产生

实 例

（参见下级母题实例）

W1856.1
石头来源于天上

实 例

（参见下级母题实例）

W1856.1.1
打开天门出现石头

【实例】

彝族 打开天门的一道门,便见树木和石头。

【流传】(无考)

【出处】蔷紫改写:《影与变创世纪·影形与明论》,原载贵州省民间文学工作组编《民间文学资料》,1986年,见姚宝瑄主编《中国各民族神话》(羌族、彝族),太原:山西出版传媒集团·书海出版社2014年版,第130页。

W1856.1.2
神从天上取来石头

【实例】

彝族 地上没有石,神从天上取来三堆石,放到地面上。

【流传】四川省·凉山地区(凉山彝族自治州)

【出处】冯元尉译注:《勒俄特依》,成都:四川民族出版社1986年版,第24页。

彝族 地上没有石头软乎乎的,人神阿俄署布就到天上取来三堆石头,把它们放在地面上,石头便布满九片山。

【流传】(四川省·凉山彝族自治州)

【出处】冯元蔚译,蔷紫改写:《勒俄特依》,见姚宝瑄主编《中国各民族神话》(羌族、彝族),太原:山西出版传媒集团·书海出版社2014年版,第154页。

W1856.1.3
从天上掉下特定的石头

【实例】

(参见下级母题实例)

W1856.1.3.1
从月宫掉下月牙石

【实例】

汉族 河南鸡公山上有一块形如月牙的巨石,传说是从月宫里降下来的。

【流传】河南省鸡公山一带

【出处】《月牙石》,见中国各民族宗教与神话大词典编审委员会编《中国各民族宗教与神话大词典》,北京:学苑出版社1990年版,第282页。

W1856.1a
石头源于地下

【实例】

(参见下级母题实例)

W1856.1a.1
地壳划破后石头从地下出来

【实例】

哈尼族 以前,人、鬼、水、石皆居地下。当天神犁地东沟西壑时,有处太深,划通覆于人所住顶上之地壳,百物亦随水奔至地面。

【流传】（云南省？）

【出处】袁珂改编：《地下人》，原载陶阳、钟秀编《中国神话》，见袁珂《中国神话大词典》，北京：华夏出版社2015年版，第492页。

W1856.2
天神留下岩石

实 例

纳西族 晁增利恩、倩红褒（天神）自来到人类的世间，留下了不朽的石。

【流传】云南省·丽江县（丽江市）

【出处】和才等讲，赵银棠采录：《卜筮术的来历》，见中国民间文学集成全国编辑委员会编《中国民间故事集成》（云南卷），北京：中国ISBN中心2003年版，第320页。

W1856.3
与石头自然产生有关的其他母题

实 例

（参见下级母题实例）

W1856.3.1
开天辟地后自然出现岩石

实 例

苗族 盘古开天，祝融立地之后，天上才有了日月，地上才有了土地和岩石。

【流传】湖南省苗族地区

【出处】龙王六演唱，龙炳文翻译：《开天立地》，苗地根据《楚风》刊登的《苗族古歌》的第一部分《开天日立》改写，见姚宝瑄主编《中国各民族神话》（布依族、仡佬族、苗族），太原：山西出版传媒集团·书海出版社2014年版，第128页。

W1857
石头是造出来的

实 例

（参见下级母题实例）

W1857.1
石头是神筛子中落下来的

【汤普森】A971

实 例

（实例待考）

W1857.2
特定的人物造石头

实 例

（参见下级母题实例）

W1857.2.0
天神造石头

实 例

拉祜族 人新米节不敬天神厄莎，厄莎作法令其田地长满大树及石头。

【流传】（无考）

【出处】袁珂改编：《扎努扎别》，原载

谷德明编《中国少数民族神话选》，见袁珂《中国神话大词典》，北京：华夏出版社2015年版，第531页。

彝族 一位天神在山顶上创造了石头。

【流传】（无考）

【出处】《人类和石头的战争》，原载谷德明编《中国少数民族神话选》，见陶阳、钟秀编《中国神话》（下），北京：商务印书馆2008年版，第1084～1085页。

彝族 天神创造了山、水、风、云、林木、荒草和飞禽走兽后，又在山顶上创造了石头，在滨河的平原上创造了人。

【流传】（无考）

【出处】《人类和石头的战争》，原载李子贤编《云南少数民族神话选》，云南人民出版社1990年版，见姚宝瑄主编《中国各民族神话》（羌族、彝族），太原：山西出版传媒集团·书海出版社2014年版，第276页。

彝族 天神在山顶上创造了石头。

【流传】云南省·（昆明市）·路南（石林彝族自治县）·圭山（圭山镇）

【出处】

（a）王伟收集：*《天神创世》，见谷德明编《中国少数民族神话》，北京：中国民间文艺出版社1987年版，第309～310页。

（b）同（a），见吕大吉、何耀华总主编《中国各民族原始宗教资料集成》（彝族卷、白族卷、基诺族卷），北京：中国社会科学出版社1996年版，第25页

W1857.2.0.1
天神在山顶造石头

实 例

彝族 天神出天宫造出动植物之后，又在山顶创造出石头。

【流传】（无考）

【出处】《人与石头》，原载谷德明编《中国少数民族神话选》（原名《人类和石头的战争》），见袁珂《中国神话大词典》，北京：华夏出版社2015年版，第427页。

W1857.2.1
盘古造石头

【关联】［W1505.1］盘古造万物

实 例

壮族 盘古造出了石头。

【流传】（无考）

【出处】张声震主编：《布洛陀经诗》，见张声震总主编，农冠品编注《壮族神话集成》，南宁：广西民族出版社2007年版，第94页。

W1857.2.2
老鼠造石头

实 例

彝族 石头是野鼠造的。

【流传】 云南省·（红河哈尼族彝族自治州）·弥勒县、泸西县，（昆明市）·路南县（石林彝族自治县）等地

【出处】 毕荣亮讲，光未然采集整理，古梅改写：《创世纪》，见姚宝瑄主编《中国各民族神话》（羌族、彝族），太原：山西出版传媒集团·书海出版社2014年版，第92页。

W1857.3
与造石头有关的其他母题

实 例

（参见下级母题实例）

W1857.3.1
造石头的材料

实 例

（参见下级母题实例）

W1857.3.1.1
神用泥造石头

实 例

傈僳族 女神阿弓玛决意于江上建石桥，遂以泥捏为石头。

【流传】（云南省·怒江州）

【出处】 袁珂改编：《阿弓玛》，原载怒江州傈僳族民间故事编辑组编《傈僳族民间故事》，见袁珂《中国神话大词典》，北京：华夏出版社2015年版，第513页。

W1858
石头是生育产生的

实 例

（参见下级母题实例）

W1858.1
神或神性人物生石头

实 例

（参见下级母题实例）

W1858.1.1
山神生石头

实 例

（参见下级母题实例）

W1858.1.1.1
石头是山神的儿子

实 例

白族 树木和石头是山神的儿子。

【流传】 云南省·（大理白族自治州）·鹤庆县

【出处】 *《崇拜树木石头的传说》，见鹤庆县民间文学集成办公室编《鹤庆民间故事集成》，昆明：云南人民出版社1989年版，第247~248页

W1858.2
山生石头

实 例

（参见下级母题实例）

W1858.2.1
石头生石头

【关联】［W1865.13］石头会繁殖

实例

彝族 以前石头会不断繁殖。

【流传】云南省·（昆明市）·路南（石林彝族自治县）·圭山（圭山镇）

【出处】
（a）王伟收集：*《天神创世》，见谷德明编《中国少数民族神话》，北京：中国民间文艺出版社1987年版，第309~310页。

（b）同（a），见吕大吉、何耀华总主编《中国各民族原始宗教资料集成》（彝族卷、白族卷、基诺族卷），北京：中国社会科学出版社1996年版，第25页。

W1858.3
与生石头有关的其他母题

实例

（参见下级母题实例）

W1858.3.1
人婚生的石头上生成岩石

【关联】［W1713.3］人婚生星星

实例

珞巴族 （实例待考）

W1859
石头是变化产生的

实例

（参见下级母题实例）

W1859.1
特定的人物变成石头

实例

（参见下级母题实例）

W1859.1.1
神变成石头

实例

（参见下级母题实例）

W1859.1.1.1
地母体内的神变成石头

实例

满族 地母神巴那姆赫赫心中的突姆火神抛出自己的光毛火发变成万千星辰，而自己变成光秃秃、赤裸裸的白石头。

【流传】黑龙江省·黑河地区（黑河市）·孙吴县·（沿江满族达斡尔族乡）·四季屯（四季屯村）

【出处】白蒙古讲：《天宫大战》（七腓凌），转引自王宏刚《满洲萨满教创世神话中的人本主义曙光》，载《西北民族研究》2007年第4期。

W1859.1.2
神性人物变成石头

实 例

（参见下级母题实例）

W1859.1.2.1
巨人变成石头

【汤普森】 A974.2

实 例

（实例待考）

W1859.1.2.2
祖先变成岩石

实 例

佤族 （实例待考）

W1859.1.2.3
盘古死后变成岩石

【关联】［W1859.2.1］盘古死后骨头变成石头

实 例

白族

（参见 W1859.3.2.1 母题实例）

W1859.1.2.4
山鬼被砍下的上半身变成巨石

实 例

藏族 人们走进德忠山沟不远，能看到一块巨石，其形状像人的胸膛，有心、肺的花纹图案，那就是山鬼被女神砍下的上半身。

【流传】（西藏自治区）

【出处】阎振中搜集整理：《德忠沟的女神和山鬼》，原载《西藏民间故事》第 3 集，西藏人民出版社 1987 年版，见吕大吉、何耀华总主编《中国各民族原始宗教资料集成》（鄂伦春族卷、鄂温克族卷、赫哲族卷、达斡尔族卷、锡伯族卷、满族卷、蒙古族卷、藏族卷），北京：中国社会科学出版社 1999 年版，第 951 页。

W1859.1.2.5
妖魔的尸骨变成岩石

实 例

满族 天神把恶魔耶鲁哩和他的妖魔鬼怪剁成一片片、一堆堆，成了现在的山岭和岩石。

【流传】黑龙江省·（牡丹江市）·宁安县·宁安镇

【出处】关振川讲，傅英仁采录：《阿不凯恩都哩创世》，见中国民间文学集成全国编辑委员会编《中国民间故事集成》（黑龙江卷），北京：中国 ISBN 中心 2005 年版，第 17~18 页。

满族 雷神、闪电神烧杀妖魔鬼怪的烈火熄灭之后，妖魔鬼怪变成了一道道山岩哈达。

【流传】黑龙江省·（黑河市）·孙吴县
【出处】
（a）《臭桦为啥皮是黑的》，见《七彩

【流传】（无考）

【出处】［清］陈梦雷原编，蒋廷锡重编：《古今图书集成·山川典》卷三二〇引《临海记》。

W1859.1.3.1
1家3口变成石头

实例

汉族 有夫妇携子入山（药妇山）猎，其父落崖，妻子将药救之，并变为三石人。

【流传】（无考）

【出处】
（a）［宋］王象之：《舆地纪胜》卷一八九引《周地图》。
（b）《药妇山》，见袁珂《中国神话大词典》，北京：华夏出版社2015年版，第页。

W1859.1.3.2
兄弟2人化为石

实例

汉族 儋耳郡明山有二石，如人形。云昔有兄弟二人，向海捕鱼，因化为石，因号兄弟石。

【流传】（无考）

【出处】
（a）《述异记》卷下。
（b）《兄弟石》，见袁珂《中国神话大词典》，北京：华夏出版社2015年版，第101页。

神火》，长春：吉林人民出版社1984年版。

（b）《阿布卡恩都里开辟大地》，见姚宝瑄主编《中国各民族神话》（满族、赫哲族、朝鲜族），太原：山西出版传媒集团、书海出版社2014年版，第16~17页。

W1859.1.2.6
防风的头变成岩石

实例

汉族 大禹以为防风不惟惰不治水，反发洪水以害民，乃取青锋剑斩断防风头，踢其头出天台山。头跃坠东阳南乡狮岩山麓，化为巨岩石，人称防风岩。

【流传】（无考）

【出处】袁珂改编：《大禹诛防风》，原载《民间文学》1986年第11期，见袁珂《中国神话大词典》，北京：华夏出版社2015年版，第374页。

W1859.1.3
人变成石头

【汤普森】A974

【关联】［W9554］人变石头

实例

汉族 五龙山脊，有石耸立，大可百围，上有丛木，如妇人危坐，俗号萧夫人。父老云：昔有人渔于海滨不返，其妻携七子登此山望焉，感而成石，下有石人七躯，盖其子也。

1.7.4 石头（岩石）

W1859.1.3.3
争斗的人化为石

实例

汉族 澧水之南，有白石双立，状类人形，高各三十丈。相传昔充县左尉与零陵县尉共讼疆，因相伤害，化为此石，即以为二县界。

【流传】（无考）
【出处】
（a）《汉唐地理书钞》辑《荆州图记》。
（b）《兄弟石》，见袁珂《中国神话大词典》，北京：华夏出版社 2015 年版，第 101 页。

W1859.1.3.4
望夫的女子化为石

实例

汉族 东望累累烟雾间，相传道是姜峨（娥）山；望夫化石石不化，愁绝长征人不还。

【流传】（无考）
【出处】
（a）［明］黄汝亨：《山海关观海歌》。
（b）《望夫石》，见袁珂《中国神话大词典》，北京：华夏出版社 2015 年版，第 303 页。

W1859.1.3.5
高辛氏之女化为石

实例

汉族 辛女岩在辰州府卢溪县大江之左。奇峰绝壁，高峻插天，有石屹立如人。相传高辛氏女于此化为石。隔江对峙一岩，有机一乘，船一只，悬于岩孔，乃其遗迹也。

【流传】（无考）
【出处】
（a）［明］陈仁锡：《潜确类书》卷二六。
（b）《辛女岩》，见袁珂《中国神话大词典》，北京：华夏出版社 2015 年版，第 172 页。

W1859.1.4
动物变化为石头

实例

怒族

（参见 W1859.2.3 母题实例）

W1859.1.5
植物变化为石头

实例

（实例待考）

W1859.1.6
与变化产生石头有关的其他母题

实例

（实例待考）

W1859.2
骨头变成石头（骨骼变成岩石）

【关联】
① ［W1819.2］骨骼变成山

② ［W1864.1.2］牛的红骨变成红石

实例

布依族 撑天的力戛死后，他的骨骼为石头。

【流传】（无考）

【出处】《力戛撑天》，原载谷德明编《中国少数民族神话选》，见袁珂《中国神话大词典》，北京：华夏出版社2015年版，第445页。

汉族 （盘古）垂死化身，齿骨为金石，精髓为珠玉。

【流传】（无考）

【出处】

（a）《五运历年记》，见［清］马骕《绎史》卷一。

（b）《五运历年记》，见［明］董斯张《广博物志》卷九。

W1859.2.0
神的骨骼变成石头

实例

（参见下级母题实例）

W1859.2.0.1
山神的儿子死后骨骼变成石头

实例

彝族 龙头山神儿子被射死后，骨头挡在排水洞口流不出去，而且变成岩石，铺满了坝子。

【流传】四川省·（凉山彝族自治州）·昭觉县

【出处】《沙马甲谷水洞的故事》，原载《凉山报》1962年2月5日，见姚宝瑄主编《中国各民族神话》（羌族、彝族），太原：山西出版传媒集团·书海出版社2014年版，第274页。

W1859.2.1
盘古死后骨头变成石头

【关联】［W0720］盘古

实例

白族 盘古死后，观音的手指到哪里，他就变到哪里，他的骨头变成了大岩石。

【流传】

（a）云南省·（大理白族自治州）·大理（大理市）、洱源县等地

（b）云南省·（大理白族自治州）·洱源县

【出处】

（a）杨国政讲，杨亮才采录：《开天辟地》，见中国民间文学集成全国编辑委员会编《中国民间故事集成》（云南卷），北京：中国ISBN中心2003年版，第9页。

（b）同（a），见谷德明编《中国少数民族神话》，北京：中国民间文艺出版社1987年版，第293页。

白族 盘古死时，肉变成土，骨头变成大岩石。

【流传】云南省·（大理白族自治州）·大理（大理市）、洱源（洱源县）、剑川（剑川县）等地

1.7.4 石头（岩石） ‖W1859.2.2-W1859.2.2a.1‖ **2745**

【出处】杨国政讲，杨亮才记录整理：《开天辟地》，原载《云南民间故事选》（不详），见姚宝瑄主编《中国各民族神话》（白族、拉祜族、景颇族），太原：山西出版传媒集团·书海出版社2014年版，第6页。

白族　盘古氏的骨骼化为岩石。

【流传】（无考）

【出处】《开天辟地》，原载谷德明编《中国少数民族神话》，见袁珂《中国神话大词典》，北京：华夏出版社2015年版，第475页。

白族　盘古死后，按观音的指点变万物。他的骨头变成了大岩石。

【流传】云南省·（大理白族自治州）·大理（大理市）、洱源（洱源县）、剑川（剑川县）

【出处】杨国政讲，杨亮才记录整理：《开天辟地》，见中华民族故事大系编委会编《中华民族故事大系》第5卷（瑶族、白族、土家族），上海：上海文艺出版社1995年版，第319～320页。

W1859.2.2

怪物的骨头变成石头

【关联】［W1859.1.2.5］妖魔的尸骨变成岩石

实　例

纳西族　阳神与阴神杀了一个长着人脚板的怪物，怪物的骨变为石。

【流传】（无考）

【出处】东巴经《崇般图》，见林向肖《对纳西族创世神话本来面目的探讨：〈创世纪、开天辟地〉校注札记》，见《中国少数民族神话学术讨论会论文集》（下册），内部编印，1984年，第254页。

W1859.2.2a

人的骨头变成石头

实　例

（参见下级母题实例）

W1859.2.2a.1

弟弟被哥哥杀死后骨头变成石头

实　例

珞巴族　在世界上只有哥哥波宁和弟弟达宁两兄弟。兄弟相残，波宁死后的骨头变成了岩石。

【流传】

（a）西藏自治区·下珞渝（泛指永木河、锡约尔河、巴恰西仁河流域）

（b）西藏自治区·下珞渝（又写作"下珞瑜"）·博日部落嘎升村

【出处】

（a）维·埃尔温搜集：《波宁和达宁》，见中华民族故事大系编委会编《中华民族故事大系》第16卷（赫哲族、门巴族、珞巴族、基诺族），上海：上海文艺出版社1995年版，第393页。

（b）同（a），见李坚尚、刘芳贤编《珞巴族门巴族民间故事选》，上海：上海文艺出版社1993年版，第7页。

W1859.2.3
兽的骨头变成石头

实例

（参见下级母题实例）

W1859.2.3.1
巨兽的骨头变成石头

实例

怒族 巨人砍掉巨兽后，巨兽的骨头变成石头。

【流传】云南省

【出处】＊《氏族的来源》，见中国社会科学院云南少数民族文学研究所等编《云南少数民族文学资料》第2辑，内部编印，1981年，第124页。

W1859.2.3.2
天地生的兽类的骨头变成石头

实例

珞巴族 天地结婚，大地生的第一对孩子叫君顿德日和特日忍史，他们是兽类。君顿德日被众兄弟杀死后，他的骨头变成了石头。

【流传】西藏自治区·林芝地区·米林县·纳玉区（南伊乡）

【出处】

（a）达牛讲，于乃昌搜集：《天地成婚》（1979.07）注释，见毛星主编《中国少数民族文学》（上册），长沙：湖南人民出版社1983年版。

（b）同（a），见姚宝瑄主编《中国各民族神话》（门巴族、珞巴族、怒族、藏族），太原：山西出版传媒集团·书海出版社2014年版，第19页。

W1859.2.4
巨鸟的骨头变成石头

实例

藏族 混沌中出现一只大飞鸟，它身上的骨骼，成了地球上的石头。

【流传】

（a）四川省·（凉山彝族自治州）·木里县（木里藏族自治县）·卡拉乡

（b）四川省

【出处】

（a）陈安礼讲，陈青贵翻译，四川省民协木里采风队采录：《天和地是怎样来的》，见中国民间文学集成全国编辑委员会编《中国民间故事集成》（四川卷·下），北京：中国ISBN中心1998年版，第933页。

（b）刘尚乐整理：《天和地是怎样来的》，见中国各民族宗教与神话大词典编审委员会编《中国各民族宗教与神话大词典》，北京：学苑出版社1990年版，第749页。

W1859.2.4.1
世上最早出现的巨鸟的骨头变成石头

实例

藏族 混沌世界中最早出现一个人面

鸟身的马世纪（鸟名），它身上的骨骼，成了大地上的石头。

【流传】（四川省·凉山彝族自治州·木里藏族自治县）

【出处】陈安礼讲，陈青贵等译：《天和地怎样来的》，原载《中国民间故事集成·木里卷》，见吕大吉、何耀华总主编《中国各民族原始宗教资料集成》（鄂伦春族卷、鄂温克族卷、赫哲族卷、达斡尔族卷、锡伯族卷、满族卷、蒙古族卷、藏族卷），北京：中国社会科学出版社1999年版，第938页。

藏族 世界最早出现的一只人面大鸟，它的骨骼成了大地上的石头。

【流传】（无考）

【出处】刘尚乐搜集整理：《天和地是怎样来的》，见姚宝瑄主编《中国各民族神话》（门巴族、珞巴族、怒族、藏族），太原：山西出版传媒集团·书海出版社2014年版，第84页。

W1859.2.4.2
人面大鸟的骨头变成石头

实 例

彝族 一只脸面像人的大鸟的骨骼成了地上的石头。

【流传】四川省·凉山州（凉山彝族自治州）·木里县（木里藏族自治县）

【出处】*《大鸟扇出天地》，见《藏族原始宗教资料丛编》，内部编印，第53页。

W1859.2.5
牛的骨头变成石头

实 例

（参见下级母题实例）

W1859.2.5.0
神牛的骨头变成石头

实 例

（参见下级母题实例）

W1859.2.5.0.1
铁神牛死后骨头变成石头

实 例

珞巴族 铁神牛拉玛索布死了以后，它的骨头变成了大地上的石头。

【流传】西藏自治区·（林芝地区）·米林县·纳玉公社（南伊乡）

【出处】

(a) 达牛讲：《三个神牛》，见谷德明编《中国少数民族神话》，北京：中国民间文艺出版社1987年版，第263页。

(b) 达牛讲，于乃昌整理：《三个神牛》，见《珞巴族民间故事》：http://www.tibet-web.com/old/minjian/ync/gushi/mulu.htm，2003.10.02。

W1859.2.5.1
犀牛骨变成石头

实 例

（参见下级母题实例）

W1859.2.5.1.1
巨人把犀牛骨头变成石头

实例

布朗族 顾米亚（神巨人）把犀牛骨变成石头。

【流传】（a）云南省·（西双版纳傣族自治州）·勐海县

【出处】

（a）岩的兴讲，朱嘉禄采录：《顾米亚》，见中国民间文学集成全国编辑委员会编《中国民间故事集成》（云南卷），北京：中国ISBN中心2003年版，第150页。

（b）朱嘉禄整理：《顾米亚》，见谷德明编《中国少数民族神话》，北京：中国民间文艺出版社1987年版，第480页。

（c）同（b），见陶阳、钟秀编《中国神话》，上海：上海文艺出版社1996年版，第105页。

布朗族 神巨人顾米亚把犀牛骨变成石头。

【流传】云南省

【出处】朱嘉禄整理：《顾米亚》，原载《中国民间故事选》第2集，见陶阳、钟秀编《中国神话》（上），北京：商务印书馆2008年版，第38～44页。

布朗族 神巨人顾米亚发现了世界上的最早出现的一只犀牛，杀死后，把犀牛骨变成石头。

【流传】云南省·（红河哈尼族彝族自治州）·金平县（金平苗族瑶族傣族自治县）

【出处】朱嘉禄整理：《顾米亚》，原载《中国民间故事选》第2集，人民文学出版社1962年版，见姚宝瑄主编《中国各民族神话》（水族、布朗族、独龙族、基诺族、傈僳族），太原：山西出版传媒集团·书海出版社2014年版，第90页。

W1859.2.5.2
龙牛的骨头化为石头

实例

哈尼族 天王让众人造天地时，他们杀掉一头如山大的龙牛，其中，它的骨化为石头。

【流传】（无考）

【出处】《开天辟地》（原名《奥色密色》），原载毛星主编《中国少数民族文学》（下册），见袁珂《中国神话大词典》，北京：华夏出版社2015年版，第490页。

W1859.2.5.3
牛蹄趾变成石头

实例

哈尼族 天神们杀掉塔婆的龙牛铺设天地造万物时，龙牛的蹄趾做了地上的石头。

【流传】（无考）

【出处】《杀牛龙，造天地》，根据张牛

朗、杨批斗、李书周等演唱，杨保生、李家顺等翻译，杨笛、郭纯礼等整理《十二奴局》和《奥色密色》翻译稿改写，见姚宝瑄主编《中国各民族神话》（哈尼族、傣族），太原：山西出版传媒集团·书海出版社2014年版，第15页。

W1859.2.6
其他人物的骨头变成石头

实 例

（参见下级母题实例）

W1859.2.6.0
撑天者的骨头变成石头

【关联】［W1847.2.2.1］撑天者死后膝盖手腕变成山坡

实 例

布依族 撑天的后生力戛死了以后，骨骼变成石头。

【流传】贵州省

【出处】王燕、春甫等讲，汛河记录整理：《力戛撑天》，见谷德明编《中国少数民族神话》，北京：中国民间文艺出版社1987年版，第611页。

W1859.2.6.1
大力士的骨头变成石头

实 例

布依族 撑天修天的力戛（人名，大力士）死了以后，骨骼变成了石头。

【流传】各地布依族地区

【出处】王燕、春甫、班告爷讲，汛河记录整理：《力戛创世》，见姚宝瑄主编《中国各民族神话》（布依族、仡佬族、苗族），太原：山西出版传媒集团·书海出版社2014年版，第6页。

W1859.2.6.2
巨人的骨头变成石头

【关联】［W1980.2.2.1］巨人的骨骼化为金属

实 例

布依族 力戛（巨人名）把天撑高钉稳后累死了。他死后，骨骼变成了石头。

【流传】贵州省

【出处】王燕、春甫、班告爷等讲，汛河搜集整理：《力戛撑天》，原载陶立璠、李耀宗编《中国少数民族神话传说选》，见陶阳、钟秀编《中国神话》（中），北京：商务印书馆2008年版，第773~775页。

W1859.2.6.3
天父地母的儿子死后骨头变成石头

实 例

珞巴族 天父、地母的大儿子德宁阳死后，骨头变成了石头。

【流传】

（a）西藏自治区·（林芝市）·米林

（米林县）

（b）西藏自治区·（林芝市）·米林县、马尼岗（现为印占区）一带

【出处】

（a）达让讲，高前译，李坚尚、裴富珍搜集整理：《德宁阳之死》，见中华民族故事大系编委会编《中华民族故事大系》第 16 卷（赫哲族、门巴族、珞巴族、基诺族），上海：上海文艺出版社 1995 年版，第 397~399 页。

（b）同（a），见李坚尚、刘芳贤编《珞巴族门巴族民间故事选》，上海：上海文艺出版社 1993 年版，第 11~13 页。

W1859.2.6.4
蛤蟆的骨头变成石头

实例

怒族 地洞里有只癞蛤蟆活动造成地动。仙人把它杀掉，把它的骨头变成石头，血脉做成金银铜铁，把它埋在地下。

【流传】（云南省）

【出处】

（a）《天地来源》（1958），见中国作家协会昆明分会民间文学工作部编《云南民族文学资料》第十九集，中国作家协会编印，1963 年。

（b）《仙人造天地》（1958），见姚宝瑄主编《中国各民族神话》（门巴族、珞巴族、怒族、藏族），太原：山西出版传媒集团·书海出版社 2014 年版，第 54 页。

W1859.2.6.4.1
青蛙吐出的骨头变成石头

实例

哈尼族 青蛙浮到水面，吃的骨头吐出去，变成大石头。

【流传】云南省·（普洱市）·墨江县（墨江哈尼族自治县）

【出处】金开兴讲，蓝明红采录：《青蛙造天地》，见中国民间文学集成全国编辑委员会编《中国民间故事集成》（云南卷），北京：中国 ISBN 中心 2003 年版，第 34 页。

哈尼族 青蛙造大地时，吃的骨头刚吐出去，眨眼就变成大石头，从海底冒出来。

【流传】云南省·（普洱市）·墨江县（墨江哈尼族自治县）

【出处】金开兴讲，蓝明红搜集整理：《青蛙造天造地》，单超选自云南省民间文学集成办公室编《哈尼族神话传说集成》，中国民间文艺出版社 1990 年，见姚宝瑄主编《中国各民族神话》（哈尼族、傣族），太原：山西出版传媒集团·书海出版社 2014 年版，第 5 页。

W1859.3
牙齿变成石头

【关联】

① [W1545.7.8] 牙齿变成日月
② [W1724] 牙齿变成星星

实 例

（参见下级母题实例）

W1859.3.1
天神的牙齿变成石头

实 例

（实例待考）

W1859.3.2
盘古死后牙齿变成石头

实 例

（参见下级母题实例）

W1859.3.2.1
盘古的大牙变成石头

实 例

白族　盘古死后，观音的手指到哪里，他就变到哪里，他的大牙齿变成了石头。

【流传】

(a) 云南省·（大理白族自治州）·大理（大理市）、洱源县等地

(b) 云南省·（大理白族自治州）·洱源县

【出处】

(a) 杨国政讲，杨亮才采录：《开天辟地》，见中国民间文学集成全国编辑委员会编《中国民间故事集成》（云南卷），北京：中国ISBN中心2003年版，第9页。

(b) 同(a)，见谷德明编《中国少数民族神话》，北京：中国民间文艺出版社1987年版，第293页。

白族　盘古死后，按观音的指点变万物。他的大牙齿变成了石头。

【流传】云南省·（大理白族自治州）·大理（大理市）、洱源（洱源县）、剑川（剑川县）

【出处】杨国政讲，杨亮才记录整理：《开天辟地》，见中华民族故事大系编委会编《中华民族故事大系》第5卷（瑶族、白族、土家族），上海：上海文艺出版社1995年版，第319~320页。

白族　盘古死时，小牙齿变成星星，大牙齿变成石头。

【流传】云南省·（大理白族自治州）·大理（大理市）、洱源（洱源县）、剑川（剑川县）等地

【出处】杨国政讲，杨亮才记录整理：《开天辟地》，原载《云南民间故事选》（不详），见姚宝瑄主编《中国各民族神话》（白族、拉祜族、景颇族），太原：山西出版传媒集团·书海出版社2014年版，第6页。

白族　木十伟（盘古、盘生的化身）的大牙变石头。

【流传】（无考）

【出处】李康德等讲，杨亮才、陶阳记录整理：《创世纪》，见杨亮才、李缵绪选编《白族民间叙事诗集》，北京：中国民间文艺出版社1984年版，第14页。

W1859.3.3
妖魔的牙齿变成石头

实例

（实例待考）

W1859.4
自然物变成石头

实例

（参见下级母题实例）

W1859.4.1
星星变成石头

实例

（参见下级母题实例）

W1859.4.1.1
射落的星星变成石头

实例

哈尼族 大地上的石头是射下的小团小团的碎星。

【流传】云南省·（玉溪市）·元江县（元江哈尼族彝族傣族自治县）·咪哩乡、羊岔街乡及因远镇一带

【出处】《人种物种歌》，见元江县哈尼文化学会、元江县史志编纂办公室编《元江哈尼族古歌集》，内部编印，2005年，第46页。

W1859.4.1.2
涂上血的星星变成石头

实例

壮族 星星落到地上被人涂上动物的血之后变为石头。

【流传】广西壮族自治区·南宁（南宁市）

【出处】少连供稿：《古时候的天》，见张声震总主编，农冠品编注《壮族神话集成》，南宁：广西民族出版社2007年版，第181页。

W1859.4.2
泥土变成石头

实例

（参见下级母题实例）

W1859.4.2.1
盘古开天地时重的下沉变成石头

实例

布依族

（参见 W1859.6.4 母题实例）

W1859.4.2.2
地母身上的泥化为山岩

实例

满族 地母神巴那吉额姆身上搓落的碎泥软毛，化作了树海山岩。

【流传】（无考）

【出处】富育光、孟慧英、王宏刚整理：

1.7.4 石头（岩石） ‖W1859.4.3-W1859.4.5‖ **2753**

《巴那吉额姆》，见姚宝瑄主编《中国各民族神话》（满族、赫哲族、朝鲜族），太原：山西出版传媒集团·书海出版社2014年版，第88~89页。

满族 地母神巴那吉额姆从身上搓下的细泥和软毛，立即化作山岩。

【流传】（无考）

【出处】《阿布卡赫赫女神创世》，王松根据富育光、孟慧英、王宏刚撰写的《满族宗教与神话》改写，见姚宝瑄主编《中国各民族神话》（满族、赫哲族、朝鲜族），太原：山西出版传媒集团、书海出版社2014年版，第4~14页。

W1859.4.3
太阳的光变成石头

实 例

纳西族 太阳的光变成碧石。

【流传】（无考）

【出处】《纳西族的创世传说》，见丽江玉水寨网：http://www.yushuizhai.com，2010.07.08。

W1859.4.3a
太阳残核变成石头

实 例

白族 始祖居住的岩石是太阳残核变的。

【流传】云南省·（大理白族自治州）·鹤庆县

【出处】王承权调查整理：《鹤庆白族奇岩大石祭祀》（1988），见吕大吉、何耀华总主编《中国各民族原始宗教资料集成》（彝族卷、白族卷、基诺族卷），北京：中国社会科学出版社1996年版，第482页。

W1859.4.4
海的泡沫变成石头

实 例

高山族（卑南） 上古，海岸涌现泡沫，产生如尘芥般的东西，变成石头。

【流传】（台湾）

【出处】宋龙生：《卑南（南王）部落的形成和发展》，台湾原住民历史文化学术研讨会，台北，1997年，第3~4页。

W1859.4.5
金银变成岩石

【关联】［W1821.3］金银变成山

实 例

彝族 伍午（人名）与天女结婚，女儿临走时，天神恩梯古兹对送亲的人说："你们到了地上，任何人不能打口哨。"有一个不懂事的吹起了口哨，结果使嫁妆中的金银变成了山岩。

【流传】四川省·凉山州（凉山彝族自治州）

【出处】沈伍己讲，邹志诚记录整理：《洪水潮天的故事》，原载李德君、陶学良编《彝族民间故事选》，见陶阳、钟秀编《中国神话》（上），北京：商务印书馆 2008 年版，第 451~464 页。

W1859.5
其他特定的物体变成石头
【汤普森】 ≈ A977.4

实例

（参见下级母题实例）

W1859.5.1
鳞甲变成石头

实例

（参见下级母题实例）

W1859.5.1.1
龙的鳞甲化为石块

实例

土家族 阴龙在地里行动，它脱落在地面的龙鳞甲化成了石块。

【流传】湖北省·（宜昌市）·长阳县（长阳土家族自治县）·贺家坪区（贺家坪镇）·火麦溪村

【出处】郑文仕讲，杜荣东采录：《神龙造天造地造人》，见中国民间文学集成全国编辑委员会编《中国民间故事集成》（湖北卷），北京：中国 ISBN 中心 1999 年版，第 7 页。

W1859.5.2
蛋壳变成石头

实例

（参见下级母题实例）

W1859.5.2.1
混沌卵的蛋壳碎后变成岩石

实例

汉族 盘古蹬碎的那个鸡蛋壳变成了一层摞一层的石头。

【流传】河南省·济源市·郊区

【出处】程玉林讲，缪华采录：《开天辟地》，见中国民间文学集成全国编辑委员会编《中国民间故事集成》（河南卷），北京：中国 ISBN 中心 2001 年版，第 3 页。

汉族 混沌卵里面生出的鸡头龙身的盘古拿了把斧子，劈开大鸡蛋。那些劈碎的硬壳崩到蛋黄里的都变成了石头。

【流传】河南省·（濮阳市）·濮阳县（五星乡）·西八里庄村

【出处】魏世敏（60 岁）讲，魏盼先采录：《盘古开天》（1990.06），见张振犁编著《中原神话通鉴》（第一卷），郑州：河南大学出版社 2017 年版，第 14 页。

W1859.5.2.1.1
盘古砸碎混沌卵的蛋壳变成石头

实例

汉族 盘古砸碎的孕育他的混混沌沌的鸡蛋壳，被高山压在下面，日子久了，变成了薄薄的、一层摞一层的石头。

【流传】河南省·济源市·（城关）

【出处】程玉林讲，缪华、胡佳作采录：

1.7.4　石头（岩石）　　‖W1859.5.2.2-W1859.5.3a.1‖　**2755**

《盘古寺》，见张振犁编著《中原神话通鉴》（第一卷），郑州：河南大学出版社 2017 年版，第 4 页。

W1859.5.2.2

混沌卵的壳掺杂在黄中变成岩石

实例

汉族　盘古把个鸡子壳砸破，鸡子壳被盘古砸碎，杂在黄里的变成了岩石。

【流传】浙江省·（金华市）·东阳县（东阳市）·青联乡·雅坑村

【出处】张宣元讲，周耀明采录：《盘古开天》，见中国民间文学集成全国编辑委员会编《中国民间故事集成》（浙江卷），北京：中国 ISBN 中心 1997 年版，第 15 页。

汉族　大鸡蛋中孕育盘古。盘古打破蛋壳。鸡子壳被盘古砸了个末末碎，都杂到清和黄里去了。杂在黄里的变成了岩石。

【流传】浙江省·（金华市）·东阳县

【出处】

（a）张宣元讲，周耀明搜集整理：《盘古王开天》，载《民间文学》1986 年第 11 期。

（b）同（a），见姚宝瑄主编《中国各民族神话》（汉族），太原：山西出版传媒集团·书海出版社 2014 年版，第 6~7 页。

汉族　以前的世界像鸡卵。被卵中的盘古撑碎后，卵壳砸为碎末，杂于清黄之中。杂于黄者为岩石。

【流传】（浙江省东部一带）

【出处】

（a）《浙东神话》，载《民间文学》1986 年第 11 期。

（b）《盘古王开天》，见袁珂《中国神话大词典》，北京：华夏出版社 2015 年版，第 390 页。

W1859.5.3

生殖器变成石头

实例

（参见下级母题实例）

W1859.5.3.1

造物者的生殖器变成石头

实例

白族　（实例待考）

W1859.5.3a

心脏变成石头

实例

（参见下级母题实例）

W1859.5.3a.1

祖先的心脏变成石头

实例

彝族　阿俰（彝族祖先）被阎王肢解身体，仍不忘百姓，他的心脏变成圣洁的"松脑鲁"（彝语，石头）。

【流传】云南省·（红河哈尼族彝族自治州）·石屏县·哨冲（哨冲镇）

【出处】范祖锜：《石屏县哨冲彝族"咪嘎好"祭祀现场纪实》，见吕大吉、何耀华总主编《中国各民族原始宗教资料集成》（彝族卷、白族卷、基诺族卷），北京：中国社会科学出版社1996年版，第206页。

W1859.5.4
粮食变成石头
实例

（参见下级母题实例）

W1859.5.4.1
大禹废弃的余粮变成石头
实例

汉族　禹治水至此，弃其余粮，今化为白石。

【流传】浙江省·（绍兴市）·新昌（新昌县）

【出处】［明］《新昌县志》卷三《山川》。

W1859.5.5
排泄物变成石头
实例

（参见下级母题实例）

W1859.5.5.1
鬼子排泄的偷吃的灵丹妙药变成石头
实例

珞巴族　让户拉（鬼王的儿子）被打死后，偷吃的灵丹妙药从肚肠里滚了出来，滚到什么地方，什么地方就长出了石头。

【流传】西藏自治区·（林芝地区）·墨脱县·东布村（东布街）

【出处】

（a）白嘎讲，于乃昌等采录：《太阳、月亮和草药》，见中国民间文学集成全国编辑委员会编《中国民间故事集成》（西藏卷），北京：中国ISBN中心2001年版，第7页。

（b）同（a），见《珞巴族民间故事》：http://www.tibet-web.com/old/minjian/ync/gushi/mulu.htm，2003.10.02。

W1859.5.6
特定植物变成石头
实例

（参见下级母题实例）

W1859.5.6.1
树干变成岩石
实例

珞巴族　以前，水中生的一棵大树倒下了。树干变成岩石。

【流传】

（a）西藏自治区·下珞渝（泛指永木河、锡约尔河、巴恰西仁河流域）

（b）西藏自治区·下珞渝（又写作"下珞瑜"）西巴霞曲流域

【出处】

（a）维·埃尔温搜集：《德日雅木拉》，

见中华民族故事大系编委会编《中华民族故事大系》第16卷（赫哲族、门巴族、珞巴族、基诺族），上海：上海文艺出版社1995年版，第395页。
（b）同（a），见李坚尚、刘芳贤编《珞巴族门巴族民间故事选》，上海：上海文艺出版社1993年版，第9页。

W1859.5.7
血变成石头

【关联】[W1725.14] 血变成星星

实　例

（参见下级母题实例）

W1859.5.7.1
龙血化为石头

实　例

汉族　龙穴山在（阴平）县（今四川省梓潼县西北80公里）东北五十里，亦名龙像岩。古老相传，昔此山有龙斗死，血变为石。

【流传】（无考）
【出处】
（a）《太平寰宇记》卷八四。
（b）《龙像岩》，见袁珂《中国神话大词典》，北京：华夏出版社2015年版，第99页。

W1859.5.8
雾变成石头

实　例

（参见下级母题实例）

W1859.5.8.1
重的雾下落变成石头

实　例

布依族　祖先吹气成云，云化为雾。雾气往下落，慢慢凝结，重的落下地，变成了石头。

【流传】贵州省布依族地区
【出处】杨正荣、祝登銮讲，岭玉清、汛河搜集整理，古梅改写：《翁戛造万物》，见姚宝瑄主编《中国各民族神话》（布依族、仡佬族、苗族），太原：山西出版传媒集团·书海出版社2014年版，第8页。

W1859.5.9
宝剑变成岩石

实　例

汉族　共工治水时，用宝剑杀死进谏的老头，他把血淋淋的宝剑往地上一插，变成了一堵岩石。

【流传】浙江省·宁波市·宁海县·（越溪乡）·七市（七市村）
【出处】吴土田讲，胡声雷记录：《共工治水》（1987.02），见罗杨总主编，戴余金本卷主编《中国民间故事丛书·浙江宁波·宁海卷》，北京：知识产权出版社2015年版，第7页。

W1859.6
与变化产生石头有关的其他母题

实　例

（参见下级母题实例）

W1859.6.1
因惩罚变成石头
【关联】[W9906]惩罚

实例

蒙古族

（参见 W9505.2 母题实例）

W1859.6.2
经演化变成石头
【关联】[W1844.1.1.1]山峰自然演化产生

实例

黎族　由于洪水冲，太阳晒，地上积成了许多石块。

【流传】海南省·琼中县（琼中黎族苗族自治县）·五指山公社·番龙村（今属五指山市·水满乡·番龙村）

【出处】王克福讲，冯秀梅采录：《山区与平原的由来》，见中国民间文学集成全国编辑委员会编《中国民间故事集成》（海南卷），北京：中国 ISBN 中心 2002 年版，第 5 页。

W1859.6.3
经吞吐变成石头
【关联】[W1859.2.6.4.1]青蛙吐出的骨头变成石头

实例

哈尼族　青蛙浮到水面，吃的骨头吐出去，变成大石头。

【流传】云南省·（普洱市）·墨江县（墨江哈尼族自治县）

【出处】金开兴讲，蓝明红采录：《青蛙造天地》，见中国民间文学集成全国编辑委员会编《中国民间故事集成》（云南卷），北京：中国 ISBN 中心 2003 年版，第 34 页。

W1859.6.4
经沉淀变成石头

实例

布依族　盘古开天地，重的下沉变成石头。

【流传】贵州省·贵阳（贵阳市）

【出处】陈素兰讲，张羽超等搜集，夏云昆整理：《开天辟地》，见中华民族故事大系编委会编《中华民族故事大系》第 3 卷（彝族、壮族、布依族），上海：上海文艺出版社 1995 年版，第 687 页。

W1859.6.5
特定物变成特定的石头

实例

（参见下级母题实例）

W1859.6.5.1
僧帽变成特定的石头

实例

珞巴族　莲花生大师将他的僧帽放在莲花天湖的湖边，后来，僧帽变成房子般大的圆石,至今立于湖旁。

【流传】西藏自治区·林芝市·墨脱县·达木珞巴民族乡、加拉萨乡、甘登乡(讲述地点:墨脱县·达木珞巴民族乡·达木村)

【出处】江措、安布、嘎项、顿加讲:《寻找开启神门的胡匙》(1956.07),见冀文正《珞巴族民间故事》,成都:四川民族出版社2011年版,第60页。

W1860
与石头的产生有关的其他母题

实 例

(参见下级母题实例)

W1860.1
岩石的产生源于惩罚

【汤普森】A973

【关联】
① [W1855a] 石头产生的原因
② [W1859.6.1] 因惩罚变石头

实 例

(实例待考)

W1860.2
特定的石头的产生

实 例

(参见下级母题实例)

W1860.2.1
特定的石头是神移来的

实 例

藏族 中甸县翁水河畔有一块巨石,是岗拉山神从遥远的异寨移到这里来的。

【流传】云南省·(迪庆藏族自治州)·中甸县(香格里拉县)

【出处】青都几等讲,泽榷娃·应巴采录:《神奇的女山神》,见中国民间文学集成全国编辑委员会编《中国民间故事集成》(云南卷),北京:中国ISBN中心2003年版,第384页。

W1860.3
魔法产生石头

实 例

(实例待考)

W1860.4
特定事件中产生岩石

实 例

(参见下级母题实例)

W1860.4.1
洪水造成岩石

实 例

傈僳族 洪水过后,大地不像洪水泛滥之前那样平坦了,大地上出现了岩石和森林。

【流传】（无考）

【出处】＊《兄妹成婚》，见《傈僳族简史》编写组编《傈僳族简史》，昆明：云南人民出版社1983年版，第5～7页。

※ W1861
石头的特征（岩石的特征）

实例

（参见下级母题实例）

W1862
岩石上的凹痕（岩石上的痕迹）

实例

（参见下级母题实例）

W1862.1
岩石上的凹痕是人留下的脚印

【汤普森】A972

【关联】［W1839.7.1.1］山上的巨人的脚印

实例

（参见下级母题实例）

W1862.1.1
石头上的脚印是找太阳的人踩出来的

实例

门巴族 倾滚（人名）带领大家一起到西方找太阳时遇到悬岩陡壁，他走一步，就踩出一个脚印，所有的人们，都步着英雄的足迹爬上去。

【流传】（西藏自治区）

【出处】

（a）李朝鲜整理：《英雄倾滚》，见于乃昌编《西藏民间故事》（第五集），拉萨：西藏人民出版社1989年版。

（b）同（a），见姚宝瑄主编《中国各民族神话》（门巴族、珞巴族、怒族、藏族），太原：山西出版传媒集团·书海出版社2014年版，第10页。

W1862.2
岩石上的凹痕是仙人留下的脚印

【汤普森】A972.2

实例

（实例待考）

W1862.3
岩石上的凹痕是动物（马、牛等）的脚印

【汤普森】A972.4

实例

汉族 三门峡南有岛曰鬼门，临水石上有马蹄形石坑二，径尺余，相传为大禹治水骑马之所践。

【流传】（无考）

【出处】袁珂改编：《马蹄窝》，原载河南师大中文系编《河南民间故事》，见袁珂《中国神话大词典》，北京：华夏出版社2015年版，第375页。

W1862.4
岩石上的缺口是神刻出来的

【汤普森】A972.1

实 例

（实例待考）

W1862.5
岩石上的缺口是巨人造成的

【汤普森】A972.6

实 例

（实例待考）

W1862.6
岩石上的凹痕是神作战的痕迹

【汤普森】A972.3.1.1

实 例

（实例待考）

W1862.7
石痕是被特定人物鞭抽的痕迹

实 例

彝族　哥自天神赶石头造平坝时，石头听到鸡叫都停下来了形成石林。哥自天神火冒三丈扯起长鞭，就给石头一鞭。它们的腰上，却永远深深地留下哥自天神的鞭痕。

【流传】云南省·（昆明市）·路南县（石林彝族自治县）

【出处】黄石玉讲，陈思清记录整理：《石林》，见姚宝瑄主编《中国各民族神话》（羌族、彝族），太原：山西出版传媒集团·书海出版社2014年版，第273页。

W1862.8
与岩石痕迹有关的其他母题

实 例

（实例待考）

W1863
岩石上的洞

【关联】［W1846.3.2］石洞（石穴）

实 例

（参见下级母题实例）

W1863.1
岩石上的洞是巨人戳的

【汤普森】A972.3

实 例

壮族

（参见 W1846.1.6.1 母题实例）

W1864
岩石的颜色（石头的颜色）

实 例

（参见下级母题实例）

W1864.1
红石

【关联】［W1852.6.7］红石山

实 例

哈尼族　远古的时候，大地上有一个地

方，有三颗巨大的红石。

【流传】云南省·（红河哈尼族彝族自治州）·红河（红河县），（玉溪市）·元江（元江哈尼族彝族傣族自治县），（普洱市）·墨江县（墨江哈尼族自治县）

【出处】周德顺讲，李明荣整理：*《三个神蛋》附录，原载云南省民间文学集成办公室编《哈尼族神话传说集成》，中国民间文艺出版社1990年版，见姚宝瑄主编《中国各民族神话》（哈尼族、傣族），太原：山西出版传媒集团·书海出版社2014年版，第176页。

W1864.1.1
血染出红石

实 例

白族 洞口的石头每到下雨的时候，现出了红色，就是蟒血染的。

【流传】（无考）

【出处】徐嘉瑞搜集整理：《杜朝选》，见中华民族故事大系编委会编《中华民族故事大系》第5卷（瑶族、白族、土家族），上海：上海文艺出版社1995年版，第481页。

W1864.1.2
牛的红骨变成红石

【关联】［W1859.2］骨头变成石头（骨骼变成岩石）

实 例

哈尼族 查牛（天地神专养的神牛）的红骨变红石，黑骨变黑石。

【流传】
(a) 云南省·（红河哈尼族彝族自治州）·元阳县
(b) 云南省·（红河哈尼族彝族自治州）·元阳（元阳县）、红河（红河县）、绿春（绿春县）、金平（金平苗族瑶族傣族自治县）等

【出处】
(a) 朱小和讲，史军超采录：《查牛补天地》，见中国民间文学集成全国编辑委员会编《中国民间故事集成》（云南卷），北京：中国ISBN中心2003年版，第29页。
(b) 同(a)，见云南省民间文学集成办公室编《哈尼族神话传说集成》，北京：中国民间文艺出版社1990年版。

哈尼族 众神杀的查牛（天地神专养的神牛）的红骨变成红石。

【流传】云南省·（红河哈尼族彝族自治州）·元阳（元阳县）、红河（红河县）、绿春（绿春县）、金平（金平苗族瑶族傣族自治县）

【出处】朱小和讲唱，史军超搜集整理：《查牛补天地》（1983），原载云南省民间文学集成办公室编《哈尼族神话传说集成》，中国民间文艺出版社1990年版，见姚宝瑄主编《中国各民族神话》（哈尼族、傣族），太原：山西出版传媒集团·书海出版社2014年版，第56页。

W1864.1.3
鸡血石

实例

汉族（实例待考）

W1864.1.4
红沙石

实例

白族 有个九十九岁的老奶奶捡到一块巴掌大的方形红沙石。这块石头一会儿金亮金亮的，一会儿银亮银亮的，细心一看又是红亮红亮的，十分惹人爱。

【流传】云南省·（大理白族自治州）·剑川县

【出处】赵春贵讲，瑞鸿、瑞林、乐夫记录：《红沙石大王》（1981.07），见姚宝瑄主编《中国各民族神话》（白族、拉祜族、景颇族），太原：山西出版传媒集团·书海出版社2014年版，第87页。

W1864.2
黑石

实例

哈尼族 远古的时候，大地上有一个地方，有三颗巨大的红石和两颗巨大的黑石。

【流传】云南省·（红河哈尼族彝族自治州）·红河（红河县），（玉溪市）·元江（元江哈尼族彝族傣族自治县），（普洱市）·墨江县（墨江哈尼族自治县）

【出处】周德顺讲，李明荣整理：*《三个神蛋》附录，原载云南省民间文学集成办公室编《哈尼族神话传说集成》，中国民间文艺出版社1990年版，见姚宝瑄主编《中国各民族神话》（哈尼族、傣族），太原：山西出版传媒集团·书海出版社2014年版，第176页。

W1864.2.1
牛的黑骨变黑石

实例

哈尼族 查牛（天地神专养的神牛）的红骨变红石，黑骨变黑石。

【流传】

（a）云南省·（红河哈尼族彝族自治州）·元阳县

（b）云南省·（红河哈尼族彝族自治州）·元阳（元阳县）、红河（红河县）、绿春（绿春县）、金平（金平苗族瑶族傣族自治县）等

【出处】

（a）朱小和讲，史军超采录：《查牛补天地》，见中国民间文学集成全国编辑委员会编《中国民间故事集成》（云南卷），北京：中国ISBN中心2003年版，第29页。

（b）同（a），见云南省民间文学集成办公室编《哈尼族神话传说集成》，北京：中国民间文艺出版社1990年版。

哈尼族 众神杀的查牛（天地神专养的神牛）的红骨变成红石，黑骨变成黑石。

【流传】云南省·（红河哈尼族彝族自治州）·元阳（元阳县）、红河（红河县）、绿春（绿春县）、金平（金平苗族瑶族傣族自治县）

【出处】朱小和讲唱，史军超搜集整理：《查牛补天地》（1983），原载云南省民间文学集成办公室编《哈尼族神话传说集成》，中国民间文艺出版社1990年版，见姚宝瑄主编《中国各民族神话》（哈尼族、傣族），太原：山西出版传媒集团·书海出版社2014年版，第56页。

W1864.3
白石

【关联】［W1279.1］白石支天将天地分开

实例

（参见下级母题实例）

W1864.3.1
龙化身白石

实例

藏族 白色山石是龙女和龙神的化身。

【流传】（西藏自治区·拉萨市）

【出处】林继富：《藏族白石崇拜探微》，载《西藏研究》1990年第1期。

W1864.4
绿石（碧石、绿松石）

【关联】

① ［W1138.15.5］用绿松石铺天
② ［W1139.5.1］造天用绿石装饰

实例

（参见下级母题实例）

W1864.4.1
白天变化出碧石

实例

纳西族 白天做变化，出现亮光闪闪的碧石。

【流传】（云南省）

【出处】和芳、和志新编译：《崇邦统——人类迁徙记》，见姚宝瑄主编《中国各民族神话》（佤族、阿昌族、纳西族、普米族、德昂族），太原：山西出版传媒集团·书海出版社2014年版，第138页。

纳西族 最初"真"和"实"来做变化，开始出现白天亮太阳；白天做变化，出现亮光闪闪的碧石。

【流传】云南省·丽江（丽江市）

【出处】和芳（东巴）读经，和志武翻译整理：《崇邦统》（人类迁徙记）（1954），见吕大吉、何耀华总主编《中国各民族原始宗教资料集成》（纳西族卷、羌族卷、独龙族卷、傈僳族卷、怒族卷），北京：中国社会科学出版社2000年版，第320页。

W1864.4.2
孔雀石的来历
【关联】[W1707.5.1]炼孔雀石造星星

实例

壮族

(参见 W1707.1.1 母题实例)

W1864.4.3
绿松石的来历

实例

(实例待考)

W1864.5
紫石
【关联】[W1867.4.14.2]紫色支机石

实例

汉族 蜀郡西南隅石牛寺之侧的支机石，出土而立，高可五尺余，石色微紫。

【流传】(无考)
【出处】
(a) [明]陆深：《蜀都杂钞》。
(b) 《支机石》，见袁珂《中国神话大词典》，北京：华夏出版社 2015 年版，第 39 页。

W1864.6
会变色的石头（变色石）
【关联】[W1826.7]会变色的山

实例

(参见下级母题实例)

W1864.6.1
阴雨时变红色的石头

实例

汉族 虎丘山下，有大磐石曰千人石，每至阴雨日则石呈暗红色，似血染者。传云吴王阖闾死后葬虎丘。修墓时，吴王挥兵令屠众工匠，工匠千人无一脱者。千人之血，令磐石染为殷红，故后号为"千人石"。

【流传】(无考)
【出处】《千人石上血斑斑》，原载乡土编辑部编《江苏山水传说集》，见袁珂《中国神话大词典》，北京：华夏出版社 2015 年版，第 375 页。

W1865
与石头的特征有关的其他母题
【关联】[W1243.10.1]岩石是地的骨头

实例

(参见下级母题实例)

W1865.0
石头的性别（石头的雌雄）

实例

(参见下级母题实例)

W1865.0.1
雌石

实例

彝族（阿细） 路上面那尖尖的石头，

就是雄性石头；路下面那扁扁的石头，就是雌性石头

【流传】（a）云南省·红河哈尼族彝族自治州·弥勒县·（西山镇）

【出处】

（a）潘正兴等唱述，云南省民族民间文学红河调查队搜集翻译整理：《阿细的先基》，昆明：云南人民出版社1959年版。

（b）云南省民族民间文学红河调查队搜集整理，古梅改写：《最古的时候》，见姚宝瑄主编《中国各民族神话》（羌族、彝族），太原：山西出版传媒集团·书海出版社2014年版，第141页。

W1865.0.2
雄石

实 例

（参见下级母题实例）

W1865.0.2.1
尖的石头是雄石

实 例

彝族（阿细） 石头怎么分雌雄？路上面那尖尖的石头，就是雄性石头。

【流传】（a）云南省·红河哈尼族彝族自治州·弥勒县·（西山镇）

【出处】

（a）潘正兴等唱述，云南省民族民间文学红河调查队搜集翻译整理：《阿细的先基》，昆明：云南人民出版社1959年版。

（b）云南省民族民间文学红河调查队搜集整理，古梅改写：《最古的时候》，见姚宝瑄主编《中国各民族神话》（羌族、彝族），太原：山西出版传媒集团·书海出版社2014年版，第141页。

W1865.1
以前石头会变化

实 例

傈僳族

（参见W1865.2母题实例）

W1865.2
石头会生长

【关联】［W1867.1.10］有生命的石头

实 例

白族 九十九岁的老奶奶拾到一块会长的石头。

【流传】云南省·（大理白族自治州）·剑川（剑川县）

【出处】赵春贵讲，瑞鸿等搜集整理：《红沙石大王》，见中华民族故事大系编委会编《中华民族故事大系》第5卷（瑶族、白族、土家族），上海：上海文艺出版社1995年版，第490~491页。

白族 有个九十九岁的老奶奶捡到一块巴掌大的方形红沙石。背回家的路上，那块红沙石长大了，大得挤满了背篮。

【流传】云南省·（大理白族自治州）·剑川县

【出处】赵春贵讲，瑞鸿、瑞林、乐夫记录：《红沙石大王》（1981.07），见姚宝瑄主编《中国各民族神话》（白族、拉祜族、景颇族），太原：山西出版传媒集团·书海出版社2014年版，第87~88页。

白族（那马） 村中心一块带青色的白石，从一块小石头长成大石头。

【流传】云南省·（怒江傈僳族自治州）·兰坪县（兰坪白族普米族自治县）·营盘镇·东坞村

【出处】刘龙初调查整理：《兰坪维西那马人崇拜白石》（1988），见吕大吉、何耀华总主编《中国各民族原始宗教资料集成》（彝族卷、白族卷、基诺族卷），北京：中国社会科学出版社1996年版，第487页。

独龙族 有法术的喇嘛说，独龙河一带的石头太多了，如果让它们都长大，地上将全是石头，人就不能住下。为此，他和他的马留下的脚印，为的是不让石头长大。

【流传】云南省·（怒江傈僳族自治州）·贡山县（贡山独龙族怒族自治县）·独龙江公社（独龙江乡）·拉佩村

【出处】蔡家麒调查整理：《万物皆有灵》（1982），见吕大吉、何耀华总主编《中国各民族原始宗教资料集成》（纳西族卷、羌族卷、独龙族卷、傈僳族卷、怒族卷），北京：中国社会科学出版社2000年版，第616页。

傈僳族 地上的石头会一天天长大，人只要吃进一粒沙子，沙子就会越长越大，把人胀死。

【流传】云南省·（德宏傣族景颇族自治州）·陇川县·（陇把镇）·邦外公社（邦外村）

【出处】李有华讲，黄云松等采录：《天地人的来历》，见中国民间文学集成全国编辑委员会编《中国民间故事集成》（云南卷），北京：中国ISBN中心2003年版，第44页。

彝族 石头是大地的骨干，所以当天神创造出石头后，就给了石头自由，让石头也能生长、行动。

【流传】（无考）

【出处】《人类和石头的战争》，原载李子贤编《云南少数民族神话选》，云南人民出版社1990年版，见姚宝瑄主编《中国各民族神话》（羌族、彝族），太原：山西出版传媒集团·书海出版社2014年版，第276页。

W1865.2.1
以前石头会生长

实 例

黎族 在远古以前，地面上的石头也和活的东西一样，会不断长大，把地面都占了。

【流传】(a) 海南省·（三亚市）·乐东县（乐东黎族自治县）·抱由公社（抱由镇）

【出处】

（a）符亚时讲，广东省民族普查队采录：《伟代造动物》，见中国民间文学集成全国编辑委员会编《中国民间故事集成》（海南卷），北京：中国ISBN中心2002年版，第14页。

（b）同（a），见广东民族学院中文系编《黎族民间故事选》，上海：上海文艺出版社1983年版，第10页。

（c）符亚时口述：《伟代造动物》，见谷德明编《中国少数民族神话》，北京：中国民间文艺出版社1987年版，第200页。

黎族 以前，地面上的石头也和活的东西一样，会不断长大。石头越来越多，把人们耕种的田地都占了。

【流传】（海南省）

【出处】符亚时讲：《伟代造动物》，见姚宝瑄主编《中国各民族神话》（高山族、黎族、畲族），太原：山西出版传媒集团·书海出版社2014年版，第51页。

W1865.3
石头会说话

【汤普森】F755.1

【关联】[W1867.1.8] 有耳目的石头

实例

白族 有个人上山砍柴，发现是山路边的3颗小石子在喊他。

【流传】云南省·（大理白族自治州）·剑川县·甸南乡·文华村

【出处】张文调查整理：《剑川白族多种岩石祭祀》（1991），见吕大吉、何耀华总主编《中国各民族原始宗教资料集成》（彝族卷、白族卷、基诺族卷），北京：中国社会科学出版社1996年版，第486页。

纳西族 上古时候，天和地动荡不息，石头会说话。

【流传】（a）云南省·丽江县（丽江市）

【出处】

（a）和芳讲，和志武采录：《人类迁徙记》，见中国民间文学集成全国编辑委员会编《中国民间故事集成》（云南卷），北京：中国ISBN中心2003年版，第49页。

（b）和志武翻译整理：《人类迁徙记》，见谷德明编《中国少数民族神话》，北京：中国民间文艺出版社1987年版，第395页。

纳西族 原来石头会说话。

【流传】云南省·丽江（丽江市）

【出处】和芳讲：《崇搬图》，见《东巴经文资料》（1963~1964），中国社会科学院图书馆单册复印云南丽江县文化馆资料合订本，第1页。

纳西族 太古那时候，树木会走路，石头会说话。

【流传】（云南省）

【出处】和芳、和志新编译：《崇邦统——人类迁徙记》，见姚宝瑄主编《中国各民族神话》（佤族、阿昌族、纳西族、普米族、德昂族），太原：山西出版传媒集团·书海出版社 2014 年版，第 137 页。

W1865.3.1
青色白石会说话

实 例

白族、白族（那马）村中心一块带青色的白石，传说就是过去由人在江边捡回来的，到了晚上，它就会说话。

【流传】云南省·（怒江傈僳族自治州）·兰坪县（兰坪白族普米族自治县）·营盘镇·东坞村

【出处】刘龙初调查整理：《兰坪维西那马人崇拜白石》（1988），见吕大吉、何耀华总主编《中国各民族原始宗教资料集成》（彝族卷、白族卷、基诺族卷），北京：中国社会科学出版社 1996 年版，第 487 页。

W1865.3.2
石头发出动物的叫声

实 例

水族 奇怪的石头吱吱哇哇地叫起来，有的像乌鸦叫，有的像猫头鹰叫，有的嚎，有的像虎啸，发出各种奇奇怪怪的声音。

【流传】贵州省·（黔南布依族苗族自治州）·三都县（三都水族自治县）

【出处】蒙炳华、往寮搜集整理：《石马宝》，原载《水族民间故事选》，上海文艺出版社 1988 年版，见姚宝瑄主编《中国各民族神话》（水族、布朗族、独龙族、基诺族、傈僳族），太原：山西出版传媒集团·书海出版社 2014 年版，第 15 页。

W1865.3a
石头为什么不会说话

实 例

（参见下级母题实例）

W1865.3a.1
创世者把石头打成哑巴说话

实 例

景颇族 宁贯娃（改天整地者）把石头的嗓子打哑了，以后不能讲话了。

【流传】云南省·（德宏傣族景颇族自治州）·陇川县

【出处】施戛崩等讲，何峨采录：《宁贯娃改天整地》，见中国民间文学集成全国编辑委员会编《中国民间故事集成》（云南卷），北京：中国 ISBN 中心 2003 年版，第 61 页。

W1865.4
石头的寿命

实 例

（参见下级母题实例）

W1865.4.1
石头的寿命 1 万岁

实 例

哈尼族 人人尊敬的阿波嵯摩（年高德

重的老人）活到一百岁了，还想再活一百岁。但这样的事情有是没有的，天神许下的寿岁，人是百年，树是千年，石头是万年。所以人到百年死，树到千年枯，石头到万年炸。

【流传】云南省·（红河哈尼族彝族自治州）·元阳地区（元阳县），采集于元阳县攀枝花区洞铺寨

【出处】朱小和讲，史军超搜集整理：《人老不死药》（1982.11.24），原载云南省民间文学集成办公室编《哈尼族神话传说集成》，中国民间文艺出版社1990年版，见姚宝瑄主编《中国各民族神话》（哈尼族、傣族），太原：山西出版传媒集团·书海出版社2014年版，第198页。

W1865.4.2
石头不死

【关联】[W1852.6.6] 不死山

实例

纳西族 （实例待考）

W1865.5
石头会喝水

实例

（参见下级母题实例）

W1865.5.1
石头喝干河水

实例

哈尼族 九条大江汇流的水都淌进洞中，所有淌进洞里的水，都被三个石头喝了。

【流传】云南省·（红河哈尼族彝族自治州）·红河县

【出处】李七周讲，李期博采录：《喝水石》，见中国民间文学集成全国编辑委员会编《中国民间故事集成》（云南卷），北京：中国ISBN中心2003年版，第170页。

W1865.6
石头会行走

【汤普森】D1641.2

【关联】[W9687.2.4] 赶山鞭赶山（石头）

实例

白族 以前，石头会走路。

【流传】云南省

【出处】《洪荒时代》，见中国社会科学院云南少数民族文学研究所等编《云南少数民族文学资料》第1辑，内部编印，1980年，第228页。

拉祜族 原来地上的石头会走动。

【流传】（无考）

【出处】《牡帕密帕》（创世纪），见娜朵主编《拉祜族民间文学集》，昆明：云南人民出版社1996年版。

W1865.6a
会飞的石头

【关联】[W1829] 会飞的山

实例

（参见下级母题实例）

W1865.6a.1
遇雨会飞的石头

实例

汉族 零陵山有石燕，遇雨则飞，雨止还化为石。

【流传】（无考）

【出处】

(a)《初学记》卷一引庾仲雍《湘洲记》。

(b)《石燕山》，见袁珂《中国神话大词典》，北京：华夏出版社2015年版，第92页。

汉族 永州有个石燕山，有个浯溪。其山堆满的零星碎石，状如燕子。若风雨时节远远望去，就像飞燕一般。人若走近，也扑在身上来，及拿到手中看时，却还是一块石头。风息雨止，便不飞了。

【流传】（无考）

【出处】

(a)[明]罗贯中、冯梦龙：《平妖传》第九回。

(b)《石燕山》，见袁珂《中国神话大词典》，北京：华夏出版社2015年版，第92页。

W1865.7
石头为什么不能行走

实例

（参见下级母题实例）

W1865.7.1
天神规定不能乱动

实例

彝族 石头与人发生争斗。天神对石头说："汝击坏多人，实太残忍，从今不许汝再生长繁殖，即使有人击汝成为粉碎，汝亦仅能永留于汝之住处。"至今，石头不能随意乱动。

【流传】（无考）

【出处】《人与石头》，原载谷德明编《中国少数民族神话选》（原名《人类和石头的战争》），见袁珂《中国神话大词典》，北京：华夏出版社2015年版，第427页。

彝族 以前石头会行走。人与石头之争中石头砸伤人畜。天神降临到人间调解这场纷争。聪明的人类在天神面前哭诉石头的残暴。而石头因没有像人类一样的智慧，只是一言不发。天神愤怒地对石头说："你们实在太残忍了，从此以后，永远不许你再生长和繁殖，也只能永远停留在你所住的地方。"

【流传】（无考）

【出处】《人类和石头的战争》，原载李子贤编《云南少数民族神话选》，云南人民出版社1990年版，见姚宝瑄主编《中国各民族神话》（羌族、彝族），太原：山西出版传媒集团·书海出版社2014年版，第276~277页。

W1865.7.2
特定的语言使石头不再行走

实例

拉祜族 原来地上的石头会走动，听了白头鸟的话后，就不会动了。

【流传】（无考）

【出处】《牡帕密帕》（创世纪），见娜朵主编《拉祜族民间文学集》，昆明：云南人民出版社1996年版。

W1865.8
石头会跳舞

【汤普森】D1646.4

实例

（实例待考）

W1865.8a
石头会爆炸

实例

（参见下级母题实例）

W1865.8a.1
以前石头会爆炸

实例

纳西族（摩梭） 天神格尔美刚创造出天地和万物时，石崖子会炸。

【流传】云南省·（丽江市）·宁蒗县（宁蒗彝族自治县）

【出处】巴采若、桑绒尼搓讲，章虹宇搜集整理：《喇氏族的来源》，载《民间文学》1986年第3期。

W1865.9
石头为什么坚硬

实例

（参见下级母题实例）

W1865.9.1
岩石为了避免被吃掉变硬

实例

珞巴族 （实例待考）

W1865.9.2
顽石

实例

汉族 大禹治水到三门峡时，有大山挡道，山石坚硬，神斧也只能在山顶劈开一条缝。

【流传】河南省·三门峡市

【出处】陈连山整理：《神脚掌》，见姚宝瑄主编《中国各民族神话》（汉族），太原：山西出版传媒集团·书海出版社2014年版，第347页。

W1865.10
石头为什么腐烂

实例

（参见下级母题实例）

W1865.10.1
腐石

实例

彝族（俚颇）地上的岩石，大多数是好的，有一块腐石，这块腐石要不成。

【流传】云南省·（楚雄彝族自治州）·大姚县·昙华山区（昙华乡）

【出处】
(a) 陆颇梭颇（毕摩）演唱，夏光辅、诺海阿苏翻译：《俚泼古歌》，见云南省社会科学院楚雄彝族文化研究所编《彝族民间文学》第2辑，1985年。
(b) 陆颇梭颇（毕摩）演唱，夏光辅、诺海阿苏翻译，古梅改写：《赤梅葛——俚泼古歌》，见姚宝瑄主编《中国各民族神话》（羌族、彝族），太原：山西出版传媒集团·书海出版社2014年版，第101页。

W1865.11
石头的开裂

实例

（参见下级母题实例）

W1865.11.1
滴血使石头开裂

实例

满族 女真（女子名）的手被石头划破，殷红的鲜血流到石头上，石头便裂开了，并露出了一把金光闪闪的七星斧。

【流传】黑龙江省

【出处】
(a) 赵书搜集整理：《女真定水》，见乌丙安等编《满族民间故事选》，上海：上海文艺出版社1983年版，第66~76页。
(b) 同(a)，见姚宝瑄主编《中国各民族神话》（满族、赫哲族、朝鲜族），太原：山西出版传媒集团·书海出版社2014年版，第50~60页。

W1865.12
石头有灵魂

【关联】［W1534.5］万物有灵

实例

独龙族 石头也被认为是有灵魂的。

【流传】云南省·（怒江傈僳族自治州）·贡山县（贡山独龙族怒族自治县）·独龙江公社（独龙江乡）·拉佩村

【出处】蔡家麒调查整理：《万物皆有灵》（1982），见吕大吉、何耀华总主编《中国各民族原始宗教资料集成》（纳西族卷、羌族卷、独龙族卷、傈僳族卷、怒族卷），北京：中国社会科学出版社2000年版，第616页。

W1865.13
石头会繁殖

实例

彝族 以前石头会不断繁殖。

【流传】云南省·（昆明市）·路南（石林彝族自治县）·圭山（圭山镇）

【出处】

（a）王伟收集：*《天神创世》，见谷德明编《中国少数民族神话》，北京：中国民间文艺出版社1987年版，第309~310页。

（b）同（a），见吕大吉、何耀华总主编《中国各民族原始宗教资料集成》（彝族卷、白族卷、基诺族卷），北京：中国社会科学出版社1996年版，第25页。

W1865.14
石头以前很软

实例

（参见下级母题实例）

W1865.14.1
岩石以前像烂泥

实例

珞巴族 土地初开时，到处都是水，水底下的地面很软，岩石也像烂泥。

【流传】西藏自治区·下珞渝（又写作"下珞瑜"，泛指永木河、锡约尔河、巴恰西仁河流域）·民荣部落日乌村

【出处】维·埃尔温搜集：《波隆索波和依杜木·波特》，见李坚尚、刘芳贤编《珞巴族门巴族民间故事选》，上海：上海文艺出版社1993年版，第37页。

W1866
特定名称的石头

【汤普森】A977

【关联】
① [W1168.21.7] 天门石
② [W6962] 火石

实例

（参见下级母题实例）

W1866.1
陨石（雷石）

【关联】[W1748.6.4] 流星是殒石神

实例

藏族 嘉杰多帝康嘎山神身穿水晶制成的铠甲，戴水晶制成的白帽，骑一匹绿松石鬃毛灰色快马，手持天界陨石和胜幢。

【流传】（西藏自治区）

【出处】[奥地利]内贝斯基著，谢继胜译：《西藏的鬼怪和神灵——比较宗教学研究》，原载《国外藏学研究译文集》第3集，西藏人民出版社1987年版，见吕大吉、何耀华总主编《中国各民族原始宗教资料集成》（鄂伦春族卷、鄂温克族卷、赫哲族卷、达斡尔族卷、锡伯族卷、满族卷、蒙古族卷、藏族卷），北京：中国社会科学出版社1999年版，第791页。

W1866.1.1
陨石的产生

实 例

（参见下级母题实例）

W1866.1.1.1
陨石是从天上落下的神射出的箭

实 例

哈萨克族 创世主迦萨甘射恶魔，弓箭的箭镞落下来，便是划破长空、飞速闪过的陨石。

【流传】新疆维吾尔自治区·（乌鲁木齐市）·乌鲁木齐县（天山区）·白杨沟夏牧场夏牧场

【出处】谢热亚孜旦·马尔萨克讲，尼合买提·蒙加尼采录：《迦萨甘创世》，见中国民间文学集成全国编辑委员会编《中国民间故事集成》（新疆卷），北京：中国ISBN中心2008年版，第4页。

W1866.1.1.2
陨石是星星屙的屎

实 例

汉族 天上往地下落的石头，是星星儿在屙屎。

【流传】四川省·（德阳市）·广汉县（广汉市）

【出处】鲁智廉讲，吴良贵采录：《女娲补天》，见中国民间文学集成全国编辑委员会编《中国民间故事集成》（四川卷·上），北京：中国ISBN中心1998年版，第25页。

W1866.1.1.3
陨石是坠落的箭镞

实 例

哈萨克族 创世主迦萨甘拿起自己那张叫做"迦扎依勒"的弓箭，狠射恶魔。弓箭的箭镞落下来，便是划破长空、飞速坠下的陨石。

【流传】新疆维吾尔自治区

【出处】尼合迈德·蒙加尼搜集，校仲彝翻译整理：《迦萨甘创世》，载《新疆民族文学》1982年第2期。

哈萨克族 创世主迦萨甘弯弓射恶魔时，弓箭的箭镞落下来，划破长空、形成飞速闪过的陨石。

【流传】（新疆维吾尔自治区）

【出处】

（a）尼哈迈提·蒙加尼整理，校仲彝记录整理：《迦萨甘创世》，见张越、姚宝瑄编《新疆民族神话故事选》，乌鲁木齐：新疆人民出版社1989年版。

（b）同（a），见姚宝瑄主编《中国各民族神话》（乌孜别克族、哈萨克族、柯尔克孜族、俄罗斯族、维吾尔族、塔吉克族、塔塔尔族、锡伯族），太原：山西出版传媒集团·书海出版社2014年版，第24页。

哈萨克族 迦萨甘见魔鬼作恶，即以自制之"加扎依勒"弓箭射魔鬼，雷鸣是弓箭之响声，闪电是弓箭发射时所喷之火花，陨石是弓箭之箭镞。

【流传】（无考）

【出处】袁珂改编：《迦萨甘》，原载毛星主编《中国少数民族文学》（上册），见袁珂《中国神话大词典》，北京：华夏出版社 2015 年版，第 495 页。

W1866.1.1.4
陨石是天上掉下的泥

实例

满族　天上常常掉下来一些天落石，就是突姆火神脚上的泥。

【流传】黑龙江省·黑河地区（黑河市）·孙吴县·（沿江满族达斡尔族乡）·四季屯（四季屯村）

【出处】吴纪贤、富希陆讲：《天宫大战——黑水女真人传世神话》（1939，选自富育光、郭淑云整理的手稿），见姚宝瑄主编《中国各民族神话》（满族、赫哲族、朝鲜族），太原：山西出版传媒集团·书海出版社 2014 年版，第 2 页。

W1866.1.2
陨石的特征

实例

（参见下级母题实例）

W1866.1.2.1
绿色的陨石

实例

哈尼族　有一天，从天上掉下三个绿茵茵的大石头，石头落到地上，发出几声惊天动地的巨响。

【流传】云南省·（普洱市）·孟连县（孟连傣族拉祜族佤族自治县）

【出处】李格、王富帮讲，张犁翻译，李灿伟、莫非搜集整理：《天、地、人和万物的起源》，原载云南省民间文学集成办公室编《哈尼族神话传说集成》，中国民间文艺出版社 1990 年版，见姚宝瑄主编《中国各民族神话》（哈尼族、傣族），太原：山西出版传媒集团·书海出版社 2014 年版，第 59 页。

W1866.1.3
陨石的功用

实例

（参见下级母题实例）

W1866.1.3.1
陨石做巫师的法器

实例

藏族　天气咒师使用的最重要的法器是雷石（陨石）、法铃、橛、人胫骨做成的法号、鼓。

【流传】（无考）

1.7.4 石头（岩石）

【出处】［奥地利］内贝斯基著，谢继胜译：《西藏天气咒师及其仪式》，见《国外藏学研究译文集》第6辑，拉萨：西藏人民出版社1989年版。

W1866.2
火山石

实例

（参见下级母题实例）

W1866.2.1
天降火山石

【关联】［W1840］火山

实例

汉族 （实例待考）

W1866.2a
火石

【关联】

① ［W1295.7.3］火石分开天地
② ［W1748.3 流星是风神抛出的火石
③ ［W1867.1.7］燃石
④ ［W6957］火种

实例

（参见下级母题实例）

W1866.2a.1
水变成火石

实例

苗族 水汽有副好心肠，它在空中架桥梁，四面黑白水涌流，白水流向桥上走，黑水向桥下奔流，两股拧成打火石，一个生命就孕育。

【流传】原文无流传地，据文本及注释推测该神话流传于贵州省·黔东南苗族侗族自治州·凯里市、台江县等地。

【出处】张启庭、张荣光、张正玉、张启德演唱，张明搜集，燕宝整理译注：《创造宇宙·开天辟地》，见贵州省少数民族古籍整理出版规划小组办公室编，燕宝整理译注《苗族古歌》，贵阳：贵州民族出版社1993年版，第43页。

W1866.2a.2
牙齿变成火石

实例

珞巴族 牙齿变成了火石。

【流传】西藏自治区·下珞渝（下珞渝则泛指永木河、锡约尔河、巴恰西仁河流域）

【出处】维·埃尔温搜集：《尼康肯嘎和尼努波特》，见中华民族故事大系编委会编《中华民族故事大系》第16卷（赫哲族、门巴族、珞巴族、基诺族），上海：上海文艺出版社1995年版，第431页。

W1866.2b
礁石

实例

（参见下级母题实例）

W1866.2b.1
铁拐李的断裂的铁杖变成礁石

实例

汉族 长江之中大大小小的礁石是铁拐李的断裂的铁杖变成的。

【流传】江苏省·张家港市

【出处】赵忠良、乐予搜集整理：《大禹治水遇神仙》，见陈世海《张家港曲艺丛书：张家港故事选集》，南京：江苏凤凰文艺出版社2016年版，第3页。

W1866.3
玛瑙（玛瑙石）

实例

（参见下级母题实例）

W1866.3.1
神树生玛瑙

实例

珞巴族 两棵能结出珠子神树老了不结果后，人们从它的根下挖出玛瑙。

【流传】西藏自治区·（林芝地区）·米林县·纳玉区（南伊乡）

【出处】达农讲，于乃昌整理：《珠子树》，见《珞巴族民间故事》：http://www.tibet-web.com/old/minjian/ync/gushi/mulu.htm，2003.10.02。

W1866.4
玉石（玉、宝石）

【关联】[W9650]宝物

实例

（参见下级母题实例）

W1866.4.1
蛋变玉石

实例

（实例待考）

W1866.4.1.1
龙女生的神蛋变玉石

实例

傣族 （实例待考）

W1866.4.2
尸体（肢体）化生玉石

实例

（实例待考）

W1866.4.3
骨骼化生玉石

【关联】[W1985.2]特定人物的骨骼化为矿物

实例

（参见下级母题实例）

W1866.4.3.1
盘古的骨头牙齿变成玉石

【关联】
① [W1866.4.4]牙齿化生玉石
② [W1980.2.2.2]盘古的骨骼变成金属

实 例

汉族 盘古死后，牙齿变成玉石。

【流传】福建省·晋江县（今泉州市）·鲤城（鲤城区）·（常泰街道）·大锦田村（锦田社区）

【出处】傅继扁讲，傅孙义采录：《盘古分天地》，见中国民间文学集成全国编辑委员会编《中国民间故事集成》（福建卷），北京：中国 ISBN 中心 1998 年版，第 3 页。

汉族 盘古死后，他的骨头牙齿变成埋藏在地下的玉石宝藏。

【流传】河南省尾山一带

【出处】程玉林讲，缪华、胡佳作搜集整理：《盘古寺》，原载张振犁、程健君编《中原神话专题资料》，见姚宝瑄主编《中国各民族神话》（汉族），太原：山西出版传媒集团·书海出版社 2014 年版，第 4~6 页。

汉族 盘古死后，骨头、牙齿变成埋藏在地下的金银铜铁和玉石宝藏。

【流传】河南省·济源市·（城关）

【出处】程玉林讲，缪华、胡佳作采录：《盘古寺》，见张振犁编著《中原神话通鉴》（第一卷），郑州：河南大学出版社 2017 年版，第 4 页。

汉族 盘古因长久支撑天地死去了。他的牙齿骨头变成了玉石宝藏。

【流传】河南省·（驻马店市）·汝南县

【出处】李建国（45 岁，中专）讲，李超采录：《盘古开辟天地》（1987.06），见张振犁编著《中原神话通鉴》（第一卷），郑州：河南大学出版社 2017 年版，第 26 页。

汉族 盘古顶天立地后，牙和骨头变成了金属玉石。

【流传】河南省·（驻马店市）·新蔡县·裘村乡

【出处】刘义（76 岁，农民）讲，刘国富采录，龚国强采录整理：《盘古开天地的来历》（1987.09.05），见张振犁编著《中原神话通鉴》（第一卷），郑州：河南大学出版社 2017 年版，第 25 页。

汉族 盘古死的时候，他的牙齿、骨头、骨髓等，也都变成了闪光的金属、坚硬的石头、圆亮的珍珠和温润的玉石。

【流传】（无考）

【出处】袁珂译述：《盘古开天辟地》，原载袁珂编译《中国神话故事》，见陶阳、钟秀编《中国神话》（上），北京：商务印书馆 2008 年版，第 7~8 页。

W1866.4.3.2
盘古的牙齿变成玉石

实 例

汉族 盘古死后，尻为鱼鳖，手为飞鸟，爪为龟龙，骨为金银，发为草木，毫毛为凫鸭，齿为玉石。

【流传】（无考）

【出处】[唐] 释澄观：《大方广佛华严经随疏演义钞》卷四二引《三王历》。

W1866.4.3a
精髓变作玉

实例

汉族 （盘古）垂死化身，齿骨为金石，精髓为珠玉。

【流传】（无考）

【出处】
(a)《五运历年记》，见［清］马骕《绎史》卷一。
(b)《五运历年记》，见［明］董斯张《广博物志》卷九。

W1866.4.3a.1
盘古的精髓变成玉

实例

汉族 盘古为改造世界仆地而死，将自己的精髓变成珠玉。

【流传】江苏省·（淮安市）·涟水县·南集乡·禹庄村

【出处】徐学尧讲，徐省生搜集整理：《世界的由来》（1983），见姚宝瑄主编《中国各民族神话》（汉族），太原：山西出版传媒集团·书海出版社2014年版，第24~28页。

W1866.4.3a.2
盘古用精髓造玉

实例

汉族 盘古垂死化身，精髓为珠玉。

【流传】（无考）

【出处】《五运历年记》，原书已佚，据《绎史》引文。

畲族 盘古用他的精髓造出了珠玉。

【流传】畲族地区

【出处】《盘古》，钟后根据畲族蓝国运、蓝国根《畲族古老神话传说及人物》改写，见姚宝瑄主编《中国各民族神话》（高山族、黎族、畲族），太原：山西出版传媒集团·书海出版社2014年版，第84页。

W1866.4.3b
石头变成玉

实例

（参见下级母题实例）

W1866.4.3b.1
仙女挖的石头变成玉

实例

白族 玉女是仙姑，她挖出的石头，都变成了绿玉和白玉。

【流传】云南省·（大理白族自治州）·大理市

【出处】李天祥记录：《大理石与玉带云》，见姚宝瑄主编《中国各民族神话》（白族、拉祜族、景颇族），太原：山西出版传媒集团·书海出版社2014年版，第64页。

W1866.4.4
牙齿化生玉石

实例

汉族

（参见W1866.4.3.1母题实例）

W1866.4.5
玉石的颜色

实例

(参见下级母题实例)

W1866.4.5.1
白玉

实例

汉族 丹水出焉，西流注于稷泽，其中多白玉。

【流传】（无考）

【出处】

（a）《山海经·西次三经》。

（b）《峚山》，见袁珂《中国神话大词典》，北京：华夏出版社2015年版，第229页。

W1866.4.5.1.1
白石变成白玉

实例

白族 玉女是仙姑，她挖出的青石变成了碧玉，白石变成了白玉。

【流传】云南省·（大理白族自治州）·大理市

【出处】李天祥记录：《大理石与玉带云》，见姚宝瑄主编《中国各民族神话》（白族、拉祜族、景颇族），太原：山西出版传媒集团·书海出版社2014年版，第64页。

W1866.4.5.1.1a
盘古的牙齿、骨干、骨髓变成白玉

实例

汉族 盘古开辟天地后，全身突然起了大变化。他的牙齿、骨干、骨髓则变成洁白的玉。

【流传】河南省·新乡市

【出处】马如心（50岁）讲，马安中采录整理：《盘古开天地》（1986.08），见张振犁编著《中原神话通鉴》（第一卷），郑州：河南大学出版社2017年版，第16~17页。

W1866.4.5.1.2
羊脂白玉

实例

（实例待考）

W1866.4.5.1.3
青白玉

实例

（实例待考）

W1866.4.5.2
青玉

实例

(参见下级母题实例)

W1866.4.5.2.1
碧玉

实 例

（参见下级母题实例）

W1866.4.5.2.1.1
青石变成碧玉

实 例

白族 玉女是仙姑，她挖出的青石变成了碧玉。

【流传】云南省·（大理白族自治州）·大理市

【出处】李天祥记录：《大理石与玉带云》，见姚宝瑄主编《中国各民族神话》（白族、拉祜族、景颇族），太原：山西出版传媒集团·书海出版社2014年版，第64页。

W1866.4.5.3
黄玉

实 例

（实例待考）

W1866.4.5.4
红玉（赤玉）

实 例

汉族 扶余挹娄出赤玉。

【流传】（无考）

【出处】《后汉书·东夷传》。

W1866.4.5.5
墨玉

实 例

（实例待考）

W1866.4.5.6
紫玉

实 例

（实例待考）

W1866.4.5.7
彩玉

实 例

（实例待考）

W1866.4.6
玉石的特征

实 例

（参见下级母题实例）

W1866.4.6.1
玉是水之精

实 例

汉族 鲁哀公使人穿井，三月不得泉，得一玉羊焉，公以为祥。使祝鼓舞之，欲上于天，羊不能上。孔子见公曰："水之精为玉，土之精为羊，愿无怪之。此羊肝，土也。"

【流传】（无考）

【出处】［汉］韩婴：《韩诗外传》赵本

W1866.4.6.2
美玉

实例

汉族 萯山之首,曰敖岸之山,神熏池居之。是常出美玉。

【流传】(无考)

【出处】《山海经·中次三经》。

W1866.4.7
与玉石有关的其他母题

【关联】[W1387.1.4] 用宝石补天

实例

(参见下级母题实例)

W1866.4.7.1
独玉

实例

(实例待考)

W1866.4.7.2
和田玉

实例

(实例待考)

W1866.4.7.3
唐玉

实例

(实例待考)

W1866.4.7.4
蓝田玉

实例

(实例待考)

W1866.4.7.5
岫玉(岫岩玉)

实例

(实例待考)

W1866.4.7.6
观日玉

实例

汉族 扶桑国使使贡观日玉,大如镜,方圆尺余,明澈如琉璃。映日以观,见日中宫殿,皎然分明。

【流传】(无考)

【出处】

(a)《太平御览》卷八〇五引《梁四公记》。

(b)《观日玉》,见袁珂《中国神话大词典》,北京:华夏出版社2015年版,第144页。

W1866.4.7.7
玉线

实例

侗族 萨天巴(蜘蛛,女祖神,创世神)吐出玉线。

【流传】广西壮族自治区·(柳州

市）·三江（三江侗族自治县），（桂林市）·龙胜（龙胜各族自治县）

【出处】杨卜林喜、杨卜松林、杨明世讲，杨国仁、涛声搜集整理，蔷紫改写：《创世女神萨天巴》，原文为过伟改写自侗族创世史诗《嘎茫莽道时嘉——远祖歌》（未出版稿），见姚宝瑄主编《中国各民族神话》（土家族、毛南族、侗族、瑶族），太原：山西出版传媒集团·书海出版社2014年版，第81～82页。

W1866.4.7.8
玉膏

实例

汉族 峚（密）山，其中多白玉，是有玉膏，其原沸沸汤汤，黄帝是食是飨。

【流传】（无考）

【出处】
（a）《山海经·西次三经》。
（b）《玉膏》，见袁珂《中国神话大词典》，北京：华夏出版社2015年版，第94页。

汉族 是（峚山所出丹水）有玉膏，其原沸沸汤汤，黄帝是食是飨。

【流传】（无考）

【出处】
（a）《山海经·西次三经》。
（b）《峚山》，见袁珂《中国神话大词典》，北京：华夏出版社2015年版，第229页。

汉族 此山（少室之山）巅亦有白玉膏，得服之，即得仙道，世人不能上也。

【流传】（无考）

【出处】
（a）《山海经·中次七经》郭璞注。
（b）《少室山》，见袁珂《中国神话大词典》，北京：华夏出版社2015年版，第65页。

汉族 庐山上有三石梁，长数十丈，广不盈尺，杳然无底。吴猛将弟子登山，过此梁，见一翁坐桂树下，以玉杯承甘露浆与猛；又至一处，见数人为猛设玉膏。

【流传】（无考）

【出处】
（a）［北魏］郦道元：《水经注·庐江水》引《寻阳记》。
（b）《庐山石梁》，见袁珂《中国神话大词典》，北京：华夏出版社2015年版，第176页。

W1866.4.7.8.1
玉膏如酒

实例

汉族 瀛洲有玉膏如酒，名曰玉酒，饮数升辄醉，令人长生。

【流传】（无考）

【出处】
（a）《初学记》卷二七引《十洲记》。
（b）《玉膏》，见袁珂《中国神话大词

W1866.4.7.9
玉荣

实例

汉族 黄帝乃取峚山之玉荣，而投之钟山之阳，瑾瑜之玉为良，坚粟精密，浊泽而有光，五色发作，以和柔刚。天地鬼神，是食是飨。

【流传】（无考）

【出处】

（a）《山海经·西次三经》。

（b）《峚山》，见袁珂《中国神话大词典》，北京：华夏出版社2015年版，第229页。

W1866.4.7.9a
玉髓

【关联】[W1867.6] 石髓

实例

汉族 （实例待考）

W1866.4.7.10
玉英

实例

汉族 欲出周鼎，当有玉英见。

【流传】（无考）

【出处】[汉] 司马迁：《史记·孝文本纪》。

汉族 清水有黄金，龙渊有玉英。

【流传】（无考）

【出处】《尸子》卷下。

W1866.4.7.11
藻玉

实例

汉族 泰冒之山，浴水出焉，东流注于河，其中多藻玉。

【流传】（无考）

【出处】

（a）《山海经·西次二经》。

（b）《藻玉》，见袁珂《中国神话大词典》，北京：华夏出版社2015年版，第363页。

汉族 藻玉，玉有符彩者。

【流传】（无考）

【出处】

（a）《山海经·西次二经》郭璞注。

（b）《藻玉》，见袁珂《中国神话大词典》，北京：华夏出版社2015年版，第363页。

W1866.4.7.12
玉液（玉浆）

实例

汉族 明星玉女者，居华山，服玉浆，白日升天。

【流传】（无考）

【出处】[宋] 李昉等：《太平广记》卷五九"明星玉女"条引《集仙录》。

W1866.4.7.12.1
王母娘娘瑶池的玉液

实例

汉族 众仙女喝过王母娘娘瑶池的玉液，但远远不如人间龙井琼浆醇厚味美。

【流传】河南省·（周口市）·淮阳县

【出处】《龙酒的传说》，见张振犁编著《中原神话通鉴》（第一卷），郑州：河南大学出版社2017年版，第227~28页。

W1866.4.7.13
水玉

实例

汉族 堂庭之山，多水玉。

【流传】（无考）

【出处】《山海经·南山经》。

W1866.4.7.13.1
水玉即水精（水晶）

实例

汉族 "堂庭之山，多水玉。"郭璞注："水玉，今水精也。赤松子所服。"

【流传】（无考）

【出处】《山海经·南山经》郭璞注。

汉族 琉璃为墙壁，水精为柱础。

【流传】（无考）

【出处】[唐]房玄龄：《晋书·四夷列传·西戎·大秦国》。

W1866.4a
翡翠

【关联】[W1138.7.1]用翡翠做北边的天

实例

（参见下级母题实例）

W1866.4a.1
七星翡翠

实例

满族 在萨哈连极北地方，是一片千年松林和古岩幽洞，有一连七座山头，其山有双头七彩花节蛇，有此蛇处可得七星翡翠，为玉宝。

【流传】黑龙江省

【出处】满族瓜尔佳氏祖传萨满讲，富希陆搜集：《神玉的来历》，见吕大吉、何耀华总主编《中国各民族原始宗教资料集成》（鄂伦春族卷、鄂温克族卷、赫哲族卷、达斡尔族卷、锡伯族卷、满族卷、蒙古族卷、藏族卷），北京：中国社会科学出版社1999年版，第485页。

W1866.5
鹅卵石（鸭蛋石）

实例

（参见下级母题实例）

W1866.5.1
海岛上的圆石

实 例

纳西族 天上下的霜变成地上的海。大海出现后的第七天，海中出现了一个岛，岛上有个圆石头。

【流传】云南省·（迪庆藏族自治州）·中甸县（香格里拉县）·三坝公社（三坝纳西族乡）

【出处】
(a)《石猴生人类》，见雷宏安《云南省中甸县三坝公社纳西族宗教调查》，中国社会科学院世界宗教研究所昆明工作站、云南民族学院民族研究所民族宗教研究室编印，1986年。
(b) 同（a），见姚宝瑄主编《中国各民族神话》（佤族、阿昌族、纳西族、普米族、德昂族），太原：山西出版传媒集团·书海出版社2014年版，第173页。

W1866.5.2
特定物变成鹅卵石

实 例

（参见下级母题实例）

W1866.5.2.1
面疙瘩变成鹅卵石

实 例

汉族 黄帝的妻子做的面疙瘩变成了圆溜溜的鸭蛋石。

【流传】河南省·（许昌市）·禹州市·浅井乡·浅井村

【出处】李新才讲，宋国栋采录：《黄帝修仙》，见中国民间文学集成全国编辑委员会编《中国民间故事集成》（河南卷），北京：中国ISBN中心2001年版，第37页。

W1866.6
压地石

【关联】
① ［W1242.4.4］地角石
② ［W1376.3.3.2］用压地石压地
③ ［W1839.6］镇山石
④ ［W1839.6a］定水石

实 例

彝族 四个压地石，压在地四方。

【流传】（无考）

【出处】*《用铜铁造天地》，见吕大吉、何耀华总主编《中国各民族原始宗教资料集成》（彝族卷、白族卷、基诺族卷），北京：中国社会科学出版社1996年版，第16~17页。

W1866.7
金石

实 例

（参见下级母题实例）

W1866.7.1
用骨骼造金石

实 例

（参见下级母题实例）

W1866.7.1.1
盘古用牙齿和骨骼造金石

实例

畲族　盘古用他的牙齿和骨头造出金石。

【流传】畲族地区

【出处】《盘古》，钟后根据畲族蓝国运、蓝国根《畲族古老神话传说及人物》改写，见姚宝瑄主编《中国各民族神话》（高山族、黎族、畲族），太原：山西出版传媒集团·书海出版社 2014 年版，第 84 页。

W1866.7.1.2
盘古的齿骨变成金石

实例

汉族　盘古垂死化身，齿骨为金石。

【流传】（无考）

【出处】《五运历年记》，原书已佚，据《绎史》卷一引。

W1866.8
灵石

【关联】［W1852.6.78］灵山

实例

（参见下级母题实例）

W1866.8.1
白石是灵石

实例

羌族　远古时候，羌人有的支系逐渐从大西北迁徙到四川岷江上游。为了回归时不致迷路，便在经过的每一山头或岔道口的最高处放一白石作路标。这样，白石就成了羌民的指路石。

【流传】四川省·（阿坝藏族羌族自治州）·茂县·曲谷乡

【出处】周锡银、钱安靖整理：《白石神的传说》，见姚宝瑄主编《中国各民族神话》（羌族、彝族），太原：山西出版传媒集团·书海出版社 2014 年版，第 21 页

W1866.8.2
灵石即逃石

实例

（参见下级母题实例）

W1866.8.2.1
因灵石会逃走称逃石

实例

汉族　利水又南径灵石下。灵石一名逃石，高三十丈，广圆五百丈。耆旧传言，石本桂林武城县，因夜迅雷之变，忽然迁此。彼人来见，叹曰："石乃逃来！"因名逃石。以其有灵运徙，又曰灵石。

【流传】（无考）

【出处】

(a) ［北魏］郦道元：《水经注·溱水》。

(b) 《逃石》，见袁珂《中国神话大词

典》，北京：华夏出版社 2015 年版，第 232 页。

W1866.8.3
千年灵石

实例

高山族（泰雅） 南投县仁爱乡那里有一颗千年灵石。

【流传】台湾

【出处】陈初得讲，刘秀美采录整理：《泰雅族的起源》，原载金荣华编《台湾泰雅族民间故事》，见陶阳、钟秀编《中国神话》（中），北京：商务印书馆 2008 年版，第 617 页。

W1866.9
磁石

【关联】［W1867.1.11］有吸力的石头

实例

（参见下级母题实例）

W1866.9.1
磁石能吸铁

实例

汉族 伯高在采石炼铜过程中，发现一种磁石，能吸住铁。

【流传】陕西省·（延安市）·黄陵县

【出处】兰草搜集整理：《风后和他的指南车》，原载黄陵县文化馆编《轩辕黄帝传说故事》，见陶阳、钟秀编《中国神话》（下），北京：商务印书馆 2008 年版，第 1205～1206 页。

W1866.10
砚石

实例

汉族 孕育盘古成人的混沌鸡蛋壳变成的砚石。

【流传】河南省·济源市·（城关）

【出处】程玉林讲，缪华、胡佳作采录：《盘古寺》，见张振犁编著《中原神话通鉴》（第一卷），郑州：河南大学出版社 2017 年版，第 4 页。

W1867
与石头有关的其他母题

【关联】

① ［W0915.3］石头代表灵魂
② ［W6377.5.1］石柱被作为男性生殖器受崇拜

实例

（参见下级母题实例）

W1867.1
不平常的岩石（奇特的石头）

【汤普森】F800

【关联】

① ［W0957］神石
② ［1864.6］会变色的石头（变色石）
③ ［W1865.3］石头会说话
④ ［W1865.5］石头会喝水
⑤ ［W1865.6］石头会行走
⑥ ［W1865.6a］会飞的石头

⑦［W1865.8］石头会跳舞
⑧［W9038.31.5］能开合的石（山）

实例

（参见下级母题实例）

W1867.1.1
怪石

实例

（参见下级母题实例）

W1867.1.1.1
人化为怪石

实例

汉族　黄帝与容成、浮丘三人食仙丹，飘然升举。一臣子忽跃上捉黄帝须，欲随之登天，不意摔堕地面，化为怪石。

【流传】（无考）

【出处】《黄山的来历》，原载《中国地方风物传说选》（二），见袁珂《中国神话大词典》，北京：华夏出版社2015年版，第389页。

W1867.1.1.2
恶魔化为怪石

实例

彝族　恶魔阿古刹被魔鞭击中后，抽搐着渐渐地化成形态狰狞的岩石。

【流传】（云南省·昆明市）

【出处】鲁岚、罗彦记录整理：《阿果斗恶魔》，原名《剑峰池》，原载昆明市民间文学集成办公室编《昆明民间故事》，内部资料，1987年，见姚宝瑄主编《中国各民族神话》（羌族、彝族），太原：山西出版传媒集团·书海出版社2014年版，第324页。

W1867.1.2
浮石

【关联】［W1852.6.46］浮山

实例

白族　"红沙石大王"（代表本主的石头）被偷盗者丢到海子里，却轻得像树叶一样，漂浮在水面，按下去又浮起来。

【流传】云南省·（大理白族自治州）·剑川县

【出处】赵春贵讲，瑞鸿、瑞林、乐夫记录：《红沙石大王》（1981.07），见姚宝瑄主编《中国各民族神话》（白族、拉祜族、景颇族），太原：山西出版传媒集团·书海出版社2014年版，第89页。

W1867.1.2.1
浮石随水涨落

实例

汉族　浮石，其石居汝水中心，或水泛涨，高岸皆没。此石居然不没，因以为名之。

【流传】（无考）

【出处】

(a)《太平御览》卷五二引《地理记》。

（b）《浮石》，见袁珂《中国神话大词典》，北京：华夏出版社 2015 年版，第 278 页。

W1867.1.3
画马石

实　例

（参见下级母题实例）

W1867.1.3.1
画马石有马出入

实　例

汉族　罗裳山东有玉髻峰，下有画马石。唐末罗隐乞食山下，山下人侮之。隐乃画马石面，每夜出食人禾。追之，则见马复入石。山下人乃礼焉，隐为画桩系马，马不出矣。今其迹了然。

【流传】（无考）

【出处】

（a）《古今图书集成·职方典》卷一〇五二引《闽书》。

（b）《画马石》，见袁珂《中国神话大词典》，北京：华夏出版社 2015 年版，第 184 页。

W1867.1.4
雷击石

实　例

（参见下级母题实例）

W1867.1.4.1
雷击石能保健康

实　例

鄂温克族　山野间雷击过的石头（雷击石）被视为神物，用此石泡水给产妇饮用，以求产后健康无灾。

【流传】内蒙古自治区·（呼伦贝尔市）·鄂温克族自治旗·巴彦托海镇

【出处】陶克讲，卡丽娜调查整理：《雷击石》（1992.09.07），见吕大吉、何耀华总主编《中国各民族原始宗教资料集成》（鄂伦春族卷、鄂温克族卷、赫哲族卷、达斡尔族卷、锡伯族卷、满族卷、蒙古族卷、藏族卷），北京：中国社会科学出版社 1999 年版，第 101 页。

W1867.1.4.2
雷击石能保平安

实　例

鄂温克族　山野间雷击过的石头（雷击石）被视为神物，将这种石绑在婴儿摇车上，祈求雷神保佑儿女平安。

【流传】内蒙古自治区·（呼伦贝尔市）·鄂温克族自治旗·巴彦托海镇

【出处】陶克讲，卡丽娜调查整理：《雷击石》（1992.09.07），见吕大吉、何耀华总主编《中国各民族原始宗教资料集成》（鄂伦春族卷、鄂温克族卷、赫哲族卷、达斡尔族卷、锡伯族卷、满族卷、蒙古族卷、藏族卷），北京：

中国社会科学出版社 1999 年版，第 101 页。

W1867.1.5
流血石

实 例

白族 有个犁地的人气愤地把那块石头一气儿抱起，远远地砸在路边上，路被砸出了一个窝，石头砸出了鲜红的血。

【流传】（云南省·大理白族自治州·宾川县）

【出处】杨作东讲，尹国春记录：《宝石大王》，见姚宝瑄主编《中国各民族神话》（白族、拉祜族、景颇族），太原：山西出版传媒集团·书海出版社 2014 年版，第 90 页。

汉族 召石山在县（文登县，今山东省牟平县东南）东八十五里。秦始皇造石桥，渡海观日出处。有神人召石下城阳，一十三山石遣东下，岌岌相随，如行状。石去不驶，神人鞭之，皆见血。今验召石山之色，其下石色尽赤焉。

【流传】（山东省·烟台市·牟平区）

【出处】
(a)《三齐略记》。
(b)《召石山》，见袁珂《中国神话大词典》，北京：华夏出版社 2015 年版，第 115 页。

W1867.1.6
鸣石（叫石、响石）

实 例

汉族 长石之山，无草木，多金玉。其西有谷焉，名曰共谷，多竹。共水出焉，西南流注于洛，其中多鸣石。

【流传】（无考）

【出处】
(a)《山海经·中次六经》。
(b)《鸣石》，见袁珂《中国神话大词典》，北京：华夏出版社 2015 年版，第 193 页。

汉族 晋永康元年，襄阳郡上鸣石，似玉，色青。撞之，声闻七八里，即此类也。"

【流传】（无考）

【出处】
(a)《山海经·中次六经》郭璞注。
(b)《鸣石》，见袁珂《中国神话大词典》，北京：华夏出版社 2015 年版，第 193 页。

汉族 叫石，在州（信州，今四川省奉节县东北）西九十里，巨石枕江，有数十穴，亦如口。古老相传，云织女失缨，九石不能上，石叫夫一，作大琛山，其势似遏流，其缨乃上。

【流传】（无考）

【出处】
(a)《太平寰宇记》卷一〇七。
(b)《叫石》，见袁珂《中国神话大词典》，北京：华夏出版社 2015 年版，第 101 页。

W1867.1.6.1
鸣石能与人应答

实例

汉族 南岳岣嵝峰,有响石,呼唤则应,如共人语,而不可解也。南州南河县东南三十里,丹溪之曲,有响石,高三丈五尺,阔二丈,状如卧兽,人呼之应,笑亦应之,块然独处,亦号独石也。

【流传】(无考)

【出处】

(a)《太平广记》卷三九八"石响"条引《洽闻记》。

(b)《响石》,见袁珂《中国神话大词典》,北京:华夏出版社2015年版,第229页。

W1867.1.7
燃石

【关联】[W1866.2a] 火石

实例

汉族 羊山上有燃石,其色黄而文理疏,以水沃之,便如煎沸,其上可炊烹。稍冷即复以水沃之。

【流传】(无考)

【出处】

(a)《述异记》卷上。

(b)《燃石》,见袁珂《中国神话大词典》,北京:华夏出版社2015年版,第358页。

W1867.1.7.1
燃烧的怪石

实例

水族 怪石头变成熊熊火焰,使皇宫马上燃烧起来。没多久,堂皇的宫殿成了一堆灰。

【流传】贵州省·(黔南布依族苗族自治州)·三都县(三都水族自治县)

【出处】蒙炳华、往寮搜集整理:《石马宝》,原载《水族民间故事选》,上海文艺出版社1988年版,见姚宝瑄主编《中国各民族神话》(水族、布朗族、独龙族、基诺族、傈僳族),太原:山西出版传媒集团·书海出版社2014年版,第15页。

W1867.1.7.2
燃石遇水则燃

实例

汉族 豫章有石,黄白色而理疏,以水灌之,便热。加鼎于上,炊足以熟。冷则灌之。谓之"燃石"。

【流传】(无考)

【出处】

(a)《异苑》卷二。

(b)《燃石》,见袁珂《中国神话大词典》,北京:华夏出版社2015年版,第358页。

W1867.1.8
有耳目的石头

【实例】

纳西族 以前，石头有眼睛，刺蓬有耳朵，人们议事的内容会被偷它们听去。

【流传】云南省·（丽江市）·丽江县（古城区、玉龙纳西族自治县）

【出处】木丽春采集整理：《祭天说黑话的传说》，见木丽春编著《纳西族民间故事集》，昆明：云南人民出版社2007年版，第244页。

W1867.1.9
发光的石头（萤石）

【实例】

白族 尹千祖家堂上的那块大石头发出万道金光来。

【流传】（云南省·大理白族自治州·宾川县）

【出处】杨作东讲，尹国春记录：《宝石大王》，见姚宝瑄主编《中国各民族神话》（白族、拉祜族、景颇族），太原：山西出版传媒集团·书海出版社2014年版，第91页。

W1867.1.10
有生命的石头

【关联】

① ［W1833.1.1］有生命的山
② ［W1865.2］石头会生长

【实例】

彝族 天神造出石头后，予以自由，令石头亦能生长、行动。

【流传】（无考）

【出处】《人与石头》，原载谷德明编《中国少数民族神话选》（原名《人类和石头的战争》），见袁珂《中国神话大词典》，北京：华夏出版社2015年版，第427页。

W1867.1.11
有吸力的石头

【关联】［W1866.9］磁石

【实例】

哈尼族 孤儿来到了两块山一样大的巨石旁，只见两块巨石正在猛烈碰撞，挡住了去路。他气得一个橄榄砸去，结果"呸"的一声，橄榄被右边的石头吸进去了。他又连续砸了几个橄榄，都分别让两块巨石吸进去了。

【流传】（无考）

【出处】威东讲，朗确搜集整理：《孤儿和秀墨姑娘》，原载《哈尼族神话传说集成》，见陶阳、钟秀编《中国神话》（中），北京：商务印书馆2008年版，第1006~1013页。

W1867.1.12
能出物品的岩石

【实例】

（参见下级母题实例）

W1867.1.12.1
能出米的岩石

实例

汉族 注米岩，在会昌（在今浙江省永嘉县西南）。深广二丈许，伏虎禅师驻锡处，有小窦。相传出米，随人多寡可给，后人凿之，仅有流泉。

【流传】（无考）

【出处】

（a）［明］陈仁锡：《潜确类书》卷二六。

（b）《注米岩》，见袁珂《中国神话大词典》，北京：华夏出版社 2015 年版，第 211 页。

W1867.2
魔力可控制石头

【汤普森】D2153

实例

布依族 当万（丈夫）挖出自己的左眼珠，蓉莲（妻子）挖出自己的右眼珠，接着又各自咬破自己的手腕，用鲜血把眼珠泡红后，就拿它向镇龙岩砸去后，镇龙岩被炸开。

【流传】贵州省·（黔南布依族苗族自治州）·惠水县

【出处】罗玉林等讲，汛河采录：《当万和蓉莲》，见中国民间文学集成全国编辑委员会编《中国民间故事集成》（贵州卷），北京：中国 ISBN 中心 2003 年版，第 16 页。

W1867.2.1
魔法使石头增长

【汤普森】D931.0.1

【关联】［W9000］魔法

实例

（实例待考）

W1867.2.2
求雨石（祈雨石）

实例

柯尔克孜族 何尔孜与吐尔克为争一先祖所遗之加达塔什（求雨石）而斗，何尔孜恃强夺之。

【流传】（无考）

【出处】袁珂改编：《柯尔克孜巴依》，原载毛星主编《中国少数民族文学》（上册），见袁珂《中国神话大词典》，北京：华夏出版社 2015 年版，第 558 页。

蒙古族 术人求雨之石名曰 yéda。其名曰 djédamischi。其以求雨为业者。

【流传】（无考）

【出处】［瑞典］多桑著，冯承钧译：《多桑蒙古史》（上册），北京：中华书局 1962 年版，第 277~278 页。

W1867.3
石林的来历

实例

彝族 造物主哥自赶巨石，听到鸡

叫，停止变为石林。

【流传】云南省·（昆明市）·路南（石林彝族自治县）一带

【出处】高明强编《创世的神话和传说》，上海：上海三联书店1988年版，第81页。

W1867.3.1
天神赶石形成石林

【关联】[W1809.6]赶石成山

实例

彝族 哥自天神赶石头造平坝时，石头滚到现在石林的地方，听见了公鸡的叫声都吓坏了，腿也软了，迈不了步，就变成了现在的石林。

【流传】云南省·（昆明市）·路南县（石林彝族自治县）

【出处】黄石玉讲，陈思清记录整理：《石林》，见姚宝瑄主编《中国各民族神话》（羌族、彝族），太原：山西出版传媒集团·书海出版社2014年版，第272~273页。

W1867.3.2
撒特定物变成石林

实例

（参见下级母题实例）

W1867.3.2.1
撒太阳给的菜籽变成石林

实例

哈尼族 孤儿到天上找妻子，太阳岳父拿出一包菜籽对他说："你把它带着撒在回去的路上，你再上来时就好认路了。"孤儿只好又返回地面，他走几步就撒一把菜籽，撒一把菜籽又走几步。等菜籽撒完回头看时，撒过菜籽的地方出现了一座座高耸的石林，不但看不见走过来的路，连天也被石柱顶得很高很高了。

【流传】（无考）

【出处】威东讲，朗确搜集整理：《孤儿和秀墨姑娘》，原载《哈尼族神话传说集成》，见陶阳、钟秀编《中国神话》（中），北京：商务印书馆2008年版，第1006~1013页。

W1867.4
特定名称的石头

【关联】[W1168.21.7]天门石

实例

（参见下级母题实例）

W1867.4.1
巴林石

实例

蒙古族 （实例待考）

W1867.4.1a
巴子石

实例

汉族 女娲补天时有一块石头不牢稳，下落的时候遭大风一吹，就落在江州城里头。江州就是现在的重庆，那阵是巴国的国都。只见那坨石像朵盛开的桃花，中间有三九二十七颗石蕊，是一坨人间少有、世间难寻的奇石。国王认为这样的石落在巴国，是天意，便命名为"巴子石"。

【流传】四川省·巴县（今重庆市·巴南区）

【出处】杜志榜讲，李子硕搜集整理：《巴子石的来历》（1988.05），见姚宝瑄主编《中国各民族神话》（汉族），太原：山西出版传媒集团·书海出版社2014年版，第47~51页。

W1867.4.2
大理石

实 例

（参见下级母题实例）

W1867.4.2.1
玉女画稿变成大理石

实 例

白族 因为玉女画稿飘落在苍山上，整个苍山的青石都变成了碧绿色的彩石和白玉般的础石，世世代代都开采不完。人们就称这种玉石为"玉女石"，后来又称为"大理石"、"础石"或"苍山石"。

【流传】云南省·（大理白族自治州）·大理市

【出处】李天祥记录：《大理石与玉带云》，见姚宝瑄主编《中国各民族神话》（白族、拉祜族、景颇族），太原：山西出版传媒集团·书海出版社2014年版，第65页。

W1867.4.2a
大母石

实 例

畲族 上古几万年前的洪荒时代，东海的海边有一块巨石，就是大母石。

【流传】福建省·宁德市·蕉城区

【出处】雷清泉讲，雷珍琨采录：《天火》，见《福建省少数民族古籍丛书》编委会编《畲族卷·民间故事》，福州：海峡出版发行集团·海峡书局2013年版，第16页。

W1867.4.3
斧劈石

实 例

汉族 劈斧石长十余丈，浮置峰顶，断而为三，石隙二尺直下，相传为斧劈者。

【流传】（无考）

【出处】
（a）［清］李云圃辑：《华岳志》卷一。
（b）《斧劈石》，见袁珂《中国神话大词典》，北京：华夏出版社2015年版，第207页。

W1867.4.3.1
神香救母形成斧劈石

实 例

汉族 上西岭二里许，至西峰，道士

为言北上陡忠者为舍身岩，少南最上者为摘星石，再南为斧劈石，长十余丈，断裂为三，土人傅会为神香救母所斧。

【流传】（无考）

【出处】

（a）傅增湘：《秦游日录》之《登太华记》。

（b）《斧劈石》，见袁珂《中国神话大词典》，北京：华夏出版社 2015 年版，第 207 页。

W1867.4.3a
果老石

实 例

汉族 张果老初隐中条山，乘白驴，日行万里，息则折为纸纳笥中。明皇以玺书迎至京，欲以玉贞公主降之，果大矣不奉诏。尝乘驴至拾宝殿看花，驴行石上，蹄迹一道，至今宛然，号果老石。

【流传】（无考）

【出处】

（a）《九华山志》卷六。

（b）《果老石》，见袁珂《中国神话大词典》，北京：华夏出版社 2015 年版，第 192 页。

W1867.4.3b
黄牛岩

实 例

汉族 西陵山最高峰有大石壁，壁上有一黄牛影，望之如生，即有名之黄牛岩。原是一头从峨眉山奔来帮助开山治水的大黄牯所化。

【流传】（无考）

【出处】《黄牛岩》，原载中国民间文艺研究会湖北分会编《三峡的传说》，见袁珂《中国神话大词典》，北京：华夏出版社 2015 年版，第 389～390 页。

W1867.4.3c
分人石

实 例

汉族 人们就把女娲剁肉的那块石板，取名叫分人石。

【流传】河南省·（焦作市）·沁阳县

【出处】张崇祥、秦国采录：《女娲生子》，见张振犁编著《中原神话通鉴》（第一卷），郑州：河南大学出版社 2017 年版，第 331 页。

W1867.4.4
金鸡石

实 例

（参见下级母题实例）

W1867.4.4.1
金鸡化为金鸡石

实 例

哈尼族 金鸡倒下了，变成了金鸡石高高站在红河岸边。

【流传】云南省·红河地区（红河哈尼族彝族自治州）

【出处】赵官禄整理：《金鸡爬石龙马变山》，见姚宝瑄主编《中国各民族神话》（哈尼族、傣族），太原：山西出版传媒集团·书海出版社2014年版，第104页。

W1867.4.4.2
神鸡居金鸡石

实例

汉族 南康雩都县沿江西出，去县三里，名梦口，有穴，状如石室，名梦口穴。旧传：尝有神鸡，色如好金，出此穴中，奋翼回翔，长鸣响（彻），见之，辄飞入穴中，因号此石为金鸡石。

【流传】（无考）

【出处】

（a）鲁迅：《古小说钩沉》辑《述异记》。

（b）《金鸡石》，见袁珂《中国神话大词典》，北京：华夏出版社2015年版，第206页。

W1867.4.4.3
金鸡石生金鸡

实例

汉族 金鸡石在建德寺草堂之北。罗隐过此，戏题曰："金鸡不向五更啼。"遂进裂，有鸡飞鸣而去。

【流传】（无考）

【出处】

（a）《古今图书集成·坤舆典》卷一九引《宣州古迹》。

（b）《金鸡石》，见袁珂《中国神话大词典》，北京：华夏出版社2015年版，第206页。

W1867.4.5
龙驹石

实例

汉族 有人曾畜一石，胡人以十万购之，其人与之，而诘其异。胡人令取盆水，置石其中，视中有一马现石中，状如飞动。其人问其所用。曰："此龙驹石也，以水浸之饮马，马辄生龙驹，无价宝也。"

【流传】（无考）

【出处】

（a）[清]陈元龙：《格致镜原》卷七引《北窗炙輠》。

（b）《龙驹石》，见袁珂《中国神话大词典》，北京：华夏出版社2015年版，第99页。

W1867.4.5a
龙王石

实例

（参见下级母题实例）

W1867.4.5a.1
龙王石能浮在水上

实例

白族 只有龙王石，才会在水面浮

起来。

【流传】云南省·（大理白族自治州）·剑川县

【出处】赵春贵讲，瑞鸿、瑞林、乐夫记录：《红沙石大王》（1981.07），见姚宝瑄主编《中国各民族神话》（白族、拉祜族、景颇族），太原：山西出版传媒集团·书海出版社2014年版，第89页。

W1867.4.5b
龙像岩

实例

汉族 龙血东有龙像岩，绝壁约万余丈，有四石龙在壁间，今犹可验。岩之东北有洞穴，莫测深浅，泉出其下。

【流传】（无考）

【出处】《益州记》，见袁珂《中国神话大词典》，北京：华夏出版社2015年版，第99页。

W1867.4.6
罗刹封石

实例

汉族 点苍山（今属云南省大理白族自治州）五台峰之上阳溪谷口，有方石如楼状，世传观音大士闭罗刹于此，名罗刹封石，又名戮魔石。

【流传】（无考）

【出处】

(a)［明］杨慎：《南诏野史》下卷

(b)《罗刹封石》，见袁珂《中国神话大词典》，北京：华夏出版社2015年版，第194页。

W1867.4.7
昆石（昆山石）

实例

汉族 （实例待考）

W1867.4.8
灵璧石

实例

汉族 （实例待考）

W1867.4.8a
马牙石

【关联】［W1138.9.3］用3颗马牙石造天

实例

（参见下级母题实例）

W1867.4.8a.1
妖精的骨头变马牙石

实例

白族 马牙石就是妖精的碎骨头变的。

【流传】云南省·（怒江傈僳族自治州）·兰坪县（兰坪白族普米族自治县）、剑川县

【出处】杨效明讲，小鹏搜集整理：《月里桂树》，见中华民族故事大系编委

1.7.4　石头（岩石）　　‖W1867.4.8b–W1867.4.9a‖　2801

会编《中华民族故事大系》第 5 卷（瑶族、白族、土家族），上海：上海文艺出版社 1995 年版，第 542 页。

W1867.4.8b
蟒猊石（魔鬼石）

实　例

鄂伦春族　奇奇勒河和甘河汇合口处河中心那块露出水面的石头，是老蟒猊（妖魔）扔的，所以叫蟒猊石，后来因蟒猊声名狼藉，人们就把这大石头干脆叫魔鬼石了。

【流传】内蒙古自治区·（呼伦贝尔市）·鄂伦春族自治旗

【出处】

（a）葛德宏讲，隋书金记录整理：《猎人柯阿汗》，见隋书金编《鄂伦春族民间故事选》，上海：上海文艺出版社 1988 年版。

（b）同（a），见姚宝瑄主编《中国各民族神话》（达斡尔族、鄂伦春族、鄂温克族、蒙古族），太原：山西出版传媒集团·书海出版社 2014 年版，第 84～90 页。

W1867.4.8c
女娲石

实　例

汉族　归美山山石红丹，赫若采绘，峨峨秀上，切霄邻景，名曰女娲石。大风雨后，天澄气静，闻弦管声。

【流传】（无考）

【出处】

（a）［宋］李昉：《太平御览》卷五二引王歆之《南康记》。

（b）《女娲石》，见袁珂《中国神话大词典》，北京：华夏出版社 2015 年版，第 37 页。

W1867.4.9
启母石

实　例

汉族　（元封元年）春，正月，行幸缑氏。诏曰："朕用事华山，至于中岳，获驳麃，见夏后启母石。"

【流传】（无考）

【出处】

（a）《汉书·武帝纪》。

（b）《启母石》，见袁珂《中国神话大词典》，北京：华夏出版社 2015 年版，第 173 页。

W1867.4.9a
七星岩

【关联】［W1977.4.3.7］七星潭

实　例

汉族　秦始皇修万里长城，驱使鬼神鞭石为助。然鞭石工作，须夜晚为之，天明即自然弃置。时有鬼神正鞭石七枚，行至肇庆地，村鸡忽鸣，鬼神乃隐。石遗于此，列如七星，因名之曰七星岩。

【流传】（无考）

【出处】《七星岩》，原载《民俗·高要

的几桩地方传说》1936年复刊号，见袁珂《中国神话大词典》，北京：华夏出版社2015年版，第372页。

W1867.4.10
青田石

实例

汉族 （实例待考）

W1867.4.11
韶石

实例

汉族 荆州利水间，有二石若阙，名曰韶石。晋永和中，有飞仙，衣冠如雪，各憩一石，旬日而去，人咸见之。

【流传】（无考）
【出处】
（a）[唐] 段成式：《酉阳杂俎·玉格》。
（b）《韶石》，见袁珂《中国神话大词典》，北京：华夏出版社2015年版，第344页。

W1867.4.11.1
韶石高百仞

实例

汉族 东江又西，与利水合。水出县（曲江县）之韶石北山，南流径韶石下，其高百仞，广圆五里，两石对峙，相去一里，大小略均，似双阙，名曰韶石。

【流传】（无考）
【出处】
（a）[北魏] 郦道元：《水经注·溱水》。
（b）《韶石》，见袁珂《中国神话大词典》，北京：华夏出版社2015年版，第344页。

W1867.4.11.2
韶石能奏韶乐

实例

汉族 韶州科斗劳水间有韶石二，状若双阙。昔舜游登此，石奏《韶》乐，因以名之。

【流传】（无考）
【出处】
（a）《太平御览》卷一七二引《郡国志》。
（b）《韶石》，见袁珂《中国神话大词典》，北京：华夏出版社2015年版，第344页。

W1867.4.12
寿山石

实例

汉族 （实例待考）

W1867.4.13
试剑石

实例

汉族 试剑石，在延庆观北，高阔皆数十丈，一名三岛石。旧志云，相传青城多妖魅，天师欲诛之，忽大石当路，天师挥剑一掷，石遂中分；南一片复裂为二。

【流传】（无考）

【出处】

（a）［清］彭洵：《青城山记》卷上。

（b）《试剑石》，见袁珂《中国神话大词典》，北京：华夏出版社2015年版，第213页。

W1867.4.14
太湖石

实例

汉族 （实例待考）

W1867.4.14a
天石

实例

汉族 花神按父亲盘古的嘱托，往西走了二万二千二百二十二里取了净土一担，摊在天石上，播上了百花种子。

【流传】河南省·（南阳市）·社旗县

【出处】杨东来搜集整理：《天女散花》，见张振犁编著《中原神话通鉴》（第一卷），郑州：河南大学出版社2017年版，第38页。

W1867.4.15
望夫石

实例

（参见下级母题实例）

W1867.4.15.1
贞妇化为望夫石

实例

汉族 武昌阳新县（今属湖北省大冶县东南）北山上有望夫石，状若人立。相传昔有贞妇，其夫从役，远赴国难，其妇携弱子饯送此山，立望夫而化为石，因以为名焉。

【流传】（无考）

【出处】

（a）鲁迅：《古小说钩沉》辑《幽明录》。

（b）《望夫石》，见袁珂《中国神话大词典》，北京：华夏出版社2015年版，第303页。

W1867.4.15.2
孟姜女化为望夫石

实例

汉族 孟姜女本许姓，居长，故名孟姜，陕西长安人。夫为范郎。秦兴长城之役，繇临洮，抵辽左。郎操版筑于辽，无返期。姜女制衣觅送，万里间关，至则范郎已物故矣，遂哭而死。土人瘗高阜祀之，因名曰望夫石。

【流传】（无考）

【出处】

（a）［明］蒋一葵：《长安客话》卷七"秦皇岛、姜女石"条。

（b）《望夫石》，见袁珂《中国神话大

词典》，北京：华夏出版社 2015 年版，第 303 页。

W1867.4.16
五彩石

【关联】

① ［W1387.1.1］用五彩石补天
② ［W1867.4.19］五色石

实例

汉族

（参见 W1387.1.1.1 母题实例）

W1867.4.16.1
东海的五彩石

实例

满族 天神阿布卡赫赫为了挡住恶神耶鲁里喷吐的恶水，就令她的贴身侍女乌鸦神哈恩都里飞到东海去采五彩石。

【流传】（无考）

【出处】《阿布卡赫赫女神创世》，王松根据富育光、孟慧英、王宏刚撰写的《满族宗教与神话》改写，见姚宝瑄主编《中国各民族神话》（满族、赫哲族、朝鲜族），太原：山西出版传媒集团、书海出版社 2014 年版，第 4~14 页。

W1867.4.17
五谷石

实例

汉族 山（稷王山）之旁径，砂石之中，一种明亮之石，纯粹玉质，有似大小麦颗者，有似黍稷粒者，有似谷实者，有似玉蜀黍者，有似芝麻粒分白色、麻色者，又有似南瓜（一名北瓜）、西瓜、甜瓜各子者；他如板豆、小豆、绿豆、江豆之形，无不毕具，名曰五谷石。

【流传】（无考）

【出处】

(a)《古史辨》第二册《游稷山感后稷教稼之功德纪事》。

(b)《五谷石》，见袁珂《中国神话大词典》，北京：华夏出版社 2015 年版，第 60 页。

W1867.4.18
五块石

实例

汉族 （成都）府城治南万里桥之西有五石相叠（即五块石），高一丈余，围倍之。

【流传】（无考）

【出处】

(a)《古今图书集成·坤舆典》卷一四。

(b)《五块石》，见袁珂《中国神话大词典》，北京：华夏出版社 2015 年版，第 60 页。

W1867.4.19
五色石

实例

汉族 女娲从江河湖海里捞了许多五色石子，用火烧炼后补天。

【流传】淮河一带

【出处】

（a）唐元梅讲：《女娲补天治水》，载《民间文学》1986 年第 6 期。

（b）同（a），见姚宝瑄主编《中国各民族神话》（汉族），太原：山西出版传媒集团·书海出版社 2014 年版，第 94~95 页。

W1867.4.19.1
山吐的血变成五色石

实 例

汉族 骊山性格可暴躁了，一发脾气，吐出火舌，喷出血浆，这血浆就变成了五色石。

【流传】（a）宁夏·（中卫市）·中宁县·新堡乡·聂弯村

【出处】

（a）杨发兴讲，宋福采录：《骊山老母补天，王母娘娘补地》（1986），见中国民间文学集成全国编辑委员会编《中国民间故事集成》（宁夏卷），北京：中国 ISBN 中心 1999 年版，第 3 页。

（b）同（a），见陶阳、钟秀编《中国神话》（上），北京：商务印书馆 2008 年版，第 404~406 页。

W1867.4.20
五羊石

实 例

汉族 周夷王时，南海有五仙人衣各一色，所骑羊亦各一色，来集楚庭。后腾空而去，羊化为石。今坡山有五仙观，祀五仙人。少者居中，持粳稻；老者居左右，持黍稷，皆古衣冠。像下有石羊五，有蹲者、立者，有角形微弯、势若抵触者，大小相交，毛质斑驳。

【流传】（无考）

【出处】

（a）[清]屈大均：《广东新语》卷五。

（b）《五羊石》，见袁珂《中国神话大词典》，北京：华夏出版社 2015 年版，第 59~60 页。

W1867.4.21
洗石

实 例

汉族 钱来之山，其上多松，其下多洗石。

【流传】（无考）

【出处】

（a）《山海经·西山经》。

（b）《洗石》，见袁珂《中国神话大词典》，北京：华夏出版社 2015 年版，第 244 页。

汉族 永康王旷井上有洗石，时见赤气。后有二胡人寄宿，忽求买之，旷怪所以。未及度钱，子妇孙氏睹二黄鸟斗于石上，疾往掩取，变成黄金。胡人不知，索市愈急。既得，撞破，内空殴有二鸟处。

【流传】（无考）

【出处】

（a）[南朝·宋]刘敬叔：《异苑》卷二。

(b)《洗石》，见袁珂《中国神话大词典》，北京：华夏出版社 2015 年版，第 244 页。

W1867.4.21a
仙迹岩

实例

【汉族】仙迹岩，去宫（即洞霄宫，在今浙江省余杭县大涤山）一里，在行路隔溪厓石上。秦始皇驱山岳以塞东溟，尝役鬼移之。山势欲动，忽有仙人叱鬼，以身扼厓石，使不得去。

【流传】（无考）

【出处】

(a)［宋］邓牧：《洞霄图志》卷四。

(b)《仙迹岩》，见袁珂《中国神话大词典》，北京：华夏出版社 2015 年版，第 107 页。

W1867.4.22
阴阳石

实例

【汉族】夷水自沙渠县入，东径难留城南。城即山也，西面上里余，得石穴。把火行百余步，得二大石磧，并立穴中，相去一丈，俗名阴阳石。阴石常湿，阳石常燥。每水旱不调，居民往入穴中，旱则鞭阴石，应时雨多；雨则鞭阳石，俄而天晴。又有盐石，即阳石也，疑即廪君所射盐神处也。

【流传】（无考）

【出处】

(a)［北魏］郦道元：《水经注·夷水》。

(b)《阴阳石》，见袁珂《中国神话大词典》，北京：华夏出版社 2015 年版，第 148 页。

W1867.4.23
鱼石

实例

【汉族】汧阳县有鱼石，破之即成两石，各有一鱼形，鳞鬣宛然，以手摩揸之，作鱼腥，云此山溪中所产石子尽然。溪有鱼石娘子庙，求石者必祷之，不祷者则石皆无鱼也。

【流传】（无考）

【出处】

(a)［清］王士禛：《池北偶谈》卷二二"鱼石"条。

(b)《鱼石》，见袁珂《中国神话大词典》，北京：华夏出版社 2015 年版，第 202 页。

W1867.4.23.1
鱼王石是灵石

实例

【汉族】余家灵鹫寺桥旁，相传桥东陆氏，濒湖石岸，有鱼王石在焉。遇桃花水发，鲤鱼千百为群来朝，居民设网辄得鱼。后陆以坎筑冰窖，重甃石岸，得一石，半枕于河，长圆类鹅卵，殆所谓鱼王石也，泄其灵，鱼之朝宗遂绝。

【流传】（无考）

【出处】

(a)［清］褚人获：《坚瓠九集》卷四

"鱼王石"条引《莘野纂闻》。
(b)《鱼王石》，见袁珂《中国神话大词典》，北京：华夏出版社2015年版，第202页。

W1867.4.24
照石（镜子石）

实 例

汉族 山西有照石，去石十里，视人物之影如镜焉。碎石片片，皆能照人，而质方一丈则重一两。

【流传】（无考）
【出处】
(a)［晋］王嘉：《拾遗记》卷一○"方丈山"。
(b)《照石》，见袁珂《中国神话大词典》，北京：华夏出版社2015年版，第331页。

W1867.4.25
贞女石

实 例

（参见下级母题实例）

W1867.4.25.1
人化贞女石

实 例

汉族 中宿县（今广东省清远县西北）有贞女峡。峡西岸水际，有石如人形，状似女子，是曰贞女。父老相传，秦世有女数人，取螺于此，遇风雨昼昏，而一女化为此石。今石人形高七尺，状此女人。

【流传】（无考）
【出处】
(a)［清］曾钊辑［南朝·宋］王韶之：《始兴记》。
(b)《贞女石》，见袁珂《中国神话大词典》，北京：华夏出版社2015年版，第128页。

W1867.4.26
支机石

实 例

汉族 今成都严真观有一石，俗呼为支机石，皆云：当时君平留之。

【流传】（无考）
【出处】
(a)［唐］赵璘：《因话录》卷五。
(b)《支机石》，见袁珂《中国神话大词典》，北京：华夏出版社2015年版，第39页。

W1867.4.26.1
天河织女的支机石

【关联】［W0766］织女

实 例

汉族 昔有一人寻河源，见妇人浣纱，以问之，曰："此天河也。"乃与一石。而归问严君平。云："此织女支机石也。"

【流传】（无考）
【出处】
(a)《太平御览》卷八引《集林》。
(b)《支机石》，见袁珂《中国神话大词典》，北京：华夏出版社2015年版，第39页。

W1867.4.26.2
紫色支机石

【关联】［W1864.5］紫石

实例

汉族 支机石，在蜀郡西南隅石牛寺之侧，出土而立，高可五尺余，石色微紫。

【流传】（无考）

【出处】

（a）［明］陆深：《蜀都杂钞》。

（b）《支机石》，见袁珂《中国神话大词典》，北京：华夏出版社2015年版，第39页。

W1867.4.27
走石

【关联】［W1866.8.2］灵石即逃石

实例

汉族 宝历元年乙巳岁，资州资阳县（今属四川省资阳市）清弓村山，有大石，可三间屋大，从此山下，忽然吼踊，下山越涧，却上坡，可百步。其石走时，有锄禾人见之，各手执锄，赶至止所。其石高二丈。

【流传】（无考）

【出处】

（a）《太平广记》卷三九八"走石"条引《朝野佥载》。

（b）《走石》，见袁珂《中国神话大词典》，北京：华夏出版社2015年版，第149页。

W1867.5
石匮（石柜）

实例

汉族 会稽山南有宛山，其上有石，俗呼石匮。壁立于云，有县度之险，升者累梯然后至焉。昔禹治洪水，厥功未就，乃跻于此山，发石匮，得金简玉字，以知山河体势。

【流传】（无考）

【出处】

（a）《会稽郡故书杂集》辑《孔灵符会稽记》。

（b）《石匮》，见袁珂《中国神话大词典》，北京：华夏出版社2015年版，第91页。

W1867.6
石髓

实例

（参见下级母题实例）

W1867.6.1
龙穴石髓

实例

汉族 嵩高山北有大穴，晋时有人误堕穴中。此仙馆夫，所饮者玉浆，所食者龙穴石髓。

【流传】（无考）

【出处】

（a）鲁迅：《古小说钩沉》辑《幽明录》。

（b）《龙穴石髓》，见袁珂《中国神话大词典》，北京：华夏出版社2015年

W1867.7
石胆

实　例

（参见下级母题实例）

W1867.7.1
凿石取石胆

实　例

彝族　孤儿阿衣措披为寻找父母，终于打开了巨石，取出了石胆。

【流传】四川省·凉山彝族自治州·越西县

【出处】

（a）阿都木苏讲，康继明整理：《阿衣措披》，载《山茶》1986年第3期。

（b）同（a），见姚宝瑄主编《中国各民族神话》（羌族、彝族），太原：山西出版传媒集团·书海出版社2014年版，第328页。

1.8 江河湖海（水）
【W1870～W1979】

1.8.1 水的概说
【W1870～W1899】

✿ W1870
水的产生

【实 例】

（参见下级母题实例）

W1870.1
以前没有水

【关联】［W1057.7］最早的世界没有水

【实 例】

汉族 世界初无水，经历多世，诸神先后为之奋斗努力，终未得水。

【流传】（湖北省·神农架林区）

【出处】张树艺、曹坤良唱：《黑暗传》，原载中国民间文艺研究会湖北分会编《神农架·黑暗传》序言（多种版本汇编本），见袁珂《中国神话大词典》，北京：华夏出版社 2015 年版，第 393 页。

景颇族 以前世上没有水，人和飞禽走兽没有水喝。

【流传】(a) 云南省·（德宏傣族景颇族自治州）·盈江县

【出处】

(a) 沙万福讲，永生翻译，东耳等采录：《找水》，见中国民间文学集成全国编辑委员会编《中国民间故事集成》（云南卷），北京：中国 ISBN 中心 2003 年版，第 333 页。

(b) 沙万福讲，东耳整理，永生翻译：《找水的故事》，见中华民族故事大系编委会编《中华民族故事大系》第 10 卷（景颇族、柯尔克孜族、土族），上海：上海文艺出版社 1995 年版，第 75 页。

景颇族 远古之初，人及鸟兽俱能言，而无水饮。

【流传】（无考）

【出处】袁珂改编：《鸟兽觅水》（原名《找水的故事》），原载欧鹊渤编《景颇族民间故事》，见袁珂《中国神话大词典》，北京：华夏出版社 2015 年版，第 553 页。

壮族 从前没有水，到处火焰飞。

【流传】广西壮族自治区·百色市·田阳县·坡洪镇·陇升村·个强屯

【出处】农吉勤收藏，黄明标等搜集，黄明标等翻译：《麽兵麽叭共卷》，见黄明标主编《壮族麽经布洛陀遗本影印译注》（中卷），南宁：广西人民出版社 2016 年版，第 9 页。

W1870.1.1
天地刚形成时没有水

实例

珞巴族 天地形成之初，地上没有水，人、动物和天神们热得汗流浃背，喘不过气来。

【流传】西藏自治区·林芝市·墨脱县·墨脱乡、甘登乡、格当乡、达木珞巴民族乡（讲述地点：墨脱县·达木珞巴民族乡·达木村）

【出处】吾金讲：《东布泉水》（1956.12），见冀文正《珞巴族民间故事》，成都：四川民族出版社 2011 年版，第 68 页。

W1870.1.1.1
混沌初开时地上没有水

实例

珞巴族 混沌初开时，地上没有水。

【流传】西藏自治区·（林芝市）·墨脱县·达木珞巴民族乡·马尔康村

【出处】安布讲，冀文正采集：《天和地》，见冀文正《珞巴族民间故事》，成都：四川民族出版社 2011 年版，第 3～4 页。

W1870.1.2
以前中界没有水

实例

壮族 中界没有水，没有火。

【流传】（无考）

【出处】覃建才搜集整理：《保洛陀》，原载刘德荣等编《壮族民间故事》，云南人民出版社 1988 年版，见姚宝瑄主编《中国各民族神话》（仫佬族、壮族、京族），太原：山西出版传媒集团·书海出版社 2014 年版，第 97 页。

W1870.1.2.1
以前地上没有水

实例

彝族 地上没有水，天神恩体古兹派阿俄署布去天神那里搬来三条江。

【流传】（无考）

【出处】《勒俄特衣》，见吕大吉、何耀华总主编《中国各民族原始宗教资料集成》（彝族卷、白族卷、基诺族卷），北京：中国社会科学出版社 1996 年版，第 51 页。

W1870.1.2.2
最早地球上没有水

实例

傣族 大神英叭最早造出的地球上还没有水，整个地球就像一个干泥团，像个黑葫芦似的，一片光秃秃。

【流传】云南省·西双版纳傣族地区（西双版纳傣族自治州）

【出处】《巴塔麻嘎捧尚罗》，王松据岩温炳翻译《巴塔麻晏》（开天辟地）改写，见姚宝瑄主编《中国各民族神话》（哈尼族、傣族），太原：山西出版传媒集团·书海出版社2014年版，第281页。

W1870.1.3
第二代人时没有水

【关联】［W2573］第二代人

实例

彝族 格滋天神造出第二代人时，没有水。

【流传】云南省·楚雄彝族自治州·姚安县、大姚县等彝族地区

【出处】《创世·人类起源》，见云南省民族民间文学楚雄调查队整理编写《梅葛》，昆明：云南人民出版社2009年版，第21页。

※ W1871
水来源于某个地方或自然存在

实例

（参见下级母题实例）

W1872
水来源于天上

【关联】［W1897.14.4］水在天上的金盆中

实例

汉族 盘古下凡后，见地面光秃秃的，没有水，人没法生存，又来到天上，把银河扒开让水流到地面上来。

【流传】河南省·（濮阳市）·范县

【出处】崔金钊笔述，荆耕田采录整理：《黄河的故事》，见张振犁编著《中原神话通鉴》（第一卷），郑州：河南大学出版社2017年版，第20页。

W1872.1
水从天泉流出来

【关联】［W1798.4］天泉

实例

藏族 普天下的水都是从天泉流出来的。

【流传】（无考）

【出处】米亚罗讲，萧崇素搜集整理：《种子的起源》，见谷德明编《中国少数民族神话》，北京：中国民间文艺出版社1987年版，第685页。

藏族 普天下的水都是从天地尽头的天泉那里流出来的。

【流传】（无考）

【出处】

（a）任称尔甲讲，萧崇素搜集整理：《种子的起源》，见谷德明编《中国少数民族神话选》，西北民族学院研究所编印，内部资料，1983年。

（b）同（a），见姚宝瑄主编《中国各民族神话》（门巴族、珞巴族、怒族、藏族），太原：山西出版传媒集团·书海出版社2014年版，第101页。

W1872.2
水源于天河

实例

（参见下级母题实例）

W1872.2.1
玉皇大帝放天河的水

实例

彝族 八哥（最早出现的人之一）向玉皇大帝要水，玉皇大帝放出3条江水到大地上，从此平地有了水。

【流传】（无考）

【出处】

（a）马海乌利讲：《开天辟地的故事》，见刘魁立主编《玉皇大帝的传说》，北京：中国社会出版社2008年版，第51页。

（b）马海乌黎讲，谷德明整理：《开天辟地》，见谷德明编《中国少数民族神话》，北京：中国民间文艺出版社1987年版，第290～293页。

彝族 地上没有水，从天上取来三江水，放到地面上。

【流传】四川省·凉山地区（凉山彝族自治州）

【出处】冯元蔚译注：《勒俄特依》，成都：四川民族出版社1986年版，第23页。

W1872.2.2
文化英雄到天河取水

实例

壮族 布伯带众人到了天河，把雷王关好的铜闸门扒开一点，一股清流便从天上流到田里来。

【流传】广西壮族自治区红水河流域各县

【出处】蓝鸿恩搜集整理：《布伯的故事》，原载蓝鸿恩编《壮族民间故事选》，见陶阳、钟秀编《中国神话》（上），北京：商务印书馆2008年版，第498～508页。

W1872.3
天神给下凡的女儿水的种子

实例

羌族 天神的女儿嫁到人间时，给下凡的女儿水的种子。

【流传】四川省·（阿坝藏族羌族自治州）·汶川（汶川县）

【出处】陈兴云讲，蓝寿清等搜集：《山和树的来历》，见中华民族故事大系编委会编《中华民族故事大系》第11卷（达斡尔族、仫佬族、羌族），上海：上海文艺出版社1995年版，第660页。

W1872.4
天龙放水给人类

实例

汉族 天帝发令牌到天河里的天龙，每隔一段时间放些水给人用。

【流传】湖北省·（咸宁市）·通城县·北港（北港镇）

【出处】李赵保讲，李学文采录：《天蚂蟥》，见中国民间文学集成全国编辑委员会编《中国民间故事集成》（湖北卷），北京：中国ISBN中心1999

年版，第 24 页。

W1872.4.1
龙母赐水

实例

白族 龙母心地善良，将自己的一盒私房水送给了小灰龙，这便是今天的"盒子孔"。从此，宾川坝子有了水。

【流传】云南省·（大理白族自治州）·宾川县、大理市

【出处】李朝讲，王艳钧记录：《灰龙、金鸡治黑龙》（1981.07），见姚宝瑄主编《中国各民族神话》（白族、拉祜族、景颇族），太原：山西出版传媒集团·书海出版社 2014 年版，第 70 页。

W1872.5
打开天门出现水

实例

彝族 天门一道开，便见水汪汪、草茵茵，水和草在一起。

【流传】（无考）

【出处】蔷紫改写：《影与变创世纪·影形与明论》，原载贵州省民间文学工作组编《民间文学资料》，1986 年，见姚宝瑄主编《中国各民族神话》（羌族、彝族），太原：山西出版传媒集团·书海出版社 2014 年版，第 129～130 页。

W1872.6
神从天上取来水

实例

彝族 阿俄署布（人神名，万物之母）上天去取水。从天上取来三条江，把三条江放在地面上，江水便流向四方。

【流传】（四川省·凉山彝族自治州）

【出处】
(a) 冯元蔚译：《勒俄特依》，成都：四川民族出版社 1986 年版。
(b) 冯元蔚译，蔷紫改写：《勒俄特依》，见姚宝瑄主编《中国各民族神话》（羌族、彝族），太原：山西出版传媒集团·书海出版社 2014 年版，第 154 页。

W1872.7
上界给人间水

实例

壮族 中界的水是由上界给的。

【流传】广西壮族自治区右江流域

【出处】覃建才搜集整理：《保洛陀》，见曹廷伟编著《广西民间故事辞典》，南宁：广西教育出版社 1993 年版，第 17 页。

壮族 昔天地分三界，水由上界供。

【流传】（无考）

【出处】《陆驮公公》，原载胡仲实《壮族文学概论》，见袁珂《中国神话大词典》，北京：华夏出版社 2015 年

版，第 442 页。

W1872.7.1
上界用雨的形式给人间水

实 例

壮族　中界的人喝的水由上界供给。中界的人需要用水，只要叫一声，上界就把雨水洒下来

【流传】（无考）

【出处】覃建才搜集整理：《保洛陀》，原载刘德荣等编《壮族民间故事》，云南人民出版社 1988 年版，见姚宝瑄主编《中国各民族神话》（仫佬族、壮族、京族），太原：山西出版传媒集团·书海出版社 2014 年版，第 97 页。

W1872.8
盘古天上取水

实 例

土家族　仙人盘古用力朝上砍了一斧，天被砍了个大孔，不断漏水。

【流传】湖南省·（湘西土家族苗族自治州）·吉首市

【出处】黄德裕讲，杨启良等采录：《盘古开天，女娲补天》，见中国民间文学集成全国编辑委员会编《中国民间故事集成》（湖南卷），北京：中国 ISBN 中心 2002 年版，第 5 页。

W1872.9
姆六甲天塘取水

实 例

壮族　姆洛甲用九十九根竹子接成好长好长的长笔篙，把天塘底破了个大窟窿，塘水哗哗地流下来。

【流传】广西壮族自治区·（河池市）·大化县（大化瑶族自治县）·羌圩乡

【出处】覃卜兵讲，覃承勤采录翻译：《姆洛甲造红水河》，见中国民间文学集成全国编辑委员会编《中国民间故事集成》（广西卷），北京：中国 ISBN 中心 2001 年版，第 7 页。

W1873
水源于其他地方

【关联】［W1894.3］水在西方

实 例

（参见下级母题实例）

W1873.0
水源于地下

【关联】［W1884.0.0］地生水

实 例

哈尼族　天神犁地时，有一处犁得太深，过不多久，地下的水就从这条沟里冒了出来。

【流传】云南省·（红河哈尼族彝族自治州）·金平县（金平苗族瑶族傣族

自治县）

【出处】批则讲，杨万智搜集整理：《地下人》，载《山茶》1986年第6期。

哈尼族 以前，人、鬼、水、石皆居地下。当天神犁地东沟西壑时，有处太深，划通覆于人所住顶上之地壳。地下水从此沟冒出。

【流传】（云南省?）

【出处】袁珂改编：《地下人》，原载陶阳、钟秀编《中国神话》，见袁珂《中国神话大词典》，北京：华夏出版社2015年版，第492页。

W1873.0.1
神射地出水

实 例

珞巴族 东布地方的保护神东布达杰天神朝蹄坑连射三箭，扎了一个大洞，水一下子从地下涌了上来，流成了河。

【流传】西藏自治区·林芝市·墨脱县·墨脱乡、甘登乡、格当乡、达木珞巴民族乡（讲述地点：墨脱县·达木珞巴民族乡·达木村）

【出处】吾金讲：《东布泉水》（1956.12），见冀文正《珞巴族民间故事》，成都：四川民族出版社2011年版，第68页。

W1873.1
水来源于深坑

【汤普森】A910.3

实 例

（实例待考）

W1873.2
水源于石（山）

实 例

（参见下级母题实例）

W1873.2.1
雨神让儿子从岩石里取水

实 例

珞巴族（实例待考）

W1873.2.2
射石出水

实 例

珞巴族 射石出现了水。

【流传】西藏自治区·下珞渝（下珞渝则泛指永木河、锡约尔河、巴恰西仁河流域）

【出处】G.D.S.顿巴尔搜集：《德波康布和努如普尔》，见中华民族故事大系编委会编《中华民族故事大系》第16卷（赫哲族、门巴族、珞巴族、基诺族），上海：上海文艺出版社1995年版，第435页。

W1873.3
水源于特定的动物

实 例

（参见下级母题实例）

W1873.3.1
射龟出水

实例

蒙古族 释迦牟尼从其箭袋中拿出弓，搭好箭，拉满弓，射向金龟。金龟被射的尾处流出了水。

【流传】新疆维吾尔自治区·（巴音郭楞蒙古自治州）·和硕县·布尔图一牧场

【出处】根登讲，布·孟克采录，乌恩奇译：《世界是这样形成的》，见中国民间文学集成全国编辑委员会编《中国民间故事集成》（新疆卷），北京：中国ISBN中心2008年版，第9页。

W1873a
与水来源于某个地方有关的其他母题

实例

（参见下级母题实例）

W1873a.1
水的源头

【关联】［W1942.3.1］黄河的源头

实例

（参见下级母题实例）

W1873a.1.1
三江源

实例

藏族 长江、黄河、澜沧江三江的源头是山神造出来的，那里的每座山都有山神。

【流传】青海省·海南藏族自治州

【出处】索南多杰讲：*《三江源的来历》，王宪昭采集，2017.09.27。

W1873a.1.2
武陵源

实例

汉族 武陵源在吴中，俗呼为桃李源。源上有石洞，洞中有乳水。世传秦末丧乱，吴中人于此避难，食桃李实者皆得仙。

【流传】（无考）

【出处】
（a）《述异记》卷上。
（b）《武陵源》，见袁珂《中国神话大词典》，北京：华夏出版社2015年版，第188页。

❋ W1874
水是造出来的（造水）

【关联】［W1914］江河是造出来的

实例

（参见下级母题实例）

W1875
神或神性人物造水

实例

（参见下级母题实例）

W1875.1
神造水

实例

满族 勒顿妈妈（天神女侍从、女萨满）敲了第三声神鼓，有了白色的水。

【流传】（无考）

【出处】王宏刚：《论萨满教创世神话中的文化精神》，载《萨满学术论坛》2006年第1期。

W1875.1.0
天神造水

实例

（参见下级母题实例）

W1875.1.0.1
天神用万能的手创造水

实例

彝族 天神向地上一望，觉得土地太荒凉，于是又把万能的手一挥，创造了山、水。

【流传】（无考）

【出处】《人类和石头的战争》，原载李子贤编《云南少数民族神话选》，云南人民出版社1990年版，见姚宝瑄主编《中国各民族神话》（羌族、彝族），太原：山西出版传媒集团·书海出版社2014年版，第276页。

W1875.1.1
女神造水

实例

彝族 造人之神的女儿涅滨矮美丽又聪明，本领大无边，造下了绿水和深潭。

【流传】（云南省·楚雄彝族自治州·双柏县，红河哈尼族彝族自治州等地）

【出处】

（a）云南省民族民间文学楚雄、红河调查队搜集，郭思九、陶学良整理：《查姆》，昆明：云南人民出版社1981年版。

（b）郭思九、陶学良整理，古梅改写：《彝家的古根》，选自《云南民族文学资料》第七集中的《查姆》上部前三章，见姚宝瑄主编《中国各民族神话》（羌族、彝族），太原：山西出版传媒集团·书海出版社2014年版，第56页。

W1875.1.1.1
天神女侍从造水

实例

满族 天神女侍从勒顿妈妈敲了第三声神鼓，有了白色的水。

【流传】（无考）

【出处】王宏刚：《论萨满教创世神话中的文化精神》，载《萨满学术论坛》2006年第1期。

W1875.1.2
神抽陀螺地上冒出水

实 例

高山族 神抽陀螺地上冒出水。

【流传】（无考）

【出处】汪梅田整理：《彩虹的传说》，见中华民族故事大系编委会编《中华民族故事大系》第8卷（畲族、高山族、拉祜族），上海：上海文艺出版社1995年版，第413页。

W1875.1.3
神用汗水造水

【关联】[W1886]汗变成水

实 例

傣族 大神英叭用他的汗水造成地球上的水。

【流传】云南省·西双版纳傣族地区（西双版纳傣族自治州）

【出处】《巴塔麻嘎捧尚罗》，王松据岩温炳翻译《巴塔麻晏》（开天辟地）改写，见姚宝瑄主编《中国各民族神话》（哈尼族、傣族），太原：山西出版传媒集团·书海出版社2014年版，第281页。

W1875.1.4
神犁地犁出水

实 例

哈尼族 以前，人和鬼、水、石头一起，住在地底下。当开地的天神把地犁得东一条沟、西一条沟时，有一处犁得太深，划通了盖在人住处上面的土壳。没过多久，地下的水就从这条沟里冒了出来。

【流传】云南省·（红河哈尼族彝族自治州）·金平县（金平苗族瑶族傣族自治县）

【出处】
(a) 批则讲，杨万智搜集整理：《地下人》，载《山茶》1986年第6期。
(b) 同（a），见姚宝瑄主编《中国各民族神话》（哈尼族、傣族），太原：山西出版传媒集团·书海出版社2014年版，第66页。

W1875.2
祖先造水

实 例

侗族 （实例待考）

W1875.2.1
女始祖密洛陀造水

实 例

瑶族 密洛陀（人类始祖，女神）造江河湖海。

【流传】广西壮族自治区·（河池市）·巴马县（巴马瑶族自治县）·东山乡

【出处】蒙老三讲，蒙灵记录翻译：《密洛陀》，见中国民间文学集成全国编辑委员会编《中国民间故事集成》

（广西卷），北京：中国 ISBN 中心 2001 年版，第 22 页。

W1875.3
水王造水

实例

（参见下级母题实例）

W1875.3.1
喇嘛让水王造水

实例

蒙古族 扎萨喇嘛叫水王造了九道水。

【流传】内蒙古自治区·哲里木盟（通辽市）·（科尔沁左翼右旗）·甘旗卡镇

【出处】哈拉巴拉讲，徐少义采录：《扎萨喇嘛》，见中国民间文学集成全国编辑委员会编《中国民间故事集成》（内蒙古卷），北京：中国 ISBN 中心 2007 年版，第 6 页。

W1875.4
造物主造水

实例

柯尔克孜族 神圣的造物主缔造了水。

【流传】新疆维吾尔自治区·（克孜勒苏柯尔克孜自治州）·阿合奇县·哈拉奇乡

【出处】苏力坦阿里·包尔布代讲，夏依拉西采录，依斯哈别克·别克别克等译：《大山的由来》，见中国民间文学集成全国编辑委员会编《中国民间故事集成》（新疆卷），北京：中国 ISBN 中心 2008 年版，第 25 页。

W1875.5
其他特定的人物造水

实例

（参见下级母题实例）

W1875.5.1
伏羲造水

实例

瑶族 洪水后，伏羲为人类造水。

【流传】（a）云南省·文山州（文山壮族苗族自治州）

【出处】
（a）盘金贤讲，盘国金采录：《伏羲兄妹》，见中国民间文学集成全国编辑委员会编《中国民间故事集成》（云南卷），北京：中国 ISBN 中心 2003 年版，第 201 页。

（b）盘国金整理：《伏羲兄妹》，见刘江华编《中国神话故事》（天、地、人物卷），北京：中国世界语出版社 1999 年版，第 164~167 页。

（c）盘国金搜集：《伏羲兄妹》，载《山茶》1982 年第 1 期。

（d）同（c），见谷德明编《中国少数民族神话》，北京：中国民间文艺出版社 1987 年版，第 136 页。

壮族 伏羲造水淹天。

【流传】（无考）

【出处】张声震主编：《壮族麽经布洛陀影印译注》，南宁：广西民族出版社2004年版，第2056~2059页。

W1875.5.2
盘古造水
【关联】［W1505.1］盘古造万物
实 例

瑶族 盘古皇造水时，土公令众人各弯其肘，眼从肘弯处往下窥之，始见水流。

【流传】（无考）
【出处】《盘古皇》，原载《云南少数民族文学资料》（第三辑），见袁珂《中国神话大词典》，北京：华夏出版社2015年版，第472页。

W1875.5.3
神人江沽造水
实 例

汉族 世界初无水。后始有神人名江沽者造得水出。

【流传】（湖北省·神农架林区）
【出处】张树艺、曹坤良唱：《黑暗传》，原载中国民间文艺研究会湖北分会编《神农架·黑暗传》序言（多种版本汇编本），见袁珂《中国神话大词典》，北京：华夏出版社2015年版，第393页。

W1876
龙造水
实 例

（参见下级母题实例）

W1876.1
龙造五湖四海
实 例

壮族

（参见W1902.1.7母题实例）

W1876.2
龙王造水
实 例

（参见下级母题实例）

W1876.2.1
龙王打井造水
实 例

布依族 龙王为了让人间有水，在海里打井。

【流传】贵州省
【出处】
（a）《十二层天·十二层海》，贵州省社会科学院文学研究所，黔南布依族苗族自治州文艺研究室编《布依族古歌叙事歌选》，贵阳：贵州人民出版社1982年版。
（b）同（a），见何积全、陈立浩主编《布依族文学史》，贵阳：贵州民族出版社 1992 年版，第 42 页。

W1876.2.1.1
龙王在第 9 层海打井造水

【实例】

布依族 在第九层海，碰见水龙王正在造井；走到另一处，又看见龙王在龙潭里造水。

【流传】（无考）

【出处】岭老荣唱，岭玉清翻译整理，古梅改写：《漫游十二层天和十二层海》，见姚宝瑄主编《中国各民族神话》（布依族、仡佬族、苗族），太原：山西出版传媒集团·书海出版社 2014 年版，第 37 页。

W1876.2.2
龙王为灭火造水

【实例】

布依族 龙王造了水，造出水来压灭火。

【流传】贵州省布依族地区

【出处】杨正荣、祝登壅讲，岭玉清、汛河搜集整理，古梅改写：《翁戛造万物》，见姚宝瑄主编《中国各民族神话》（布依族、仡佬族、苗族），太原：山西出版传媒集团·书海出版社 2014 年版，第 17 页。

W1876a
蛇造水

【实例】

（参见下级母题实例）

W1876a.1
蛇的活动产生水

【实例】

彝族（俚濮） 鹰补好天，蛇补好地之后，补地的蛇在河中爬，大河小河都有水了，小蛇爬到大理坝，大理的洱海也有水了。

【流传】云南省·（楚雄彝族自治州）·大姚县·昙华山区（昙华乡）

【出处】

（a）陆颇梭颇（毕摩）演唱，夏光辅、诺海阿苏翻译：《俚泼古歌》，见云南省社会科学院楚雄彝族文化研究所编《彝族民间文学》第 2 辑，1985 年。

（b）陆颇梭颇（毕摩）演唱，夏光辅、诺海阿苏翻译，古梅改写：《赤梅葛——俚泼古歌》，见姚宝瑄主编《中国各民族神话》（羌族、彝族），太原：山西出版传媒集团·书海出版社 2014 年版，第 108 页。

W1877
与造水有关的其他母题

【实例】

（参见下级母题实例）

W1877.1
创世的第一天造出水

【汤普森】A910.1

【实例】

（实例待考）

W1877.2
水是画出来的

实 例

（参见下级母题实例）

W1877.2.1
水是盘古的儿子盘生画出来的

实 例

汉族 大地上的水是盘古的儿子盘生画出来的。

【流传】湖北省·（荆州市）·洪湖市·郑道湖镇

【出处】蓝德财讲，龚达雄采录：《盘生划地》，见中国民间文学集成全国编辑委员会编《中国民间故事集成》（湖北卷），北京：中国 ISBN 中心1999年版，第7页。

W1877.3
魔鬼造出毒水

【汤普森】A63.7.1

【关联】［W1897.10］毒水

实 例

（实例待考）

W1877.4
人造水

【关联】［W1891.3］人不会造水

实 例

（参见下级母题实例）

W1877.4.1
1 对公婆造水

实 例

壮族 一对老公公和老婆婆造了水。

【流传】广西壮族自治区·百色（百色市）·（右江区）·达江乡·布林村

【出处】娅宾阳讲：《男婚女嫁的由来》，见张声震总主编，农冠品编注《壮族神话集成》，南宁：广西民族出版社2007年版，第64页。

W1877.5
鞭抽容器生水

实 例

（参见下级母题实例）

W1877.5.1
鞭抽瓮生水

实 例

汉族 晋祠圣母又称"水母娘娘"。俗传太原晋祠圣母姓柳氏道遇白衣乘马，欲水饮马，柳不吝与之。乘马者授之以鞭，令置之瓮底，曰："抽鞭则水自生。"柳归母家，其姑误抽鞭，水遂奔流不可止。

【流传】（无考）

【出处】

（a）《古今图书集成·职方典》卷三〇六。

（b）《晋祠圣母》，见袁珂《中国神话

大词典》，北京：华夏出版社 2015 年版，第 257 页。

W1877.6
神的意愿产生水

实 例

汉族 远古洪荒时代，由天帝判定，有山就得有水。

【流传】浙江省·（温州市）·永嘉县

【出处】谢博讲，谢圣铎记录：《女娲补天》，见姚宝瑄主编《中国各民族神话》（汉族），太原：山西出版传媒集团·书海出版社 2014 年版，第 55 页。

❊ W1878
水是生育产生的

实 例

（参见下级母题实例）

W1879
神生水

实 例

（参见下级母题实例）

W1879.1
神的女儿生水

实 例

哈尼族 最高的神王阿匹梅烟生的第五个姑娘是"永生不死的威岐水姑娘"。

【流传】云南省·（红河哈尼族彝族自治州）·元阳（元阳县）·攀枝花（攀枝花乡）·洞铺寨

【出处】朱小和讲，史军超采录：《永生不死的姑娘》，见中国民间文学集成全国编辑委员会编《中国民间故事集成》（云南卷），北京：中国 ISBN 中心 2003 年版，第 130 页。

W1880
神性人物生水

实 例

（实例待考）

W1881
动物生水

实 例

（参见下级母题实例）

W1881.1
螃蟹生水

【关联】[W1891.6.2] 螃蟹找到水

实 例

德昂族 螃蟹是水的娘。

【流传】（无考）

【出处】朱宜初搜集：《葫芦的故事》，中华民族故事大系编委会编《中华民族故事大系》第 15 卷（德昂族、保安族、裕固族、京族、塔塔尔族、独龙族、鄂伦春族），上海：上海文艺出版社 1995 年版，第 20～21 页。

德昂族 螃蟹为水之母。

【流传】（无考）

【出处】袁珂改编：《德昂男女》（原名《螃蟹发洪水》），原载谷德明编《中国少数民族神话选》，见袁珂《中国神话大词典》，北京：华夏出版社2015年版，第583页。

W1881.2
龙马生水

实例

汉族　龙马跑到哪里，哪里就平地生水。

【流传】河南省·洛阳（洛阳市）

【出处】张作贞讲，褚书智搜集整理：《龙马负图》，原载林野等编《中州名胜传说》，见陶阳、钟秀编《中国神话》（下），北京：商务印书馆2008年版，第1179~1181页。

W1882
植物生水

实例

（参见下级母题实例）

W1882.1
砍树生出水

【汤普森】D927.1.1

【关联】[W1968.6.2] 树下生泉

实例

（实例待考）

W1882.2
银杏树吐水

实例

汉族　七棵银杏树忽吐黄水巨如桶，狂涛恶浪，席卷张万冲人马而去。

【流传】（湖南省张家界？）

【出处】袁珂改编：《张家界》（原名《风景明珠张家界》），原载《民都晚报》1986年3月5日，见袁珂《中国神话大词典》，北京：华夏出版社2015年版，第381页。

W1883
卵生水

实例

（参见下级母题实例）

W1883.1
蛋炸出水

实例

壮族　宇宙卵被一个螟蛉子钻出一个洞，这个蛋爆为三片，一片飞到下边成为水。

【流传】广西壮族自治区·（河池市）·大化县（大化瑶族自治县）·都阳镇

【出处】

（a）覃奶讲，蓝鸿恩采录翻译：《姆洛甲出世》，见中国民间文学集成全国编辑委员会编《中国民间故事集成》

（广西卷），北京：中国 ISBN 中心 2001 年版，第 3 页。

（b）同（a），见张声震总主编，农冠品编注《壮族神话集成》，南宁：广西民族出版社 2007 年版，第 21 页。

W1884
与生水有关的其他母题

实 例

（参见下级母题实例）

W1884.0
天地生水

实 例

（参见下级母题实例）

W1884.0.0
地生水

【关联】［W1875.1.4］神犁地犁出水

实 例

哈尼族

（参见 W1875.1.4 母题实例）

W1884.0.1
戳地出水

实 例

白族　杜朝选（猎人名）登上了洱海西岸，用拐棍在离海岸不远的地方，轻轻戳了三戳，戳出一个窟窿，里面冒出一股清汪汪的水来。

【流传】云南省·（大理白族自治州）·大理市

【出处】张斋生讲，李星华记录：《蝴蝶泉》（1981.07），见姚宝瑄主编《中国各民族神话》（白族、拉祜族、景颇族），太原：山西出版传媒集团·书海出版社 2014 年版，第 49 页。

汉族　秦始皇入湘观衡山，道此渴甚，徐福以如意击地，清水涌出。后人就此凿井，名秦皇井。

【流传】（无考）

【出处】

（a）《广博物志》卷七引《楚地记》。

（b）《秦皇井》，见袁珂《中国神话大词典》，北京：华夏出版社 2015 年版，第 261 页。

W1884.0.2
缩地时产生水

实 例

汉族　原来，天小地大。盘古拉天后再缩地。他双手捧住大地向拢促，用力一促，把纸平的地面促出许许多多的皱褶来，皱褶的缝里还流出水来。

【流传】浙江省·（丽水市）·青田县·温溪区·坑外村

【出处】季培贵讲，季从姚搜集整理：《盘古开天》（1940S），见姚宝瑄主编《中国各民族神话》（汉族），太原：山西出版传媒集团·书海出版社 2014 年版，第 14~15 页。

W1884.0.3
神仙撬开天地产生水

实 例

彝族 人神司惹低尼人神扛着铜铁叉来到北方。他用铜铁叉用力把天地一撬,北方的天与地裂开了一个口子,水就从这口子流了进来。人神阿俄署布回到天地的南面,用铜铁叉用力一撬,南方也裂开一个口子,像已撬开,又似乎没有开,水也从这口子流淌进来。

【流传】(四川省·凉山彝族自治州)

【出处】

(a) 冯元蔚译:《勒俄特依》,成都:四川民族出版社1986年版。

(b) 冯元蔚译,蔷紫改写:《勒俄特依》,见姚宝瑄主编《中国各民族神话》(羌族、彝族),太原:山西出版传媒集团·书海出版社2014年版,第150页。

W1884.0.3.1
仙子撬地产生水

实 例

彝族 铁匠神阿尔师傅把第四把铜铁叉交给了仙子阿俄署布,叫阿俄署布去开南方的天地。阿俄署布在南方也撬开了一个洞。南方的水也从这个洞口流了进来。

【流传】(无考)

【出处】《天神造天地》,见姚宝瑄主编《中国各民族神话》(羌族、彝族),太原:山西出版传媒集团·书海出版社2014年版,第87页。

W1884.0.4
神撬开地洞产生水

实 例

彝族 铁匠神阿尔师傅把第三把铜铁叉交给仙子司子低尼,叫他去开北方的天地。司子低尼在北方也撬开了一个洞。水都从这洞口流了进来。

【流传】(无考)

【出处】《天神造天地》,见姚宝瑄主编《中国各民族神话》(羌族、彝族),太原:山西出版传媒集团·书海出版社2014年版,第87页。

W1884.0.5
天生水

实 例

傣族 古人认为,天生水。

【流传】云南省·西双版纳傣族地区(西双版纳傣族自治州)

【出处】《巴塔麻嘎捧尚罗》,王松据岩温炳翻译《巴塔麻晏》(开天辟地)改写,见姚宝瑄主编《中国各民族神话》(哈尼族、傣族),太原:山西出版传媒集团·书海出版社2014年版,第295页。

W1884.1
云生水
【关联】[W1912.2] 江河源于云中

实例

（参见下级母题实例）

W1884.1.1
云母生水

实例

汉族 云母生来水。

【流传】（无考）

【出处】[汉] 刘安及门客：《淮南子·地形训》。

W1884.2
石生水

【关联】[W1920.2] 石生江河

实例

白族 3颗小石子变成了3块大石头，石头上边的路旁还涌出一潭水，水不停地往下流。

【流传】云南省·（大理白族自治州）·剑川县·甸南乡·文华村

【出处】张文调查整理：《剑川白族多种岩石祭祀》（1991），见吕大吉、何耀华总主编《中国各民族原始宗教资料集成》（彝族卷、白族卷、基诺族卷），北京：中国社会科学出版社1996年版，第486页。

W1884.2.1
棒击岩石生出水

【汤普森】D1567.6

实例

（实例待考）

W1884.2.2
劈石出水

实例

汉族 前汉刘子光西征，过山而渴，无水。子光在山间，见一石人，问之不答。乃拔剑斩石人，须臾，穷山水出。

【流传】（无考）

【出处】[唐] 李冗：《独异志》卷中引《玉箱记》。

W1884.2a
山生水

【关联】
① [W1920.1] 山生江河
② [W1968.2b] 山生泉

实例

（参见下级母题实例）

W1884.2a.1
鸟山生三水

实例

汉族 流沙之西，有鸟山者，三水出焉。

【流传】（无考）

【出处】

（a）《山海经·海内经》。

（b）《鸟山》，见袁珂《中国神话大词典》，北京：华夏出版社2015年版，第106页。

W1884.3
气生水

实例

（参见下级母题实例）

W1884.3.1
寒气生水

【关联】［W1890.2.2］寒气变成水

实例

汉族 积阴之寒气为水。

【流传】（无考）

【出处】［汉］刘安及门客：《淮南子·天文训》。

W1884.4
光生水

实例

（参见下级母题实例）

W1884.4.1
天吐出的光中生水

实例

哈尼族 天吐出太阳时吐出12道洁白的光射穿了大地。每道光射穿的地方，就生出一种东西来。其中，第三道白光射穿的地方，生出沉陷在地下的水。

【流传】云南省·（西双版纳傣族自治州）·勐腊县

【出处】李万福讲，杨万智搜集整理：《天、地的来源》，原载云南省民间文学集成办公室编《哈尼族神话传说集成》，中国民间文艺出版社1990年版，见姚宝瑄主编《中国各民族神话》（哈尼族、傣族），太原：山西出版传媒集团·书海出版社2014年版，第25页。

W1884.5
媾生水

实例

（参见下级母题实例）

W1884.5.1
水父和水母交配产生水

实例

纳西族 天上的露水是水的父，阴地潮湿是水的母，水父和水母交媾，变化出了地上的长流水。

【流传】云南省·丽江县（丽江市）·（玉龙纳西族自治县）·鸣音地区（鸣音乡）

【出处】和即贵（60岁）讲，李丽芬调查整理：《丽江鸣音地区的"顶天灾"仪式》（1989），见吕大吉、何耀华总主编《中国各民族原始宗教资料集成》(纳西族卷、羌族卷、独龙族卷、傈僳族卷、怒族卷)，北京：中国社会科学出版社2000年版，第294页。

W1884.6
水的影子中产生水

实例

彝族 大水还没有生出的时候，水的影子就已经生了。有了水的影子才产生了水。

【流传】（无考）

【出处】蔷紫改写：《影与变创世纪·扯舍十代论》，原载贵州省民间文学工作组编《民间文学资料》，1986年，见姚宝瑄主编《中国各民族神话》（羌族、彝族），太原：山西出版传媒集团·书海出版社2014年版，第127页。

W1884.6.1
水的前身是水的影子

实例

纳西族 太古那时候，水和渠还没有形成，先出现了三样水影子和渠影子。

【流传】（云南省）

【出处】和芳、和志新编译：《崇邦统——人类迁徙记》，见姚宝瑄主编《中国各民族神话》（佤族、阿昌族、纳西族、普米族、德昂族），太原：山西出版传媒集团·书海出版社2014年版，第137页。

※W1885
水是变化产生的

实例

（参见下级母题实例）

W1886
汗变成水

实例

汉族 （实例待考）

W1886.1
天神的汗变成水

实例

傣族 英叭（天神名）额头眉毛中心淌出一滴汗，他心中默念"愿这滴汗水到地上能变成又清又凉的水"，结果地上就漫起了水。

【流传】云南省·西双版纳州（西双版纳傣族自治州）

【出处】岩英祁讲，仓霁华翻译，朱宜初等采录：《英叭开天辟地》，见中国民间文学集成全国编辑委员会编《中国民间故事集成》（云南卷），北京：中国ISBN中心2003年版，第82页。

W1886.2
神性人物的汗变成水

实例

（实例待考）

W1886a
唾液变成水
实 例

(参见下级母题实例)

W1886a.1
女神的唾液变成水
实 例

维吾尔族 女天神使劲一吐，吐出来的唾沫变成了河水、湖泊，人和动物就有了水喝。

【流传】新疆维吾尔自治区·伊犁州（伊犁哈萨克自治州）·察布查尔县（察布查尔锡伯自治县）

【出处】牙库布讲，阿不都拉搜集翻译，姚宝瑄整理：《女天神创世》，见姚宝瑄主编《中国各民族神话》（乌孜别克族、哈萨克族、柯尔克孜族、俄罗斯族、维吾尔族、塔吉克族、塔塔尔族、锡伯族），太原：山西出版传媒集团·书海出版社 2014 年版，第 227 页。

W1887
血变成水
【关联】

① [W1904.1.2] 血变成江河湖海

② [W1979.3.7] 血形成溪

实 例

(参见下级母题实例)

W1887.1
神的血变成水
实 例

藏族 （实例待考）

W1887.1.1
鬼神死后血变成水
实 例

珞巴族 一个叫"禅图"的乌佑（珞巴语，鬼、精灵，也可指神、神灵）死后，血会变成水，供人们饮用。

【流传】

(a) 西藏自治区·下珞渝（泛指永木河、锡约尔河、巴恰西仁河流域）

(b) 西藏自治区·下珞渝（又写作"下珞瑜"）·阿帕塔尼部落日如村

【出处】

(a) B.K. 舒克拉搜集：《肯库》，见中华民族故事大系编委会编《中华民族故事大系》第 16 卷（赫哲族、门巴族、珞巴族、基诺族），上海：上海文艺出版社 1995 年版，第 394 页。

(b) 同 (a)，见李坚尚、刘芳贤编《珞巴族门巴族民间故事选》，上海：上海文艺出版社 1993 年版，第 8 页。

W1887.2
怪物的血变成水
实 例

珞巴族 怪物的血变水。

【流传】西藏自治区·下珞渝（下珞渝则泛指永木河、锡约尔河、巴恰西仁河流域）

【出处】B.K. 舒克拉搜集：《肯库》，见中华民族故事大系编委会编《中华民族故事大系》第16卷（赫哲族、门巴族、珞巴族、基诺族），上海：上海文艺出版社1995年版，第394页。

纳西族 阳神与阴神杀了一个长着人脚板的怪物，怪物的血变为水。

【流传】（无考）

【出处】东巴经《崇般图》，见林向肖《对纳西族创世神话本来面目的探讨：〈创世纪、开天辟地〉校注札记》，见《中国少数民族神话学术讨论会论文集》（下册），内部编印，1984年，第254页。

W1887.3
动物的血变成水

实例

（实例待考）

W1887.3.1
犀牛的血变成水

实例

布朗族 顾米亚（神巨人）把犀牛血变成水。

【流传】（a）云南省·（西双版纳傣族自治州）·勐海县

【出处】

(a) 岩的兴讲，朱嘉禄采录：《顾米亚》，见中国民间文学集成全国编辑委员会编《中国民间故事集成》（云南卷），北京：中国ISBN中心2003年版，第150页。

(b) 朱嘉禄整理：《顾米亚》，见谷德明编《中国少数民族神话》，北京：中国民间文艺出版社1987年版，第480页。

布朗族 神巨人顾米把犀牛血变成水。

【流传】云南省

【出处】朱嘉禄整理：《顾米亚》，原载《中国民间故事选》第2集，见陶阳、钟秀编《中国神话》（上），北京：商务印书馆2008年版，第38~44页。

布朗族 神巨人顾米亚把世界上的最早出现的一只犀牛杀死后，把犀牛血变成水。

【流传】云南省·（红河哈尼族彝族自治州）·金平县（金平苗族瑶族傣族自治县）

【出处】朱嘉禄整理：《顾米亚》，原载《中国民间故事选》第2集，人民文学出版社1962年版，见姚宝瑄主编《中国各民族神话》（水族、布朗族、独龙族、基诺族、傈僳族），太原：山西出版传媒集团·书海出版社2014年版，第90页。

W1887.3.2
马鹿的血变成水

实例

普米族 简锦祖（巨人）杀死了作恶的

马鹿，马鹿的血变成水。

【流传】云南省·（怒江傈僳族自治州）·兰坪县（兰坪白族普米族自治县），（丽江市）·宁蒗县（宁蒗彝族自治县）

【出处】王震亚采录：《简锦祖杀马鹿》，见中国民间文学集成全国编辑委员会编《中国民间故事集成》（云南卷），北京：中国 ISBN 中心 2003 年版，第 386 页。

W1887.3.3
鸟的血液变成水

实例

藏族　混沌中出现一只大飞鸟，它身上的血液，成了地球上的水。

【流传】
（a）四川省·（凉山彝族自治州）·木里县（木里藏族自治县）·卡拉乡
（b）四川省

【出处】
（a）陈安礼讲，陈青贵翻译，四川省民协木里采风队采录：《天和地是怎样来的》，见中国民间文学集成全国编辑委员会编《中国民间故事集成》（四川卷·下），北京：中国 ISBN 中心 1998 年版，第 933 页。
（b）刘尚乐整理：《天和地是怎样来的》，见中国各民族宗教与神话大词典编审委员会编《中国各民族宗教与神话大词典》，北京：学苑出版社 1990 年版，第 749 页。

W1887.3.3.1
世上最早出现的鸟的血液变成水

实例

藏族　混沌世界中最早出现一个人面鸟身的马世纪（鸟名），它身上的血液，成了大地上的水。

【流传】（四川省·凉山彝族自治州·木里藏族自治县）

【出处】陈安礼讲，陈青贵等译：《天和地怎样来的》，原载《中国民间故事集成·木里卷》，见吕大吉、何耀华总主编《中国各民族原始宗教资料集成》（鄂伦春族卷、鄂温克族卷、赫哲族卷、达斡尔族卷、锡伯族卷、满族卷、蒙古族卷、藏族卷），北京：中国社会科学出版社 1999 年版，第 938 页。

藏族　世界最早出现的一只人面大鸟，它的血液成了水。

【流传】（无考）

【出处】刘尚乐搜集整理：《天和地是怎样来的》，见姚宝瑄主编《中国各民族神话》（门巴族、珞巴族、怒族、藏族），太原：山西出版传媒集团·书海出版社 2014 年版，第 84 页。

W1888
尿变成水

实例

（参见下级母题实例）

W1888.1
神性人物的尿化成水

实例

珞巴族

(参见 W1929.2 母题实例)

W1889
眼泪变成水

【汤普森】 A911

【关联】

① [W1904.1.3.3] 动物的眼泪变成江河湖海

② [W1979.3.6] 眼泪化为溪

实例

(参见下级母题实例)

W1889.1
神的眼泪化成水

实例

汉族 (实例待考)

W1889.2
仙女的眼泪变成水

【关联】

① [W1897.2.1] 仙女的眼泪变成冰

② [W1926.2] 仙女的眼泪形成江河

实例

(参见下级母题实例)

W1889.2.1
冰山仙女的眼泪变成水

实例

塔吉克族 现在世界上所有的水都是由冰山上一位善良而仁慈的仙女眼中流出的。

【流传】新疆维吾尔自治区·(喀什地区)·塔什库尔干塔吉克自治县

【出处】马达里汗讲，西仁·库尔班等采录翻译：《水的神话》，见中国民间文学集成全国编辑委员会编《中国民间故事集成》(新疆卷)，北京：中国ISBN中心2008年版，第24页。

塔吉克族 现在世界上所有的水都是由冰山上善良而仁慈的仙女眼中流出的，都是出自这"幸福之泪"和"痛苦之泪"。

【流传】(新疆维吾尔自治区)

【出处】西仁·库尔班、段石羽搜集整理：《仙女的泪水》，见姚宝瑄主编《中国各民族神话》(乌孜别克族、哈萨克族、柯尔克孜族、俄罗斯族、维吾尔族、塔吉克族、塔塔尔族、锡伯族)，太原：山西出版传媒集团·书海出版社2014年版，第277页。

W1889.3
动物的眼泪变成水

实例

(参见下级母题实例)

W1889.3.1
蟾的眼泪形成水

实 例

白族 蟾射日后,看到自己好心办了坏事,让大地上的兄弟姊妹们受苦,急得大哭起来,他的泪水"哗哗啦啦"不停地淌,流满了江河湖海,从此,人间又有了水。

【流传】云南省·(大理白族自治州)·鹤庆(鹤庆县)

【出处】罗玉生讲,艺叟记录:《日月甲马》,原载《中国民间故事全书》(云南省·鹤庆卷),见陶阳、钟秀编《中国神话》(下),北京:商务印书馆 2008 年版,第 1463~1466 页。

W1890
与变化为水有关的其他母题

实 例

(参见下级母题实例)

W1890.0
石头变成水

实 例

(参见下级母题实例)

W1890.0.1
圆石的一半变成水

【关联】[W1891.5.1]圆石的一半变成火,一半变成水

实 例

哈萨克族 天神迦萨甘从河水中捞起一块一半红色、一半青色像鸡蛋一般的圆石,迦萨甘把这块圆石用力一掰,掰成两半,一半变成火,另一半则变成水。

【流传】新疆维吾尔自治区哈萨克族居住地区

【出处】《迦萨甘创世》,斯丝据别克苏勒坦、佟中明撰写的《哈萨克族宗教与神话》改写,见姚宝瑄主编《中国各民族神话》(乌孜别克族、哈萨克族、柯尔克孜族、俄罗斯族、维吾尔族、塔吉克族、塔塔尔族、锡伯族),太原:山西出版传媒集团·书海出版社 2014 年版,第 25~26 页。

W1890.1
混沌演变成水

实 例

彝族 混沌演变为水。

【流传】四川省·凉山地区(凉山彝族自治州)

【出处】冯元蔚译注:《勒俄特依》,成都:四川民族出版社 1986 年版,第 4 页。

W1890.1.1
混沌卵的一部分变成水

【关联】[W1883.1]蛋炸出水

实 例

汉族 气体旋转形成的蛋形的东西,

拱屎虫推动和螟蛉子钻洞后最终爆为三片。其中的一片落到地下成为水。

【流传】辽宁省·（大连市）·瓦房店市·炮台镇·长岭村、老染房村一带

【出处】秦淑慧讲，孙波搜集整理：《姝六甲》（1986.03），见姚宝瑄主编《中国各民族神话》（汉族），太原：山西出版传媒集团·书海出版社 2014 年版，第 36~38 页。

W1890.2

气变成水

【关联】［W1884.3］气生水

实 例

（参见下级母题实例）

W1890.2.1

女天神呼出的气变成水

实 例

维吾尔族 女天神呼出的气变成地球上的水。

【流传】新疆维吾尔自治区

【出处】《地球与神牛》，见满都呼主编《中国阿尔泰语系诸民族神话故事》，北京：民族出版社 1997 年版，第 30 页。

维吾尔族 水是女天神吐出来的气变的。

【流传】新疆维吾尔自治区·伊犁地区（伊犁哈萨克自治州）

【出处】亚库甫讲，阿不都拉、姚宝瑄采录翻译：《顶地球的公牛站在哪里》，原载马昌仪编《中国神话故事》，见陶阳、钟秀编《中国神话》（上），北京：商务印书馆 2008 年版，第 199~200 页。

维吾尔族 水是女天神吐出来的气变的。

【流传】新疆维吾尔自治区·（伊犁哈萨克自治州）·伊宁市

【出处】亚库甫讲，阿不都拉采录，姚宝瑄译：《顶地球的公牛站在哪里》，见中国民间文学集成全国编辑委员会编《中国民间故事集成》（新疆卷），北京：中国 ISBN 中心 2008 年版，第 7 页。

维吾尔族 女天神吐出来的气变成水。

【流传】新疆维吾尔自治区·伊犁州（伊犁哈萨克自治州）

【出处】

（a）亚库甫讲，阿不都拉搜集翻译，姚宝瑄整理：《顶地球的公牛站在哪里》，见张越、姚宝瑄编《新疆民族神话故事选》，乌鲁木齐：新疆人民出版社 1989 年版。

（b）同（a），见姚宝瑄主编《中国各民族神话》（乌孜别克族、哈萨克族、柯尔克孜族、俄罗斯族、维吾尔族、塔吉克族、塔塔尔族、锡伯族），太原：山西出版传媒集团·书海出版社 2014 年版，第 223 页。

W1890.2.2

寒气变成水

实 例

汉族 积阴之寒气为水，水气之精者

为月；日月之淫为精者为星辰。

【流传】（无考）

【出处】［汉］刘安及门客：《淮南子·天文训》。

W1890.3
水是地母的乳汁

实　例

满族　地水是地母巴那姆赫赫的乳汁，是生命的母源。

【流传】（无考）

【出处】罗绮：《满族神话的民族特点》，载《满族研究》1993年第1期。

W1890.4
魔法变出水

实　例

汉族　土地神有一条神奇的拐棍，用拐棍往哪里一点划，哪里就会出现流水。

【流传】河北省·（秦皇岛市）·卢龙县·陈官屯（陈官屯镇）

【出处】夏本讲，王淑苓采录：《盘儿和古儿》，见中国民间文学集成全国编辑委员会编《中国民间故事集成》（河北卷），北京：中国ISBN中心2003年版，第24页。

W1890.5
特定物变成特定的水

实　例

（参见下级母题实例）

W1890.5.1
骨骼变成水

实　例

珞巴族　天上的两个星星兄弟俩玩耍时，从天庭上掉了下来，哥哥落在湖里，骨骼变成了咸水。

【流传】西藏自治区·（林芝市）·墨脱县·达木珞巴民族乡、旁辛乡

【出处】安布、江措讲，冀文正采集：《天和地》，见冀文正《珞巴族民间故事》，成都：四川民族出版社2011年版，第4页。

W1890.6
雪化为水

【关联】［W1920.1.1］雪山生江河

实　例

藏族　斯巴（世界）形成的时候，没有水喝，是游牧人取来白雪当水饮。

【流传】（无考）

【出处】才旦旺堆搜集，蔷紫整理：《大鹏分天地》，王松注释，见姚宝瑄主编《中国各民族神话》（门巴族、珞巴族、怒族、藏族），太原：山西出版传媒集团·书海出版社2014年版，第80页。

W1890.7
冰变成水

【关联】［W1955.16］冰川变成海

实　例

（参见下级母题实例）

W1890.7.1
冰是水的源泉

实例

塔吉克族 被锁在慕士塔格峰顶的仙女的眼泪化成坚冰，将整个慕士塔格峰顶覆盖，形成了无穷无尽的水的源泉。

【流传】（新疆维吾尔自治区）

【出处】西仁·库尔班、段石羽搜集整理：《仙女的泪水》，见姚宝瑄主编《中国各民族神话》（乌孜别克族、哈萨克族、柯尔克孜族、俄罗斯族、维吾尔族、塔吉克族、塔塔尔族、锡伯族），太原：山西出版传媒集团·书海出版社2014年版，第277页。

W1890.8
烟变成水

实例

怒族 刮风下雨的时候，仙人的怀窝那个圆圆的骨头里就像闪电一般发光，冒出烟来。烟慢慢就变成了水。

【流传】（云南省）

【出处】
(a)《天地来源》(1958)，见中国作家协会昆明分会民间文学工作部编《云南民族文学资料》第十九集，中国作家协会编印，1963年。

(b)《仙人造天地》(1958)，见姚宝瑄主编《中国各民族神话》（门巴族、珞巴族、怒族、藏族），太原：山西出版传媒集团·书海出版社2014年版，第54页。

W1890.9
云雾变成水

实例

彝族 远古时候，天地变化十分剧烈，共经过十代变化。第一代变化是混混沌沌的云雾变成了水，大地一片渺茫，无际无边。

【流传】（四川省·凉山彝族自治州）

【出处】
(a) 冯元蔚译：《勒俄特依》，成都：四川民族出版社1986年版。

(b) 冯元蔚译，蔷紫改写：《勒俄特依》，见姚宝瑄主编《中国各民族神话》（羌族、彝族），太原：山西出版传媒集团·书海出版社2014年版，第146页。

W1891
与水的产生有关的其他母题

实例

（参见下级母题实例）

W1891.0
水产生的时间

实例

（参见下级母题实例）

W1891.0.1
开天辟地时产生水

实例

彝族 众神仙开天辟地时，东方的仙子儒惹古达去开辟东方，西方的仙子署惹尔达去开辟西方，司惹低尼去开辟北方，阿俄署布去开辟南方。结果东南西北方各裂开一个口子，并且东、西方生出风，南、北方流出水。

【流传】（无考）

【出处】伍精忠整理：《大地是怎样形成的》，见姚宝瑄主编《中国各民族神话》（羌族、彝族），太原：山西出版传媒集团·书海出版社 2014 年版，第 277~278 页。

W1891.1
水是大洪水剩下的

【汤普森】A910.4

实例

（实例待考）

W1891.2
宝瓶滴水

实例

（参见下级母题实例）

W1891.2.1
观音的宝瓶滴水

实例

汉族 神池的水是观音菩萨净瓶中的水滴成的。

【流传】山西省·（忻州市）·神池县

【出处】李隆讲：《神池的传说》，见本县编《山西省中国民间文学集成·神池卷》，无出版时间，第 1 页。

W1891.3
人不会造水

【关联】[W1877.4] 人造水

实例

（参见下级母题实例）

W1891.3.1
人不会造水的原因

实例

（参见下级母题实例）

W1891.3.1.1
人因为不窥视没有获得造水方法

实例

瑶族 洪水后，伏羲造水时，喊妹妹不要看，妹妹老实地一点也没看，所以人间一直不会造水。

【流传】（a）云南省·文山州（文山壮族苗族自治州）

【出处】

（a）盘金贤讲，盘国金采录：《伏羲兄妹》，见中国民间文学集成全国编辑委员会编《中国民间故事集成》（云南卷），北京：中国 ISBN 中心 2003 年版，第 201 页。

（b）盘国金搜集：《伏羲兄妹》，载

《山茶》1982年第1期。

(c) 同（b），见谷德明编《中国少数民族神话》，北京：中国民间文艺出版社1987年版，第136页。

瑶族 洪水退完以后，人间没有水和火，幸存的伏羲兄妹决定造水和火。哥哥造水，喊妹妹不要看，妹妹却老老实实地一点也没有看，所以后来人间一直不会造水。

【流传】（无考）

【出处】盘国金搜集：《伏羲兄妹》，见姚宝瑄主编《中国各民族神话》（土家族、毛南族、侗族、瑶族），太原：山西出版传媒集团·书海出版社2014年版，第187页。

W1891.4
水泡的产生

实例

（参见下级母题实例）

W1891.4.1
造物主创造了水泡

实例

柯尔克孜族 （实例待考）

W1891.5
水火同时产生

实例

汉族 远古洪荒时代，由天帝判定，有山就得有水，有人就得有火，以水治火，以火煮水，为凡人享用。

【流传】浙江省·（温州市）·永嘉县

【出处】谢博讲，谢圣铎记录：《女娲补天》，见姚宝瑄主编《中国各民族神话》（汉族），太原：山西出版传媒集团·书海出版社2014年版，第55页。

W1891.5.1
圆石的一半变成火，一半变成水

【关联】［W1890.0.1］圆石的一半变成水

实例

哈萨克族 天神迦萨甘把从河水中捞起的一块一半红色、一半青色像鸡蛋一般的圆石掰成两半，其中的一半变成火，另一半变成水。

【流传】新疆维吾尔自治区哈萨克族居住地区

【出处】《迦萨甘创世》，斯丝据别克苏勒坦、佟中明撰写的《哈萨克族宗教与神话》改写，见姚宝瑄主编《中国各民族神话》（乌孜别克族、哈萨克族、柯尔克孜族、俄罗斯族、维吾尔族、塔吉克族、塔塔尔族、锡伯族），太原：山西出版传媒集团·书海出版社2014年版，第25~26页。

W1891.6
水的发现

实例

（参见下级母题实例）

W1891.6.1
跟随特定动物发现水

实 例

（实例待考）

W1891.6.1.1
人跟着白头翁发现水

实 例

独龙族 一位有心的人悄悄地跟在"吉哈义切"（白头翁）的后边，发现它钻进一条深深的箐沟里面去喝水。于是人发现了水。今天的水就是这么来的。

【流传】（无考）

【出处】《"几卜郎"的传说》，见吕大吉、何耀华总主编《中国各民族原始宗教资料集成》（纳西族卷、羌族卷、独龙族卷、傈僳族卷、怒族卷），北京：中国社会科学出版社2000年版，第682页。

W1891.6.2
螃蟹找到水

【关联】［W1881.1］螃蟹生水

实 例

拉祜族 世上无水，天神厄莎搓下脚汗与手汗，造出青蛙与螃蟹，蛙、蟹往觅得水。

【流传】（无考）

【出处】袁珂改编：《造天造地》（原名《牡帕密帕·勐呆密呆》），原载毛星主编《中国少数民族文学》（下册），见袁珂《中国神话大词典》，北京：华夏出版社2015年版，第534页。

✾ W1892
水的特征

【汤普森】A910

实 例

（参见下级母题实例）

W1893
水的雌雄

【汤普森】A918

【关联】［W1833.0］山的性别

实 例

（实例待考）

W1894
水的居所

实 例

（参见下级母题实例）

W1894.1
天神定水的位置

实 例

傣族 （实例待考）

W1894.2
水藏在地下

【关联】［W1884.0.0］地生水

【实例】

拉祜族　找水的野鸭告诉天神厄莎说："水都在地下埋藏着,只要在山上挖水塘,只要在山脚下开水沟,只要到处都种上芭蕉,到处都出现了芭蕉林,水就会出来。"

【流传】云南省大拉祜及黄拉祜中部一带

【出处】小八讲,古木整理:《天神厄莎》(整理中参照了《牡帕密帕》和《古根》),见姚宝瑄主编《中国各民族神话》(白族、拉祜族、景颇族),太原:山西出版传媒集团·书海出版社2014年版,第163页。

W1894.3
水在西方

【实例】

汉族　蓝娘(女子名)去找水,找水得往西方去了。

【流传】浙江

【出处】唐宗龙讲,陈玮君整理:《金水湖和银水湖》,见姚宝瑄主编《中国各民族神话》(汉族),太原:山西出版传媒集团·书海出版社2014年版,第214~220页。

W1895
水的颜色

【实例】

(参见下级母题实例)

W1895.1
水的颜色的来历

【实例】

(参见下级母题实例)

W1895.1.1
水的颜色与水姑娘穿的衣服颜色有关

【实例】

哈尼族　永生不死的戚姒水姑娘穿的是玉衣裳。

【流传】云南省·(红河哈尼族彝族自治州)·元阳(元阳县)·攀枝花(攀枝花乡)·洞铺寨

【出处】朱小和讲,史军超采录:《永生不死的姑娘》,见中国民间文学集成全国编辑委员会编《中国民间故事集成》(云南卷),北京:中国ISBN中心2003年版,第130页。

W1895.2
白水

【关联】[W1920.1.2]白水出白水山

【实例】

汉族

(参见W1852.6.15母题实例)

彝族　死者到阴间要经过白水、黑水、黄水三条水,下面一条是黑水,是鬼喝的。上面一条是黄水,是地脉龙神喝的。死者路上只能喝白水。

【流传】四川省·（凉山彝族自治州）·雷波（雷波县）小凉山一带

【出处】《雷波彝族的指路经》，见徐益棠《雷波小凉山之罗民》，金陵大学中国文化所印行，1944年，见吕大吉、何耀华总主编《中国各民族原始宗教资料集成》（彝族卷、白族卷、基诺族卷），北京：中国社会科学出版社1996年版，第287页。

W1895.2.1
白水即丹水

实例

汉族 疏圃之池，浸之黄水，黄水三周复其原，是谓丹水（王念孙云：丹水本作白水，此后人妄改之也），饮之不死。

【流传】（无考）

【出处】

（a）［汉］刘安及门客：《淮南子·地形训》。

（b）《白水》，见袁珂《中国神话大词典》，北京：华夏出版社2015年版，第108页。

W1895.3
黑水

实例

汉族（参见W1843.8.0母题实例）

彝族 死者到阴间要经过白水、黑水、黄水三条水。其中下面一条是黑水，是鬼喝的。

【流传】四川省·（凉山彝族自治州）·雷波（雷波县）小凉山一带

【出处】《雷波彝族的指路经》，见徐益棠《雷波小凉山之罗民》，金陵大学中国文化所印行，1944年，见吕大吉、何耀华总主编《中国各民族原始宗教资料集成》（彝族卷、白族卷、基诺族卷），北京：中国社会科学出版社1996年版，第287页。

W1895.4
黄水

实例

汉族（参见W1882.2母题实例）

彝族 死者到阴间要经过白水、黑水、黄水三条水。其中上面一条是黄水，是地脉龙神喝的。

【流传】四川省·（凉山彝族自治州）·雷波（雷波县）小凉山一带

【出处】《雷波彝族的指路经》，见徐益棠《雷波小凉山之罗民》，金陵大学中国文化所印行，1944年，见吕大吉、何耀华总主编《中国各民族原始宗教资料集成》（彝族卷、白族卷、基诺族卷），北京：中国社会科学出版社1996年版，第287页。

W1895.4.1
金黄色的水

实例

彝族 远古时候，天地共经过十代剧烈变化。其中第三代是茫茫的大水，由混混沌沌变成了金黄色。

【流传】（四川省·凉山彝族自治州）

【出处】

(a) 冯元蔚译：《勒俄特依》，成都：四川民族出版社1986年版。

(b) 冯元蔚译，蔷紫改写：《勒俄特依》，见姚宝瑄主编《中国各民族神话》（羌族、彝族），太原：山西出版传媒集团·书海出版社2014年版，第146页。

W1895.5
绿水

实例

（参见下级母题实例）

W1895.5.1
水姑娘穿玉衣形成水的绿色

【关联】

① ［W0405］特定的水神

② ［W0406.7］水姑娘

实例

哈尼族 最高的神王阿匹梅烟女神生九个姑娘，并给九个姑娘取名字。其中，第五个姑娘叫"永生不死的戚姒水姑娘"，穿的是玉衣裳。

【流传】云南省·（红河哈尼族彝族自治州·元阳县·攀枝花乡·硐蒲寨）

【出处】朱小和讲，史军超搜集整理：《永生不死的姑娘》，原载《哈尼族神话传说集成》，见陶阳、钟秀编《中国神话》（下），北京：商务印书馆2008年版，第1095~1099页。

W1896
与水的特征有关的其他母题

实例

（参见下级母题实例）

W1896.1
水的味道

实例

（参见下级母题实例）

W1896.1.1
水没有味道

实例

（实例待考）

W1896.1.2
甜水

【关联】

① ［W1950.0.2.2］有的湖水为什么甜

② ［W1962.3］海水是甜的

③ ［W1972.4a］甜的泉水

实例

傈僳族

（参见 W1977.3.6.3 母题实例）

W1896.1.3
苦水

实例

傈僳族

（参见 W1977.3.6.3 母题实例）

W1896.1.4
咸水

【关联】［W1972.4］咸的泉水

实 例

（参见下级母题实例）

W1896.1.4.1
特定人物的骨骼变成咸水

【关联】［W1890.5.1］骨骼变成水

实 例

珞巴族 天上的两个星星兄弟俩玩耍时，从天庭上掉了下来，哥哥落在湖里，骨骼变成了咸水。

【流传】西藏自治区·林芝市·墨脱县·达木珞巴民族乡、旁辛乡（讲述地点：墨脱县·达木珞巴民族乡·马尔康村）

【出处】安布、江措讲，冀文正采集：《天和地》，见冀文正《珞巴族民间故事》，成都：四川民族出版社 2011 年版，第 4 页。

W1896.1.5
酸水

实 例

（实例待考）

W1896.1.6
有酒味的水

实 例

独龙族 木彭哥（最早的一个男人）从天神卡窝卡蒲讨药后，不小心把药落入湖中，于是这湖的水有了酒味。

【流传】云南省

【出处】

（a）《木彭哥》，原载《傈人神话》，见何愈《西南少数民族及其神话》，广州：新世纪出版社 1951 年版，第 61 页。

（b）《木彭哥》，见谷德明编《中国少数民族神话》，北京：中国民间文艺出版社 1987 年版，第 529 页。

W1896.2
水的流动

【关联】［W1938］江河的流向

实 例

（参见下级母题实例）

W1896.2.1
水为什么会流动

实 例

（参见下级母题实例）

W1896.2.1.1
天地分开后水有了流向

实 例

蒙古族 天地刚刚分开的时候，水刚刚有了流向。

【流传】内蒙古自治区·（松原市）·前郭尔罗斯（前郭尔罗斯蒙古族自治县）·乌兰敖都（乌兰敖都乡）

【出处】白音特古斯讲，苏赫巴鲁搜集

整理：《日蚀和月蚀的由来》，原载陶立潘、李耀宗编《中国少数民族神话传说选》，见陶阳、钟秀编《中国神话》（上），北京：商务印书馆2008年版，第254~255页。

W1896.2.2
水流向四方

实 例

彝族 阿衣苏涅（人神名）去凿石开道，水便流向四方。

【流传】（四川省·凉山彝族自治州）

【出处】

（a）冯元蔚译：《勒俄特依》，成都：四川民族出版社1986年版。

（b）冯元蔚译，蔷紫改写：《勒俄特依》，见姚宝瑄主编《中国各民族神话》（羌族、彝族），太原：山西出版传媒集团·书海出版社2014年版，第152页。

W1896.2.3
水为什么向东流

【关联】

① ［W1217.2］地西高东低
② ［W1938.2］河水为什么向东流

实 例

汉族 大地是撑在鳌鱼身上的。有一次鳌鱼翻身，西北角天塌了下来，东南角地凹下去了，后来水向东流，越聚越多，就变成了东洋大海。

【流传】江苏省·（淮安市）·涟水（涟水县）各地

【出处】徐学尧讲，徐省生搜集整理：《开天辟地和人的由来》（1986.06），见姚宝瑄主编《中国各民族神话》（汉族），太原：山西出版传媒集团·书海出版社2014年版，第20~22页。

苗族 甫方（神性人物名）心里最聪明，他用鸭毛探方向：这边一头是西面，那边一头是东方（人们认为，丢鸭毛在水里，鸭毛流去的方向是东方）。

【流传】原文无流传地，据文本及注释推测该神话流传于贵州省·黔东南苗族侗族自治州·凯里市、台江县等地。

【出处】张启庭、张荣光、张正玉、张启德演唱，张明搜集，燕宝整理译注：《创造宇宙·运金运银》，见贵州省少数民族古籍整理出版规划小组办公室编，燕宝整理译注《苗族古歌》，贵阳：贵州民族出版社1993年版，第251页。

W1896.2.3.1
水向东流是因为巨人把东方的地踩低了

实 例

布依族 大力士力戛在天上把天钉稳后，就跳了下来。他落到地上时，整个大地像船在水上一样，被震得晃晃荡荡的。因为落的地点是东方，东方的地势就倾斜了九尺九寸九分，从这以后，水就一直朝东方流淌。

【流传】贵州省

【出处】王燕、春甫、班告爷等讲，汛河搜集整理：《力戛撑天》，原载陶立璠、李耀宗编《中国少数民族神话传说选》，见陶阳、钟秀编《中国神话》（中），北京：商务印书馆2008年版，第773～775页。

W1896.2.3.2
水向东流是因为地势西高东低

实　例

布依族　力戛（人名，大力士）从天上跳了下来时，落的地点是东方，东方的地势就倾斜了九尺九寸九分。所以此后，水就向东方流淌。

【流传】各地布依族地区

【出处】王燕、春甫、班告爷讲，汛河记录整理：《力戛创世》，见姚宝瑄主编《中国各民族神话》（布依族、仡佬族、苗族），太原：山西出版传媒集团·书海出版社2014年版，第5～6页。

W1896.2.3.3
水向东流是因为犁地成河时由西向东犁地造成的

实　例

布依族　翁戛老祖让犀牛犁地耕田时，犁出了江河。因为犀牛由西犁到东，平地成了高低不平的山冈与平原，水就顺着犁沟往东流。

【流传】贵州省布依族地区

【出处】杨正荣、祝登雍讲，岭玉清、汛河搜集整理，古梅改写：《翁戛造万物》，见姚宝瑄主编《中国各民族神话》（布依族、仡佬族、苗族），太原：山西出版传媒集团·书海出版社2014年版，第9页。

W1896.2.4
水为什么向西流

【关联】[W1938.3.1] 山推着水向西流

实　例

（实例待考）

W1896.2.5
水为什么向南流

实　例

藏族　她用补天剩下的五彩石填地排洪水时，先从北边开始的，等填到南边时，五彩石用完了，就没有填。所以，现在大地总是北边高，南边低，河水不断地往南边流（迪庆藏族自治州境内的金沙江、怒江、澜沧江，均由北往南流）。

【流传】云南省·迪庆藏族自治州

【出处】马龙祥、李子贤搜集整理：《女娲娘娘》，载《民间文学》1985年第4期。

藏族　因女娲用五彩石填地时形成了现在的北边高、南边低，所以水也不断向南流。

【流传】云南省·迪庆藏族自治州·（香格里拉县·尼西乡）·汤美村

（汤满村）

【出处】

(a) 马龙祥、李子贤记录：《女娲娘娘补天》（1960s），见钟敬文《钟敬文民间文学论集》（上），上海：上海文艺出版社1982年版。

(b) 同（a），见姚宝瑄主编《中国各民族神话》（门巴族、珞巴族、怒族、藏族），太原：山西出版传媒集团·书海出版社2014年版，第83页。

W1896.2.5a

水为什么向东南流

实例

（参见下级母题实例）

W1896.2.5a.1

水流向东南是因为东南塌陷

实例

汉族 昔者共工与颛顼争为帝，怒而触不周之山。天柱折，地维绝。天倾西北，故日月星辰移焉；地不满东南，故水潦尘埃归焉。

【流传】（无考）

【出处】[汉] 刘安及门客：《淮南子·天文训》。

W1896.2.6

水流到天上

【关联】[W1357.2] 以前水天相连

实例

汉族 原来大地上的水很多。大禹率人开河挖湖海，让大地的积水流进九河和五湖四海，就顺畅地流上天去了。从此，天盖住了地，地上的水不再泛滥成灾了。

【流传】重庆市·（九龙坡区）·专马镇

【出处】谢志忠讲：《夏禹王疏通九河》，原载联合国教科文组织、中国民间文艺家协会、四川省民间文艺家协会编《专马镇民间故事》，见陶阳、钟秀编《中国神话》（中），北京：商务印书馆2008年版，第834页。

W1896.2.6a

水流向天地相连处的天柱

实例

珞巴族 在天和地相连的金日冬日（地方名）有一根顶天立地的大石柱，天地的水都汇集到大石柱那里。

【流传】（西藏自治区·林芝地区·米林县·纳玉区（南伊乡））

【出处】

(a) 东娘、达牛讲，于乃昌搜集：《天地成婚》（1979.07），见毛星主编《中国少数民族文学》（上册），长沙：湖南人民出版社1983年版。

(b) 同（a），见姚宝瑄主编《中国各民族神话》（门巴族、珞巴族、怒族、藏族），太原：山西出版传媒集团·书海出版社2014年版，第18页。

W1896.2.7
水流入海洋

【关联】［W1957.4］百川汇海

实 例

（参见下级母题实例）

W1896.2.7.1
原始大水流入海洋

实 例

基诺族 以前只有太阳和大水。水中生出始祖尧白之后，她挖沟，挑土造山，这样山川和河流就出来了，大水便流进了海洋。

【流传】（无考）

【出处】《水里浮起的尧白阿嫫》，见姚宝瑄主编《中国各民族神话》（水族、布朗族、独龙族、基诺族、傈僳族），太原：山西出版传媒集团·书海出版社 2014 年版，第 154 页。

W1896.2.7a
水从落水洞落入大海

实 例

壮族 在古时候，天下的水都从一个落水洞中落入大海。

【流传】云南省·文山壮族苗族自治州

【出处】黎之整理：《从宗爷爷造人烟》，原载李子贤编《云南少数民族神话选》，云南人民出版社 1990 年版，见姚宝瑄主编《中国各民族神话》（仫佬族、壮族、京族），太原：山西出版传媒集团·书海出版社 2014 年版，第 122 页。

W1896.2.8
水流进特定的石洞

实 例

（参见下级母题实例）

W1896.2.8.1
天下江河湖海里多余的水都流进天边的山洞

【关联】
① ［W1976.5.1］消水坑（消水洞）
② ［W8520.1］通过消水洞退洪水

实 例

苗族 很久以前，在太阳升起的天边边，有一个大山洞。天下江河湖海里多余的水都朝那个山洞里流去。

【流传】云南省

【出处】

（a）石青、刘本荣搜集整理：《白葫芦花》，见李子贤编《云南少数民族神话选》，昆明：云南人民出版社 1990 年版。

（b）同（a），见姚宝瑄主编《中国各民族神话》（布依族、仫佬族、苗族），太原：山西出版传媒集团·书海出版社 2014 年版，第 251 页。

W1896.2.9
以前水会往高处流

【关联】［W1064］世界的错乱（颠倒的

世界）

实例

納西族（摩梭） 天神格尔美刚创造出天地和万物时，水会爬坡。

【流传】云南省·（丽江市）·宁蒗县（宁蒗彝族自治县）

【出处】巴采若、桑绒尼搓讲，章虹宇搜集整理：《喇氏族的来源》，载《民间文学》1986年第3期。

W1896.2.9a
水往低处流

实例

白族 地陷使地面出现了高和低，海水不停地往低凹处流淌。

【流传】云南省·（大理白族自治州）·鹤庆（鹤庆县），丽江（丽江市）及（丽江市）·永胜（永胜县）

【出处】李剑飞讲，李缵绪、章虹宇记录：《人类和万物的起源》（又名《劳谷与劳泰》、《古干古洛创世记》），原载李缵绪主编《白族神话传说集成》，中国民间文艺出版社1986年版，见姚宝瑄主编《中国各民族神话》（白族、拉祜族、景颇族），太原：山西出版传媒集团·书海出版社2014年版，第18页。

W1896.2.10
水为什么不倒流

实例

珞巴族 天地间的水都流向天地相连处的天柱那里。七个太阳成天把天柱烘烤得火烫烫的，汇集到那里的水立刻被烘烤干了，所以，大地上的水才不至于倒流，泛滥成灾。

【流传】西藏自治区·林芝地区·米林县·纳玉区（南伊乡）

【出处】
（a）东娘、达牛讲，于乃昌搜集：《天地成婚》（1979.07），见毛星主编《中国少数民族文学》（上册），长沙：湖南人民出版社1983年版。

（b）同（a），见姚宝瑄主编《中国各民族神话》（门巴族、珞巴族、怒族、藏族），太原：山西出版传媒集团·书海出版社2014年版，第18页。

W1896.3
水为什么能照出影子

实例

（参见下级母题实例）

W1896.3.1
水能映像源于承诺

实例

普米族 滚毒依（长江）很感激云神，对云神说："为了报答你，我要变作镜子，让你照着梳妆打扮。"

【流传】云南省·（丽江市）·宁蒗（宁蒗彝族自治县）；四川省·（凉山彝族自治州）·木里（木里藏族自治县）

【出处】曹正初讲，章虹宇搜集整理：

《石头阿祖和石头子孙》，载《山茶》1986 年第 5 期。

W1896.4
水的形态变化

实 例

（参见下级母题实例）

W1896.4.1
水气

实 例

（参见下级母题实例）

W1896.4.1.1
水受热形成水汽

实 例

蒙古族 麦德尔神女骑神马驰骋于大水之上，马蹄腾踏，燃起大火，烤炙蓝色大水不断蒸发，形成水气。

【流传】（无考）

【出处】*《麦德尔神女》，原载陶阳、钟秀编《中国神话》，见袁珂《中国神话大词典》，北京：华夏出版社 2015 年版，第 399 页。

W1896.5
水的性格

实 例

（参见下级母题实例）

W1896.5.1
水的性格温和

实 例

珞巴族 水生性温柔，当火找事争斗时，它不计较火的过激言辞，总是忍让，再忍让。

【流传】墨脱县·背崩乡、达木珞巴民族乡、甘登乡（讲述地点：墨脱县·达木珞巴民族乡·卡布村）

【出处】南嘎平措、顿加讲：《打火石的来历》（1955.08），见冀文正《珞巴族民间故事》，成都：四川民族出版社 2011 年版，第 26 页。

W1897
与水有关的其他母题

【关联】

① ［W4974.1］水的秩序的建立

② ［W6429］水崇拜

③ ［W8957.4］水与陆地之争

实 例

（参见下级母题实例）

W1897.1
神奇的水（奇特的水）

【关联】

① ［W1845.4.3.3］汤谷水热

② ［W1897.7］能改变人的体征的水

③ ［W1897.8］生命之水

④ ［W9038.35］魔水

实例

（参见下级母题实例）

W1897.1.1
如意水

实例

（参见下级母题实例）

W1897.1.1.1
如意水不受旱涝影响

实例

土家族 天塘湖满满盛着如意水，季节风不能把湖水吹冷或吹热。一年三百六十五天，天天出太阳，不能把湖水晒干一滴；夜夜下大雨，也莫想把湖水泼出半点。

【流传】（湖南省·湘西土家族苗族自治州·保靖县）

【出处】罗轶整理：《铁塔娶龙女》（原名为《撒珠湖》），见姚宝瑄主编《中国各民族神话》（土家族、毛南族、侗族、瑶族），太原：山西出版传媒集团·书海出版社 2014 年版，第 30 页。

W1897.1.2
回生水（使人死而复生的水）

实例

（参见下级母题实例）

W1897.1.2.1
回生水在西天

【关联】[W1725.9.1] 回生水溅到天上产生星星

实例

纳西族 崇人抛鼎（人名）朝着遥远的西天去寻找延寿草和回生水。

【流传】云南省

【出处】和即仁翻译整理：《崇人抛鼎寻不死药》，原载李子贤《云南少数民族神话选》，见陶阳、钟秀编《中国神话》（下），北京：商务印书馆 2008 年版，第 1066~1071 页。

W1897.1.2.2
特定的泉是回生水

【关联】[W1972.9.8.4] 灵山脚下的甘泉有回生水

实例

纳西族 遥远的冒米巴罗山是一座巍峨的大山，有一百零八个小支脉。其中，灵山脚下有一口盛满回生水的甘泉。如果死了的人喝一滴那个甘泉里的水，就会苏醒过来。

【流传】云南省

【出处】和即仁翻译整理：《崇人抛鼎寻不死药》，原载李子贤《云南少数民族神话选》，见陶阳、钟秀编《中国神话》（下），北京：商务印书馆 2008 年版，第 1066~1071 页。

W1897.1.2.3
特定的井水是回生水

【关联】［W1978.5.0］奇特的井

实例

藏族 一口井的水，死人喝了能复活。

【流传】（无考）

【出处】

（a）《牧童取太阳的头发》，见谷德明编《中国少数民族神话选》，西北民族学院研究所编印，内部资料，1983年。

（b）同（a），见姚宝瑄主编《中国各民族神话》（门巴族、珞巴族、怒族、藏族），太原：山西出版传媒集团·书海出版社2014年版，第126页。

W1897.1.3
长生水（不死水）

【关联】

① ［W0959.2］不死水
② ［W1789.0.2］天河水是长生不老水

实例

蒙古族 天河水最长，谁要是喝了九十九回就可以长生不老。

【流传】内蒙古自治区·（松原市）·前郭尔罗斯（前郭尔罗斯蒙古族自治县）·乌兰敖都（乌兰敖都乡）

【出处】白音特古斯讲，苏赫巴鲁搜集整理：《日蚀和月蚀的由来》，原载陶立潘、李耀宗编《中国少数民族神话传说选》，见陶阳、钟秀编《中国神话》（上），北京：商务印书馆2008年版，第254~255页。

W1897.1.3.1
长生水的获得

实例

汉族 （昆仑山）疏圃之池，浸之黄水，黄水三周复其原，是谓丹水，饮之不死。

【流传】（无考）

【出处】

（a）［汉］刘安及门客：《淮南子·地形训》。

（b）《昆仑》，见袁珂《中国神话大词典》，北京：华夏出版社2015年版，第197页。

W1897.1.4
忘情水

实例

汉族 （实例待考）

W1897.1.5
智慧水

实例

（参见下级母题实例）

W1897.1.5.1
青蛙舅舅给人喝智慧水

【关联】［W5152.2.1］人的动物舅舅

实例

普米族 （实例待考）

W1897.1.6
圣水

【关联】

① ［W0959.1］神水

② ［W1955.11］圣水变成海

实例

（参见下级母题实例）

W1897.1.6.1
特定的湖中的水是圣水

实例

藏族 冈底斯山附近的"玛旁湖"是能为人们带来福德的善湖。湖中的圣水，不仅能清洗肌肤上的污垢，还可以清除人们心灵上的烦恼，喝了可以消除各种病痛。

【流传】（西藏自治区）

【出处】田必伟：《藏族原始宗教观念演变试析》，载《西藏研究》1986年第3期。

W1897.1.6.2
特定的河水是圣水

【关联】［W1944.2］奇特的河（神奇的河）

实例

鄂温克族 鄂温克人把伊敏河水称为"圣水"。

【流传】内蒙古自治区·（呼伦贝尔市）·鄂温克族自治旗·巴彦托海镇

【出处】陶克讲，汪丽珍采录整理：《神圣的伊敏河》（1993.08.15），见吕大吉、何耀华总主编《中国各民族原始宗教资料集成》（鄂伦春族卷、鄂温克族卷、赫哲族卷、达斡尔族卷、锡伯族卷、满族卷、蒙古族卷、藏族卷），北京：中国社会科学出版社1999年版，第98页。

W1897.1.6a
仙水

实例

（参见下级母题实例）

W1897.1.6a.1
仙水能把黑脸洗白

实例

赫哲族 德斗（人名）用仙水洗脸后，黑脸变成白脸。

【流传】（松花江下游地区依兰县至抚远市一带）

【出处】《土如高》，见凌纯声《松花江下游的赫哲族》（原1934年南京刊印本），北京：民族出版社2012年版，第867页。

W1897.1.6a.2
天上有仙水

实例

（参见下级母题实例）

W1897.1.6a.2.1
天上有2种仙水

实例

汉族　天庭上带下两种仙水，一种喝下去能讲话，一种喝下去变哑巴。

【流传】江苏省·（南京市）·江浦县（已撤销）·城东乡（已撤销，并入浦口区珠江镇）

【出处】邵家应讲，吴明立采录：《哑巴水和说话水》，见中国民间文学集成全国编辑委员会编《中国民间故事集成》（江苏卷），北京：中国ISBN中心1998年版，第18页。

W1897.1.6a.3
仙水能起死回生

实例

傣族　红宝石滴出仙水一滴，救小猎人得活。

【流传】（云南省？）

【出处】袁珂改编：《开辟易武》，原载毛星主编《中国少数民族文学》（下册），见袁珂《中国神话大词典》，北京：华夏出版社2015年版，第498页。

W1897.1.7
怀胎水

【关联】

① ［W1129.12.1］天和地吃了怀胎水后怀孕

② ［W2262］感水孕生人

实例

哈尼族　塔婆、模米（始祖名）喝了怀胎水，浑身上下都怀了孕。

【流传】（云南省）

【出处】刘辉豪、白章富搜集整理，昌文根据古梅改写的《奥色密色》中的一节改写：《塔婆、模米生儿女》，见姚宝瑄主编《中国各民族神话》（哈尼族、傣族），太原：山西出版传媒集团·书海出版社2014年版，第70页。

哈尼族　踏婆与模米二神仙，服怀胎水，浑身上下俱孕子生人。

【流传】（云南省？）

【出处】袁珂改编：《踏婆与模米》（原名《奥色密色·民族起源》），原载毛星主编《中国少数民族文学》（下册），见袁珂《中国神话大词典》，北京：华夏出版社2015年版，第495页。

W1897.1.7.1
鱼拨起的水花是怀胎水

实例

哈尼族　最早时，大海生出的鱼用它的鳍拨起水花，这水花就是怀胎水。

【流传】云南省·（西双版纳傣族自治州）·勐海县

【出处】朗特讲，古梅搜集整理：《天怀孕，地怀孕》，见姚宝瑄主编《中国各民族神话》（哈尼族、傣族），太原：山西出版传媒集团·书海出版社 2014 年版，第 15～16 页。

W1897.1.8
没有浮力的水

【关联】[W1943.6e.1] 弱水鸿毛不浮

实例

汉族　环绕着昆仑山的弱水，一片鸟毛掉在上面，也会沉落。

【流传】（无考）

【出处】袁珂重述：《射日奔月》，原载袁珂《神异篇》，见陶阳、钟秀编《中国神话》（上），北京：商务印书馆 2008 年版，第 279～288 页。

W1897.1.9
与神奇的水有关的其他母题

实例

（参见下级母题实例）

W1897.1.9.1
神奇的水洞

【汤普森】D928

实例

（实例待考）

W1897.1.9.2
能疗疮的水

实例

汉族　丽山西北有温水，祭则得入，不祭则烂人肉。俗云：始皇与神女游而忤其旨，神女唾之生疮。始皇谢之，神女为出温水，后人因以浇洗疮。

【流传】（无考）

【出处】[北魏] 郦道元：《水经注·渭水》引《三秦记》。

W1897.2
冰

实例

（参见下级母题实例）

W1897.2.1
仙女的眼泪变成冰

【关联】[W1889.2] 仙女的眼泪变成水

实例

塔吉克族　仙女的眼泪变成冰川。

【流传】（无考）

【出处】《慕士塔格的故事》，见中央民族学院少数民族文艺研究所编《中国民族民间文学》，北京：中央民族学院出版社 1987 年版，第 609 页。

塔吉克族　被锁在慕士塔格峰顶的仙女，左眼就流淌出痛苦之泪，年复一年，痛苦之泪凝为晶莹的冰。

【流传】（新疆维吾尔自治区）

【出处】西仁·库尔班、段石羽搜集整理：《仙女的泪水》，见姚宝瑄主编《中国各民族神话》（乌孜别克族、哈萨克族、柯尔克孜族、俄罗斯族、维吾尔族、塔吉克族、塔塔尔族、锡伯族），太原：山西出版传媒集团·书海出版社2014年版，第277页。

塔吉克族 仙女的左眼便流淌着痛苦之泪，日复一日，年复一年，这泪水凝为晶莹的坚冰，形成了无穷无尽的水的源泉。

【流传】新疆维吾尔自治区·（喀什地区）·塔什库尔干塔吉克自治县

【出处】马达里汗讲，西仁·库尔班等采录翻译：《水的神话》，见中国民间文学集成全国编辑委员会编《中国民间故事集成》（新疆卷），北京：中国ISBN中心2008年版，第24页。

W1897.2.2
水结冰

实例

（参见下级母题实例）

W1897.2.2.1
海水结冰

实例

（参见下级母题实例）

W1897.2.2.1.1
圣母娘娘让海水结冰

实例

汉族 圣母娘娘心眼软，还有一身好本事，能叫海水结冰三尺。

【流传】河南省·（周口市）·西华县·陌陂乡·前洼村

【出处】陈德荣（78岁，不识字）讲，魏胜林采录：《补天的传说》（1986.03），见张振犁编著《中原神话通鉴》（第一卷），郑州：河南大学出版社2017年版，第139页。

W1897.3
哑水

【关联】［W3086.1］动物说话能力的丧失

实例

（参见下级母题实例）

W1897.3.1
神把露水、雨水、泥塘水作为哑水

实例

壮族 布洛陀（又译作"布碌陀"、"布洛朵"、"抱洛朵"等，壮族文化始祖、英雄、神话中的人王等）准备好了露水、雨水、泥塘水、河水，这些都是哑水。

【流传】云南省·（文山壮族苗族自治州）·西畴县

【出处】陆开富等讲，王明富采录：《布洛陀》，见中国民间文学集成全国编辑委员会编《中国民间故事集成》（云南卷），北京：中国ISBN中心2003年版，第86页。

W1897.3.2
哑水从天上带来

实例

汉族 让动物喝了就变成哑巴的水是

太白金星从天上带来的。

【流传】江苏省·（南京市）·江浦县（已撤销）·城东乡（已撤销，并入浦口区珠江镇）

【出处】邵家应讲，吴明立采录：《哑巴水和说话水》，见中国民间文学集成全国编辑委员会编《中国民间故事集成》（江苏卷），北京：中国 ISBN 中心 1998 年版，第 18 页。

W1897.3.3
哑水比其他水清澈

实例

汉族 上帝为了让会说话的动物变少，给动物的一清一浊两盆水，其中的清水是哑水。

【流传】甘肃省·（平凉市）·静宁县·八里乡·阎庙村

【出处】阎文斌讲，阎疆搜集整理：《人和青蛙》，见静宁县民间文学三套集成编辑组编《中国民间故事集成甘肃卷·静宁民间故事》，内部编印，1989 年，第 92 页。

W1897.3.4
哑水装在精美的容器里

实例

彝族 （实例待考）

W1897.3.5
哑水是神对人的惩罚

实例

（实例待考）

W1897.3.6
失灵的哑水

实例

（参见下级母题实例）

W1897.3.6.1
祭献水神后哑水失灵

实例

景颇族 人先祭献水神，所以，人喝了水没有像动物一样失去说话能力，照样能讲话。

【流传】云南省·（德宏傣族景颇族自治州）·盈江县

【出处】沙万福讲，永生翻译，东耳等采录：《找水》，见中国民间文学集成全国编辑委员会编《中国民间故事集成》（云南卷），北京：中国 ISBN 中心 2003 年版，第 333 页。

W1897.3.7
与哑水有关的其他母题

【关联】

① [W1532a.1.1] 万物因喝了哑水不会说话
② [W3086.1] 动物说话能力的丧失

实例

（参见下级母题实例）

W1897.3.7.1
哑水的选择

实例

彝族 鸟类和兽类，一到阿姆洛沽，

便争先恐后地把格易不易水（哑水）喝个精光，从此就不会说话。

【流传】（无考）

【出处】

（a）蒋汉章翻译，李仲舒整理：《创造万物的巨人支格阿鲁》，见陶立璠、李耀宗主编《中国少数民族神话传说选》成都：四川民族出版社1985年版，第86页。

（b）《创造万物的巨人尼支呷咯》，见谷德明编《中国少数民族神话》，北京：中国民间文艺出版社1987年版，第280页。

彝族 天王叫天底下的各种生物集合在一处，要大家各自选择一种仙水喝。喝了说话的水，就能继续说话；喝了不说话的水，就不能说话。

【流传】（无考）

【出处】

（a）新克搜集整理：《天神的哑水》，见谷德明编《中国少数民族神话》，北京：中国民间文艺出版社1987年版，第287～290页。

（b）《天神的哑水》见《中国民间故事选》第2集。

W1897.4
能使人增长力量的水

【关联】［W8877.3］雷公喝水获得魔力后逃脱

实例

（参见下级母题实例）

W1897.4.1
喝石龙嘴里流出的水力量大增

实例

汉族 小伙喝了石龙嘴里流出的水，力量大增。

【流传】辽宁省·朝阳市·龙城区·西大营子（西大营子镇）

【出处】张广镇讲：《青龙山腰断三截》，见本县编《辽宁省民间文学集成·朝阳市卷》，内部资料，1986年，第48～51页。

W1897.5
能赋予语言能力的水

【关联】

① ［W6701］语言的产生

② ［W6706］通过特定的水获得语言能力

实例

（参见下级母题实例）

W1897.5.1
使人获得语言能力的水

【关联】［W6706］通过特定的水获得语言能力

实例

汉族 青蛙觉得动物中只有人类忠诚老实，就把寻找清泉水喝可以会说话的秘密告诉人类。

【流传】广西壮族自治区·（玉林

市）·陆川县·半场乡

【出处】甘俊权讲，李玉校采录：《人为什么能说话》，见曹廷伟编著《广西民间故事辞典》，南宁：广西教育出版社1993年版，第28页。

W1897.5.2
能使动物说话的水

实例

汉族　玉皇大帝告诉青蛙寻找清泉水喝，可以会说话。

【流传】广西壮族自治区·（玉林市）·陆川县·半场乡

【出处】甘俊权讲，李玉校采录：《人为什么能说话》，见曹廷伟编著《广西民间故事辞典》，南宁：广西教育出版社1993年版，第28页。

W1897.6
会唱歌的水

【汤普森】D1615.4

实例

（实例待考）

W1897.7
能改变人的体征的水

实例

（参见下级母题实例）

W1897.7.1
使人返老还童的水

【汤普森】D1338.1.2

【关联】

① ［W1972.1.1］使人返老还童的泉（返老还童泉）

② ［W2968.4］人的返老还童

实例

（参见下级母题实例）

W1897.7.1.1
天上的水能使人返老还童

实例

彝族　仙女从天上舀来飘水，叫独眼人用水洗头发，白头发变黑头发；洗手后粗手洗成嫩手。

【流传】云南省·（红河哈尼族彝族自治州）·弥勒县（弥勒市）

【出处】石旺讲，戈隆阿弘采录：《独眼人、直眼人和横眼人》，见中国民间文学集成全国编辑委员会编《中国民间故事集成》（云南卷），北京：中国ISBN中心2003年版，第215页。

W1897.7.2
使人变形的水

实例

（参见下级母题实例）

W1897.7.2.1
天水使独眼人变成直眼人

【关联】［W2831.3.2］独眼人变成直眼人

实例

彝族　水王罗塔纪姑娘为旱灾后幸存

的蓬头垢面的独眼人清洗。独眼人接过四瓢水，其中最后一瓢是天水，独眼人拿来洗他的身子，顿时，满身的污垢全部洗干净，变成了直眼人。

【流传】（云南省·楚雄彝族自治州·双柏县，红河哈尼族彝族自治州等地）

【出处】

(a) 云南省民族民间文学楚雄、红河调查队搜集，郭思九、陶学良整理：《查姆》，昆明：云南人民出版社1981年版。

(b) 郭思九、陶学良整理，古梅改写：《彝家的古根》，选自《云南民族文学资料》第七集中的《查姆》上部前三章，见姚宝瑄主编《中国各民族神话》（羌族、彝族），太原：山西出版传媒集团·书海出版社2014年版，第74页。

W1897.8
生命之水
【汤普森】E80
【关联】[W9311] 复活的条件（方法）

实例

（参见下级母题实例）

W1897.8.1
使植物长青的水（甘露）

实例

（参见下级母题实例）

W1897.8.1.1
天女洗浴的甘露能使植物长青

实例

蒙古族 天鹅偷天女洗浴的海里的甘露，撒到云杉、杜松和麻黄的叶子上，这些植物长生不衰。

【流传】（无考）

【出处】[蒙古] Д·策仁苏德那木编：《蒙古神话》（基利尔蒙古文），乌兰巴托1989年版，见那木吉拉《中国阿尔泰语系诸民族神话比较研究》，北京：学习出版社2010年版，第412页。

W1897.8.2
让人焕发青春的水（活力水）

实例

哈萨克族 疲惫的老猎人到公鹿饮水泉边俯饮其水，饮后顿觉精神倍增，浑身有力。照泉映影，见头上白发转黑，皱纹消失。

【流传】（无考）

【出处】袁珂改编：《长命泉》（原名《长命泉的传说》），原载银帆编《哈萨克族民间故事选》，见袁珂《中国神话大词典》，北京：华夏出版社2015年版，第495页。

W1897.9
生死之水
【汤普森】E82

【关联】［W1897.8］生命之水

实例

（参见下级母题实例）

W1897.9.1

死亡之水

【汤普森】E84

【关联】［W0959.2］不死水

实例

（实例待考）

W1897.10

毒水

① ［W1877.3］魔鬼造出毒水
② ［W1972.9.6］毒泉

实例

（参见下级母题实例）

W1897.10.1

人受野猿的启发认识了毒水

实例

纳西族 人受野猿的启发认识了毒水。

【流传】（无考）

【出处】和即仁整理：《崇人抛鼎寻不死药》，见中华民族故事大系编委会编《中华民族故事大系》第9卷（水族、东乡族、纳西族），上海：上海文艺出版社1995年版，第691页。

W1897.10.2

毒水会把人变成石头

【关联】

① ［W1387.1.10］人变成补天的石头
② ［W9554］人变石头

实例

汉族 毒水池里的毒水一接触到人的肌体，就会使人变成僵硬的石头。

【流传】海南省·南沙群岛、西沙群岛

【出处】叶春生、许和达记录整理：《北斗星的传说》，见姚宝瑄主编《中国各民族神话》（汉族），太原：山西出版传媒集团·书海出版社2014年版，第328~332页。

W1897.11

水不能淹没大地的原因

【汤普森】A915

实例

（实例待考）

W1897.12

水中漩涡的产生

【汤普森】A1118

实例

（实例待考）

W1897.13

水的控制

实例

（参见下级母题实例）

W1897.13.1
魔力掌控着水

【汤普森】D2151

【关联】[W9000] 魔法

实 例

(实例待考)

W1897.13.2
以前的水听人使唤

实 例

壮族 以前,水也听人的摆布,喊一声:"水来!"水就乖乖地流到人们的缸里。

【流传】(无考)

【出处】《布洛陀》,原载蓝鸿恩搜集整理《神弓宝剑》,中国民间文艺出版社1985年版,见吕大吉、何耀华总主编《中国各民族原始宗教资料集成》(土家族卷、瑶族卷、壮族卷、黎族卷),北京:中国社会科学出版社1998年版,第605页。

W1897.13.3
地上水的分配

实 例

(参见下级母题实例)

W1897.13.3.1
天神让鸭子分配地上的水

实 例

拉祜族 厄莎(有多种说法,如天神、天帝、创世女神、始祖等)造出天地和日月星辰后,大地上有的地方水多,有的地方无水。厄莎做了一对鸭子,叫鸭子把湖水分匀,让大地处处都有水。

【流传】云南省·(普洱市)·澜沧县(澜沧拉祜族自治县)

【出处】李云保讲述,扎约采录:《牡帕密帕的故事》,见陶阳、钟秀编《中国神话》(上),北京:商务印书馆2008年版,第129~139页。

W1897.14
水的储存

实 例

(参见下级母题实例)

W1897.14.1
水储存在天河中

【关联】
① [W1780] 天河(银河)
② [W1789] 与天河有关的其他母题

实 例

汉族 盘古开天后,水都在天上的天河里。

【流传】湖北省·(咸宁市)·通城县·北港(北港镇)

【出处】李赵保讲,李学文采录:《天蚂蟥》,见中国民间文学集成全国编辑委员会编《中国民间故事集成》(湖北卷),北京:中国ISBN中心1999年版,第24页。

W1897.14.2
水聚集到特定的地方

实例

（参见下级母题实例）

W1897.14.2.1
水聚集在天柱周围

实例

珞巴族 大地上的水都汇集到大石柱（天柱）那里。

【流传】西藏自治区·（林芝地区）·米林县·纳玉区（南伊乡）

【出处】东娘讲，于乃昌整理：《九个太阳》，见《珞巴族民间故事》：http://www.tibet-web.com/old/minjian/ync/gushi/mulu.htm，2003.10.02。

W1897.14.3
五湖四海的水盛在特定容器中

实例

汉族 张果老的神驴饮尽两桶所盛五湖四海之水。

【流传】（江苏省·淮安市·盱眙县）

【出处】《水母洞》，见袁珂《中国神话大词典》，北京：华夏出版社2015年版，第85页。

W1897.14.4
水在天上的金盆中

实例

羌族 一个猴子在天上弄翻了金盆，水倒了出来，引起地上黄水滔天。

【流传】（无考）

【出处】
(a) 何天云讲，李明、林忠亮、刘光辉采录，林忠亮整理：《黄水滔天的故事》，见西南民族学院图书馆与西南民族学院《羌族文学简史》编写组《羌族民间文学资料集》（一），1987年合编。

(b) 同（a），见姚宝瑄主编《中国各民族神话》（羌族、彝族），太原：山西出版传媒集团·书海出版社2014年版，第11页。

W1897.15
水的消失

实例

（参见下级母题实例）

W1897.15.1
水逃向天宫

【关联】
① ［W1790］天宫
② ［W1792］与天宫有关的其他母题

实例

景颇族 水因为人的过度抛洒和污染，逃向天宫。

【流传】云南省·（德宏傣族景颇族自治州）·盈江县·支丹山吾寨

【出处】萧家成译著：《勒包斋娃——景颇族创世史诗》，北京：民族出版社1992年版，第4页。

W1897.15.2
水被喝干

【关联】［W0701.6.1］夸父喝干河水

实 例

（参见下级母题实例）

W1897.15.2.1
河水被怪物喝干

实 例

汉族　黄水怪一口喝干了硝河的水。

【流传】河南省·（安阳市）·内黄县·梁庄乡·三杨庄

【出处】寇四妮讲，张毅力采录：《颛顼降水怪》，见中国民间文学集成全国编辑委员会编《中国民间故事集成》（河南卷），北京：中国ISBN中心2001年版，第40页。

W1897.15.2.2
地上水被水鹰吸干

实 例

汉族　有一天，突然黑了半边天。原来是一只大水鹰飞来，张开嘴一吸，把地面上的水吸干，拍拍翅膀向西面飞走了。

【流传】浙江省

【出处】唐宗龙讲，陈玮君整理：《金水湖和银水湖》，见姚宝瑄主编《中国各民族神话》（汉族），太原：山西出版传媒集团·书海出版社2014年版，第214～220页。

畲族　一只大水鹰飞来，落到地上，张开嘴一吸，把地面上的水吸干。

【流传】（无考）

【出处】雷玉生等讲，唐宗龙记录：《金水湖和银水湖》，见谷德明编《中国少数民族神话》，北京：中国民间文艺出版社1987年版，第229页。

W1897.15.2.3
河水被妖魔喝干

实 例

汉族　（实例待考）

W1897.15.3
水从地孔中流入地心

【关联】［W1236］地的中心（地心）

实 例

畲族　水从地孔中流入地心。

【流传】浙江省·丽水（丽水市）

【出处】晓青等整理：《云神和水神的传说》，见中华民族故事大系编委会编《中华民族故事大系》第8卷（畲族、高山族、拉祜族），上海：上海文艺出版社1995年版，第35页。

W1897.15.4
水被晒蒸发

【关联】［W8514］晒干洪水（烤干洪水）

实 例

水族　天上出现12个太阳，泥巴快

要烧成砖块，石头烫得发软，原来淹到坡尖的大海大湖干缩到坡脚成了水凼、干沟。

【流传】贵州省·（黔南布依族苗族自治州）·都匀市·王司区（王司镇）

【出处】

（a）蒙泽和等讲，曹霖、张巢、世质搜集整理：《化石娘》，见祖岱年、周隆渊编《水族民间故事选》，上海：上海文艺出版社1988年版。

（b）同（a），见姚宝瑄主编《中国各民族神话》（水族、布朗族、独龙族、基诺族、傈僳族），太原：山西出版传媒集团·书海出版社2014年版，第12页。

W1897.16
以前水与火是朋友

【关联】［W1891.5］水火同时产生

实例

珞巴族 在古代，水和火却是一对至交，好得如胶似漆，他俩一块儿玩耍，一道生活。

【流传】墨脱县·背崩乡、达木珞巴民族乡、甘登乡（讲述地点：墨脱县·达木珞巴民族乡·卡布村）

【出处】南嘎平措、顿加讲：《打火石的来历》（1955.08），见冀文正《珞巴族民间故事》，成都：四川民族出版社2011年版，第26页。

珞巴族 古时候，水和火非常友好，经常在一起玩。

【流传】西藏自治区·下珞渝（泛指永木河、锡约尔河、巴恰西仁河流域）

【出处】达大讲，达嘎译，李坚尚、裴富珍搜集整理：《水和火的故事》，见中华民族故事大系编委会编《中华民族故事大系》第16卷（赫哲族、门巴族、珞巴族、基诺族），上海：上海文艺出版社1995年版，第428页。

W1897.16a
水与火是仇敌

【关联】［W1538.5.4.1.1］水火相克

实例

（参见下级母题实例）

W1897.16a.1
水为什么水火不相容

实例

（参见下级母题实例）

W1897.16a.1.1
天帝规定以水治火，以火煮水

实例

汉族 远古洪荒时代，由天帝判定，以水治火，以火煮水，为凡人享用。因此，水火从来是不相容的死对头。

【流传】浙江省·（温州市）·永嘉县

【出处】谢博讲，谢圣铎记录：《女娲补天》，见姚宝瑄主编《中国各民族神话》（汉族），太原：山西出版传媒集团·书海出版社2014年版，第55页。

W1897.17
特定名称的水

实例

（参见下级母题实例）

W1897.17.1
上池水

实例

<u>汉族</u> 上池水，谓水未至地，盖承取露及竹木上水，取之以和药，服之三十日，当见鬼物也。

【流传】（无考）

【出处】

（a）《史记·扁鹊仓公列传》司马贞索隐。

（b）《上池水》，见袁珂《中国神话大词典》，北京：华夏出版社 2015 年版，第 23 页。

W1897.17.2
天水

【关联】［W1897.7.2.1］天水使独眼人变成直眼人

实例

<u>汉族</u> 女娲为了造人，飞上天去，舀来了天水

【流传】河南省·安阳市·安阳县·磊口乡·目明村

【出处】赵庆士（农民）讲，左兵采录：《女娲造人（四）》（原名《下雨时为啥起黑云》），见张振犁编著《中原神话通鉴》（第一卷），郑州：河南大学出版社 2017 年版，第 170 页。

W1897.17.2.1
蓝色天水

实例

<u>蒙古族</u> 蓝色天水中，微露须弥宝山山尖。

【流传】（无考）

【出处】＊《麦德尔神女》，原载陶阳、钟秀编《中国神话》，见袁珂《中国神话大词典》，北京：华夏出版社 2015 年版，第 399 页。

W1897.17.3
地水（真水）

【关联】［W1515.3.1］地水生万物

实例

<u>汉族</u> 女娲为了造人，飞上天去，舀来了天水，她钻到地下，舀来了地水。

【流传】河南省·安阳市·安阳县·磊口乡·目明村

【出处】赵庆士（农民）讲，左兵采录：《女娲造人（四）》（原名《下雨时为啥起黑云》），见张振犁编著《中原神话通鉴》（第一卷），郑州：河南大学出版社 2017 年版，第 170 页。

<u>满族</u> "巴纳姆水"也叫"真水"，汉语叫"地水"。这种水能产生万物，也能消灭万物。这种巴纳姆水是由两

种不同的水组成的。较重的是巴纳姆水，比较轻的就叫水。

【流传】黑龙江省·（牡丹江市）·宁古塔（宁安县）

【出处】傅英仁讲：《老三星创世》，见傅英仁讲述，张爱云整理《满族萨满神话》，哈尔滨：黑龙江人民出版社2006年版，第10页。

W1897.17.3.1
真水育百花

实例

汉族 盘古快死时，拿出一包百花种子交给女儿花神，让她种在净土中后，再往东走四万四千四百四十四里，日头洗澡的地方，那里有一潭真水，不蒸不发，可取真水一担，灌浇百花种子，百花种子就会生芽出土。

【流传】
（a）河南省·（南阳市）·社旗县
（b）河南省·驻马店市·汝南县
（c）河南省·（新乡市）·封丘县

【出处】
（a）杨东来搜集整理：《天女散花》，见张振犁编著《中原神话通鉴》（第一卷），郑州：河南大学出版社2017年版，第38页。
（b）申汪让讲，张丽卿采录整理：《天女散花》，同（a）出处，第39页。
（c）王又凡（50多岁，教师）讲，王海燕采录：《花神》（1989.12.16），同（a）出处，第40页。

W1897.17.3a
善水

实例

汉族 盘古快死时，拿出一包百花种子交给女儿花神，告诉她往南走六万六千六百六十六里，那里有善水一潭。可取善水一担，对花苗喷洒，花苗结出骨朵。

【流传】
（a）河南省·（南阳市）·社旗县
（b）河南省·驻马店市·汝南县
（c）河南省·（新乡市）·封丘县

【出处】
（a）杨东来搜集整理：《天女散花》，见张振犁编著《中原神话通鉴》（第一卷），郑州：河南大学出版社2017年版，第38页。
（b）申汪让讲，张丽卿采录整理：《天女散花》，同（a）出处，第39页。
（c）王又凡（50多岁，教师）讲，王海燕采录：《花神》（1989.12.16），同（a）出处，第40页。

W1897.17.3b
美水

实例

汉族 盘古快死时，拿出一包百花种子交给女儿花神，告诉她往北走八万八千八百八十八里，那里有美水一潭，你可取美水一担，用美水滋润花骨朵，会开出百样的花朵。

【流传】
（a）河南省·（南阳市）·社旗县
（b）河南省·驻马店市·汝南县
（c）河南省·（新乡市）·封丘县
【出处】
（a）杨东来搜集整理：《天女散花》，见张振犁编著《中原神话通鉴》（第一卷），郑州：河南大学出版社2017年版，第38页。
（b）申汪让讲，张丽卿采录整理：《天女散花》，同（a）出处，第39页。
（c）王又凡（50多岁，教师）讲，王海燕采录：《花神》（1989.12.16），同（a）出处，第40页。

W1897.17.4
玉水

实 例

（参见下级母题实例）

W1897.17.4.1
玉水专祭龙神

【关联】
① ［W6500］祭品（牺牲）
② ［W6501.1］特定的祭品是神规定的

实 例

彝族 山间黑龙神，要用玉水来祭它。

【流传】贵州省·（毕节市）·赫章县
【出处】罗正清翻译，黄建明摘录：《神系根源》，见吕大吉、何耀华总主编《中国各民族原始宗教资料集成》（彝族卷、白族卷、基诺族卷），北京：中国社会科学出版社1996年版，第279~280页。

W1897.17.5
阴阳水

实 例

汉族 东海龙王来到了伏羲的九儿子老黄龙氏面前，用阴阳水为他治了眼睛，老九的眼睛立即复明如初。

【流传】河南省·（周口市）·淮阳县
【出处】《八卦坛》，原载原见《中华民族始祖太昊伏羲氏》，见张振犁编著《中原神话通鉴》（第一卷），郑州：河南大学出版社2017年版，第245页。

W1897.17.6
明月水

实 例

汉族 月宫逃到人间的虾蟆体渐大，乃化而为石，人称虾蟆碚；所吐明月水，遂为虾蟆泉矣。

【流传】（无考）
【出处】袁珂改编：《虾蟆泉》，原载《中国地方风物传说选》，见袁珂《中国神话大词典》，北京：华夏出版社2015年版，第386页。

W1897.18
水眼（水洞）

【关联】
① ［W1897.1.9.1］神奇的水洞

② ［W1964.5.2.1］山脚的大石洞是海的水眼

实　例

满族　把守东海的龙王打开水眼，洪水从天上灌下来，一连三千三百三十六个日夜，遍地汪洋，白浪滔天。

【流传】黑龙江沿岸，黑龙江省·（黑河市）·孙吴县、瑷珲县（爱辉区）

【出处】赵瞎子、富郭氏等讲，育光搜集整理：《白云格格》，原载育光编《七彩神火》，见陶阳、钟秀编《中国神话》（中），北京：商务印书馆2008年版，第763～767页。

W1897.19

水中的特定物

实　例

（参见下级母题实例）

W1897.19.1

水中的宫殿

【关联】［W1346.3.1］负载大地的巨龟住在海洋里的宫殿中

实　例

朝鲜族　天王郎解慕漱带着柳花进水宫向柳花的父亲河伯求婚。

【流传】（无考）

【出处】

（a）金德顺讲，裴永镇整理：《朱蒙》，见《朝鲜族民间故事讲述家金德顺故事集》，上海：上海文艺出版社1983年版。

（b）同（a），见姚宝瑄主编《中国各民族神话》（满族、赫哲族、朝鲜族），太原：山西出版传媒集团·书海出版社2014年版，第170～181页。

1.8.2　江河湖海
【W1900～W1964】

✿ W1900

江河湖海的产生[①]

实　例

（参见下级母题实例）

W1900a

以前没有江河湖海

实　例

（参见下级母题实例）

W1900a.1

以前没有江河

实　例

（参见下级母题实例）

---

① 江河湖海的产生，在神话表述中关于"江河湖海产生"的母题一般原因相同，同时出现，为避免具体编码的重复，"江河湖海"母题具有共性在此处作出集中标示，下文只对"江河湖海"一些具有个性特色的母题加以列举。

W1900a.1.1
盘古死以前没有江河

实例

汉族 盘古氏未死以前，未有海岳、江河、草木于下也。

【流传】（无考）

【出处】［唐］不题撰人：《灌畦暇语》。

W1901
江河湖海自然存在

实例

（实例待考）

W1902
江河湖海是造出来的

实例

（参见下级母题实例）

W1902.1
特定的人物造江河湖海

实例

（参见下级母题实例）

W1902.1.0
天神开辟江河

实例

拉祜族 天神厄莎按掌上花纹，开出出水口九十九，成为九十九条大江河。

【流传】（无考）

【出处】袁珂改编：《造天造地》（原名《牡帕密帕·勐呆密呆》），原载毛星主编《中国少数民族文学》（下册），见袁珂《中国神话大词典》，北京：华夏出版社2015年版，第534页。

W1902.1.1
始祖造江河湖海

【关联】

① ［W1804.8.2］始祖造山河
② ［W1915.1.2］女始祖造河

实例

景颇族 人祖彭干支伦和木占外顺创造了河流湖泊。

【流传】云南省·（德宏傣族景颇族自治州）·盈江县·卡场公社（卡场镇）·乌帕大队（乌帕村）

【出处】贡退干唱：《穆脑斋瓦》，见中国社会科学院云南少数民族文学研究所等编《云南少数民族文学资料》第1辑，内部编印，1980年，第123页。

瑶族 （实例待考）

W1902.1.2
真主造江河

实例

回族 安拉把地上的另一部分水汇集在一起，成了大洋大海，还有大江大河。

【流传】黑龙江省·（牡丹江市）·绥芬河市

【出处】杨明岱讲，周爱民采录：《阿丹人祖》，见中国民间文学集成全国编辑委员会编《中国民间故事集成》（黑龙江卷），北京：中国 ISBN 中心 2005 年版，第 20 页。

W1902.1.2.1
真主安拉造河

实例

塔吉克族 安拉造出宇宙之后，又在大地上创造了河流。

【流传】新疆维吾尔自治区·（喀什地区）·塔什库尔干塔吉克自治县·瓦尔西代乡

【出处】马达里汗讲，西仁·库尔班等采录翻译：《人类的来历》，见中国民间文学集成全国编辑委员会编《中国民间故事集成》（新疆卷），北京：中国 ISBN 中心 2008 年版，第 34 页。

W1902.1.3
文化英雄造江河

实例

布依族（实例待考）

W1902.1.3.1
壮士造五湖四海

实例

侗族 壮士马王用锄破冰，造出五湖四海。

【流传】（无考）

【出处】《开天辟地》，见杨保愿《嘎茫莽道时嘉》（《侗族远祖歌》），北京：中国民间文艺出版社 1986 年版，第 18 页。

W1902.1.3.2
禹挖出江河

实例

汉族 禹治水时，从西向东开沟挖渠，形成现在的长江大河。

【流传】浙江省·宁波市·宁海县·（西店镇）·紫江村

【出处】邬荣绍讲，麻承照记录：《鲦山禹河》（1987.05），见罗杨总主编，戴余金本卷主编《中国民间故事丛书·浙江宁波·宁海卷》，北京：知识产权出版社 2015 年版，第 8 页。

W1902.1.4
地王造五湖四海

【关联】［W0237］地王（地皇）

实例

侗族

（参见 W1946.2.9 母题实例）

W1902.1.5
女娲挖出江河湖海

实例

（参见下级母题实例）

W1902.1.5.1
女娲挖的洞眼溢水形成江河湖海

实例

汉族 女娲造好天地，又用五个指头在地上乱七八糟地抓、挖，挖出蛮多洞眼，溢满水便成了江河湖海。

【流传】浙江省·舟山市·（定海区）·干览乡（干览镇）·南岙村

【出处】顾阿登讲，林胜强记录，周明搜集整理：《女娲补天》（1987.06.15），见姚宝瑄主编《中国各民族神话》（汉族），太原：山西出版传媒集团·书海出版社2014年版，第57~58页。

W1902.1.6
众神造江河湖海

实例

侗族 萨天巴（蜘蛛，女祖神，创世神）让众神创新改天换地，要求地上要有河湖海洋。

【流传】广西壮族自治区·（柳州市）·三江（三江侗族自治县），（桂林市）·龙胜（龙胜各族自治县）

【出处】杨卜林喜、杨卜松林、杨明世讲，杨国仁、涛声搜集整理，蔷紫改写：《创世女神萨天巴》，原文为过伟改写自侗族创世史诗《嘎茫莽道时嘉——远祖歌》（未出版稿），见姚宝瑄主编《中国各民族神话》（土家族、毛南族、侗族、瑶族），太原：山西出版传媒集团·书海出版社2014年版，第76页。

W1902.1.7
龙造江河湖海

实例

壮族 九龙开五湖四海。

【流传】广西壮族自治区·来宾（来宾市）·（兴宾区）·大湾（大湾镇）、凤凰（凤凰镇）一带

【出处】韦守仪唱：《历史盘对歌》，见张声震总主编，农冠品编注《壮族神话集成》，南宁：广西民族出版社2007年版，第15页。

W1902.2
砸出江湖河海

实例

（参见下级母题实例）

W1902.2.1
湖海是砸出的坑

实例

汉族 （实例待考）

W1902.2.1.1
盘古砸出湖海

实例

土家族 仙人盘古用力朝下砍了一斧，地被打出了好几个大凹，不断冒出水来，成了湖海。

【流传】湖南省·（湘西土家族苗族自治州）·吉首市

【出处】黄德裕讲，杨启良等采录：《盘古开天，女娲补天》，见中国民间文学集成全国编辑委员会编《中国民间故事集成》（湖南卷），北京：中国ISBN中心2002年版，第5页。

W1902.2.2

太阳落地砸出的大坑成为湖海

实例

（参见下级母题实例）

W1902.2.2.1

后羿射落的太阳砸出

实例

壮族 后羿射日时，太阳落到地上砸出的大坑，成为湖海。

【流传】广西壮族自治区桂东南［包括玉林、贵县（贵港）、桂平、平南、北流、容县、博白、陆川等县市］

【出处】韦锡芳讲，黄励德等搜集整理：《嫦娥奔月》，见曹廷伟编著《广西民间故事辞典》，南宁：广西教育出版社1993年版，第11页。

W1902.3

特定行为造成江河湖海

实例

（参见下级母题实例）

W1902.3.1

治水时形成江河湖海

【关联】［W4976.1］治水者

实例

汉族

（参见 W1902.1.3.2 母题实例）

W1902.3.2

战争形成江湖河海

实例

（实例待考）

W1902.3.2.1

河流湖泊是神搏斗的痕迹

【关联】［W8790］神之间的争战

实例

柯尔克孜族 河流、湖泊和平地是宇宙之神和火神在大地上长时间扭打、搏斗，留下的痕迹。

【流传】新疆维吾尔自治区·柯尔克孜地区（克孜勒苏柯尔克孜自治州）

【出处】《火神》，斯丝根据多里昆·吐尔地、阿地力·朱玛吐尔地撰写的《柯尔克孜族宗教与神话》改写，见姚宝瑄主编《中国各民族神话》（乌孜别克族、哈萨克族、柯尔克孜族、俄罗斯族、维吾尔族、塔吉克族、塔塔尔族、锡伯族），太原：山西出版传媒集团·书海出版社2014年版，第147页。

W1902.3.2.2
河流湖泊是天神战恶神时弄出的沟洼

实 例

满族 阿不凯恩都哩与他的作恶的徒弟耶鲁哩，展开天宫大战，大战过后弄得沟沟洼洼，这就出现了江湖河海。

【流传】黑龙江省·（牡丹江市）·宁安县·宁安镇

【出处】关振川讲，傅英仁采录：《阿不凯恩都哩创世》，见中国民间文学集成全国编辑委员会编《中国民间故事集成》（黑龙江卷），北京：中国ISBN中心2005年版，第17~18页。

W1902.3.3
缩地时形成江湖河海

实 例

（参见下级母题实例）

W1902.3.3.1
神缩地时低洼处形成江湖河海

实 例

汉族 两个神仙按住地的四边往里缩，因为刚造好的地有硬有软，软的地方就凹下去，变成河海。

【流传】浙江省·（杭州市）·淳安县·上梧乡·陈家门村

【出处】陈南生讲，王水根记录整理：《天为什么比地大》，见淳安县民间文学征集办公室编《中国民间文学集成浙江省淳安县故事、歌谣、谚语卷》，内部编印，1988年，第3页。

壮族 女神姆六甲造的天小地大，她以针线缝缀地边缩地时，边沿起皱纹，高突者为山，低洼者乃为江河湖海。

【流传】（无考）

【出处】《姆六甲》，原载欧阳若修等著《壮族文学史》，见袁珂《中国神话大词典》，北京：华夏出版社2015年版，第442页。

W1902.3.3.2
盘古缩地时形成江河海洋

实 例

汉族 盘古开了天地，天小地大盖不住，就将地缩缩，低处成了江河湖海。

【流传】浙江省·（丽水市）·青田（青田县）

【出处】季培贵讲述、季从姚采录：《盘古开天》，见中国民间文学集成全国编辑委员会编《中国民间故事集成》（浙江卷），北京：中国ISBN中心1997年版，第16页。

汉族 原来，天小地大。盘古拉天后再缩地。他双手捧住大地向拢促，用力一促，把纸平的地面促出许许多多的皱褶来，皱褶的缝里还流出水来。这些水就成了江河海洋。

【流传】浙江省·（丽水市）·青田县·温溪区·坑外村

【出处】季培贵讲，季从姚搜集整理：《盘古开天》（1940S），见姚宝瑄主编《中国各民族神话》（汉族），太原：山西出版传媒集团·书海出版社2014年版，第14~15页。

W1902.3.3.3
女始祖缩地时凹陷形成江河湖海

实例

汉族　拱屎虫和螟蛉虫分别造的地大天小。女始祖姝六甲抓地使天地合严时，形成了今天的高山峻岭，江河湖海。

【流传】辽宁省·（大连市）·瓦房店市·炮台镇·长岭村、老染房村一带

【出处】秦淑慧讲，孙波搜集整理：《姝六甲》（1986.03），见姚宝瑄主编《中国各民族神话》（汉族），太原：山西出版传媒集团·书海出版社2014年版，第36~38页。

壮族　姆六甲（女始祖）让天地吻合时，把大地一把抓起来，把地皮扯得鼓胀起来，于是大地上鼓起来的地方，成为山包高地；凹下的地方，成为深壑峡谷，于是就有了江河湖海。

【流传】（无考）

【出处】《姆六甲》，原载蓝鸿恩搜集整理《神弓宝剑》，中国民间文艺出版社1985年版，见吕大吉、何耀华总主编《中国各民族原始宗教资料集成》（土家族卷、瑶族卷、壮族卷、黎族卷），北京：中国社会科学出版社1998年版，第604页。

W1902.3.4
修整大地时整出的褶皱成为江河湖海

【关联】

① ［W1809.3］缩地时凸起的地方形成山

② ［W1845.1.9.1］缩地时低的地方形成峡谷

③ ［W1936.2.4］地的凹陷处变成河谷

④ ［W1950.3.2］缩地时凹陷的地方形成海子

⑤ ［W1979.1.1］造地时的褶皱变成沼泽

实例

汉族

（参见W1902.3.3.2母题实例）

W1902.3.4.1
神修整大地时整出的褶皱成为江河湖海

实例

苗族　四个大神修整天地时，一齐用力一抖，把十二层地抖出了皱纹，一条条皱纹，就像一条百叶裙。凹处就是江河湖泊。

【流传】（无考）

【出处】陶春保讲，刘永鸿整理：《生天养地的爹娘》，见姚宝瑄主编《中国

W1902.3.5
造人挖泥低的地方变成江河湖海

实例

畲族 上古的时候,天和地刚刚分开。皇天爷和皇天姆下凡到地上用五色土造人。结果平整的地面被挖得凹凸不平。高的地方变成高山,低的地方变成江河湖海。

【流传】福建省·(宁德市)·福鼎市

【出处】蓝升兴讲,蓝俊德、蓝清盛采录:《皇天爷和皇天姆造人》,原载《中国民间故事集成·福建卷·闽东畲族故事》,宁德地区民间文学集成编委会1990年编印,见《福建省少数民族古籍丛书》编委会编《畲族卷·民间故事》,福州:海峡出版发行集团·海峡书局2013年版,第6~7页。

W1902.3.6
洒水成江河湖海

实例

(参见下级母题实例)

W1902.3.6.1
神踢翻造地的一碗水形成江河湖海

实例

畲族 玉皇大帝派两个神仙兄弟造天地,弟弟懒惰造地慢,玉皇大帝就派雷神电神去催时,他慌乱中踢翻了造地的那碗水,水往低处流,形成了江河湖海。

【流传】福建省·(漳州市)·华安(华安县)

【出处】钟国姓讲,钟武艺采录:《兄弟俩造天地》,原载《中国民间故事集成·福建卷·漳州市分卷》,漳州市民间文学集成编委会1991年编印,见《福建省少数民族古籍丛书》编委会编《畲族卷·民间故事》,福州:海峡出版发行集团·海峡书局2013年版,第2~3页。

W1903
江河湖海是生育产生的

实例

白族

(参见W1884.0.1母题实例)

W1904
江河湖海是变化产生的

实例

(参见下级母题实例)

W1904.1
肢体化生为江河湖海

实例

(参见下级母题实例)

W1904.1.1
肠胃化江河湖泊

实例

（参见下级母题实例）

W1904.1.1.1
神的大小肠变成江河湖泊

实例

彝族　黑埃波罗赛神骨头变石头，胃变海，大肠变大江，小肠变小河。

【流传】（无考）

【出处】

（a）《黑埃波罗赛造天地》，见中国各民族宗教与神话大词典编审委员会编《中国各民族宗教与神话大词典》，北京：学苑出版社1990年版，第677页。

（b）《黑埃波罗赛神》，见云南省民族事务委员会编《彝族文化大观》，昆明：云南民族出版社1999年版，第320页。

W1904.1.1.2
天女的肠胃化江河湖泊

实例

汉族　玉皇大帝的小女儿把肠肚掏出来，抛在大地上，变成了江河湖泊

【流传】江西省·宜春市·（袁州区）·湖田乡（湖田镇）·双湖村

【出处】易世才讲，李鉴采录：《玉皇大帝的女儿》，见中国民间文学集成全国编辑委员会编《中国民间故事集成》（江西卷），北京：中国ISBN中心2002年版，第3页。

W1904.1.2
血变成江河湖海

【关联】［W1887］血变成水

实例

（参见下级母题实例）

W1904.1.2.1
神或神性人物的血变成江河湖海

实例

（参见下级母题实例）

W1904.1.2.1.1
盘古死后血变成江河湖海

实例

汉族　天气蒙鸿，萌芽兹始，遂分天地。首生盘古。（盘古）垂死化身，血液为江河。

【流传】（无考）

【出处】

（a）《五运历年记》，见［清］马骕《绎史》卷一。

（b）《五运历年记》，见［明］董斯张《广博物志》卷九。

汉族　首生盘古，垂死化身，血液为江河。

【流传】（无考）

1.8.2　江河湖海

【出处】［宋］张澡：《元气论》。

汉族　盘古死后，他的血液变成江河湖海。

【流传】江苏省·（淮安市）·涟水（涟水县）各地

【出处】徐学尧讲，徐省生搜集整理：《开天辟地和人的由来》（1986.06），见姚宝瑄主编《中国各民族神话》（汉族），太原：山西出版传媒集团·书海出版社 2014 年版，第 20~22 页。

汉族　盘古的血液变成滚滚的江河。

【流传】河南省·济源市·（城关）

【出处】程玉林讲，缪华、胡佳作采录：《盘古寺》，见张振犁编著《中原神话通鉴》（第一卷），郑州：河南大学出版社 2017 年版，第 4 页。

汉族　盘古顶天立地后，血变成了江河。

【流传】河南省·（驻马店市）·新蔡县·裳村乡

【出处】刘义（76 岁，农民）讲，刘国富采录，龚国强采录整理：《盘古开天地的来历》（1987.09.05），见张振犁编著《中原神话通鉴》（第一卷），郑州：河南大学出版社 2017 年版，第 25 页。

汉族　盘古临死时，血液变成江河。

【流传】河南省·登封市

【出处】《嵩山的来历》（据《述异记·盘古化物》整理），见张振犁编著《中原神话通鉴》（第一卷），郑州：河南大学出版社 2017 年版，第 12 页。

W1904.1.2.1.1.1
盘古的血液变成江湖

实　例

汉族　盘古开辟天地后，全身突然起了大变化。他的血液变成了江湖。

【流传】河南省·新乡市

【出处】马如心（50 岁）讲，马安中采录整理：《盘古开天地》（1986.08），见张振犁编著《中原神话通鉴》（第一卷），郑州：河南大学出版社 2017 年版，第 16~17 页。

W1904.1.2.1.1.2
盘古氏的血脉变成江湖

实　例

汉族　盘古氏造人累死后再也没有醒来，血脉成了江、河、湖、海。

【流传】河南省·（三门峡市）·陕县（陕州区）·张茅乡·白土坡村

【出处】刘小锁（1929 年生，农民，小学）讲，刘邦项采录整理：《盘古氏造世界》，见张振犁编著《中原神话通鉴》（第一卷），郑州：河南大学出版社 2017 年版，第 22 页。

W1904.1.2.1.1.2a
盘古氏的血管变成江河

实　例

汉族　盘古因长久支撑天地死去了。

他的血管变成了江河。

【流传】河南省·（驻马店市）·汝南县

【出处】李建国（45岁，中专）讲，李超采录：《盘古开辟天地》（1987.06），见张振犁编著《中原神话通鉴》（第一卷），郑州：河南大学出版社2017年版，第26页。

W1904.1.2.1.1.3
盘古死后血肉变成江河

实例

汉族　盘古开天辟地死后，血肉变成了江海。

【流传】河北省·（邯郸市）·涉县

【出处】《女娲兄妹结亲的传说》，见张振犁编著《中原神话通鉴》（第一卷），郑州：河南大学出版社2017年版，第313页。

W1904.1.2.1.1.4
盘古氏的脂膏变成江海

实例

汉族　盘古氏之死也，脂膏为江海。

【流传】（无考）

【出处】［唐］不题撰人：《灌畦暇语》。

汉族　盘古氏，天地万物之祖也。昔盘古氏死后，脂膏为江海。

【流传】（无考）

【出处】［南朝·梁］任昉：《述异记》。

W1904.1.2.1.2
山神的血变成江河湖泽

实例

彝族　山神献出鲜血，大地就有江河湖泽。

【流传】云南省·（红河哈尼族彝族自治州）·红河县、元阳县

【出处】龙保贵搜集整理，黄建明摘录：《祭山经》，见吕大吉、何耀华总主编《中国各民族原始宗教资料集成》（彝族卷、白族卷、基诺族卷），北京：中国社会科学出版社1996年版，第87页。

W1904.1.2.1.3
地母流的血变成江海泽

【关联】［W1969.2a.1］地母的汗水变成泉

实例

珞巴族（博嘎尔、崩尼部落）　天和地结婚，地母斯金第一次怀孕，流产流出的血水江河湖海。

【流传】（无考）

【出处】于乃昌：《珞巴族文学史》，拉萨：西藏人民出版社·南京：江苏教育出版社2001年版，第139页。

珞巴族　天和地结婚以后，地母第一次怀孕，血浇大地，变成了江河湖海。

【流传】西藏自治区

【出处】《博嘎尔部落神话》，见于乃昌《珞巴族神话与生殖崇拜》，http://www.tibet-web.com，2003.10.06。

W1904.1.2.2

人的血变成江河湖海

实例

（实例待考）

W1904.1.2.3

动物的血变成江河湖海

实例

（实例待考）

W1904.1.3

眼泪变成江河湖海

【关联】

① ［W1889］眼泪变成水

② ［W1979.3.6］眼泪化为溪

实例

（参见下级母题实例）

W1904.1.3.1

神或神性人物的眼泪变成江河湖海

实例

（参见下级母题实例）

W1904.1.3.1.1

天下婆的眼泪变成江河湖海

【关联】［W1124.1.3.1］天地产生前有天下翁和天下婆两位老人

实例

汉族 天下翁和天下婆一对老人造天地时，天下婆被天下翁骂哭了。她哭了九天九夜，滴下的眼泪，就成了后来的江河湖海。

【流传】福建省·（宁德市）·周宁县·李墩乡·里东山村

【出处】章永红讲，陈风禧搜集整理：《天下翁与天下婆》（1987.08.05），见姚宝瑄主编《中国各民族神话》（汉族），太原：山西出版传媒集团·书海出版社2014年版，第34~35页。

W1904.1.3.1.2

盘古泣为江河

实例

汉族 盘古泣为江河。

【流传】（无考）

【出处】［南朝·梁］任昉：《述异记》。

汉族 盘古泣为江河。

【流传】（无考）

【出处】［唐］不题撰人：《灌畦暇语》。

W1904.1.3.2

人的眼泪变成江河湖海

【关联】［W1969.2.4］女子的眼泪变成泉

实例

（实例待考）

W1904.1.3.3

动物的眼泪变成江河湖海

实例

（实例待考）

W1904.1.3.4
其他特定物的眼泪变成江河湖海

实例

（实例待考）

W1905
与江河湖海产生有关的其他母题

实例

（参见下级母题实例）

W1905.1
大海退后形成河流湖泊

【关联】

① ［W1950.3.4.1］洪水退去留下山上的海子

② ［W1957.1.4］洪水退后出现海

实例

佤族 大海后退，大地随着改变了模样，有了河流湖泊。

【流传】（无考）

【出处】埃戛搜集整理：《谁敢做天下万物之王》，见谷德明编《中国少数民族神话》，北京：中国民间文艺出版社1987年版，第378页。

W1905.1.1
海浪冲大地后低凹积水成为江河湖海

【关联】

① ［W1964.11］与海浪有关的其他母题

② ［W1977.4.0.1］海溅出的浪花变成潭水

实例

白族 九万层海涛，把地冲陷得往下降落。低凹积水的地方，成了江河湖海。

【流传】云南省·（大理白族自治州）·鹤庆（鹤庆县），丽江（丽江市）及（丽江市）·永胜（永胜县）

【出处】李剑飞讲，李缵绪、章虹宇记录：《人类和万物的起源》（又名《劳谷与劳泰》、《古干古洛创世记》），原载李缵绪主编《白族神话传说集成》，中国民间文艺出版社1986年版，见姚宝瑄主编《中国各民族神话》（白族、拉祜族、景颇族），太原：山西出版传媒集团·书海出版社2014年版，第18页。

W1905.2
水滴聚成江河湖海

实例

毛南族 （实例待考）

W1905.3
雨形成江河湖海

【关联】［W4372］与雨有关的其他母题

实例

白族 雨水在地面上汇积起来，就成了江河湖海。

【流传】云南省·（大理白族自治州）·鹤庆（鹤庆县）

【出处】罗玉生讲，艺叟记录：《日月甲马》，原载《中国民间故事全书》（云南省·鹤庆卷），见陶阳、钟秀编《中国神话》（下），北京：商务印书馆2008年版，第1463～1466页。

W1905a
与江河湖海有关的其他母题

实例

（参见下级母题实例）

W1905a.1
江河湖海的特征

实例

（参见下级母题实例）

W1905a.1.1
江河湖海为什么守规矩

【关联】[W5991] 规矩的产生

实例

（参见下级母题实例）

W1905a.1.1.1
吸引力使江河湖海变规矩

【关联】[W4617.1] 吸引力

实例

佤族　里（天神名，旧译"利吉神"）磨天磨出的渣渣掉进了大海，吸住了海水，从此，江河湖海变得规矩了。

【流传】云南省·（普洱市）·西盟县（西盟佤族自治县），（临沧市）·沧源县（沧源佤族自治县）

【出处】随戛、岩扫、岩瑞等讲述，艾荻、张开达搜集整理：《司岗里》，载《山茶》1988年第1期。

W1905a.1.2
江河湖海的流向

实例

（参见下级母题实例）

W1905a.1.2.1
江河湖泽向东南流

实例

汉族　共工和颛顼打仗时，撞折了擎天柱不周山。天向西北倾斜，日月星辰都往西北走，地向东南塌陷，江河湖泽都向东南流。

【流传】河南省·（焦作市）沁阳县

【出处】张正朝、秦太明采录整理：《女娲补天（二）》，见张振犁编著《中原神话通鉴》（第一卷），郑州：河南大学出版社2017年版，第126页。

❋ W1910
江河的产生

【汤普森】A930

实例

（参见下级母题实例）

W1910.1
以前没有江河

实例

彝族 很久以前，地上没山川，地上没草木，地上无江河，一片光秃秃。

【流传】云南省·红河（红河哈尼族彝族自治州）·元阳（元阳县）、绿春（绿春县）、石屏（石屏县），（玉溪市）元江（哈尼族彝族傣族自治县），（普洱市）·墨江（哈尼族自治县）等

【出处】龙保贵搜集整理，黄建明摘录：《祭龙的根由》，见吕大吉、何耀华总主编《中国各民族原始宗教资料集成》（彝族卷、白族卷、基诺族卷），北京：中国社会科学出版社1996年版，第280~281页。

W1910.1.1
以前没有江

实例

彝族 以前，地刚造出来时，什么也没有，没有大江，也还没有大海。

【流传】（云南省·楚雄彝族自治州·姚安县·官屯乡·马游村，大姚县·昙华乡等）

【出处】（a）郭天元（马游村）、李申呼颇（昙华乡）、李福玉颇（苴）演唱，郭思九、许明学、龚维顺、张宝省、陈志群、胡炳文等搜集，刘德虎、龚维顺、陈志群、李树荣、郭天元等整理：《梅葛》（第一部"创世"），见云南省民族民间文学楚雄调查队《梅葛》（1959），昆明：云南人民出版社2009年版。

（b）《打虎开天辟地》，蔷紫据云南省民族民间文学楚雄调查队著《梅葛》（云南人民出版社2009年版）改写，见姚宝瑄主编《中国各民族神话》（羌族、彝族），太原：山西出版传媒集团·书海出版社2014年版，第194页。

※ W1911
江河自然产生

实例

汉族 盘古用神力开天辟地后，一个月生山，两个月有河。

【流传】浙江省·海宁市·祝场、斜桥等乡及毗邻的海盐县部分农村

【出处】沈关勇、汪彩贞讲，郑伟成、王钱松记录，王钱松整理：《日月平升》（1981），见姚宝瑄主编《中国各民族神话》（汉族），太原：山西出版传媒集团·书海出版社2014年版，第191~192页。

W1912
河源于天上

实例

满族 阿布卡赫赫吞下住在巨石中的多喀霍女神后，浑身充满了巨力，她

一下子冲上穹宇。热火烧得阿布卡肢身融解，眼睛变成了日月，头发变成森林，汗水变成溪河……所以，后世讲，地上的河流是从天上掉下来的。

【流传】黑龙江省·黑河地区（黑河市）·孙吴县·（沿江满族达斡尔族乡）·四季屯（四季屯村）

【出处】吴纪贤、富希陆讲：《天宫大战——黑水女真人传世神话》（1939，选自富育光、郭淑云整理的手稿），见姚宝瑄主编《中国各民族神话》（满族、赫哲族、朝鲜族），太原：山西出版传媒集团·书海出版社2014年版，第28页。

W1912.1
河是天上漏下的水

【关联】［W8119］天河漏水形成洪水

实例

壮族 天塘是补好了，结果还是漏水，变成了现在的红水河。

【流传】广西壮族自治区·（河池市）·大化县（大化瑶族自治县）·羌圩乡

【出处】覃卜兵讲，覃承勤采录翻译：《姆洛甲造红水河》，见中国民间文学集成全国编辑委员会编《中国民间故事集成》（广西卷），北京：中国ISBN中心2001年版，第7页。

W1912.2
江河源于云中

【关联】［W1884.1］云生水

实例

纳西族 太阳和月亮伙烧一塘火的时候，澜沧江、怒江和金沙江三姐妹，从北方的云堆里走出来。

【流传】云南省·（丽江市）·丽江县（古城区、玉龙纳西族自治县）

【出处】木丽春采集整理：《玉龙山和哈巴山的故事》，见木丽春编著《纳西族民间故事集》，昆明：云南人民出版社2007年版，第131页。

W1912.3
从天神那里搬来江河

实例

彝族 地上没有水，天神恩体古兹派阿俄署布去天神那里搬来三条江。

【流传】（无考）

【出处】《勒俄特衣》，见吕大吉、何耀华总主编《中国各民族原始宗教资料集成》（彝族卷、白族卷、基诺族卷），北京：中国社会科学出版社1996年版，第51页。

W1913
河流源于其他地方

【关联】

① ［W1920.1.1］江河是雪山之王的儿女

② ［W1920.3.1］江河是湖的子女

实例

（参见下级母题实例）

W1913.1

天地的汇合处是河的来源

【汤普森】A659.3

实 例

（实例待考）

W1913.2

河流从山的下面产生

实 例

纳西族 所有的河流，都从高山大岭之下发源。

【流传】云南省·丽江县（丽江市）

【出处】和才等讲，赵银棠采录：《卜篮术的来历》，见中国民间文学集成全国编辑委员会编《中国民间故事集成》（云南卷），北京：中国ISBN中心2003年版，第320页。

W1913.3

江源于山上的水潭

实 例

满族 长白山，高二百余里，绵亘千余里，树峻极之雄观，萃扶舆之灵气。山之上有潭曰闼门，周八十里，源深流广，鸭绿、混同、爱滹三江之水出焉。

【流传】（无考）

【出处】《爱新觉罗氏族源神话》，原载《清太祖武皇帝实录》，见吕大吉、何耀华总主编《中国各民族原始宗教资料集成》（鄂伦春族卷、鄂温克族卷、赫哲族卷、达斡尔族卷、锡伯族卷、满族卷、蒙古族卷、藏族卷），北京：中国社会科学出版社1999年版，第487~488页。

※W1914

江河是造出来的（造江河）

【关联】［W1874］水是造出来的

实 例

（参见下级母题实例）

W1914a

造江河的原因

实 例

（参见下级母题实例）

W1914a.1

为排洪水造河

【关联】

①［W8500］洪水的消除

②［W8518］疏导洪水

实 例

（参见下级母题实例）

W1914a.1.1

特定人物为排洪水造河

实 例

壮族 岑逊（英雄名）为治理洪水，挖了两条江一条河（即现在的左江、右江、红水河）。

【流传】（无考）

【出处】黄景山、黄继良、覃文珍讲，杨士衡、覃建才搜集整理：《岑逊王》，原载《民间文学集刊》第八本，见姚宝瑄主编《中国各民族神话》（仫佬族、壮族、京族），太原：山西出版传媒集团·书海出版社2014年版，第185~186页。

W1914a.2
撒土治水形成江河

实 例

（参见下级母题实例）

W1914a.2.1
天女撒土治水形成江河

实 例

满族 天神的女儿白云格格从阿玛的聚宝宫中盗取一个金黄色和一个黑黄色宝匣，望着地下的洪水，先打开一匣，全从天上倒下了，见地上水不见消，又把另一匣黑黄黑黄的土，也扬到地上。结果白亮的水全挤进沟壑里了，变成江河、泡子。

【流传】黑龙江沿岸，黑龙江省·（黑河市）·孙吴县、瑷珲县（爱辉区）

【出处】赵瞎子、富郭氏等讲，育光搜集整理：《白云格格》，原载育光编《七彩神火》，见陶阳、钟秀编《中国神话》（中），北京：商务印书馆2008年版，第763~767页。

W1915
特定的人物造江河

实 例

（参见下级母题实例）

W1915.1
神或神性人物造江河

【关联】

① ［W1902.1.2］真主造江河

② ［W1914a.2.1］天女撒土治水形成江河

③ ［W1919.2.1］神灵挖出河

④ ［W1919.2.5］神用手挖出河

⑤ ［W1919.4.1］神凿石开河

实 例

布朗族 帕雅英的父亲宇宙大神给他一把宝刀，在地上造出了河流。

【流传】云南省·西双版纳（西双版纳傣族自治州）·勐海县

【出处】《帕雅英与十二瓦席》，见云南省民族事务委员会编《布朗族文化大观》，昆明：云南民族出版社1999年版，第173页。

傈僳族 大神造成地之后，继续又造了许多河流、山脉。

【流传】（无考）

【出处】《横断山脉的传说》，原载左玉堂《傈僳族宗教与神话》，见姚宝瑄主编《中国各民族神话》（水族、布朗族、独龙族、基诺族、傈僳族），太原：山西出版传媒集团·书海出版社 2014 年版，第 189 页。

珞巴族 大地生下石迪麦洛（神或神性人物的名字）在山和平地之间开出了小河。

【流传】

（a）西藏自治区·下珞渝（泛指永木河、锡约尔河、巴恰西仁河流域）

（b）西藏自治区·下珞渝（又写作"下珞瑜"）·博日部落嘎升村

【出处】

（a）维·埃尔温搜集：《波宁和达宁》，见中华民族故事大系编委会编《中华民族故事大系》第 16 卷（赫哲族、门巴族、珞巴族、基诺族），上海：上海文艺出版社 1995 年版，第 393 页。

（b）同（a），见李坚尚、刘芳贤编《珞巴族门巴族民间故事选》，上海：上海文艺出版社 1993 年版，第 7 页。

W1915.1.0
神造河

实 例

哈尼族

（参见 W1915.1.1 母题实例）

W1915.1.1
天神地神造河

实 例

哈尼族 河是天神地神造天造地时造的。

【流传】云南省·（红河哈尼族彝族自治州）·元阳（元阳县）·攀枝花区（攀枝花乡）·洞铺寨

【出处】朱小和讲，史军超、卢朝贵搜集整理：《摩批》（1985），原载云南省民间文学集成办公室编《哈尼族神话传说集成》，中国民间文艺出版社 1990 年版，见姚宝瑄主编《中国各民族神话》（哈尼族、傣族），太原：山西出版传媒集团·书海出版社 2014 年版，第 219 页。

W1915.1.1.1
天神造河

实 例

珞巴族 天神用手指划一下，平地上就变出一条河。

【流传】云南省·（普洱市）·镇沅县（镇沅彝族哈尼族拉祜族自治县）

【出处】何正才等讲，自力采录：《洪水后幸存的两兄妹》，见中国民间文学集成全国编辑委员会编《中国民间故事集成》（云南卷），北京：中国ISBN中心 2003 年版，第 178 页。

W1915.1.1.2
地神造河

实 例

佤族 地刚形成时是空的。伦（地神，旧译"路安神"）用泥土不住地堆，最后堆出了高山，堆出了深谷，堆出了河道。

【流传】（云南省·普洱市·西盟佤族自

治县）

【出处】随戛、岩扫、岩瑞等讲，艾荻、张天达搜集整理：《司岗里》，见姚宝瑄主编《中国各民族神话》（佤族、阿昌族、纳西族、普米族、德昂族），太原：山西出版传媒集团·书海出版社2014年版，第11~12页。

W1915.1.1.2a
地王造河

实 例

侗族 地王十二兄弟造大小江河。

【流传】贵州省·（黔东南苗族侗族自治州）·从江县·高增公社（高增乡）

【出处】梁普安等讲，龙玉成采录：《古老和盘古》，见中国民间文学集成全国编辑委员会编《中国民间故事集成》（贵州卷），北京：中国ISBN中心2003年版，第4页。

W1915.1.2
祖先造江河

实 例

瑶族 密洛陀（瑶族最高神、女始祖）造大河、小河。

【流传】广西壮族自治区·（河池市）·巴马瑶族自治县

【出处】
（a）蓝有荣讲，黄书光、覃光群搜集，韦编联整理：《密洛陀》，见苏胜兴、刘保元、韦文俊、王矿新等编《瑶族民间故事选》，上海：上海文艺出版社1980年版。
（b）同（a），见姚宝瑄主编《中国各民族神话》（土家族、毛南族、侗族、瑶族），太原：山西出版传媒集团·书海出版社2014年版，第140页。

W1915.1.2.1
男始祖造河

实 例

壮族 布洛陀（男始祖）开河。

【流传】广西壮族自治区·（河池市）·东兰县

【出处】覃鼎琨讲，覃承勤采录翻译：《姆洛甲造三批人》附记，见中国民间文学集成全国编辑委员会编《中国民间故事集成》（广西卷），北京：中国ISBN中心2001年版，第4页。

W1915.1.2.2
女始祖造河

【关联】
① ［W1804.8.2］始祖造山河
② ［W1902.1.1］始祖造江河湖海

实 例

瑶族 密洛陀（创世者，女始祖）造天地后，又造了大河、小河。

【流传】广西壮族自治区·（河池市）·巴马瑶族自治县

【出处】蓝有荣讲，黄书光、覃光群搜集，韦编联整理：《密洛陀》，原载苏胜兴等编《瑶族民间故事选》，见陶阳、钟秀编《中国神话》（上），北京：商务印书馆2008年版，第365~368页。

W1915.1.3
女神造河

实 例

瑶族 密洛陀（女神）造天地之后，造大小河川。

【流传】（无考）

【出处】《密洛陀》，原载《瑶族民间故事选》，见袁珂《中国神话大词典》，北京：华夏出版社2015年版，第472页。

彝族 造人之神的女儿涅滨矮美丽又聪明，本领大无边。她造了大海后，又造下了纵横交错的沟渠和河川。

【流传】（云南省·楚雄彝族自治州·双柏县，红河哈尼族彝族自治州等地）

【出处】

(a) 云南省民族民间文学楚雄、红河调查队搜集，郭思九、陶学良整理：《查姆》，昆明：云南人民出版社1981年版。

(b) 郭思九、陶学良整理，古梅改写：《彝家的古根》，选自《云南民族文学资料》第七集中的《查姆》上部前三章，见姚宝瑄主编《中国各民族神话》（羌族、彝族），太原：山西出版传媒集团·书海出版社2014年版，第56页。

W1915.1.4
雷神戳地成河

实 例

苗族 雷神为了退洪水，拿起天枪（梭标）从天门口往地下乱插，把地上插成了高高低低的，高的成了现在的山坡，低的就成了现在的河流和山谷。

【流传】贵州省

【出处】

(a) 罗亮臣讲，王春德搜集整理：《阿各林和葫芦兄妹》，见中国作家协会贵阳分会筹委会等编《民间文学资料》第十五集（苗族传说故事），内部资料，1959年编印。

(b) 同（a），见姚宝瑄主编《中国各民族神话》（布依族、仡佬族、苗族），太原：山西出版传媒集团·书海出版社2014年版，第307页。

W1915.1.5
神的儿子造河

实 例

景颇族 天神的儿子宁冠瓦长大成人后，告别父母，来到大地上，决心治理好大地，创造出山川河流。

【流传】（无考）

【出处】斋瓦贡退干唱，李向前、木然瑶都搜集整理，木子改写：《穆脑斋瓦——宁冠瓦》，见姚宝瑄主编《中国各民族神话》（白族、拉祜族、景颇族），太原：山西出版传媒集团·书海出版社 2014 年版，第 225 页。

W1915.1.6
造物主造江

【关联】［W1015］创世者（造物主）

实 例

景颇族 能贯娃（又作"宁冠哇"，造物主、创世神）在高山平坝中开辟了江河。

【流传】云南省

【出处】

（a）木然瑙都搜集整理：《宁冠娃》，载《山茶》1983 年第 3 期。

（b）同（a）见谷德明编《中国少数民族神话》，北京：中国民间文艺出版社 1987 年版，第 465 页。

（c）岳志明、杨国治翻译整理：《驾驭太阳的母亲》，见谷德明编《中国少数民族神话》，北京：中国民间文艺出版社 1987 年版，第 468 页。

W1915.1.6.1
造物主造出 9 条江

实 例

景颇族 造物主能贯娃手持一柄开山巨斧造了高山平坝后，又在其中开辟了九条大江。

【流传】（云南省·德宏傣族景颇族自治州）

【出处】岳志明、杨国治翻译整理：《驾驭太阳的母亲》，见姚宝瑄主编《中

国各民族神话》（白族、拉祜族、景颇族），太原：山西出版传媒集团·书海出版社 2014 年版，第 204 页。

W1915.1.6a
上帝造江河

实 例

哈萨克族 上帝就创造了地，把水变成河流、湖泊，镶在地上。

【流传】新疆维吾尔自治区·（阿勒泰地区）·福海县

【出处】苏力唐·阿曼讲，黑扎提·阿吾巴克尔采录，杨凌等译：《天仙》，见中国民间文学集成全国编辑委员会编《中国民间故事集成》（新疆卷），北京：中国 ISBN 中心 2008 年版，第 22 页。

W1915.1.7
造地者造河

【关联】［W1178a］与造地者有关的其他母题

实 例

哈尼族 加波俄郎（神名）造地时，因得知父亲病死后心里一急，用力一拉，拉拢了风道口。于是平坦的大地上也被拉出了高山和河川。这就是今天山川平地的来源。

【流传】云南省·西双版纳（西双版纳傣族自治州）

【出处】飘马讲，白章富搜集整理：《奥颠米颠》，见姚宝瑄主编《中国各民

族神话》（哈尼族、傣族），太原：山西出版传媒集团·书海出版社 2014 年版，第 79 页。

W1915.1.7.1
造地的女人抓出河

实 例

畲族 地是女人造的。因为女人很勤快，结果造大了。她们缩地时，五个手指头抓出许多大河。

【流传】福建省·（宁德市）·福安（福安市）

【出处】钟瑞珠讲，郑万生采录：《男造天，女造地》，原载《中国少数民族民间文学丛书·畲族民间故事选》，上海：上海文艺出版社 1993 年版，见《福建省少数民族古籍丛书》编委会编《畲族卷·民间故事》，福州：海峡出版发行集团·海峡书局 2013 年版，第 2 页。

W1915.1.7a
山神造河

实 例

鄂温克族 山神白那查在山溪边划了几道印子，把印子吹到了山外边。溪边划出的印子变出草原上一条条清亮的小河。

【流传】内蒙古自治区·（呼伦贝尔市）·鄂温克族自治旗

【出处】索久林采录整理：《雪羊和吉雅其》，见中国民间文学集成全国编辑委员会编《中国民间故事集成》（内蒙古卷），北京：中国 ISBN 中心 2007 年版，第 48 页。

W1915.1.8
水神开辟江河

【关联】［W0404］水神的能力或职能

实 例

瑶族 山神阿亨阿独造好山之后，水淌不出去，密洛陀就令水神波防密龙去开辟江河，凿通河道。

【流传】（无考）

【出处】《密洛陀神谱》，蓝田根据农学冠等撰写的《瑶族神话传说中的人物》编写，见姚宝瑄主编《中国各民族神话》（土家族、毛南族、侗族、瑶族），太原：山西出版传媒集团·书海出版社 2014 年版，第 147 页。

W1915.1.9
大力神造江河

实 例

黎族 大力神造山、林、江、河。

【流传】海南省

【出处】林大陆讲：《大力神》，见广东民族学院中文系编《黎族民间故事选》，内部编印。

黎族 大力神以脚踢划群山，凿通大小无数沟谷，汗水淌入其中，遂成奔腾江河。

【流传】（海南省？）

【出处】袁珂改编：《大力神》，原载谷

德明编《中国少数民族神话选》，见袁珂《中国神话大词典》，北京：华夏出版社 2015 年版，第 507 页。

W1915.1.10
神的子女造江河

实 例

（参见下级母题实例）

W1915.1.10.1
造人之神的女儿造河

实 例

彝族 造人之神的女儿涅滨矮造河川。

【流传】（无考）

【出处】《天地的起源》，见郭思九、陶学良整理《查姆》，昆明：云南人民出版社 1994 年版。

W1915.1.11
盘古造江河

【关联】[W1918.1.2] 盘古用血液造江河

实 例

汉族 江河是盘古用斧子砍出来的。

【流传】河南省·（南阳市）·桐柏县·二郎山乡

【出处】刘太举讲，马卉欣整理：《龙生盘古》，见桐柏网，http://tongbai.01ny.cn，2001.01.26。

瑶族 盘古造山河。

【流传】湖南省·永州（永州市）、郴州（郴州市）；广东省粤北（南雄市、始兴县、仁化县、乐昌市、乳源瑶族自治县、曲江区、翁源县、新丰县、浈江区、武江区等）

【出处】郑德宏、李本高整理译释：《盘王大歌》，长沙：岳麓书社 1988 年版。

W1915.1.12
女娲造江河

实 例

汉族 女娲用五个指头在地上乱七八糟地抓、挖出很多洞眼，溢满水，便成了江河。

【流传】浙江省·舟山市·定海区·干览乡·南岙村

【出处】顾阿登讲，林胜强采录：《女娲造天地》，见中国民间文学集成全国编辑委员会编《中国民间故事集成》（浙江卷），北京：中国 ISBN 中心 1997 年版，第 17 页。

W1915.1.13
黄帝造江河

实 例

汉族 黄帝用宝剑在山旁边划一道河，起名叫硝河。

【流传】河南省·（安阳市）·内黄县·梁庄乡·三杨庄

【出处】寇四妮讲，张毅力采录：《颛顼降水怪》，见中国民间文学集成全国编辑委员会编《中国民间故事集成》（河南卷），北京：中国 ISBN 中心 2001 年版，第 40 页。

W1915.1.14
王母娘娘用银簪划出河

实例

汉族 洪水时，王母娘娘为保护良方父子，从头上拔下银簪，在地上一划，变成了一条大河。

【流传】滩上·倪家桥

【出处】张贺林讲，张元栋采集整理：《不老河的传说》（1960），见杨光正主编《大运河的传说》，南京：江苏人民出版社 2016 年版，第 20 页。

W1915.2
神仙造江河

实例

（参见下级母题实例）

W1915.2.1
仙女造江河

实例

（参见下级母题实例）

W1915.2.1.1
仙女舀天池的水造江河

实例

朝鲜族 仙女舀天池的水泼向不同方位形成不同河流。

【流传】吉林省·延边（延边朝鲜族自治州）·和龙县（和龙市）·头道（头道镇）

【出处】韩秉律讲：《天水》，见本州编《吉林省民间文学集成·延边朝鲜族自治州·故事卷》（上），内部编印，1987 年，第 1~2 页。

W1915.2.2
9 个仙子开河

实例

彝族 天神恩体古兹派九仙子开创了地上的山河。

【流传】（无考）

【出处】《勒俄特衣》，见吕大吉、何耀华总主编《中国各民族原始宗教资料集成》（彝族卷、白族卷、基诺族卷），北京：中国社会科学出版社 1996 年版，第 51 页。

W1915.2a
文化英雄造江河

实例

布依族 英雄翁戛搬山排成排，中间的山溪汇成江河。

【流传】贵州省·黔西南（黔西南布依族苗族自治州）

【出处】《造千种万物》，见何积全、陈立浩主编《布依族文学史》，贵阳：贵州民族出版社 1992 年版，第 45 页。

W1915.3
特定的人造江河

实例

(参见下级母题实例)

W1915.3.1
女人用手指抓出河

实例

畲族

(参见 W1935.4.3 母题实例)

W1915.3.2
喇嘛造河

实例

蒙古族 创造万物的喇嘛创造了九条河。

【流传】新疆维吾尔自治区·(巴音郭楞蒙古自治州)·和硕县·布尔图一牧场

【出处】根登讲，布·孟克采录，乌恩奇译：《乌旦喇嘛创造了世界》，见中国民间文学集成全国编辑委员会编《中国民间故事集成》(新疆卷)，北京：中国 ISBN 中心 2008 年版，第 6 页。

W1915.3.3
大禹造河

【关联】

① [W0751] 禹(大禹)

② [W1919.4.2] 大禹开山成河

实例

汉族 大禹认为要治理好大地上的积水，必须改变天小地大的状况，大地上的水才能流走。于是，大禹率领人马在大地上开了九条大河，又把泥土堆成山峰，水就流进大河里去了。

【流传】重庆市·(九龙坡区)·专马镇

【出处】谢志忠讲：《夏禹王疏通九河》，原载联合国教科文组织、中国民间文艺家协会、四川省民间文艺家协会编《专马镇民间故事》，见陶阳、钟秀编《中国神话》(中)，北京：商务印书馆 2008 年版，第 834 页。

W1915.3.4
向王天子造河

实例

土家族 向王天子一支角，吹出一条清江河。

【流传】(无考)

【出处】《创世歌》，见长阳土家族网：http://www.cy-tujia.com/list_body.php?id=172&news_par_id, 2005.12.14。

W1916
动物造江河

实例

(参见下级母题实例)

W1916.1
鱼造江河

【关联】［W1916.5.1］蚂蚁变鱼造江河

实例

（参见下级母题实例）

W1916.1.1
金鱼扇动尾巴造出江河

实例

哈尼族 金鱼娘醒后，扇动左边的尾巴扇出了贝那大江；扇动右尾，扇出了哈刹大江。。

【流传】云南省·（红河哈尼族彝族自治州）·元阳县·黄草岭区（黄草岭乡）·树皮寨（树皮寨村）

【出处】
（a）杨批斗讲，史军超采录：《年月树》，见中国民间文学集成全国编辑委员会编《中国民间故事集成》（云南卷），北京：中国 ISBN 中心 2003 年版，第 289 页。
（b）同（a），见云南省民间文学集成办公室编《哈尼族神话传说集成》，北京：中国民间文艺出版社 1990 年版。

W1916.2
牛造河

实例

（实例待考）

W1916.2.1
最早出现的牛挖出河

【汤普森】A934.1

实例

（实例待考）

W1916.3
鸭子造河

实例

拉祜族 鸭子分水形成河。

【流传】云南省·（普洱市）·澜沧县（澜沧拉祜族自治县）、孟连县（孟连傣族拉祜族佤族自治县）

【出处】扎袜等讲，苏敬梅等搜集，苏敬梅等整理：《牡帕密帕》，见中华民族故事大系编委会编《中华民族故事大系》第 8 卷（畲族、高山族、拉祜族），上海：上海文艺出版社 1995 年版，第 685 页。

W1916.3.1
鸭子把地上的水分成 99 条大河

实例

拉祜族 厄莎（有多种说法，如天神、天帝、创世女神、始祖等）鸭子把地上的湖水分匀，让大地处处都有水。鸭子分水分了九年整，把水分成九十九条大河。

【流传】云南省·（普洱市）·澜沧县（澜沧拉祜族自治县）

【出处】李云保讲述，扎约采录：《牡帕密帕的故事》，见陶阳、钟秀编《中国神话》（上），北京：商务印书馆2008年版，第129~139页。

W1916.4
龙造江河

【关联】

① ［W1926.1］龙的泪水形成江河
② ［W1928.3］龙溅出的浪形成河流

实　例

彝族　诺谷（龙的名字）造江河泽。

【流传】云南省·红河（红河哈尼族彝族自治州）·元阳（元阳县）、绿春（绿春县）、石屏（石屏县），（玉溪市）元江（哈尼族彝族傣族自治县），（普洱市）·墨江（哈尼族自治县）等

【出处】龙保贵搜集整理，黄建明摘录：《祭龙的根由》，见吕大吉、何耀华总主编《中国各民族原始宗教资料集成》（彝族卷、白族卷、基诺族卷），北京：中国社会科学出版社1996年版，第280~281页。

W1916.4.1
水龙降水冲出河

实　例

汉族　河流是水龙降水时冲出的。

【流传】广东省·（茂名市）·电白县·羊角镇·柏屋村

【出处】李德才讲，陈明心采录：《盘古开天辟地》，见中国民间文学集成全国编辑委员会编《中国民间故事集成》（广东卷），北京：中国ISBN中心2006年版，第3页。

W1916.4.2
龙王造江河

实　例

布依族　龙王造了河，大水淌进河，世上便有了千条河、万条江。

【流传】贵州省布依族地区

【出处】杨正荣、祝登壅讲，岭玉清、汛河搜集整理，古梅改写：《翁戛造万物》，见姚宝瑄主编《中国各民族神话》（布依族、仡佬族、苗族），太原：山西出版传媒集团·书海出版社2014年版，第17页。

W1916.4.2.1
龙王溅出的水形成江河

实　例

纳西族　龙王鲁帕期被神鸟从三层天摔到大海里，摔得浪花四溅。凡是浪花溅到的地方，就立刻出现了河流。

【流传】(a) 云南省·（丽江市）·宁蒗县（宁蒗彝族自治县）·永宁乡

【出处】

(a) 达巴苏诺等讲，李子贤采录：《神鸟月其嘎儿》，见中国民间文学集成全国编辑委员会编《中国民间故事集成》（云南卷），北京：中国ISBN中心2003年版，第369页。

（b）达巴苏诺等讲，李子贤记录整理：《月其嘎儿》，见谷德明编《中国少数民族神话》，北京：中国民间文艺出版社1987年版，第455页。

W1916.5
蚂蚁造江河

【关联】

① ［W1023.4.2］蚂蚁是创世者
② ［W1807.5.4］蚂蚁造山

实 例

（参见下级母题实例）

W1916.5.1
蚂蚁变鱼造江河

实 例

藏族 蚂蚁变成鱼造河流。

【流传】四川省·（阿坝藏族羌族自治州）·若尔盖县·求吉乡·下王则村

【出处】大夺戈讲，阿强等采录：《开天辟地》，见中国民间文学集成全国编辑委员会编《中国民间故事集成》（四川卷·下），北京：中国ISBN中心1998年版，第933页。

W1916.6
猪拱出河

实 例

白族 金母猪怒冲冲地蹿出茈碧湖，朝南边跑边拱，顺路拱出了一条大河，就是弥苴河。

【流传】云南省·（大理白族自治州）·洱源县、大理县（大理市）

【出处】王四珍讲，王立智记录：《茈碧湖金母猪开辟弥苴河》，见姚宝瑄主编《中国各民族神话》（白族、拉祜族、景颇族），太原：山西出版传媒集团·书海出版社2014年版，第60页。

W1916.6.1
野猪拱出河

实 例

彝族 最早造出的天地天小地大。麻蛇缩地之后，为箍齐地边，阿夫（神名）放出三对野猪和三对大象去拱地。它们拱了七十七昼夜，大地上便出现了河流。

【流传】（云南省·楚雄彝族自治州·姚安县·官屯乡·马游村，大姚县·昙华乡等）

【出处】

（a）郭天元（马游村）、李申呼颇（昙华乡）、李福玉颇（苴）演唱，郭思九、许明学、龚维顺、张宝省、陈志群、胡炳文等搜集，刘德虎、龚维顺、陈志群、李树荣、郭天元等整理：《梅葛》（第一部"创世"），见云南省民族民间文学楚雄调查队《梅葛》（1959），昆明：云南人民出版社2009年版。

（b）《打虎开天辟地》，蔷紫据云南省民族民间文学楚雄调查队著《梅葛》（云南人民出版社2009年版）改写，见姚宝瑄主编《中国各民族神话》（羌族、彝族），太原：山西出版传媒集团·书海出版社2014年版，第192页。

彝族 开始时，造的天小地大。缩地时，放三对野猪来拱地，放三对大象来拱地，拱了七十七昼夜，有了平坝有了河。

【流传】云南省·楚雄彝族自治州·姚安县、大姚县等彝族地区

【出处】《创世·开天辟地》，见云南省民族民间文学楚雄调查队整理编写《梅葛》，昆明：云南人民出版社2009年版，第7页。

W1916.6.2
箭猪拱出河

实例

苗族 纳罗引勾（半人半兽的巨人）造人时，请依井培蒙坡上的箭猪来凿土槽，从此，地上才有河。

【流传】广西壮族自治区·（柳州市）·融水苗族自治县

【出处】

（a）杨达香讲，梁彬搜集整理：《创世纪》（二、捏人捏兽，栽果撒谷），见梁彬、王天若编《苗族民间故事选》，南宁：广西人民出版社1986年版。

（b）同（a），见姚宝瑄主编《中国各民族神话》（布依族、仡佬族、苗族），太原：山西出版传媒集团·书海出版社2014年版，第174页。

W1916.7
龙马造成河

【关联】［W1881.2］龙马生水

实例

汉族 龙马跑到哪里，哪里就平地生水。它在这里（指洛阳东北孟津老城一带）出现不久，便弄得这里七里八河（方圆七里的范围内有雷河、孟河、位河、陈河、西里河、东里河、郑河、图河）。

【流传】河南省·洛阳（洛阳市）

【出处】张作贞讲，褚书智搜集整理：《龙马负图》，原载林野等编《中州名胜传说》，见陶阳、钟秀编《中国神话》（下），北京：商务印书馆2008年版，第1179～1181页。

W1916.7.1
龙马造成七里八河

实例

汉族 龙马跑到哪里，哪里就平地生水，形成了七里八河（方圆七里的范围内有雷河、孟河、位河、陈河、西里河、东里河、郑河、图河）。

【流传】中原一带

【出处】

（a）张作贞讲，褚书智记录整理：《龙马负图》，见张楚北编《中原神话》，郑州：海燕出版社1988年版。

（b）张作贞讲，褚书智记录整理：《伏羲画卦》，见姚宝瑄主编《中国各民

族神话》（汉族），太原：山西出版传媒集团·书海出版社 2014 年版，第 393～395 页。

W1916.8
其他动物造江河

【关联】［W1919.2.6］螃蟹挖河

实例

（参见下级母题实例）

W1916.8.1
巨兽造江河

实例

苗族 巨大的野兽修妞用它的双角往高山一撬，山就崩了一大角，地就陷落变成一条江，变成一条河，周围的大水都向低处流，一条江就出现了，一条河就出现了。

【流传】贵州省·（黔东南苗族侗族自治州）·台江县、施秉县、凯里县（凯里市）等地

【出处】秦公、岩公、李普奶等苗族八歌手说唱，唐春芳、桂舟人搜集整理：《巨鸟生天地，众神辟地天》，见姚宝瑄主编《中国各民族神话》（布依族、仡佬族、苗族），太原：山西出版传媒集团·书海出版社 2014 年版，第 117 页。

W1916.8.2
鳄鱼造江河

实例

壮族 九头鳄鱼造出江河。

【流传】广西壮族自治区·百色市·田阳县·坡洪镇·陇升村·个强屯

【出处】农吉勤收藏，黄明标等搜集，黄明标等翻译：《麽獏麽怀麽叭祖宗共卷》，见黄明标主编《壮族麽经布洛陀遗本影印译注》（中卷），南宁：广西人民出版社 2016 年版，第 59 页。

W1916.8.3
喜鹊开河

实例

汉族 石柱嫂请喜鹊去开河，要救出丈夫石柱哥。

【流传】江苏省·（徐州市）·邳州（邳州市）·运河镇

【出处】吴友忠讲，周伯之采集整理：《盘龙窝》（1980.03），见杨光正主编《大运河的传说》，南京：江苏人民出版社 2016 年版，第 3 页。

W1917
地面凹下去的地方成为江河

实例

（参见下级母题实例）

W1917.1
造地时的褶皱变成江河

实例

傣族 地太大，天地合不拢，地便皱起来，成了河流。

【流传】云南省·德宏地区（德宏傣族

景颇族自治州）

【出处】岩峰、王松：《变扎贡帕》，见中国各民族宗教与神话大词典编审委员会编《中国各民族宗教与神话大词典》，北京：学苑出版社1990年版，第82页。

W1917.1.1
创世女神抓地的褶皱变成江河

实例

基诺族　阿嫫腰白（神名，创世女神）把天地合拢时，地太宽，她就把地抓起来抖了一下，大地起了皱，形成了江河。

【流传】云南省·（西双版纳傣族自治州）·景洪县（景洪市）

【出处】白桂林等讲，刘怡采录：《阿嫫腰白造天地》，见中国民间文学集成全国编辑委员会编《中国民间故事集成》（云南卷），北京：中国ISBN中心2003年版，第77页。

W1917.1.2
天神缩地的褶皱变成江河

实例

傈僳族　天神缩地时，变成了皱巴巴的一块，低的地方形成了河流。

【流传】云南省·（德宏傣族景颇族自治州）·陇川县·（陇把镇）·邦外公社（邦外村）

【出处】李有华讲，黄云松等采录：《天地人的来历》，见中国民间文学集成

全国编辑委员会编《中国民间故事集成》（云南卷），北京：中国ISBN中心2003年版，第44页。

W1917.1.3
祖先箍地的褶皱变成江河

实例

瑶族　发枚（始祖名）带领大家用篾条箍地时，地上凸起很多皱皱，低的地方就变成河沟。

【流传】贵州省·（黔东南苗族侗族自治州）·从江县·（翠里乡）·高芒乡（高芒村）

【出处】赵金荣讲，杨路塔采录：《发枚造天地》，见中国民间文学集成全国编辑委员会编《中国民间故事集成》（贵州卷），北京：中国ISBN中心2003年版，第9页。

W1917.2
造地者踩出江河

【关联】
① ［W1809.14］山是踩出来的
② ［W1976.4.1］神踩出水塘

实例

（参见下级母题实例）

W1917.2.1
李古老补地踩出江河

实例

土家族　李古老急急忙忙补地，东边顿

几脚，变成了河。

【流传】四川省·秀山县（今重庆市·秀山土家族苗族自治县）·海洋乡

【出处】彭国然讲，李绍明采录：《依罗娘娘造人》，见中国民间文学集成全国编辑委员会编《中国民间故事集成》（四川卷·下），北京：中国ISBN中心1998年版，第1211页。

W1917.3
地往下落形成江河

实 例

撒拉族 创世主胡大吹开天地后，地往下落，直到到了底，河流现出来。

【流传】（无考）

【出处】大漠、马英生搜集整理：《胡大吹出天地》，见满都呼主编《中国阿尔泰语系诸民族神话故事》，北京：民族出版社1997年版，第96页。

W1917.4
大地凹陷的地方成为江河

【关联】
① ［W1955.15］凹陷的地方变成海
② ［W1979.1.3］天上坠物砸出的凹陷成为沼泽

实 例

（参见下级母题实例）

W1917.4.1
神修地时用石锤开沟造河

实 例

景颇族 天神的儿子宁冠瓦石锤开出了很多深沟，水就顺着这些深沟流了出去，成了大地上的河流。

【流传】（无考）

【出处】斋瓦贡退干唱，李向前、木然瑶都搜集整理，木子改写：《穆脑斋瓦——宁冠瓦》，见姚宝瑄主编《中国各民族神话》（白族、拉祜族、景颇族），太原：山西出版传媒集团·书海出版社2014年版，第225页。

W1917.4.2
众神拖地时形成河

实 例

苗族 最早造的天小地大。四个大力神修整大地时一拖，立刻起了一条条皱纹，就像一笼石裙裙，凹处形成了河流和湖泊，地上的水淌走了。

【流传】云南省·文山（文山壮族苗族自治州）一带

【出处】邓光北、闪永仙说唱，项保昌、刘德荣搜集：《开天补天，辟地补地》，见姚宝瑄主编《中国各民族神话》（布依族、仡佬族、苗族），太原：山西出版传媒集团·书海出版社2014年版，第125~126页。

W1917.4.3
神造人时挖土形成的坑变成河

实 例

畲族 皇天爷和皇天姆取土造人，世间平铺铺的地上，就挖得凸凸不平，低的地方成了溪河。

【流传】福建省·（宁德市）·福鼎县（福鼎市）·桐山（桐城街道）·浮柳村

【出处】蓝升兴讲，蓝俊德等采录：《皇天爷和皇天姆造人》，见中国民间文学集成全国编辑委员会编《中国民间故事集成》（福建卷），北京：中国ISBN中心1998年版，第6页。

W1917.4.4
神在地上砸出的坑变成河

实　例

彝族　云神斯惹底尼将鸡刨出来的两个铁弹子，一个甩向北方，地打凹了，成了江河。

【流传】四川省·（凉山彝族自治州）·雷波县

【出处】

（a）保木和铁讲，芦芙阿梅译，白芝采录：《开天辟地》，见中国民间文学集成全国编辑委员会编《中国民间故事集成》（四川卷·下），北京：中国ISBN中心1998年版，第749页。

（b）《开天辟地》，见陶立璠、赵桂芳等编《中国少数民族神话汇编》（开天辟地篇等），中央民族学院少数民族古籍整理出版规划领导小组办公室印（未署出版时间），第85~95页。

W1918
造河流的材料（造江河的工具）

实　例

（参见下级母题实例）

W1918.1
用血造江河

实　例

（参见下级母题实例）

W1918.1.1
用牛血造河流

实　例

（参见下级母题实例）

W1918.1.1.1
用龙牛血造河流

实　例

哈尼族　天王造地时，杀了塔婆的一头龙牛，用牛血做河川。

【流传】（无考）

【出处】刘辉豪、白章福搜集整理：《奥色密色》，载《山茶》1980年第2期。

W1918.1.1.2
用神牛血造河流

实　例

哈尼族　阿匹梅烟大神杀查牛，用牛小肠做江河。

【流传】（无考）

【出处】《查牛补天地》，见中国各民族宗教与神话大词典编审委员会编《中国各民族宗教与神话大词典》，北京：学苑出版社1990年版，第169页。

W1918.1.2
盘古用血液造江河

实 例

畲族 盘古用他的血液，造出了世间的江河。

【流传】畲族地区

【出处】《盘古》，钟后根据畲族蓝国运、蓝国根《畲族古老神话传说及人物》改写，见姚宝瑄主编《中国各民族神话》（高山族、黎族、畲族），太原：山西出版传媒集团·书海出版社2014年版，第84页。

W1918.2
用肠造江河

【关联】
① ［W1918.5］用肠子造河
② ［W1931］肠子变成江河

实 例

（参见下级母题实例）

W1918.2.1
用牛小肠造江河

实 例

哈尼族 众神用查牛（天地神专养的神牛）的小肠做江河。

【流传】
（a）云南省·（红河哈尼族彝族自治州）·元阳县
（b）云南省·（红河哈尼族彝族自治州）·元阳（元阳县）、红河（红河县）、绿春（绿春县）、金平（金平苗族瑶族傣族自治县）等

【出处】
（a）朱小和讲，史军超采录：《查牛补天地》，见中国民间文学集成全国编辑委员会编《中国民间故事集成》（云南卷），北京：中国ISBN中心2003年版，第29页。
（b）同（a），见云南省民间文学集成办公室编《哈尼族神话传说集成》，北京：中国民间文艺出版社1990年版。

藏族 牛的器官化万物，肠子变红河。

【流传】青海省

【出处】陶阳、牟钟秀著：《中国创世神话》，上海：上海人民出版社2006年版，第44页。

W1918.2.2
用虎的小肠造河

【关联】［W1931.3.3］虎的小肠变成河

实 例

彝族 格兹天神让5个儿子捉住老虎并杀掉，分虎肉时，格兹天神吩咐："虎的小肠不要分，把小肠变成地上的河流。"

【流传】（云南省·楚雄彝族自治州·姚安县·官屯乡·马游村，大姚县·昙华乡等）

【出处】
（a）郭天元（马游村）、李申呼颇（昙

华乡）、李福玉颇（苴）演唱，郭思九、许明学、龚维顺、张宝省、陈志群、胡炳文等搜集，刘德虎、龚维顺、陈志群、李树荣、郭天元等整理：《梅葛》（第一部"创世"），见云南省民族民间文学楚雄调查队《梅葛》（1959），昆明：云南人民出版社2009年版。

(b)《打虎开天辟地》，蔷紫据云南省民族民间文学楚雄调查队著《梅葛》（云南人民出版社2009年版）改写，见姚宝瑄主编《中国各民族神话》（羌族、彝族），太原：山西出版传媒集团·书海出版社2014年版，第195页。

W1918.2.3
用虎的大肠造江

【关联】[W1931.3.4] 虎的大肠变成江

实 例

彝族 格兹天神让5个儿子捉住老虎并杀掉，分虎肉时，格兹天神吩咐："虎的大肠不要分，把大肠做成地上的大江。"

【流传】（云南省·楚雄彝族自治州·姚安县·官屯乡·马游村，大姚县·昙华乡等）

【出处】

(a) 郭天元（马游村）、李申呼颇（昙华乡）、李福玉颇（苴）演唱，郭思九、许明学、龚维顺、张宝省、陈志群、胡炳文等搜集，刘德虎、龚维顺、陈志群、李树荣、郭天元等整理：《梅葛》（第一部"创世"），见云南省民族民间文学楚雄调查队《梅葛》（1959），昆明：云南人民出版社2009年版。

(b)《打虎开天辟地》，蔷紫据云南省民族民间文学楚雄调查队著《梅葛》（云南人民出版社2009年版）改写，见姚宝瑄主编《中国各民族神话》（羌族、彝族），太原：山西出版传媒集团·书海出版社2014年版，第195页。

W1918.3
用聚水瓶造江河

实 例

汉族 二白（天王造的人）用聚水瓶向大地上倒水，倒下聚不住的，流淌成了江河。

【流传】云南省·（大理白族自治州）·鹤庆县

【出处】杨五一、李鸿钧讲：《地母三姑造万物》，见中国民间文学集成全国编辑委员会编《中国民间故事集成》（云南卷），北京：中国ISBN中心2003年版，第113页。

W1918.4
用葫芦造江河

实 例

（参见下级母题实例）

W1918.4.1
黄帝的儿子用葫芦造江河

实 例

汉族 黄帝把玄嚣葫芦里流出的那段河叫溱水，把昌意葫芦里流出的那段河叫洧水。

【流传】河南省

【出处】蔡柏顺搜集整理：《双洎河的传说》，见中华民族故事大系编委会编《中华民族故事大系》第1卷（汉族、蒙古族、回族），上海：上海文艺出版社1995年版，第35页。

W1918.5
用肠子造河

【关联】［W1931］肠子变成江河

实 例

（实例待考）

W1919
与造江河有关的其他母题

实 例

（参见下级母题实例）

W1919.1
魔法造江河

【汤普森】D915.1

实 例

（实例待考）

W1919.2
挖出江河

【关联】［W1845.3.5.2］天神挖水沟

实 例

汉族

（参见 W1902.1.3.2 母题实例）

W1919.2.1
神灵挖出河

【关联】［W1915.1］神或神性人物造江河

实 例

珞巴族（实例待考）

W1919.2.2
野猫挖水沟形成河道

实 例

珞巴族（实例待考）

W1919.2.3
造人时挖土形成河

实 例

畲族

（参见 W1917.4.3 母题实例）

W1919.2.4
神的儿子挖出河

实 例

瑶族（布努） 密洛陀（万物之母，女

始祖，女神）生的12个男孩，让第二个儿子波防密龙去挖沟造河。

【流传】广西壮族自治区·（河池市）·都安县（都安瑶族自治县）、巴马县（巴马瑶族自治县）、南丹县，（百色市）·田东县、平果县等地

【出处】桑布郎等传，蒙凤标（83岁）、罗仁祥（73岁）等唱：《密洛陀》（1983），见蓝怀昌、蓝书京、蒙通顺搜集翻译整理《密洛陀》，北京：中国民间文艺出版社1988年版，第68~69页。

W1919.2.5
神用手挖出河

实例

瑶族 密洛陀（女神名）的儿子罗班用五个指头来回地把个不停，洪水便顺着河道翻滚着流出去。

【流传】广西壮族自治区·（河池市）·都安瑶族自治县江水河一带瑶族地区

【出处】《密洛陀创世》，蓝田根据莎红整理的《密洛陀》和潘泉脉整理的《密洛陀》两部不同版本的长诗《密洛陀》改写，见姚宝瑄主编《中国各民族神话》（土家族、毛南族、侗族、瑶族），太原：山西出版传媒集团·书海出版社2014年版，第158页。

W1919.2.6
螃蟹挖河

【关联】[W1846.1.1] 山洞是螃蟹挖出来的

实例

拉祜族 地上的水分不匀。厄莎（有多种说法，如天神、天帝、创世女神、始祖等）做了一对螃蟹来帮助挖水沟。螃蟹又挖了九年整，才算把水分完。

【流传】云南省·（普洱市）·澜沧县（澜沧拉祜族自治县）

【出处】李云保讲述，扎约采录：《牡帕密帕的故事》，见陶阳、钟秀编《中国神话》（上），北京：商务印书馆2008年版，第129~139页。

W1919.3
泼水成河

【关联】[W4344.2] 天上泼水形成雨

实例

（参见下级母题实例）

W1919.3.1
两兄妹泼水成河

【关联】[W1928.4.1] 两兄妹的洗澡水变成河

实例

黎族 老先和荷发兄妹住在五指山山顶，因天气很热，兄妹俩就在五指山上挖了五口水井，天天打水洗澡，泼出来的水便变成了五条河。

【流传】海南省五指山一带

【出处】

(a) 王国全搜集整理：《土地公与土地

婆》，见广东民族学院中文系编《黎族民间故事选》，上海：上海文艺出版社1983年版。

（b）同（a），见姚宝瑄主编《中国各民族神话》（高山族、黎族、畲族），太原：山西出版传媒集团·书海出版社2014年版，第55页。

W1919.3.2
两兄妹倒水成江

实例

独龙族 洪水幸存者波和南两兄妹结婚，在生子女的那天，波和南在山头上倒了一桶水，这桶水流下去后成了九条江。

【流传】云南省

【出处】李子贤等搜集整理：《创世纪神话故事六则·洪水滔天》，见中国作家协会云南分会编《云南民族民间故事选》，昆明：云南人民出版社1981年版，第587~589页。

W1919.3.3
两姐弟倒水成江

实例

独龙族 姐弟俩把一碗水端到山顶上倒掉了。不想，那水顺着山坡流淌，最后变成了九条江河。

【流传】云南省怒江独龙族地区

【出处】

（a）以利亚讲，祝发清、左玉堂搜集翻译整理：《聪明勇敢的朋更朋》，载《山茶》1984年第4期。

（b）以羽（疑为"利"）亚讲，祝发清翻译整理：《人类始神朋更朋》，斯林选自《山茶》，见姚宝瑄主编《中国各民族神话》（水族、布朗族、独龙族、基诺族、傈僳族），太原：山西出版传媒集团·书海出版社2014年版，第130页。

W1919.3.4
人到天上泼水形成河

实例

苗族 阿陪果本（人名）在天上追打雷公时，拿起铁棍到处乱打乱敲，拨了一下水，就成了江河。

【流传】湖南省湘西一带、贵州省·（铜仁市）·松桃地区（松桃苗族自治县）

【出处】

（a）滕树宽、龙炳文搜集，江波整理：《阿陪果本》，见燕宝编《苗族民间故事选》，上海：上海文艺出版社1981年版。

（b）同（a），见姚宝瑄主编《中国各民族神话》（布依族、仡佬族、苗族），太原：山西出版传媒集团·书海出版社2014年版，第154页。

W1919.4
凿石开河

实例

（参见下级母题实例）

W1919.4.1
神凿石开河

实例

彝族 开天辟地后修整大地时，司惹低尼（神或神性人物名）派遣了阿衣苏列（神或神性人物名）去地面上凿石开水道。

【流传】（无考）

【出处】伍精忠整理：《大地是怎样形成的》，见姚宝瑄主编《中国各民族神话》（羌族、彝族），太原：山西出版传媒集团·书海出版社 2014 年版，第 278 页。

W1919.4.2
大禹开山成河

【关联】
① ［W0751.6］与禹有关的其他母题
② ［W1915.3.3］大禹造河

实例

汉族

（参见 W1852.6.35.1 母题实例）

W1919.5
击打成河

实例

（参见下级母题实例）

W1919.5.1
神拍地形成河

实例

傈僳族 大神造大地时，听说父母死亡，一面大哭，一面双手就往他造了一半的平地上扒了下去。这一巴掌下去，四个手指打出了四条河流。

【流传】（无考）

【出处】《横断山脉的传说》，原载左玉堂《傈僳族宗教与神话》，见姚宝瑄主编《中国各民族神话》（水族、布朗族、独龙族、基诺族、傈僳族），太原：山西出版传媒集团·书海出版社 2014 年版，第 190 页。

W1920
江河是生育产生的

实例

（参见下级母题实例）

W1920.1
山生江河

【关联】［W1884.2a］山生水

实例

（参见下级母题实例）

W1920.1.1
雪山生江河

【关联】［W1890.6］雪化为水

实例

（参见下级母题实例）

W1920.1.1.1
江河是雪山之王的儿女

实例

门巴族

（参见 W1944.5.1 母题实例）

W1920.1.2
白水出白水山

实例

汉族 有白水山，白水出焉，而生白渊，昆吾之师所浴也。

【流传】（无考）

【出处】

（a）《山海经·大荒南经》。

（b）《白水》，见袁珂《中国神话大词典》，北京：华夏出版社2015年版，第108页。

W1920.1.3
白水出昆仑山

实例

汉族 《淮南子》言，白水出昆仑之山，饮之不死。

【流传】（无考）

【出处】

（a）《楚辞·离骚》王逸注。

（b）《白水》，见袁珂《中国神话大词典》，北京：华夏出版社2015年版，第108页。

W1920.2
石生江河

【关联】[W1884.2]石生水

实例

（参见下级母题实例）

W1920.2.1
特定的石头生河

实例

（参见下级母题实例）

W1920.2.1.1
老男子与丑女婚生的石头生出河流

实例

珞巴族 （实例待考）

W1920.3
湖海生江河

实例

（参见下级母题实例）

W1920.3.1
江河是湖的子女

实例

傣族 湖生子，湖生女，生出无数大江与小河。

【流传】云南省·西双版纳傣族地区（西双版纳傣族自治州）

【出处】《巴塔麻嘎捧尚罗》，王松据岩温炳翻译《巴塔麻晏》（开天辟地）改写，见姚宝瑄主编《中国各民族神话》（哈尼族、傣族），太原：山西出版传媒集团·书海出版社2014年版，第282页。

✱ W1921
江河是变化形成的

【汤普森】A934.11

实　例

（参见下级母题实例）

W1922
河是某物的化身

【汤普森】Z118.3

实　例

（实例待考）

W1923
神或神性人物变成江河

实　例

（参见下级母题实例）

W1923.1
女神变成江河

【汤普森】A934.11.3

实　例

（实例待考）

W1923.2
蛇仙变成江河

实　例

独龙族

（参见 W1943.1.2 母题实例）

W1923.3
其他神或神性人物变成江河

实　例

汉族

（参见 W1904.1.2.1.1 母题实例）

W1924
人变成江河

【汤普森】A934.11.2

实　例

（参见下级母题实例）

W1924.1
女子变成河

实　例

佤族　一个女子变成河。

【流传】云南省·（临沧市）·沧源（沧源佤族自治县）

【出处】李岩泠讲，张云整理：《姑娘河》，见中华民族故事大系编委会编《中华民族故事大系》第 7 卷（黎族、傈僳族、佤族），上海：上海文艺出版社 1995 年版，第 808 页。

W1924.2
三姐妹变成江河

实　例

傈僳族　三姐妹变成江河。

【流传】云南省·（怒江傈僳族自治州）·碧江（1986 年撤销碧江县县

制，归入福贡县等）

【出处】云南大学民族民间文学怒江调查队搜集，阿南整理：《怒江为什么哗啦哗啦响》，见中华民族故事大系编委会编《中华民族故事大系》第7卷（黎族、傈僳族、佤族），上海：上海文艺出版社1995年版，第425页。

W1925
动物变成江河

【关联】[W1969.1] 动物化泉

实例

（参见下级母题实例）

W1925.1
水龙变成江河

实例

满族 水龙吞水多了，躺在地上不能动了，变成了一条条江河。

【流传】（无考）

【出处】*《洪水神话》，见罗绮《满族神话的民族特点》，载《满族研究》1993年第1期。

满族 洪水时，女神阿布凯（卡）赫赫让自己的腋毛化成的水龙朝朝暮暮地吞水，水越吞越多，身子越来越重，最后水龙不能动了，就变成一条条又长又粗又亮的岔个汉（小河）、毕拉（大河）和乌江。

【流传】（无考）

【出处】
(a)《天宫大战》节录，原载《民间文学论坛》1986年第4期（汪玢玲文章析出）。

(b)《女神阿布凯赫赫》，见姚宝瑄主编《中国各民族神话》（满族、赫哲族、朝鲜族），太原：山西出版传媒集团·书海出版社2014年版，第49~50页。

满族 遍地大水时，阿布卡赫赫（女天神）的腋毛化成无数木克木都里（水龙），让她们吞水，木克木都里把地上的大水吞肚里，可是越吞越多越重，动不了，变成了一条条又长又粗又闪光的岔儿罕（小河）、毕拉（河）、乌拉（江）。

【流传】（无考）

【出处】
(a) 富育光：《萨满教与神话》，沈阳：辽宁大学出版社1990年版，第51页。

(b)《龙神吞水》，见吕大吉、何耀华总主编《中国各民族原始宗教资料集成》（鄂伦春族卷、鄂温克族卷、赫哲族卷、达斡尔族卷、锡伯族卷、满族卷、蒙古族卷、藏族卷），北京：中国社会科学出版社1999年版，第483页。

W1926
眼泪变成江河

实例

（参见下级母题实例）

W1926.0
神或神性人物的眼泪变成河

【关联】[W1926.3.2] 嫦娥的眼泪变成河

实 例

(参见下级母题实例)

W1926.0.1
盘古的眼泪变成河

实 例

汉族 盘古泣为江河。

【流传】（无考）

【出处】[南朝·梁] 任昉：《述异记》。

苗族 盘古公公英雄汉，眼泪汇成清水流。

【流传】原文无流传地，据文本及注释推测该神话流传于贵州省·黔东南苗族侗族自治州·凯里市、台江县等地。

【出处】张启庭、张荣光、张正玉、张启德演唱，张明搜集，燕宝整理译注：《创造宇宙·开天辟地》，见贵州省少数民族古籍整理出版规划小组办公室编，燕宝整理译注《苗族古歌》，贵阳：贵州民族出版社1993年版，第31页。

W1926.0.2
女娲的眼泪形成江河

实 例

汉族 江河里流不断的水是女娲的眼泪。

【流传】四川省·德阳市·市中区

【出处】胡能才讲，胡世用采录：《女娲娘娘的眼泪》，见中国民间文学集成全国编辑委员会编《中国民间故事集成》（四川卷·上），北京：中国ISBN中心1998年版，第56页。

汉族 女娲用泥造人，慢慢地那变活了的泥人都老了，死了。女娲很生气，她的泪水汇成了一条河。

【流传】河南省·（濮阳市）·濮阳县·文留镇（采录地点：濮阳县·柳屯镇·柳屯村）

【出处】张贵同（男，51岁，初中）讲，李青霞采录：《女娲造人（八）》（1990.03），见张振犁编著《中原神话通鉴》（第一卷），郑州：河南大学出版社2017年版，第177页。

汉族 天塌地陷后，幸存女娲姐弟俩挖泥巴，造泥人。后来泥人死了很多，女娲哭的泪淌了一地，地上就有了河。

【流传】河南省·（周口市）·西华县·聂堆乡·思都岗村

【出处】贾松才（65岁，农民，不识字）讲，高有鹏采录：《女娲氏的来历》（1984.03），见张振犁编著《中原神话通鉴》（第一卷），郑州：河南大学出版社2017年版，第195页。

W1926.0.3
巨人妻子的泪水流成河

实 例

蒙古族 巨人禾乌麦勒根的妻子哭丈夫的泪水流淌下来，汇成了河。河水浇灌着博格达山下的田地。

【流传】（无考）

【出处】阿·太白搜集翻译，姚宝瑄、巴音巴图整理：《赤脚巨人》，见姚宝瑄主编《中国各民族神话》（达斡尔族、鄂伦春族、鄂温克族、蒙古族），太原：山西出版传媒集团·书海出版社2014年版，第217页。

W1926.0.4
后土的泪水流成河

实 例

汉族 皇天看后土造的地坑坑洼洼皱巴巴，总是来气，就骂骂咧咧，絮絮叨叨。后土一怨皇天没明白，二怪自己没本事，暗暗流目汁，那目汁流出去成江河。

【流传】福建省·（宁德市）·寿宁县·大安乡·伏际村

【出处】吴兰妃讲，刘善林记录：《天地人》（1986.03.17），见姚宝瑄主编《中国各民族神话》（汉族），太原：山西出版传媒集团·书海出版社2014年版，第58~61页。

畲族 以前，没有天也没有地，混沌卵里的阿公造天，阿婆造地。天地造好后，阿公管自己叫皇天，让阿婆做后土。皇天看到后土造的皱皱巴巴的地就来气，总是骂骂咧咧。后土暗暗流泪，眼泪流经的地方成为江河。

【流传】福建省·（宁德市）·寿宁（寿宁县）

【出处】吴兰妃讲，刘善林采录：《天地是如何形成的》，原载《闽东畲族文化全书》，北京：民族出版社2009年版，见《福建省少数民族古籍丛书》编委会编《畲族卷·民间故事》，福州：海峡出版发行集团·海峡书局2013年版，第4页。

W1926.1
龙的泪水形成江河

实 例

景颇族 龙的泪水汇聚起来形成了一条河流，这就是陇川的第一条河。

【流传】云南省·（德宏傣族景颇族自治州）·陇川县

【出处】岳品荣讲，陈景东等采录：《南宛河和罗卜坝河》，见中国民间文学集成全国编辑委员会编《中国民间故事集成》（云南卷），北京：中国ISBN中心2003年版，第393页。

W1926.2
仙女的眼泪形成江河

【关联】[W1977.1.1.2] 神仙的泪水形成潭

实 例

（参见下级母题实例）

W1926.2.1
仙女幸福的眼泪形成河

实 例

塔吉克族 仙女的右眼流淌着幸福之

泪，日复一日，年复一年，这泪水汇成河水，灌溉着大地上的花草。

【流传】新疆维吾尔自治区·（喀什地区）·塔什库尔干塔吉克自治县

【出处】马达里汗讲，西仁·库尔班等采录翻译：《水的神话》，见中国民间文学集成全国编辑委员会编《中国民间故事集成》（新疆卷），北京：中国ISBN中心2008年版，第24页。

塔吉克族 被锁在慕士塔格峰顶的仙女，因自己造福于人类而激动欣喜，她的右眼就流淌出幸福之泪，日复一日，年复一年，汇成河水，灌溉着大地上的花草。

【流传】（新疆维吾尔自治区）

【出处】西仁·库尔班、段石羽搜集整理：《仙女的泪水》，见姚宝瑄主编《中国各民族神话》（乌孜别克族、哈萨克族、柯尔克孜族、俄罗斯族、维吾尔族、塔吉克族、塔塔尔族、锡伯族），太原：山西出版传媒集团·书海出版社2014年版，第277页。

W1926.2.2
荷花仙女的眼泪变成河

实 例

满族 荷花仙女的眼泪变成了挠力河里的河水。

【流传】黑龙江省·（双鸭山市）·饶河县·四排乡·四排村

【出处】白文梅讲，方生涛整理：《仙女的披带——挠力河》，见黑龙江省饶河县民间文学集成编委会《饶河民间文学集成》，内部编印，1988年，第124页。

W1926.3
其他人物的眼泪形成江河

实 例

（参见下级母题实例）

W1926.3.1
兄妹的眼泪形成河

实 例

德昂族 大地被日月星辰照亮后，地上的51对茶叶变成的男女青年高兴得手舞足蹈，高兴得淌下了泪水。条条小河、大江是茶叶兄妹留下的眼泪。

【流传】云南省·德宏州（德宏傣族景颇族自治州）

【出处】
(a) 陈志鹏搜集整理：《祖先创世纪》，见李子贤编《云南少数民族神话选》，昆明：云南人民出版社1990年版。
(b) 同（a），见姚宝瑄主编《中国各民族神话》（佤族、阿昌族、纳西族、普米族、德昂族），太原：山西出版传媒集团·书海出版社2014年版，第396页。

W1926.3.2
嫦娥的眼泪变成河

实 例

汉族 嫦娥的眼泪流到人间变成河。

【流传】辽宁省·（鞍山市）·海城市·南台镇·后柳村

【出处】罗兴朗讲：《眼泪流成河》，见本市编《辽宁省民间文学集成·鞍山市卷》，内部编印，1988年，第23～24页。

W1926.3.3
公主的眼泪变成河流

实例

乌孜别克族 西琳公主之泪及其身，亦遂化为河川，汇于西尔达力亚河中，至今犹可见也。

【流传】（无考）

【出处】袁珂改编：《西琳公主》，原载陶立璠等编《中国少数民族爱情故事选》，见袁珂《中国神话大词典》，北京：华夏出版社2015年版，第580页。

W1927
血液变成江河

实例

（参见下级母题实例）

W1927.1
盘古的血变成河流

【关联】[W0720] 盘古

实例

（参见下级母题实例）

W1927.1.1
盘古死后血变成江河

实例

汉族 盘古之君，死后骨节为山林，体为江海，血为淮渎。

【流传】（无考）

【出处】《五运历年记》，[明]董斯张《广博物志》卷九引。

汉族 盘古死后，血液为江河。

【流传】（无考）

【出处】《五运历年记》，[清]马骕《绎史》卷一引。

汉族 盘古死的时候，他的血液变成了江河。

【流传】（无考）

【出处】袁珂译述：《盘古开天辟地》，原载袁珂编译《中国神话故事》，见陶阳、钟秀编《中国神话》（上），北京：商务印书馆2008年版，第7～8页。

汉族 盘古死后，他的血液变成滚滚的江河。

【流传】河南省尾山一带

【出处】程玉林讲，缪华、胡佳作搜集整理：《盘古寺》，原载张振犁、程健君编《中原神话专题资料》，见姚宝瑄主编《中国各民族神话》（汉族），太原：山西出版传媒集团·书海出版社2014年版，第4～6页。

汉族 盘古为改造世界仆地而死，将

自己的血液变成江河。

【流传】江苏省·（淮安市）·涟水县·南集乡·禹庄村

【出处】徐学尧讲，徐省生搜集整理：《世界的由来》（1983），见姚宝瑄主编《中国各民族神话》（汉族），太原：山西出版传媒集团·书海出版社2014年版，第24~28页。

汉族 盘古撑开天地，力气用尽，累死的时节，他的血化作江河。

【流传】浙江省·（温州市）·永嘉县各地

【出处】陈仁讲，谢圣铎搜集整理：《盘古开天地》（1985），见姚宝瑄主编《中国各民族神话》（汉族），太原：山西出版传媒集团·书海出版社2014年版，第13~14页。

W1927.1.1.1
盘古的鼻血变成江河

实 例

汉族 盘古用手拍自己的脑门，鼻血流成了小河。

【流传】山西省·（运城市）·闻喜县（旧称桐乡）·（桐城镇）·峪堡村

【出处】王有山讲，王更元采录：《盘古出生》，见中国民间文学集成全国编辑委员会编《中国民间故事集成》（山西卷），北京：中国ISBN中心1999年版，第3页。

W1927.1.2
盘古的血脉变成河流

实 例

汉族 （盘古）由于劳累过度，倒下了。他的血管成了地上的河流。

【流传】河南省·汝州市薛庄乡·徐洼村

【出处】王欢进采录：《盘古创世》（1989.10.07），见张振犁编著《中原神话通鉴》（第一卷），郑州：河南大学出版社2017年版，第23页。

汉族 盘古死了，倒在地上，血脉变成河流。

【流传】河南省·（南阳市）·新野县

【出处】曹学典讲，曹宝泉采录：《盘古爷开天》，见张振犁编著《中原神话通鉴》（第一卷），郑州：河南大学出版社2017年版，第34~35页。

W1927.1a
盘瓠的血化为河

实 例

苗族 盘瓠王长眠不醒后，血液化为河流。

【流传】（无考）

【出处】《盘瓠王造天地》，原载《三套集成四川宜宾地区卷·苗族民间故事分册》，见袁珂《中国神话大词典》，北京：华夏出版社2015年版，第425页。

W1927.2
牛的血变成江河

【关联】［W1979.1.2］用牛的血造沼泽

实 例

（参见下级母题实例）

W1927.2.1
龙牛的血变成河

实 例

哈尼族 天神们杀翻塔婆的龙牛铺设天地造万物时，牛血就是天上最好的河川。

【流传】（无考）

【出处】《杀牛龙，造天地》，根据张牛朗、杨批斗、李书周等演唱，杨保生、李家顺等翻译，杨笛、郭纯礼等整理《十二奴局》和《奥色密色》翻译稿改写，见姚宝瑄主编《中国各民族神话》（哈尼族、傣族），太原：山西出版传媒集团·书海出版社 2014 年版，第 13 页。

哈尼族 天王让众人造天地时，他们杀掉一头如山大的龙牛，其中，它的血化为江河。

【流传】（无考）

【出处】《开天辟地》（原名《奥色密色》），原载毛星主编《中国少数民族文学》（下册），见袁珂《中国神话大词典》，北京：华夏出版社 2015 年版，第 490 页。

W1927.2.2
神牛的血变成河

实 例

珞巴族 铁神牛拉玛索布死了以后，它的血液变成了大地上的河流。

【流传】（ab）西藏自治区·（林芝地区）·米林县·纳玉公社（南伊乡）

【出处】

（a）达牛讲：《三个神牛》，见谷德明编《中国少数民族神话》，北京：中国民间文艺出版社 1987 年版，第 263 页。

（b）达牛讲，于乃昌整理：《三个神牛》，见《珞巴族民间故事》：http://www.tibet-web.com/old/minjian/ync/gushi/mulu.htm，2003.10.02。

（c）《三个神牛》，见中央民族学院少数民族文艺研究所编《中国民族民间文学》，北京：中央民族学院出版社 1987 年版，第 404 页。

珞巴族 大地生火神牛、铁神牛、土神牛三兄弟。大哥火神牛害死了二弟铁神牛。铁神牛死后，它的血液变成了大地上的河流。

【流传】西藏自治区·（林芝地区）·米林县·纳玉区（南伊乡）

【出处】达牛讲，于乃昌搜集：《三个神牛》，见姚宝瑄主编《中国各民族神话》（门巴族、珞巴族、怒族、藏族），太原：山西出版传媒集团·书海出版社 2014 年版，第 26 页。

W1927.3
鸟的血变成江河

实例

(参见下级母题实例)

W1927.3.1
巨鸟的血变成江河

实例

彝族 一只脸面像人的大鸟的血液变成了江河。

【流传】四川省·凉山州（凉山彝族自治州）·木里县（木里藏族自治县）

【出处】*《大鸟扇出天地》，见《藏族原始宗教资料丛编》，内部编印，第53页。

W1927.4
与血变成江河有关的其他母题

【关联】［W1904.1.2.1.3］地母流的血变成江海泽

实例

(参见下级母题实例)

W1927.4.1
射日时血流成江河

实例

彝族 （实例待考）

W1927.4.2
妖魔的血变成江河

实例

彝族 刀尖戳通了妖精的胸口，血一股股流了出来，流着，流着，变成了一条江。

【流传】云南省·（大理白族自治州）·云龙县

【出处】马继才讲，施连山采录：《狗氏族》，原载《中国民间故事全书》（云南省·云龙），见陶阳、钟秀编《中国神话》（中），北京：商务印书馆2008年版，第576~578页。

W1927.4.3
落到地上的星星的血液变成河流

实例

珞巴族 天公地母生的星星两兄弟很调皮，打闹时兄弟俩从天庭上掉了下来，弟弟跌落到地上，血液变成了条条溪流和湖泊。

【流传】西藏自治区·林芝市·墨脱县·达木珞巴民族乡、旁辛乡（讲述地点：墨脱县·达木珞巴民族乡·马尔康村）

【出处】安布、江措讲：《珞巴族神话（三）》，见冀文正《珞巴族民间故事》，成都：四川民族出版社2011年版，第4页。

W1928
特定的水变成江河

实例

（参见下级母题实例）

W1928.1
汗水变成江河

【关联】[W1969.2a] 汗水变成泉

实例

汉族

（参见 W1934a.4 母题实例）

W1928.1.1
神的汗水形成河

实例

满族

（参见 W1912 母题实例）

W1928.1.1.1
大力神的汗水形成河

实例

黎族 大力神用脚尖踢划群山，凿通了大小无数的沟谷，他的汗水流淌在这些谷里，便形成了奔腾的江河。

【流传】
（a）海南省·（三亚市）·乐东县（乐东黎族自治县）·抱由镇
（bc）海南省五指山区

【出处】
（a）林大陆讲，广东民族学院中文系七级采风组采录：《大力神》，见中国民间文学集成全国编辑委员会编《中国民间故事集成》（海南卷），北京：中国 ISBN 中心 2002 年版，第 14 页。
（b）同（a），见谷德明编《中国少数民族神话》，北京：中国民间文艺出版社 1987 年版，第 191 页。
（c）同（a），见广东民族学院中文系编《黎族民间故事选》，上海：上海文艺出版社 1983 年版，第 1 页。

黎族 大力神的汗水流淌进他踢出来的沟谷里，便出现了奔腾不息的江河。

【流传】海南省五指山一带

【出处】
（a）林大陆讲，龙敏、林树勇、陈大平整理：《大力神》，见广东民族学院中文系编《黎族民间故事选》，上海：上海文艺出版社 1983 年版。
（b）同（a），见姚宝瑄主编《中国各民族神话》（高山族、黎族、畲族），太原：山西出版传媒集团·书海出版社 2014 年版，第 49 页。

W1928.1.2
巨人的汗水形成江河

实例

傣族 巨人英叭的汗水往下淌，流下来就成了大河大江。

【流传】云南省·西双版纳（西双版纳傣族自治州）·（勐海县）

【出处】《阳光和风成婚生英叭》，原文

本为叭补答讲，刀昌德记录《开天辟地的故事》，见姚宝瑄主编《中国各民族神话》（哈尼族、傣族），太原：山西出版传媒集团·书海出版社2014年版，第235页。

W1928.1.3
天神的汗水形成江河

实例

满族 多阔霍女神的热火烧得天神阿布卡赫赫的肢身融化了，当阿布卡赫赫撞出雪山之后，她的汗水变成了江河的流水。

【流传】（无考）

【出处】《阿布卡赫赫女神创世》，王松根据富育光、孟慧英、王宏刚撰写的《满族宗教与神话》改写，见姚宝瑄主编《中国各民族神话》（满族、赫哲族、朝鲜族），太原：山西出版传媒集团、书海出版社2014年版，第4~14页。

W1928.1.4
地母的汗水形成江河

实例

满族 地母神巴那吉额姆流出的汗水，化为淙淙的清泉、河流。

【流传】（无考）

【出处】《阿布卡赫赫女神创世》，王松根据富育光、孟慧英、王宏刚撰写的《满族宗教与神话》改写，见姚宝瑄主编《中国各民族神话》（满族、赫哲族、朝鲜族），太原：山西出版传媒集团、书海出版社2014年版，第4~14页。

W1928.2
海水溅的水珠成江河

实例

普米族

（参见W1949.2母题实例）

W1928.2a
湖水排水形成河流

实例

珞巴族 布裙湖的湖面越来越高。空行母心急如焚，又用劲挑开了西宫北山，形成一条深沟，湖水顺着深沟流向西宫村，又流向山下的布裙村，成了西宫河。

【流传】西藏自治区·林芝市·墨脱县·背崩乡、墨脱乡（讲述地点：墨脱县·墨脱乡·墨脱村）

【出处】普布刀杰、果亚、朱嘎、白嘎、拉吾次仁讲：《布裙湖的传说》（1957.07），见冀文正《珞巴族民间故事》，成都：四川民族出版社2011年版，第61页。

W1928.3
龙溅出的浪形成河流

实例

纳西族

（参见W1948.7.3母题实例）

W1928.4
洗澡水变成河

实 例

（参见下级母题实例）

W1928.4.1
两兄妹的洗澡水变成河

实 例

黎族 洪水后，幸存的老先和荷发定居在海南岛的五指山上，因山顶离太阳很近，天气很热，兄妹俩就挖了五口水井，天天打水洗澡，泼出来的水便变成了五条河。

【流传】海南省五指山区

【出处】王国全搜集整理：《南瓜的故事》，原载广东民族学院中文系编《黎族民间故事选》，见陶阳、钟秀编《中国神话》（上），北京：商务印书馆2008年版，第374~377页。

W1928.5
地下冒出的水形成江河

【关联】[W1934] 泉水流成河

实 例

哈尼族 地出现以后，白花花的水从土里冒出来，从此有了小河、龙潭和大江。

【流传】云南省·（普洱市）·孟连县（孟连傣族拉祜族佤族自治县）

【出处】李格、王富帮讲，张犁翻译，李灿伟、莫非搜集整理：《天、地、人和万物的起源》，原载云南省民间文学集成办公室编《哈尼族神话传说集成》，中国民间文艺出版社1990年版，见姚宝瑄主编《中国各民族神话》（哈尼族、傣族），太原：山西出版传媒集团·书海出版社2014年版，第59页。

W1928.6
龙吐水形成江河

实 例

（参见下级母题实例）

W1928.6.1
水龙吐水形成江河

【关联】[W1925.1] 水龙变成江河

实 例

满族 天神阿布卡赫赫拔下身上的腋毛，化成无数条水龙一天天吐水，形成大地上无数条又粗又宽、又长又弯的江河和沟岔。

【流传】黑龙江省·黑河地区（黑河市）·孙吴县·（沿江满族达斡尔族乡）·四季屯（四季屯村）

【出处】吴纪贤、富希陆讲：《天宫大战——黑水女真人传世神话》（1939，选自富育光、郭淑云整理的手稿），见姚宝瑄主编《中国各民族神话》（满族、赫哲族、朝鲜族），太原：山西出版传媒集团·书海出版社2014年版，第37页。

W1928.7
地褶皱处流出的水形成江河

实 例

（参见下级母题实例）

W1928.7.1
盘古缩地褶皱处流出的水形成江河

实 例

汉族 原来，天小地大。盘古拉天后再缩地。他双手捧住大地向里拢促，用力一促，把地面促出许许多多的皱褶来，皱褶的缝里还流出水来。这些水就成了江河海洋。

【流传】浙江省·（丽水市）·青田县·温溪区·坑外村

【出处】季培贵讲，季从姚搜集整理：《盘古开天》（1940s），见姚宝瑄主编《中国各民族神话》（汉族），太原：山西出版传媒集团·书海出版社2014年版，第14~15页。

W1929
排泄物变成江河

实 例

（参见下级母题实例）

W1929.1
神的排泄物变成江河

实 例

朝鲜族

（参见 W1929.1a.1 母题实例）

W1929.1a
神性人物的排泄物变成江河

实 例

（实例待考）

W1929.1a.1
巨人的排泄物变成河

实 例

朝鲜族 古时有一个长得十分高大身影长九百里的老人，被放逐途中吃地下的土，喝海里的水。死后，慢慢排泄肚子里的土和水。他排出来的水，变成了鸭绿江、图们江等大小山脉和水系。

【流传】（无考）

【出处】金东勋整理：《巨石老翁造山河》，见姚宝瑄主编《中国各民族神话》（满族、赫哲族、朝鲜族），太原：山西出版传媒集团·书海出版社2014年版，第163页。

W1929.2
尿变成江河

【关联】
① [W1888] 尿变成水
② [W1948.6] 尿变成湖
③ [W1955.12] 尿变成海
④ [W1969.3] 尿变成泉

实 例

珞巴族 尿变成了河流。

【流传】西藏自治区·下珞渝（下珞渝则泛指永木河、锡约尔河、恰西仁河流域）

【出处】维·埃尔温搜集：《尼康肯嘎和尼努波特》，见中华民族故事大系编委会编《中华民族故事大系》第16卷（赫哲族、门巴族、珞巴族、基诺族），上海：上海文艺出版社1995年版，第431页。

W1929.2.1
神的尿变成河流

实例

壮族 姆洛甲（女始祖）的尿形成的洪水，后来积水的地方，形成了如今地上大小不一的无数道河流。

【流传】
（a）广西壮族自治区·（百色市）·西林县·那佐乡·那来村
（b）广西壮族自治区

【出处】
(a) 黄公受讲，岑护双采录翻译：《巨人夫妻》，见中国民间文学集成全国编辑委员会编《中国民间故事集成》（广西卷），北京：中国ISBN中心2001年版，第55~60页。
(b) 黄公受讲，岑护双采录翻译：《巨人夫妻——姆洛甲与布洛陀》，原载中国民间文学集成全国编辑委员会编《中国民间故事集成》（广西卷），北京：中国ISBN中心2001年版，见陶阳、钟秀编《中国神话》（中），北京：商务印书馆2008年版，第659~667页。

W1929.2.1.1
女神的尿变成河

【汤普森】A933

【关联】
① [W1886a.1] 女神的唾液变成水
② [W1948.6.2] 日月子女神的尿变成湖泊
③ [W1955.14.1] 女神的尿变成海
④ [W1972.3.4a.1] 温泉的温水是女始祖的尿

实例

壮族

（参见 W1929.2.1 母题实例）

W1929.2.1.2
天神的尿变成河流

【关联】
① [W1886.1] 天神的汗变成水
② [W1928.1.3] 天神的汗水形成江河
③ [W1929.2.3] 天神夫妻的尿变成河
④ [W1977.1.1.1] 天神的泪水形成潭

实例

珞巴族 一对慈悲的天神奥尼和桑达老两口下凡造人时，撒下一泡泡尿，地上于是有了湖泊、河流。

【流传】西藏自治区·林芝市·墨脱县·背崩乡、甘登乡、墨脱乡（讲述地点：墨脱县·墨脱乡·布姆村）

【出处】朗措、仁增讲：《天神造人》（1957.07），见冀文正《珞巴族民间故事》，成都：四川民族出版社2011年版，第12页。

W1929.2.2
始祖撒尿成河

实 例

布依族 翁戛（人类祖先）屙一泡尿，就会变成水，条条河的流水不会断

【流传】贵州省·（黔西南布依族苗族自治州）·望谟县、贞丰县，（安顺市）·关岭（关岭布依族苗族自治县）、紫云（紫云苗族布依族自治县）、镇宁（镇宁布依族苗族自治县）一带

【出处】伍也香、韦少云、蒙远平唱，立浩、汛河搜集整理，古梅改写：《翁戛分年月》，见姚宝瑄主编《中国各民族神话》（布依族、仡佬族、苗族），太原：山西出版传媒集团·书海出版社2014年版，第49页。

W1929.2.2.1
男始祖布洛陀撒尿成河

实 例

壮族 布洛陀撩开腰带，往地上撒尿，所到之处竟流成一条条清澈见底、空灵剔透的河流、大江。

【流传】广西壮族自治区·（百色市）·田阳县

【出处】李世锋：《布洛陀神功缔造人间天地》，见广西田阳县人民政府网：http://www.gxty.gov.cn/tykk/ShowArticle.asp? ArticleID = 726，2007.01.22。

W1929.2.3
天神夫妻的尿变成河

实 例

珞巴族 一对慈悲的天神奥尼和桑达老两口撒下一泡泡尿，地上于是有了河流。

【流传】西藏自治区·（林芝市）·墨脱县·背崩乡、甘登乡、墨脱乡

【出处】朗措、仁增讲，冀文正采集：《天神造人》，见冀文正《珞巴族民间故事》，成都：四川民族出版社2011年版，第12页。

W1929.2.4
盘古的尿变成河

实 例

汉族 盘古撒了一泡尿，变成了许多大河。

【流传】陕西省·（渭南市）·合阳县·东王乡（洽川镇）·莘野村

【出处】张甲民讲，梁浩秋采录：《男人喉咙的疙瘩》，见中国民间文学集成全国编辑委员会编《中国民间故事集成》（陕西卷），北京：中国ISBN中心1996年版，第9页。

W1929.2.5
日月的子女的尿变成河

实 例

珞巴族 太阳的儿子达西和月亮的女儿

亚姆在地上的尿汇成了条条溪流。

【流传】西藏自治区·（林芝地区）·墨脱县·（达木珞巴族乡）·卡布村

【出处】安布讲，冀文正采录：《珞巴五兄弟》，见中国民间文学集成全国编辑委员会编《中国民间故事集成》（西藏卷），北京：中国ISBN中心2001年版，第16页。

珞巴族 太阳的儿子达西与月亮的女儿亚姆下凡婚生5个儿子。没过几年，五兄弟都长大了，他们把尿水洒落在地上，汇成了条条溪流。

【流传】西藏自治区·林芝市·墨脱县·达木珞巴民族乡、墨脱乡（讲述地点：墨脱县·达木珞巴民族乡·卡布村）

【出处】安布讲：《五兄弟的传说》（1955.08），见冀文正《珞巴族民间故事》，成都：四川民族出版社2011年版，第18页。

W1929.3
鼻涕变成江河

实 例

（参见下级母题实例）

W1929.3.1
龙神的鼻涕流成河

实 例

傈僳族 龙神的眼泪像暴雨，鼻涕流成河。

【流传】（无考）

【出处】鲁福昌唱，辛一记译整理：《祭龙神调》，载《怒江》1984年第3期。

W1930
植物的液汁变成江河

实 例

（参见下级母题实例）

W1930.1
桃子烂后的水变成江河

实 例

苗族 天地间的桃树结的一个很大的桃子烂了，烂的浆浆成了水，变成大河、大江、大海。

【流传】贵州省·（安顺市）·镇宁县（镇宁布依族苗族自治县）·板阳乡

【出处】朱顺清讲，杨文金等采录：《杨亚射日月》，见中国民间文学集成全国编辑委员会编《中国民间故事集成》（贵州卷），北京：中国ISBN中心2003年版，第23页。

苗族 大桃树上结大桃子，熟透落下来，烂后，桃水变成江河、大海。

【流传】贵州省·（安顺市）·镇宁县（镇宁布依族苗族自治县）·黄果树（黄果树镇）一带

【出处】朱顺清讲，杨文金采录：《杨亚射日月》（1986），见燕宝、张晓编《贵州神话传说》，贵阳：贵州人民出版社1997年版，第18～19页。

W1930.2
树根变成江河
实例

（参见下级母题实例）

W1930.2.1
树根烂后变成地下河
实例

哈尼族 地下的树根腐朽，变成了十二条地下河流。

【流传】云南省·（玉溪市）·元江县（元江哈尼族彝族傣族自治县）·羊街乡、那诺乡及因远镇清水河流域一带

【出处】《砍树除魔歌》，见元江县哈尼文化学会、元江县史志编纂办公室编《元江哈尼族古歌集》，内部编印，2005年，第76页。

W1930.3
葫芦中流出的水成为江河
实例

汉族 后人把玄嚣（黄帝的儿子）葫芦里流出的那段河叫溱水，把昌意（黄帝的儿子）葫芦里流出的那段河叫洧水。

【流传】中原一带

【出处】

（a）蔡怡赖搜集整理：《黄帝选贤》，见张楚北编《中原神话》，郑州：海燕出版社1988年版。

（b）同（a），见姚宝瑄主编《中国各民族神话》（汉族），太原：山西出版传媒集团·书海出版社2014年版，第416~418页。

W1931
肠子变成江河
【关联】［W1918.5］用肠子造河

实例

（参见下级母题实例）

W1931.1
神或神性人物死后肠子变成江河
【关联】

① ［W1943.2a.1］撑天者死后大肠变成红水河

② ［W1943.5.1］撑天者死后小肠变成花江河

③ ［W1955.3.1］肠子变成海

实例

汉族

（参见 W1931.1.1.2a 母题实例）

W1931.1.0
神的肠子变成河
实例

仡佬族 神死后，肠子变江河。

【流传】贵州省·（遵义市）·遵义县·平正公社（平正仡佬族乡）

【出处】陈保和讲，田兴才搜集：《布什

格制天，布比密制地》，见贵州民研会、贵州民族学院编《民间文学资料》第49集，内部资料，1982年。

W1931.1.1
盘古的肠子变成河

实例

白族 盘古氏的肠化江河。

【流传】（无考）

【出处】《开天辟地》，原载谷德明编《中国少数民族神话》，见袁珂《中国神话大词典》，北京：华夏出版社2015年版，第475页。

W1931.1.1.1
盘古死后小肠变成河

实例

白族 盘古死后小肠变小河。

【流传】（无考）

【出处】《天地起源》，见谷德明编《中国少数民族神话》，北京：中国民间文艺出版社1987年版，第293页。

白族 盘古死时，小肠变成小河，大肠变成大河。

【流传】云南省·（大理白族自治州）·大理（大理市）、洱源（洱源县）、剑川（剑川县）等地

【出处】杨国政讲，杨亮才记录整理：《开天辟地》，原载《云南民间故事选》（不详），见姚宝瑄主编《中国各民族神话》（白族、拉祜族、景颇族），太原：山西出版传媒集团·书海出版社2014年版，第6页。

白族 盘古死后，观音的手指到哪里，他就变到哪里，他的小肠变成了小河。

【流传】
（a）云南省·（大理白族自治州）·大理（大理市）、洱源县等地
（b）云南省·（大理白族自治州）·洱源县

【出处】
（a）杨国政讲，杨亮才采录：《开天辟地》，见中国民间文学集成全国编辑委员会编《中国民间故事集成》（云南卷），北京：中国ISBN中心2003年版，第9页。
（b）同（a），见谷德明编《中国少数民族神话》，北京：中国民间文艺出版社1987年版，第293页。

W1931.1.1.2
盘古死后大肠变成河

【关联】［W1931.1.1.2a］盘古的大肠变成江海

实例

白族 盘古死后，按观音的指点变万物。他的小肠变成了小河，大肠变成了大河。

【流传】云南省·（大理白族自治州）·大理（大理市）、洱源（洱源县）、剑川（剑川县）

【出处】杨国政讲，杨亮才记录整理：《开天辟地》，见中华民族故事大系编委会编《中华民族故事大系》第5卷（瑶

族、白族、土家族），上海：上海文艺出版社 1995 年版，第 319～320 页。

W1931.1.1.3

盘古的膀胱变成百川

实 例

汉族　盘古死后，膀胱为百川。

【流传】（无考）

【出处】［唐］释澄观：《大方广佛华严经随疏演义钞》卷四二引《三王历》。

W1931.2

人死后肠子变成江河

实 例

布依族　撑天的力戛死后，大肠化为红水河，小肠化为花江河。

【流传】（无考）

【出处】《力戛撑天》，原载谷德明编《中国少数民族神话选》，见袁珂《中国神话大词典》，北京：华夏出版社 2015 年版，第 445 页。

W1931.3

动物的肠子变成江河

实 例

（参见下级母题实例）

W1931.3.1

鹿的肠子变成江河

实 例

普米族　巨神简剑祖射死马鹿造天地万物时，把鹿肠子抛向大地，大地便出现了无数的江河和道路。

【流传】（普米族广大地区）

【出处】杨祖德、杨学胜讲：《简剑祖射马鹿创天地》，据杨庆文《普米族文学简介》中的《捉马鹿的故事》和季志超《藏族普米族创世神话比较》中的《吉赛叽》等编写，见姚宝瑄主编《中国各民族神话》（佤族、阿昌族、纳西族、普米族、德昂族），太原：山西出版传媒集团·书海出版社 2014 年版，第 303 页。

W1931.3.1.1

马鹿的大肠变成江河

实 例

普米族　简锦祖（巨人）杀死了作恶的马鹿，割下马鹿的肠子，大肠变成地上的江河。

【流传】云南省·（怒江傈僳族自治州）·兰坪县（兰坪白族普米族自治县），（丽江市）·宁蒗县（宁蒗彝族自治县）

【出处】王震亚采录：《简锦祖杀马鹿》，见中国民间文学集成全国编辑委员会编《中国民间故事集成》（云南卷），北京：中国 ISBN 中心 2003 年版，第 386 页。

普米族　巨人简锦祖杀死马鹿后，鹿的大肠变为江河。

【流传】（无考）

【出处】《捉马鹿的故事》，见毛星主编

《中国少数民族文学》（下），长沙：湖南人民出版社1983年版，第146页。

W1931.3.2
牛肠子变成河

实例

藏族 （实例待考）

W1931.3.2.1
牛的大肠变成江河

【关联】 ［W1783.4.1］神牛的大肠做银河

实例

彝族 观音杀牛造出天地日月后，又使出法术，把牛的大肠变成江河。

【流传】 云南省·楚雄彝族自治州

【出处】 罗文荣演唱，李世忠翻译，薔紫改写：《老人梅葛》，见姚宝瑄主编《中国各民族神话》（羌族、彝族），太原：山西出版传媒集团·书海出版社2014年版，第124页。

W1931.3.2.2
神牛的小肠变成江河

【关联】
① ［W1845.1.10.1］牛的小肠变成井沟
② ［W1943.5.1］撑天者死后小肠变成花江河

实例

哈尼族 众神杀查牛（天地神专养的神牛），神牛的大肠做了银河。小肠做了江河。

【流传】 云南省·（红河哈尼族彝族自治州）·元阳（元阳县）、红河（红河县）、绿春（绿春县）、金平（金平苗族瑶族傣族自治县）

【出处】 朱小和讲唱，史军超搜集整理：《查牛补天地》（1983），原载云南省民间文学集成办公室编《哈尼族神话传说集成》，中国民间文艺出版社1990年版，见姚宝瑄主编《中国各民族神话》（哈尼族、傣族），太原：山西出版传媒集团·书海出版社2014年版，第56页。

W1931.3.3
虎的小肠变成河

实例

彝族 天神的儿女造天地后，天上和地上什么也没有。于是他们捉住老虎，虎的小肠变成河。

【流传】 云南省·楚雄彝族自治州·姚安县、大姚县等彝族地区

【出处】 《创世·开天辟地》，见云南省民族民间文学楚雄调查队整理编写《梅葛》，昆明：云南人民出版社2009年版，第14页。

W1931.3.4
虎的大肠变成江

实例

彝族 天神的儿女造天地后，天上和

地上什么也没有。于是他们捉住老虎，用大肠变大江。

【流传】云南省·楚雄彝族自治州·姚安县、大姚县等彝族地区

【出处】《创世·开天辟地》，见云南省民族民间文学楚雄调查队整理编写《梅葛》，昆明：云南人民出版社2009年版，第14页。

W1931.3.5
虎的肠胃化为江海

实 例

彝族 天神把虎之肠胃化为江海。

【流传】（无考）

【出处】《天神格兹苦》（原名《云南彝族史诗·梅葛》），原载毛星主编《中国少数民族文学》（下册），见袁珂《中国神话大词典》，北京：华夏出版社2015年版，第430页。

W1931.4
江河是地的肠子

实 例

仡佬族 地的肠子是那些弯弯曲曲的江河。

【流传】贵州省·（遵义市）·遵义县·平正公社（平正仡佬族乡）

【出处】（a）陈保和讲，田兴才等搜集：《布什格制天，布比密制地》，见陶立璠、赵桂芳等编《中国少数民族神话汇编》（开天辟地篇等），中央民族学院少数民族古籍整理出版规划领导小组办公室印（未署出版时间），第325页。

（b）同（a），见谷德明编《中国少数民族神话》，北京：中国民间文艺出版社1987年版，第671页。

W1931.5
脂膏变成江河

实 例

（参见下级母题实例）

W1931.5.1
盘古死后脂膏变成江河

实 例

汉族 盘古死后，脂膏为江海。

【流传】（无考）

【出处】［南朝·梁］任昉：《述异记》。

汉族 盘古死后，脂膏变成了江河。

【流传】宁夏回族自治区·（固原市）·固原县·彭堡乡

【出处】孙振旺讲，郭宏毅采录：《盘古开天地》，见中国民间文学集成全国编辑委员会编《中国民间故事集成》（宁夏卷），北京：中国ISBN中心1999年版，第3页。

W1932
与变化为江河有关的其他母题

实 例

（参见下级母题实例）

W1932.1
四肢变成江河

实例

（参见下级母题实例）

W1932.1.1
盘古的手臂变成江河

实例

汉族　盘古用手扒挖江河时，实在挖得太用力啦，四只手臂都脱脱落来，一下子变出许许多多河江。

【流传】（无考）

【出处】王阿英讲，蔡斌搜集整理：《盘古开天地》，见姚宝瑄主编《中国各民族神话》（汉族），太原：山西出版传媒集团·书海出版社2014年版，第17~18页。

W1932.1.1.1
盘古多余的4个手臂变成江河

实例

汉族　六臂的盘古撞掉自己的四臂，变成江河。

【流传】浙江省·（金华市）·兰溪（兰溪市）

【出处】王阿英讲述、蔡斌采录：《石鼓响，天地开》，见中国民间文学集成全国编辑委员会编《中国民间故事集成》（浙江卷），北京：中国ISBN中心1997年版，第16页。

W1932.1.2
女娲的四肢变成江河

实例

汉族　女娲死后，四肢成了河流。

【流传】四川省·德阳市·市中区

【出处】胡能才讲，胡世用采录：《女娲娘娘的眼泪》，见中国民间文学集成全国编辑委员会编《中国民间故事集成》（四川卷·上），北京：中国ISBN中心1998年版，第56页。

W1932.2
种子变成江河

实例

（参见下级母题实例）

W1932.2.1
文化英雄撒的种子变成江河

实例

彝族　支格阿鲁（文化英雄，b为"尼支呷洛"）走到支罗八乌那块地方，采集了三把种子，返回后把三把种子撒在地上，其中一把变成了江河。

【流传】（无考）

【出处】

(a) 蒋汉章翻译，李仲舒整理：《创造万物的巨人支格阿鲁》，见陶立璠、李耀宗主编《中国少数民族神话传说选》，成都：四川民族出版社1985年版，第 86 页。

（b）《创造万物的巨人尼支呷咯》，见谷德明编《中国少数民族神话》，北京：中国民间文艺出版社 1987 年版，第 280 页。

W1932.3
湖变成江河

实例

（参见下级母题实例）

W1932.3.1
湖水决口变成江

实例

门巴族 空行母吉巴萨布让在那嘎湖那里向南挑出了一条深沟，把湖水放了出去，引向了南方。从此，那嘎湖不见了，变成了由东向南奔腾呼啸的江水，这就是今天的娘江曲。

【流传】西藏自治区·（山南市）·错那县·勒布区（麻麻门巴族乡）·麻麻村（麻玛村）

【出处】其美多杰讲：《那嘎湖》，见姚宝瑄主编《中国各民族神话》（门巴族、珞巴族、怒族、藏族），太原：山西出版传媒集团·书海出版社 2014 年版，第 6 页。

W1932.3.2
湖水被山挤成河

实例

拉祜族 湖水被大山挤成了一条河，就是孟河。

【流传】云南省·（普洱市）·孟连县（孟连傣族拉祜族佤族自治县）

【出处】扎俄、扎娃讲，张海珍采录：《拉祜人的祖先》，见中国民间文学集成全国编辑委员会编《中国民间故事集成》（云南卷），北京：中国 ISBN 中心 2003 年版，第 261 页。

W1932.4
衣带变成江河

实例

（参见下级母题实例）

W1932.4.1
仙女的衣带变成江河

实例

满族 荷花仙女的拂带变成了 740 多华里的挠力河。

【流传】黑龙江省·（双鸭山市）·饶河县·四排乡·四排村

【出处】白文梅讲，方生涛整理：《仙女的拂带——挠力河》，见黑龙江省饶河县民间文学集成编委会《饶河民间文学集成》，内部编印，1988 年，第 124 页。

W1932.5
其他特定物变成江河

实例

（参见下级母题实例）

W1932.5.1
筋络血液变成江河

【关联】［W1927］血液变成江河

实 例

汉族 盘古神的筋络血液，变为长长短短的大小江河。

【流传】浙江省·（丽水市·莲都区·万象街道）·刘祠堂背

【出处】孙华仙讲，唐宗龙搜集整理：《盘古造化天地》（1963），见姚宝瑄主编《中国各民族神话》（汉族），太原：山西出版传媒集团·书海出版社2014年版，第9~10页。

W1932.5.2
海水溅的水珠变成江河

实 例

普米族 海水溅的水珠成江河。

【流传】云南省·（丽江市）·宁蒗（宁蒗彝族自治县）

【出处】曹乃主讲，王震亚整理：《治龙王》，见中华民族故事大系编委会编《中华民族故事大系》第14卷（普米族、塔吉克族、怒族、俄罗斯族、鄂温克族），上海：上海文艺出版社1995年版，第211页。

※ W1933
江河产生的其他方式

【汤普森】A934

实 例

（参见下级母题实例）

W1934
泉水流成河

【汤普森】A934.8

实 例

哈尼族

（参见W1928.5母题实例）

彝族（罗罗泼）尼支甲洛（英雄名，天女生的第一个人）亲自上天取来泉水种子。播撒后平地上就冒出了清清的泉水，泉水流淌成了河流和湖泊。

【流传】云南省·（楚雄彝族自治州）·南华县·五街（五街镇）

【出处】李发彪等演唱，吉厚培、夏光辅搜集整理：《青棚调——彝族支系罗罗泼古歌》，原载云南省社会科学院楚雄彝族文化研究所编《彝族民间文学》第2辑，1985年，见姚宝瑄主编《中国各民族神话》（羌族、彝族），太原：山西出版传媒集团·书海出版社2014年版，第171页。

W1934a
特定的水流成河

【关联】
① ［W1928.5］地下冒出的水形成江河
② ［W1930.3］葫芦中流出的水成为江河

实 例

（参见下级母题实例）

W1934a.1
洪水流成河

实例

傈僳族 洪水过后,大地不像洪水泛滥之前那样平坦了,大地上出现了高山、河流等。

【流传】(无考)

【出处】*《兄妹成婚》,见《傈僳族简史》编写组编《傈僳族简史》,昆明:云南人民出版社1983年版,第5~7页。

W1934a.2
山上流水形成河

实例

佤族 洪水时,人们派乌鸦、斑鸠、青蛙都不能治水。最后派马鬃蛇想办法治水,马鬃蛇的背脊变成了无数座大山、小山,水顺着层层群山往下流,流成了数不清的巨川、小河。

【流传】(无考)

【出处】肖门江讲,王有明、黄伦翻译,张相松搜集整理:《人》,见姚宝瑄主编《中国各民族神话》(佤族、阿昌族、纳西族、普米族、德昂族),太原:山西出版传媒集团·书海出版社2014年版,第6页。

W1934a.3
洞出水形成河

实例

(参见下级母题实例)

W1934a.3.1
神射洞出水形成河

【关联】
① [W1970.1] 箭射出泉
② [W1935.6] 用箭射出江河

实例

珞巴族 东布达杰天神朝蹄坑连射三箭,扎了一个大洞,水一下子从地下涌了上来,流成了河。

【流传】西藏自治区·(林芝市)·墨脱县·墨脱乡、甘登乡、格当乡、达木珞巴民族乡

【出处】吾金讲,冀文正采集:《东布泉水》,见冀文正《珞巴族民间故事》,成都:四川民族出版社2011年版,第68页。

W1934a.4
雨水成河

【关联】[W1952.2] 雨水形成海

实例

汉族 盘古的汗水变成了雨。雨落到地上顺到那些沟沟一流,就成了河。

【流传】四川省·巴县(今重庆市·巴南区)

【出处】王国珍讲,罗桂英记录,金祥度搜集整理:《盘古王造天地》(1988.01),见姚宝瑄主编《中国各民族神话》(汉族),太原:山西出版传媒集团·书海出版社2014年版,第29~30页。

W1934a.5
回生水形成河

实例

纳西族 崇人抛鼎（人名）盗取回生水时，从马上摔下来，牦牛角里的回生水都泼了出来。回生水溅到河谷里，水就流遍了河谷。

【流传】云南省

【出处】和即仁翻译整理：《崇人抛鼎寻不死药》，原载李子贤《云南少数民族神话选》，见陶阳、钟秀编《中国神话》（下），北京：商务印书馆2008年版，第1066~1071页。

W1934a.6
聚小流成江河

实例

布依族 翁戛老祖让犀牛犁地耕田时，犀牛犁地犁出沟壑和河江，大沟小沟的水又流进了大河大江。

【流传】贵州省布依族地区

【出处】杨正荣、祝登壅讲，岭玉清、汛河搜集整理，古梅改写：《翁戛造万物》，见姚宝瑄主编《中国各民族神话》（布依族、仡佬族、苗族），太原：山西出版传媒集团·书海出版社2014年版，第9页。

W1934a.7
水的流动形成江河

实例

侗族 地上的冰水、雪水融化不断流进五湖，五湖的水满后又涌进四个大海洋。天长日久，天下出现了江河溪涧。

【流传】广西壮族自治区·（柳州市）·三江（三江侗族自治县），（桂林市）·龙胜（龙胜各族自治县）

【出处】杨卜林喜、杨卜松林、杨明世讲，杨国仁、涛声搜集整理，蔷紫改写：《创世女神萨天巴》，原文为过伟改写自侗族创世史诗《嘎茫莽道时嘉——远祖歌》（未出版稿），见姚宝瑄主编《中国各民族神话》（土家族、毛南族、侗族、瑶族），太原：山西出版传媒集团·书海出版社2014年版，第85页。

W1935
江河是特定的痕迹

实例

（参见下级母题实例）

W1935.1
犁出江河

【关联】

① [W1809.10] 犁出山
② [W1845.1.3] 犁出山谷

实例

（参见下级母题实例）

W1935.1.1
天神犁出江河

实例

哈尼族

（参见W1873.0母题实例）

W1935.1.2
神牛犁出河

实例

壮族 布碌陀带领人们开河道，治水患，感动了天帝，天帝见他们太辛苦，就送给一头神牛，一把神犁，好让他们一犁过去，就成一条河道。

【流传】（a）广西壮族自治区右江及红水河一带

【出处】

(a) 周朝珍讲，何承文整理：《布碌陀》，载广西民间文学研究会编印《广西民间文学丛刊》第5期。

(b)《布碌陀》（王松选定），见姚宝瑄主编《中国各民族神话》（仫佬族、壮族、京族），太原：山西出版传媒集团·书海出版社2014年版，第81页。

壮族 布洛陀（男始祖，神）带领人们开河道，治水患，感动了天帝。天帝送给他们一头神牛，一把神犁，好让他们一犁过去，就成一条河道。

【流传】广西壮族自治区右江、红河一带

【出处】周朝珍口述，何承文整理：《布洛陀》，原载蓝鸿恩编《壮族民间故事选》，见陶阳、钟秀编《中国神话》（上），北京：商务印书馆2008年版，第67~86页。

W1935.1.3
犀牛犁出江河

实例

布依族 翁戛老祖从天上拉来犀牛，让犀牛犁地耕田时，犀牛犁地，出现了大河大江。

【流传】贵州省布依族地区

【出处】杨正荣、祝登雍讲，岭玉清、汛河搜集整理，古梅改写：《翁戛造万物》，见姚宝瑄主编《中国各民族神话》（布依族、仫佬族、苗族），太原：山西出版传媒集团·书海出版社2014年版，第9页。

W1935.1.4
祖先犁出江河

实例

布依族 河流是阿祖犁出来的。

【流传】贵州省·（安顺市）·镇宁（镇宁布依族苗族自治县）

【出处】韦绍珍等讲，何积全等整理：《阿祖犁土》，见中华民族故事大系编委会编《中华民族故事大系》第3卷（彝族、壮族、布依族），上海：上海文艺出版社1995年版，第705页。

W1935.1.4.1
祖先野牛国神牛犁出江河

实例

布依族 阿祖驾驭神牛犁大地，犁出河流。

【流传】贵州省

【出处】《阿祖犁土》，见何积全、陈立浩主编《布依族文学史》，贵阳：贵州民族出版社1992年版，第53页。

W1935.2
冲刷出江河

实 例

（参见下级母题实例）

W1935.2.1
眼泪冲出江河

实 例

黎族　眼泪冲出河流。

【流传】海南省·（三亚市）·保亭县（保亭黎族苗族自治县）

【出处】荣斯焕整理：《五指山的传说》，见中华民族故事大系编委会编《中华民族故事大系》第7卷（黎族、傈僳族、佤族），上海：上海文艺出版社1995年版，第18页。

W1935.2.2
大雨冲出江河

实 例

（参见下级母题实例）

W1935.2.2.1
龙王下大雨冲出江河

实 例

彝族　龙王罗阿玛洒下倾盆大雨，冲出沟河山川。

【流传】（无考）

【出处】《天地的起源》，见郭思九、陶学良整理《查姆》，昆明：云南人民出版社1994年版。

W1935.2.3
洗澡水雨冲出江河

实 例

（参见下级母题实例）

W1935.2.3.1
两兄妹的洗澡水冲出江河

实 例

黎族　洪水后，兄妹俩在五指山上挖了五口水井，天天打水洗澡，泼出来的水便变成了五条河。

【流传】

（a）海南省·（三亚市）·保亭县（保亭黎族苗族自治县）·保城镇

（bc）海南省五指山区

【出处】

（a）王老黎讲，王国全采录：《三个民族同一源》，见中国民间文学集成全国编辑委员会编《中国民间故事集成》（海南卷），北京：中国ISBN中心2002年版，第9页。

（b）王国全搜集整理：《南瓜的故事》，见谷德明编《中国少数民族神话》，北京：中国民间文艺出版社1987年版，第196页。

（c）同（b），见陶阳、钟秀编《中国

神话》（上），北京：商务印书馆2008年版，第374页。

W1935.3
砍出江河

实例

（参见下级母题实例）

W1935.3.1
神用刀砍出河流

实例

汉族

（参见 W1915.1.11 母题实例）

W1935.3.1a
神仙用刀砍出河流

实例

羌族　神仙用刀砍的沟成河。

【流传】四川省·（阿坝藏族羌族自治州）·汶川（汶川县）

【出处】赵邦贵讲，李冀祖等搜集：《伏羲兄妹治人烟》，见中华民族故事大系编委会编《中华民族故事大系》第11卷（达斡尔族、仫佬族、羌族），上海：上海文艺出版社1995年版，第684页。

W1935.3.2
盘古砍出江河

实例

汉族　九重天上的龙蛋孵出盘古。盘古手拿斧子到了云海上，见面前有个大包包，飘来飘去。他就站到那个大包包上。风大站不稳，他就用斧子乱砍。他砍的凹凹成了江河。

【流传】河南省·（南阳市·桐柏县·二郎山乡）

【出处】刘太举、姚义亮讲述，马卉欣录音整理：《盘古出世》，原载马卉欣编著《盘古之神》，见陶阳、钟秀编《中国神话》（上），北京：商务印书馆2008年版，第11~12页。

汉族　盘古天上遨游时，砍破飘来的一个大气包。大气包一破，跑了气，往下落，盘古追上去，站在了这个大圆疙瘩上。这个大气包包的圆疙瘩是大石头。盘古站在上边站不稳，就用斧子砍了些凸凸凹凹，后来凸凸子成了大大小小的山，凹凹子成了河。

【流传】河南省·（南阳市）·桐柏县·（安棚乡、固县镇、大河乡、二郎山乡、月河镇金桥村等地）；（湖北省·随州市·随县·小林镇）

【出处】姚义雨、郑昌寿、黄发美、陈鸣声、刘太举、胡安辰、方家义、曹衔玉等讲，马卉欣采录整理：《盘古开天》，见张振犁编著《中原神话通鉴》（第一卷），郑州：河南大学出版社2017年版，第56页。

W1935.4
划出江河

实例

（参见下级母题实例）

W1935.4.1
神划的痕迹变成江河

实例

鄂温克族 女神划的痕迹变成小河。

【流传】（无考）

【出处】索久林整理：《雪羊和吉雅奇》，见中华民族故事大系编委会编《中华民族故事大系》第14卷（普米族、塔吉克族、怒族、俄罗斯族、鄂温克族），上海：上海文艺出版社1995年版，第812页。

W1935.4.2
神用剑划出江河

实例

汉族 （实例待考）

W1935.4.2a
神用棍棒划出河

实例

土家族 制地的神人李古老看到张古老的天已经制好了慌了神，顺手抓了把泥土急急忙忙一捏，捏成个大山包，接着，又拿起棒棒，东一划，西一刷，就造出了许多河流。

【流传】湖南省土家族居住地区

【出处】《张古老制天，李古老制地》，苗风根据《中国少数民族文学》（湖南人民出版社1983年版）改写，见姚宝瑄主编《中国各民族神话》（土家族、毛南族、侗族、瑶族），太原：山西出版传媒集团·书海出版社2014年版，第4页。

W1935.4.2b
造地者用杖划出河

实例

土家族 神人李古老慌忙中造地时，以杖划地，乃成河流。

【流传】（无考）

【出处】《张古老与李古老》（原名《张古老制天李古老制地》），原载毛星主编《中国少数民族文学》（中册），见袁珂《中国神话大词典》，北京：华夏出版社2015年版，第488页。

W1935.4.2c
仙人用拐杖划出河

实例

水族 恩公（水语为"拱恩"，踩踏大地的仙人，为父系之祖）顺手用拐杖在身前身后画了几十条沟，形成河流。

【流传】贵州省·（黔南布依族苗族自治州）·三都县（三都水族自治县）

【出处】刘恒虽讲，潘朝霖采录：《恩公开辟大地》，见中国民间文学集成全国编辑委员会编《中国民间故事集成》（贵州卷），北京：中国ISBN中心2003年版，第8页。

W1935.4.3
女人的五个手指抓出河

实例

畲族 女人造地时，五个手指抓出河。

【流传】福建省·（宁德市）·福安（福安市）

【出处】钟瑞珠讲，郑万生整理：《男造天，女造地》，见中华民族故事大系编委会编《中华民族故事大系》第8卷（畲族、高山族、拉祜族），上海：上海文艺出版社1995年版，第12页。

W1935.4.4
动物划出的沟成为河流

实例

（参见下级母题实例）

W1935.4.4.1
蚂蚁划出的沟成为河流

实例

（参见下级母题实例）

W1935.4.4.1.1
蚂蚁变成的鱼划出的沟成为河流

实例

藏族 蚂蚁变成的一条娃娃鱼用两只脚划了一道道的沟，成了弯曲的河流。

【流传】四川省·（阿坝藏族羌族自治州）·若尔盖县·求吉乡·下王则村

【出处】大夺戈讲，阿强等采录：《开天辟地》，见中国民间文学集成全国编辑委员会编《中国民间故事集成》（四川卷·下），北京：中国ISBN中心1998年版，第933页。

W1935.4.5
王母娘娘用金簪划出河

【关联】[W1784.5] 王母娘娘用簪划出天河

实例

汉族 王母娘娘从人间抓回织女回天上时，见牛郎追上来，忙从发髻上取出一枝金簪一划，一条茫茫大河，拦住了牛郎。

【流传】河南省·（南阳市）·桐柏县

【出处】黄发美讲，黄正明记录，薛远增整理：《牵牛星和织女星》，原载马卉欣主编《中国民间故事集成》（河南桐柏县卷第一分册），见陶阳、钟秀编《中国神话》（上），北京：商务印书馆2008年版，第232~235页。

W1935.4.6
画地成河

【关联】[W1809.12] 山是画出来的

实例

汉族 府吏即欲前逼，老人以杖画地，遂成一水，阔丈余。

【流传】（无考）

【出处】

(a)［宋］李昉等:《太平广记》卷七二"陆生"条引《原化记》。

(b)《画地成河》,见袁珂《中国神话大词典》,北京:华夏出版社2015年版,第185页。

W1935.4.6.1
方士画地成河

实例

汉族 淮南王好方士,方士皆以术见。遂有画地成江河,撮土为山岩,嘘吸为寒暑,喷嗽为雨露。王亦卒与诸方士俱去。

【流传】(无考)

【出处】

(a)［晋］葛洪:《西京杂记》卷三。

(b)《画地成河》,见袁珂《中国神话大词典》,北京:华夏出版社2015年版,第185页。

W1935.4.7
箭划出河

实例

仫佬族 罗义(人名)射狮的三支神箭落在地上,划出了三条小河,就是如今仫佬山乡的西门河、乐登河、白崖普河。

【流传】(无考)

【出处】罗代超讲,梁瑞光、包玉堂搜集整理:《罗义射狮》,原载包玉堂等编《仫佬族民间故事选》,上海文艺出版社1988年版,见姚宝瑄主编《中国各民族神话》(仫佬族、壮族、京族),太原:山西出版传媒集团·书海出版社2014年版,第44~45页。

水族 天上有12个太阳,地仙旺虽射落11个太阳后,根据众人的劝说,决定留下一个太阳。他放下铜岩山,抽回第十二支神箭,顺手将此箭掷向石岩缝中,旺虽力猛,神箭横嵌进石岩深数丈,箭尖指向东南,穿山凿岭而去。数场大雨之后,此箭道即成为奔腾不息之江——即今贵州东南之都柳江。

【流传】(贵州省·黔南州?)

【出处】袁珂改编:《都柳江》(原名《都柳江的传说》),原载黔南文学艺术研究室编《水族民间故事》,见袁珂《中国神话大词典》,北京:华夏出版社2015年版,第543页。

W1935.4.8
李古老用脚划出江河

实例

土家族 李古老补地时,地面的水流不出去,他用脚一划,成了今天的江河湖海。

【流传】湖南省、湖北省、贵州省等地

【出处】田建柏讲,彭勃等搜集整理:《补天补地》,见中华民族故事大系编委会编《中华民族故事大系》第5卷(瑶族、白族、土家族),上海:上海文艺出版社1995年版,第658页。

W1935.5
用棍棒扯拉出江河

【汤普森】≈ A934.4

实例

（参见下级母题实例）

W1935.5.1
空行母用神杖挑出河流

实例

门巴族 空行母吉把萨布用神杖挑出河流。

【流传】（无考）

【出处】《那嘎湖》，见中央民族学院少数民族文艺研究所编《中国民族民间文学》，北京：中央民族学院出版社1987年版，第447页。

W1935.6
用箭射出江河

【关联】［W1935.4.7］箭划出河

实例

珞巴族

（参见1934a.3.1母题实例）

W1935.6.1
射神箭留下的痕迹成为江河

实例

水族 江是射神箭留下的痕迹。

【流传】贵州省·（黔南布依族苗族自治州）·三都（三都水族自治县）

【出处】韦金荣等讲，张巢等整理：《都柳江的传说》，见中华民族故事大系编委会编《中华民族故事大系》第9卷（水族、东乡族、纳西族），上海：上海文艺出版社1995年版，第85页。

W1935.7
龙的脚印形成江河

【关联】

① ［W1257.1］龙在地上滚出平地（龙在地上滚出坝子）

② ［W3578］龙的行走

实例

壮族 雨水从巨龙的脚印流入大海，变成现在的大大小小的河流。

【流传】广西壮族自治区·（来宾市）·忻城县·城关镇·盘龙屯

【出处】陈现隆讲：《苏兴与蛟龙》，见张声震总主编，农冠品编注《壮族神话集成》，南宁：广西民族出版社2007年版，第243~244页。

W1935.7.1
仙人变成的龙的脚印形成江河

实例

仫佬族 仙人变成一条龙，凡是龙当时走过的路，就是现在常年四季，川流不息的小溪，叫"龙溪"。

【流传】广西壮族自治区·（柳州市）·柳城（柳城县），（南宁市）·马山（马山县），（柳州市）·柳江（柳江

县），洛吉（不详）一带

【出处】吴家欢讲，莫少明搜集整理：《龙塘和龙溪》，见黄革编《广西少数民族民间故事》，南宁：广西民族出版社1984年版，第327~328页。

W1935.8
地的裂缝形成河流

实例

（参见下级母题实例）

W1935.8.1
火烧大地造成的裂缝形成河流

【关联】［W1949.3.1］火烧大地造成的低洼处形成湖泊

实例

布朗族 原来平坦的大地被大火烧后的裂缝形成河流。

【流传】云南省·（西双版纳傣族自治州）·景洪（景洪市）

【出处】波尔帕讲，岩温扁整理：《征服太阳神》，见中华民族故事大系编委会编《中华民族故事大系》第12卷（布朗族、撒拉族、毛南族），上海：上海文艺出版社1995年版，第11页。

W1935.9
特定人物的痕迹形成江河

实例

（参见下级母题实例）

W1935.9.1
怪物的足迹形成江

实例

满族 大怪物贴着地跑。它一跑就走出个道，这道一霎时便被天池的水灌满了，形成了一条大江。这条大江的上游就叫松阿哩乌拉（满语，天河），现在叫松花江。

【流传】黑龙江省·（哈尔滨市）·双城（双城区）一带

【出处】赵焕讲，王宏刚、马亚川、程迅整理：《女真族传说》（1982），见乌丙安、李文刚等编《满族民间故事选》，上海：上海文艺出版社1983年版。

（b）同（a），见姚宝瑄主编《中国各民族神话》（满族、赫哲族、朝鲜族），太原：山西出版传媒集团·书海出版社2014年版，第40~43页。

W1935.10
用鞭子抽出河

【关联】
① ［W1845.1.6］用鞭抽出山沟
② ［W1979.3.1］鞭子抽出溪流

实例

（参见下级母题实例）

W1935.10.1
山神用鞭子抽出河

实例

纳西族 山神拿起手里的赶山鞭一挥，

象山和狮子山之间就出现了玉河水,把象山和狮子山扯离开了。

【流传】云南省·(丽江市)·丽江县(古城区、玉龙纳西族自治县)

【出处】木丽春采集整理:《象山和狮子山的传说》,见木丽春编著《纳西族民间故事集》,昆明:云南人民出版社2007年版,第175页。

W1935.11
雷电劈出河

实 例

珞巴族 雷鸣电闪后,大地上出现一条大河。

【流传】

(a) 西藏自治区·下珞渝(泛指永木河、锡约尔河、巴恰西仁河流域)

(b) 西藏自治区·下珞渝·米例部落洛达克村

【出处】

(a) 维·埃尔温搜集:《杜固木和多拉》,见中华民族故事大系编委会编《中华民族故事大系》第16卷(赫哲族、门巴族、珞巴族、基诺族),上海:上海文艺出版社1995年版,第420页。

(b) 同(a),见李坚尚、刘芳贤编《珞巴族门巴族民间故事选》,上海:上海文艺出版社1993年版,第34页。

W1936
与河的产生有关的其他母题

实 例

(参见下级母题实例)

W1936.1
河道的来历

实 例

(参见下级母题实例)

W1936.1.1
天神推出河道

实 例

佤族 伦(传说中的天神之一)在地上用泥巴不停地堆,堆出了河道。

【流传】云南省·(普洱市)·西盟县(西盟佤族自治县)

【出处】达老屈等讲,隋嘎等采录:《司岗里》,见中国民间文学集成全国编辑委员会编《中国民间故事集成》(云南卷),北京:中国ISBN中心2003年版,第96页。

W1936.1.2
地神推出河道

实 例

佤族 伦(地神,又译"路安神")在地上推出河道。

【流传】云南省·(普洱市)·西盟县(西盟佤族自治县),(临沧市)·沧源县(沧源佤族自治县)

【出处】隋嘎、岩扫等讲,艾荻等搜集整理:《司岗里》,见尚仲豪、郭九思等编《佤族民间故事选》,上海:上海文艺出版社1989年版,第1页。

佤族 以前的地是空的。伦（地神，旧译"路安神"）用泥土不住地堆，堆出了河道。

【流传】云南省·（普洱市）·西盟县（西盟佤族自治县），（临沧市）·沧源县（沧源佤族自治县）

【出处】随戛、岩扫、岩瑞等讲述，艾荻、张开达搜集整理：《司岗里》，载《山茶》1988 年第 1 期。

W1936.1.3
神凿开水道

实 例

彝族 阿俄署布（人神名，万物之母）亲自凿石开水道，江水便滚滚流到各地。

【流传】（四川省·凉山彝族自治州）

【出处】
(a) 冯元蔚译：《勒俄特依》，成都：四川民族出版社 1986 年版。
(b) 冯元蔚译，蔷紫改写：《勒俄特依》，见姚宝瑄主编《中国各民族神话》（羌族、彝族），太原：山西出版传媒集团·书海出版社 2014 年版，第 154 页。

彝族 天地连成之后，司子低尼仙子发现大地还有积水，一地旱来一地潮。他又派遣阿依苏列去凿开水道，从此，水才流到四方。

【流传】（无考）

【出处】《天神造天地》，见姚宝瑄主编《中国各民族神话》（羌族、彝族），太原：山西出版传媒集团·书海出版社 2014 年版，第 90 页。

W1936.1.4
与河道有关的其他母题

【关联】
① ［W1789.0.2.1］天河是最长的河
② ［W1938.3.2］猪把河道拱得东高西低所以向西流

实 例

（参见下级母题实例）

W1936.1.4.1
河流改道

实 例

纳西族 术（神）的女儿变成一尾红鱼在沟里游，猛一摆尾，纵身一跃，使美泉泉水的水脉，偷偷地改了道。

【流传】云南省·（丽江市）·丽江县（古城区、玉龙纳西族自治县）

【出处】木丽春采集整理：《美泉水和术家女儿》，见木丽春编著《纳西族民间故事集》，昆明：云南人民出版社 2007 年版，第 115 页。

W1936.1.4.2
神人修整大地时留下水走的路

实 例

哈尼族 最早造出来的地坑坑洼洼。九个神人赶牛犁地来修整大地，犁不到的地方出现三块巴掌大的空隙，其中，第一块巴掌大的空隙，那是留给风走的路；第二块巴掌大的空隙，留给水走的路。

【流传】（无考）

【出处】《杀牛龙，造天地》，根据张牛朗、杨批斗、李书周等演唱，杨保生、李家顺等翻译，杨笛、郭纯礼等整理《十二奴局》和《奥色密色》翻译稿改写，见姚宝瑄主编《中国各民族神话》（哈尼族、傣族），太原：山西出版传媒集团·书海出版社 2014 年版，第 11 页。

W1936.2
河谷的产生

实 例

（参见下级母题实例）

W1936.2.0
河谷是造出来的

实 例

（实例待考）

W1936.2.0.1
神造河谷

实 例

哈尼族

（参见 W1936.2.2.1 母题实例）

W1936.2.0.2
人制造河谷

实 例

（实例待考）

W1936.2.1
推压大地产生河谷

实 例

（参见下级母题实例）

W1936.2.1.1
造地者推压大地形成河谷

实 例

哈尼族 造地的青蛙阿依用劲推压刚造好的大地，形成现在陆地上的河谷。

【流传】云南省·（普洱市）·墨江县（墨江哈尼族自治县）

【出处】金开兴讲，蓝明红采录：《青蛙造天地》，见中国民间文学集成全国编辑委员会编《中国民间故事集成》（云南卷），北京：中国 ISBN 中心 2003 年版，第 34 页。

W1936.2.1.2
地面产生的褶皱形成河谷

实 例

汉族 盘古王让人拿起赶山竹篙把扁古王开得平展展的地赶起皱来，地上就形成河谷。

【流传】四川省·（宜宾市）·屏山县·屏边乡（屏边镇）·麻柳村

【出处】徐云华讲，徐登奎采录：《盘古开天地》，见中国民间文学集成全国编辑委员会编《中国民间故事集成》（四川卷·上），北京：中国 ISBN 中心1998年版,第23页。

W1936.2.2
犁出河谷

实例

(参见下级母题实例)

W1936.2.2.1
天神犁出河谷

实例

哈尼族 因为太阳晒出地缝,阿波摩米(天神名)就驾起天牛来犁地,犁起来的垄成了高山,犁出来的犁沟成了河谷。

【流传】(云南省)

【出处】王文清讲,毛佐全、傅光宇搜集整理:《俄八美八》,原载《玉溪文化》,见姚宝瑄主编《中国各民族神话》(哈尼族、傣族),太原:山西出版传媒集团·书海出版社2014年版,第89页。

W1936.2.2.2
牛犁出河谷

实例

哈尼族 阿波摩米(天神)就驾起天牛来犁地,犁出来的犁沟成了河谷。

【流传】云南省

【出处】王文清讲,毛佑全等搜集整理:《俄八美八》,见谷德明编《中国少数民族神话》,北京:中国民间文艺出版社1987年版,第332页。

W1936.2.2.2.1
天牛犁地犁出河谷

实例

哈尼族

(参见W1936.2.2.1母题实例)

W1936.2.3
特定物变成河谷

实例

(参见下级母题实例)

W1936.2.3.1
大地的脸变成河谷

实例

珞巴族 地死后脸变河谷。

【流传】西藏自治区·下珞渝(下珞渝则泛指永木河、锡约尔河、巴恰西仁河流域)

【出处】维·埃尔温搜集:《库朱木·禅图》,见中华民族故事大系编委会编《中华民族故事大系》第16卷(赫哲族、门巴族、珞巴族、基诺族),上海:上海文艺出版社1995年版,第400页。

珞巴族 库朱木·禅图(珞巴语,阿帕塔尼部落方言,意为"大地")死后,脸部变成阿帕塔尼人居住的这片河谷。

【流传】

(a) 西藏自治区·下珞瑜(泛指永木

河、锡约尔河、巴恰西仁河流域）

（b）西藏自治区·下珞渝（又写作"下珞瑜"）·阿帕塔尼部落日如村

【出处】

（a）维·埃尔温搜集整理：《库朱木·禅图》，见中华民族故事大系编委会编《中华民族故事大系》第16卷（赫哲族、门巴族、珞巴族、基诺族），上海：上海文艺出版社1995年版，第400页。

（b）同（a），见李坚尚、刘芳贤编《珞巴族门巴族民间故事选》，上海：上海文艺出版社1993年版，第14页。

W1936.2.3.2
人变成河山谷

实 例

汉族 到地下住的女人和她的36个娃子，在地上慢慢变成了山川河谷。

【流传】湖北省·（十堰市）·丹江口市·（六里坪镇）·狮子沟（狮子沟村）

【出处】葛朝荣讲·李征康采录：《风云雷雨雾的来历》，见中国民间文学集成全国编辑委员会编《中国民间故事集成》（湖北卷），北京：中国ISBN中心1999年版，第25页。

W1936.2.4
地的凹陷处变成河谷

实 例

（实例待考）

W1936.2.4.1
修整大地时凹下去的地方形成河谷

实 例

仡佬族 天包不住地，张、李二位龙王把地抱起来估倒箍，箍出一些皱皱、包包，形成的现在的河谷。

【流传】贵州省·（遵义市）·遵义县（播州区）·平正公社（平正仡佬族乡）·尖山（今属遵义市播州区三岔镇）（尖山村）

【出处】熊文帮讲，葛镇亚搜集：《天与地》，见陶立璠、赵桂芳等编《中国少数民族神话汇编》（开天辟地篇等），中央民族学院少数民族古籍整理出版规划领导小组办公室印（未署出版时间），第324页。

W1936.2.4.2
树倒掉时砸出河谷

实 例

哈尼族 过去的大地是平坦坦的一整块，跟阿姆山一样高高地连在一起。可是遮天大树倒下时把大地打碎了，树干打出了一条很大很大的河沟，那就是如今的红河谷。

【流传】云南省·红河地区（红河哈尼族彝族自治州）·红河县

【出处】李克郎讲，黄世荣整理：《砍大树》，原载云南省民间文学集成办公室编《哈尼族神话传说集成》，中国民间文艺出版社 1990 年，见姚宝瑄主编《中国各民族神话》（哈尼族、傣族），太原：山西出版传媒集团·书海出版社 2014 年版，第 123 页。

W1936.2.5
洪水造成河谷

实例

哈尼族　洪水后，有的地方随着洪水陷落下去，变成了河谷。

【流传】云南省·（普洱市）·墨江县（墨江哈尼族自治县）

【出处】

（a）李恒忠讲，李灿伟采录：《兄妹传人》，见中国民间文学集成全国编辑委员会编《中国民间故事集成》（云南卷），北京：中国 ISBN 中心 2003 年版，第 165 页。

（b）李灿伟搜集整理：《兄妹传人种》，见《哈尼族民间故事》编辑组编《哈尼族民间故事》，昆明：云南人民出版社 1984 年版。

W1936.2.6
与河谷有关的其他母题

实例

（参见下级母题实例）

W1936.2.6.1
造山时山间留的空隙成为河谷

实例

瑶族　盘古皇用泥造山时，山间复留空隙，形成河谷。

【流传】（无考）

【出处】《盘古皇》，原载《云南少数民族文学资料》（第三辑），见袁珂《中国神话大词典》，北京：华夏出版社 2015 年版，第 472 页。

W1936.3
河岸的产生

实例

（参见下级母题实例）

W1936.3.1
河岸是巨兽拍打出来的

【汤普森】A951.1

实例

（实例待考）

W1936.4
河产生的时间

实例

（参见下级母题实例）

W1936.4.1
天地产生 2 个月后出现河流

实例

汉族　开天辟地两个月之后，有了河。

【流传】山东省·（菏泽市）·东明县·东明集镇

【出处】任随菊讲，东明集镇文化站采

录:《日月运行》,见中国民间文学集成全国编辑委员会编《中国民间故事集成》(山东卷),北京:中国 ISBN 中心 2007 年版,第 3 页。

✳ W1937
江河的特征
【汤普森】A938

实 例

(参见下级母题实例)

W1938
江河的流向
【关联】[W1896.2.1.1] 天地分开后水有了流向

实 例

(参见下级母题实例)

W1938.0
河的流向自然产生

实 例

蒙古族 天地刚刚分开的时候,山刚刚有了方位,水刚刚有了流向。

【流传】吉林省·(松原市)·前郭尔罗斯蒙古族自治县·乌兰敖都(乌兰敖都乡)

【出处】白音特古斯讲,苏赫巴鲁整理:《日食和月食的由来》,见姚宝瑄主编《中国各民族神话》(达斡尔族、鄂伦春族、鄂温克族、蒙古族),太原:山西出版传媒集团·书海出版社 2014 年版,第 150 页。

W1938.1
河水流向源于动物行为

实 例

(实例待考)

W1938.2
河水为什么向东流

实 例

(参见下级母题实例)

W1938.2.1
最早造出的河头在西方所以向东流
【关联】[W1896.2.3] 水为什么向东流

实 例

拉祜族 最早造出的大地上的河,河头是西方,河尾是东方。

【流传】(无考)

【出处】《牡帕密帕》(创世纪),见娜朵主编《拉祜族民间文学集》,昆明:云南人民出版社 1996 年版。

W1938.3
河水为什么向西流

实 例

(参见下级母题实例)

W1938.3.1
山推着水向西流
【汤普森】A914

实例

（实例待考）

W1938.3.2
猪把河道拱得东高西低所以向西流

实例

汉族　妫河水向西流是因为老猪把河道拱得东高西低。

【流传】北京市·延庆（延庆县）·城关乡

【出处】张连贺讲：《妫河水为什么向西流》，见北京市延庆文化馆编《延庆民间故事传说》第1集，内部编印，1989年，第44~45页。

W1938.4
河水往低处流

实例

傈僳族　天神木布帕来不及捏完地球就匆匆赶回天上去了，所以传说直到现在地球还缺着一小块边。因此，河水直往那缺凹的边上流淌。

【流传】云南省·（怒江傈僳族自治州）·碧江县（1986年撤销县制，归入福贡县等）、泸水县

【出处】

(a)《木布帕捏地球》（原题为《天·地·人的形成》），原载祝发清、左玉堂、尚仲豪编《傈僳族民间故事选》，上海文艺出版社1985年版。

(b) 同(a)，见姚宝瑄主编《中国各民族神话》（水族、布朗族、独龙族、基诺族、傈僳族），太原：山西出版传媒集团·书海出版社2014年版，第189页。

W1938.5
河流商量各自的走向

实例

珞巴族　雅鲁藏布江、狮泉河、象泉河和孔雀河流向不同，归宿地也不一样，都很孤独。他们经过商量，一致同意："我们要流向平坦无山的大平原，三年后在印度洋汇合。"

【流传】西藏自治区·林芝市·墨脱县·背崩乡、德兴乡、达木珞巴民族乡（讲述地点：墨脱县·达木珞巴民族乡·米日村）

【出处】益西平措、扎西巴、平措讲：《雅鲁藏布江为什么钻火山沟》（1989.07），见冀文正《珞巴族民间故事》，成都：四川民族出版社2011年版，第78页。

W1938.6
特定人物规定江河流向

实例

（参见下级母题实例）

W1938.6.1
伏羲规定江河流向

实例

汉族　伏羲找来几棵粗大的竹子截了，

用木炭画了流向图，交给了淮河，指着其中的一条条线说："这是你的流线，这是黄河的流线，这是长江的流线。请你转告黄河、长江，要是照我的安排流，决不无故鞭打你们。"从这儿以后，黄河、淮河都不敢再逞凶了，各自照自己的流线一直流到如今。

【流传】河南省·（周口市）·淮阳县

【出处】《赶水鞭》，见张振犁编著《中原神话通鉴》（第一卷），郑州：河南大学出版社2017年版，第220页。

W1939
河流弯曲的原因

实 例

（参见下级母题实例）

W1939.1
神（人、龙）逃亡时造成河流弯曲

【汤普森】A931

实 例

（实例待考）

W1939.2
动物造河时形成河湾

实 例

（参见下级母题实例）

W1939.2.1
泥鳅造河时形成河湾

实 例

汉族 龙王让老泥鳅开挠力河，老泥鳅回头看看直不直时，就会形成一个大弯子。

【流传】黑龙江省·（双鸭山市）·饶河县·山里乡

【出处】刘棣棠讲，张红岩整理：《老泥鳅开出挠力河》，见黑龙江省饶河县民间文学集成编委会：《饶河民间文学集成》，内部编印，1988年，第125页。

W1939.3
水龙摇摆形成河湾

实 例

白族 （实例待考）

W1939.3a
蝌蚪龙的挣扎造成河湾

实 例

白族 蝌蚪龙被钩心锁钩住心脏后，痛苦极了，死命地挣扎，全身在水中摇来摆去，摆出了一百零八湾，就成了现在的漾弓江。

【流传】云南省·（大理白族自治州）·鹤庆县

【出处】庄根富记录：《赞陀倔多开辟鹤庆》，见姚宝瑄主编《中国各民族神话》（白族、拉祜族、景颇族），太原：山西出版传媒集团·书海出版社2014年版，第105~106页。

W1939.3b
龙翻滚形成河湾

实 例

汉族 龙上天前曾于地上翻滚，形成一河七十二弯。

【流传】（无考）

【出处】袁珂改编：《龙的故事》，见袁珂《中国神话大词典》，北京：华夏出版社2015年版，第373页。

W1939.4
河流弯曲的其他原因

实 例

（参见下级母题实例）

W1939.4.1
因谎言造成河流转弯

实 例

门巴族 雅鲁藏布江在墨脱拐急弯，是因为听了小鹞子的谎言，急忙追赶三兄妹形成的。

【流传】西藏自治区·（林芝地区）·墨脱县

【出处】伊西平措讲，廖东凡记录整理：《雅鲁藏布江为什么拐急弯》，载《邦锦梅朵》1984年第1期。

W1940
与江河的特征有关的其他母题

实 例

（参见下级母题实例）

W1940.1
河绕大地流淌

【汤普森】A872

实 例

（实例待考）

W1940.2
会说话的河

【汤普森】D1610.35

实 例

（实例待考）

W1940.3
最早的河很小

实 例

鄂温克族 远古的时候，世界上的江河就像丝线一样细小。

【流传】内蒙古自治区·（呼伦贝尔市）·鄂温克族自治旗·辉苏木

【出处】巴图讲，耐登采录，白杉翻译：《天地是怎么变大的——萨满鼓的来历》，见中国民间文学集成全国编辑委员会编《中国民间故事集成》（内蒙古卷），北京：中国ISBN中心2007年版，第10页。

鄂温克族 最早造出的第一个大地很小，上面的河流又窄又细，水稀稀拉拉没有多少。

【流传】内蒙古自治区·呼伦贝尔盟（呼伦贝尔市）·（鄂温克族自治

旗)·巴彦托海镇

【出处】

(a) 阿拉诺海讲,马名超记录整理:《大地的传说》(1979.05.23),见马名超、王士媛、白衫编《鄂温克族民间故事选》,上海:上海文艺出版社1989年版,第21页。

(b)《大地的传说》,见吕大吉、何耀华总主编《中国各民族原始宗教资料集成》(鄂伦春族卷、鄂温克族卷、赫哲族卷、达斡尔族卷、锡伯族卷、满族卷、蒙古族卷、藏族卷),北京:中国社会科学出版社1999年版,第94页。

W1940.4
河的变化

【关联】[W1955.17.1.2] 河变成海

实 例

(参见下级母题实例)

W1940.4.1
河的变宽

实 例

(参见下级母题实例)

W1940.4.1.1
萨满把河变宽

实 例

鄂温克族 天神造好第二个大地后,世间就出现了神通广大的萨满,他们用法力把大地变大,原来很小的河流也变得宽阔起来,河水也滚滚长流不息了。

【流传】内蒙古自治区·呼伦贝尔盟(呼伦贝尔市)·(鄂温克族自治旗)·巴彦托海镇

【出处】

(a) 阿拉诺海讲,马名超记录整理:《大地的传说》(1979.05.23),见马名超、王士媛、白衫编《鄂温克族民间故事选》,上海:上海文艺出版社1989年版,第21页。

(b)《大地的传说》,见吕大吉、何耀华总主编《中国各民族原始宗教资料集成》(鄂伦春族卷、鄂温克族卷、赫哲族卷、达斡尔族卷、锡伯族卷、满族卷、蒙古族卷、藏族卷),北京:中国社会科学出版社1999年版,第94页。

W1940.5
隐藏在石头下的河

【关联】[W1944.6] 阴河(暗河)

实 例

裕固族 部落里有一块屋大的白石头,只要挪开那块大白石头,下面就有一股河流。

【流传】(甘肃省)

【出处】

(a) 才让丹珍整理:《兄弟两个》,载《陇苗》1982年第8期。

(b) 才让丹珍整理:《苏克找神水》,见姚宝瑄主编《中国各民族神话》(土族、东乡族、回族、保安族、裕固族、撒拉族），太原：山西出版传媒集团·书海出版社2014年版，第103页。

W1940.6
河与海相通

【关联】[W1964.7] 与海相通的通道

实 例

壮族　壮家村寨的河流，都是通海的。

【流传】广西壮族自治区·（百色市）·西林县

【出处】岭永钦、黎显春讲：《铜鼓的耳耳为什么穿着黄猄角》，原载蓝鸿恩编《壮族民间故事选》，上海文艺出版社1984年版，见姚宝瑄主编《中国各民族神话》（仫佬族、壮族、京族），太原：山西出版传媒集团·书海出版社2014年版，第153页。

W1940.6a
江河相通

实 例

（参见下级母题实例）

W1940.6a.1
江河被神挖得连通

实 例

彝族　以前，小河与大江，有的不相通，江河与湖海，有的不相连。模佳鲁（天神名）拿起金锄相互来挖通，小河归大江，大江流向海。他把江与湖，相互来挖通，江湖紧相连。

【流传】（贵州省彝族地区）

【出处】《索恒哲》，见王富慧（珠尼阿依）译著，贵州省民族古籍整理办公室编《彝族神话史诗选》，北京：民族出版社2013年版，第78~79页。

W1940.7
有的江为什么汹涌

实 例

（参见下级母题实例）

W1940.7.1
性格暴躁的江

实 例

门巴族　娘江曲、达旺曲和普龙曲（以上均为河的名称）三兄弟约定谁先到堵松（地名，在不丹境内），就认谁是大哥。娘江曲遇到一个罗刹女。罗刹女对娘江曲说，"达旺曲和普龙曲早在三天前到了堵松了。"娘江曲一听急了，再也顾不上游逛，直奔堵松呼啸而去。

【流传】西藏自治区·（山南市）·错那县·勒布区（麻麻门巴族乡）·麻麻村（麻玛村）

【出处】江白洛准讲：《三兄弟河》，见姚宝瑄主编《中国各民族神话》（门巴族、珞巴族、怒族、藏族），太原：山西出版传媒集团·书海出版社2014年版，第6页。

W1940.7.2
江水湍急是特定人物造成的

实例

哈尼族 藤条江的水流十分湍急，那是因为藤条江伙子要去追赶情人形成的。

【流传】（云南省）

【出处】芦朝贵、龙惹讲述整理：《红河与藤条江》，见姚宝瑄主编《中国各民族神话》（哈尼族、傣族），太原：山西出版传媒集团·书海出版社 2014 年版，第 106 页。

W1940.8
江河的颜色

【关联】

① ［W1895］水的颜色
② ［W1950.0.1］湖的颜色
③ ［W1960］海的颜色

实例

（参见下级母题实例）

W1940.8.1
江水白色是白石白水造成的

实例

满族 遍地大水时，阿布卡赫赫（女天神）的腋毛化成无数木克木都里（水龙），让她们吞水。它们吞水后变成江河。其中白的江是存进了白石白水，黑的江是吞进了黑石黑水。

【流传】（无考）

【出处】

（a）富育光：《萨满教与神话》，沈阳：辽宁大学出版社 1990 年版，第 51 页。

（b）《龙神吞水》，见吕大吉、何耀华总主编《中国各民族原始宗教资料集成》（鄂伦春族卷、鄂温克族卷、赫哲族卷、达斡尔族卷、锡伯族卷、满族卷、蒙古族卷、藏族卷），北京：中国社会科学出版社 1999 年版，第 483 页。

W1940.8.2
江水为什么颜色不同

实例

（参见下级母题实例）

W1940.8.2.1
江水颜色不同是因为变江河的动物喝的水颜色不同

实例

满族 洪水时，无数条水龙吞水后变成一条条又长又粗又亮的江河。白色的江是吞进了白石白水，黑色的江是吞进了黑石黑水。

【流传】（无考）

【出处】

（a）《天宫大战》节录，原载《民间文学论坛》1986 年第 4 期（汪玢玲文章析出）。

（b）《女神阿布凯赫赫》，见姚宝瑄主编

《中国各民族神话》(满族、赫哲族、朝鲜族),太原:山西出版传媒集团·书海出版社2014年版,第49~50页。

W1940.8.3
河水由清变浊的来历

实 例

高山族 索雅与姑娘登山顶,见恶徒辈悉于急流中翻爬挣扎,清溪水为之浑浊。后人遂更名清水溪曰浊水溪。

【流传】(台湾?)

【出处】袁珂改编:《浊水溪》,原载《台湾民间传说》,见袁珂《中国神话大词典》,北京:华夏出版社2015年版,第528页。

W1941
长江

实 例

(参见下级母题实例)

W1941.1
长江的产生

实 例

(参见下级母题实例)

W1941.1.1
山的眼泪形成长江

【关联】
① [W1942.1.3] 山的眼泪形成黄河
② [W1926] 眼泪变成江河

实 例

(参见下级母题实例)

W1941.1.1.1
昆仑山的眼泪形成长江

【关联】[W1850] 昆仑山

实 例

普米族 昆仑山的眼泪形成长江。

【流传】云南省·(丽江市)·宁蒗(宁蒗彝族自治县);四川省·(凉山彝族自治州)·木里(木里藏族自治县)、盐源(盐源县)·左所(左所区)等地

【出处】曹正初讲,章虹宇整理:《石头阿祖和石头子孙》,见中华民族故事大系编委会编《中华民族故事大系》第14卷(普米族、塔吉克族、怒族、俄罗斯族、鄂温克族),上海:上海文艺出版社1995年版,第42页。

普米族 纳可穆玛山(即昆仑山,白天是一座大山,到了晚上就变成了一个大姑娘)的眼泪水淌成了两条大江。这两条江就是长江和黄河。

【流传】云南省·(丽江市)·宁蒗(宁蒗彝族自治县),四川省·(凉山彝族自治州)·木里(木里藏族自治县)等地

【出处】
(a) 曹正初讲,章虹宇搜集:《石头阿祖和石头子孙》,载《山茶》1986年第5期。
(b) 同(a),见姚宝瑄主编《中国各民族神话》(佤族、阿昌族、纳西族、

W1941.1.2
长江是特定人物挖出来的
实例

(参见下级母题实例)

W1941.1.2.1
禹挖出长江
实例

汉族　禹认为水是西方生，就从西到东开沟挖渠，挖出一条条江河，即现在的长江大河。

【流传】浙江省·（宁波市）·宁海县·柴溪乡·铁江村
【出处】邬荣绍讲，麻承照采录：《鲧山禹河》，见中国民间文学集成全国编辑委员会编《中国民间故事集成》（浙江卷），北京：中国ISBN中心1997年版，第63页。

W1941.2
长江的特征
实例

(实例待考)

W1941.3
与长江有关的其他母题
实例

(实例待考)

W1942
黄河
实例

(参见下级母题实例)

W1942.0
以前没有黄河
实例

汉族　在盘古开天地的时候，中原大地上并没有黄河，只有一望无际的草原和森林。

【流传】河南省·（焦作市）·孟州市
【出处】刘清顺讲，马久智采录：《黄河的由来》，见张振犁编著《中原神话通鉴》（第一卷），郑州：河南大学出版社2017年版，第18~19页。

W1942.1
黄河的产生
实例

(参见下级母题实例)

W1942.1.1
黄河是特定人物造出来的
实例

(参见下级母题实例)

W1942.1.1.1
禹劈出黄河
实例

汉族　黄河是大禹连砍三神斧劈出

来的。

【流传】河南省·（三门峡市）·陕县·茅津村

【出处】薛子奇讲：《导黄河》，见中国民间文学集成全国编辑委员会编《中国民间故事集成》（河南卷），北京：中国 ISBN 中心 2001 年版，第 50 页。

W1942.1.1.2
老君造黄河

实 例

汉族 老君用一张笨犁和一头天牛犁出黄河。

【流传】河南省·（三门峡市）·陕县

【出处】《老君犁黄河》，见白庚胜总主编《中国民间故事全书》（河南省·陕县卷），北京：知识产权出版社 2009 年版，第 9 页。

W1942.1.2
黄龙游走的地方成为黄河

实 例

汉族 黄龙经过的地方，拱出一条曲里拐弯的大沟，这就是黄河。

【流传】

（a）河南省·（周口市）·太康县·朱口镇·雷庄

（b）河南省

【出处】

（a）雷培显讲，雷文杰采录：《伏羲降龙》，见中国民间文学集成全国编辑委员会编《中国民间故事集成》（河南卷），北京：中国 ISBN 中心 2001 年版，第 25 页。

（b）雷文杰搜集：《伏羲降龙》，见张楚北《中原神话》，郑州：海燕出版社 1988 年版，第 22 页。

汉族 天兵天将捉拿黄龙时，黄龙抵挡不住，掉头往东方逃，他所经过的路上，出现了一条滚滚奔腾的黄河。

【流传】河南省·（焦作市）·孟州市

【出处】刘清顺讲，马久智采录：《黄河的由来》，见张振犁编著《中原神话通鉴》（第一卷），郑州：河南大学出版社 2017 年版，第 19 页。

W1942.1.2.1
黄龙钻出黄河

实 例

汉族 黄龙见斗不过伏羲，就往水底下钻，朝着东海的方向逃去。黄龙经过的地方，出现一条弯弯曲曲的大河，就是今天的黄河。

【流传】河南省·（周口市）·太康县·朱口镇·雷庄

【出处】雷培显（农民）讲，雷文杰采录整理：《伏羲降龙》，见张振犁编著《中原神话通鉴》（第一卷），郑州：河南大学出版社 2017 年版，第 221 页。

W1942.1.2a
黑龙游走的地方成为黄河

实 例

汉族 黑龙滚过的地方成了一条弯弯

曲曲的泥水河，这条河就是黄河。

【流传】河南省·（驻马店市）·正阳县·慎水乡·韦老庄

【出处】代星讲，代胜利采录：《姊妹成婚》，见中国民间文学集成全国编辑委员会编《中国民间故事集成》（河南卷），北京：中国 ISBN 中心 2001 年版，第 14 页。

W1942.1.2a.1

黑龙滚出黄河

实 例

汉族 伏羲用叉挑开了黑龙的肚皮，黑龙负痛冲出洞来，向东南方滚去，霎时地动山摇，黑龙滚过的地方成了一条弯弯曲曲的泥水河，这条河就是黄河。

【流传】河南省·（驻马店市）·正阳县

【出处】代星（男，56 岁，农民，私塾）讲，代胜利采录整理《伏羲和女娲（一）》（1987.09），见张振犁编著《中原神话通鉴》（第一卷），郑州：河南大学出版社 2017 年版，第 315 页。

W1942.1.3

山的眼泪形成黄河

实 例

普米族 山的眼泪形成黄河。

【流传】云南省·（丽江市）·宁蒗（宁蒗彝族自治县）；四川省·（凉山彝族自治州）·木里（木里藏族自治县）、盐源（盐源县）·左所（左所区）等地

【出处】曹正初讲，章虹宇整理：《石头阿祖和石头子孙》，见中华民族故事大系编委会编《中华民族故事大系》第 14 卷（普米族、塔吉克族、怒族、俄罗斯族、鄂温克族），上海：上海文艺出版社 1995 年版，第 42 页。

普米族 纳可穆玛山的泪水淌成了两条大河，就是长江和黄河。

【流传】云南省·（丽江市）·宁蒗（宁蒗彝族自治县），四川省·（凉山彝族自治州）·木里（木里藏族自治县）等地

【出处】

（a）曹正初讲，章虹宇搜集：《石头阿祖和石头子孙》，载《山茶》1986 年第 5 期。

（b）同（a），见姚宝瑄主编《中国各民族神话》（佤族、阿昌族、纳西族、普米族、德昂族），太原：山西出版传媒集团·书海出版社 2014 年版，第 293 页。

W1942.1.3.1

纳可穆玛山的泪水成为黄河

实 例

普米族 纳可穆玛山的泪水淌成了两条大河，就是长江和黄河。

【流传】云南省·（丽江市）·宁蒗（宁蒗彝族自治县），四川省·（凉山

彝族自治州）·木里（木里藏族自治县）等地

【出处】

（a）曹正初讲，章虹宇搜集：《石头阿祖和石头子孙》，载《山茶》1986年第5期。

（b）同（a），见姚宝瑄主编《中国各民族神话》（佤族、阿昌族、纳西族、普米族、德昂族），太原：山西出版传媒集团·书海出版社2014年版，第293页。

W1942.1.4
雪水汇成黄河

实 例

（参见下级母题实例）

W1942.1.4.1
黄河是雪山的女儿

实 例

藏族 名叫玛曲的黄河与名叫嘎曲的白河，原本是雪山母亲的两个孪生女儿。

【流传】（无考）

【出处】方赫：《拯救草原的人》，见《四川政协报》1991年3月31日。

W1942.2
黄河的特征

实 例

（参见下级母题实例）

W1942.2.1
黄河的水为什么是浑的

实 例

（参见下级母题实例）

W1942.2.1.1
黄河是被盘古搅浑的

实 例

汉族 盘古王下天九年，在地只有九日。九日里，盘古王搅浑了黄河。

【流传】浙江省·（丽水市）·缙云县一带

【出处】上官旭昌讲，上官新友搜集整理：《扁鼓王劈地》（1985），见姚宝瑄主编《中国各民族神话》（汉族），太原：山西出版传媒集团·书海出版社2014年版，第18~20页。

W1942.2.2
黄河九曲

实 例

（参见下级母题实例）

W1942.2.2.1
盘古造九曲黄河

实 例

畲族 盘古造出黄河九曲水。

【流传】畲族地区

【出处】《盘古》，钟后根根据畲族蓝国运、蓝国根《畲族古老神话传说及人物》改写，见姚宝瑄主编《中国各民族神话》（高山族、黎族、畲族），太原：山西出版传媒集团·书海出版社2014年版，第84页。

W1942.2.3
黄河古道多的来历

实 例

（参见下级母题实例）

W1942.2.3.1
黄河古道多是伏羲用鞭抽打出来的

实 例

汉族　伏羲挥起赶水鞭，连连对黄河猛抽了几鞭，一鞭一个滚儿，黄河连连打了几个滚儿。这一个又一个滚儿，就形成了今世的一个又一个黄河故道。

【流传】河南省·（周口市）·淮阳县

【出处】《赶水鞭》，见张振犁编著《中原神话通鉴》（第一卷），郑州：河南大学出版社2017年版，第219页。

W1942.2.4
黄河与天河相通

实 例

汉族　银河开了口子，王母娘娘忙脱下银衫来堵河口，银衫上有些胡椒小眼，从眼里还滴滴答答地往外流水。出来的水，照常还往黄河里流着，都说黄河水流不断，原正是黄河跟天河通着。

【流传】河南省·（濮阳市）·范县

【出处】崔金钊笔述，荆耕田采录整理：《黄河的故事》，见张振犁编著《中原神话通鉴》（第一卷），郑州：河南大学出版社2017年版，第21页。

W1942.3
与黄河有关的其他母题

【关联】

① ［W1789.0.6］银河是黄河
② ［W1950.3.7.1］海子是黄河的儿子

实 例

（参见下级母题实例）

W1942.3.1
黄河的源头

实 例

（参见下级母题实例）

W1942.3.1.1
黄河的源头是天河

实 例

汉族　地上黄河的水是从天上银河里流下来的。

【流传】河南省·（濮阳市）·范县

【出处】崔金钊笔述，荆耕田采录整理：《黄河的故事》，见张振犁编著《中原神话通鉴》（第一卷），郑州：河南大学出版社2017年版，第20页。

W1942.3.1.2
黄河的源头是昆仑山上的泉

【实例】

汉族 女娲在昆仑山打出了五个泉儿，北面的泉水是黄河的头。

【流传】青海省·（海东市）·平安县（平安区）·石灰窑乡

【出处】魏永发讲，魏占乾采录：《女娲炼石补天》，见中国民间文学集成全国编辑委员会编《中国民间故事集成》（青海卷），北京：中国 ISBN 中心 2007 年版，第 5 页。

W1942.3.2
黄河与白河是孪生姐妹

【实例】

藏族 名叫玛曲的黄河与名叫嘎曲的白河，是雪山母亲的两个孪生女儿。

【流传】（无考）

【出处】方赫：《拯救草原的人》，见《四川政协报》1991 年 3 月 31 日。

W1942.3.3
黄河泛滥

【关联】[W8100] 洪水

【实例】

汉族 大禹治水以前，黄河流到中原，没有固定的河道，经常泛滥成灾。

【流传】河南省

【出处】申法海搜集整理：《河伯授图》，原载中国民间文艺研究会河南分会等编《河南民间故事集》，见陶阳、钟秀编《中国神话》（上），北京：商务印书馆 2008 年版，第 419～420 页。

W1942.3.4
不到黄河不死心的来历

【实例】

布依族 杉树听到人们要砍掉它建房子，很害怕，就逃到黄河边。人们说，杉树不到黄河心不死，不到黄河心不甘。

【流传】贵州省布依族地区

【出处】杨正荣、祝登銮讲，岭玉清、汛河搜集整理，古梅改写：《翁戛造万物》，见姚宝瑄主编《中国各民族神话》（布依族、仡佬族、苗族），太原：山西出版传媒集团·书海出版社 2014 年版，第 14 页。

W1942.3.5
黄河是人类的母亲

【实例】

藏族 黄河是一对巨人兄弟河，也是千千万万耕作者的母亲。

【流传】（青海省·果洛藏族自治州）

【出处】陈世濂搜集整理：《扎陵和鄂陵》，原载果洛州群艺馆编《果洛民间故事选》，内部资料，1985 年，见吕大吉、何耀华总主编《中国各民族原始宗教资料集成》（鄂伦春族卷、鄂温克族卷、赫哲族卷、达斡尔族卷、锡伯族卷、满族卷、蒙古族卷、藏族卷），北京：中国社会科学出版社1999年版，第950页。

W1942.3.6
有关黄河名称的母题

实例

（参见下级母题实例）

W1942.3.6.1
盘古命名黄河

实例

汉族 管银河钥匙的是王母娘娘得力的丫环黄河随银河水下了天堂，来到了大地，银河水变成了河流，盘古命名叫黄河。

【流传】河南省·（濮阳市）·范县

【出处】崔金钊笔述，荆耕田采录整理：《黄河的故事》，见张振犁编著《中原神话通鉴》（第一卷），郑州：河南大学出版社2017年版，第21页。

W1942.3.6.2
管银河钥匙的丫环名叫黄河

实例

汉族 管银河钥匙的是王母娘娘得力的丫环名叫黄河。

【流传】河南省·（濮阳市）·范县

【出处】崔金钊笔述，荆耕田采录整理：《黄河的故事》，见张振犁编著《中原神话通鉴》（第一卷），郑州：河南大学出版社2017年版，第20页。

W1943
其他特定的江河的产生

实例

（参见下级母题实例）

W1943.0
赤水

实例

汉族 黄帝游乎赤水之北，登乎昆仑之丘，而南望还归，遗其玄珠。

【流传】（无考）

【出处】《庄子·天地》。

汉族 三珠树在厌火北，生赤水上。

【流传】（无考）

【出处】

(a)《山海经·海外南经》。

(b)《赤水》，见袁珂《中国神话大词典》，北京：华夏出版社2015年版，第159页。

W1943.0.1
赤水出昆仑山东南

实例

汉族 赤水出（昆仑）东南隅，以行其东北，西南流注南海厌火东。

【流传】（无考）

【出处】

(a)《山海经·海内西经》。

(b)《赤水》，见袁珂《中国神话大词典》，北京：华夏出版社2015年版，第159页。

W1943.0a
丹水

【关联】［W1895.2.1］白水即丹水

实例

汉族 尧有丹水之战以服南蛮。

【流传】（无考）
【出处】
（a）《太平御览》卷六三引《吕氏春秋》。
（b）《丹水》，见袁珂《中国神话大词典》，北京：华夏出版社2015年版，第73页。

汉族 （昆仑山）疏圃之池，浸之黄水，黄水三周复其原，是谓丹水，饮之不死。

【流传】（无考）
【出处】
（a）［汉］刘安及门客：《淮南子·地形训》。
（b）《昆仑》，见袁珂《中国神话大词典》，北京：华夏出版社2015年版，第197页。

W1943.0a.1
丹水源于龙巢山

【关联】［W1852.6.80］龙巢山

实例

汉族 龙巢山下有丹水，水中有丹鱼。

【流传】（无考）
【出处】
（a）《述异记》卷下。
（b）《丹鱼》，见袁珂《中国神话大词典》，北京：华夏出版社2015年版，第73页。

W1943.0b
大运河

实例

汉族 天河里有大运河的影子。

【流传】江苏省·（徐州市）·邳州（邳州市）·运河镇
【出处】吴友忠讲，周伯之采集整理：《盘龙窝》（1980.03），见杨光正主编《大运河的传说》，南京：江苏人民出版社2016年版，第4页。

W1943.1
怒江

实例

（参见下级母题实例）

W1943.1.1
神拍打出怒江

实例

傈僳族 大神造大地时，一面双手往他造了一半的平地上拍去，四个手指打出了四条河流，即今天的曲江（即独龙江）、怒江、澜沧江和金沙江，三条山脉就是高黎贡山、怒山及云岭。

【流传】（无考）

【出处】《横断山脉的传说》，原载左玉堂《傈僳族宗教与神话》，见姚宝瑄主编《中国各民族神话》（水族、布朗族、独龙族、基诺族、傈僳族），太原：山西出版传媒集团·书海出版社 2014 年版，第 190 页。

W1943.1.2
蛇仙变成怒江

实 例

<u>独龙族</u> 蛇仙化为怒江。

【流传】（无考）

【出处】阿柏讲，战荣等整理：《大江的来历》，见中华民族故事大系编委会编《中华民族故事大系》第 15 卷（德昂族、保安族、裕固族、京族、塔塔尔族、独龙族、鄂伦春族），上海：上海文艺出版社 1995 年版，第 614 页。

W1943.2
红河

实 例

（参见下级母题实例）

W1943.2.1
男始祖开红河

实 例

<u>壮族</u> 男始祖布洛陀开红河。

【流传】（无考）

【出处】周朝珍讲：《布洛陀》，见陶阳、钟秀编《中国神话》，上海：上海文艺出版社 1996 年版，第 71 页。

<u>壮族</u> 为排除洪水，布碌陀率众开出一条河道，水沿着河道流入海洋，各地的水位就渐渐下降，洪水退去。这条河道就是现在的红河。

【流传】（a）广西壮族自治区右江及红水河一带

【出处】

（a）周朝珍讲，何承文整理：《布碌陀》，载广西民间文学研究会编印《广西民间文学丛刊》第 5 期。

（b）《布碌陀》（王松选定），见姚宝瑄主编《中国各民族神话》（仫佬族、壮族、京族），太原：山西出版传媒集团·书海出版社 2014 年版，第 82 页。

W1943.2.2
红河水红色是被血染成的

实 例

<u>哈尼族</u> 龙女斗妖魔时，血流满山染红了河水。从此，清澈如镜的红河，变成了浑浊的红河。

【流传】（云南省）

【出处】李勒沙、赵官禄讲，李勒沙、赵官禄搜集整理：《云海的传说》，见姚宝瑄主编《中国各民族神话》（哈尼族、傣族），太原：山西出版传媒集团·书海出版社 2014 年版，第

109 页。

W1943.2a
红水河

【实 例】

（参见下级母题实例）

W1943.2a.1
撑天者死后大肠变成红水河

【实 例】

布依族 撑天的后生力戛死了以后，大肠变成了红水河（南盘江中游），小肠变成花江河（北盘江中游）。

【流传】贵州省

【出处】王燕、春甫等讲，汛河记录整理：《力戛撑天》，见谷德明编《中国少数民族神话》，北京：中国民间文艺出版社1987年版，第611页。

布依族 撑天修天的力戛（人名，大力士）死了以后，大肠变成了红水河。

【流传】各地布依族地区

【出处】王燕、春甫、班告爷讲，汛河记录整理：《力戛创世》，见姚宝瑄主编《中国各民族神话》（布依族、仡佬族、苗族），太原：山西出版传媒集团·书海出版社2014年版，第6页。

布依族 力戛（巨人名）把天撑高钉稳后累死了。他死后大肠变成红水河，小肠变成了花江河。

【流传】贵州省

【出处】王燕、春甫、班告爷等讲，汛河搜集整理：《力戛撑天》，原载陶立璠、李耀宗编《中国少数民族神话传说选》，见陶阳、钟秀编《中国神话》（中），北京：商务印书馆2008年版，第773~775页。

布依族 撑天的力戛死后，大肠化为红水河。

【流传】（无考）

【出处】《力戛撑天》，原载谷德明编《中国少数民族神话选》，见袁珂《中国神话大词典》，北京：华夏出版社2015年版，第445页。

W1943.2a.2
血染红的河成为红水河

【实 例】

壮族 壮族人民和皇帝的兵马搏斗时，鲜血流到河里，染红了滚滚的河流，所以，当年布碌陀带领大家开拓的那条河流被大家叫做红水河。

【流传】（a）广西壮族自治区右江及红水河一带

【出处】

(a) 周朝珍讲，何承文整理：《布碌陀》，载广西民间文学研究会编印《广西民间文学丛刊》第5期。

(b)《布碌陀》（王松选定），见姚宝瑄主编《中国各民族神话》（仫佬族、壮族、京族），太原：山西出版传媒集团·书海出版社2014年版，第96页。

壮族 岑逊王乘胜追击，杀得官兵片甲不留，血把河水染红了。后来这条河就叫红水河。

【流传】（无考）

【出处】黄景山、黄继良、覃文珍讲，杨士衡、覃建才搜集整理：《岑逊王》，原载《民间文学集刊》第八本，见姚宝瑄主编《中国各民族神话》（仫佬族、壮族、京族），太原：山西出版传媒集团·书海出版社2014年版，第187页。

W1943.2b
黑水（黑河）

实 例

（参见下级母题实例）

W1943.2b.1
黑水出幽都山

实 例

汉族 北海之内，有山名曰幽都之山，黑水出焉。其上有玄鸟、玄蛇、玄豹、玄虎、玄狐蓬尾。

【流传】（无考）

【出处】
（a）《山海经·海内经》。
（b）《幽都山》，见袁珂《中国神话大词典》，北京：华夏出版社2015年版，第229页。

W1943.2b.2
黑水出昆仑西北

实 例

汉族 昆仑之虚，黑水出西北隅，以东，东行，又东北，南入海，羽民南。

【流传】（无考）

【出处】
（a）《山海经·海内西经》。
（b）《黑水》，见袁珂《中国神话大词典》，北京：华夏出版社2015年版，第316页。

W1943.2c
黑龙江

实 例

满族 黑龙江被三条大孽龙霸占着，黑龙江两岸不是旱得寸草不生，就是涝得一片汪洋。

【流传】黑龙江省

【出处】
（a）赵书搜集整理：《女真定水》，见乌丙安等编《满族民间故事选》，上海：上海文艺出版社1983年版，第66~76页。
（b）同（a），见姚宝瑄主编《中国各民族神话》（满族、赫哲族、朝鲜族），太原：山西出版传媒集团·书海出版社2014年版，第50~60页。

W1943.2c.1
黑龙造成黑龙江

实例

满族 大怪物贴着地跑，跑出的道形成松花江。松花江的下游和西北来的一条大河合流，叫黑龙江。因为那大怪物是一条大黑龙。

【流传】黑龙江省·（哈尔滨市）·双城（双城区）一带

【出处】赵焕讲，王宏刚、马亚川、程迅整理：《女真族传说》（1982），见乌丙安、李文刚等编《满族民间故事选》，上海：上海文艺出版社1983年版。

（b）同（a），见姚宝瑄主编《中国各民族神话》（满族、赫哲族、朝鲜族），太原：山西出版传媒集团·书海出版社2014年版，第40～43页。

W1943.2d
寒暑之水

实例

汉族 西北海之外，大荒之隅，有山而不合，名曰不周（负子），有两黄兽守之。有水曰寒暑之水。

【流传】（无考）

【出处】《半阳泉》，见袁珂《中国神话大词典》，北京：华夏出版社2015年版，第112页。

汉族 西北海之外，大荒之隅，有水曰寒暑之水。

【流传】（无考）

【出处】

（a）《山海经·大荒西经》。

（b）《寒暑之水》，见袁珂《中国神话大词典》，北京：华夏出版社2015年版，第324页。

W1943.3
陇川河

实例

（参见下级母题实例）

W1943.3.1
龙的眼泪形成陇川河

实例

景颇族 龙的泪水汇聚起来形成了一条河流，这就是陇川的第一条河。

【流传】云南省·（德宏傣族景颇族自治州）·陇川县

【出处】岳品荣讲，陈景东等采录：《南宛河和罗卜坝河》，见中国民间文学集成全国编辑委员会编《中国民间故事集成》（云南卷），北京：中国ISBN中心2003年版，第393页。

W1943.4
溱水

实例

（参见下级母题实例）

W1943.4.1
玄嚣葫芦里流出的河叫溱水，昌意葫芦里流出的河叫洧水

实例

汉族 黄帝把玄嚣葫芦里流出的那段河叫溱水，把昌意葫芦里流出的那段河叫洧水。

【流传】河南省

【出处】蔡柏顺搜集整理：《双洎河的传说》，见中华民族故事大系编委会编《中华民族故事大系》第1卷（汉族、蒙古族、回族），上海：上海文艺出版社1995年版，第35页。

W1943.5
花江河

实例

（参见下级母题实例）

W1943.5.1
撑天者死后小肠变成花江河

【关联】[W1931.3.2.2] 神牛的小肠变成江河

实例

布依族 撑天修天的力戛（人名，大力士）死了以后，大肠变成了红水河，小肠变成了花江河。

【流传】各地布依族地区

【出处】王燕、春甫、班告爷讲，汛河记录整理：《力戛创世》，见姚宝瑄主编《中国各民族神话》（布依族、仡佬族、苗族），太原：山西出版传媒集团·书海出版社2014年版，第6页。

W1943.6
淮河

实例

汉族 女娲带领族人治水时，在中原地带挖出了一条大河，这条河由于是淮夷部落的人们开的，人们就把它叫做淮河。

【流传】淮河流域

【出处】唐元海讲，茆文斗搜集整理：《女娲补天治水》，载《民间文学》1986年第6期。

W1943.6.1
淮夷部落开淮河

实例

汉族 女娲治水时，为把洪水引入东海，率领淮夷部落在中原地带挖出一条大河。这条河由于是淮夷部落的人们开的，人们就把它叫做淮河。

【流传】淮河流域一带

【出处】唐元梅讲：《女娲补天治水》，见姚宝瑄主编《中国各民族神话》（汉族），太原：山西出版传媒集团·书海出版社2014年版，第94~95页。

W1943.6.2
淮河源于大腹山

实例

汉族 一条龙钻进山肚里一拱，山腹撑大了，山顶也高了，后人叫它"大腹山"。千里淮河就是从这儿流出来的。

【流传】河南省·（南阳市）·桐柏县·（回龙乡）·黄楝沟村（黄楝岗村？）（采录地点：桐柏县二郎山乡李沟村）

【出处】刘国山（51岁，农民）讲，马卉欣采录：《盘古降龙》（1984.11），见张振犁编著《中原神话通鉴》（第一卷），郑州：河南大学出版社2017年版，第47页。

W1943.6.3
盘古的血变成淮渎

实例

汉族 盘古之君，死后骨节为山林，体为江海，血为淮渎。

【流传】（无考）

【出处】《五运历年记》，[明]董斯张《广博物志》卷九引。

W1943.6a
金沙江

【关联】[W1981.0.2.1] 金沙江出金子

实例

（参见下级母题实例）

W1943.6a.1
龙引水走过的地方形成金沙江

实例

藏族 九龙子到昆仑山引雨水回家走过的地方，出现了两条波浪滚滚的大河。这就是现在的金沙江和雅砻江。

【流传】（无考）

【出处】李波搜集整理：《九龙山的传说》，原载《中国少数民族风物传说选》，中央民族学院出版社1986年版，见吕大吉、何耀华总主编《中国各民族原始宗教资料集成》（鄂伦春族卷、鄂温克族卷、赫哲族卷、达斡尔族卷、锡伯族卷、满族卷、蒙古族卷、藏族卷），北京：中国社会科学出版社1999年版，第947页。

W1943.6a.2
金沙江是特定的英雄射箭造成的

实例

彝族 搓日阿补（英雄名）用雁鹅毛射开大山流出的洪水形成的河成为现在的乃日搭么（金沙江）。

【流传】（云南省）

【出处】苏绍相、李玉兴、克鲁讲，基默热阔搜集：《搓日阿补征服女儿国》，原载李子贤编《云南少数民族神话选》，云南人民出版社1990年版，见姚宝瑄主编《中国各民族神话》（羌族、彝族），太原：山西出版传媒集团·书海出版社2014年版，第 348 页。

W1943.6a.3
金沙江时而汹涌时而平静是英雄的情绪变化造成的

实 例

彝族　搓日阿补（英雄名）找配偶时，被金沙江水把他与家乡隔开，他想起了母亲，伤心地大哭了三声；想到自己逃脱了灾难，又高兴得大笑了三声。从此，金沙江就一会儿笑，一会儿哭；一会儿洪水滔天，一会儿平平静静。

【流传】（云南省）

【出处】苏绍相、李玉兴、克鲁讲，基默热阔搜集：《搓日阿补征服女儿国》，原载李子贤编《云南少数民族神话选》，云南人民出版社 1990 年版，见姚宝瑄主编《中国各民族神话》（羌族、彝族），太原：山西出版传媒集团·书海出版社 2014 年版，第 348～349 页。

W1943.6b
漓江

实 例

（参见下级母题实例）

W1943.6b.1
漓江九十九湾的来历

实 例

汉族　玉帝命太白真君查明下界焚香的原因，立遣金龟将军，往扒开堵塞江河之石山，特命"要扒得宽些"。金龟耳聋眼花，误听为"要扒得弯些"。至则舞动其四巨足，左蹬右扒，将堵塞之漓江，扒得七弯八拐。自桂林至阳朔百六十里间，成九十九湾、六十四滩。

【流传】（广西壮族自治区·桂林市）

【出处】

（a）《桂林山水传说·漓江九十九道弯》，载《民间文学》1980 年第 2 期。

（b）《漓江九十九湾》，见袁珂《中国神话大词典》，北京：华夏出版社 2015 年版，第 395 页。

W1943.6c
牡丹江

实 例

满族　穆丹（英雄名）之身化为一突兀矗起之巨石，即今牡丹岭上之牡丹峰。后人为纪念穆丹，把此处的河曰穆丹江，其后语讹，遂曰牡丹江。

【流传】（无考）

【出处】《牡丹江》（原名《牡丹江的传说》），原载中国民间文艺研究会辽宁、吉林、黑龙江三省分会编《满族民间故事选》，见袁珂《中国神话大词典》，北京：华夏出版社 2015 年版，第 461 页。

W1943.6d
若水

实例

汉族 黄帝长子昌意，德劣不足绍承大位，降居若水，为诸侯焉。娶蜀山女，生颛顼于若水之野。

【流传】（无考）

【出处】［北魏］郦道元：《水经注·若水》。

W1943.6e
弱水

【关联】［W1950.6.16］弱水湖

实例

汉族 弱水、青水出西南隅，以东，又北，又西南，过毕方鸟东。

【流传】（无考）

【出处】《山海经·海内西经》。

W1943.6e.1
弱水鸿毛不浮

实例

汉族 弱水，为天河之水，鸿毛不浮，飞鸟难过。

【流传】（无考）

【出处】《天河弱水》，见 http://baike.baidu.com/view/3668241.htm。

汉族 天下之弱者，有昆仑之弱水焉，鸿毛不能起也。

【流传】（无考）

【出处】
（a）鲁迅：《古小说钩沉》辑《玄中记》。
（b）《弱水》，见袁珂《中国神话大词典》，北京：华夏出版社2015年版，第281页。

W1943.6e.1a
弱水鹅毛不浮

实例

汉族 弱水湖的水很深，连鹅毛掉下去都会沉到底。

【流传】淮河流域

【出处】常山讲：《鲧王治水》，原载茆文斗搜集整理《河蚌姑娘》，见姚宝瑄主编《中国各民族神话》（汉族），太原：山西出版传媒集团·书海出版社2014年版，第100~106页。

W1943.6e.1b
弱水鸟毛不浮

实例

汉族 环绕着昆仑山的弱水，一片鸟毛掉在上面，也会沉落。

【流传】（无考）

【出处】袁珂重述：《射日奔月》，原载袁珂《神异篇》，见陶阳、钟秀编《中国神话》（上），北京：商务印书馆2008年版，第279~288页。

W1943.6e.2
弱水在昆仑山下

实例

汉族 昆仑之丘，其下有弱水之渊环之。

【流传】（无考）

【出处】
(a)《山海经·大荒西经》。
(b)《弱水》，见袁珂《中国神话大词典》，北京：华夏出版社2015年版，第281页。

W1943.6f
松花江

实例

满族 大怪物贴着地跑。它一跑就走出个道，这道一霎时便被天池的水灌满了，形成了一条大江。这条大江的上游就叫松阿哩乌拉（满语，天河），现在叫松花江。

【流传】黑龙江省·（哈尔滨市）·双城（双城区）一带

【出处】赵焕讲，王宏刚、马亚川、程迅整理：《女真族传说》（1982），见乌丙安、李文刚等编《满族民间故事选》，上海：上海文艺出版社1983年版。

(b) 同(a)，见姚宝瑄主编《中国各民族神话》（满族、赫哲族、朝鲜族），太原：山西出版传媒集团·书海出版社2014年版，第40~43页。

W1943.6g
淮泗

实例

（参见下级母题实例）

W1943.6g.1
盘古的小肠为淮泗

实例

汉族 盘古死后，汗为雨水，大肠为江海，小肠为淮泗。

【流传】（无考）

【出处】[唐]释澄观：《大方广佛华严经随疏演义钞》卷四二引《三王历》。

W1943.7
太阳河

实例

满族 天神阿布卡赫赫丢了护身的战裙，只好逃了出来，身体疲乏，支持不住，昏倒在滚动着金光的太阳河旁。

【流传】（无考）

【出处】富希陆讲，富育光采录：《天宫大战》，原载富育光编《满族神话选》，见陶阳、钟秀编《中国神话》（中），北京：商务印书馆2008年版，第736~737页。

满族 女天神阿布卡赫赫与恶神耶鲁里争斗战败后，昏倒在滚动着一束束金光的太阳河旁。

【流传】黑龙江省·黑河地区（黑河市）·孙吴县·（沿江满族达斡尔族乡）·四季屯（四季屯村）

【出处】吴纪贤、富希陆讲：《天宫大战——黑水女真人传世神话》（1939，选自富育光、郭淑云整理的手稿），见姚宝瑄主编《中国各民族神话》（满族、赫哲族、朝鲜族），太原：山西出版传媒集团·书海出版社 2014 年版，第 35 页。

W1943.8
天马河

实例

汉族　会无县有天马河，马日千里。

【流传】（无考）

【出处】

（a）[晋] 常璩：《华阳国志·蜀志》。

（b）《天马径》，见袁珂《中国神话大词典》，北京：华夏出版社 2015 年版，第 57 页。

W1943.9
火焰河

实例

哈萨克族　肯得克依（英雄名）为寻找妖鹰，一路上历尽了各种艰辛，最后终于来到离火焰河不远的一座山上。

【流传】（新疆维吾尔自治区）

【出处】哈巴斯讲：《骑黑骏马的肯得克依勇士》，见姚宝瑄主编《中国各民族神话》（乌孜别克族、哈萨克族、柯尔克孜族、俄罗斯族、维吾尔族、塔吉克族、塔塔尔族、锡伯族），太原：山西出版传媒集团·书海出版社 2014 年版，第 117 页。

W1943.10
盐水

实例

汉族　廪君乃乘土船从夷水至盐阳，盐水有神女谓廪君曰："此地广大，鱼盐所出，愿留共居。"廪君不许。

【流传】（无考）

【出处】

（a）《世本·氏姓篇》（清秦嘉谟辑补本）。

（b）《盐水》，见袁珂《中国神话大词典》，北京：华夏出版社 2015 年版，第 259 页。

W1943.11
玉河

实例

（参见下级母题实例）

W1943.11.1
血水变成玉河

实例

彝族　祭龙要杀牲，牲血淌成河，血水变玉河。

【流传】贵州省·（毕节市）·赫章县

【出处】罗正清翻译，黄建明摘录：《神

系根源》，见吕大吉、何耀华总主编《中国各民族原始宗教资料集成》（彝族卷、白族卷、基诺族卷），北京：中国社会科学出版社1996年版，第279~280页。

W1943.12
夷水

实例

汉族 夷水，即倮山清江也。水色清照十丈，分沙石。蜀人见其澄清，故名清江也。昔廪君浮土舟于夷水，据捍关而王巴。

【流传】（无考）

【出处】

（a）[北魏] 郦道元：《水经注·夷水》。

（b）《夷水》，见袁珂《中国神话大词典》，北京：华夏出版社2015年版，第120页。

W1943.13
淫水

【关联】[W1794.1.1] 瑶池即淫水

实例

汉族 槐江之山，爰有淫水，其清洛洛。

【流传】（无考）

【出处】

（a）《山海经·西次三经》。

（b）《淫水》，见袁珂《中国神话大词典》，北京：华夏出版社2015年版，

第302页。

W1943.14
淄水

实例

汉族 淄州淄川县东北七十里原山，淄水所出。俗传云：禹理水功毕，土石黑数里之中，波若漆，故谓之淄水也。

【流传】（无考）

【出处】

（a）[清] 孙星衍辑：《括地志》卷六。

（b）《淄水》，见袁珂《中国神话大词典》，北京：华夏出版社2015年版，第302页。

W1944
与江河有关的其他母题

【关联】[W6430] 江河崇拜

实例

（参见下级母题实例）

W1944.1
神秘（魔力）之河

【汤普森】D915

实例

（实例待考）

W1944.2
奇特的河（神奇的河）

【汤普森】F715

【关联】［W1405］通天的河

实例

（参见下级母题实例）

W1944.2.1
热水河

实例

彝族　阿喇（人名）找治百病的药绰萝时，遇到一条流着滚烫的热水的河。

【流传】（云南省·昆明市）

【出处】王芝、王凤英讲，李光荣搜集整理：《阿喇寻药》，原名《采药》，原载昆明市民间文学集成办公室编《昆明民间故事》，内部资料，1987年，见姚宝瑄主编《中国各民族神话》（羌族、彝族），太原：山西出版传媒集团·书海出版社2014年版，第324页。

W1944.2.1.1
远方有条热水河

实例

珞巴族　（实例待考）

W1944.2.1.2
龙女引出热水河

实例

彝族　白龙公主把水引出山，流出一条热水河。

【流传】（云南省·昆明市）

【出处】飞崇义讲，灌玉搜集整理：《阿朵变的云雀》，原载昆明市民间文学集成办编《昆明民间故事》，见姚宝瑄主编《中国各民族神话》（羌族、彝族），太原：山西出版传媒集团·书海出版社2014年版，第304页。

W1944.2.2
分水河

实例

（参见下级母题实例）

W1944.2.2.1
分水河半边是混水，半边是清水

实例

汉族　张伏羲到分水河里去洗肚里的脏东西。分水河半边是混水，半边是清水。

【流传】江苏省·（淮安市）·金湖县南片（南部）

【出处】冯学仁讲，戴之尧记录：《张伏羲补天》（1987.06.23），见姚宝瑄主编《中国各民族神话》（汉族），太原：山西出版传媒集团·书海出版社2014年版，第63页。

W1944.2.3
血河

实例

畲族　勇团（英雄名）去西方杀恶龙，涉过了血河，来到了龙王地界的山背上。

【流传】浙江省

【出处】

(a) 王国全搜集整理：《天眼重开》，见谷德明编《中国少数民族神话》，北京：中国民间文艺出版社1987年版，第209~224页。

(b) 同(a)，见姚宝瑄主编《中国各民族神话》（高山族、黎族、畲族），太原：山西出版传媒集团·书海出版社2014年版，第120页。

W1944.2.3.1
去阴间要经过血河

实 例

鄂温克族 人死后的亡灵要到另外一个世界时，途中有一条很深很深的血河。

【流传】（内蒙古自治区·呼伦贝尔市·额尔古纳市）

【出处】

(a)《额尔古纳旗使用驯鹿鄂温克人的调查报告》，见内蒙古自治区编辑组《鄂温克族社会历史调查》，呼和浩特：内蒙古人民出版社1986年版，第230页。

(b)《灵魂不灭》，见吕大吉、何耀华总主编《中国各民族原始宗教资料集成》（鄂伦春族卷、鄂温克族卷、赫哲族卷、达斡尔族卷、锡伯族卷、满族卷、蒙古族卷、藏族卷），北京：中国社会科学出版社1999年版，第108页。

W1944.2.4
与神奇的河有关的其他母题

【关联】［W1897.1.6.2］特定的河水是圣水

实 例

（参见下级母题实例）

W1944.2.4.1
不老河

实 例

汉族 在滩上古镇的南面，有一条从西北流向东南的河，叫"不老河"。

【流传】滩上·不老庄

【出处】苑希德讲，屈绍金采集整理：《不老庄》（2006），见杨光正主编《大运河的传说》，南京：江苏人民出版社2016年版，第40页。

W1944.3
河沟

实 例

（参见下级母题实例）

W1944.3.1
河沟是砍出来的

实 例

（参见下级母题实例）

W1944.3.1.1
河沟是天女砍出来的

实 例

羌族 河沟是天女用板子砍出来的。

【流传】四川省·（阿坝藏族羌族自治州）·理县

【出处】余青海讲，罗世泽搜集：《阿补曲格创世》，见中华民族故事大系编委会编《中华民族故事大系》第11卷（达斡尔族、仫佬族、羌族），上海：上海文艺出版社1995年版，第634页。

W1944.4
魔力掌控着河

【汤普森】D2151.2

实 例

（实例待考）

W1944.5
河流的关系

实 例

（参见下级母题实例）

W1944.5.1
江河是雪山之王的儿女

实 例

门巴族 雪山之王岗仁波钦膝下有四个儿女，大哥是雅鲁藏布江，二哥是狮泉河，三哥是象泉河，还有小妹妹孔雀河。

【流传】西藏自治区·（林芝地区）·墨脱县

【出处】伊西平措讲，廖东凡记录整理：《雅鲁藏布江为什么拐急弯》，载《邦锦梅朵》1984年第1期。

W1944.5.2
兄弟关系的河

实 例

（参见下级母题实例）

W1944.5.2.1
娘江河、达旺河和普龙河是三兄弟

实 例

门巴族 在上门隅有三条河——娘江河、达旺河和普龙河，他们是三兄弟。娘江河是大哥。

【流传】
(a) 西藏自治区·（山南市）·门隅（门隅地区以达旺西边的静东山为界，西边是达巴、邦钦、勒布，叫西门隅。东门隅有尼玛措三地、淑、绛达、僧格宗、牛玛董、章玛水域、绒囊等）地区

(b) 西藏自治区·（山南市）·错那县·勒布区·斯木村

【出处】
(a) 江白洛准讲，于乃昌整理：《三兄弟河》，见《门巴族民间故事》：http://www.tibet-web.com/old/minjian/ync/gushi/mulu.htm，2003.10.02。

(b)《三兄弟河》，见谷德明编《中国少数民族神话》，北京：中国民间文艺出版社1987年版，第249页。

门巴族 在上门隅有三条河——娘江曲、达旺曲和普龙曲（以上均为河的

名称），他们是三兄弟。

【流传】西藏自治区·（山南市）·错那县·勒布区（麻麻门巴族乡）·麻麻村（麻玛村）

【出处】江白洛准讲：《三兄弟河》，见姚宝瑄主编《中国各民族神话》（门巴族、珞巴族、怒族、藏族），太原：山西出版传媒集团·书海出版社2014年版，第6页。

W1944.6

阴河（暗河）

【关联】［W1940.5］隐藏在石头下的河

实 例

土家族 李古老补地时，用棒棍朝地上一插，成了洞洞坑坑，穿成许多阴河。

【流传】湖南省、湖北省、贵州省等地

【出处】田建柏讲，彭勃等搜集整理：《补天补地》，见中华民族故事大系编委会编《中华民族故事大系》第5卷（瑶族、白族、土家族），上海：上海文艺出版社1995年版，第658页。

W1944.6.1

地下河的来历

【关联】［W1930.2.1］树根烂后变成地下河

实 例

哈尼族 地下的树根腐朽，变成了十二条地下河流。

【流传】云南省·（玉溪市）·元江县（元江哈尼族彝族傣族自治县）·羊街乡、那诺乡及因远镇清水河流域一带

【出处】《砍树除魔歌》，见元江县哈尼文化学会、元江县史志编纂办公室编《元江哈尼族古歌集》，内部编印，2005年，第76页。

W1944.6.1

水神造暗河

实 例

瑶族 水神波防密龙开辟江河、凿通河道时，他遇着山岭，脚拇指犁不动，就用双脚掰开，使地裂开缝缝，这样一来，便形成了山洞溪流，出现了地下暗河。

【流传】（无考）

【出处】《密洛陀神谱》，蓝田根据农学冠等撰写的《瑶族神话传说中的人物》编写，见姚宝瑄主编《中国各民族神话》（土家族、毛南族、侗族、瑶族），太原：山西出版传媒集团·书海出版社2014年版，第147页。

W1944.7

冰河

实 例

回族 阿丹和海尔玛被真主惩罚下凡，不知过了多少年，阿丹走到一条结冰的河里。

【流传】（无考）

【出处】《阿丹和海尔玛》，马奔根据

《中国回族民间文学概观》（宁夏大学出版社 1984 年版）等改写，见姚宝瑄主编《中国各民族神话》（土族、东乡族、回族、保安族、裕固族、撒拉族），太原：山西出版传媒集团·书海出版社 2014 年版，第 49 页。

W1944.7.1
地下有 10001 条冰河

实例

德昂族 地下有一万零一条冰河。

【流传】云南省·德宏州（德宏傣族景颇族自治州）

【出处】

（a）陈志鹏搜集整理：《祖先创世纪》，见李子贤编《云南少数民族神话选》，昆明：云南人民出版社 1990 年版。

（b）同（a），见姚宝瑄主编《中国各民族神话》（佤族、阿昌族、纳西族、普米族、德昂族），太原：山西出版传媒集团·书海出版社 2014 年版，第 393 页。

W1944.8
河的渡口

实例

（参见下级母题实例）

W1944.8.1
妒妇津

实例

汉族 妒妇津在临济。相传武后不敢渡，别取道以避之。妒妇之神，刘伯玉妻也。

【流传】（无考）

【出处】

（a）[清] 王士禛：《分甘馀话》卷四。

（b）《妒妇津》，见袁珂《中国神话大词典》，北京：华夏出版社 2015 年版，第 119 页。

W1948.8.2
洪水使平坝变成湖

实例

纳西族 洪水后，平坝遂成为湖光潋滟、山色清朗之泸沽湖

【流传】（云南省·丽江市·宁蒗彝族自治县·永宁）

【出处】袁珂改编：《泸沽湖》（原名《泸沽湖的传说》），原载毛星主编《中国少数民族文学》（下册），见袁珂《中国神话大词典》，北京：华夏出版社 2015 年版，第 548 页。

W1944.9
河床

实例

（参见下级母题实例）

W1944.9.1
水神犁出河床

实例

瑶族 水神波防密龙开辟江河、凿通

河道时，先用脚拇指犁过地面，造出深沟河床。

【流传】（无考）

【出处】《密洛陀神谱》，蓝田根据农学冠等撰写的《瑶族神话传说中的人物》编写，见姚宝瑄主编《中国各民族神话》（土家族、毛南族、侗族、瑶族），太原：山西出版传媒集团·书海出版社2014年版，第147页。

W1944.10
河滩

实例

（参见下级母题实例）

W1944.10.1
河滩的产生

实例

（参见下级母题实例）

W1944.10.1.1
开河时形成滩

实例

壮族 布碌陀选了一帮精壮的男子拉神犁开河时，由于人多，开始时没有经验，用力不均匀，时慢时快，时深时浅，浅浮的地方就成了滩。

【流传】（a）广西壮族自治区右江及红水河一带

【出处】(a) 周朝珍讲，何承文整理：《布碌陀》，载广西民间文学研究会编印《广西民间文学丛刊》第5期。

(b)《布碌陀》（王松选定），见姚宝瑄主编《中国各民族神话》（仫佬族、壮族、京族），太原：山西出版传媒集团·书海出版社2014年版，第82页。

W1944.10.1.2
河滩是鞭子打出来的

实例

汉族 今济源黄河有夹河滩长十余里，谓即当年李耳铁鞭打岔之所留。

【流传】（河南省·济源县？）

【出处】袁珂改编：《李耳治水》（原名《铁鞭打黄河》），原载《民间文学》1979年第2期，见袁珂《中国神话大词典》，北京：华夏出版社2015年版，第380页。

W1944.10.2
滩的特征

实例

（实例待考）

W1944.10.3
特定名称的滩

实例

（参见下级母题实例）

W1944.10.3.1
来斯滩

实例

汉族 来斯滩在北阁仙溪。昔有神

人，驱石之海。

【流传】（无考）

【出处】

（a）《古今图书集成·职方典》卷一〇二六引《（温州府）旧志》。

（b）《来斯滩》，见袁珂《中国神话大词典》，北京：华夏出版社2015年版，第149页。

W1944.10.3.2
断犁滩

实 例

壮族　布碌陀驾着神犁犁到白马那个地方，由于用力过度，犁头断了。于是犁头断的地方出现了一个半里长的石滩，名叫断犁滩。

【流传】（a）广西壮族自治区右江及红水河一带

【出处】

（a）周朝珍讲，何承文整理：《布碌陀》，载广西民间文学研究会编印《广西民间文学丛刊》第5期。

（b）《布碌陀》（王松选定），见姚宝瑄主编《中国各民族神话》（仫佬族、壮族、京族），太原：山西出版传媒集团·书海出版社2014年版，第81页。

W1944.10.3.3
卧牛滩

实 例

壮族　布碌陀斗恶鹰时，放了开河的神牛，让它歇一歇。神牛绕到鹰山狗岩前面睡在地上歇息，不久便死去。于是这里又出现了一个险滩，名叫卧牛滩。

【流传】（a）广西壮族自治区右江及红水河一带

【出处】

（a）周朝珍讲，何承文整理：《布碌陀》，载广西民间文学研究会编印《广西民间文学丛刊》第5期。

（b）《布碌陀》（王松选定），见姚宝瑄主编《中国各民族神话》（仫佬族、壮族、京族），太原：山西出版传媒集团·书海出版社2014年版，第82页。

W1944.10.4
与滩有关的其他母题

实 例

（参见下级母题实例）

W1944.10.4.1
滩涂

实 例

（参见下级母题实例）

W1944.10.4.1.1
大水过后形成滩涂

实 例

东乡族　湖水流泻后，此间遂为一片平展滩地，民得于此从事耕耘。

【流传】（无考）

【出处】 袁珂改编:《赤孜拉妩》(原名《赤孜拉妩的传说》),原载郝苏民等编《东乡族民间故事集》,见袁珂《中国神话大词典》,北京:华夏出版社2015年版,第543页。

✵ W1945
湖的产生(湖泊的产生)
【汤普森】 A920.1
【关联】
① [W1910] 江河的产生
② [W1951] 海的产生

实例

(参见下级母题实例)

W1945a
湖产生的原因

实例

(参见下级母题实例)

W1945a.1
以前没有湖泊

实例

哈尼族 远古时候,世界只有云雾水气,没有山川湖泊。

【流传】 云南省·(西双版纳傣族自治州)·勐海县

【出处】 朗特讲,古梅搜集整理:《天怀孕,地怀孕》,见姚宝瑄主编《中国各民族神话》(哈尼族、傣族),太原:山西出版传媒集团·书海出版社2014年版,第15页。

W1945a.2
为灌溉造湖

实例

瑶族 密洛陀(女神名)告诉治水的儿子罗班说:"治水还要开河道,留给人类好扬帆。开河还要造大湖,留给人类好浇灌。"

【流传】 广西壮族自治区·(河池市)·都安瑶族自治县江水河一带瑶族地区

【出处】《密洛陀创世》,蓝田根据莎红整理的《密洛陀》和潘泉脉整理的《密洛陀》两部不同版本的长诗《密洛陀》改写,见姚宝瑄主编《中国各民族神话》(土家族、毛南族、侗族、瑶族),太原:山西出版传媒集团·书海出版社2014年版,第158页。

W1946
湖是造出来的(造湖)

实例

(参见下级母题实例)

W1946.1
耕地耕出湖
【汤普森】 A920.1.9

实例

(参见下级母题实例)

W1946.1.1
神耕地耕出湖

实例

哈尼族 天地产生后，神们拖着金犁，拉着银耙犁天耙天，浸水的山谷成了各种各样的湖泊和河流

【流传】云南省

【出处】

（a）朱小和讲，芦朝贵等整理：《天、地、人的传说》，载《山茶》1983年第4期。

（b）同（a），见谷德明编《中国少数民族神话》，北京：中国民间文艺出版社1987年版，第313页。

（c）朱小和讲，芦朝贵等整理：《天、地、人的传说》，见陶立璠、赵桂芳等编《中国少数民族神话汇编》（开天辟地篇等），中央民族学院少数民族古籍整理出版规划领导小组办公室印（未署出版时间），第261页。

W1946.2
神或神性人物造湖

【汤普森】A920.1.10

实例

（参见下级母题实例）

W1946.2.0
神造湖

实例

（参见下级母题实例）

W1946.2.0.1
神修地时造湖

实例

侗族 萨王（治地的神王）修地时，挥起神锄，先要破了冰，神锄落在冰上响叮当，三回就造好了一个湖。

【流传】广西壮族自治区·（柳州市）·三江（三江侗族自治县），（桂林市）·龙胜（龙胜各族自治县）

【出处】杨卜林喜、杨卜松林、杨明世讲，杨国仁、涛声搜集整理，蕾紫改写：《创世女神萨天巴》，原文为过伟改写自侗族创世史诗《嘎茫莽道时嘉——远祖歌》（未出版稿），见姚宝瑄主编《中国各民族神话》（土家族、毛南族、侗族、瑶族），太原：山西出版传媒集团·书海出版社2014年版，第82页。

W1946.2.1
地神挖出湖泊

实例

汉族 （实例待考）

W1946.2.2
女神造湖泊

实例

维吾尔族 女神造山林、湖泊。

【流传】新疆维吾尔自治区·喀什（喀

什地区）一带

【出处】伊犁自治州查布察尔锡伯自治县老人讲：《女天神创世》，见陶阳、牟钟秀著《中国创世神话》，上海：上海人民出版社2006年版，第115页。

彝族 造人之神的女儿涅滨矮美丽又聪明，本领大无边，造了湖泊和清泉。

【流传】（云南省·楚雄彝族自治州·双柏县，红河哈尼族彝族自治州等地）

【出处】

（a）云南省民族民间文学楚雄、红河调查队搜集，郭思九、陶学良整理：《查姆》，昆明：云南人民出版社1981年版。

（b）郭思九、陶学良整理，古梅改写：《彝家的古根》，选自《云南民族文学资料》第七集中的《查姆》上部前三章，见姚宝瑄主编《中国各民族神话》（羌族、彝族），太原：山西出版传媒集团·书海出版社2014年版，第56页。

W1946.2.2.1
女神织出湖泊

实　例

傈僳族 女神用梭子织地时，织出一个个湖泊。

【流传】云南省·（德宏傣族景颇族自治州）·陇川县·（陇把镇）·邦外公社（邦外村）

【出处】李有华讲，黄云松等采录：《天地人的来历》，见中国民间文学集成全国编辑委员会编《中国民间故事集成》（云南卷），北京：中国ISBN中心2003年版，第44页。

W1946.2.2a
神女造湖

实　例

藏族 乌玛神女用指头向神湖一指，一条水沟自然而生，那股水一个劲地往西流去，在不远的一个低洼处汇成一个湖泊。

【流传】（西藏自治区）

【出处】阎振中搜集整理：《河流、湖泊、温泉的传说》，原载《西藏民间故事》第3集，西藏人民出版社1987年版，见吕大吉、何耀华总主编《中国各民族原始宗教资料集成》（鄂伦春族卷、鄂温克族卷、赫哲族卷、达斡尔族卷、锡伯族卷、满族卷、蒙古族卷、藏族卷），北京：中国社会科学出版社1999年版，第951页。

W1946.2.3
雷公挑山砸出的坑形成湖泊

实　例

苗族 （实例待考）

W1946.2.4
开天辟地者捅出湖泊

实　例

土家族 （实例待考）

W1946.2.5
神敲击出的凹坑形成湖泊

实例

彝族 （实例待考）

W1946.2.6
女娲造湖泊

实例

汉族

（参见 W1946.4.2.2 母题实例）

W1946.2.7
空行母造湖

实例

珞巴族 白马岗分布着许多神湖，它们是空行母阿比亚萨造的。

【流传】西藏自治区·（林芝市）·墨脱县·背崩乡、墨脱乡

【出处】普布刀杰、果亚等讲，冀文正采集：《布裙湖的传说》，见冀文正《珞巴族民间故事》，成都：四川民族出版社 2011 年版，第 61 页。

W1946.2.8
天鬼造湖泊

实例

景颇族 一对天鬼娃袤能退腊和能星农锐木占造大地上的河流和湖泊。

【流传】（无考）

【出处】斋瓦贡退干唱，李向前、木然瑶都搜集整理，木子改写：《穆脑斋瓦——宁冠瓦》，见姚宝瑄主编《中国各民族神话》（白族、拉祜族、景颇族），太原：山西出版传媒集团·书海出版社 2014 年版，第 225 页。

W1946.2.9
地王造湖泊

实例

侗族 地王十二兄弟造五湖四海。

【流传】贵州省·（黔东南苗族侗族自治州）·从江县·高增公社（高增乡）

【出处】梁普安等讲，龙玉成采录：《古老和盘古》，见中国民间文学集成全国编辑委员会编《中国民间故事集成》（贵州卷），北京：中国 ISBN 中心 2003 年版，第 4 页。

W1946.3
特定的人造湖

实例

（参见下级母题实例）

W1946.3.1
大禹挖出湖

实例

汉族 大禹治理大地上的积水。因为大地上的水很多，九条大河也装不下，许多地方还是被水埋没。大禹又

率领人马挖了五个大湖、四个大海，让大地上的水通过九条河流流进了五湖四海。

【流传】重庆市·（九龙坡区）·专马镇

【出处】谢志忠讲：《夏禹王疏通九河》，原载联合国教科文组织、中国民间文艺家协会、四川省民间文艺家协会编《专马镇民间故事》，见陶阳、钟秀编《中国神话》（中），北京：商务印书馆 2008 年版，第 834 页。

W1946.4
湖（泊）是挖出来的

【汤普森】A920.1.2

实 例

（参见下级母题实例）

W1946.4.1
神挖地成湖

实 例

（参见下级母题实例）

W1946.4.1.1
地神挖地浅的地方形成湖

实 例

汉族　地神挖过的地方，浅的变成了湖。

【流传】浙江省·（杭州市）·临安县（临安市）·高桥镇（玲珑街道）·祥里村

【出处】陈光林讲，张涛采录：《山与海是怎样来的》，见中国民间文学集成全国编辑委员会编《中国民间故事集成》（浙江卷），北京：中国 ISBN 中心 1997 年版，第 21 页。

W1946.4.2
用手在地上抓挖出湖

实 例

（参见下级母题实例）

W1946.4.2.1
神用手在地上挖出湖

实 例

瑶族　密洛陀（女神名）的儿子罗班用五个指头，这里挖挖、那里挖挖，这里便出现了宽宽的湖，那里也出现了宽宽的湖。

【流传】广西壮族自治区·（河池市）·都安瑶族自治县江水河一带瑶族地区

【出处】《密洛陀创世》，蓝田根据莎红整理的《密洛陀》和潘泉脉整理的《密洛陀》两部不同版本的长诗《密洛陀》改写，见姚宝瑄主编《中国各民族神话》（土家族、毛南族、侗族、瑶族），太原：山西出版传媒集团·书海出版社 2014 年版，第 158 页。

W1946.4.2.2
女娲用手在地上挖出湖

实 例

汉族　女娲用五个指头在地上抓、挖

出湖海。

【流传】浙江省·舟山市·定海区·干览乡·南岙村

【出处】顾阿登讲,林胜强采录:《女娲造天地》,见中国民间文学集成全国编辑委员会编《中国民间故事集成》(浙江卷),北京:中国 ISBN 中心1997年版,第17页。

W1946.5
用牛肚子造湖泊

【关联】[W1977.3.3.1] 龙牛的肚子成为龙潭

实例

(参见下级母题实例)

W1946.5.1
众神用牛肚子造湖泊

实例

哈尼族 众神用查牛(天地神专养的神牛)的肚子做成聚雨水的湖泊。

【流传】

(a) 云南省·(红河哈尼族彝族自治州)·元阳县

(b) 云南省·(红河哈尼族彝族自治州)·元阳(元阳县)、红河(红河县)、绿春(绿春县)、金平(金平苗族瑶族傣族自治县)等

【出处】

(a) 朱小和讲,史军超采录:《查牛补天地》,见中国民间文学集成全国编辑委员会编《中国民间故事集成》(云南卷),北京:中国 ISBN 中心2003年版,第29页。

(b) 同(a),见云南省民间文学集成办公室编《哈尼族神话传说集成》,北京:中国民间文艺出版社1990年版。

W1946.6
与造湖有关的其他母题

实例

(参见下级母题实例)

W1946.6.1
人把水洒在地上造出湖

实例

珞巴族

(参见 W1949.1.1.1 母题实例)

W1946.6.2
野猪大象拱出湖泊

【关联】[W1916.6.1] 野猪拱出河

实例

彝族 最早造出的天地天小地大。麻蛇缩地之后,为箍齐地边,阿夫(神名)放出三对野猪和三对大象去拱地。它们拱了七十七昼夜,拱出大川、湖泊和大海。

【流传】(云南省·楚雄彝族自治州·姚安县·官屯乡·马游村,大姚县·昙华乡等)

【出处】

(a) 郭天元(马游村)、李申呼颇(昙

华乡）、李福玉颇（苴）演唱，郭思九、许明学、龚维顺、张宝省、陈志群、胡炳文等搜集，刘德虎、龚维顺、陈志群、李树荣、郭天元等整理：《梅葛》（第一部"创世"），见云南省民族民间文学楚雄调查队《梅葛》（1959），昆明：云南人民出版社2009年版。

(b)《打虎开天辟地》，蔷紫据云南省民族民间文学楚雄调查队著《梅葛》（云南人民出版社2009年版）改写，见姚宝瑄主编《中国各民族神话》（羌族、彝族），太原：山西出版传媒集团·书海出版社2014年版，第192页。

W1946.6.3
在地中央造湖

【关联】[W1953.10.2] 在地脚旁造海

【实例】

侗族 马王（神名）造的五湖，正造在地中央。

【流传】广西壮族自治区·（柳州市）·三江（三江侗族自治县），（桂林市）·龙胜（龙胜各族自治县）

【出处】杨卜林喜、杨卜松林、杨明世讲，杨国仁、涛声搜集整理，蔷紫改写：《创世女神萨天巴》，原文为过伟改写自侗族创世史诗《嘎茫莽道时嘉——远祖歌》（未出版稿），见姚宝瑄主编《中国各民族神话》（土家族、毛南族、侗族、瑶族），太原：山西出版传媒集团·书海出版社2014年版，第85页。

W1947
湖是生育产生的

【实例】

（参见下级母题实例）

W1947.1
神或神性人物生育湖

【汤普森】≈ A920.1.14

【实例】

（实例待考）

W1947.2
湖从露珠中产生

【实例】

藏族 从露珠中产生了一个湖。

【流传】西藏自治区

【出处】

(a)《黑头矮子的起源》，见林继富《西藏卵生神话源流》，载《西藏研究》2002年第4期。

(b) [德]霍夫曼：《西藏的苯教》，载《西藏研究》1984年第3期。

W1947.3
木火土铁水五种元素中生出湖

【关联】[W1814.3] 木火土铁水五种元素中产生山

【实例】

纳西族 木火土铁水五种元素中产生7

个蓝色的湖。

【流传】云南省

【出处】［美籍奥地利人］约瑟夫·洛克等著，杨福泉摘译：《纳西手写本目录》，联邦德国威斯巴登，1965年，第241~244页。

W1948
湖是变化产生的
实　例

（参见下级母题实例）

W1948.1
肝变成湖泊
实　例

（参见下级母题实例）

W1948.1.1
盘古死后肝变湖泊
实　例

白族　盘古死后，观音的手指到哪里，他就变到哪里，他的肝变成了湖泊。

【流传】

（a）云南省·（大理白族自治州）·大理（大理市）、洱源县等地

（b）云南省·（大理白族自治州）·洱源县

（c）云南省·（大理白族自治州）·大理（大理市）、洱源（洱源县）、剑川（剑川县）

【出处】

（a）杨国政讲，杨亮才采录：《开天辟地》，见中国民间文学集成全国编辑委员会编《中国民间故事集成》（云南卷），北京：中国ISBN中心2003年版，第9页。

（b）同（a），见谷德明编《中国少数民族神话》，北京：中国民间文艺出版社1987年版，第293页。

（c）同（a），见中华民族故事大系编委会编《中华民族故事大系》第5卷（瑶族、白族、土家族），上海：上海文艺出版社1995年版，第319~320页。

白族　盘古死时，肝变成湖泊。

【流传】云南省·（大理白族自治州）·大理（大理市）、洱源（洱源县）、剑川（剑川县）等地

【出处】杨国政讲，杨亮才记录整理：《开天辟地》，原载《云南民间故事选》（不详），见姚宝瑄主编《中国各民族神话》（白族、拉祜族、景颇族），太原：山西出版传媒集团·书海出版社2014年版，第6页。

W1948.2
肺变成湖泊
实　例

（参见下级母题实例）

W1948.2.1
马鹿的肺变湖泊
实　例

普米族　简锦祖（巨人）杀死了作恶的

马鹿，取出马鹿肺变成大小无数的湖泊。

【流传】云南省·（怒江傈僳族自治州）·兰坪县（兰坪白族普米族自治县），（丽江市）·宁蒗县（宁蒗彝族自治县）

【出处】王震亚采录：《简锦祖杀马鹿》，见中国民间文学集成全国编辑委员会编《中国民间故事集成》（云南卷），北京：中国 ISBN 中心 2003 年版，第 386 页。

W1948.3
四肢变成湖泊

实 例

（参见下级母题实例）

W1948.3.1
女娲的四肢变成湖泊

实 例

汉族　女娲死后，四肢成了湖泊。

【流传】四川省·德阳市·市中区

【出处】胡能才讲，胡世用采录：《女娲娘娘的眼泪》，见中国民间文学集成全国编辑委员会编《中国民间故事集成》（四川卷·上），北京：中国 ISBN 中心 1998 年版，第 56 页。

W1948.4
血变成湖泊

实 例

（参见下级母题实例）

W1948.4.1
青蛙的血变成湖泊

实 例

藏族　居于龙神之湖的青蛙，被梵天抛往天空，坠地后身碎肢离，溅在地上的蛙血变成环绕神山的十三个湖泊。

【流传】青藏高原多湖泊地区

【出处】格明多杰整理：《龙神青蛙》，见 BBS 水木清华站：http：//www.smth.edu.cn，2006.07.20。

W1948.4.2
星星的血变成湖泊

实 例

珞巴族　天上的两个星星兄弟俩玩耍时，从天庭上掉了下来，弟弟跌落到地上，血液变成了湖泊。

【流传】西藏自治区·（林芝市）·墨脱县·达木珞巴民族乡、旁辛乡

【出处】安布、江措讲，冀文正采集：《天和地》，见冀文正《珞巴族民间故事》，成都：四川民族出版社 2011 年版，第 4 页。

W1948.4.3
鹿血变成湖泊

【关联】［W1977.3.5］鹿血变成龙潭

实 例

普米族　巨神简剑祖射死马鹿造天地万

物时，把鹿的鲜血泼向大地，大地上便立刻出现了龙潭和湖海

【流传】（普米族广大地区）

【出处】杨祖德、杨学胜讲：《简剑祖射马鹿创天地》，据杨庆文《普米族文学简介》中的《捉马鹿的故事》和季志超《藏族普米族创世神话比较》中的《吉赛叽》等编写，见姚宝瑄主编《中国各民族神话》（佤族、阿昌族、纳西族、普米族、德昂族），太原：山西出版传媒集团·书海出版社2014年版，第304页。

W1948.5
眼泪变成湖泊

【汤普森】A920.1.5

实 例

汉族 （实例待考）

W1948.5.1
太阳、月亮、星星的泪水落到地上汇成许多湖泊

实 例

珞巴族 天上的9个太阳把大地晒得很热，天公和他的儿女太阳、月亮、星星在一起谈论此事时，伤心地号啕起来，泪水落到地上汇成条条溪流和许多湖泊。

【流传】西藏自治区·林芝市·墨脱县·达木珞巴民族乡、旁辛乡、甘登乡（讲述地点：墨脱县·达木珞巴民族乡·马尔康村）

【出处】安布讲，冀文正采集：《天和地》W1948.5.1，见冀文正《珞巴族民间故事》，成都：四川民族出版社2011年版，第3~4页。

W1948.6
尿变成湖泊

【汤普森】A920.1.6

实 例

（参见下级母题实例）

W1948.6.1
神的尿变成湖泊

实 例

珞巴族 一对慈悲的天神奥尼和桑达老两口下凡造人时，撒下一泡泡尿，地上于是有了湖泊、河流。

【流传】西藏自治区·林芝市·墨脱县·背崩乡、甘登乡、墨脱乡（讲述地点：墨脱县·墨脱乡·布姆村）

【出处】朗措、仁增讲，冀文正采集：《天神造人》（1957.07），见冀文正《珞巴族民间故事》，成都：四川民族出版社2011年版，第12页。

W1948.6.2
日月子女神的尿变成湖泊

实 例

珞巴族 太阳的儿子达西和月亮的女儿亚姆在地上的尿汇成了湖泊。

【流传】西藏自治区·（林芝地区）·

墨脱县·（达木珞巴族乡）·卡布村

【出处】安布讲，冀文正采录：《珞巴五兄弟》，见中国民间文学集成全国编辑委员会编《中国民间故事集成》（西藏卷），北京：中国 ISBN 中心 2001 年版，第 16 页。

W1948.6a
汗水变成湖泊

【关联】

① [W1928.1] 汗水变成江河
② [W1955.9] 汗水变成海

实例

（参见下级母题实例）

W1948.6a.1
神的汗水变成湖泊

实例

傣族 大神英叭把手掌里的汗水轻轻朝定天柱的顶端倒下，只见水花四溅，像细细的雨絮，慢慢顺着定天柱，再次流下大地，大地便出现了湖泊。

【流传】云南省·西双版纳傣族地区（西双版纳傣族自治州）

【出处】《巴塔麻嘎捧尚罗》，王松据岩温炳翻译《巴塔麻晏》（开天辟地）改写，见姚宝瑄主编《中国各民族神话》（哈尼族、傣族），太原：山西出版传媒集团·书海出版社 2014 年版，第 282 页。

W1948.7
其他特定物变化为湖泊

实例

（参见下级母题实例）

W1948.7.1
浸水的山谷变成湖泊

实例

哈尼族 最早造出来的地坑坑洼洼。九个神人转动着金犁，赶着三头彪悍的牯子牛修整大地时，犁出的墒沟变成了深谷，沟底就成了平地，浸水的地方变成了湖泊。

【流传】（无考）

【出处】《杀牛龙，造天地》，根据张牛朗、杨批斗、李书周等演唱，杨保生、李家顺等翻译，杨笛、郭纯礼等整理《十二奴局》和《奥色密色》翻译稿改写，见姚宝瑄主编《中国各民族神话》（哈尼族、傣族），太原：山西出版传媒集团·书海出版社 2014 年版，第 10~11 页。

哈尼族 最早时天地不平坦。众神决定改天换地，他们犁地时劲头小，干得马马虎虎，犁得深浅不一，犁沟成了深浅不同的山谷，浸水的山谷成了各种各样的湖泊和河流。

【流传】云南省·（红河哈尼族彝族自治州）·元阳县

【出处】

（a）朱小和讲，芦朝贵等整理：《天、

地、人的传说》，载《山茶》1983 年第 4 期。

(b) 朱小和讲，芦朝贵、杨笛搜集整理：《大鱼脊背甩出的世界》，原载《山茶》1983 年第 4 期，（王松将原题目《天、地、人的传说》改为此题目），见姚宝瑄主编《中国各民族神话》（哈尼族、傣族），太原：山西出版传媒集团·书海出版社 2014 年版，第 26 页。

W1948.7.2
海水变成湖泊

实 例

蒙古族 英雄塔布海降魔时射出的一支箭落到了龙官，激起一股水，变成了一座大湖。

【流传】内蒙古自治区

【出处】阿拉穆斯等采录，胡尔查翻译：《旱獭子的来历》，见中国民间文学集成全国编辑委员会编《中国民间故事集成》（内蒙古卷），北京：中国ISBN中心 2007 年版，第 366 页。

W1948.7.3
龙溅出的浪形成湖泊

实 例

纳西族 龙王鲁帕期被神鸟从三层天摔到大海里，摔得浪花四溅。凡是浪花溅到的地方，就立刻出现了湖泊。

【流传】(a) 云南省·（丽江市）·宁蒗县（宁蒗彝族自治县）·永宁乡

【出处】

(a) 达巴苏诺等讲，李子贤采录：《神鸟月其嘎儿》，见中国民间文学集成全国编辑委员会编《中国民间故事集成》（云南卷），北京：中国ISBN中心 2003 年版，第 369 页。

(b) 达巴苏诺等讲，李子贤记录整理：《月其嘎儿》，见谷德明编《中国少数民族神话》，北京：中国民间文艺出版社 1987 年版，第 455 页。

W1948.7.4
卵的内部液汁变成白色湖

实 例

藏族 五行之卵的内部液汁形成了大海螺的白色湖（阴性）。

【流传】（无考）

【出处】[法] 石泰安著，耿昇译：《西藏的文明》，北京：中国藏学出版社 1999 年版。

W1948.7.5
蛇尾变成五湖

实 例

汉族 蛇尾变成了五湖。

【流传】浙江省·（嘉兴市）·海盐（海盐县）

【出处】希佳整理：《伏羲王》，载《民间文学论坛》1983 年第 3 期。

W1948.7.6
眼睛变成湖泊

实 例

（参见下级母题实例）

W1948.7.6.1
盘古的眼睛变成湖泊

实 例

汉族 盘古开天辟地累死后，他的眼睛变成了大湖。
【流传】中原一带
【出处】郭云梦搜集：《莲生伏羲女娲》，原载张梦北编《中原神话》，见陶阳、钟秀编《中国神话》（上），北京：商务印书馆 2008 年版，第 359 页。

汉族 很久以前，盘古开天辟地活活累死以后，他的眼睛变成了大湖。
【流传】河南省·（周口市）·淮阳县
【出处】郭云梦采录：《莲生伏羲女娲》，见张振犁编著《中原神话通鉴》（第一卷），郑州：河南大学出版社 2017 年版，第 280 页。

W1948.7.7
竹筒变成湖泊

实 例

珞巴族 有个心地善良的老妇走一段路扔下一个竹筒，到最后二十个竹筒全部扔完了，形成了十九个湖。
【流传】西藏自治区·（林芝市）·墨脱县·达木珞巴民族乡、加拉萨乡、甘登乡
【出处】江措、安布等讲，冀文正采集：《寻找开启神门的钥匙》，见冀文正《珞巴族民间故事》，成都：四川民族出版社 2011 年版，第 59 页。

W1948.8
与变化产生湖泊有关的其他母题

实 例

（参见下级母题实例）

W1948.8.1
太阳碎片变成湖水

实 例

藏族 哈拉（旱獭，草原上一种鼠类）射日，散落在大地上的太阳碎片，闪烁着斑斓的色彩：青色变成了浩渺的湖水。
【流传】青海省·黄南州（黄南藏族自治州）·同仁县
【出处】加毛泽讲，仁青侃卓等采录：《哈拉射日》，见中国民间文学集成全国编辑委员会编《中国民间故事集成》（青海卷），北京：中国 ISBN 中心 2007 年版，第 8 页。

W1949
湖产生的其他方式

实 例

（参见下级母题实例）

W1949.1
特定的水汇集成湖泊

实 例

（参见下级母题实例）

W1949.1.1
洒水成湖泊

实例

（参见下级母题实例）

W1949.1.1.1
葫芦洒水成湖泊

实例

珞巴族 一个老太婆不小心摔碎了盛水的葫芦嘴，水洒在了地上，便形成了今天的浪错湖。

【流传】西藏自治区·（林芝地区）·墨脱县

【出处】布洛讲，于乃昌等整理：《浪错湖的来历》，见《珞巴族民间故事》：http://www.tibet-web.com/old/minjian/ync/gushi/mulu.htm，2003.10.02。

W1949.1.2
地下冒水形成湖泊

实例

藏族 地下的水不断涌出来，水越来越多，便形成了许多湖。

【流传】（西藏自治区）

【出处】(a) 旺秋搜集：《僜人创世神话》，根据中国社科院民族研究所编《僜人社会历史调查》，云南人民出版社1990年版，西藏民间文艺研究会主办《邦锦梅朵》1984年第8期中的《僜人创世神话》整理。

(b) 同 (a)，见姚宝瑄主编《中国各民族神话》（门巴族、珞巴族、怒族、藏族），太原：山西出版传媒集团·书海出版社2014年版，第89页。

W1949.1.3
汇四面八方之水成湖泊

实例

门巴族 很早以前，错那县勒布区麻麻这个地方，群山环抱，形如筒状。四面八方的水都流向这里，于是有了那嘎湖。

【流传】西藏自治区·（山南市）·错那县·勒布区（麻麻门巴族乡）·麻麻村（麻玛村）

【出处】其美多杰讲：《那嘎湖》，见姚宝瑄主编《中国各民族神话》（门巴族、珞巴族、怒族、藏族），太原：山西出版传媒集团·书海出版社2014年版，第6页。

W1949.1.4
泉水形成湖泊

实例

蒙古族（杜尔伯特） 杜尔伯特人游牧之地，有高山曰纳德山。山顶终年积雪，云雾弥漫，清泉积而成山湖。

【流传】（无考）

【出处】《天女之惠》，原载齐木道吉等编《蒙古族文学简史》，见袁珂《中国神话大词典》，北京：华夏出版社2015年版，第396页。

藏族 青海湖原只有一泉，有龙主之，供其旁藏民万家汲饮。居民汲水后，以石掩之，则不更溢。有活女鬼夜汲，不掩其石。以挑怒龙王，泉涌泛滥，淹没万家。已成大海，而水溢不止，势且淹没南瞻部洲。

【流传】（无考）

【出处】谢国安：《西藏四大圣湖》，原载《康导月刊》1943年第2期，见吕大吉、何耀华总主编《中国各民族原始宗教资料集成》（鄂伦春族卷、鄂温克族卷、赫哲族卷、达斡尔族卷、锡伯族卷、满族卷、蒙古族卷、藏族卷），北京：中国社会科学出版社1999年版，第799页。

藏族 姑娘把手帕一挥，愤怒的泉水咆哮着从泉眼中冲了出来，一直冒了100天，变成了一座大湖，就是现在的羊卓雍湖。

【流传】（西藏自治区）

【出处】单超收集整理：《羊卓雍湖》，原载《中国少数民族风物传说选》中央民族出版社1985年版，见吕大吉、何耀华总主编《中国各民族原始宗教资料集成》（鄂伦春族卷、鄂温克族卷、赫哲族卷、达斡尔族卷、锡伯族卷、满族卷、蒙古族卷、藏族卷），北京：中国社会科学出版社1999年版，第949页。

W1949.1.5
海水退去出现湖泊

实 例

佤族 大海后退，大地随着改变了模样，有高山，有平原，有河沟湖泊，也有大海。

【流传】（无考）

【出处】挨嘎搜集整理：《谁做天下万物之王》，原载中国少数民族文学学会编《中国少数民族民间故事选》，中国民间文艺出版社1981年版，见姚宝瑄主编《中国各民族神话》（佤族、阿昌族、纳西族、普米族、德昂族），太原：山西出版传媒集团·书海出版社2014年版，第8页。

W1949.1.6
神修地时积水成湖泊

实 例

景颇族 天神的儿子宁冠瓦修整大地时，没有排干的积水就成了湖泊。

【流传】（无考）

【出处】斋瓦贡退干唱，李向前、木然瑶都搜集整理，木子改写：《穆脑斋瓦——宁冠瓦》，见姚宝瑄主编《中国各民族神话》（白族、拉祜族、景颇族），太原：山西出版传媒集团·书海出版社2014年版，第226页。

W1949.1.7
女子倒竹筒的水成为湖

实 例

珞巴族 贡堆颇章山上岩洞里有个心地善良的老妇，一天她做了二十个竹筒，每个竹筒都装满洞里甘甜的泉水。她背着藤筐，在大草坝上行走，走一段路扔下一个竹筒，到最后二十个竹筒全部扔完了，形成了十九个湖，其中有一个最大，那是因为两个竹筒的水汇流到一起了。

【流传】西藏自治区·林芝市·墨脱县·达木珞巴民族乡、加拉萨乡、甘登乡（讲述地点：墨脱县·达木珞巴民族乡·达木村）

【出处】江措、安布、嘎项、顿加讲：《寻找开启神门的胡匙》（1956.07），见冀文正《珞巴族民间故事》，成都：四川民族出版社 2011 年版，第 60 页。

W1949.2
海水溅的水珠成为湖泊

实例

纳西族 神鹰把术（神名，又说是崇黑的族群名）族的那布从半天空里摔落进美利达吉海里，海水被击得飞溅起滔天浪花，满天落起了倾盆雨样的水珠。大滴的水珠落到哪里，哪里就出现了湖水。

【流传】云南省·（丽江市）·丽江县（古城区、玉龙纳西族自治县）

【出处】木丽春采集整理：《鹰术争斗的故事》，见木丽春编著《纳西族民间故事集》，昆明：云南人民出版社 2007 年版，第 98 页。

普米族 海水溅的水珠成湖泊。

【流传】云南省·（丽江市）·宁蒗（宁蒗彝族自治县）

【出处】曹乃主讲，王震亚整理：《治龙王》，见中华民族故事大系编委会编《中华民族故事大系》第 14 卷（普米族、塔吉克族、怒族、俄罗斯族、鄂温克族），上海：上海文艺出版社 1995 年版，第 211 页。

W1949.3
低洼处形成湖泊

实例

（参见下级母题实例）

W1949.3.1
火烧大地造成的低洼处形成湖泊

【关联】［W1935.8.1］火烧大地造成的裂缝形成河流

实例

布朗族 原来平坦的大地被大火烧后低洼处形成湖泊。

【流传】云南省·（西双版纳傣族自治州）·景洪（景洪市）

【出处】波尔帕讲，岩温扁整理：《征服太阳神》，见中华民族故事大系编委会编《中华民族故事大系》第 12 卷（布朗族、撒拉族、毛南族），上海：上海文艺出版社 1995 年版，第 11 页。

W1949.3.2
铁弹子在地打出的凹处形成湖泊

实例

彝族 云神斯惹底尼将鸡刨出来的两

个铁弹子，一个甩向南方，地打凹了，成了湖泊。

【流传】四川省·（凉山彝族自治州）·雷波县

【出处】

（a）保木和铁讲，芦芙阿梅译，白芝采录：《开天辟地》，见中国民间文学集成全国编辑委员会编《中国民间故事集成》（四川卷·下），北京：中国ISBN中心1998年版，第749页。

（b）《开天辟地》，见陶立璠、赵桂芳等编《中国少数民族神话汇编》（开天辟地篇等），中央民族学院少数民族古籍整理出版规划领导小组办公室印（未署出版时间），第85~95页。

W1949.3.3
神造地时踩出的脚印形成湖泊

实例

侗族 大神姜古聚拢四面八方的泥土沙石造地时，蹬下的脚板印就是今日的海洋和湖泊。

【流传】（无考）

【出处】杨锡光提供：《姜古造地》，见姚宝瑄主编《中国各民族神话》（土家族、毛南族、侗族、瑶族），太原：山西出版传媒集团·书海出版社2014年版，第115页。

W1949.3.4
雷公补地留下的坑形成湖泊

实例

苗族 雷公挑大山填塘填坑，结果把扁担折断了，留下不少塘塘坑坑没填，成了今天的池沼湖泊。

【流传】

（a）广西壮族自治区·（柳州市）·融水县（融水苗族自治县）·滚贝乡

（b）广西壮族自治区·（柳州市）·融水县（融水苗族自治县）

【出处】

（a）杨达香讲，梁彬采录翻译：《柱生射太阳》，见中国民间文学集成全国编辑委员会编《中国民间故事集成》（广西卷），北京：中国ISBN中心2001年版，第42页。

（b）杨达香讲，梁彬搜集整理：《创世记》，见谷德明编《中国少数民族神话》，北京：中国民间文艺出版社1987年版，第545页。

W1949.3.5
缝地时凹陷的地方形成湖泊

实例

瑶族 拉天缝地时，地面起了褶皱，凹下去的地方成为河流湖泊。

【流传】广西壮族自治区·（来宾市）·金秀县（金秀瑶族自治县）

【出处】赵美流等讲，黄承辉整理：《天地山河的来历》，见曹廷伟编著《广西民间故事辞典》，南宁：广西教育出版社1993年版，第13页。

W1949.4
山岭围水成湖泊

实例

藏族 （实例待考）

W1949.5
特定物的肚子做湖泊

实例

（参见下级母题实例）

W1949.5.1
神牛的肚子造湖泊

【关联】

① ［W1946.5］用牛肚子造湖泊

② ［W1977.3.3.1］龙牛的肚子成为龙潭

实例

哈尼族 众神杀的查牛（天地神专养的神牛）的肚子做成聚雨水的湖泊。

【流传】 云南省·（红河哈尼族彝族自治州）·元阳（元阳县）、红河（红河县）、绿春（绿春县）、金平（金平苗族瑶族傣族自治县）

【出处】 朱小和讲唱，史军超搜集整理：《查牛补天地》（1983），原载云南省民间文学集成办公室编《哈尼族神话传说集成》，中国民间文艺出版社1990年版，见姚宝瑄主编《中国各民族神话》（哈尼族、傣族），太原：山西出版传媒集团·书海出版社2014年版，第55页。

W1949a
与湖的产生有关的其他母题

实例

（参见下级母题实例）

W1949a.1
陷下去的地成为湖泊

实例

珞巴族 地母用尽全力缩小身体，一部分陷了下去，成了湖泊。

【流传】 西藏自治区·（林芝市）·墨脱县·达木珞巴民族乡、旁辛乡、甘登乡

【出处】 安布讲，冀文正采集：《天和地》，见冀文正《珞巴族民间故事》，成都：四川民族出版社2011年版，第3页

W1949a.1.1
地母缩身体时凹陷的地方形成湖泊

实例

珞巴族 最早出现的天公小得可怜，地母大得吓人。地母为了与天公婚配，就用尽全力缩小身体，一缩再缩，结果，大地一部分鼓了起来，成了高山、丘陵；一部分陷了下去，成了湖泊、峡谷。

【流传】 西藏自治区·林芝市·墨脱县·达木珞巴民族乡、旁辛乡、甘登乡（讲述地点：墨脱县·达木珞巴民族乡·马尔康村）

【出处】 安布讲：《天和地》（1955.10），见冀文正《珞巴族民间故事》，成都：四川民族出版社2011年版，第3页。

W1950

与湖有关的其他母题

【关联】

① [W1244.13.1] 湖泊变成滩地
② [W6362.3] 湖用来淹死不敬神的人

实 例

(参见下级母题实例)

W1950.0

湖的特征

实 例

(参见下级母题实例)

W1950.0.1

湖的颜色

实 例

(参见下级母题实例)

W1950.0.1.1

蓝色的湖

实 例

纳西族 木火土铁水五种元素中产生 7 个蓝色的湖。

【流传】云南省

【出处】[美籍奥地利人] 约瑟夫·洛克等著，杨福泉摘译：《纳西手写本目录》，联邦德国威斯巴登，1965 年，第 241~244 页。

W1950.0.1.2

白色的湖

实 例

纳西族 日出之东方，石灰白之山，有一白色湖。

【流传】云南省·(丽江市·宁蒗彝族自治县)·永宁(永宁乡)一带

【出处】《软嗯软昌》(超荐洗马经)，见吕大吉、何耀华总主编《中国各民族原始宗教资料集成》(纳西族卷、羌族卷、独龙族卷、傈僳族卷、怒族卷)，北京：中国社会科学出版社 2000 年版，第 227 页。

W1950.0.1.3

金色的湖

实 例

纳西族 水尾之南方，金黄色之山，有一金色湖。

【流传】云南省·(丽江市·宁蒗彝族自治县)·永宁(永宁乡)一带

【出处】《软嗯软昌》(超荐洗马经)，见吕大吉、何耀华总主编《中国各民族原始宗教资料集成》(纳西族卷、羌族卷、独龙族卷、傈僳族卷、怒族卷)，北京：中国社会科学出版社 2000 年版，第 227 页。

W1950.0.1.4

黑色的湖

实 例

纳西族 日落之西方，墨珠黑之山，有

一墨色湖。

【流传】云南省·（丽江市·宁蒗彝族自治县）·永宁（永宁乡）一带

【出处】《软嗯软昌》（超荐洗马经），见吕大吉、何耀华总主编《中国各民族原始宗教资料集成》（纳西族卷、羌族卷、独龙族卷、傈僳族卷、怒族卷），北京：中国社会科学出版社2000年版，第227页。

W1950.0.1.4.1
妖魔洗浴使湖水变成黑色

实例

藏族　兰嘎错不仅水是黑绿色的，而且味道也苦涩，被人称为"鬼湖"，是因为在湖里洗澡的妖魔一身太脏，把湖水弄得发黑了。

【流传】（西藏自治区）

【出处】阎振中搜集整理：《河流、湖泊、温泉的传说》，原载《西藏民间故事》第3集，西藏人民出版社1987年版，见吕大吉、何耀华总主编《中国各民族原始宗教资料集成》（鄂伦春族卷、鄂温克族卷、赫哲族卷、达斡尔族卷、锡伯族卷、满族卷、蒙古族卷、藏族卷），北京：中国社会科学出版社1999年版，第951页。

W1950.0.1.5
绿色的湖

实例

纳西族　水头之北方，玉绿色之山，有一绿色湖。

【流传】云南省·（丽江市·宁蒗彝族自治县）·永宁（永宁乡）一带

【出处】《软嗯软昌》（超荐洗马经），见吕大吉、何耀华总主编《中国各民族原始宗教资料集成》（纳西族卷、羌族卷、独龙族卷、傈僳族卷、怒族卷），北京：中国社会科学出版社2000年版，第227页。

W1950.0.1.6
红色的湖

实例

纳西族　日出之东方，石灰白之山，有一白色湖；水尾之南方，金黄色之山，有一金色湖；日落之西方，墨珠黑之山，有一墨色湖；水头之北方，玉绿色之山，有一绿色湖；天和地中央，赤红色之山，有一红色湖。

【流传】云南省·（丽江市·宁蒗彝族自治县）·永宁（永宁乡）一带

【出处】《软嗯软昌》（超荐洗马经），见吕大吉、何耀华总主编《中国各民族原始宗教资料集成》（纳西族卷、羌族卷、独龙族卷、傈僳族卷、怒族卷），北京：中国社会科学出版社2000年版，第227页。

W1950.0.1.6.1
盐湖红色是蚩尤血染的

实例

汉族　山西解县有个盐湖的水是红色

的，是蚩尤的血染成的。

【流传】山西省·（运城市·盐湖区）·解县（解州镇）

【出处】

（a）《黄帝战蚩尤》，见王德恒等《造神史话》，天津：百花文艺出版社2002年版，第26页。

（b）［宋］沈括：《梦溪笔谈》。

W1950.0.2
湖的味道

实例

（参见下级母题实例）

W1950.0.2.1
有的湖水为什么咸

【关联】［W1896.1.4］咸水

实例

（参见下级母题实例）

W1950.0.2.1.1
湖水变咸是妖魔的血造成的

实例

蒙古族 巨妖沙尔腾巴的血流到湖里，水变咸了，人不能吃，牲畜也不喝。

【流传】（无考）

【出处】阿·太白搜集翻译，姚宝瑄、巴音巴图整理：《赤脚巨人》，见姚宝瑄主编《中国各民族神话》（达斡尔族、鄂伦春族、鄂温克族、蒙古族），太原：山西出版传媒集团·书海出版社2014年版，第215页。

W1950.0.2.2
有的湖水为什么甜

实例

（参见下级母题实例）

W1950.0.2.2.1
神在湖中洗浴使湖水变甜

实例

藏族 阿里的玛法木错湖被称为"神湖"，据说是因为大神"湿婆"和他的妻子乌玛神女在此洗澡，所以它的水是绿色的，味清甘。

【流传】（西藏自治区）

【出处】阎振中搜集整理：《河流、湖泊、温泉的传说》，原载《西藏民间故事》第3集，西藏人民出版社1987年版，见吕大吉、何耀华总主编《中国各民族原始宗教资料集成》（鄂伦春族卷、鄂温克族卷、赫哲族卷、达斡尔族卷、锡伯族卷、满族卷、蒙古族卷、藏族卷），北京：中国社会科学出版社1999年版，第951页。

W1950.0.2.3
有的湖水为什么苦涩

实例

（参见下级母题实例）

W1950.0.2.3.1
妖魔在湖中洗浴使湖水变苦涩

实例

藏族 兰嘎错不仅水是黑绿色的，而

且味道也苦涩，被人称为"鬼湖"，是因为在湖里洗澡的妖魔一身太脏，把湖水弄得发黑了。

【流传】（西藏自治区）

【出处】阎振中搜集整理：《河流、湖泊、温泉的传说》，原载《西藏民间故事》第3集，西藏人民出版社1987年版，见吕大吉、何耀华总主编《中国各民族原始宗教资料集成》（鄂伦春族卷、鄂温克族卷、赫哲族卷、达斡尔族卷、锡伯族卷、满族卷、蒙古族卷、藏族卷），北京：中国社会科学出版社1999年版，第951页。

W1950.0.3
湖的分布

实例

（参见下级母题实例）

W1950.0.3.1
神安排湖的分布

实例

侗族 马王（治地的神王）造出五湖和四个海后，五湖分五处，四海摆四方。大湖百瓣深，大海深万丈。

【流传】广西壮族自治区·（柳州市）·三江（三江侗族自治县），（桂林市）·龙胜（龙胜各族自治县）

【出处】杨卜林喜、杨卜松林、杨明世讲，杨国仁、涛声搜集整理，蓄紫改写：《创世女神萨天巴》，原文为过伟改写自侗族创世史诗《嘎茫莽道时嘉——远祖歌》（未出版稿），见姚宝瑄主编《中国各民族神话》（土家族、毛南族、侗族、瑶族），太原：山西出版传媒集团·书海出版社2014年版，第82页。

W1950.0.4
与湖的特征有关的其他母题

实例

（参见下级母题实例）

W1950.0.4.1
湖泊是镜子

实例

德昂族 大大小小的湖泊是茶叶兄妹照脸的镜子。

【流传】云南省·德宏州（德宏傣族景颇族自治州）

【出处】

（a）陈志鹏搜集整理：《祖先创世纪》，见李子贤编《云南少数民族神话选》，昆明：云南人民出版社1990年版。

（b）同（a），见姚宝瑄主编《中国各民族神话》（佤族、阿昌族、纳西族、普米族、德昂族），太原：山西出版传媒集团·书海出版社2014年版，第396页。

W1950.0.4.2
湖中为什么有漂浮物

实例

（参见下级母题实例）

W1950.0.4.2.1
湖中漂浮物源于神的行为

实例

普米族 巨神简剑祖射死马鹿造天地万物时，把鹿胃抛到湖海里，湖海中便出现了漂着的皮囊。

【流传】（普米族广大地区）

【出处】杨祖德、杨学胜讲：《简剑祖射马鹿创天地》，据杨庆文《普米族文学简介》中的《捉马鹿的故事》和季志超《藏族普米族创世神话比较》中的《吉赛叽》等编写，见姚宝瑄主编《中国各民族神话》（佤族、阿昌族、纳西族、普米族、德昂族），太原：山西出版传媒集团·书海出版社2014年版，第304页。

W1950.0.4.3
湖里的水满后流向大海

【关联】[W1896.2.7] 水流入海洋

实例

侗族 马王（神名）造的五湖在地中央，造的四海在地脚旁。太阳融化的大地上的冰水、雪水不断地流进五湖，五湖的水又沿着地脚，不断涌进四个大海洋。

【流传】广西壮族自治区·（柳州市）·三江（三江侗族自治县），（桂林市）·龙胜（龙胜各族自治县）

【出处】杨卜林喜、杨卜松林、杨明世讲，杨国仁、涛声搜集整理，蔷紫改写：《创世女神萨天巴》，原文为过伟改写自侗族创世史诗《嘎茫莽道时嘉——远祖歌》（未出版稿），见姚宝瑄主编《中国各民族神话》（土家族、毛南族、侗族、瑶族），太原：山西出版传媒集团·书海出版社2014年版，第85页。

W1950.1
神秘之湖（有魔力的湖）

【汤普森】D921

实例

（参见下级母题实例）

W1950.1.1
魔湖

实例

藏族 有个别的神湖，因为受到妖魔的玷污，神湖也就变成了魔湖，只要谁的影子投入到湖里，谁就会生病。

【流传】（无考）

【出处】《藏族卷·绪论》，见吕大吉、何耀华总主编《中国各民族原始宗教资料集成》（鄂伦春族卷、鄂温克族卷、赫哲族卷、达斡尔族卷、锡伯族卷、满族卷、蒙古族卷、藏族卷），北京：中国社会科学出版社1999年版，第776页。

W1950.2
奇特的湖

【汤普森】F713

实 例

（参见下级母题实例）

W1950.2.1
不生养生命的湖

实 例

土家族 天塘湖的湖里一草不生、一虾无有，平静得透明彻亮，像一面永照苍天的镜子，嵌在天堂山上。

【流传】（湖南省·湘西土家族苗族自治州·保靖县）

【出处】罗轶整理：《铁塔娶龙女》（原名为《撒珠湖》），见姚宝瑄主编《中国各民族神话》（土家族、毛南族、侗族、瑶族），太原：山西出版传媒集团·书海出版社2014年版，第30页。

W1950.2.2
有酒味的湖

【关联】［W1950.0.2］湖的味道

实 例

（参见下级母题实例）

W1950.2.2.1
药撒湖中使湖有了酒味

实 例

独龙族 木彭哥（Mu Pongo，人名）从天神那里求得治病之药，返回地上时，背他的蜂子，脱其负而飞去，彼乃由天坠下，坠落之时，经过一个湖，不慎将怀中之药落入湖中，于是此湖之水乃有酒味。

【流传】云南省

【出处】陶云逵：《几个云南藏缅语系土族的创世故事》，原载金陵大学中国文化研究所编《边疆研究论丛》1942～1944年，见吕大吉、何耀华总主编《中国各民族原始宗教资料集成》（纳西族卷、羌族卷、独龙族卷、傈僳族卷、怒族卷），北京：中国社会科学出版社2000年版，第679页。

W1950.2.3
有咸味的湖

【关联】

① ［W1950.0.2］湖的味道

② ［W1950.6.23.12］盐湖

实 例

珞巴族

（参见W1950.6.23.12.1母题实例）

W1950.2.4
会涨水的湖

实 例

珞巴族 很久以前，布裙湖坐落在西宫山坡上，它的四周群山环抱，条条溪水流向这里，越积越多，湖面越来越高，快要淹没空行母的天庭了。

【流传】西藏自治区·林芝市·墨脱县·背崩乡、墨脱乡（讲述地点：墨脱县·墨脱乡·墨脱村）

【出处】普布刀杰、果亚、朱嘎、白嘎、

拉吾次仁讲：《布裙湖的传说》（1957.07），见冀文正《珞巴族民间故事》，成都：四川民族出版社2011年版，第61页。

W1950.3
海子的来历

实 例

（参见下级母题实例）

W1950.3.1
龙王造海子

实 例

水族 龙王造海子。

【流传】贵州省·（黔南布依族苗族自治州）·荔波（荔波县）

【出处】蒙健康讲，祖岱年整理：《阿朝射兄》，见中华民族故事大系编委会编《中华民族故事大系》第9卷（水族、东乡族、纳西族），上海：上海文艺出版社1995年版，第59页。

W1950.3.1.1
地下龙王造海子

实 例

水族 地下龙王，乃善良之白须老人，思天旱不雨，实其兄天龙王作孽，累世人受苦。乃令秀美之兔嘎二人手持宝瓶去人间造海子九个，以解民困。

【流传】（无考）

【出处】袁珂改编：《阿朝射兄》，原载祖岱年、周隆渊编《水族民间故事选》，见袁珂《中国神话大词典》，北京：华夏出版社2015年版，第541页。

W1950.3.2
缩地时凹陷的地方形成海子

【关联】［W1976.1.2］地神造地时凹陷的地方成为水塘

实 例

藏族 造天地时，天小地大，罗拉甲伍只好使劲挤地。在挤的时候，地面上有些地方鼓了出来，有的地方陷了下去，凹下去的地方就形成了海子。

【流传】四川省·（绵阳市）·平武县·白马藏区（白马藏族乡）

【出处】

(a) *《绷天绷地》，见《四川白玛藏族民族文学资料集》，四川藏族研究所内部编印，1991年，第80页。

(b) 扎嘎才让讲，四川大学中文录采风队采录：《创世传说》，见中国民间文学集成全国编辑委员会编《中国民间故事集成》（四川卷·下），北京：中国ISBN中心1998年版，第934页。

(c) 扎嘎才让等讲，谢世廉等搜集：《创世传说》，见陶立璠、赵桂芳等编《中国少数民族神话汇编》（开天辟地篇等），中央民族学院少数民族古籍整理出版规划领导小组办公室印（未署出版时间），第1页。

藏族 开始时天小地大，撒拉甲伍挤

地时，凹下去的地方，就变成了河沟和海子。

【流传】四川省白马藏族地区

【出处】扎嘎才让、小石桥、顶专讲，谢世廉、周善华、姜志成、周贡中搜集：《绷天绷地》，见姚宝瑄主编《中国各民族神话》（门巴族、珞巴族、怒族、藏族），太原：山西出版传媒集团·书海出版社 2014 年版，第 79 页。

W1950.3.3
月亮落地变成海子

实例

（参见下级母题实例）

W1950.3.3.1
射落的月亮变成海子

实例

纳西族 射日月者射落 6 个月亮，变成 6 个海子。

【流传】（无考）

【出处】
（a）云南省民族事务委员会编：《纳西族文化大观》，昆明：云南民族出版社 1999 年版，第 327 页。
（b）周汝诚讲，王思宁、牛相奎、阿华记录，牛相奎整理：《靴顶力士》，见谷德明编《中国少数民族神话》，北京：中国民间文艺出版社 1987 年版，第 419~420 页。

W1950.3.4
洪水形成海子

实例

（参见下级母题实例）

W1950.3.4.1
洪水退去留下山上的海子

【关联】［W1905.1］大海退后形成河流湖泊

实例

羌族 百里羌寨高山顶上的数不清的海子，是洪水潮天的时候遗留下来的。

【流传】四川省·（阿坝藏族羌族自治州）·理县·蒲溪乡

【出处】王久清讲，韩香芝翻译，周巴采录：《木姐珠与高山海子》，见中国民间文学集成全国编辑委员会编《中国民间故事集成》（四川卷·下），北京：中国 ISBN 中心 1998 年版，第 1117 页。

W1950.3.5
流血形成海子

实例

（参见下级母题实例）

W1950.3.5.1
巨人杀鹿流的血形成海子

实例

普米族 巨人简剑祖杀死马鹿后，鹿淌

出的血变成了海子

【流传】（无考）

【出处】《捉马鹿的故事》，见毛星主编《中国少数民族文学》（下），长沙：湖南人民出版社 1983 年版，第 146 页。

W1950.3.6
其他特定物变成海子

实例

（参见下级母题实例）

W1950.3.6.1
神的肚脐眼变海子

实例

（参见下级母题实例）

W1950.3.6.2
巨人变成海子

【关联】［W1816.1］巨人变成山

实例

藏族 一对巨人兄弟变成了海子，一个海子水灰白，一个海子水碧清。

【流传】（青海省·果洛藏族自治州）

【出处】陈世濂搜集整理：《扎陵和鄂陵》，原载果洛州群艺馆编《果洛民间故事选》，内部资料，1985 年，见吕大吉、何耀华总主编《中国各民族原始宗教资料集成》（鄂伦春族卷、鄂温克族卷、赫哲族卷、达斡尔族卷、锡伯族卷、满族卷、蒙古族卷、藏族卷），北京：中国社会科学出版社 1999 年版，第 950 页。

W1950.3.6.3
神流泪形成海子

实例

藏族 女山神曲诺侬侬卓玛侬恋东部的山神王都吉纳着，但终不能成为眷属。她由于伤心流泪，以致今天这座大山尚有她的泪痕——三个美丽的海子，它们名叫以曲、冬曲和甲曲。

【流传】（四川省·甘孜藏族自治州·九龙县）

【出处】伍呷：《九龙藏族社会的历史调查》，原载西南民族学会编印《雅砻江上游考察报告》，1985 年，见吕大吉、何耀华总主编《中国各民族原始宗教资料集成》（鄂伦春族卷、鄂温克族卷、赫哲族卷、达斡尔族卷、锡伯族卷、满族卷、蒙古族卷、藏族卷），北京：中国社会科学出版社 1999 年版，第 795 页。

W1950.3.7
与海子有关的其他母题

实例

（参见下级母题实例）

W1950.3.7.1
海子是黄河的儿子

实例

藏族 两个巨人变成两个海子与母亲玛曲（黄河）相连，就好像是母亲挽着两个儿子。

【流传】（青海省·果洛藏族自治州）

【出处】陈世濂搜集整理：《扎陵和鄂陵》，原载果洛州群艺馆编《果洛民间故事选》，内部资料，1985年，见吕大吉、何耀华总主编《中国各民族原始宗教资料集成》（鄂伦春族卷、鄂温克族卷、赫哲族卷、达斡尔族卷、锡伯族卷、满族卷、蒙古族卷、藏族卷），北京：中国社会科学出版社1999年版，第950页。

W1950.3.7.2
血形成红色的海子

实例

藏族 吓吉里男山神抛石头攻击约沙厄女山神，击中了她的腰部，在那里打了一个洞，流出的血装满了这个洞，这就是今天约沙厄神山半山腰的希里海子——红色的湖泊。

【流传】（四川省·甘孜藏族自治州·九龙县·夏卡乡）

【出处】伍呷：《九龙藏族社会的历史调查》，原载西南民族学会编印《雅砻江上游考察报告》，1985年，见吕大吉、何耀华总主编《中国各民族原始宗教资料集成》（鄂伦春族卷、鄂温克族卷、赫哲族卷、达斡尔族卷、锡伯族卷、满族卷、蒙古族卷、藏族卷），北京：中国社会科学出版社1999年版，第943页。

W1950.4
世界正中央的湖

实例

藏族 在此世界正中央，生有一个如镜湖。

【流传】西藏自治区·林芝地区（林芝市）·波密县

【出处】《四个鹏鸟蛋》，见中国民间文学集成全国编辑委员会、中国歌谣集成西藏卷编辑委员会编《中国歌谣集·西藏卷》，北京：中国ISBN中心1995年版，第74页。

W1950.4a
山上的湖

实例

（参见下级母题实例）

W1950.4a.1
特定人物造出山上的湖

实例

瑶族（布努）密洛陀（万物之母，女始祖，女神）的二儿子波防密龙挖沟造河时，造成山石下崩。他伸右耳朵去把乱石挫，他伸左耳朵去把乱石顶。右耳朵拦石的地方，变成山湖。左耳朵挡石的地方，变成峡谷。

【流传】广西壮族自治区·（河池市）·都安县（都安瑶族自治县）、巴马县（巴马瑶族自治县）、南丹县，（百色市）·田东县、平果县等地

【出处】桑布郎等传,蒙凤标(83岁)、罗仁祥(73岁)等唱:《密洛陀》(1983),见蓝怀昌、蓝书京、蒙通顺搜集翻译整理《密洛陀》,北京:中国民间文艺出版社1988年版,第74页。

W1950.5
魔力掌控着湖

【汤普森】D2151.7

实 例

(实例待考)

W1950.6
特定名称的湖

实 例

(参见下级母题实例)

W1950.6.1
洞庭湖

实 例

汉族

(实例待考)

W1950.6.1.1
盘古的面轮变成洞庭

实 例

汉族 盘古死后,膀胱为百川,面轮为洞庭。

【流传】(无考)

【出处】[唐]释澄观:《大方广佛华严经随疏演义钞》卷四二引《三王历》。

W1950.6.2
鼎湖

实 例

汉族 黄帝采首山铜,铸鼎于荆山下。鼎既成,有龙垂胡髯下迎黄帝。黄帝上骑,群臣后宫从上者七十余人,龙乃上去。余小臣不得上,乃悉持龙髯,龙髯拔,堕黄帝之弓。百姓仰望。黄帝既上天,乃抱其弓与胡髯号,故后世因名其处曰鼎湖,其弓曰乌号。

【流传】(无考)

【出处】
(a)[汉]司马迁:《史记·封禅书》。
(b)《鼎湖》,见袁珂《中国神话大词典》,北京:华夏出版社2015年版,第315页。

W1950.6.3
洪泽湖

实 例

(实例待考)

W1950.6.4
呼伦湖

实 例

(实例待考)

W1950.6.4a
黑水湖

实 例

珞巴族 刀加普巴(人名)进了大门,

里边是一个宽敞的大坝，中央是罗刹王宫，王宫周围住的是罗刹王的臣民，大坝下边是个宽阔的黑水湖。

【流传】西藏自治区·林芝市·墨脱县·达木珞巴民族乡、墨脱乡、德兴乡（讲述地点：墨脱县·墨脱乡墨脱村、杭久村）

【出处】桑杰绕登、吉如讲：《刀如普巴》（1959.08，1989.08），见冀文正《珞巴族民间故事》，成都：四川民族出版社 2011 年版，第 51 页。

W1950.6.5
金水湖

实例

汉族 金水湖有红红的湖岸，黄灿灿的水，水面上闪闪烁烁地泛起一圈又一圈的红光。

【流传】浙江

【出处】唐宗龙讲，陈玮君整理：《金水湖和银水湖》，见姚宝瑄主编《中国各民族神话》（汉族），太原：山西出版传媒集团·书海出版社 2014 年版，第 214~220 页。

W1950.6.6
镜湖（鉴湖）

实例

汉族 镜湖（今浙江省绍兴市南），俗传轩辕铸镜于湖边。今有轩辕磨镜石，石上常洁，不生蔓草。

【流传】（无考）

【出处】
（a）《古今图书集成·山川典》卷二九三引《述异记》。
（b）《镜湖》，见袁珂《中国神话大词典》，北京：华夏出版社 2015 年版，第 357 页。

W1950.6.7
镜泊湖

实例

（参见下级母题实例）

W1950.6.7.1
天河水汇成镜泊湖

实例

汉族 王母设蟠桃盛会时，胭脂水倾入天河，天河暴溢，下泻入牡丹江上游万山丛中，汇成大湖。又有宝镜，亦不慎遗落湖中，仰铺湖面，使湖面常如明镜平亮。遂以镜泊而名。

【流传】（黑龙江省·牡丹江市）

【出处】
（a）《镜泊湖》，载《民间文学》1980 年第 9 期。
（b）同（a），见袁珂《中国神话大词典》，北京：华夏出版社 2015 年版，第 395 页。

W1950.6.7.2
黑山神看守镜泊湖

实例

汉族 王母令黑山神守在镜泊湖守湖

护镜，即镜泊湖岸耸立之大黑山是也。

【流传】（黑龙江省·牡丹江市）

【出处】

(a)《镜泊湖》，载《民间文学》1980年第9期。

(b) 同（a），见袁珂《中国神话大词典》，北京：华夏出版社2015年版，第395页。

W1950.6.8

九鲤湖

实例

汉族　九鲤湖在兴化府仙游县东北万山中。（汉河氏兄弟）九人炼丹于湖上。

【流传】（无考）

【出处】

(a)［明］陈仁锡：《潜确类书》卷三二。

(b)《九鲤湖》，见袁珂《中国神话大词典》，北京：华夏出版社2015年版，第12页。

W1950.6.9

历阳湖

实例

汉族　历阳湖，在州（和州）西治，县（含山县）东治，距六十里此湖为咸地成湖。而中有岐：近州曰历湖，近县曰麻湖，周百余里。传闻古有老姥，遇两书生，谓之曰："此地当为湖，视东门石龟目赤，其期也，急上山勿反顾。"自此姥数往视龟。门吏久觉之，诈涂鸡血于龟固。姥一见，急走，地已为湖矣。

【流传】（无考）

【出处】

(a)《古今图书集成·职方典》卷八三九。

(b)《历阳湖》，见袁珂《中国神话大词典》，北京：华夏出版社2015年版，第40页。

W1950.6.10

喀纳斯湖

实例

（实例待考）

W1950.6.11

泸沽湖

实例

（参见下级母题实例）

W1950.6.11.1

泸沽湖是虎神刨出来的

实例

纳西族（摩梭）　喇神（虎神）下凡造人时遇到沙漠，口渴难耐。它就用一双爪子在沙漠中刨坑引水，最后冒出了清水，并在刨的坑内积满了水，成为今天的泸沽湖。这泸沽湖，从前人们称作"喇沽"，是虎湖的意思。

【流传】云南省·（丽江市）·宁蒗县

（宁蒗彝族自治县）

【出处】巴采若、桑绒尼搓讲，章虹宇搜集整理：《喇氏族的来源》，载《民间文学》1986年第3期。

W1950.6.11a
莲花天湖

实例

珞巴族 莲花生大师游历至此，称此地为"白马岗"，称那个最大的湖为莲花天湖，即莲花湖中的莲花蕊，是"圣地之中最殊胜"。

【流传】西藏自治区·林芝市·墨脱县·达木珞巴民族乡、加拉萨乡、甘登乡（讲述地点：墨脱县·达木珞巴民族乡·达木村）

【出处】江措、安布、嘎项、顿加讲：《寻找开启神门的胡匙》（1956.07），见冀文正《珞巴族民间故事》，成都：四川民族出版社2011年版，第60页。

W1950.6.12
纳木错湖

实例

（实例待考）

W1950.6.13
女坟湖

实例

汉族 阖闾有女，哀怨王先食蒸鱼，乃杀。王痛之，厚葬于阊门外。其女化为白鹤，舞于吴市，千万人随观之。后陷成湖，今号女坟湖。

【流传】（无考）

【出处】
（a）《汉唐地理书钞》辑陆广微《吴地记》。
（b）《女坟湖》，见袁珂《中国神话大词典》，北京：华夏出版社2015年版，第37页。

W1950.6.14
鄱阳湖

实例

（实例待考）

W1950.6.15
青海湖

实例

（参见下级母题实例）

W1950.6.15.1
龙王发水形成青海湖

实例

藏族 青海湖原只有一泉，后来龙王发水形成青海湖。

【流传】（无考）

【出处】谢国安：《西藏四大圣湖》，原载《康导月刊》1943年第2期，见吕大吉、何耀华总主编《中国各民族原始宗教资料集成》（鄂伦春族卷、鄂温克族卷、赫哲族卷、达斡尔族卷、锡伯族卷、满族卷、蒙古族卷、藏族卷），北京：中国社会科学出版社1999年版，第799页。

W1950.6.16
弱水湖

【关联】［W1943.6e］弱水

实 例

汉族 弱水湖，水很深，连鹅毛掉下去都会沉底。

【流传】淮河流域

【出处】常山讲述：《鲧王治水》，原载茆文斗搜集整理《河蚌姑娘》，见陶阳、钟秀编《中国神话》（上），北京：商务印书馆2008年版，第412~418页。

W1950.6.17
赛里木湖

实 例

（实例待考）

W1950.6.18
松花湖

实 例

（实例待考）

W1950.6.19
太湖

实 例

（实例待考）

W1950.6.20
微山湖

实 例

（实例待考）

W1950.6.21
兴凯湖

实 例

（实例待考）

W1950.6.22
银水湖

实 例

汉族 银水湖绿绿的湖岸，白花花的水，水面上闪闪烁烁地泛起一圈又一圈的白光，好个冷气逼人

【流传】浙江

【出处】唐宗龙讲，陈玮君整理：《金水湖和银水湖》，见姚宝瑄主编《中国各民族神话》（汉族），太原：山西出版传媒集团·书海出版社2014年版，第214~220页。

W1950.6.23
与特定名称的湖有关的其他水体

实 例

（参见下级母题实例）

W1950.6.23.1
白洋淀

实例

汉族 （实例待考）

W1950.6.23.2
巢湖

实例

汉族 （实例待考）

W1950.6.23.3
滇池

实例

汉族 （实例待考）

W1950.6.23.4
抚仙湖

实例

汉族 （实例待考）

W1950.6.23.5
九寨沟

实例

羌族 （实例待考）

W1950.6.23.6
居延海

实例

汉族 （实例待考）

W1950.6.23.7
巨野泽

实例

汉族 （实例待考）

W1950.6.23.8
千岛湖

实例

汉族 （实例待考）

W1950.6.23.9
邛海

实例

汉族 （实例待考）

W1950.6.23.10
五大连池

实例

（参见下级母题实例）

W1950.6.23.10.1
五大连池有药泉

【关联】［W1972.1.10］药泉

实例

汉族 黑龙江五大连池西南有药泉山，山下有药泉。

【流传】（无考）

【出处】

(a)《药泉》，原载《中国地方风物传

W1950.6.23.11
西湖

实例

（实例待考）

W1950.6.23.12
盐湖

【关联】［W1979.1.6.5］盐泽

实例

`汉族` 山西解县有个盐湖的水是红色的。

【流传】山西省·（运城市·盐湖区）·解县（解州镇）

【出处】

（a）《黄帝战蚩尤》，见王德恒等《造神史话》，天津：百花文艺出版社2002年版，第26页。

（b）［宋］沈括：《梦溪笔谈》。

W1950.6.23.12.1
盐湖中有盐

实例

`珞巴族` 尼布洛保从一只雄纳勒果瓦（鸟名）发现了盐后，他顺着鸟飞来的方向，翻过喜马拉雅山、冈底斯山，蹚过雅鲁藏布江、尼洋河、拉萨河，最后来到羌塘那曲藏北盐湖，找到了食盐。从此，珞巴族人有了盐吃。

【流传】西藏自治区·林芝市·墨脱县·旁辛乡、达木珞巴民族乡、格当乡（讲述地点墨脱县·达木珞巴民族乡·卡布村）

【出处】江措、牛布讲：《盐的传说》（1957.08），见冀文正《珞巴族民间故事》，成都：四川民族出版社2011年版，第71页。

W1950.7
地上的天池

【关联】

① ［W1752.4b］天池（天池星、天渊）

② ［W1794.0］天池

实例

（参见下级母题实例）

W1950.7.1
天池的产生

实例

（参见下级母题实例）

W1950.7.1.1
雪水形成天池

实例

`满族` 雪水流到山坳里，形成了一个平静的池潭，这就是现在的天池。

【流传】黑龙江省

【出处】

（a）赵书搜集整理：《女真定水》，见

说选》。

（b）同（a），见袁珂《中国神话大词典》，北京：华夏出版社2015年版，第384页。

乌丙安等编《满族民间故事选》，上海：上海文艺出版社1983年版，第66~76页。

（b）同（a），见姚宝瑄主编《中国各民族神话》（满族、赫哲族、朝鲜族），太原：山西出版传媒集团·书海出版社2014年版，第50~60页。

W1950.7.1.2
火山口形成天池

【实例】

【汉族】火魔喷火的山口，被雨神注满了水，成了一个大水池。人们为了怀念日吉纳姑娘，便把这个水池起名叫天池。

【流传】东北长白山一带

【出处】佟畴、曾层搜集整理：《天池》，见姚宝瑄主编《中国各民族神话》（汉族），太原：山西出版传媒集团·书海出版社2014年版，第348~352页。

W1950.7.1.3
火山口注水成为天池

【实例】

【满族】火魔喷火的长白山山口，被雨神注满了水，成了一个大水池，即天池。

【流传】吉林省

【出处】

（a）佟畴、曾层搜集整理：《日吉纳姑娘》，见乌丙安、李文刚等编《满族民间故事选》，上海：上海文艺出版社1983年版。

（b）同（a），见姚宝瑄主编《中国各民族神话》（满族、赫哲族、朝鲜族），太原：山西出版传媒集团·书海出版社2014年版，第91~95页。

W1950.7.1.4
雷神雨神造天池

【实例】

【蒙古族】德金巴乌（西王母）答应了女儿七仙女的请求，就命令雷神响起雷，雨神下起雨。雨水在博格达山峰下汇成了一座清澈的湖，这就是天池。

【流传】（无考）

【出处】姚宝瑄、巴音巴图翻译，阿·太白搜集整理：《博格达山的传说》，见姚宝瑄主编《中国各民族神话》（达斡尔族、鄂伦春族、鄂温克族、蒙古族），太原：山西出版传媒集团·书海出版社2014年版，第165页。

W1950.7.1.5
天池的水为什么是凉的

【实例】

（参见下级母题实例）

W1950.7.1.5.1
特定的事件造成池水变凉

【实例】

【蒙古族】七仙女变成天鹅到凡间的热气

腾腾的天池洗浴时，一个猎人放冷箭，箭射伤了那只最小的天鹅。之后，再没见过白天鹅来湖中洗澡，湖水也就变得冰凉了。

【流传】（无考）

【出处】姚宝瑄、巴音巴图翻译，阿·太白搜集整理：《博格达山的传说》，见姚宝瑄主编《中国各民族神话》（达斡尔族、鄂伦春族、鄂温克族、蒙古族），太原：山西出版传媒集团·书海出版社2014年版，第166页。

W1950.7.1.6
天池的水为什么有热气

实 例

（参见下级母题实例）

W1950.7.1.6.1
神让天池的水有热气

实 例

蒙古族 由于天池的雨水是德金巴乌（西王母）给的，她为了让七位仙女能痛痛快快、舒舒服服地洗澡，所以热气腾腾。

【流传】（无考）

【出处】姚宝瑄、巴音巴图翻译，阿·太白搜集整理：《博格达山的传说》，见姚宝瑄主编《中国各民族神话》（达斡尔族、鄂伦春族、鄂温克族、蒙古族），太原：山西出版传媒集团·书海出版社2014年版，第165页。

W1950.7.2
长白山天池

实 例

（实例待考）

W1950.7.3
天山天池

实 例

（实例待考）

W1950.7.4
天池的特征

实 例

（参见下级母题实例）

W1950.7.4.1
天池水面如镜

实 例

满族 古时天上有三位仙女，变为三只美丽天鹅，下凡飞至果勒敏珊延阿林山。其山四面陡峭，中有天池，清亮如宝镜。

【流传】（无考）

【出处】《天鹅仙女》，原载中国民间文艺研究会辽宁、吉林、黑龙江三省分会编《满族民间故事选》，见袁珂《中国神话大词典》，北京：华夏出版社2015年版，第457页。

W1950.8

五湖四海

【关联】

① ［W1876.1］龙造五湖四海

② ［W1902.1.4］地王造五湖四海

③ ［W1945］湖的产生（湖泊的产生）

④ ［W1951］海的产生

实 例

（参见下级母题实例）

W1950.8.1

地神造五湖四海

实 例

侗族 马王（治地的神王）造出五湖和四个海后，五湖分五处，四海摆四方。大湖百瓣深，大海深万丈。

【流传】广西壮族自治区·（柳州市）·三江（三江侗族自治县），（桂林市）·龙胜（龙胜各族自治县）

【出处】杨卜林喜、杨卜松林、杨明世讲，杨国仁、涛声搜集整理，蔷紫改写：《创世女神萨天巴》，原文为过伟改写自侗族创世史诗《嘎茫莽道时嘉——远祖歌》（未出版稿），见姚宝瑄主编《中国各民族神话》（土家族、毛南族、侗族、瑶族），太原：山西出版传媒集团·书海出版社 2014 年版，第 82 页。

W1950.8.2

大禹率众挖出五湖四海

【关联】［W0751.6］与禹有关的其他母题

【流传】（无考）

【出处】大禹治理大地上的积水。因为大地上的水很多，九条大河也装不下，许多地方还是被水淹没。大禹又率领人马挖了五个大湖、四个大海，让大地上的水通过九条河流流进了五湖四海。

【流传】重庆市·（九龙坡区）·专马镇

【出处】谢志忠讲：《夏禹王疏通九河》，原载联合国教科文组织、中国民间文艺家协会、四川省民间文艺家协会编《专马镇民间故事》，见陶阳、钟秀编《中国神话》（中），北京：商务印书馆 2008 年版，第 834 页。

※ W1951

海①的产生

【汤普森】A920

实 例

（参见下级母题实例）

W1952

海自然产生

实 例

藏族 天地未形成时，原无一物。后

---

① 海，"海"有时又可称为"洋"、"海洋"，为行文统一，此处一律表述为"海"。

渐出现大海。

【流传】（云南省·迪庆藏族自治州）

【出处】《大地及人类由来》，原载迪庆藏族自治州文联编《藏族民间故事》（原名《大地和人类的由来》），见袁珂《中国神话大词典》，北京：华夏出版社 2015 年版，第 407 页。

W1952.1
海从地上的洞中出来

【汤普森】A924.4

实 例

（参见下级母题实例）

W1952.1.1
海水地上的无底洞涌出

实 例

柯尔克孜族 海水是从黑色的无底洞和无边无垠的深渊中涌现出来的。

【流传】（无考）

【出处】《野鸭鲁弗尔》，见满都呼主编《中国阿尔泰语系诸民族神话故事》，北京：民族出版社 1997 年版，第 79 页。

W1952.2
雨水形成海

实 例

阿昌族 暴雨降落到大地上，大地又变成了一片汪洋。

【流传】（a）云南省·（德宏傣族景颇族自治州）·梁河县

【出处】

（a）赵安贤讲，杨叶生、智克采录：《遮帕麻与遮米麻》，见中国民间文学集成全国编辑委员会编《中国民间故事集成》（云南卷），北京：中国 ISBN 中心 2003 年版，第 69 页。

（b）赵安贤讲，舟叶生译，智克整理：《遮帕麻与遮米麻》，见谷德明编《中国少数民族神话》，北京：中国民间文艺出版社 1987 年版，第 490 页。

（c）同（b），见陶立璠、赵桂芳等编《中国少数民族神话汇编》（开天辟地篇等），中央民族学院少数民族古籍整理出版规划领导小组办公室印（未署出版时间），第 330 页。

蒙古族 雨水永注，形成无边之大海。

【流传】（无考）

【出处】

（a）《外相世界由三坛而定》，见萨囊彻辰著，道润梯步译校《蒙古源流》，呼和浩特：内蒙古人民出版社 1981 年版。

（b）《外相世界由三坛而定》，见满都呼主编《中国阿尔泰语系诸民族神话故事》，北京：民族出版社 1997 年版，第 146 页。

W1952.3
洪水形成海

实 例

（参见下级母题实例）

W1952.3.1
洪水使地球变成海洋

实例

羌族 很早以前,洪水滔天后,整个地球都变成了汪洋大海。

【流传】四川省·（阿坝藏族羌族自治州）·松潘县·小姓乡

【出处】林波讲,王康、吴文光、龚剑雄采录,王康整理:《山是咋个来的》,原载西南民族学院图书馆与西南民族学院《羌族文学简史》编写组1987年合编《羌族民间文学资料集》（一）,见姚宝瑄主编《中国各民族神话》（羌族、彝族）,太原:山西出版传媒集团·书海出版社2014年版,第14页。

W1952.3.2
洪水聚集形成海

实例

哈尼族 四处洪水汇聚在一起,形成大海无边无际。

【流传】云南省·（玉溪市）·元江县（元江哈尼族彝族傣族自治县）·羊街乡、那诺乡及因远镇清水河流域一带

【出处】《修天补地歌》,见元江县哈尼文化学会、元江县史志编纂办公室编《元江哈尼族古歌集》,内部编印,2005年,第25页。

W1953
海是造出来的

实例

（参见下级母题实例）

W1953.1
天神造海

实例

哈尼族 天神造了高山大海。

【流传】云南省·（红河哈尼族彝族自治州·元阳县·攀枝花乡·硐蒲寨）

【出处】朱小和讲,史军超搜集整理:《永生不死的姑娘》,原载《哈尼族神话传说集成》,见陶阳、钟秀编《中国神话》（下）,北京:商务印书馆2008年版,第1095~1099页。

W1953.1.1
天神撒泥治水没撒到的地方变成海

实例

羌族 天神为镇住洪水向地上撒金子、石头、泥巴的时候,没有撒到的地方就成了海。

【流传】四川省·（阿坝藏族羌族自治州）·松潘县·小姓乡

【出处】林波讲,西南民族学院中文系采风队采录者:《山是咋个来的》,见中国民间文学集成全国编辑委员会编《中国民间故事集成》（四川卷·

下），北京：中国 ISBN 中心 1998 年版，第 1109 页。

W1953.1.2
天神用虎肚造海

实 例

彝族 格兹天神让 5 个儿子捉住老虎并杀掉，分虎肉时，格兹天神吩咐："虎的肚子不要分，虎肚做成茫茫的大海。"

【流传】（云南省·楚雄彝族自治州·姚安县·官屯乡·马游村，大姚县·昙华乡等）

【出处】

（a）郭天元（马游村）、李申呼颇（昙华乡）、李福玉颇（苴）演唱，郭思九、许明学、龚维顺、张宝省、陈志群、胡炳文等搜集，刘德虎、龚维顺、陈志群、李树荣、郭天元等整理：《梅葛》（第一部"创世"），见云南省民族民间文学楚雄调查队《梅葛》（1959），昆明：云南人民出版社 2009 年版。

（b）《打虎开天辟地》，蔷紫据云南省民族民间文学楚雄调查队著《梅葛》（云南人民出版社 2009 年版）改写，见姚宝瑄主编《中国各民族神话》（羌族、彝族），太原：山西出版传媒集团·书海出版社 2014 年版，第 195 页。

W1953.2
地神造海

【关联】［W1915.1.1.1］地神造河

实 例

汉族 地神挖过的地方，深的变成了海。

【流传】浙江省·（杭州市）·临安县（临安市）·高桥镇（玲珑街道）·祥里村

【出处】陈光林讲，张涛采录：《山与海是怎样来的》，见中国民间文学集成全国编辑委员会编《中国民间故事集成》（浙江卷），北京：中国 ISBN 中心 1997 年版，第 21 页。

W1953.3
女神造海

实 例

彝族 造人之神的女儿涅滨矮美丽又聪明，本领大无边。她很快就造了洪波万顷的大海。

【流传】（云南省·楚雄彝族自治州·双柏县，红河哈尼族彝族自治州等地）

【出处】

（a）云南省民族民间文学楚雄、红河调查队搜集，郭思九、陶学良整理：《查姆》，昆明：云南人民出版社 1981 年版。

（b）郭思九、陶学良整理，古梅改写：《彝家的古根》，选自《云南民族文学资料》第七集中的《查姆》上部前三章，

W1953.3.1
地母造海

实 例

汉族 为解决天小地大,东部被地母推出一片丘陵,下陷的地方积着水,就成了大海。

【流传】浙江省·(温州市)·苍南县·南宋乡

【出处】林道进讲,林子周采录:《天公地母开天地》,见中国民间文学集成全国编辑委员会编《中国民间故事集成》(浙江卷),北京:中国ISBN中心1997年版,第19页。

W1953.3.2
女始祖造海

实 例

(实例待考)

W1953.4
巨人开辟海

实 例

水族 (实例待考)

W1953.5
仙人踏出海

实 例

水族 恩公(水语为"拱恩",踩踏大地的仙人,为父系之祖)用他那巨大的脚掌踩踏地面。大地就慢慢陷下去,这变成了后来的海洋。

【流传】贵州省·(黔南布依族苗族自治州)·三都县(三都水族自治县)

【出处】刘恒虽讲,潘朝霖采录:《恩公开辟大地》,见中国民间文学集成全国编辑委员会编《中国民间故事集成》(贵州卷),北京:中国ISBN中心2003年版,第8页。

W1953.6
特定的人造海

实 例

(参见下级母题实例)

W1953.6.1
九官牵龙造海

实 例

毛南族 九官(人名)学会法术后,能牵龙造大海。

【流传】(广西壮族自治区·河池市)·环江毛南族自治县

【出处】

(a)蒙国荣整理:《九官》,见《中国各民族宗教与神话大词典》,北京:学苑出版社1990年版。

(b)同(a),见姚宝瑄主编《中国各民族神话》(土家族、毛南族、侗族、瑶族),太原:山西出版传媒集团·书海出版社2014年版,第67页。

W1953.6.2
天王造的人造海
实例

汉族 二白（天王造的人）用聚水瓶向大地上倒水，倒得多的地方成了海。

【流传】云南省·（大理白族自治州）·鹤庆县

【出处】杨五一、李鸿钧讲：《地母三姑造万物》，见中国民间文学集成全国编辑委员会编《中国民间故事集成》（云南卷），北京：中国ISBN中心2003年版，第113页。

W1953.7
龙造海
实例

（参见下级母题实例）

W1953.7.1
金龙造海
实例

毛南族 格射日后，让金龙造出了海。

【流传】广西壮族自治区·（河池市）·环江（环江毛南族自治县）

【出处】谭履宜讲，谭金田整理：《格射日月》，见中华民族故事大系编委会编《中华民族故事大系》第12卷（布朗族、撒拉族、毛南族），上海：上海文艺出版社1995年版，第486页。

毛南族 三九（人名，会巫术）令南海十二金龙悉于三更后鸡鸣前赶来造海。

【流传】（无考）

【出处】袁珂改编：《覃三九》（原名《三九的传说》），原载袁凤辰等编《毛南族民间故事集》，见袁珂《中国神话大词典》，北京：华夏出版社2015年版，第571页。

W1953.7.2
龙神造海
【关联】[W1979.3.9.1.1] 龙神造龙溪

实例

藏族 下界的龙神造出了海洋。

【流传】云南省·迪庆（迪庆藏族自治州）

【出处】才旦旺堆搜集，蔷紫整理《神蛋创世纪》，见姚宝瑄主编《中国各民族神话》（门巴族、珞巴族、怒族、藏族），太原：山西出版传媒集团·书海出版社2014年版，第75页。

W1953.8
搬山造海
【关联】
① [W1264.1.1.1] 男神搬山造田
② [W9007.2] 赶山填海

实例

（参见下级母题实例）

W1953.8.1
众人搬山造海

实例

壮族 大家觉得山区缺盐，盐是用海水制的，大家就想搬山造海。

【流传】广西壮族自治区·（河池市）·南丹（南丹县）·河池（已撤销，今属河池市）、宜山（宜州市），（柳州市）·柳城（柳城县）等地

【出处】蓝鸿恩搜集整理：《莫一大王的故事》，见姚宝瑄主编《中国各民族神话》（仫佬族、壮族、京族），太原：山西出版传媒集团·书海出版社2014年版，第178页。

W1953.8.2
螃蟹搬山造海

实例

白族 螃蟹大王听信了大黑龙的蛊惑，乐滋滋地答应了一同去搬山筑海。

【流传】云南省·（大理白族自治州）·宾川县、大理市

【出处】李朝讲，王艳钧记录：《灰龙、金鸡治黑龙》（1981.07），见姚宝瑄主编《中国各民族神话》（白族、拉祜族、景颇族），太原：山西出版传媒集团·书海出版社2014年版，第72页。

W1953.9
挖地成海

【关联】［W1946.4.1］神挖地浅的地方形成湖

实例

汉族 北京什刹海，北京人又谓之十窖海。传云，因沈万三曾于此挖银十窖而成海也。

【流传】（无考）

【出处】《什刹海》，原载《中国地方风物传说选》，见袁珂《中国神话大词典》，北京：华夏出版社2015年版，第377页。

W1953.10
与造海有关的其他母题

实例

（参见下级母题实例）

W1953.10.1
神破冰造海

实例

侗族 马王（治地的神王）挥起神锄修地，先要破了冰，神锄落在冰上响叮当，三回就造好了一个湖，六回就造好一个海。

【流传】广西壮族自治区·（柳州市）·三江（三江侗族自治县），（桂林市）·龙胜（龙胜各族自治县）

【出处】杨卜林喜、杨卜松林、杨明世讲，杨国仁、涛声搜集整理，蔷紫改写：《创世女神萨天巴》，原文为过伟改写自侗族创世史诗《嘎茫莽道时嘉——远祖歌》（未出版稿），见姚宝瑄主编《中国各民族神话》（土家族、毛南族、侗族、瑶族），太原：山西出版传媒集团·书海出版社2014年版，第82页。

W1953.10.2
在地脚旁造海

【关联】［W1946.6.3］在地中央造湖

实例

侗族 马王（神名）造的四海，就造在地脚旁。

【流传】广西壮族自治区·（柳州市）·三江（三江侗族自治县），（桂林市）·龙胜（龙胜各族自治县）

【出处】杨卜林喜、杨卜松林、杨明世讲，杨国仁、涛声搜集整理，蔷紫改写：《创世女神萨天巴》，原文为过伟改写自侗族创世史诗《嘎茫莽道时嘉——远祖歌》（未出版稿），见姚宝瑄主编《中国各民族神话》（土家族、毛南族、侗族、瑶族），太原：山西出版传媒集团·书海出版社2014年版，第85页。

W1954
海是生育产生的

实例

（参见下级母题实例）

W1954.1
海是天地之子

【汤普森】A921

实例

（实例待考）

W1955
海是变化产生的

实例

（参见下级母题实例）

W1955.1
卵化生海

实例

（参见下级母题实例）

W1955.1.1
鸟蛋变成海

实例

（参见下级母题实例）

W1955.1.1.1
鹏鸟的蛋变成海

实例

藏族 娑罗树之顶形成四个鹏鸟蛋，其中绿色璁玉蛋往下滚，滚到底下成了海。

【流传】西藏自治区·林芝地区·波密县

【出处】《四个鹏鸟蛋》，见中国民间文学集成全国编辑委员会、中国歌谣集成西藏卷编辑委员会编《中国歌谣集·西藏卷》，中国 ISBN 中心 1995，第 74 页。

W1955.2
蛋的特定部分变成海

实例

（参见下级母题实例）

W1955.2.1
宇宙卵的蛋白变成海

实例

藏族 元始之初自然形成一只大蛋，蛋白化为白螺色大海。

【流传】（无考）

【出处】贡乔泽登整理：《始祖神话》，见 BBS 水木清华站：http://www.smth.edu.cn，2006.07.20。

W1955.2.2
鸡蛋的蛋白变成海

实例

苗族 盘瓠王把大鸡蛋踢破了，蛋清变成了大海。

【流传】四川省·（宜宾市）·筠连县

【出处】熊凤祥讲，刘宇仁采录：《盘瓠王造天地》，见中国民间文学集成全国编辑委员会编《中国民间故事集成》（四川卷·下），北京：中国ISBN 中心 1998 年版，第 1315 页。

苗族 孕育在鸡卵状之物中的盘瓠王见上下四方俱黑，生气地挥拳踢足。巨卵破裂。卵白为大海。

【流传】（无考）

【出处】《盘瓠王造天地》，原载《三套集成四川宜宾地区卷·苗族民间故事分册》，见袁珂《中国神话大词典》，北京：华夏出版社 2015 年版，第 425 页。

W1955.3
尸体化生为海（肢体变成海）

实例

（参见下级母题实例）

W1955.3.0
特定人物变成海

实例

（参见下级母题实例）

W1955.3.0.1
盘古死后身体变成海

实例

汉族 盘古之君，死后骨节为山林，体为江海。

【流传】（无考）

【出处】《五运历年记》，［明］董斯张《广博物志》卷九引。

W1955.3.1
肠子变成海

实例

（实例待考）

W1955.3.1.1
盘古死后大肠变成海

实 例

汉族

(参见 W1931.1.1.2a 母题实例)

W1955.3.2
肺变成海

实 例

(参见下级母题实例)

W1955.3.2.1
盘古死后肺变成海

实 例

白族 盘古死后，观音的手指到哪里，他就变到哪里，他的肺变成了大海。

【流传】

(a) 云南省·（大理白族自治州）·大理（大理市）、洱源县等地

(b) 云南省·（大理白族自治州）·洱源县

(c) 云南省·（大理白族自治州）·大理（大理市）、洱源（洱源县）、剑川（剑川县）

【出处】

(a) 杨国政讲，杨亮才采录：《开天辟地》，见中国民间文学集成全国编辑委员会编《中国民间故事集成》（云南卷），北京：中国ISBN中心2003年版，第9页。

(b) 同 (a)，见谷德明编《中国少数民族神话》，北京：中国民间文艺出版社1987年版，第293页。

(c) 同 (a)，见中华民族故事大系编委会编《中华民族故事大系》第5卷（瑶族、白族、土家族），上海：上海文艺出版社1995年版，第319~320页。

白族 盘古死时，肺变成了大海。

【流传】云南省·（大理白族自治州）·大理（大理市）、洱源（洱源县）、剑川（剑川县）等地

【出处】杨国政讲，杨亮才记录整理：《开天辟地》，原载《云南民间故事选》（不详），见姚宝瑄主编《中国各民族神话》（白族、拉祜族、景颇族），太原：山西出版传媒集团·书海出版社2014年版，第6页。

W1955.3.3
胃变成海

实 例

(参见下级母题实例)

W1955.3.3.1
神的胃化生海

实 例

彝族

(参见 W1904.1.1.1 母题实例)

W1955.3.4
心变成海

实 例

(参见下级母题实例)

W1955.3.4.1
马鹿的心变成海

实例

普米族 简锦祖（巨人）杀死了作恶的马鹿，取出马鹿心，鹿心变成无边无际的大海。

【流传】云南省·（怒江傈僳族自治州）·兰坪县（兰坪白族普米族自治县），（丽江市）·宁蒗县（宁蒗彝族自治县）

【出处】王震亚采录：《简锦祖杀马鹿》，见中国民间文学集成全国编辑委员会编《中国民间故事集成》（云南卷），北京：中国 ISBN 中心 2003 年版，第 386 页。

W1955.3.5
虎肚变成海

实例

彝族 天神的儿女造天地后，天上和地上什么也没有。于是他们捉住老虎，用虎肚作大海。

【流传】云南省·楚雄彝族自治州·姚安县、大姚县等彝族地区

【出处】《创世·开天辟地》，见云南省民族民间文学楚雄调查队整理编写《梅葛》，昆明：云南人民出版社 2009 年版，第 14 页。

W1955.3.6
盘古的腹部变成海

实例

白族 盘古氏的肠化江河，腹化海洋。

【流传】（无考）

【出处】《开天辟地》，原载谷德明编《中国少数民族神话》，见袁珂《中国神话大词典》，北京：华夏出版社 2015 年版，第 475 页。

W1955.3.6a
盘古的臂膊变成海

实例

汉族 盘古的四条臂膊化成高山、江海、树木、花草。

【流传】上海市·黄浦区

【出处】曹鸿翔讲，方卡采录：《女娲娘娘造人》，见中国民间文学集成全国编辑委员会编《中国民间故事集成》（上海卷），北京：中国 ISBN 中心 2007 年版，第 4 页。

W1955.3.7
浪荡子死后尸体化为海

实例

汉族 最早的世界一片黑暗。有浪荡子吞露珠而死，尸分为五，因有五形。大地乃有实体，乃有海洋。

【流传】（湖北省·神农架林区）

【出处】张树艺、曹坤良唱：《黑暗传》，原载中国民间文艺研究会湖北分会编《神农架·黑暗传》序言，（多种版本汇编本），见袁珂《中国神话大词典》，北京：华夏出版社 2015 年版，第 393 页。

W1955.3.8
蛇的尸体腐烂变成海

【汤普森】A924.2

实 例

（实例待考）

W1955.4
海是某物的化身

【汤普森】Z118

实 例

汉族

（参见 W1955.3.7 母题实例）

W1955.5
雾气变成海

实 例

哈尼族 最早时，雾无声无息地翻腾了不知多少年代，变成极目无际的汪洋大海。

【流传】云南省

【出处】

（a）朱小和讲，芦朝贵等整理：《天、地、人的传说》，载《山茶》1983年第4期。

（b）同（a），见谷德明编《中国少数民族神话》，北京：中国民间文艺出版社1987年版，第313页。

（c）朱小和讲，芦朝贵等整理：《天、地、人的传说》，见陶立璠、赵桂芳等编《中国少数民族神话汇编》（开天辟地篇等），中央民族学院少数民族古籍整理出版规划领导小组办公室印（未署出版时间），第261页。

哈尼族 最早的世界是混沌的雾。雾无声无息地翻腾了不知多少年，变成了极目无际的汪洋大海。

【流传】云南省·（红河哈尼族彝族自治州）·元阳县

【出处】

（a）朱小和讲，芦朝贵等整理：《天、地、人的传说》，载《山茶》1983年第4期。

（b）朱小和讲，芦朝贵、杨笛搜集整理：《大鱼脊背甩出的世界》，原载《山茶》1983年第4期（王松将原题目《天、地、人的传说》改为此题目），见姚宝瑄主编《中国各民族神话》（哈尼族、傣族），太原：山西出版传媒集团·书海出版社2014年版，第26页。

哈尼族 最早的世界是混沌之雾。雾翻腾不知若干年，始变为极目无际之汪洋大海。

【流传】（无考）

【出处】《大鱼开辟天地》（原名《天、地、人的传说》），原载谷德明编《中国少数民族神话》，见袁珂《中国神话大词典》，北京：华夏出版社2015年版，第489页。

W1955.5.1
云雾水气变成海

【关联】[W1890.8] 云雾变成水

实 例

哈尼族 远古时候，世界只有云雾水气。不知过了多少年，那茫茫的云和雾、水和气，变成了一个无边无际的汪洋大海。

【流传】云南省·（西双版纳傣族自治州）·勐海县

【出处】朗特讲，古梅搜集整理：《天怀孕，地怀孕》，见姚宝瑄主编《中国各民族神话》（哈尼族、傣族），太原：山西出版传媒集团·书海出版社2014年版，第15页。

W1955.5.2
雾神哈出的雾气变成海

实 例

汉族 雾神吃气体，哈出雾气，成了汪洋大海。

【流传】湖北省·神农架林区·盘水乡（松柏镇）·盘水村

【出处】贺久恒讲，胡崇峻采录：《盘古杀雾神》，见中国民间文学集成全国编辑委员会编《中国民间故事集成》（湖北卷），北京：中国ISBN中心1999年版，第4页。

W1955.6
白露变成海

实 例

纳西族 白露发生变化，生出美丽达金大海。

【流传】云南省·（迪庆藏族自治州）·中甸县（香格里拉县）·三坝乡（三坝纳西族乡）·白地（白地村）一带

【出处】和牛恒（东巴）读经，和志武翻译整理：《东埃术埃》（1962），见吕大吉、何耀华总主编《中国各民族原始宗教资料集成》（纳西族卷、羌族卷、独龙族卷、傈僳族卷、怒族卷），北京：中国社会科学出版社2000年版，第350页。

W1955.6.1
3滴白露变化成3个大海

实 例

纳西族 三朵白云酿出三滴白露，一滴白露化成米丽达吉神海。

【流传】（a）云南省·丽江县（丽江市）

【出处】

(a) 和正才等讲，杨世光采录，李即善翻译：《东术争战记》，见中国民间文学集成全国编辑委员会编《中国民间故事集成》（云南卷），北京：中国ISBN中心2003年版，第378页。

(b) 李即善翻译，杨世光整理：《东术争战记》，见谷德明编《中国少数民族神话》，北京：中国民间文艺出版社1987年版，第435页。

纳西族 声与气相结合，生出三滴白露。三滴白露变成三片大海。

【流传】（无考）

1.8.2 江河湖海

【出处】

(a) 和志武翻译整理：《人类迁徙记》，见陶立璠、李耀宗编《中国少数民族神话传说选》，成都：四川民族出版社 1985 年版。

(b) 同（a），见姚宝瑄主编《中国各民族神话》（佤族、阿昌族、纳西族、普米族、德昂族），太原：山西出版传媒集团·书海出版社 2014 年版，第 165 页。

纳西族 最早好气象，上面出响声，下面出气息；声气相变化，出三滴白露；白露做变化，出三个大海。

【流传】（云南省）

【出处】和芳、和志新编译：《崇邦统——人类迁徙记》，见姚宝瑄主编《中国各民族神话》（佤族、阿昌族、纳西族、普米族、德昂族），太原：山西出版传媒集团·书海出版社 2014 年版，第 142 页。

纳西族 声音与气息化生露。三滴白露变成三片大海。

【流传】（云南省·丽江市）

【出处】和志武翻译整理：《人类迁徙记》，原载中共丽江地委宣传部编《纳西族民间故事选》，见陶阳、钟秀编《中国神话》（中），北京：商务印书馆 2008 年版，第 856～876 页。

纳西族 最早好气象，上面出响声，下面出气息；声气相变化，出三滴白露；白露做变化，出三个大海。

【流传】云南省·丽江（丽江市）

【出处】和芳（东巴）读经，和志武翻译整理：《崇邦统》（人类迁徙记）（1954），见吕大吉、何耀华总主编《中国各民族原始宗教资料集成》（纳西族卷、羌族卷、独龙族卷、傈僳族卷、怒族卷），北京：中国社会科学出版社 2000 年版，第 322 页。

W1955.6.2

天地之气生的白露凝为海

实 例

纳西族 天地分开之后，天气与地气交合而生白露，白露凝为大海。

【流传】（无考）

【出处】《人祖利恩》，见姚宝瑄主编《中国各民族神话》（佤族、阿昌族、纳西族、普米族、德昂族），太原：山西出版传媒集团·书海出版社 2014 年版，第 174 页。

W1955.6.3

白云酿出的白露变成海

实 例

纳西族 三朵白云又酿出三滴白露，一滴白露化成米丽达吉神海。

【流传】云南省·丽江地区（丽江市）

【出处】李即善翻译，杨世光整理：《东术争战记》，原载中共丽江地委宣传部编《纳西族民间故事选》，见陶阳、钟秀编《中国神话》（中），北京：商务印书馆 2008 年版，第 726～735 页。

W1955.6.4
声音和气息婚生的白露变成海

实例

纳西族 声音和气息结合生白露，白露变大海。

【流传】（无考）

【出处】和志武整理：《人类迁徙记》，见刘江华编：《中国神话故事》（天、地、人物卷），北京：中国世界语出版社1999年版，第143~159页。

W1955.6.5
雾露滚动形成海

实例

哈尼族 最早的世界是雾露。雾露像牛打滚一样翻过来滚过去，不知翻了多少年，慢慢的在下面变出一片望不见边的大海。

【流传】云南省·（红河哈尼族彝族自治州）·元阳县、金平县（金平苗族瑶族傣族自治县）、红河县等地

【出处】朱小和讲，史军超、卢朝贵搜集整理：《烟本霍本》，原载刘辉豪、阿罗编《哈尼族民间故事选》，上海文艺出版社1989年版，见姚宝瑄主编《中国各民族神话》（哈尼族、傣族），太原：山西出版传媒集团·书海出版社2014年版，第32~33页。

W1955.7
霜落地上变成海

【关联】[W4539]与霜有关的其他母题

实例

纳西族 繁霜变成大海。

【流传】云南省·（迪庆藏族自治州）·中甸（香格里拉县）

【出处】云南省编辑组编：《云南民族民俗和宗教调查》，昆明：云南民族出版社1985年版，第256页。

W1955.7.1
天上下的霜变成海

实例

纳西族 天上下的霜，在地上变成海。

【流传】云南省·（迪庆藏族自治州）·中甸（香格里拉县）·三坝（三坝纳西族乡）

【出处】刘毓庆：《"女娲补天"与生殖崇拜》，载《文艺研究》1998年第6期。

纳西族 人类产生之前，首先出现了天和地。天上下了霜，地上变成了海。

【流传】云南省·（迪庆藏族自治州）·中甸县（香格里拉县）·三坝公社（三坝纳西族乡）

【出处】
(a)《石猴生人类》，见雷宏安《云南省中甸县三坝公社纳西族宗教调查》，中国社会科学院世界宗教研究所昆明工作站、云南民族学院民族研究所民

族宗教研究室编印，1986 年。
(b) 同(a)，见姚宝瑄主编《中国各民族神话》（佤族、阿昌族、纳西族、普米族、德昂族），太原：山西出版传媒集团·书海出版社 2014 年版，第 173 页。

W1955.8
血液变成海
【汤普森】A922

实例

（参见下级母题实例）

W1955.8.1
地母流的血变成大海

实例

阿昌族 地母遮米麻脸上流下的鲜血成了大海。

【流传】（a）云南省·（德宏傣族景颇族自治州）·梁河县

【出处】
(a) 赵安贤讲，杨叶生、智克采录：《遮帕麻与遮米麻》，见中国民间文学集成全国编辑委员会编《中国民间故事集成》（云南卷），北京：中国 ISBN 中心 2003 年版，第 69 页。
(b) 赵安贤讲，舟叶生译，智克整理：《遮帕麻与遮米麻》，见谷德明编《中国少数民族神话》，北京：中国民间文艺出版社 1987 年版，第 490 页。
(c) 同(b)，见陶立璠、赵桂芳等编《中国少数民族神话汇编》（开天辟地篇等），中央民族学院少数民族古籍整理出版规划领导小组办公室印（未署出版时间），第 330 页。
(d) 《遮帕麻与遮米麻》，见中国各民族宗教与神话大词典编审委员会编《中国各民族宗教与神话大词典》，北京：学苑出版社 1990 年版，第 3 页。

阿昌族 地母遮米麻造大地后，她脸上流下了鲜血，鲜血流成了大海。

【流传】（云南省）

【出处】赵安贤讲，智克整理：《遮帕麻与遮米麻》，见姚宝瑄主编《中国各民族神话》（佤族、阿昌族、纳西族、普米族、德昂族），太原：山西出版传媒集团·书海出版社 2014 年版，第 76 页。

阿昌族 遮米麻（女始祖、地母）拔下脸上的毛织大地时，脸上流下了鲜血，鲜血流成了大海。

【流传】云南省·（德宏傣族景颇族自治州）·梁河县

【出处】赵安贤讲述，杨叶生翻译，智克整理：《遮帕麻与遮米麻》，载《山茶》1981 年第 2 期。

W1955.8.2
地母流产流出的血水变成海

实例

珞巴族

（参见 W1904.1.2.1.3 母题实例）

W1955.8.3
虎血变成海

【实例】

彝族（罗鲁泼）造天地时，虎血变成了海洋。

【流传】云南省·（楚雄彝族自治州）·永仁县

【出处】

（a）李德宝演唱，李必荣、李荣才搜集，夏光辅、诺海阿苏翻译：《冷斋调》（1984），见云南省社会科学院楚雄彝族文化研究所编《彝族民间文学》第2辑，1985年。

（b）夏光辅、诺海阿苏翻译，古梅改写：《冷斋调》，见姚宝瑄主编《中国各民族神话》（羌族、彝族），太原：山西出版传媒集团·书海出版社2014年版，第115页。

W1955.8.4
人的血浆变成大海

【实例】

汉族 共工在天上战祝融时，天幕上闪开一个大裂缝，祝融摔在地上，变成一摊肉泥。地上的人，被砸死一大片。殷红殷红的血浆，汇成苍茫大海。

【流传】河南省·（开封市）·杞县

【出处】尹守礼（农民）讲，王怀聚采录整理：《杞人忧天（一）》，见张振犁编著《中原神话通鉴》（第一卷），郑州：河南大学出版社2017年版，第158页。

W1955.9
汗水变成海

【关联】

① ［W1928.1］汗水变成江河
② ［W1948.6a］汗水变成湖

【实例】

（参见下级母题实例）

W1955.9.1
神的汗水变海

【实例】

佤族 达能（人神）滴出的汗水会变成汪洋大海。

【流传】云南省·（普洱市）·西盟县（西盟佤族自治县）

【出处】达老屈等讲，隋嘎等采录：《司岗里》，见中国民间文学集成全国编辑委员会编《中国民间故事集成》（云南卷），北京：中国ISBN中心2003年版，第96页。

W1955.9.2
神把汗水变成海

【实例】

傣族 大神英叭向他的汗水念咒语后，地球上便出现了大海。

【流传】云南省·西双版纳傣族地区（西双版纳傣族自治州）

【出处】《巴塔麻嘎捧尚罗》，王松据岩温炳翻译《巴塔麻晏》（开天辟地）改写，见姚宝瑄主编《中国各民族神话》（哈尼族、傣族），太原：山西出版传媒集团·书海出版社2014年版，第281页。

W1955.9.3
创世者的汗水变成海

【汤普森】A923

实例

（实例待考）

W1955.10
泪水变成海

【关联】［W1977.1.1］泪水形成潭

实例

（参见下级母题实例）

W1955.10.1
盘古的泪水变成海

实例

汉族 盘古的泪水像下暴雨，从石缝里流出来聚在一处，形成了海洋。

【流传】陕西省·宝鸡县（宝鸡市）·（渭滨区）·马营镇·永清村

【出处】张世爱讲，李淳采录：《开天辟地》，见中国民间文学集成全国编辑委员会编《中国民间故事集成》（陕西卷），北京：中国 ISBN 中心1996年版，第4页。

汉族 盘古哭出的泪水汇成江河。

【流传】陕西省·（咸阳市）·三原县·独李乡

【出处】杜春梅讲，宋克明采录：《开天辟地》，见中国民间文学集成全国编辑委员会编《中国民间故事集成》（陕西卷），北京：中国 ISBN 中心1996年版，第4页。

W1955.10.2
人的泪水聚成海

实例

德昂族 地上最早出现的51对男女的泪水越流越多，聚成了大海。

【流传】云南省·德宏州（德宏傣族景颇族自治州）

【出处】
（a）陈志鹏搜集整理：《祖先创世纪》，见李子贤编《云南少数民族神话选》，昆明：云南人民出版社1990年版。
（b）同（a），见姚宝瑄主编《中国各民族神话》（佤族、阿昌族、纳西族、普米族、德昂族），太原：山西出版传媒集团·书海出版社2014年版，第394页。

W1955.11
圣水变成海

【关联】［W1897.1.6］圣水

实例

（参见下级母题实例）

W1955.11.1
天神洒的圣水变成海

实例

珞巴族 天神古如仁布钦看到人间全是火，就洒了一些圣水，圣水变成了大海。

【流传】西藏自治区·（林芝地区）·墨脱县

【出处】宾珠讲，于乃昌等整理：《人的诞生》，见《珞巴族民间故事》：http://www.tibet-web.com/old/minjian/ync/gushi/mulu.htm，2003.10.02。

W1955.12
尿变成海

【汤普森】A923.1

实例

珞巴族

（参见 W1929.2.1.2 母题实例）

W1955.13
植物的液汁变成海

实例

（参见下级母题实例）

W1955.13.1
桃子烂后的水变海

实例

苗族

（参见 W1930.1 母题实例）

W1955.14
排泄物变成海

实例

（参见下级母题实例）

W1955.14.1
女神的尿变成海

实例

汉族 江沽（又称江姑，女性神性人物）出世吸气屙水，屙一点积一点，慢慢积水成了汪洋大海。

【流传】湖北省·神农架林区·松柏镇·堂房村

【出处】曹良坤讲，胡崇峻采录：《江沽养天育地》，见中国民间文学集成全国编辑委员会编《中国民间故事集成》（湖北卷），北京：中国ISBN中心1999年版，第3页。

W1955.15
凹陷的地方变成海

实例

（参见下级母题实例）

W1955.15.1
盘古的眼窝变成海洋

实例

汉族 盘古的眼窝变成了大海洋。

【流传】山东省·（济宁市）·梁山县·（韩垓镇）·开河东村

【出处】刘建山讲，樊兆阳采录：《盘古开天地》，见中国民间文学集成全国编辑委员会编《中国民间故事集成》（山东卷），北京：中国 ISBN 中心 2007 年版，第 3 页。

W1955.15.2
天上坠物砸出海洋

【关联】
① ［W1499.3］天上落石头
② ［W1979.1.3］天上坠物砸出的凹陷成为沼泽

实 例

畲族 洪水漫天时，盘石郎（人名）乘着石船上天斗雷神，洪水突然退了，石船一下跌进地心里，把地面砸了个大深坑，这就是今天的大海洋。

【流传】（无考）

【出处】
（a）兰石女、钟伟琪、项次欣讲，唐宗龙记录：《桐油火和天洪》，见陶立璠、李耀宗编《中国少数民族神话传说选》，成都：四川民族出版社 1985 年版。
（b）同（a），见姚宝瑄主编《中国各民族神话》（高山族、黎族、畲族），太原：山西出版传媒集团·书海出版社 2014 年版，第 101 页。

W1955.15.3
缩地时凹陷的地方变成海

实 例

畲族 女人把地造大了。她们缩地时，有的地方凸起来，有的地方凹下去。凸起来的地方变成了山川。凹下去的地方变成了湖海。

【流传】福建省·（宁德市）·福安（福安市）

【出处】钟瑞珠讲，郑万生采录：《男造天，女造地》，原载《中国少数民族民间文学丛书·畲族民间故事选》，上海：上海文艺出版社 1993 年版，见《福建省少数民族古籍丛书》编委会编《畲族卷·民间故事》，福州：海峡出版发行集团·海峡书局 2013 年版，第 2 页。

W1955.16
冰川变成海

实 例

（参见下级母题实例）

W1955.16.1
暖神把冰川化成海

实 例

蒙古族 暖神老人用了八天八夜把冰川大地化成了汪洋大海。

【流传】（无考）

【出处】却拉布吉译：《冬天和夏天》，见谷德明编《中国少数民族神话》，北京：中国民间文艺出版社 1987 年版，第 40~42 页。

蒙古族 暖神老人亦于八日八夜中将冰川大地化为汪洋大海。

【流传】（无考）

【出处】＊《寒神与暖神》，原载谷德

明编《中国少数民族神话》（原名《冬天和夏天》），见袁珂《中国神话大词典》，北京：华夏出版社2015年版，第403页。

W1955.17
与变化产生海有关的其他母题

实例

（参见下级母题实例）

W1955.17.1
使用法术变出海

【关联】[W9155] 通过巫术造物

实例

（参见下级母题实例）

W1955.17.1.1
观音用法术把牛肚子变成海

实例

彝族　观音杀牛造出天地日月后，又使出法术，把牛的肚子变成大海。

【流传】云南省·楚雄彝族自治州

【出处】罗文荣演唱，李世忠翻译，蔷紫改写：《老人梅葛》，见姚宝瑄主编《中国各民族神话》（羌族、彝族），太原：山西出版传媒集团·书海出版社2014年版，第124页。

W1955.17.1.2
河变成海

实例

满族　在很古老的年月，富察哈拉祖先居住的虎尔罕毕拉（毕拉：小河）突然变成了虎尔罕海。

【流传】黑龙江省·牡丹江地区（牡丹江市）

【出处】《柳叶繁衍人类》（四），选自富育光翻译：《富察哈拉神谕》，见吕大吉、何耀华总主编《中国各民族原始宗教资料集成》（鄂伦春族卷、鄂温克族卷、赫哲族卷、达斡尔族卷、锡伯族卷、满族卷、蒙古族卷、藏族卷），北京：中国社会科学出版社1999年版，第486页。

W1956
海的其他产生方式

【汤普森】A924

实例

（参见下级母题实例）

W1956.1
堵河成海

实例

（参见下级母题实例）

W1956.1.1
河流被阻变成海

【关联】[W8183] 堵塞引发洪水

实例

（参见下级母题实例）

W1956.1.1.1
蛟龙堵河变成海

实例

汉族 蛟龙把三峡的河道堵住了，汇成了海洋。

【流传】（无考）

【出处】《神女峰》，见《中国地方风物传说》（一），北京：中国民间文艺出版社1982年版，第266页。

W1956.1.1.2
恶龙堵河变成海

实例

汉族 十二条孽龙的尸骨横七竖八地落在了巫山，变成了奇形怪状的山峰，堵住了江水，水流不出去，成了汪洋大海。

【流传】四川省

【出处】朱奉天讲，唐探峰采录：《神女瑶姬的传说》，见陶阳、钟秀编《中国神话》（上），北京：商务印书馆2008年版，第438~441页。

W1956.1.2
河被堵涨水成海

实例

高山族 很早以前，有条神奇的巨鳗横卧在河流的中央，流水被巨鳗的身子挡住后，水一丈一丈地上涨，河流淹漫成了大海。

【流传】（无考）

【出处】《巨鳗化山林》，见姚宝瑄主编《中国各民族神话》（高山族、黎族、畲族），太原：山西出版传媒集团·书海出版社2014年版，第27页。

W1956.2
天河水形成海

【关联】［W1897.14.1］水储存在天河中

实例

汉族 支撑大地的鳌鱼翻身，造成天地相撞，使天上裂开一条大缝，天河里的水流到人间。最后流到了大地东南凹下去的地方，就变成了东洋大海。

【流传】江苏省·（淮安市）·涟水县·南集乡·禹庄村

【出处】徐学尧讲，徐省生搜集整理：《世界的由来》（1983），见姚宝瑄主编《中国各民族神话》（汉族），太原：山西出版传媒集团·书海出版社2014年版，第24~28页。

W1956.2.1
天河漏水形成海

实例

汉族 天塌了一个大豁口，天河里的水就顺着豁口冲了下来，地上成了一片汪洋大海。

【流传】江苏省·宿迁市

【出处】刘汉飞讲，刘汉飞记录：《女娲

哭天》（1986.10.22），见姚宝瑄主编《中国各民族神话》（汉族），太原：山西出版传媒集团·书海出版社2014年版，第61~62页。

汉族 天河出现一个大窟窿，河水涌了出来，冲垮天下无数地方，东边冲出一个大海。

【流传】浙江省·（温州市）·永嘉县·瓯北各地

【出处】金学益讲，金崇柳记录整理：《参商二星》（1985.05），见姚宝瑄主编《中国各民族神话》（汉族），太原：山西出版传媒集团·书海出版社2014年版，第305页。

W1957

与海的产生有关的其他母题

【关联】
① [W1964.8] 海浪的产生（波浪的产生）
② [W1964.9] 海浪的声音（涛声）

实例

（参见下级母题实例）

W1957.1

洪水使陆地变成海

【关联】[W8540] 洪水的结果

实例

朝鲜族 远古的时候发了一场大水，陆地变成海。

【流传】（无考）

【出处】*《洪水神话》，见金东勋《朝鲜族的神话传说》，http://www.chinactwh.com，2003.09.02。

羌族 洪水后，沟洼处成了海。

【流传】四川省·（阿坝藏族羌族自治州）·汶川县·威州乡（威州镇）·牛老寨

【出处】倪明富讲，周辉枝采录：《太阳和月亮》，见中国民间文学集成全国编辑委员会编《中国民间故事集成》（四川卷·下），北京：中国ISBN中心1998年版，第1109页。

W1957.1.1

洪水汇聚形成海

实例

壮族 洪水自由地流，最后汇集到一处，形成大海。

【流传】（无考）

【出处】《盘和古》，原载陶立璠、李耀宗编《中国少数民族神话传说选》，四川民族出版社1985年版，见姚宝瑄主编《中国各民族神话》（仫佬族、壮族、京族），太原：山西出版传媒集团·书海出版社2014年版，第133页。

W1957.1.2

留下的一些洪水成为海

实例

德昂族 万能之神帕达然留下的一些洪水成为大海。这是他洗澡的地方。

【流传】云南省·德宏州（德宏傣族景

颇族自治州）

【出处】

(a) 陈志鹏搜集整理：《祖先创世纪》，见李子贤编《云南少数民族神话选》，昆明：云南人民出版社1990年版。

(b) 同 (a)，见姚宝瑄主编《中国各民族神话》（佤族、阿昌族、纳西族、普米族、德昂族），太原：山西出版传媒集团·书海出版社2014年版，第396页。

W1957.1.3

抛物治水时没有撒到的地方变成海

【关联】［W4976］水的治理

实 例

羌族 天神撒金子、石头、泥土治洪水的时候，用力不均，其中，没有撒到的地方成了海。

【流传】（无考）

【出处】

(a)《大地生成神话》，见西南民族学院《羌族文学简史》编写组编《羌族民间文学资料集》（一），1987年4月。

(b) 同 (a)，见吕大吉、何耀华总主编《中国各民族原始宗教资料集成》（纳西族卷、羌族卷、独龙族卷、傈僳族卷、怒族卷），北京：中国社会科学出版社2000年版，第579页。

羌族 天神在撒金子、石头、泥巴治洪水时，用力不均，有的地方撒得多，有的地方撒得少，有的地方撒到了，有的地方没有撒到。撒不到那么多的地方就成了海。

【流传】四川省·（阿坝藏族羌族自治州）·松潘县·小姓乡

【出处】林波讲，王康、吴文光、龚剑雄采录，王康整理：《山是咋个来的》，原载西南民族学院图书馆与西南民族学院《羌族文学简史》编写组1987年合编《羌族民间文学资料集》（一），见姚宝瑄主编《中国各民族神话》（羌族、彝族），太原：山西出版传媒集团·书海出版社2014年版，第14页。

W1957.1.4

洪水退后出现海

【关联】［W1950.3.4.1］洪水退去留下山上的海子

实 例

傣族 大神因叭的汗水造成洪水后，他用一水勺把地面的水舀了几瓢倒在天上，水位就降低了，水退后，出现了陆地和海洋。

【流传】（无考）

【出处】《因叭止洪水》，原载毛星主编《中国少数民族文学》，湖南人民出版社1983版，见姚宝瑄主编《中国各民族神话》（哈尼族、傣族），太原：山西出版传媒集团·书海出版社2014年版，第330页。

W1957.2
造地时留下海
实例

（参见下级母题实例）

W1957.2.1
佛祖造地时留下海
实例

汉族 如来佛在手掌里用水、沙土和成泥浆朝洪水上撒，没撒到的地方仍是汪洋大海。

【流传】江苏省·（盐城市）·阜宁县·古河乡（古河镇）·古河村

【出处】张俊之讲，孙友光采录：《绿鸭淘沙造大地》，见中国民间文学集成全国编辑委员会编《中国民间故事集成》（江苏卷），北京：中国ISBN中心1998年版，第13页。

W1957.3
赶水成海
【关联】[W1956.1]堵河成海

实例

（参见下级母题实例）

W1957.3.1
盘古赶江河水形成海
实例

汉族 盘古用留下的两只手臂，把水从江河里赶到平洋里去。现在的海，就是这样来的。

【流传】（无考）

【出处】王阿英讲，蔡斌搜集整理：《盘古开天地》，见姚宝瑄主编《中国各民族神话》（汉族），太原：山西出版传媒集团·书海出版社2014年版，第17~18页。

W1957.4
百川汇海
【关联】[W1896.2.7]水流入海洋

实例

（参见下级母题实例）

W1957.4.1
河流到低处汇成海
实例

景颇族 天神的儿子宁冠瓦用石锤开了很多河流。河水流到最低处，汇集在宁冠瓦敲得最重的地方，变成了海洋。

【流传】（无考）

【出处】斋瓦贡退干唱，李向前、木然瑶都搜集整理，木子改写：《穆脑斋瓦——宁冠瓦》，见姚宝瑄主编《中国各民族神话》（白族、拉祜族、景颇族），太原：山西出版传媒集团·书海出版社2014年版，第225~226页。

W1957.4.2
江河汇集成海

实 例

(参见下级母题实例)

W1957.4.2.1
巨人流汗形成的河汇集成海

实 例

傣族 巨人英叭的汗水往下淌，流下来就成了大河大江，大江大河流向低处，便成了大海。

【流传】云南省·西双版纳（西双版纳傣族自治州）·（勐海县）

【出处】《阳光和风成婚生英叭》，原文本为叭补答讲，刀昌德记录《开天辟地的故事》，见姚宝瑄主编《中国各民族神话》（哈尼族、傣族），太原：山西出版传媒集团·书海出版社2014年版，第235页。

W1957.4.2.2
后土流泪形成的河汇集成海

实 例

汉族 皇天看后土造的地坑坑洼洼皱巴巴，总是来气，就骂骂咧咧，絮絮叨叨。后土一怨皇天没明白，二怪自己没本事，暗暗流目汁，那目汁流出去成江河，汪住了成湖海。

【流传】福建省·（宁德市）·寿宁县·大安乡·伏际村

【出处】吴兰妃讲，刘善林记录：《天地人》（1986.03.17），见姚宝瑄主编《中国各民族神话》（汉族），太原：山西出版传媒集团·书海出版社2014年版，第58~61页。

W1957.4.2a
江河聚成湖海

实 例

畲族 后土经常被皇天骂，暗暗流泪，眼泪流经的地方成为江河，江河汇集成湖海。

【流传】福建省·（宁德市）·寿宁（寿宁县）

【出处】吴兰妃讲，刘善林采录：《天地是如何形成的》，原载《闽东畲族文化全书》，北京：民族出版社2009年版，见《福建省少数民族古籍丛书》编委会编《畲族卷·民间故事》，福州：海峡出版发行集团·海峡书局2013年版，第4页。

W1957.4.3
特定的水汇集成海

实 例

(参见下级母题实例)

W1957.4.3.1
仙人骨头流出的水汇集成海

实 例

怒族 仙人的怀窝有个圆圆的骨头，

骨头里像闪电一般发光，冒出烟来。后来烟慢慢变成水淌出来，朝低处淌去，就成了大海。

【流传】（云南省）

【出处】

（a）《天地来源》（1958），见中国作家协会昆明分会民间文学工作部编《云南民族文学资料》第十九集，中国作家协会编印，1963年。

（b）《仙人造天地》（1958），见姚宝瑄主编《中国各民族神话》（门巴族、珞巴族、怒族、藏族），太原：山西出版传媒集团·书海出版社2014年版，第54页。

W1957.4.4
积水成海

【关联】［W1979.1.4］积水形成沼泽

实例

（参见下级母题实例）

W1957.4.4.1
水汇集特定的坑中形成海

实例

汉族 共工撞断作为天柱的不周山，东南的大地受了崩山的剧烈震动，也陷下一个其大无比的深坑，从此大川小河的水，也都不由自主地要急急忙忙地朝那儿奔流去，成了今天我们所见的海洋。

【流传】（无考）

【出处】《共工怒触不周山》，原载袁珂编译《中国神话故事》，见陶阳、钟秀编《中国神话》（中），北京：商务印书馆2008年版，第721~723页。

W1957.4.5
水东流成海

实例

汉族 西天天塌后，洪水遍地流，石头到处滚。西方堆满了石头，成了山陵地；洪水往东流，东方就成了大海洋。

【流传】河南省·（开封市）·杞县

【出处】王怀聚讲，王宪明搜集整理：《杞人忧天》，见姚宝瑄主编《中国各民族神话》（汉族），太原：山西出版传媒集团·书海出版社2014年版，第75~77页。

W1957.5
影子中产生海

【关联】［W1546.3］日月产生前先产生影子

实例

彝族 大海还没有产的时候，海的形体已经产生。有了海的形体才生出了大海。

【流传】（无考）

【出处】蔷紫改写：《影与变创世纪·扯舍十代论》，原载贵州省民间文学工作组编《民间文学资料》，1986年，见姚宝瑄主编《中国各民族神话》（羌族、彝族），太原：山西出版传媒集团·书海出版社 2014 年版，第 127 页。

W1957.6
混沌集水成海

【关联】［W1057.1］混沌（浑沌、昆屯、混沌卵）

实例

毛南族 昆屯把漫铺地面的水集成海和河。

【流传】广西壮族自治区·（河池市）·环江毛南族自治县·上南（上南乡）、中南（中南乡）、下南（下南乡）·上纳屯

【出处】（a）蒙贵章讲，蒙国荣、韦志华、谭贻生记录翻译，蒙国荣整理：《昆屯开天盖》（1984.07），见姚宝瑄主编《中国各民族神话》（土家族、毛南族、侗族、瑶族），太原：山西出版传媒集团·书海出版社 2014 年版，第 61 页。

W1957.7
世界上最早产生的是海

【关联】［W1053.1］最早的陆地是海洋

实例

藏族 天地未形成时，原无一物。后渐出现大海。

【流传】（云南省·迪庆藏族自治州）

【出处】《大地及人类由来》，原载迪庆藏族自治州文联编《藏族民间故事》（原名《大地和人类的由来》），见袁珂《中国神话大词典》，北京：华夏出版社 2015 年版，第 407 页。

W1957.7.1
世界最早出现白海和白石

实例

藏族 很早以前，世界混沌不开，万物俱无。东方白地出现了一片白海和一块白石。

【流传】（四川省·凉山彝族自治州·冕宁县等）

【出处】刘世旭：《冕宁等县藏族的白石崇拜辨析》，载《西南民族学院学报》1989 年第 4 期。

❋ W1958
海的特征

【汤普森】A925

实例

（参见下级母题实例）

W1959
海的大小

实例

（参见下级母题实例）

W1959.1
海最初很小

实例

（参见下级母题实例）

W1959.1.1
最早的海像小溪

实 例

蒙古族 大海最初只有小溪那么大。

【流传】（无考）

【出处】满都呼译：《为什么狗有毛而人无毛》，见满都呼主编《中国阿尔泰语系诸民族神话故事》，北京：民族出版社1997年版，第155页。

蒙古族 很早的时候，大海洋是一条小溪。

【流传】内蒙古自治区

【出处】阿拉穆斯等采录，胡尔查翻译：《旱獭子的来历》，见中国民间文学集成全国编辑委员会编《中国民间故事集成》（内蒙古卷），北京：中国ISBN中心2007年版，第365页。

W1959.2
以前的海没有边沿（大海无涯）

【关联】[W1964.14] 海堤（海岸）

实 例

白族 在天和地中间，夹着一个无边无际的大海。

【流传】云南省·（大理白族自治州）·鹤庆县·城郊乡（草海镇）·新民村

【出处】李剑飞讲，李缵绪采录：《人和万物的起源》，见中国民间文学集成全国编辑委员会编《中国民间故事集成》（云南卷），北京：中国ISBN中心2003年版，第13页。

布朗族 以前的海没有边沿。

【流传】云南省·（西双版纳傣族自治州）·勐海（勐海县）

【出处】艾帕相讲，岩温扁整理：《定海神珠》，见中华民族故事大系编委会编《中华民族故事大系》第12卷（布朗族、撒拉族、毛南族），上海：上海文艺出版社1995年版，第7页。

W1959.3
海的宽度

实 例

（参见下级母题实例）

W1959.3.1
海宽4万丈

实 例

布依族 人们下到第十二层海底，看到海深三万丈，海宽四万丈。

【流传】（无考）

【出处】岭老荣唱，岭玉清翻译整理，古梅改写：《漫游十二层天和十二层海》，见姚宝瑄主编《中国各民族神话》（布依族、仡佬族、苗族），太原：山西出版传媒集团·书海出版社2014年版，第38页。

W1959.4
海的深度

实 例

（参见下级母题实例）

W1959.4.1
海深3万丈

实例

布依族 人们下到第十二层海底，看到海深三万丈。

【流传】（无考）

【出处】岭老荣唱，岭玉清翻译整理，古梅改写：《漫游十二层天和十二层海》，见姚宝瑄主编《中国各民族神话》（布依族、仡佬族、苗族），太原：山西出版传媒集团·书海出版社2014年版，第38页。

W1960
海的颜色

【汤普森】A925.2

实例

（实例待考）

W1960.1
海为什么是蓝的

【汤普森】A1119.1

实例

（实例待考）

W1961
海的温度

实例

（参见下级母题实例）

W1961.1
海水为什么是温的

【汤普森】A1119.2

实例

白族

（参见 W1961.2.1 母题实例）

W1961.2
以前的海水像滚烫的开水

实例

白族 原来，海水像滚烫的开水。

【流传】云南省·（大理白族自治州）·鹤庆县·城郊乡（草海镇）·新民村

【出处】李剑飞讲，李缵绪采录：《人和万物的起源》，见中国民间文学集成全国编辑委员会编《中国民间故事集成》（云南卷），北京：中国ISBN中心2003年版，第13页。

白族 以前，在天和地中间，夹着一个无边无际的大海，海水像滚烫的开水。

【流传】云南省·大理州（大理白族自治州）

【出处】《人类和万物的起源》，见云南省民间文学集成办公室编《白族神话传说集成》，北京：中国民间文艺出版社1986年版，第1~10页。

白族 蟾射日时，九个太阳神连同他们的九车天火，一下子从天上落下，坠到南海里去了，从此，南海的地内便有了火温，海水成了热水。

【流传】云南省·（大理白族自治州）·鹤庆（鹤庆县）

【出处】罗玉生讲，艺叟记录：《日月甲马》，原载《中国民间故事全书》（云南省·鹤庆卷），见陶阳、钟秀编《中国神话》（下），北京：商务印书馆2008年版，第1463~1466页。

W1961.2.1
太阳把海水烤得很热

【关联】［W1964.0.2.1］海水以前滚烫

实例

白族 很久以前，太阳就在水面上，烤得海水很烫。

【流传】（a）云南省·大理（大理白族自治州）

【出处】

（a）邓英鹦采录：《鹤拓》，见中国民间文学集成全国编辑委员会编《中国民间故事集成》（云南卷），北京：中国ISBN中心2003年版，第215页。

（b）同（a）见谷德明编《中国少数民族神话》，北京：中国民间文艺出版社1987年版，第302页。

白族 很久以前，大理一带还没有山，只有茫茫无际的水，浪花比山还高，太阳就在水面上，烤得海水烫乎乎的。

【流传】云南省·大理白族地区（大理白族自治州）

【出处】邓英鹦搜集整理：《鹤拓》，原载《大理民间故事选》，见姚宝瑄主编《中国各民族神话》（白族、拉祜族、景颇族），太原：山西出版传媒集团·书海出版社2014年版，第30页。

W1962
海的味道

实例

（参见下级母题实例）

W1962.1
海水为什么是咸的

【汤普森】A1115

【关联】

① ［W1896.1.4］咸水

② ［W1950.0.2.1］有的湖水为什么咸

实例

（参见下级母题实例）

W1962.1.1
海里的盐神磨使海水变咸

【汤普森】A1115.2

实例

汉族 能磨出盐的石磨沉到海里，所以海水变咸。

【流传】黑龙江省·（双鸭山市）·饶河县·三人班乡

【出处】王晓成讲，王克玉搜集整理：《海水为什么是咸的》，见黑龙江省饶河县民间文学集成编委会：《饶河民间文学集成》，内部编印，1988 年，第 101 页。

W1962.1.1a
海里的金磨使海水变咸

实例

汉族　会出盐的金转子掉到海里，使海水变咸。

【流传】河北省・秦皇岛市・抚宁县・北寨乡・北寨村

【出处】梁宏图讲：《海水为什么变咸》，见秦皇岛市抚宁县三套集成办公室《抚宁民间故事卷》第 1 集，内部编印，1987 年，第 16 页。

汉族　一个贪心的商人不停转动能磨出盐的小石磨，使海水变咸。

【流传】天津市・津南（津南区）

【出处】刘富运讲：《海水为嘛咸》，见中国民间故事三套集成天津卷西郊分卷编委会：《津西民间文学作品选》，内部编印，1988 年，第 120 页。

W1962.1.1b
海里的神磨使海水变咸

实例

朝鲜族　很久以前，海水是淡的，后来海底下有个神磨，它不停地转动，磨出来的全是盐，所以现在的海水变咸了。

【流传】黑龙江省・（哈尔滨市）・五常（五常市）

【出处】金龙基讲，金礼三整理，李延存翻译：《神磨》，见中华民族故事大系编委会编《中华民族故事大系》第 4 卷（朝鲜族、满族、侗族），上海：上海文艺出版社 1995 年版，第 208 页。

W1962.1.2
汗水把海水变咸

实例

（参见下级母题实例）

W1962.1.2.1
天神的汗水把海水变咸

实例

傣族　因为水是英叭的汗水变的，海洋里的水积得太多，所以保留着英叭的汗水的咸味。

【流传】云南省・西双版纳州（西双版纳傣族自治州）

【出处】岩英祁讲，仓霁华翻译，朱宜初等采录：《英叭开天辟地》，见中国民间文学集成全国编辑委员会编《中国民间故事集成》（云南卷），北京：中国 ISBN 中心 2003 年版，第 82 页。

W1962.1.2.2
行人的汗水把海水变咸

实例

水族　恩公（水语为"拱恩"，踩踏大地的仙人，为父系之祖）用他那巨大的脚掌踩踏地面踩出海洋时，满头汗水滴落到坑凹里，把海水弄咸了。

【流传】贵州省·（黔南布依族苗族自治州）·三都县（三都水族自治县）

【出处】刘恒虽讲，潘朝霖采录：《恩公开辟大地》，见中国民间文学集成全国编辑委员会编《中国民间故事集成》（贵州卷），北京：中国ISBN中心2003年版，第8页。

W1962.1.3
海中洒进泪水变咸

实例

高山族 海中洒进泪水变咸。

【流传】（无考）

【出处】龙尼花讲，宋一平整理：《鹅銮鼻和望夫石》，见中华民族故事大系编委会编《中华民族故事大系》第8卷（畲族、高山族、拉祜族），上海：上海文艺出版社1995年版，第485页。

W1962.1.4
龙王把盐放到海水中

实例

汉族 女娲的后代结网捕鱼，龙王爷震怒了，他叫青龙、白龙把地下的水吸干，叫所有的水族把身上所有的毒汁都放到海的水中，叫把水晶宫捣碎，把所有的盐都放到海水里。

【流传】河南省·安阳市·安阳县·磊口乡·目明村

【出处】赵庆士（农民）讲，左兵采录：《女娲造人（四）》（原名《下雨时为啥起黑云》），见张振犁编著《中原神话通鉴》（第一卷），郑州：河南大学出版社2017年版，第171页。

W1962.2
海水是淡的

实例

（参见下级母题实例）

W1962.2.1
海水以前是淡的

实例

满族 早先，海水还没有变咸。

【流传】（无考）

【出处】《海水为啥是咸的》，见姚宝瑄主编《中国各民族神话》（满族、赫哲族、朝鲜族），太原：山西出版传媒集团·书海出版社2014年版，第74~79页。

W1962.3
海水是甜的

【汤普森】A925.3

实例

（参见下级母题实例）

W1962.3.1
海水原来是甜的

实例

高山族 海水原来是甜的。

【流传】（无考）

【出处】龙尼花讲，宋一平整理：《鹅銮鼻和望夫石》，见中华民族故事大系编委会编《中华民族故事大系》第8卷（畲族、高山族、拉祜族），上海：上海文艺出版社1995年版，第485页。

W1963
与海的特征有关的其他母题

实　例

（参见下级母题实例）

W1963.0
海的特定位置

【关联】［W1070.4.5］地的下面是海

实　例

（参见下级母题实例）

W1963.0.1
海洋在九重天下

实　例

哈萨克族 九重天的底下是个海洋。

【流传】新疆维吾尔自治区·（阿勒泰地区）·福海县

【出处】苏力唐·阿曼讲，黑扎提·阿吾巴克尔采录，杨凌等译：《天仙》，见中国民间文学集成全国编辑委员会编《中国民间故事集成》（新疆卷），北京：中国ISBN中心2008年版，第21页。

W1963.0.2
海夹在天地中间

实　例

白族 在远古时代，世上没有人类和万物。在天和地中间夹着一个大海。

【流传】云南省

【出处】《人类和万物的起源》，见云南省民间文学集成办公室编《白族神话传说集成》，北京：中国民间文艺出版社1986年年版，第1~11页。

白族 在天和地中间，夹着一个无边无际的大海。

【流传】云南省·（大理白族自治州）·鹤庆（鹤庆县），丽江（丽江市）及（丽江市）·永胜（永胜县）

【出处】李剑飞讲，李缵绪、章虹宇记录：《人类和万物的起源》（又名《劳谷与劳泰》、《古干古洛创世记》），原载李缵绪主编《白族神话传说集成》，中国民间文艺出版社1986年版，见姚宝瑄主编《中国各民族神话》（白族、拉祜族、景颇族），太原：山西出版传媒集团·书海出版社2014年版，第18页。

W1963.1
海上为什么有泡沫

【汤普森】A1117

实　例

（实例待考）

W1963.2
海有12层 (12层海)

【关联】[W1083.8.1] 地府在12层海

实例

布依族 地下的海有十二层。

【流传】贵州省

【出处】

(a)《十二层天·十二层海》，见贵州省社会科学院文学研究所，黔南布依族苗族自治州文艺研究室编《布依族古歌叙事歌选》，贵阳：贵州人民出版社1982年版。

(b) 同 (a)，见何积全、陈立浩主编《布依族文学史》，贵阳：贵州民族出版社1992年版，第42页。

W1963.2.1
第1层海是虾的居所

实例

布依族 第一层的海水浅，浅海是虾子住的地方，是虾子管辖的地方。

【流传】（无考）

【出处】岭老荣唱，岭玉清翻译整理，古梅改写：《漫游十二层天和十二层海》，见姚宝瑄主编《中国各民族神话》（布依族、仡佬族、苗族），太原：山西出版传媒集团·书海出版社2014年版，第32页。

W1963.2.2
第2层海是石蚌的居所

实例

布依族 第二层海，是石蚌住的地方，到处都是卡卡角角，地方又小又凄凉。

【流传】（无考）

【出处】岭老荣唱，岭玉清翻译整理，古梅改写：《漫游十二层天和十二层海》，见姚宝瑄主编《中国各民族神话》（布依族、仡佬族、苗族），太原：山西出版传媒集团·书海出版社2014年版，第32页。

W1963.2.3
第3层海是鲤鱼的居所

实例

布依族 在海的第三层，鲤鱼在高高兴兴地玩水。

【流传】（无考）

【出处】岭老荣唱，岭玉清翻译整理，古梅改写：《漫游十二层天和十二层海》，见姚宝瑄主编《中国各民族神话》（布依族、仡佬族、苗族），太原：山西出版传媒集团·书海出版社2014年版，第33页。

W1963.2.4
第4层海是海螺的居所

实例

布依族 第四层是海螺居住的地方。

【流传】（无考）

【出处】岭老荣唱，岭玉清翻译整理，古梅改写：《漫游十二层天和十二层海》，见姚宝瑄主编《中国各民族神话》（布依族、仡佬族、苗族），太原：山西出版传媒集团·书海出版社2014年版，第34页。

W1963.2.5
第5层海是龙女的居所

实 例

布依族 第五层海里飘出来动听迷人的歌声，是龙王女儿在龙宫里唱歌。

【流传】（无考）

【出处】岭老荣唱，岭玉清翻译整理，古梅改写：《漫游十二层天和十二层海》，见姚宝瑄主编《中国各民族神话》（布依族、仡佬族、苗族），太原：山西出版传媒集团·书海出版社2014年版，第34页。

W1963.2.6
第6层海是龙宫

实 例

布依族 龙宫在海的第六层。

【流传】（无考）

【出处】岭老荣唱，岭玉清翻译整理，古梅改写：《漫游十二层天和十二层海》，见姚宝瑄主编《中国各民族神话》（布依族、仡佬族、苗族），太原：山西出版传媒集团·书海出版社2014年版，第34页。

W1963.2.7
第7层海是犀牛的居所

实 例

布依族 第七层海是犀牛住的地方。

【流传】（无考）

【出处】岭老荣唱，岭玉清翻译整理，古梅改写：《漫游十二层天和十二层海》，见姚宝瑄主编《中国各民族神话》（布依族、仡佬族、苗族），太原：山西出版传媒集团·书海出版社2014年版，第36页。

W1963.2.8
第8层海是鹅鸭的居所

实 例

布依族 人下到海底第八层，看到这里是水鸭住的地方，水鹅也住在第八层的海中间。

【流传】（无考）

【出处】岭老荣唱，岭玉清翻译整理，古梅改写：《漫游十二层天和十二层海》，见姚宝瑄主编《中国各民族神话》（布依族、仡佬族、苗族），太原：山西出版传媒集团·书海出版社2014年版，第36页。

W1963.2.9
第9层海是龙王造井、造水的地方

实 例

布依族 第九层海是龙王造井、造水的

地方。造出万股水，好给人类挑水吃。

【流传】（无考）

【出处】岭老荣唱，岭玉清翻译整理，古梅改写：《漫游十二层天和十二层海》，见姚宝瑄主编《中国各民族神话》（布依族、仡佬族、苗族），太原：山西出版传媒集团·书海出版社2014年版，第37页。

W1963.2.10
第10层海是龙女晾晒织物的地方

实例

布依族 在第十层海底，碰见龙女正好搬出她们的花被子和花绸子去晾晒。

【流传】（无考）

【出处】岭老荣唱，岭玉清翻译整理，古梅改写：《漫游十二层天和十二层海》，见姚宝瑄主编《中国各民族神话》（布依族、仡佬族、苗族），太原：山西出版传媒集团·书海出版社2014年版，第37页。

W1963.2.11
第11层海道路交错

实例

布依族 人们下到第十一层海底，只见这里道路纵横交错，有三十八条路，有四十八条街

【流传】（无考）

【出处】岭老荣唱，岭玉清翻译整理，古梅改写：《漫游十二层天和十二层海》，见姚宝瑄主编《中国各民族神话》（布依族、仡佬族、苗族），太原：山西出版传媒集团·书海出版社2014年版，第38页。

W1963.2.12
第12层海是最深的海

实例

布依族 人们下到第十二层海底，这里是最深的海。

【流传】（无考）

【出处】岭老荣唱，岭玉清翻译整理，古梅改写：《漫游十二层天和十二层海》，见姚宝瑄主编《中国各民族神话》（布依族、仡佬族、苗族），太原：山西出版传媒集团·书海出版社2014年版，第38页。

W1963.2.13
海的其他层数

实例

（实例待考）

W1963.3
海的气味

实例

（实例待考）

W1963.3.1
海有腥味

实例

（实例待考）

W1964
与海有关的其他母题

【关联】

① ［W1498.1.3.1］高山变成海，海变成山

② ［W6431］海崇拜

实例

（参见下级母题实例）

W1964.0
海水

实例

（参见下级母题实例）

W1964.0.1
海水的产生

实例

（参见下级母题实例）

W1964.0.1.1
露珠变成海水

实例

纳西族 很古的时候，天和地刚分开的时辰，天上滴落一滴晶莹的露珠，露珠起了变化，大地上出现了一汪黄澄澄的海水。

【流传】云南省·（丽江市）·丽江县（古城区、玉龙纳西族自治县）

【出处】木丽春采集整理：《格古命的故事》，见木丽春编著《纳西族民间故事集》，昆明：云南人民出版社2007年版，第27页。

W1964.0.1.2
虎血变成海水

【关联】［W1955.8.3］虎血变成海

实例

彝族 格兹天神让5个儿子捉住老虎并杀掉，分虎肉时，格兹天神吩咐："虎血不要分，虎血拿来做大海的水。"

【流传】（云南省·楚雄彝族自治州·姚安县·官屯乡·马游村，大姚县·昙华乡等）

【出处】

（a）郭天元（马游村）、李申呼颇（昙华乡）、李福玉颇（直）演唱，郭思九、许明学、龚维顺、张宝省、陈志群、胡炳文等搜集，刘德虎、龚维顺、陈志群、李树荣、郭天元等整理：《梅葛》（第一部"创世"），见云南省民族民间文学楚雄调查队《梅葛》（1959），昆明：云南人民出版社2009年版。

（b）《打虎开天辟地》，薔紫据云南省民族民间文学楚雄调查队著《梅葛》（云南人民出版社2009年版）改写，见姚宝瑄主编《中国各民族神话》（羌族、彝族），太原：山西出版传媒集团·书海出版社2014年版，第195页。

彝族 天神的儿女造天地后，天上和

地上什么也没有。于是他们捉住老虎，用虎血作海水。

【流传】云南省·楚雄彝族自治州·姚安县、大姚县等彝族地区

【出处】《创世·开天辟地》，见云南省民族民间文学楚雄调查队整理编写《梅葛》，昆明：云南人民出版社2009年版，第14页。

W1964.0.2
海水的特征

【关联】

① ［W1961］海的温度

② ［W1962］海的味道

实 例

（参见下级母题实例）

W1964.0.2.1
海水以前滚烫

【关联】［W1961.2.1］太阳把海水烤得很热

实 例

汉族 在天和地中间，夹着一个无边无际的大海，海水像滚烫的开水。

【流传】云南省·（大理白族自治州）·鹤庆（鹤庆县），丽江（丽江市）及（丽江市）·永胜（永胜县）

【出处】李剑飞讲，李缵绪、章虹宇记录：《人类和万物的起源》（又名《劳谷与劳泰》、《古干古洛创世记》），原载李缵绪主编《白族神话传说集成》，中国民间文艺出版社1986年版，见姚宝瑄主编《中国各民族神话》（白族、拉祜族、景颇族），太原：山西出版传媒集团·书海出版社2014年版，第18页。

W1964.0.3
与海水有关的其他母题

实 例

（参见下级母题实例）

W1964.0.3.1
海水被特定物吸引

实 例

佤族 里（天神，旧译"利吉神"）磨天磨出的揸渣掉进了大海，吸住了海水，从此，江河湖海变得规矩了。

【流传】（云南省·普洱市·西盟佤族自治县）

【出处】随夏、岩扫、岩瑞等讲，艾荻、张天达搜集整理：《司岗里》，见姚宝瑄主编《中国各民族神话》（佤族、阿昌族、纳西族、普米族、德昂族），太原：山西出版传媒集团·书海出版社2014年版，第12页。

W1964.0.3.2
海水为什么不淹陆地

实 例

高山族 祖先所住的平原四面环水。东海边是螃蟹居住的地方，西海边是大蟒（鳗）鱼居住的地方。因为有成群

结队的螃蟹和蟒（鳗）鱼守护着海岸，所以海水永远淹不到陆地。

【流传】台湾高山族地区

【出处】马哈山·达和讲，陶立璠记录整理：《火鸟》，见姚宝瑄主编《中国各民族神话》（高山族、黎族、畲族），太原：山西出版传媒集团·书海出版社2014年版，第38页。

W1964.0.3.3
撑天的山下有海水

实 例

彝族　水王罗塔纪姑娘为洗日月，先去到那撑天的三座大山，挑来了一挑蓝蓝的海水，又挑来了一挑金色的海水，再挑来一挑绿茵茵的海水。

【流传】（云南省·楚雄彝族自治州·双柏县，红河哈尼族彝族自治州等地）

【出处】

（a）云南省民族民间文学楚雄、红河调查队搜集，郭思九、陶学良整理：《查姆》，昆明：云南人民出版社1981年版。

（b）郭思九、陶学良整理，古梅改写：《彝家的古根》，选自《云南民族文学资料》第七集中的《查姆》上部前三章，见姚宝瑄主编《中国各民族神话》（羌族、彝族），太原：山西出版传媒集团·书海出版社2014年版，第58页。

W1964.0.3.4
海水的汇合

实 例

傣族　大神英叭把汗水变成的大海与先天的、地球底下的海水汇合。

【流传】云南省·西双版纳傣族地区（西双版纳傣族自治州）

【出处】《巴塔麻嘎捧尚罗》，王松据岩温炳翻译《巴塔麻晏》（开天辟地）改写，见姚宝瑄主编《中国各民族神话》（哈尼族、傣族），太原：山西出版传媒集团·书海出版社2014年版，第281页。

W1964.0.3.5
海水流入特定的山

实 例

汉族　大荒之中，有山名曰融天，海水南入焉。

【流传】（无考）

【出处】

（a）《山海经·大荒南经》。

（b）《融天山》，见袁珂《中国神话大词典》，北京：华夏出版社2015年版，第354~355页。

汉族　大荒之中，有山名曰北极天柜，海水北注焉。

【流传】（无考）

【出处】《山海经·大荒北经》。

W1964.1
海水干涸

【汤普森】H1142.2

【关联】[W0663.2.2] 巨人喝干海水

实例

（参见下级母题实例）

W1964.1.1
海为什么不会干

实例

（参见下级母题实例）

W1964.1.1.1
海不会干是因为月华掉到了海里

实例

汉族 中秋时，吴刚从月亮上丢下的桂树叶子（月华）大多掉进了海洋里，所以海水永远不会干。

【流传】浙江省·宁波市·镇海区·骆驼（骆驼街道）·东钱村

【出处】陈佩珍讲，陈奎观记录整理：《拾月华》（1987.06.15），见姚宝瑄主编《中国各民族神话》（汉族），太原：山西出版传媒集团·书海出版社2014年版，第271~272页。

W1964.2
海的稳定

实例

（参见下级母题实例）

W1964.2.1
定海神针

【关联】[W1839.6a] 定水石

实例

汉族 孙悟空向东海龙王索金箍棒，那一块"天河定底神珍铁"，斗来粗，二丈余长的一根铁柱子，原是"大禹治水之时，定江海浅深的一个定子"。

【流传】（无考）

【出处】
（a）[明]吴承恩：《西游记》第三回。
（b）《定海铁柱》，见袁珂《中国神话大词典》，北京：华夏出版社2015年版，第210页。

W1964.2.1.1
定海铁柱

实例

汉族

（参见 W1964.2.3 母题实例）

W1964.2.2
定海石

实例

（实例待考）

W1964.2.3
制铁定海眼

【关联】[W1964.5] 海眼

实 例

汉族 顺宁府城东二百里，澜沧、黑惠二江合流处有铁柱，常与江水同上下，或高去水面一二尺，旧传大禹治水至此，制铁以定海眼者。

【流传】（无考）

【出处】

（a）［清］曹树翘：《滇南杂志》。

（b）《定海铁柱》，见袁珂《中国神话大词典》，北京：华夏出版社2015年版，第210页。

W1964.2.4
海的支撑

实 例

（参见下级母题实例）

W1964.2.4.1
海底无数石柱支撑着海

实 例

布依族 人们下到第十二层海底，看到这里全是石柱子，一根又一根，千万根石柱子纵立在海底；千万根岩柱子都顶在海中间。

【流传】（无考）

【出处】岭老荣唱，岭玉清翻译整理，古梅改写：《漫游十二层天和十二层海》，见姚宝瑄主编《中国各民族神话》（布依族、仡佬族、苗族），太原：山西出版传媒集团·书海出版社2014年版，第38页。

W1964.3
奇特之海

【汤普森】F711

实 例

（参见下级母题实例）

W1964.3.1
神秘之海（魔力之海）

【汤普森】D911

实 例

（实例待考）

W1964.3.2
无风起浪的海

实 例

汉族 海水正黑而谓之冥海也。无风而洪波百丈。

【流传】（无考）

【出处】

（a）［汉］东方朔：《十洲记》。

（b）《北冥》，见袁珂《中国神话大词典》，北京：华夏出版社2015年版，第102页。

W1964.4
特定的海

实 例

（参见下级母题实例）

W1964.4.0
五大洋

实例

（参见下级母题实例）

W1964.4.0.1
天神划出五大洋

实例

傣族 大神英叭造出大海后，把大海划分成五大洋，并且给五大洋取了名字，一个叫阿几腊瓦里，一个叫贡嘎大海，又一个叫荣麻纳沙管，再一个叫巴麻纳沙布，最后一个叫沙腊普。

【流传】云南省·西双版纳傣族地区（西双版纳傣族自治州）

【出处】《巴塔麻嘎捧尚罗》，王松据岩温炳翻译《巴塔麻晏》（开天辟地）改写，见姚宝瑄主编《中国各民族神话》（哈尼族、傣族），太原：山西出版传媒集团·书海出版社 2014 年版，第 282 页。

W1964.4.0.2
出现四大洲后形成五大洋

实例

傣族 天神混散在水上种荷花造地时，荷花变成四块陆地，形成世上的四大洲。那水便成了五大洋。

【流传】云南省·德宏（德宏傣族景颇族自治州）·潞西（芒市）

【出处】依示讲，岩坎记录：《荷花变成四大洲》，见姚宝瑄主编《中国各民族神话》（哈尼族、傣族），太原：山西出版传媒集团·书海出版社 2014 年版，第 240 页。

W1964.4.0a
七大洋

实例

（参见下级母题实例）

W1964.4.0a.1
七大汪洋来天外

实例

藏族 七大汪洋来天外，上有神母祭神塔，中有四座慈悲山，下有四水六岗神。

【流传】（无考）

【出处】达尔基：《藏族祈祷仪式与祈祷词》，载《阿坝州史志》1987 年第 4~5 期合刊。

W1964.4.1
地球上有四个海

实例

（参见下级母题实例）

W1964.4.1.1
四海

实例

汉族 览冀州兮有余，横四海兮焉穷。

【流传】（无考）
【出处】
（a）［战国］屈原：《楚辞·九歌·云中君》。
（b）《四海》，见袁珂《中国神话大词典》，北京：华夏出版社2015年版，第103页。

<u>汉族</u> 夫孝，置之而塞乎天地，溥之而横乎四海：推而放诸东海而准，推而放诸西海而准，推而放诸南海而准，推而放诸北海而准。

【流传】（无考）
【出处】
（a）《礼记·祭义》。
（b）《四海》，见袁珂《中国神话大词典》，北京：华夏出版社2015年版，第103页。

W1964.4.1.2
四海即天下

实例

<u>汉族</u> 所谓四海者，谓中国东南西北四面之海。此盖古人想象中之天下也。

【流传】（无考）
【出处】《四海》，见袁珂《中国神话大词典》，北京：华夏出版社2015年版，第103页。

W1964.4.1.3
四海之门

实例

<u>彝族</u> 为让人种庄稼，水王罗塔纪打开四海之门，让海水流进大地。

【流传】（云南省·楚雄彝族自治州·双柏县，红河哈尼族彝族自治州等地）
【出处】
（a）云南省民族民间文学楚雄、红河调查队搜集，郭思九、陶学良整理：《查姆》，昆明：云南人民出版社1981年版。
（b）郭思九、陶学良整理，古梅改写：《彝家的古根》，选自《云南民族文学资料》第七集中的《查姆》上部前三章，见姚宝瑄主编《中国各民族神话》（羌族、彝族），太原：山西出版传媒集团·书海出版社2014年版，第63页。

W1964.4.2
东海

实例

（参见下级母题实例）

W1964.4.2.1
东海有东海龙王

【关联】［W3581］龙王

实例

<u>满族</u> 东海有东海龙王。

【流传】（无考）
【出处】王惠立搜集整理：《白云格格》，见乌丙安等《满族民间故事选》，上海：上海文艺出版社1983年版。

W1964.4.3
南海

实例

汉族

（参见 W1943.0.1 母题实例）

W1964.4.4
西海

实例

高山族

（参见 W1964.0.3.2 母题实例）

W1964.4.5
北海

实例

（参见下级母题实例）

W1964.4.5.1
北海称北冥

实例

汉族 "北冥有鱼，其名为鲲。"北冥，本亦作溟，北海也。

【流传】（无考）

【出处】

(a)《庄子·逍遥游》陆德明释文。

(b)《北冥》，见袁珂《中国神话大词典》，北京：华夏出版社 2015 年版，第 102 页。

W1964.4.6
黄海

实例

汉族（实例待考）

W1964.4.6.1
露珠变成黄色的海

实例

纳西族 很古的时候，天和地刚分开的时辰，天上滴落一滴晶莹的露珠，露珠起了变化，大地上出现了一汪黄澄澄的海水。

【流传】云南省·（丽江市）·丽江县（古城区、玉龙纳西族自治县）

【出处】木丽春采集整理：《格古命的故事》，见木丽春编著《纳西族民间故事集》，昆明：云南人民出版社 2007 年版，第 27 页。

W1964.4.7
渤海

实例

汉族

（参见 W1845.2.1.1 母题实例）

W1964.4.8
洱海

实例

（参见下级母题实例）

W1964.4.8.1
大海缩小变成洱海

实例

白族 古时候，大理坝子是一片茫茫大海。后来大海逐渐缩小，成了现在的洱海。

【流传】云南省·（大理白族自治州）·宾川县、大理市

【出处】李朝讲，王艳钧记录：《灰龙、金鸡治黑龙》（1981.07），见姚宝瑄主编《中国各民族神话》（白族、拉祜族、景颇族），太原：山西出版传媒集团·书海出版社2014年版，第69页。

W1964.4.8.2
雨水汇成洱海

实例

白族 蚪蝌龙常住的牛街那面，雨水很多，用不完就往南淌，汇成了洱海。

【流传】云南省·（大理白族自治州）·鹤庆县

【出处】《洱海》，见姚宝瑄主编《中国各民族神话》（白族、拉祜族、景颇族），太原：山西出版传媒集团·书海出版社2014年版，第59页。

W1964.4.8.3
洱海的出口

实例

白族 以前的大理一带，地震引起海啸，只听见一声巨响，地陷裂了，深不见底，大水直向裂沟涌流。这道裂缝，后来就变成洱海的出口处：天生桥。

【流传】云南省·大理白族地区（大理白族自治州）

【出处】邓英鹦搜集整理：《鹤拓》，原载《大理民间故事选》，见姚宝瑄主编《中国各民族神话》（白族、拉祜族、景颇族），太原：山西出版传媒集团·书海出版社2014年版，第30~31页。

W1964.4.9
其他特定名称的海

实例

（参见下级母题实例）

W1964.4.9.1
毒海

实例

纳西族 丁巴什罗到毒海里去洗澡，洗去身上的污秽和邪气。

【流传】云南省·（丽江市）·丽江县（古城区、玉龙纳西族自治县）

【出处】木丽春采集整理：《推空磨的忌禁故事》，见木丽春编著《纳西族民间故事集》，昆明：云南人民出版社2007年版，第230页。

W1964.4.9.2
死海

实例

（实例待考）

W1964.4.9.2.1
死海的产生

【汤普森】A920.1.15

实 例

（实例待考）

W1964.4.9.3
金海

实 例

【彝族】地会转动，地转到金海的旁边，太阳就出来。

【流传】（云南省·楚雄彝族自治州·双柏县，红河哈尼族彝族自治州等地）

【出处】

（a）云南省民族民间文学楚雄、红河调查队搜集，郭思九、陶学良整理：《查姆》，昆明：云南人民出版社1981年版。

（b）郭思九、陶学良整理，古梅改写：《彝家的古根》，选自《云南民族文学资料》第七集中的《查姆》上部前三章，见姚宝瑄主编《中国各民族神话》（羌族、彝族），太原：山西出版传媒集团·书海出版社2014年版，第59页。

W1964.4.9.4
蓝海

实 例

【彝族】地会转动，地转到蓝海的旁边，月亮就出来。

【流传】（云南省·楚雄彝族自治州·双柏县，红河哈尼族彝族自治州等地）

【出处】

（a）云南省民族民间文学楚雄、红河调查队搜集，郭思九、陶学良整理：《查姆》，昆明：云南人民出版社1981年版。

（b）郭思九、陶学良整理，古梅改写：《彝家的古根》，选自《云南民族文学资料》第七集中的《查姆》上部前三章，见姚宝瑄主编《中国各民族神话》（羌族、彝族），太原：山西出版传媒集团·书海出版社2014年版，第59页。

W1964.4.9.5
绿海

实 例

【彝族】地会转动，地转到绿海的旁边，星星就出来。

【流传】（云南省·楚雄彝族自治州·双柏县，红河哈尼族彝族自治州等地）

【出处】

（a）云南省民族民间文学楚雄、红河调查队搜集，郭思九、陶学良整理：《查姆》，昆明：云南人民出版社1981年版。

（b）郭思九、陶学良整理，古梅改写：《彝家的古根》，选自《云南民族文学资料》第七集中的《查姆》上部前三章，见姚宝瑄主编《中国各民族神话》（羌族、彝族），太原：山西出版传媒集团·书海出版社2014年版，第59页。

W1964.4.9.6
红海
实例

(实例待考)

W1964.4.9.7
黑海
实例

(实例待考)

W1964.4.9.8
其他颜色的海
实例

(实例待考)

W1964.4.9.9
冥海
实例

汉族 海水正黑而谓之冥海也。无风而洪波百丈。

【流传】（无考）

【出处】

(a)［汉］东方朔：《十洲记》。

(b)《北冥》，见袁珂《中国神话大词典》，北京：华夏出版社2015年版，第102页。

W1964.4.9.9.1
冥海即天池
【关联】[W1794.0] 天池

实例

汉族 《庄子·逍遥游》："南冥者，天池也。"又云："穷发之北，有冥海者，天池也。"此南冥、北冥俱称天池。成玄英疏："大海洪川，原夫造化，非人所作，故曰天池。"

【流传】（无考）

【出处】《天池》，见袁珂《中国神话大词典》，北京：华夏出版社2015年版，第53页。

W1964.4.9.10
紫泥海
实例

汉族 （东方朔）去经年乃归，母忽见大惊曰："汝行经年一归，何以慰我耶？"朔曰："儿至紫泥海，有紫水污衣，仍过虞渊湔浣，朝发中返，何云经年？"

【流传】（无考）

【出处】

(a)《洞冥记》卷一。

(b)《紫泥海》，见袁珂《中国神话大词典》，北京：华夏出版社2015年版，第315页。

汉族 朝弄紫泥海，夕披丹霞裳。

【流传】（无考）

【出处】

(a)［唐］李白：《古风》四十一。

(b)《紫泥海》，见袁珂《中国神话大词典》，北京：华夏出版社2015年版，第315页。

W1964.4.9.11
天海

实例

（参见下级母题实例）

W1964.4.9.11.1
3个天海

实例

彝族 天上有三个海子，天神阿梯古日要放一个海子淹没大地。

【流传】云南省·（丽江市）·宁蒗县（宁蒗彝族自治县）；四川省小凉山地区（四川省西南部凉山彝族自治州东部）

【出处】马海乌犁、阿力自清、民哈讲，杞家望、陈列、梁佩珍搜集记录，李子贤整理：《开天辟地史》（1962），原载李子贤编《云南少数民族神话选》，云南人民出版社1990年版，见姚宝瑄主编《中国各民族神话》（羌族、彝族），太原：山西出版传媒集团·书海出版社2014年版，第207页。

W1964.4.9.11.2
九大天海

实例

彝族 天王恩体古把九大天海的水倾放到地上。

【流传】（无考）

【出处】阿鲁斯基搜集整理：《举木惹牛》，原载谷德明编《中国少数民族神话》，西北民族学院研究所印刷，内部资料，1983年，见姚宝瑄主编《中国各民族神话》（羌族、彝族），太原：山西出版传媒集团·书海出版社2014年版，第214页。

W1964.5
海眼

【关联】［W1964.2.3］制铁定海眼

实例

（参见下级母题实例）

W1964.5.0
海眼的产生

实例

（参见下级母题实例）

W1964.5.0.1
特定人物凿出海眼

实例

（实例待考）

W1964.5.1
一口井是通往海的海眼

实例

汉族 （实例待考）

藏族 原来的纳木错一带有个巨岩，巨岩下有一口井，与大海相通。

【流传】西藏自治区北部

【出处】何宗英整理:《纳木错》,见BBS 水木清华站:http://www.smth.edu.cn,2006.07.20。

W1964.5.2
特定的洞是海眼

实 例

鄂伦春族　大兴安岭就像一个岛屿,卡仙山的山谷,原是一条海峡,卡仙洞是海眼。

【流传】内蒙古自治区·(呼伦贝尔市)·鄂伦春族自治旗

【出处】

(a) 葛德宏讲,隋书金记录整理:《猎人柯阿汗》,见隋书金编《鄂伦春族民间故事选》,上海:上海文艺出版社 1988 年版。

(b) 同(a),见姚宝瑄主编《中国各民族神话》(达斡尔族、鄂伦春族、鄂温克族、蒙古族),太原:山西出版传媒集团·书海出版社 2014 年版,第 84~90 页。

W1964.5.2.1
山脚的大石洞是海的水眼

实 例

白族　很早前,大海西边的螺峰山脚,有一个黑黝黝的很深的大石洞,据说是大海的水眼。

【流传】云南省·(大理白族自治州)·鹤庆县·城郊(城郊乡)、西山区(西山一带)

【出处】朱二爷、徐元讲,章虹宇、傅光宇整理:《人类是从哪里来的》,见谷德明编《中国少数民族神话》,北京:中国民间文艺出版社 1987 年版,第 299~302 页。

W1964.5.3
海眼在特定的石头下

实 例

汉族　(成都)府城治南万里桥之西有五石相叠,高一丈余,围倍之。相传下有海眼,昔人尝起其石,风雨暴作。

【流传】(无考)

【出处】

(a)《古今图书集成·坤舆典》卷一四。

(b)《五块石》,见袁珂《中国神话大词典》,北京:华夏出版社 2015 年版,第 60 页。

W1964.5.4
海眼的控制

实 例

(参见下级母题实例)

W1964.5.4.1
用钱镇海眼

实 例

汉族　北海县因发地得五铢钱,取之不尽。中得一否,记云:"此是海眼,以钱镇之。"众惧,复掩之。

【流传】（无考）

【出处】

（a）[五代·南唐]刘崇远：《金华子》。

（b）《海眼》，见袁珂《中国神话大词典》，北京：华夏出版社2015年版，第279页。

W1964.5.5

海眼中的情形

实例

（参见下级母题实例）

W1964.5.5.1

海眼中住着特定动物

实例

纳西族（摩梭） 在喇踏海的海眼里住着一只猴子。

【流传】云南省·（丽江市）·宁蒗县（宁蒗彝族自治县）

【出处】

（a）《昂姑咪》，载《山茶》1986年第3期。

（b）同（a），见姚宝瑄主编《中国各民族神话》（佤族、阿昌族、纳西族、普米族、德昂族），太原：山西出版传媒集团·书海出版社2014年版，第104页。

W1964.5.6

海眼喷出水柱

实例

白族 一股股水柱从海眼里不断往外涌，雨花水汽随着水柱翻滚一直往上冲，罩住了洞口，覆盖着海面。

【流传】云南省·（大理白族自治州）·鹤庆县·城郊（城郊乡）、西山区（西山一带）

【出处】朱二爷、徐元讲，章虹宇、傅光宇整理：《人类是从哪里来的》，见谷德明编《中国少数民族神话》，北京：中国民间文艺出版社1987年版，第299~302页。

W1964.5a

海心

实例

白族 当小太阳坠落海中时，从海心冒出了一峰石柱。

【流传】云南省·（大理白族自治州）·鹤庆（鹤庆县），丽江（丽江市）及（丽江市）·永胜（永胜县）

【出处】李剑飞讲，李缵绪、章虹宇记录：《人类和万物的起源》（又名《劳谷与劳泰》、《古干古洛创世记》），原载李缵绪主编《白族神话传说集成》，中国民间文艺出版社1986年版，见姚宝瑄主编《中国各民族神话》（白族、拉祜族、景颇族），太原：山西出版传媒集团·书海出版社2014年版，第18页。

W1964.6

魔物（力）掌控着海

【汤普森】①D1545；②D2151.1

W1964.7
与海相通的通道

实例

藏族

（参见 W1964.5.1 母题实例）

W1964.8
海浪的产生（波浪的产生）

【汤普森】①A925.1；②A1116

实例

（参见下级母题实例）

W1964.8.1
海浪是灵魂之所

【汤普森】A913.1

实例

（实例待考）

W1964.8.2
海浪是某物的化身

【汤普森】Z118.1

实例

纳西族

（参见 W1964.8.4.1 母题实例）

W1964.8.3
海浪是海神的马

【汤普森】①A1116.1；②Z118.2

实例

（实例待考）

W1964.8.4
丢到水里的碎物形成波浪

实例

（参见下级母题实例）

W1964.8.4.1
神向水中丢的木偶形成波浪

实例

纳西族 米利东阿普把所有木偶砍得七零八碎，拿了一些丢到水里，于是水里便有了波浪。

【流传】（a）云南省·丽江县（丽江市）

【出处】

（a）和芳讲，和志武采录：《人类迁徙记》，见中国民间文学集成全国编辑委员会编《中国民间故事集成》（云南卷），北京：中国 ISBN 中心 2003 年版，第 49 页。

（b）和志武翻译整理：《人类迁徙记》，见谷德明编《中国少数民族神话》，北京：中国民间文艺出版社 1987 年版，第 395 页。

纳西族 聪明能干的神米利东阿普做了许多男男女女的木偶，他变成一个老人去见从忍利恩（人的祖先名），把木偶给了他说："你的伴侣不久就会有了。你把这些木偶拿去，但是不满九个月，你不要去看他们。"结果忍利恩违背告诫，使木偶没有变成人。阿普知道后气愤地拔出腰间长刀，把所有木偶砍得七零八碎，拿了一些丢到水里，于是水里便有了波浪；拿了一些丢在森林里面，于是森林中便有了四脚的猛兽。

【流传】（云南省·丽江市）

【出处】和志武翻译整理：《人类迁徙记》，原载中共丽江地委宣传部编《纳西族民间故事选》，见陶阳、钟秀编《中国神话》（中），北京：商务印书馆2008年版，第856~876页。

W1964.8.5
特定人物的行动形成海浪

实例

（参见下级母题实例）

W1964.8.5.1
水仙寻人时形成海浪

实例

哈萨克族 水仙从海底出来，拼命寻找自己的女儿，这时大海就会出现惊涛巨浪。

【流传】新疆维吾尔自治区·（阿勒泰地区）·福海县

【出处】苏力唐·阿曼讲，黑扎提·阿吾巴克尔采录，杨凌等译：《天仙》，见中国民间文学集成全国编辑委员会编《中国民间故事集成》（新疆卷），北京：中国ISBN中心2008年版，第22页。

W1964.9
海浪的声音（涛声）

【汤普森】A925.5

实例

（实例待考）

W1964.10
有魔力的波浪

【汤普森】D911.1

实例

（实例待考）

W1964.10.1
魔力掌控着海浪

【汤普森】D2151.3

实例

（实例待考）

W1964.11
与海浪有关的其他母题

【关联】
① ［W1905.1.1］海浪冲大地后低凹积水成为江河湖海
② ［W1977.4.0.1］海溅出的浪花变成潭水

实例

（参见下级母题实例）

W1964.11.1
特定名称的浪

实例

（参见下级母题实例）

W1964.11.1.1
三口浪

实例

汉族 廉州海中常有浪三口连珠而起，声若雷轰，名三口浪。

【流传】（无考）

【出处】

(a)［清］梁绍壬：《两般秋雨庵随笔》卷六。

(b)《马伏波射潮》，见袁珂《中国神话大词典》，北京：华夏出版社2015年版，第32页。

W1964.11.1.2
海中的气浪

实例

傣族 神鱼巴阿嫩吐出的水浪和鱼尾摆动掀起的水花，变成了气浪，在太空中翻腾，形成混浊的烟雾。

【流传】云南省·西双版纳傣族地区（西双版纳傣族自治州）

【出处】《巴塔麻嘎捧尚罗》，王松据岩温炳翻译《巴塔麻晏》（开天辟地）改写，见姚宝瑄主编《中国各民族神话》（哈尼族、傣族），太原：山西出版传媒集团·书海出版社2014年版，第270页。

W1964.11.2
海浪的平息

实例

白族 落到海里的太阳被吞进龙腹后，浪不涌了，潮不喷了，整个大海被烟雾笼罩着。

【流传】云南省·大理州（大理白族自治州）

【出处】《人类和万物的起源》，见云南省民间文学集成办公室编《白族神话传说集成》，北京：中国民间文艺出版社1986年版，第1~10页。

W1964.11.3
海啸

【关联】

① ［W8672.9.1］世界末日海啸山崩
② ［W8688］与天气灾害有关的其他母题

实例

（参见下级母题实例）

W1964.11.3.1
太阳落到海里形成海啸

实例

白族 两个太阳在天上越撞越猛，突然一声惊天巨响，小太阳被撞落到大海中。小太阳落进了大海，掀起了滔天巨浪，震得天摇地陷，海啸潮涌。

【流传】云南省·（大理白族自治州）·鹤庆（鹤庆县），丽江（丽江市）及（丽江市）·永胜（永胜县）

【出处】李剑飞讲，李缵绪、章虹宇记录：《人类和万物的起源》（又名《劳谷与劳泰》、《古干古洛创世记》），原载李缵绪主编《白族神话传说集成》，中国民间文艺出版社1986年版，见姚宝瑄主编《中国各民族神话》（白族、拉祜族、景颇族），太原：山西出版传媒集团·书海出版社2014年版，第18页。

W1964.12
潮汐

实 例

（参见下级母题实例）

W1964.12.1
潮汐的产生
【汤普森】A913

实 例

（参见下级母题实例）

W1964.12.1.1
潮汐是妖魔呼吸形成的
【汤普森】A913.2

实 例

（实例待考）

W1964.12.1.2
潮水应石鸡叫声涨落

实 例

汉族 巨洋海中，升载海日，盖扶桑山有玉鸡。玉鸡鸣则金鸡鸣，金鸡鸣则石鸡鸣，石鸡鸣则天下之鸡悉鸣，潮水应之矣。

【流传】（无考）
【出处】
（a）［汉］东方朔：《神异经·东荒经》。

（b）《扶桑山》，见袁珂《中国神话大词典》，北京：华夏出版社2015年版，第158页。

汉族 石鸡清响而应潮。
【流传】（无考）
【出处】［晋］孙绰：《望海赋》。

W1964.12.2
涨潮

实 例

（参见下级母题实例）

W1964.12.2.1
涨潮是大地晃动造成的

实 例

鄂温克族 （实例待考）

W1964.12.2.2
涨潮是海龙王兴风作浪

实 例

鄂伦春族 小龙王经常兴风作浪，一旦兴风作浪，大海就涨潮，那些岛就被淹没。

【流传】内蒙古自治区·（呼伦贝尔市）·鄂伦春族自治旗
【出处】
（a）葛德宏讲，隋书金记录整理：《猎人柯阿汗》，见隋书金编《鄂伦春族民间故事选》，上海：上海文艺出版社1988年版。

(b) 同（a），见姚宝瑄主编《中国各民族神话》（达斡尔族、鄂伦春族、鄂温克族、蒙古族），太原：山西出版传媒集团·书海出版社2014年版，第84~90页。

W1964.12.3
退潮

实 例

（参见下级母题实例）

W1964.12.3.1
射箭退潮

实 例

汉族 那时江潮极是厉害，潮头有数十丈之高，如山一般拥塞将来，海塘屡筑屡坏。钱王大怒，叫三千犀甲兵士，待潮头来时，施放强弩，摇旗摇鼓，呐喊放铳。又亲自取铁箭以射潮头，果然潮水渐渐退缩，东击西陵，海塘一筑而就。凡今之平地，即昔时之江也，为杭州千古之利。至今有铁箭巷，为钱王射潮之所，仍有大铁箭出于土上，长四五尺，牢不可拔，其大如杵，真神物也。

【流传】（无考）

【出处】［明］周楫：《西湖二集》卷一"吴越王再世索江山"条。

W1964.12.4
特定名称的潮

实 例

（参见下级母题实例）

W1964.12.4.1
钱塘潮

实 例

（参见下级母题实例）

W1964.12.4.1.1
伍子胥的怨气形成钱塘潮

实 例

汉族 伍子胥因屈死而怨未消，经常驱水为涛，钱塘江涌潮即是因伍子胥的怨气而生。

【流传】（无考）

【出处】《潮神》，见乌丙安主编《中国民间神谱》，沈阳：辽宁人民出版社2007年版，第21页。

W1964.12.4.2
海潮

实 例

（参见下级母题实例）

W1964.12.4.2.1
9万层海潮

实 例

白族 九万层海潮，把天冲抬得高高在上。

【流传】云南省·（大理白族自治州）·鹤庆（鹤庆县），丽江（丽江市）及（丽江市）·永胜（永胜县）

【出处】李剑飞讲，李缵绪、章虹宇记录：《人类和万物的起源》（又名《劳谷与劳泰》、《古干古洛创世记》），原载李缵绪主编《白族神话传说集成》，中国民间文艺出版社1986年版，见姚宝瑄主编《中国各民族神话》（白族、拉祜族、景颇族），太原：山西出版传媒集团·书海出版社2014年版，第18页。

W1964.13
海峡

实例

（参见下级母题实例）

W1964.13.1
海峡的产生

【汤普森】A920.2

实例

（实例待考）

W1964.14
海堤（海岸）

【关联】[W1959.2]以前的海没有边沿

实例

（参见下级母题实例）

W1964.14.1
海堤的产生

实例

（参见下级母题实例）

W1964.14.1.1
神造海堤

实例

（参见下级母题实例）

W1964.14.1.1.1
天神堆出海堤

实例

佤族 伦（传说中的天神之一）在地上用泥巴不停地堆，堆出了海堤。

【流传】云南省·（普洱市）·西盟县（西盟佤族自治县）

【出处】达老屈等讲，隋嘎等采录：《司岗里》，见中国民间文学集成全国编辑委员会编《中国民间故事集成》（云南卷），北京：中国ISBN中心2003年版，第96页。

W1964.14.1.1.2
地神堆出海堤

实例

佤族 伦（地神，又译"路安神"）在地上堆出海堤。

【流传】云南省·（普洱市）·西盟县（西盟佤族自治县），（临沧市）·沧源县（沧源佤族自治县）

【出处】隋嘎、岩扫等讲，艾荻等搜集整理：《司岗里》，见尚仲豪、郭九思等编《佤族民间故事选》，上海：上海文艺出版社1989年版，第1页。

1.8.2 江河湖海

佤族 地刚形成时是空的。伦（地神，旧译"路安神"）用泥土不住地堆，最后堆出了高山，堆出了深谷，堆出了河道，堆出了海堤。

【流传】（云南省·普洱市·西盟佤族自治县）

【出处】随戛、岩扫、岩瑞等讲，艾荻、张天达搜集整理：《司岗里》，见姚宝瑄主编《中国各民族神话》（佤族、阿昌族、纳西族、普米族、德昂族），太原：山西出版传媒集团·书海出版社2014年版，第11~12页。

佤族 以前的地是空的。伦（地神，旧译"路安神"）用泥土不住地堆，堆出了海堤。

【流传】云南省·（普洱市）·西盟县（西盟佤族自治县），（临沧市）·沧源县（沧源佤族自治县）

【出处】随戛、岩扫、岩瑞等讲述，艾荻、张开达搜集整理：《司岗里》，载《山茶》1988年第1期。

W1964.15
海底

【关联】［W1964.2.4.1］海底无数石柱支撑着海

实例

（参见下级母题实例）

W1964.15.1
海底大无边

实例

布依族 人们下到第十二层海底，看到海底大无边，海底好宽敞。

【流传】（无考）

【出处】岭老荣唱，岭玉清翻译整理，古梅改写：《漫游十二层天和十二层海》，见姚宝瑄主编《中国各民族神话》（布依族、仡佬族、苗族），太原：山西出版传媒集团·书海出版社2014年版，第38页。

W1964.16
海中的生活

实例

（参见下级母题实例）

W1964.16.1
海中晾晒衣物

实例

布依族 人们到了第十层海，碰见龙女正好搬出她们的花被子和花绸子去晾晒。

【流传】（无考）

【出处】岭老荣唱，岭玉清翻译整理，古梅改写：《漫游十二层天和十二层海》，见姚宝瑄主编《中国各民族神话》（布依族、仡佬族、苗族），太原：山西出版传媒集团·书海出版社2014年版，第37页。

W1964.16.2
海洋是水族的世界

实例

哈尼族 神造天空、大地和海洋三个世

界。天庭是神的世界，大地是人的世界，大水是水族的世界。

【流传】云南省·（红河哈尼族彝族自治州）·元阳县

【出处】朱小和讲，卢朝贵搜集整理：《三个世界》，单超选自《哈尼族神话传说选》，见姚宝瑄主编《中国各民族神话》（哈尼族、傣族），太原：山西出版传媒集团·书海出版社 2014年版，第 65 页。

W1964.17
海中的烟雾

实例

（参见下级母题实例）

W1964.17.1
神鱼喷吐海中的烟雾

实例

傣族 水中神王巴阿嫩吃的是海水和气泡，吐出来的也是水汽和泡沫。它把水花从鼻孔里喷出，飞溅到水面，就变成了腾腾的烟雾。

【流传】云南省·西双版纳傣族地区（西双版纳傣族自治州）

【出处】《巴塔麻嘎捧尚罗》，王松据岩温炳翻译《巴塔麻晏》（开天辟地）改写，见姚宝瑄主编《中国各民族神话》（哈尼族、傣族），太原：山西出版传媒集团·书海出版社 2014 年版，第 270 页。

1.8.3　其他一些常见的水体
【W1965 ~ W1979】

✵ W1965
泉的产生（泉水的产生）

【汤普森】A941

【关联】
① ［W1870］水的产生
② ［W1910］江河的产生

实例

（参见下级母题实例）

W1966
泉源于某个特定地方

实例

（参见下级母题实例）

W1966.1
泉从天上流下来

【关联】［W1971.8］从天上取来泉水的种子

实例

壮族 泉是从天上流下来的。

【流传】广西壮族自治区·（百色市）·隆林（隆林各族自治县）

【出处】杨业荣等整理：《铜鼓的传说》，见中华民族故事大系编委会编《中华民族故事大系》第3卷（彝族、壮族、布依族），上海：上海文艺出版社1995年版，第426页。

壮族 很古的时候，有一口从山洞里流出来的清泉是从天上密房中流下来的，所以特别甘美。

【流传】广西壮族自治区·（百色市）·隆林县（隆林各族自治县）

【出处】杨业荣、岑隆业整理：《铜鼓为什么埋在地下》，原载蓝鸿恩编：《壮族民间故事选》，上海文艺出版社1984年版，见姚宝瑄主编《中国各民族神话》（仫佬族、壮族、京族），太原：山西出版传媒集团·书海出版社2014年版，第155页。

W1966.2
石裂生出泉水

实 例

布依族 竹王以剑击石，石裂生出泉水。

【流传】贵州省㳽水河流域

【出处】《竹王传说》，见何积全、陈立浩主编《布依族文学史》，贵阳：贵州民族出版社1992年版，第74页。

W1966.3
树心流出泉水

实 例

达斡尔族 有一些树心流出泉水。

【流传】（无考）

【出处】奇克热讲：《毛都耶德根和莫日根》，见满都呼主编《中国阿尔泰语系诸民族神话故事》，北京：民族出版社1997年版，第180页。

W1967
泉是造出来的

实 例

（参见下级母题实例）

W1967.0
神造泉

实 例

（参见下级母题实例）

W1967.0.1
水神造泉

实 例

壮族 杨媪（贬义的水神）造泉。

【流传】广西壮族自治区·（百色市）·靖西县（靖西市）

【出处】凌树东搜集整理：*《祭水神》（1991），见吕大吉、何耀华总主编《中国各民族原始宗教资料集成》（土家族卷、瑶族卷、壮族卷、黎族卷），北京：中国社会科学出版社1998年版，第505页。

W1967.1
天女造泉

实 例

水族 天女姐妹们见人间缺水，就念了咒语，每个人在一个山洞里吐一泡口水；每个人用两只手往山腰抠了两个洞，转眼间，九口涌泉哗哗淌出清水。

【流传】（无考）

【出处】韦免低等讲，潘朝霖搜集整理：《月亮山》，见谷德明编《中国少数民族神话》，北京：中国民间文艺出版社1987年版，第654页。

W1967.2
始祖造泉

实例

（参见下级母题实例）

W1967.2.1
女始祖造泉

实例

壮族　姆洛甲开出泉水。

【流传】广西壮族自治区·（河池市）·东兰县·三石乡·长筒村

【出处】覃剑萍搜集：《姆洛甲》，见张声震总主编，农冠品编注《壮族神话集成》，南宁：广西民族出版社2007年版，第17页。

壮族　姆洛甲（女始祖）开泉。

【流传】广西壮族自治区·（河池市）·东兰县

【出处】覃鼎琨讲，覃承勤采录翻译：《姆洛甲造三批人》附记，见中国民间文学集成全国编辑委员会编《中国民间故事集成》（广西卷），北京：中国ISBN中心2001年版，第4页。

W1967.3
仙人造泉

实例

水族　（实例待考）

W1967.3a
观音造泉

实例

（参见下级母题实例）

W1967.3a.1
观音用净水瓶造泉

实例

汉族　很久以前，连年大旱，瘟疫流行，民不聊生，饿殍遍地。观音菩萨见到这里的情景，动了大慈大悲之心，将净瓶圣水倒入山中古井，霎时，古井中一股清澈甘泉涌出井口。

【流传】辽宁省·（锦州市）·北镇市·常兴店镇

【出处】《青岩寺》，见http://www.lvshan.com。

W1967.4
龙造泉

【关联】［W1968.1］龙生泉

实例

白族　小龙放在家门口，家门口涌出了一潭清清的泉水。

【流传】云南省·（大理白族自治州）·洱源县

【出处】洱源县民间文学集成办公室编：《姑娘龙》，内部编印，1985年，第151~152页。

<u>壮族</u> 九头龙造出出泉水，造的泉水深又宽。

【流传】广西壮族自治区·百色市·田阳县·坡洪镇·陇升村·个强屯

【出处】农吉勤收藏，黄明标等搜集，黄明标等翻译：《麽獏麽怀麽叭祖宗共卷》，见黄明标主编《壮族麽经布洛陀遗本影印译注》（中卷），南宁：广西人民出版社2016年版，第59页。

W1967.4.1
龙吐泉水

【关联】[W1972.9.2.1] 龙喝的水太多形成喷泉

<u>实 例</u>

<u>白族</u> 九父子为了报答乡亲，吐出九股清泉，有一股比较大，传说是黄老汉变成老龙吐的，其余八股清泉是八个儿子变成八条龙吐的。

【流传】云南省·（大理白族自治州）·弥渡县·石排村

【出处】田怀清调查整理：《弥渡九股泉水与九股龙王庙》（1987），见吕大吉、何耀华总主编《中国各民族原始宗教资料集成》（彝族卷、白族卷、基诺族卷），北京：中国社会科学出版社1996年版，第744页。

<u>仡佬族</u> 洛龙吐出泉水。

【流传】贵州省·（遵义市）·道真（道真仡佬族苗族自治县）

【出处】向锡安讲，舒运佑整理：《洛龙的传说》，见中华民族故事大系编委会编《中华民族故事大系》第13卷（仡佬族、锡伯族、阿昌族），上海：上海文艺出版社1995年版，第172页。

<u>满族</u> 遍地大水时，阿布卡赫赫（女天神）的腋毛化成无数木克木都里（水龙），让它们吞水。巨龙肚里吞的水太多，有的变成喷泉。

【流传】（无考）

【出处】

(a) 富育光：《萨满教与神话》，沈阳：辽宁大学出版社1990年版，第51页。

(b)《龙神吞水》，见吕大吉、何耀华总主编《中国各民族原始宗教资料集成》（鄂伦春族卷、鄂温克族卷、赫哲族卷、达斡尔族卷、锡伯族卷、满族卷、蒙古族卷、藏族卷），北京：中国社会科学出版社1999年版，第483页。

W1967.4.1.1
九头龙造泉

<u>实 例</u>

<u>壮族</u> 9个头的龙造泉。

【流传】（无考）

【出处】张声震主编：《布洛陀经诗》，见张声震总编，农冠品编注《壮族神话集成》，南宁：广西民族出版社2007年版，第76页。

W1967.4.2
龙王踏出的洞化作泉

实例

纳西族（实例待考）

W1967.4.3
蛟龙造泉

实例

壮族　蛟龙造泉水。

【流传】广西壮族自治区·（百色市）·靖西（靖西市）

【出处】《盘古歌》，见张声震总主编，农冠品编注《壮族神话集成》，南宁：广西民族出版社2007年版，第3页。

W1967.5
螃蟹造泉

【关联】［W3434］与螃蟹的产生有关的其他母题

实例

哈尼族　螃蟹是开发泉眼的神，哈尼族一年一祭。

【流传】云南省·（红河哈尼族彝族自治州）·元阳（元阳县）、红河（红河县）

【出处】麻蒲成、略赫牛、白觉木讲，史军超搜集整理：《德摩诗琵杀龙》注释（1985），原载云南省民间文学集成办公室编《哈尼族神话传说集成》，中国民间文艺出版社1990年版，见姚宝瑄主编《中国各民族神话》（哈尼族、傣族），太原：山西出版传媒集团·书海出版社2014年版，第180页。

W1967.5.1
螃蟹爬进岩缝泉造出泉水

实例

景颇族　螃蟹横着爬进了岩缝，一大股清泉随它淌了出来。

【流传】云南省·（德宏傣族景颇族自治州）·盈江县

【出处】沙万福讲，永生翻译，东耳等采录：《找水》，见中国民间文学集成全国编辑委员会编《中国民间故事集成》（云南卷），北京：中国ISBN中心2003年版，第333页。

W1967.6
鹅造泉

实例

（参见下级母题实例）

W1967.6.1
神鹅带来泉水

实例

壮族　神鹅走到哪里，哪里就有

甘泉。

【流传】广西壮族自治区·（百色市）·隆林县

【出处】《铜鼓为什么埋地下》，见蓝鸿恩《壮族民间故事选》，上海：上海文艺出版社1984年版，第128～130页。

W1967.7
其他特定人物造泉

实　例

（实例待考）

W1967.7.1
喇嘛用拐杖在石崖上捅出泉水

实　例

门巴族

（参见W1970.4.4母题实例）

W1967.8
与造泉有关的其他母题

实　例

（参见下级母题实例）

W1967.8.1
以前人不会造泉

实　例

壮族　很早以前的人，不知道造泉来养鱼。

【流传】广西壮族自治区·百色市·田阳县·坡洪镇·陇升村·个强屯

【出处】农吉勤收藏，黄明标等搜集，黄明标等翻译：《造万样》，见黄明标主编《壮族麽经布洛陀遗本影印译注》（上卷），南宁：广西人民出版社2016年版，第79页。

W1968
泉是生出来的

实　例

（参见下级母题实例）

W1968.0
神或神性人物生泉

实　例

（参见下级母题实例）

W1968.0.1
地神生泉

实　例

满族　女地神巴那姆赫赫肤生谷泉。

【流传】黑龙江省·黑河地区（黑河市）·孙吴县·（沿江满族达斡尔族乡）·四季屯（四季屯村）

【出处】吴纪贤、富希陆讲：《天宫大战——黑水女真人传世神话》（1939，选自富育光、郭淑云整理的手稿），见姚宝瑄主编《中国各民族神话》（满族、赫哲族、朝鲜族），太原：山西出版传媒集团·书海出版社2014年版，第22页。

W1968.1
龙生泉

【关联】［W1967.4］龙造泉

实 例

汉族 （实例待考）

纳西族 龙三王子在地上蹦出的陷洞，化作清泉。

【流传】云南省·丽江（丽江市）·大研镇（即丽江市古城区）

【出处】杨世光整理：《七星披肩的来历》，见中共丽江地委宣传部编《纳西族民间故事选》，上海：上海文艺出版社1981年版，第263页。

W1968.1.1
埋龙头的地方流出泉

实 例

东乡族 埋龙头的地方流出泉。

【流传】（无考）

【出处】马如基整理：《勒退夫智斩妖龙》，见中华民族故事大系编委会编《中华民族故事大系》第9卷（水族、东乡族、纳西族），上海：上海文艺出版社1995年版，第396页。

W1968.1.2
龙女吐出清泉

实 例

哈尼族 龙女时时思念故土，不顾劳苦，口吐清泉，给百姓送来雨雾。

【流传】（云南省）

【出处】李勒沙、赵官禄讲，李勒沙、赵官禄搜集整理：《云海的传说》附记，见姚宝瑄主编《中国各民族神话》（哈尼族、傣族），太原：山西出版传媒集团·书海出版社2014年版，第109页。

W1968.1.3
龙眼中生泉

实 例

水族 恩公（水语为"拱恩"，踩踏大地的仙人，为父系之祖）用拐杖狠狠捅戳地龙。水就从这些戳开的眼子里涌出来，从此人间就有了清泉。

【流传】贵州省·（黔南布依族苗族自治州）·三都县（三都水族自治县）

【出处】刘恒虽讲，潘朝霖采录：《恩公开辟大地》，见中国民间文学集成全国编辑委员会编《中国民间故事集成》（贵州卷），北京：中国ISBN中心2003年版，第8页。

W1968.1.4
不同的龙生不同的泉

实 例

汉族 黄龙入藏生黄泉。青龙入藏生青泉。

【流传】（无考）

【出处】［汉］刘安及门客：《淮南子·地形训》。

W1968.2
地生泉

【关联】[W1970.4] 戳地出泉

实 例

(参见下级母题实例)

W1968.2.1
拳击地出泉

实 例

汉族 拳扠井，在县西北，相传五丁尝于此为角抵戏，渴甚，以拳击地，泉水涌出。

【流传】（无考）

【出处】

(a)《成都县志》（清嘉庆十八年修）卷一。

(b)《拳扠井》，见袁珂《中国神话大词典》，北京：华夏出版社2015年版，第272页。

W1968.2.2
剑插地出泉

实 例

汉族 大成坡，在鹤庆府城东南，顶有泉，圆径尺许，深如之，终岁不溢，盛夏不涸。相传南诏蒙氏过此，三军无水，渴甚，拔剑插池，泉随涌出，至今行人资焉，谓之一碗水。

【流传】云南省·（大理白族自治州）·鹤庆县

【出处】

(a)[明]陈仁锡：《潜确类书》卷二四。

(b) 同(a)，见袁珂《中国神话大词典》，北京：华夏出版社2015年版，第1页。

W1968.2.3
刀插地出泉

实 例

汉族 夷道县（今湖北省宜都县西北）句将山下，原无泉。有一孤贫女子见一乞人，村人秽恶之。唯女子独加哀矜，割饭饴之。乞人食毕，问有何求。女子曰："正愿此山下有水可汲。"乞人乃取腰中书刀，刺山下三处，即飞泉涌出。

【流传】（无考）

【出处】

(a)《艺文类聚》卷九引盛弘之《荆州记》。

(b)《句将山三泉》，见袁珂《中国神话大词典》，北京：华夏出版社2015年版，第106页。

W1968.2a
石生泉

【关联】[W1884.2] 石生水

实 例

(参见下级母题实例)

W1968.2a.1
泉从岩石流出

实例

苗族 一对叫告良、务夷的神仙夫妻为人类找水，在一个叫老罐塘的地方发现了水源。他俩打开了石岩门，泉水流出来了，人们得到了水灌田。

【流传】贵州省·（黔东南苗族侗族自治州）·施秉县一带

【出处】王志海讲，月山整理：《石人冲》，见姚宝瑄主编《中国各民族神话》（布依族、仡佬族、苗族），太原：山西出版传媒集团·书海出版社2014年版，第316页。

W1968.2a.2
岩下生泉

实例

汉族 龙血东有龙像岩，绝壁约万余丈，有四石龙在壁间，今犹可验。岩之东北有洞穴，莫测深浅，泉出其下。

【流传】（无考）

【出处】《益州记》，见袁珂《中国神话大词典》，北京：华夏出版社2015年版，第99页。

W1968.2b
山生泉

【关联】［W1970.3］劈山出泉

实例

汉族 愚公终将山梁挖通，中道且出甘泉。

【流传】（河南省）

【出处】《愚公盘山》，原载《河南民间故事》，见袁珂《中国神话大词典》，北京：华夏出版社2015年版，第394页。

W1968.2b.1
刺山生泉

实例

汉族 县泉水，一名神泉，在酒泉县东一百三十里，出龙勒山腹。汉贰师将军李广利伐大宛还，士众渴，乏水，利乃引佩刀刺山，飞泉涌出，三军赖以获济。

【流传】（无考）

【出处】

(a) ［清］张澍辑：《凉州异物志》。

(b) 《县泉水》，见袁珂《中国神话大词典》，北京：华夏出版社2015年版，第162页。

W1968.2b.2
挖山出泉

实例

汉族 （实例待考）

W1968.3
埋妖魔眼珠的地方流出泉

实例

鄂伦春族 把妖魔的眼珠埋地下出现

泉水。

【流传】黑龙江省

【出处】赞竹梅等讲，隋军搜集，隋艺民等整理：《多布库尔河的传说》，见中华民族故事大系编委会编《中华民族故事大系》第 15 卷（德昂族、保安族、裕固族、京族、塔塔尔族、独龙族、鄂伦春族），上海：上海文艺出版社 1995 年版，第 845 页。

W1968.4
金水钵生泉

实例

（参见下级母题实例）

W1968.4.1
圣母的金水钵生泉

实例

汉族 圣母娘娘抱的一尊金水钵生出泉水。

【流传】陕西省·（延安市）·延川县

【出处】刘虎林搜集整理：《娘娘遗泉》，见延川县民间文学征集办公室编《民间文学选编》，内部编印，1984 年，第 66 页。

W1968.5
坑洞生泉

实例

纳西族 （实例待考）

W1968.5.1
龙洞出泉水

实例

土家族 玉屏峰下面有口玉龙洞，洞里有股玉龙泉。这洞口被山下长上来的石柱堵住了，要有一位艺高胆大的人从谷底爬上石柱，用开山斧将这根锁龙柱拦腰砍断，玉龙泉水就能流出来。

【流传】（湖南省·湘西土家族苗族自治州·保靖县）

【出处】罗轶整理：《铁塔娶龙女》（原名为《撒珠湖》），见姚宝瑄主编《中国各民族神话》（土家族、毛南族、侗族、瑶族），太原：山西出版传媒集团·书海出版社 2014 年版，第 36 页。

W1968.6
其他特定的物生泉

实例

（参见下级母题实例）

W1968.6.1
葫芦生泉

实例

（参见下级母题实例）

W1968.6.1.1
神的葫芦生泉

实例

纳西族 陆神（神名）从腰间解下葫

芦，甩手丢到白水台的坡头，突然银链似的泉水漫坡流泻下来，白水哗哗地漫过白石台阶，漫坡出现了层层叠叠的白石台阶，层叠层的台阶里注满了清幽幽的泉水。

【流传】云南省·（丽江市）·丽江县（古城区、玉龙纳西族自治县）

【出处】木丽春采集整理：《白水台的传说》，见木丽春编著《纳西族民间故事集》，昆明：云南人民出版社 2007 年版，第 87 页。

W1968.6.2
树下生泉

【关联】［W1882.1］砍树生出水

实 例

（参见下级母题实例）

W1968.6.2.1
泉隐藏在大树下

实 例

裕固族 部落里有一棵参天的大松树，只要连根刨出松树，下面就有一股清泉。

【流传】（甘肃省）

【出处】
(a) 才让丹珍整理：《兄弟两个》，载《陇苗》1982 年第 8 期。
(b) 才让丹珍整理：《苏克找神水》，见姚宝瑄主编《中国各民族神话》（土族、东乡族、回族、保安族、裕固族、撒拉族），太原：山西出版传媒集团·书海出版社 2014 年版，第 103 页。

W1968.6.3
特定的坟上冒出泉水

实 例

仫佬族 罗英（女子名）驯养的野牛年老死了，罗英叫人把它抬到东边一块地头上埋了起来，修了一座坟。牛坟头冒出一股箩口大的泉水来。

【流传】广西壮族自治区·（河池市）·罗城县（罗城仫佬族自治县）·东门乡（东门镇）·章罗村一带

【出处】罗代超讲，梁瑞光、银应梅、包玉堂搜集整理：《罗英驯牛》，原载包玉堂等编《仫佬族民间故事选》，上海文艺出版社 1988 年版，见姚宝瑄主编《中国各民族神话》（仫佬族、壮族、京族），太原：山西出版传媒集团·书海出版社 2014 年版，第 48 页。

W1968.6.4
祈雨的人化石后口中生泉

实 例

汉族 一个青年为祈雨变成石头后，水从他的口中流出。

【流传】河北省·（保定市）·定兴县

【出处】《泉水的由来》，见定兴县民间故事集成编委会编《定兴民间文学集成》，内部编印，1987 年，第 19~20 页。

W1969
泉是变化产生的

实 例

（参见下级母题实例）

W1969.0
特定人物变成泉

实 例

（参见下级母题实例）

W1969.0.1
好人死后变成泉水

实 例

白族　一位医生举刀割断自己的动脉，将血兑进水中，医好了很多小孩的病。终因失血过多，献出自己的生命。就在他倒地的地方变出了泉水。

【流传】云南省·（大理白族自治州）·剑川县·沙溪乡·石龙村

【出处】张文调查整理：《剑川沙溪白族祭石宝灵泉》（1984），见吕大吉、何耀华总主编《中国各民族原始宗教资料集成》（彝族卷、白族卷、基诺族卷），北京：中国社会科学出版社1996年版，第495页。

W1969.1
动物化泉

【关联】［W1925］动物变成江河

实 例

（参见下级母题实例）

W1969.1.1
地龙化为泉

【关联】［W1972.2.1］地龙呼吸造成泉水涨落

实 例

水族　拱恩戳死地龙成了喷水的涌泉。

【流传】（无考）

【出处】中国各民族宗教与神话大词典编审委员会编：《中国各民族宗教与神话大词典》，北京：学苑出版社1990年版，第556页。

W1969.1.2
蛇化为泉

实 例

汉族　斩穴中蛇形成泉水。

【流传】（无考）

【出处】［晋］干宝：《搜神记》卷一四。

W1969.2
眼泪变成泉

【汤普森】A941.2

实 例

（参见下级母题实例）

W1969.2.1
动物的眼泪形成泉水

实 例

（参见下级母题实例）

W1969.2.1.1
猴的眼泪形成泉水

实例

藏族 母猴死后，它的眼泪就是大山里流出来的泉水。

【流传】四川省·（阿坝藏族羌族自治州）·阿坝县·城关（阿坝镇）

【出处】大纳柯讲，泽仁当州翻译，阿强等采录：《其公和日玛依》，见中国民间文学集成全国编辑委员会编《中国民间故事集成》（四川卷·下），北京：中国ISBN中心1998年版，第936页。

W1969.2.1.2
鸟的眼泪变成泉

实例

佤族 鸟的眼泪汇成泉。

【流传】云南省·（临沧市）·沧源（沧源佤族自治县）

【出处】白花整理：《鸟泪泉》，见中华民族故事大系编委会编《中华民族故事大系》第7卷（黎族、傈僳族、佤族），上海：上海文艺出版社1995年版，第809页。

W1969.2.2
文化英雄的眼泪变成泉

实例

满族 完达（英雄名）死后变成山，他看到黑龙还在作孽，虽然身子动弹不得，但闭不上双眼，流下的眼泪化成了两股山泉。

【流传】黑龙江省

【出处】
(a) 赵书搜集整理：《女真定水》，见乌丙安等编《满族民间故事选》，上海：上海文艺出版社1983年版，第66~76页。
(b) 同（a），见姚宝瑄主编《中国各民族神话》（满族、赫哲族、朝鲜族），太原：山西出版传媒集团·书海出版社2014年版，第50~60页。

W1969.2.3
莲目老祖母的眼泪变成泉

实例

彝族 火灾时，莲目老祖母与子女失联。她在山上不停地吹着竹笛召唤她的儿女们，悲伤的泪水变成了一股清泉。

【流传】云南省·（大理白族自治州）·鹤庆县

【出处】杨知勇搜集整理：《莲目老祖》，见姚宝瑄主编《中国各民族神话》（羌族、彝族），太原：山西出版传媒集团·书海出版社2014年版，第318页。

W1969.2.4
女子的眼泪变成泉

【关联】[W1904.1.3.2] 人的眼泪变成江河湖海

实例

汉族 妹妹知道自己做错了事，到外面去找哥哥。她在山坡上爬呀哭呀，手脚都爬僵了，最后变成山坡上的爬山石，泪水变成了岩石间的泉水。

【流传】（无考）

【出处】欧阳旭焕讲，钟丰彩、黄和健采录：《鄢挨世剪纸》，原载朱勤芹、冯志华编《幻想故事卷》，见陶阳、钟秀编《中国神话》（下），北京：商务印书馆2008年版，第1412～1414页。

W1969.2a
汗水变成泉

实例
（参见下级母题实例）

W1969.2a.1
地母的汗水变成泉

实例

满族 地母神巴那吉额姆身上滴出的汗水化作了淙淙清泉。

【流传】（无考）

【出处】富育光、孟慧英、王宏刚整理：《巴那吉额姆》，见姚宝瑄主编《中国各民族神话》（满族、赫哲族、朝鲜族），太原：山西出版传媒集团·书海出版社2014年版，第88～89页。

W1969.2b
鼻涕变成泉

实例
（参见下级母题实例）

W1969.2b.1
山鬼的鼻涕变成泉

实例

藏族 当人们走进德忠沟，能看到两股小小的泉水倒挂在对面山上，据说那是女神砍下山鬼的头颅还在不停地流着鼻涕。

【流传】（西藏自治区）

【出处】阎振中搜集整理：《德忠沟的女神和山鬼》，原载《西藏民间故事》第3集，西藏人民出版社1987年版，见吕大吉、何耀华总主编《中国各民族原始宗教资料集成》（鄂伦春族卷、鄂温克族卷、赫哲族卷、达斡尔族卷、锡伯族卷、满族卷、蒙古族卷、藏族卷），北京：中国社会科学出版社1999年版，第951页。

W1969.3
尿变成泉

实例
（实例待考）

W1969.3.1
马的尿变成泉

【汤普森】A941.1.1

【实例】

（实例待考）

W1969.4
血变成泉

【关联】

① ［W1887］血变成水
② ［W1904.1.2］血变成江河湖海

【实例】

壮族　射日后，太阳流出的血液变成泉。

【流传】广西壮族自治区·（崇左市）·龙州（龙州县）

【出处】农老爹讲，蓝鸿恩整理：《神弓宝剑》，见中华民族故事大系编委会编《中华民族故事大系》第3卷（彝族、壮族、布依族），上海：上海文艺出版社1995年版，第436页。

W1969.5
神的乳汁变成泉

【汤普森】A941.5.7

【实例】

（参见下级母题实例）

W1969.5.1
泉是山神的乳汁

【实例】

彝族　山神挤出自己的醇乳，大地就有清泉。

【流传】云南省·（红河哈尼族彝族自治州）·红河县、元阳县

【出处】龙俣贵搜集整理，黄建明摘录：《祭山经》，见吕大吉、何耀华总主编《中国各民族原始宗教资料集成》（彝族卷、白族卷、基诺族卷），北京：中国社会科学出版社1996年版，第87页。

W1969.6
灵魂变成泉

【关联】［W0916］与灵魂（鬼、鬼魂）相关的其他母题

【实例】

（参见下级母题实例）

W1969.6.1
露水王的魂变成泉

【实例】

仫佬族　露水王的魂变为泉。

【流传】广西壮族自治区·（河池市）·罗城（罗城仫佬族自治县）

【出处】王远轩等整理：《露水王》，见中华民族故事大系编委会编《中华民族故事大系》第11卷（达斡尔族、仫佬族、羌族），上海：上海文艺出版社1995年版，第287页。

W1970
特定的活动形成泉

【实例】

（参见下级母题实例）

W1970.1
箭射出泉
【关联】［W1971.3］插剑处形成泉

实例

（参见下级母题实例）

W1970.1.1
小伙射地面拔箭出泉

实例

汉族　小伙辽哥的箭射到一个地方，拔出箭后形成了泉水。

【流传】吉林省·（辽源市）东辽县·辽河源（辽河源镇）

【出处】王奎林等讲，王国栋等整理：《东辽河源的传说》，见辽源市民间文学集成编委会编《吉林民间文学集成·辽源市区卷》，内部编印，1988年，第51页。

W1970.2
射树出泉
【汤普森】A941.7.2

实例

（实例待考）

W1970.3
劈山出泉
【关联】
① ［W1836a.1］神劈出山的裂缝
② ［W1845.1.2］劈出山谷（砍出山谷）

实例

汉族　（实例待考）

W1970.4
戳地出泉
【关联】
① ［W1884.0.1］戳地出水
② ［W1915.1.4］雷神戳地成河
③ ［W1968.2］地生泉

实例

（参见下级母题实例）

W1970.4.1
梯子戳地出泉

实例

独龙族　地被梯子戳出一个大窟窿，流出泉水。

【流传】（a）云南省·（怒江傈僳族自治州）·贡山县（贡山独龙族怒族自治县）·独龙江乡

【出处】
（a）孔志清、伊里亚讲，巴子采录：《天地是怎么分开的》，见中国民间文学集成全国编辑委员会编《中国民间故事集成》（云南卷），北京：中国ISBN中心2003年版，第81页。

（b）同（a），见陶立璠、赵桂芳等编《中国少数民族神话汇编》（开天辟地篇等），中央民族学院少数民族古籍整理出版规划领导小组办公室印（未署出版时间），第379页。

W1970.4.2
簪子戳地出泉

实 例

（参见下级母题实例）

W1970.4.2.1
大禹用妻子的银簪戳地出泉

实 例

汉族 泉水是大禹用老婆头上的银簪在水坑里一乩出来的。

【流传】浙江省·金华市·婺城区·双龙乡·洞前村

【出处】

（a）方康忠讲，杨学成采录：《大禹乩水》，见中国民间文学集成全国编辑委员会编《中国民间故事集成》（浙江卷），北京：中国 ISBN 中心 1997 年版，第 66 页。

（b）顾希佳：《浙江民间故事史》，杭州：杭州出版社 2008 年版，第 66 页。

W1970.4.3
扁担戳地出泉

实 例

（参见下级母题实例）

W1970.4.3.1
二郎神用扁担戳山腰出泉

实 例

汉族 二郎神用担山的扁担在王莽山的半腰戳出一股泉水。

【流传】陕西省·安康市

【出处】孙鹏讲，柳庆康采录：《二郎神担山赶太阳》，见中国民间文学集成全国编辑委员会编《中国民间故事集成》（陕西卷），北京：中国 ISBN 中心 1996 年版，第 22 页。

W1970.4.4
拐杖戳地出泉

实 例

（参见下级母题实例）

W1970.4.4.1
喇嘛用拐杖戳山岩出泉

实 例

门巴族 喇嘛用拐杖在石崖上捅出泉水。

【流传】西藏自治区·（山南市）·门隅（门隅地区以达旺西边的静东山为界，西边是达巴、邦钦、勒布，叫西门隅。东门隅有尼玛措三地、淑、绛达、僧格宗、牛玛董、章玛水域、绒囊等）

【出处】乌金群僧讲，刘芳贤等整理，丹增旺姆翻译：《马桑尔辛格列智杀女妖》，见中华民族故事大系编委会编《中华民族故事大系》第 16 卷（赫哲族、门巴族、珞巴族、基诺族），上海：上海文艺出版社 1995 年版，第 303 页。

W1970.5
龙溅出的水形成泉

实 例

（参见下级母题实例）

W1970.5.1
龙王天上落海中溅出的水形成泉

实 例

纳西族 龙王鲁帕期被神鸟从三层天摔到大海里，摔得浪花四溅。凡是浪花溅到的地方，就立刻出现了泉水。

【流传】（a）云南省·（丽江市）·宁蒗县（宁蒗彝族自治县）·永宁乡

【出处】

(a) 达巴苏诺等讲，李子贤采录：《神鸟月其嘎儿》，见中国民间文学集成全国编辑委员会编《中国民间故事集成》（云南卷），北京：中国ISBN中心2003年版，第369页。

(b) 达巴苏诺等讲，李子贤记录整理：《月其嘎儿》，见谷德明编《中国少数民族神话》，北京：中国民间文艺出版社1987年版，第455页。

W1970.6
宝物中产生泉

实 例

（参见下级母题实例）

W1970.6.1
宝物温凉盏产生泉

实 例

满族 小伙吴龙阿因救了四只小喜鹊得到宝物温凉盏。温凉盏里淌出来的泉水——泼雪泉。

【流传】黑龙江省·（牡丹江市）·宁安市

【出处】傅英仁讲，王凤江整理：《泼雪泉》，见姚宝瑄主编《中国各民族神话》（满族、赫哲族、朝鲜族），太原：山西出版传媒集团·书海出版社2014年版，第82~84页。

W1970.7
砸地出泉

实 例

（参见下级母题实例）

W1970.7.1
宝珠落地砸出泉

【关联】[W9686]宝珠

实 例

满族 宝珠被砍碎后纷纷落到连珠山上，珠片落处，涌出了股股泉水，汇成了一潭清澈的湖水。

【流传】黑龙江省

【出处】

(a) 赵书搜集整理：《女真定水》，见乌丙安等编《满族民间故事选》，上海：上海文艺出版社1983年版，第66~76页。

（b）同（a），见姚宝瑄主编《中国各民族神话》（满族、赫哲族、朝鲜族），太原：山西出版传媒集团·书海出版社2014年版，第50~60页。

W1970.8
抽陀螺冒出泉

实例

（参见下级母题实例）

W1970.8.1
天神在地上抽陀螺冒出泉

【关联】[W1875.1.2] 神抽陀螺地上冒出水

实例

高山族（阿美） 依勒克（天神名）做了一只大陀螺放在地上，抽二下，清清的水冒出来了。

【流传】台湾

【出处】汪梅田搜集整理：《彩虹》，原载蔡铁民编《高山族民间故事选》，见陶阳、钟秀编《中国神话》（上），北京：商务印书馆2008年版，第215~217页。

W1970.9
撬石得泉水

实例

壮族 祖公告诉后人，拿铁锹撬石山，就会得到泉水。

【流传】广西壮族自治区·百色市·田阳县·坡洪镇·个强屯

【出处】农布秋明万历四十四年手抄本，农吉勤收藏，黄明标等搜集，黄明标等翻译：《哊洛陀造麽叭科》（1616），见黄明标主编《壮族麽经布洛陀遗本影印译注》（上卷），南宁：广西人民出版社2016年版，第7页。

W1971
与泉的产生有关的其他母题

实例

（参见下级母题实例）

W1971.1
魔法造泉

【汤普森】①D925.1；②D927.1；③D1567.2

实例

（实例待考）

W1971.2
马的脚印形成泉

【汤普森】A941.1

实例

保安族 （实例待考）

W1971.3
插剑处形成泉

【汤普森】A941.3

【关联】［W1970.1］箭射出泉

实 例

汉族

（参见 W1968.2.2 母题实例）

W1971.4
神赐泉水

实 例

门巴族 泉水是神水，是诸神恩赐给人间的。

【流传】 西藏自治区·（林芝市）·墨脱县·墨脱乡、甘登乡、旁辛乡

【出处】 桑杰绕登等讲，冀文正采集：《祭灶神》，见冀文正《珞巴族民间故事》，成都：四川民族出版社 2011 年版，第 73 页。

壮族 饮用之井水、泉水皆为水神所赐。

【流传】 广西壮族自治区·（桂林市）·龙胜各族自治县

【出处】 梁堂清搜集整理：＊《祭水神》（1990），见吕大吉、何耀华总主编《中国各民族原始宗教资料集成》（土家族卷、瑶族卷、壮族卷、黎族卷），北京：中国社会科学出版社 1998 年版，第 510 页。

W1971.4.1
地神赐泉

实 例

哈尼族 地神赐给洪水后幸存的兄妹泉水。

【流传】 云南省·（玉溪市）·元江县（元江哈尼族彝族傣族自治县）·咪哩乡、羊岔街乡及因远镇一带

【出处】 《兄妹成婚歌》，见元江县哈尼文化学会、元江县史志编纂办公室编《元江哈尼族古歌集》，内部编印，2005 年，第 39 页。

W1971.4a
玉皇大帝赐泉水

实 例

汉族 盘古山上的泉水是玉皇大帝给盘古爷的，专供他在山下种田的子孙们使用，连龙王也无权过问这股泉水。

【流传】 河南省·（驻马店市）·泌阳县

【出处】 秦道山讲，冯天佑采录：《盘古告状》，见张振犁编著《中原神话通鉴》（第一卷），郑州：河南大学出版社 2017 年版，第 77 页。

W1971.5
神马带来泉水

实 例

保安族 神马带来泉水。

【流传】（a）甘肃省·临夏回族自治州

【出处】

（a）马少青搜集：《神马》，见甘肃省临夏回族自治州群众艺术馆编：《临夏民间故事》，内部编印。

(b)《神马与保安三庄》，见中国各民族宗教与神话大词典编审委员会编《中国各民族宗教与神话大词典》，北京：学苑出版社1990年版，第26页。

W1971.6
变形后产生泉

实　例

（参见下级母题实例）

W1971.6.1
祈雨者变成石头后口中流出泉

【关联】［W6507］祭祀求雨（祈雨）

实　例

汉族

（参见 W1968.6.4 母题实例）

W1971.7
大雨造成泉

实　例

彝族　聪明的龙王罗阿玛按神王的指点，来到开阔的平原。她吐出倾盆大雨，大雨便拍打着平原。由此，大地才冒出了潺潺的清泉，清泉汩汩地流遍了大地。

【流传】（云南省·楚雄彝族自治州·双柏县，红河哈尼族彝族自治州等地）

【出处】

（a）云南省民族民间文学楚雄、红河调查队搜集，郭思九、陶学良整理：《查姆》，昆明：云南人民出版社1981年版。

（b）郭思九、陶学良整理，古梅改写：《彝家的古根》，选自《云南民族文学资料》第七集中的《查姆》上部前三章，见姚宝瑄主编《中国各民族神话》（羌族、彝族），太原：山西出版传媒集团·书海出版社2014年版，第58页。

W1971.8
从天上取来泉水的种子

实　例

（参见下级母题实例）

W1971.8.1
英雄从天上取来泉水的种子

【关联】［W3902.1］万物种子天上来

实　例

彝族（罗罗泼）　尼支甲洛（英雄名，天女生的第一个人）亲自上天取来三把种子。他把第二把种子撒在坝子中间，平地上就冒出了清清的泉水。

【流传】云南省·（楚雄彝族自治州）·南华县·五街（五街镇）

【出处】李发彪等演唱，吉厚培、夏光辅搜集整理：《青棚调——彝族支系罗罗泼古歌》，原载云南省社会科学院楚雄彝族文化研究所编《彝族民间文学》第2辑，1985年，见姚宝瑄主编《中国各民族神话》（羌族、彝族），太原：山西出版传媒集团·书海出版社 2014 年版，第 171 页。

W1972
与泉有关的其他母题

【关联】

① ［W1798.4］天泉

② ［W8126.6］泉涌出造成洪水

实　例

（参见下级母题实例）

W1972.1
神奇的泉

【汤普森】F716

【关联】

① ［W9038.28］魔泉

② ［W9038.28.1］魔泉使人变老

实　例

（参见下级母题实例）

W1972.1.1
使人返老还童的泉
(返老还童泉)

【汤普森】D1338.1.1

【关联】

① ［W1897.7.1］使人返老还童的水

② ［W2968.4］人的返老还童

实　例

哈萨克族 老猎人喝完了又甜又凉的泉水，觉得浑身上下好像增添了无穷的力量，花白的头发也变成乌黑的了。

【流传】（新疆维吾尔自治区）

【出处】尼哈迈提·蒙加尼搜集整理，常世杰翻译：《长命泉的传说》，见姚宝瑄主编《中国各民族神话》（乌孜别克族、哈萨克族、柯尔克孜族、俄罗斯族、维吾尔族、塔吉克族、塔塔尔族、锡伯族），太原：山西出版传媒集团·书海出版社 2014 年版，第 44 页。

W1972.1.2
长命泉

实　例

傣族（实例待考）

哈萨克族 得长命泉水饮之，长生不死。

【流传】（无考）

【出处】袁珂改编：《长命泉》（原名《长命泉的传说》），原载银帆编《哈萨克族民间故事选》，见袁珂《中国神话大词典》，北京：华夏出版社 2015 年版，第 495 页。

W1972.1.3
能治病的泉水

实　例

鄂温克族 泉水能治病。

【流传】内蒙古自治区·呼伦贝尔盟（呼伦贝尔市）·（鄂温克族自治旗）·南屯（巴彦托海镇的旧称）

【出处】贺兴格讲：《圣水的传说》，见吕大吉、何耀华主编《中国各民族原始宗教资料集成》（鄂伦春族卷、鄂温克族卷、赫哲族卷、达斡尔族卷、锡伯族卷、满族卷、蒙古族卷、藏族卷），北京：中国社会科学出版社1999年版，第98页。

W1972.1.3a
能疗伤的泉水

【关联】
① ［W1972.1.9.1］生命泉能疗伤
② ［W1972.1.10.1］药泉能疗伤

实 例

鄂温克族 有个猎手发现了能治伤的泉水，认为是道神泉水。

【流传】内蒙古自治区·呼伦贝尔市·（鄂温克族自治旗）·南屯（巴彦托海镇的俗称）

【出处】
（a）贺兴格讲，文展搜集整理：《圣水的传说》（1983.07.18），见马名超、王士媛、白衫编《鄂温克族民间故事选》，上海：上海文艺出版社1989年版，第25页。
（b）《圣水的传说》，见吕大吉、何耀华总主编《中国各民族原始宗教资料集成》（鄂伦春族卷、鄂温克族卷、赫哲族卷、达斡尔族卷、锡伯族卷、满族卷、藏族卷），北京：中国社会科学出版社1999年版，第98页。

W1972.1.3b
喝了能充饥的泉水

实 例

藏族 佣人达娃每天都到泉眼来背水，肚子饿了喝上几口泉水就饱了，整天劳动疲乏的身子也一下就恢复过来。

【流传】（西藏自治区）

【出处】单超收集整理：《羊卓雍湖》，原载《中国少数民族风物传说选》中央民族出版社1985年版，见吕大吉、何耀华总主编《中国各民族原始宗教资料集成》（鄂伦春族卷、鄂温克族卷、赫哲族卷、达斡尔族卷、锡伯族卷、满族卷、蒙古族卷、藏族卷），北京：中国社会科学出版社1999年版，第948页。

W1972.1.4
会行走的泉

【汤普森】D1641.1

实 例

（实例待考）

W1972.1.5
能使人长翅膀的泉

实 例

满族 多龙格格伏喝泉水长出两只又漂亮又大的翅膀来。

【流传】黑龙江省·（牡丹江市）·宁安县·江东乡（江南朝鲜族满族乡）·花脸沟村（今解放村）

【出处】杨明河讲，傅英仁采录：《多龙格格》，见中国民间文学集成全国编辑委员会编《中国民间故事集成》（黑龙江卷），北京：中国ISBN中心

2005年版，第78~80页。

W1972.1.6
起死回生泉

【关联】

① [W0953] 起死回生药

② [W9300] 复活

实例

纳西族 西方灵山有延寿草，食之长寿；山下复有甘泉，饮之死而更生。

【流传】（无考）

【出处】袁珂改编：《崇人抛鼎寻不死药》，原载《纳西族民间故事选》，见袁珂《中国神话大词典》，北京：华夏出版社2015年版，第550页。

W1972.1.7
怪泉

实例

（参见下级母题实例）

W1972.1.7.1
怪泉出物

实例

汉族 东方有柴都焉，在齐国。有山，山上有泉，如井状，深不测；春夏常雨雹，败五谷。人以柴木塞之，则不出；不塞柴，则出也：故曰柴都焉。

【流传】（无考）

【出处】

（a）鲁迅：《古小说钩沉》辑《玄中记》。

（b）《柴都》，见袁珂《中国神话大词典》，北京：华夏出版社2015年版，第265页。

W1972.1.8
神泉

【关联】[W0958] 神泉

实例

保安族 很久以前，崔家峡口有一眼神泉。

【流传】（无考）

【出处】

（a）马少青搜集整理：《神马》，见郝苏民编《东乡族保安族裕固族民间故事选》，上海：上海文艺出版社1987年版。

（b）同（a），见姚宝瑄主编《中国各民族神话》（土族、东乡族、回族、保安族、裕固族、撒拉族），太原：山西出版传媒集团·书海出版社2014年版，第77页。

汉族 终北国之中有山。山名壶领，状若甂甄。顶有口，状若员环，名曰滋穴。有水涌出，名曰神瀵。臭过兰椒，味过醪醴。

【流传】（无考）

【出处】[春秋战国] 列御寇：《列子·汤问》。

塔吉克族 鲁斯塔木（英雄名）偷偷到了仙园，喝了神泉的水，并摘下一红一白两朵花揣在怀里。

【流传】（新疆维吾尔自治区）

【出处】西仁·库尔班、段石羽搜集整理：《花神》，见姚宝瑄主编《中国各民族神话》（乌孜别克族、哈萨克族、柯尔克孜族、俄罗斯族、维吾尔族、塔吉克族、塔塔尔族、锡伯族），太原：山西出版传媒集团·书海出版社2014年版，第277~278页。

W1972.1.8.1
神泉润万物

实例

汉族 （昆仑山）河水、赤水、弱水、洋水，凡四水者，帝之神泉，以和百药，以润万物。

【流传】（无考）

【出处】
(a) ［汉］刘安及门客：《淮南子·地形训》。
(b) 《昆仑》，见袁珂《中国神话大词典》，北京：华夏出版社2015年版，第197页。

W1972.1.8.2
神泉水能使人长出翅膀

实例

满族 多龙（女酋长名）为了能飞到长白山学习箭术，和都隆阿老人寻找喝了能长翅膀的神泉水。

【流传】（无考）

【出处】富育光、孟慧英、王宏刚整理：《多龙格格》，见姚宝瑄主编《中国各民族神话》（满族、赫哲族、朝鲜族），太原：山西出版传媒集团·书海出版社2014年版，第99~100页。

W1972.1.9
生命之泉

实例

达斡尔族 掌管后嗣子孙的老妈妈奥蔑·额倭的庭院里有九眼永远汨汨喷涌的泉水，是人类生命的源泉。

【流传】（内蒙古自治区、黑龙江省等地）

【出处】
(a) 奥登挂：《达斡尔族古代的萨满教信仰》，载《北方民族》1991年第2期。
(b) 《生命的海泉》，见吕大吉、何耀华总主编《中国各民族原始宗教资料集成》（鄂伦春族卷、鄂温克族卷、赫哲族卷、达斡尔族卷、锡伯族卷、满族卷、蒙古族卷、藏族卷），北京：中国社会科学出版社1999年版，第299页。

W1972.1.9.1
生命泉能疗伤

【关联】［W6235］药的产生（药的获得）

实例

乌孜别克族 王子被哥哥砍断双脚，仙翁将他放入生命的泉水中，给他治疗双脚。四十天后，王子伤口痊愈。

【流传】（新疆维吾尔自治区）

【出处】

（a）阿吉尼、少·塔西甫拉提讲，泰来提·纳斯尔整理，马和苏德翻译：《金翅膀的夜莺》，见张新泰、马雄福编《金翅膀的夜莺》（乌孜别克族、满族），乌鲁木齐：新疆人民出版社2012年版。

（b）同（a），见姚宝瑄主编《中国各民族神话》（乌孜别克族、哈萨克族、柯尔克孜族、俄罗斯族、维吾尔族、塔吉克族、塔塔尔族、锡伯族），太原：山西出版传媒集团·书海出版社2014年版，第16页。

W1972.1.10
药泉

【关联】［W1972.1.3］能治病的泉水

实　例

（参见下级母题实例）

W1972.1.10.1
药泉能疗伤

实　例

汉族 黑龙江五大连池西南有药泉山，山下有药泉。曾有小鹿自山而下，后腿为兽咬伤，行路维艰。鹿至一水坑，跃入而浴之，浴毕跃出，伤腿竟痊愈；复往另一小泉饮数口，乃欢欣踊跃而去。人于是知道此为"药泉"。

【流传】（无考）

【出处】

（a）《药泉》，原载《中国地方风物传说选》。

（b）同（a），见袁珂《中国神话大词典》，北京：华夏出版社2015年版，第384页。

W1972.2
泉的涨落

实　例

（参见下级母题实例）

W1972.2.1
地龙呼吸造成泉水涨落

【关联】

① ［W1969.1.1］地龙化为泉

② ［W3583.9］地龙

实　例

水族 有的泉水时涨时缩，那是地龙在挣扎抽气形成的。

【流传】贵州省·（黔南布依族苗族自治州）·三都县（三都水族自治县）

【出处】刘恒虽讲，潘朝霖采录：《恩公开辟大地》，见中国民间文学集成全国编辑委员会编《中国民间故事集成》（贵州卷），北京：中国ISBN中心2003年版，第8页。

W1972.2.2
间歇泉

实　例

（参见下级母题实例）

W1972.2.2.1
间歇泉喷水是泉下龙咳嗽造成的

【实例】

柯尔克孜族 近几年一眼喷泉冬天有时也喷点水，那是因为这个喷泉下面的毒龙冬天常咳嗽的缘故。

【流传】（新疆维吾尔自治区）

【出处】玛沙托克托逊讲，《玛纳斯》工作组搜集，张运隆整理，朱玛拉依翻译：《达尼格尔枪杀毒龙》，见姚宝瑄主编《中国各民族神话》（乌孜别克族、哈萨克族、柯尔克孜族、俄罗斯族、维吾尔族、塔吉克族、塔塔尔族、锡伯族），太原：山西出版传媒集团·书海出版社 2014 年版，第 192～193 页。

W1972.2.3
喷泉

【实例】

（参见下级母题实例）

W1972.2.3.1
龙喝的水太多形成喷泉

【实例】

满族 遍地大水时，阿布卡赫赫（女天神）的腋毛化成无数木克木都里（水龙），让它们吞水。巨龙肚里吞的水太多，有的变成喷泉。

【流传】（无考）

【出处】

(a) 富育光：《萨满教与神话》，沈阳：辽宁大学出版社 1990 年版，第 51 页。

(b)《龙神吞水》，见吕大吉、何耀华总主编《中国各民族原始宗教资料集成》（鄂伦春族卷、鄂温克族卷、赫哲族卷、达斡尔族卷、锡伯族卷、满族卷、蒙古族卷、藏族卷），北京：中国社会科学出版社 1999 年版，第 483 页。

W1972.3
温泉的产生（温泉）

【汤普森】A942

【实例】

（参见下级母题实例）

W1972.3.1
太阳被射落水中形成温泉

【关联】［W9790］射日月的结果

【实例】

（参见下级母题实例）

W1972.3.1.1
后羿射日形成温泉

【实例】

汉族 后羿射中的九个太阳当中，有一个射偏点儿，没有冷透就落到汤山肚里去了，把地底下的泉水烧得滚热滚热的，形成了温泉。

【流传】江苏省·南京市

【出处】吴玉门讲，赵慕明记录：《后羿射金乌》，见姚宝瑄主编《中国各民族神话》（汉族），太原：山西出版传媒集团·书海出版社2014年版，第138~139页。

W1972.3.2
太阳放在水中形成温泉

实 例

汉族　十一个太阳被二郎神捉住扔到大石坑里，把附近泉水烤热了就成了温泉。

【流传】北京市·密云县（密云区）

【出处】王贵讲，秋实采录：《二郎神担山捉太阳》，见中国民间文学集成全国编辑委员会编《中国民间故事集成》（北京卷），北京：中国ISBN中心1999年版，第6页。

汉族　二郎神拣了个太阳在汤峪山下放了一夜，所以汤峪有温泉。

【流传】陕西省·宝鸡市

【出处】夏国祥讲，高随民采录：《炎帝抱太阳》，见中国民间文学集成全国编辑委员会编《中国民间故事集成》（陕西卷），北京：中国ISBN中心1996年版，第17页。

W1972.3.2a
太阳的照晒形成温泉

【关联】［W4106］太阳的光与热

实 例

毛南族　天皇（天皇，毛南语音译，神名）造的十二个太阳，不分白天黑夜地向地面照射，河水海水都滚沸了，直到现在还有一些温泉。

【流传】广西壮族自治区·（河池市）·环江毛南族自治县·上南（上南乡）、中南（中南乡）、下南（下南乡）·上纳屯

【出处】

（a）蒙贵章讲，蒙国荣、韦志华、谭贻生记录翻译，蒙国荣整理：《天皇到盘、古》（1984.07），见杨光富《回、彝、水、仡佬、毛南、京六族故事选》，南宁：广西人民出版社1988年版。

（b）同（a），见姚宝瑄主编《中国各民族神话》（土家族、毛南族、侗族、瑶族），太原：山西出版传媒集团·书海出版社2014年版，第49页。

W1972.3.3
神奇的金簪划出温泉

【关联】［W1784.5］王母娘娘用金簪划出天河

实 例

水族　神奇的金簪划出温泉。

【流传】贵州省·（黔南布依族苗族自治州）·独山（独山县）

【出处】潘道林等讲，储佩成整理：《温泉的传说》，见中华民族故事大系编委会编《中华民族故事大系》第9卷（水族、东乡族、纳西族），上海：上海文艺出版社1995年版，第117页。

W1972.3.4
妖魔的眼泪变成温泉

实例

白族　火焰山脚下流出的热气腾腾的温泉是妖魔的眼泪。

【流传】云南省·（大理白族自治州）·洱源（洱源县）

【出处】石音搜集整理：《火焰山的由来》，见中华民族故事大系编委会编《中华民族故事大系》第5卷（瑶族、白族、土家族），上海：上海文艺出版社1995年版，第586页。

W1972.3.4a
温泉是女始祖的生殖器

实例

壮族　温水泉是女始祖姆洛甲的生殖器。

【流传】广西壮族自治区·（红水河一带）

【出处】覃剑萍搜集整理：*《生殖器崇拜》（1990），见吕大吉、何耀华总主编《中国各民族原始宗教资料集成》（土家族卷、瑶族卷、壮族卷、黎族卷），北京：中国社会科学出版社1998年版，第533页。

W1972.3.4a.1
温泉的温水是女始祖的尿

【关联】［W0654.3.3］祖先的巨大生殖器

实例

壮族　温水泉里的温水是女始祖姆洛甲的尿水。

【流传】广西壮族自治区·（红水河一带）

【出处】覃剑萍搜集整理：*《生殖器崇拜》（1990），见吕大吉、何耀华总主编《中国各民族原始宗教资料集成》（土家族卷、瑶族卷、壮族卷、黎族卷），北京：中国社会科学出版社1998年版，第533页。

W1972.3.5
温泉热气如烟

实例

汉族　新都县（今河南省新野县东）有温泉。冬月，未至数里，遥见白气如烟，上下交映，状如绮疏。又有车轮双辙形。世人传，昔有玉女乘车，自投此泉。人时见女子，姿容光丽，往来倏忽。人造泉，有一声则沸，从下出而不可止也。

【流传】（无考）

【出处】

(a)《太平御览》卷七一引盛弘之《荆州记》。

(b)《新都县温泉》，见袁珂《中国神话大词典》，北京：华夏出版社2015年版，第335页。

W1972.3.6
浴温泉增精神

实 例

（参见下级母题实例）

W1972.3.6.1
黄帝浴温泉增精神

实 例

汉族　黄帝循云雾而往，见黟山山脚有一水池，池中水温，上笼雾气。黄帝与浮丘公、容成子俱浴池中，浴罢精力倍增，飘然欲仙。

【流传】（无考）

【出处】《黄山的来历》，原载《中国地方风物传说选》（二），见袁珂《中国神话大词典》，北京：华夏出版社2015年版，第389页。

W1972.3.7
与温泉有关的其他母题

【关联】［W1977.4.5.1］温池

实 例

（参见下级母题实例）

W1972.3.7.1
汤山温泉

实 例

汉族　后羿射中的九个太阳当中，有一个射偏点儿，没有冷透就落到汤山肚里去了，把地底下的泉水烧得滚热滚热的。直到现在，流出来的水都是热乎乎的，成了有名的汤山温泉。

【流传】江苏省·南京市

【出处】吴玉门讲，赵慕明记录：《后羿射金乌》，见姚宝瑄主编《中国各民族神话》（汉族），太原：山西出版传媒集团·书海出版社2014年版，第138~139页。

W1972.4
咸的泉水

【汤普森】A942.2

【关联】

① ［W1896.1.4］咸水

② ［W1950.0.2.1］有的湖水为什么咸

实 例

（参见下级母题实例）

W1972.4.1
特定地方的泉是咸的

实 例

门巴族　斯木（地名）的西面有吉巴山。山里瀑布飞泉，流水潺潺，有一股泉水还是咸的。

【流传】西藏自治区·（山南市）·错那县·勒布区（贡日门巴族乡）·斯木村

【出处】

（a）江白洛准讲：《镇压妖女》，见谷德明编《中国少数民族神话选》，西北民族学院研究所编印，内部资料，1983年。

（b）同（a），见姚宝瑄主编《中国各

民族神话》（门巴族、珞巴族、怒族、藏族），太原：山西出版传媒集团·书海出版社2014年版，第12页。

W1972.4a
甜的泉水

【关联】[W1977.4.4.2] 甘渊

实 例

（参见下级母题实例）

W1972.4a.1
天堂里的泉水很甜

【关联】[W1793] 天堂

实 例

维吾尔族 天堂里泉水清冽，比冰糖还甜。

【流传】新疆维吾尔自治区·（巴音郭楞蒙古自治州）·轮台县·策大雅乡

【出处】吾生里汗讲，阿不力米提·穆罕米迪·阿克约里采录，梁伟译：《亚当被贬下凡》，见中国民间文学集成全国编辑委员会编《中国民间故事集成》（新疆卷），北京：中国ISBN中心2008年版，第28页。

W1972.5
黄泉

【关联】[W1078] 下界（阴间）

实 例

汉族

（参见W1968.1.4母题实例）

W1972.5.1
黄泉在地下

实 例

汉族 （实例待考）

W1972.6
酒泉

【关联】[W6155] 酒

实 例

汉族 西北荒中，有玉馈之酒，酒泉注焉。广一丈，长深三丈。酒美如肉，澄清如镜，取一尊，一尊复生焉。与天地同休无干时。石边有脯焉，味如獐鹿脯，名曰追复，食一片复一片。

【流传】（无考）

【出处】[汉] 东方朔：《神异经·西北荒经》。

汉族 和神国地产大瓠，瓠中盛五谷，不种而实。水泉如美酒，饮多致醉。

【流传】（无考）

【出处】[清] 褚人获：《坚瓠九集》卷三引《小窗清纪》。

W1972.6.1
天神造酒泉

实 例

拉祜族 天神厄莎开挖出一条酒泉，喷香甘甜。

【流传】云南省·（普洱市）·澜沧县（澜沧拉祜族自治县）、孟连县（孟连傣族拉祜族佤族自治县）、双江县（双江拉祜族佤族布朗族傣族自治县）等地

【出处】昆明师范学院中文系1957级部分学生搜集，刘辉豪整理：《牡帕密帕》，昆明：云南民族出版社1979年版，第15页。

W1972.6.2
酒泉流出的是酒

实 例

汉族 （酒泉郡）其水若酒，故曰酒泉。

【流传】（无考）

【出处】

（a）《汉书·地理志下》颜师古注引应劭语。

（b）《酒泉》，见袁珂《中国神话大词典》，北京：华夏出版社2015年版，第277页。

拉祜族 天神厄莎在山里发现了一个酒泉，便挖开了一潭酒泉，酒便像泉水一般汹涌出来，就像一条潺潺流淌的小河，出现了一条酒的河流。

【流传】云南省大拉祜及黄拉祜中部一带

【出处】小八讲，古木整理：《天神厄莎》（整理中参照了《牡帕密帕》和《古根》），见姚宝瑄主编《中国各民族神话》（白族、拉祜族、景颇族），太原：山西出版传媒集团·书海出版社2014年版，第166页。

W1972.6.3
酒泉的酒使人长生不老

【关联】［W0952.1.3］长生不老的水

实 例

汉族 西北荒中有酒泉。人饮此酒，酒美如肉，清如镜。其上有玉樽，取一樽复一樽出，与天地同休，无干时。饮此酒，人不死长生。

【流传】（无考）

【出处】

（a）《艺文类聚》卷七二引《神异经》。

（b）《酒泉》，见袁珂《中国神话大词典》，北京：华夏出版社2015年版，第277页。

W1972.6a
山泉

实 例

（参见下级母题实例）

W1972.6a.1
猪婆龙钻出山泉

实 例

汉族 玉帝令天兵天将捉拿猪婆龙时，猪婆龙逃至凡间，钻入海底，又从海底钻至山间，以致钻出地道无数。使山山俱有泉水，从此百姓饮水用水不愁，庄稼茂盛生长。

【流传】（江苏省·宜兴市）

【出处】袁珂改编：《猪娘治水》（原名《猪婆龙》），原载江苏省文化局编《陶都宜兴的传说》，见袁珂《中国神话大词典》，北京：华夏出版社 2015 年版，第 391 页。

W1972.7
魔力掌控着泉
【汤普森】D2151.6
实例
（实例待考）

W1972.8
泉水的消失
【关联】［W1244.4.2.1］地洞流干地上的水
实例
（参见下级母题实例）

W1972.8.1
龙把泉水吸干
【关联】
① ［W3579.2］龙能降雨
② ［W8506.1］龙吸水消除洪水
实例
汉族
（参见 W1962.1.4 母题实例）

W1972.8.2
龙王使泉水断流
实例
汉族 小龙用身子挡住泉眼。

【流传】河南省·（驻马店市）·泌阳县·羊册乡·大山庙村
【出处】秦道山讲，冯天佑采录：《上天告状》，见中国民间文学集成全国编辑委员会编《中国民间故事集成》（河南卷），北京：中国 ISBN 中心 2001 年版，第 8 页。

汉族 盘王因龙王使泉水断流，找玉皇大帝告状。
【流传】河南省·（驻马店市）泌县（泌阳县）与（南阳市）桐柏县交界处
【出处】秦道山讲：《盘古告状》，见张楚北《中原神话》，郑州：海燕出版社 1988 年版，第 1 页。

W1972.9
其他特定名称的泉
实例
（参见下级母题实例）

W1972.9.1
半阳泉
实例
汉族 织女送董子经半阳泉，董子思饮，扬北水与之，曰："寒。"织女因祝水令暖，又曰："热。"乃拔六英宝钗，祝而画之；于是半寒半热，相和与饮。
【流传】（无考）
【出处】
(a)《说郛》卷三二辑《三余帖》。

(b)《半阳泉》，见袁珂《中国神话大词典》，北京：华夏出版社 2015 年版，第 112 页。

W1972.9.2
趵突泉

实例

汉族 （实例待考）

W1972.9.2a
宝泉

实例

（参见下级母题实例）

W1972.9.2a.1
宝泉无论春夏秋冬从不枯竭

实例

汉族 很久以前，在香山上有一眼宝泉。无论春夏秋冬，从不枯竭。喝了可以延年益寿。

【流传】江苏省·张家港市

【出处】丁品森搜集整理：《香山宝泉》，见陈世海《张家港曲艺丛书：张家港故事选集》，南京：江苏凤凰文艺出版社 2016 年版，第 42～43 页。

W1972.9.3
不老泉

【关联】

① ［W0959.3］不老水

② ［W1789.0.1.2］天河水是长生不老水

实例

仫佬族 不管天旱多久，牛坟头冒出的泉水总是长流不断，滋润着四周田地里的庄稼。

【流传】广西壮族自治区·（河池市）·罗城县（罗城仫佬族自治县）·东门乡（东门镇）·章罗村一带

【出处】罗代超讲，梁瑞光、银应梅、包玉堂搜集整理：《罗英驯牛》，原载包玉堂等编《仫佬族民间故事选》，上海文艺出版社 1988 年版，见姚宝瑄主编《中国各民族神话》（仫佬族、壮族、京族），太原：山西出版传媒集团·书海出版社 2014 年版，第 48 页。

W1972.9.4
不歇泉

实例

仫佬族 很久以前，仫佬山里有一口四季长流的山泉。

【流传】广西壮族自治区·（河池市）·罗城县（罗城仫佬族自治县）·四把（四把乡）、东门（东门镇）

【出处】杨小妹讲，潘琦、包玉堂搜集整理：《凤凰山和鬼龙潭》，见姚宝瑄主编《中国各民族神话》（仫佬族、壮族、京族），太原：山西出版传媒集团·书海出版社 2014 年版，第 24 页。

W1972.9.5

赤泉

【实例】

汉族　赤泉给我饮，员丘足我粮；方与三辰游，寿考岂渠央。

【流传】（无考）

【出处】

（a）［晋］陶潜：《读山海经》。

（b）《赤泉》，见袁珂《中国神话大词典》，北京：华夏出版社 2015 年版，第 159 页。

W1972.9.5.1

饮赤泉不老

【关联】［W0952.1.3］长生不老的水

【实例】

汉族　有员丘山，上有不死树，食之乃寿；亦有赤泉，饮之不老。

【流传】（无考）

【出处】

（a）《山海经·海外南经》郭璞注。

（b）《赤泉》，见袁珂《中国神话大词典》，北京：华夏出版社 2015 年版，第 159 页。

汉族　员丘山上，有不死树，食之乃寿；有赤泉，饮之不老。

【流传】（无考）

【出处】

（a）［晋］张华：《博物志·物产》。

（b）《员丘山》，见袁珂《中国神话大词典》，北京：华夏出版社 2015 年版，第 163 页。

汉族　长生国有不死树，食之则寿；有赤泉，饮之不老。

【流传】（无考）

【出处】［元］周致中：《异域志》卷下"长生国"条。

W1972.9.6

毒泉

【关联】［W0952.1.3］长生不老的水

【实例】

纳西族　天宫之里面，流三股毒泉；毒泉这一边，流三股药泉。

【流传】云南省·（丽江市·宁蒗彝族自治县）·永宁（永宁乡）一带

【出处】《软嗯软昌》（超荐洗马经），见吕大吉、何耀华总主编《中国各民族原始宗教资料集成》（纳西族卷、羌族卷、独龙族卷、傈僳族卷、怒族卷），北京：中国社会科学出版社 2000 年版，第 226 页。

W1972.9.7

妒女泉（妬女泉）

【实例】

汉族　并州石艾、寿阳二界有妒女泉，有神庙，泉水沉洁澈千丈。祭者投钱及羊骨，皎然皆见。俗传妒女者，介之推妹，与兄竞，去泉百里，寒食不许举火，至今犹然。女锦衣红鲜，装束盛服，及有人取山丹、百合经过者，必雷风电雹以震之。

【流传】（无考）

【出处】

（a）［唐］张鷟：《朝野佥载》卷六。

（b）《妬女泉》，见袁珂《中国神话大词典》，北京：华夏出版社2015年版，第219页。

<u>汉族</u> 乐平郡有井陉关、苇泽关、董卓城、妒女泉及祠。

【流传】（无考）

【出处】《魏书·地形志上》。

W1972.9.7.1
妒女泉能兴风雨

实 例

<u>汉族</u> 并州妒女泉，妇人不得艳妆彩服至其地，必兴云雨。一云是介推妹。

【流传】（无考）

【出处】［南朝·梁］任昉：《述异记》卷上。

W1972.9.8
甘泉（甘水）

【关联】［W1972.4a］甜的泉水

实 例

<u>汉族</u> 有成山，甘水穷焉。东南海之外，甘水之间，有羲和之国。

【流传】（无考）

【出处】

（a）《山海经·大荒南经》。

（b）《甘水》，见袁珂《中国神话大词典》，北京：华夏出版社2015年版，第89页。

W1972.9.8.1
天上流下甘泉

实 例

<u>壮族</u> 古时候，一口清泉从天上密房中流下来。一对雪白的鹅常在泉流中游泳游戏，所以人们把这口泉叫甘泉，也叫白鹅泉。

【流传】广西壮族自治区·（百色市）·隆林县（隆林各族自治县）

【出处】杨业荣、岑隆业整理：《铜鼓为什么埋在地下》，原载蓝鸿恩编《壮族民间故事选》，上海文艺出版社1984年版，见姚宝瑄主编《中国各民族神话》（仫佬族、壮族、京族），太原：山西出版传媒集团·书海出版社2014年版，第155页。

W1972.9.8.2
甘水即醴泉

【关联】［W1972.9.12］醴泉

实 例

<u>汉族</u> （昆仑开明北有）甘水。注曰："即醴泉也。"

【流传】（无考）

【出处】

（a）《山海经·海内西经》郭璞注。

（b）《醴泉》，见袁珂《中国神话大词典》，北京：华夏出版社2015年版，第366页。

W1972.9.8.3
甘山出甘水

实例

汉族 有甘山者，甘水出焉，生甘渊。

【流传】（无考）

【出处】
（a）《山海经·大荒东经》。
（b）《甘水》，见袁珂《中国神话大词典》，北京：华夏出版社2015年版，第89页。

W1972.9.8.4
灵山脚下的甘泉有回生水

【关联】［W1897.1.2.2］特定的泉是回生水

实例

纳西族 在遥远的地方，灵山脚下有一口盛满回生水的甘泉。如果死了的人喝一滴那个甘泉里的水，就会苏醒过来。

【流传】云南省

【出处】和即仁翻译整理：《崇人抛鼎寻不死药》，原载李子贤《云南少数民族神话选》，见陶阳、钟秀编《中国神话》（下），北京：商务印书馆2008年版，第1066~1071页。

W1972.9.9
蝴蝶泉

实例

（参见下级母题实例）

W1972.9.9.1
殉情化蝶的泉称谓蝴蝶泉

【关联】［W7980.4］殉情化蝶

实例

白族 两个爱杜朝选的女子与猎人杜朝选先后跳下龙潭殉情。从龙潭里飞出来三只美丽的彩蝶。人们就把这个地方叫做蝴蝶泉。

【流传】云南省·（大理白族自治州）·大理市

【出处】张斋生讲，李星华记录：《蝴蝶泉》（1981.07），见姚宝瑄主编《中国各民族神话》（白族、拉祜族、景颇族），太原：山西出版传媒集团·书海出版社2014年版，第53页。

W1972.9.9.2
四月二十五日蝴蝶聚蝴蝶泉

实例

白族 杜朝选与所救的两个女子化为三彩蝶。每年四月二十五日此泉都有五彩蝴蝶万千，小如铜元，大如银元，来龙潭聚会，绕潭飞舞。人因名之曰蝴蝶泉。

【流传】（无考）

【出处】《蝴蝶泉》，原载《中国民间故事选》（第二集），见袁珂《中国神话大词典》，北京：华夏出版社2015年版，第485页。

W1972.9.10
虎跑泉

实例

汉族 虎跑泉，在杭之南山大慈定慧禅院。唐元和十四年，性空大师来游兹山，栖禅其中。苦于寻水时，忽神人跪而告曰："南岳童子旋当遣二虎来移，师无忧也。"翼日，果见二虎，跑出山泉，甘洌胜常，大师因留，建立伽蓝。

【流传】（无考）
【出处】
(a)［明］田汝成：《西湖游览志》卷五引宋濂《铭叙》。
(b)《虎跑泉》，见袁珂《中国神话大词典》，北京：华夏出版社 2015 年版，第 195 页。

汉族 慧思禅师常登祝融峰与岳神会棋。神揖师曰："师何来也？"师曰："求檀越一坐地。"神曰："诺。"师即飞锡定其处，今福岩寺是也。众患无水，师以杖击岩下，忽有二虎跑地，泉乃涌出，今虎跑泉是也。

【流传】（无考）
【出处】
(a)《古今图书集成·职方典》卷一二五四引《衡州府志》。
(b)《虎跑泉》，见袁珂《中国神话大词典》，北京：华夏出版社 2015 年版，第 195 页。

W1972.9.11
九圣泉

实例

汉族 今宝鸡县城南有一村，名姜城堡。堡东里许有大庙名神农庙，庙前有泉曰九圣泉，俗传为神农皇帝洗三处。

【流传】（陕西省·宝鸡市）
【出处】
(a) 徐旭生：《中国古史的传说时代》。
(b) 同（a），见袁珂《中国神话大词典》，北京：华夏出版社 2015 年版，第 12 页。

W1972.9.12
醴泉

实例

汉族 （昆仑山）其上有醴泉（又称"甘水"）、瑶池。

【流传】（无考）
【出处】
(a)［汉］司马迁：《史记·大宛列传》引《禹本纪》。
(b)《昆仑》，见袁珂《中国神话大词典》，北京：华夏出版社 2015 年版，第 197 页。

汉族 昆仑其高二千五百余里，其上有醴泉。

【流传】（无考）
【出处】
(a)［战国］撰者不详：《禹本纪》。

(b)《醴泉》，见袁珂《中国神话大词典》，北京：华夏出版社 2015 年版，第 366 页。

W1972.9.13
龙泉

实例

汉族 龙泉剑即欧冶子与其女莫邪在龙泉秦溪山山麓所铸。时当七夕，织女及众仙女各摘头上宝珠，投诸山麓，化为七溪，仿佛北斗七星。欧冶子取七泉之水以淬火，因而成剑，故名龙泉。

【流传】（无考）

【出处】

（a）《欧冶子铸剑》，载《民间文学》1980 年第 5 期。

（b）《龙泉》见袁珂《中国神话大词典》，北京：华夏出版社 2015 年版，第 378 页。

W1972.9.13.1
灰龙泉

实例

白族 灰龙在金鸡帮助下除掉作恶的黑龙后，高高兴兴地找了一眼泉，住了下来。人们将这眼泉叫做"灰龙泉"。

【流传】云南省·（大理白族自治州）·宾川县、大理市

【出处】李朝讲，王艳钧记录：《灰龙、金鸡治黑龙》（1981.07），见姚宝瑄

主编《中国各民族神话》（白族、拉祜族、景颇族），太原：山西出版传媒集团·书海出版社 2014 年版，第 79 页。

W1972.9.14
吕泉（笑泉）

实例

汉族 洞宾饮处名吕泉。今吕泉山在州西北五十里，一名龙吼山，一名石音山。昔吕仙卓剑而涌泉出石底，累累若贯珠。人有笑慢其旁，泉则加沸，又呼为笑泉。

【流传】（无考）

【出处】

（a）《畿志》。

（b）《仙人井》，见袁珂《中国神话大词典》，北京：华夏出版社 2015 年版，第 107 页。

W1972.9.15
马跑泉

实例

汉族 青城县西北，去县三里，有老君观。观门东，上有一泉，号马跑泉。其泉水味甘，四时不绝，春夏如冰冷，秋冬即温。昔太上老君与天真皇人会真之所，其泉是老君所乘马跑成泉焉。

【流传】（无考）

【出处】

（a）《录异记》卷七。

(b)《马跑泉》，见袁珂《中国神话大词典》，北京：华夏出版社2015年版，第32页。

W1972.9.16
哭泉

【关联】［W2911a.3.1］人会哭的来历

实 例

汉族 哭泉，在（陕西省同官）县北五十里北高山上。相传姜女负夫骸，道渴，哭之，泉涌出，其声鸣咽，故名。

【流传】（无考）

【出处】

(a)《古今图书集成·职方典》卷五一四。

(b)《哭泉》，见袁珂《中国神话大词典》，北京：华夏出版社2015年版，第264页。

W1972.9.17
羽泉

实 例

汉族 祝其东北独居山，西南有渊水，即羽泉也。

【流传】（无考）

【出处】

(a)《玉函山房辑佚书》辑《博物记》。

(b)《惩父山》，见袁珂《中国神话大词典》，北京：华夏出版社2015年版，第318页。

W1972.9.18
玉醴泉

实 例

汉族 瀛洲在东海中，地方四千里，上生神芝仙草。又有玉石，高且千丈。出泉如酒，味甘，客之为玉醴泉，饮之数升辄醉，令人长生。

【流传】（无考）

【出处】

(a)《十洲记》。

(b)《瀛洲》，见袁珂《中国神话大词典》，北京：华夏出版社2015年版，第365页。

W1972.9.18.1
玉醴泉使人长生不老

【关联】［W0952.1.3］长生不老的水

实 例

汉族 瀛洲，出泉如酒，味甘，名之为玉醴泉。饮之数升辄醉，令人长生。

【流传】（无考）

【出处】

(a)《十洲记》。

(b)《玉醴泉》，见袁珂《中国神话大词典》，北京：华夏出版社2015年版，第95页。

W1972.9.19
玉女泉

【关联】［W0764.5.2］玉女

【实例】

汉族 凤皇山在潞城,一名天豕冈,相传神农时凤皇栖于此山。顶有凤洞,洞中有玉女泉。

【流传】(无考)

【出处】

(a)[明]陈仁锡:《潜确类书》卷一七引《事迹记》。

(b)《凤凰山》,见袁珂《中国神话大词典》,北京:华夏出版社2015年版,第75页。

W1972.9.20
一碗水泉

【实例】

汉族 大成坡,在鹤庆府城东南,顶有一碗水泉,圆径尺许,深如之,终岁不溢,盛夏不涸。

【流传】云南省·(大理白族自治州)·鹤庆县

【出处】

(a)[明]陈仁锡:《潜确类书》卷二四。

(b)同(a),见袁珂《中国神话大词典》,北京:华夏出版社2015年版,第1页。

W1972.9.21
珍珠泉

【实例】

(参见下级母题实例)

W1972.9.21.1
舜的妻子的泪珠化为珍珠泉

【关联】[W0739.4]舜的妻子

【实例】

汉族 舜南巡时,治理历山之重任遂落于娥皇、女英两个妻子身上。遇大旱,二女日夜祈雨无果,乃以舜所留镢创地,百姓齐来助之,终掘得深井一口。未久,舜重病于苍梧,二女探夫洒泪与父老姐妹分别前,泪珠滴落地上,砸地成穴,化作一汪清泉,如串串珍珠之涌出,人因名之曰珍珠泉。

【流传】(无考)

【出处】

(a)《珍珠泉》,原载《中国地方风物传说选》(二)。

(b)同(a),见袁珂《中国神话大词典》,北京:华夏出版社2015年版,第384页。

※ W1975
其他水体的产生

【汤普森】A940

【实例】

(参见下级母题实例)

W1976
池塘(水坑、池、水池、水塘、鱼塘、泡子)

【实例】

(参见下级母题实例)

W1976.0
池塘自然存在
实例

（参见下级母题实例）

W1976.0.1
古时地上有个大水塘
实例

哈尼族 最古的时候，地下有个大水塘。

【流传】云南省·（西双版纳傣族自治州）·勐腊县

【出处】李万福讲，杨万智搜集整理：《天、地的来源》，原载云南省民间文学集成办公室编《哈尼族神话传说集成》，中国民间文艺出版社1990年版，见姚宝瑄主编《中国各民族神话》（哈尼族、傣族），太原：山西出版传媒集团·书海出版社2014年版，第24页。

W1976.1
特定人物造池塘
实例

（参见下级母题实例）

W1976.1.1
天神挖水塘
实例

拉祜族 天神厄莎领着他的两个助手扎罗和娜罗，去山上挖了九天的水塘，山上便出现了许许多多的小塘。

【流传】云南省大拉祜及黄拉祜中部一带

【出处】小八讲，古木整理：《天神厄莎》（整理中参照了《牡帕密帕》和《古根》），见姚宝瑄主编《中国各民族神话》（白族、拉祜族、景颇族），太原：山西出版传媒集团·书海出版社2014年版，第163页。

W1976.1.2
地神造地时凹陷的地方成为水塘

【关联】[W1950.3.2]缩地时凹陷的地方形成海子

实例

哈尼族 造地时，三个地神王架起牛，把地犁耙得高低不平，耙平的地方，变成坝子；耙凹的地方，变成水塘和龙潭。

【流传】云南省·（红河哈尼族彝族自治州）·元阳县、金平县（金平苗族瑶族傣族自治县）、红河县等地

【出处】朱小和讲，史军超、卢朝贵搜集整理：《烟本霍本》，原载刘辉豪、阿罗编《哈尼族民间故事选》，上海文艺出版社1989年版，见姚宝瑄主编《中国各民族神话》（哈尼族、傣族），太原：山西出版传媒集团·书海出版社2014年版，第38页。

W1976.1.3
动物造池塘
实例

（参见下级母题实例）

W1976.1.3.1
野猪拱出塘

实例

汉族 文翁者，庐江人，为儿童时，乃有神异。及长，当起历下陂以作田，文翁尽日斫伐柴薪，以为陂塘。其夜，忽有数百头野猪，以鼻载土著柴中，比晓成塘。

【流传】（无考）

【出处】鲁迅：《古小说钩沉》辑《录异传》。

W1976.2
池塘是变化产生的

实例

（参见下级母题实例）

W1976.2.1
女人化为水坑

【汤普森】A920.1.1

实例

（实例待考）

W1976.2.2
神的眼睛变水坑

实例

仡佬族

（参见 W1976.5.1.1 母题实例）

W1976.2.3
英雄死后心变成鱼塘

实例

布依族 撑天的后生力戛死了以后，心变成鱼塘。

【流传】贵州省

【出处】王燕、春甫等讲，汛河记录整理：《力戛撑天》，见谷德明编《中国少数民族神话》，北京：中国民间文艺出版社1987年版，第611页。

布依族 撑天的力戛死后，他的心为鱼塘。

【流传】（无考）

【出处】《力戛撑天》，原载谷德明编《中国少数民族神话选》，见袁珂《中国神话大词典》，北京：华夏出版社2015年版，第445页。

布依族 撑天修天的力戛（人名，大力士）死了以后，心变成了鱼塘。

【流传】各地布依族地区

【出处】王燕、春甫、班告爷讲，汛河记录整理：《力戛创世》，见姚宝瑄主编《中国各民族神话》（布依族、仫佬族、苗族），太原：山西出版传媒集团·书海出版社2014年版，第6页。

布依族 力戛（巨人名）把天撑高钉稳后累死了。他死后心变成了鱼塘。

【流传】贵州省

【出处】王燕、春甫、班告爷等讲，汛河搜集整理：《力戛撑天》，原载陶立璠、李耀宗编《中国少数民族神话传说选》，见陶阳、钟秀编《中国神话》（中），北京：商务印书馆2008年版，第773~775页。

W1976.3
特定的事件形成池塘

实例

（参见下级母题实例）

W1976.3.1
天上落下的火球砸出水泡子

实例

鄂伦春族 大公射日一连气射掉11个太阳，那11团大火球掉在地上，把地砸成十一个大深坑，地下的水顺着坑"滋滋"往上冒，流出坑外的就成了河，没流出去的就成了大水泡子。

【流传】（无考）

【出处】莫庆云讲，白文采集：《太阳的传说》，载《黑龙江民间文学》1984年第11期。

W1976.3.2
水坑是洪水的遗留

实例

羌族 （实例待考）

W1976.4
特定人物踩出池塘

实例

（参见下级母题实例）

W1976.4.1
神踩出水塘

【关联】[1917.2] 造地者踩出江河

实例

瑶族（布努） 密洛陀（万物之母，女始祖，女神）的二儿子波防密龙挖沟造河时，脚印成了数不清的凹地，凹地又变成了水塘。

【流传】广西壮族自治区·（河池市）·都安县（都安瑶族自治县）、巴马县（巴马瑶族自治县）、南丹县，（百色市）·田东县、平果县等地

【出处】桑布郎等传，蒙凤标（83岁）、罗仁祥（73岁）等唱：《密洛陀》（1983），见蓝怀昌、蓝书京、蒙通顺搜集翻译整理《密洛陀》，北京：中国民间文艺出版社1988年版，第73页。

瑶族 水神波防密龙开辟江河、凿通河道时，他的大脚踩过的地方，就变成湖泊和水塘。

【流传】（无考）

【出处】《密洛陀神谱》，蓝田根据农学冠等撰写的《瑶族神话传说中的人物》编写，见姚宝瑄主编《中国各民族神话》（土家族、毛南族、侗族、瑶族），太原：山西出版传媒集团·书海出版社2014年版，第147页。

W1976.4.2
英雄踏出池塘

实例

壮族 岑逊（英雄名）消除洪水之

后，又给人们造稻田鱼塘。他用脚板一蹬，就成一块一块的塘。

【流传】（无考）

【出处】黄景山、黄继良、覃文珍讲，杨士衡、覃建才搜集整理：《岑逊王》，原载《民间文学集刊》第八本，见姚宝瑄主编《中国各民族神话》（仫佬族、壮族、京族），太原：山西出版传媒集团·书海出版社 2014 年版，第 186 页。

W1976.4.3
马踏出池塘

实 例

苗族　则福老（人名，女子感生的人）骑着草白马飞奔。草白马从长抚着（苗语地名）跑一趟，踩得那里凹了一塘一塘的。

【流传】云南省·（昭通市）·昭通县、彝良县，（曲靖市）·宣威（宣威市），（昆明市）·寻甸（寻甸回族彝族自治县）；贵州省·（毕节市）·威宁（威宁彝族回族苗族自治县）

【出处】

（a）杨秀、杨芝、张新民、王友清讲，陆兴凤、张绍祥记录整理，里晴、景山校正：《则福老》，见杨光汉主编《云南苗族民间故事集成》，北京：中国民间文艺出版社 1988 年版。

（b）同（a），见姚宝瑄主编《中国各民族神话》（布依族、仫佬族、苗族），太原：山西出版传媒集团·书海出版社 2014 年版，第 296 页。

W1976.4.4
龙踩下的脚窝成为水塘

【关联】[W3578] 龙的行走

实 例

彝族　出水的地方有龙，水塘是龙踩下的脚窝。

【流传】云南省·大理州（大理白族自治州）·巍山（巍山彝族回族自治县）等县

【出处】王丽珠：《大理州彝族原始宗教调查》，见吕大吉、何耀华总主编《中国各民族原始宗教资料集成》（彝族卷、白族卷、基诺族卷），北京：中国社会科学出版社 1996 年版，第 90 页。

W1976.5
与池塘有关的母题

实 例

（参见下级母题实例）

W1976.5.1
消水坑（消水洞）

【关联】
① [W1896.2.8.1] 天下江河湖海里多余的水都流进天边的山洞
② [W8520.1] 通过消水洞退洪水

实 例

（参见下级母题实例）

W1976.5.1.1
神死后眼睛变消水坑

实例

仡佬族 神死后,眼睛变成消水坑。

【流传】贵州省·(遵义市)·遵义县·平正公社(平正仡佬族乡)

【出处】陈保和讲,田兴才搜集:《布什格制天,布比密制地》,见贵州民研会、贵州民族学院编《民间文学资料》第49集,内部资料,1982年。

W1976.5.2
积水成塘

【关联】[W1244.2c.1.2] 积水成渚

实例

苗族 九个水井来灌养,九条水沟来汇流,汇流成个幼鸠塘(水池名,待考)。

【流传】原文无流传地,据文本及注释推测该神话流传于贵州省·黔东南苗族侗族自治州·凯里市、台江县等地。

【出处】张启庭、张荣光、张正玉、张启德演唱,张明搜集,燕宝整理译注:《创造宇宙·运金运银》,见贵州省少数民族古籍整理出版规划小组办公室编,燕宝整理译注《苗族古歌》,贵阳:贵州民族出版社1993年版,第81页。

W1976.5.3
特定名称的池塘

【关联】[W1977.4.5.2] 汤池

实例

(参见下级母题实例)

W1976.5.3.1
咸池

【关联】[W1695.6.2] 太阳浴于咸池

实例

汉族 日出于旸谷,浴于咸池。

【流传】(无考)

【出处】

(a) [汉]刘安及门客:《淮南子·天文训》。

(b) 《咸池》,见袁珂《中国神话大词典》,北京:华夏出版社2015年版,第222页。

W1976.5.3.2
浴仙池

【关联】[W0826.4.3] 仙女洗浴

实例

汉族 南昌府子城东,有饮马池,一名浴仙池。相传有少年见美女七人,脱五彩衣于岸侧,浴池水中,少年戏藏其一。诸女浴竟着衣,化白鹤去。独无衣女不能去,随少年至其家为夫妇,约以三年还其衣,亦飞去。

【流传】(无考)

【出处】

（a）［明］彭大翼：《山堂肆考》宫集卷二四。

（b）《浴仙池》，见袁珂《中国神话大词典》，北京：华夏出版社2015年版，第277页。

W1976.5.3.3
龙池

实例

汉族 春秋郯叔氏有裔子董父，好龙，舜遣养二龙于陶丘，是为豢龙氏。今池（龙池）在焉。

【流传】（无考）

【出处】

（a）《汉唐地理书钞》辑《九州要记》。

（b）《龙池》，见袁珂《中国神话大词典》，北京：华夏出版社2015年版，第97页。

W1976.5.3.4
芦塘

实例

汉族 耒阳县东北有芦塘，淹地八顷，其深不可测。中有大鱼，尝至五日一跃奋出，大可三围。每出则小鱼奔迸，随水上岸，不可胜计。

【流传】（无考）

【出处】

（a）《太平寰宇记》卷一一五引刘广义《幽明录》。

（b）《芦塘》，见袁珂《中国神话大词典》，北京：华夏出版社2015年版，第150页。

W1977
潭

实例

（参见下级母题实例）

W1977.1
潭的产生

实例

（参见下级母题实例）

W1977.1.1
泪水形成潭

【关联】［W1955.10］泪水变成海

实例

高山族 泪水形成潭。

【流传】（无考）

【出处】汪梅田整理：《彩虹的传说》，见中华民族故事大系编委会编《中华民族故事大系》第8卷（畲族、高山族、拉祜族），上海：上海文艺出版社1995年版，第415页。

W1977.1.1.1
天神的泪水形成潭

实例

高山族（阿美）依勒克（天神名）的泪水哗哗地往下流，汇成了一个深潭。

【流传】台湾

【出处】汪梅田搜集整理：《彩虹》，原载蔡铁民编《高山族民间故事选》，见陶阳、钟秀编《中国神话》（上），北京：商务印书馆2008年版，第215~217页。

W1977.1.1.2
神仙的泪水形成潭

【关联】［W1926.2］仙女的眼泪形成江河

实例

高山族　神仙依勒克的妻子上天梯时跌落而死，依勒克的泪水哗啦啦地往下滴，最后汇成了一个深潭。

【流传】（无考）

【出处】

（a）汪梅田搜集整理：《彩虹的传说》，见陈国强编《高山族民间故事选》，福州：福建人民出版社1980年版。

（b）同（a），见姚宝瑄主编《中国各民族神话》（高山族、黎族、畲族），太原：山西出版传媒集团·书海出版社2014年版，第44页。

W1977.1.1.3
罗汉的泪水形成潭

实例

纳西族　未来佛主仍锁在华首门内出世不了，结果五百罗汉在华首门外哭泣，泪水汪满了一潭水。

【流传】云南省·（丽江市）·丽江县（古城区、玉龙纳西族自治县）

【出处】木丽春采集整理：《迦叶和阿明于勒》，见木丽春编著《纳西族民间故事集》，昆明：云南人民出版社2007年版，第367页。

W1977.1.2
龙翻滚身体形成水潭

实例

壮族　一个人挖笋时刺伤了地下的卧龙，龙翻滚身体形成水潭。

【流传】广西壮族自治区·（河池市）·宜州（宜州市）·石别公社（石别镇）

【出处】罗教杰：《壮族龙神话故事探源》，见张声震总主编，农冠品编注《壮族神话集成》，南宁：广西民族出版社2007年版，第754~755页。

W1977.2
潭的特征

实例

（参见下级母题实例）

W1977.2.1
潭水为什么不干

实例

（实例待考）

W1977.2.2
潭与海底相通

【关联】［W1080.10.1］阴间各层有洞

相通

实例

壮族 深潭和海底相通，经常有海里的犀牛出现。

【流传】广西壮族自治区·（河池市）·南丹（南丹县）·河池（已撤销，今属河池市）、宜山（宜州市），（柳州市）·柳城（柳城县）等地

【出处】蓝鸿恩搜集整理：《莫一大王的故事》，见姚宝瑄主编《中国各民族神话》（仫佬族、壮族、京族），太原：山西出版传媒集团·书海出版社2014年版，第177页。

W1977.3
龙潭的来历（龙潭）

实例

（参见下级母题实例）

W1977.3.1
神死后肚皮变成龙潭

【关联】
① [W1194.3.2] 蛇的肚皮化为田地
② [W1851.3.1] 盘古的肚皮化生中岳嵩山

实例

仫佬族 神死后，肚皮变成龙潭。

【流传】贵州省·（遵义市）·遵义县·平正公社（平正仫佬族乡）

【出处】陈保和讲，田兴才搜集：《布什格制天，布比密制地》，见贵州民研会、贵州民族学院编《民间文学资料》第49集，内部资料，1982年。

W1977.3.2
龙潭是地的肚皮

实例

仫佬族 （实例待考）

W1977.3.3
用牛肚造龙潭

【关联】[W1138.2a] 用牛皮造天

实例

（参见下级母题实例）

W1977.3.3.1
龙牛的肚子成为龙潭

实例

哈尼族 造地时，杀了一头龙牛，用牛肚做龙潭。

【流传】（无考）

【出处】刘辉豪、白章福搜集整理：《奥色密色》，载《山茶》1980年第2期。

哈尼族 天神们杀翻塔婆的龙牛铺设天地造万物时，龙牛的肚子就是美丽的龙潭。

【流传】（无考）

【出处】《杀牛龙，造天地》，根据张牛朗、杨批斗、李书周等演唱，杨保生、李家顺等翻译，杨笛、郭纯礼等整理《十二奴局》和《奥色密色》

翻译稿改写，见姚宝瑄主编《中国各民族神话》（哈尼族、傣族），太原：山西出版传媒集团·书海出版社 2014 年版，第 14 页。

W1977.3.4
用膀胱造龙潭

实 例

（参见下级母题实例）

W1977.3.4.1
用牛的尿泡做龙潭

实 例

哈尼族 众神用查牛（天地神专养的神牛）的尿泡做成冒清水的龙潭。

【流传】

（a）云南省·（红河哈尼族彝族自治州）·元阳县

（b）云南省·（红河哈尼族彝族自治州）·元阳（元阳县）、红河（红河县）、绿春（绿春县）、金平（金平苗族瑶族傣族自治县）等

【出处】

（a）朱小和讲，史军超采录：《查牛补天地》，见中国民间文学集成全国编辑委员会编《中国民间故事集成》（云南卷），北京：中国 ISBN 中心 2003 年版，第 29 页。

（b）同（a），见云南省民间文学集成办公室编《哈尼族神话传说集成》，北京：中国民间文艺出版社 1990 年版。

W1977.3.4.2
神牛的膀胱做龙潭

实 例

哈尼族 众神杀的查牛（天地神专养的神牛）的尿泡做成冒清水的龙潭。

【流传】云南省·（红河哈尼族彝族自治州）·元阳（元阳县）、红河（红河县）、绿春（绿春县）、金平（金平苗族瑶族傣族自治县）

【出处】朱小和讲唱，史军超搜集整理：《查牛补天地》（1983），原载云南省民间文学集成办公室编《哈尼族神话传说集成》，中国民间文艺出版社 1990 年版，见姚宝瑄主编《中国各民族神话》（哈尼族、傣族），太原：山西出版传媒集团·书海出版社 2014 年版，第 55 页。

W1977.3.5
鹿血变成龙潭

【关联】［W1138.2a］用牛皮造天

实 例

普米族 吉赛米（杀鹿人）猎杀鹿后，鹿血变成了龙潭湖海。

【流传】云南省·丽江（丽江市）·宁蒗县（宁蒗彝族自治县）

【出处】《吉赛米》（杀鹿人），见宁蒗彝族自治县志编委会编《宁蒗彝族自治县志》，昆明：云南民族出版社 1993 年版，第 239 页。

W1977.3.5.1
马鹿的血变成龙潭

实例

普米族 巨神简剑祖射死马鹿造天地万物时，把鹿的鲜血泼向大地，大地上便立刻出现了龙潭和湖海。

【流传】（普米族广大地区）

【出处】杨祖德、杨学胜讲：《简剑祖射马鹿创天地》，据杨庆文《普米族文学简介》中的《捉马鹿的故事》和季志超《藏族普米族创世神话比较》中的《吉赛叽》等编写，见姚宝瑄主编《中国各民族神话》（佤族、阿昌族、纳西族、普米族、德昂族），太原：山西出版传媒集团·书海出版社2014年版，第304页。

W1977.3.6
与龙潭有关的其他母题

实例

（参见下级母题实例）

W1977.3.6.1
龙潭有公母

实例

佤族 （实例待考）

W1977.3.6.2
龙潭的水门

实例

哈尼族 龙潭水的水门有九丈九尺宽。

【流传】云南省·（玉溪市）·元江县（元江哈尼族彝族傣族自治县）·羊街乡、那诺乡及因远镇清水河一带

【出处】《安家歌》，见元江县哈尼文化学会、元江县史志编纂办公室编《元江哈尼族古歌集》，内部编印，2005年，第173页。

W1977.3.6.3
龙潭水有苦甜之分

【关联】［W1896.1.2］甜水

实例

傈僳族 阎王殿的衙门旁边有两个龙潭水，龙潭水有苦水和甜水之分。

【流传】云南省·（昆明市）·禄劝县（禄劝彝族苗族自治县）·屏山镇

【出处】杨毓骧调查整理：《亡魂指路经》（1989），见吕大吉、何耀华总主编《中国各民族原始宗教资料集成》（纳西族卷、羌族卷、独龙族卷、傈僳族卷、怒族卷），北京：中国社会科学出版社2000年版，第813页。

W1977.3.6.4
龙潭深不可测

实例

汉族 容县（今广西壮族自治区北流县北）南白花村，有龙潭，渟泓莫测。

【流传】（无考）

【出处】
(a)［明］邝露：《赤雅》卷上。
(b)《龙母山》，见袁珂《中国神话大

W1977.4
与潭有关的其他母题

实 例

（参见下级母题实例）

W1977.4.0
潭水的来历

实 例

（参见下级母题实例）

W1977.4.0.1
海溅出的浪花变成潭水

【关联】［W1964.11］与海浪有关的其他母题

实 例

纳西族 神鹰把术（神名，又说是崇黑的族群名）族的那布从半天空里摔落进美利达吉海里，海水被击得飞溅起滔天浪花，满天落起了倾盆雨样的水珠。大滴的水珠落到哪里，哪里就出现湖水，小滴的水，变成了潭水。从此人间到处汪下了湖水和潭水。

【流传】云南省·（丽江市）·丽江县（古城区、玉龙纳西族自治县）

【出处】木丽春采集整理：《鹰术争斗的故事》，见木丽春编著《纳西族民间故事集》，昆明：云南人民出版社2007年版，第98页。

W1977.4.1
奇特的潭

实 例

（实例待考）

W1977.4.1.1
水取之不尽的潭

实 例

汉族 （实例待考）

W1977.4.2
潭的消失

实 例

（实例待考）

W1977.4.3
特定名称的潭

实 例

（参见下级母题实例）

W1977.4.3.0
白龙潭

【关联】［W3583.15］白龙

实 例

白族 鹤庆坝子有许多龙潭，如西龙潭、羊龙潭、白龙潭、黑龙潭、温水龙潭。

【流传】云南省·（大理白族自治州）·鹤庆县

W1977.4.3.1
百花潭

实例

汉族 成都府城西南，有浣花溪，一名百花潭。任夫人微时，见一僧坠污渠，为濯其衲，百花满潭。

【流传】（无考）

【出处】

（a）［明］徐应秋：《玉芝堂谈荟》卷二四。

（b）《百花潭》，见袁珂《中国神话大词典》，北京：华夏出版社 2015 年版，第 121 页。

汉族 唐冀国夫人任氏女，少奉释教。一日有僧持衣求浣，女欣然濯之溪边。每一漂衣，莲花应手而出。惊异求僧，不知所在，因识其处为百花潭。

【流传】（无考）

【出处】

（a）《古今图书集成·草木典》卷九八引《花史》。

（b）引自（a），见袁珂《中国神话大词典》，北京：华夏出版社 2015 年版，第 121 页。

W1977.4.3.2
黑龙潭

实例

白族 鹤庆坝子有许多龙潭，如白龙潭、黑龙潭、温水龙潭等。

【流传】云南省·（大理白族自治州）·鹤庆县

【出处】《洱海》，见姚宝瑄主编《中国各民族神话》（白族、拉祜族、景颇族），太原：山西出版传媒集团·书海出版社 2014 年版，第 58 页。

汉族（实例待考）

W1977.4.3.3
金锁潭（犀牛潭）

实例

汉族 金锁潭，在县东三十里。秦时昆仑贡犀牛，带金锁走入潭中。晋时有渔者周重采者，钓得金锁。牵之，见犀牛。掣之不得，忽断得金锁一尺。

【流传】（无考）

【出处】

（a）［清］阮元修：《广东通志》卷一〇一。

（b）《金锁潭》，见袁珂《中国神话大词典》，北京：华夏出版社 2015 年版，第 207 页。

W1977.4.3.4
雷公潭

【关联】

① ［W0305］雷神

② ［W0328.9］雷公居水中

实例

壮族 布碌陀开河入海退洪水时，遇到一个很深的水潭，这个水潭前面被山挡住，水不能流，天上的雷公经常到这里来洗澡，所以叫雷公潭。

【流传】（a）广西壮族自治区右江及红水河一带

【出处】

（a）周朝珍讲，何承文整理：《布碌陀》，载广西民间文学研究会编印《广西民间文学丛刊》第5期。

（b）《布碌陀》（王松选定），见姚宝瑄主编《中国各民族神话》（仫佬族、壮族、京族），太原：山西出版传媒集团·书海出版社2014年版，第80~81页。

W1977.4.3.5
龙马潭

实 例

汉族 龙马潭，在（泸州）城东北二十里。唐王昌遇落魄仙于此，以龙马一夕送归潼川，因号曰龙马潭。

【流传】（无考）

【出处】

（a）[宋]王象之：《舆地纪胜》卷一五三。

（b）《龙马潭》，见袁珂《中国神话大词典》，北京：华夏出版社2015年版，第98页。

W1977.4.3.6
牛潭

实 例

汉族 牛潭深涧无极，北岸有石，周员三丈。

【流传】（无考）

【出处】

（a）《太平御览》卷四七二引《罗浮山记》。

（b）《牛潭》，见袁珂《中国神话大词典》，北京：华夏出版社2015年版，第68页。

W1977.4.3.7
七星潭

【关联】[W1867.4.9a]七星岩

实 例

汉族 （实例待考）

W1977.4.3.8
青龙潭

【关联】[W3583.12]青龙

实 例

汉族 （实例待考）

W1977.4.3.9
日月潭

实 例

高山族 （实例待考）

W1977.4.3.10
天龙潭

【关联】[W3074.2]天龙

实 例

汉族 （实例待考）

W1977.4.3.11
羊龙潭

实例

白族 昔有人善吹笛，牧羊于桃树江畔。忽见龙女迎牧羊者，驱羊随入。其羊皆化为鱼，因号为羊龙潭。

【流传】（无考）

【出处】

(a)《古今图书集成·禽虫典》卷一一四引《云南通志》。

(b)《羊龙潭》，见袁珂《中国神话大词典》，北京：华夏出版社2015年版，第138页。

白族 鹤庆坝子有许多龙潭，其中有个羊龙潭。

【流传】云南省·（大理白族自治州）·鹤庆县

【出处】《洱海》，见姚宝瑄主编《中国各民族神话》（白族、拉祜族、景颇族），太原：山西出版传媒集团·书海出版社2014年版，第58页。

W1977.4.4
渊

实例

（参见下级母题实例）

W1977.4.4.1
从渊

实例

汉族 大荒之中，有不庭之山，荣水穷焉。有渊四方，四隅皆达，北属黑水，南属大荒。北旁名曰少和之渊，南旁名曰从渊，舜之所浴也。

【流传】（无考）

【出处】

(a)《山海经·大荒南经》。

(b)《从渊》，见袁珂《中国神话大词典》，北京：华夏出版社2015年版，第66页。

W1977.4.4.2
甘渊

【关联】

① ［W1695.6.1.1］羲和为太阳儿子在甘渊洗浴

② ［W1972.4a］甜的泉水

实例

汉族 东南海之外，甘水之间，有羲和之国。有女子名曰羲和，方浴日于甘渊。

【流传】（无考）

【出处】《山海经·大荒南经》。

汉族 有甘山者，甘水出焉，生甘渊。

【流传】（无考）

【出处】

(a)《山海经·大荒东经》。

(b)《甘渊》，见袁珂《中国神话大词典》，北京：华夏出版社2015年版，第89页。

W1977.4.4.3
深渊

实例

汉族 （昆仑山）在八隅之岩，赤水之际，非仁羿莫能上冈之岩。昆仑南渊深三百仞。

【流传】（无考）

【出处】

（a）《山海经·海内西经》。

（b）《昆仑》，见袁珂《中国神话大词典》，北京：华夏出版社2015年版，第196页。

W1977.4.4.4
虞渊（禺谷）

【关联】［W1845.4.4］禺谷（虞渊）

实例

汉族 日至于虞渊，是谓黄昏。

【流传】（无考）

【出处】

（a）［汉］刘安及门客：《淮南子·天文训》。

（b）《虞渊》，见袁珂《中国神话大词典》，北京：华夏出版社2015年版，第331页。

汉族 夸父诞宏志，乃与日竞走；俱至虞渊下，似若无胜负。

【流传】（无考）

【出处】

（a）［晋］陶潜：《读山海经》。

（b）《虞渊》，见袁珂《中国神话大词典》，北京：华夏出版社2015年版，第331页。

W1977.4.4.5
羽渊

实例

汉族 昔尧殛鲧于羽山，其神化为黄熊，以入于羽渊。

【流传】（无考）

【出处】

（a）《左传·昭公七年》。

（b）《羽渊》，见袁珂《中国神话大词典》，北京：华夏出版社2015年版，第147页。

W1977.4.5
水池

实例

（参见下级母题实例）

W1977.4.5.1
温池

【关联】［W1972.3］温泉的产生（温泉）

实例

满族 长白山神怜天女受冻，令一罗汉持温水一盆往倾入池，使水变温。

【流传】（无考）

【出处】《天女浴躬池》，原载谷德明编《中国少数民族神话选》，见袁珂《中国神话大词典》，北京：华夏出版社

2015年版，第456页。

W1977.4.5.2
汤池

实例

（参见下级母题实例）

W1977.4.5.2.1
火放入水中形成汤池

实例

满族　一个大汉托梦给孝敬的媳妇李氏说："你用手捧一把火炭跟我走吧，到了南山，把火递给我，把水烧热，给你公婆洗澡，就能治好他们的病。"李氏就从火盆里抓起一把通红通红的火炭，跟着大汉到南山去。只见水里伸出一双毛茸茸的大手，她就把火炭递过去，大手得到了火炭慢慢地缩进水里。后来，池中的水变成滚烫的水，成为治病的汤池。

【流传】（无考）

【出处】赵永仕、邹恒全、赵德春讲，孟宪楼、赵再年记录整理：《汤池的来历》，见姚宝瑄主编《中国各民族神话》（满族、赫哲族、朝鲜族），太原：山西出版传媒集团·书海出版社2014年版，第84~85页。

W1978
井

实例

（参见下级母题实例）

W1978.1
井是造出来的（打井）

实例

（参见下级母题实例）

W1978.1.1
神造井

实例

汉族　（实例待考）

W1978.1.1.1
神用手指戳出井

实例

水族　（实例待考）

W1978.1.2
神性人物造井

实例

（参见下级母题实例）

W1978.1.2.1
仙女造水井

实例

汉族　（实例待考）

W1978.1.2.2
百花仙子造井

【关联】［W0827.1.3］百花仙子

实例

汉族 百花仙子和肖南子（小伙名）一同生活在这块荒坡、沙丘上，他们一个抡锤，一个掌钎，打呀打，经过七七四十九天，终于打出了一眼水井。

【流传】（河南省·信阳市·息县）

【出处】

(a) 曹金涛搜集整理：《香稻丸》，原载《民间文学》1980 年 3 期。

(b) 同（a），见姚宝瑄主编《中国各民族神话》（汉族），太原：山西出版传媒集团·书海出版社 2014 年版，第 357~364 页。

W1978.1.2.3
舜掘地成井

【关联】

① ［W0739］舜

② ［W0739.5］与舜有关的其他母题

实例

汉族 舜南巡时，治理历山之重任遂落于娥皇、女英两个妻子身上。遇大旱，二女日夜祈雨无果，二女相顾曰："天既不应，何不祈之龙王？"乃以舜所留锸刨地，百姓齐来助之，终掘得深井一口。其井水源甚旺，除供饮用，尚足灌溉。

【流传】（无考）

【出处】

(a)《珍珠泉》，原载《中国地方风物传说选》（二）。

(b) 同（a），见袁珂《中国神话大词典》，北京：华夏出版社 2015 年版，第 384 页。

W1978.1.2.4
二郎神抠地成井

【关联】［W0673］二郎神

实例

汉族 二郎神担山撵太阳时坐下来歇息，发现地下有一个小水坑，用手指往下一扣，就成了一口井。后来人们用砖把井圈了圈，就起名叫"二郎井"。

【流传】河南省

【出处】吴光瑞、尚保元讲，尚海三记录：《二郎担山撵太阳》，见姚宝瑄主编《中国各民族神话》（汉族），太原：山西出版传媒集团·书海出版社 2014 年版，第 134~135 页。

汉族 二郎担山撵太阳时，跑得渴了，发现地下有一个小水坑，就用手指往下一拧，就成了一口井。

【流传】河南省

【出处】尚保元、吴光瑞讲，尚海三记录：《二郎担山撵太阳》，原载河南师范大学中文系编《河南民间故事》，见陶阳、钟秀编《中国神话》（中），北京：商务印书馆 2008 年版，第 673~674 页。

W1978.1.2.5
伯益造井

实例

汉族 "伯益作井而龙登玄云，神栖昆仑。"高诱注："伯益佐舜初作井，凿地而求水，龙知将决川谷，漉陂池，恐见害，故登云而去，栖其神于昆仑之山。"

【流传】（无考）

【出处】［汉］刘安及门客：《淮南子·本经训》高诱注。

W1978.1.3
其他特定人物造井

实　例

（参见下级母题实例）

W1978.1.3.1
龙王在海里打井

【关联】［W3581.6］龙王的能力（职能）

实　例

布依族 龙王为了让人间有水，在海里打井。

【流传】贵州省

【出处】

(a)《十二层天·十二层海》，贵州省社会科学院文学研究所、黔南布依族苗族自治州文艺研究室编《布依族古歌叙事歌选》，贵阳：贵州人民出版社1982年版。

(b)同(a)，见何积全、陈立浩主编《布依族文学史》，贵阳：贵州民族出版社1992年版，第42页。

布依族 在第九层海，碰见水龙王正在造井。

【流传】（无考）

【出处】岭老荣唱，岭玉清翻译整理，古梅改写：《漫游十二层天和十二层海》，见姚宝瑄主编《中国各民族神话》（布依族、仡佬族、苗族），太原：山西出版传媒集团·书海出版社2014年版，第37页。

W1978.1.3.2
彩虹姑娘在天脚下打井

实　例

布依族 在第四层天里，一群彩虹姑娘正在天脚下打井。

【流传】（无考）

【出处】岭老荣唱，岭玉清翻译整理，古梅改写：《漫游十二层天和十二层海》，见姚宝瑄主编《中国各民族神话》（布依族、仡佬族、苗族），太原：山西出版传媒集团·书海出版社2014年版，第25页。

W1978.1.3.3
稼用弓戳出井

实　例

仡佬族 稼（人名）被官兵追赶，到了古毛坳下，用弓把往地上一戳，戳成了一口冷水井，然后一头钻到井里去了。

【流传】广西壮族自治区·（河池市）·罗城县（罗城仡佬族自治县）·仡佬族山乡（仡佬山乡）

【出处】吴禧干、吴志禧、吴开庭、包启宽、覃建珍、曹祖国、潘常成讲，包玉堂、吴开庭、曾凡才、吴盛枝搜集整理：《稼》（又名《吴平大王》、《木洛大王》、《七里英王》、《石览王》），原载包玉堂等编《仫佬族民间故事选》，上海文艺出版社 1988 年版，见姚宝瑄主编《中国各民族神话》（仫佬族、壮族、京族），太原：山西出版传媒集团·书海出版社 2014 年版，第 68 页。

W1978.1.3.4
金人以杵戳地成井

【关联】［W2807.3］以前的人是金身（金人）

实 例

汉族 有金人以杵量地，辄便成井。

【流传】（无考）

【出处】

(a)《初学记》。

(b)《金井》，见袁珂《中国神话大词典》，北京：华夏出版社 2015 年版，第 205 页。

W1978.1.3.5
金人以杖撞地成井

实 例

汉族 益阳县南十里有平冈，冈有金井数百，浅者四五尺，深者不测。俗传云，有金人以杖撞地，辄成井。

【流传】（无考）

【出处】

(a)《汉唐地理书钞》辑盛弘之《荆州记》。

(b)《金井》，见袁珂《中国神话大词典》，北京：华夏出版社 2015 年版，第 205 页。

W1978.2
井是变化产生的（特定物变成井）

实 例

（参见下级母题实例）

W1978.2.1
嘴巴变成水井

实 例

（参见下级母题实例）

W1978.2.1.1
神死后嘴巴变成水井

实 例

布依族 撑天的力戛死后，他的心为鱼塘，口为水井。

【流传】（无考）

【出处】《力戛撑天》，原载谷德明编《中国少数民族神话选》，见袁珂《中国神话大词典》，北京：华夏出版社 2015 年版，第 445 页。

布依族 撑天修天的力戛（人名，大力士）死了以后，嘴巴变成了水井。

【流传】各地布依族地区

【出处】王燕、春甫、班告爷讲，汛河记录整理：《力戛创世》，见姚宝瑄主编《中国各民族神话》（布依族、仡佬族、苗族），太原：山西出版传媒集团·书海出版社 2014 年版，第 6 页。

布依族 力戛（巨人名）把天撑高钉稳后累死了。他死后嘴巴变成了小井。

【流传】贵州省

【出处】王燕、春甫、班告爷等讲，汛河搜集整理：《力戛撑天》，原载陶立璠、李耀宗编《中国少数民族神话传说选》，见陶阳、钟秀编《中国神话》（中），北京：商务印书馆 2008 年版，第 773～775 页。

W1978.2.2
垂死化生为井

实 例

（参见下级母题实例）

W1978.2.2.1
仙女死后化为水井

【关联】[1978.1.2.1] 仙女造水井

实 例

布依族 （实例待考）

W1978.3
与井的产生有关的其他母题

实 例

（参见下级母题实例）

W1978.3.1
龙涎精滴出龙井

【关联】[W3584] 与龙有关的其他母题

实 例

水族 （实例待考）

W1978.4
井的特征

实 例

（参见下级母题实例）

W1978.4.1
很深的井

实 例

哈萨克族 馕巴图尔（人名）腰间的绳子接了一百四十根，下到井底。

【流传】（新疆维吾尔自治区）

【出处】

(a)《馕巴图尔》，见银帆编《哈萨克族民间故事选》，上海：上海文艺出版社 1986 年版。

(b) 同（a）见姚宝瑄主编：《中国各民族神话》（乌孜别克族、哈萨克族、柯尔克孜族、俄罗斯族、维吾尔族、塔吉克族、塔塔尔族、锡伯族），太原：山西出版传媒集团·书海出版社 2014 年版，第 54 页。

W1978.4.1.1
接多条绳子不能到井底

实 例

哈萨克族

（参见 W1978.4.1 母题实例）

W1978.5
与井有关的其他母题

实 例

（参见下级母题实例）

W1978.5.0
奇特的井

【关联】［W1897.1.2.3］特定的井水是回生水

实 例

（参见下级母题实例）

W1978.5.0.1
能生风雨的井

【关联】［W4260］风雨的产生

实 例

汉族

（参见 W1972.9.7.1 母题实例）

W1978.5.0.2
能生金银的井

【关联】
① ［W1981］金的产生
② ［W1982］银的产生

实 例

汉族

（参见 W1978.5.1.13 母题实例）

W1978.5.0.3
长生不老井

实 例

汉族 从前，在不老庄东面有一口古井，谁喝了这口井里的水，就能长生不老。

【流传】滩上·不老庄

【出处】苑希德讲，屈绍金采集整理：《不老庄》（2006），见杨光正主编《大运河的传说》，南京：江苏人民出版社 2016 年版，第 40 页。

W1978.5.1
特定名称的井

实 例

（参见下级母题实例）

W1978.5.1.1
八角井

实 例

汉族 河南广武山，汉高皇庙在其麓。殿前有八角井，曰汉泉井。中有三鱼：一金鳞，一墨鳞，一如常而一边鳞肉与骨皆无。

【流传】（无考）

【出处】
（a）《古今图书集成·禽虫典》卷一三五引《陶朱新录》。
（b）《汉泉井》，见袁珂《中国神话大词典》，北京：华夏出版社 2015 年版，第 113 页。

W1978.5.1.1a
并蒂莲井

实例

汉族 在龙都淮阳的北面，九千九百九十九步的地方，有两眼并蒂莲井，这眼井荡水波，那眼井水波荡。

【流传】河南省·（周口市）·淮阳县

【出处】《龙酒的传说》，见张振犁编著《中原神话通鉴》（第一卷），郑州：河南大学出版社 2017 年版，第 227 页。

W1978.5.1.2
厄井

实例

汉族 荥阳板渚津原上有厄井，父老云：汉高祖曾避项羽于此井也，为双鸠所救。故俗语云：隐身厄井间，双鸠集其上，谁知下有人。

【流传】（无考）

【出处】

（a）鲁迅：《古小说钩沉》辑《小说》。

（b）《厄井》，见袁珂《中国神话大词典》，北京：华夏出版社 2015 年版，第 38 页。

汉族 厄井在荥阳（今河南省成皋县西南），汉高祖为雍齮所追，投匿井中，随有蜘蛛结网蔽其口，得脱。汲黯为荥阳守，立神蛛庙以祀之。

【流传】（无考）

【出处】

（a）［清］褚人获：《坚瓠秘集》卷五"厄井"条引《郡国志》。

（b）《厄井》，见袁珂《中国神话大词典》，北京：华夏出版社 2015 年版，第 38 页。

W1978.5.1.3
金井

实例

汉族 益阳县南十里有平冈，冈有金井数百，浅者四五尺，深者不测。

【流传】（无考）

【出处】

（a）《汉唐地理书钞》辑盛弘之《荆州记》。

（b）《金井》，见袁珂《中国神话大词典》，北京：华夏出版社 2015 年版，第 205 页。

W1978.5.1.4
金鸡井

【关联】［W3350.10.1］金鸡

实例

汉族 敬亭山（今安徽省宣城县北）南有金鸡井，在广教寺右。唐黄蘖禅师建寺千间，其树皆罗松。传闻黄蘖师托迹海外安南国，募化罗松万株，限某日其树自运至山。是日，金鸡斗入井中，而罗松随泉涌出矣。架屋九百九十间，后灾毁。至今尚有一横木塞井口。

1.8.3 其他一些常见的水体

【流传】（无考）
【出处】
（a）《古今图书集成·山川典》卷九〇引《宣城县志》。
（b）《金鸡井》，见袁珂《中国神话大词典》，北京：华夏出版社2015年版，第206页。

W1978.5.1.4a
龙井

实 例

汉族 众仙女告诉王母娘娘说，天下龙都宛丘（今河南淮阳）有龙井，龙井里有琼浆。

【流传】河南省·（周口市）·淮阳县
【出处】《龙酒的传说》，见张振犁编著《中原神话通鉴》（第一卷），郑州：河南大学出版社2017年版，第228页。

W1978.5.1.5
倾井（扳倒井）

实 例

汉族 倾井在束鹿县（今属河北省）。相传汉光武徇师河北，历此，三军渴甚，遇井，若无汲具。光武下令：可用力扳之。井忽倾倒，水溢。

【流传】（无考）
【出处】
（a）［明］陈仁锡：《潜确类书》卷三三。
（b）《倾井》，见袁珂《中国神话大词典》，北京：华夏出版社2015年版，第269页。

W1978.5.1.6
拳扠井

实 例

汉族 新繁人王尧因取其箓（雷公箓）验之，果如其说。仍有数卷，画壮夫以拳扠地为井，号拳扠井。

【流传】（无考）
【出处】
（a）［清］缪荃孙辑：《北梦琐言逸文》卷三。
（b）《拳扠井》，见袁珂《中国神话大词典》，北京：华夏出版社2015年版，第272页。

汉族 拳扠井，在县西北，相传五丁尝于此为角抵戏，渴甚，以拳击地，泉水涌出。今久废。

【流传】（无考）
【出处】
（a）《成都县志》（清嘉庆十八年修）卷一。
（b）《拳扠井》，见袁珂《中国神话大词典》，北京：华夏出版社2015年版，第272页。

W1978.5.1.7
石井

实 例

汉族 罗霄山（今江西省安福县西北）有石井，天旱祠之，以木投井中，即雨，至井溢木出，乃雨止。

【流传】（无考）

【出处】

(a)《初学记》卷八引《安城记》。

(b)《罗霄山石井》，见袁珂《中国神话大词典》，北京：华夏出版社2015年版，第194页。

W1978.5.1.8
舜井（舜泉）

【关联】

① [W0739.5] 与舜有关的其他母题

② [W1978.1.2.3] 舜掘地成井

实 例

汉族 舜井。治北四十里即舜浚井匿空出处，旧迹尚存。井东北里许，路旁古柏，干大十围，荫复亩余。世传舜乘凉树下，用手抱转，掩蔽日色。至今横亘数十步，其枝交加，如龙蟠凤舞，苍翠可掏；行人多憩息于此。

【流传】（无考）

【出处】

(a)《古今图书集成·草木典》卷二〇四引《垣曲县志》。

(b)《舜井》，见袁珂《中国神话大词典》，北京：华夏出版社2015年版，第321页。

W1978.5.1.8.1
舜井在历山

实 例

汉族 齐州城东有孤石，平地耸出，俗谓之历山，以北有泉，号舜井（今山东省济南市历城区）；东隔小街，又有石井，汲之不绝，云是舜东家之井。

【流传】（无考）

【出处】

(a) [唐] 封演：《封氏闻见记》卷八。

(b)《舜井》，见袁珂《中国神话大词典》，北京：华夏出版社2015年版，第321页。

汉族 舜井在历城山下，绿床朱绠，妇子牵挽数十步不止也。深十五丈，左圆右方，或弃物于井，则从西出。

【流传】（无考）

【出处】

(a) [明] 谈迁：《枣林杂俎》"舜井"条。

(b)《舜井》，见袁珂《中国神话大词典》，北京：华夏出版社2015年版，第321页。

W1978.5.1.9
文君井

实 例

汉族 卓文君闺中庭内有一井，文君手汲，则甘香，用以沐浴，则滑泽鲜好；他人汲之，与常井等，沐浴亦不少异。至今尚存，即文君井也。

【流传】（无考）

【出处】

(a)《瑯嬛记》卷下引《采兰杂志》。

(b)《文君井》，见袁珂《中国神话大词典》，北京：华夏出版社2015年版，第 81 页。

汉族 落魄西川泥酒杯，酒酣几度上琴台；青鞋自笑无拘束，又向文君井上来。

【流传】（无考）
【出处】
（a）［宋］陆游：《文君井》。
（b）《文君井》，见袁珂《中国神话大词典》，北京：华夏出版社 2015 年版，第 81 页。

W1978.5.1.10
巫支祈井（无支祈井）

实 例

汉族 今洪泽湖滨之龟山有井，名曰巫支祈井，相传神禹锁巫支祈（水神名）于此。有大铁练系于井栏，垂于井中，其下深黑，莫窥其底。明季及国初，尝有人拖铁练出而观之，盖一老猴也。此物不知生于何代，自洪水时至今，厥寿已四千余年矣。

【流传】（无考）
【出处】
（a）［清］薛福成：《庸庵笔记》卷三。
（b）《巫支祈井》，见袁珂《中国神话大词典》，北京：华夏出版社 2015 年版，第 159 页。

W1978.5.1.11
仙人井

实 例

汉族 仙人井在无为州城北。昔吕洞宾过此取饮，今石栏上有跪膝痕。

【流传】（无考）
【出处】
（a）［明］陈仁锡：《潜确类书》卷三三。
（b）《仙人井》，见袁珂《中国神话大词典》，北京：华夏出版社 2015 年版，第 107 页。

W1978.5.1.12
尧井

【关联】［W0747.6］与尧有关的其他母题

实 例

汉族 尧井在氾水县东十五里。汉高祖败，项羽追之，入此井得免。见井中有双鸠飞出，有蜘蛛网，因而得免。

【流传】（无考）
【出处】
（a）《太平御览》卷一八九引《郡国志》。
（b）《尧井》，见袁珂《中国神话大词典》，北京：华夏出版社 2015 年版，第 123 页。

W1978.5.1.13
银井

实 例

汉族 桂阳郡有银井，凿之转深。汉有村人焦先，于半道见三老人，遍身皓白，云："逐我太苦，今往他所。"先知是怪，以刀斫之，三翁各以杖受刀，忽不见。视其断杖是银，其井后遂不生银也。

【流传】（无考）

【出处】

（a）《述异记》卷下。

（b）《银井》，见袁珂《中国神话大词典》，北京：华夏出版社 2015 年版，第 297 页。

W1978.5.1.14
禹井

【关联】［W0751.6］与禹有关的其他母题

实例

汉族　昔大禹崩于会稽（山名，今浙江省绍兴县东南），因而葬之。山东有湮井，去庙七里，深不见底，谓之禹井。云东游者多探其穴也。

【流传】（无考）

【出处】

（a）［北魏］郦道元：《水经注·渐江水》

（b）《会稽山》，见袁珂《中国神话大词典》，北京：华夏出版社 2015 年版，第 131 页。

W1978.5.1.14.1
禹井在会稽山

实例

汉族　"会稽之山，四方。"今在会稽郡山阴县南，上有禹冢及井。

【流传】（无考）

【出处】

（a）《山海经·南次二经》郭璞注。

（b）《会稽山》，见袁珂《中国神话大词典》，北京：华夏出版社 2015 年版，第 131 页。

（c）《禹井》，见袁珂《中国神话大词典》，北京：华夏出版社 2015 年版，第 238 页。

汉族　（会稽）山东有湮井，去庙七里，深不见底，谓之禹井。云东游者多探其穴也。

【流传】（无考）

【出处】

（a）［北魏］郦道元：《水经注·渐江水》

（b）《禹井》，见袁珂《中国神话大词典》，北京：华夏出版社 2015 年版，第 238 页。

W1978.5.2
井槛

实例

（参见下级母题实例）

W1978.5.2.1
玉为井槛

实例

汉族　（昆仑山）上有木禾，长五寻，大五围。面有九井，以玉为槛。面有九门，门有开明兽守之。百神之所在。

【流传】（无考）

【出处】

（a）《山海经·海内西经》。

（b）《昆仑》，见袁珂《中国神话大词典》，北京：华夏出版社2015年版，第196页。

W1978.5.3
九井

实 例

汉族 （昆仑之虚），面有九井，以玉为槛。

【流传】（无考）

【出处】

（a）《山海经·海内西经》。

（b）同（a），见袁珂《中国神话大词典》，北京：华夏出版社2015年版，第8页。

W1978.5.3.0
神农造九井

实 例

汉族 隋郡北界有厉乡村。村西有两重堑，内有周围一顷二十亩，地中有九井。相传神农既育，九井自穿。又云，汲一井则众井水动。

【流传】（无考）

【出处】［清］王谟：《汉唐地理书钞》辑盛弘之《荆州记》。

W1978.5.3.1
九井在昆仑

【关联】［W1850］昆仑山

实 例

汉族 （昆仑虚）旁有九井，玉横维其西北之隅。

【流传】（无考）

【出处】

（a）［汉］刘安及门客：《淮南子·地形训》。

（b）同（a），见袁珂《中国神话大词典》，北京：华夏出版社2015年版，第8页。

W1978.5.3.2
九井即老子井

实 例

汉族 襄邑县八十里曰濑乡，有老子庙，庙中九井。

【流传】（无考）

【出处】

（a）鲁迅：《古小说钩沉》辑《小说》。

（b）同（a），见袁珂《中国神话大词典》，北京：华夏出版社2015年版，第8页。

W1978.5.3.3
九井即神农井

实 例

汉族 （烈山）水北有九井，子书所谓"神农既诞，九井自穿"，谓斯水也。（故九井又称"神农井"。）

【流传】（无考）

【出处】

（a）［北魏］郦道元：《水经注·漻水》。

(b) 同（a），见袁珂《中国神话大词典》，北京：华夏出版社2015年版，第8页。

W1978.5.3.4
九井井水相连

实例

汉族 神农既诞，九井自穿。……又言汲一井则众水动。

【流传】（无考）

【出处】

(a) ［北魏］郦道元：《水经注·漻水》。

(b) 同（a），见袁珂《中国神话大词典》，北京：华夏出版社2015年版，第8页。

汉族 老君庙中有九井，水皆相通，故每汲一井，九井皆动。降生之初，即行九步，步生莲华。

【流传】（无考）

【出处】［元］赵道一：《历世真仙体道通鉴后集》卷一"无上元君"条。

汉族 隋郡北界有厉乡村，村南有重山。山下有一穴，父老相传云，神农所生。村西有两重堑，内有周围一顷二十亩。地中有九井，相传神农既育，九井自穿。又云，汲一井则众井水动。

【流传】（湖北省·荆州）

【出处】［清］王谟：《汉唐地理书钞》辑盛弘之《荆州记》。

汉族 襄邑县八十里曰濑乡，有老子庙，庙中九井。或云每汲一井，而八井俱动。

【流传】（无考）

【出处】

(a) 鲁迅：《古小说钩沉》辑《小说》。

(b) 同（a），见袁珂《中国神话大词典》，北京：华夏出版社2015年版，第8页。

W1978.5.4
九十九井

实例

（参见下级母题实例）

W1978.5.4.1
周仙王开九十九井

实例

汉族 九十九井在抚州府治东南七里。俗传周仙王与夫人共约，曰："一夕之内，尔织百縑，我开百井。"至四更，夫人百縑已就，效鸡鸣以绐之，群鸡皆和；仙王方得九十九井，闻鸡鸣遂止。

【流传】（江西省）

【出处】

(a) 《古今图书集成·禽虫典》卷三六引《江西通志》。

(b) 《九十九井》，见袁珂《中国神话大词典》，北京：华夏出版社2015年版，第12页。

汉族 九十九井在抚州府治东南七里，为周仙王所开造。

【流传】（无考）

W1979
与水体有关的其他母题

实例

（参见下级母题实例）

W1979.1
沼泽的产生

实例

（参见下级母题实例）

W1979.1.1
造地时的褶皱变成沼泽

实例

汉族　李郎把地扯皱，就有了沼泽。

【流传】四川省·（宜宾市）·筠连县·高坪苗族乡·英雄村

【出处】刘公品讲，四川大学中文系85级采风队采录：《张郎治天，李郎治地》，见中国民间文学集成全国编辑委员会编《中国民间故事集成》（四川卷），北京：中国ISBN中心1998年版，第24页。

W1979.1.2
用牛的血造沼泽

【关联】[W1927.2] 牛的血变成江河

实例

哈尼族　众神用查牛（天地神专养的神牛）的血做成山洼里的沼泽地。

【流传】

（a）云南省·（红河哈尼族彝族自治州）·元阳县

（b）云南省·（红河哈尼族彝族自治州）·元阳（元阳县）、红河（红河县）、绿春（绿春县）、金平（金平苗族瑶族傣族自治县）等

【出处】

（a）朱小和讲，史军超采录：《查牛补天地》，见中国民间文学集成全国编辑委员会编《中国民间故事集成》（云南卷），北京：中国ISBN中心2003年版，第29页。

（b）同（a），见云南省民间文学集成办公室编《哈尼族神话传说集成》，北京：中国民间文艺出版社1990年版。

W1979.1.2.1
杀神牛的血槽变成沼泽

实例

哈尼族　众神杀查牛（天地神专养的神牛）修补天地日月时，查牛身上的千百样东西都一样一样地分了。血槽分出来，做成山洼里的沼泽地。

【流传】云南省·（红河哈尼族彝族自治州）·元阳（元阳县）、红河（红河县）、绿春（绿春县）、金平（金平苗族瑶族傣族自治县）

【出处】朱小和讲唱，史军超搜集整理：《查牛补天地》（1983），原载云南省民间文学集成办公室编《哈尼族神话传说集成》，中国民间文艺出版社

1990年版，见姚宝瑄主编《中国各民族神话》（哈尼族、傣族），太原：山西出版传媒集团·书海出版社2014年版，第55页。

W1979.1.3
天上坠物砸出的凹陷成为沼泽

【关联】［W1499.3］天上落石头

实例

（参见下级母题实例）

W1979.1.3.1
碎星落地砸出的凹陷成为沼泽

实例

哈尼族　碎星落下时砸凹的地方，成了大地上蓄水的沼泽。

【流传】云南省·（玉溪市）·元江县（元江哈尼族彝族傣族自治县）·咪哩乡、羊岔街乡及因远镇一带

【出处】《人种物种歌》，见元江县哈尼文化学会、元江县史志编纂办公室编《元江哈尼族古歌集》，内部编印，2005年，第46页。

W1979.1.4
积水形成沼泽

实例

（参见下级母题实例）

W1979.1.4.1
泪水形成沼泽

实例

藏族　姐姐黄河没有能看见妹妹，思念之极，洒下了无数颗伤心的眼泪，辽阔的草地就盛满了泪水。泪水浸泡草地，日久天长，变成大大小小的海子，变成了鼓着泡沫的沼泽。

【流传】（无考）

【出处】方赫：《拯救草原的人》，见《四川政协报》1991年3月31日。

W1979.1.4.2
洪水聚成沼泽

实例

哈尼族　四处洪水汇聚在一起，形成沼泽湖泊遍大地。

【流传】云南省·（玉溪市）·元江县（元江哈尼族彝族傣族自治县）·羊街乡、那诺乡及因远镇清水河流域一带

【出处】《修天补地歌》，见元江县哈尼文化学会、元江县史志编纂办公室编《元江哈尼族古歌集》，内部编印，2005年，第25页。

W1979.1.5
混沌是沼泽

【关联】［W1057.1.6］与混沌有关的其他母题

实例

汉族　（实例待考）

W1979.1.6
特定名称的泽

实例

（参见下级母题实例）

1.8.3 其他一些常见的水体

W1979.1.6.1
大泽

实例

汉族 夸父欲追日景，将走大泽，未至，死于此。

【流传】（无考）

【出处】

（a）《山海经·大荒北经》。

（b）引自（a），见袁珂《中国神话大词典》，北京：华夏出版社2015年版，第19页。

汉族 爰有口水泽（即大泽），爰有陵衍平陆，硕鸟解羽。

【流传】（无考）

【出处】

（a）《穆天子传》卷三。

（b）《大泽》，见袁珂《中国神话大词典》，北京：华夏出版社2015年版，第19页。

汉族 舜妻登比氏生宵明、烛光，处河大泽，二女之灵能照此所方百里。

【流传】（无考）

【出处】

（a）《山海经·海内北经》。

（b）引自（a），见袁珂《中国神话大词典》，北京：华夏出版社2015年版，第19页。

W1979.1.6.1.1
大泽方圆千里

实例

汉族 大泽方百里，群鸟所生及所解。在雁门北。

【流传】（无考）

【出处】

（a）《山海经·海内西经》。

（b）《大泽》，见袁珂《中国神话大词典》，北京：华夏出版社2015年版，第19页。

W1979.1.6.2
稷泽

实例

汉族 峚山，丹水出焉，西流注于稷泽。

【流传】（无考）

【出处】

（a）《山海经·西次三经》。

（b）《稷泽》，见袁珂《中国神话大词典》，北京：华夏出版社2015年版，第351页。

汉族 "丹水出焉，西流注于稷泽。"注曰："后稷神所凭，因名云。"

【流传】（无考）

【出处】

（a）《山海经·西次三经》郭璞注。

（b）引自（a），见袁珂《中国神话大词典》，北京：华夏出版社2015年版，第351页。

W1979.1.6.3
雷泽（震泽）

实例

汉族 昔者舜耕于历山，陶于河滨，渔于雷泽，灰于常阳，尧得之服泽之阳，立为天子。

【流传】（无考）

【出处】

（a）《墨子·尚贤下》。

（b）《舜耕历山》，见袁珂《中国神话大词典》，北京：华夏出版社 2015 年版，第 321 页。

汉族 雷泽中有雷神，龙身而人头，鼓其腹。在吴西。

【流传】（无考）

【出处】

（a）《山海经·海内东经》。

（b）《雷泽》，见袁珂《中国神话大词典》，北京：华夏出版社 2015 年版，第 329 页。

W1979.1.6.3.1
雷泽在黄河上游的尽头

实 例

汉族 华胥姑娘别了宛丘，沿着黄河向上游走去，黄河的上游就是雷河，雷河的尽头就是雷泽。

【流传】河南省·（周口市）·淮阳县

【出处】《伏羲老母华胥姑娘》，见张振犁编著《中原神话通鉴》（第一卷），郑州：河南大学出版社 2017 年版，第 210 页。

W1979.1.6.4
青邱泽

实 例

汉族 尧乃使羿缴大风于青邱之泽。

【流传】（无考）

【出处】

（a）［汉］刘安及门客：《淮南子·本经训》。

（b）《青邱泽》，见袁珂《中国神话大词典》，北京：华夏出版社 2015 年版，第 191 页。

汉族 青邱，东方之泽名也。

【流传】（无考）

【出处】

（a）《淮南子·本经训》高诱注。

（b）引自（a），见袁珂《中国神话大词典》，北京：华夏出版社 2015 年版，第 191 页。

W1979.1.6.5
盐泽

【关联】［W1950.6.23.12］盐湖

实 例

（参见下级母题实例）

W1979.1.6.5.1
蚩尤血为盐泽

实 例

汉族 解州盐泽，卤色正赤，俚俗谓之蚩血。

【流传】（解州？）

【出处】［宋］沈括：《梦溪笔谈》卷二。

W1979.2
瀑布的产生

【汤普森】A935

实例

（参见下级母题实例）

W1979.2.1
剪水形成瀑布

实例

（参见下级母题实例）

W1979.2.1.1
剪水形成瀑布

实例

【布依族】国王追兵乘木筏赶至，突来铁鹰以金剪剪断白水河，成一瀑布。

【流传】贵州省·（安顺市）·镇宁（镇宁布依族苗族自治县）

【出处】《黄果树瀑布》，原载毛星主编《中国少数民族文学》（中册），见袁珂《中国神话大词典》，北京：华夏出版社2015年版，第452页。

W1979.2.2
泪水化为瀑布

实例

【高山族】勇士名能化为高山，其妻至陡崖峭壁，不复能上，遂抱岩石而痛哭，其泪化为雪白瀑布。

【流传】（无考）

【出处】袁珂改编：《能高山》，原载《台湾民间传说》，见袁珂《中国神话大词典》，北京：华夏出版社2015年版，第529页。

W1979.3
溪流的产生

实例

（参见下级母题实例）

W1979.3.0
特定人物造溪

实例

（参见下级母题实例）

W1979.3.0.1
盘古挖出溪流

实例

【汉族】盘古用手扒，扒呀，挖呀，挖起许许多多的小溪。

【流传】（无考）

【出处】王阿英讲，蔡斌搜集整理：《盘古开天地》，见姚宝瑄主编《中国各民族神话》（汉族），太原：山西出版传媒集团·书海出版社2014年版，第17～18页。

W1979.3.0.2
天女造溪流

实例

【水族】诸天女各以双手于山腰抠一洞，唾之以沫，遂成九溪十八洞，哗哗清泉，涌出山沟。

【流传】（无考）

【出处】袁珂改编：《月亮山》，原载谷

德明编《中国少数民族神话选》，见袁珂《中国神话大词典》，北京：华夏出版社2015年版，第537页。

W1979.3.1
鞭子抽出溪流

实例

苗族 （实例待考）

W1979.3.2
小溪是海的孩子

实例

（实例待考）

W1979.3.3
小溪是尿的痕迹

实例

（参见下级母题实例）

W1979.3.3.1
日月的子女撒尿成溪

实例

珞巴族 太阳的儿子达西和月亮的女儿亚姆在地上的尿汇成了条条溪流。

【流传】西藏自治区·（林芝地区）·墨脱县·（达木珞巴族乡）·卡布村

【出处】安布讲，冀文正采录：《珞巴五兄弟》，见中国民间文学集成全国编辑委员会编《中国民间故事集成》（西藏卷），北京：中国ISBN中心2001年版，第16页。

珞巴族 太阳的儿子达西和月亮的女儿亚姆降落人间，婚生的五个儿子把尿水洒落在地上，汇成了条条溪流。

【流传】西藏自治区·（林芝市）·墨脱县·达木珞巴民族乡、墨脱乡

【出处】安布讲，冀文正采集：《五兄弟的传说》，见冀文正《珞巴族民间故事》，成都：四川民族出版社2011年版，第18~19页。

W1979.3.4
特定的人物化为溪流

实例

（参见下级母题实例）

W1979.3.4.1
祖先化身为溪流

实例

佤族 （实例待考）

W1979.3.5
宝珠化为溪

【关联】

① ［W9686］宝珠

② ［W9686.1.3］泪水变珍珠

实例

（参见下级母题实例）

W1979.3.5.1
仙女投到山上的宝珠化为溪

实例

汉族 时当七夕，织女及众仙女各摘

头上宝珠，投诸山麓，化为七溪，仿佛北斗七星。

【流传】（无考）

【出处】

(a)《欧冶子铸剑》，载《民间文学》1980年第5期。

(b)《龙泉》见袁珂《中国神话大词典》，北京：华夏出版社2015年版，第378页。

W1979.3.6
眼泪化为溪

【关联】

① ［W1889］眼泪变成水

② ［W1904.1.3］眼泪变成江河湖海

实例

（参见下级母题实例）

W1979.3.6.1
五兄弟的泪水化为5条溪

实例

黎族　坏人亚尾为抢到宝剑，用火烤五兄弟。他们流下来的泪水把平原冲成了五条溪。

【流传】海南省·（三亚市）·保亭县（保亭黎族苗族自治县）

【出处】

(a) 容斯焕整理：《五指山传说》，见广东民族学院中文系编《黎族民间故事选》，上海：上海文艺出版社1983年版。

(b) 同(a)，见姚宝瑄主编《中国各民族神话》（高山族、黎族、畲族），太原：山西出版传媒集团·书海出版社2014年版，第65页。

W1979.3.6.2
日月星的眼泪成为溪流

实例

珞巴族　天上的9个太阳把大地晒得很热，天公和他的儿女太阳、月亮、星星在一起谈论此事时，伤心地号啕起来，泪水落到地上汇成条条溪流和许多湖泊。

【流传】西藏自治区·林芝市·墨脱县·达木珞巴民族乡、旁辛乡、甘登乡（讲述地点：墨脱县·达木珞巴民族乡·马尔康村）

【出处】安布讲，冀文正采集：《天和地》（1955.10），见冀文正《珞巴族民间故事》，成都：四川民族出版社2011年版，第3~4页。

W1979.3.7
血形成溪

实例

（参见下级母题实例）

W1979.3.7.1
星星的血液变成溪流

实例

珞巴族　天上的两个星星兄弟俩玩耍时，从天庭上掉了下来，弟弟跌落到地上，血液变成了条条溪流。

【流传】西藏自治区·（林芝市）·墨脱县·达木珞巴民族乡、旁辛乡

【出处】安布、江措讲，冀文正采集：《天和地》，见冀文正《珞巴族民间故事》，成都：四川民族出版社 2011 年版，第 4 页。

W1979.3.8
泉形成溪

实例

汉族　唐开元间，叶静能讲经于此，忽南海龙神化一叟曳听讲。既而诉曰："胡僧以咒力欲竭海取宝。"语甚哀切。静能乃书朱符，遣弟子持往海上救之，于是海水复还。观在原上，无井，远汲为难。至是龙神感其恩，乃于观左穿一渠，泉流不绝，遂成大溪，因名龙溪。

【流传】（无考）
【出处】
(a)〔明〕陈仁锡：《潜确类书》卷三一。
(b)《龙溪》，见袁珂《中国神话大词典》，北京：华夏出版社 2015 年版，第 98 页。

W1979.3.9
特定名称的溪

实例

（参见下级母题实例）

W1979.3.9.1
龙溪

实例

汉族　项羽避仇吴中，遇大溪，有异物焉，早暮以尾剪人吞之。羽跨其背，一手扼颈，一手抱树，连拔大树数章。天曙视之，马也，遍体黑龙纹，遂以名溪。今郡（今浙江省吴兴县）西门龙溪是也。

【流传】（无考）
【出处】
(a)《古今图书集成·职方典》卷九七四引《湖州府志》。
(b)《龙溪》，见袁珂《中国神话大词典》，北京：华夏出版社 2015 年版，第 98 页。

W1979.3.9.1.1
龙神造龙溪

【关联】［W1953.7.2］龙神造海

实例

汉族　龙溪，在奉化（今浙江省宁波市西南），旧有虚白观。乃龙神感静能法师之恩，于观左穿一渠，泉流不绝，遂成大溪，因名龙溪。

【流传】（无考）
【出处】
(a)〔明〕陈仁锡：《潜确类书》卷三一。
(b)《龙溪》，见袁珂《中国神话大词典》，北京：华夏出版社 2015 年版，第 98 页。

W1979.3.9.2
禹迹溪

【关联】[W0751.6] 与禹有关的其他母题

实例

汉族 禹迹溪，在湘江西岸岳麓山左，一名大禹拖船坳，为神禹疏凿开山之径。

【流传】（无考）

【出处】

(a) 清李元度重修《南岳志》卷一〇引《一统志》。

(b)《禹迹溪》，见袁珂《中国神话大词典》，北京：华夏出版社2015年版，第238页。

W1979.3.9.3
玉妃溪

实例

汉族 武都山有玉妃溪。

【流传】（无考）

【出处】

(a) [明] 曹学佺：《蜀中名胜记》卷九。

(b)《玉妃溪》，见袁珂《中国神话大词典》，北京：华夏出版社2015年版，第94页。

W1979.3.9.4
香溪

实例

汉族 明妃秭归人，临水而居，恒于溪中盥手，溪水尽香，今名香溪。

【流传】（无考）

【出处】[清] 胡凤丹：《青冢志》卷一引《妆楼记》。

W1979.4
水坝的产生

实例

（参见下级母题实例）

W1979.4.1
用牛尾做水坝

实例

哈尼族 造地时，杀了一头龙牛，用牛尾做水坝。

【流传】（无考）

【出处】刘辉豪、白章福搜集整理：《奥色密色》，载《山茶》1980年第2期。

W1979.4.2
猴子筑坝

实例

珞巴族 猴王按照渔夫的说法，下令所有的猴子前来筑坝，三天时间就让江水断了流。

【流传】西藏自治区·林芝市·墨脱县·旁辛乡、达木珞巴民族乡（讲述地点：墨脱县·达木珞巴民族乡·卡布村）

【出处】纳龙讲：《猴屁股为什么发红》(1997.01)，见冀文正《珞巴族民间故事》，成都：四川民族出版社2011年版，第69页。

1.9 其他物质与生物
【W1980~W1999】

1.9.1 金属[①]
【W1980~W1984】

W1980
金属的产生（金属的获得）
【汤普森】A1432
【关联】[W6108.2] 冶炼

实 例

（参见下级母题实例）

W1980.0
金属自然存在或源于特定地方

实 例

（参见下级母题实例）

W1980.0.1
金属源于特定的方位
【关联】[W1981.0] 金源于天上

实 例

（参见下级母题实例）

W1980.0.1.1
金银来自西方
【关联】[W3907.1] 种子在西方

实 例

苗族　唱到运金运银歌，运金运银来西方，运来金银百把万。

【流传】原文无流传地，据文本及注释推测该神话流传于贵州省·黔东南苗族侗族自治州·凯里市、台江县等地。

【出处】张启庭、张荣光、张正玉、张启德演唱，张明搜集，燕宝整理译注：《创造宇宙·运金运银》，见贵州省少数民族古籍整理出版规划小组办公室编，燕宝整理译注《苗族古歌》，贵阳：贵州民族出版社 1993 年版，第 76 页。

W1980.0.1.2
金银在东方龙王处

实 例

苗族　金子和银子在东方的龙王那里。

【流传】贵州省·（黔东南苗族侗族自

[①] 金属，该类母题在神话中有性质不同的两类表述，其中，关于自然呈现或一般性产生的金属列入此类母题；而诸如"金属的制造、发明"等与人类的有意识活动相关的母题，列入"有形文化"母题，具体情况参见《中国文化起源神话母题实例与索引》。

治州）·台江县、施秉县、凯里县（凯里市）等地

【出处】宝久老、岩公、李普奶等八位歌手演唱，桂舟人、唐春芳搜集，苗地改写：《打柱撑天》，见姚宝瑄主编《中国各民族神话》（布依族、仡佬族、苗族），太原：山西出版传媒集团·书海出版社 2014 年版，第 120 页。

W1980.0.2
金属源于水中

【关联】［W1980.5.3a］水生金

实例

（参见下级母题实例）

W1980.0.2.1
金银在水中龙王那里

【关联】［W3581.11.4］龙王是福神

实例

苗族　螃蟹大王到水中刨金银，金银的根子松的刨出来，还有不少根太紧，个个根深沉甸甸，都在龙王枕头边。

【流传】原文无流传地，据文本及注释推测该神话流传于贵州省·黔东南苗族侗族自治州·凯里市、台江县等地。

【出处】张启庭、张荣光、张正玉、张启德演唱，张明搜集，燕宝整理译注：《创造宇宙·运金运银》，见贵州省少数民族古籍整理出版规划小组办公室编，燕宝整理译注《苗族古歌》，贵阳：贵州民族出版社 1993 年版，第 212 页。

W1980.0.2.2
金银源于水塘中

实例

苗族　银子出自幼鸰塘，金子出自幼鸰塘（水池名，待考）。

【流传】原文无流传地，据文本及注释推测该神话流传于贵州省·黔东南苗族侗族自治州·凯里市、台江县等地。

【出处】张启庭、张荣光、张正玉、张启德演唱，张明搜集，燕宝整理译注：《创造宇宙·运金运银》，见贵州省少数民族古籍整理出版规划小组办公室编，燕宝整理译注《苗族古歌》，贵阳：贵州民族出版社 1993 年版，第 80 页。

W1980.0.3
特定动物体内有金属

实例

（参见下级母题实例）

W1980.0.3.1
鱼内脏中有金银

【关联】［W1513.2］鱼生万物

实例

珞巴族　（实例待考）

W1980.0.4
金属源于山中

实例

纳西族 很古的时候，陆色兄妹在居那什罗神山的肚子里，抠挖了九砣金子。

【流传】云南省·（丽江市）·丽江县（古城区、玉龙纳西族自治县）

【出处】木丽春采集整理：《蓝月亮谷的传说》，见木丽春编著《纳西族民间故事集》，昆明：云南人民出版社2007年版，第161~162页。

W1980.0.4.1
金银源于特定的山

实例

汉族 流沙之西，有鸟山者，三水出焉。有黄金、璿瑰、丹货、银铁，皆流于此中。

【流传】（无考）

【出处】
(a)《山海经·海内经》。
(b)《鸟山》，见袁珂《中国神话大词典》，北京：华夏出版社2015年版，第106页。

W1980.0.4.2
金银在山崖高处

实例

苗族 水龙聪明心肠好，用泡桐木造梯子，造梯架在岩壁上，金子银子才来到。

【流传】原文无流传地，据文本及注释推测该神话流传于贵州省·黔东南苗族侗族自治州·凯里市、台江县等地。

【出处】张启庭、张荣光、张正玉、张启德演唱，张明搜集，燕宝整理译注：《创造宇宙·运金运银》，见贵州省少数民族古籍整理出版规划小组办公室编，燕宝整理译注《苗族古歌》，贵阳：贵州民族出版社1993年版，第90~91页。

W1980.0.5
金属源于岩石下面

实例

（参见下级母题实例）

W1980.0.5.1
通过撬岩得到金银

实例

苗族 用赶龙鞭赶水龙，水龙忽然翻身起，用犄角去撬岩壁，金子银子才来到。

【流传】原文无流传地，据文本及注释推测该神话流传于贵州省·黔东南苗族侗族自治州·凯里市、台江县等地。

【出处】张启庭、张荣光、张正玉、张启德演唱，张明搜集，燕宝整理译注：《创造宇宙·运金运银》，见贵州省少数民族古籍整理出版规划小组办公室编，燕宝整理译注《苗族古歌》，贵阳：贵州民族出版社 1993 年版，第 89 页。

W1980.0.6
金属源于岩洞中

实例

（参见下级母题实例）

W1980.0.6.1
金银源于岩洞中

实例

苗族 银子出自岩洞里，金子出自岩洞里。银子是从岩层来，金子是从岩层来。

【流传】原文无流传地，据文本及注释推测该神话流传于贵州省·黔东南苗族侗族自治州·凯里市、台江县等地。

【出处】张启庭、张荣光、张正玉、张启德演唱，张明搜集，燕宝整理译注：《创造宇宙·运金运银》，见贵州省少数民族古籍整理出版规划小组办公室编，燕宝整理译注《苗族古歌》，贵阳：贵州民族出版社 1993 年版，第 81～82 页。

W1980.0.7
金属源于地下

实例

（参见下级母题实例）

W1980.0.7.1
铜铁埋在地下

实例

彝族 天神恩梯古兹说："大地的下面还埋着四个铜铁球，必须把这四个铜铁球刨出来，才能把天地做好。"

【流传】（无考）

【出处】《天神造天地》，见姚宝瑄主编《中国各民族神话》（羌族、彝族），太原：山西出版传媒集团·书海出版社 2014 年版，第 87 页。

W1980.0.7.2
月亮上有金银

【关联】［W4199.2］月亮中的宫殿

实例

汉族 月亮上满是金子银子。

【流传】辽宁省·（葫芦岛市）·建昌县·二道湾子（二道湾子蒙古族乡）一带

【出处】谢林德讲，冷朝阳记录：《月亮的传说》，见姚宝瑄主编《中国各民族神话》（汉族），太原：山西出版传媒集团·书海出版社 2014 年版，第 269～271 页。

W1980.1
特定的人物给人类金属

实例

（参见下级母题实例）

W1980.1.1
龙王给人金银铜铁

【关联】［W3581.11.4］龙王是福神

实例

哈尼族　先祖塔婆的三儿子龙王欧罗给母亲三节竹筒中，第二节竹筒（有的说为第一节）内尽是些五光十色的金银珠宝，她将金银珠宝撒向大地。大地上就有了金银铜铁等矿藏。

【流传】（a）云南省·（红河哈尼族彝族自治州）·元阳县

【出处】

（a）朱小和讲，卢朝贵采录：《塔婆取种》，见中国民间文学集成全国编辑委员会编《中国民间故事集成》（云南卷），北京：中国ISBN中心2003年版，第300页。

（b）朱小和讲，芦朝贵等整理：《天、地、人的传说》，载《山茶》1983年第4期。

（c）同（b），见谷德明编《中国少数民族神话》，北京：中国民间文艺出版社1987年版，第313页。

（d）朱小和讲，芦朝贵等整理：《天、地、人的传说》，见陶立璠、赵桂芳等编《中国少数民族神话汇编》（开天辟地篇等），中央民族学院少数民族古籍整理出版规划领导小组办公室印（未署出版时间），第261页。

哈尼族　龙王敬献母亲塔婆三竹筒物品。她打开第一筒，里面的金银铜铁及珠宝，遂钻入地下。

【流传】（无考）

【出处】《大鱼开辟天地》（原名《天、地、人的传说》），原载谷德明编《中国少数民族神话》，见袁珂《中国神话大词典》，北京：华夏出版社2015年版，第489页。

哈尼族　龙王欧罗送给老母亲（人类的始祖母塔坡）的竹筒倒出满地都是金银铜铁。

【流传】（云南省）

【出处】卢朝贵搜集整理，王松选编，昌文改写：《塔坡和她的三个儿子》（原题为《塔坡取种》），见姚宝瑄主编《中国各民族神话》（哈尼族、傣族），太原：山西出版传媒集团·书海出版社2014年版，第74页。

W1980.1.1.1
龙王送金银种子

实例

哈尼族　龙王欧罗送给老母亲塔坡的三节竹筒中分别装着五谷种、六畜种和金银种。

【流传】云南省·（红河哈尼族彝族自治州）·元阳县·（攀枝花乡·硐蒲寨）

【出处】朱小和讲，卢朝贵搜集整理：《塔坡取种》，载《山茶》1985年第1期。

W1980.1.2
神赐金银

实例

藏族 大海汪洋首尾神，七座大山铺金银。

【流传】四川省·阿坝藏族羌族自治州

【出处】达尔基：《藏族祈祷仪式与祈祷词》，载《阿坝州史志》1987年第4~5期合刊。

W1980.1.2.1
有了金属神后产生金属

【关联】[W0468]金属神

实例

哈尼族 阿匹梅烟封过这五个神，世上就有了鲜花一样好的金银铁铜锡，天地也才造得像金银铁铜锡一样闪光发亮。

【流传】云南省·（红河哈尼族彝族自治州）·元阳（元阳县）、红河（红河县）、金平（金平苗族瑶族傣族自治县），（采集于元阳县·胜村乡·全福庄）

【出处】卢朝贵讲，史军超搜集整理：《神和人的家谱》，原载云南省民间文学集成办公室编《哈尼族神话传说集成》，中国民间文艺出版社1990年版，见姚宝瑄主编《中国各民族神话》（哈尼族、傣族），太原：山西出版传媒集团·书海出版社2014年版，第41页。

W1980.1.2.2
天神将金银带到人间

实例

傣族 以前，人没有劳动工具，生活很不方便，就要求天神将金和银带到人间。天神答应了。

【流传】（无考）

【出处】《水沫造地》，原文本为仓齐华翻译，周开学记录，谷德明整理《开天辟地》，原载谷德明《中国少数民族神话选》，西北民族学院研究所，内部发行，1983年，见姚宝瑄主编《中国各民族神话》（哈尼族、傣族），太原：山西出版传媒集团·书海出版社2014年版，第239页。

W1980.2
特定的肢体变成金属

实例

（参见下级母题实例）

W1980.2.1
神或神性人物的肢体变成金属

【汤普森】A978.1

实例

（参见下级母题实例）

W1980.2.1.1
盘古的牙齿、骨头、骨髓等变成金属

实例

汉族 盘古死的时候，他的牙齿、骨

头、骨髓等，也都变成了闪光的金属、石头和玉石。

【流传】（无考）

【出处】袁珂译述：《盘古开天辟地》，原载袁珂编译《中国神话故事》，见陶阳、钟秀编《中国神话》（上），北京：商务印书馆2008年版，第7～8页。

W1980.2.1.2
盘古的骨头、牙齿变成金银铜铁

实例

汉族 盘古顶天立地后，牙和骨头变成了金属。

【流传】河南省·（驻马店市）·新蔡县·裳村乡

【出处】刘义（76岁，农民）讲，刘国富采录，龚国强采录整理：《盘古开天地的来历》（1987.09.05），见张振犁编著《中原神话通鉴》（第一卷），郑州：河南大学出版社2017年版，第25页。

汉族 盘古死后，骨头、牙齿变成埋藏在地下的金银铜铁。

【流传】河南省·济源市·（城关）

【出处】程玉林讲，缪华、胡佳作采录：《盘古寺》，见张振犁编著《中原神话通鉴》（第一卷），郑州：河南大学出版社2017年版，第4页。

W1980.2.2
骨骼变成金属

【关联】

① [W1819.2] 骨骼变成山

② [W1859.2] 骨头变为石头

实例

（参见下级母题实例）

W1980.2.2.1
巨人的骨骼变成金属

实例

汉族 巨人盘古撑开天地，力气用尽，累死的时节，他的牙齿、骨头、骨髓，化作金、银、铜、铁、锡、石头和珍珠。

【流传】浙江省·（温州市）·永嘉县各地

【出处】陈仁讲，谢圣铎搜集整理：《盘古开天地》（1985），见姚宝瑄主编《中国各民族神话》（汉族），太原：山西出版传媒集团·书海出版社2014年版，第13～14页。

W1980.2.2.2
盘古的骨骼变成金属

【关联】

① [W1843.5.3.1] 盘古的骨头变成山丘

② [W1982.1.1.1] 盘古的骨头和牙齿化银

实例

汉族 盘古死后，骨头牙齿变成埋藏在地下的金银铜铁、玉石宝藏。

【流传】河南省

【出处】程玉林讲述，缪华、胡佳作搜集整理：《九重天的来历》，原载张振犁、程健君合编《中原神话专题资料》，见陶阳、钟秀编《中国神话》（上），北京：商务印书馆2008年版，第19~21页。

W1980.2.2.3
盘古的骨骼变成金银

实例

汉族 盘古死后，尻为鱼鳖，手为飞鸟，爪为龟龙，骨为金银。

【流传】（无考）

【出处】[唐]释澄观：《大方广佛华严经随疏演义钞》卷四二引《三王历》。

W1980.2.3
牙齿变成金属

实例

（参见下级母题实例）

W1980.2.3.1
盘古的牙齿变成金银

实例

汉族 盘古死后，他的骨头牙齿，变成埋藏在地下的金银铜铁、玉石宝藏。

【流传】河南省尾山一带

【出处】程玉林讲，缪华、胡佳作搜集整理：《盘古寺》，原载张振犁、程健君编《中原神话专题资料》，见姚宝瑄主编《中国各民族神话》（汉族），太原：山西出版传媒集团·书海出版社2014年版，第4~6页。

瑶族（实例待考）

W1980.2.4
血液变成金属

实例

（参见下级母题实例）

W1980.2.4.1
神的血变成金属

实例

彝族 黑埃波罗赛神的血变金、银、铜、铁等。

【流传】（无考）

【出处】

（a）《黑埃波罗赛造天地》，见中国各民族宗教与神话大词典编审委员会编《中国各民族宗教与神话大词典》，北京：学苑出版社1990年版，第677页。

（b）《黑埃波罗赛神》，见云南省民族事务委员会编《彝族文化大观》，昆明：云南民族出版社1999年版，第320页。

W1980.2.4.2
盘古的血变金银铜铁锡

实例

彝族 盘古死后，他的血变成了金银铜铁锡。

【流传】云南省·（楚雄彝族自治

州）·楚雄（楚雄市）、南华（南华县）、双柏（双柏县）等地

【出处】《查姆·鲁查姆》，见杨继中、芮增瑞、左玉堂编《楚雄彝族文学简史》，北京：中国民间文艺出版社1986年版，第43～44页。

W1980.2.4.3
巨兽的血脉化为金属

实例

怒族 巨人砍死之巨兽后，巨兽的血脉化为金、银、铜、铁。

【流传】（无考）

【出处】袁珂改编：《巨兽化万物》，原载毛星主编《中国少数民族文学》（下册），见袁珂《中国神话大词典》，北京：华夏出版社2015年版，第579页。

W1980.2.5
皮变成金属

实例

（参见下级母题实例）

W1980.2.5.1
龙的皮变金属

【关联】
① [W3566] 龙的鳞（龙鳞）
② [W3568.3] 龙壳

实例

汉族

（参见 W1981.2.1 母题实例）

W1980.2.6
血脉变成金属

实例

（参见下级母题实例）

W1980.2.6.1
巨兽的血脉变金银铜铁

实例

怒族 巨人砍掉巨兽后，巨兽的血脉变成金银铜铁。

【流传】云南省

【出处】*《氏族的来源》，见中国社会科学院云南少数民族文学研究所等编《云南少数民族文学资料》第2辑，内部编印，1981年，第124页。

W1980.3
卵变成金银铜铁锡

实例

纳西族 （实例待考）

W1980.4
屎变成金银铜铁锡

【关联】[W9995.3] 屙金子

实例

布依族 屎变成了金银。

【流传】贵州省·（黔西南布依族苗族自治州）·兴义（兴义市）、望谟（望谟县）

【出处】黄建业讲，布歌等整理：《金子

客人》，见中华民族故事大系编委会编《中华民族故事大系》第3卷（彝族、壮族、布依族），上海：上海文艺出版社1995年版，第915页。

景颇族

（参见 W1981.2.2 母题实例）

W1980.5
金属产生的其他方式

实 例

（参见下级母题实例）

W1980.5.1
气变成金属

实 例

（参见下级母题实例）

W1980.5.1.1
始祖的灵气变成金银铜铁锡

实 例

（参见下级母题实例）

W1980.5.1.1.1
人祖阿丹的灵气变成金银铜铁锡

实 例

回族　真主造的阿丹违背真主的吩咐，自己坐起来后，脑骨中的灵气跑出来了。跑到山上的，变成了金、银、铜、铁、锡各种矿物。

【流传】（无考）

【出处】《阿丹和海尔玛》，见谷德明编《中国少数民族神话》，北京：中国民间文艺出版社1987年版，第713页。

回族　真主最早造出的人是躺着的。真主规定他不能自己起来。有一次他趁真主不在，就自个儿坐起来，结果脑骨中的灵气跑出来了。跑到山上的，变成了金、银、铜、铁、锡各种矿物。

【流传】（无考）

【出处】《阿丹和海尔玛》，马奔根据《中国回族民间文学概观》（宁夏大学出版社1984年版）等改写，见姚宝瑄主编《中国各民族神话》（土族、东乡族、回族、保安族、裕固族、撒拉族），太原：山西出版传媒集团·书海出版社2014年版，第48页。

W1980.5.2
造金属（炼金属）

【关联】［W6108.2］冶炼

实 例

（参见下级母题实例）

W1980.5.2.1
用动物的血造金银铜铁

实 例

（参见下级母题实例）

W1980.5.2.1.1
用蛤蟆的血造金银铜铁

实 例

怒族　地洞里有只癞蛤蟆活动造成地

动。仙人把它杀掉，用它的血脉做成金银铜铁，把它埋在地下。

【流传】（云南省）

【出处】

（a）《天地来源》（1958），见中国作家协会昆明分会民间文学工作部编《云南民族文学资料》第十九集，中国作家协会编印，1963年。

（b）《仙人造天地》（1958），见姚宝瑄主编《中国各民族神话》（门巴族、珞巴族、怒族、藏族），太原：山西出版传媒集团·书海出版社2014年版，第54页。

W1980.5.2.2
烧炼金银

【关联】［W1981.4b.2］炼金

实例

苗族　火烧金银家岩门，成天成夜放火烧，山林树木都烧完，炭火灰飞如下雪，岩石大门烧不化，银子也就出不来，金子也就出不来。

【流传】原文无流传地，据文本及注释推测该神话流传于贵州省·黔东南苗族侗族自治州·凯里市、台江县等地。

【出处】张启庭、张荣光、张正玉、张启德演唱，张明搜集，燕宝整理译注：《创造宇宙·运金运银》，见贵州省少数民族古籍整理出版规划小组办公室编，燕宝整理译注《苗族古歌》，贵阳：贵州民族出版社1993年版，第85页。

W1980.5.2.3
山神造金银

【关联】

① ［W0391］山神
② ［W0395］山神的职能

实例

彝族　彝家的金银，是山神爷生产的。

【流传】云南省·（红河哈尼族彝族自治州）·红河县、元阳县

【出处】龙倮贵搜集整理，黄建明摘录：《祭山经》，见吕大吉、何耀华总主编《中国各民族原始宗教资料集成》（彝族卷、白族卷、基诺族卷），北京：中国社会科学出版社1996年版，第87页。

W1980.5.3
打开地户冒出金银铜铁

实例

汉族　一个人用开地的钥匙在东南方向打开了地户的锁，埋藏了几万万年的金银铜铁宝藏都冒了出来。

【流传】山东省·（潍坊市）·青州市·五里镇·井塘村

【出处】孙好忠讲，孙全道采录：《天地钥匙》，见中国民间文学集成全国编辑委员会编《中国民间故事集成》（山东卷），北京：中国ISBN中心2007年版，第12页。

W1980.5.3.1
地生金银

【关联】［W1515.1］地生万物

实例

彝族 金银财宝从母（指地母）出，看来不离母一身。

【流传】云南省·（大理白族自治州）·巍山县（巍山彝族回族自治县）·五印乡·岩子脚（岩子脚村）、紫马鹿村

【出处】王丽珠搜集：《无上虚空地母养生保命真经》，见吕大吉、何耀华总主编《中国各民族原始宗教资料集成》（彝族卷、白族卷、基诺族卷），北京：中国社会科学出版社1996年版，第63~64页。

W1980.5.3.2
土生金银

实例

彝族 土呀能生银，地呀能生金。

【流传】贵州省·（毕节市）·威宁县（威宁彝族回族苗族自治县）、赫章县一带

【出处】罗正清翻译，黄建明摘录：《弥神与觉神》（未刊稿），见吕大吉、何耀华总主编《中国各民族原始宗教资料集成》（彝族卷、白族卷、基诺族卷），北京：中国社会科学出版社1996年版，第280页。

W1980.5.3a
水生金

【关联】

① ［W1980.0.2.2］金银源于水塘中
② ［W1981.0.2］金源于水中（金源于江中）

实例

彝族

（参见W1981.0.2.1母题实例）

W1980.5.4
砍宝树得金银

实例

纳西族 砍宝树得金银。

【流传】（无考）

【出处】和东光讲，杨世光整理：《朱古羽勒排与康美九命姬》，见中华民族故事大系编委会编《中华民族故事大系》第9卷（水族、东乡族、纳西族），上海：上海文艺出版社1995年版，第719页。

W1980.5.5
龙献金银铜铁

实例

哈尼族 龙敬献母亲塔婆三竹筒东西，其中一筒有金银铜铁。

【流传】（无考）

【出处】朱小和讲，芦朝贵等整理：《天、地、人的传说》，载《山茶》

1983 年第 4 期。

W1980.6
与金属产生有关的其他母题

实例

（参见下级母题实例）

W1980.6.1
特定人物发现了金属

【关联】［W1983.4.2］特定的人物发现铁

实例

（参见下级母题实例）

W1980.6.1.1
神发现了金属

实例

蒙古族（布里亚特） 达尔罕·查干·腾格里在布里亚特神话里是金属的发现者和生产金属劳动工具的形象化身。

【流传】（无考）

【出处】［苏联］И. А. 曼日格耶夫著，宋长宏译，佟德富校：《布里亚特萨满教和前萨满教辞典》（俄文版），莫斯科：科学出版社 1978 年版，第 42 页，见吕大吉、何耀华总主编《中国各民族原始宗教资料集成》（鄂伦春族卷、鄂温克族卷、赫哲族卷、达斡尔族卷、锡伯族卷、满族卷、蒙古族卷、藏族卷），北京：中国社会科学出版社 1999 年版，第 626 页。

W1980.6.2
祖先寻找金银

【关联】［W9930］寻找

实例

哈尼族 塔婆祖母为人类去寻找金银。

【流传】云南省·（红河哈尼族彝族自治州）·元阳县

【出处】朱小和讲，卢朝贵采录：《塔婆取种》，见中国民间文学集成全国编辑委员会编《中国民间故事集成》（云南卷），北京：中国 ISBN 中心 2003 年版，第 300 页。

W1980.6.3
播种金银

实例

（参见下级母题实例）

W1980.6.3.1
在岩石中播种金银

实例

苗族 耇劳（神性人物名）播种金和银，播在那些岩石里；耇劳来播金银种，播在那些岩石中。

【流传】原文无流传地，据文本及注释推测该神话流传于贵州省·黔东南苗族侗族自治州·凯里市、台江县等地。

【出处】张启庭、张荣光、张正玉、张启德演唱，张明搜集，燕宝整理译

注：《创造宇宙·运金运银》，见贵州省少数民族古籍整理出版规划小组办公室编，燕宝整理译注《苗族古歌》，贵阳：贵州民族出版社1993年版，第78页。

W1980a
金属的特征
实例

（参见下级母题实例）

W1980a.1
金属坚硬
【关联】[W1332.4] 用金属做天柱
实例

（参见下级母题实例）

W1980a.1.1
世上金银最硬
实例

苗族　宝公公、雄公公、且公公、当公公四个巨人公公商讨撑天之物。他们认为世上最硬的是金子和银子，用金子和银子打成撑天柱，天就稳了。

【流传】贵州省·（黔东南苗族侗族自治州）·台江县、施秉县、凯里县（凯里市）等地

【出处】宝久老、岩公、李普奶等八位歌手演唱，桂舟人、唐春芳搜集，苗地改写：《打柱撑天》，见姚宝瑄主编《中国各民族神话》（布依族、仡佬族、苗族），太原：山西出版传媒集团·书海出版社2014年版，第120页。

W1980a.2
金属为什么金光闪闪
实例

（实例待考）

W1980a.3
金属为什么藏土中（金属为什么在地下）
【关联】
① [W1981.5.1] 黄金埋在地下的原因
② [W1984.3] 金属在地下与泥巴混在一起
③ [W1984.3.1] 金银因为做错了事住在地下

实例

（参见下级母题实例）

W1980a.3.1
神把金属埋在地下
【关联】[W1985a.1.1] 神把矿石埋在地下
实例

羌族　由于天神治洪水时，是把金子、石头、泥巴混在一起撒下地的，所以现在各种金矿都是同石头和泥巴混杂在一起的。

【流传】四川省·（阿坝藏族羌族自治州）·松潘县·小姓乡

【出处】林波讲，王康、吴文光、龚剑雄采录，王康整理：《山是咋个来的》，

原载西南民族学院图书馆与西南民族学院《羌族文学简史》编写组 1987 年合编《羌族民间文学资料集》（一），见姚宝瑄主编《中国各民族神话》（羌族、彝族），太原：山西出版传媒集团·书海出版社 2014 年版，第 14 页。

W1980a.3.2
仙人把金属埋在地下
实 例

（参见下级母题实例）

W1980a.3.2.1
仙人把金银铜铁埋在地下
【关联】［W1980.0.7.1］铜铁埋在地下

实 例

怒族　仙人杀掉造成地震的蛤蟆，并用它的血脉做成金银铜铁，然后把它埋在地下。

【流传】（云南省）

【出处】

（a）《天地来源》（1958），见中国作家协会昆明分会民间文学工作部编《云南民族文学资料》第十九集，中国作家协会编印，1963 年。

（b）《仙人造天地》（1958），见姚宝瑄主编《中国各民族神话》（门巴族、珞巴族、怒族、藏族），太原：山西出版传媒集团·书海出版社 2014 年版，第 54 页。

W1980a.4
与金属特征有关的其他母题
实 例

（参见下级母题实例）

W1980a.4.1
奇特的金属
实 例

（参见下级母题实例）

W1980a.4.1.1
会行走的金银
实 例

（参见下级母题实例）

W1980a.4.1.1.1
金银飞到天上
【关联】［W1980.0.7.2］月亮上有金银

实 例

苗族　修狃（神性人物名）的喙子七拃长，啄着岩石嗒嗒响，岩石碎落纷纷扬，金银还是出不来，金银子哭呀哭得惨，哭着不知去哪好！银子飞到天上去，金子飞到天上去，银住雷公大王家。

【流传】原文无流传地，据文本及注释推测该神话流传于贵州省·黔东南苗族侗族自治州·凯里市、台江县等地。

【出处】张启庭、张荣光、张正玉、张

启德演唱，张明搜集，燕宝整理译注：《创造宇宙·运金运银》，见贵州省少数民族古籍整理出版规划小组办公室编，燕宝整理译注《苗族古歌》，贵阳：贵州民族出版社1993年版，第86~87页。

苗族 金银很快长大了，金银就要向东流，要随波浪漂流走，上滩好比拖刺丛，金银漂流心忧愁。

【流传】原文无流传地，据文本及注释推测该神话流传于贵州省·黔东南苗族侗族自治州·凯里市、台江县等地。

【出处】张启庭、张荣光、张正玉、张启德演唱，张明搜集，燕宝整理译注：《创造宇宙·运金运银》，见贵州省少数民族古籍整理出版规划小组办公室编，燕宝整理译注《苗族古歌》，贵阳：贵州民族出版社1993年版，第139~140页。

W1980a.4.1.2
金银铜铁无处不在

实 例

哈尼族 龙王欧罗送给老母亲塔坡的竹筒中装着金银种，她拔开塞子一瞧，筒内尽是些五光十色的金银珠宝，就一把一把地将金银珠宝撒向大地。这样大地上处处都藏着许多许多的金银铜铁等矿藏。

【流传】云南省·（红河哈尼族彝族自治州）·元阳县·（攀枝花乡·硐蒲寨）

【出处】朱小和讲，卢朝贵搜集整理：《塔坡取种》，载《山茶》1985年第1期。

W1981
金的产生

【汤普森】A1432.2

【关联】

① ［W0282.2］秋神是金神
② ［W0468］金属神
③ ［W0468.2］金神
④ ［W1980］金属的产生（金属的获得）

实 例

（参见下级母题实例）

W1981.0
金源于特定地方

实 例

（参见下级母题实例）

W1981.0.1
金源于天上

实 例

苗族 香耆劳（神性人物名）来自东方，腰间别着一把刀，长长竹竿肩上扛，咚咚直捅蓝天上，大块金碑掉地上，天空闪闪晃金光。

【流传】原文无流传地，据文本及注释推测该神话流传于贵州省·黔东南苗族侗族自治州·凯里市、台江县等地。

【出处】张启庭、张荣光、张正玉、张启德演唱,张明搜集,燕宝整理译注:《创造宇宙·运金运银》,见贵州省少数民族古籍整理出版规划小组办公室编,燕宝整理译注《苗族古歌》,贵阳:贵州民族出版社 1993 年版,第 97~98 页。

W1981.0.2
金源于水中 (金源于江中)

【关联】[W1980.5.3a] 水生金

实例

(参见下级母题实例)

W1981.0.2.1
金沙江出金子

实例

彝族 金子出在金沙江。

【流传】云南省·楚雄彝族自治州·姚安县、大姚县等彝族地区

【出处】《婚事和恋歌·说亲》,见云南省民族民间文学楚雄调查队整理编写《梅葛》,昆明:云南人民出版社 2009 年版,第 145 页。

W1981.0.3
土生金

【关联】[W1980.5.3.2] 土生金银

实例

(参见下级母题实例)

W1981.0.3.1
地出黄金

实例

汉族 地出黄金,天降神女,感通之至,良有可称。

【流传】(无考)

【出处】[唐]欧阳询:《艺文类聚》卷二〇引 [南朝·梁] 萧绎《孝德传序》。

W1981.1
真主降黄金

实例

撒拉族 真主看到穆民活得可怜,就从天上下了一次黄金,从此混沌的世界,都成了金黄金黄的墩亚。

【流传】(无考)

【出处】韩占祥讲,大漠记录整理:《黄金为什么深埋地下》,见满都呼主编《中国阿尔泰语系诸民族神话故事》,北京:民族出版社 1997 年版,第 102 页。

W1981.1a
天神赐金银

实例

傣族 人祈天神将金银等物降予人间,天神亦允。从此地上乃有金、银、铜、铁、锡。人掘而冶炼之。

【流传】(云南省?)

【出处】袁珂改编：《开天辟地》，原载谷德明编《中国少数民族神话选》，见袁珂《中国神话大词典》，北京：华夏出版社 2015 年版，第 498 页。

W1981.2
龙产生金

实例

（参见下级母题实例）

W1981.2.1
龙皮变成黄金

【关联】［W1980.2.5.1］龙的皮变金属

实例

汉族 人们扒下的一些龙皮，后来就变成了黄金。

【流传】河南省

【出处】贾同然等搜集，程建军整理：《黄帝岭》，见中华民族故事大系编委会编《中华民族故事大系》第 1 卷（汉族、蒙古族、回族），上海：上海文艺出版社 1995 年版，第 22～23 页。

W1981.2.1.1
黄龙的皮变成黄金

【关联】

① ［W3568.3］龙壳

② ［W3583.13］黄龙

实例

汉族 黄龙清黄到天上主管大事。黄龙的皮变黄金。

【流传】河南省·（·三门峡市）·灵县（灵宝市）·阳平乡（阳平镇）

【出处】贾同然搜集：《黄帝岭》，见张楚北《中原神话》，郑州：海燕出版社 1988 年版，第 61 页。

汉族 拽黄龙的人，没有拽住，扒下一些龙皮。这些龙皮，后来就变成了黄金。

【流传】中原一带

【出处】

（a）贾同然、程建军搜集，程建军整理：《黄帝岭》，见张楚北编《中原神话》，郑州：海燕出版社 1988 年版。

（b）贾同然、程建军搜集，程建军整理：《黄帝炼丹》，见姚宝瑄主编《中国各民族神话》（汉族），太原：山西出版传媒集团·书海出版社 2014 年版，第 400～401 页。

W1981.2.2
龙屎变成金

实例

景颇族 龙屎变成了金子。

【流传】（无考）

【出处】桑仁整理：《龙屎变金子》，见中华民族故事大系编委会编《中华民族故事大系》第 10 卷（景颇族、柯尔克孜族、土族），上海：上海文艺出版社 1995 年版，第 180 页。

W1981.3
骨髓变成金

实例

汉族 （盘古）垂死化身，齿骨为金石，精髓为珠玉。

【流传】（无考）

【出处】

（a）《五运历年记》，见［清］马骕《绎史》卷一。

（b）《五运历年记》，见［明］董斯张《广博物志》卷九。

W1981.3.1
虎的骨髓变金子

【关联】［W1982.1.1.2］虎的骨头变成银

实例

彝族 格兹天神让5个儿子捉住老虎并杀掉，分虎肉时，格兹天神吩咐："虎的骨髓不要分，虎的骨髓可以变成珍贵的金子。"

【流传】（云南省·楚雄彝族自治州·姚安县·官屯乡·马游村，大姚县·昙华乡等）

【出处】

（a）郭天元（马游村）、李申呼颇（昙华乡）、李福玉颇（苴）演唱，郭思九、许明学、龚维顺、张宝省、陈志群、胡炳文等搜集，刘德虎、龚维顺、陈志群、李树荣、郭天元等整理：《梅葛》（第一部"创世"），见云南省民族民间文学楚雄调查队《梅葛》（1959），昆明：云南人民出版社2009年版。

（b）《打虎开天辟地》，蔷紫据云南省民族民间文学楚雄调查队著《梅葛》（云南人民出版社2009年版）改写，见姚宝瑄主编《中国各民族神话》（羌族、彝族），太原：山西出版传媒集团·书海出版社2014年版，第195页。

彝族 天神的儿女造天地后，天上和地上什么也没有。于是他们捉住老虎，虎的骨髓变金子。

【流传】云南省·楚雄彝族自治州·姚安县、大姚县等彝族地区

【出处】《创世·开天辟地》，见云南省民族民间文学楚雄调查队整理编写《梅葛》，昆明：云南人民出版社2009年版，第15页。

W1981.4
蛋变成金

实例

（参见下级母题实例）

W1981.4.1
黄色金蛋变成金

实例

（参见下级母题实例）

W1981.4.1.1
鹏鸟的黄色金蛋变成金

实例

藏族 娑罗树之顶形成四个鹏鸟蛋，

其中黄色金蛋变真金。

【流传】西藏自治区·林芝地区·波密县

【出处】《四个鹏鸟蛋》，见中国民间文学集成全国编辑委员会、中国歌谣集成西藏卷编辑委员会编《中国歌谣集·西藏卷》，北京：中国 ISBN 中心 1995 年版，第 74 页。

W1981.4a
其他特定物变成金

实例

（参见下级母题实例）

W1981.4a.1
唾液变成黄金

【关联】
① ［W1123.3.1］天帝的唾液化生天地
② ［W1196.3］吐在水中的唾液变成地

实例

（参见下级母题实例）

W1981.4a.1.1
鸡的唾液变成黄金

实例

汉族　昔有人耕此（金鸡石）山侧，望见鸡出游戏，有一长人操弹弹之，鸡遥见便飞入穴，弹丸正著穴上，丸径六尺许，下垂蔽穴，犹有间隙，不复容人。又有人乘船从下流还县，未至此崖数里，有一人通身黄衣，担两笼黄瓜，求寄载，因载之。黄衣人乞食，船主与之盘酒。食讫，船适至崖下。船主乞瓜，此人不与，仍唾盘上，径上崖，直入石中。船主初甚忿之，见其入石，始知神异。取向食器视之，见盘上唾，悉是黄金。

【流传】（无考）

【出处】

（a）鲁迅：《古小说钩沉》辑《述异记》。

（b）《金鸡石》，见袁珂《中国神话大词典》，北京：华夏出版社 2015 年版，第 206 页。

W1981.4a.2
牙齿变成金石

【关联】［W1866.7］金石

实例

汉族　盘古为改造世界仆地而死，将自己的齿骨变成金石。

【流传】江苏省·（淮安市）·涟水县·南集乡·禹庄村

【出处】徐学尧讲，徐省生搜集整理：《世界的由来》（1983），见姚宝瑄主编《中国各民族神话》（汉族），太原：山西出版传媒集团·书海出版社 2014 年版，第 24~28 页。

W1981.4b
金是造出来的

实例

（参见下级母题实例）

W1981.4b.1
用清气与浊气造金

【关联】

① ［W4572.1］清气的产生
② ［W4572.2］浊气的产生

实例

（参见下级母题实例）

W1981.4b.1.1
天神用清气与浊气造金

实例

彝族　更（天神"更资"）抓了三把浊气，合着一把清气捏，果然捏出了亮闪闪的银子，接着他又抓了三把清气，合着一把浊气捏，捏出了金灿灿的金子。

【流传】云南省·（楚雄彝族自治州）·永仁县

【出处】

（a）曲木阿石等讲，罗有能整理：《更资天神》，见云南省楚雄州文教局、云南省楚雄州民委会编《楚雄民间文学资料》，内部资料，1979年。

（b）同（a），见姚宝瑄主编《中国各民族神话》（羌族、彝族），太原：山西出版传媒集团·书海出版社2014年版，第183页。

W1981.4b.2
炼金

实例

苗族　火烧金银家岩门，成天成夜放火烧，山林树木都烧完，炭火灰飞如下雪，岩石大门烧不化，银子也就出不来，金子也就出不来。

【流传】原文无流传地，据文本及注释推测该神话流传于贵州省·黔东南苗族侗族自治州·凯里市、台江县等地。

【出处】张启庭、张荣光、张正玉、张启德演唱，张明搜集，燕宝整理译注：《创造宇宙·运金运银》，见贵州省少数民族古籍整理出版规划小组办公室编，燕宝整理译注《苗族古歌》，贵阳：贵州民族出版社1993年版，第85页。

W1981.4b.3
特定人物吐金子

【关联】［W9995.3］屙金子

实例

（参见下级母题实例）

W1981.4b.3.1
吃了金雀的人能吐金

实例

藏族　吃了金雀子的人，可以吐出金子来。

【流传】（无考）

【出处】额旺降措讲：《石头山》，原载程圣民编《康西藏族民间故事选》，见陶阳、钟秀编《中国神话》（下），北京：商务印书馆2008年版，第1439~1449页。

W1981.4c
金是生出来的（生金子）

实例

（参见下级母题实例）

W1981.4c.1
金子生金子

实例

（参见下级母题实例）

W1981.4c.1.1
金山上的金子埋到地里会生金子

【关联】［W1852.6.8］金山

实例

汉族 老头到金山里取金子，这些金山上的金子到地上还会生出金子。

【流传】辽宁省·（葫芦岛市）·建昌县·二道湾子（二道湾子蒙古族乡）一带

【出处】谢林德讲，冷朝阳记录：《月亮的传说》，见姚宝瑄主编《中国各民族神话》（汉族），太原：山西出版传媒集团·书海出版社2014年版，第269~271页。

W1981.5
与金有关的其他母题

【关联】［W1376.3.4.1］神用黄金镇地

实例

（参见下级母题实例）

W1981.5.1
黄金埋在地下的原因

实例

（参见下级母题实例）

W1981.5.1.1
黄金埋在地下是对人不惜金的惩罚

实例

撒拉族 人不珍惜金子，真主埋地下。

【流传】青海省·（海东市）·循化（循化撒拉族自治县）

【出处】大漠整理：《金子世界》，见中华民族故事大系编委会编《中华民族故事大系》第12卷（布朗族、撒拉族、毛南族），上海：上海文艺出版社1995年版，第267页。

撒拉族 真主对人们不珍惜黄金很生气，就在黄金的上面下了一层厚厚的沙石，又在沙石的上面下了一层土。这样，就把金子深深地埋在了沙土下。

【流传】（无考）

【出处】韩占祥讲，大漠记录整理：《黄金为什么深埋地下》，见满都呼主编《中国阿尔泰语系诸民族神话故事》，北京：民族出版社1997年版，第102页。

W1981.5.2
以前遍地黄金

实例

撒拉族 以前遍地黄金。

【流传】青海省·（海东市）·循化（循化撒拉族自治县）

【出处】大漠整理：《金子世界》，见中华民族故事大系编委会编《中华民族故事大系》第12卷（布朗族、撒拉族、毛南族），上海：上海文艺出版社1995年版，第267页。

W1981.5.2.1
太阳出来的地方遍地黄金

实例

鄂伦春族 天边太阳出来的地方山岭起伏，山上的石头都是一块一块的黄金。

【流传】（无考）

【出处】

(a)内蒙古自治区编委会：《鄂伦春族社会历史调查》（第二集），呼和浩特：内蒙古人民出版社1985年版，第261页。

(b)《萨满的传说之三》，见吕大吉、何耀华总主编《中国各民族原始宗教资料集成》（鄂伦春族卷、鄂温克族卷、赫哲族卷、达斡尔族卷、锡伯族卷、满族卷、蒙古族卷、藏族卷），北京：中国社会科学出版社1999年版，第47页。

W1981.5.3
金片的产生

实例

（参见下级母题实例）

W1981.5.3.1
公鸡把金团劈成金片

实例

苗族 以前的金银是团团，公鸡刨出古代遗留下的斧头，才把金银劈成今天的片片。

【流传】（无考）

【出处】《金银歌》，见过竹《苗族神话研究》，南宁：广西人民出版社1988年版，第45页。

W1981.5.4
狗头金

实例

（参见下级母题实例）

W1981.5.4.1
狗头金是神撒到人间的

实例

满族 白云格格从阿玛的聚宝宫中盗取一个金黄色和一个黑黄色宝匣，撒下治洪水时，金黄色匣子装的是黄金，所以现在兴安岭这个地方金子多，刨土筛砂，能得狗头金。

【流传】黑龙江沿岸，黑龙江省·（黑

河市）·孙吴县、瑷珲县（爱辉区）

【出处】赵瞎子、富郭氏等讲，育光搜集整理：《白云格格》，原载育光编《七彩神火》，见陶阳、钟秀编《中国神话》（中），北京：商务印书馆2008年版，第763～767页。

W1981.5.5
白金

【关联】［W1852.6.9.2］银山上全是白金

实例

汉族

（参见 W1823.6.2.1.1 母题实例）

W1982
银的产生

实例

（参见下级母题实例）

W1982.0
银源于特定的地方

实例

（参见下级母题实例）

W1982.0.1
银源于河底

【关联】［W1515.3］水生万物

实例

苗族 当逗（头领名）率领三支人迁徙来到古榕古方（贵州榕江、从江一带），问燕子那里有金银时，燕子告诉他："你想要银子，你就走右坡，坡背有条河，河水白澎澎，河底银子多又多。"

【流传】广西壮族自治区·（柳州市）·融水苗族自治县

【出处】

（a）杨达香讲，梁彬搜集整理：《创世纪》（七、跋山涉水，分支分族），见梁彬、王天若编《苗族民间故事选》，南宁：广西人民出版社1986年版。

（b）同（a），见姚宝瑄主编《中国各民族神话》（布依族、仡佬族、苗族），太原：山西出版传媒集团·书海出版社2014年版，第229页。

W1982.0.2
银源于江中

实例

（参见下级母题实例）

W1982.0.2.1
银沙江生银

实例

彝族 银子出在银沙江。

【流传】云南省·楚雄彝族自治州·姚安县、大姚县等彝族地区

【出处】《婚事和恋歌·说亲》，见云南省民族民间文学楚雄调查队整理编写《梅葛》，昆明：云南人民出版社2009年版，第145页。

W1982.1
特定的物变成银

实例

（参见下级母题实例）

W1982.1.1
骨头和牙齿化为银

实例

（参见下级母题实例）

W1982.1.1.1
盘古的骨头和牙齿化银

【关联】［W1980.2.2.2］盘古的骨骼变成金属

实例

汉族 盘古分开天地后，他的骨头和牙变成地下的银子。

【流传】甘肃省·（平凉市）·静宁县·李店乡·李店村

【出处】

（a）李进财讲，王知三整理：《盘古制世》，见静宁县民间文学三套集成编辑组编《中国民间故事集成甘肃卷·静宁民间故事》，内部编印，1989年，第3页。

（b）李进财讲，王知三采录：《盘古制世》，见中国民间文学集成全国编辑委员会编《中国民间故事集成》（湖北卷），北京：中国ISBN中心1999年版，第3页。

W1982.1.1.2
虎的骨头变成银

【关联】［W1981.3.1］虎的骨髓变金子

实例

彝族 天神的儿女造天地后，天上和地上什么也没有。于是他们捉住老虎，虎的小骨头变银子。

【流传】云南省·楚雄彝族自治州·姚安县、大姚县等彝族地区

【出处】《创世·开天辟地》，见云南省民族民间文学楚雄调查队整理编写《梅葛》，昆明：云南人民出版社2009年版，第15页。

W1982.1.1.2.1
虎的小骨变成银

实例

彝族 格兹天神让5个儿子捉住老虎并杀掉，分虎肉时，格兹天神吩咐："虎的小骨头不要分，虎的小骨头可以变成银。"

【流传】（云南省·楚雄彝族自治州·姚安县·官屯乡·马游村，大姚县·昙华乡等）

【出处】

（a）郭天元（马游村）、李申呼颇（昙华乡）、李福玉颇（苴）演唱，郭思九、许明学、龚维顺、张宝省、陈志群、胡炳文等搜集，刘德虎、龚维顺、陈志群、李树荣、郭天元等整理：《梅葛》（第一部"创世"），见

云南省民族民间文学楚雄调查队《梅葛》（1959），昆明：云南人民出版社2009年版。

（b）《打虎开天辟地》，蔷紫据云南省民族民间文学楚雄调查队著《梅葛》（云南人民出版社2009年版）改写，见姚宝瑄主编《中国各民族神话》（羌族、彝族），太原：山西出版传媒集团·书海出版社2014年版，第195页。

W1982.2
生育产生银（生银）

实 例

（参见下级母题实例）

W1982.2.1
石生银

【关联】［W1515.2］石生万物

实 例

（参见下级母题实例）

W1982.2.1.1
银的父母是石头

实 例

苗族　银子是个小幺崽，它就住在了岩上，它喊石头叫爸爸，它喊石头叫妈妈。

【流传】原文无流传地，据文本及注释推测该神话流传于贵州省·黔东南苗族侗族自治州·凯里市、台江县等地。

【出处】张启庭、张荣光、张正玉、张启德演唱，张明搜集，燕宝整理译注：《创造宇宙·运金运银》，见贵州省少数民族古籍整理出版规划小组办公室编，燕宝整理译注《苗族古歌》，贵阳：贵州民族出版社1993年版，第129页。

W1982.3
造银

实 例

（参见下级母题实例）

W1982.3.1
银是造天柱剩下的碎料

【关联】［W1332.4.2］用银做天柱

实 例

苗族　悠悠远古那时候，有个鲍公（神性人物名）去打桩，打银造柱撑天上。留下一些碎银子，银种就从那里来，金种就从那里来。

【流传】原文无流传地，据文本及注释推测该神话流传于贵州省·黔东南苗族侗族自治州·凯里市、台江县等地。

【出处】张启庭、张荣光、张正玉、张启德演唱，张明搜集，燕宝整理译注：《创造宇宙·运金运银》，见贵州省少数民族古籍整理出版规划小组办公室编，燕宝整理译注《苗族古歌》，贵阳：贵州民族出版社1993年版，第79页。

W1982.3.2
神用清气与浊气造银

实例

彝族 更（天神"更资"）抓了三把浊气，合着一把清气捏，果然捏出了亮闪闪的银子。

【流传】云南省·（楚雄彝族自治州）·永仁县

【出处】

(a) 曲木阿石等讲，罗有能整理：《更资天神》，见云南省楚雄州文教局、云南省楚雄州民委会编《楚雄民间文学资料》，内部资料，1979年。

(b) 同（a），见姚宝瑄主编《中国各民族神话》（羌族、彝族），太原：山西出版传媒集团·书海出版社2014年版，第183页。

W1982.4
与银的产生有关的其他母题

【关联】

① ［W1789.0.1.1］天河的水是银（银河的水是银）

② ［W1978.5.0.2］能生金银的井

实例

（实例待考）

W1982a
银的特征

实例

（实例待考）

W1982b
与银有关的其他母题

实例

（实例待考）

W1983
铁的产生

【汤普森】A1432.1

实例

（参见下级母题实例）

W1983.0
铁源于特定地方

实例

（参见下级母题实例）

W1983.0.1
从特定的山上滚下铁

实例

彝族 从特定的山上滚下铁。

【流传】云南省·（丽江市）·宁蒗（宁蒗彝族自治县）

【出处】吉火讲，陈思清整理：《长刀》，见中华民族故事大系编委会编《中华民族故事大系》第3卷（彝族、壮族、布依族），上海：上海文艺出版社1995年版，第74页。

W1983.0.2
铁在特定的山上

实例

彝族 （天王、地王的儿女耕种时要造农具，他们找造农具的铁、铜），哪个见铜花？哪个见铁花？山上的花鸟见铜花，地上的岩蜂见铁花。

【流传】云南省·楚雄彝族自治州·姚安县、大姚县等彝族地区

【出处】《造物·造工具》，见云南省民族民间文学楚雄调查队整理编写《梅葛》，昆明：云南人民出版社 2009 年版，第 86~87 页。

W1983.0.2.1
少室山多铁

【关联】［W1852.6.120］少室山

实例

汉族 少室之山，其上多玉，其下多铁。

【流传】（无考）

【出处】
（a）《山海经·中次七经》。
（b）《少室山》，见袁珂《中国神话大词典》，北京：华夏出版社 2015 年版，第 65 页。

W1983.0.3
铁源于地下

实例

彝族 人神司惹低尼见黄猪和黑猪从地下拱出了四个铜铁球，就请来铁匠神阿尔老师傅，请他把这四个铜铁球打制成九把铜铁扫帚。

【流传】（四川省·凉山彝族自治州）
【出处】
（a）冯元蔚译：《勒俄特依》，成都：四川民族出版社 1986 年版。
（b）冯元蔚译，蔷紫改写：《勒俄特依》，见姚宝瑄主编《中国各民族神话》（羌族、彝族），太原：山西出版传媒集团·书海出版社 2014 年版，第 151 页。

彝族 创造天地时必须刨出埋在地下的四个铜铁球。天神恩梯古兹派遣一头黄猪和一头黑猪下到地面上，黄猪和黑猪用嘴去拱，把那四个铜铁球拱出来了。

【流传】（无考）
【出处】《天神造天地》，见姚宝瑄主编《中国各民族神话》（羌族、彝族），太原：山西出版传媒集团·书海出版社 2014 年版，第 88 页。

W1983.0.4
土里为什么有铁

实例

（参见下级母题实例）

W1983.0.4.1
土里有铁是射日时融化的箭头造成的

实例

畲族 射日者的箭头被烧化，今天泥

里都夹有铁砂，就是当年箭头炀掉的铁粉。

【流传】浙江省·（温州市）·文成县

【出处】雷西可讲，雷德宽记录，文帆整理：《十个日头九个月》（1987.12.22），见姚宝瑄主编《中国各民族神话》（高山族、黎族、畲族），太原：山西出版传媒集团·书海出版社2014年版，第110页。

W1983.1
铁是造出来的

实 例

（参见下级母题实例）

W1983.1.1
特定的人物造铁

实 例

（参见下级母题实例）

W1983.1.1.1
雷神打铁

【关联】［W0305］雷神

实 例

彝族 雷神会打铁。

【流传】云南省·（丽江市）·宁蒗（宁蒗彝族自治县）

【出处】吉火讲，陈思清整理：《长刀》，见中华民族故事大系编委会编《中华民族故事大系》第3卷（彝族、壮族、布依族），上海：上海文艺出版社1995年版，第74页。

W1983.1.2
用浊气造铁

【关联】［W4572.2］浊气的产生

实 例

彝族 "更"（天神"更资"）的母亲蒲依生的神匠弟弟德布阿尔要在浊气里盖了座华丽的宫殿时，请更去为他捏浊气造铁。

【流传】云南省·（楚雄彝族自治州）·永仁县

【出处】

（a）曲木阿石等讲，罗有能整理：《更资天神》，见云南省楚雄州文教局、云南省楚雄州民委会编《楚雄民间文学资料》，内部资料，1979年。

（b）同（a），见姚宝瑄主编《中国各民族神话》（羌族、彝族），太原：山西出版传媒集团·书海出版社2014年版，第181页。

W1983.1a
特定人物变成铁

实 例

（参见下级母题实例）

W1983.1a.1
特定人物的肉变成铁

实 例

（参见下级母题实例）

W1983.1a.1.1
鬼死后的肉变成铁

实例

珞巴族 有个叫塞迪波特的乌佑（珞巴语，鬼、精灵，也可指神、神灵）把火据为己有，死后的一块肉变成铁。

【流传】西藏自治区·下珞渝（又写作"下珞瑜"，泛指永木河、锡约尔河、巴恰西仁河流域）·民荣部落波隆村

【出处】维·埃尔温搜集：《塞迪波特的心脏》，见李坚尚、刘芳贤编《珞巴族门巴族民间故事选》，上海：上海文艺出版社1993年版，第39页。

W1983.2
动物变成铁

【关联】[W1818] 动物或动物肢体变化成山

实例

（参见下级母题实例）

W1983.2.1
虎变成铁

实例

（参见下级母题实例）

W1983.2.1.1
黑虎被击成的碎片变成铁

实例

壮族 一个孤儿黑暗中把一头黑虎击成碎片，碎片成为铁，孤儿成为铁匠。

【流传】广西壮族自治区·（百色市）·靖西（靖西市）

【出处】王婆生讲：《铁的由来》，见张声震总主编，农冠品编注《壮族神话集成》，南宁：广西民族出版社2007年版，第392页。

W1983.2.2
虎肝变成铁

实例

彝族 格兹天神让5个儿子捉住老虎并杀掉，分虎肉时，格兹天神吩咐："虎肝莫要分，虎肝变成铁。"

【流传】（云南省·楚雄彝族自治州·姚安县·官屯乡·马游村，大姚县·昙华乡等）

【出处】

（a）郭天元（马游村）、李申呼颇（昙华乡）、李福玉颇（苴）演唱，郭思九、许明学、龚维顺、张宝省、陈志群、胡炳文等搜集，刘德虎、龚维顺、陈志群、李树荣、郭天元等整理：《梅葛》（第一部"创世"），见云南省民族民间文学楚雄调查队《梅葛》（1959），昆明：云南人民出版社2009年版。

（b）《打虎开天辟地》，蔷紫据云南省民族民间文学楚雄调查队著《梅葛》（云南人民出版社2009年版）改写，见姚宝瑄主编《中国各民族神话》（羌族、彝族），太原：山西出版传媒集团·书海出版社2014年版，第195页。

彝族　天神的儿女造天地后，天上和地上什么也没有。于是他们捉住老虎，虎肝变成铁。

【流传】云南省·楚雄彝族自治州·姚安县、大姚县等彝族地区

【出处】《创世·开天辟地》，见云南省民族民间文学楚雄调查队整理编写《梅葛》，昆明：云南人民出版社2009年版，第15页。

W1983.3
植物变成铁

【汤普森】≈A978.2

【关联】［W1524］植物变成万物

实　例

（参见下级母题实例）

W1983.4
与铁的产生有关的其他母题

实　例

（参见下级母题实例）

W1983.4.1
铁的获得

实　例

（参见下级母题实例）

W1983.4.1.1
特定的扫帚能扫出铁

实　例

彝族　（天王、地王的儿女造农具时，找到铁、铜，但用扫帚扫时铁花、铜花烫得很，扫也扫不起时），古时杀老虎，剩下虎骨四小节，拿来当扫帚，扫下铜花来，扫下铁花来。

【流传】云南省·楚雄彝族自治州·姚安县、大姚县等彝族地区

【出处】《造物·造工具》，见云南省民族民间文学楚雄调查队整理编写《梅葛》，昆明：云南人民出版社2009年版，第87页。

W1983.4.2
特定的人物发现铁

实　例

（参见下级母题实例）

W1983.4.2.1
啄木鸟拣铁

【关联】［W3383］与啄木鸟有关的其他母题

实　例

彝族　哪个先拣铜？哪个先拣铁？啄木鸟先拣铜。啄木鸟先拣铁。

【流传】云南省·楚雄彝族自治州·姚安县、大姚县等彝族地区

【出处】《造物·造工具》，见云南省民族民间文学楚雄调查队整理编写《梅葛》，昆明：云南人民出版社2009年版，第87页。

W1983.4.2.2
两兄弟找到铁矿

【关联】［W9932］寻找特定的物

实例

珞巴族 古时候，大地生的普苏达东和罗马达当兄弟俩，走遍了洛渝地区，终于找到了铁矿。

【流传】西藏洛渝地区〔采集于西藏自治区·林芝地区·米林县县·纳玉区（南伊乡）〕

【出处】

（a）达农讲，于乃昌整理：《普苏达东和罗马达当》（1979.08），见于乃昌《西藏民间故事》（第五集），拉萨：西藏人民出版社1989年版。

（b）同（a），见姚宝瑄主编《中国各民族神话》（门巴族、珞巴族、怒族、藏族），太原：山西出版传媒集团·书海出版社2014年版，第28页。

W1983.4.3
泥里有铁砂

实例

畲族 今泥里都夹有铁砂，就是当年射日月时箭头炀掉的铁粉。

【流传】浙江省·（温州市）·文成县·大沉区（大峃镇）、中樟乡

【出处】雷西可讲，雷德宽等采录：《十个日头九个月》，见中国民间文学集成全国编辑委员会编《中国民间故事集成》（浙江卷），北京：中国ISBN中心1997年版，第26页。

W1983.4.4
开发铁矿

实例

（参见下级母题实例）

W1983.4.4.1
神开铁矿

实例

彝族 司惹低尼人神开了九个铁矿。

【流传】（四川省·凉山彝族自治州）

【出处】

（a）冯元蔚译：《勒俄特依》，成都：四川民族出版社1986年版。

（b）冯元蔚译，蔷紫改写：《勒俄特依》，见姚宝瑄主编《中国各民族神话》（羌族、彝族），太原：山西出版传媒集团·书海出版社2014年版，第149页。

W1983.4.5
铁山

实例

（参见下级母题实例）

W1983.4.5.1
无极造铁山

实例

苗族 天生无极，无极造山的时候，先造了岩石山，后造铁山

【流传】湖南省苗族地区

【出处】龙王六演唱，龙炳文翻译：《开天立地》，苗地根据《楚风》刊登的《苗族古歌》的第一部分《开天日立》改写，见姚宝瑄主编《中国各民族神话》（布依族、仡佬族、苗族），太原：山西出版传媒集团·书海出版社2014年版，第129页。

W1984
与金属有关的其他母题

【关联】［W1387.5］用金属补天

实　例

（参见下级母题实例）

W1984.1
铜的产生

【汤普森】①A1432.3；②A1432.4

实　例

（参见下级母题实例）

W1984.1.1
特定人物给予铜

实　例

（参见下级母题实例）

W1984.1.1.1
铜神献铜

实　例

汉族　荆山上的铜神，一听说黄帝爷来找铜炼丹，就把黄铜献了出来。

【流传】河南省

【出处】贾同然等搜集，程建军整理：《黄帝岭》，见中华民族故事大系编委会编《中华民族故事大系》第1卷（汉族、蒙古族、回族），上海：上海文艺出版社1995年版，第22~23页。

W1984.1.2
铜在某个地方

实　例

（参见下级母题实例）

W1984.1.2.1
铜在深山中

实　例

彝族　有一位年老的人偶然发现岩石堆成的深山里储藏着最可宝贵的青铜后，许多人便到山中去凿石开采。

【流传】（无考）

【出处】《人类和石头的战争》，原载李子贤编《云南少数民族神话选》，云南人民出版社1990年版，见姚宝瑄主编《中国各民族神话》（羌族、彝族），太原：山西出版传媒集团·书海出版社2014年版，第276页。

W1984.1.2.1.1
昆吾山有铜

【关联】［W1852.6.73］昆吾山

实　例

汉族　此山（昆吾山）出名铜，其色如火，以之作刃，切玉如割泥也。

【流传】（无考）

【出处】

（a）《山海经·中次二经》郭璞注。

（b）《昆吾》，见袁珂《中国神话大词典》，北京：华夏出版社 2015 年版，第 197 页。

汉族　昆吾山，其下多赤金，色如火。昔黄帝伐蚩尤，陈兵于此。地掘深百尺，犹未及泉，惟见火光如星。地中多丹，炼石为铜，铜色青而利。

【流传】（无考）

【出处】

（a）［晋］王嘉：《拾遗记》卷一〇。

（b）引自（a），见袁珂《中国神话大词典》，北京：华夏出版社 2015 年版，第 197 页。

W1984.1.2.2
岩石中有青铜

实例

彝族　一老人偶于岩石堆中见藏有青铜。

【流传】（无考）

【出处】《人与石头》，原载谷德明编《中国少数民族神话选》（原名《人类和石头的战争》），见袁珂《中国神话大词典》，北京：华夏出版社 2015 年版，第 427 页。

W1984.1.2.3
铜在九重天山坡

实例

壮族　从前铜的源头在三峰山坡，铜在九重天山坡，下雨铜才显露，水冲铜才出。

【流传】云南省·文山（文山壮族苗族自治州）

【出处】《麽荷泰》，见张声震主编《壮族麽经布洛陀影印译注》第 8 卷，南宁：广西民族出版社 2003 年版，第 2796 页。

W1984.1.2.4
黄帝采首山铜

实例

汉族　黄帝采首山铜，铸鼎于荆山下，鼎既成，有龙垂胡髯下迎黄帝，黄帝上骑，群臣后宫从上者七十余人。

【流传】（无考）

【出处】［汉］司马迁：《史记·封禅书》。

W1984.1.3
炼造产生铜

【关联】［W6108.2］冶炼

实例

（参见下级母题实例）

W1984.1.3.1
采石炼铜

实例

汉族　伯高在采石炼铜过程中，发现一种磁石，能吸住铁。

【流传】陕西省·（延安市）·黄陵县
【出处】兰草搜集整理：《风后和他的指南车》，原载黄陵县文化馆编《轩辕黄帝传说故事》，见陶阳、钟秀编《中国神话》（下），北京：商务印书馆2008年版，第1205～1206页。

W1984.1.3.2
神人炼铜

实 例

彝族 开天辟地时，结支戛鲁（神人名）造天柱时，喊来老天下来做风箱，又叫来天上的雷来截铜，他自己动手做铜柱子和铜扫把。

【流传】（无考）
【出处】
（a）马海鸟黎讲，谷德明整理：《开天辟地》，见谷德明编《中国少数民族神话选》，西北民族学院研究所编印，内部资料，1983年。
（b）同（a），见姚宝瑄主编《中国各民族神话》（羌族、彝族），太原：山西出版传媒集团·书海出版社2014年版，第117页。

W1984.1.3.3
用清气造铜

【关联】[W1983.1.2]用浊气造铁

实 例

彝族 "更"（天神"更资"）的母亲蒲依生的神匠弟弟德布阿尔要在浊气里盖一座华丽的宫殿时，请更去为他捏浊气造铁，捏清气造铜。

【流传】云南省·（楚雄彝族自治州）·永仁县
【出处】
（a）曲木阿石等讲，罗有能整理：《更资天神》，见云南省楚雄州文教局、云南省楚雄州民委会编《楚雄民间文学资料》，内部资料，1979年。
（b）同（a），见姚宝瑄主编《中国各民族神话》（羌族、彝族），太原：山西出版传媒集团·书海出版社2014年版，第182页。

W1984.1.4
变化产生铜

实 例

（参见下级母题实例）

W1984.1.4.1
虎肺变成铜

【关联】[W1572.3]肺变成太阳

实 例

彝族 格兹天神让5个儿子捉住老虎并杀掉，分虎肉时，格兹天神吩咐："虎肺莫要分，虎肺能够变成铜。"

【流传】（云南省·楚雄彝族自治州·姚安县·官屯乡·马游村，大姚县·昙华乡等）
【出处】
（a）郭天元（马游村）、李申呼颇（昙华乡）、李福玉颇（苴）演唱，郭思九、许明学、龚维顺、张宝省、陈志群、胡炳文等搜集，刘德虎、龚维顺、陈志群、李树荣、郭天元等整理：《梅葛》（第一部"创世"），见云南省民族民间文学楚雄调查队《梅葛》（1959），昆明：云南人民出版社2009年版。

（b）《打虎开天辟地》，蔷紫据云南省民族民间文学楚雄调查队著《梅葛》（云南人民出版社2009年版）改写，见姚宝瑄主编《中国各民族神话》（羌族、彝族），太原：山西出版传媒集团·书海出版社2014年版，第195页。

彝族 天神的儿女造天地后，天上和地上什么也没有。于是他们捉住老虎，虎肺变成铜。

【流传】云南省·楚雄彝族自治州·姚安县、大姚县等彝族地区

【出处】《创世·开天辟地》，见云南省民族民间文学楚雄调查队整理编写《梅葛》，昆明：云南人民出版社2009年版，第15页。

W1984.1.5
铜的特征

实 例

（参见下级母题实例）

W1984.1.5.1
青铜

实 例

（参见下级母题实例）

W1984.1.5.2
红铜

实 例

汉族 黄帝得到了昆吾山的火一样的红铜，来打造宝剑。

【流传】（无考）

【出处】《黄帝擒杀蚩尤》，原载袁珂编译《中国神话故事》，见陶阳、钟秀编《中国神话》（中），北京：商务印书馆2008年版，第793~794页。

W1984.1.6
与铜有关的其他母题

实 例

（参见下级母题实例）

W1984.1.6.1
神开铜矿

实 例

彝族 司惹低尼人神开了九个铜矿，又去开了九个铁矿。他把九个铜矿的铜和九个铁矿的铁，全都交给了铁匠之神阿尔老师傅。

【流传】（四川省·凉山彝族自治州）

【出处】

（a）冯元蔚译：《勒俄特依》，成都：四川民族出版社1986年版。

（b）冯元蔚译，蔷紫改写：《勒俄特依》，见姚宝瑄主编《中国各民族神话》（羌族、彝族），太原：山西出版

W1984.2
锡的产生

实 例

（参见下级母题实例）

W1984.2.1
犀牛死后化为锡

【关联】［W1194.2.1］犀牛的肉变成地

实 例

汉族 神仙鞭打犀牛，犀牛死后化为锡矿。

【流传】（无考）

【出处】白兰整理：《犀牛化锡矿》，见刘城淮主编《世界神话集（1）·自然神话》，长沙：湖南大学出版社1999年版，第72页。

W1984.2.2
虎腱变成锡

实 例

彝族 格兹天神让5个儿子捉住老虎并杀掉，分虎肉时，格兹天神吩咐："虎的腱不要分，虎腱要做锡。"

【流传】（云南省·楚雄彝族自治州·姚安县·官屯乡·马游村，大姚县·昙华乡等）

【出处】

（a）郭天元（马游村）、李申呼颇（昙华乡）、李福玉颇（苴）演唱，郭思九、许明学、龚维顺、张宝省、陈志群、胡炳文等搜集，刘德虎、龚维顺、陈志群、李树荣、郭天元等整理：《梅葛》（第一部"创世"），见云南省民族民间文学楚雄调查队《梅葛》（1959），昆明：云南人民出版社2009年版。

（b）《打虎开天辟地》，蔷紫据云南省民族民间文学楚雄调查队著《梅葛》（云南人民出版社2009年版）改写，见姚宝瑄主编《中国各民族神话》（羌族、彝族），太原：山西出版传媒集团·书海出版社2014年版，第195页。

W1984.2a
钢

实 例

（参见下级母题实例）

W1984.2a.1
钢是一个懒汉

实 例

苗族 钢是一个大懒汉，睡到晌午不起来，眼睛泡肿鼓凸凸。

【流传】原文无流传地，据文本及注释推测该神话流传于贵州省·黔东南苗族侗族自治州·凯里市、台江县等地。

【出处】张启庭、张荣光、张正玉、张启德演唱，张明搜集，燕宝整理译

注：《创造宇宙·运金运银》，见贵州省少数民族古籍整理出版规划小组办公室编，燕宝整理译注《苗族古歌》，贵阳：贵州民族出版社1993年版，第150页。

W1984.3
金属在地下与泥巴混在一起

实 例

（参见下级母题实例）

W1984.3.1
金银因为做错了事住在地下

实 例

佤族 金银因为做错了事住在地下。

【流传】云南省·（普洱市）·西盟（西盟佤族自治县），（临沧市）·沧源（沧源佤族自治县）

【出处】隋嘎、岩扫等讲，艾狄等整理：《司岗里》，见中华民族故事大系编委会编《中华民族故事大系》第7卷（黎族、傈僳族、佤族），上海：上海文艺出版社1995年版，第622页。

佤族 金子和银子因为做错事害羞，于是就钻进土里去了。

【流传】云南省·（普洱市）·西盟县（西盟佤族自治县），（临沧市）·沧源县（沧源佤族自治县）

【出处】随戛、岩扫、岩瑞等讲述，艾荻、张开达搜集整理：《司岗里》，载《山茶》1988年第1期。

佤族 金子和银子因为做错事害羞，就钻进土里去了。从那以后，小红米和旱谷就住在地上，金子和银子就住在地下了。

【流传】（云南省·普洱市·西盟佤族自治县）

【出处】随戛、岩扫、岩瑞等讲，艾荻、张天达搜集整理：《司岗里》，见姚宝瑄主编《中国各民族神话》（佤族、阿昌族、纳西族、普米族、德昂族），太原：山西出版传媒集团·书海出版社2014年版，第27页。

W1984.3.2
天神把金子、石头、泥土夹在一起撒在地下

实 例

羌族 由于天神治洪水时把金子、石头、泥巴夹在一起撒下地，所以现在各种金矿都是同石头和泥巴混杂在一起的。

【流传】四川省·（阿坝藏族羌族自治州）·松潘县·小姓乡

【出处】林波讲，西南民院中文系采风队采录者：《山是咋个来的》，见中国民间文学集成全国编辑委员会编《中国民间故事集成》（四川卷·下），北京：中国ISBN中心1998年版，第1109页。

羌族 治洪水时，由于天神是把金子、石头、泥土夹在一起撒下地的，所以现在各种金属都是同石头和泥土混杂在一起的。

【流传】（无考）

【出处】

（a）《大地生成神话》，见西南民族学院《羌族文学简史》编写组编《羌族民间文学资料集》（一），1987年4月。

（b）同（a），见吕大吉、何耀华总主编《中国各民族原始宗教资料集成》（纳西族卷、羌族卷、独龙族卷、傈僳族卷、怒族卷），北京：中国社会科学出版社2000年版，第579页。

W1984.4

金属的采集

实例

（参见下级母题实例）

W1984.4.1

动物采金银

【关联】［W9941］与寻找有关的其他母题

实例

（参见下级母题实例）

W1984.4.1.1

鹅鸭采金银

实例

彝族 鹅鸭吃到金江银江去，鸭用黄嘴拣金子，鹅用白嘴拣银子。

【流传】云南省·楚雄彝族自治州·姚安县、大姚县等彝族地区

【出处】《婚事和恋歌·说亲》，见云南省民族民间文学楚雄调查队整理编写《梅葛》，昆明：云南人民出版社2009年版，第146页。

W1984.5

金属的保存

实例

（参见下级母题实例）

W1984.5.1

金银的保存

实例

（参见下级母题实例）

W1984.5.1.1

用青苔包金银

实例

苗族 金银出生要衣包，用什么来包金银？金银出生用衣包，用青苔来包金银。

【流传】原文无流传地，据文本及注释推测该神话流传于贵州省·黔东南苗族侗族自治州·凯里市、台江县等地。

【出处】张启庭、张荣光、张正玉、张启德演唱，张明搜集，燕宝整理译注：《创造宇宙·运金运银》，见贵州省少数民族古籍整理出版规划小组办公室编，燕宝整理译注《苗族古歌》，贵阳：贵州民族出版社1993年版，第112页。

1.9.2 矿物
【W1985～W1989】

W1985
矿物的产生

【汤普森】A978

实 例

(参见下级母题实例)

W1985.1
文化英雄垂死化生矿物

【汤普森】A978.1

实 例

(实例待考)

W1985.2
特定人物的骨骼化为矿物

【关联】[W1866.4.3] 骨骼化生玉石

实 例

(参见下级母题实例)

W1985.2.1
盘古的骨骼化为矿物

实 例

汉族 盘古死后的骨头变成了地下的宝藏。

【流传】河南省·济源市·郊区

【出处】程玉林讲, 缪华采录:《开天辟地》, 见中国民间文学集成全国编辑委员会编《中国民间故事集成》(河南卷), 北京: 中国ISBN中心2001年版, 第3页。

汉族 盘古死后, 骨骼变成矿产。

【流传】福建省·晋江县(今泉州市)·鲤城(鲤城区)·(常泰街道)·大锦田村(锦田社区)

【出处】傅继扁讲, 傅孙义采录:《盘古分天地》, 见中国民间文学集成全国编辑委员会编《中国民间故事集成》(福建卷), 北京: 中国ISBN中心1998年版, 第3页。

W1985.3
特定人物的皮肤变成矿物

实 例

(参见下级母题实例)

W1985.3.1
盘古的皮肤变成矿物

【关联】[W1985.4.2.1] 盘古的皮肤和汗毛变成宝藏

实 例

汉族 盘古死后, 皮肤和汗毛变成了各种宝藏。

【流传】黑龙江省·(哈尔滨市)·通河县·通河镇

【出处】张建恒讲, 张景义采录:《盘古开天辟地》, 见中国民间文学集成全国编辑委员会编《中国民间故事集成》（黑龙江卷），北京：中国ISBN中心2005年版，第3页。

W1985.4
与矿物产生有关的其他母题

实 例

（参见下级母题实例）

W1985.4.1
动物死后化为矿物

【关联】［W1984.2.1］犀牛死后化为锡

实 例

汉族

（参见W1984.2.1母题实例）

W1985.4.2
宝藏

实 例

（参见下级母题实例）

W1985.4.2.1
盘古的皮肤和汗毛变成宝藏

【关联】［W3624.1.1］盘古的毛发变成植物

实 例

汉族 盘古死后，皮肤和汗毛变成了各种宝藏。

【流传】黑龙江省·（哈尔滨市）·通河县·通河镇

【出处】张建恒讲，张景义采录：《盘古开天辟地》，见中国民间文学集成全国编辑委员会编《中国民间故事集成》（黑龙江卷），北京：中国ISBN中心2005年版，第3页。

W1985.4.2.2
一对天神死后内脏变成宝藏

实 例

景颇族 一对天神夫妻死后，肠肝肚肺变成各种宝藏。

【流传】（无考）

【出处】斋瓦贡退干唱，李向前、木然瑶都搜集整理，木子改写：《穆脑斋瓦——宁冠瓦》，见姚宝瑄主编《中国各民族神话》（白族、拉祜族、景颇族），太原：山西出版传媒集团·书海出版社2014年版，第226页。

W1985a
矿物的特征

实 例

（参见下级母题实例）

W1985a.1
矿物在地下

实 例

（参见下级母题实例）

W1985a.1.1
神把矿石埋在地下

【关联】［W1980a.3.1］神把金属埋在地下

实例

傣族 按照天王的吩咐，神官捧腊哈纳罗又为人间埋下矿石。

【流传】（云南省）

【出处】陈平改写：《捧麻远冉与捧腊哈纳罗》，原载《巴塔麻嘎捧尚罗》，见姚宝瑄主编《中国各民族神话》（哈尼族、傣族），太原：山西出版传媒集团·书海出版社2014年版，第374页。

W1985a.1.1.1
矿石

实例

（参见下级母题实例）

W1985a.1.1.1.1
盘古骨头化为各种矿石

【关联】
① ［W1859.2］骨头变成石头
② ［W1859.2.1］盘古死后骨头变成岩石

实例

汉族 盘古死了，倒在地上，骨头化为各种矿石。

【流传】河南省·（南阳市）·新野县

【出处】曹学典讲，曹宝泉采录：《盘古爷开天》，见张振犁编著《中原神话通鉴》（第一卷），郑州：河南大学出版社2017年版，第35页。

W1985b
矿物的数量

实例

（参见下级母题实例）

W1985b.1
矿物1200种

实例

彝族 龙女公主嫁给学医的呐取日麻（人名）后，变成了一只金毛狮子，遍尝了一千二百种植物、一千二百种动物和一千二百种矿物，并把这些植物、动物、矿物的药物用途告诉了呐取日麻。

【流传】（云南省·楚雄彝族自治州）

【出处】李学忠讲，甘振林、楚臣搜集：《药王呐取日麻》，原载楚雄市民族事务委员会、楚雄市文化局编《楚雄市民间文学集成》，内部资料，1988年，见姚宝瑄主编《中国各民族神话》（羌族、彝族），太原：山西出版传媒集团·书海出版社2014年版，第314~315页。

W1986
煤的产生

【汤普森】A1431

实例

（参见下级母题实例）

W1986.1
煤是神留给人间的

实例

汉族 （实例待考）

W1986.2
特定的物变成煤

实　例

（参见下级母题实例）

W1986.2.1
铁变成煤

实　例

彝族　圭山现在的煤是虎、狗到天上讨神药时栽在地上的一根铁杆变成的。

【流传】云南省·（昆明市）·石林彝族自治县·（圭山镇）·亩竹箐村

【出处】昂迈娘讲：《神药》，见李德君采录《彝族撒尼人民间文学作品采集实录》，北京：中央民族大学出版社2009年版，第505页。

W1986.2.2
太阳的神狗毛变煤

【关联】［W1684.2］太阳的从属

实　例

水族　来自太阳的神狗毛变煤。

【流传】（无考）

【出处】《三根神狗毛》，见中央民族学院少数民族文艺研究所编《中国民族民间文学》，北京：中央民族学院出版社1987年版，第601页。

W1986.2.3
火盆的残渣变煤

实　例

汉族　天皇地皇把黑团团拘到天火盆里去烧，盆底一些炼渣钻到地底下去的，都焖成了煤炭。

【流传】河北省·（石家庄市）·藁城县（藁城市）·（常安镇）·耿村

【出处】王玉田讲，杨志忠采录：《日月星的来历》，见中国民间文学集成全国编辑委员会编《中国民间故事集成》（河北卷），北京：中国ISBN中心2003年版，第13页。

W1986.2.4
铸造日月的炉子变成煤

实　例

苗族　有个鲍公和熊公，有个茸公和当公（四个神性人物名），铸造日月后，炉子推倒向山坡，后来就变成煤炭。

【流传】原文无流传地，据文本及注释推测该神话流传于贵州省·黔东南苗族侗族自治州·凯里市、台江县等地。

【出处】张启庭、张荣光、张正玉、张启德演唱，张明搜集，燕宝整理译注：《创造宇宙·铸日造月》，见贵州省少数民族古籍整理出版规划小组办公室编，燕宝整理译注《苗族古歌》，贵阳：贵州民族出版社1993年版，第341~342页。

W1986.3
造日月的剩料形成煤

实例

汉族 （实例待考）

W1986.4
煤是特定的人物埋在地下的

实例

（参见下级母题实例）

W1986.4.1
神地下埋煤

实例

汉族

（参见 W1986.4.2 母题实例）

W1986.4.2
煤是老君埋下的

【关联】
① ［W0791］太上老君
② ［W0791.3.4］太上老君炼丹

实例

汉族 北山下面的煤是老君修黄河时埋下的。

【流传】河南省·（三门峡市）·陕县·张茅镇·高中村

【出处】《南山埋金，北山撒煤》，见白庚胜总主编《中国民间故事全书》（河南省·陕县卷），北京：知识产权出版社 2009 年版，第 11 页。

W1986.5
与煤的产生有关的其他母题

实例

（参见下级母题实例）

W1986.5.1
特定的人发现了煤

实例

（参见下级母题实例）

W1986.5.1.1
黄帝的孙女发现了煤

实例

汉族 黄帝的孙女黑英的煤镯子被点燃，发现了煤炭的使用。

【流传】（无考）

【出处】兰草搜集整理：《煤炭的传说》，见兰草编《轩辕黄帝传说故事》，西安：陕西旅游出版社 1986 年版，第 58 页。

W1987
炭的产生

实例

（参见下级母题实例）

W1987.1
神地下埋炭

实例

（实例待考）

W1987.2
木人被火烧成炭

实例

（参见下级母题实例）

W1987.2.1
盘古造的木人烧死后变成炭

实例

汉族 盘古用木棍做成的人，大火中通通被烧死，变成了今天的炭子。

【流传】福建省·（龙岩市）·上杭县·（临城镇）·北路村

【出处】谢魏延讲，邱松林采录：《盘古女娲成亲》，见中国民间文学集成全国编辑委员会编《中国民间故事集成》（福建卷），北京：中国ISBN中心1998年版，第5页。

W1987.3
与炭有关的其他母题

实例

（实例待考）

W1988
与矿物有关的其他母题

【关联】
① ［W1866.4］玉石（玉、宝石）
② ［W1981.4a.2］牙齿变成金石
③ ［W6108.1］矿藏的发现

实例

（参见下级母题实例）

W1988.1
翡翠的产生

【关联】
① ［W1866.4］玉石（玉、宝石）
② ［W9650］宝物

实例

（实例待考）

W1988.2
磁石的产生

实例

汉族 伯高在采石炼铜过程中，发现一种磁石，能吸住铁。

【流传】陕西省·（延安市）·黄陵县

【出处】兰草搜集整理：《风后和他的指南车》，原载黄陵县文化馆编《轩辕黄帝传说故事》，见陶阳、钟秀编《中国神话》（下），北京：商务印书馆2008年版，第1205~1206页。

W1988.3
朱砂的产生

实例

（实例待考）

W1988.4
金石的产生

实例

（参见下级母题实例）

W1988.4.1

齿骨变成金石

实例

汉族

（参见 W1981.3 母题实例）

W1988.5

矿藏的管理

实例

（参见下级母题实例）

W1988.5.1

土地神管矿藏

实例

藏族　土地神，又称土主，藏语称"登玛"（土神之义）。该神管理着大地上生长的万物，保管着大地上的一切宝藏，包括金、银、铁、铜等各种金属和石头、森林等。

【流传】（无考）

【出处】格勒：《论藏族本教的神》，原载《藏族学术讨论会论文集》，西藏人民出版社1984年版，见吕大吉、何耀华总主编《中国各民族原始宗教资料集成》（鄂伦春族卷、鄂温克族卷、赫哲族卷、达斡尔族卷、锡伯族卷、满族卷、蒙古族卷、藏族卷），北京：中国社会科学出版社1999年版，第802页。

1.9.3　生命（生物）
【W1990～W1999】

※ **W1990**

生命的产生（生物的产生）

实例

（参见下级母题实例）

W1990a

以前没有生命（以前没有生物）

【关联】

① ［W1057.9］最早的世界没有生命

② ［W1068.8.1］最早的世界因为没有生命静悄悄

实例

汉族　没日照着，通天下便冻死了；没地托着，万物就无处生长。因此天上天下，都没有一点生物。

【流传】浙江省·（金华市）·东阳县（东阳市）

【出处】徐移根讲，周中帆搜集整理：《天和地合》，见姚宝瑄主编《中国各民族神话》（汉族），太原：山西出版传媒集团·书海出版社2014年版，第42～43页。

汉族　以前，没日照着，通天下便冻死了；没地托着，万物就无处生长。因此天上天下，都没有一点生物。

【流传】浙江省·（金华市）·东阳县（东阳市）

【出处】徐移根讲，周中帆记录整理：《天和地合》，见陶阳、钟秀编《中国神话》（上），北京：商务印书馆2008年版，第193~194页。

彝族 远古的时候，天地还是一团浓雾，没有山河，也没有任何生物。

【流传】（无考）

【出处】《人类和石头的战争》，原载李子贤编《云南少数民族神话选》，云南人民出版社1990年版，见姚宝瑄主编《中国各民族神话》（羌族、彝族），太原：山西出版传媒集团·书海出版社2014年版，第275页。

W1990a.1
太古时没有生命

实例

彝族 在太古的时候，天地还没开辟前，没有生灵草木。

【流传】云南省·（楚雄彝族自治州）·永仁县

【出处】
（a）曲木阿石等讲，罗有能整理：《更资天神》，见云南省楚雄州文教局、云南省楚雄州民委会编《楚雄民间文学资料》，内部资料，1979年。
（b）同（a），见姚宝瑄主编《中国各民族神话》（羌族、彝族），太原：山西出版传媒集团·书海出版社2014年版，第173页。

W1990a.2
洪荒时代没有生命

【关联】[W1091.1] 世界经历洪荒时代

实例

纳西族 洪荒时代，混沌未开，天地不分，这时候没有山河和生物。

【流传】（无考）

【出处】《人祖利恩》，见姚宝瑄主编《中国各民族神话》（佤族、阿昌族、纳西族、普米族、德昂族），太原：山西出版传媒集团·书海出版社2014年版，第173~174页。

W1990a.3
以前地上没有生命

实例

独龙族 在遥远的古代，地上到处都是光秃秃的，没有森林，没有动物，也没有人类。

【流传】（无考）

【出处】《"格孟"造人》，见彭义良《创世记》，载《民族文化》1987年第1期。

W1990a.4
世界混沌时没有生物

实例

汉族 以前，世界混沌，黑暗冰冷的世界死气沉沉，没有万千生物的存在。

【流传】辽宁省·（丹东市）·宽甸县（宽甸满族自治县）
【出处】李大爷讲，曾层、佟畴记录整理：《日月峰》，见姚宝瑄主编《中国各民族神话》（汉族），太原：山西出版传媒集团·书海出版社2014年版，第181～183页。

W1991
自然出现生命

实 例

（参见下级母题实例）

W1991.1
有了地后自然产生生物

【关联】
① ［W1199］ 与地的产生有关的其他母题
② ［W1515.1］ 地生万物

实 例

柯尔克孜族 野鸭鲁弗尔在汪洋上筑的窝形成的陆地逐渐变大，以后又逐渐出现了各种生物。

【流传】（无考）
【出处】《野鸭鲁弗尔》，见满都呼主编《中国阿尔泰语系诸民族神话故事》，北京：民族出版社1997年版，第79页。

壮族 远古的时候，天地重叠在一起结成岩石，被霹雳炸开分出天地后，天上就有了风云，地上就有了生物。

【流传】（a）广西壮族自治区右江及红水河一带
【出处】
（a）周朝珍讲，何承文整理：《布碌陀》，载广西民间文学研究会编印《广西民间文学丛刊》第5期。
（b）《布碌陀》（王松选定），见姚宝瑄主编《中国各民族神话》（仫佬族、壮族、京族），太原：山西出版传媒集团·书海出版社2014年版，第74页。

W1991.2
洪水后生命自然产生

实 例

达斡尔族 洪水泛滥，淹没一切，大地万物几死绝。浩劫过去后，所余生命及人类，开始星星点点逐渐繁殖。

【流传】（无考）
【出处】袁珂改编：《仙鹤支地》，原载毛星主编《中国少数民族文学》（中册），见袁珂《中国神话大词典》，北京：华夏出版社2015年版，第559页。

W1992
生命是造出来的

实 例

（参见下级母题实例）

W1992.1
神或神性人物制造生命

实 例

（参见下级母题实例）

W1992.1.0
女娲造生命

实例

汉族 女娲落凡七日，创造生灵。

【流传】山西省·（阳泉市）·平定县·（锁簧镇）·东锁簧村

【出处】朱翠兰讲，冯富国采录：《兄妹神婚与东西磨山》，见中国民间文学集成全国编辑委员会编《中国民间故事集成》（山西卷），北京：中国ISBN中心1999年版，第12页。

W1992.1.1
祖先造生命

实例

（参见下级母题实例）

W1992.1.1.1
姆六甲造生命

【关联】
① ［W0705.5］姆洛甲是创世大神
② ［W1396.3.3.2.1］姆六甲修整天地

实例

壮族 姆六甲造天地后，见大地寂寞，又造各种生物以居之。

【流传】（无考）

【出处】《姆六甲》，原载欧阳若修等著《壮族文学史》，见袁珂《中国神话大词典》，北京：华夏出版社2015年版，第442页。

W1992.1.2
女神造生命

实例

（参见下级母题实例）

W1992.1.2.1
女神用海底的五彩泥捏出生物

实例

傣族 丈夫桑戛西造成天地之后，妻子女神桑戛赛立刻动身到海底去挖来泥巴，用五彩的泥去捏出各种生物。

【流传】云南省·西双版纳（西双版纳傣族自治州）

【出处】*《桑戛赛用泥捏动物》，原载岩峰三讲，毕光尖记录《桑戛西与桑戛赛造天地，创人类》，见姚宝瑄主编《中国各民族神话》（哈尼族、傣族），太原：山西出版传媒集团·书海出版社2014年版，第256页。

W1992.1.3
天神造生命

实例

蒙古族 诸天神从天上撒下了生物。

【流传】（无考）

【出处】齐木道吉翻译：《天地起源》，见谷德明编《中国少数民族神话》，北京：中国民间文艺出版社1987年版，第31~32页。

彝族 天神阿俄署布创造生物。

1.9.3 生命（生物）

【流传】（无考）

【出处】《勒俄特依》，见云南省民族事务委员会编《彝族文化大观》，昆明：云南民族出版社1999年版，第324页。

W1992.1.4
灵部造生命

实例

汉族　灵部（神名）往地上放下生命。

【流传】广东省·（茂名市）·电白县·羊角镇·柏屋村

【出处】李德才讲，陈明心采录：《盘古开天辟地》，见中国民间文学集成全国编辑委员会编《中国民间故事集成》（广东卷），北京：中国ISBN中心2006年版，第3页。

W1992.2
兄妹造生命

【关联】

① [W1103.8.3] 1对巨人兄妹造天地
② [W1543.3.6.2] 兄妹造日月
③ [W2074.2] 兄妹造人

实例

（参见下级母题实例）

W1992.2.1
兄妹用泥土捏生物

实例

傈僳族　兄妹用泥土捏生物。

【流传】（无考）

【出处】＊《兄妹造万物》，见毛星主编《中国少数民族文学》（下），长沙：湖南人民出版社1983年版，第519页。

W1992.3
其他特定人物造生命

实例

（实例待考）

W1992.4
与造生命有关的其他母题

实例

（参见下级母题实例）

W1992.4.1
造生物时先做试验

实例

傣族　女神桑戛赛造生物时，用海底的黄泥试着捏了个有鳞有壳的一条长虫，然后，她朝这长虫吹了口气，那长虫竟活了起来，就一扭一歪溜走了。

【流传】云南省·西双版纳（西双版纳傣族自治州）

【出处】＊《桑戛赛用泥捏动物》，原载岩峰三讲，毕光尖记录《桑戛西与桑戛赛造天地，创人类》，见姚宝瑄主编《中国各民族神话》（哈尼族、傣族），太原：山西出版传媒集团·书海出版社2014年版，第256页。

W1993

生命是生育产生的

实例

（参见下级母题实例）

W1993.0

大地孕育生命

【关联】［W1515.1.1］地孕育万物

实例

侗族 万能的萨天巴（蜘蛛，女祖神，创世神）把植物种、动物种撒到地上，生命慢慢在天下孕育，万物慢慢在地上生长。

【流传】广西壮族自治区·（柳州市）·三江（三江侗族自治县），（桂林市）·龙胜（龙胜各族自治县）

【出处】杨卜林喜、杨卜松林、杨明世讲，杨国仁、涛声搜集整理，蕾紫改写：《创世女神萨天巴》，原文为过伟改写自侗族创世史诗《嘎茫莽道时嘉——远祖歌》（未出版稿），见姚宝瑄主编《中国各民族神话》（土家族、毛南族、侗族、瑶族），太原：山西出版传媒集团·书海出版社 2014 年版，第 85 页。

W1993.1

天地婚生生灵

【关联】［W7532］天地婚

实例

珞巴族 天地婚生生灵。

【流传】西藏自治区·下珞渝（下珞渝则泛指永木河、锡约尔河、巴恰西仁河流域）

【出处】维·埃尔温搜集：《天地的故事》，见中华民族故事大系编委会编《中华民族故事大系》第 16 卷（赫哲族、门巴族、珞巴族、基诺族），上海：上海文艺出版社 1995 年版，第 396 页。

W1993.2

卵生生命

【关联】［W1994.1］神变出生命卵

实例

（参见下级母题实例）

W1993.2.1

卵的粘液中生生命

实例

藏族 五行之精华生卵，内部液汁形成了大海螺的白色湖，所有的生物都是从其中间粘液部分诞生的。

【流传】西藏自治区

【出处】［法］石泰安著，耿昇译：《西藏的文明》，北京：中国藏学出版社 1999 年版，第 227 页。

W1993.3

植物生生命

实例

（参见下级母题实例）

W1993.3.1
草里生出生灵

实例

哈萨克族 地被创造出来以后，地表生出了草，从这些草里生出了大小生灵。

【流传】（无考）

【出处】比达尔克买提·木海讲，胡扎依尔·萨杜瓦哈斯搜集，安蕾、毕桪译：《神牛支撑大地》，见满都呼主编《中国阿尔泰语系诸民族神话故事》，北京：民族出版社1997年版，第57页。

W1993.4
日月婚生生命

【关联】

① ［W1516.1］日月交配生万物（日月婚生万物）

② ［W7533］日月婚

实例

（参见下级母题实例）

W1993.4.1
日月交配产生生物

实例

独龙族 在远古之时，当日月初交配之后，乃有生物。

【流传】云南省

【出处】陶云逵：《几个云南藏缅语系土族的创世故事》，原载金陵大学中国文化研究所编《边疆研究论丛》（1942~1944年），见吕大吉、何耀华总主编《中国各民族原始宗教资料集成》（纳西族卷、羌族卷、独龙族卷、傈僳族卷、怒族卷），北京：中国社会科学出版社2000年版，第666页。

W1993.5
葫芦孕育生命

实例

（参见下级母题实例）

W1993.5.1
神的金葫芦中产生生命

实例

傣族 英叭（神王名）造出一个男神和一个女神。英叭让他们结为夫妻，让他俩下凡创造人类时，交给他们一个金葫芦，吩咐说："一切活的生命都在金葫芦里面。"

【流传】（云南省）

【出处】《破仙葫芦进人间，开创世道人类》，原载祜巴勐《论傣族诗歌》，中国民间文学出版社1981年版，见姚宝瑄主编《中国各民族神话》（哈尼族、傣族），太原：山西出版传媒集团·书海出版社2014年版，第261页。

W1993.6
天神撒下生命的种子

【关联】［W3998.1.4］生命的种子

实例

彝族 天王撒下活种籽。

【流传】云南省·楚雄彝族自治州·姚安县、大姚县等彝族地区

【出处】《丧葬·死亡》，见云南省民族民间文学楚雄调查队整理编写《梅葛》，昆明：云南人民出版社2009年版，第216页。

W1993.7
雪生生命

【关联】

① ［W2208.2］雪生人
② ［W3139.8］雪生猿猴

实例

彝族 雪族子孙十二种，有血的六种，无血的六种。

【流传】四川省·凉山地区（凉山彝族自治州）

【出处】《勒俄特衣·雪子十二支》，参见《凉山彝族奴隶社会》编写组《凉山文资料选译》第一集，四川省民族研究所内部编印，1978年，第30~35页。

W1994
生命是变化产生的

实例

（参见下级母题实例）

W1994.1
神变出生命卵

【关联】

① ［W1993.2］卵生生命
② ［W1997.3］生命卵

实例

纳西族 依格窝格（神）变化生出一只白蛋。

【流传】（a）云南省·丽江县（丽江市）

【出处】

（a）和芳讲，和志武采录：《人类迁徙记》，见中国民间文学集成全国编辑委员会编《中国民间故事集成》（云南卷），北京：中国ISBN中心2003年版，第49页。

（b）和志武翻译整理：《人类迁徙记》，见谷德明编《中国少数民族神话》，北京：中国民间文艺出版社1987年版，第395页。

W1994.2
雪变成生物

实例

彝族 红雪过后，一个雪球从山顶滚落下来，裂成了12块，变成了12种生物。

【流传】四川省·（凉山彝族自治州）·喜德县城郊

【出处】倮木和铁讲，白芝采录：《雪子十二支》，见中国民间文学集成全国编辑委员会编《中国民间故事集成》

1.9.3 生命（生物）

（四川卷·下），北京：中国 ISBN 中心 1998 年版，第 753 页。

W1994.3
气变成生命

【关联】
① [W1051] 最早的世界是气
② [W1127.2] 最初的天地是气

实例

（参见下级母题实例）

W1994.3.1
分开天地时浊气下沉化为生灵

【关联】[W1197.9.2] 浊气下沉变成地

实例

毛南族（实例待考）

W1995
与生命的产生有关的其他母题

实例

（参见下级母题实例）

W1995.0
生命源于火

实例

（参见下级母题实例）

W1995.0.1
火是生命之源

实例

彝族（撒尼）过"火节"时的大火把的火称"圣火"，又称"母火"，被认为是生命的根源。

【流传】云南省·（昆明市）·（官渡区）·阿拉乡

【出处】云南彝族撒尼支宗教祭司张琼（1890~1971）遗稿，长孙张福整理：《火崇拜》，见吕大吉、何耀华总主编《中国各民族原始宗教资料集成》（彝族卷、白族卷、基诺族卷），北京：中国社会科学出版社 1996 年版，第 97 页。

W1995.0a
生命源于水

【关联】[W1515.3] 水生万物

实例

（参见下级母题实例）

W1995.0a.1
水是生命之源

实例

汉族 有水方有生命源泉。

【流传】（湖北省·神农架林区）

【出处】张树艺、曹坤良唱：《黑暗传》，原载中国民间文艺研究会湖北分会编《神农架·黑暗传》序言（多种版本汇编本），见袁珂《中国神话大词典》，北京：华夏出版社 2015 年版，第 393 页。

W1995.1
生命源于气

【关联】[W1994.3] 气变成生命

实例

汉族

(参见 W1515.5 母题实例)

W1995.2
生命生于卵

【关联】［W1997.3］生命卵

实例

纳西族

(参见 W1517.1 母题实例)

W1995.3
万物生命源于日月运动

实例

彝族 天地间的事，动是第一要紧的事，日和月怎样走动？日和月是天和地的眼睛，它们的走动，关系着世界万物的生命，它们的循环，关系着世界的生存。

【流传】(云南省·楚雄彝族自治州·双柏县，红河哈尼族彝族自治州等地)

【出处】
(a) 云南省民族民间文学楚雄、红河调查队搜集，郭思九、陶学良整理：《查姆》，昆明：云南人民出版社1981年版。
(b) 郭思九、陶学良整理，古梅改写：《彝家的古根》，选自《云南民族文学资料》第七集中的《查姆》上部前三章，见姚宝瑄主编《中国各民族神话》(羌族、彝族)，太原：山西出版传媒集团·书海出版社2014年版，第59页。

W1995.4
生命产生的特定时间

【关联】［W2010］人产生的时间

实例

(参见下级母题实例)

W1995.4.1
神降生人间时产生了生灵

实例

蒙古族 第一禅天之一神降生人间，生灵生成。

【流传】(无考)

【出处】 *《内部生命之生成》，见满都呼主编《中国阿尔泰语系诸民族神话故事》，北京：民族出版社1997年版，第156页。

W1995.4.2
洪水后出现生命

实例

达斡尔族 过了多少万年，洪水灭绝地上的一切生命。这场浩劫之后，才出现了人世，人类和一切生物才产生和繁衍起来。

【流传】(无考)

【出处】 《仙鹤顶天》，见姚宝瑄主编《中国各民族神话》(达斡尔族、鄂伦春族、鄂温克族、蒙古族)，太原：

山西出版传媒集团·书海出版社 2014 年版，第 4 页。

W1995.4.2a
洪水后生物再生

【关联】［W2530～W2559］洪水后人类再生

实例

壮族　洪水退走后，很多生物从石崆山下来，大地又布满了生物。

【流传】（无考）

【出处】《盘和古》，原载陶立璠、李耀宗编《中国少数民族神话传说选》，四川民族出版社 1985 年版，见姚宝瑄主编《中国各民族神话》（仫佬族、壮族、京族），太原：山西出版传媒集团·书海出版社 2014 年版，第 133 页。

W1995.4.3
天地分开后出现生命

实例

珞巴族　天地分开后，乌佑和各种树木鸟兽都能活下去了。

【流传】

（a）西藏自治区·下珞瑜（泛指永木河、锡约尔河、巴恰西仁河流域）

（b）西藏自治区·下珞渝（又写作"下珞瑜"）·尼米金一带（米林县·甫龙村德根部落）

【出处】

（a）达大讲，达嘎译，李坚尚、裴富珍搜集整理：《天父地母和宁崩阿乃》，见中华民族故事大系编委会编《中华民族故事大系》第 16 卷（赫哲族、门巴族、珞巴族、基诺族），上海：上海文艺出版社 1995 年版，第 403～404 页。

（b）同（a），见李坚尚、刘芳贤编《珞巴族门巴族民间故事选》，上海：上海文艺出版社 1993 年版，第 17～18 页。

W1995.5
生命的获得

实例

（参见下级母题实例）

W1995.5.0
创世主赋予万物生命

实例

哈萨克族　万能的创世主迦萨甘给世间的万物赋予了灵魂，使其都有了生命。

【流传】（新疆维吾尔自治区）

【出处】尼哈迈提·蒙加尼搜集，校仲彝翻译整理：《神与灵魂》，见姚宝瑄主编《中国各民族神话》（乌孜别克族、哈萨克族、柯尔克孜族、俄罗斯族、维吾尔族、塔吉克族、塔塔尔族、锡伯族），太原：山西出版传媒集团·书海出版社 2014 年版，第 31～32 页。

W1995.5.0a
女神赋予万物生命

实例

满族 在雪山底下的石岩中住着的一位多喀霍女神，能自生自育，给万物以生命。

【流传】黑龙江省·黑河地区（黑河市）·孙吴县·（沿江满族达斡尔族乡）·四季屯（四季屯村）

【出处】吴纪贤、富希陆讲：《天宫大战——黑水女真人传世神话》(1939，选自富育光、郭淑云整理的手稿)，见姚宝瑄主编《中国各民族神话》（满族、赫哲族、朝鲜族），太原：山西出版传媒集团·书海出版社 2014 年版，第 28 页。

W1995.5.0b
生命源于神的意愿

【关联】
① ［W1179.8.7］凭意念造出地
② ［W1251.1］神的意志产生土

实例

回族

（参见 W1502.3.1 母题实例）

W1995.5.1
神赋予特定物生命

实例

黎族 荷发（女子名）感堂兄老先的阳气怀孕，三年生下一团肉包。荷发用一块麻布把肉包包起来，放在神案桌前，经过七天七夜，那团肉包有了生机。

【流传】海南省五指山区

【出处】王国全搜集整理：《南瓜的故事》，原载广东民族学院中文系编《黎族民间故事选》，见陶阳、钟秀编《中国神话》（上），北京：商务印书馆 2008 年版，第 374~377 页。

W1995.5.2
洗涤后产生生物

【关联】
① ［W1534.0.1.1］水洗涤出万物的区别
② ［W2107.4］从万物中洗出人类

实例

独龙族 最早时的一切生物，均是蠢然圆块，混沌无别。一位名叫卡窝卡莆（Ka-Wa-Ka-Pu，山名，在独龙河中游孔当和先久当之间，属高黎贡山脉）的雪山之神，将雪化为清水，洗濯各物，将其赘瘤除去，乃生出生物的类别。

【流传】云南省

【出处】陶云逵：《几个云南藏缅语系土族的创世故事》，原载金陵大学中国文化研究所编《边疆研究论丛》（1942~1944 年），见吕大吉、何耀华总主编《中国各民族原始宗教资料集成》（纳西族卷、羌族卷、独龙族卷、傈僳族卷、怒族卷），北京：中国社会科学出版社

W1995.6
生命产生的方式
实 例

(参见下级母题实例)

W1995.6.1
卵生、胎生、暖生和化生生命
实 例

藏族 生命是由卵生、胎生、暖生和化生四种方式诞生。

【流传】云南省·迪庆（迪庆藏族自治州）

【出处】《世巴塔义》，见才旦旺堆搜集，蔷紫整理《神蛋创世纪》注释，见姚宝瑄主编《中国各民族神话》（门巴族、珞巴族、怒族、藏族），太原：山西出版传媒集团·书海出版社2014年版，第75页。

W1996
最早产生的生命
实 例

(参见下级母题实例)

W1996.0
世界最早产生的生命是混沌
【关联】[W1057.1.0] 混沌的产生

实 例

独龙族 最早时，一切生物均是蠢然圆块，混沌无别。

【流传】云南省

【出处】陶云逵：《几个云南藏缅语系土族的创世故事》，原载金陵大学中国文化研究所编《边疆研究论丛》（1942~1944年），见吕大吉、何耀华总主编《中国各民族原始宗教资料集成》（纳西族卷、羌族卷、独龙族卷、傈僳族卷、怒族卷），北京：中国社会科学出版社2000年版，第666页。

W1996.0a
世界最早产生的是卵
实 例

珞巴族

(参见 W1003.4 母题实例)

W1996.1
世界最早产生的是人
【关联】[W2021] 世上出现的第一个人

实 例

独龙族 最早出现的生物分出类别后，首先显出的是人类

【流传】云南省

【出处】

(a)《木彭哥》，原载《俅人神话》，见何愈《西南少数民族及其神话》，广州：新世纪出版社1951年版，第61页。

(b)《木彭哥》，见谷德明编《中国少数民族神话》，北京：中国民间文艺

出版社 1987 年版，第 529 页。

汉族 从前有个时候，人很多，多得连鬼也没有了，神也没有了，什么都没有了。到处都是人，差不多和现在一样。

【流传】河南省·（南阳市）·唐河县

【出处】申凤芝讲，张明理采录，马卉欣采录整理：《盘古兄妹婚（九）》（1986.07.14），见张振犁编著《中原神话通鉴》（第一卷），郑州：河南大学出版社 2017 年版，第 105 页。

W1996.1.1
世界最早产生 1 对男女

实例

独龙族 雪水洗涤万物时，从中化出的清水里显现出 1 男 1 女两个人。

【流传】（a）云南省怒江独龙族地区

【出处】

（a）当色·顶、孔英金、卜松、鲁腊·顶讲，李子贤、张文臣、李慰明记录，孟国才、张联华、和诠翻译，李子贤整理：《木彭哥》，见姚宝瑄主编《中国各民族神话》（水族、布朗族、独龙族、基诺族、傈僳族），太原：山西出版传媒集团·书海出版社 2014 年版，第 110 页。

（b）《卡窝卡蒲分万物》，原载李子贤《独龙族的古老神话》，见姚宝瑄主编《中国各民族神话》（水族、布朗族、独龙族、基诺族、傈僳族），太原：山西出版传媒集团·书海出版社 2014 年版，第 113 页。

W1996.1.2
世界最早产生 1 个宗教人物

【关联】［W6455］宗教神职人员

实例

（参见下级母题实例）

W1996.1.2.1
世界最早产生 1 个聪明的师父

实例

瑶族 远古时候，没有天，没有地，只有一个聪明的师父。

【流传】广西壮族自治区·（河池市）·都安瑶族自治县江水河一带瑶族地区

【出处】《密洛陀创世》，蓝田根据莎红整理的《密洛陀》和潘泉脉整理的《密洛陀》两部不同版本的长诗《密洛陀》改写，见姚宝瑄主编《中国各民族神话》（土家族、毛南族、侗族、瑶族），太原：山西出版传媒集团·书海出版社 2014 年版，第 151 页。

W1996.2
世界最早产生的是动物

【关联】
① ［W3001］动物的产生
② ［W3147.8］原来世上只有猴子

实例

鄂温克族 （实例待考）

汉族 地球长成后，世上长出动物。

当时不曾有人。

【流传】江苏省·（镇江市）·丹阳市·云林乡·伦地村

【出处】徐书明讲，康新民采录：《绿鸭淘沙造大地》，见中国民间文学集成全国编辑委员会编《中国民间故事集成》（江苏卷），北京：中国ISBN中心1998年版，第13页。

W1996.2.0
世界最早产生的是飞禽走兽

实 例

汉族 很古的时候，世上只有飞禽走兽。

【流传】四川省·（绵阳市）·三台县·石安乡

【出处】叶明胜讲，何金华采录：《人狗配婚》，见中国民间文学集成全国编辑委员会编《中国民间故事集成》（四川卷·上），北京：中国ISBN中心1998年版，第47页。

汉族 很古的时候，世上没有人，只有飞禽走兽。

【流传】（无考）

【出处】叶明胜讲，何金华采录：《人狗配婚》，见陶阳、钟秀编：《中国神话》（中），北京：商务印书馆2008年版，第625~626页。

汉族 很早以前，地上还没有人烟，只有飞禽走兽。

【流传】四川省·（南充市）·西充县

【出处】张世英讲，张吉德、张武德采录：《伏羲兄妹造人》，见陶阳、钟秀编《中国神话》（上），北京：商务印书馆2008年版，第509~512页。

汉族 远古辰光，地上没人，只有百鸟天空飞，百兽勒地上跑。

【流传】浙江省·（嘉兴市）·平湖县（平湖市）·林埭镇·高丰村

【出处】李雅云讲，姚会权采录：《麻鸟盗谷种》，见中国民间文学集成全国编辑委员会编《中国民间故事集成》（浙江卷），北京：中国ISBN中心1997年版，第54页。

W1996.2.1
世界最早产生的是鱼

实 例

傣族 整个无限的真空里，除了英叭和水神鱼，就再也没有别的什么动物了。

【流传】（无考）

【出处】《开天辟地》，见谷德明编《中国少数民族神话》，北京：中国民间文艺出版社1987年版，第341页。

哈尼族 最早的汪洋大海当中生出了一条看不清首尾的大鱼。

【流传】云南省

【出处】

（a）朱小和讲，芦朝贵等整理：《天、地、人的传说》，载《山茶》1983年第4期。

（b）同（a），见谷德明编《中国少数民族神话》，北京：中国民间文艺出版社 1987 年版，第 313 页。

（c）朱小和讲，芦朝贵等整理：《天、地、人的传说》，见陶立璠、赵桂芳等编《中国少数民族神话汇编》（开天辟地篇等），中央民族学院少数民族古籍整理出版规划领导小组办公室印（未署出版时间），第 261 页。

W1996.2.1.1
世界最早产生的是大金鱼

实例

哈尼族 最早时，雾露滚动形成的大海里出现了一条大金鱼，名叫密乌艾西艾玛（哈尼语，地下最大的金鱼娘）。

【流传】云南省·（红河哈尼族彝族自治州）·元阳县、金平县（金平苗族瑶族傣族自治县）、红河县等地

【出处】朱小和讲，史军超、卢朝贵搜集整理：《烟本霍本》，原载刘辉豪、阿罗编《哈尼族民间故事选》，上海文艺出版社 1989 年版，见姚宝瑄主编《中国各民族神话》（哈尼族、傣族），太原：山西出版传媒集团·书海出版社 2014 年版，第 32~33 页。

哈尼族 最早的世界是雾气笼罩的汪洋大海。万能神和天神、地神还没有出现，世上只有一条非常粗大的叫做密乌艾西艾玛的金鱼。

【流传】云南省·红河哈尼族彝族自治州

【出处】《窝果策尼果》，见红河哈尼族彝族自治州人民政府编《哈尼族口传文化译注全集》第 1 卷，昆明：云南民族出版社 2009 年版，第 8 页。

W1996.2.2
世界最早产生的是青蛙

实例

羌族 开天辟地时，只有一种癞疙宝（类似癞蛤蟆）。

【流传】四川省·（阿坝藏族羌族自治州）·理县·桃坪乡·增头村

【出处】杨步山讲，昂旺斯丹珍采录：《癞疙宝变人》，见中国民间文学集成全国编辑委员会编《中国民间故事集成》（四川卷·下），北京：中国 ISBN 中心 1998 年版，第 1121 页。

W1996.2.3
世界最早产生的是鸭

实例

汉族 陆鸭在天地出现之前。

【流传】江苏省·（镇江市）·丹阳市·云林乡·伦地村

【出处】徐书明讲，康新民采录：《绿鸭淘沙造大地》，见中国民间文学集成全国编辑委员会编《中国民间故事集成》（江苏卷），北京：中国 ISBN 中心 1998 年版，第 13 页。

W1996.2.4
世界最早产生的是犀牛

实例

布朗族 创世之前，有一只巨大的犀牛

（这里按布朗族语"立"译为犀牛），它与云为友，和雾作伴，在天空中自由自在地漫游。

【流传】（a）云南省·（西双版纳傣族自治州）·勐海县

【出处】

（a）岩的兴讲，朱嘉禄采录：《顾米亚》，见中国民间文学集成全国编辑委员会编《中国民间故事集成》（云南卷），北京：中国 ISBN 中心 2003 年版，第 150 页。

（b）朱嘉禄整理：《顾米亚》，见谷德明编《中国少数民族神话》，北京：中国民间文艺出版社 1987 年版，第 480 页。

布朗族 最早的世界上，只有一只巨大的犀牛。它与云为友，和雾做伴，在广阔的天空中，自由自在地漫游着。

【流传】云南省·（红河哈尼族彝族自治州）·金平县（金平苗族瑶族傣族自治县）

【出处】朱嘉禄整理：《顾米亚》，原载《中国民间故事选》第 2 集，人民文学出版社 1962 年版，见姚宝瑄主编《中国各民族神话》（水族、布朗族、独龙族、基诺族、傈僳族），太原：山西出版传媒集团·书海出版社 2014 年版，第 90 页。

W1996.2.5
世界最早产生的是鸟

【关联】［W1020.8.2］神鸟是创世者

实 例

哈尼族 古时候没有天神也没有鬼，只有爱管闲事会说话的血娜雀（哀牢山区常在河滩上活动的小鸟）。

【流传】云南省·（红河哈尼族彝族自治州）·元阳县·（黄草岭乡）·树皮寨（树皮寨村）

【出处】杨批斗讲，史军超采录：《祖先鱼上山》，见中国民间文学集成全国编辑委员会编《中国民间故事集成》（云南卷），北京：中国 ISBN 中心 2003 年版，第 37 页。

W1996.2.5.1
世界最早产生的是三白鸟

实 例

汉族 天地之初，有三白鸟，主生众鸟。

【流传】（无考）

【出处】

（a）《艺文类聚》卷九二引徐整《三五历纪》。

（b）《三白鸟》，见袁珂《中国神话大词典》，北京：华夏出版社 2015 年版，第 16 页。

W1996.2.5.2
世界最早出现的是一只人面大鸟

实 例

藏族 朦胧世界不知过了多少年，出现了一只人面大鸟，名曰马世纪。

【流传】（无考）

【出处】刘尚乐搜集整理：《天和地是怎样来的》，见姚宝瑄主编《中国各民族神话》（门巴族、珞巴族、怒族、藏族），太原：山西出版传媒集团·书海出版社 2014 年版，第 84 页。

W1996.2.6
世界最早产生的是虫子

【关联】

① ［W1996.2.7.3］世界最早产生的是蚯蚓

② ［W3450］昆虫的产生

实例

汉族　开天辟地后，地上长出了许多爬虫。

【流传】湖北·（荆门市）·京山县

【出处】程正福讲，高式儒采录：《人是泥巴捏的》，原载《京山民间故事》，见陶阳、钟秀编《中国神话》（上），北京：商务印书馆 2008 年版，第 323 页。

W1996.2.6.1
世界最早产生的是硬壳虫

实例

高山族（布农）　太古时，世上还没有人类，只有硬壳的虫虫那勒哈勒在地上爬行。

【流传】台湾·卓万社

【出处】《高山族各种人的始祖：那勒哈勒虫屎与洞穴结合生男女》，见姚宝瑄主编《中国各民族神话》（高山族、黎族、畲族），太原：山西出版传媒集团·书海出版社 2014 年版，第 11 页。

W1996.2.6.2
世界最早产生 2 条虫子

实例

高山族（布农）　太古时候，大地上只有两条叫古古拉特的芋虫匍匐在地上。

【流传】台湾·布农人卡社群

【出处】《高山族各种人的始祖：虫生布农人的始祖》，见姚宝瑄主编《中国各民族神话》（高山族、黎族、畲族），太原：山西出版传媒集团·书海出版社 2014 年版，第 11 页。

藏族（白马）　最早时，只有又白又胖的木日扎（老母虫）和红头黑身的木日兹哥（蜈蚣虫）。

【流传】四川省

【出处】扎嘎才让、小石桥、顶专讲述，谢世廉、周益华、姜志成、周贤中搜集：《天、地、人的起源》，原载中国民间文艺研究会四川分会编《四川白马藏族民间文学资料集》，见陶阳、钟秀编《中国神话》（上），北京：商务印书馆 2008 年版，第 35~37 页。

W1996.2.6.3
世界最早产生一些大爬虫

实例

汉族　盘古刚刚开天地的时候，天底下只有一些大爬虫。

【流传】黑龙江省·（大兴安岭地

区）·呼玛县·鸥浦乡·鸥浦村

【出处】曹秀英（53岁）讲，李桂珍、高志刚采录：《鳌鱼驮地球》（1986），见中国民间文学集成全国编辑委员会编《中国民间故事集成》（黑龙江卷），北京：中国 ISBN 中心 2005 年版，第 4 页

W1996.2.6.4
世界最早产生 1 只蜘蛛

实例

侗族 远古的时候，没有天，也没有地，只有在天外住着一只金斑大蜘蛛。

【流传】广西壮族自治区·（柳州市）·三江（三江侗族自治县），（桂林市）·龙胜（龙胜各族自治县）

【出处】杨卜林喜、杨卜松林、杨明世讲，杨国仁、涛声搜集整理，蔷紫改写：《创世女神萨天巴》，原文为过伟改写自侗族创世史诗《嘎茫莽道时嘉——远祖歌》（未出版稿），见姚宝瑄主编《中国各民族神话》（土家族、毛南族、侗族、瑶族），太原：山西出版传媒集团·书海出版社 2014 年版，第 72 页。

W1996.2.6.5
世界最早产生是人形肉虫

实例

汉族 最早的世间没有人，只有一种长成人形的肉虫。

【流传】天津市·河西区

【出处】黄老太太讲，李昶采录：《土虫变人》，见中国民间文学集成全国编辑委员会编《中国民间故事集成》（天津卷），北京：中国 ISBN 中心 2004 年版，第 5 页。

W1996.2.7
世界最早是其他特定动物

实例

（参见下级母题实例）

W1996.2.7.1
世界最早产生的是蛇

【关联】
① ［W1023.5.1］蛇是创世者
② ［W1392.3.3］蛇补地

实例

（参见下级母题实例）

W1996.2.7.2
世界最早产生的生命是鹿

实例

汉族 很久以前，没有天，也没有地，到处是模糊一团，这当中有一只鹿撞东撞西到处寻食吃。

【流传】上海市·虹口区·广中路街道

【出处】刘曼芳讲，吴本雄采录：《喉节与乳房》，见中国民间文学集成全国编辑委员会编《中国民间故事集成》（上海卷），北京：中国 ISBN 中心

蒙古族 神鹿的形象属于蒙古人谱系颂诗之首。蒙古人的宇宙起源说就是以它为开端的。

【流传】（无考）

【出处】［苏联］А. П. 奥克拉德尼科夫：《博格多乌拉山麓石崖上的蒙古古代人像、铭文和图形》，陈弘法译自《蒙古考古论文集》，莫斯科：苏联科学院出版社1962年版，见吕大吉、何耀华总主编《中国各民族原始宗教资料集成》（鄂伦春族卷、鄂温克族卷、赫哲族卷、达斡尔族卷、锡伯族卷、满族卷、蒙古族卷、藏族卷），北京：中国社会科学出版社1999年版，第644页。

W1996.2.7.3
世界最早产生的是蚯蚓

【关联】
① ［W0687.4.1］洪钧老祖是蚯蚓
② ［W0723.2.7］盘古是蚯蚓精

实例

汉族 蚯蚓比分开天地的洪钧老祖出现还早。

【流传】天津市·汉沽区

【出处】刘景玉讲，刘恩华采录：《洪钧老祖分天地》，见中国民间文学集成全国编辑委员会《中国民间故事集成》（天津卷），北京：中国ISBN中心2004年版，第5页。

W1996.2.7.4
世界最早出现的是鸟和鱼

【关联】
① ［W1020.8.2］神鸟是创世者
② ［W1106.4.2］鱼造天地

实例

藏族 （实例待考）

W1996.2.7.4.1
世界最早出现是1只鸟和1条鱼

实例

汉族 上万年以后，天上才出现了一只鸟，天下才出现了一条鱼。

【流传】浙江省·（金华市）·东阳县（东阳市）

【出处】徐移根讲，周中帆记录整理：《天和地合》，见陶阳、钟秀编《中国神话》（上），北京：商务印书馆2008年版，第193~194页。

汉族 以前没有生物。到上万年以后，天上才出现了一只鸟，天下才出现了一条鱼。

【流传】浙江省·（金华市）·东阳县（东阳市）

【出处】徐移根讲，周中帆搜集整理：《天和地合》，见姚宝瑄主编《中国各民族神话》（汉族），太原：山西出版传媒集团·书海出版社2014年版，第42~43页。

W1996.3
世界最早产生的是植物

实例

（参见下级母题实例）

W1996.3.1
世界最早出现的是树

【关联】

① ［W1235.18］以前地上都是森林
② ［W1996.5.1.1］世界最早只有树精夫妻（精灵）

实例

珞巴族（崩如部落）　大地上只有树，没有草。

【流传】（无考）

【出处】 阿岗讲，于乃昌整理：《列德罗登》，见《珞巴族民间故事》：http://www.tibet-web.com/old/minjian/ync/gushi/mulu.htm，2003.10.02。

W1996.3.1.1
世界最早只有一棵大树

实例

珞巴族　最早世界只有一棵大树。

【流传】 西藏自治区·下珞渝（下珞渝则泛指永木河、锡约尔河、巴恰西仁河流域）

【出处】 维·埃尔温搜集：《东英波特》，见中华民族故事大系编委会编《中华民族故事大系》第16卷（赫哲族、门巴族、珞巴族、基诺族），上海：上海文艺出版社1995年版，第455页。

W1996.3.1.2
世界最早出现的是森林

【关联】 ［W1235.18.1］远古时的大地是荒凉的森林

实例

藏族　世界形成之后，大神德绕高就播下了许多种子。长出许多树，大地上就出现了森林。

【流传】（西藏自治区）

【出处】

(a) 旺秋搜集：《僜人创世神话》，根据中国社会科学院民族研究所编《僜人社会历史调查》，云南人民出版社1990年版，西藏民间文艺研究会主办《邦锦梅朵》1984年第8期中的《僜人创世神话》整理。

(b) 同(a)，见姚宝瑄主编《中国各民族神话》（门巴族、珞巴族、怒族、藏族），太原：山西出版传媒集团·书海出版社2014年版，第87~88页。

W1996.3.1.3
世界最早出现的是水中生的神树

实例

满族　很古的时候，遍地大水。水中最早生的不是尼亚勒玛（人），不是尼玛哈（鱼），不是塔斯哈（虎），也不是音达浑（狗），而是佛朵，是毛恩都里（树神）。

【流传】（无考）

【出处】

（a）富育光：《萨满教与神话》，沈阳：辽宁大学出版社 1990 年版，第 50 页。

（b）《柳叶繁衍人类》（二），见吕大吉、何耀华总主编《中国各民族原始宗教资料集成》（鄂伦春族卷、鄂温克族卷、赫哲族卷、达斡尔族卷、锡伯族卷、满族卷、蒙古族卷、藏族卷），北京：中国社会科学出版社 1999 年版，第 486 页。

W1996.3.1.4
世界最早只有几棵香樟树

实例

壮族 最早的时候，世界只有几棵香樟树。

【流传】广西壮族自治区·百色市·田阳县·坡洪镇·陇升村·个强屯

【出处】农吉勤收藏，黄明标等搜集，黄明标等翻译：《麽兵麽叭共卷》，见黄明标主编《壮族麽经布洛陀遗本影印译注》（中卷），南宁：广西人民出版社 2016 年版，第 5 页。

W1996.3.2
世界最早出现的是葫芦

【关联】［W3889］葫芦的产生

实例

（参见下级母题实例）

W1996.3.2.1
世界最早出现的是冰葫芦

实例

傈僳族 世界最早时，半空中出现一根很长的冰葫芦藤，藤子上结出 5 个冰葫芦。

【流传】四川省·（凉山彝族自治州）·德昌县·金沙乡（金沙傈僳族乡）·王家山（王家山村）

【出处】张长贵讲，李国才翻译采录：《冰天鹅、冰蚂蚁造天地》，见中国民间文学集成全国编辑委员会编《中国民间故事集成》（四川卷·下），北京：中国 ISBN 中心 1998 年版，第 1431 页。

W1996.3.3
世界最早出现的是树和草

实例

哈尼族 很早的时候，大地上没有山，没有河，到处是绿色的老林和青青的草地。

【流传】云南省·（普洱市）·墨江县（墨江哈尼族自治县）

【出处】

（a）李恒忠讲，李灿伟采录：《兄妹传人》，见中国民间文学集成全国编辑委员会编《中国民间故事集成》（云南卷），北京：中国 ISBN 中心 2003 年版，第 165 页。

（b）李灿伟搜集整理：《兄妹传人种》，见《哈尼族民间故事》编辑组编《哈尼族民间故事》，昆明：云南人民出版社 1984 年版。

汉族　世上最早是先有森林荒草，后来才有生物。

【流传】新疆维吾尔自治区·哈密市·陶家宫乡·沙枣园村

【出处】马耀辉讲，韩爱荣等采录：《人是怎么来的》，见中国民间文学集成全国编辑委员会编《中国民间故事集成》（新疆卷），北京：中国 ISBN 中心 2008 年版，第 30 页。

W1996.3.4
地上最早产生的是草

实　例

拉祜族（苦聪）　阿罗（男神名）把地造好之后，最先活起来的是茅草，茅草绿茵茵，十分美丽。

【流传】云南省·红河地区（红河哈尼族彝族自治州）的深山老林

【出处】杨老三讲，樊晋波、陈继陆、韩延搜集，韩延整理，古木改写：《阿罗阿娜造天地》，原载《红河文艺》，原题目为《苦聪创世歌》，见姚宝瑄主编《中国各民族神话》（白族、拉祜族、景颇族），太原：山西出版传媒集团·书海出版社 2014 年版，第 173 页。

W1996.3.4.1
世界最早只有水和草

实　例

汉族　大地上没有人的时候，只有水，只有常年不老的花草。

【流传】河南省·豫中一带（河南省中部）

【出处】王红果讲述，张松采录整理：《女娲造人》（九），见张振犁编著《中原神话通鉴》（第一卷），郑州：河南大学出版社 2017 年版，第 178 页。

W1996.3.5
世界最早出现的是花

实　例

（参见下级母题实例）

W1996.3.5.1
世界最早出现的 1 朵鲜花

实　例

汉族　天、地和水三界当中，什么东西都没有，突然中界的大地上，长出一朵奇异的鲜花来。

【流传】辽宁省·（大连市）·瓦房店市·炮台镇·长岭村、老染房村一带

【出处】秦淑慧讲，孙波搜集整理：《姝六甲》（1986.03），见姚宝瑄主编《中国各民族神话》（汉族），太原：山西出版传媒集团·书海出版社 2014 年版，第 36~38 页。

W1996.4
世界最早产生的是动物和植物
（世界最早产生的是动植物）

【关联】

① ［W3001］动物的产生

② [W3600] 植物的产生

实例

布朗族 （实例待考）

满族 远古的时候，大地上已有很多树木和花草，什么动物都有了，但看不见人的影子。
【流传】（无考）
【出处】穆晔骏讲，孟慧英整理：《恰喀拉人是怎么来的》，原载中国民间文艺研究会黑龙江分会编《黑龙江民间文学》第7集，内部资料，1983年，见姚宝瑄主编《中国各民族神话》（满族、赫哲族、朝鲜族），太原：山西出版传媒集团·书海出版社2014年版，第19~20页。

蒙古族 很早以前，没有人，只有动物和植物。
【流传】（无考）
【出处】阿·太白讲，姚宝瑄整理：《苍狼和母鹿》，见张越、姚宝瑄编《新疆民族神话故事选》，乌鲁木齐：新疆人民出版社1989年版，第133页。

蒙古族 很早以前，没有蒙古人，也没有一个活着的人，只有动物和植物。
【流传】新疆维吾尔自治区·卫拉特蒙古族居住地区
【出处】阿·太白讲，姚宝瑄整理：《苍狼和母鹿》，见姚宝瑄主编《中国各民族神话》（达斡尔族、鄂伦春族、鄂温克族、蒙古族），太原：山西出版传媒集团·书海出版社2014年版，第138页。

蒙古族 很早以前，没有蒙古人，也没有一个活着的人，只有动物和植物。
【流传】新疆维吾尔自治区卫拉特蒙古族
【出处】阿·太白讲，姚宝瑄采录：《苍狼和母鹿》，原载马昌仪编《中国神话故事》，见陶阳、钟秀编《中国神话》（中），北京：商务印书馆2008年版，第550页。

藏族 天也有了，地也有了，动物，植物都有了，就是没得人住在中间。
【流传】四川省·白马藏区
【出处】扎嘎才让等讲，谢世廉等搜集：《创世传说》，见陶立璠、赵桂芳等编《中国少数民族神话汇编》（开天辟地篇等），中央民族学院少数民族古籍整理出版规划领导小组办公室印（未署出版时间），第1页。

W1996.5
世上产生最早的其他生命

实例

（参见下级母题实例）

W1996.5.1
世界最早只有神（世界最早只有仙）

实例

傣族（水傣） 最早时，只有神的世界。虽然十六层天的下面有十六层地，却没有人。

【流传】（云南省·西双版纳傣族自治州）

【出处】王松整理：《傣族——西双版纳的神谱》，见姚宝瑄主编《中国各民族神话》（哈尼族、傣族），太原：山西出版传媒集团·书海出版社2014年版，第230页。

哈萨克族 最初，宇宙中没有人类，只有神。

【流传】（新疆维吾尔自治区）

【出处】《阿达姆阿塔》，斯丝根据别克苏勒坦、佟中明撰写的《哈萨克族宗教与神话》改写，见姚宝瑄主编《中国各民族神话》（乌孜别克族、哈萨克族、柯尔克孜族、俄罗斯族、维吾尔族、塔吉克族、塔塔尔族、锡伯族），太原：山西出版传媒集团·书海出版社2014年版，第27页。

W1996.5.1.1
世界最早只有树精夫妻（精灵）

【关联】[W1996.3.1] 世界最早出现的是树

实例

珞巴族 世界最早只有树精夫妻（精灵）。

【流传】西藏自治区·下珞渝（下珞渝则泛指永木河、锡约尔河、巴恰西仁河流域）

【出处】维·埃尔温搜集：《重刚义如木夫妇》，见中华民族故事大系编委会编《中华民族故事大系》第16卷（赫哲族、门巴族、珞巴族、基诺族），上海：上海文艺出版社1995年版，第401页。

W1996.5.1.2
以前，地上只有1个人，其余都是神灵

实例

珞巴族 （实例待考）

W1996.5.1.3
世界最早出现1个神

实例

傈僳族 很古的时候，天地还未产生，先产生出一位大神。

【流传】（无考）

【出处】

（a）《开天辟地》，载《山茶》1983年第3期。

（b）同（a），见姚宝瑄主编《中国各民族神话》（水族、布朗族、独龙族、基诺族、傈僳族），太原：山西出版传媒集团·书海出版社2014年版，第180页。

W1996.5.1.3.1
世界最早出现1个女神

【关联】

① [W066] 女神的产生

② [W068.12] 宇宙只有一个女神

实例

水族 远古时候，没有万物。最早出

了个女神伢俣。

【流传】（无考）

【出处】潘静流唱，燕宝记译，化斯改写：《伢俣开创世界》（原名《造天造地》），见姚宝瑄主编《中国各民族神话》（水族、布朗族、独龙族、基诺族、傈僳族），太原：山西出版传媒集团·书海出版社 2014 年版，第 4 页。

W1996.5.1.4
世界最早出现 2 个神

实例

哈尼族　天还没有出现的时候，主宰一切的是两个大神。

【流传】（无考）

【出处】《杀牛龙，造天地》，根据张牛朗、杨批斗、李书周等演唱，杨保生、李家顺等翻译，杨笛、郭纯礼等整理《十二奴局》和《奥色密色》翻译稿改写，见姚宝瑄主编《中国各民族神话》（哈尼族、傣族），太原：山西出版传媒集团·书海出版社 2014 年版，第 9 页。

羌族　原来，世界上并没有人，只有两个神，他们的名字叫索依迪朗（索依迪朗，羌语，意为娘老子。迪，羌语，意为老汉，即"父亲"；朗，羌语，意为阿妈，即"母亲"），迪住在天上，朗住在地下。

【流传】（无考）

【出处】《索依迪朗：设计造人》，原载西南民族学院《羌族文学简史》编写组编《羌族民间文学资料集》（一），1987 年 4 月，见吕大吉、何耀华总主编《中国各民族原始宗教资料集成》（纳西族卷、羌族卷、独龙族卷、傈僳族卷、怒族卷），北京：中国社会科学出版社 2000 年版，第 578 页。

羌族　世界上开初并没有人，只有两个神，一个叫索依迪，另一个叫索依朗。

【流传】四川省·阿坝藏族羌族自治州·茂汶羌族自治县

【出处】

(a)《开咂酒曲子》，见杨亮才、陶立璠、邓敏文：《中国少数民族文学》（上册），北京：人民出版社 1985 年版。

(b)《索依迪朗夫妇造人》，原名《人是咋个来的》，郑友富、周贵友讲，王康、龚剑雄、吴文光采录，王康整理，原载西南民族学院图书馆与西南民族学院《羌族文学简史》编写组《羌族民间文学资料集》（一），1987 年编，见姚宝瑄主编《中国各民族神话》（羌族、彝族），太原：山西出版传媒集团·书海出版社 2014 年版，第 6 页。

W1996.5.1.4.1
世界最早出现太阳神和月亮神

实例

白族　混沌初分之时，世上没有人类

和万物，只有太阳和月亮男女二神。

【流传】云南省·（大理白族自治州）·鹤庆县

【出处】章虹宇：《云南鹤庆白族的地母节》，载《民俗》1990年第1期。

W1996.5.1.4.2
世界最早出现田公和地母

【关联】[W0147.4] 田公地母

实例

德昂族 以前，宇宙间只有田公和地母。

【流传】（无考）

【出处】李仁光、姚世清讲，杨玉骧搜集整理：《百片树叶百个人》，见姚宝瑄主编《中国各民族神话》（佤族、阿昌族、纳西族、普米族、德昂族），太原：山西出版传媒集团·书海出版社2014年版，第389页。

W1996.5.1.4.3
开天辟地时只有盘古和张天时

实例

汉族 天地分开时只有两个人，在地上的那个人叫盘古，在天上的那个人叫张天时。

【流传】河南省·（南阳市）·桐柏县·二郎山乡

【出处】李敬平讲，李修平采录：《盘古爷上天了》，见张振犁编著《中原神话通鉴》（第一卷），郑州：河南大学出版社2017年版，第112页。

W1996.5.1.5
世界最早只有创世主

【关联】[W1020.0] 创世神创世（创世主创世）

实例

哈萨克族 远古时候，没有天，没有地，只有创世主迦萨甘。

【流传】(a) 新疆维吾尔自治区·（乌鲁木齐市）·乌鲁木齐县·白杨沟夏牧场

【出处】

(a) 谢热亚孜旦·马尔萨克讲，尼合买提·蒙加尼采录：《迦萨甘创世》，见中国民间文学集成全国编辑委员会编《中国民间故事集成》（新疆卷），北京：中国ISBN中心2008年版，第3页。

(b) 尼合迈德·蒙加尼搜集，校仲彝翻译整理：《迦萨甘创世》，见谷德明编《中国少数民族神话》，北京：中国民间文艺出版社1987年版，第727页。

(c) 《造物主创世》，见满都呼主编《中国阿尔泰语系诸民族神话故事》，北京：民族出版社1997年版，第63页。

哈萨克族 世界最早的时候，只有创世主——迦萨甘。

【流传】新疆维吾尔自治区

【出处】尼合迈德·蒙加尼搜集，校仲彝翻译整理：《迦萨甘创世》，载《新疆民族文学》1982年第2期。

W1996.5.1.5a
世界最早只有真主

实例

回族　开天辟地的时候，世上什么也没有，只有真主安拉。

【流传】黑龙江省·（牡丹江市）·绥芬河市

【出处】杨明岱讲，周爱民采录：《阿丹人祖》，见中国民间文学集成全国编辑委员会编《中国民间故事集成》（黑龙江卷），北京：中国ISBN中心2005年版，第20页。

W1996.5.1.6
世界最早只有神仙

实例

普米族　古时候，地上没有山也没有人，只有神仙住在天宫里。

【流传】云南省·（丽江市）·宁蒗（宁蒗彝族自治县），四川省·（凉山彝族自治州）·木里（木里藏族自治县）等地

【出处】曹正初讲，章虹宇搜集：《石头阿祖和石头子孙》，见姚宝瑄主编《中国各民族神话》（佤族、阿昌族、纳西族、普米族、德昂族），太原：山西出版传媒集团·书海出版社2014年版，第292页。

普米族　古时候，地上没有山，也没有人，只有神仙住在天宫里。

【流传】云南省·（丽江市）·宁蒗（宁蒗彝族自治县）；四川省·（凉山彝族自治州）·木里（木里藏族自治县）

【出处】曹正初讲，章虹宇搜集整理：《石头阿祖和石头子孙》，载《山茶》1986年第5期。

W1996.5.1.6.1
世界最早只有天上的神仙

实例

汉族　远古的时候，陆地没有人，只有天上的神仙。

【流传】天津市·北郊区

【出处】于学萍讲，张义书采录：《男人为嘛有喉结》，见中国民间文学集成全国编辑委员会编《中国民间故事集成》（天津卷），北京：中国ISBN中心2004年版，第6页。

W1996.5.1.7
世界最早产生男性神仙

实例

苗族　最初古时期，天地间什么都没有。只生出些和尚（苗族认为和尚是修仙者，"和尚"即"神仙"）们，他们一批老公公，连续不断跟着生。

【流传】原文无流传地，据文本及注释推测该神话流传于贵州省·黔东南苗族侗族自治州·凯里市、台江县等地。

【出处】张启庭、张荣光、张正玉、张启德演唱，张明搜集，燕宝整理译注：《创造宇宙·开天辟地》，见贵州省少数

民族古籍整理出版规划小组办公室编，燕宝整理译注《苗族古歌》，贵阳：贵州民族出版社1993年版，第4页。

W1996.5.1.8
世界最早产生天神、地神和魔鬼

实 例

哈尼族 古时候，宇宙洪荒时，只有天神奥玛（女性）、地神阿奥（男性）、魔鬼奥尼等生存于其间。

【流传】云南省·（普洱市）·墨江（墨江哈尼族自治县），（红河哈尼族彝族自治州）·元阳（元阳县）、金平（金平苗族瑶族傣族自治县）、红河县、绿春（绿春县）等地

【出处】《一个大蛋》，原载李子贤《云南少数民族神话选》，云南人民出版社1990年版，见姚宝瑄主编《中国各民族神话》（哈尼族、傣族），太原：山西出版传媒集团·书海出版社2014年版，第82页。

W1996.5.1.9
世界最早出现的是巨人

实 例

（参见下级母题实例）

W1996.5.1.9.1
世界最早出现的巨人只有肺

实 例

汉族 世界上最早出现的巨人远古没有眼睛没有鼻子，他虽然看不见四周混沌沌的景象，闻不见那混沌沌的气味，但也有心有肺，感到很是难受。

【流传】浙江省·丽水市

【出处】邹瑾讲，唐宗龙搜集整理：《远古和盘古》，见姚宝瑄主编《中国各民族神话》（汉族），太原：山西出版传媒集团·书海出版社2014年版，第8页。

W1996.5.1.10
世界最早出现的是天主与众神

实 例

裕固族 古时，天地混沌，只有天上的天主与众神。

【流传】（无考）

【出处】《九尊卓玛》，见杨进智《裕固族研究论文集》，兰州：兰州大学出版社1996年版，第345~346页。

W1996.5.2
世界最早是怪物

【关联】[W0861.3]与怪物的产生有关的其他母题

实 例

（参见下级母题实例）

W1996.5.2.1
世界最早出现1个大眼睛怪物

实 例

基诺族 最早的世界大水中突然出现了一个黑黑的有一双非常明亮的眼睛的

大物。

【流传】云南省·（西双版纳傣族自治州）·景洪县（景洪市）

【出处】白桂林等讲，刘怡采录：《阿嫫腰白造天地》，见中国民间文学集成全国编辑委员会编《中国民间故事集成》（云南卷），北京：中国ISBN中心2003年版，第77页。

W1996.5.2.2
世界最早出现人面鸟身的鸟

实例

藏族 最早的混沌世界不知过了多少年，在这暗昏、缥渺的样儿里出现了一只脸面就像现在人一样的大鸟，名叫马世纪。

【流传】（四川省·凉山彝族自治州·木里藏族自治县）

【出处】陈安礼讲，陈青贵等译：《天和地怎样来的》，原载《中国民间故事集成·木里卷》，见吕大吉、何耀华总主编《中国各民族原始宗教资料集成》（鄂伦春族卷、鄂温克族卷、赫哲族卷、达斡尔族卷、锡伯族卷、满族卷、蒙古族卷、藏族卷），北京：中国社会科学出版社1999年版，第938页。

W1996.5.2.3
世界最早出现是有翅膀不会飞的怪物

实例

汉族 以前，世上还没有人，只有两个怪东西，都是身体两边有翅膀，但不会飞；肚皮底下生出两只脚，能够在水上游。

【流传】上海市·卢湾区·打浦桥街道

【出处】孙忠和讲，陈秀珠等采录：《大陆的来历》，见中国民间文学集成全国编辑委员会编《中国民间故事集成》（上海卷），北京：中国ISBN中心2007年版，第14页。

W1996.5.3
世界最早只有地神和植物

实例

布朗族 世界最早只有地神和植物没有人。

【流传】云南省·（西双版纳傣族自治州）·勐海（勐海县）

【出处】康朗甩利讲，李二整理：《人类的由来》，见中华民族故事大系编委会编《中华民族故事大系》第12卷（布朗族、撒拉族、毛南族），上海：上海文艺出版社1995年版，第16页。

W1996.5.4
世界最早只有盘古和狗

【关联】

① [W0721] 盘古的产生
② [W3105] 狗的产生

实例

汉族 上古辰光，世上只有盘古和一条狗。

【流传】浙江省·湖州市·镇西乡·赵家坪（不详）

【出处】冯雨轩讲，钟铭采录：《华胥补天》，见中国民间文学集成全国编辑委员会编《中国民间故事集成》（浙江卷），北京：中国ISBN中心1997年版，第18页。

W1996.5.4a
世界最早只有妖怪和猴子

实 例

土族 很早以前，世界上没有一个人，只有妖怪和猴子。

【流传】青海省·黄南州（黄南藏族自治州）·同仁县·保安乡·下庄村

【出处】夏吾才让讲，赵清阳采录：《粮食是怎么来的》，见中国民间文学集成全国编辑委员会编《中国民间故事集成》（青海卷），北京：中国ISBN中心2007年版，第13页。

W1996.5.5
世界最早只有鬼神

实 例

（参见下级母题实例）

W1996.5.5.1
世界最早只有几个鬼神

实 例

景颇族 天地形成不久的时候，世上没有人类，只有几个神鬼在游荡。

【流传】（无考）

【出处】殷江腊讲，永生译，东耳等整理：《人类始祖》，见谷德明编《中国少数民族神话》，北京：中国民间文艺出版社1987年版，第458页。

景颇族 天地形成不久的时候，世上没有人类，没有草木，没有飞禽走兽，也没有庄稼，只有几个神鬼在游荡。

【流传】（无考）

【出处】殷江腊讲，永生翻译，东耳、永生整理，木子改写：《人类始祖的传说》，见姚宝瑄主编《中国各民族神话》（白族、拉祜族、景颇族），太原：山西出版传媒集团·书海出版社2014年版，第216页。

景颇族 在天地形成不久的时候，世上没有人类，没有草木，没有飞禽走兽，也没有庄稼，只有几个神鬼在游荡着。

【流传】（无考）

【出处】殷江腊讲，永生翻译，东耳、永生整理：《人类始祖》，载《山茶》1982年第6期。

景颇族 天地形成未久时，世上无人类，无草木，无飞禽走兽，亦无庄稼，唯有少数神鬼游荡其间。

【流传】（无考）

【出处】袁珂改编：《人类始祖》，原载谷德明编《中国少数民族神话选》，见袁珂《中国神话大词典》，北京：华夏出版社2015年版，第552页。

W1996.5.5.2
世界最早只有妖魔鬼怪

实例

满族 很古的时候，大地还没有开辟，世上只有妖魔鬼怪。

【流传】黑龙江省·（黑河市）·孙吴县

【出处】

（a）《臭桦为啥皮是黑的》，见《七彩神火》，长春：吉林人民出版社1984年版。

（b）《阿布卡恩都里开辟大地》，见姚宝瑄主编《中国各民族神话》（满族、赫哲族、朝鲜族），太原：山西出版传媒集团、书海出版社2014年版，第16~17页。

W1996.5.6
世上最早出现的是巨人

【关联】

① [W0660] 巨人

② [W0661.3.4] 混沌中生巨人

实例

满族 最早世界一片大水。阿布卡赫赫（女天神）在黑风中让水里生出个水泡。水泡像蛤蟆籽，越生越多，越生越大。水泡聚到一起，聚成个大球漂在水上，不知经过了多长的时候，球里蹦出了六个宁姑（巨人）。

【流传】（无考）

【出处】

（a）富育光：《萨满教与神话》，沈阳：辽宁大学出版社1990年版，第50~51页。

（b）《水生人》，见吕大吉、何耀华总主编《中国各民族原始宗教资料集成》（鄂伦春族卷、鄂温克族卷、赫哲族卷、达斡尔族卷、锡伯族卷、满族卷、蒙古族卷、藏族卷），北京：中国社会科学出版社1999年版，第486页。

W1996.5.7
世界最早只有水族、土族、木族三族

实例

蒙古族 自古年老人口头传下来的故事传说，世上原来有三部分，有水族、土族、木族。

【流传】（无考）

【出处】赵景阳译：《蒙古风俗鉴》第六卷第三七节《自古口头流传的语言》，沈阳：辽宁民族出版社1986年版，第121页。

W1997
与生命有关的其他母题

实例

（参见下级母题实例）

W1997.1
生命的特征

实例

（参见下级母题实例）

W1997.1.1
生命能传递

【关联】［W9350］转世（托生、转生）

实例

（参见下级母题实例）

W1997.1.1.1
生命可以通过树传递

实例

汉族　阿祥（人名，英雄）吃了恋人碧螺姑娘的茶之后，居然渐渐地恢复了元气。而碧螺姑娘却一天天憔悴下去。原来，姑娘的元气都凝聚在那棵小树的嫩芽上了，嫩芽泡成茶被阿祥吃了以后，姑娘的元气就再也不能恢复了。

【流传】（无考）

【出处】

（a）《碧螺春》，载《民间文学》1979年9期。

（b）同（a），见姚宝瑄主编《中国各民族神话》（汉族），太原：山西出版传媒集团·书海出版社2014年版，第364~370页。

W1997.1.2
生命可以感知

实例

藏族　人的灵魂可以暂时离开人体，而生命是具体物质的东西，有具体的体积，能够看得清，摸得着，能够藏在别的物体之内。

【流传】（无考）

【出处】林继富：《生命的归宿——藏族灵魂观念试析》，载《邦锦花》1990年第3期。

W1997.1.3
生命不一定只在体内

【关联】［W0870］灵魂（鬼）

实例

藏族　生命不必要一定在人的体内，它可以离开身体通过远距离的感应或操作而继续使人体保持生机。

【流传】（无考）

【出处】林继富：《生命的归宿——藏族灵魂观念试析》，载《邦锦花》1990年第3期。

W1997.1.4
生命各异的来历

实例

（参见下级母题实例）

W1997.1.4.1
因怀孕的部位不同使生命各异

【关联】［W2586］特殊的怀孕形式

实例

哈尼族（爱尼）　洪水后，幸存的一对母女感春风全身怀孕，怀孕的部位不同，所以生下的生命也各异。

【流传】云南省·西双版纳（西双版纳

傣族自治州）

【出处】白章富、付光宇、兰克整理：《母女生万物》，王松选自毛星主编《中国少数民族文学》（下），湖南人民出版社1983年版，见姚宝瑄主编《中国各民族神话》（哈尼族、傣族），太原：山西出版传媒集团·书海出版社2014年版，第63页。

W1997.1.5
会发光的生命

【关联】［W2803］以前的人会发光

实例

蒙古族 会飞行和发光的生灵因萌发欲念到下界吃了一种粮谷，失去飞行能力和本身之光。

【流传】（无考）

【出处】萨囊彻辰：《新译校注〈蒙古源流〉》，呼和浩特：内蒙古人民出版社1987年版，第6~7页。

W1997.2
生命的种类

【关联】
① ［W3080］动物的种类
② ［W3688］植物的种类

实例

（参见下级母题实例）

W1997.2.1
生物类别的产生

实例

（参见下级母题实例）

W1997.2.1.1
水洗出生物的类别

实例

独龙族 最早出现的生物都是没边没角的圆块，没有分别。雪山之神把雪化为清水，洗濯各物，将那些赘瘤除去，就分出类别来。

【流传】云南省

【出处】
(a)《木彭哥》，原载《俅人神话》，见何愈《西南少数民族及其神话》，广州：新世纪出版社1951年版，第61页。
(b)《木彭哥》，见谷德明编《中国少数民族神话》，北京：中国民间文艺出版社1987年版，第529页。

W1997.2.2
生灵有6类

实例

蒙古族 三界中有6类生灵。

【流传】（无考）

【出处】＊《内部生命之生成》，见满都呼主编《中国阿尔泰语系诸民族神话故事》，北京：民族出版社1997年版，第156页。

W1997.2.3
生灵有12类

实例

苗族 赛扬（祖先名）与不认识的儿

子比武时杀死儿子后，悔恨自杀，变成12种生灵。

【流传】贵州省·（安顺市）·紫云县（紫云苗族布依族自治县）麻山苗区

【出处】杨再华唱诵，杨正江译：《亚鲁族源》，见中国民间文艺家协会主编《亚鲁王》，北京：中华书局2011年版，第45页。

W1997.2.4
生灵有100类

实例

苗族 董冬穹（男性人名，横眼人的祖先）在地上造出一百样生灵。

【流传】贵州省·（安顺市）·紫云县（紫云苗族布依族自治县）麻山苗区

【出处】杨再华唱诵，杨正江译：《亚鲁族源》，见中国民间文艺家协会主编《亚鲁王》，北京：中华书局2011年版，第34页。

W1997.2.5
生命有1亿1千余种

实例

傣族 葫芦中有各类种籽及生命，共一亿一千余种活动于其中。

【流传】（云南省？）

【出处】袁珂改编：《布桑该与牙桑该》，原载毛星主编《中国少数民族文学》（下册），见袁珂《中国神话大词典》，北京：华夏出版社2015年版，第500页。

W1997.3
生命卵

【关联】
① ［W1517］卵生万物
② ［W1994.1］神变出生命卵

实例

（参见下级母题实例）

W1997.3.1
白色生命卵

实例

纳西族 依格窝格（神）变化生出一只白蛋。

【流传】（a）云南省·丽江县（丽江市）

【出处】

（a）和芳讲，和志武采录：《人类迁徙记》，见中国民间文学集成全国编辑委员会编《中国民间故事集成》（云南卷），北京：中国ISBN中心2003年版，第49页。

（b）和志武翻译整理：《人类迁徙记》，见谷德明编《中国少数民族神话》，北京：中国民间文艺出版社1987年版，第395页。

W1997.4
生命的根本（命根）

【关联】［W0851.2］妖魔的命门

实例

（参见下级母题实例）

W1997.4.1
特定物是命根

实例

黎族　河潭边的大榕树是小金龙的命根。

【流传】海南黎族苗族自治州（海南省1987）·（三亚市）·保亭县（保亭黎族苗族自治县）、乐东（乐东黎族自治县），白沙（白沙黎族自治县），（三亚市）·陵水（陵水黎族自治县），崖县（今三亚市）等地

【出处】
(a) 广东民族学院中文系七七级采风组搜集，孙贻汉整理：《石棺材》，见广东民族学院中文系编《黎族民间故事选》，上海：上海文艺出版社 1983年版。
(b) 同（a），见姚宝瑄主编《中国各民族神话》（高山族、黎族、畲族），太原：山西出版传媒集团·书海出版社 2014年版，第 71 页。

W1997.4a
生命的关联物

【关联】
① [W9240] 象征物
② [W9996.1] 生命的替代物

实例

（参见下级母题实例）

W1997.4a.1
天上的特定物关联着万物生命

【关联】
① [W1789.10] 天河中的诸物
② [W1798] 天上的其他诸物

实例

（参见下级母题实例）

W1997.4a.1.1
天上的梭罗树关联着地上万物的生命

【关联】
① [W3784] 梭罗树
② [W3798.1] 生命树

实例

彝族　如果天上没有梭罗树，地面上的万物都不能成活。

【流传】云南省·楚雄彝族自治州

【出处】《门米间扎节》，古梅根据《楚雄民间文学资料》改写，见姚宝瑄主编《中国各民族神话》（羌族、彝族），太原：山西出版传媒集团·书海出版社 2014年版，第 83 页。

W1997.5
特定的神管天下的生命

实例

苗族　有个叫竺妞的神是管天下生命的大神。

【流传】（无考）

【出处】陶春保讲，刘永鸿整理：《生天养地的爹娘》，见姚宝瑄主编《中国各民族神话》（布依族、仡佬族、苗族），太原：山西出版传媒集团·书海出版社2014年版，第132页。

W1997.5.1
洪钧老祖管天下的生命

实例

汉族　洪钧老让万物个个都有自己的生老病死。

【流传】天津市·汉沽区

【出处】刘景玉讲，刘恩华采录：《洪钧老祖分天地》，见中国民间文学集成全国编辑委员会编《中国民间故事集成》（天津卷），北京：中国ISBN中心2004年版，第5页。

W1997.6
生命力

实例

（参见下级母题实例）

W1997.6.1
生命力存在于生命物的各个器官

【关联】［W0916.1］万物有灵

实例

蒙古族（布里亚特）　某种类似"生命之力"的东西似乎存在于人和动物的每一器官或每一部分。人如果丧失了生命之力，就会手脚麻痹、四肢瘫痪。

【流传】（无考）

【出处】［苏联］И.А.曼日格耶夫著，宋长宏译，佟德富校：《布里亚特萨满教和前萨满教辞典》（俄文版），莫斯科：科学出版社1978年版，第94页，见吕大吉、何耀华总主编《中国各民族原始宗教资料集成》（鄂伦春族卷、鄂温克族卷、赫哲族卷、达斡尔族卷、锡伯族卷、满族卷、蒙古族卷、藏族卷），北京：中国社会科学出版社1999年版，第637页。

附录 1

中国创世神话母题代码检索表[①]

3 - 1
【W1000 ~ W1359】

1.1 世界（宇宙）起源概说
【W1000 ~ W1099】

1.1.1 世界的产生
【W1000 ~ W1009】

✳ **W1000** 世界的产生（宇宙的产生） 【3】
W1001 世界自然产生 【3】
W1001.1 世界自然存在 【3】
W1001.1.1 出现天地后形成世界
W1001.2 世界在水中自然产生 【4】
W1001.2.1 大水减少形成现在的世界
W1002 世界是创造产生的 【4】
W1002.1 世界是神或神性人物创造的 【4】
W1002.1.0 世界是神创造的
W1002.1.1 世界是创世者创造的
W1002.1.1.1 创世者吐出世界（天体）
W1002.1.2 世界是天神创造的
W1002.1.2.1 世界是天帝创造的
W1002.1.3 世界是女神创造的
W1002.1.3.1 世界是女天神创造的
W1002.1.3.2 女神用神鼓创造

[①] 本检索表具有本书全部母题级母题实例的检索功能。其使用方法可适用不同检索习惯。主要有：（1）通过母题代码，直接从本书的页眉中查找相应母题实例；（2）通过自然数代码母题或其下一级母题之后的页码标准，直接到相关页码查找母题实例；（3）通过母题层级中的逻辑关系查找相应母题实例。

1.1 世界（宇宙）起源概说

代码	母题	页码
	世界	
W1002.1.3a	世界是男神创造的	
W1002.1.3b	世界是山神创造的	
W1002.1.3b.1	世界是9个山神创造的	
W1002.1.4	世界是动物神创造的	
W1002.1.5	世界是众神创造的	
W1002.1.6	世界是神与神性人物合作创造的	
W1002.1.6.1	天神与佛祖共同创世	
W1002.1.7	世界是真主创造的	
W1002.1.8	世界是佛创造的	
W1002.1.8.1	天神让释迦牟尼造世界	
W1002.1.9	与神或神性人物创造世界有关的其他母题	
W1002.1.9.1	世界是老君创造的	
W1002.1.9.2	世界是混沌神创造的	
W1002.2	**世界是特定的人创造的**	【9】
W1002.2.1	世界是父子创造的	
W1002.2.2	世界是一对夫妻创造的	
W1002.2.2.1	布陀西和密洛陀夫妻创世	
W1002.2.2.2	最初的一对夫妻创造世界	
W1002.2.3	世界是两兄妹创造的	
W1002.2.4	世界是两兄弟创造的	
W1002.2.5	世界是工匠创造的	
W1002.2.5.1	世界是陶工创造的	
W1002.2.6	世界是多个人（神）创造的	
W1002.2.7	世界是其他特定的人创造的	
W1002.3	**世界是动物创造的**	【10】
W1002.3.1	世界是牛创造的	
W1002.3.2	拱屎虫推动世界的产生	
W1002.4	**世界是其他特定的人物创造的**	【11】
W1003	**世界是生育产生的**	【11】
W1003.1	世界生于无	【11】
W1003.1.1	虚廓生宇宙	
W1003.2	真空孕育世界	【12】
W1003.3	世界是婚生的	【12】
W1003.3.1	天父地母婚生世界	
W1003.3.2	两性交配生世界	
W1003.4	世界是卵生的（卵生世界）	【12】
W1003.4.1	蛋中生出天地万物	
W1003.4.2	神蛋生世界	
W1003.5	与生育世界有关的其他母题	【13】
W1003.5.1	地球之母	
W1003.5.2	神生世界	
W1003.5.2.1	女天神生世界	
W1003.5.3	树生世界	
W1003.5.3.1	树上长出世界	
W1004	**世界是变化产生**	【14】
W1004.1	原始的元素变化成世界（天体）	【14】
W1004.2	某些器物变化成世界（天体）	【14】
W1004.3	投到天空的某种物质变成世界（天体）	【14】
W1004.4	世界（天体）源于凝结的气体	【14】
W1004.5	与变化产生世界有关的其他母题	【14】
W1004.5.1	阴阳混合形成世界	

	（天体）	
W1004.5.2	气体、烟雾、狂风合成世界	
W1004.5.2.1	气体、烟雾、狂风经很长时间合成世界	
W1004.5.3	混沌中凿出世界	
W1004.5.3.1	混沌被朋友凿死后产生世界	
W1005	**世界是演化而成的**	【15】
W1006	**世界产生的其他方式**	【15】
W1006.1	世界源于火	【15】
W1006.2	世界源于冰与雾	【16】
W1006.3	风、火、水导致世界的产生	【16】
W1006.3.1	最早世界只有火、水、风、土	
W1007	**与世界产生有关的其他母题**	【16】
W1007.1	世界是偶然创造出来的	【16】
W1007.1.1	神在争斗中创造了世界	
W1007.1.2	神魔争斗中创世	
W1007.1.2.1	天神与恶魔争斗中创世	
W1007.2	自然力量相互作用创世	【17】
W1007.3	世界创造后被破坏	【17】
W1007.3.1	创世的破坏者	
W1007.3.1.1	恶神是创世的破坏者	
W1007.3.1.2	火神是创世的破坏者	
W1007.3.1.3	黑须老人是创世的破坏者	
W1007.3.1.4	太阳九姊妹和月亮十弟兄是创世的破坏者	
W1007.3.1.5	妖魔是创世的破坏者	
W1007.3.1.5.1	魔王是创世的破坏者	
W1007.3.1.5.2	恶魔是创世的破坏者	
W1007.3.1.6	破坏者与造物主同时产生	
W1007.3.2	魔鬼破坏创世	
W1007.4	第2次创世	【20】
W1007.4.1	重造世界	
W1007.4.1.1	老天爷重造世界	
W1007.5	不成功的创世	【21】
W1007.5.1	造出的天地植物不生	
W1007.6	创世分几个阶段	【21】
W1007.7	外部世界的形成	【21】
W1007.7.1	外相世界由三坛而定	

1.1.2　世界的创造与创世者
【W1010～W1034】

✿ **W1010**	**世界（宇宙）的创造**	【22】
✱ **W1011**	**创造世界的原因（创世的原因）**	【22】
W1011.1	创世者因为孤独创造了世界	【22】
W1011.1.1	神因孤独创造世界	
W1011.1.1.1	两位男神感到孤独	

	创造世界			洞中	
W1011.1.2	神性人物因孤独造地球		W1018	创世者是生育产生的（生育创世者）	【26】
W1011.2	为了有个歇脚的地方创造世界	【23】	W1018.1	天地婚生创世者	【26】
W1011.3	创世者奉命创世	【23】	W1018.2	卵生创世者	【26】
W1011.4	创世者得到劝告后创世	【23】	W1018.2.1	巨卵孕育创世的大鹏	
W1011.5	世界产生于特定时间和指令	【23】	W1018.3	特定的物生创世者	【27】
W1011.5.1	世界产生于创世者的指令		W1018.3.1	云生创世者	
W1011.6	与创造世界原因有关的其他母题	【23】	W1019	创世者产生的其他方式	【27】
W1011.6.1	被惩罚造世界		W1019.1	创世者是变化产生的	【27】
W1011.6.1.1	红君、绿鸭道人打架被罚造天地		W1019.1.1	阴阳变化生创世者	
W1011.6.2	因大地光秃创造世界		W1019.1.2	云变化出创世者	
W1012	创造世界的时间	【24】	W1020	神或神性人物是创世者（神是创世者）	【28】
W1012.1	6天造出了世界	【24】	W1020.0	创世神创世（创世主创世）	【28】
W1012.2	7天创造出世界	【24】	W1020.1	创世女神是创世者	【28】
✿ W1015	创世者（造物主）	【25】	W1020.1.1	特定的女神是创世者	
✳ W1016	创世者的产生	【25】	W1020.1.1.1	女神阿布凯赫赫是创世者	
W1017	创世者来于某个地方	【25】	W1020.2	世界之父是创世者	【29】
W1017.1	创世者从天上来	【25】	W1020.3	天神是创世者	【29】
W1017.2	创世者从地下来	【25】	W1020.3.0	天神腾格里是创世者	
W1017.3	创世者从湖中来	【25】	W1020.3.0a	天神格尔美是创世者	
W1017.4	创世者源于混沌	【25】	W1020.3.1	女天神是创世者	
W1017.5	创世者源于某个特定方位	【26】	W1020.3.2	天神的侍从是创世者	
W1017.5.1	创世者源于东方				
W1017.5.1.1	创世者源于东方岩				

|| 1.1 世界（宇宙）起源概说 || 中国创世神话母题代码检索表

代码	母题	页
W1020.3.3	最高天神是创世者	
W1020.4	太阳神是创世者	【30】
W1020.5	众神是创世者	【30】
W1020.5.1	盘古与火神、雨神、雷神等是创世者	
W1020.6	天使是创世者	【31】
W1020.7	祖先是创世者	【31】
W1020.7.1	男女祖先是创世者	
W1020.8	其他神或神性人物是创世者	【31】
W1020.8.1	动物神是创世者	
W1020.8.2	神鸟是创世者	
W1020.8.2.1	神鸟嘎下凡创世	
W1020.8.3	真主是创世者（真主是创世主）	
W1020.8.4	夫妻神是创世者	
W1020.8.5	巨灵是创世者	
W1020.8.6	与神或神性人物创世有关的其他母题	
W1020.8.6.1	神用神力创世	
W1021	特定的神或神性人物是创世者	【33】
W1021.1	盘古是创世者	【33】
W1021.2	佛祖（佛）是创世者	【33】
W1021.2.1	佛撒土创世	
W1021.2.2	喇嘛是创世者	
W1021.2.2.1	乌旦喇嘛是创世者	
W1021.3	真主是创世者	【34】
W1021.3.1	真主胡大是创世者	
W1021.3.2	真主安拉是创世者	
W1021.4	其他特定的神或神性人物是创世者（其他神性人物是创世者）	【35】
W1021.4.1	老君是创世者	
W1021.4.2	太岁神是创世者	
W1021.4.3	大将军神是创世者	
W1022	人是创世者	【36】
W1022.1	父子是创世者	【36】
W1022.2	一对夫妻是创世者	【36】
W1022.3	两兄妹是创世者	【36】
W1022.4	两兄弟是创世者	【36】
W1022.5	工匠是创世者	【37】
W1022.5.1	世界是陶工创造的	
W1022.6	其他特定的人是创世者	【37】
W1022.6.1	天降的1对男女是创世者	
W1023	动物是创世者	【37】
W1023.1	哺乳动物是创世者	【37】
W1023.1.1	猿猴是创世者	
W1023.1.1.1	猴子是创世者	
W1023.1.2	母牛是创世者	
W1023.2	鸟类是创世者	【38】
W1023.2.1	大鹏是创世者	
W1023.2.1.1	大鹏鸟是世界创造者	
W1023.2.2	其他特定的鸟是创世者	
W1023.2.2.1	神鸟嘎下凡创世	
W1023.3	水中动物是创世者	【39】
W1023.3.1	鱼是造物者	
W1023.4	昆虫是创世者	【39】
W1023.4.1	甲虫是创世者	
W1023.4.2	蚂蚁是创世者	
W1023.4.3	蜘蛛是创世者	
W1023.5	爬行动物是创世者	【40】
W1023.5.1	蛇是创世者	
W1023.5.2	龟是创世者	
W1023.6	其他动物是创世者	【40】
W1023.6.1	龙是创世者	

W1024	植物是创世者	【41】		W1028.4.4	创世者身穿兽皮	
W1025	无生命物是创世者	【41】		W1028.4.5	力不从心的创世者	
				W1028.4.6	创世者会占卜	
W1025.1	日月（神）是创世者	【41】		W1029	创世者的工具	【46】
				W1029.1	创世者手持斧子和凿子	【46】
W1026	混杂型创世者	【41】		W1029.1.1	创世者手持斧子	
W1026.1	天神与佛祖共同创世	【41】		W1029.2	创世者手拿日月	【47】
W1026.2	神与人共同创世	【41】		W1029.3	与创世者的工具有关的其他母题	【47】
W1026.3	神与动物共同创世	【41】		W1029.3.1	创世者手拿开天钻和辟地斧	
W1027	创世者的数量	【41】				
W1027.1	1个创世者	【42】		W1030	创世者的家庭	【47】
W1027.1.1	1个孤独的创世者			W1030.1	创世者的祖先	【47】
W1027.2	2个创世者	【42】		W1030.1.1	创世者的父母是谋略和智慧	
W1027.2.1	天神与地神创世			W1030.2	创世者的妻子	【47】
W1027.3	3个创世者	【43】		W1030.3	创世者的后代	【47】
W1027.4	多个创世者	【44】		W1030.3.1	创世者的儿子	
W1028	创世者的特征	【44】		W1030.3.2	创世者的女儿	
W1028.1	创世者的外貌	【44】		W1030.4	与创世者家庭有关的其他母题	【48】
W1028.1.1	创世者长着龙头			W1031	创世者的助手（伙伴）	【48】
W1028.1.2	创世者头上有两个角			W1031.1	神是创世者的助手	【48】
W1028.1.3	创世者很矮小			W1031.2	神性人物是创世者的助手	【48】
W1028.1.4	创世者有其他特殊的外貌			W1031.3	动物是创世者的助手	【48】
W1028.2	创世者是隐形的	【45】		W1031.3.1	狗是创世者的助手	
W1028.3	创世者雌雄同体	【45】		W1031.3.2	蜘蛛是创世者的助手	
W1028.4	与创世者特征有关的其他母题	【45】		W1031.3.3	蚂蚁是创世者的助手	
W1028.4.0	孤独的创世者			W1031.3.4	金龟是创世者的助手	
W1028.4.1	创世者降妖驱疫					
W1028.4.2	创世者与毁灭者合体					
W1028.4.2.1	斑纹犀龟是创造者与毁灭者的合体					
W1028.4.3	创世者很勤劳					

W1031.3.5	老鼠是创世者的助手			空中（天堂）	【52】
W1031.3.6	独角兽、凤凰、乌龟等帮助创世者		W1033.5.1	创世者完成任务后回到天上	
			W1033.6	特定名称的创世者	【52】
W1031.3.7	猪是创世的帮助者		W1033.6.1	"帕"与"匹"是造物之神	
W1031.4	与创世者的助手有关的其他母题	【50】	W1033.7	世界的创造者与毁灭者合为一体	【52】
W1031.4.1	日月星辰等是创世者的伙伴（助手）		W1033.8	创世者吃掉自己的儿子	【52】
W1031.4.1.1	星星是创世者的帮助者		**W1034**	创世的方法	【52】
W1031.4.2	神仙与动物是创世者的伙伴（助手）		W1034.1	自力更生创世	【53】

1.1.3 世界最早的情形
【W1035 ~ W1059】

W1031.4.2.1	仙婆和螃蟹是创世者的助手	
＊**W1035**	世界最早的情形	【53】
W1032	创世者的出谋划策者	【50】
W1036	世界卵（宇宙卵、天地卵）	【53】
W1032.1	魔鬼为创世者出谋划策	【50】
W1036.1	世界卵自然存在	【53】
W1032.2	灵魂为创世者出谋划策	【50】
W1036.2	最早的世界是卵	【54】
W1036.2.1	最早的世界像卵	
W1033	与创世者有关的其他母题	【51】
W1036.2.1.1	最早的世界像鸡卵	
W1036.2.2	最早的世界是1个石球	
W1033.1	创世者是天地之祖	【51】
W1036.2.3	最早的世界是1个石鼓	
W1033.2	创世者为生存而忙碌	【51】
W1036.2.4	最早的世界只有2个卵	
W1033.3	创世者的食物	【51】
W1033.3.1	创世者的奇特食物	
W1036.2.5	螟蛉子钻开宇宙卵	
W1033.4	创世者的死亡	【51】
W1036.3	孕生宇宙卵	【55】
W1033.4.1	创世者完成任务后死亡	
W1036.3.1	天上的女鬼生世界卵	
W1033.4.2	创世者劳累而死	
W1033.5	创世者最后回到		W1036.4	世界卵是五行精华	【55】

W1036.4.1	五行精华自然形成世界卵			荒凉	
			W1038.3	几亿亿年前没有一切	【62】
W1036.4a	气形成世界卵	【56】	W1038.4	宇宙卵的三界中什么也没有	【63】
W1036.5	世界卵有云包着	【56】			
W1036.6	宇宙卵有三个蛋黄	【56】	W1038.5	以前天地间什么也没有	【63】
W1036.7	世界卵的孵化	【57】			
W1036.7.1	云孵宇宙卵		W1039	最早的世界是影子	【63】
W1036.8	世界卵没有壳	【57】			
W1036.8.1	世界卵没有硬壳		W1039.1	世界最早出现3样影子	【63】
W1036.9	世界卵会发光	【57】			
W1036.9.1	世界卵会发金光		W1039.2	最早的世界虚无缥缈	【64】
W1036.10	世界卵会滚动	【58】			
W1036.10.1	天地是个旋转的3个蛋黄		W1039.3	世界最早天地日月影子	【64】
W1036.10.2	天地原来是一个三黄蛋		W1040	最早的世界是混沌	【64】
W1036.11	天地卵分三重	【58】	W1040.0	最早的世界是天地不分的混沌	【68】
W1036.12	与宇宙卵有关的其他母题	【58】			
			W1040.0.1	天地未开时是混沌	
W1036.12.1	宇宙中只有一个黑色的卵		W1040.1	最早的世界阴阳混合	【70】
W1036.12.2	世界混沌卵				
W1036.12.2.1	远古世界是混沌卵		W1040.2	最早的世界像一团稀泥汤	【71】
W1037	最早的世界在一个大卵里	【59】			
			W1040.2.1	最早的世界水和泥巴、土和石头分不清楚	
W1037.1	宇宙像个鸡蛋	【59】			
W1038	最早的世界什么都没有	【59】			
			W1040.2.2	最早的世界是一堆泥	
W1038.1	最早的世界是空的	【61】			
			W1040.2.3	最早的世界充满灰尘	
W1038.1.1	远古的天空茫茫一片（宇宙茫茫）				
			W1040.3	最早的世界是黑暗的混沌	【71】
W1038.1.2	最早的世界空空荡荡				
			W1040.4	最早的世界是火、水、风、土构成的混沌	【73】
W1038.2	最早的世界是荒凉的	【61】			
W1038.2.1	最早的大地寒冷		W1040.5	最早的世界是云雾	

		笼罩的混沌	【73】	W1041.3	最早的混沌世界是变化的雾露	【79】
W1040.5.1		最早的世界是风吹雾形成的混沌		W1042	最早的世界动荡多变	【79】
W1040.6		最早的世界是云彩和雾露混合成的混沌	【74】	W1042.1	最早的天地飘浮动荡	【80】
W1040.7		世界最早是看不到边的混沌	【74】	W1043	最早的世界天地相抱	【80】
W1040.8		世界最早是蛋形的混沌	【74】	W1043a	最早的世界是2块合在一起的物体	【80】
W1040.8.1		世界最早是一头重，一头轻的蛋形混沌		W1043a.1	世界最早是两块薄板	【80】
W1040.8.2		最早的大地是混沌的		W1044	最早的世界像个盒子	【81】
W1041		最早的世界是雾露	【75】	W1045	最早的世界像网	【81】
W1041.0		最早的世界是白色雾露	【75】	W1046	以前的世界气温变化无常	【81】
W1041.1		最早的世界是云雾	【75】	W1046.1	最早的世界忽冷忽热	【81】
W1041.1.1		世界最早只有旋转的云雾		W1046.2	最早的世界白天很热晚上很冷	【81】
W1041.1.2		世界最早只有云彩和雾露		W1046.2.1	最早的世界白天热死人，晚上冻死人	
W1041.1.3		最早的世界是飘荡的云雾		W1047	最早的世界是炎热的	【82】
W1041.1.4		最早的世界是云雾水气		W1047.1	天地刚分开时天气很热	【82】
W1041.2		最早的世界是雾	【77】	W1048	最早的世界是冰冷的	【82】
W1041.2.1		最早的世界是分分合合的雾		W1048.1	最早的世界到处是冰雪	
W1041.2.2		最早的世界是黑雾		W1049	最早的世界	
W1041.2.3		最早的世界是混沌的雾				
W1041.2.4		最早的世界是烟雾				
W1041.2.5		最早世界是一团雾气				

		很闷	【83】	W1050.8	球形世界里有一个	
W1050		最早的世界是			黑洞	【93】
		黑暗的	【83】	W1051	最早的世界	
W1050.0		世界黑暗的原因	【86】		是气	【93】
W1050.0.1		因没有日月世界黑暗		W1051.1	天地之初是一团气	【94】
W1050.0.2		天地不分造成世界黑暗		W1051.1.1	最早的世界是混沌的气	
W1050.0.3		妖魔造成世界黑暗		W1051.1.2	最早的世界是黑暗的气	
W1050.1		以前地上是黑暗的	【87】	W1051.1.3	最早世界是1个大气团	
W1050.1.1		以前大地寒冷黑暗		W1051.2	最早的世界是清气和浊气	【95】
W1050.1.1.1		以前因没有日月大地寒冷黑暗		W1051.2.1	最早的世界是清气和黄气	
W1050.1.2		地刚出现时充满黑暗		W1051.3	最早的宇宙是女天神吐出的气	【95】
W1050.2		最早的世界是灰蒙蒙的	【88】	W1051.4	最早的世界是绿气	【96】
W1050.2.1		以前宇宙灰蒙蒙		W1052	最早的世界是风	【96】
W1050.3		最早时天昏地暗（最早时天地昏暗）	【89】	W1053	最早的世界是水	【96】
W1050.3.1		很早以前因太阳小造成天昏地暗		W1053.0	最早地球上都是水	【98】
W1050.4		最早时天地黑暗	【90】	W1053.0.1	最早大地上都是水漂浮着雪的水	
W1050.4.1		太古时天地黑得像锅底		W1053.0.2	最早大地上是流动的水	
W1050.4.2		远古时天地黑暗		W1053.0.3	最早大地上是黑暗笼罩的水	
W1050.4.3		最古时混沌的天地是黑暗的		W1053.0.4	最早的世界是雾气笼罩的海	
W1050.5		以前的天地间歇式黑暗	【92】	W1053.1	最早的陆地是海洋	【100】
W1050.5.1		远古时的天地7天不黑，7天不亮		W1053.1.1	某个地方以前是一片汪洋	
W1050.6		远古时天地相连一片黑暗	【92】	W1053.1.2	世界最早只有海水	
W1050.7		古时天地相连浑浑噩噩	【93】			

W1053.2	最早的世界水天相连	【101】		W1056	最早的世界有多种特征	【105】
W1053.2.1	最早时天和地是水塘			W1056.1	最早的世界是空气和水	【105】
W1053.3	最早的世界是一个大海子	【102】		W1056.1.1	最早的世界只有水和气	
W1053.4	最早的世界只有天堂和大海	【102】		W1056.2	最早的世界是天堂和大海	【106】
W1053.5	最早的世界只有光秃秃的土地和茫茫无际的海水	【102】		W1056.3	最早世界是风和火焰	【106】
W1053.6	最早的世界是雾水	【102】		W1056.4	最早世界是声音和气	【106】
W1053.7	混沌初开的世界一片大水	【102】		W1056.5	最早世界是山和水	【107】
W1053.7.1	天地初开时遍地洪水			W1056.5.1	世界最早只有1座山1个海	
W1053.8	天地以前是大水塘	【103】		W1056.5.2	最早的世界石水混杂	
W1053.9	与最早的世界是水有关的其他母题	【103】		W1056.5a	最早世界是地和水	【107】
W1053.9.1	以前的世界很潮湿			W1056.6	最早的世界黑暗寒冷	【108】
W1053.9.2	最早的世界像水泡			W1056.6.1	寒冷的世界	
W1054	最早的世界是火	【104】		W1056.6.2	刚生出的天地黑暗寒冷	
W1054.1	世界最早出现的是一个大火球	【104】		W1056.6.3	刚造出的天地黑暗寒冷	
W1054.2	最早的世界只有风吹火焰	【104】		W1056.7	最早的一片大水到处漆黑	【110】
W1055	最早的世界是山	【104】		W1056.8	最早的天地是黑暗和混沌	【110】
W1055.1	最早的世界只有一个长翅膀的大石空中飞	【105】		W1056.9	最早的世界是气体、烟雾和狂风	【110】
W1055.2	最早的世界是被水包围的山	【105】		W1056.9.1	最早的世界只有烟雾和气浪	
				W1056.10	最早的世界是水、	

	雾和风	【111】	W1057.1.6	与混沌有关的其他母题	
W1056.10.1	最早的世界是雾气和风		W1057.1.6.1	混沌是沼泽	
W1056.11	最早的天地黑暗压抑	【111】	W1057.1.6.2	混沌是太一	
			W1057.1.6.2a	混沌之始为太和	
W1056.12	最早的世界只有太阳和大水	【111】	W1057.1.6.3	混沌的眼睛	
			W1057.1.6.4	特定人物改变世间的混沌	
W1057	与世界最早情形有关的其他母题	【112】	W1057.1.6.5	混沌像浮云	
			W1057.1.6.6	混沌像气团	
W1057.1	混沌（浑沌、昆屯、混沌卵）	【112】	W1057.1.6.6a	混沌初开产生两种气体	
W1057.1.0	混沌的产生		W1057.1.6.7	混沌是世界的影子	
W1057.1.0.1	泥形成混沌		W1057.1.6.8	昏暗的混沌	
W1057.1.0.2	盘状物演变成混沌卵		W1057.1.6.9	混沌中最早产生黑白	
W1057.1.0.3	特定动物制造混沌		W1057.1.6.10	混沌里面住着阴族阳族	
W1057.1.0.3.1	鱼制造混沌		W1057.1.6.11	混沌卵会变化	
W1057.1.0.3.2	龙吐出混沌世界		W1057.1.6.11.1	混沌卵会变化大小	
W1057.1.1	风分开混沌		W1057.1.6.11.2	混沌的多次演化	
W1057.1.2	混沌是第一代神		W1057.2	最早的世界很小	【120】
W1057.1.3	混沌鱼		W1057.2.1	最早世界小得没有火石大	
W1057.1.3a	混沌兽				
W1057.1.4	混沌的周期		W1057.2.2	最早世界如衣服大小	
W1057.1.4.1	混沌一次1千年				
W1057.1.4.2	混沌一次是1万8千年		W1057.3	最早的世界很美好	【120】
W1057.1.4.3	混沌一次是十万八千年		W1057.3.1	以前的世界阳光灿烂风光秀美	
W1057.1.5	混沌结束的方式		W1057.3.2	以前的世界风调雨顺	
W1057.1.5.1	混沌之死				
W1057.1.5.1.1	混沌凿七窍后死亡		W1057.3.3	以前的世界一团和气	
W1057.1.5.2	盘古打碎混沌				
W1057.1.5.2a	盘古撑破混沌卵		W1057.3a	最早的世界不美	【121】
W1057.1.5.3	混沌被分成两半		W1057.4	最早的世界是红色的	【121】
W1057.1.5.4	玉帝结束混沌				

W1057.5	最早的世界全是尘土 【122】	W1060.1	世界特征自然存在 【125】
W1057.6	最早的世界不稳定 【122】	W1060.2	神规定世界的特征 【125】
W1057.6.1	最早的世界是旋转的	W1060.2.1	天神规定世界的特征
W1057.6.2	最早的世界被风吹得晃荡荡	W1060.2.2	真主规定世界的特征
W1057.6.3	以前日月和大地都在动荡	W1060.3	世界的特征是变化产生的 【126】
W1057.6.4	最早的世界是旋转的黑团	W1060.4	与世界特征的产生有关的其他母题 【126】
W1057.7	最早的世界没有水 【123】	W1060.4.1	文化英雄影响世界特征
W1057.7.1	混沌初开时地上没有水	W1060.4.1.1	射日者影响世界特征
W1057.8	最早的世界是软的 【123】	W1061	世界的大小（宇宙的大小） 【126】
W1057.8.1	最早的世界由软变硬	W1061.1	宇宙大无垠 【127】
W1057.9	最早的世界没有生命 【124】	W1062	世界的形状 【127】
W1057.9.1	最早的世界很冷清	W1062.1	世界有4个角 【127】
W1057.10	最早的世界上雾笼罩的无声世界 【124】	W1062.1.1	世界的4个角的确定
W1057.11	最早的世界只有雷吼风呼 【124】	W1062.2	世界（宇宙）是一个整体 【127】
W1057.12	最早的世界朦朦胧胧 【124】	W1062.3	世界是圆的 【127】
W1057.12.1	开天辟地出现万物后世界仍朦朦胧胧	W1062.3.1	世界像充气的圆球
		W1062.3.2	世界最早像鸡蛋
		W1062.3.2.1	世界最早像大鸡蛋
		W1062.3.2.2	地浑沌如鸡子
		W1062.3.3	世界最早像大鸡蛋
		W1062.4	世界像蜘蛛网 【129】
		W1062.4.1	宇宙如悬空的蛛网
		W1063	世界的中心

1.1.4 世界的特征
【W1060～W1069】

W1060	世界特征的产生 【125】

	(天地的中心)	【130】			各种灾难
W1063.1	世界中心的确定	【130】	W1066	世界的数量	【133】
W1063.2	某个特定地点是世界的中心（某个特定地点是天地的中心）	【130】	W1066.1	有1个世界	【134】
			W1066.1a	有2个世界	【134】
			W1066.1a.1	另一个世界	
			W1066.1a.1.1	天上的世界与地上一样	
W1063.2.1	特定的湖在世界的中央		W1066.1a.1.2	别有洞天的世界	
			W1066.1a.1.2.1	动物腹中的世界	
W1063.2.2	都广之野是天地的中心		W1066.2	有多个世界	【135】
			W1066.2.0	3个世界	
W1063.2.3	杞县是天地的中心		W1066.2.0.1	神造天空、大地和海洋三个世界	
W1063.3	天地的中心没有影子	【131】			
			W1066.2.1	9个世界	
W1064	世界的错乱（颠倒的世界）	【131】	W1066.2.2	地上有18万个世界	
W1064.1	以前的世界与现在相反	【131】	W1066.2.3	与多个世界有关的其他母题	
W1064.2	恶神制造颠倒的世界	【131】	W1066.2.3.1	世界之外还有世界	
			W1067	世界的层级（层数）	【136】
W1064.3	与颠倒的世界有关的奇特母题	【132】			
			W1067.1	地球有地上、地下两个世界	【136】
W1064.3.1	修复颠倒的世界				
W1064.3.1.1	天公修复颠倒的世界		W1067.2	世界分3层（宇宙分3层）	【136】
W1065	世界是完美的（美好的世界）	【132】	W1067.2.0	世界分天、地、地下3层	
W1065.1	美好的另一个世界	【132】	W1067.2.1	宇宙上层是天，中间是地，最下层是地下	
W1065.1.1	玉龙雪山第三国				
W1065.2	美丽的世界	【133】	W1067.2.1.1	宇宙的上层叫天上	
W1065a	世界是悲惨的	【133】	W1067.2.1.2	宇宙的中层叫地上	
W1065a.1	以前的世界是悲惨的	【133】	W1067.2.1.3	宇宙的下层叫地下	
			W1067.2.2	世界分为上、中、下3层世界	
W1065a.1.1	以前的世界充满		W1067.2.3	世界分地下层、	

W1067.2.3.1	地面层和天空层 天地分地下层、 地面层与天空层	
W1067.2.4	世界卵分蛋黄、 蛋清、蛋壳3层	
W1067.3	世界有7层	【140】
W1067.4	世界有9层	【140】
W1067.4.1	宇宙分9层	
W1067.5	与世界的层级有关的其他母题	【140】
W1067.5.1	宇宙分17层	
W1067.5.2	宇宙分33层	
W1067.5.3	宇宙最高层是天界河火界	
W1067.5.4	宇宙最上层是天界	
W1067a	世界的构成	【141】
W1067a.1	土界、水界、火界和风界构成世界	【141】
W1068	与世界特征有关的其他母题	【142】
W1068.1	世界的颜色	【142】
W1068.1.1	每个世界都有一个不同的颜色	
W1068.1.2	无色的世界	
W1068.1.3	白色的世界	
W1068.1.3.1	最早的世界是白色的	
W1068.1.3.2	最早的世界是白色混沌	
W1068.1.4	黑色的世界	
W1068.1.5	红色的世界	
W1068.2	世界特征的变化	【143】
W1068.2.1	神使世界变化	
W1068.2.1.1	女天神的情绪使世界变化	
W1068.2.2	神性人物使世界变化	
W1068.2.3	其他特定人物使世界变化	
W1068.3	世界有天国与地国	【144】
W1068.4	宇宙有四方	【144】
W1068.4.1	宇宙的四方相互连接	
W1068.4.2	宇宙四方的守卫者	
W1068.4.2.1	尧派羲仲、羲叔、和仲、和叔两对兄弟守宇宙四方	
W1068.5	人界和世界交界处	【145】
W1068.6	极乐世界	【145】
W1068.6.1	开启极乐世界大门的钥匙	
W1068.7	神秘力量控制着世界	【145】
W1068.8	无声的世界	【145】
W1068.8.1	最早的世界因为没有生命静悄悄	
W1068.9	虚幻的世界	【146】
W1068.9.1	海市蜃楼	
W1068.9.1.1	蛟蜃之气形成海市蜃楼	
W1068.9.2	与海市蜃楼有关的其他母题	
W1068.9.2.1	海中金台	

1.1.5 三界及相关母题
【W1070 ~ W1089】

✿ W1070	三界	【147】
W1070.1	世界分上、中、	

	下三界（天地分三界）【147】	W1070.3	上地下通 三界的形成（三界的产生）【152】
W1070.1.0	三界是上界、中界和下界		
W1070.1.0.1	上界是天上面，中界是地上面，下界是地下面	W1070.3.1	自然形成三界
		W1070.3.2	神确定三界
		W1070.3.2.1	道教神确定三界
W1070.1.1	世界分为天上、地上、地下三界	W1070.3.3	神性人物确定三界
		W1070.3.3.1	盘古造上、中、下三界
W1070.1.2	宇宙的上层叫天上，中层叫地上，下层叫地下	W1070.3.3.1.1	盘古三斧子开辟三界
		W1070.3.3.2	创世主迦萨甘把天地做成三层
W1070.1.3	上界是天堂，中界是人间，下界是地狱	W1070.3.3.3	萨满确立三界
		W1070.3.3.4	格萨尔安置三界
W1070.1.4	上界是天上，中界是人间，下界是龙宫	W1070.3.3.5	三王安置三界
		W1070.3.4	特定的物分出三界
		W1070.3.4.1	三黄神蛋分成天界、地界和水域
W1070.1.5	三界是人界、鬼界和神界	W1070.3.5	三界（上界、地球和下界）同时造出
W1070.1.6	三界是天界、地界和水界		
W1070.2	**三界相连**【150】	**W1070.4**	**与三界有关的其他母题**【154】
W1070.2.1	三界相通		
W1070.2.1.1	三界互不相通	W1070.4.0	三界的特征
W1070.2.2	地上地下通	W1070.4.0.1	以前三界距离很近
W1070.2.2.1	盘古时人间与地下通	W1070.4.0.2	上界和中界隔一层云
W1070.2.2.2	人到地下的通道	W1070.4.0.3	以前三界是黑暗的
W1070.2.2.2.1	地上与地下由山洞相通	W1070.4.1	三界分玉清、上清和太清
W1070.2.2.2.2	地上与地下由地洞相通	W1070.4.2	三界分色界、无色界和欲界
W1070.2.2.2.3	通过人梯从地下回到地上	W1070.4.3	穿越三界
W1070.2.2.3	绝地上地下通	W1070.4.3.1	从洞中到了另一个世界
W1070.2.2.3.1	堵住山洞绝地		

W1070.4.4	地的下面有另一个世界		W1073.1.2	天堂很美好	
W1070.4.4.1	太古时地下有另一世界		W1073.1.2.1	天国里金花银果，河中流奶	
W1070.4.5	地的下面是海		W1073.1.2.2	天堂圣洁	
W1070.4.5.1	地的下面是水		W1073.1.2.3	天国里没有害虫	
W1070.4.5.2	地球的下面是水		W1073.1.2.4	天堂里风和日丽	
W1070.4.5.3	地球的下面是海水		W1073.1.3	基督的伊甸园	
W1070.4.6	空界		W1073.2	上界是金银宝殿（天堂是金银宝殿）	【161】
W1070.4.6.1	神造空界				
W1070.4.7	黑白之地的分界		W1073.3	上界在山的上面（天堂在山的上面）	【161】
W1070.4.7.1	神山为黑白分界				
*W1071	上界（天堂、天界）	【158】	W1073.4	天上的事物与地上一样	【162】
W1072	上界的产生	【159】	W1073.4.1	天上地上生活相同	
W1072.1	上界（天堂）自然存在	【159】	W1073.5	上界是天堂	【162】
W1072.2	上界是造出来的（天堂是造出来的）	【159】	W1073.6	上界的层数（天堂的层数）	【162】
W1072.2.1	真主造天堂		W1073.6.1	上界有3层（天界分3层）	
W1072.3	与上界的产生有关的其他母题	【159】	W1073.6.2	上界有9层（天界分9层）	
W1072.3.1	轻气上浮为天		W1073.6.3	上界有很多层（天堂有很多层）	
W1072.3.2	特定的物上浮形成上界		W1073.6.3.1	上界有4层（天堂有4层）	
W1072.3.2.1	清明之物上浮形成上界		W1073.6.3.2	上界有5层（天堂有5层）	
W1073	上界的特征（天堂的特征）	【159】	W1073.6.3.3	上界有6层（天堂有6层）	
W1073.1	上界是极乐世界（天堂是极乐世界）	【160】	W1073.6.3.4	上界有7层（天堂有7层）	
W1073.1.1	天界很美好		W1073.6.3.5	上界有8层（天堂有8层）	
W1073.1.1.1	人在天界衣食无忧		W1073.6.3.6	上界有10层（天堂有10层）	

W1073.6.3.7	33 天界	
W1074	**与上界有关的其他母题**	【164】
W1074.0	以前天界与人间不分	【164】
W1074.0.1	以前天上是人间，人间是天上	
W1074.0a	上界的位置（天界的位置）	【164】
W1074.0a.1	天界在宇宙最上层	
W1074.0a.2	天国在特定山上	
W1074.0a.2.1	玉龙雪山上有一个自由的天国	
W1074.1	上界之旅	【165】
W1074.1.1	遨游天国	
W1074.1.2	神带人到天界	
W1074.1.3	鸟驮人到天界	
W1074.1.3.1	公鸡驮人到天界	
W1074.1.3.2	天鹅驮人到天界	
W1074.1.4	骑马游天界	
W1074.1.4a	到天界需要打通云墙	
W1074.1.5	到天界需要的时间	
W1074.1.6	上界的人造访地球	
W1074.2	上界的居住者（天堂的居住者）	【167】
W1074.2.1	上界有诸神居住（天堂有诸神居住）	
W1074.2.1.1	天堂里住着仙人	
W1074.2.1.2	天堂里住着天使	
W1074.2.2	宇宙上方住着四大使者	
W1074.2.3	天界的日月星辰很拥挤	
W1074.3	上界的使者（天堂的使者）	【168】
W1074.3.1	鸟是上界和人间的使者	
W1074.3a	天界的看守	【168】
W1074.3a.1	真主造人看守天堂	
W1074.4	上界和中界隔着一层白云	【169】
W1074.5	连接上界和中界的路	【169】
W1074.5.1	去上界的通道	
W1074.5.1.1	到上界有8个阶梯的天梯	
W1074.5.2	通往天堂的路	
W1074.5.2.1	南天门出现的3条路只有1条通往天堂	
W1074.6	上界之门（天堂之门）	【170】
W1074.6.1	太阳门是天堂之门	
W1074.7	上界（天堂）的窗子	【170】
W1074.8	上界（天堂）的幻象	【170】
W1074.9	仙界	【171】
W1074.9.1	仙界在小山之上	
W1074.9.1a	仙界在小山之下	
W1074.9.2	仙界在水下	
W1074.9.3	仙界在岛上	
W1074.9.4	遨游仙境	
W1074.9.5	仙带人去仙界	
W1074.10	进入天堂的条件	【171】
W1074.10.1	进入天堂前要做仪式	
W1074.11	天界有地上所有的事物	【172】
＊**W1075**	**人界（人世、人间、阳世、阳间、地界、中界）**	【172】

W1076	人界的产生 （人间的产生）【172】		W1077.4 W1077.4.1	人间最美的地方 【176】 特定的山是人间 最美的地方	
W1076.1	人界自然产生 （人间自然产生）【172】		W1077.4a	宇宙中层是人与 动物居住之所 【176】	
W1076.1.1	人间在动物身上 形成		W1077.5	残酷的人世 【176】	
W1076.1.1.1	阳世在金蛤蟆的 怀里形成		W1077.6 W1077.6.1	进入人界之门 【177】 宝塔是进入人界 之门	
W1076.1.1.2	阳世在龟身上形成		W1077.7	东方日出处为阳间【177】	
W1076.2	人界是造出来的 （人间是造 出来的） 【173】		W1077.8 ✱ **W1078**	人间曾发生灾难 【177】 下界（阴间、 地狱、鬼界） 【178】	
W1076.2.1	神造人世		**W1079**	下界的产生	
W1076.2.2	天皇、地皇和 人皇造人世			（地狱的产生、 阴间的产生） 【178】	
W1076.2.3	神造阳世		W1079.1	为什么有地府 【178】	
W1076.2.3.1	天神造阳世		W1079.2	创世者造阴间	
W1076.2.3.2	神仙造阳世			（地狱） 【178】	
W1076.2.4	神的侍从造人间		W1079.3	东岳大帝造地狱 【178】	
W1076.2.5	其他特定人物造 人间		W1079.4 **W1080**	天神造下界 【178】 下界的特征	
W1076.2.5.1	祖先造人间			（阴间的特征）【179】	
W1076.2.5.1.1	男始祖布洛陀造 人间		W1080.1	下界无生无死 （阴间无生无死）【179】	
W1076.3	人世产生的其他 方式 【174】		W1080.2	下界的颜色 （阴间的颜色） 【179】	
W1077	与人间有关的 其他母题 【174】		W1080.3	人被捉到冥界赴死 （人被捉到 地狱赴死） 【179】	
W1077.1	返回人间 【175】		W1080.4	下界是地狱 【179】	
W1077.1.1	通过动物返回人间		W1080.5	下界的层数	
W1077.1.1.1	通过梅花鹿的顶 天角回到人间			（阴间的层数） 【179】	
W1077.1.1.2	鸟驮人下凡		W1080.5.1	下界有2层（阴间 有2层）	
W1077.2	地是宇宙下三层【175】				
W1077.2a	中界分3层 【175】				
W1077.3	凡尘 【176】				
W1077.3.1	凡尘只有浊气		W1080.5.1.1	阴间第2层有巨龙	

W1080.5.2	下界有3层（阴间有3层）			相同）	
W1080.5.3	下界（阴间）有7层		W1080.9	阴间与阳间事情相反	【185】
W1080.5.3.1	七层地府		W1080.9.1	阳间缺损的东西到了阴间会完整	
W1080.5.4	下界有8层（阴间有8层）		W1080.10	与下界特征有关的其他母题	【185】
W1080.5.5	18层地狱		W1080.10.1	阴间各层有洞相通	
W1080.5.5.1	18层地狱层层有阎王		W1080.10.2	地下是三山六水一分田	
W1080.5.5.2	地狱是18层地的最下层		W1080.10.3	地狱分十殿	
W1080.5.6	下界的其他层数（阴间的其他层数）		**W1081**	**下界的人物**	【186】
W1080.6	**各层地狱的特征** 【182】		W1081.1	冥界之王（下界的主宰者、阴间的主宰者、地狱的统治者）	【186】
W1080.6.1	地狱的第1层是冷狱		W1081.1.1	特定的神管冥界（阴间）	
W1080.6.2	地狱的第2层是火狱		W1081.1.1.1	许多宁崩鬼掌管着地宫（阴间）	
W1080.6.3	地狱的第3层是焦油狱		W1081.1.1.2	凶魂是下界的主宰者	
W1080.6.4	地狱的第4层是虱子狱		W1081.1.1.3	龙王是下界的主宰者	
W1080.6.5	地狱的第5层是甲虫狱		W1081.1.2	特定的人管冥界	
W1080.6.6	地狱的第6层是蛇狱		W1081.1.2.1	女娲的儿子管冥府	
W1080.6.7	地狱的第7层是蚂蚁狱		W1081.1.3	地狱主宰者的部下	
W1080.6.8	与各层地狱的特征有关的其他母题		W1081.1.3.1	地狱主宰者的司书员	
W1080.7	**下界最早时像游鱼在水** 【184】		W1081.1.3a	地狱主宰者的部下	
W1080.8	**地下的世界情形与地上一样** 【184】		W1081.1.4	冥界之王的服饰	
W1080.8.1	下界与人界只有人不相同（阴间与阳间只有人不		W1081.1.4.1	阴间管理者乘黑色马黑色车	
			W1081.2	**下界中的人（阴间的人）**	【188】
			W1081.2.1	地狱中的判官	

	（阴间的判官）	W1081.5.1.1	神鬼共居的阴间世界
W1081.2.1.0	阴间判官是阎王	W1081.5.2	冥界的人不死
W1081.2.1.1	阴间判官查生死簿	W1081.6	与下界的人物有关的其他母题 【193】
W1081.2.1.2	特定人物是地狱里的判官	W1081.6.1	死人王国的主宰
W1081.2.2	地狱中的奴仆（阴间的奴仆、阴差）	W1081.6.2	天上的神到下界
		W1082	下界的景象（阴间的景象）【194】
W1081.2.3	地狱中的工匠（阴间的工匠）	W1082.0	下界是一片汪洋 【194】
		W1082.0.1	最早下界是大水
W1081.3	冥界的鬼使神差（地府的鬼使神差）【189】	W1082.1	地狱中的惩罚 【195】
		W1082.1.1	地狱中适罪量刑
W1081.3.1	地狱中的鬼（阴间的鬼）	W1082.1.2	人在地狱被火烤
		W1082.1.3	人在地狱受冻
W1081.3.2	阴差是牛头马面	W1082.1.4	地狱中的其他惩罚
W1081.3.2.1	地狱中的阿傍、阿防是牛头人、马头鬼	W1082.1.4.1	地狱中有各种刑罚
W1081.3.3	阴间的索命鬼	W1082.1.4.2	地狱中的分尸
W1081.3.3a	阴间的领路者	W1082.1.4.3	地狱中被锏
W1081.3.3a.1	鹰是阴间的领路神	W1082.2	下界充满痛苦（阴间充满痛苦）【197】
W1081.3.4	地狱的巡捕		
W1081.3.5	下界的恶魔	W1082.2.1	阴间的衣食住行都很艰难
W1081.3.5.1	恶神变成下界的恶魔	W1082.3	下界的天气（阴间不寻常的天气）【197】
W1081.3.6	下界的狐仙	W1082.3.1	地狱很寒冷（阴间很寒冷）
W1081.4	下界中的帮凶（阴间的帮凶）【192】	W1082.3.2	地狱忽冷忽热（阴间忽冷忽热）
W1081.4.1	龙是地狱中的帮凶	W1082.3.3	阴间一直下雨（阴间没有晴天）
W1081.4.2	狗是地狱中的帮凶		
W1081.4.3	公鸡狗是地狱中的帮凶	W1082.4	冥界的动物 【198】
W1081.5	冥界的居民 【192】	W1082.4.1	地狱的蛇（阴间的蛇）
W1081.5.1	地狱居民的情形（阴间居民的情形）		

W1082.4.2	地狱中的狼（阴间的狼）		间的居所）	【201】
W1082.4.3	地狱中的驴（阴间的驴）	W1082.8.1	下界居所的特点（阴间居所的特点）	
W1082.4.4	地狱中的狮子（阴间的狮子）	W1082.8.2	地狱只作为死者居所	
W1082.4.5	地狱中的其他动物（阴间的其他动物）	W1082.8.3	阴间是祖先最早居住地	
W1082.5	下界的植物（阴间的植物） 【199】	W1082.9	下界的其他景象（阴间的其他景象）	【202】
W1082.6	下界中的自然物（阴间的自然物） 【199】	W1082.9.1	地狱里的小鬼	
		W1082.9.2	冥府有88座监狱	
W1082.6.1	地狱的太阳（阴间的太阳）	W1082.9.3	下界有地上所有的事物	
W1082.6.2	冥河	W1082.9.4	下界景象凄凉	
W1082.6.3	地狱的河（阴间的河）	W1082.9.5	阴间的人物与阳间不同	
W1082.6.4	地狱之火（阴间之火）	W1082.9.5.1	阴间的人只是影子	
W1082.6.5	地狱的海（阴间的海）	W1082.9.5.2	阴间的动物很大	
		W1082.9.6	阴间的景象与人间一样	
W1082.6.5.1	地狱的火海（阴间的火海）	W1082.9.7	阴间飘浮不定	
W1082.6.5.2	阴间的血海	W1083	冥界的位置（下界的位置、地狱的位置）	【204】
W1082.6.5.3	阴间的毒海			
W1082.6.6	地狱的冰山（阴间的冰山）	W1083.1	冥界在特定方位（地狱在特定方位）	【204】
W1082.7	下界的建筑（阴间的建筑） 【200】	W1083.1.1	冥界在北方（地狱在北方）	
W1082.7.1	下界的磨房（阴间的磨房）	W1083.1.1.1	冥界在北方或东北方的一个地方	
W1082.7.2	阎王殿	W1083.1.2	冥界在东方（地狱在东方）	
W1082.7.2.1	阎王殿有小鬼把守			
W1082.7.3	阴间有新旧不同的房子	W1083.2	冥界在地下（地狱在地下）	【205】
W1082.7.3.1	阴间的旧房是祖房			
W1082.8	下界的居所（阴			

W1083.2.1	下界和中界隔着一层地皮			阴间	
W1083.2.2	地狱是八层地下国		W1084.1.2	人间与地府交界处	
			W1084.1.2.1	山脚的石洞是人间与地府交界处	
W1083.2a	冥界在地上（地狱在地上）	【206】	W1084.2	冥界四周环水	【209】
			W1084.3	冥界有火环绕	【209】
			W1084.4	冥界四周环山	【209】
W1083.2a.1	阴间在地上的北方或东北方		W1084.5	冥界四周有墙	【209】
			W1084.5.1	阴间的院落有3层铁壁	
W1083.2a.2	阴间在勒拿河东方或东北方		W1084.6	地狱无底	【210】
W1083.3	冥界在山洞（地狱在山洞）	【206】	W1084.7	与冥界的边界有关的其他母题	【210】
			W1084.7.1	人与鬼的分界线（人与妖魔的分界线）	
W1083.4	冥界在高山上（地狱在高山上）	【207】	W1084.7.2	人神交界的地方	
			W1084.7.2.1	特定的山是人神交界的地方	
W1083.5	冥界在水下（地狱在水下）	【207】	W1084.7.3	阴间和阳间一纸之隔	
W1083.6	冥界在井底（地狱在井底）	【207】	W1085	冥界之旅	【211】
			W1085.1	梦游冥府	【211】
			W1085.2	生者入冥府	【211】
W1083.7	冥界在岛上（地狱在岛上）	【207】	W1085.3	偶然进入冥界	【212】
			W1085.4	冥界返回	【212】
W1083.8	冥界在其他特定的地方（地狱在其他特定的地方）	【207】	W1085.5	潜入水中到冥府	【212】
			W1085.5.1	水鸭带人到水中的精灵家中	
W1083.8.1	地府在12层海		W1085.6	通过动物到冥界	【212】
W1083.8.2	阴曹地府在丰都		W1086	通往下界的路（通往阴间的路）	【212】
W1083.9	鬼界在人界之外	【208】			
W1084	冥界的边界	【208】			
W1084.1	阴界与阳界的分界线	【208】	W1086.0	通往下界的路的产生	【212】
W1084.1.1	特定的河是阴界与阳界的分界线		W1086.0.1	祖先开辟去阴间的路	
W1084.1.1.1	勒拿河的东边是				

W1086.1	河是通地狱的路	【213】		通往阴间的路	
W1086.1.1	黄河是通地狱的路		W1086.8.3.1	白色的路是通往阴间的路	
W1086.2	通过水进入下界（通过水进入阴间）	【213】	W1086.8.4	通往阴间的路有3条	
W1086.2.1	到阴间要经过白水、黑水、黄水3条水		W1086.8.4.1	通往阴间的3条路只能走中间那条	
W1086.3	通往下界的阶梯（通往阴间的阶梯）	【213】	W1086.8.4.2	去阴间有白路、黑路、黄路3条路	
W1086.4	通过一条小路通往下界（通过一条小路通往阴间）	【213】	W1086.8.5	通往阴间的路有12条	
W1086.4.1	特定的山下的一条甬道通往阴间		W1086.8.5.1	去阴间有12条路，不同的人要走不同的路	
W1086.5	通往下界的绳子（通往下界阴间的绳子）	【214】	W1086.9	通往下界的路的消失（通往阴间的路的消失）	【218】
W1086.6	通往下界的桥（通往下界阴间的桥）	【214】	W1086.9.1	地下的人堵死通往地上的路	
W1086.7	通往下界的洞（通往阴间的洞）	【214】	W1086.10	到下界的入口	【218】
W1086.7.1	有条地洞通往下界		W1086.10.1	到下界只有1个入口	
W1086.7.2	地上与下界有隧道连接		W1086.10.2	通过井底进入下界	
W1086.8	其他通往下界的路（其他通往阴间的路）	【215】	W1086.11	去下界的引领者（去阴间的带路者）	【219】
W1086.8.1	挖井可通往下界		W1086.11.1	神是去阴间的领路者	
W1086.8.2	特定的树通往下界		W1086.11.1.1	夏坦是去下界的引领者	
W1086.8.2.1	人通过马桑树到地下		W1086.11.1.2	鹰神带萨满去阴间	
W1086.8.2.2	顺着核桃树根可以到地下		W1086.11.2	特定的人是去阴间的领路者	
W1086.8.3	特定颜色的路是		W1086.11.2.1	是去阴间的领路者	
			W1086.11.2.2	始祖做的小人是去	

代码	母题	代码	母题
	阴间的领路者	W1087.1.1	下界之门在特定的地方（阴间之门在特定的地方）
W1086.11.3	动物是去阴间的领路者		
W1086.11.3.1	母鸡是死者到阴间的引路者	W1087.1.2	地狱之门是洞（阴间之门是洞）
W1086.11.3.2	公鸡是死者到阴间的引路者	W1087.1.2.1	地府大门是山脚下一个大石洞
W1086.12	**通往阴间路途坎坷** 【221】	W1087.1.3	地狱的守门人（阴间的守门人）
W1086.12.1	到阴间需要过大山	W1087.1.3.1	鬼是地狱的守护者
W1086.12.2	到阴间需要过江河	W1087.1.3.2	大鹏是地府的守护者
W1086.12.3	到阴间需要过特定的桥	W1087.1.4	生死之门在特定的地方
W1086.12.4	到阴间需要过几道关口	W1087.1.4.1	生死之门在埃尔莱恩汗所居之地
W1086.12.4.1	阴间的鬼门关	W1087.1.5	下界有特定数量的门（地狱有特定数量的门）
W1086.12.4.2	到阴间需要过迷魂汤关		
W1086.13	**去阴间的时间** 【223】	W1087.1.5.1	地府有12道森严的大门
W1086.13.1	月落日出时去阴间		
W1086.13.2	夜间去阴间	W1087.1.5.2	地狱有3道铁门
W1086.13.3	去阴间需要3天时间	W1087.1.6	与下界之门有关的其他母题
W1086.13.3.1	萨满去一趟阴间需要3天	W1087.1.6.1	死亡之门
		W1087.1.6.1.1	死亡之门在特定的地方
W1086.13.4	去阴间需要9天时间	W1087.1.6.1.2	到地狱时要通过死亡之门
W1087	**与下界有关的其他母题（与阴间有关的其他母题）** 【224】	W1087.1.6.1.3	地狱之门的钥匙
		W1087.1.6.1.4	地狱的出口
		W1087.1.6.1.4.1	特定人物才能打开地狱出口
W1087.0	**地狱的护城河** 【224】		
W1087.0.1	奈河是阴间地府的护城河	W1087.1.6.1.5	阴间之门有路通向地心
W1087.1	**下界之门（阴间之门、地狱之门）** 【225】	W1087.1.6.1.6	阴间之门的倒塌
		W1087.1.6.1.6.1	萨满用神鼓震塌阴间

	之门				时代	【232】
W1087.2	水下的世界	【229】		W1091.2.1	天地分开后世界	
W1087.3	干坏事会下地狱	【229】			进入水时代	
W1087.4	阴间的人很小	【229】		W1091.2.2	地球经历洪水时代	
W1087.5	冥界象征物	【229】		W1091.2.2.1	洪水淹天的时代	
W1087.5.1	蛇是冥界的象征			W1091.3	世界经历火的	
W1087.5a	下界的其他名称				时代	【233】
	(阴间的其他			W1091.4	世界经历没有	
	名称)	【230】			日月的时代	【233】
W1087.5a.1	阴间为"乌戈得勒"			W1091.4.1	世界经历黑暗时代	
W1087.6	下界的毁灭	【230】		W1091.4a	世界经历日月分家	
W1087.6.1	天地第九代时下界				的时代	【234】
	遭毁灭			W1091.4a.1	以前有个山和谷	
					分家的时代	
				W1091.5	世界有一个不死	
					不生的创世时代	【234】

1.1.6 与世界有关的其他母题 【W1090~W1099】

				W1091.6	以前有个石头会	
✽ W1090	世界的分期	【230】			滴水的时代	【234】
W1090.1	世界分三个阶段	【230】		W1091.7	以前有个黑洞	
W1090.2	世界经历其他				时代	【235】
	特定的阶段	【230】		W1091.8	世界经历的其他	
W1090.2.1	世界分金银铜铁				时代	【235】
	四个阶段			W1091.8.1	以前有个河水会	
W1091	世界经历特殊的				说话，大山会	
	时代	【231】			走路的时代	
W1091.0	世界的混沌			W1091.8.2	世界经历一个会	
	时代	【231】			笑的时代	
W1091.0.1	混沌未分的时代			W1091.8.3	神以前的时代	
W1091.0.2	世界混沌时代没有			W1091.8.4	太初	
	万物			W1091.8.5	太极	
W1091.1	世界经历洪荒			W1091.8.6	太始	
	时代	【231】		W1091.8.7	太易	
W1091.1.1	洪荒年代人、鬼、			W1091.8.8	太素	
	神不分			W1091a	世界的划分	【236】
W1091.1.2	洪荒经历3个时代			W1091a.1	按天干地支分世界	【236】
W1091.2	世界经历水的			W1092	地上最早的	
					居住者	【237】

W1092.1	神是地上最早的居住者	【237】		其他母题		【240】
W1092.2	动物地上最早的居住者	【237】		W1096.0	乾坤	【240】
W1092.3	地上最早的其他居住者	【237】		W1096.0.1	十万乾坤	
W1092.3.1	世界造出后仙人和人类居住下来			W1096.0.1.1	神扭转十万乾坤	
W1093	虚幻世界	【238】		W1096.1	世界的原本物质	【241】
W1093.1	虚幻世界的主宰	【238】		W1096.1.1	木、火、土、铁、水是世界的原本物质	
W1093.2	世界的影子	【238】		W1096.2	世界树	【241】
W1094	来世（未来的世界）	【238】		W1096.3	世界上的霸王	【241】
W1094.1	来世在一个岛上	【238】		W1096.4	三千色世界	【241】
W1094.2	月亮是人类的下一个世界	【238】		W1096.5	魔鬼的世界（魔界）	【242】
W1094.3	来世无生无死	【239】		W1096.6	世界上的奇特地方	【242】
W1094.4	佛教中的来世	【239】		W1096.6.1	黑白交界处景象奇特	
W1094.5	来世之旅	【239】				
W1094.5.1	可怕的来世之旅					
W1095	世界的支撑者	【239】				
W1095.1	特定的神支撑着世界	【239】				
W1095.2	特定动物支撑世界	【239】				
W1095.2.1	牛顶着世界					
W1095.2.2	鳖鱼在天上和地下支撑世界					
W1095.3	世界的其他支撑者	【240】				
W1095.4	与世界支撑者有关的其他母题	【240】				
W1095.4.1	世界支撑者的看守					
W1095.4.1.1	蛇看守着世界支撑者					
W1096	与世界有关的					

1.2　天地
【W1100 ~ W1499】

1.2.1　天地的产生与特征
【W1100 ~ W1129】

✿ W1100	天地的产生	【243】
W1100.1	以前没有天地	【243】
W1100.1.1	远古时没有天地	
W1100.1.2	最古时没有天地只有光	
W1100.1.3	混沌时代没有天地	
W1101	天地来源于某个地方或自然产生	【250】
W1101.0	天地自然存在	

	（天地自然		W1102.1.5	为落脚造天地	
	产生）	【250】	W1102.1.5.1	巨人为落脚造天地	
W1101.1	天地始于"一"	【251】	W1102.1.6	因为世界混沌造	
W1101.2	混沌中产生天地	【251】		天地	
W1101.2.1	天地源于大鸡蛋中		W1102.1.6.1	天神厄莎见世界	
W1101.2.1.1	天地源于鸡屎中			混沌造天地	
W1101.2.2	混沌初开产生天地		W1102.1.6.2	因混沌里憋屈造	
W1101.3	清浊之气自然分离			天地	
	形成天地	【252】	W1102.1.7	受特定神的指派造	
W1101.3.1	阳清为天，阴浊			天地	
	为地		W1102.1.7.1	波俄郎受女天神指	
W1101.4	气体中产生天地	【253】		派造天地	
W1101.4.1	气体中自然产生		**W1103**	**神或神性人物**	
	天地			**造天地**	【257】
W1101.5	与天地自然存在或		**W1103.0**	神造天地	【257】
	源于某个地方		W1103.0.1	造万物的神造天地	
	有关的其他母题	【253】	**W1103.1**	造物主造天地	【258】
W1101.5.0	天地藏在雾露中		W1103.1.1	创世主迦萨甘造	
W1101.5.1	从魔鬼那里要来			天地	
	天地		**W1103.2**	天神造天地	【259】
W1101.5.2	毕摩扫除宇宙		W1103.2.1	天神凭意愿造天地	
	草障后露出		W1103.2.2	天神格尔美造天地	
	天地		W1103.2.3	天神开天辟地	
W1101.5.3	盘古之前曾经有		W1103.2.3a	天王老子开天辟地	
	天地		W1103.2.3b	天鬼开天辟地	
✻ W1102	**天地是创造产生**		W1103.2.4	天神恩体古兹造	
	的（造天地）	【255】		天地	
W1102.1	造天地的原因	【255】	W1103.2.5	天神顾米亚造天地	
W1102.1.1	天神为扩大地盘		W1103.2.6	天神英叭造天地	
	开天辟地		W1103.2.7	天神木布帕造天地	
W1102.1.2	为使万物生长开天		W1103.2.8	其他特定名字的	
	辟地			天神造天地	
W1102.1.3	神为了好玩造天地		**W1103.3**	**女神造天地**	【262】
W1102.1.4	为避免动物相食造		**W1103.4**	**2个神分别造**	
	天地			**天地**	【263】
W1102.1.4.1	海龙王为避免动物		W1103.4.0	2个天神分别造	
	相食造天地			天地	

1.2 天地 中国创世神话母题代码检索表

代码	内容	页
W1103.4.1	神的2个儿子分别造天地	
W1103.4.2	创世神和铁匠神分别造天地	
W1103.4.3	两位大神分别造天地	
W1103.4.4	天神造天，地神造地	
W1103.4a	**2个神仙造天地**	【264】
W1103.5	**男女2神造天地**	【265】
W1103.5.1	男女2神开天辟地	
W1103.5.2	女神造天，男神造地	
W1103.5.3	男神造天，女神造地	
W1103.5.4	天公造天，地母织地（遮帕麻造天，遮米麻造地）	
W1103.5.5	天爷和天母一起造天地	
W1103.5.6	夫妻神开天辟地（夫妻神造天地）	
W1103.5.6.1	夫妻神布洛陀与姆洛甲分别造天地	
W1103.5.6.2	天下翁和天下婆造天地	
W1103.5.7	菠嬷造天，佑聪造地	
W1103.5.8	混沌中生出的一公一婆造天地	
W1103.5.9	混沌卵里的一对公婆造天地	
W1103.6	**两兄妹神造天地**	【268】
W1103.6a	**两兄弟神造天地**	【269】
W1103.6a.1	两兄弟神哥哥造天，弟弟造地	
W1103.6b	**其他特定名字的两个神造特定**	【269】
W1103.7	**众神造天地**	【270】
W1103.7.0	天地神神造天地	
W1103.7.0.1	天皇地皇造天地	
W1103.7.1	神与子女开天辟地	
W1103.7.1.1	神巨人与儿子开天辟地	
W1103.7.1a	神与助手造天地	
W1103.7.2	兄弟姊妹神造天地	
W1103.7.2.1	兄弟神开天，姊妹神辟地	
W1103.7.3	男神女神开天辟地	
W1103.7.3.1	9个男神开天，7个女神辟地	
W1103.7.3.1a	9个盘神造天，7个禅神造地	
W1103.7.3.2	天神的5个儿子造天，4个女儿造地	
W1103.7.3.3	3个神造天，9个神造地	
W1103.7.4	父子神造天地	
W1103.7.4.1	神巨人和他的孩子开天辟地	
W1103.7.5	众神灵开天辟地	
W1103.7.6	众神分工造天地	
W1103.7.6a	众神仙开天辟地各有分工	
W1103.7.7	3个大神造天，9个大神造地	
W1103.7.8	7个神仙造天，9个神仙造地	
W1103.8	**巨人开辟天地（巨人造天地）**	【276】
W1103.8.1	半人半兽的巨人开天辟地	
W1103.8.2	神造的巨人开天辟地	

W1103.8.3	1 对巨人兄妹造天地
W1103.9	**祖先造天地** 【277】
W1103.9.1	男女始祖开天辟地
W1103.9.1.1	男女始祖劳谷和劳泰开天辟地
W1103.9.1.2	祖公布洛陀和祖婆姆六甲开天辟地
W1103.9.2	8 个祖先开创天地
W1103.9.3	人类的母亲开天辟地
W1103.9.4	葫芦生的祖先开天辟地
W1103.9.5	男始祖造天地
W1103.9.5.1	男始祖布洛陀造天地
W1103.9.5.2	男始祖宁冠娃造天地
W1103.9.5.3	男始祖盘皇造天地
W1103.9.6	女始祖造天地
W1103.9.6.1	女始祖掰开天地
W1103.9.6.2	女始祖密洛陀造天地
W1103.9.6.3	女始祖姆六甲造天地
W1103.10	**其他神或神性人物造天地** 【282】
W1103.10.1	女天神派神造天地
W1103.10.2	神的儿子开天辟地
W1103.10.2.1	神的 2 个儿子造天地
W1103.10.3	4 个人神开天辟地
W1103.10.3a	4 个仙子开天辟地
W1103.10.4	天女开天辟地
W1103.10.5	天神九弟兄和虎女七姐妹开天辟地
W1103.10.6	神人造天地
W1103.10.7	年老的神造天地
W1103.10.8	大神造天地
W1103.10.8.1	大神英叭造天地
W1103.10.9	小神造天地
W1103.10.9.1	5 个小神造天地
W1103.10.10	人神造天地
W1103.10.11	动物神造天地
W1104	**特定的神或神性人物造天地** 【285】
W1104.1	**盘古造天地（盘古开天辟地）** 【285】
W1104.1.0	盘古王开天辟地
W1104.1.0a	盘古公公开天辟地
W1104.1.0b	盘古氏开天辟地
W1104.1.1	盘果王开天辟地
W1104.1.2	盘古氏盘生氏开天辟地
W1104.1.3	扁鼓王开天辟地（扁古王开天辟地）
W1104.1.4	盘古兄妹开天辟地
W1104.1.4a	盘古爷和盘古奶开天辟地
W1104.1.5	盘、古兄妹和他们的神甥神孙开天辟地
W1104.1.6	盘古在黑暗混沌中开出天地
W1104.1.7	盘古用神力开天辟地
W1104.1.8	盘古从混沌中凿出天地
W1104.1.9	天神盘颇造天地
W1104.1.10	盘古在盘古山开天辟地
W1104.1.11	盘古开天辟地时受伤
W1104.1.12	盘古按经文开天辟地

W1104.1.13	盘古按盘古奶画的记号开天辟地			其他母题	【300】
			W1104a.1	上帝的意志产生天地	【300】
W1104.2	女娲造天地	【295】	W1104a.2	天神的助手造天地	【300】
W1104.2.1	女娲娘娘造天地				
W1104.3	佛祖造天地	【295】	W1104a.2.1	天神的2个助手分别造天地	
W1104.4	真主造天地	【295】			
W1104.4.1	真主将卵分成天地		**W1105**	人造天地	【301】
W1104.5	道教人物造天地	【296】	W1105.1	最早出现的人开天辟地	【301】
W1104.5.1	红君道人造天,绿鸭道人造地		W1105.1.1	最早的兄妹俩开天辟地	
W1104.5.2	元始天王开天辟地		W1105.1.2	最早出现的几个人开天辟地	
W1104.5.3	李老君开天辟地				
W1104.6	其他特定的神或神性人物造天地	【296】	W1105.2	一对兄妹开辟天地	【301】
W1104.6.1	张果老造天,李果老造地		W1105.2.1	哥哥造天,妹妹造地	
W1104.6.1.1	张果老开天辟地		W1105.2.2	混沌中卵生的一对兄妹造天地	
W1104.6.2	张古老造天,李古老造地		W1105.2.3	男人造天,女人造地	
W1104.6.2.1	玉帝让张古老造天,李古老造地		W1105.3	其他特定的人开辟天地	【303】
W1104.6.2a	张古老造天,李古娘造地		W1105.3.1	姑侄造天地	
W1104.6.2b	张古开天,盘古开地		W1105.3.2	9人造天,3人造地	
W1104.6.3	布什格造天,布比密造地		W1105.3.3	1对老人造天地	
W1104.6.4	半神半人的姜央造天地		W1105.3.3.1	阿公造天,阿婆造地	
W1104.6.4a	文化英雄造天地		W1105.3.4	大力青年造天地	
W1104.6.4a.1	翁嘎造天地		W1105.4	与人造天地有关的其他母题	【304】
W1104.6.4a.2	发枚造天地				
W1104.6.5	创天公与创地婆造天地		W1105.4.1	天神派人造天地	
W1104.6.6	众宗教人物造天地		**W1106**	动物造天地	【304】
W1104a	与神或神性人物造天地有关的		W1106.1	龙开天辟地（龙造天地）	【304】

代码	母题	页码
W1106.1.1	张龙王造天，李龙王造地	
W1106.1.2	老龙俄谷造天地	
W1106.1.3	海龙王造天地	
W1106.2	**青蛙造天地**	【305】
W1106.2.1	青蛙兄妹造天地	
W1106.2.2	海龙王让青蛙造天地	
W1106.3	**蜘蛛造天地**	【306】
W1106.4	**其他动物造天地**	【306】
W1106.4.1	蛇开天辟地	
W1106.4.2	鱼造天地	
W1106.4.2.1	金鱼造天地	
W1106.4.3	蟋蟀开辟天地	
W1106.4.4	大鹏开辟天地	
W1106.4.4a	鸟开辟天地	
W1106.4.4b	牛开辟天地	
W1106.4.4b.1	水牛开辟天地	
W1106.5	**多个动物造天地**	【308】
W1106.5.1	野猪和大象造天地	
W1106.5.2	螟蛉子造天，拱屎虫造地	
W1107	**其他造天地者**	【309】
W1107.1	合作造天地	【309】
W1107.2	神与铁匠神人开天地	【309】
W1107.3	日月开天辟地	【309】
W1107.3.1	盘古请日月开天辟地	
W1107.4	云彩造天地	【309】
W1107a	**造天地的帮助者**	【310】
W1107a.1	特定的神帮助造天地	【310】
W1107a.1.1	铁匠神帮助开天辟地	
W1107a.2	狗帮助造天地	【310】
W1107a.3	神的徒弟是造天地的帮助者	【311】
W1107b	**造天地的破坏者**	【311】
W1107b.1	魔王是造天地的破坏者	【311】
W1107b.2	日月是造天地的破坏者	【311】
W1107c	**与造天地者有关的其他母题**	【312】
W1107c.1	造天地者完成任务后死去	【312】
W1108	**造天地的材料**	【312】
W1108.1	用动物造天地	【312】
W1108.1.1	用龙牛造天地	
W1108.1.2	用犀牛皮做成天	
W1108.1.2.1	神巨人用犀牛皮做成天	
W1108.2	用泥土造天地	【313】
W1108.2.1	用口水和泥土造天地	
W1108.3	用沙造天地	【313】
W1108.4	用清浊二气造天地	【313】
W1108.4.1	祖先用清浊二气造天地	
W1108.5	用其他材料造天地	【313】
W1108.5.1	青蛙吐出的沫变成造天地的材料	
W1108.6	不成功的铺天盖地的材料	【314】
W1108.6.1	用鹰的翅膀喝毛铺天盖地不成功	

W1108.7	与造天地的材料有关的其他母题 【314】			开天辟地	
W1108.7.1	寻找造天地的材料		W1110.0.3	巨人造天地前先造水	
W1109	**造天地的方法** 【315】		W1110.0.4	造天地时搭天架	
W1109.1	创世者从神那里获得造天地方法 【315】		W1110.0.5	造天地前先造日月	
			W1110.0.6	造天地时先丈量	
W1109.1.1	佛祖从神那里获得造天地方法		W1110.1	造天地的时间 【320】	
			W1110.1.0	造天地开始的时间	
W1109.1a	从经书中得到造天地方法 【315】		W1110.1.0.1	第一代神时造天地	
			W1110.1.0.2	有了日月星辰后造天地	
W1109.1a.1	盘古得经书后分开天地		W1110.1.0.3	农历八月二十九日造造地	
W1109.2	施法术造天地 【315】				
W1109.2.1	神用仙气吹出天地		W1110.1.1	6天造天7天造地	
W1109.2.2	祖先吹气成风造出天地		W1110.1.1.1	上帝用6天造天7天造地	
W1109.3	用锅冶炼天地 【316】		W1110.1.2	造天地用了3个月	
W1109.4	用斧子造天地 【316】		W1110.1.3	造天地用了9年	
W1109.4.1	用开天斧、辟地斧开天辟地		W1110.1.4	造天地用了99999天	
W1109.5	编织天地 【316】		W1110.1.5	开天辟地各用10亿年	
W1109.5.1	盘古、盘生一人编天，一人编地		W1110.1.6	造天地不知用了多少时间	
W1109.6	造天地以网为底 【317】		W1110.1.7	造天地者用其一生造出天地	
W1109.6.1	众神以网为底造天地				
W1109.6.1.1	众神以蜘蛛网为底造天地		W1110.1a	造天地的地点 【323】	
			W1110.1a.1	在洪水中开天辟地	
W1109a	**造天地的工具** 【317】		W1110.1a.2	在混沌中造天地	
W1109a.1	坐着神车造天地 【318】		W1110.2	造天造地时展开比赛 【323】	
W1109a.1.1	天神坐着神车造天地				
W1110	**与造天地有关的其他母题** 【318】		W1110.3	检验造天地的效果 【323】	
W1110.0	造天地前的准备 【318】		W1110.3.1	用打雷测试造天的效果	
W1110.0.1	众人商议开天辟地		W1110.3.2	用地震测试造地的效果	
W1110.0.2	天神与众神仙商议				

1.2 天地

W1110.4	造天地不成功	【324】		W1115	卵生天地	【330】
W1110.4.1	鸡开天辟地不成功			W1115.1	盘古的卵生天地	【330】
W1110.4.2	神最早开辟的天地不成功			W1115.1.1	盘古的妻子的卵生天地	
W1110.4.2.1	天神兄弟与虎女姐妹早开辟的天地不成功			W1115.2	其他神或神性人物的卵生天地	【330】
W1110.4.3	造出的天地很黑暗			W1115.2.1	修狃老公生的卵生天地	
W1110.4.4	造天地多次不成功			W1115.2.2	黑埃罗波赛神生的卵生天地	
W1110.5	造出的天地不完美	【326】		W1115.3	白卵生天地	【331】
W1110.5.1	造的天边罩不住地缘			W1115.4	2个卵分别生出天地	【331】
W1110.5.2	最早造出的天地不稳固			W1115.4.1	最早的2个大卵相撞生出天地	
W1110.5.3	最早造出的天地天歪地斜			W1115.5	与卵生天地有关的其他母题	【332】
W1110.5.4	最早造出的天地不完整			W1115.5.1	一个大鸡蛋里生出天地	
W1110.5.5	最早造出的天地不圆光			W1115.5.2	龙王孵出天地	
W1110.6	造天地很艰难	【327】		W1115.5.3	巨鸟孵出天地	
W1110.6.1	开天辟地屡受挫折			W1115.5.4	卵炸开生出天地	
W1110.6.2	持续造天地			W1115.5.5	气化生的卵生出天地	
W1110.6.3	造天地任务繁重			W1115.5.6	盘古在混沌卵中拱出天地	
W1110.6.4	造天地多次重复			W1116	动物生天地	【333】
✽ W1111	天地是生育产生的（生天地）	【329】		W1116.1	鱼生天地	【333】
				W1116.1.1	祖先鱼生天地	
W1112	神生天地	【329】		W1116.1.2	金鱼娘生天地	
W1112.1	女神生天地	【329】		W1116.2	龙生天地	【334】
W1112.2	神婆生天地	【329】		W1116.3	蜘蛛生天地	【334】
W1112.3	天地是神生的卵	【329】		W1117	与生育天地有关的其他母题	【334】
W1112.4	巨人生天地	【329】				
W1113	特定的神或神性人物生天地	【330】		W1117.1	云生天地	【334】
				W1117.2	婚生天地	【335】
W1114	人生天地	【330】		W1117.2.1	恒和汉婚生天地	

W1117.2.2	两种巨鸟婚生天地			大地	
W1117.2.3	神与气合生天地		W1120.3	牛的肢体变成	
W1117.3	阴阳生天地	【336】		天地	【340】
* W1118	天地是变化		W1120.3.1	宰牛后放不同地方	
	产生的	【336】		形成天地	
W1119	神或神性人物		W1121	植物变成天地	【340】
	变成天地	【336】	W1121.1	荷花变成天地	【340】
W1119.1	神的肢体变成		W1121.1.1	天神撒种的荷花	
	天地	【336】		变成天地	
W1119.1.1	神的头变天，		W1121.1.2	天神撒种荷花，	
	心变地			其中一朵变成天，	
W1119.2	盘古垂死化生			四朵铺成地	
	天地	【336】	W1122	无生命物变成	
W1119.2.1	盘古、盘生变天地			天地	【340】
W1119.2.1.1	哥哥盘古变天，		W1122.1	被子变成天地	【341】
	弟弟盘生变地		W1122.1.1	鸟举到天上的被子	
W1119.2.2	盘古的头变成天，			变成天	
	脚变成地		W1122.1.2	被子顶在天柱上	
W1119.2.3	盘古覆为天，			造出天	
	偃为地		W1122.2	云变成天地	【341】
W1119.3	怪物的尸体变成		W1122.2.1	轻云变成天，重云	
	天地	【338】		变成地	
W1119.3.1	怪物抱泥土变成		W1122.2.2	云彩积聚成为天地	
	天地		W1122.2.3	白云上升为天，黑	
W1119.4	怪物的头变成天，			云下沉为地	
	皮变成地	【338】	W1122.3	云雾变成稀泥后	
W1119.5	女娲垂死化生			产生天地	【342】
	天地	【339】	W1122.3a	光和雾变成天地	【342】
W1120	动物变成天地	【339】	W1122.3a.1	清光变成天，浊雾	
W1120.1	鱼的肢体变成			变成地	
	天地	【339】	W1122.4	上半片气包形成天，	
W1120.1.1	鱼的右鳍变成天，			下半片形成地	【342】
	左鳍变成地		W1122.4.1	盘古夫妻劈开的上	
W1120.2	鹿的肢体变成			半片气包形成天，	
	天地	【339】		下半片形成地	
W1120.2.1	鹿头变天，鹿皮变		W1122.5	气变成天地	【343】
			W1122.5.1	混沌中青气变成天，	

	赤气变成地	
W1122.5.2	阳气变成天，阴气变成地	
W1122.5.3	清气变成天，浊气变成地	
W1122.5.3.1	清气上升变成天，浊气下沉变成地	
W1122.5.4	元气升降形成天地	
W1122.5.5	阴、阳二气化生为天、地、人	
W1122.6	水塘的水气升高变成天，剩下的变成地	【345】
W1122.7	世界燃烧的火烟变成天，烟灰铺成地	【345】
W1122.8	石变成天地	【345】
W1122.8.1	分开的巨石成为天地	
W1122.8.1.1	始祖布洛陀分开的巨石成为天地	
W1123	与变化产生天地有关的其他母题	【346】
W1123.1	卵变化成天地（卵变成天地）	【346】
W1123.1.1	五色气体形成的三黄神蛋炸开成为天界、地界和水域	
W1123.1.2	混沌卵轻的变成天，重的变成地	
W1123.1.2.1	盘古劈开混沌卵，轻的变成天，重的变成地	
W1123.1.2a	混沌卵的上半为天，下半为地	
W1123.1.2a.1	真主把卵的一半变成天，另一半变成地	
W1123.1.2a.2	盘古劈开的宇宙卵上半变成天，下半变成地	
W1123.1.2b	巨卵破后轻者上升为天，重者下沉为地	
W1123.1.2c	宇宙卵中轻而清的东西上升变成天，重而浊的东西下沉变成地	
W1123.1.3	混沌卵的清气变成天，浊气变成地	
W1123.1.3.1	混沌卵的清者变成天，浊者变成地	
W1123.1.3.2	混沌卵的清而轻的气体变成天，浑而重的气体变成地	
W1123.1.4	混沌卵的蛋清变成天，蛋黄变成地	
W1123.1.4a	大鸡蛋的蛋清变成天，蛋黄变成地	
W1123.1.5	蛋皮变成天，蛋黄变成地	
W1123.1.6	混沌中阳物变成天，阴物变成地	
W1123.2	混沌经多次演化生出天地	【350】
W1123.2.1	混沌的黑暗生出黄与黑、阴与阳、红与绿、雾与气，然后产生天地	
W1123.2.1.1	神生蛋，蛋变成天地	
W1123.3	特定人物的分泌物	

		化为天地 【351】			时代
W1123.3.1		天帝的唾液化生天地	W1124.1.8.2		盘古1万8千岁时天地开辟
W1123.4		口袋变成天地 【351】	W1124.2		天地出现的顺序
W1123.5		胎盘变成天地 【352】			（天地产生的
W1123.5.1		生女神的胎盘变成天地			顺序） 【356】
			W1124.2.0		天地同时产生
W1124		与天地产生有关的其他母题 【352】	W1124.2.0.1		同时造天地
			W1124.2.1		先出现天，后出现地（先有天，后有地）
W1124.1		天地产生的时间 【352】			
W1124.1.0		混沌过后天地形成	W1124.2.1.1		轻的天先形成，重的地后形成
W1124.1.1		第一天造出天地			
W1124.1.2		先有日月星辰和雾露后出现天地	W1124.2.1.2		天产生3年后产生地
W1124.1.3		先有人（神）后有天地	W1124.2.2		先造天，后造地
			W1124.2.2.1		男神女神先造天再造地
W1124.1.3.1		天地产生前有天下翁和天下婆2位老人	W1124.2.2.2		布洛陀先造天，后造地
W1124.1.3a		先有动物后有天地	W1124.2.2.3		大神英叭先造天，后造地
W1124.1.3a.1		雁产生后才出生天地	W1124.2.2.4		女神密洛陀先造天，后造地
W1124.1.4		洪水后造天地	W1124.2.2.5		造物主能贯娃先造天，后造地
W1124.1.4.1		青蛙吸干洪水后出现天地	W1124.2.2.5		其他特定的人物先造天，后造地
W1124.1.4.2		洪水后盘古造天地			
W1124.1.4.3		洪水后幸存的1对兄妹造天地	W1124.2.2.5.1		两个神先造天，另两个神再造地
W1124.1.5		造天地经历很长时间	W1124.2.2a		先生天，后生地
W1124.1.6		冬天造天，春天造地	W1124.2.2a.1		鱼先生天，后生地
			W1124.2.3		先造地，后造天
W1124.1.7		鼠年产生天，牛年产生地	W1124.2.3.1		真主先造地和万物
W1124.1.8		特定人物出现是天地起始	W1124.2.3.2		巨人英叭先造地，后造天
W1124.1.8.1		盘古是天地起始的	W1124.2.3.3		神王英叭先造地，

		后造天	W1124.4.8.1	第二次造的天地仍然黑暗
W1124.2.3.4	盘古先造地，后造天			
W1124.2.3.5	扁古王先造地，后才有天		W1124.5	三次创造天地【366】
			W1124.5.1	神三次创造天地
W1124.3	天地产生的根基【361】		W1124.6	日月是造天地时的破坏者【366】
W1124.3.1	神鸟蛋是天地产生的根基		W1124.6.1	太阳九姊妹和月亮十兄弟是造天地时的破坏者
W1124.4	第2次产生天地（再造天地、重造天地）【362】		W1124.7	先有人（神）后有天【366】
W1124.4.1	天地第2次产生的原因		W1124.7.1	先有老子后有天
W1124.4.1.1	世界因人不善良被毁灭		W1124.8	天地产生的见证者【367】
W1124.4.1.2	洪水后重造天地		W1124.8.1	特定的动物是天地产生的见证者
W1124.4.1.3	天塌地陷后天地再生		W1124.8.1.1	虫子是天地产生的见证者
W1124.4.2	重新开天辟地		W1124.9	以前天地时有时无【367】
W1124.4.2.0	神重新开天辟地			
W1124.4.2.0.1	2个神重新开天辟地		W1124.10	以前只有天没有地【368】
W1124.4.2.0.1.1	利吉神和路安神重新开天辟地		W1124.10.1	以前只有天和水
			W1124.10.2	很早以前只有天
W1124.4.2.1	男女祖先重新开天辟地		W1124.10a	以前只有地【369】
W1124.4.3	姑侄重造天地		W1124.11	天地最早产生的是影子【369】
W1124.4.4	两个神人重造天地			
W1124.4.4.1	张古老和李古老重造天地		W1124.12	天地最早时是雾【370】
			✽W1125	天地的特征【370】
W1124.4.5	女始祖重造天地		W1126	天地的性别【370】
W1124.4.6	观音重造天地		W1126.1	天地一阴一阳【370】
W1124.4.7	天地再生的时间		W1126.1.1	天地有阴的一面和阳的一面
W1124.4.7.1	灾难后1万8千年天地重生		W1126.2	天是公的，地是母的（天是男的，地是女的；天为雄，地为雌）【371】
W1124.4.8	与第2次产生天地有关的其他母题			

W1126.2.1	天是公的叫天公，地是母的叫地母		W1128	天地的形状	【379】
			W1128.0	天地是圆的	【379】
W1127	**天地的雏形**	【372】	W1128.0.1	燕子鸟雀补天地时把天地踩圆	
W1127.0	**最初天地混沌**	【372】	W1128.0.2	巨神把天地煮圆	
W1127.0.1	天是一团混沌，地是一堆泥巴		W1128.1	天地像个大桃子	【380】
W1127.0.1.1	最早的地是混沌		W1128.2	天地像个橄榄	【380】
W1127.0.2	天地再次混沌		W1128.2.1	盘古造的天地像个橄榄	
W1127.0.3	天地混沌无间				
W1127.0.4	天地一片混浊		W1128.3	天地像蛋	【380】
W1127.0a	**天地无定形**	【375】	W1128.3.1	天地混沌如鸡子	
W1127.1	**最初天地很小（以前天地很小）**	【375】	W1128.3a	天地像瓜	【381】
			W1128.3a.1	天地像个大西瓜	
W1127.1.1	小天地		W1128.4	天是白泥，地是黑泥	【381】
W1127.1.1.1	口袋变成小天地		W1128.5	天像筻帽，地像簸箕	【381】
W1127.1.2	以前天地小得神难以安身				
W1127.1.3	最初天帽子大，地巴掌宽		W1128.5.1	天像帽子，地像撮箕	
W1127.1.4	最初的天圆镜大，地像马蹄一样小		W1128.6	天像斗篷，地像荞粑	【382】
W1127.1.5	最初天像圆镜，地像银元		W1128.7	天圆地方	【382】
			W1128.8	天地一样大小	【382】
W1127.2	**最初的天地是气**	【377】	**W1129**	**与天地特征有关的其他母题**	【382】
W1127.3	**以前的天地像蛛网**	【377】	W1129.1	以前天和地都是黑的	【382】
W1127.3.1	天经地纬像蜘蛛网		W1129.2	以前天是黄的，地是白的	【383】
W1127.4	**天地最初巨大无边**	【378】			
W1127.4.1	神最初造出的天地巨大无边		W1129.2.1	天地初开时天是黄的，地是白的	
W1127.5	**最初天地不平**	【378】	W1129.3	天地共3层	【383】
W1127.6	**最早的天地不光滑**	【379】	W1129.3.1	天地分地下层、地面层和天空层	
W1127.7	**天地最初是2个薄片**	【379】	W1129.4	天地的层数相同	【384】
			W1129.4.1	天3层，地3层	

W1129.4.2	天7层，地7层	
W1129.4.3	天16层，地16层	
W1129.4.3.1	最早的16层天16层地是神的世界	
W1129.5	天地的层数不同	【385】
W1129.5.0	天6层，地，7层	
W1129.5.1	天9层，地，7层	
W1129.5.2	天17层，地9层	
W1129.6	天地的重量	【386】
W1129.6.1	天地重量相同	
W1129.6.1.1	天和地都是有9个9的重量	
W1129.6.2	天地重量不同	
W1129.6.2.1	天重5钱，地重5斤	
W1129.7	天地的寿命	【387】
W1129.7.1	天神造的天地寿命不长	
W1129.8	歪斜的天地	【387】
W1129.8.1	天柱不齐造成天地歪斜	
W1129.8.1.1	女娲用长短不齐的龟足支天造成天地歪斜	
W1129.8a	天地悬在空中	【388】
W1129.9	天地是特定的神的居所	【388】
W1129.9.1	天地分别是天神和地神的居所	
W1129.10	天地的成长	【388】
W1129.10.1	天地每天长1丈	
W1129.10.2	天地自然长大	
W1129.11	天地的喂养	【389】
W1129.12	天地怀孕	【389】
W1129.12.1	天和地吃了怀胎水后怀孕	
W1129.13	天地的伤疤	【390】
W1129.13.1	天地的伤疤是特定动物踢出来的	
W1129.13.1.1	天地的伤疤是猛马踢出来的	

1.2.2 天的产生与特征
【W1130～W1169】

✿ **W1130**	天的产生	【390】
W1130a	天产生的原因	【390】
W1130a.1	以前没有天	【390】
W1130a.1.1	太古时没有天	
W1130a.1.2	远古时没有天	
W1131	天来源于某个地方或自然存在	【391】
W1131.1	天自然产生	【391】
W1131.1.1	水中造地后，土地把水和天隔开出现了天	
W1131.2	混沌中产生天	【391】
W1131.2.1	混沌中的一部分形成天	
W1131.2.1.1	混沌中间鼓出的部分形成天	
W1131.2.1.1	混沌中清的和明亮的部分形成天	
W1131.3	与天自然存在有关的其他母题	【392】
W1131.3.1	青蛙吸干洪水后出现天	
W1131.3.2	扫除海上面的雾露露出天	
✲ **W1132**	天是造出来的（造天）	【393】
W1132a	造天的原因	【393】

W1132a.1	神为找落脚点造天【393】		W1133.6.1.1	雾神吐雾造天	
W1133	神或神性人物造天	【393】	W1133.6.2	男神开天	
			W1133.6.3	万能之神开天	
W1133.1	天神造天	【393】	W1133.6.4	创世主造天	
W1133.1.1	特定名称的天神造天		W1133.6.4a	创世神造天	
			W1133.6.4a.1	创世神老三星造天	
W1133.1.1a	天神格兹造天		W1133.6.5	大神用手撑出天	
W1133.1.1b	天神布什格造天		W1133.6.6	造人之神的女儿造天	
W1133.1.2	天神的儿子造天				
W1133.1.3	天神九弟兄开天		W1133.6.7	天神的女侍从和女萨满造天	
W1133.1.3a	天神九弟兄中的5个去造天		W1133.6.8	巨人造天	
			W1133.6.9	日月的儿子造天	
W1133.1.4	上界的天神造天		W1133.6.10	造天之神造天	
W1133.2	天王造天	【395】	W1134	特定的神或神性人物造天	【402】
W1133.2.1	玉皇大帝派天王造天				
			W1134.1	盘古造天	【402】
W1133.2.2	老天爷造天		W1134.1.0	盘古开天的原因	
W1133.3	众神造天	【396】	W1134.1.0.1	盘古为造的泥人成活开天	
W1133.3.1	3个大神造天				
W1133.3.1a	3个神人造天		W1134.1.1	巨人盘古开天	
W1133.3.2	众男神造天		W1134.1.1a	盘古王开天	
W1133.3.3	9个同名的神造天		W1134.1.2	盘古劈雾造天	
W1133.3.4	天神的5个儿子造天		W1134.1.3	盘古的子女造天	
			W1134.1.3.1	盘颉的9个儿子造天	
W1133.3.5	夫妻神造天				
W1133.3a	男神造天	【397】	W1134.2	女娲造天	【404】
W1133.3a.1	9个男神造天		W1134.2.1	女娲拼石成天	
W1133.3b	女神造天	【398】	W1134.3	喇嘛造天	【404】
W1133.3b.1	女神菠嬬造天		W1134.4	真主造天	【404】
W1133.4	神仙造天	【398】	W1134.4.1	安拉创造天空	
W1133.4.1	男神仙祖帅和女神仙婷高造天		W1134.5	老子造天	【404】
			W1134.6	其他特定的神或神性人物造天	【405】
W1133.4.2	上帝派神仙造天				
W1133.5	祖先造天	【399】	W1134.6.1	天狼大王开天	
W1133.6	其他神或神性人物造天	【399】	W1134.6.2	盘神九兄弟开天	
W1133.6.1	雾神造天		W1134.6.3	观音菩萨造天	

W1134.6.4	天造造天			其他母题	【411】
W1134.6.5	拨老造天		W1137a.1	造天的负责人	【412】
W1135	**人造天**	**【406】**	W1137a.1.1	磨天之神负责磨天	
W1135.1	最早出现的一个人造天	【406】	**W1138**	**造天的材料**	**【412】**
W1135.2	洪水后幸存的人造天	【407】	W1138.1	用巨兽皮造天	【412】
W1135.3	其他特定的人造天	【407】	W1138.2	用犀牛皮造天	【412】
W1135.3.1	沙罗阿龙造天		W1138.2.1	神巨人用犀牛皮造天	
W1136	**动物造天**	**【407】**	W1138.2a	用牛皮造天	【413】
W1136.1	龙造天	【407】	W1138.2a.1	观音用牛皮造天	
W1136.1.1	龙王造天		W1138.3	用动物牙齿造天	【413】
W1136.1.2	阳龙造天		W1138.3.1	用马的牙齿造天	
W1136.2	青蛙造天	【408】	W1138.4	用羽毛造天	【413】
W1136.2.1	海龙王派青蛙造天		W1138.5	用金银造天	【413】
W1136.3	屎壳郎造天	【408】	W1138.5.1	神用金银造天	
W1136.4	鸟造天	【408】	W1138.6	用珍珠玛瑙造天	【414】
W1136.4.1	天鹅造天		W1138.7	用玉石翡翠造天	【414】
W1136.4.2	天是鸟顶出来的		W1138.7.1	用翡翠做北边的天	
W1136.4.3	鸟煽动左翅形成天		W1138.8	用青石板造天	【415】
W1136.4.4	天鸟啄开天		W1138.8.1	女娲用3330万块青石板造天	
W1136.4.5	人面大鸟造天		W1138.9	用石头造天	【416】
W1136.5	蜘蛛造天	【409】	W1138.9.1	用绿石头造天	
W1136.5.1	蜘蛛吐丝织天		W1138.9.2	用无色岩石造天	
W1136.6	其他动物造天	【410】	W1138.9.3	用3颗马牙石造天	
W1136.6.1	巨鸭啄开天		W1138.10	炼石拼合后成为天	【417】
W1136.6.2	螺蛉子造天（螺蠃造天）		W1138.10.1	女娲炼青石造天	
W1137	**其他造天者**	**【411】**	W1138.11	用布料造天	【417】
W1137.1	月亮兄弟造天	【411】	W1138.11.1	被子顶在天柱上造天	
W1137.2	不同身份的人物合作造天	【411】	W1138.12	用帽子造天	【417】
W1137.2.1	盘古夫妻和牛共同顶出天		W1138.12.1	女始祖用师傅的雨帽造天	
W1137.2.2	仙和动物合作造天		W1138.13	用体液或排泄物造天	【418】
W1137a	**与造天者有关的**		W1138.13.1	用口水和泥造天	

代码	母题	页码	代码	母题	页码
W1138.14	用混沌物造天	【418】	W1139.3.1.2	上帝造天用了6天	
W1138.14.1	用混沌的上截造天		W1139.3.2	造天用了9天	
W1138.14a	用气造天	【419】	W1139.3.2.1		
W1138.14a.1	神汇集动物吐出的气造天		W1139.3.2a	造天用了9天9夜	
W1138.14a.2	巨人哈气造天		W1139.3.3	造天用了99天	
W1138.15	造天的其他材料	【420】	W1139.3.4	造天用了999天	
W1138.15.1	神用蓝被铺天		W1139.3.5	造天地用了9年	
W1138.15.2	动物破碎的肢体拼凑成天		W1139.3.6	造天用了999年	
W1138.15.3	神用马鹿的头做天		W1139.3.7	造天用了9999年	
W1138.15.4	用树藤铺天		W1139.3.8	造天用了1万年	
W1138.15.5	用绿松石铺天		W1139.4	造天开始的特定时间	【428】
W1138.15.6	用铺天石铺天		W1139.4.1	龙日造天	
W1138.15.7	用粪便铺天		W1139.4.2	几万年前造天	
W1138.15.7.1	青蛙的屎铺成天		W1139.5	造天时的装饰物	【429】
W1138.15.8	用多种物质造天		W1139.5.1	造天用绿石装饰	
W1138.15.8.1	天神用岩石和地筋造天		W1139.5a	造天的衍生品	【429】
W1138.15.8.2	神仙用一碗白土和一碗水造天		W1139.5a.1	造天时造出日月星辰	
W1139	与造天有关的其他母题	【422】	W1139.6	造天不成功	【429】
W1139.0	造天的方法	【422】	W1139.6.1	刚造出的天飘荡不定	
W1139.0.1	造天方法的获得		✻W1140	天是生育产生的	【430】
W1139.0.1.1	仿照蜘蛛织网造天		W1141	神或神性人物生天	【430】
W1139.0.1.2	神商议造天方法		W1141.1	天是最高神王的女儿	【430】
W1139.1	造天的模子	【423】	W1141.2	鬼姐弟婚生天	【430】
W1139.1.1	按照地的大小造天		W1141.3	女神生天	【430】
W1139.1.2	用伞做造天的模子		W1141.3.1	女神菝补生天	
W1139.1.3	仿照棚子造天		W1141.3.1.1	女神菝嫪生天	
W1139.1.4	仿照箢帽造天		W1142	人生天	【431】
W1139.2	神吐雾造天	【425】	W1143	动物生天	【431】
W1139.3	造天使用的时间	【425】	W1143.1	鸟生天	【431】
W1139.3.0	造天很快完成		W1143.2	鱼生天	【431】
W1139.3.1	造天用了6天				
W1139.3.1.1	天神造天用了6天				

代码	母题	页码
W1144	与生育产生天有关的其他母题	【431】
W1144.1	卵生天	【432】
W1144.1.1	混沌卵中出现天	
W1144.1.2	以前天是一个白鸡蛋	
W1144.1.3	浮在水中的卵生天	
W1144.2	婚生天	【432】
W1144.2.1	鬼神婚生天	
W1144.3	云生天	【432】
W1144.4	云生天	【433】
W1144.5	其他特定物生天	【433】
W1144.6	生天的时间	【433】
W1144.6.1	一万零八百年生天	
✳ **W1145**	天是变化产生的	【433】
W1146	神或神性人物变成天	【433】
W1146.1	怪物身体变成天	【433】
W1146.2	怪物的头变成天	【434】
W1146.3	盘古变成天	【434】
W1146.3.1	盘古在鼠年变成天	
W1146.3.2	盘古的头变成天	
W1146.4	其他神或神性人物变成天	【434】
W1146.4.1	神树变成天	
W1147	动物变成天	【435】
W1147.1	动物的头变成天	【435】
W1147.1.1	马鹿的头变天	
W1147.2	动物的皮变成天	【435】
W1147.2.1	牛皮变成天	
W1147.2.1.1	龙牛皮化为天	
W1147.2.2	犀牛皮变成天	
W1147.3	鱼鳍变成天	【436】
W1147.3.1	大鱼的右鳍变成天	
W1148	植物变成天	【437】
W1148.1	树皮变成天空	【437】
W1148.1.1	水中一棵大树的树皮变成天空	
W1149	卵变成天	【437】
W1149.1	蛋壳变成天	【437】
W1149.1.1	神蛋的蛋壳变成天	
W1149.2	蛋黄变成天	【438】
W1149.3	蛋清变成天	【438】
W1149.3.1	混沌卵的清上升变成天	
W1149.3.2	混沌卵中的阳清变成天	
W1149.4	蛋的一片变成天	【439】
W1149.4.1	蛋爆开后飞到上面的一片变成天	
W1150	气变成天（气变化成天）	【439】
W1150.1	清气变成天	【440】
W1150.1.1	祖先使清气变成天	
W1150.1.2	清气上升变成天	
W1150.2	三种气体合成天	【440】
W1150.3	青气上飘变成天	【440】
W1150.4	清阳之气变成天	【441】
W1150.4.1	混沌卵清气上升变成蓝天	
W1150.5	蒸汽变成天	【441】
W1150.5.1	两块石头中间冒出的蒸汽变成天	
W1150.6	热气变成天	【442】
W1150.6.1	以前的天是笼罩世界的热气	
W1150.7	蛋中冒出的气变成天	【442】
W1150.7.1	圆球中冒出的气上升成为天	
W1150.7.2	像鸡蛋样的东西上	

		升的气成为天			成天
W1150.7.3		蛋中轻的东西变成天	W1151.4	烟变成天	【447】
			W1151.4.1	烟上升形成天	
W1150.7.3.1		盘瓠踢碎的蛋中轻的东西上升变成天	W1151.4.1.1	混沌中仙火的烟上升形成天	
W1150.7.3.2		混沌中轻的东西飘升变成蓝天	W1151.4a	雾变成天	【448】
			W1151.4a.1	积雾成天	
W1150.7.3.3		黑色宇宙卵轻的东西飘升变成天	W1151.5	地的盖子变成天	【448】
			W1151.5.1	地的盖子被鸟举高变成天	
W1150.8	女神吹气形成天	【443】	W1151.6	某种碎片或分裂物变成天	【448】
W1150.9	水气挂在石头顶上变成天	【444】	W1151.6.1	神把天一片一片劈出来	
W1150.9.1		水汽落在巨石上形成天	W1151.6.2	石鼓破后的上片变成天	
W1150.10	与气变成天有关的其他母题	【444】	W1151.6.2.1	盘古撞破的石鼓破的上片变成天	
W1150.10.1		以前的天是混沌的气	W1151.6.3	太阳的碎片变成天	
W1150.10.2		以前的天是混沌的热气	W1151.6.4	宇宙卵的碎片变成天	
W1150a	云变成天	【445】	W1151.6.5	岩石的碎片变成天	
W1150a.1	轻云上升变成天	【445】	W1151.7	帽子变成天	【450】
W1150a.2	彩云上浮变成天	【445】	W1151.7.1	草帽抛出后变成天空	
W1150a.3	天是12堆云	【445】			
W1150a.4	白云上升变成天	【446】	W1151.8	岩石变成天	【450】
W1150b	光变成天	【446】	W1151.8.1	上升的一片岩石成为天	
W1150b.1	支地的动物发光形成天	【446】	W1151.9	天上诸物形成天	【451】
W1151	其他特定的物变成天	【446】	W1151.9.1	天上的日月星辰风雨雷电形成天	
W1151.1	清水上升变成天	【446】	W1151.10	多次演化变成天空	【451】
W1151.1.1		混沌中的清水上升变成天	W1152	与天的产生有关的其他母题	【451】
W1151.2	清的东西变成天	【447】			
W1151.3	手帕变成天	【447】			
W1151.3.1		玉帝的蓝手帕变	W1152.0	天的发现	【452】

W1152.0.1	蛇发现天			时间	【457】
W1152.1	天刚形成时不美观	【452】	W1152.8.1	特定的日子产生天	
			W1152.8.2	开天的时间	
W1152.2	九重天的来历	【452】	W1152.8.2.1	冬天开天	
W1152.2.1	盘古撑出九重天		✱**W1155**	天的特征	【458】
W1152.2.1.1	盘古撑天9万里形成九重天		**W1156**	天的性别	【458】
W1152.2.2	九重天是因天地相距9万里		W1156.1	天是男的（男天）	【458】
W1152.3	天产生的方位	【453】	W1156.1.1	父天	
W1152.3.1	天从中间鼓起来		W1156.2	天是女的（女天）	【459】
W1152.3.2	天从东方开始产生		W1156.2.1	母天	
W1152.3.2.1	盘古变天从东方开始产生		W1156.3	与天的性别有关的其他母题	【459】
W1152.3.3	天从东北方产生		W1156.3.1	天的上半是母，下半是公	
W1152.3.3.1	盘古变天从东北方变起		**W1157**	天的大小	【460】
W1152.3a	天产生的时间	【454】	W1157.0	天很小	【460】
W1152.3a.1	天在鼠年产生		W1157.0.1	以前天很小	
W1152.3a.2	天在鼠年鼠月鼠日产生		W1157.1	天无限大	【460】
W1152.3a.3	天在甲子月产生		W1157.1.1	天漫无边际	
W1152.4	始祖把天加大	【455】	W1157.1.2	天无法测量	
W1152.5	天是特定的物	【455】	W1157.2	天不知大小	【461】
W1152.5.1	天是雷婆的肚皮		W1157.3	鸟能测量天的大小	【461】
W1152.5.2	天空是树的阴影		W1157.4	天有7分宽	【461】
W1152.5.3	天是白色的泥		W1157.4.1	飞蛾量出天有7分宽	
W1152.5a	天是特定的神	【456】	**W1157a**	天的重量	【462】
W1152.5a.1	迦萨甘是天		W1157a.1	天重7万斤	【462】
W1152.6	天通过不断增长产生出来	【457】	**W1158**	天的高低	【462】
W1152.6.1	天日高一丈最后成为现在的天		W1158.1	原来的天很低（以前天很低）	【462】
W1152.7	野天的产生	【457】	W1158.1.1	以前，人可以用手摸着天	
W1152.7.1	雾露和云团夫妻孕育野天		W1158.1.2	以前，人走路头能	
W1152.8	天产生的特定				

		碰着天	W1158.6.2		天9万9千9百里
W1158.1.2.1		以前，人坐起来头就碰着天	**W1158.7**		最高的天 【471】
			W1158.7.1		最高的天是长生天
W1158.1.3		以前人劳动时会碰着天	**W1158a**		天的倾斜 【471】
			W1158a.1		天向西倾斜 【471】
W1158.1.4		以前天低得人可以摘星星	**W1159**		天的形状 【472】
W1158.1.5		以前天低得用竹子可以捅天	W1159.1		天无定型 【472】
			W1159.1.1		以前天是一团混沌
W1158.1.6		以前天低得竹子被天阻挡	W1159.2		天是圆的（天是圆形的）【472】
W1158.1.7		以前天低得竹子被压弯腰	W1159.2.1		地上笼罩一个半圆的天体
W1158.1.8		以前天低得人可以从树上上天	W1159.2.2		天以前是一个白鹅蛋
			W1159.2.3		把方帐一样的天改成圆顶天篷
W1158.1.9		以前天只有3尺3寸	W1159.2.4		天神把方天撑成圆天
W1158.1.10		天没有几丈高			
W1158.2		天很高 【468】	W1159.2.5		天是圆拱形的
W1158.2.1		天每层183万丈	W1159.2.6		圆天中间高四周低
W1158.2.2		用33根楠木顶不到天	W1159.2.7		女娲造圆的天
			W1159.2.7.1		女娲用3330万块青石把天拼成圆的
W1158.2.3		天高99999丈			
W1158.3		天东高西低 【469】	W1159.2.8		天皇氏、地皇氏和女娲氏把天补成圆的
W1158.3.1		女娲支天时东面支高造成天东高西低			
			W1159.3		以前的天不平 【475】
W1158.3.2		女娲用虾的后脚支东边天，前脚支西面天造成天东高西低	W1159.3.1		最早形成的天像癞蛤蟆的背
			W1159.4		天是平的 【476】
			W1159.4.0		造出平的天
W1158.3.3		女娲用不同的鳖鱼腿顶天造成东高西低	W1159.4.0.1		造天者造成平坦的天
			W1159.4.1		神把天磨平
W1158.4		西边的天矮 【470】	W1159.4.2		神把天铺平
W1158.5		天和地一样厚 【470】	W1159.4.3		神性人物把天摩擦平
W1158.6		天的特定高度 【470】			
W1158.6.1		天高万丈			

W1159.4.4	文化英雄用刀把天削平		W1159.13	天像一块云彩	【487】
W1159.4.5	天平得可以赛马跑马		W1159.13.1	天似云非云	
W1159.4.6	牛把天犁平		W1159.14	与天的形状有关的其他母题	【487】
W1159.4.7	牛把天耙平		W1159.14.1	天是蜘蛛网	
W1159.4.8	与天是平的有关的其他母题		W1159.14.2	天像鸡屎	
			W1159.14.2.1	以前的天像鸡屎	
W1159.4.8.1	天平的像青石板		W1159.14.3	天像张开的布幕	
W1159.4.8.2	天又匀又平		W1159.14.3a	天是一块布	
W1159.5	天像圆镜	【479】	W1159.14.4	以前的天像青石板	
W1159.6	天像伞	【479】	W1159.14.5	以前的天像癞蛤蟆的脊背	
W1159.6a	天像宝盖	【480】			
W1159.6b	天像盖子	【481】	**W1160**	天的颜色	【489】
W1159.6b.1	天形如巨盖		**W1160.1**	特定的服饰变成天的颜色	【489】
W1159.7	天像簸箕	【481】	W1160.1.1	神用云粉给天做衣裳	
W1159.7.1	天刚生出时像簸箕		W1160.1.2	天神的战裙变成现在天的颜色	
W1159.8	天像帽子	【482】			
W1159.8.1	天像篾帽		**W1160.2**	黑色的天	【490】
W1159.8.2	天像雨帽		W1160.2.1	以前天是黑的	
W1159.9	天像斗篷	【483】	**W1160.3**	青色的天（青天）	【491】
W1159.10	天像帐篷	【483】			
W1159.10.1	天像棚子		W1160.3.1	以前天是青色的	
W1159.10.2	最早的天是大方帐		W1160.3.2	气变成青天	
W1159.10.3	天是巨大天篷		W1160.3.2.1	女娲吹气形成青天	
W1159.11	天像大锅	【484】	W1160.3.3	青石板造天造出青色的天	
W1159.11.1	天像倒扣的锅				
W1159.11.2	天像锅盖		**W1160.3a**	蓝色的天（蓝天）	【492】
W1159.11.2.1	天像大黑锅盖				
W1159.11.3	天像锅底		W1160.3a.1	天女扫出蓝天	
W1159.11.4	天像一口大锅扣在地上		W1160.3a.2	清气变成蓝天	
			W1160.3a.2.1	女娲用清气补天形成蓝天	
W1159.11a	天像鼓	【486】			
W1159.11a.1	天像一面蒙皮大鼓		W1160.3a.3	祖先用蓝靛把天染蓝	
W1159.12	天像浆糊（混沌的天）	【486】	W1160.3a.4	天是蓝的是因为天姑娘穿蓝衣裳	
W1159.12.1	以前天是浆糊				

W1160.3a.5	目母婆甩裙上天形成碧蓝天		W1160.7.1.1	女娲用五彩石补天形成天的蓝色以外的其他颜色	
W1160.3a.6	太上老君罩在天上的蓝衫变成天的蓝色		W1160.7.2	天以前的颜色与现在不同	
W1160.3a.7	与蓝天有关的其他母题		W1160.7.3	伏羲改变西北天的颜色。	
W1160.3a.7.1	月亮用蓝丝线织出蓝天		**W1161**	**与天的特征有关的其他母题**	【499】
W1160.3a.7.2	洪水时天被绿叶和青草染蓝		W1161.1	天的寿命	【499】
W1160.3a.7.3	天蓝色是撒到天上的青灰变成的		W1161.2	天不会死（长生天）	【499】
W1160.4	**白色的天**	【495】	W1161.3	天光滑	【499】
W1160.4.1	以前天是白色的		W1161.3.1	神用耙把天耙光滑	
W1160.4.2	风吹出白色的天		W1161.3.2	神把天磨光滑	
W1160.4a	**绿色的天（天是绿的）**	【496】	W1161.4	天明亮	【500】
W1160.4a.1	最早的天是绿色		W1161.4.1	风雨使黑暗的天地变光明	
W1160.4b	**黄色的天**	【496】	W1161.4.2	天很明亮是仙女扫出来的	
W1160.4b.1	以前天是黄的		W1161.4.3	天明亮是被神撒尿冲出来的	
W1160.5	**天色彩斑斓（天五彩缤纷）**	【496】	W1161.5	天上不长草木	【500】
W1160.5.1	补天的五彩石使天色彩斑斓		W1161.6	天上到处都藤	【501】
W1160.5.2	张古老用五彩石造天形成五彩缤纷的天		W1161.7	天是石头	【501】
			W1161.7.1	天是飞腾的石块	
			W1161.7.2	以前天上是石头	
W1160.6	**天的颜色由多变少**	【497】	W1161.8	天是特定的神	【501】
W1160.6.1	恶魔弄走一些天马后天由9色变成7色		W1161.9	以前的天很美丽	【502】
			W1161.10	以前的天很难看	【502】
			W1161.11	天上什么也没有	【502】
W1160.7	**与天的颜色有关的其他母题**	【498】	W1161.11.1	以前天上什么也没有	
			W1161.11.2	最早的天是空的	
W1160.7.1	天除了蓝色外为什么还有其他颜色		**W1161.11a**	**天空是清气**	【503】
			W1161.12	天是运动的	【503】

W1161.13	天是静止的	【504】		W1163.2.1	第2层天	
W1161.13.1	以前天是静止的			W1163.2.1.1	第2层天是白云	
W1161.14	最早的天倒挂	【504】		W1163.3	天有3层	【510】
W1161.15	天是产生光阴变化之处	【504】		W1163.3.1	第3层天	
				W1163.3.1.1	第3层天是天鹅的居所	
W1162	天的数量	【505】		W1163.3.1.2	第3层天由神蟒主宰	
W1162.0	2个天	【505】				
W1162.0.1	天分父天、母天2个天			W1163.4	天有4层	【511】
				W1163.4.1	第4层天	
W1162.0a	4个天	【505】		W1163.4.1.1	第4层天是彩虹	
W1162.1	9个天（九天）	【505】		W1163.4.2	大汉把天造成4层	
W1162.1.1	天有九天			W1163.5	天有5层	【512】
W1162.1.2	九天是九方之天			W1163.5.1	第5层天	
W1162.1.3	九天又称九野			W1163.5.1.1	第5层天是天帝的大门	
W1162.1.3.1	九野是9个天的统称					
				W1163.6	天有6层	【512】
W1162.2	32个天	【506】		W1163.6.1	第6层天	
W1162.2.1	盘古开天时形成32个天			W1163.6.1.1	第6层天是银河	
				W1163.6.2	六层天中有六颗星星	
W1162.3	33个天	【507】		W1163.6.3	六重天	
W1162.4	55个天	【507】				
W1162.4.1	西方有55个天			W1163.7	天有7层	【513】
W1162.5	99个天	【507】		W1163.7.1	第7层天	
W1162.6	与天的数量与关的其他母题	【508】		W1163.7.1.1	第7层天住着织女	
				W1163.7.1.2	第7层天有7颗亮星	
W1162.6.1	天有9块			W1163.7.2	创世主把天增加为7层	
W1162.6.2	天的西北角有1个特定名称的天					
				W1163.7.3	天帝分出7层天	
W1162.6.3	天外有天			W1163.8	天有8层	【515】
W1163	天的层数	【508】		W1163.9	天有9层（九重天）	【515】
W1163.1	天有许多层	【508】				
W1163.1a	天有1层	【509】		W1163.9.1	九重天的产生	
W1163.1a.1	第1层天			W1163.9.1.1	开天时顶了9次形成九重天	
W1163.1a.1.1	第1层天是雾					
W1163.1a.1.2	混元灵气成为第1层天			W1163.9.1.2	龙主开出九重天	
W1163.2	天有2层	【509】				

W1163.9.1.3	女神造九重天		W1163.9.9.3	九重天下面是海	
W1163.9.1.3.1	女神9天造出九重天		W1163.9.9.4	九重天上生雷雨	
W1163.9.1.4	玉帝造九重天		**W1163.10**	**天有10层**	【523】
W1163.9.1.5	喇嘛造九重天		W1163.10.1	第10层天	
W1163.9.1.6	天王造九重天		W1163.10.1.1	第10层天是雷公的住所	
W1163.9.1.6.1	喇嘛让天王造九重天		W1163.10.1.2	第10层天在各户火塘上方	
W1163.9.1.7	怪物拱出九重天		**W1163.10a**	**天有11层**	【524】
W1163.9.1.8	天将把天升到九重		W1163.10a.1	第11层天	
W1163.9.2	天划为9部分		W1163.10a.1.1	第11层天是月宫	
W1163.9.3	天有九野		**W1163.11**	**天有12层**	【524】
W1163.9.3.1	九野		W1163.11.1	第12层天	
W1163.9.3.1.1	九野即九域之野		W1163.11.1.1	第12层天金光灿烂	
W1163.9.3.2	天的九野地域广阔		W1163.11.1.2	第12层天是太阳宫	
W1163.9.3a	天有九方		W1163.11.1.3	第12层天是最高天	
W1163.9.4	9层天层层相通		**W1163.12**	**天有16层**	【526】
W1163.9.5	第9层天		W1163.12.1	神造16层天	
W1163.9.5.1	第9层天上有化香树、马桑树和乌鸦		W1163.12.1.1	天神英叭造16层天	
			W1163.12.2	第16层天	
W1163.9.5.2	第9层天住着福神		W1163.12.2.1	第16层天是最高天	
W1163.9.6	九重天的高度		**W1163.13**	**天有17层**	【527】
W1163.9.6.1	九重天很高		W1163.13.1	玉帝管17层天	
W1163.9.6.2	九重天为9万里		**W1163.14**	**天有18层**	【528】
W1163.9.6.2.1	盘古撑出9万里的九重天		W1163.14.1	18层天是天神的国度	
W1163.9.7	九重天为灵魂居所		W1163.14.2	盘古开辟18层天	
W1163.9.7.1	天帝的祖先葬九重天		W1163.14.3	盘古顶出18层天	
			W1163.15	**与天的层数有关的其他母题**	【529】
W1163.9.8	九重天为神的居所				
W1163.9.8.1	天神居九重天		W1163.15.0	天有28层	
W1163.9.9	与天有9层有关的其他母题		W1163.15.0.1	三界之内共有28重天	
W1163.9.9.1	上有9层天，下有7层地		W1163.15.0a	天有36层	
			W1163.15.0a.1	仙界共有36重天	
W1163.9.9.2	第9层天在各家火塘上方		W1163.15.1	天有33层	
			W1163.15.1.1	威严的33层天	

代码	母题	页码
W1163.15.1.2	盘古劈出33层天	
W1163.15.1a	天有77层	
W1163.15.1b	天有99层	
W1163.15.2	天有500层	
W1163.15.2.1	500层天是天的最高层	
W1163.15.2a	天有1000层	
W1163.15.3	天的最高层	
W1163.15.3.1	第3层是最高天	
W1163.15.3.2	第7层天是最高天	
W1163.15.3.2a	造物主住7层天的最高之天	
W1163.15.3.3	第9层为最高天	
W1163.15.3.4	天堂是世界的最上层	
W1163.15.3.4.1	天堂是18层天的最上层	
W1163.15.3.5	与最高天有关的其他母题	
W1163.15.4	天的最下层	
W1163.15.4.1	天的最低层是各户火塘的上方	
W1163.15.5	天的各层有山相连	
W1164	天的中心	【535】
W1164.1	七星天是天的中心	【536】
W1164.2	玉京山是天的中心	【536】
W1165	天心（天的心脏）	【536】
W1165.1	天地之心5寸	【536】
W1165.2	天心在昆仑山的中心	【536】
W1165.3	天的心脏是星星	【536】
W1165.4	虎的脊梁骨撑天心	【537】
W1165a	天胆	【537】
W1165a.1	用虎心做天胆	【537】
W1166	天边（天的边际）	【537】
W1166.1	最早时没有天边地沿	【538】
W1166.2	天边在天与地的交界处	【538】
W1166.3	天边是红铜做的	【538】
W1166.4	天有4个边（天有4边）	【538】
W1166.4.1	不同的柱子顶天的4边	
W1166.5	日月看守天边	【539】
W1166.6	天边的景象	【539】
W1166.6.1	天边像棕桐编的大网	
W1166.7	与天边有关的其他母题	【540】
W1166.7.1	天涯海角	
W1167	天的端点（天头、天的头）	【540】
W1167.1	虎头作天头	【540】
W1167.1.1	天神造天时用虎头作天头	
W1167.2	天有四极（天的四极）	【541】
W1167.2.1	天公定四极	
W1167.2.2	盘古的四肢化为四极	
W1167.2.3	男始祖定天的四极	
W1167.2.4	与四极有关的其他母题	
W1167.2.4.1	四极废	
W1167.3	天有八极	【542】
W1167.3.1	八极之门	
W1167.3.1.1	八极的阳门	
W1167.4	天的终点在北方	【543】

W1168	与天有关的其他母题	【543】	W1168.5a.1.1	天梁上有360万根天椽	
W1168.1	天角	【543】	W1168.5a.2	龙牛的肋骨做天庭的椽子	
W1168.1.1	天有4角		**W1168.6**	天架	【550】
W1168.1.1.1	天有东南西北4个角		W1168.6.1	用金银做天架	
W1168.1.1.2	以前天的4角没有高低		W1168.6.1.1	众神造天时用金银做天架	
W1168.1.2	天有6角		**W1168.7**	天骨（天的骨头）	【551】
W1168.1.3	天有13个角		W1168.7.0	最早的天没有骨头	
W1168.1.4	天角的垮塌		W1168.7.1	天神的手骨变成天骨	
W1168.1.4.1	天角被射垮		**W1168.8**	天网	【551】
W1168.2	天顶	【545】	W1168.8.1	天神造天网	
W1168.2.1	用巨兽皮做天顶		W1168.8.1.1	天神厄莎用7万7千个泥团抛到天上造成天网	
W1168.2.1.1	神用巨兽皮做天顶				
W1168.3	天的窗子	【546】	W1168.8.1a	女始祖织天网	
W1168.4	天维（天经、天纲）	【546】	W1168.8.1a.1	女始祖萨天巴吐出玉蛛丝织天网	
W1168.4.1	天维被毁		W1168.8.2	蜘蛛织天网	
W1168.4.1.1	神的争斗造成天维绝		W1168.8.2.1	蜘蛛网做天的底子	
W1168.5	天梁	【547】	W1168.8.3	仿照蜘蛛织天网	
W1168.5.1	天梁的产生		W1168.8.4	祖先织出369万个天网	
W1168.5.1.1	牛脊梁做支天地的天梁		W1168.8.5	天网像罩子	
W1168.5.1.2	天神用龙牛的脊骨做天梁的大梁		**W1168.9**	天基	【554】
W1168.5.1.3	天神用木做天梁		**W1168.10**	天眼（天的眼睛）	【554】
W1168.5.2	天梁的数量		W1168.10.1	日月是天的眼睛	
W1168.5.2.1	4根天梁		W1168.10.2	天的睁眼闭眼	
W1168.5.2.2	12根天梁		W1168.10.3	天眼的守护者	
W1168.5.3	天梁的放置		W1168.10.3.1	1对夫妻守护天眼	
W1168.5.3.1	天梁支在鱼的上面		W1168.10.4	天眼被遮蔽	
W1168.5.3.2	天梁置于天地的四方		W1168.10.4.1	妖魔用乌烟遮住天眼	
W1168.5.3.3	天梁架在天柱上				
W1168.5.4	天梁不稳				
W1168.5a	天椽	【549】			
W1168.5a.1	天椽放在天梁上				

W1168.10a	天鼻（天的鼻子）	【555】		W1168.13.8	东南天	
W1168.10a.1	虎鼻作天鼻			W1168.13.8.1	东南方天是阳天	
W1168.10b	天耳（天的耳朵）	【556】		W1168.13.9	西北天	
				W1168.13.9.1	西北方天是幽天	
W1168.10b.1	虎耳作天耳			W1168.13.9.2	西北天是偏天	
W1168.10c	天种	【557】		W1168.13.10	西南天	
W1168.10d	天盖	【557】		W1168.13.10.1	西南方天是朱天	
W1168.10d.1	天盖很重			W1168.13.11	中央天	
W1168.10d.2	天盖的打开			W1168.13.11.1	中央天是钧天	
W1168.10d.2.1	昆屯第一个揭开天盖			W1168.13.12	其他名称的天	
				W1168.13.12.1	天又叫天公	
W1168.11	天的特定功能	【558】		W1168.13.12.2	七星天	
W1168.11.1	天是阴阳之所			W1168.13.12.3	三清天	
W1168.11.2	天是天神居住的地方			W1168.13.12.3.1	三清天是道教神仙的最高住所	
W1168.12	天有特殊的分类	【558】		W1168.13.13	与特定的天有关的其他母题	
W1168.12.1	天分为父天、母天、公主天和官人天等			W1168.13.13.1	万能之神分出四方天	
W1168.13	特定的天	【559】		W1168.14	天体的惊人之举	【566】
W1168.13.1	天界北部的一角有一个特定的天			W1168.15	最早天上只有日月	【566】
W1168.13.2	智慧之天			W1168.15.1	以前天上只有太阳	
W1168.13.3	东方的天（东天）			W1168.15.2	以前天上只有太阳、月亮和星星	
W1168.13.3.1	用珍珠造东方的天			W1168.16	以前天上布满石头	【567】
W1168.13.3.2	东天是苍天					
W1168.13.4	南方的天（南天）			W1168.16.1	以前天上的石头会飞	
W1168.13.4.1	用玛瑙做南方的天					
W1168.13.4.2	南方天是炎天			W1168.17	天不会塌的原因	【567】
W1168.13.5	西方的天（西天）			W1168.17.1	神王的妹妹天姑娘嫁天神后天不再塌	
W1168.13.5.1	用玉石造出西边的天					
W1168.13.5.2	西方天是颢天			W1168.18	遮天之物	【568】
W1168.13.6	北方的天（北天）			W1168.18.1	天的衣裳	
W1168.13.6.1	北方天是玄天			W1168.18.1.1	神用云粉给天做衣裳	
W1168.13.7	东北天					
W1168.13.7.1	东北天是变天					

W1168.18.2	皇帝造遮天之物		W1168.21.1a	其他数量的天门	
W1168.19	**天会变化**	【568】	W1168.21.1a.1	3道天门	
W1168.19.1	天会增长		W1168.21.1a.2	9道天门	
W1168.19.1.1	敲击神鼓使天增长		W1168.21.1a.2.1	天门有九重	
W1168.20	**海天**	【569】	W1168.21.1a.2.2	9道天门中有树	
W1168.21	**天门**	【569】	W1168.21.1a.3	12道天门	
W1168.21.0	天门的产生		W1168.21.1a.4	天门有90个门	
W1168.21.0.1	神造天门		W1168.21.2	天门的特征	
W1168.21.0.2	神用金银造天门		W1168.21.2.1	天门无上	
W1168.21.0.3	数字变化产生天门		W1168.21.2.2	气派的天门	
W1168.21.0.4	天的缝隙成为天门		W1168.21.2.3	天门五彩缤纷	
W1168.21.1	4个天门		W1168.21.2.4	天门是天神进出的路口	
W1168.21.1.0	神造4道天门		W1168.21.3	天门的看守（司天门者）	
W1168.21.1.1	东天门		W1168.21.3.1	雷母娘娘看守天门	
W1168.21.1.1.1	青龙把守东天门		W1168.21.3.2	虎神看守天门	
W1168.21.1.2	南天门		W1168.21.3.3	神狗看守天门	
W1168.21.1.2.1	从南天门可以看到人间		W1168.21.3.4	神虎豹看守天门	
W1168.21.1.2.2	南天门是进出天地的门户		W1168.21.3.5	女神看守天门	
W1168.21.1.2.3	狮子把守南天门		W1168.21.3.6	天兵把守天门	
W1168.21.1.2.4	天狗把守南天门		W1168.21.3.7	老鼠守护天门	
W1168.21.1.2.5	土地神把守南天门		W1168.21.4	天门的开合	
W1168.21.1.2.6	吴刚把守南天门		W1168.21.4.1	每年正月初一打开天门1次	
W1168.21.1.2.7	仙人把守南天门		W1168.21.4.1a	每年天神的生日那天打开天门1次	
W1168.21.1.2.7a	天兵天将把守南天门宫阙		W1168.21.4.2	八月十六开天门	
W1168.21.1.2.7b	朱雀把守南天门		W1168.21.4.3	天将破晓天门开	
W1168.21.1.2.8	南天门挡风雨		W1168.21.4.4	封天门	
W1168.21.1.2.9	南天门有日月树		W1168.21.4.5	关天门	
W1168.21.1.2.10	到南天门须经过天梯		W1168.21.4.6	神箭射开天门	
W1168.21.1.3	西天门		W1168.21.4.7	天王的儿子打开天门	
W1168.21.1.3.1	西天门白虎把守		W1168.21.4.8	与天门开合有关的其他母题	
W1168.21.1.4	北天门		W1168.21.5	特定名称的天门	
W1168.21.1.4.1	西北天门		W1168.21.5.1	天门是居紫微宫门	
W1168.21.1.4.2	北天门乌龟把守				

W1168.21.5.2	昊姬天门	
W1168.21.5.3	风门	
W1168.21.5.3.1	7道风门	
W1168.21.5.4	雨门	
W1168.21.5.4.1	6道雨门	
W1168.21.5.5	雾门	
W1168.21.5.5.1	3道雾门	
W1168.21.5.6	云星门	
W1168.21.5.7	日门	
W1168.21.5.7.1	3道日门	
W1168.21.5.8	月门	
W1168.21.5.8.1	3道月门	
W1168.21.5.9	天上的风水之门	
W1168.21.6	特定位置的天门	
W1168.21.6.1	天门在西北	
W1168.21.6.2	天门在天边	
W1168.21.7	天门石	
W1168.22	太空	【585】
W1168.22.1	太空的最底层是大海	
W1168.23	天的看守	【586】
W1168.23.1	特定的神看守天	
W1168.23.1.1	大力神看守九层天的下三层	
W1168.24	天的关系	【586】
W1168.24.1	天的父母	
W1168.24.2	天的舅父	
W1168.24.2.1	柏树是天的舅父	
W1168.24.3	天的岳母	
W1168.24.3.1	宽叶杉树是天的岳母	
W1168.24.4	天的妻子	
W1168.24.5	天的子女	
W1168.24.5.1	天的儿子（天子）	
W1168.24.5.2	天的女儿（天女）	

1.2.3 地的产生与特征
【W1170 ~ W1269】

✿ W1170	地的产生	【588】
W1170a	以前没有地	【588】
W1170a.1	太古时没有地	【588】
W1170a.2	以前地球上没有陆地	【589】
W1170a.3	没有地的原因	【589】
W1170a.3.1	以前没有地是因为地被水淹掉了	
W1171	地自然产生	【589】
W1171.1	地自然生成	【589】
W1171.1.1	混沌中自然形成地	
W1171.2	世上最早出现的陆地	【590】
W1171.2.1	中国是世上最早出现的陆地	
W1172	地来源于某个地方（地球源于某个地方）	【590】
W1172.1	地源于混沌（地球源于混沌）	【590】
W1172.2	地从天上来（地球从天上来）	【590】
W1172.2.1	女神造的地球从天上掉下	
W1172.3	地从水的底部出现	【591】
W1172.3.1	地从海中出来	
W1172.3.1.1	地是海里升起的	
W1172.3.1.2	地球源于大海	
W1172.3.2	海水退后出现地	
W1172.3.2.1	观音退海水后出现陆地	

W1172.3.2.2	万能神退海水后出现陆地	
W1172.3.3	海里露出的平原丘陵形成地	
W1172.3.4	原始大水干后出现地	
W1172.3.4.1	水落后出现黄色的地	
W1172.3.5	洪水退去出现地	
W1172.3.5.1	青蛙吸干洪水后出现地	
W1172.3.5.2	天神降低洪水后出现陆地	
W1172.3.5.3	水神疏导洪水后出现地	
W1172.3.6	水塘的水蒸发出现地	
W1172.4	地被挖出	【595】
W1172.4.1	精灵用角挖出地面	
W1172.5	地从雾露中出现	【595】
W1172.5.1	扫除雾露出地	
✽ W1173	地是造出来的（造地）	【595】
W1174	造地的原因	【595】
W1174.1	因为孤独造地	【596】
W1174.1.1	神或神性人物因孤独造了地（地球）	
W1174.2	为有落脚点造地	【596】
W1174.2.1	创世者为了找到落脚造地	
W1174.2.2	大神为了找到落脚造地	
W1174.2.3	始祖为了找到落脚造地	
W1174.3	为人类的产生造地	【597】
W1174.3.1	为人类生存造地	
W1174.3.2	为繁衍人类造地	
W1174.4	其他特定的目的造地	【598】
W1174.4.1	上帝为阻止骚乱就创造了地	
W1174.4.2	为繁衍生命造地	
W1174.4.3	为万物生长造地	
W1174.4.4	为稳定天造地	
W1174.4.5	为支撑天造地	
W1175	神或神性人物造地	【599】
W1175.1	创世者造地球	【599】
W1175.1.1	创世主造地	
W1175.1.1a	创世神造地	
W1175.2	天神造地	【600】
W1175.2.1	天神下凡造地	
W1175.2.2	天神三兄弟下凡造地	
W1175.2.3	天神在地球上造地	
W1175.2.4	天神造地球	
W1175.2.5	天神吐出地球	
W1175.2.6	天神混散造地	
W1175.2a	地神造地	【602】
W1175.2a.1	地神九姐妹辟地	
W1175.2b	上帝造地	【603】
W1175.3	天母造地	【603】
W1175.3a	地母造地	【603】
W1175.4	天神的女儿造地	【604】
W1175.5	女神造地	【604】
W1175.5.1	天女造地	
W1175.5.1.1	天神的4个女儿造地	
W1175.5.2	7个女神造地	
W1175.5.3	天神的7个女儿中的4个去造地	
W1175.5a	男神造地	【606】
W1175.6	神鸟造地	【606】
W1175.7	夫妻神造地	【606】

W1175.7.1	夫妻神夫妇踩出地		W1175.15.1	佛祖让动物造地	
W1175.8	**地王造地**	【606】	**W1175.16**	**真主造地**	【614】
W1175.8.1	玉帝让地王造地		**W1175.17**	**喇嘛造地**	【615】
W1175.8.2	喇嘛让地王造地		**W1175.18**	**道士造地**	【615】
W1175.9	**神仙造地**	【607】	W1175.18.1	2个道士造地	
W1175.9.0	玉帝让神仙造地		**W1175.19**	**其他神或神性人物**	
W1175.9.1	仙子造地			**造地**	【615】
W1175.9.2	9个神仙造地		W1175.19.1	女娲造地	
W1175.9a	**神人造地**	【608】	W1175.19.2	天神的女侍从造地	
W1175.9a.1	9个神人造地		W1175.19.3	扁古王造地	
W1175.10	**仙女造地**	【608】	W1175.19.4	龙神造地	
W1175.10.1	9个仙女造地		W1175.19.5	神鱼造地	
W1175.11	**祖先造地**	【609】	W1175.19.6	宇宙之神造地	
W1175.11.1	男女始祖造地		W1175.19.7	神王造地球	
W1175.11.2	男始祖造地		W1175.19.8	祝融辟地	
W1175.11.2.1	男始祖简剑祖造地		W1175.19.9	姜古造地	
W1175.11.3	女始祖造地		W1175.19.10	翁嘎造地	
W1175.11.3.1	女始祖密洛陀造地		W1175.19.11	腾格日神造地	
W1175.11.3.2	女始祖姆六甲造地		W1175.19.12	朱比拉沙造地	
W1175.12	**巨人造地**	【610】	W1175.19.13	地合造地	
W1175.12.1	2个巨人造地		W1175.19.14	老三星造地	
W1175.13	**众神造地**	【610】	W1175.19.15	佑聪造地	
W1175.13.1	众女神造地		W1175.19.16	佑劳造地	
W1175.13.2	天神三兄弟造地		W1175.19.16a	南火造地	
W1175.13.3	7个神造地		W1175.19.17	恩公造地	
W1175.13.3a	8个神造地		W1175.19.18	亚雨造地	
W1175.13.4	9个大神造地		W1175.19.19	布比密神造地	
W1175.13.5	9个男神造地		**W1176**	**人造地**	【620】
W1175.13.6	龙神和蛇王造地		**W1176.1**	**一对夫妻踩出**	
W1175.13.7	3个地神和9个天神造地			**了地**	【620】
W1175.13.8	敖钦大神和巴纳姆妈妈造地		**W1176.2**	**两兄弟造地**	【620】
W1175.14	**盘古造地**	【613】	**W1176.2a**	**两姐弟造地**	【620】
W1175.14a	**盘生造地**	【613】	**W1176.3**	**众人造地**	【620】
W1175.14a.1	盘生画出地		W1176.3.1	天王派9个人造地	
W1175.15	**佛祖造地**	【614】	W1176.3.2	众姐妹造地	
			W1176.3.2.1	7姐妹造地	
			W1176.4	**与人造地有关的其他**	

	母题	【621】	W1178.1	太阳造地	【627】
W1176.4.1	一个男子铺地		W1178.1.1	太阳7姐妹造地	
W1176.4.2	一个大力青年造地		W1178.2	神与神性人物合作	
W1177	**动物造地**	**【622】**		造地	【628】
W1177.1	龙造地	【622】	W1178.2.1	天神与萨满合作造	
W1177.1.1	阴龙造地			地球	
W1177.1.1.1	浊气化成的阴龙		W1178.3	神与动物合作	
	造地			造地	【628】
W1177.1.2	青龙造地		W1178.3.1	佛与潜水鸟在海上	
W1177.1.2.1	佛祖让青龙造地			创造大地	
W1177.1.3	李龙王造地		W1178.3.2	海神、龙神与蛇王	
W1177.1.4	母龙造地			造地	
W1177.2	鸟造地	【623】	W1178.4	植物造地	【629】
W1177.2.1	鸟衔石造地		W1178.4.1	茶树开辟大地	
W1177.2.1.1	白水鸟衔石造地		**W1178a**	**与造地者有关的**	
W1177.2.2	鸟用翅膀扇出地			**其他母题**	**【629】**
W1177.2.3	水鸟在海中造出地		W1178a.1	女神因年老无法	
W1177.2.4	白水鸟、野鸭、天			造地	【629】
	鹅衔泥造地		W1178a.2	造地时遇到干扰	【629】
W1177.3	青蛙造地	【624】	W1178a.2.1	造地时的干扰者	
W1177.3.1	海龙王派青蛙造地		W1178a.2.1.1	特定的神干扰造地	
W1177.3.2	青蛙在水面上造地		**W1179**	**造地的方法**	**【630】**
W1177.4	蜘蛛造地	【625】	W1179.1	地是织出来的	
W1177.4.1	蜘蛛在水上结网			（织地）	【630】
	形成地		W1179.1.1	用梭子织地	
W1177.5	其他动物造地	【625】	W1179.1.1.1	女始祖用梭子织地	
W1177.5.1	鱼造地		W1179.1.1.2	地母用喉头当梭用	
W1177.5.1.1	金鱼娘用鳍扇出地			脸毛当线织地	
W1177.5.2	螟蛉子造地		W1179.1.1.3	女神用梭子织地	
W1177.5.3	鸭造地		W1179.1.2	用土填地网造地	
W1177.5.3.1	鸭在龟背上撒土造地		W1179.1.3	用体毛织地	
W1177.5.3.2	野鸭在水上撒土造地		W1179.1.3.1	女始祖遮米麻用	
W1177.5.4	蚂蚁造地			体毛织地	
W1177.5.5	拱屎虫造地（屎壳		**W1179.2**	**填海成地**	**【631】**
	郎造地）		W1179.2.1	用土填海造地	
W1178	**其他造地者**		W1179.2.1.1	天神用土填海造地	
	造地	**【627】**	W1179.2.2	挤海成地	

W1179.2.2.1	盘古用怪物挤海造地		W1179.5.1	神掘土造地	
W1179.2.2.2	人用山挡海造地		**W1179.6**	**找土造地**	【636】
W1179.2.3	与填海造地有关的奇特母题		W1179.6.1	让动物找土造地	
			W1179.6.1.1	创造神用白鸟潜水找来的泥土创造地	
W1179.2.3.1	填海造地不成功		W1179.6.2	用身上的泥造地	
W1179.3	**填石造地**	【633】	W1179.6.2.1	天神用身上的泥造地	
W1179.3.1	女娲用五彩石填				
W1179.4	**潜水取土造地**	【633】	**W1179.7**	**用特定的工具造地（造地工具）**	【637】
W1179.4.0	神潜水取土造地		W1179.7.1	用斧子打造地面	
W1179.4.1	龟潜水取土造地		W1179.7.1.1	造物主用开山巨斧打造地面	
W1179.4.2	鱼潜水取土造地		W1179.7.1.2	仙人用铜铁斧开山造地	
W1179.4.3	魔鬼潜水取土造地				
W1179.4.4	鸭潜水取土造地		W1179.7.2	造地时使用风箱	
W1179.4.4.1	绿鸭道士淘沙造地		**W1179.8**	**与造地方法有关的其他母题**	【638】
W1179.4.4.1.1	佛祖让绿鸭道士淘沙造地		W1179.8.1	造地方法的获得	
W1179.4.4.2	大鹏金翅鸟让鸭子潜水取泥		W1179.8.1.1	神向蜂学习造地方法	
W1179.4.4.3	野鸭潜水取土造地		W1179.8.1.2	佛祖向天神学习造地方法	
W1179.4.4.4	黄鸭潜水取土造地		W1179.8.2	支天造地	
W1179.4.5	青蛙潜水取土造地		W1179.8.2.1	佛祖支天造地	
W1179.4.6	其他动物潜水取土造地		W1179.8.3	地是一步步造出来的	
W1179.4.6.1	白鸟潜水取土造地		W1179.8.4	特定人物滚出地	
W1179.4.7	与潜水取土造地有关的其他母题		W1179.8.4.1	母龙在地上滚9下变成9块地	
W1179.4.7.1	潜水取土放置在手掌上造地		W1179.8.5	特定人物推出地	
W1179.4.7.2	潜水取土放置在龟背上造地		W1179.8.5.1	堆地之神堆出地	
W1179.4.7.3	潜水取土造地不成功		W1179.8.6	劈开特定物造出地	
W1179.4.7.3.1	绿鸭潜水取土在龟背上造地不成功		W1179.8.6.1	劈开的气包形成地	
			W1179.8.7	凭意念造出地	
			W1179.8.7.1	神凭借意念造地	
W1179.5	**掘土造地**	【636】	W1179.8.8	通过按压造地	

代码	母题	页码
W1179.8.8.1	神用手按出地	
W1179.8.9	造地的参照物（造地的模子）	
W1179.8.9.1	仿照簸箕造地	
W1179.8.9.2	仿照轿子造地	
W1179.8.9.2.1	天女仿照轿子造地	
W1179.8.9.3	仿照天上的样子造地	
W1179.8.9.4	仿照建房子造地	
W1179.8.9.5	仿照藤爬的样子织地	
✽ W1180	造地的材料	【642】
W1181	用神或神性人物的身体造地	【642】
W1181.1	神用自己的儿子的身体造地	【642】
W1181.2	用巨人的身体造地	【643】
W1181.3	用创造者的指甲造地	【643】
W1182	用人的身体造地	【643】
W1182.1	用最早的一对兄妹的身体造地	【643】
W1183	用动物的身体造地	【643】
W1183.1	用鳌鱼造地	【643】
W1183.1.1	天母用鳌鱼搭成地	
W1183.2	用牛造地	【643】
W1183.2.1	用龙牛肉造地	
W1183.3	动物破碎的肢体拼凑成大地	【644】
W1183.3.1	创世母亲把蛤蟆破碎的肢体拼凑成大地	
W1184	用土造地（用泥造地）	【644】
W1184.0	用泥土造地	【644】
W1184.0.1	创世者用泥土造地	
W1184.0.2	神用泥巴造地	
W1184.0.2.1	神用三坨泥巴造地	
W1184.0.3	天神用土造地	
W1184.1	用天泥造地	【645】
W1184.1.1	天神用天泥捏地球	
W1184.2	用神土造地	【646】
W1184.2.1	天神3兄弟撒神土造地	
W1184.2.2	天神用神土造地	
W1184.3	用胶泥造地	【647】
W1184.4	用动物身上的泥造地	【647】
W1184.5	用黑土造世界（用黑土造地）	【647】
W1184.6	用黄土造地	【647】
W1184.6.1	释迦牟尼在水上撒黄土造地	
W1184.6.2	神仙用一碗黄土和一碗水造地	
W1184.6a	用白泥造地	【647】
W1184.6a.1	天女用白泥造地	
W1184.6b	用瓦泥造地	【648】
W1184.6b.1	用瓦泥造出软绵绵的地	
W1184.6c	用红土黑土造地	【648】
W1184.6c.1	创世神用红土黑土造地	
W1184.7	用特定物和泥造地	【649】
W1184.7.1	用泥土沙石造地	
W1184.7.2	用唾液和土石造地	
W1184.7.3	用唾液和泥尘造地	
W1184.8	用泥垢造地	【649】
W1184.8.1	神鱼用身上的污垢	

		造地	W1186	与造地有关的	
W1184.8.2		神搓泥造地球		其他母题	【655】
W1185		**其他造地的**	W1186.1	按佛的旨意造地	【655】
		材料 【650】	W1186.2	造地的准备	【655】
W1185.0		用特定的肢体	W1186.2.1	祖先造地前先做出	
		造地 【650】		地的形状	
W1185.0.1		巨人用指甲造地	W1186.3	造地的时间	【655】
W1185.1		用特殊的布料	W1186.3.1	造地用了7天	
		造地 【651】	W1186.3.1.1	天神造地用了7天	
W1185.2		用空气和尘土造	W1186.3.1.2	上帝造地用了7天	
		地球 【651】	W1186.3.1.3	太阳姐妹造地用了	
W1185.2.1		女天神用空气和		7天	
		尘土造地球	W1186.3.1a	造地用了12天12	
W1185.3		用水泡造地 【651】		夜	
W1185.3.1		造物主用水泡造地	W1186.3.2	天女造地用了77天	
W1185.4		青蛙的呕吐物掺	W1186.3.3	绿鸭道人造地用了	
		石土造地 【652】		九九八十一天	
W1185.5		金丹碎成粉造地 【652】	W1186.3.4	造地用了9999年	
W1185.5.1		佛把金丹碎成粉撒	W1186.3.5	造地用了1万年	
		在水上造地	W1186.3.5.1	地合造地用了1	
W1185.6		用混沌的下截		万年	
		做地 【652】	W1186.3.6	春天辟地	
W1185.6.1		天神用混沌的下截	W1186.3.7	天神造人之前先	
		做地		造地	
W1185.7		用松毛铺地 【652】	W1186.3.8	牛日造地	
W1185.7a		用草叶铺地 【653】	W1186.3.9	蛇日造地	
W1185.7b		蕨菜根作为造地的	W1186.3a	造地的地点	【659】
		底子 【653】	W1186.3a.0	在水中造地	
W1185.7c		用花造地 【654】	W1186.3a.0.1	神在水中造地	
W1185.7c.1		在水上种荷花造地	W1186.3a.0.2	在海中造地	
W1185.8		用体垢和海水造	W1186.3a.0.2.1	青蛙生的巨人在海	
		地球 【654】		中造地	
W1185.8.1		神用体垢和海水造	W1186.3a.1	在天的中央造地	
		地球	W1186.3a.1.1	女娲在天的中央造地	
W1185.9		用球造地 【654】	W1186.3a.2	在蛤蟆背上造地	
W1185.9.1		女娲用从玉帝那里	W1186.3a.2.1	天神在金蛤蟆背上	
		偷来的球造地		造地	

W1186.3a.3	把泥放在鱼头上造地	
W1186.3a.3	鹏鸟把泥放在鱼头上造地	
W1186.3a.4	在黑影中造出地	
W1186.3a.4.1	天神在黑影中造出地	
W1186.4	两次造地（再造地）	【662】
W1186.4.1	洪水后再造地	
W1186.5	造地的帮助者	【662】
W1186.5.1	蚂蚁、土狗、蚯蚓等动物帮助造地	
W1186.5.2	赶牛造地	
W1186.5.2.1	赶龙牛造地	
W1186.5.2.2	3头牛造地	
W1186.5.3	马和象是造地的帮助者	
W1186.6	检验造地结果	【663】
W1186.7	造地失败（造地不成功）	【663】
✳ W1187	地是生育产生的	【663】
W1188	神或神性人物生地	【664】
W1188.1	地是最高的神王的女儿	【664】
W1188.2	女神生大地	【664】
W1188.3	巨鸟生地（神鸟生地）	【664】
W1188.4	鬼姐弟婚生地	【664】
W1188.5	神是地的父亲	【664】
W1189	人生地	【665】
W1190	动物生地	【665】
W1190.1	鱼生地	【665】
W1191	与生育产生地有关的其他母题	【665】
W1191.1	卵生地	【665】
W1191.1.1	精灵生的蛋中生出地	
W1191.1.1.1	精灵感露珠生的蛋中生出地	
W1191.1.2	混沌卵中生出地	
W1191.2	天地婚生地	【666】
W1191.2a	云与雾婚生地	【666】
W1191.3	海生地	【666】
W1191.3.1	风和雾使海中产生陆地	
W1191.4	云生地	【667】
W1191.4.1	重的云生地	
✳ W1192	地是变化产生的	【667】
W1193	神或神性人物变成地	【667】
W1193.1	创世者的皮肤变成地	【667】
W1193.2	被杀死的神的尸体变成地	【667】
W1193.2.1	被杀死的神的尸体先变成山，山再变成地	
W1193.3	神死后心变成地	【668】
W1193.4	祖先的肉体变成泥土	【668】
W1193.5	怪物的身体变成地	【668】
W1193.6	盘古变成地	【668】
W1193.6.1	盘古的五脏变地	
W1193.6.2	盘古的心变成地	
W1193.6a	盘生变成地	【669】
W1193.7	与神或神性人物	

	变地有关的其他母题	【669】		变成地	【674】
W1193.7.1	鬼死后腿变成大地		W1194.5.1	巨鸟的翅膀变大地	
W1193.7.2	巨人的手变成大地		W1194.5.2	鱼鳍变成地	
W1193.7.3	日月的女儿的身体变成地		W1194.5.2.1	鱼的左鳍变成地	
			W1194.5.3	地是野猪的耳朵	
W1193a	**人变成地**	【670】	**W1195**	**卵变成地（蛋变成地球）**	【675】
W1193a.1	特定的人死后肉变成地	【670】	W1195.1	特定的球变成地（特定的球变成地球）	【675】
W1193a.1.1	弟弟被哥哥杀死后变成地		W1195.1.1	石球变成地（地球）	
W1193a.1.2	盘古死后肉变成土地		W1195.1.1.1	盘古撞破的石球下片变成地	
W1193a.1.3	世界第一个人死后肉变成土地		W1195.1.2	如意球变成地	
W1194	**动物变成地**	【671】	W1195.1.2.1	盘古兄妹偷的玉帝的如意球变成地	
W1194.1	被杀死的动物变成地	【671】	W1195.1.3	女娲从玉帝那里偷的球变成地球	
W1194.2	动物的肉变成地	【671】	**W1195.2**	**蛋的重的部分变成地**	【676】
W1194.2.1	犀牛的肉变成地		W1195.2.1	混沌中重的东西下沉变成地	
W1194.2.2	龙牛肉化为地		W1195.2.1.1	黑色的宇宙卵重的东西朝下沉变成地	
W1194.2.3	大鸟的肌肉变成地上的泥巴		W1195.2.2	混沌卵中灰尘下沉变成大地	
W1194.2.4	马鹿的肉变成大地		W1195.2.3	混沌卵中的阴浊变成地	
W1194.3	**动物的皮变成地**	【672】	**W1195.3**	**蛋的中间部分变成地**	【677】
W1194.3.1	蛇皮化为田地		W1195.3.1	蛋炸开后中间一片变成地	
W1194.3.2	蛇的肚皮化为田地		**W1195.4**	**蛋壳变成地**	【678】
W1194.3.3	马鹿的皮变大地		W1195.4.1	鸡蛋的蛋壳变成地	
W1194.4	**动物的血变成地**	【673】	W1195.4.2	巨卵的蛋壳变成地	
W1194.4.1	巨兽的血变成地		**W1195.5**	**蛋黄变成地**	【678】
W1194.4.2	牛血变成地				
W1194.4.3	蛤蟆的血变成地				
W1194.4a	**动物的毛骨血肉变成地**	【674】			
W1194.4a.1	犀牛的毛骨血肉变成地				
W1194.5	**动物的其他肢体**				

W1195.5.1	神生的蛋的蛋黄变成地		W1196.6	海上的漂浮物变成地	【682】
W1195.5.2	盘古打碎蛋的蛋黄变成地		W1196.7	水里长出的树变成地	【682】
W1195.5.3	盘古生的蛋的蛋黄变成地		W1196.8	水上的蒸汽凝结成地	【683】
W1195.5.4	混沌卵的黄下沉变成大地		**W1197**	**其他特定的物质变成地**	【683】
W1195.6	**石蛋的一半变成地**【680】		W1197.1	泥土变成地	【683】
W1195.7	**与卵变地有关的其他母题**【680】		W1197.1.1	黄气化成的泥土变成地	
W1195.7.1	蛋的胎血变成地		W1197.1.2	潜水取得的泥土变成地	
W1195.7.1.1	混沌卵下沉的胎血变成地		W1197.1.2.1	洪钧老祖把潜水取得的泥土变成地	
W1195.7.2	盘古劈开妻子生的圆球下沉的一半变成地		W1197.1.3	泥巴灰尘堆积成地	
			W1197.1.4	神搓的泥变成地	
W1195.7.3	气泡变成地		W1197.1.5	始祖的汗泥变成大地	
W1196	**抛撒在水上的物质（泥土、沙石等）变成地**【681】		W1197.1.6	女神喷出的尘土变成地球	
			W1197.1.7	盘古把生育自己的泥团砍出天地	
W1196.1	**抛在水上的石块变成地** 【681】		W1197.2	被杀死的小孩的尸体变成地	【685】
W1196.2	**撒在水上的沙子变成地** 【681】		**W1197.3**	**特定的肢体变成地（肉变成地）**	【685】
W1196.2.1	佛祖撒在水上的沙子变成地		W1197.3.1	怪物的皮变为地	
W1196.3	**吐在水中的唾液变成地** 【681】		**W1197.4**	**植物变成地**	【685】
W1196.4	**水面鸟巢上堆积灰尘变成地** 【682】		W1197.4.1	树的粉末掉到水里变成地	
W1196.5	**泥撒在巨龟肚子上形成大地** 【682】		W1197.4.1.1	虫子咬的树的粉末掉到水里变成地	
W1196.5.1	神仙在大鳖身上创造了阳世		W1197.4.2	树皮变成地	
			W1197.4.3	地是巴根草	
W1196.5.2	佛在巨龟身上造地		W1197.4.4	神树变成地	

W1197.4.5	花变成地		W1197.10.1	地是浮在水面上的青石板	
W1197.4.5.1	荷花变成地		W1197.10.2	地最早是浮在水面的一块平板	
W1197.5	**一块板子变成地**	【687】	W1197.10.3	海里露出的石头长草变成地	
W1197.6	**积灰成地**	【687】			
W1197.6.1	世界燃烧的灰变成地		**W1197.11**	**海里露出的山变成地**	【693】
W1197.6.2	燃烧的尘土灰堆积成地		W1197.11.1	挤压海底露出的山变成地	
W1197.6.3	灰在水上变成地		**W1197.12**	**太阳的碎片变成地**	【694】
W1197.6.4	水上生的灰尘变成地		W1197.12.1	射日落下的太阳的黄色碎片变成地	
W1197.7	**水变成地**	【688】	**W1197.13**	**石头变成地**	【694】
W1197.7.1	浑水下沉变地		W1197.13.1	岩石的一半变成地	
W1197.7.1.1	盘古劈出的泥巴水下沉变地		W1197.13.2	下降的岩石变成地	
W1197.7.2	水蒸发形成地		W1197.13.3	石渣变成地	
W1197.7.3	海变硬的部分成为大地		**W1197.14**	**粪便变成地**	【695】
W1197.7.4	水花海浪凝聚成地		W1197.14.1	青蛙屙的屎变成土地	
W1197.8	**云变成地**	【689】	**W1197.15**	**积血变成地**	【695】
W1197.8.1	黑云下沉为地		W1197.15.1	气体交配产生的积血变成地	
W1197.8.2	云丝凝结成地				
W1197.9	**气变成地**	【690】	**W1197.16**	**与特定物质变地有关的其他母题**	【696】
W1197.9.1	浊气凝结成地		W1197.16.1	宝物变成地	
W1197.9.2	浊气下沉变成地		W1197.16.2	烟降落形成地	
W1197.9.2.1	混沌中的浊气下沉变成地		W1197.16.3	旋转的云雾变成地球	
W1197.9.3	黑色的雾气变成地		W1197.16.4	风与雾在海中结成的硬块成为陆地	
W1197.9.4	两种气交配产生的血凝结成地		W1197.16.5	神造的物变成地	
W1197.9.5	三种气体变成地		W1197.16.5.1	天神造的塔变成地	
W1197.9.6	与变成地有关的其他母题		**W1198**	**与变地有关的其他母题**	【697】
W1197.9.6.1	浊的东西变成地		W1198.1	变地有特定的	
W1197.9.6.2	气体变成地球				
W1197.10	**海里露出的石头变成地**	【692】			

		时间 【697】	W1199.1.4		陆地在蛤蟆背上
W1198.1.1		盘生牛年变成地			形成
W1198.2		**混沌的一部分**	W1199.1.4.1		天神把土放在金
		变成地 【697】			蛤蟆背上形成地
W1198.2.1		盘古的妻子把混沌的	W1199.1.5		地球悬挂在牛角上
		下部变成地	W1199.1.5.1		真主把地球悬放在
W1198.3		**混沌中属"阴"的**			公牛角上
		重浊之物凝结	W1199.1.5.2		萨迦甘把地钉在巨
		为地 【698】			牛角上
W1198.4		**盘古开天地时重的**	W1199.1.6		地造在鳌鱼头上
		下沉变成泥土 【698】	W1199.1.6.1		洪钧道人地造在鳌
W1198.5		**气体、烟雾和狂风**			鱼头上
		合成地球 【698】	W1199.1.7		地最早生成的方位
W1198.6		**气浪、烟雾、大风**	W1199.1.8		东西南北四个方位
		与水汽凝成地球 【698】			的地的产生
W1199		**与地的产生有关**	W1199.1.8.1		地从西南方产生
		的其他母题 【699】	**W1199.2**		**大地始于一元** 【705】
W1199.0		**地产生的时间** 【699】	**W1199.3**		**地的增大** 【705】
W1199.0.1		地在牛年产生	W1199.3.1		陆地自然变大
W1199.0.1.1		牛年牛月牛日生出	W1199.3.2		神或神性人物把地
		地			增大
W1199.0.1.2		乙丑年生地	W1199.3.2.1		天神把地增大
W1199.0.2		地产生在蛇日	W1199.3.2.2		萨满把地增大
W1199.0.3		地球产生在许多亿	W1199.3.2.3		祖先把地增大
		年前	W1199.3.2.3.1		祖先布洛陀因地上
W1199.0.4		地球经历10万年			人多把地增大
		才形成	W1199.3.3		动物把地增大
W1199.1		**地形成的地点** 【701】	W1199.3.3.1		青蛙把地增大
W1199.1.1		地在龟背上形成	W1199.3.3.2		蚂蚁把地增大
W1199.1.2		地在海面形成	W1199.3.3.3		龙王把地增大
W1199.1.3		地在蜘蛛网上形成	W1199.3.4		地增大的情形
W1199.1.3.1		天神把蜘蛛网铺在	W1199.3.4.1		地球在海中逐渐
		水上造地			变大
W1199.1.3.2		尘土落在蜘蛛网上	W1199.3.4.2		地吃奶后增大
		形成地	W1199.3.4.3		神让地长大
W1199.1.3.3		神往蜘蛛网上填土	W1199.3.4.4		地每天长1丈
		形成地	W1199.3.4.5		地球增大万亿倍

代码	名称	页码	代码	名称	页码
W1199.4	地的变小	【708】	W1206.0	以前地是平的	【714】
W1199.5	地产生比天晚	【708】	W1206.0.0	天地初分时地是平的	
W1199.5.1	天产生之后过一万零八百年生地		W1206.0.1	盘古最初造出的地是平的	
W1199.6	野地的产生	【708】	W1206.0.1.1	盘古用斧子把地砍平	
W1199.6.1	雾露和云团夫妻孕育了野地		W1206.0.2	女始祖造出的地是平的	
W1199.7	地的发现	【709】	W1206.0.3	灰尘积成平地	
W1199.7.1	鹰最早发现地		W1206.0.4	以前地是平的，只有一些小土岗	
W1199.8	地的五形的产生	【709】			
W1199.8.1	特定人物的尸体化生为地的五形		W1206.1	地像席子	【717】
✿ W1200	地的特征	【709】	W1206.1.1	以前的地像席子	
W1201	地的性别	【710】	W1206.1.2	地像张铺开的垫席	
W1201.1	地是男的	【710】	W1206.1.3	神仙赶山后地平如席	
W1201.2	地是女的	【710】			
✿ W1202	地的形状（地貌）	【710】	W1206.2	神抽陀螺把地整平	
W1203	地原来没有一定的形状	【710】	W1206.2.1	神仙抽陀螺把地整平	【718】
W1204	地是方的	【711】	W1206.3	神用锤把地锤平	【719】
W1204.1	最早的地是个大方框	【711】	W1206.4	怪物把地弄平	【719】
W1205	地是圆的（地球是圆的）	【712】	W1206.4.1	怪鸡把地抓平	
W1205.1	地是一个黑鸡蛋	【712】	W1206.5	老蛤蟆使大地变平整	【719】
W1205.2	地球圆形是焚烧缩成的	【713】	W1206.6	撒草木后地变平	【719】
W1205.3	地是圆的与球有关	【713】	W1206.6.1	天神撒草木后地变平	
W1205.3.1	女娲把众物粘在球上把地造成圆的		W1206.7	把地犁平	【720】
W1205.4	把方地改成圆形	【713】	W1206.7.1	神把地犁平	
W1205.4.1	众神把方地改成圆形		W1206.8	特定人物把地削平	【720】
W1206	地是平的	【714】	W1206.8.1	神人把地削平	
			W1206.8.2	神仙用斧子把地削平	

代码	母题	页码
W1206.9	地被洪水冲成平的	【721】
W1206.10	地的上下都是平的	【721】
W1206.11	地是牛皮铺的所以平坦	【721】
W1206.12	与地的平整有关的其他母题	【721】
W1206.12.1	地母造出的地是平的	
W1206.12.2	天神造出的地是平的	
W1207	地像盘子	【722】
W1208	地（地球）像轮子	【722】
W1209	地像簸箕	【722】
W1209.1	最早的地比簸箕还平	【722】
W1209.2	把地造得像簸箕	【723】
W1209a	地像帽子	【723】
W1209a.1	地像笠帽	【723】
W1210	与地的形状有关的其他母题	【724】
W1210.1	地以前的样子像人	【724】
W1210.1.1	大地有人一样的肢体	
W1210.2	地是一块粘稠物体	【724】
W1210.2.1	地以前像鸭粪	
W1210.2.2	地是黏渍渍的一块	
W1210.3	大地变化无常	【725】
W1210.4	地以前是混沌	【726】
W1210.4.1	以前的地浑浊	
W1210.4.2	最早的地没有固定形状	
W1210.4.3	地球最早是稀泥和岩石	
W1210.4a	最早的地是沼泽	【727】
W1210.5	地像特定的动物	【727】
W1210.5.1	地像马鬃蛇的身体	
✳ W1211	地貌的成因	【727】
W1212	地貌源于神的安排（地貌源于神的制造）	【728】
W1212.1	盘古安置出现在的地貌	【728】
W1212.2	众神女造出现在的地貌	【728】
W1212.3	天女造出现在的地貌	【728】
W1212.4	巨人造出现在的地貌	【728】
W1212.5	祖先造出现在的地貌	【728】
W1212.5.1	女祖先造出现在的地貌	
W1212.6	佛祖造出现在的地貌	【729】
W1212.6.1	佛祖让动物造出现在的地貌	
W1212a	地貌源于神的化生	【729】
W1213	地貌源于神或神性人物的活动	【729】
W1213.1	地貌是神耕地形成的	【730】
W1213.2	地貌是文化英雄耙出来的	【730】

代码	内容	页码
W1213.3	神缩地形成不同地貌	【730】
W1213.4	雷公槌地造成凹凸不平	【730】
W1213.5	神修地不认真造成各种地貌	【731】
W1214	地貌源于人的活动	【731】
W1215	地貌源于动物的活动	【731】
W1215.1	地貌是猪拱出来的	【731】
W1215.2	地貌是马鬃蛇造成的	【731】
W1215.2.1	马鬃蛇使大地有了高山、平原、河流、湖泊	
W1215.3	地貌是屎壳郎造成的	【731】
W1216	地貌源于特定的语言	【732】
W1216.1	蛤蟆的语言使大地定型为现在的样子	【732】
W1217	地势的高低	【732】
W1217.0	以前地不平	【732】
W1217.1	地高低不平的来历	【732】
W1217.1.1	大地被水冲得高低不平	
W1217.1.2	洪水使天和地不再像原来平坦	
W1217.1.3	大地有高低是缩地时形成的	
W1217.1.3.1	缩地时造成地的凹凸	
W1217.1.3.2	拉地脉用力不均形成地的高低不平	
W1217.1.4	地神用泥土堆地造成高低不平	
W1217.1.5	天神把地锤得高低不平	
W1217.1.6	牛犁地没有把地犁平	
W1217.1.7	神造地时形成高低不平	
W1217.1.7.1	9个神造地时形成高低不平	
W1217.1.8	青蛙挤压地形成高低不平	
W1217.2	地西高东低	【735】
W1217.2.0	开天辟地时造成西高东低	
W1217.2.0.1	盘古开天辟地时踢踏出高东低	
W1217.2.1	地的西部是治水时垫高的	
W1217.2.1.1	大禹治水造成地势西高东低	
W1217.2.2	地势东边低是被砸造成的	
W1217.2.2.1	地西高东低是特定人物从天上跳落在东方形成的	
W1217.2.3	地西高东低是被神掀出来的	
W1217.2.4	神把东方的天柱砍短形成西高东低	
W1217.2.5	东边土地松动造成西高东低	
W1217.2.6	天河水冲出西高东低	
W1217.2.7	地西高东低源于支天鳌足的东边	

	长西边短	
W1217.3	地北高南低	【738】
W1217.3.1	补地时南方石头少造成地北高南低	
W1217.4	地西北高东南低	【738】
W1217.4.1	天塌造成地倾东南	
W1217.4.2	大禹治水时地西北高东南低	
W1217.5	女神把地踏低	【739】
W1217.6	海浪使地面变低	【739】
W1218	与地貌成因有关的其他母题	【740】
W1218.0	为什么坡多平坝少	【740】
W1218.0.1	坡多平坝少是特定人物说话造成的	
W1218.0.1.1	坡多平坝少是耕地的犀牛回答神的提问造成的	
W1218.1	三山六水一分田的来历	【740】
W1218.1.1	红君道人造地造成三山六水一分田	
W1218.1.2	大鹏造地造成三山六水一分田	
W1218.1a	三分地四分坡一厘田的来历	【741】
W1218.2	地改变了原貌	【741】
W1218.2.1	因灾难地改变了原貌	
W1218a	与地貌有关的其他母题	【741】
W1218a.1	神奇的地貌	【741】
W1218a.1.1	使人返老还童的土地	
＊W1219	地的大小	【742】
W1220	原来的地很小	【742】
W1220.1	神原来造的地很小	【742】
W1220.1.1	神最早造的地球很小	
W1220.1.1.1	天神腾格里造的地很小	
W1220.1.2	神仙造的地很小	
W1220.1.2.1	神仙因为懒造的地很小	
W1220.2	地原来只有鞍鞯大	【743】
W1220.3	造出的第一个地很小	【743】
W1220.3.1	造出的第一个地球很小	
W1220.4	地有九分大	【744】
W1220.5	地原来像蚂蚁堆一样大	【744】
W1220.5.1	水面上露出的地像蚂蚁堆一样大	
W1221	地巨大无比	【744】
W1222	与地的大小有关的其他母题	【745】
W1222.1	地厚4万多里，宽28万多里	【745】
W1222.2	地很辽远	【745】
W1222.2.1	鸟走一步拍地球三下需要5千年	
W1222.2.2	特定地方的地很辽阔	
W1222.2.2.1	高辛国的地9万9千里	
W1222.2.3	地两极的长度	
W1222.2.3.1	东极到西极五亿十选九千八百步	
W1222.3	地的重量	【746】

代码	母题	页码	代码	母题	页码
W1222.3.1	地重9万斤		W1231.2.2	神把地划分为16层	
✽ W1223	地的厚度	【746】	W1231.3	地有28层	【753】
W1224	地很薄	【746】	W1231.3.1	盘古把地劈出28层	
W1224.1	地厚3尺3寸	【746】	W1231.4	地有77层	【753】
W1225	地很厚	【747】	W1232	地的颜色	【754】
W1225.1	地有33座山的厚度	【747】	W1232.1	以前地是白的（白色的地）	【754】
✽ W1226	地的层数	【747】	W1232.1.1	天地初分时因水天相连地是白的	
W1227	地有3层	【747】	W1232.2	地是黄色的（黄色的地）	【754】
W1228	地有7层	【748】	W1232.2.1	地是黄色的来历	
W1228.1	宇宙神造出7层地	【748】	W1232.2.1.1	地是蛋黄变的所以呈现黄色	
W1228.2	神造7层地	【748】	W1232.2.1.1.1	盘古打碎的蛋黄变成黄色的地	
W1228.3	创世主造7层地	【749】	W1232.2.1.2	土地分开后形成黄色的地	
W1228.3a	上帝主造7层地	【749】	W1232.3	地是黑色的（黑色的地）	【755】
W1228.4	其他人物造7层地	【749】	W1232.3.1	地是黑色的来历	
W1228.4.1	龙主造7层地		W1232.3.1.1	地姑娘穿黑衣裳所以地成黑色	
W1228.5	与7层地有关的其他母题	【749】	W1232.3.2	地是黑色的泥	
W1228.5.1	7层黑土		W1232.3.2.1	地最初是黑色的泥	
W1228.5.2	七重地		W1232.4	与地的颜色有关的其他母题	【756】
W1229	地有9层	【750】	W1232.4.1	红色的地	
W1229.1	地王造9层地	【750】	W1232.4.1.1	天女用铜铁扫帚扫出红色地	
W1229.2	喇嘛造9层地	【751】	W1232.4.1.2	风吹出红色的地	
W1230	地有18层	【751】	W1232.4.2	最早的地是无边无际的五色土	
W1230.1	盘古开辟18层地	【751】			
W1230.2	盘古蹬出18层地	【751】	W1233	地会变化（陆地会变化）	【757】
W1231	地的其他层数	【752】			
W1231.1	地有12层	【752】			
W1231.1.1	神用12个昼夜造出12层地				
W1231.1.2	神用12夜造出12层地				
W1231.2	地有16层	【753】			
W1231.2.1	地原来有16层				

W1233.1	大地的形状时常变化	【757】		**W1235.3**	地不会陷	【763】
W1233.1.1	最早的地千变万化			W1235.3.1	地不会陷的原因	
W1233.1.1.1	最早的地在高山、平原与大海之间互相变化			W1235.3.1.1	地不会塌是因为有无数石柱支撑着大地	
W1233.2	原来的地与现在相反	【758】		W1235.3.1.2	女子嫁给地神后地不会陷	
W1233.2.1	以前的土地很硬			W1235.3.2	地的凹陷	
W1233.3	地由软变硬	【758】		W1235.3.2.1	天神造地时形成地的凹陷	
W1233.3.1	地以前是软的			W1235.3.3	地的塌陷	
W1233.3.2	日月照晒使软的大地变硬			W1235.3.3.1	人多把地压塌	
W1233.3.3	风把软的地吹硬			**W1235.4**	地浮在水面上	【764】
W1233.4	日月把大地晒软	【759】		W1235.4.1	地漂浮在大海上	
W1233.5	地每天都在变化	【759】		W1235.4.1.1	地球漂在大海上	
W1233.6	地的变圆	【759】		W1235.4.1.2	地在海上漂浮不定	
W1233.6.1	地磨掉4个角变圆			W1235.4.2	地似游鱼浮在水中	
W1234	地的生育	【760】		W1235.4.3	地如水上之船	
W1234.1	大地感光而孕	【760】		W1235.4.4	地如平板浮在水面上	
W1234.1.1	大地母亲感阳光孕生1万8千人			W1235.4.5	天神把造的地放在水面上	
W1235	与地的特征有关的其他母题	【760】		W1235.4.6	地球浮在水中	
W1235.0	地的周围是特定物	【760】		**W1235.5**	以前的地上都是水	【766】
W1235.0.1	地的上面是神土，下面是石盖，再下面是海水			W1235.5.1	天地初开时地上都是水	
W1235.1	以前的大地很安宁	【760】		W1235.5.2	以前的大地白浪滔滔	
W1235.2	以前的地是空的	【761】		W1235.5.3	以前地上只有沸腾的洪水	
W1235.2.1	地刚形成时是空的			**W1235.5a**	以前的地上地少水多	【768】
W1235.2.2	以前地上什么也没有			W1235.5a.0	地上九分水一分地	
W1235.2.3	以前地球光秃秃			W1235.5a.1	以前的地上一分地二分水	
				W1235.5a.2	世上为什么水多	

代码	母题	页码
W1235.5a.2.1	世上水多是造地者粗心造成的	
W1235.5a.3	世上为什么有无尽的水	
W1235.5a.3.1	神把妹妹嫁给水后世上有了无尽的水	
W1235.6	**以前的地是湿的**	【769】
W1235.6.1	排水使地变干燥	
W1235.6.1.1	大力神疏导水后地变干燥	
W1235.7	**以前的地像冰**	【770】
W1235.7.1	最早的大地像一包冰块	
W1235.8	**地球被气体、烟雾、风和浪花紧裹**	【770】
W1235.9	**以前大地黑暗**	【770】
W1235.9.1	黑暗之地	
W1235.9.2	以前地上只有短时间出现光亮	
W1235.9.2.1	以前地上只有天神打开天门时才出现光亮	
W1235.9.2a	以前地上只有很小的太阳找出的光亮	
W1235.9.3	太阳照不到的地方	
W1235.9.4	大地昏昏沉沉	
W1235.10	**以前地上很亮**	【773】
W1235.10.1	以前地上亮得昼夜不分	
W1235.11	**地是一堆泥巴**	【773】
W1235.11.1	以前的地是烂泥巴	
W1235.11.2	以前的地泥石不分	
W1235.11.3	最早的地松软湿烂	
W1235.11.3.1	地神造出的地松软湿烂	
W1235.11.3.2	虎女造出的地松软湿烂	
W1235.12	地分九种	【775】
W1235.12.1	炎黄把地分九种	
W1235.12a	地有7块	【775】
W1235.13	以前的地不适合人生存	【775】
W1235.13.1	最早的地因为太平难以居住	
W1235.13.2	最早的地因为不稳难以居住	
W1235.14	以前的地不适合种庄稼	【776】
W1235.14.1	以前的地因不稳定不适合种庄稼	
W1235.15	天下属土地最厉害	【776】
W1235.16	以前的地比现在硬	【776】
W1235.17	以前的地到处是洞	【777】
W1235.18	以前地上都是森林	【777】
W1235.18.1	远古时的大地是荒凉的森林	
W1235.19	最早的地像璞玉	【778】
W1235.20	地球与太阳的距离	【778】
W1235.20.1	地球与太阳距离的变远	
W1235.20.1.1	地球被烧掉一半后与太阳的距离变远	
W1236	**地的中心（地心）**	【778】
W1236.1	地心是圆饼状	【779】
W1236.2	山在地的中心	【779】
W1236.2.1	泰山居地的中心	
W1236.2.2	无量山是地的中心	
W1236.2.3	中皇山是地的中心	

W1236.3	地心最早形成	【780】		地的四极	
W1236.3.1	用牛心做地心		**W1237b**	地门	【785】
W1236.3.1.1	天神用龙牛心做地心		W1237b.1	地门的产生	【786】
			W1237b.1.1	地门是造出来的	
W1236.3.2	蛋黄变成地心		W1237b.1.2	地门是变化产生的	
W1236.3.2.1	盘瓠打破的蛋黄变成地心		W1237b.1.2.1	数字变成地门	
			W1237b.2	地门的特征	【786】
W1236.4	与地心有关的其他母题	【781】	W1237b.2.0	地有四门	
			W1237b.2.0.1	地的东门	
W1236.4.1	穿山甲拱地心		W1237b.2.0.2	地的南门	
W1236.4.2	地面到地心2500万里		W1237b.2.0.3	地的西门	
			W1237b.2.0.4	地的北门	
W1236.4.3	地心冒火		W1237b.2.1	地的西方有三重门	
W1236.4.4	地心是地神的肚脐眼		W1237b.2.1.1	地的西方有内层、中层、外层三重门	
W1236.4.5	用铁棍撑住地心		W1237b.2.2	地门有特定物看守	
W1236.4.6	地心漆黑		W1237b.2.2.1	地的四门由不同动物看守	
W1236a	地胆	【782】	W1237b.2.2.2	狮子看守地门	
W1236a.1	虎心作地胆	【782】	W1237b.2.2.3	神和仙人看管地门	
W1236a.1.1	天神的儿子用虎心作地胆		**W1237b.3**	与地门有关的其他母题	【788】
W1236a.1.2	天神的儿女用虎心作地胆		W1237b.3.1	地门的打开	
			W1237b.3.1.1	狗打开地门	
W1237	地边	【783】	W1237b.3.1.2	地神的女儿打开地门	
W1237.1	地边是黄铜做的	【783】	W1237b.3.2	地门上锁	
W1237.2	鱼支撑地边	【783】	W1237b.3.2.1	金锁银锁锁地门	
W1237.2.1	母鱼撑地边		W1237b.3.3	地门90道	
W1237.2.1	天女造地时用鱼支撑地边		W1237b.3.4	地有9门	
W1237.3	蚂蚁咬齐地边	【784】	**W1237c**	地的中央	【789】
W1237.3.1	缩地时让蚂蚁咬齐地边		W1237c.1	地中央的居民	【790】
W1237.4	地有4边	【785】	**W1238**	地脉（地维、地筋、地线、地理）	【790】
W1237.4.1	四隅				
W1237a	地极	【785】			
W1237a.1	地的四极	【785】	W1238.1	特定人物的筋脉变	
W1237a.1.1	盘古的四肢变成				

	地脉	【790】	W1239.2.2	地梁放在地柱上面	
W1238.1.1	盘古的筋脉变地脉		W1239.3	地梁的数量	【795】
W1238.1.2	盘古用自己的筋脉造地理		W1239.3.0	4根地梁	
			W1239.3.1	16根地梁	
W1238.2	天帝布四维	【791】	W1239.4	天神的脚骨架变成地骨	【796】
W1238.2a	月亮管四维	【791】			
W1238.3	动物的骨架变地脉	【791】	W1239.5	用石头做地骨	【796】
			W1239.5.1	神用石头做地骨	
W1238.3.1	鹿的骨架变成地脉		W1239.6	与地梁（地骨）有关的其他母题	【797】
W1238.3.1.1	马鹿的骨架变成地脉				
W1238.4	树根做地筋	【792】	W1239.6.1	地没有骨头会塌陷	
W1238.4a	用藤做地筋	【792】	W1239.6.2	地梁放在天柱下	
W1238.5	地脉的数量	【792】	W1239a	地椽	【797】
W1238.5.1	9根地脉		W1239a.1	地椽架在地梁上	【797】
W1238.5.2	多根地线		W1239a.2	地椽有360万根	【798】
W1238.5.2.1	缩地时抽去3根地线		W1240	地网	【798】
			W1240.1	天神造地网	【798】
W1238.6	地维的断裂	【793】	W1240.1.1	天神厄莎用7万7千个泥团造成地网	
W1238.6.1	地维的修补				
W1238.7	与地脉有关的其他母题	【793】	W1240.2	神织地网	【799】
			W1240.2.1	女神织360万个地网	
W1238.7.1	洞通地脉				
W1238.7.2	地脉通海与山		W1240.3	地网的特征	【799】
W1238.7.3	地线是特定的土		W1240.3.1	地网像一块木板	
W1238.7.3.1	地线是戊己土		W1241	地的经纬	【799】
W1239	地梁（地骨）	【794】	W1241.1	地由东西南北四部分造成	【799】
W1239.1	神造地梁	【794】			
W1239.1.1	神用神牛的脊梁做地梁		W1241.2	女神用梭子织出地的经纬分明	【800】
W1239.1.2	神用金珠、银珠造地梁		W1242	地角	【800】
W1239.1.2.1	神用龙王头上的金珠、银珠造地梁		W1242.1	地有4角（4个地角）	【800】
			W1242.2	固定地的4角	【801】
W1239.2	地梁的支撑	【795】	W1242.2.1	用石压地的四角	
W1239.2.1	牛脊梁做支地的地梁		W1242.2.2	用铜钉钉地的四角	

W1242.2.3	公鱼支撑地角			W1243.8a	地的肚脐	【808】
W1242.2.3.1	补地者捉公鱼支撑地角			W1243.8.1	龙潭是地的肚皮	
				W1243.9	地的毛发	【808】
W1242.3	**缝地的四角**	**【802】**		W1243.9.1	草木是地的头发	
W1242.3.1	洪水幸存者缝地的四角			W1243.9.2	草木是地的汗毛	
				W1243.10	**地的骨头**	**【808】**
W1242.4	**与地角有关的其他母题**	**【803】**		W1243.10.1	岩石是地的骨头	
				W1243.11	**地的肉**	**【809】**
W1242.4.1	天上众神固定了大地的四角			W1243.11.1	泥巴是地的肉	
				W1243.11.2	地脂（地膏）	
W1242.4.2	地脚在河流汇合处			**W1243.12**	**地的生殖器**	**【809】**
W1242.4.3	地脚在天地接头处			W1243.12.1	地的阴户	
W1242.4.4	地角石			W1243.12.2	地的男根	
W1243	**地的其他构成**	**【804】**		**W1243.12a**	**地乳**	**【810】**
W1243.1	**地尾**	**【804】**		W1243.12a.1	特定的山是地乳	
W1243.1.1	虎尾作地尾			W1243.12a.1.1	岐山是地乳	
W1243.1.1.1	天女用虎尾作地尾			**W1243.13**	**地上的坑**	**【810】**
W1243.1.1.2	天神的5个儿子用虎尾作地尾			W1243.13.1	地上的天坑	
W1243.1.1.3	天神的儿女用虎尾作地尾			W1243.13.2	造地者用杖戳出天坑	
				W1243.14	**地户**	**【811】**
W1243.2	**地的头（地头）**	**【805】**		W1243.14.1	地户是天门	
W1243.2.1	山坡是地的头			W1243.14.2	地户无底	
W1243.2.2	虎头做地头			W1243.14.3	地户在东南	
W1243.3	**地的眼睛**	**【805】**		**W1244**	**与地有关的其他母题**	**【812】**
W1243.3.1	水坑是地的眼睛					
W1243.4	**地的耳朵**	**【806】**		**W1244.1**	**原来有2个地球**	**【812】**
W1243.4.1	岩洞是地的耳朵			W1244.1.1	人类产生前有2个地球	
W1243.5	**地的鼻子**	**【806】**		**W1244.2**	**四大洲**	**【813】**
W1243.5.1	岩洞是地的鼻子			W1244.2.1	世界有四洲	
W1243.6	**地的嘴**	**【806】**		W1244.2.2	花朵变成四大洲	
W1243.6.1	山洞是地的嘴			W1244.2.2.1	天神往种的荷花撒土造地四个荷花瓣变成四大洲	
W1243.6a	**地的嘴唇**	**【807】**				
W1243.6a.1	岩脚口是地的嘴唇					
W1243.7	**地的四肢**	**【807】**		W1244.2.3	特定人物划分四大洲	
W1243.7.1	山坡是地的手					
W1243.8	**地的肚子**	**【807】**				

W1244.2.3.1	天神划分四大洲		W1244.2a.8	郁洲
W1244.2.3.2	圣母分开四大洲		W1244.2a.8.1	郁洲在东北海
W1244.2.4	四只动物代表四大洲		W1244.2a.9	元洲在北海
W1244.2.5	与四大洲有关的其他母题		W1244.2a.9.1	元洲在北海
W1244.2.5.1	十洲		W1244.2a.10	祖洲在东海
W1244.2.5.1.1	十洲即祖、瀛、炎、玄、长、元、流、生、凤麟、聚窟等洲		W1244.2a.10.1	祖洲在东海
			W1244.2b	**奇特的洲** 【819】
			W1244.2b.1	会移动的洲
			W1244.2b.1.1	迁来之州
			W1244.2c	**与洲有关的其他母题** 【820】
W1244.2.5.2	九州		W1244.2c.1	渚
W1244.2.5.2.1	盘古的九窍变成九州		W1244.2c.1.1	特定的人物化为渚
			W1244.2c.1.1.1	大禹的父亲化为渚
W1244.2.5.2.2	盘古与8个儿子分成九州		W1244.2c.1.2	积水成渚
			W1244.3	**人是土地主人的来历** 【820】
W1244.2.5.2.3	盘古与8个儿子管九州		**W1244.4**	**地洞** 【820】
W1244.2.5.2.4	人皇九兄弟管九州		W1244.4.1	地洞的产生
W1244.2a	**其他特定名称的洲** 【815】		W1244.4.1.0	自然产生地洞
			W1244.4.1.1	造地时留下地洞
W1244.2a.0	长洲		W1244.4.1.1.0	神造地时留下地洞
W1244.2a.0.1	长洲在南海		W1244.4.1.1.1	造地者戳出地洞
W1244.2a.1	方丈洲		W1244.4.1.1.1.1	李古老造地戳出地洞
W1244.2a.1.1	方丈洲在东海中心			
W1244.2a.2	凤麟洲		W1244.4.1.1.1.2	天女造地戳出地洞
W1244.2a.2.1	凤麟洲在西海中央		W1244.4.1.2	地洞是铺地时留下的排水洞
W1244.2a.3	火洲			
W1244.2a.3.1	火洲有自生之火		W1244.4.1.2a	地洞是补地时留下的洞
W1244.2a.4	流洲			
W1244.2a.4.1	流洲在西海		W1244.4.1.2b	地洞是造地时留下的风洞
W1244.2a.5	玄洲			
W1244.2a.5.1	玄洲在北海		W1244.4.1.3	地震造成地洞
W1244.2a.6	炎洲		W1244.4.1.4	雷公用锤砸出地洞
W1244.2a.6.1	炎洲在南海		W1244.4.1.4.1	雷公的铜锤砸出地洞
W1244.2a.7	瀛洲		W1244.4.1.5	地洞是老鼠打出来的
W1244.2a.7.1	瀛洲在东海		W1244.4.2	地洞的特征

代码	母题	页码
W1244.4.2.1	地洞流干地上的水	
W1244.4.2.2	地洞通地下世界	
W1244.4.3	与地洞有关的其他母题	
W1244.4.3.0	地洞有7个	
W1244.4.3.0.1	造地者戳出7个地洞	
W1244.4.3.1	地洞有4个	
W1244.4.3.1.1	东西南北各有一个地洞	
W1244.4.3.2	地眼	
W1244.4.3.2.1	神造地时留下许多地眼	
W1244.4.3.3	土洞	
W1244.4.3.3.1	土洞是特定人物戳出的伤口	
W1244.4.3.3.1.1	天兵天将在龙身上戳出许多地洞	
W1244.5	**地的背面**	【827】
W1244.5.1	穿过大袋可到地的背面	
W1244.6	**地气**	【827】
W1244.6.1	地气从地眼冒出	
W1244.6.2	神拉风箱产生地气	
W1244.7	**地种**	【828】
W1244.8	**宝地**	【828】
W1244.8.1	宝地有金凤凰光顾	
W1244.9	**地遭到毁坏**	【828】
W1244.9.1	地被风吹破	
W1244.9.2	地球的破坏者	
W1244.9.2.1	鸟啄坏地球	
W1244.10	**地球的装束**	【829】
W1244.10.1	地球的腰带	
W1244.10.1.1	金绳子是地球的腰带	
W1244.10.2	地绳	
W1244.10.2.1	9根地绳系地	
W1244.11	**地有特定的功用**	【830】
W1244.11.1	地是地神居住的地方	
W1244.12	荒野	【830】
W1244.12.1	四荒	
W1244.13	滩地（湿地）	【830】
W1244.13.1	湖泊变成滩地	
✿ W1245	土（泥土、土壤）	【831】
✱ W1246	土的产生	【831】
W1247	土来源于某个地方	【831】
W1247.1	潜水取土	【831】
W1247.1.1	以前土全在水底	
W1247.2	神或神性人物潜水取土	【832】
W1247.3	动物潜水取土	【832】
W1247.3.1	鸭潜水取土造地	
W1247.3.2	青蛙潜水取土造地	
W1247.4	动物衔来泥土	【832】
W1247.4.1	白马和白象帮助造地	
W1248	土自然产生	【832】
W1248.1	石头上面生土	【832】
W1249	土是造出来的	【832】
W1249.1	用汗垢造土	【833】
W1249.1.1	天神用汗垢造土	
W1249.2	祖先造五色泥	【833】
W1249.3	神铺出土壤	【833】
W1249.4	与造土有关的其他母题	【833】
W1249.4.1	造地的帮助者	
W1250	土是变化产生的	【834】
W1250.1	蛋变为土壤	【834】
W1250.2	尸体化生为土	【834】
W1250.2.1	神死后肉变成泥土	

W1250.2.2	盘古死后肉变成泥土			W1250.7a.1	青苔上长出的草变成泥	
W1250.2.3	蚩尤的身体化生土			W1250.8	石头变成土	【841】
W1250.2.4	始祖死后变成泥土			W1250.8.1	石头旋转万年变成土	
W1250.3	**肉变成土**	【835】		W1250.9	其他特定物变成土	【841】
W1250.3.1	神的血肉变成泥土			W1250.9.1	水上生的微尘成为土	
W1250.3.1.1	太阳神儿女的血肉变成泥土			W1250.9.2	雾变成泥土	
W1250.3.1.2	1对夫妻神的血肉变成泥土			W1250.9.3	浊气变成泥土	
W1250.3.2	怪物的肉变成土			**W1251**	**与土的产生有关的其他母题**	【842】
W1250.3.3	鸟的肉变成泥巴			W1251.1	神的意志产生土	【842】
W1250.3.3.1	人面大鸟的肉变成泥土			W1251.1.1	天神用意念把雾凝结成土	
W1250.3.3.2	大鸟的肉变成泥土			W1251.2	重的物质变成泥土	【842】
W1250.3.3.3	混沌中一只大鸟的肉变成泥土			W1251.2.1	重的雾气变成泥土	
W1250.3.4	天父地母的儿子死后肉变成泥土			W1251.3	土产生的条件	【843】
W1250.3.5	盘古死后肉变成土			W1251.4	土地每天都在生长	【843】
W1250.3.6	与肉变成土有关的其他母题			W1251.5	泥土的发现	【843】
W1250.3.6.1	神把牛的肉变成土			W1251.5.1	屎壳郎找来泥	
W1250.4	**粪便变成土**	【838】		**W1252**	**与土有关的其他母题**	【843】
W1250.4.0	神或神性人物的粪便变成土			W1252.1	神奇（魔力）之土	【844】
W1250.4.0.1	怪人的粪便变成土			W1252.2	以前天下只有一种泥	【844】
W1250.4.1	动物的粪便变成土			W1252.3	会自己增大的土（息壤、息土）	【844】
W1250.4.1.1	青蛙屙的屎变成土			W1252.3.1	息壤在天帝处	
W1250.5	**脑髓变成土**	【839】		W1252.3.1.1	天庭有息壤	
W1250.5.1	神牛的脑髓变成土					
W1250.6	**龙鳞变成土**	【840】				
W1250.6.1	阴龙的龙鳞变成土					
W1250.7	**树叶变成土**	【840】				
W1250.7.1	茶叶化为泥土					
W1250.7.2	梭罗树叶变成泥土					
W1250.7a	**草变成泥**	【841】				

W1252.3.2	息壤在昆仑山			黑土
W1252.3.3	与息壤有关的其他母题		W1252.4.4.3	祖先造黑土
			W1252.4.4.4	黑土适宜种庄稼
W1252.3.3.1	息壤可堵洪水		W1252.4.5	青泥
W1252.3.3.2	鲧窃息壤		W1252.4.5.1	青泥是龙食
W1252.3.3.3	息壤是神土		W1252.4.5.2	青泥是息壤
W1252.3.3.4	息石		W1252.4.6	色土
W1252.3.3.5	息土即色土		W1252.4.6.1	色土见水就长
W1252.3.3.6	息壤即天土		**W1252.5**	**陶土** 【853】
W1252.4	**土的颜色** 【847】		W1252.5.1	特定的肢体变成陶土
W1252.4.1	红土（红泥）		W1252.5.1.1	天父地母的儿子死后肝变成陶土
W1252.4.1.1	祖先造红土			
W1252.4.1.2	血染出红土地		**W1252.5a**	**灰土（灰泥）** 【854】
W1252.4.1.2.1	红土是被日月的血染红的		W1252.5a.1	祖先为开荒造灰泥
W1252.4.1.2.2	太阳的血染出红土		**W1252.5b**	**沙** 【854】
W1252.4.1.3	神仙的胭脂变成红泥		W1252.5b.1	沙的产生
			W1252.5b.2	流沙
W1252.4.1.4	红土是太阳烤红的		W1252.5b.3	沙滩
W1252.4.2	黄土		W1252.5b.3.1	龙回头造成沙滩
W1252.4.2.1	用牛的脑髓做黄土		W1252.5b.4	沙洲
W1252.4.2a	黄泥		W1252.5b.4.1	洪水退去形成沙洲
W1252.4.2a.1	天仙用铜去焊接大地形成黄泥		**W1252.6**	**有的土地为什么肥沃（沃土）** 【855】
W1252.4.2a.2	黄泥有黏性		W1252.6.0	以前土地很肥沃
W1252.4.3	五色土（五彩土、五土）		W1252.6.1	肉变成肥沃的土地
			W1252.6.1.1	臀部的肉变成肥沃的土地
W1252.4.3.1	祖先为种庄稼造五彩泥		W1252.6.1.2	牛的瘦肉成为肥土
W1252.4.3.2	盘古的肌肉变成五色土		W1252.6.1.3	盘古死后肉变成沃土
			W1252.6.1.4	盘古的身体变成沃土
W1252.4.3.3	五土是青、赤、白、黑、黄五色土		W1252.6.1.5	盘古的肌肤变成沃土
			W1252.6.2	血化为沃土
W1252.4.3.4	五色石泥		W1252.6.2.1	始祖的血浇灌出沃土
W1252.4.4	黑土		W1252.6.3	土地肥沃是神撒下油沙土造成的
W1252.4.4.1	黑土是灰形成的			
W1252.4.4.2	杀的神牛的肉变成		W1252.6.4	黑土变成沃土

1.2 天地

代码	名称	页
W1252.6.4.1	鸟从远方衔来的黑土变成沃土	
W1252.6.5	地的肚脐眼处土地很肥沃	
W1252.7	贫瘠的天地	[858]
W1252.8	净土	[858]
W1253	地壳的产生（地皮的生产）	[859]
W1253.1	地壳是变化产生的	[859]
W1253.1.1	神的脑壳变成地壳	
W1253.2	地壳是造出来的	[859]
W1253.2.1	神土造地壳	
W1253.2.1.1	神用黄土黑土造地壳	
W1253.2.2	用动物皮造地壳	
W1253.2.2.1	神用虎皮作地皮	
W1253.3	地壳的变化	[860]
W1253.3.1	因烧特定物引起地壳变化	
W1253.3.1.1	因烧蛤蟆皮引起地壳变化	
W1253.4	地壳很薄（地皮很薄）	[861]
W1253.4.1	人打桩会凿穿地皮	
✻ W1254	平原的产生（平地的产生、平坝的产生）	[861]
W1255	特定人物造出平原	[861]
W1255.0	神或神性人物造平原	[861]
W1255.0.1	神造出平原	
W1255.0.2	仙人造出平原	
W1255.0.3	神按出大平原	
W1255.1	神或神性人物修整大地时形成平原	[862]
W1255.1.0	创世神缩地时形成平原	
W1255.1.1	神修整大地时形成平原	
W1255.1.1.1	善神修整大地时扫出坝子	
W1255.1.2	巨人修整天地时形成平地	
W1255.1.3	造物主造地时用斧子打得轻的地方成为平地	
W1255.1.4	仙子平整地面时造出平原	
W1255.2	神或神性人物拉平地脉形成平地	[864]
W1255.2.1	9个神仙拉平地脉形成平地	
W1255.3	造地者推压大地形成平川	[864]
W1255.3.1	造地的张龙王、李龙王推压大地形成平地	
W1255.3.2	造地的青蛙推压大地形成平地	
W1255.4	神或神性人物推平高山形成平地	[865]
W1255.4.1	把山赶走形成平原	
W1255.4.1.1	杨二郎把山赶走形成平原	
W1255.4.1.2	蚂蚁推平大山形成平地	
W1255.5	特定的人物捶出平地	[866]
W1255.5.0	创世者捶出平地	
W1255.5.0.1	造物主用石锤捶出	

		平地	W1255.9	特定人物铺出平原	【871】
W1255.5.1	神修整大地时捶出平地		W1255.9.1	女娲用芦草灰铺出平原	
W1255.5.2	英雄父子锤出平地		W1255.10	特定人物擀山形成平地	【871】
W1255.5.3	张古和盘古锤出平地		W1255.10.1	金姑娘擀山形成坝子	
W1255.5.4	祖先打出平地		W1255.11	特定人物捏出平地	【872】
W1255.5.4.1	祖先用拳打出平地		W1255.11.1	天神捏出平地	
W1255.5.5	天母捶出平地		W1256	特定人物踩踏出平原	【872】
W1255.5.5.1	天母用棒槌捶出平地		W1256.1	神踩出平地（神踩出坝子）	【872】
W1255.6	**神用耙耙出平原**	**【868】**	W1256.1.1	雷公踏出平地	
W1255.6.1	神犁天耙天时耙着的地方形成平地（平坝）		W1256.1.2	马踏出平地	
			W1256.1.3	人神踩出坝子	
W1255.6.2	大神用牛耙地耙出平地		W1256.1.4	补地的李古老踩出平地	
W1255.6.3	神用金犁银耙犁地时耙出平地		**W1256a**	**特定人物拖擦出平地**	**【874】**
W1255.6a	**特定人物犁出平地**	**【869】**	W1256a.1	女地神的裤子拖刷出平地	【874】
W1255.6a.0	盘古犁出平地		W1256a.2	仙人用脚在地上抹蹭出平地	【874】
W1255.6a.1	平地是神人犁地犁出的沟底		**W1256b**	**特定人物舔出平地**	【874】
W1255.6a.2	人用水牛犁地犁出平地		W1256b.1	神舔出平地	【874】
W1255.6a.3	人用神牛犁地犁出平地		**W1257**	**动物的活动形成平原**	**【875】**
W1255.7	**特定人物劈出平地**	**【870】**	W1257.1	龙在地上滚出平地（龙在地上滚出坝子）	【875】
W1255.7.1	雷公劈出平地		W1257.1.1	公龙在地上滚9下滚出9个坝子	
W1255.8	**神或神性人物抛物时薄的地方变成平地**	**【870】**			
W1255.8.1	神撒沙治水撒的薄的地方变成平地				
W1255.8.2	天女撒土薄的地方变成平地				

W1257.2	鸟衔石堆出平地	【875】		W1259.3.1	茶叶铺地薄的地方成为坝子	
W1257.2.1	白水鸟在水中衔石堆出平地			W1259.3.2	地上不积水的地方成为坝子	
W1257.3	鱼用尾巴扇出平地	【875】		W1259.3.2a	大水退去形成平坝	
				W1259.3.2b	海水退去形成平坝	
W1258	**平原产生的其他方式**	【876】		W1259.3.3	高山冲刷下来的土石成为坝子	
W1258.1	往石块上撒土形成了平原	【876】		W1259.3.4	神造地时犁平的地方成为坝子	
W1258.1.1	天神往石板上撒土形成了平原			W1259.3.5	仙子锤出坝子	
W1258.1.2	精灵往石块上撒土形成了平原			W1259.3.5.1	仙子平整地面打造出平坝	
W1258.2	水消退后出现平原	【876】		W1259.3.6	人造坝子	
W1258.2.1	大海后退形成平原			W1259.3.6.1	人用泥造平坝	
W1258.2.1.1	观音退海水形成平坝			W1259.3.7	鹿皮变成坝子	
				W1259.3.8	马踏出坝子	
W1258.3	争斗的痕迹形成平地	【877】		W1259.3.8a	野猪拱出平坝	
W1258.3.1	神的争斗形成平地			W1259.3.9	树倒地造成坝子	
W1258.4	移走大山变平地	【878】		W1259.3.10	盘古王用板斧劈出平坝	
W1258.4.1	人挑走大山形成平地			W1259.3.11	一个女人捶出平坝	
W1258.4.2	人赶山形成平原			W1259.3.12	神挑石填土造平坝	
W1258.5	山压出平地	【878】		W1259.3.13	水中的水沫变成平坝	
W1258.5.1	二郎担山压出平地			W1259.4	平川	【886】
W1258.6	填海填出平地	【879】		W1259.4.1	填海成平川	
W1258.6.1	巨人搓泥填海填出平地			**W1260**	**高原的产生**	【886】
W1258.7	河造出平原	【879】		W1260.1	洪水退去形成高原	【886】
W1259	**与平原有关的其他母题**	【879】		W1260.1.1	劈山泄洪形成高原	
W1259.1	神奇的平地	【879】		W1260.2	缩地时鼓出来的地方形成高地	【887】
W1259.2	山间平地是巨人的足印	【879】		W1260.3	修地时鼓出来的地方形成高地	【887】
W1259.3	平坝（坝子）	【880】		W1260.3.1	女始祖修地时鼓出来的地方形成	

		高地	W1264.0.1		洪水退后露出田地
W1260.4		特定人物的身体变成高原 【888】	W1264.0.1.1		大禹疏水泄洪后露出田地
W1260.4.1		盘古的身体变成高原	W1264.1		田地是造出来的 【892】
W1260.5		特定人物的推出高原 【888】	W1264.1.1		男神造田
			W1264.1.1.1		男神搬山造田
W1260.5.1		盘古推出高原	W1264.1.2		神锤出田
W1261		草原的产生 【888】	W1264.1.3		祖先造田
W1261.1		撒土造出草原 【888】	W1264.1.3.1		始祖为种稻造田
W1261.1.1		天神往石板上撒土形成草原	W1264.1.3.2		女始祖造田
			W1264.1.3.2.1		女始祖密洛陀造田
W1261.2		洪水退去出现草原 【889】	W1264.1.3.2.2		女始祖姆六甲造田
			W1264.1.3.3		男始祖造田
W1261.3		与草原有关的其他母题 【890】	W1264.1.3.3a		男女始祖造田
			W1264.1.3.3a.1		男女始祖开山造田
W1261.3.1		射落的月亮变成草坪	W1264.1.3.4		其他特定名称的始祖造田
W1261.3.2		鹿皮变成草原	W1264.1.3.4.1		始祖发枚造田
W1262		沙漠的产生 【890】	W1264.1.3.4.2		始祖翁嘎造田
W1262.1		神没撒种子的地方变成沙漠 【890】	W1264.1.4		仙人造田坝
			W1264.1.5		盘古造田地
W1263		地上的洞的来历 【890】	W1264.1.5.1		盘古用肌肉造田地
			W1264.1.5.2		盘古用脚划出田地
W1263.1		地眼是给地气的路 【890】	W1264.1.6		神公神婆造田
			W1264.1.7		土地神造田
W1263.2		地上的洞是造地时戳出来的 【891】	W1264.2		特定的人物开辟田地 【896】
			W1264.2.1		祖先开山造田
W1263.2.1		李郎造地时造出地上的洞	W1264.2.2		造物主开辟田地
W1263.3		地上的窟窿用来刮风 【891】	W1264.3		田地是变化产生的 【897】
			W1264.3.1		水面变成田
W1263.3.1		大神造地时留下窟窿用来刮风	W1264.3.2		巨人的肉变成田
			W1264.3.3		盘古的肢体变田地
W1264		田地的来历 【891】	W1264.3.3.1		盘古的五腑变田地
W1264.0		田地自然存在 【892】	W1264.3.4		怪物变成田
			W1264.3.4.1		羲男和羲女生的

	怪蛇的肚皮变成田地		W1265	岛的产生（岛屿的产生）	【903】
W1264.4	田地产生的其他方式	【898】	W1265.0	岛自然产生	【903】
W1264.4.1	撑山造田		W1265.0.1	海中自然产生岛	
W1264.4.2	放湖水造田		W1265.0.2	水退后出现岛	
W1264.5	梯田的来历	【899】	W1265.1	岛是从某处搬来的	【904】
W1264.5.1	用牛肋骨造梯田		W1265.1.1	文化英雄把岛搬到现在位置	
W1264.6	水田的来历	【899】			
W1264.6.1	舜教人划分水田		W1265.1.2	神或神性人物从水里钓出岛	
W1264.7	田少的来历	【899】			
W1264.7.1	造地时形成今天的田地少		W1265.2	岛是生育产生的	【904】
			W1265.2.1	岛是从水里（海中）出来的	
W1264.7.1.1	大鹏造地撒土不均形成今天的田地少				
			W1265.2.2	神的命令产生岛	
W1264.7.2	传错话形成今天的田地变少		W1265.2.3	女神生岛	
			W1265.3	岛是造出来的	【904】
W1264.7.2.1	天使传错话使有的地方山多田少		W1265.3.1	巨神造海岛	
			W1265.3.1.1	巨神老夫妻造海岛	
W1264.7.2.2	神童传错话使有的地方山多田少		W1265.3.2	蜘蛛结网成岛	
			W1265.3.3	移山成岛	
W1264.8	与田地有关的其他母题	【900】	W1265.3.3.1	大力神锯下的山头变成岛	
			W1265.3.4	积土成岛	
W1264.8.1	田地的边界		W1265.3.4.1	大雁积土成岛	
W1264.8.1.1	以前的田地没有边界		W1265.3.5	撒土成岛	
W1264.8.1.2	用射箭划定地的边界		W1265.3.5.1	特定的人物撒土成岛	
W1264.8.2	良田		W1265.3.6	神堆出岛	
W1264.8.2.1	巨人的肉化为良田		W1265.3.6.1	虎神堆泥成岛	
W1264.8.3	碧空是天上的田地		W1265.3.7	抓地成岛	
W1264.8.4	田野		W1265.3.7.1	女娲从地上抓出岛	
W1264.8.4.0	田野的产生		W1265.4	岛是变化形成的	【906】
W1264.8.4.0.1	盘古四肢身体变成田野		W1265.4.0	神或神性人物化身为岛	
W1264.8.4.1	大乐野				
W1264.8.4.2	沃野		W1265.4.0.1	精怪化身为岛	
W1264.8.5	田埂		W1265.4.0.1.1	蜈蚣精尸体变成岛	
W1264.8.5.1	为划分田地造田埂		W1265.4.1	牛变成岛	

| W1265.4.2 | 荷花须变成岛 | | W1266.2.2 | 洼地是神踩出来的 | |
| W1265.4.2.1 | 荷秆的节须变成岛 | | | | |

1.2.4 天地的合离与支撑
【W1270～W1359】

W1265.4.3	石头变岛屿				
W1265.4.4	神扔的石块变成岛				
W1265.4.5	其他特定的物变为岛		✳ W1270	天地相连	【913】
W1265.4.5.1	镇海珠变成岛		W1271	天地相连的	
W1265.4.5.2	扁担变成岛			原因	【915】
W1265.4.5.3	人撒泥化为岛屿		W1271.1	神把天地合在	
W1265.5	岛的形状的产生	【909】		一起	【916】
W1265.6	与岛有关的其他		W1271.2	天地因结婚合在	
	母题	【909】		一起	【916】
W1265.6.1	神奇（魔力）之岛		W1271.3	与天地相连原因有	
W1265.6.2	半岛的产生			关的其他母题	【916】
W1265.6.3	会移动的岛		W1271.3.1	盘古造的天地没有	
W1265.6.4	岛的增大			完全分开	
W1265.6.5	岛的支撑物		W1272	天地相连的	
W1265.6.6	原来在一起的岛			情形	【916】
	后来分开		W1272.1	以前天地不分	
W1265.6.7	仙岛			（天地合一）	【916】
W1265.6.8	浮岛		W1272.1.1	天地像一块糍粑	
W1265.6.8.1	岛浮在水中		W1272.1.2	以前天接地，地接天	
W1265.6.9	孤岛		W1272.1.3	世界之初天地不分	
W1265.6.9.1	洪水淹漫形成孤岛		W1272.1.4	以前天地混沌合在	
W1265.6.9.2	海中孤岛			一起	
W1265.6.10	特定名称的岛		W1272.1.5	以前不知哪是天	
W1265.6.10.1	沧海岛			哪是地	
W1265.6.10.2	海南岛		W1272.2	天地粘在一起	【920】
W1265.6.10.3	黑瞎子岛		W1272.3	天地抱在一起	【921】
W1266	其他特定地貌的		W1272.3.1	天包着地	
	产生	【912】	W1272.3.2	神把天地扣严	
W1266.1	盆地的产生	【912】	W1272.4	天地叠在一起	【922】
W1266.1.1	刨土形成盆地		W1272.4.1	以前天地重叠不能	
W1266.1.2	盘古的肚脐眼儿化成			分开	
	盆地		W1272.5	天盖着地	【923】
W1266.1.1.1	虎神刨土形成盆地		W1272.6	天地被藤条绑在	
W1266.2	洼地	【912】			
W1266.2.1	洼地是大雨冲出的				

		一起	【923】	W1273.4	天梯连接天地	【928】
W1272.6.1		有一条拴天地的锁链		W1273.4.1	天梯连南天门	
W1272.6.2		天萝藤把天地连在		W1273.5	虹连接天地	【929】
		一起		W1273.5.1	山和月亮有虹桥	
W1272.7		天地像蛋壳一样扣在			相连	
		一起	【924】	W1273.6	天地的其他	
W1272.8		天地是合在一起的			连接物	【929】
		2块石头	【924】	W1273.6.1	天地有金丝银线	
W1272.8.1		以前天地是重叠的			相连	
		岩石		W1273.6.2	天地有银线相连	
W1272.9		天地是合在一起的		W1273.6.3	天地由通天树相连	
		2块板子	【925】	W1274	与天地相连	
W1272.9.1		天地像合在一起的			有关的其他	
		2块板子由薄变厚			母题	【930】
W1272.10		天用牙齿衔住地,		W1274.1	天地通过巨石	
		地用牙齿咬紧天	【925】		相连	【930】
W1272.11		天地相连有缝隙	【926】	W1274.1.1	天地通过巨石混元	
W1272.12		天地雾蒙蒙地			相连	
		相连	【926】	W1274.1a	天地通过神山	
W1272.13		与天地相连情形			相连	【931】
		有关的其他母题	【926】	W1274.1b	天地通过铜铁球	
W1272.13.1		天地不分高低, 合			相连	【931】
		在一起		W1274.1c	天地通过隆起处	
W1272.13.2		天地在很远的地方			相连	【931】
		相连		W1274.1c.1	天地通过盘古抓出的	
W1272.13.3		天地不分时伴随着			隆起处相连	
		大洪水		W1274.2	天地交界处	【931】
W1272.13.4		太极之初天地相合		W1274.2.1	特定的山峰是天地	
W1273		天地相连处			交界处	
		(天地的连接		W1274.2.2	天地相连处有一道	
		物)	【927】		云墙	
W1273.1		天边与地边相连	【927】	W1274.3	天地没有相连处	
W1273.1.1		天的周边与地相连			(天地不相连)	【932】
W1273.2		天地在海的边缘		W1274.4	天地相连万物不能	
		相接	【928】		繁衍	【932】
W1273.3		天地有4根柱子		W1274.5	天地相连的时间	【933】
		相连	【928】	W1274.5.1	天地刚开辟后仍连在	

		一起		W1279.2	造天柱使天地分开（天柱分开天地）	【938】
✿ W1275		天地的分开	【933】	W1279.2.1	立起天柱后天地分开	
✱ W1276		天地分开的原因	【933】	W1279.2.1.1	壮士立起天柱后天地分开	
W1277		天地自然分开	【933】	W1279.3	4根天柱顶天分开天地	【939】
W1277.1		原来天地是分离的	【934】	W1279.3.1	4根天柱顶4方分开天地	
W1277.2		混沌中分开天地	【934】	W1279.3.2	神的4肢变成的4根天柱顶天分开天地	
W1277.2.1		创世者的活动在混沌中分开天地		W1279.4	5根天柱顶天分开天地	【940】
W1277.3		粘着的天地过了很久慢慢分开	【935】	W1279.4.1	女娲用5根大柱分开天地	
W1277.4		天升地降天地分开	【935】	W1280	与天地分开原因有关的其他母题	【940】
W1277.5		地球降落离开了天	【935】	W1280.1	特定的人物发脾气分开天地	【940】
W1278		毁掉天地连接物使天地分开	【936】	W1280.1.1	盘古发脾气劈开天地	
W1278.1		劈断马桑树把天地分开	【936】	W1280.2	地球从天上掉落后分开天地	【940】
W1278.1.1		雷公劈断马桑树把天地分开		W1280.3	天地为了给孩子玩的空间分开天地	【941】
W1278.2		砍断拴天地的铁链后天地分开	【936】	W1280.4	人的罪恶导致天地分离	【941】
W1278.2.1		神用巨斧砍断拴天地的铁链分开天地		W1280.5	为看地上有什么分开天地	【941】
W1278.3		连接天地的土台塌掉后天地分开	【937】	W1280.5.1	巨人为看地上有什么分开天地	
W1278.3.1		蚂蚁挖塌连接天地的土台后天地分开		W1280.6	神为找落脚点分开天地	【942】
W1278.4		天柱倒塌后天地分开	【937】			
W1279		支天使天地分离	【937】			
W1279.1		白石支天将天地分开	【938】			

1.2 天地

W1280.7	天的鼓起导致天地分离	【942】
W1280.8	劫难造成天地分开	【942】
W1280.8.1	数劫过后天地分开	
W1280.8.2	4次劫难后天地分开	
✳ W1281	天地的分开者	【943】
W1282	神或神性人物分开天地	【943】
W1282.1	天神分开天地	【943】
W1282.1.1	天王分开天地	
W1282.2	女神分开天地	【944】
W1282.2.1	母亲神分开天地	
W1282.2.2	女始祖神分开天地	
W1282.3	雷神分开天地	【945】
W1282.3.1	雷神分开天地夫妻	
W1282.4	巨神分开天地	【945】
W1282.4a	巨人分开天地	【945】
W1282.4a.1	巨人张古和盘古分开天地	
W1282.4a.2	半人半兽的巨人分开天地	
W1282.5	祖先分开天地	【946】
W1282.5.1	男祖先分开天地	
W1282.5.2	女祖先分开天地	
W1282.5.3	男女祖先分开天地	
W1282.6	其他神或神性人物分开天地	【947】
W1282.6.1	人神分开天地	
W1282.6.2	山神分开天地	
W1282.6.3	动物神分开天地	
W1282.6.3.1	动物神砍断拴天地的铁链分开天地	
W1282.6.4	创世的兄弟姐妹分开天地	
W1282.6.5	天仙分开天地	
W1282.6.6	天将分开天地	
W1282.6.6.1	天将用宝剑斩断天萝藤分开天地	
W1283	特定名称的神或神性人物分开天地	【949】
W1283.1	盘古分开天地	【949】
W1283.1.1	盘古公公用斧子分开天地	
W1283.1.1a	盘古用斧子分开天地	
W1283.1.2	盘古氏分开天地	
W1283.1.3	盘古和地母分开天地	
W1283.1.4	盘古王夫妻分开天地	
W1283.1.5	盘古奉命分开天地	
W1283.1.5.1	盘古奉洪钧老祖之命分开天地	
W1283.1a	女娲分开天地	【952】
W1283.1a.1	女娲娘娘分开天地	
W1283.2	佛分开天地	【953】
W1283.3	真主分开天地	【953】
W1283.3.1	真主降令分开天地	
W1283.3.2	真主吹气分开天地	
W1283.4	老子分开天地	【954】
W1283.4a	太上老君分开天地	【954】
W1283.5	洪钧老祖分开天地	【954】
W1283.6	萨满分开天地	【955】
W1283.6.1	萨满射神龟分开天地	
W1283.7	其他特定名称的神或神性人物分开天地	【955】
W1283.7.1	天王老子分开天地	
W1283.7.2	混沌分开天地	
W1283.7.2.1	混沌神用四根柱子把天地撑开	

W1283.7.3	盖天佛把天地顶开			天地	【962】
W1283.7.4	石八觉神分开天地		W1287.1	浑沌的天地经一次	
W1283.7.5	大神纳罗引勾分开天地			火山爆发分开	【962】
			W1287.2	洪水分开天地	【962】
W1283.7.6	网尼分开天地		W1287.2.1	大雨造成的洪水分开天地	
W1283.7.7	里和伦分开天地				
W1283.7.8	达昭崩布热分开天地		W1287.3	巨浪分开天地	【962】
			W1287.4	霹雳分开天地（雷电分开天地）	【963】
W1284	**人分开天地**	**【957】**			
W1284.1	特定的人分开天地	【957】	W1287.4.1	霹雳劈开2块岩石变成天地	
W1284.1.1	生活在半空中的人分开天地		W1287.4.2	闪电劈开天地	
			W1287.5	出现天柱后天地分开	【964】
W1284.1.2	织麻的女人分开天地		W1287.5.1	天柱搭建的框架分开天地	
W1284.1.3	混沌卵中的古老分开天地		W1287.5.2	女娲斩龟足做天柱分开天地	
W1285	**动物分开天地**	**【958】**	W1287.6	出现光后天地分开	【965】
W1285.1	鸟分开天地	【958】			
W1285.2	龟鳖撑开天地	【958】	W1287.6.1	天洞来光把天地分开	
W1285.2.1	玉帝让龟鳖撑开天地		＊ **W1288**	**天地分开的方法**	**【965】**
W1285.3	大鹏分开天地	【959】			
W1285.3.1	大鹏顶天踩地把天地分开		**W1289**	**打碎天地卵后分开天地**	**【965】**
W1285.4	蚂蚁分开天地	【959】	W1289.0	盘古打碎混沌卵分开天地	【965】
W1285.5	鹿分开天地	【960】			
W1285.6	其他动物分开天地	【960】	W1289.1	混沌（卵、蛋等）中的轻的部分为天，重的部分为地	【966】
W1285.6.1	狮子分天地				
W1285.6.2	猪拱开天地				
W1285.6.3	老鼠分开天地		W1289.1.1	盘古在鸡蛋里蹬碎鸡蛋，轻的上升为天，重的下降为地	
W1285.6.4	鹤分开天地				
W1285.6.5	牛和龙分开天地				
W1286	**其他特定的物分开天地**	**【961】**	W1289.1.1a	盘古氏蹬碎蛋壳，蛋青上升变成天，	
W1286.1	树分开天地	【961】			
W1286.2	石狮分开天地	【962】			
W1287	**特定事件分开**				

			蛋黄下沉变成地	
W1289.1.2	盘古凿开混沌卵，轻者上升为天，浊者下降为地			
W1290	揭开天盖分开大地	【966】		
W1290.1	神揭开天盖分开大地	【967】		
W1291	顶天踏地使天地分离	【967】		
W1291.0	巨人顶天踏地使天地分离	【967】		
W1291.0.1	巨人把天撑高5里，把地踩低千尺			
W1291.1	男始祖擎天，女始祖压地分开天地	【967】		
W1291.2	把天背高，把地踩低分开天地	【967】		
W1291.2.1	盘古的父亲扁鼓王背天踩地分开天地			
W1291.3	撑天压地使天地分离	【968】		
W1291.3.1	4位神仙撑天压地分开天地			
W1291.4	仙鹤顶天踏地使天地分离	【968】		
W1291.5	通过舒展身体分开天地	【968】		
W1291.5.1	盘古通过伸长身体分开天地			
W1292	砍（割、撬）开天地的连接物后天地分开	【969】		
W1292.1	神用斧子劈开相连的天地	【969】		
W1292.1.1	盘古发脾气抡起板斧把天地分开			
W1292.2	割断天地相连的脐带后天地分开	【969】		
W1292.2.1	创世者割断天地相连的脐带后天地分开			
W1292.3	用铜叉铁叉撬开天地	【970】		
W1292.3.1	用铜叉铁叉从东西南北4个方向撬开天地			
W1292.4	砍掉通天树天地分开	【970】		
W1292.4.1	天帝砍掉通天树天地分开			
W1292.5	砍掉棘丛天地分开	【970】		
W1292.5.1	兄妹砍掉棘丛天地分开			
W1293	处置特定物后天地分开	【971】		
W1293.1	天柱倒塌后天地分开	【971】		
W1293.2	山倒塌后天地分开	【971】		
W1293.3	天门打开后天地分开	【971】		
W1293.3.1	老鼠咬开天门后天地分开			
W1294	天地分开的其他方法	【971】		
W1294.0	用手把天地分开	【971】		
W1294.0.1	天神用万能的手把天地隔开			
W1294.0.2	巨人用手掌分开天地			
W1294.1	用水把天地分开	【972】		
W1294.2	地上出现山和树后天地分离	【972】		

W1294.3	撕开天地间的大裂缝把天地分开 【972】		天地
W1294.4	用扫帚扫开天地 【973】	W1295.1.2.4	盘古用土斧分开天地
W1294.4.1	仙女用铁扫帚扫开天地	W1295.2	用箭射开天地 【978】
W1294.4.2	天女用铁扫帚扫开天地	W1295.2.1	最早出现的男人用箭射开天地
W1294.5	吹气分开天地 【973】	W1295.3	用鞭分开天地 【978】
W1294.5.1	风神吹开天地	W1295.3.1	盘古用鞭分开天地
W1294.6	水下沉后分开天地 【974】	W1295.3.1.1	盘果王用鞭分开天地
W1294.6.1	地压水面下降使天地分开	W1295.3.2	天皇用鞭分开天地
W1294.7	斩杀动物分开天地 【974】	W1295.4	用锤子、凿子分开天地 【979】
W1294.7.1	盘古杀蟒后分开天地	W1295.4.1	盘古王用锤、凿开天地
W1294.8	地把天踢开 【975】	W1295.4.1.1	盘古王用开天圣母给的锤、凿开天地
W1294.8.1	大地妻子把天空丈夫踢到天上	W1295.4.2	盘古用凿子分开天地
W1294.9	鱼翻身把天地分开 【975】	W1295.4a	用凿、斧分开天地 【980】
W1294.10	用墙把天地分开 【975】	W1295.4a.1	盘古用凿、斧把天劈开
W1294.10.1	天神用云雾砌墙把天地分开	W1295.5	用手掌劈开天地 【980】
W1294.11	多法并举分开天地 【975】	W1295.5.1	盘古用手掌劈开天地
W1294.11.1	支天柱、补天压地把天地分离	W1295.5.1.1	盘古用巨掌劈开天地
W1295	分开天地的工具 【976】	W1295.5.2	神用手掌劈开天地
W1295.1	用斧子分开天地 【976】	W1295.5.3	祖先用手掌劈开天地
W1295.1.1	用神斧分开天地	W1295.6	用棍子分开天地 【981】
W1295.1.2	用大斧分开天地	W1295.6.1	巨人用舂米棍把天顶高后分开天地
W1295.1.2.1	盘古用大斧分开天地	W1295.6.2	洪钧老祖用棍子分开天地
W1295.1.2.2	盘古用神斧分开天地	W1295.7	与分开天地的工具有关的其他母题 【982】
W1295.1.2.2.1	盘古用开山神斧分开天地		
W1295.1.2.3	盘古用板斧分开		

W1295.7.1	开天地的工具用金属制造		W1296.2.2	特定事件后分开天地
W1295.7.1.1	四个开天辟地神器出自青铜乌铁		W1296.2.2.1	洪水滔天后天地分开
W1295.7.1.2	神用铜铁叉分开天地		W1296.2.2.2	补天后天地分开
W1295.7.2	铁分开天地		W1296.2.3	武当喇嘛1千多岁时天地分开
W1295.7.3	火石分开天地		W1296.2.4	子时开辟苍天
W1295.7.4	用黄金把天地分开		W1296.2.5	丑时分出大地
W1295.7.4.1	众神用黄金把天地分开		W1296.3	分开天地时日月星辰在上，山川河流在下 【987】
W1295.7.5	用梭分开天地		W1296.4	天地没有相连的地方 【987】
W1295.7.5.1	织麻的女人把梭子用力往上一甩，分开天地		W1296.5	支天撑地造成天地分开 【987】
W1295.7.6	用石笋开天地		W1296.5.1	鳄鱼撑天顶地
W1295.7.6.1	英雄用石笋开天地		W1296.6	天地分开的起点 【988】
W1295.7.7	用石片分开天地		W1296.6.1	天地分开时先裂开一条缝
W1295.7.7.1	盘古用石片分开天地		W1296.6.2	从天地的裂缝处分开天地
W1296	**与天地分开有关的其他母题** 【984】		W1296.6.2.1	密洛陀在天地的裂缝处分开天地
W1296.1	天神的指甲延长把隔开天地 【984】			顶天踩地把天地分开
W1296.2	分开天地的时间 【984】		✿ W1300	天的升高（天的增高） 【989】
W1296.2.1	分开天地用了特定的时间		❋ W1301	天升高的原因 【989】
W1296.2.1.0	盘古分开天地用了七七四十九天		W1302	惩罚人类把天升高 【989】
W1296.2.1.1	盘古分开天地用了3年半		W1303.1	天神为惩罚浪费粮食的女人把天升高 【989】
W1296.2.1.2	盘古分开天地用了800年		W1303	因人间臭气熏天使天升高 【989】
W1296.2.1.3	盘古分开天地用了1万8千年			
W1296.2.1.4	盘古分开天地用了4万年			

W1303.1	天神厌恶人间的臭气把天升高 【990】		W1305.5.2	连接天地的铁链毁掉后天变高	
W1303.1.1	玉帝为躲避人间臭气把天升高		W1305.6	天上雷公鼾声太响惹人烦，把天升高 【995】	
W1303.1.1.1	玉帝为躲避人间粪便的臭气把天升高		✳W1306	把天升高者 【995】	
W1304	怕人到天宫找麻烦把天升高 【991】		W1307	神或神性人物把天升高 【995】	
			W1307.1	天神把天升高 【995】	
W1304.1	天神怕人到天宫找麻烦把天升高 【991】		W1307.1.0	盘古让天神把天升高	
W1304.2	天神害怕地神把天升高 【991】		W1307.1.1	老天爷把天升高	
			W1307.1.2	天神在天中央把天撑高	
W1304.3	玉帝怕地上的人到天上找麻烦把天升高 【991】		W1307.1.3	天王把天升高	
			W1307.2	风神把天升高（风神把天吹高） 【997】	
W1304.4	雷神怕人到天上捣乱把天升高 【992】		W1307.3	雷神把天升高 【997】	
W1304.4.1	雷神怕被捉让天王老子把天升高		W1307.3.1	雷公到人间变换朝代使天升高	
W1305	天升高的其他原因 【993】		W1307.3.2	雷王把天升高	
			W1307.3.3	雷公子把天升高	
W1305.1	劝天使天升高 【993】		W1307.4	大力神把天升高 【998】	
W1305.1.1	为让地上能生活劝天使天升高		W1307.4.1	大力神长高1万丈把天顶高	
W1305.2	骂天使天升高 【993】		W1307.5	玉帝把天升高 【999】	
W1305.2.1	人骂天使天升高		W1307.6	神仙把天升高 【999】	
W1305.2.2	女人骂天使天升高		W1307.6.1	仙子把天撬高	
W1305.3	因地上人多把天变高 【994】		W1307.6.2	造天的神仙把天升高	
W1305.3.1	祖先因地上人变多把天升高		W1307.6.2.1	造天的4个神仙把天升高	
W1305.4	药物使天变高 【994】		W1307.6.3	磨坊仙子把天升高	
W1305.5	连接天地之物毁掉后天变高 【994】		W1307.6.4	长脚大仙把天升高	
			W1307.7	巨人把天升高 【1000】	
W1305.5.1	连接天地的土台毁掉后天变高		W1307.7.1	巨人用手把天撑高	
			W1307.7.1.1	巨人双手把天撑高	
			W1307.7.1.2	巨人一手撑天，	

		一手干活	W1308.3.1	长脚大仙把天升高
W1307.7.2	巨人用棍棒把天顶高		W1308.3.2	扁古王将天背得很高
W1307.7.3	巨人用身体把天顶高		W1308.3.3	重和黎二神把天托
W1307.7.4	巨人用石柱把天升高		W1308.3.4	男始祖布洛陀下令把天升高
W1307.8	**祖先把天升高** 【1003】		**W1309**	**人把天升高** 【1007】
W1307.8.1	始祖顶天盖把天升高		W1309.1	人的活动把天升高【1007】
W1307.9	其他神或神性人物把天升高 【1003】		W1309.1.1	人做饭熏天把天升高
W1307.9.1	男神把天升高		W1309.2	天上的人把天升高【1008】
W1307.9.2	女神把天擎高		W1309.2.1	天上的人在南天门把天蹬高
W1307.9.3	创世主把天增高		W1309.2.2	上界的人把天升高
W1307.9.4	动物神把天增高		W1309.2.2.1	男始祖让上界的人把天升高
W1308	**特定名称的神或神性人物把天升高** 【1004】		W1309.3	一个女人把天升高【1009】
W1308.1	盘古把天升高 【1004】		W1309.3.1	女人用长杆把天顶高
W1308.1.1	盘古用斧子把天顶高		W1309.3.2	女人用舂棒顶天板把天升高
W1308.1.2	盘古的生长使天变高		W1309.4	一对夫妻把天升高【1010】
W1308.1.2.1	盘古的伸展身体使天变高		W1309.4.1	盘古夫妻把天升高
W1308.1.2.2	盘皇日长1丈，天也日升1丈		W1309.4.1.1	盘古爷和盘古奶搭人梯站在牛上把天升高
W1308.1.2.3	盘古伸开胳膊把天升高		W1309.5	众人撑天把天升高【1010】
W1308.1.3	扁鼓王把天背高		W1309.5.1	众人用箭射散云后天变高
W1308.1.4	盘古怕天地相合撑天		W1309.5.2	众人用锄头扁担把天撑高
W1308.2	真主把天升高 【1006】		W1309.5.3	6人抓天角把天升高
W1308.3	其他特定的神或神性人物把天升高 【1007】		W1309.6	人在劳动中把天升高 【1011】
			W1309.6.1	一个女人用舂棒把

		天顶高	W1312.6	山把天升高	【1017】
W1309.6.2		女人舂米把天顶高	W1312.6.1	山降低后天增高	
W1309.7		人用人头祭天后	W1313	与天的升高有	
		天升高 【1012】		关的其他母题	【1017】
W1309.8		与人把天升高有	W1313.0	撑天前的准备	【1017】
		关的其他母题 【1012】	W1313.0.1	为撑天吃饱喝足	
W1309.8.0		大力士把天撑高		休息好	
W1309.8.1		人把天托高	W1313.0a	天升高的时间	【1017】
W1309.8.2		人用某种器物把	W1313.0a.1	特定的时辰把天	
		天打（扫、推）高		升高	
W1309.8.2.1		人用多种工具把天	W1313.1	把天背高（把	
		升高		天抬高）	【1018】
W1309.8.3		一对兄妹把天升高	W1313.2	提天帐把天升高	【1018】
W1310		动物把天升高 【1013】	W1313.2.1	盘古提天帐把天	
W1310.1		大鹏负天升高 【1013】		升高	
W1310.2		鸟振翼使天升高 【1014】	W1313.3	用天柱把天顶高	【1018】
W1310.3		龟鳖把天升高 【1014】	W1313.3.1	神龟的四脚变成的	
W1310.3.1		玉帝让龟鳖把天		天柱把天撑高	
		升高	W1313.3.2	天柱长高把天撑高	
W1310.4		动物在天极四方	W1313.4	天梯天柱倒掉后	
		撑天 【1014】		天升高	【1020】
W1310.5		鹤把天顶高 【1014】	W1313.4.1	天柱倒掉后天升高	
W1311		植物把天升高 【1015】	W1313.5	声音使天升高	【1020】
W1311.1		树把天顶高 【1015】	W1313.5.1	人的吼声使天升高	
W1311.1.1		天上的梭罗树把天	W1313.5.2	天梯的巨响把天	
		顶高		撑高	
W1311.1.2		大青树把天顶高	W1313.5.3	天被骂后升高	
W1312		自然物或无生命		（天被人诅咒后	
		物把天升高 【1015】		升高）	
W1312.1		风浪把天吹高 【1015】	W1313.6	抬乌云使天升高	【1021】
W1312.2		海潮把天冲高 【1015】	W1313.6.1	乌云挤压把天升	
W1312.3		洪水使天变高 【1016】		高	
W1312.4		太阳掉下来后天	W1313.7	把天扫高	【1022】
		升高 【1016】	W1313.7.1	仙女用铜铁帚把天	
W1312.5		地把天升高 【1016】		扫高	
W1312.5.1		地踢天丈夫后天	W1313.7.2	神人用铜铁帚把天	
		升高		扫高	

W1313.8	风把天吹高 【1023】		W1314.2.6.1	天升高8千里	
W1313.9	撒药使天升高 【1023】		W1314.2.6.2	天升高9万里	
W1313.9.1	不死药洒在天上使天升高		W1314.3	撑天不成功 【1027】	
W1313.10	用动物的肢体把天顶高 【1023】		W1314.3.1	撑天的柱子不稳撑天不成功	
W1313.10.1	用虎骨撑天		W1314.3.2	用植物和树木撑天不成功	
W1313.10.1.1	用虎的四只脚杆骨撑天的四边		W1314.3.3	人撑天没有成功	
W1313.10.1.2	用虎脊梁骨撑天心		W1314.3.3.1	一个人撑天不成功	
W1313.10a	撞击使天升高 【1024】		W1314.3.4	天撑高后又塌落	
W1313.10a.1	一个人用头撞到天把天升高		W1315	地的下降 【1029】	
W1313.10b	用水把天泼高 【1025】		W1315.1	地被踩低 【1029】	
W1313.10b.1	众人向天上泼热水把天升高		W1315.1.1	地被踩低9999丈	
W1313.11	天每天升高一定高度 【1025】		W1315.2	特定的人物使地下降 【1029】	
W1313.11.1	天每天升高1尺		W1315.2.1	龟使地下降	
W1313.11.2	天每天升高1丈		W1316	天地的距离 【1029】	
W1313.11.3	天每年升高1尺		W1316a	天地距离的形成 【1029】	
W1313.12	砍断天地相连处使天升高 【1026】		W1316a.1	支地后形成天地的距离 【1030】	
W1314	天升高的结果 【1026】		W1316a.1.1	公牛支地后形成天地现在的距离	
W1314.1	天升高后草木生长【1026】		W1317	天地原来离得很近（天地距离很近） 【1030】	
W1314.2	天升高的数量 【1026】		W1317.0	天地间有三个脚掌的空隙 【1032】	
W1314.2.1	天升高3丈		W1317.0a	天地相距1个手臂的距离 【1033】	
W1314.2.2	天升高百丈		W1317.0a.1	以前可以举手触天	
W1314.2.3	天升高千丈		W1317.1	天地相距3尺3寸（天高3尺3） 【1033】	
W1314.2.3.1	天升高1千8百丈		W1317.1.1	天地相距3尺3寸3分	
W1314.2.4	天升高万丈				
W1314.2.4.1	天升高1万8千丈				
W1314.2.5	天升高10万丈				
W1314.2.5.1	天升高10万8千丈				
W1314.2.5.2	天升高9999丈				
W1314.2.6	天升高其他数量的高度				

W1317.1a	天地相距5尺6寸9分 【1034】		W1318.3	天地相距10万8千里 【1040】
W1317.1a.1	天地相距1人高		W1318.3.1	天地相隔10多万里
W1317.2	天地相距只有几丈【1035】		W1318.3a	天地相距几万里 【1041】
W1317.2.1	以前，地上的竹子能碰到天顶篷		W1318.3a.1	天地相距3万6千里
W1317.3	天地相距几十尺 【1036】		W1318.3b	天地相距48万8千里 【1041】
W1317.4	天地有1条大河相隔 【1036】		W1318.3c	天地相距5亿万里【1042】
W1317.5	与天地距离近有关的其他母题 【1037】		W1318.4	天地之间隔着3层天 【1042】
W1317.5.1	天的主宰者移动天地使天地只有1度的距离		W1318.5	从天上到地上需要9天 【1042】
W1317.5.2	天地刚形成时距离很近		W1318.6	天上到地上鸟要飞1年零3个月 【1042】
W1317.5.3	以前天地近得挥斧就碰到天		W1318.7	从天上到地上需要900年 【1042】
W1317.5.4	以前天地近得可以摘星星抓云彩		W1318a	与天地距离有关的其他母题 【1043】
W1317.5.5	天地很近是被山挤压造成的		W1318a.1	天地中间是空的 【1043】
W1317.5.6	天地之间没有盘古高		W1318a.2	天地中间有特定物【1043】
W1318	**天地原来离得很远（天地距离很远）** 【1038】		W1318a.2.1	天地中间有些东西浮来浮去
			W1318a.2.2	天地之间是水
			W1318a.2.3	天地之间居住着特定的人
W1318.1	天地相距99999丈【1038】		W1318a.3	天地距离变大 【1044】
W1318.1.1	撑天踩地时天被顶起99999丈高，地被蹬去99999丈深		W1318a.3.1	祖先把天地距离变大
			W1318a.3.2	布洛陀用天柱把雷公顶上天，龙王压入地
W1318.1a	天地相距1万2千尺 【1039】		W1318a.3.3	布洛陀通过升天削山把天地距离增大
W1318.2	天地相距9万里 【1039】			
W1318.2.1	身高9万里的盘古把天地撑开9万里		W1318a.4	离天最近的地方 【1045】

W1318a.4.1	中天山上的中天镇离天只有3尺		W1322.6	支撑天 神人支天	【1050】 【1050】
W1318a.4.2	中天镇离天3丈3尺3寸3厘3		W1322.6.1 W1323	2个神人支天 人支天（人支撑天）	【1051】
✿ W1319	天的支撑	【1045】	W1323.1	用人的手足支天	【1051】
W1319a	天以前没有支撑	【1045】	W1323.1.1	妹妹砍下哥哥的手足支天	
W1319a.1	以前的天高悬在空中	【1046】	W1323.2	大力士顶天	【1051】
W1320	天的支撑物	【1046】	W1323.3	高脚杆和长手臂2人轮流支天	【1051】
W1321	神支天（神支撑天）	【1046】	W1324	动物支天（动物支撑天）	【1052】
W1321.1	众神支天	【1046】	W1324.1	牛支天	【1052】
W1321.2	神龟天	【1046】	W1324.1.1	牛角支天	
W1321.3	神的肢体支天	【1046】	W1324.1.2	牛骨支天	
W1321.3.1	神剁下自己的脚支天		W1324.2	犀牛的四条腿支天	【1052】
W1321.4	神象用鼻子支天	【1047】	W1324.2.1	神把犀牛的四条腿变成天柱支天	
W1321.5	动物神支天	【1047】	W1324.3	龟支天	【1052】
W1321.5.1	动物神用双手托天		W1324.3.1	龟4条腿支天	
W1322	神性人物支天（神性人物支撑天）	【1047】	W1324.4 W1324.4.1	鳌鱼支天 鳌骨撑天的四个边	【1053】
W1322.1	盘古用手撑天地	【1047】	W1324.4.2	4条鳌鱼各顶天的一角	
W1322.1.1	盘古的4只手撑天		W1324.4.3	鳌鱼用背支天	
W1322.1a	盘瓠王用手掌天地	【1048】	W1324.5	鳌足支四极	【1054】
W1322.2	盘古用身躯天	【1048】	W1324.5.1	巨龟的四条腿支天	
W1322.2.1	盘古在泰山上顶天		W1324.5.2	女娲断鳌足支四极	
W1322.2.2	盘古支天1万8千年		W1324.5.3	女娲让鳌鱼支塌下的天	
W1322.2.3	盘古支天10万8千年		W1324.5.4	祝融的妹妹立鳌足支天	
W1322.3	盘古变成支天柱子	【1049】	W1324.6	蛇支天	【1055】
W1322.4	盘瓠双手撑天	【1049】	W1324.6a	龙支天	【1055】
W1322.5	女始祖密洛陀用师父的四肢		W1324.6a.1	女娲用龙王的4只脚支天	

W1324.7	鱼支天	[1056]		W1326.2	山支天	[1061]
W1324.7.1	鱼腿支天			W1326.2.1	神山支天	
W1324.7.1.1	女娲砍下鱼的腿支天			W1326.2.2	3座大山支天	
				W1326.2.2a	4座山支天	
W1324.7.1.1.1	女娲砍下鲤鱼的4条腿支天			W1326.2.3	喇踏山支天	
				W1326.2.4	不周山支天	
W1324.7.2	兄妹用大鱼支天			W1326.2.4a	布州山支天	
W1324.8	虾的脚支天	[1056]		W1326.2a	石支天	[1063]
W1324.8.1	女娲用虾的脚支天			W1326.2a.1	巨石支天	
				W1326.2a.2	金刚石支天	
W1324.8.2	女娲用虾的4脚支塌的天角			W1326.2a.2.1	金刚石顶着西北角的天	
W1324.9	其他动物支天	[1057]		W1326.3	特定的柱子支天	[1063]
W1324.9.1	虎腿骨撑天			W1326.3.1	冰柱支天	
W1324.9.2	用牛的肋骨撑天			W1326.3.2	棍子支天	
W1325	植物支天（植物支撑天）	[1058]		W1326.3.2.1	撑天棍支天	
				W1326.3.3	天由12根天柱支撑	
W1325.1	树木支天	[1058]		W1326.3.4	天由13根天柱支撑	
W1325.1.1	楠竹支撑天					
W1325.1.1.1	祖先用楠竹支撑天			W1326.4	北极星支天	[1064]
W1325.1.2	用五倍子树撑天			W1326.5	云支天	[1064]
W1325.1.3	铁树支撑天			W1326.6	冰支天	[1064]
W1325.1.3.1	祖先砍铁树支撑天			W1326.6.1	用溜冰顶东北角	
				W1327	与天的支撑物有关的其他母题	[1065]
W1325.2	通天树是天柱	[1059]				
W1325.3	瓜支天	[1060]		W1327.1	用筛子顶天	[1065]
W1325.3.1	天神用4个瓜支天			W1327.2	支天时的帮助者	[1065]
W1325.3.2	善神用4个南瓜支天			W1327.2.1	众神帮助支天	
				W1327.2.1.1	圣母、洪钧帮女娲支天	
W1326	自然物支天（自然物支撑天）	[1060]		※ W1330	天柱（顶天的柱子）	[1066]
W1326.1	地支天	[1060]		W1330a	天柱产生的原因（造天柱的	
W1326.1.1	地的手支天					
W1326.1.1.1	天神造地支天					

代码	母题	页码	代码	母题	页码
	原因)	【1066】	W1332.1.3.2	祖先用自己的4节脚做天柱	
W1330a.0	以前没有天柱	【1066】			
W1330a.1	为稳固天地造天柱	【1066】	W1332.1.3.2.1	女祖先用师傅的手足做天柱	
W1330a.1.1	因天动摇造天柱				
W1330a.2	为维持天地的规整造天柱	【1066】	W1332.1.3.3	巨人用自己的脚做天柱	
W1330a.3	为区别天地造天柱	【1067】	W1332.1.3.4	盘古的身体做天柱	
W1330a.4	为分开天地天柱	【1067】	W1332.1.3.5	盘古的四肢做天柱	
W1331	天柱的制造者（造天柱者）	【1067】	W1332.2	用动物做天柱	【1072】
			W1332.2.1	鳌鱼的肢体做天柱	
W1331.1	神造天柱	【1067】	W1332.2.1.1	鳌鱼的毛发做天柱	
W1331.1.1	天神造天柱		W1332.2.1.2	鳌鱼足做天柱	
W1331.1.2	铁匠神造天柱		W1332.2.2	龟的4条腿做天柱	
W1331.2	祖先造天柱	【1068】	W1332.2.2.1	鳖的4条腿做天柱	
W1331.2.1	布洛陀做天柱		W1332.2.2.1.1	支天柱的鳖5千年一小动，1万年一大动	
W1331.3	龙王造天柱	【1068】			
W1331.4	女娲造天柱	【1068】			
W1331.4.1	女娲用龟的4只脚造成4根天柱		W1332.2.2.1.2	女娲用鳌鱼的四足做天柱	
W1331.5	人造顶天柱	【1069】	W1332.2.2.2	神龟的四肢变成天柱	
W1331.5.1	大力的人造顶天柱		W1332.2.2.3	白龟的腿长成天柱	
W1331.6	其他人物造天柱	【1069】	W1332.2.2a	鱼做天柱	
W1331.6.1	4个神性老人造天柱		W1332.2.2a.1	天神造4条鱼做天柱	
			W1332.2.3	青蛙的手臂做天柱	
W1331.6.1.1	鲍公、熊公、茸公和当公造天柱		W1332.2.3.1	癞蛤蟆的9根骨头做天柱	
W1332	天柱的材料	【1070】	W1332.2.4	牛骨做天柱	
W1332.1	神或神性人物的身体做天柱	【1070】	W1332.2.5	牛腿做顶天柱	
			W1332.2.5.1	牛的4条腿做成4根天柱	
W1332.1.1	用神的身体做天柱				
W1332.1.1.1	神的手做天柱		W1332.2.5.2	龙牛的脚做天柱	
W1332.1.2	4个神顶着天的4个角		W1332.2.6	虎骨做天柱	
			W1332.2.6.1	虎的脚骨做天柱	
W1332.1.3	用神性人物的肢体做天柱		W1332.2.6.2	虎的4根大骨做天柱	
			W1332.2.7	虾的脚做天柱	
W1332.1.3.1	始祖的手脚变成4根天柱		W1332.2.7.1	女娲用虾的脚做天柱	
			W1332.2.8	多种动物做天柱	

W1332.2.8.1	用狮子、黄牛、大象等动物做天柱		W1332.5.2	特定的山是天柱
			W1332.5.2.1	不周山是天柱
W1332.3	**植物做天柱** 【1079】		W1332.5.2.1.1	不周山是西北天天柱
W1332.3.1	树做天柱（用木头造天柱）		W1332.5.2.2	布州山是天柱
W1332.3.1.1	老棕木来做顶天柱		W1332.5.2.3	居那若保神山是天柱
W1332.3.1.2	特定长度的大树做天柱		**W1332.6**	**用石做天柱** 【1088】
W1332.3.2	老铁木做天柱		W1332.6.1	用玉石做天柱
W1332.3.2.1	男始祖布洛陀用最高的老铁木做天柱		W1332.6.1.1	用玉造天柱
			W1332.6.1.2	玉柱支撑天
W1332.3.3	瓜做天柱		W1332.6.1.3	用绿松石做顶天柱
W1332.3.3.1	4个大瓜做天柱		W1332.6.1.4	用衣袋装石造天柱
W1332.3.4	金竹做天柱		W1332.6.1.5	用白玉造天柱
			W1332.6.1.5.1	白玉天柱立于西方
W1332.4	**用金属做天柱** 【1081】		W1332.6.1.6	用碧玉造天柱
W1332.4.0	用金银造天柱		W1332.6.1.6.1	碧玉天柱立于南方
W1332.4.1	用金做天柱		W1332.6.2	用石柱做天柱
W1332.4.1.1	黄金天柱		W1332.6.2.1	巨人用12根石柱做天柱
W1332.4.1.1.1	黄金天柱立在北方			
W1332.4.2	用银做天柱		W1332.6.3	用白石做天柱
W1332.4.2a	用铜做天柱		W1332.6.3.1	大神用白石做天柱
W1332.4.2a.1	4根铜柱做天柱		**W1332.6a**	**用泥做天柱** 【1091】
W1332.4.2a.2	分开天地后用铜棍撑住天的肚子		W1332.6a.1	用汗泥
			W1332.6b	**用石浆造天柱** 【1092】
W1332.4.3	用铁做天柱（铁柱支天）		W1332.6b.1	女娲用石浆造天柱
			W1332.7	**用其他材料做天柱**【1092】
W1332.4.3.1	白铁天柱		W1332.7.1	白螺天柱
W1332.4.3.2	黑铁天柱		W1332.7.1.1	白螺天柱立在东方
W1332.4.3.3	擎天大铁柱立在中央		W1332.7.2	白曼天柱
			W1332.7.2.1	白曼天柱立在东方
W1332.4.3.4	女娲炼造铁柱支北天		W1332.7.3	珍珠天柱
			W1332.7.3.1	黑珍珠天柱在西方
W1332.4.4	金银铜铁做天柱		**W1332.8**	**不成功的造天柱的材料** 【1093】
W1332.5	**用山做天柱** 【1085】			
W1332.5.1	大山做天柱		W1332.8.0	人不能做天柱
W1332.5.1.1	4座大山做顶天柱		W1332.8.1	用木头撑天不成功

代码	母题	代码	母题
W1332.8.1.1	顶天木柱生虫腐烂	W1332b.1.3	牙齿变成天柱
W1332.8.1.2	女娲用木头做天柱被水冲垮	W1332b.1.3.1	神的牙齿变成天柱
W1332.8.1a	树做天柱不成功	W1332b.2	重造天柱【1100】
W1332.8.2	用草撑天不成功	W1333	顶天柱的数量【1100】
W1332.8.2.1	用笔管草顶天没有成功	W1333.0	1根天柱【1100】
W1332.8.2.2	蒿子杆支天天摇晃	W1333.1	4根天柱【1100】
W1332.8.3	用铁柱支天不成功	W1333.1.1	金银铜铁4根天柱
W1332.8.3.1	铁做的天柱被锈断	W1333.1.2	四根天柱是兄弟
W1332.8.4	石柱支天断裂	W1333.2	5根天柱【1103】
W1332.8.5	用特定的角支天失败	W1333.3	8根天柱【1103】
W1332.8.5.1	盘古用头上长出的四个枝杈的长角支天不成功	W1333.3.1	8座山为8根天柱
		W1333.3a	9根天柱【1104】
		W1333.3a.1	创世母亲造9根天柱
W1332.9	与天柱的材料有关的其他母题【1097】	W1333.4	许多天柱【1104】
W1332.9.1	牛的肋巴骨做支天的橼子	W1333.4.1	12根天柱
		W1333.4.1.1	神性人物用12天造出12根天柱
W1332a	造天柱的方法【1097】	W1333.4.1.2	神性人物用12夜造出12根天柱
W1332a.1	仿照烟升天造天柱【1097】	W1333.4.2	13根天柱
W1332a.2	天女扫出天柱【1098】	W1333.4.2.1	巨人造13根铁天柱
W1332a.3	打磨天柱【1098】	❋W1335	天柱的特征【1106】
W1332a.3.1	巨神把天柱刨光滑	W1336	天柱的大小【1106】
W1332b	与天柱产生有关的其他母题【1098】	W1336.1	天柱的周长【1106】
		W1336.1.1	天柱周长3千里
		W1336.2	天柱的高度【1106】
		W1336.2.0	天柱高万丈
W1332b.1	特定的物化为天柱【1099】	W1336.2.1	天柱的高度是天地的距离
W1332b.1.1	宝剑化为通天柱	W1336.2.2	天柱高48万8千里
W1332b.1.1.1	大禹的宝剑化为通天柱	W1336.2.3	天柱高数百万里
W1332b.1.2	牛腿变成天柱	W1336.2.4	天柱高九九八十一里
W1332b.1.2.1	犀牛的4条腿变成4根天柱	W1337	天柱的位置【1108】

W1337.0	4根天柱分别立在东西南北 【1108】		W1337.6.6	天柱在特定地名处	
W1337.0.1	4根天柱支在东南西北4个地角		W1337.7	天柱在山顶和大地之间	【1115】
W1337.1	5根天柱分别撑着天的东西南北四角和中间 【1109】		W1337.8	天柱支撑着天的中央	【1115】
			W1338	天柱的其他特征	【1116】
W1337.1.1	开天辟地者在东西南北中各立1个天柱		W1338.1	天柱会生长	【1116】
			W1338.1.1	天柱浇水后会生长	
W1337.1a	12根天柱各有其规定地点 【1109】		W1338.2	天柱的颜色	【1116】
			W1338.2.1	绿蒿天柱立于南方	
W1337.1b	5根天柱在5个大老鳖身上 【1110】		W1338.2.2	墨珠天柱立在西方	
			W1338.2.3	天柱会变化颜色	
W1337.2	天柱放在鱼身上 【1110】		W1338.3	天柱的长短	【1117】
W1337.2.1	4根天柱分别放在4条鱼身上		W1338.3.1	天柱东西长短不同	
			W1338.3.2	天柱长短不齐造成天的倾斜	
W1337.2a	天柱放在象身上 【1111】		W1338.4	天柱的形状	【1117】
W1337.2a.1	天柱放在神象身上		W1338.4.1	天柱像山	
W1337.3	怪物支撑着天柱 【1111】		W1338.4.2	天柱是圆的	
W1337.3.1	女娲把天柱放在怪物身上		W1338.4.3	天柱下粗上细	
W1337.4	天柱放在龙眼上 【1112】		W1339	与天柱有关的其他母题	【1118】
W1337.5	天柱立在山上 【1112】		W1339.0	立天柱	【1118】
W1337.5.1	天柱立在碌陀山上		W1339.0.1	神仙立天柱	
W1337.5.2	4根天柱立在四方的四座山上		W1339.1	天柱的倾斜	【1119】
			W1339.1.1	天柱向西北倾斜	
W1337.5.3	天柱立在昆仑山		W1339.1.2	北天柱倾斜	
W1337.6	天柱放在其他特定地点 【1113】		W1339.2	天柱的倒塌（天柱的消失）	【1119】
W1337.6.1	天柱在金日冬日那个地方		W1339.2.1	天柱自然倒塌	
			W1339.2.1.1	石头天柱断裂	
W1337.6.2	天柱立在地中央		W1339.2.2	虫蛇将天柱蛀断	
W1337.6.3	天柱立在天地相连处		W1339.2.2.1	昆虫啃断天柱	
W1337.6.4	天柱插在海底		W1339.2.2.1.1	昆虫为报复啃断天柱	
W1337.6.5	天柱放在4个大瓜上				

1.2 天地

代码	母题	页码
W1339.2.3	蚂蚁啃断天柱	
W1339.2.3.1	蚂蚁为报复啃断天柱	
W1339.2.3.2	红蚂蚁生气啃断天柱	
W1339.2.3a	鸟啄断天柱	
W1339.2.3a.1	鹈鹕啄断天柱	
W1339.2.4	撞断天柱（撞倒天柱）	
W1339.2.4.1	共工撞倒天柱不周山	
W1339.2.4.2	妖怪撞断天柱	
W1339.2.4.3	人的争斗撞断天柱	
W1339.2.5	与天柱的倒塌有关的其他母题	
W1339.2.5.1	不稳的天柱	
W1339.2.5.1.1	天柱悬在水中不稳定	
W1339.2.5.2	天柱被晒断	
W1339.2.5.3	支天柱的鳖发怒造成天柱的倒塌	
W1339.2.6	天柱的稳固	
W1339.2.6.1	为天柱加固天梁稳固天柱	
W1339.2.6.1.1	在天柱上穿檩布梁稳固天柱	
W1339.2.6.2	通过在天柱周围放水稳固天柱	
W1339.2.7	天柱的修整	
W1339.2.7.1	为降雨砍短东方的天柱	
W1339.2.8	特定名称的天柱	
W1339.2.8.1	天柱宛委	
✿ **W1340**	**地的支撑（支地）**	【1126】
W1340a	以前的地没有支撑	【1126】
W1340a.1	以前地球悬在空中	【1126】
✿ **W1341**	地的支撑者（支地者）	【1126】
W1342	神或神性人物支撑地	【1127】
W1342.0	创世者支地	【1127】
W1342.0.1	创世者用身体支撑大地	
W1342.1	地母支大地	【1127】
W1342.1.1	地母遮米麻用身体托着大地	
W1342.2	神用手臂支撑地	【1127】
W1342.3	怪物支地	【1128】
W1342.4	神骑着海鱼支地	【1128】
W1342.5	其他神或神性人物支撑地	【1128】
W1342.5.1	地藏王背地	
W1342.5.1.1		
W1342.5.2	神牛支地	
W1342.5.2.1	女神派神牛支地	
W1342.5.2.2	神牛的角顶住大地	
W1342.5.2.3	神牛用角顶着人世	
W1342.5.3	神龟支地	
W1342.5.3.1	神龟用背顶着大地	
W1342.5.4	神鱼支地	
W1343	**人支撑地**	【1130】
W1344	**动物支撑地**	【1130】
W1344.1	鱼支撑地	【1130】
W1344.1.1	3条鱼驮地	
W1344.1.1.1	3条大鱼驮地	
W1344.1.2	鲤鱼支撑地	

代码	母题	代码	母题
W1344.1.2.1	鲤鱼驮万物	W1344.4.2.1	公牛站在乌龟背上支地的
W1344.1.3	鲇鱼驮着大地	W1344.4.2.1.1	公天牛站在乌龟背上支地的
W1344.1.4	怪鱼驮着大地	W1344.4.2.2	公牛用一只角支地
W1344.1.5	鱼母鱼支地	W1344.4.2.3	黑公牛站在海里的石板上用角支地
W1344.2	**龟支撑地（鳌鱼支撑地）**【1132】	W1344.4.3	四条牛腿支撑地
W1344.2.0	龟驮大地的原因	W1344.4.4	牛站在鱼身上支地
W1344.2.0.1	佛惩鳌鱼让它驮大地	W1344.4.5	黄牛支地
W1344.2.1	巨龟驮大地	**W1344.5**	**蛙支撑地（蛤蟆支地）**【1140】
W1344.2.1.1	比地球还大的巨龟驮大地	**W1344.6**	**鳄鱼支撑地**【1141】
W1344.2.1.2	巨人捉来巨龟驮大地	**W1344.7**	**象支撑地**【1141】
W1344.2.2	3个鳌鱼支地	W1344.7.1	巨象负地
W1344.2.2a	4个鳌鱼支地	W1344.7.2	大象顶着地球
W1344.2.2a.1	4个鳌鱼支地的4角	**W1344.8**	**仙鹤支撑地**【1141】
W1344.2.3	5个鳌鱼支地	W1344.8.1	仙鹤用一只脚支撑地
W1344.2.3a	1个鳌鱼支地	**W1344.9**	**多个动物共同支撑地**【1142】
W1344.2.4	鳌鱼背支地	W1344.9.1	神鱼、鲮鱼和鲈鱼用背支地
W1344.2.5	乌龟用肚皮支撑大地	W1344.9.2	乌龟、公牛合作支地
W1344.2.5a	乌龟用四肢支地	**W1344.10**	**与支撑地的动物有关的其他母题**【1142】
W1344.2.6	元素中生出负载大地的巨龟	W1344.10.1	一个很大的动物驮大地
W1344.2.7	鳌鱼骨支地角	W1344.10.2	支地动物的居所
W1344.2.8	龟在水中支地	**W1345**	**植物支撑地**【1143】
W1344.2.8.1	鳌鱼浮在水面上支地	W1345.1	蒿支撑地【1143】
W1344.3	**龙支撑地**【1137】	**W1345a**	**人造物支撑地**【1143】
W1344.3.1	巨龙支地	W1345a.1	铁混支地【1143】
W1344.4	**牛支撑地**【1137】	W1345a.1.1	铁混支地心
W1344.4.1	盘古派牛支地	**W1346**	**与地的支撑物**
W1344.4.2	公牛支撑地		
W1344.4.2.0	女天神让公牛支地		

	有关的其他母题 【1143】	✳ W1347	地柱（支地的柱子） 【1147】
W1346.1	风和水支撑大地 【1144】	W1348	地柱的产生 【1147】
W1346.2	地的支撑物的诞生【1144】	W1348.1	地柱是造出来的 【1147】
W1346.2.1	元素生负载大地的巨龟	W1348.1.0	造地柱原因
W1346.2.2	气温生负载大地的巨龟	W1348.1.0.1	因地动摇造地柱
W1346.2.3	胎生负载大地的巨龟	W1348.1.1	神或神性人物造地柱
W1346.2.4	卵生负载大地的巨龟	W1348.1.1.1	神用泥造地柱
		W1348.1.1.2	天神造地柱
		W1348.1.2	龙王造地柱
W1346.3	支地动物的居所 【1144】	W1348.2	地柱是变化产生的【1149】
W1346.3.1	负载大地的巨龟住在海洋里的宫殿中	W1348.2.1	特定人物的四肢变成地柱
W1346.4	支地动物的看管 【1145】	W1348.2.1.1	盘古的四肢变成地柱
W1346.4.1	金鸡看守着驮地的鳌鱼	W1349	地柱的材料 【1149】
		W1349.1	用金属造地柱 【1149】
W1346.4.1a	金鸡看守支地的神鱼	W1349.1.1	炼金属做地柱
		W1349.1.1.1	神炼金属做地柱
W1346.4.2	蛇看守支撑地的黄牛	W1349.1.2	用金银铜铁造地柱
W1346.4.3	鹰看管着支撑地的牛	W1349.2	石柱支撑地 【1150】
		W1349.2.1	3根石柱支撑地
W1346.4.4	鸡看管着支撑大地的牛	W1349.3	动物的腿做地柱 【1150】
		W1349.3.1	牛腿做地柱
W1346.4.5	鹰看管着支撑地的龟	W1349.3.1.1	天王用龙牛腿做地柱
		W1349.3.2	鹿腿做地柱
W1346.4.6	鸡看管着支撑大地的龟	W1349.3.2.1	巨人用马鹿腿做地柱
W1346.4.7	神鸟看管着支撑大地的神龟	W1349.4	动物的骨头做地柱【1151】
		W1349.4.1	牛骨头做地柱
W1346.5	支地者更换位置 【1147】	W1349.4.1.1	神牛的肋巴骨做支地橼子
W1346.5.1	支地者每年换一次肩膀		
W1346.6	特定地方的支撑 【1147】	W1349.5	其他材料做地柱 【1151】
W1346.6.1	大理由玉白菜支撑	W1349.5.1	用泥造地柱

W1350	地柱的支撑物	【1152】		W1355.2	2根地柱支地	【1156】
W1350.0	地柱支在鳌鱼身上	【1152】		W1355.3	3根地柱支地	【1156】
W1350.0.1	地柱立在水中鳌鱼的背上			W1356	与地柱有关的其他母题	【1156】
W1350.1	地柱支在金鱼身上	【1152】		W1356.1	巨大的地柱	【1156】
W1350.2	地柱支在万物生育者身上	【1152】		W1356.1.1	地柱有10万里	
				W1356.2	数根地柱互相作用	【1157】
W1350.3	地柱支在大象身上	【1153】		W1356.3	地柱的看守	【1157】
W1350.4	与地柱支撑物有关的其他母题	【1153】		W1356.3.1	地神管理地柱	
				W1356.4	地柱被毁	【1157】
W1350.4.1	支撑地柱者的看守			W1356.4.1	地柱被撞断	
W1350.4.2	支地的石柱在海中			W1357	与天地的合离与支撑有关的其他母题	【1158】
W1350.4.3	支地的柱子立在下界					
W1351	地柱的数量	【1154】		W1357.0	天地为什么不会合在一起	【1158】
W1352	4根地柱	【1154】				
W1352.1	4根铜柱支地	【1154】		W1357.0.1	火鸟阻止天地相合	
W1352.1.1	盘古用4根铜柱支地			W1357.0.2	支地撑天使天地分离	
W1352a	5根地柱	【1154】		W1357.0.2.1	仙鹤支地撑天	
W1352b	6根地柱	【1154】		W1357.1	地上与地下有许多地柱相连	【1158】
W1352b.1	神造6根地柱稳固大地	【1154】				
				W1357.1.1	顶天地的柱子	
W1352c	7根地柱	【1155】		W1357.1.1.1	顶天地的柱子在海心	
W1352d	8根地柱	【1155】				
W1352d.1	地下有8根地柱	【1155】		W1357.2	以前水天相连	【1159】
W1352d.1.1	地下的8根地柱互相牵制			W1357.3	天地的分界	【1159】
				W1357.3.1	云是天和地的分界处	
W1353	9根地柱	【1155】		W1357.4	天地分开后，生物才可以生活	【1160】
W1353.1	9根金柱银柱支地	【1155】				
W1353.1.1	天神用9根金柱银柱支地			W1357.5	天地分开后，天地间仍是混沌	【1160】
W1354	12根地柱	【1156】				
W1355	其他数量的地柱	【1156】		W1357.6	天地分开后的	
W1355.1	1根地柱支地	【1156】				

	善后工作 【1160】	W1361.2.0.2.1 天神造的天小，地神造的地大
W1357.6.1	天地分开后打扫天地	W1361.2.0.2.2 最早1对男女造的天小地大
W1357.6.1.1	天地分开后仙女用铜铁扫帚扫净天地	W1361.2.0.2.3 盘古开的天小，地母造的地大

3 - 2
【W1360 ~ W1799】

1.2.5 天地的修整
【W1360 ~ W1399】

✽ W1360	天地的缺陷（修整天地的原因） 【1163】	W1361.2.0.2.4 张郎造的天小，李郎造的地大
W1361	天小地大（地大天小） 【1163】	W1361.2.0.2.5 "天造"造的天小，"地合"造的地大
W1361.1	天窄地宽 【1164】	W1361.2.0.2.6 两种动物分别造天地时形成天小地大
W1361.1.1	螟蛉子懒造的天窄，拱屎虫勤快造的地宽	W1361.2.0.2.6.1 阳龙造的天小，阴龙造的地大
W1361.1.2	盘古氏造的天狭，盘生氏造的地阔	W1361.2.0.2.6.2 螟蛉子造的天小，拱屎虫造的地大
W1361.2	天小地大的原因 【1165】	W1361.2.1 造天者偷懒造的天小，造地者勤劳造的地大
W1361.2.0	自然形成天小地大	W1361.2.1a 造天者手慢把天造小，造地者手快把地造大
W1361.2.0.0	天地分开后天大地小	W1361.2.2 因造天者懒惰把天造小
W1361.2.0.1	盘古开天地时形成天小地大	W1361.2.2a 因造天者贪玩把天造小
W1361.2.0.1a	布洛陀造的天小地大	W1361.2.2b 因造天者骄傲把天造小
W1361.2.0.1b	姆六甲造的天小地大	W1361.2.3 因造地者勤奋把地造大
W1361.2.0.2	不同造天地者造出天小地大	W1361.2.4 盘神9兄弟偷懒把天造小，禅神7姐妹勤快把地造大
		W1361.2.4a 天神的5个儿子偷懒把天造小，4个女儿勤快把地造大
		W1361.2.5 天公造的天小，地母造的地大
		W1361.2.6 因造天地者日子颠倒

		造成天小地大		地不吻合）【1178】
W1361.2.7		盘古忙着造天忘了测量造成天小地大	W1363.1	天小地大造成天地不吻合 【1178】
W1361.2.8		天下翁和天下婆分别造天地时没有量好尺寸造成天小地大	W1364	天地不稳定 【1179】
			W1364.0	特定的时间天地不稳定 【1179】
			W1364.0.1	上古时天地动荡
W1361.2.9		因造天地的时间差异造成天小地大	W1364.1	天盖不住地使天地发生动摇 【1180】
W1361.2.9.1		女神菠补造天，男神佑聪造地，因造的时间不同造成天小地大	W1364.2	鱼摆尾使天地发生动摇 【1180】
			W1364.3	刚造的天地动摇不定（新开辟的天地不稳）【1180】
W1361.2.9.2		布洛陀因先造天后造地，造成天小地大	W1364.3.1	刚造的天地因为在水面上动摇不定
W1361.2.10		盘古、盘生变天地时形成天小地大	W1364.3.2	盘古刚造的天地动摇不定
W1361.2.11		女人勤快把地造大	W1364.3.3	刚补好的天地动摇不定
W1361.3		天小地大的情况 【1176】	W1364.4	刚分开的天地动摇不定 【1181】
W1361.3.1		天有7分宽，地有9分大	W1364.4.1	刚分开的天地相互咬不紧
W1362		天大地小（地小天大） 【1177】	W1364.5	海水撞得天地不稳【1182】
W1362.1		天大地小的原因（天大的原因）【1177】	W1364.6	最早天地变化不定【1182】
			W1364.7	地不服气天在上面造成天地不稳 【1182】
W1362.1.0		天地分开后天大地小	W1365	天塌 【1183】
W1362.1.1		造天的神勤奋造的天大	W1365.1	天柱折断造成天塌 【1183】
W1362.1.2		不同的造天地者形成天大地小	W1365.1.1	虫蛇弄断天柱造成天塌
W1362.2		地小的原因 【1178】	W1365.1.2	盘古弄断天柱造成天塌
W1362.2.1		造地的神懒惰造的地小	W1365.1.3	共工撞断天柱造成天塌
W1363		天地不相合（天		

W1365.1.4	水神撞断天柱造成天塌		W1365a.2	神的争斗造成天漏【1189】
W1365.2	老鳖翻身造成天塌【1184】		W1366	天洞（天上的窟窿、天被撞破）【1190】
W1365.2.1	支地的老鳖被钓造成天塌		W1366.0	自然产生天洞【1190】
W1365.2.2	支地的老鳖饥渴翻身造成天塌		W1366.0.1	天长日久天上出现洞
W1365.3	其他原因造成天塌【1185】		W1366.0.2	天上塌了1个洞
W1365.3.0	盘古把天砍塌		W1366.1	造天时留下天洞【1190】
W1365.3.1	人把天弄塌		W1366.1.1	神造天时留下天洞
W1365.3.2	洪水把天冲弄塌		W1366.1.2	盘古开天出现许多天洞
W1365.3.3	争战把天冲弄塌		W1366.1.2.1	盘古把天拉破
W1365.3.3.1	天神争战把天弄塌		W1366.1.2.2	盘古扔手帕变天时手帕缺的角变成天洞
W1365.4	天塌一角【1186】			
W1365.4.1	盘古劈断天柱造成天塌一角		W1366.1.3	神造天撬出天洞
W1365.4.2	共工撞倒天柱山造成天塌一角		W1366.2	打雷造成天洞【1192】
			W1366.3	砍出天洞【1192】
W1365.4.3	水神撞倒不周山造成天塌一角		W1366.3.1	盘古砍出天洞
			W1366.3.1.1	盘古开天地时用斧头砍出许多大洞
W1365.4a	天塌半边【1187】			
W1365.5	与天塌有关的其他母题【1187】		W1366.4	戳出天洞【1193】
W1365.5.1	西北天和东南天塌掉		W1366.4.1	兄妹绷天地时捅出天洞
W1365.5.2	西北天塌掉		W1366.4.1.1	蛇族兄妹顶天时顶出天洞
W1365.5.2a	天从东北角塌了一半		W1366.4.2	1对夫妻舂米时捅出天洞
W1365.5.2b	西北角天塌		W1366.4.3	霹雳大仙杵出天洞
W1365.5.3	东方天塌		W1366.4.4	扁古王用竹杆戳出天洞
W1365.5.3a	西方天塌			
W1365.5.4	天多次垮塌		W1366.4.5	蚩尤用角戳出天洞
W1365.5.4.1	天塌3次		W1366.4.6	祝融戳出天洞
W1365a	天漏【1189】		W1366.5	水冲出天洞【1194】
W1365a.1	风雨中产生天漏【1189】			

W1366.5.1	海潮冲出天洞		W1366.10.2	特定的人把天顶出窟窿	
W1366.6	**争斗时撞破天**	【1195】	W1366.10.3	风吹破天	
W1366.6.1	神的争斗撞破天		W1366.10.4	元月二十号天穿洞	
W1366.6.1.1	火神与水神的争斗撞出天洞		W1366.10.5	天洞的位置	
W1366.6.2	神性人物的争斗撞破天		W1366.10.5.1	天洞在天的西南角	
W1366.6.2.1	共工争斗时撞破不周山形成天的窟窿		W1366.10.6	天洞的作用	
W1366.6.2.2	神仙争斗时形成天的窟窿		W1366.10.6.1	天洞是用于下雨的地方	
W1366.6.2.3	天兵天将争斗时形成天的窟窿		W1366.10.6.2	人可以通过天洞看到天上的事情	
W1366.6.3	动物的争斗撞破天		W1366.10.7	天洞的数量	
W1366.6.3.1	龙的争斗撞出天洞		W1366.10.7.1	以前有很多天洞	
W1366.6.3.1.1	乌龙的争斗碰破天皮		W1366.10.7.2	9个天洞	
W1366.6.3.2	鸟的争斗撞出天洞		W1366.10.8	天上的黑洞	
W1366.6.4	太阳打斗时把天撕破		W1366.10.8.1	天上的黑洞会带来灾难	
W1366.6.5	狗打架造成天的窟窿		**W1367**	**天上出现裂缝（天缝、天裂）**	【1203】
W1366.7	**妖怪撞破天**	【1197】	W1367.1	天地间自然产生裂缝	【1203】
W1366.8	**动物撞破天**	【1198】	W1367.1.1	巨人发现天地间存在一条大裂缝	
W1366.8.1	乌龟撞出天洞		W1367.1.2	天突然开裂	
W1366.8.2	鹰撞破天天洞		W1367.1.3	以前的天四分五裂	
W1366.8.3	鱼撞破天天洞				
W1366.9	**树戳破天**	【1199】	W1367.2	造天时留下裂缝	【1203】
W1366.9.1	天被山上的大树戳破		W1367.2.0	盘古造天时留下天缝	
W1366.9a	**人造物戳破天**	【1199】	W1367.2.1	女神造天时留下天缝	
W1366.9a.1	人造的塔会戳破天				
W1366.9b	**天柱倒塌形成天洞**	【1200】	W1367.2.2	九兄弟造天时留下天缝	
W1366.10	**与天洞有关的其他母题**	【1200】			
W1366.10.1	盖天佛把天顶出				

W1367.3	争斗造成天的裂缝【1204】		W1369.1.1	神的打斗造成天经地纬断裂
W1367.3.1	乌龙相斗造成天的裂缝		W1369.2	天的东南、西北有缺陷【1209】
W1367.3.2	2人打斗造成天缝		W1369.2.1	天的西北有缺陷
W1367.3.2.1	2人争天下打斗正月廿日造成天缝		W1369.3	天的西南方有缺陷【1209】
W1367.4	天神的长啸造成天的裂缝【1205】		W1369.3.1	盘古变出的西南方天不圆满
W1367.5	天地相撞造成天的裂缝【1205】		W1369.4	地在东北方有缺陷【1210】
W1367.5.1	支地的鳌鱼翻身使天地相撞形成天的裂缝		W1369.4.1	盘生变出的东北方天有缺陷
W1367.6	因补天石不足形成天缝【1205】		W1369.5	天地有凹凸【1211】
W1367.6.1	女娲补天时天罡石不足形成天缝		W1369.5.1	神劈出的天凹凸不平
W1367.7	撑天时形成天缝【1206】		W1369.5.2	盘古抓出的天有隆起
W1367.7.1	撑天歪斜形成天缝		W1369.5.3	清扫天地间的雾气
W1367.7a	雷电造成天裂【1206】		✱W1370	稳固天地（天地的稳固）【1211】
W1367.7a.1	打雷造成天裂		W1371	用支撑物稳定天地【1211】
W1367.8	与天缝有关的其他母题【1207】		W1371.1	用架子稳固天地【1212】
W1367.8.1	天缝的位置		W1371.1.1	天神搓污垢捏成挟天地的架子稳固天地
W1367.8.2	天缝的作用		W1371.2	用神象稳固天地【1212】
W1367.8.2.1	天缝用来下雨		W1371.2.1	神象在海中顶天地后天地稳固
W1367.8.3	天缝的长宽		W1371.3	用特定物撑天边支地角稳固天地【1213】
W1367.8.3.1	三拃宽的天缝		W1371.3.1	女神用鳌鱼骨撑天边支地角稳固天地
W1367.8.4	天缝中是冷冰寒雪			
W1368	天地歪斜【1208】		W1371.4	天柱稳固天地【1213】
W1368.1	天神造的天倾斜【1208】		W1371.4.1	海心冒出的石柱使天地稳固
W1369	天地的其他缺陷【1208】		W1371a	特定人物稳固
W1369.0	天地不完整【1209】			
W1369.1	天经地纬断裂【1209】			

		天地 【1213】	W1374.2.2		天地毁坏后第99天稳固好
W1371a.1		盘古支天地使天地变稳 【1213】	W1375		天的稳固 【1217】
W1371a.2		盘古定乾坤 【1214】	W1375.1		支撑天使天变稳 【1217】
W1371a.3		女娲支天地使天地变稳 【1214】	W1375.1.1		天柱支天使天变稳
W1371a.3.1		女娲用16只鳌足支撑天地	W1375.1.1.1		4根撑天柱把天撑牢
W1372		用石头压住天地 【1214】	W1375.1.1.2		天柱撑天时要垫七分土
W1372.1		压天地的石头 【1214】	W1375.1.1.3		用16根柱子顶天把天变稳
W1372a		用山稳固天地 【1214】	W1375.1.1.4		用铜柱铁柱撑天把天变稳
W1372a.1		神山稳固天地 【1215】	W1375.1.2		把天托稳
W1372b		绷天地（绷天绷地）【1215】	W1375.1.3		神把天托稳
W1372b.1		用神牛皮绷天绷地 【1215】	W1375.1.4		大力神用巨掌稳定天
W1372b.2		先绷地，再绷天 【1215】	W1375.2		钉天把天变稳 【1219】
W1372c		用粘合物稳固天地 【1215】	W1375.2.0		特定人物钉天把天变稳
W1372c.1		神用自动增长的粘合物稳固天地 【1216】	W1375.2.0.1		张古老钉天把天变稳
W1373		特定的看守者稳固天地 【1216】	W1375.2.1		用石钉把天钉牢（用山做钉子把天钉牢）
W1373.1		玉狗看管顶天大鳌鱼，天地变稳固 【1216】	W1375.2.1a		用铜钉把天钉稳
W1374		与稳固天地有关的其他母题 【1216】	W1375.2.2		用牙齿把天钉稳
W1374.1		造山后天地稳固 【1216】	W1375.2.2.1		用牙齿做钉子把天钉稳
W1374.1.1		神和佛造灵山稳固天地	W1375.2.3		用树钉在大地的四方天变稳
W1374.2		稳固天地的时间 【1217】	W1375.2.4		钉天防止天的塌落
W1374.2.1		敌手毁坏天地时稳定天地	W1375.3		压住天把天变稳 【1222】
			W1375.3.1		用石头压天头把天变稳

W1375.3.2	用宝物压天柱把天变稳
W1375.4	**与天的稳固有关的其他母题　【1222】**
W1375.4.1	咬住天把天变稳固
W1375.4.1.1	龙、凤、龟、麟、虎咬住天的四边和中间使天变稳
W1375.4.2	绷天把天变稳固
W1375.4.3	拉天绳把天变稳固
W1376	**地的稳固　【1223】**
W1376.0	**以前地不稳固　【1223】**
W1376.0.1	大地刚形成时不稳定
W1376.0.2	大地旋转
W1376.0.2.1	神吹气使大地旋转
W1376.0.3	以前的地不断摇晃
W1376.0.3.1	刚造出的地摇摇晃晃
W1376.0.3.2	刚变出的地动荡
W1376.0.3.3	造出的地球在水面上摇摇晃晃
W1376.0.3.4	最初的地浮在水面上会摇晃
W1376.0.4	以前的地在海中沉浮不定
W1376.0.4.1	地球不稳是因为海水在下面流动
W1376.1	**通过稳固土地把地变稳　【1226】**
W1376.1.1	神稳固土壤
W1376.1.1.1	神撒草木稳固大地
W1376.1.2	通过粘贴使地稳固
W1376.1.3	用钉钉使地变稳
W1376.1.3.1	创世主用钉子稳固大地
W1376.1.3.2	祖先用钉子稳固大地
W1376.1.4	天仙焊接大地
W1376.2	**动物稳固大地　【1228】**
W1376.2.1	巨龟稳定大地
W1376.2.1.1	射死驮陆地的鳌鱼稳定大地
W1376.2.1.2	巨龟抱稳大地
W1376.2.1.3	神龟驮地使大地稳定
W1376.2.2	牛稳固大地
W1376.2.2.0	盘古造稳固大地的神牛
W1376.2.2.1	把地固定在牛的犄角上
W1376.2.2.1.1	创世主把地固定在牛角上
W1376.2.2.1.2	女天神把地固定在牛的犄角上
W1376.2.2.2	神用牛腿稳固大地
W1376.2.3	让鱼稳固大地
W1376.2.3.1	女娲用龙筋缠住驮地的鲤鱼稳固大地
W1376.2.4	让狗稳固大地
W1376.2.4.1	让狗看守负载大地的龟使地变稳
W1376.2.5	让怪兽稳固大地
W1376.2.5.1	仙人让怪兽把大地抱稳
W1376.2.6	让蛤蟆稳固大地
W1376.2.6.1	蛤蟆的叫声使大地不再变化
W1376.2.6.2	射死驮地的蛤蟆稳固大地
W1376.3	**压住大地把地变稳　【1232】**
W1376.3.1	用石头稳定大地

W1376.3.1.1	用大盘石稳定大地		W1376.4.2a.1	支地的四边稳固大地
W1376.3.1.1.1	雷公用盘石稳定大地		W1376.4.3	用绳子把地拢住稳固大地
W1376.3.1.2	天神造压地的石头		W1376.4.3.1	天降草木和生物整固土壤
W1376.3.2	用山稳定大地		W1376.4.3.2	用大象稳地
W1376.3.2.0	特定人物造压地的山		W1376.4.3.3	支地柱稳固大地
W1376.3.2.0.1	造物主造稳定大地的山		W1376.4.3.4	把木头插进海中稳固地球
W1376.3.2.0.2	真主造稳定大地的7座山		W1376.4.3.5	造地心稳固大地
W1376.3.2.1	用山脚镇住地		❋W1377	修补天地【1240】
W1376.3.2.2	神造山压地		W1378	神或神性人物修补天地【1240】
W1376.3.2.3	最早出现的一座山压地		W1378.0	女神补天地【1240】
W1376.3.3	用石稳定大地		W1378.0.1	神女补天补地
W1376.3.3.1	用金黄石压地		W1378.1	夫妻神补天地【1240】
W1376.3.3.2	用压地石压地		W1378.2	众神补天地【1241】
W1376.3.3.2.1	天女用4块压地石压地		W1378.2.1	天神的众子女缝补天地
W1376.3.4	用金属稳定大地		W1378.3	巨人修补天地【1241】
W1376.3.4.1	神用黄金镇地		W1379	特定的神或神性人物修补天地【1241】
W1376.3.4.2	开天辟地者用黄金矿镇地		W1379.1	观音修补天地【1241】
W1376.3.5	用牙齿稳固地球		W1379.2	管天下女神的2个女儿补天补地【1242】
W1376.3.5.1	神把7颗牙齿插入海中稳固地球		W1379.3	盘古补天地【1242】
W1376.4	**其他稳固大地的方法【1237】**		W1379.4	盘古、盘生用云补天，用水填地【1242】
W1376.4.1	垒地脚使地稳固		W1379.5	工匠神修补天地【1243】
W1376.4.2	固定地的四角稳固大地		W1379.5.1	77个工匠神修补天地
W1376.4.2.1	用石压住地的四角		W1379.6	姜夫马王修补天地【1243】
W1376.4.2.2	支地的四角稳固大地			
W1376.4.2a	固定地的四边稳固大地			

W1380	特定的人修补天地 【1243】		W1383.0.1.1	因没有天柱造成天动荡不稳	
W1380.1	张郎李郎修补天地 【1243】		W1383.0.1.2	以前的天体摇晃	
W1381	动物修补天地 【1244】		W1383.0.1.3	以前的天像浮云飘摇不定	
W1381.1	龙修补天地 【1244】		W1383.0.1.4	天刚生出时不稳定	
W1381.2	燕子补天地 【1244】		W1383.0.1.5	以前的天空飘忽不定	
W1381a	其他特定人物修补天地 【1244】		W1383.0.1.6	天上下无依	
W1381b	与修补天地者有关的其他母题 【1244】		W1383.0.2	天不平整修天	
			W1383.1	天的变大 【1250】	
W1381b.1	修整天地者的死亡 【1245】		W1383.1.1	拉天把天变大	
W1381b.1.1	修整天地者劳累而死		W1383.1.1.1	拉天边把天变大	
W1382	与修补天地有关的其他母题 【1245】		W1383.1.2	天神把天变大	
			W1383.1.2.1	天神把天变得无限大	
W1382.0	修补天地的时间 【1245】		W1383.1.2.2	4个神把天拉展	
W1382.0.1	开天辟地后补天补地		W1383.1.3	通过药物使天变大	
W1382.0a	修整天地前要先分开天地 【1245】		W1383.1.3.1	撒长生不老药把天变大	
			W1383.1.4	把天撑大	
W1382.1	补天缝地 【1246】		W1383.1.4.1	造天者双手把天崩大	
W1382.1.1	用银线缝天边和地边		W1383.1a	天的变小 【1252】	
W1382.2	用金线银线织补天地 【1246】		W1383.1a.1	盘古拉天把天变小	
			W1383.2	神修整天 【1253】	
W1382.3	用铜线铁线织补天地 【1246】		W1383.2.1	天神修整天	
			W1383.2.1.1	上天派天神整天	
W1382.4	用闪电缝合天地 【1246】		W1383.2.2	众神用犁耙把天犁平	
W1382.5	用动物补天地 【1247】		W1383.2.3	神将姜夫修天	
W1382.5.1	用神牛补天地		W1383.3	天上的人修天 【1254】	
W1383	天的修整 【1247】		W1383.4	把不圆的天修圆 【1254】	
W1383.0	修整天的原因 【1247】		W1383.5	绷天 【1254】	
W1383.0.1	天不稳固		W1383.5.1	绷天者	
			W1383.5.1.1	天神绷天	
			W1383.5.1.2	管地者绷天	

W1383.5.2	用牛皮绷天		W1385.5	与补天原因有关的	
W1383.5.2.1	用神牛皮绷天			其他母题	【1260】
W1383.5.2.2	用龙牛皮绷天		W1385.5.1	因天上落石头	
W1383.5a	挤天	【1255】		补天	
W1383.5a.1	张古和盘古挤天		W1385.5.1.1	因天降陨石补天	
W1383.6	动物修整天	【1256】	W1385.5.2	因天的缺陷补天	
W1383.6.1	螺蜂修整天		W1385.5.2.1	因盘古变的西南	
W1383.7	与天的修整有关的			天的方不圆满	
	其他母题	【1256】		补天	
W1383.7.1	用箭把天射通		W1385.5.2.2	红君道人造的天缺	
W1383.7.2	修天的时间			一只角	
W1383.7.2.1	修天用了81天		W1385.5.3	为防止洪水补天	
*W1384	补天	【1257】	W1385.5.3.1	因天河漏水补天	
W1385	补天的原因	【1257】	W1385.5.3.2	伏羲女娲为消除	
W1385.0	因天没有长好			洪水补天	
	补天	【1257】	W1385.5.4	为了孩子降生	
W1385.1	因天塌补天	【1257】		补天	
W1385.1.1	因天的4边损坏		W1385.5.5	因斗气补天	
	补天		W1386	补天者	【1263】
W1385.2	因天出现裂缝		W1386.1	补天者的产生	【1263】
	补天	【1258】	W1386.1.1	祖先造出补天者	
W1385.2.1	天有两个巴掌的		W1386.2	女娲补天	【1263】
	缝隙补天		W1386.2.1	女娲氏补天	
W1385.2.2	因天上出现窟窿		W1386.2.1.1	神娲补天	
	补天		W1386.2.1.1.1	天神派神娲补天	
W1385.2.3	天被扯破后补天		W1386.2.1.2	圣娲补天	
W1385.2.3.1	天被造天者扯破后		W1386.2.2	女娲娘娘补天	
	女娲补天		W1386.2.3	女娲没有补天	
W1385.3	因天被扯破补天	【1258】	W1386.2.4	女娲假补天	
W1385.3.1	西北角的天被扯破		W1386.2.5	女娲带天兵补天	
W1385.3.2	龙王扯破天		W1386.2.5.1	女娲带天兵天将	
W1385.3.3	鹿角划破天			补天	
W1385.4	天帝命令补天	【1259】	W1386.2.6	女娲补天的方式	
W1385.4.1	玉皇大帝派女娲		W1386.2.6.1	女娲先炼石后补天	
	补天		W1386.2.6.1.1	女娲每天炼石补天	
W1385.4.2	女娲奉玉帝之命		W1386.2.6.1.2	女娲炼青蓝红白紫	
	补天			五色石子补天	

W1386.2.6.2	女娲一手炼石，一手补天	W1386.5.1	女佛补天	
W1386.2.6.3	女娲先撑天，再补天	**W1386.6**	**特定的女人补天**	【1274】
		W1386.6.1	盘古的妹妹补天	
W1386.2.6.4	女娲补天前先用天柱顶天	W1386.6.2	祝融的妹妹补天	
		W1386.6.2a	蛇族兄妹的妹妹补天	
W1386.2.7	与女娲补天有关的其他母题	W1386.6.3	海伦格格补天	
		W1386.6.3.1	海伦格格用神火炼石补天	
W1386.2.7.1	娲儿公主补天			
W1386.2.7.2	女娲补天洞	W1386.6.4	女始祖补天	
W1386.2.7.2.1	女娲补北方的天洞	W1386.6.5	熊的女儿补天	
W1386.2.7.2.2	女娲用石头补天洞	**W1386.7**	**神补天**	【1276】
W1386.2.7.3	女娲补西北天	W1386.7.1	天神补天	
W1386.2.7.4	女娲补西方天	W1386.7.1.1	天神的儿子补天	
W1386.2.7.5	女娲补东北天	W1386.7.1.2	天神和儿子补天	
W1386.2.7.5.1	女娲炼石补东北天	W1386.7.1.3	老天爷补天	
W1386.2.7.6	女娲从东南向西北补天	W1386.7.2	女神补天	
		W1386.7.2.1	神婆补天	
W1386.2.7.7	女娲红丝穿饼补天	W1386.7.2.2	圣母娘娘补天	
		W1386.7.2a	1对男女神补天	
W1386.2.7.8	女娲用针线缝补天缝	W1386.7.3	众神补天	
		W1386.7.3.1	9个男神和7个女神补天	
W1386.2.7.9	女娲补天的遗迹			
W1386.3	**兄妹补天**	W1386.7.3.2	天兵天将修补天	【1271】
W1386.3.1	盘古兄妹补天	W1386.7.4	天女补天	
W1386.3.2	一对兄妹补天	W1386.7.4.1	玉帝的三女儿补天	
W1386.3.2.1	艾浦艾乐两兄妹补天			
		W1386.7a	**动物补天**	【1279】
W1386.3.3	伏羲女娲兄妹补天	W1386.7a.1	山鹰补天	
W1386.3.3.1	伏羲女娲补天最初不成功	W1386.7a.2	鸟补天	
		W1386.7a.2.1	燕子和点雀补天地	
W1386.3.3a	伏羲女娲姐弟补天			
W1386.3.4	天皇氏、地皇氏和女娲氏三兄妹补天	W1386.7a.2.2	凤凰补天	
		W1386.8	**其他补天者**	【1280】
W1386.4	**火神补天**	【1274】	W1386.8.1	天上的人补天
W1386.4.1	火神炼石补天	W1386.8.2	混天老祖补天	
W1386.5	**佛祖补天**	【1274】	W1386.8.3	骊山老母补天

W1386.8.4	盘古补天		W1386.9.6.1.1	一个妇女帮女娲补天
W1386.8.5	其他有特定名称的人物补天		W1386.9.6.2	渔民帮助补天
W1386.8.5.1	地母补天		W1386.9.6.2.1	渔民帮女娲补天
W1386.8.5.2	高辛帝补天		**W1386.10**	**与补天者有关的其他母题** 【1288】
W1386.8.5.3	张伏羲与李女娲补天		W1386.10.1	补天者留在天上
W1386.8.5.4	鬼王补天		W1386.10.2	补天者的死亡
W1386.8.5.5	祝融炼石补天		W1386.10.2.1	女娲补天被冻死
W1386.8.5.6	几个男女补天		W1386.10.2.2	女娲补天累死
W1386.8.5.7	太上老君补天		**W1387**	**补天的材料** 【1288】
W1386.8.5.8	捅破天者补天		**W1387.1**	**用石补天** 【1289】
W1386.8.5.9	造天者补天		W1387.1.0	加工石头补天
W1386.8.5.10	天皇氏、地皇氏和女娲氏补天		W1387.1.0.1	女娲磨石头补天
			W1387.1.1	用五彩石补天
W1386.8.5.11	张古老补天		W1387.1.1.1	女娲用五彩石补天
W1386.8.5.12	两代人补天			
W1386.9	**补天的助手（补天的帮助者）** 【1285】		W1387.1.1.1.1	女娲采集五彩石补天
			W1387.1.1.1.1.1	女娲从山上、海中找五彩石补天
W1386.9.1	月亮婆婆帮助补天			
W1386.9.2	神性人物帮助补天		W1387.1.1.1.1.2	女娲用五彩石蘸河水补天
W1386.9.2.1	天兵帮助补天			
W1386.9.2.2	金童玉女帮助补天		W1387.1.1.1.1.3	女娲用五色石补天
W1386.9.2.3	两位神童帮助补天		W1387.1.1.1.1.3a	女娲用五色金石补天
W1386.9.2.3.1	两位神童帮助女娲补天			
			W1387.1.1.1.1.4	女娲用五颜六色的石子补天
W1386.9.3	牛马帮助补天			
W1386.9.3.1	女娲驾金牛补天		W1387.1.1.1a	女娲用五块颜色不同的石头补天
W1386.9.3.2	飞马帮助补天			
W1386.9.4	飞鸟帮助补天		W1387.1.1.2	张古老用五彩石补天
W1386.9.4.1	女娲让凤凰帮助补天		W1387.1.1.2.1	张古老用五色石头补天
W1386.9.5	龙帮助补天			
W1386.9.5.1	龙王帮助补天		W1387.1.2	用青石、白石补天
W1386.9.5.1.1	海龙王帮女娲补天		W1387.1.2.0	女娲用青石、白石补天
W1386.9.6	特定的人帮助补天			
W1386.9.6.1	一个妇女帮助补天		W1387.1.2.1	用天青蓝色的石头

	补天
W1387.1.2.2	用青石补天
W1387.1.3	用松石补天
W1387.1.4	用宝石补天
W1387.1.4.0	高辛帝用宝石补天
W1387.1.4.1	用蓝宝石补天
W1387.1.4.1.1	众神用蓝宝石补天
W1387.1.4.2	用玉石补天
W1387.1.4a	用神石补天
W1387.1.4a.1	用天罡石补天
W1387.1.4a.1.1	女娲用天罡石补天
W1387.1.4a.2	女娲用神石补天
W1387.1.5	炼石补天
W1387.1.5.1	用土炼石补天
W1387.1.5.2	炼石饼补天
W1387.1.5.3	做石馍馍补天
W1387.1.5.3.1	王母娘娘和骊山老母做石馍馍补天
W1387.1.5.4	女娲炼石补天
W1387.1.5.4.1	女娲炼石糊补天
W1387.1.5.4.2	女娲炼石板补天
W1387.1.5.4.3	女娲炼石成天浆后补天
W1387.1.5.4.4	女娲用南方的火炼昆仑山的仙石补天
W1387.1.5.4.5	女娲炼天上的石头补天
W1387.1.5.5	伏羲女娲夫妻炼石补天
W1387.1.5.6	女神炼石补天
W1387.1.6	炼五彩石补天
W1387.1.6.1	女娲炼五彩石补天
W1387.1.6.1.1	女娲氏炼五彩石补天
W1387.1.6.2	女娲炼蓝、红、白、紫、灰五彩石补天
W1387.1.6.2a	女娲用泥土、石块和水炼五彩石补天
W1387.1.6.2b	女娲用泥团炼五彩石补天
W1387.1.6.2c	女娲在炉中用黄泥炼五彩石补天
W1387.1.6.2d	女娲用金、木、水、火、土五个星星上的石头炼五彩石补天
W1387.1.6.3	骊山老母和王母娘娘姐妹炼红、黄、蓝、白、黑五色石头补天
W1387.1.6.4	炼五色神石补天
W1387.1.6.5	先找五彩石，后炼石补天
W1387.1.6.5.1	女娲先找五彩石，后炼石补天
W1387.1.6.6	与炼五彩石补天有关的其他母题
W1387.1.6.6.1	用神火炼五彩石
W1387.1.6.6.2	用天火炼五彩石
W1387.1.6.6.3	女娲用五彩石烧成稀糊糊补天。
W1387.1.7	炼七彩石补天
W1387.1.7.1	女娲炼七彩石补天
W1387.1.8	炼五颜六色的石头补天
W1387.1.8.1	炼五颜六色的石饼补天
W1387.1.8.2	用五色石烙石饼补天
W1387.1.8.2.1	女娲用五色石烙石饼补天
W1387.1.8.3	用彩石烙石馍馍补天
W1387.1.8.4	用彩石炼成石浆补天

W1387.1.8.4.1	女娲用五色石炼石汁补天		W1387.7.2	用凌片补天	
W1387.1.9	用石头拌河水补天		W1387.7.2.1	李老君用凌片补天	
W1387.1.10	人变成补天的石头		W1387.7.2.2	用冰磕补天	
W1387.1.11	用石头和岩浆补天		W1387.7.2.2.1	用冰磕补东北角的天	
W1387.1.12	插石头补天		W1387.7.3	张伏羲和李女娲用海里的冰补天	
W1387.1.12.1	女娲插石头补天		W1387.7.4	女娲用冰块补天	
W1387.2	**炼胶补天**	【1305】	W1387.7.4.1	女娲用大冰块补西北天	
W1387.2.1	用人炼胶补天		W1387.7.4.2	女娲用昆仑山的冰补西北天	
W1387.2.1.1	哥哥用妹妹的身体熬成胶补天		W1387.7.4a	伏羲用冰块补天	
W1387.2.2	用神锅炼胶补天		W1387.7.4a.1	伏羲用冰补东北天	
W1387.2.2.1	用月亮的神锅炼胶补天		W1387.7.4b	人祖爷用冰块补天	
W1387.3	**用水补天**	【1306】	W1387.7.4b.1	人祖爷用冰补天东北角	
W1387.3.1	女娲把石头炼成水补天		W1387.7.5	太上老君用冰块补天	
W1387.3.2	张古老用水补天		W1387.7.5.1	太上老君用冰块补西北天	
W1387.4	**用土补天**	【1307】	W1387.7.6	1对兄妹用冰块补天	
W1387.4.1	扬土补天		W1387.7.6.1	盘安和盘玉兄妹用冰凌补东北天	
W1387.4.2	用七色泥土补天		W1387.7.7	1对姐弟用冰块补天	
W1387.4a	**用泥补天**	【1308】	W1387.7.7.1	盘古姐弟用冰补天	
W1387.4a.1	烧泥补天		**W1387.7a**	**用雪补天**	【1315】
W1387.4a.1.1	女娲烧泥补天		**W1387.7b**	**用冰雪补天**	【1315】
W1387.5	**用金属补天**	【1308】	W1387.7b.1	盘古用冰雪补天	
W1387.5.1	用锡补天		**W1387.8**	**用棉花补天**	【1316】
W1387.5.1.1	天仙用锡补天		W1387.8.1	女祖先姆六甲用棉花补天	
W1387.6	**用云补天**	【1308】			
W1387.6.1	黑云做布补天		**W1387.9**	**织布补天**	【1316】
W1387.6.2	用五彩云补天		W1387.9.1	用白布补天缝	
W1387.6.2.1	女娲用五彩云补天		W1387.9.2	女娲用头布补天	
W1387.6.3	补天时云彩当补丁				
W1387.6.4	用彩云盖天				
W1387.7	**用冰补天**	【1311】			
W1387.7.1	炼冰补天				
W1387.7.1.1	女娲炼冰补天				
W1387.7.1.1.1	女娲炼五色冰补天				

W1387.9.2a	女娲织布补天			补天
W1387.9.2a.1	女娲织多种颜色的布补天		W1387.11.2	补天者用自己身体补天
W1387.9.3	天使用龙的胡须织布补天		W1387.11.2.1	伏羲女娲用自己的身体补天
W1387.9a	**造网补天**	**【1317】**	W1387.11.2.2	女娲用自己的身体补天
W1387.9a.1	钉天网补天		W1387.11.2.2.1	女娲用自己的身体和衣裳补天
W1387.9a.2	用头发织网补天		W1387.11.2.3	两兄妹用自己的身体补天
W1387.10	**用动物补天**	**【1318】**	W1387.11.3	用石块泥浆补天
W1387.10.0	用特定的动物补天		W1387.11.3.1	女娲用石块泥浆补天
W1387.10.0.1	用神专养的神牛补天		W1387.11.4	用牙齿补天
W1387.10.1	用动物的身体补天		W1387.11.4.1	用龙牙补天
W1387.10.1.1	用查牛补天		W1387.11.5	用唾沫补天
W1387.10.1.2	用鹰补天		W1387.11.5.1	用青蛙的唾沫补天
W1387.10.1.2	女娲用射死的鹰补天		W1387.11.6	用气补天
W1387.10.2	用动物的脚补天		W1387.11.6.1	用青气补天
W1387.10.2.1	用虾的脚补天		W1387.11.6.1.1	女娲吹青气补天
W1387.10.2.1.1	女娲用用虾的4只脚补天		W1387.11.7	用头巾和龙牙补天
W1387.10.3	用动物的舌头补天		W1387.11.8	撒天种补天
W1387.10.3.1	用蛤蟆的舌头补天		W1387.11.9	用胶糊状的液体补天
W1387.10.3.1.1	女娲用金蛤蟆的舌头补天		W1387.11.10	用血补天
W1387.10.4	用动物的牙齿和角补天		W1387.11.10.1	用神牛血补天
W1387.10.4.1	用龙牙龙角补天		W1387.11.11	用宝物补天
W1387.10.5	用动物补天洞		W1387.11.11.1	用3件宝物补天
W1387.10.5.1	用大鹰补天的大洞		W1387.11.12	用特定的皮毛补天
W1387.10a	**用植物补天**	**【1320】**	W1387.11.12.1	用人皮补天
W1387.10a.1	用树藤来补天		W1387.11.12.2	用头发补天
W1387.11	**用其他物补天**	**【1321】**	W1387.11.13	用其他混合物补天
W1387.11.1	用特定的器物补天		W1387.11.13.1	用麦芒和泥补天
W1387.11.1.1	用石头和梯子补天		W1387.11.13.2	用水拌七色土补天
W1387.11.1.2	用金钗环玉坠补天		W1387.11.13.2.1	女娲用水拌七色土补天
W1387.11.1.3	用装着石水的砂锅			

W1387.12	不成功的补天材料【1327】		W1388.0.6.2.1	伏羲女娲补天用了3年	
W1387.12.1	用木头补天不成功		W1388.0.6.3	补天用了几千年	
W1387.12.2	用泥补天不成功		W1388.0.6.4	与补天使用时间有关的其他母题	
W1387.12.3	用石头补天不成功				
W1387.12.4	用石糊补天不成功		W1388.0.6.4.1	炼补天石用了81天	
W1387.13	与补天材料有关的其他母题【1328】		W1388.0.6.4.2	女娲补天用了许多年	
W1387.13.1	补天时少1块石头		**W1388.1**	补天前的准备【1334】	
W1387.13.1.1	女娲补天时少1块石头		W1388.1.1	补天方法的获得	
W1387.13.2	补天剩下3块石头		W1388.1.1.1	石狮教盘古兄妹补天方法	
W1387.13.3	用油补天		W1388.1.1.1.1	石狮劝盘古兄妹补天方法	
W1387.13.3.1	用岩石油补天		W1388.1.1.2	白龟告诉补天方法	
W1387.13.3.1.1	天女用岩石油接上天经		W1388.1.1.3	太白金星告诉补天方法	
W1388	与补天有关的其他母题【1329】		W1388.1.2	补天前造特定物	
W1388.0	补天的时间【1329】		W1388.1.2.1	补天前造火炉	
W1388.0.1	洪水后补天		**W1388.2**	补天的工具【1335】	
W1388.0.2	天塌地陷后补天		W1388.2.1	织线补天	
W1388.0.3	先战龙后补天		W1388.2.1.1	用铜线铁线补天	
W1388.0.4	先顶天再补天		W1388.2.1.2	葛藤作补天的金线	
W1388.0.5	特定日子补天		W1388.2.2	补天炼石的火炉	
W1388.0.5.1	女娲元月二十日补天		W1388.2.3	补天的针线	
W1388.0.5.2	女娲在上元夜补天		W1388.2.3.1	补天时斧子把作针，葛藤作线	
W1388.0.5.3	女娲正月二十三日补天		W1388.2.3.1.1	盘古兄妹补天时斧子作针，葛藤作线	
W1388.0.5.4	女娲冬天补天				
W1388.0.5a	晚上补天		W1388.2.3.1.2	盘古补天时斧子把作针，葛藤作线	
W1388.0.5a.1	天黑时缝补天缝				
W1388.0.5a.2	鸡叫时补天停止		W1388.2.3.1.3	盘古的斧子把儿当补天金针	
W1388.0.6	补天使用的时间				
W1388.0.6.1	补天用了49天		W1388.2.3.2	补天时松毛作针，蜘蛛网作线	
W1388.0.6.1a	补天用了365天（补天用了1年）				
W1388.0.6.2	补天用了3年				

代码	母题	代码	母题
W1388.2.3.3	补天时长尾巴星作针，黄云丝作线	W1388.4.1.5	女娲在清凉山太子沟补天
W1388.2.3.4	用地线缝天	W1388.4.1.6	女娲在中皇山补天
W1388.2.3.5	用云丝做补天的线	W1388.4.1.7	伏羲女娲在不周山补天
W1388.2.3.6	用骨针作补天的针	W1388.4.1a	在特定的沟中补天
W1388.2.3.6.1	女娲用骨针缝缝天缝	W1388.4.1a.1	在天塌的凹陷处补天
W1388.2.4	补天时上天的工具	W1388.4.1a.2	女娲在唐王岐沟补天
W1388.2.4.1	攀上青藤补天		
W1388.2.4.1.1	女娲攀上青藤补天	W1388.4.2	站在人造物上补天
W1388.3	**补天石的数量　【1339】**	W1388.4.2.1	站在火盆中补天
W1388.3.1	炼49块石头补天	W1388.4.2.2	站在船上补天
W1388.3.2	365块补天石	W1388.4.2.2.1	女娲站在船上补天
W1388.3.3	补天需要9999块五彩石	W1388.4.2.3	站在天梯上补天
W1388.3.4	3万6千5百块补天石	W1388.4.3	站在动物背上补天
		W1388.4.3.1	站在山顶石狮背上补天
W1388.3.5	补天石1001块	W1388.4.3.1.1	盘古兄妹站在山顶石狮背上补天
W1388.3.6	补天石10万8千块		
W1388.3.7	与补天石的数量有关的其他母题	W1388.4.4	补特定方位的天
		W1388.4.4.1	补西天
W1388.3.7.1	补天石的遗存	W1388.4.4.1.1	女娲补西天
W1388.3.7.1.1	补天遗石	W1388.4.5	补天的开端
W1388.4	**补天的地点　【1342】**	W1388.4.5.1	从南方开始补天
W1388.4.0	在特定的天门补天	W1388.4.5.2	从东南向西北补天
W1388.4.0.1	在北天门补天	W1388.4.5.2.1	女娲从东南向西北补天
W1388.4.1	在特定的山上补天		
W1388.4.1.1	在骊山上补天	W1388.4.6	与补天地点有关的奇特母题
W1388.4.1.1.1	骊山老母补天的地方是骊山	W1388.4.6.0	在距天塌最近的地方补天
W1388.4.1.2	在东平山补天	W1388.4.6.1	女娲站在伏羲肩上补天
W1388.4.1.2.1	女娲在东平山补天		
W1388.4.1.3	在浮山上补天	W1388.4.6.2	站在飞天阶上补天
W1388.4.1.3.1	女娲在浮山上补天	W1388.4.6.2.1	女娲站在3级飞天阶上补天
W1388.4.1.4	在嵩山顶上补天		
W1388.4.1.4.1	女娲娘娘在嵩山顶上补天		

W1388.4.6.3	补天台		W1391.2.2.3	地软造成地裂
W1388.4.6.4	补天地点的遗存		W1391.2.2.4	打雷形成地缝
W1388.5	**补天的结果** 【1348】		W1391.2.2.5	地震形成地缝
W1388.5.1	用泥巴补天不成功		W1391.2.2.6	太阳晒出地缝
W1388.5.1.1	女娲用泥巴补天不成功		W1391.2.2.7	地被烤裂
W1388.5.2	炼石补天不成功		W1391.2.2.8	死亡的种子造成地缝
W1388.5.2.1	炼石糊补天不成功		W1391.2.3	地的东北有缺陷的原因
W1388.5.3	补好西北天			
W1388.5.3.1	女娲补好西北天		W1391.2.3.1	因盘生变地从西南方变起造成东北有缺陷
W1388.5.4	补好东南天			
W1388.5.5	补天不完美			
W1388.5.5.1	天剩下一点没补好		**W1391.3**	**地的倾斜** 【1355】
W1388.5.5.2	补天后怪石满天		W1391.3.1	动物造成地的倾斜
W1388.5.6	修天半途而废		W1391.3.2	神的争斗造成地的倾斜
W1388.5.7	与补天结果有关的其他母题		W1391.3.2.1	颛顼与共工争斗时造成地倾东南
W1388.5.7.1	补天之后地上还是一片汪洋		**W1391.4**	**地上出现窟窿** 【1355】
			W1391.4.1	鳌鱼把地撞漏
W1388.6	天会自己长严补好 【1351】		W1391.4.2	地被射漏
			W1391.4.3	大神在地上留下窟窿用来刮风
✽ **W1390**	**地的修补（补地）** 【1351】			
			W1391.5	**与修补地的原因有关的其他母题** 【1356】
W1391	**修补地的原因** 【1351】			
W1391.1	因天小地大修整大地 【1351】		W1391.5.1	为造万物修整大地
W1391.2	**地的缺陷的形成** 【1351】		**W1392**	**地的修补者** 【1356】
W1391.2.1	造地时形成地的缺陷		W1392.1	神或神性人物修补地 【1356】
W1391.2.2	地缝（地裂）		W1392.1.0	天神补地
W1391.2.2.0	自然产生地缝		W1392.1.0.1	天神的女儿补地
W1391.2.2.0.1	天长日久地上裂了缝		W1392.1.1	造地者补地
			W1392.1.1.1	造地的神修补地
W1391.2.2.1	洪水造成地缝		W1392.1.1.2	造地的天女补地
W1391.2.2.1.1	洪水后晒出地缝		W1392.1.2	地神修补地
W1391.2.2.2	特定人物造成地缝		W1392.1.2.1	地生的儿子改造大地
W1391.2.2.2.1	神打呵欠造成地缝			

W1392.1.2a	地理神修补地		W1393.1.1	拉地的筋脉缩地
W1392.1.3	云神修补地		W1393.1.1.1	天神拉地的筋脉缩地
W1392.1.4	众神修补地		W1393.1.1.2	祖先拉地筋使天地相合
W1392.1.4.1	地神和女儿修地		W1393.1.2	通过绷地缩地
W1392.1.4.2	9个大神修补地		W1393.1.2.1	用牛皮绷地
W1392.1.4.3	9个男神修补地		W1393.1.2.2	地老爷绷地
W1392.1.5	巨人修补地		W1393.1.3	拉地网缩地
W1392.1.5.1	巨人把地扶正		W1393.1.3.1	天神拉地角缩地
W1392.1.6	神仙修补地		W1393.1.3.2	女祖先用针线缝地边缩地
W1392.1.6.1	仙子修整地面		W1393.1.4	通过拢地缩地
W1392.1.6.2	天仙修整地		W1393.1.4.1	拢地箍缩地
W1392.1.7	祖先修补地		W1393.1.4.1.1	洪水幸存者拢地箍缩地
W1392.1.8	壮汉马王修补地		W1393.1.4.2	盘古用手拢地缩地
W1392.2	特定的神或神性人物修补地 【1360】		W1393.1.4.3	布洛陀抓地皮缩地
W1392.2.1	盘古修补地		W1393.1.5	云神用绳绷地
W1392.2.1.1	盘古择土补地		W1393.1.6	阴龙缩地
W1392.2.2	王母娘娘修补地		W1393.1.6a	蛇缩地
W1392.2.3	天母的女儿修地		W1393.1.6a.1	麻蛇缩地
W1392.2.4	其他特定的神或神性人物修补地		W1393.1.7	缩地的其他方法
W1392.2.4.1	混地老祖修地		W1393.1.7.1	通过指令缩地
W1392.2.4.2	李古老补地		W1393.1.7.1.1	天让作为妻子的地缩小
W1392.2.4.3	李郎整地		W1393.1.7.2	始祖用篾条缩地
W1392.3	动物补地 【1362】		W1393.1.7.3	抓地皮做成山坡缩地
W1392.3.1	蚯蚓缝地		W1393.1.7.3.1	地神抓地皮缩地
W1392.3.2	拱屎虫修整地		W1393.1.7.4	用缩地法缩地
W1392.3.3	蛇补地		W1393.1.7.4.1	盘生用缩地法缩地
W1392.3.4	野猪大象拱地		W1393.1.7.5	用推力缩地（用挤压缩地）
W1392.3.5	蛤蟆整地		W1393.1.7.5.1	神推高地上的土缩地
W1392.4	其他人物修整大地 【1363】		W1393.1.7.5.2	青蛙用推力缩地
W1392.5	补地的帮助者 【1364】		W1393.1.7.5.3	特定人物用挤压法
W1392.5.1	动物帮助补地			
W1393	地的修整方法 【1364】			
W1393.1	地的缩小（缩地） 【1364】			

	缩地	W1393.2a.2.1	下界的人把地加厚
W1393.1.7.6	用缩地绳缩地	**W1393.2b**	地的变低（地
W1393.1.7.6.1	山神用缩地绳缩地		变低） 【1377】
W1393.1.7.6.2	祖先用篾绳缩地	W1393.2b.1	顶天时地面降落
W1393.1.7.7	按住地边缩地	**W1393.3**	仿照天堂的样子
W1393.1.7.7.1	神仙按住地的4边		修地 【1378】
	缩地	**W1393.4**	织线补地 【1378】
W1393.1.7.8	巫术缩地	W1393.4.1	神女织线补地
W1393.1.8	与缩地有关的其他	**W1393.5**	用特定的物缝地 【1378】
	母题	W1393.5.1	用象牙和藤线缝地
W1393.1.8.1	地母缩地	W1393.5.1.1	造天地的兄妹用象
W1393.2	地的变大		牙针和古藤粗线
	（地变大） 【1373】		缝地角
W1393.2.0	地自然变大	**W1393.6**	堵地缝 【1379】
W1393.2.0.1	水面上形成的地	W1393.6.1	用木炭灰堵地缝
	自然变大	**W1393.7**	堵地洞 【1379】
W1393.2.1	把造小的地变大	W1393.7.1	地人堵地洞
W1393.2.1.1	神把地变厚变宽	**W1393.8**	用棍棒撬地 【1379】
W1393.2.2	把地向四方拉开	**W1393.9**	与地的修整方法
W1393.2.2.1	两兄弟把地向四方		有关的其他母题 【1379】
	拉开	W1393.9.1	抽陀螺把地整平
W1393.2.3	撒特定物使地变大	**W1394**	修补地的材料【1380】
W1393.2.3.1	撒不老药使地变大	W1394.0	用金属补地 【1380】
W1393.2.4	用特定方法使地	W1394.0.1	用黄金补地
	变大	W1394.0.2	不能用黄金补地
W1393.2.4.1	萨满用法力把地球	**W1394.1**	用龟壳补地 【1380】
	变大	**W1394.2**	用牛补地 【1380】
W1393.2.4.2	把地压宽	W1394.2.1	用牛皮补地
W1393.2.4.3	念咒语使地球变大	W1394.2.1.1	用神牛皮补地
W1393.2a	地的变厚（地	**W1394.3**	用草补地 【1381】
	变厚） 【1376】	W1394.3.1	用黄草补地
W1393.2a.1	地变厚的原因	**W1394.4**	炼石补地 【1381】
W1393.2a.1.1	为避免与天上的	W1394.4.1	炼砖补地
	人的矛盾把地加厚	W1394.4.2	炼石饼补地
W1393.2a.1.2	祖先因地上人变多	W1394.4.3	用五彩石补地
	把地加厚	W1394.4.3.1	女娲用五彩石补地
W1393.2a.2	地变厚的方法	**W1394.5**	用灰补地 【1382】

W1394.5.1	王母娘娘用灰补地	
W1394.5.2	伏羲女娲用草木灰补地	
W1394.5.3	坤母用灰补地裂	
W1394.6	**用水补地**	【1383】
W1394.6.1	盘古、盘生兄弟用水补地	
W1394.6.2	用流水补地	
W1394.7	**用泥垢修补地**	【1384】
W1394.7.1	天神用身上的泥垢修补地	
W1394.8	**补地的针线**	【1384】
W1394.8.0	补地时草作针藤作线	
W1394.8.0.1	补地时用老虎草作针，酸绞藤作线	
W1394.8.0.2	补地时用尖刀草作针，地瓜藤作线	
W1394.8.1	缝地的针	
W1394.8.1.0	缝地的针很长	
W1394.8.1.1	用尖刀草做补地的针	
W1394.8.1.2	用老虎草做补地的针	
W1394.8.1.2.1	天女用老虎草做补地的针	
W1394.8.2	缝地的线	
W1394.8.2.1	用地瓜藤做补地的线	
W1394.8.2.2	用铜线铁线做补地的线	
W1394.8.2.3	用植物的藤做补地的线	
W1394.8.2.3.1	天女用酸绞藤做补地的线	
W1394.8.2.4	闪电是缝地的线	
W1394.8.3	与针线缝补地有关的其他母题	
W1394.8.3.1	用老虎草做针，酸绞藤做线，地公叶子做补丁	
W1394.9	**撒地种补地**	【1388】
W1394.10	**用地瓜补地**	【1388】
W1394.10.1	用地瓜叶补地	
W1395	**与地的修整有关的其他母题**	【1389】
W1395.0	修整地的时间	【1389】
W1395.0.1	先补天后补地	
W1395.0.1.1	女娲先补天后补地	
W1395.1	**修整地前的准备**	【1389】
W1395.1a	**修整地的地点**	【1390】
W1395.1a.1	在特定的山上补地	
W1395.1a.1.1	王母娘娘在骊山上补地	
W1395.2	**修整地的工具**	【1390】
W1395.2.1	用神锄和神斧把地修圆	
W1395.2.2	用犁修整地	
W1395.3	**修整地的结果**	【1391】
W1395.3.0	修整大地后形成现在的地貌	
W1395.3.1	补地没有成功	
W1395.3.2	修地完成一半	
W1396	**与天地的修整有关的其他母题**	【1391】
W1396.0	修整天地使天地相合	【1391】
W1396.0.1	天神撑天缩地使天地相合	
W1396.1	天地的测量（丈量世界）	【1392】

W1396.1.0	特定人物测量大地			W1396.3.3.2.1	姆六甲修整天地	
W1396.1.0.1	神测量天地			W1396.3.3.2.2	妹六甲修整天地	
W1396.1.0.1.1	禹测量大地			W1396.3.4	动物修整天地	
W1396.1.0.2	会飞的动物测量天地			W1396.3.4.1	野猪和大象修整天地	
W1396.1.0.2.1	鹰量天地			W1396.3.4.2	蚂蚱修天边地边	
W1396.1.0.2.2	斑鸠量天地			**W1396.4**	**重新改天造地**	【1399】
W1396.1.0.2.3	飞蛾量天，蜻蜓量地			W1396.4.1	天公重新整顿天地	
W1396.1.0.3	穿山甲量天地			W1396.4.2	祖先重新改天造地	
W1396.1.1	天的测量			W1396.4.2.1	女始祖姆六甲重新造山河	
W1396.1.2	地的测量					
W1396.1.2.1	步测大地					
W1396.1.2.2	地无法测量					

1.2.6 天地通
【W1400 ~ W1424】

W1396.2	**撑天缩地** 【1394】	
W1396.2.1	拉天缩地	
W1396.2.1.1	天神的儿女拉天缩地	
W1396.2.1.2	天神撑天缩地	
W1396.2.2	撑天缩地的顺序	
W1396.2.2.1	盘古拉天后再缩地	
W1396.2a	**支天支地** 【1396】	
W1396.2a.1	用天梁地梁支天地	
W1396.3	**特定的人物修整天地** 【1396】	
W1396.3.0	神修整天地	
W1396.3.0.1	天神和地神共同修整天地	
W1396.3.0.2	众神修整天地	
W1396.3.1	盘古王修整天地	
W1396.3.2	大地生的人重整山河	
W1396.3.3	祖先修整天地	
W1396.3.3.1	天神让人的祖先修整天地	
W1396.3.3.2	女始祖修整天地	

✻ W1400	天地相通	【1400】
W1401	以前天地相通	【1400】
W1401.1	盘古出世时天地相连	【1400】
W1401.2	盘古开天辟地时天地相连	【1401】
W1401.3	三皇治世时天地相连	【1401】
W1401.4	人神时代天地相连	【1401】
W1402	天地相通的原因	【1402】
W1402.1	天塌使天地连在一起	【1402】
W1403	天地的四个角相连	【1402】
W1404	连接天地的山	【1402】
W1404.1	日月山通天地	【1402】
W1404.2	五指山主峰通天地	【1402】
W1404.3	须弥山通天地	【1402】

W1405	通天的河	【1402】		相连	【1406】
W1406	连接天地的土台在山上	【1403】	W1408.3.1	天上有根悬吊大地的绳子	
W1407	连接天地的桥（天桥、通天桥）	【1403】	W1408.3.2	蛤蟆的筋做拴天地的绳子	
W1407.0	特定人物造通天桥	【1403】	W1409	天地有土台相连	【1407】
W1407.0.1	张古老用石砌通天桥		W1409.1	天地间九道土台连接	【1407】
W1407.1	天上人间通过天桥互有来往	【1403】	W1410	通天的树（通天的植物）	【1408】
W1407.2	树的丫枝搭成天桥	【1403】	W1410.1	通天的扶桑树	【1408】
W1407.2a	特定物是通天桥	【1404】	W1410.2	通天的马桑树	【1408】
W1407.2a.1	芋树是通天桥		W1410.2.1	最高的一棵马桑树通天	
W1407.3	通天桥的毁坏	【1404】	W1410.3	天空垂下来的树	【1409】
W1407.3.1	神与人发生纠纷后天桥断绝		W1410.4	通天的铁树	【1409】
W1407.4	与连接天地的桥有关的其他母题	【1404】	W1410.5	通天的铜树	【1409】
			W1410.6	通天的芋树	【1409】
W1407.4.1	连接天堂的桥		W1410.7	通天的竹子	【1409】
W1407.4.1.1	连接天堂的桥架在火狱上		W1410.7.1	母竹通天	
W1408	天地由绳索相连	【1405】	W1410.8	其他特定的通天树	【1410】
			W1410.8.1	日月树通天地	
W1408.1	连接天地的带子	【1405】	W1410.8.2	马桑树和华桑树是通天树	
W1408.1.1	王母娘娘剪断连接天地的带子		W1410.8.2.1	通天树马桑树和华桑树在黄河边上	
W1408.2	天地有1条链子相连	【1405】	W1410.8.3	高大的树干通天	
W1408.2.1	锁链把天地拴在一起		W1410.8.4	百节参天树通天	
W1408.2.2	天地有1条铁链相连		W1411	通天的柱子	【1411】
W1408.3	天地有一根绳子		W1412	连接天地的梯子	【1411】
			W1412.1	连接天地的活木梯	【1411】
			W1413	天地之间有路相连（通天的路、天路）	【1412】

代码	母题	代码	母题
W1413.1	天地之间一条路相连【1412】		相连
W1413.1.1	很早以前天地之间一条路相通	W1414.4	特定的地方通天【1417】
W1413.2	神踏出通天地的路【1412】	W1414.4.1	雷公坪像一根通天柱
W1413.2.1	天神、地神踏出通天路	✱W1415	绝地天通【1417】
W1413.3	神山是升天之路【1413】	W1415a	绝地天通的原因【1417】
W1413.3.1	神山是连接人间与天界的路	W1415a.1	天地间矛盾导致绝地天通【1417】
W1413.3a	石是通天的路【1413】	W1415a.1.1	因地上的人到天上不守规矩绝地天通
W1413.3a.1	龙王有条石坎路能通天地	W1415a.1.2	地上的人惹恼天上的人导致绝地天通
W1413.3b	山是通天路【1413】	W1415a.1.2.1	地上的人打扰天上的人导致绝地天通
W1413.4	天路有多条【1413】		
W1413.4.1	通天路有22条		
W1413.4.2	通天路有77条	W1415a.1.3	为防凡人上天生乱绝地天通
W1413.5	天梯是通天的路【1414】	W1415a.2	违背禁忌造成绝地天通【1418】
W1413.6	天路要经过各家的屋顶【1414】	W1415a.2.1	天女下凡时违背禁忌天梯被拆
W1413.7	与通天路有关的其他母题【1414】	W1415a.3	动物的报复造成绝地天通【1419】
W1413.7.1	以前天地间可以来往	W1415a.3.1	蚂蚁的报复造成绝地天通
W1413.7.2	通天路很平		
W1413.7.3	通天路是条小路	W1415a.4	为分开人、神绝地天通【1419】
W1413.7.4	通天路在东方	W1415a.4.1	祖先为把人与神分开绝地天通
W1414	其他特定的物连接天地【1415】	W1416	神或神性人物绝地天通【1419】
W1414.1	葫芦秧连接天地【1415】	W1416.0	神绝地天通【1420】
W1414.2	天地由脐带相连【1416】	W1416.0.1	神剪断通天地的
W1414.2.1	神剪断连接天地的脐带		
W1414.3	天地由梯子与绳子相连【1416】		
W1414.3.1	天宫与人间有白银梯子和黄金攀绳		

	脐带绝地天通		W1416.7.1.2	颛顼命重、黎二神	
W1416.1	天神砍断通天的			绝地天通	
	山绝地天通	【1420】	W1416.7.1.3	皇帝命重、黎二神	
W1416.2	天神毁掉通天桥			绝地天通	
	绝地天通	【1420】	W1416.7.2	动物神砍断拴天地	
W1416.2.1	天神为除魔毁掉			的铁链绝地天通	
	通天桥绝地天通		W1416.7.3	盘古抽回天梯绝地	
W1416.2a	天帝砍掉通天树			天通	
	绝天地通	【1421】	W1416a	特定的人绝地	
W1416.3	女神刮风毁掉天			天通	【1425】
	梯绝地天通	【1421】	W1416a.1	孕妇蹬断云梯绝	
W1416.4	玉皇大帝绝地			地天通	【1425】
	天通	【1421】	W1417	动物绝地天通	【1425】
W1416.4.1	玉皇大帝下令烧		W1417.1	蚂蚁绝地天通	【1425】
	掉天梯		W1417.1.1	蚂蚁咬掉天梯造成	
W1416.4.2	玉皇大帝除去			绝地天通	
	天梯		W1417.1.2	蚂蚁弄断天柱造成	
W1416.5	雷公绝地天通	【1421】		绝地天通	
W1416.5.1	雷公霹倒通天树		W1417.1.3	蚂蚁扒倒连接天地	
	绝地天通			的土台后绝地天通	
W1416.5.1.1	雷公劈踩马桑树		W1418	天的升高造成	
	绝地天通			绝地天通	【1426】
W1416.5.2	雷公放太阳晒死		W1418.1	玉帝把天升高后	
	日月树绝地天通			绝地天通	【1427】
W1416.5.3	雷公砍掉通天山		W1418.2	磨坊仙子把天升	
	绝地天通			高后绝地天通	【1427】
W1416.5.3.1	雷公劈掉上天的山		W1418.3	天升被臭气熏高	
	绝地天通			后绝地天通	【1427】
W1416.6	英雄绝地天通	【1423】	W1419	毁掉通天塔绝	
W1416.6.1	英雄拆掉通天桥			地天通	【1428】
	绝地天通		W1419.1	雷公砍掉作为通	
W1416.7	其他特定的神或			天塔的山峰	【1428】
	神性人物绝地		W1419.2	太白金星毁掉通	
	天通	【1423】		天塔	【1428】
W1416.7.1	重、黎二神绝地		W1420	毁掉通天树绝	
	天通				
W1416.7.1.1	天帝命重、黎二神				

		地天通	【1428】		天通	【1431】
W1420.1		劈断通天的马桑树绝地天通	【1428】	W1422.2	撤掉天梯绝地天通	【1431】
W1420.1.1		天降砍断马桑树绝地天通		W1422.2.1	天神撤掉天梯绝地天通	
W1420.2		斩断上天的天萝藤	【1428】	W1422.2.2	天梯烂掉后绝地天通	
W1420.2.1		玉帝派天将斩断上天的天萝藤		W1422.2.3	天梯断掉后绝地天通	
W1420.3		毁掉日月树后绝地天通	【1429】	W1422.3	撤天梯断绳子绝地天通	【1432】
W1420.3.1		太阳晒死日月树后绝地天通		W1422.3.1	天神拆掉白银梯子解除黄金攀绳绝地天通	
W1420.3.1.1		天神用太阳晒死日月树后绝地天通		W1423	与绝地天通有关的其他母题	【1432】
W1420.3.2		砍断日月树绝地天通		W1423.0	天地相连物的解除	【1432】
W1420.3.2.1		雷公让雷将砍断日月树绝地天通		W1423.0.1	拴天地的锁链的消除	
W1420.4		与毁掉通天树绝地天通有关的其他母题	【1430】	W1423.0.2	连接天地绳索的解除	
W1420.4.1		通天树变矮后绝地天通		W1423.0.2.1	雷公割断绳索后绝地天通	
W1421		山变矮后绝地天通	【1430】	W1423.1	孕妇毁掉上天的路	【1433】
W1421.1		把山锯矮绝地天通	【1430】	W1423.2	天路的失去	【1433】
W1421.1.1		大力神把山锯矮绝地天通		W1423.2.1	天路被消除	
W1421.2		祖先通过把山压低绝地天通	【1430】	W1423.2.2	人忘记了天路所在	
W1422		其他特定的事件或行为绝地天通	【1431】	W1423.3	绝地天通后的情形	【1434】
				W1423.3.1	绝地天通后地上的一切属于人	
				W1423.4	绝地天通的时间	【1434】
W1422.1		暴风雨造成绝地		W1423.4.1	人会种庄稼后绝地天通	

W1423.4.1.1	玉皇大帝让人人会种庄稼后绝地天通		W1427.1	狗上天	【1438】
			W1427.1.1	狗到月亮上	
			W1427.1.2	猎狗上天	
			W1427.1.3	犬吃仙药上天	

1.2.7 天梯与其他上天工具
【W1425～W1489】

			W1427.2	鸟上天	【1439】
			W1427.2.1	鸟乘风云上天	
			W1427.2.2	乌鸦上天	
✤ W1425	上天（登天）	【1434】	W1427.3	猪上天	【1440】
W1426	人上天	【1435】	W1427.3.1	母猪从桃树上天	
W1426.1	以前人能上天	【1435】	W1427.4	猴子上天	【1440】
W1426.2	人王拜访天王	【1435】	W1427.4.1	猴子被天神带上天	
W1426.3	人王拜访天上佛陀	【1435】	W1427.5	其他特定的动物上天	【1440】
W1426.4	兄妹上天	【1436】	W1427.5.1	兔子上天	
W1426.4.1	洪水后兄妹上天		W1427.5.2	马上天	
W1426.5	特定的人能上天	【1436】	W1427.5.3	蜘蛛上天	
W1426.5.1	人生的蛤蟆投胎的女儿能上天		W1427.5.4	青蛙上天	
			W1427.5.5	羊上天	
W1426.5.2	身高够到天的人才能上天		W1428	其他特定人物上天	【1442】
W1426.5.3	特定地方的人能上天		W1428.1	神上天	【1442】
			W1428.1.1	地神上天	
W1426.6	人到天上特定的地方	【1437】	W1428.1.2	灶王神上天	
W1426.6.1	人到天河		✤ W1429	上天的方法	【1442】
W1426.6.1.1	人乘筏到天河		W1430	神或神性人物带人上天	【1442】
W1426.7	祖先上天	【1437】	W1430.1	凡人被天女带上天	【1443】
W1426.7.1	祖先一天可以上天数次		W1430.1.1	孩子被天女母亲带回天上	
W1426.8	与人上天有关的其他母题	【1438】	W1430.2	神女放下能上天的绳子	【1443】
W1426.8.1	人不知不觉到了天上		W1430.3	人被天神带上天	【1443】
W1426.8.2	人登上天树		W1430.4	人被一个老太太带上天	【1443】
W1426.8.3	人从天边上天				
W1427	动物上天	【1438】	W1430.5	人被神或神性人物	

	接上天 【1444】	W1432.3.7	骑鸭子上天
W1430.5.1	人被织女接到天上避难	W1432.3.8	人向鸟借翅膀后上天
W1431	**人被吹到天上【1444】**	W1432.3.9	骑天鸟上天
W1431.1	人被风卷上天（人被风吹上天）【1444】	W1432.3.10	骑大鸟上天
W1431.1.1	女子被风刮上天	**W1432.4**	**通过其他特定动物上天【1452】**
W1431.2	神仙吹气把人吹到天上 【1445】	W1432.4.1	骑蜜蜂上天
W1432	**通过动物上天【1445】**	W1432.4.2	骑鱼上天
W1432.1	**乘龙上天 【1445】**	W1432.4.2.1	人骑鲤鱼上天
W1432.1.1	兄妹骑龙上天	W1432.4.3	骑螃蟹上天
W1432.1.1.1	伏羲女娲兄妹骑龙上天	W1432.4.4	骑蟒上天
W1432.1.2	黄帝乘黄龙上天	W1432.4.5	骑鹿角上天
W1432.2	**骑马上天 【1446】**	W1432.4.6	骑牛上天
W1432.2.1	人通过神马上天	W1432.4.7	骑羊上天
W1432.2.2	骑白云似的马上天	W1432.4.7.1	骑长翅膀的羊上天
W1432.2.3	乘风骑马上天	**W1433**	**通过植物上天【1454】**
W1432.2.4	骑飞马上天	**W1433.1**	**通过树上天 【1454】**
W1432.2.5	骑金马上天	W1433.1.1	人通过大树上天
W1432.2.6	骑仙马上天	W1433.1.2	通过不断长高的树上天
W1432.2.7	骑螃蟹变成的马上天	W1433.1.3	小人通过树枝上天
		W1433.1.4	通过神树上天
W1432.2a	**乘牛上天 【1448】**	**W1433.2**	**通过通天树上天 【1456】**
W1432.2a.1	乘飞天牛上天	**W1433.3**	**通过日月树上天 【1456】**
W1432.3	**人通过鸟上天 【1448】**	W1433.3.1	通过山顶上的日月树上天
W1432.3.1	乘大鹏上天	**W1433.4**	**通过马桑树上天 【1457】**
W1432.3.2	骑凤凰到了南天门	W1433.4.1	猴子通过马桑树上天
W1432.3.3	骑鹤上天	W1433.4.1.1	孙猴子通过马桑树上天
W1432.3.3.1	人骑天女变成的白鹤上天		
W1432.3.3.2	人骑仙鹤上天	W1433.4.2	青蛙通过马桑树上天
W1432.3.4	骑公鸡上天		
W1432.3.5	骑天鹅上天	W1433.4.3	祖先通过山顶上的马桑树上天
W1432.3.6	骑鹰上天		

W1433.4.4	七姊妹通过马桑树上天			皮后上天	
W1433.4.5	射日者通过马桑树上天		W1434.2b	用天衣上天	【1464】
W1433.4.6	通过月亮山上的马桑树上天		W1434.3	通过绳子上天	【1465】
			W1434.3.1	神女放下能上天的绳子	
W1433.4a	通过烧桑树上天	【1459】	W1434.3.2	通过太阳给的绳子上天	
W1433.5	通过植物的藤上天（攀藤上天）	【1459】	W1434.3a	通过丝上天	【1465】
W1433.5.1	通过葫芦藤上天		W1434.3a.1	蜘蛛顺着吐的丝上天	
W1433.5.2	通过天萝藤上天		W1434.3b	通过线上天	【1466】
W1433.6	通过其他特定的植物上天	【1461】	W1434.3b.1	抓着2根白线上天	
			W1434.3b.2	抓着2根蓝线上天	
W1433.6.1	通过高粱杆上天		W1434.3b.3	抓着天女放下的线上天	
W1433.6.2	通过水杉树上天				
W1433.6.3	通过竹子上天		W1434.3c	通过胡须上天	【1466】
W1433.6.3.1	通过通天母竹升天		W1434.3c.1	抓着老人的胡须上天	
W1433.6.3.2	沿着竹子上天				
W1433.6.4	从桃树上到天宫		W1434.4	通过链子上天	【1467】
W1433.6.5	脚踏莲花上天		W1434.4.1	通过天上吊下的金链和银链上天	
W1433.6.6	乘葫芦上天				
W1433.6.7	通过柳树上天		W1434.4.2	通过铁链上天	
W1434	**通过人造物上天**	【1462】	W1434.4.2.1	1个妇女顺着铁链上天	
W1434.0	通过梯子上天	【1463】	W1434.4.2.2	1对母子顺着铁链上天	
W1434.0.1	通过云梯上天				
W1434.0.2	人搭梯子上天		W1434.5	通过彩带上天	【1468】
W1434.1	穿特定的鞋上天	【1463】	W1434.5.1	英雄坐上五彩带上天	
W1434.1.1	穿铁鞋上天				
W1434.1.2	穿牛皮做的靴子上天		W1434.6	通过船上天	【1468】
W1434.1.3	穿登山鞋上天		W1434.6.1	乘槎上天（乘木筏上天）	
W1434.2	人穿羽衣可以飞上天	【1464】	W1434.6.1.1	乘槎到天边	
			W1434.6.2	乘特定物变成的船上天	
W1434.2a	通过脱皮上天	【1464】			
W1434.2a.1	人脱下特定物上天		W1434.6.2.1	牛郎乘牛角变成的小船上天	
W1434.2a.1.1	女子脱下癞蛤蟆				

代码	母题	页码	代码	母题	页码
W1434.6.3	划船去天河		W1435.4.1	9个姑娘插上翅膀飞上天	
W1434.7	通过飞毯上天	【1470】	W1435.5	登上特定物体上天	【1475】
W1434.7.1	女子乘凤凰羽毛变成的花毯到月宫		W1435.5.1	女子登上仓库上天	
W1434.8	通过木耙上天	【1470】	W1435.6	穿特定衣服上天（穿戴特定服饰上天）	【1476】
W1434.9	通过台子上天	【1470】	W1435.6.1	披上牛皮上天	
W1434.9.1	通过土台上天		W1435.6.1.1	放牛郎披上牛皮上天	
W1434.10	通过扇子上天	【1471】	W1435.6.2	仙女穿裙子后上天	
W1434.10.1	用扇子扇上天		W1435.6.3	仙女穿上自己的衣裳后会天	
W1435	通过其他特定的物上天	【1471】	W1435.7	通过特定容器上天	【1477】
W1435.1	通过旋转的磨飞上天	【1471】	W1435.7.1	通过皮口袋上天	
W1435.2	乘光上天	【1471】	W1435.7.2	坐天上打水的水桶上天	
W1435.2.1	人乘日光上天		W1435.8	通过天梭上天	【1477】
W1435.2.2	弥勒佛乘坐太阳光飞升		W1435.9	跟着特定动物上天	【1478】
W1435.2.3	通过月光上天		W1435.9.1	人随羊群上天	
W1435.2.4	踩着日月的光柱到天上		W1436	通过魔法上天（通过巫术上天）	【1478】
W1435.2.4.1	祖先能踩着日月的光柱到天上		W1436.1	通过符水上天	【1478】
W1435.3	乘云上天（腾云上天）	【1473】	W1436.2	萨满通过法术使人上天	【1478】
W1435.3.1	在最高的山上登云上天		W1436.3	通过魔物上天	【1479】
W1435.3.2	布洛陀踏着彩云上天		W1436.3.1	通过有魔力的黑花上天	
W1435.3.3	人踏麻花云上天		W1436.4	向术士学会上天	【1479】
W1435.3.4	萨满通过乌云上天		W1437	与上天方法有关的其他	
W1435.3a	乘雾上天	【1474】			
W1435.3a.1	人以前能驾雾上天				
W1435.3b	乘蒸汽上天	【1475】			
W1435.3b.1	在最冷的地方坐产生的蒸汽上天				
W1435.4	插上翅膀飞上天	【1475】			

1.2 天地

代码	母题	页码
	母题	【1479】
W1437.0	飞上天	【1479】
W1437.0.1	女子自然飘上天	
W1437.0a	走上天	【1480】
W1437.0a.1	人长途跋涉走上天	
W1437.1	通过太阳的手臂上天	【1481】
W1437.2	通过宝物上天	【1481】
W1437.2.1	通过法鼓上天	
W1437.2.2	通过金翅膀上天	
W1437.3	通过山上天	【1482】
W1437.3.1	通过灵山上天	
W1437.3.2	始祖从最高的山峰登上天	
W1437.3.3	通过昆仑山上天	
W1437.3a	通过水上天	【1482】
W1437.3a.1	狗顺着水上天	
W1437.3a.2	通过水柱上天	
W1437.3a.2.1	通过鲸鱼喷出的水柱上天	
W1437.3b	通过高的地方上天	【1483】
W1437.4	通过天上的人接应上天	【1483】
W1437.4.1	始祖把儿子用筐吊到天上	
W1437.5	吃特定物后上天	【1484】
W1437.5.1	服药物后上天	
W1437.5.1.1	吃不死药后升天	
W1437.5.1.2	嫦娥吃不死药后升天	
W1437.5.2	吃仙桃上天	
W1437.5.2.1	嫦娥吃仙桃上天	
W1437.5.3	吃灵芝草升天	
W1437.5.3.1	嫦娥吃灵芝草升天	
W1437.5.4	吃仙丹上天	
W1437.5.4.1	吃升腾灵丹上天	
W1437.5.4.2	吃日头丹上天	
W1437.5.4.2.1	嫦娥吃日头丹上天	
W1437.5.5	喝了特定的水上天	
W1437.5.6	吃宝珠能入地上天	
W1437.6	闭上眼睛可以跳上天	【1486】
W1437.6a	人跺跺脚可以飞到天上	【1486】
W1437.7	变形后上天	【1487】
W1437.7.1	化为青烟后上天	
W1437.7.1.1	石狮化为青烟后上天	
W1437.8	互助上天	【1487】
W1437.8.1	不同动物互助上天	
W1437.9	手持特定物可以上天	【1488】
W1437.9.1	拿着神杖可以上天	
W1437.10	神教人上天方法	【1488】
W1437.10.1	雷公教人上天方法	
W1437.10.2	神告诉人上天方法	
W1437.11	上天的帮助者	【1489】
W1437.11.1	乌鸦作人上天的帮助者	
W1437.11.1.1	乌鸦带不会飞的动物上天	
W1437.11.2	神蛙作人上天的帮助者	
W1437.12	上天的伴随者	【1490】
W1437.12.1	动物作为人上天的伴随着	
W1437.13	上天的使者	【1490】
W1437.13.1	动物作人上天的使者	
W1438	上天的路径	【1490】
W1438.1	上天的路	【1491】
W1438.1.0	通天路的产生	
W1438.1.0.1	神踩出通天路	

W1438.1.0.1.1	神踩出77条通天路	W1442	人到月亮上的方法【1495】
W1438.1.0.2	雷公电母凿开天路		
W1438.1.1	高大的树干是上天的路	W1442.0	在特定人物帮助下奔月【1496】
W1438.1.2	人从天边能上天	W1442.0.1	在神的帮助下奔月
W1438.1.3	山是上天的路		
W1438.1.3.1	五指山的主峰是通天路	W1442.0.1.1	小伙在一个老太太的帮助下登上月亮
W1438.1.3.2	从东方的山上上天	W1442.0.2	在人的帮助下奔月
W1438.1.3.3	天桥岭是通天的路		
W1438.1.3.4	灵山是通天的路	W1442.0.3	在动物的帮助下奔月
W1438.1.4	登天之塔（通天塔）		
W1438.1.5	石路是通天路	W1442.0.4	在其他特定物帮助下奔月
W1438.1.5.1	龙王的石坎路是通天路		
		W1442.0.4.1	嫦娥放下绳子把1个女子拉到月宫
W1438.2	上天的绳索（登天之绳）【1493】	W1442.1	通过桥到月亮上【1496】
W1438.2.1	藤蔓作为上天的绳索	W1442.1.1	人通过虹桥到月亮上
W1438.2.2	蜘蛛网作为上天的绳索	W1442.1.2	人通过仙人架的木桥到月亮上
W1438.2.3	通过神女放下的绳子上天	W1442.1.3	到月亮的天桥
W1438.2.4	辫子是上天的绳索	W1442.2	人通过天梯到月亮上【1497】
W1438.2.4.1	天上的人的辫子是上天的绳索	W1442.3	人通过头发到月亮上【1498】
W1438.3	上天的桥【1494】	W1442.3.1	抓着妻子的长辫子爬上月亮
W1438.3.1	虹是上天的桥		
W1438.3.2	星桥是上天的桥	W1442.3.2	抓着情人的辫子爬上月亮
W1438.4	在天地相连处可以上天【1495】	W1442.4	人通过树到月亮上【1499】
W1438.5	上天的门【1495】	W1442.4.1	通过大杉树能到月亮上
W1438.5.1	阊阖是升天之门		
✲ W1440	奔月（到月亮上）【1495】	W1442.4.1.1	抓月中的树上到月亮上
W1441	人可以到月亮上【1495】		

W1442.5	人通过绳索到月亮上 【1499】		W1444.1.1	特定人物下凡	
			W1444.1.2	被惩罚下凡	
W1442.5.1	人顺着绳子爬到月亮上		W1444.1.2.1	射日的羿被惩罚下凡	
W1442.6	人通过山到月亮上 【1499】		W1444.1.3	特定的山是下凡的路	
W1442.6.1	人从月亮山到月亮上		W1444.1.3.1	特定的山的山顶是下凡的路	
W1442.7	人通过特定物到月亮上 【1499】		W1444.1.3.2	月亮山是下凡的路	
W1442.7.1	人通过羽毛毯到月亮上		W1444.1.4	顺着树干下凡	
			W1444.1.5	顺着绳索下凡	
W1443	**与奔月有关的其他母题** 【1500】		W1444.1.5.1	天上的人顺着绳索下到地上	
W1443.0	奔月的原因 【1500】		W1444.1.5.2	牛郎顺着织女的绳子回到凡间	
W1443.0.1	为保护月亮奔月				
W1443.0.2	为取金子奔月		W1444.1.6	通过梅花鹿的顶天角回到人间	
W1443.0.3	为找药奔月				
W1443.0.4	为砍倒娑婆树到月亮		W1444.1.7	通过其他方法下凡	
			W1444.1.8	与下凡有关的其他母题	
W1443.1	特定的人奔月 【1501】				
W1443.2	骑牛奔月 【1501】		W1444.1.8.1	人从天上被抛下	
W1444	**与上天有关的其他母题** 【1501】		W1444.1.8.2	人从天缝降落人间	
W1444.0	上天前的准备 【1501】		**W1444.2**	上天的原因 【1505】	
W1444.0.1	上天前要祈祷特定的神		W1444.2.0	为讨要特定物上天	
			W1444.2.0.1	为找粮种上天	
W1444.0.1.1	上天前要祈祷布星女神		W1444.2.0.2	为折桂枝上天	
			W1444.2.1	人到天上玩耍	
W1444.0.2	上天需要清空腹内浊物		W1444.2.1.1	以前的人因无事可做上天玩	
W1444.0.3	上天前要清理干净身体		W1444.2.2	人到天上给天神盖房子	
W1444.0.3.1	上天前要剪指甲、刮脚皮、擦汗渍、去头屑		W1444.2.3	人到天上打工	
			W1444.2.3.1	人到天上造金银	
			W1444.2.3.2	人到天上盖房子	
W1444.1	下凡 【1502】		W1444.2.4	人因追赶猎物到	

		天上		的门
W1444.2.5		上天的其他原因	W1444.4.2.1	灵魂从凡间上天要经12到门
W1444.2.5.1		为报告灾情上天		
W1444.2.5.2		人为避难上天	W1444.4.2.2	死者升天要经过南天门
W1444.2.5.2.1		人为避洪水上天		
W1444.2.5.2.2		人为躲避魔鬼上天	W1444.4.3	上天要经过云层和炎热
W1444.2.5.2.3		人为躲避困境上天		
W1444.2.5.2.3.1		媳妇为躲避婆婆折磨上天	**W1444.5**	**上天的特定时间【1513】**
			W1444.5.1	人在四时八节可以上天宫
W1444.2.5.3		人与天女联姻后上天	**W1444.6**	**上天需要的时间【1513】**
W1444.2.5.4		为找人上天	W1444.6.0	上天需要9年
W1444.2.5.4.1		上天寻找妻子	W1444.6.1	上天需要99天
W1444.2.5.5		因有功升天	W1444.6.2	上天需要9天9夜
W1444.2.5.5.1		黄帝炼丹有功升天	W1444.6.2.1	到天上需要9天
W1444.2.5.6		因善良升天	W1444.6.3	上天需要2天2夜
W1444.2a		**上天的环境【1510】**	**W1444.7**	**上天后不能返回【1514】**
W1444.2a.1		电闪雷鸣的夜晚上天	W1444.7.1	人上天因路的消失留在天上
W1444.3		**人不能上天的原因（人不能上天）【1510】**	W1444.7.2	上天后因天梯消失留在天上
W1444.3.1		天上筑起太阳门后，人不能再上天	W1444.7.2.1	狗上天后因天梯消失留在天上
W1444.3.2		天帝不允许人上天	W1444.7.3	因吃药上天后不能再返回人间
W1444.3.2.1		天帝下令杀死上天的人	W1444.7.3.1	吃升腾灵丹上天后不能再返回人间
W1444.3.3		人从特定时代开始不能上天	**W1444.8**	**上天中途坠落【1515】**
W1444.3.3.1		自从一个会上天的祖先死后人不能再上天	W1444.8.1	上天时因上天的木杆断裂坠落
			W1444.9	**从天上掉下来【1516】**
W1444.3.4		鸡叫后不能升天	W1444.9.1	天上的人踩到鸡屎滑倒掉到地上
W1444.4		**上天需要经过特定的障碍【1512】**	**W1444.10**	**上天能力的丧失【1516】**
W1444.4.1		到天上要过49道天河	W1444.10.1	特定物会使神失去上天能力
W1444.4.2		上天要经过特定	W1444.10.1.1	天神闻到土味失去

1.2 天地

代码	母题	页码
	回天能力	
W1444.11	上天时情形	【1516】
W1444.11.1	上天时两耳生风	
W1444.12	上天后情形（上天的结果）	【1517】
W1444.12.1	上天后在天上踏着云行走	
W1444.13	人重回天上	【1517】
W1444.14	其他特定物上天	【1517】
W1444.14.1	动植物上天	
W1444.14.2	地狱里的鬼上天	
✿ W1445	天梯	【1518】
W1446	天梯自然存在	【1518】
W1446.1	地中间有一把千万年不会腐朽的活木梯	【1518】
W1446.2	盘古开辟天地之初有1个天梯	【1518】
W1446a	天梯源于某处	【1519】
W1446a.1	神赐天梯	【1519】
W1446a.1.1	长白山神送天梯	
W1447	神变成天梯	【1519】
W1447.1	天神变成玉白色的软天梯	【1519】
W1447.2	神仙变成玉白色的软天梯	【1520】
W1448	树为天梯（树是天梯）	【1520】
W1448.1	大树是天梯	【1520】
W1448.2	日月树是天梯	【1520】
W1448.2.1	山上的日月树是天梯	
W1448.2.1.1	芭赤山上的日月树是天梯	
W1448.2.1.2	赤山上的日月树是天梯	
W1448.3	马桑树是天梯	【1522】
W1448.3.1	三峡的马桑树是天梯	
W1448.4	水杉树是天梯	【1523】
W1448.5	建木是天梯	【1523】
W1448.5.1	都广的建木是天梯	
W1448.5a	若木是天梯	【1523】
W1448.6	桃树是天梯	【1524】
W1448.7	与树为天梯有关的其他母题	【1524】
W1448.7.1	树长不成天梯	
W1448.7.2	扶桑不能作天梯	
W1449	藤作为天梯	【1524】
W1449.1	藤条长不成天梯	【1525】
W1450	山是天梯	【1525】
W1450.1	日月山是天梯	【1525】
W1450.2	须弥山是天梯	【1525】
W1450.3	昆仑山是天梯	【1526】
W1450.3.1	昆仑山的最高峰是天梯	
W1450.4	巨石是天梯	【1526】
W1450.5	灵山是天梯	【1527】
W1450.6	肇山是天梯	【1527】
W1450.7	登葆山是天梯	【1527】
W1450.8	远方的一座山是天梯	【1527】
W1450.9	很高的山是天梯	【1528】
W1451	积物作为天梯	【1528】
W1451.1	垒石登天	【1528】
W1451.2	土堆为天梯	【1528】
W1451.2.1	九道土台是天梯	
W1452	虹是天梯	【1528】
W1452.1	七色彩虹是玉皇放下的天梯	【1528】
W1453	其他特定的物	

	作为天梯 【1529】		天梯 【1533】
W1453.1	烟柱为天梯 【1529】	W1458.1.1	两兄妹为了寻找太阳造天梯
W1453.2	竖起的木耙作为天梯 【1529】	W1458.2	为送太阳回天造天梯 【1533】
W1453.2a	梯子作为天梯 【1529】	W1458.2.1	众人为送太阳回天用杉木造天梯
W1453.2a.1	因为以前天很低，梯子可以作天梯	W1458.3	为了到天上过节日造天梯 【1534】
W1453.3	动物肢体作为天梯 【1529】	W1458.3.1	为了到天上过拉鼓节造天梯
W1453.3.1	鹿角作为天梯	W1458.4	为了夺回宝物造天梯 【1534】
W1453.3.2	龙角作为天梯		
*W1455	造天梯的原因 【1530】	W1459	造天梯的其他原因 【1534】
W1456	为了到天上玩造天梯 【1530】	W1459.1	神仙为上天造天梯 【1534】
W1457	为了到天上索要特定物造天梯 【1531】	W1459.2	神为体察民情造天梯 【1534】
W1457.1	为了到天上取药造天梯 【1531】	*W1460	天梯的制造者 【1535】
W1457.1.1	为了到天上要回不死药造天梯	W1461	神或神性人物造天梯 【1535】
W1457.2	为了到月宫取药造天梯 【1531】	W1461.1	天神造天梯 【1535】
W1457.2.1	为了从月亮那里要回起死回生药造天梯	W1461.2	伏羲造天梯 【1535】
		W1461.3	伏羲女娲造天梯 【1535】
W1457.2.2	为了找回被月亮盗取的治百病的宝石造天梯	W1461.4	其他神或神性人物造天梯 【1535】
		W1461.4.1	扁古王造天梯
		W1461.4.2	达伏常搭天梯
W1457.3	为了到月宫取救命树造天梯 【1532】	W1461.4.3	黄帝造天梯
		W1462	人造天梯 【1536】
W1457.4	为了到天上要种子造天梯 【1532】	W1462.1	兄弟俩造天梯 【1537】
		W1462.2	两兄妹造天梯 【1537】
W1458	为了特定目的造天梯 【1533】	W1462.3	壮汉造天梯 【1537】
		W1462.4	百姓编天梯 【1538】
W1458.1	为了寻找太阳造	W1462.5	石匠造天梯 【1538】

W1462.6	其他特定的人造天梯 【1538】		的板	【1545】
W1462.6.1	万能手造天梯	W1468	用其他物造天梯	【1546】
W1462.6.2	祖先婚生的第一个儿子发明藤网天梯	W1468.1	用象骨造天梯	【1546】
		W1468.1.1	用77节象骨造天梯	
W1463	**其他造天梯者【1538】**			
W1463.1	天造天梯 【1539】	W1468.2	用桥做天梯	【1546】
W1463.2	动物造天梯 【1539】	W1468.2.1	仙人架木桥做天梯	
W1463.2.1	蚕和蜘蛛编天梯	W1468.3	用特定工具造天梯	【1547】
✽**W1464**	**造天梯的材料【1539】**			
W1464a	**用金属造天梯【1539】**	W1468.3.1	竖起的木耙作为天梯	
W1464a.1	用银造天梯 【1539】			
W1464a.1.1	祖先用银搭天梯	W1468.4	用云造天梯	【1547】
W1464a.2	用铁造天梯 【1540】	W1468.4.1	神用不同颜色的云造天梯	
W1464a.2.1	3兄弟炼铁造天梯			
W1464a.2.2	猎人用铁打造天梯	W1468.4.1.1	神造天梯时用红云做架，黄云做踏板，白云做吊索	
W1465	**用石头造天梯【1541】**			
W1465.1	上天青石梯 【1541】			
W1465.1.1	上天青梯	W1468.4.2	云梯	
W1466	**用木头造天梯【1541】**	W1468.4.2.1	鲁班造云梯	
W1466.1	通天的木梯 【1541】	W1468.4.2.2	云梯在东方	
W1466.2	用竹子造天梯 【1542】	W1468.5	玉线做天梯	【1548】
W1467	**用植物造天梯【1542】**	**W1469**	**与天梯的产生有关的其他母题**	【1548】
W1467.1	用草造天梯（用草编天梯） 【1542】			
		W1469.1	造天梯的时间	【1548】
W1467.1.1	天神用茅草造天梯	W1469.1.1	造天梯用了33天	
W1467.2	用麻秆做天梯 【1543】	W1469.1.2	造天梯用了99天	
W1467.3	用杉木树造天梯 【1544】	W1469.2	造天梯不成功	【1549】
W1467.3.1	用杉木造天梯	W1469.2.1	绳索做天梯不成功	
W1467.4	用树与草做天梯 【1545】	W1469.2.2	人造不成天梯	
W1467.4.1	盘古的父亲扁鼓王用树与草做天梯	W1469.3	生长出来的天梯（生天梯）	【1550】
W1467.5	用竹子和木头做天梯 【1545】	W1469.3.1	仙女撒种子长出天梯	
W1467.6	栗树做天梯的杆，哈扫树做天梯	✽**W1470**	**天梯的特征**	【1550】

W1471	天梯很矮	【1550】	W1477.4.1	天梯放在天门处	
W1471.1	天梯只有两三个阶梯	【1550】	W1477.4.1.1	开天门时放下天梯	
			W1477.4.1.2	天梯连接南天门	
W1471.2	天梯12阶	【1551】	W1477.4.1.3	天梯搭在天门边上	
W1472	天梯很高	【1551】	W1477.4.2	天梯在石阙	
W1472.1	天梯长999度	【1551】	W1477.4.3	天梯一头系在天墙，一头拴在山尖	
W1472.2	天梯长999丈	【1551】			
W1472.2.1	杉木天梯长999丈		W1477.4.4	天梯的垫脚	
W1473	天梯可以收放	【1552】	W1477.4.4.1	雾露做云梯的垫脚	
W1474	天梯飘摇不定	【1552】	W1477.4.5	天梯放在圣地	
W1475	天梯有固定的层数	【1552】	W1477a	天梯的悬挂	【1558】
			W1477a.1	动物帮助挂天梯	【1558】
W1475.1	天梯有8级	【1552】	W1477a.1.1	蜜蜂和蝴蝶帮助挂天梯	
W1475.2	天梯有9级	【1552】			
W1475.2.1	天梯为9格木梯		※W1478	天梯的毁灭（天梯的消失、天梯的倒掉）	【1558】
W1475.3	天梯有99级	【1553】			
W1475.3.1	天梯是99阶石梯				
W1475.4	天梯其他数量的层级	【1553】	W1478a	天梯毁灭的原因	【1558】
W1476	与天梯特征有关的其他母题	【1554】	W1478a.1	怕人到天上闹事砍断天梯	【1558】
W1476.1	天梯不坚固	【1554】	W1478a.1.1	天神怕人到天上找麻烦砍断天梯	
W1476.2	天梯的终点在月亮上	【1554】	W1478a.2	人做坏事造成天梯消失	【1559】
W1477	天梯的放置（天梯的位置）	【1554】	W1478a.2.1	人干坏事后天上收回天梯	
			W1478a.3	天梯不知何故断掉	【1559】
W1477.1	云托着天梯	【1554】			
W1477.1.1	天梯立在白云上		W1479	神或神性人物毁掉天梯	【1559】
W1477.2	天梯在天地中央	【1555】			
W1477.2.1	天梯在天地中央的中央		W1479.1	神收回天梯	【1560】
			W1479.1.1	天帝收回天梯	
W1477.2.2	天梯放在地的中央		W1479.2	玉皇大帝收回天梯	【1560】
W1477.3	天梯放在东方	【1555】			
W1477.4	与天梯的放置有关的其他母题	【1555】	W1479.2.1	玉帝让烧掉天梯	

W1479.3	天神砍掉天梯	【1560】	W1481.5	天梯的维护	【1566】
W1479.4	神锯掉天梯	【1561】	W1481.5.1	天梯需要按时浇热水	
W1479.5	神刮风吹断天梯	【1561】	W1481.5.1.1	天梯需要每天浇2次热水	
W1479.6	雷公砍断天梯	【1561】			
W1479.6.1	雷公用雷火劈断天梯		W1481.5.1.2	天梯需要每天浇3次热水	
W1479.7	其他神或神性人物毁灭天梯	【1562】	W1481.5.1.3	天梯需要每天浇3瓢热水	
W1479.7.1	盘古收回天梯		✻W1482	通天树（特定的天梯通天树）	【1566】
W1479.7.2	颛顼让"重"、"黎"撤掉天梯				
W1479a	特定的人毁掉天梯	【1562】	W1483	通天树是特定的树	【1567】
W1479a.1	天上的人撤掉天梯	【1562】	W1483.1	天树通天地	【1567】
			W1483.2	马桑树是通天树	【1567】
W1479a.2	女人毁掉天梯	【1563】	W1483.3	桃树是通天树	【1568】
W1479a.2.1	孕妇咳嗽震断天梯		W1483.4	杉树是通天树	【1568】
			W1483.4.1	从大杉树尖能上月亮	
W1480	动物毁掉天梯	【1563】			
W1480.1	蚂蚁咬塌天梯	【1563】	W1483.5	神树是通天树	【1568】
W1480.1.1	黑蚂蚁白蚂蚁咬塌天梯		W1483.6	芋树是通天树	【1569】
W1480.1.2	红白蚂蚁咬塌天梯		W1483.7	梧桐树是通天树	【1569】
W1480.2	蛀虫咬断天梯	【1564】	W1484	变化产生通天树	【1569】
W1480.2.1	白蠹咬断天梯		W1484.1	拐棍变通天树	【1569】
W1481	与天梯毁掉有关的其他母题	【1565】	W1485	人栽种通天树	【1569】
			W1485.1	人栽的铜树和铁树成为通天树	【1570】
W1481.1	天梯遭诅咒失去作用	【1565】	W1486	与通天树有关的其他母题	【1570】
W1481.2	天梯被水锈掉	【1565】	W1486.1	通天树的长高	【1570】
W1481.2.1	天梯浇冷水锈掉		W1486.1.1	通天树经特定的液体浇灌后长高	
W1481.3	天梯被火烧掉	【1565】			
W1481.4	违反禁忌天梯被拆除	【1565】	W1486.2	通天树穿过了3	

	层天	【1570】
W1486.3	通天树是银的	【1570】
W1486.4	通天树被诅咒后变小	【1571】
W1486.5	通天树的倒掉	【1571】
W1486.5.1	用淘米水浇通天树后通天树倒掉	
W1486.5.2	用冷水浇通天树后通天树倒掉	
W1486.5.3	太阳晒死通天树	
W1486.6	通天树长在特定地方	【1571】
W1486.6.1	通天树在月亮山上	
W1486.7	通天树的作用	【1572】
W1486.7.1	洪水中通过通天树逃生	
W1487	与天梯有关的其他母题	【1572】
W1487.0	上天入地的梯子	【1572】
W1487.1	人通过天梯到天上	【1572】
W1487.1.1	伏羲通过天梯来往天地间	
W1487.2	神通过天梯到地上	【1573】
W1487.3	人通过天梯回到人间	【1573】
W1487.4	天梯有特定的使用者	【1574】
W1487.4.1	天梯为神人、仙人、巫师而设	
W1487.4.2	有智慧的凡人可以攀登天梯	
W1487.5	天梯的看守	【1574】
W1487.5.1	青鸾童儿看守天梯	
W1487.6	天梯的数量	【1574】
W1487.6.1	天梯数量很多	
W1487.6.1.1	各地都有天梯	
W1487.7	特定名称的天梯	【1575】
W1487.7.1	盘龙梯	
W1487.7.1.1	五龙绕柱形成盘龙梯	

1.2.8 与天地有关的其他母题 【W1490～W1499】

✽ W1490	天地的关系	【1575】
W1491	天地是子女	【1575】
W1492	天地是夫妻	【1575】
W1492.1	天父地母	【1576】
W1492.2	天阳地阴两口子	【1576】
W1492.3	天雄地雌两夫妻	【1577】
W1493	天地是兄妹	【1577】
W1493a	天地是兄弟	【1577】
W1494	与天地关系有关的其他母题	【1577】
W1494.1	天地是君臣关系	【1577】
W1494.1.1	天为君，地为臣	
W1494.2	天地是伙伴	【1578】
W1494.2a	天地是仇敌	【1578】
W1494.3	天原来是地的盖子	【1578】
W1494.4	地是天的最底层	【1578】
W1494.5	天地的亲属	【1578】
W1494.5.1	阴阳是天地的母亲	
✽ W1495	天地的变化	【1579】
W1496	天地的变圆	【1579】
W1496.1	把天地煮圆	【1579】
W1496.1.1	神用锅把天地煮圆	
W1496.2	把地球变圆	【1579】
W1496.2.1	地球是一个大石锅	

W1497	天地互换 【1579】		W1498.1.5	城池原来临大海	
W1497.1	天翻成地，地翻成天 【1579】		W1498.1.6	特定的地方原来是大海	
W1497.1.1	张古和盘古把天翻成地，地翻成天		W1498.1.7	冰山原来没有冰雪	
			W1498.1.8	峡谷原来是大海	
			W1498.1.9	岛以前是平原	
W1497.1.1	天地正反互变		W1498.2	天地变化的次数 【1587】	
W1497.2	玉帝告知天地颠倒 【1580】		W1498.2.1	天地第1次变化	
W1498	与天地变化有关的其他母题 【1581】		W1498.2.1.1	天地第1次变化为水	
			W1498.2.2	天地2次变化	
W1498.1	沧海变桑田 【1581】		W1498.2.2.1	天地第2次变化为雾	
W1498.1.1	特定人物造成大地巨变		W1498.2.3	天地3次变化	
W1498.1.1.1	女巨人搓泥使大海变平地		W1498.2.3.1	天地第3次变化出金色的水	
W1498.1.1.2	水母娘娘将平地变成泽国		W1498.2.4	天地4次变化	
			W1498.2.4.1	天地第4次变化出星光	
W1498.1.2	平坝以前是海洋		W1498.2.5	天地5次变化	
W1498.1.2.1	沧海3次变成桑田		W1498.2.5.1	天地第5次变化是星星会发声	
W1498.1.2.2	7百年前平坝沉在海洋		W1498.2.6	天地6次变化	
W1498.1.2.3	平坝以前是湖泊		W1498.2.6.1	天地第6次变化是会发声星星平静下来	
W1498.1.2.4	平塘以前是海子				
W1498.1.3	高山以前是大海		W1498.2.7	天地7次变化	
W1498.1.3.1	1万年前大兴安岭是大海		W1498.2.7.1	天地第7次变化后变平静	
W1498.1.3.1	高山变成海，海变成山		W1498.2.8	天地8次变化	
W1498.1.3a	高山以前是平坝		W1498.2.8.1	天地第8次变化与第7次差不多	
W1498.1.4	城池原来沼泽				
W1498.1.4.1	大理原来是沼泽		W1498.2.9	天地10次变化	
W1498.1.4a	城池原来湖泊		W1498.2.10	天地1天9变	
W1498.1.4a.1	太原原来是湖泊		W1498.3	大地变轻 【1591】	
W1498.1.4b	城池原来海洋		W1498.4	改天换地（天地的更新） 【1591】	
W1498.1.4b.1	大理原来是汪洋				

W1498.4.1	因人的不良行为造成改天换地	
W1498.4.2	因天地不平改天换地	
W1498.4.3	众神改天换地	
W1498.5	**天地变大**	【1592】
W1498.5.1	天神把天地变大	
W1498.5.2	巨人把天地捏大	
W1498.5.3	布洛陀把天地变大	
W1498.5.3a	萨迦甘把天地拉大	
W1498.5.4	挤压使天地变大	
W1498.5.5	天地同时增长	
W1498.5.6	天地不断增长	
W1498.5.7	天地日长1丈	
W1498.6	**天地变小**	【1595】
W1498.7	**天地变化有时平静有时剧烈**	【1595】
W1498.8	**天地恢复元气**	【1595】
W1498.8.1	洪水后，天地恢复元气	
W1499	**与天地有关的其他母题**	【1596】
W1499.0	天地各居其所	【1596】
W1499.1	空气的产生	【1596】
W1499.1.1	神拉风箱产生地上的气	
W1499.2	天地有特定的名称	【1596】
W1499.2.1	天叫奔梭哈海，地叫罗梭梭海	
W1499.3	天上落石头	【1597】
W1499.4	天地的碰撞	【1597】
W1499.4.1	动物造成天地碰撞	
W1499.4.1.1	马鹿使天与地相撞	
W1499.5	天地的消失	【1597】
W1499.5.1	天崩地裂使天地消失	
W1499.6	天地两重天	【1598】
W1499.6.1	天上生活好，地上多艰难	
W1499.7	天地间诸物	【1598】
W1499.7.1	最早天地间有一面铜鼓	

1.3 万物
【W1500 ~ W1539】

1.3.1 万物的产生
【W1500 ~ W1529】

✿ **W1500**	**万物的产生**	【1599】
W1500.1	以前没有万物	【1599】
W1500.1.1	几亿亿年前什么也没有	
W1500.1.2	开天辟地前没有万物	
W1500.1.3	混沌世界时没有万物	
W1500.1.4	天地刚形成时没有万物	
W1500.1.4.1	刚开天辟地时没有万物	
W1500.1.5	太古时没有万物	
W1501	**天降万物**	【1602】
W1501.1	从天堂降万物	【1602】
W1501.2	真主降万物	【1602】
W1501.3	人射天射下万物	【1602】
W1501.4	万物原来在天上	【1602】
W1501a	**特定人物赐予万物**	【1602】
W1501a.1	山神带来万物	【1602】
W1502	**万物自然产生**	【1603】

W1502.1	地上出现万物 【1603】			荒凉造万物	
W1502.1.1	地管生成万物		W1503a.2	因寂寞造万物	【1606】
W1502.1.2	天地分开时地上就有了万物		W1503a.2.1	人神因寂寞造万物	
W1502.1.3	开天辟地后自然出现万物		W1503a.3	因大地空然无物造万物	【1607】
W1502.1.3.1	盘古开天辟地后自然出现万物		W1503a.3.1	创世母亲因大地空然无物造万物	
W1502.1.3.2	盘果王开天辟地后自然出现万物		W1504	神或神性人物造万物	【1607】
W1502.1.3.3	真主分来天地后自然出现万物		W1504.1	神造万物	【1607】
W1502.2	万物自然再生 【1604】		W1504.1.1	天王造万物	
W1502.2.1	大洪水后万物自然再生		W1504.1.2	天神造万物	
			W1504.1.3	天神用泥造万物	
W1502.3	与自然产生万物有关的其他母题 【1605】		W1504.1.4	天神派神造万物	
			W1504.1.5	最高天神造万物	
W1502.3.1	按真主的意愿产生万物		W1504.2	创世神造万物（创世主造万物）	【1610】
W1502.3.2	天地形成后自然出现万物		W1504.2.1	创世母亲造万物	
W1502.3.2.1	世界形成后自然出现万物		W1504.2.2	创世主造万物	
W1502.3.2.2	陆地形成后自然出现万物		W1504.2.3	创世者造万物	
			W1504.2.3.1	万物产生于创世者的意念	
W1502.3.3	有了太阳和大地后万物慢慢产生		W1504.3	女神造万物	【1611】
			W1504.3.1	女神姆六甲造万物	
W1502.3.4	有了天地日月星辰后产生万物		W1504.4	天女造万物	【1612】
			W1504.4.1	天帝的小女儿造万物	
✱ W1503	万物是造出来的（造万物） 【1606】		W1504.5	佛造万物	【1612】
			W1504.6	夫妻神造万物	【1612】
W1503a	造万物的原因 【1606】		W1504.6.1	天公地母造万物	
W1503a.1	因为世界荒凉造万物 【1606】		W1504.6.2	人王公和人王婆造万物	
W1503a.1.1	神因为世界荒凉造万物		W1504.7	众神造万物	【1613】
W1503a.1.1.1	南北方神因为世界		W1504.7.1	特定数量的神造万物	

W1504.7.1.1	7个大神造万物		W1506.1	天降的人造万物	【1620】
W1504.7.1.2	9个大神造万物		W1506.2	天降的夫妻造	
W1504.7.2	神巨人和他的孩子			万物	【1620】
	造万物		W1506.3	女子造万物	【1620】
W1504.7.3	天神地神造万物		W1506.3.1	三个姑娘造万物	
W1504.7.4	神男神女造万物		W1506.4	聪明人造万物	【1621】
W1504.8	**祖先造万物**	【1615】	W1506.4.1	天神派人造万物	
W1504.8.1	祖先翁戛造万物		**W1507**	**与造万物者有**	
W1504.8.2	女始祖密洛陀造			**关的其他母题**	【1621】
	万物		W1507.1	日月创造万物	【1621】
W1504.8.3	男女祖先下凡后造		W1507.1.1	日月夫妻造万物	
	万物		W1507.2	天和地创造万物	【1622】
W1504.9	**其他神或神性人物**		W1507.3	动物造造万物	【1622】
	造万物	【1616】	W1507.3.1	动物吐出万物	
W1504.9.1	宇宙神造万物		W1507.3.1.1	蛇吐出万物	
W1504.9.2	全能者造万物		W1507.4	其他特定名称的	
W1504.9.3	地神造万物			造万物者	【1622】
W1504.9.4	毕摩造物		W1507.5	造万物的帮助者	【1622】
W1504.9.5	无极造万物		W1507.5.1	神仙指点造万物	
W1505	**特定的神或神**		**W1508**	**造万物的材料**	【1623】
	性人物造万物	【1617】	W1508.1	用肢体造万物	【1623】
W1505.1	盘古造万物	【1617】	W1508.1.1	天女肢解自己做成	
W1505.1.1	盘古造天造地后造			万物	
	万物		W1508.2	用泥土造万物	【1623】
W1505.2	女娲造万物	【1618】	W1508.2.1	用黄泥造万物	
W1505.2.1	女娲娘娘造万物		W1508.2.1.1	人王公和人王婆用	
W1505.2.1.1	盘古王开天辟地后，			黄泥造万物	
	女娲娘娘造万物		W1508.2.2	天神用泥土造万物	
W1505.2.2	玉帝派女娲下凡造		W1508.2.3	下凡的男女婚后用	
	万物			泥造万物	
W1505.3	真主造万物	【1619】	W1508.2.4	女娲用泥造万物	
W1505.4	玉帝造万物	【1619】	W1508.3	用水和神土造	
W1505.5	其他特定的神或			万物	【1624】
	神性人物造万物	【1620】	W1508.3.1	众神用神山土和灵	
W1505.5.1	盘古的弟弟盘生			泉水造万物	
	造万物		W1508.4	用宝贝造万物（用	
W1506	**人造万物**	【1620】		宝物造万物）	【1625】

W1508.4.1	用赶山鞭、聚水瓶等宝贝造万物			生万物	【1628】
			W1511.1	天神生万物	【1628】
W1508.5	用灵气造万物	【1625】	W1511.1.1	女天神生万物	
W1508.5.1	创世神借助灵气造万物		W1511.1.1.1	女天神的光生万物	
W1509	与造万物有关的其他母题	【1625】	W1511.1.2	天神的母亲生万物	
W1509.1	造万物的准备	【1625】	W1511.2	女神生万物	【1629】
W1509.1.1	先开天辟地,后造万物		W1511.2.1	太阳女神生万物	
			W1511.2.2	天王母生万物	
W1509.2	造万物的时间	【1626】	W1511.3	天公地母生万物	【1630】
W1509.2.1	6天造出万物		W1511.3.1	地母生万物	
W1509.2.2	7天造出万物		W1511.4	土地神生万物	【1631】
W1509.2.3	10天造出万物		W1511.5	创世者生育万物	【1631】
W1509.2.4	神用81年造出万物		W1511.6	巨人生万物	【1631】
			W1511.7	石神生万物	【1631】
W1509.3	万物是魔法造出的	【1626】	W1511.8	始祖神生万物	【1631】
W1509.4	犁出世界	【1627】	W1512	特定的神或神性人物生万物	【1632】
W1509.4.1	天神犁出万物		W1512.1	盘古生万物	【1632】
W1509.5	按照天界的样子创造万物	【1627】	W1512.2	其他特定的神或神性人物生万物	【1632】
W1509.5.1	众神按照天界的样子创造万物		W1512.2.1	祖先生万物	
			W1513	动物生万物	【1632】
W1509.6	借助灵气造万物	【1627】	W1513.1	鸟生万物	【1632】
W1509.7	万物是成对造出来的	【1627】	W1513.2	鱼生万物	【1632】
			W1513.2.1	祖先鱼生万物	
W1509.8	再造万物	【1627】	W1513.2.2	大金鱼生万物	
W1509.8.1	祖先多次造万物		W1513.2.3	金鱼娘生万物	
W1509.9	造万物后的处置	【1628】	W1513.3	蛇生万物	【1633】
W1509.9.1	神造万物后放洞中		W1513.4	其他动物生万物	【1634】
			W1513.4.1	海螺生万物	
✱ W1510	万物是生育产生的(生万物)	【1628】	W1513.4.2	蜘蛛生万物	
			W1514	植物生万物	【1634】
			W1514.1	葫芦生万物	【1634】
W1511	神或神性人物		W1514.1.1	天神赐的金葫芦生	

代码	内容	页码
	万物	
W1514.1.2	种的葫芦生万物	
W1514.1.3	婚生的葫芦生万物	
W1514.1.3.1	人与仙女婚生的葫芦生万物	
W1514.1.4	母牛生的葫芦生万物	
W1514.2	柳树生万物	【1635】
W1514.2.1	神树生的柳树生万物	
W1514.2.2	柳叶生万物	
W1514.2.2.1	天母的女阴变成的柳叶生万物	
W1514.2.2.2	女天神胯下的柳叶生万物	
W1514.3	梭罗树生万物	【1636】
W1514.3.1	天上的梭罗树是万物之源	
W1515	无生命物或自然物生万物	【1636】
W1515.1	地生万物	【1636】
W1515.1.1	地孕育万物	
W1515.1.2	地生百样物种	
W1515.1a	土生万物	【1638】
W1515.1a.1	中央戊己土中生万物	
W1515.2	石生万物	【1638】
W1515.3	水生万物	【1639】
W1515.3.1	地水生万物	
W1515.4	海生万物	【1639】
W1515.5	气生万物	【1639】
W1515.5.1	四季的消散之气成为万物	
W1515.5.2	雾露变的气生万物	
W1515.5.3	神的气生万物	
W1515.6	其他无生命物或自然物生万物	【1641】
W1515.6.1	光生万物	
W1515.6.2	影子生万物	
W1515.6.3	湖中的粘液生万物	
W1516	婚生万物	【1641】
W1516.0	天地婚生万物	【1641】
W1516.0.1	天地交合化生万物	
W1516.0a	天公地母婚生万物	【1642】
W1516.1	日月交配生万物（日月婚生万物）	【1642】
W1516.2	气交合生万物	【1643】
W1516.3	阴阳相交生万物	【1643】
W1516.3.1	阴阳合生万物	
W1516.4	神婚生万物	【1644】
W1516.4.1	西王母东王公孕生万物	
W1517	卵生万物	【1644】
W1517.1	不断演化出的白卵生万物	【1644】
W1517.2	天地卵生万物	【1645】
W1517.2.1	天地卵1万零8百年孕生万物	
W1518	与生万物有关的其他母题	【1645】
W1518.0	万物生于太一	【1645】
W1518.1	万物源于影子	【1645】
W1518.2	万物生于无形	【1646】
W1518.3	万物生于混沌	【1646】
W1518.3.1	神使混沌生出万物	
W1518.3.2	风使混沌生出万物	
W1518.4	道生万物	【1646】
W1518.4.1	三生万物	
W1518.5	日月星辰的运动生万物	【1647】
W1518.6	洪水后万物复生	【1647】

代码	母题	页码	代码	母题	页码
W1518.7	用种子种出万物	【1647】	W1524.1	树变成万物	【1652】
✣ W1520	万物是变化产生的	【1648】	W1524.1.1	树死后变成万物	
			W1524.1.2	神造的树变成万物	
W1521	神或神性人物变化为万物（神或神性人物变化出万物）	【1648】	W1524.1.3	特定名称的树变成万物	
			W1524.1.3.1	枫树变成万物	
			W1524.2	柳叶变成万物	【1653】
W1521.0	神化育万物	【1648】	W1524.3	葫芦变成万物	【1653】
W1521.0.1	天神化育万物		W1524.3.1	仙葫芦籽变成万物	
W1521.0.2	神死后化生万物		W1524.3.2	金葫芦变出万物	
W1521.1	盘古化生万物	【1648】	W1524.3.2.1	神赐的金葫芦变出万物	
W1521.1.1	盘古的肢体化生万物		W1524.4	其他植物变成万物	【1654】
W1521.1.2	盘古垂死化生万物		W1524.4.1	枫树变成万物	
W1521.2	创世者的肢体化生万物	【1650】	W1525	无生命物变成万物	【1654】
W1521.3	创世者的眼泪化为万物	【1650】	W1525.1	水变成万物	【1654】
			W1525.2	气体演变成万物	【1655】
W1521.4	巨人被杀死后化生万物（巨人垂死化生万物）	【1650】	W1525.2.1	精气变成万物	
			W1525.3	气化生万物	【1655】
			W1525.3.1	女神的气化生万物	
W1521.5	其他神或神性人物变成万物	【1650】	W1525.3.2	道气化生万物	
			W1526	与变化为万物有关的其他母题	【1656】
W1521.5.1	女娲化生万物				
W1521.5.2	天女化生万物				
W1521.5.3	撑天者变成万物		W1526.1	阴阳化万物	【1656】
W1522	人变成万物	【1651】	W1526.2	怪胎变化为万物	【1656】
W1522.1	怪人变成万物	【1651】	W1526.3	肉团变成万物	【1656】
W1523	动物变成万物	【1651】	W1526.3.1	两个太阳碰撞生的肉团变成万物	
W1523.1	虎死后变成万物	【1652】			
W1523.2	鹿死后变成万物	【1652】	W1527	与万物产生有关的其他母题	【1657】
W1523.3	牛变成万物	【1652】			
W1523.4	巨兽死后化为万物	【1652】	W1527.1	万物产生的时间	【1657】
W1524	植物变成万物	【1652】	W1527.1.1	特定的时代产生万物	

W1527.1.1.1	第16代祖先神时产生万物		七人、八谷、九果、十菜
W1527.1.1.2	万物产生于独眼人时代	W1527.2.3.3b	女娲先造六畜后造人
W1527.1.2	万物始于原始元始	W1527.2.3.3c	女娲先造草木，后造动物，最后造人
W1527.2	**万物产生的顺序** 【1658】		
W1527.2.1	万物产生顺序已事先安排好	W1527.2.3.4	先产生动植物后有人
W1527.2.1.1	丈夫规定妻子生万物的顺序	W1527.2.3a	先产生动物然后产生植物
W1527.2.2	先有人后有万物	W1527.2.3a.1	女娲先造动物然后造植物
W1527.2.2a	先有万物后有人		
W1527.2.3	动物与人产生的顺序	W1527.2.4	万物同时造出
W1527.2.3.0	先有动物后有人	W1527.2.4.1	天公地母同时造出万物
W1527.2.3.0.1	先有猴子后有人	W1527.2.5	多种动物同时产生
W1527.2.3.1	制造人与动物时最先造出牛	W1527.2.6	多种植物同时产生
W1527.2.3.1a	先产生野牛后产生人再产生各种动物	W1527.2.7	多种无生命物同时产生
W1527.2.3.2	天上先降动物后降下人	W1527.2.8	先造天地日月星辰后造万物
W1527.2.3.3	第一是鸡，第二是狗，第三是猪，第四是羊，第五是水牛，第六是马，第七是人	W1527.2.9	与万物产生的顺序有关的其他母题
		W1527.2.9.1	万物产生前先产生规矩
W1527.2.3.3a	第一是鸡，第二是狗，第三是羊，第四是猪，第五是马，第六是牛，第七是人，第八是五谷，第九是瓜果，第十是蔬菜	**W1527.3**	**抽象物的产生（可感物的产生）** 【1664】
		W1527.3.1	"有"和"无"的产生
		W1527.3.1.1	先生"有"，后生"无"
		W1527.3.2	色彩的产生
		W1527.3.2.1	先生"黄"，后生"红"
W1527.2.3.3a.1	女娲第一天造鸡，依次是二狗、三羊、四猪、五马、六羊、	**W1527.4**	**多种物同源** 【1664】

代码	母题	页码
W1527.4.1	多种无生命物同源	
W1527.4.1.1	地与山同源	
W1527.4.2	无生命物与生物同源	
W1527.4.2.1	日月星辰与动植物同源	
W1527.5	万物的种子	【1666】
W1527.5.1	神造万物的种子	
W1527.5.1.1	寡神和团神造陆地上万物之种	
W1527.5.2	神或神性人物生万物的种子	
W1527.5.2.1	巨人生万物的种子	
W1527.6	万物产生的根本	【1667】
W1527.7	特定物的产生	【1667】
W1527.7.1	黄色物的产生	

1.3.2 万物的特征 【W1530~W1534】

代码	母题	页码
W1530	万物的性别	【1667】
W1530.1	以前万物没有性别	【1667】
W1530.2	万物都有公母（万物有雌雄）	【1668】
W1531	万物的居所	【1668】
W1531.1	以前万物生活在天上	【1668】
W1531.2	以前万物生活在半空中	【1668】
W1532	以前万物会说话	【1668】
W1532.1	以前山川河流会说话	【1669】
W1532.2	以前草木会说话	【1669】
W1532a	万物不会说话	【1670】
W1532a.1	万物不会说话的原因	【1670】
W1532a.1.1	万物因喝了哑水不会说话	
W1533	以前的自然物会行走	【1670】
W1533.1	以前柴草会行走	【1670】
W1534	与万物的特征有关的其他母题	【1670】
W1534.0	万物差异的来历	【1670】
W1534.0.1	以前万物没有区别	
W1534.0.1.1	水洗涤出万物的区别	
W1534.1	万物繁殖能力的获得	【1671】
W1534.1.1	神或神性人物让万物有繁殖能力	
W1534.1.1.1	女神赐万物生育能力	
W1534.1.1.2	真主让万物有繁殖能力	
W1534.2	万物的生长	【1672】
W1534.2.1	特定的神负责万物的生长	
W1534.2.2	地管着生长万物	
W1534.2.3	万物生长靠太阳	
W1534.2.3.1	阳光抚育万物	
W1534.2.3a	神火使万物生长	
W1534.2.4	与万物生长有关的其他母题	
W1534.2.4.1	天地刚分开时万物无法生长	
W1534.2.4.2	以前万物生长很快	
W1534.2.4.3	诵经可以使万物生长	
W1534.2.4.4	万物生长靠灵魂	

W1534.2.4.5	神分出日暖夜凉后生物生长				获得名字	【1679】
			W1535.2	神或神性人物为万物命名	【1680】
W1534.3	**万物的生育**	【1675】			
W1534.3.1	天神给万物分配生育任务		W1535.2.1	始祖为万物定名字	
W1534.3.2	万物生育方式不同的来历		W1535.2.2	天鬼为万物命名	
			W1535.2.3	智慧神给万物取名	
W1534.4	**会隐形的物体**	【1676】			
W1534.5	**万物有灵**	【1676】	W1535.3	与万物名称有关的其他母题	【1680】
W1534.5.1	创世主赋予万物灵魂		W1535.3.1	金木水火土	
W1534.6	**以前万物不停地旋转**	【1677】	W1535.3.1.1	天地卵中孕生金木水火土	
W1534.6a	**万物都是运动的**	【1677】	**W1536**	**万物的种类**	【1681】
W1534.7	**以前万物都会思考**	【1677】	W1536.1	万物有不同类型	【1681】
			W1536.1.1	77个不同类型的物	
W1534.8	**以前万物都是圆的**	【1677】	W1536.1.2	物种有百种	
			W1536.1.3	万物有1万2千类	
W1534.9	**万物的特定肢体的来历**	【1678】	**W1537**	**万物的寿命**	【1682】
W1534.9.1	万物的嘴的来历		W1537.1	万物寿命的制定	【1682】
W1534.9.1.1	杀的特定动物的嘴变成万物的嘴		W1537.1.1	神决定万物的寿命	
W1534.10	**万物呼吸的来历**	【1678】	W1537.1.1.1	神生育万物的寿命	
W1534.10.1	神拉风箱使万物会呼吸		W1537.1.1.2	祖先神掌管万物生死	
W1534.11	**万物会开花**	【1678】	W1537.1.1.3	众神商议万物的寿命	
W1534.11.1	地上的万物学天上开花		W1537.1.2	特定动物决定万物的寿命	
W1534.11.2	滚磨时的火花碰到之物都开花		W1537.2	万物寿命的改变	【1683】
			W1537.2.1	万物交换寿命	

1.3.3 与万物有关的其他母题 【W1535～W1539】

	W1537.3	与万物寿命有关的其他母题 【1683】
W1535	**万物的名称** 【1679】	
W1535.1	万物产生后各	W1537.3.1 万物的毁灭

W1537.3.1.1	天地第十代，万物毁灭
W1537.3.2	万物生死的控制
W1537.3.2.1	咒语可控制万物的生死
W1537.3.2.1.1	猕猴念咒使万物有生有死
W1537.3.3	万物不死
W1537.3.3.1	万物不死是因为使用了不死药
W1537.3.4	万物都会死
W1537.3.5	造万物时没有造寿命
W1538	**与万物有关的其他母题** 【1685】
W1538.1	**万物的首领** 【1685】
W1538.1.1	人是万物之长
W1538.1.2	龙、凤、龟、麟、虎是万物的首领
W1538.1a	**万物之母** 【1685】
W1538.1a.1	始祖密洛陀是万物之母
W1538.2	**以前万物不分** 【1686】
W1538.3	**万物的分工** 【1686】
W1538.3.1	玉皇给万物分工
W1538.4	**水管滋润生灵** 【1687】
W1538.5	**无生命物** 【1687】
W1538.5.1	以前无生命物都有生命
W1538.5.2	无生命物生无生命物
W1538.5.3	无生命物不会行走的原因
W1538.5.3.1	得罪神灵造成柴草不再行走
W1538.5.4	万物的关系
W1538.5.4.1	相克的事物
W1538.5.4.1.1	水火相克

1.4 日月
【W1540 ~ W1699】

1.4.1 日月的产生
【W1540 ~ W1599】

✽ **W1540**	**日月的产生** 【1689】
W1540.1	**以前没有日月** 【1689】
W1540.1.0	特定的时代没有日月
W1540.1.0.1	洪荒时代没有日月
W1540.1.0.2	开天辟地后没有日月
W1540.1.0.3	远古时没有日月
W1540.1.0.4	最早产生人时没有日月
W1540.1.1	以前没有太阳
W1540.1.1.1	特定的地方没有太阳
W1540.1.2	以前没有月亮
W1540.1.2.1	刚造出天地后没有月亮
W1540.1.3	以前只有星星没有日月
W1540.1.4	以前只有云水雾气没有日月
W1540.1.5	以前没有日月星辰
W1540.1.5.1	远古时没有日月星辰
W1540.1.5.2	天地初开时没有日月星辰
W1541	日月出现的时间（日月产生的

		时间）	【1697】	W1542.5.1	天王从地下挖出
W1541.1		世界最早出现的			日月
		是日月	【1697】	W1542.6	玉帝派来日月 【1702】
W1541.2		天地混沌未分时		W1543	日月是造出来
		出现日月	【1697】		的（造日月）【1702】
W1541.3		天地分开时出现		W1543.1	神或神性人物造
		日月	【1697】		日月 【1702】
W1541.3.1		天地开辟后出现		W1543.1.1	天神造日月
		日月星辰		W1543.1.1.1	天神磨出日月星辰
W1541.3.1.1		盘果王分开天地后		W1543.1.1.2	女天神造日月
		出现日月星辰		W1543.1.2	女神造日月
W1541.4		三皇五帝后出现		W1543.1.2.1	女神用清气造日月
		日月	【1698】	W1543.1.2.2	女神吐出日月
W1542		日月源于某个		W1543.1.3	天女造日月
		地方或自然		W1543.1.3.1	玉皇大帝的女儿
		存在	【1699】		吹出日月
W1542.1		出现天地时自然		W1543.1.3.2	王母娘娘的九女造
		出现日月	【1699】		日月
W1542.1.1		开天辟地后自然		W1543.1.4	火神造日月
		出现日月		W1543.1.5	两个神分别造日月
W1542.2		日月已存在，后来		W1543.1.5.1	阴阳鬼神造日月
		由神喊出	【1699】	W1543.1.6	造物主造日月（创
W1542.2.1		日月已存在，后来			世主造日月）
		由雷公放出		W1543.1.6.1	造物主用自身的光
W1542.2.2		鸡叫出日月星辰			和热造日月
W1542.2.2.1		天鸡叫出日月星辰		W1543.1.7	文化英雄造日月
W1542.2.2.2		女娲造的鸡叫出		W1543.1.8	祖先造日月
		日月星辰		W1543.1.8.1	男始祖造日月
W1542.2.3		祭祀后喊出日月		W1543.1.8.2	女始祖造日月
W1542.3		日月来自于另外		W1543.1.8.3	祖先用金银造日月
		一个世界	【1700】	W1543.1.9	其他神或神性人
W1542.3.1		日月源于天外			物造日月
W1542.4		日月从洞中出	【1701】	W1543.1.9.1	星神造日月星
W1542.4.1		日月源于天洞		W1543.1.9.2	天鬼造日月星辰
W1542.4.1.1		鸟啄天洞出现		W1543.1.9.3	天父地母造日月
		日月星辰			星辰
W1542.5		从地下挖出日月	【1701】	W1543.1.9.4	夫妻神撒葫芦籽变

	成日月星辰	W1543.5.0.1	神造日月前先堵地洞
W1543.2	特定的神或神性人物造日月 【1708】	W1543.5.1	造日月的时间
W1543.2.1	盘古造日月	W1543.5.1.1	天地没有完全产生时开始造日月
W1543.2.1.1	盘古开天辟地后造日月		
W1543.2.2	喇嘛造日月	W1543.5.2	造日月的地点
W1543.2.3	太上老君造日月	W1543.5.2.1	在海面上造早日月
W1543.2.4	其他特定名称的神或神性人物造日月	W1543.5.3	造日月的材料
		W1543.5.3.1	用金银造日月
		W1543.5.3.1.1	用金银造日月不成功
W1543.2.4.1	农董勾造日月		
W1543.2.4.2	务友造日月	W1543.5.3.2	用铁造日月
W1543.2.4.3	叫万家的神造日月	W1543.5.3.2.1	用铁炼制日月
W1543.2.4.4	巨人高辛造日月	W1543.5.3.2a	用石造日月
W1543.3	人造日月 【1711】	W1543.5.3.2a.1	用石盘造日月
W1543.3.1	工匠造日月	W1543.5.3.3	用树枝造日月
W1543.3.2	铜匠银匠造日月	W1543.5.3.4	用光和热造日月
W1543.3.3	铁匠造日月	W1543.5.3.4.1	创世主用光和热造日月
W1543.3.4	老人造日月		
W1543.3.4.1	4个老人造日月	W1543.5.3.5	用气造日月
W1543.3.5	三兄弟分别造日月星	W1543.5.3.6	用眼睛造日月
		W1543.5.3.6.1	用牛的左眼做太阳，右眼做月亮
W1543.3.6	其他特定的人造日月		
		W1543.5.6	造日月的方法
W1543.3.6.1	特定的女人造日月	W1543.5.6.1	用魔法造日月
		W1543.5.6.1.1	神用法棍在海里搅出日月
W1543.3.6.1.1	亚鲁王的儿媳造日月		
		W1543.5.6.2	用磨镜造日月
W1543.3.6.2	兄妹造日月	W1543.5.6.3	左手造日，右手造月
W1543.4	其他人物造日月 【1712】		
W1543.4.1	龙造日月	W1543.5.6.4	造日月时把日月削圆
W1543.4.2	鸟造日月		
W1543.4.2.1	阳雀造日月	W1543.5.7	造日月的参照物
W1543.5	与造日月有关的其他母题 【1713】	W1543.5.7.1	仿照漩涡造日月
		W1543.5.8	造日月的顺序
W1543.5.0	造日月前的准备	W1543.5.8.1	先造太阳，后造

	月亮	W1544.2	人生日月	【1724】
W1543.5.9	日月造好后的处理	W1544.2.1	一个女人生日月	
W1543.5.9.1	红镜神人安日月	W1544.2.1.1	日月是一个女人的两个儿子	
W1543.5.10	造日月不成功			
W1543.5.10.1	最早造出的日月不发光	W1544.2.1.2	日月是一个女人生的1对兄妹	
W1543.5.10.2	最早造出的日月不明亮	W1544.3	动物生日月	【1724】
		W1544.3.1	蜥蜴生日月	
W1543.5.11	重造日月	W1544.3.2	鱼生日月	
W1543.5.11.1	因日月不发光重造日月	W1544.3.3	鸟生日月	
		W1544.3.3.1	9头怪鸟生日月	
W1544	日月是生育产生的（生日月） 【1720】	W1544.4	植物生日月	【1725】
		W1544.4.1	桃树开花生日月	
		W1544.4.2	人种的两棵树分别结出日月	
W1544.1	神或神性人物生日月 【1721】	W1544.4.3	梭罗树开花生日月	
W1544.1.1	创世神生日月	W1544.5	其他物生日月	【1726】
W1544.1.2	日月神生日月	W1544.5.0	天生日月	
W1544.1.3	天神生日月	W1544.5.0.1	天孕生日月	
W1544.1.3.1	日月是天神的两个儿子	W1544.5.1	光中生月亮，火中生太阳	
W1544.1.3.2	日月是天公的儿女	W1544.6	婚生日月	【1726】
W1544.1.4	女神生日月	W1544.6.0	神或神性人物婚生日月	
W1544.1.4.1	第一个女神生日月			
W1544.1.4.2	羲和生10个太阳，常羲生12个月亮	W1544.6.0.1	天公地母婚生日月星辰	
W1544.1.5	地母生日月	W1544.6.1	日月婚生日月	
W1544.1.6	王母娘娘生日月	W1544.6.1.1	日月兄妹婚生日月	
W1544.1.6.1	日月是玉帝的儿女	W1544.6.1.2	日神月神婚生日月	
W1544.1.6.1.1	日月是玉帝的1双儿女	W1544.6.2	日形和月形相配生日月	
W1544.1.7	文化英雄生日月	W1544.6.3	天地婚生日月	
W1544.1.8	始祖生日月	W1544.6.3.1	天地婚后地生日月	
W1544.1.9	巨人生日月	W1544.6.4	铁水和石水婚生日月	
W1544.1.10	魔鬼生日月	W1544.7	感生日月	【1729】
W1544.1.11	其他神或神性人物生日月	W1544.7.1	女神感生日月	

W1544.7.1.1	女神密洛陀感生日月		W1545.2.2.1	天神用左眼做太阳，右眼做月亮
W1544.7.2	女子感生日月		W1545.2.2.2	女天神的眼睛变成日月
W1544.8	**卵生日月** 【1729】		W1545.2.3	天女的眼睛变成日月
W1544.8.1	神生的卵生日月		W1545.2.4	神牛的眼睛变成日月
W1544.9	**与生育日月有关的其他母题** 【1729】		W1545.2.5	怪物的眼睛变成日月
W1544.9.1	天神用日月种子撒出日月		W1545.2.6	巨兽的眼睛变成日月
W1544.9.1.1	日月种子		W1545.2.6.1	巨兽没有烂的眼化为太阳，腐烂的眼化为月亮
W1545	**日月是变化产生的（变化产生日月）** 【1730】		W1545.2.6a	巨人的眼睛变成日月
			W1545.2.6a.1	日月是巨人睁开的双眼
W1545.1	**神或神性人物变成日月** 【1730】		W1545.2.7	特定名称神性人物的眼睛变成日月
W1545.1.1	两位祖先变成日月		W1545.2.7.1	盘古的眼睛变成日月
W1545.1.1.1	男女祖先变成日月		W1545.2.7.1.1	盘古睁着的眼睛变成日月
W1545.1.2	天上的父子变成日月		W1545.2.7.1.2	盘古死后眼睛变成日月
W1545.1.3	天神的魂魄变成日月		W1545.2.7.2	盘古的左眼变成太阳，右眼变成月亮
W1545.1.4	其他神或神性人物变成日月		W1545.2.7.2a	盘古睁着的眼变成太阳，闭着的眼变成月亮
W1545.1.4.1	神仙奶奶的孙子孙女变成日月		W1545.2.7.3	盘瓠王左眼化为太阳，右眼化为月亮
W1545.1.4.2	神的2个儿子变成日月		W1545.2.7.4	盘古的眼珠变成日月
W1545.2	**神或神性人物的眼睛变成日月** 【1732】		W1545.2.7.4a	祖先力嘎的眼珠变成日月
W1545.2.1	神的眼睛变成日月		W1545.2.7.5	撑天者的右眼变成太阳，左眼变成月亮
W1545.2.1.1	神被烧后眼睛变成日月			
W1545.2.1.2	神死后双眼化为日月			
W1545.2.1.3	神的左眼变成太阳，右眼变成月亮		W1545.2.7.6	天女的左眼变成
W1545.2.2	天神的眼睛变成日月			

	太阳，右眼变成月亮		变成日月
W1545.2a	神或神性人物的肢体变成日月 【1741】	W1545.3.4.2	盘古的1对儿女兄妹变成日月
W1545.2a.1	神或神性人物的乳房变日月	W1545.3.4.3	1对兄妹中的哥哥变成太阳，妹妹变成月亮
W1545.2a.1.1	地球母亲的乳房变成日月	W1545.3.4.4	1对兄妹中的妹妹变成太阳，哥哥变成月亮
W1545.2a.1.2	女娲的双乳变成日月		
W1545.2a.2	神或神性人物的头变日月	W1545.3.4.5	葫芦兄妹变成日月
W1545.2a.2.1	盘古的头变成日月	W1545.3.4.6	兄妹结婚后变成日月
W1545.2a.2.1.1	盘古的2个头变成日月	W1545.3.5	1对姐弟变成日月
		W1545.3.6	1对兄弟变成日月
W1545.2a.3	与神或神性人物的肢体变成日月有关的其他母题	W1545.3.7	1对姐妹到天上变成日月
		W1545.3.7.1	姐姐变成月亮，妹妹变成太阳
W1545.2a.3.1	盘古盘生兄弟的耳目等变日月星辰	W1545.3.7a	2个女孩变成日月
W1545.2a.3.2	盘古的心变成太阳，胆变成月亮	W1545.3.7a.1	白色的女孩变成月亮，红色的女孩变成太阳
W1545.2a.3.3	盘古的左手变成太阳，右手变成月亮	W1545.3.8	1对叔侄变成日月
		W1545.3.9	人因为羞耻变成日月
W1545.3	人变成日月 【1743】	W1545.3.10	三姐妹分别变成日月星
W1545.3.1	人为创造光明变成日月		
W1545.3.2	1对男女变成日月	W1545.3.11	三个媳妇变成日月星
W1545.3.2.1	1对飞到天上的男女变成日月	W1545.3.12	人的眼睛变成日月
W1545.3.3	1对夫妻变成日月	W1545.3.13	人的灵魂变成日月
W1545.3.3.1	1对夫妻到天上变成日月	W1545.3.13.1	1对兄妹的灵魂变成日月
W1545.3.3.2	男子与仙女夫妻俩变成日月	W1545.3.13.2	1对夫妻的灵魂升天变成日月
W1545.3.4	1对兄妹变成日月		
W1545.3.4.1	神造的1对兄妹		

代码	母题	
W1545.4	**动物变成日月**	【1750】
W1545.4.1	龙的眼睛变成日月	
W1545.4.1.1	阴龙睁得大的眼是太阳,睁得小的眼是月亮	
W1545.4.2	牛的眼睛变成日月	
W1545.4.2.1	牛的左眼变成太阳,右眼变成月亮	
W1545.4.2.2	龙牛左眼化为太阳,右眼化为月亮	
W1545.4.3	鹿的眼睛变成日月	
W1545.4.3.1	杀死的马鹿的眼睛变成日月	
W1545.4.4	虎的眼睛变成日月	
W1545.4.4.1	天神用虎的左眼做太阳,右眼做月亮	
W1545.4.4a	虎的上肢化为日月	
W1545.4.4a.1	虎死后左右二膊化为日月	
W1545.4.5	鸟的眼睛变成日月	
W1545.4.5.1	鸟的右眼变成太阳,左眼变成月亮	
W1545.4.6	天鹅变成日月	
W1545.4.6.1	三只天鹅变成日月星	
W1545.4.7	蜜蜂变成日月	
W1545.4.7.1	雄雌蜜蜂变成日月	
W1545.4.8	与动物变成日月有关的其他母题	
W1545.4.8.1	雄雌动物分别变成日月	
W1545.4.8.2	乌龙和白熊变成日月	
W1545.4.8.3	太阳是红兔子,月亮是白兔子	
W1545.4.8.4	日月是鹰	
W1545.5	**植物变成日月**	【1755】
W1545.5.1	葫芦变成日月	
W1545.5.2	特定的果子变成日月	
W1545.5.3	花变成日月	
W1545.5.3.1	桃花变成日月	
W1545.5.3.2	日月是梭罗树开的花	
W1545.5.3.2.1	梭罗树白天开的花变成太阳,晚上开的花变成月亮	
W1545.5.4	草变成日月	
W1545.5.4.1	神草揉碎变成日月	
W1545.6	**卵变成日月**	【1756】
W1545.6.1	蛋的特定部分变成日月星辰	
W1545.6.1.1	蛋壳变日月	
W1545.6.1.1.1	混沌卵的蛋壳碎后变成日月	
W1545.6.1.1.2	天地卵的蛋壳碎后变成日月	
W1545.6.1.1.2a	混沌卵的壳劈碎变成日月	
W1545.6.1.1.3	孕育盘古的鸡蛋的蛋壳碎后变成日月	
W1545.6.1.2	蛋白变成日月	
W1545.6.1.3	蛋白变成日月星辰	
W1545.6.1.3.1	神生的蛋的蛋白变成日月星辰	
W1545.6.1.3.2	盘古生的蛋的蛋白变成日月星辰	
W1545.6.2	神珠变成日月	
W1545.7	**无生命物或自然物变成日月**	【1759】
W1545.7.1	气变成日月	
W1545.7.1.1	天吐的两团白气	

		变成日月		其他母题 【1765】
W1545.7.1.2		分开天地时清气上浮变成日月	W1545.8.1	日月是天空上的镜子
W1545.7.1.3		盘古夫妻吹的气变成日月	W1545.8.1.1	日月是两姐妹手中的镜子
W1545.7.2		阴阳二气化生日月	W1545.8.1.2	日月是天女手中的镜子
W1545.7.3		石头变成日月	W1545.8.2	1个太阳射成两半分出日月
W1545.7.3.1		山里滚出的白石和红石变成日月	W1545.8.3	1对日月变成多个日月
W1545.7.4		火球变成日月	W1545.8.4	日月是一个妇女抛到天上的两张饼
W1545.7.4.1		石头崩到空中变成的两个火球成为日月	W1545.8.5	日月是天帝的两件宝贝
W1545.7.4.1.1		盘古砍石头迸出的两个火球变成日月	W1545.8.6	日月是天上的火神
W1545.7.4.2		玉帝造的两个火球变成日月	W1545.8.7	八卦图变成日月
W1545.7.4.3		神珠变成的两个火球变成日月	W1545.8.7.1	天上八卦图的碎花变成星辰
W1545.7.4a		火把变成日月	**W1546**	**日月产生的其他方式** 【1767】
W1545.7.4a.1		天神点的火把变成日月	W1546.1	消除云雾出现日月 【1767】
W1545.7.5		地的眼睛变成日月	W1546.1.1	鸡撞开云雾后出现日月
W1545.7.5.1		地死后眼睛变成日月	W1546.1.2	天神除雾后出现日月星辰
W1545.7.5a		天的眼睛变成日月	W1546.1.2.1	天神分开天地并扫清天空浓雾后出现日月星辰
W1545.7.6		饼变成日月		
W1545.7.6.1		伏羲女娲夫妇做的芝麻饼变成日月	W1546.2	现在的日月是射日时留下的两个太阳 【1768】
W1545.7.6.2		老奶奶手托的2张圆饼变成日月	W1546.2.1	打落多余的太阳剩下的2个成为日月
W1545.7.7		洞变成日月		
W1545.7.7.1		日月是天上凿开的洞		
W1545.7.8		牙齿变成日月		
W1545.7.8.1		祖先的两颗牙齿变成日月	W1546.3	日月产生前先产生影子 【1768】
W1545.7.9		泥变成日月		
W1545.7.9.1		造天的泥巴变成日月		
W1545.8		**与变化成日月有关的**		

1.4 日月

W1546.3.1	日月产生前先出现3种日月的影子	
W1546.4	**日月的分离**	【1769】
W1546.4.1	盘古分开日月	
W1546.4.1.1	盘古用斧子分开日月	
W1547	**日月产生的顺序**	【1769】
W1547.1	日月同时产生	【1769】
W1547.2	日月星同时产生	【1770】
W1547.3	先有太阳后有月亮	【1770】
W1547.4	先有月亮后有太阳	【1770】
W1548	**与日月的产生有关的其他母题**	【1771】
W1548.1	日月哪个先产生	【1771】
W1548.1.1	以前只有太阳，没有月亮	
W1548.1.1.1	远古时，只有太阳没有月亮	
W1548.1.1.2	以前有2个太阳没有月亮	
W1548.1.1.3	只有1个太阳没有月亮	
W1548.2	日月的区分	【1773】
W1548.2.1	盘古区分出日月	
W1548.3	日月与动植物同源	【1773】
W1548.4	先有雷电后有日月	【1773】
W1548.5	日月漂在水上	【1774】
W1548.6	洗日月	【1774】
W1548.6.1	羲和洗日月	
W1548.6.2	水神洗日月	
W1548.7	日月在火中得到滋养	【1774】
W1548.8	日月的更新	【1774】
W1548.9	动物的作用使日月产生	【1774】
W1548.9.1	巨鸭啄天洞出现了日月星光	
W1548.10	特定人物在天上钉上日月	【1775】
W1548.10.1	安拉在天幕上钉上日月星辰	
W1548.10.2	神把日月星辰镶在天上	
✿ **W1550**	**太阳的产生**	【1775】
W1551	**太阳来于某个地方或自然存在**	【1775】
W1551.0	特定人物放出太阳	【1775】
W1551.0.1	雷公放出太阳	
W1551.0.2	上帝赋予太阳	
W1551.0.2.1	上帝给地母太阳	
W1551.0.3	天帝放出太阳	
W1551.0.3.1	天帝放出12个太阳	
W1551.1	混沌时出现太阳	【1776】
W1551.2	天空自然生出太阳	【1777】
W1551.2.1	分开天地后出现太阳	
W1551.2.1.1	盘古爷、盘古奶分开天地后出现太阳	
W1551.2.2	天产生后出现太阳	
W1551.3	天洞里冒出太阳	【1777】
W1551.3.1	太阳是云洞中漏出的光	

W1551.3.2	太阳是闪红光的圆洞			W1554.1.1	天公用雨水拌金沙造太阳	
W1551.3.3	海水冲开天洞冒出太阳			W1554.1.2	天王造太阳	
W1551.4	世界毁灭后自然出现1个新太阳	【1778】		W1554.1.2.1	盘古生的天王12兄弟造太阳	
W1551.5	太阳源于其他某个地方	【1779】		W1554.2	女神造太阳	【1782】
W1551.5.1	从东海取回太阳			W1554.2.1	神女炼出太阳	
W1551.5.1.1	炎帝从东海取回太阳			W1554.2.2	天女制造太阳	
W1551.5.2	从某个地点放出太阳			W1554.2.3	女神吐出太阳	
W1551.5.3	用柱子顶开天后出现太阳			W1554.2.4	女神用清气造10个太阳	
W1551.5.4	太阳源于雾中			W1554.2.5	创世女神造太阳	
✱ W1552	太阳是造出来的（造太阳）	【1779】		W1554.3	火神造太阳	【1784】
W1553	造太阳的原因	【1779】		W1554.3.1	天上的火神造太阳	
W1553.1	女神为惩罚对手而造太阳	【1780】		W1554.4	雷神造太阳	【1784】
W1553.2	为毁灭世界造太阳	【1780】		W1554.4.1	雷婆造太阳	
W1553.2.1	神为毁灭世界造太阳			W1554.4.2	雷公造太阳	
W1553.3	为晒干地面造太阳	【1780】		W1554.5	巨神造太阳	【1784】
W1553.3.1	为烤干洪水造太阳			W1554.6	仙人造太阳	【1785】
W1553.4	根据人的愿望造太阳	【1781】		W1554.6.1	仙人用火搓出太阳	
W1553.5	为人类生存造太阳	【1781】		W1554.7	神人造太阳	【1785】
W1553a	造太阳的准备	【1781】		W1554.7.1	太阳是神人在天上画的圆圈	
W1553a.1	造太阳前测算	【1781】		W1554.8	祖先造太阳	【1785】
W1554	神或神性人物造太阳	【1782】		W1554.8.1	女始祖造太阳	
				W1554.8.1.1	女始祖阿嫫尧白造太阳	
W1554.1	天神造太阳	【1782】		W1554.8.1.2	女始祖萨天巴造太阳	
				W1554.8.1.3	女祖先耶炯造太阳	
				W1554.8.2	男始祖造太阳	
				W1554.8.2.1	男祖先力嘎造太阳	
				W1554.8.2.2	男祖先布灵用红岩石造太阳	
				W1554.8.2.3	男祖先火布碟造太阳	

W1554.8.2.4	男祖先布洛陀造太阳			W1556.1	女人造太阳	【1791】
W1554.9	魔鬼造太阳	【1787】		W1557	动物造太阳	【1791】
W1554.9.1	旱魔造太阳			W1557.1	龙喷火形成太阳	【1791】
W1554.9.2	恶魔为毁灭人类造多个太阳			W1558	造太阳的材料	【1792】
				W1558.1	用火造太阳	【1792】
W1554.10	其他神或神性人物造太阳	【1787】		W1558.2	用泥造太阳	【1792】
				W1558.2.1	用黄泥造太阳	
W1554.10.1	天神的弟子造太阳			W1558.2.2	用其他泥造太阳	
W1554.10.2	哥白神造太阳			W1558.2.3	布洛陀用泥造太阳	
W1554.10.3	宇宙大神造太阳			W1558.3	用金子造太阳	【1793】
W1554.10.4	造物神造太阳			W1558.3.1	天神用金子造太阳	
W1555	特定的神或神性人物造太阳（神性人物造太阳）	【1788】		W1558.3.2	女神厄莎用365万斤金子炼出太阳	
W1555.1	盘古造太阳	【1788】		W1558.3.3	女人用1两金子造的镯子成为太阳	
W1555.1.1	盘古上天造太阳					
W1555.1.2	盘古开天辟地后造太阳			W1558.3a	用银造太阳	【1794】
				W1558.3b	用金银造太阳	【1794】
W1555.2	真主让天空出现太阳	【1789】		W1558.4	用眼睛造太阳	【1794】
				W1558.4.1	用牛的左眼做太阳	
W1555.3	佛造太阳	【1789】		W1558.4.2	用牛的右眼做太阳	
W1555.3.1	观音造太阳			W1558.4.3	虎的左眼做太阳	
W1555.3a	仙造太阳	【1789】		W1558.5	用光和热造太阳	【1795】
W1555.3a.1	仙婆造太阳			W1558.6	用石头造太阳	【1795】
W1555.4	其他特定的神或神性人物造太阳	【1790】		W1558.6.1	用红岩石造太阳	
				W1558.6.2	用石磨造太阳	
W1555.4.1	汉王造太阳			W1558.6.3	用火石造太阳	
W1555.4.2	高辛帝造太阳（帝喾造太阳）			W1558.6.3.1	创世者用火石造太阳	
W1555.4.2.1	高辛用松树枝编造太阳			W1558.7	与造太阳材料有关的其他母题	【1796】
W1555.4.3	男始祖布洛陀用泥造太阳			W1558.7.1	用松枝编太阳	
W1555.4.4	布什格造太阳			W1558.7.2	用蛟龙的眉毛和眼睫毛造太阳	
W1556	人造太阳	【1791】		W1558.7.3	观音用牛的左膀造	

代码	母题	页码
W1558.7.4	太阳 始祖用雨水拌金沙造太阳	
W1559	**与造太阳有关的其他母题**	【1798】
W1559.0	造太阳的时间	【1798】
W1559.0.1	造天时造太阳	
W1559.1	造太阳的方法	【1798】
W1559.1.1	造太阳方法的获得	
W1559.1.2	磨金镜成为太阳	
W1559.1.3	从海底搅出太阳	
W1559.1.3.1	两兄弟从海底搅出太阳	
W1559.1.3.1.1	天神兄弟从石锅里的海水中搅出太阳	
W1559.1.4	把神牛的眼放到金圈造成太阳	
W1559.1.5	炼造太阳是使太阳发热	
W1559.1.6	烧制太阳	
W1559.2	造太阳不成功	【1801】
W1559.2.1	用泥巴造太阳不成功	
W1559.2.2	用点燃的木头造太阳不成功	
W1559.3	重造太阳	【1801】
W1559.3.1	重新炼造太阳	
W1559.4	多次造太阳	【1802】
W1559.4.1	4次造太阳	
✽ **W1560**	**太阳是生育产生的（生太阳）**	【1802】
W1561	**神或神性人物生太阳**	【1802】
W1561.1	天神生太阳	【1802】
W1561.1.1	太阳是天帝的儿子	
W1561.1.1.1	太阳是东方天帝的儿子	
W1561.1.1.2	太阳是天公公的儿子	
W1561.1.2	太阳是天帝的孙子	
W1561.2	太阳神生太阳	【1803】
W1561.2.1	太阳是太阳神的儿子	
W1561.3	女神生太阳	【1803】
W1561.3.1	女神羲和生太阳	
W1561.3.2	帝俊之妻生10日	
W1561.3.3	密洛陀生12个太阳	
W1561.4	火神生太阳	【1804】
W1561.5	地母生太阳	【1805】
W1561.6	太阳是玉帝的孩子	【1805】
W1561.6.1	太阳是玉皇大帝的女儿	
W1561.6.2	太阳是玉帝的儿子	
W1561.6.2.1	天上的9个太阳是玉帝的9个儿子	
W1561.6.2.2	天上的10个太阳是玉帝的10个儿子	
W1561.7	太阳是盘古的孩子	【1806】
W1561.7.1	太阳是盘古的儿子	
W1561.7.2	太阳是盘古的女儿	
W1561.8	与神或神性人物生太阳有关的其他母题	【1807】
W1561.8.1	太阳是最高神王女的儿子	
W1561.8.1a	最高神王生太阳姑娘	

W1561.8.2	太阳是神孕生的金球	
W1561.8.2.1	女始祖生的金球变成太阳	
W1562	**人生太阳**	【1808】
W1562.1	世上出现的第一个女人生太阳	【1808】
W1562.2	其他特定的人生太阳	【1808】
W1562.2.1	太阳是马桑树人的儿子	
W1563	**动物生太阳**	【1808】
W1564	**植物生太阳**	【1808】
W1564.1	葫芦生太阳	【1808】
W1565	**无生命物生太阳**	【1809】
W1565.1	天生太阳	【1809】
W1565.2	大地生太阳	【1809】
W1565.3	山生太阳	【1810】
W1565.4	海生太阳	【1810】
W1565.5	洞生太阳	【1810】
W1566	**婚生太阳**	【1810】
W1566.1	日月婚生太阳	【1811】
W1566.1.1	月亮神和太阳神婚生太阳	
W1566.1.1.1	月亮神姐姐和太阳神弟弟婚生太阳	
W1566.2	鬼姐弟俩婚生太阳	【1811】
W1566.3	一对特定夫妻婚生太阳	【1811】
W1566.3.1	第一对夫妇生太阳	
W1566.3.2	天神帝俊与羲和婚生10日	
W1566.4	天地结婚生太阳	【1812】
W1566.4.1	天地婚后大地生太阳	
W1566.4.2	天地婚生9个太阳	
W1566.5	日月结婚生太阳	【1813】
W1566.5.1	日月婚生8个太阳	
W1566.5.1.1	日月婚后太阳生8个太阳	
W1566.5.2	日月婚生10个太阳	
W1566.6	其他物婚生太阳	【1814】
W1566.6.1	铁水和石水结婚生太阳	
W1566.6.2	真与实婚生太阳	
W1567	**与生育太阳有关的其他母题**	【1814】
W1567.1	卵生太阳	【1814】
W1567.1.0	鸟卵生太阳	
W1567.1.0.1	九头怪鸟的金蛋孵出太阳	
W1567.1.1	宝蛋孵出太阳	
W1567.1.2	蝴蝶的卵生太阳	
W1567.1.3	母鸟孵卵生出太阳	
W1567.2	鸟是太阳诞生的帮助者	【1815】
W1567.2.1	天鹅是太阳诞生的帮助者	
W1567.3	特定的种子生太阳	【1816】
W1567.3.1	观音撒的天种生9个太阳	
*** W1568**	**太阳是变化产生的**	【1816】
W1569	**神或神性人物变成太阳**	【1816】
W1569.1	天神变成太阳	【1816】

代码	母题	页码
W1569.1.1	天神的儿女变成太阳	
W1569.1.2	最大的天神变成太阳	
W1569.1.3	天神变成9个太阳	
W1569.2	神的子女变成太阳	【1817】
W1569.3	火神变成太阳	【1817】
W1569.3.0	火神住到天上变成太阳	
W1569.3.1	火神的儿子变成太阳	
W1569.3.2	太阳是天帝的火神	
W1569.3.3	火神逃到天上变成太阳	
W1569.4	河神变出太阳	【1819】
W1569.5	神的肢体变成太阳	【1819】
W1569.5.1	神的左眼变成太阳	
W1569.6	神性人物的肢体变成太阳	【1819】
W1569.6.1	盘古的头变成太阳	
W1569.6.2	盘古的眼睛变成太阳	
W1569.6.3	玉皇大帝的女儿右眼化为太阳	
W1569.6.4	仙女左眼化为太阳	
W1569.6.5	盘古的心变成太阳	
W1569.7	与神或神性人物变成太阳有关的其他母题	【1821】
W1569.7.1	炎帝是太阳	
W1569.7.2	天女变成太阳	
W1569.7.2.1	七天女中的小妹变成太阳	
W1570	人变成太阳	【1821】
W1570.0	天上的人变成太阳	【1821】
W1570.1	地上的人到天上后变成太阳	【1821】
W1570.1.1	人吃了元宝到天上变成太阳	
W1570.1.2	被刮到天上的手拿火把的人变成太阳	
W1570.2	男子变成太阳	【1822】
W1570.2.1	男子吃不死草飞到天上变成太阳	
W1570.2.2	三兄弟中的大哥变成太阳	
W1570.2.3	地方官的大儿子死后变成太阳	
W1570.3	女子变成太阳	【1823】
W1570.3.1	举着火把奔跑的女子变成太阳	
W1570.3.2	兄妹中的妹妹变成太阳	
W1570.3.2.1	兄妹中的妹妹害羞变成太阳	
W1570.3.2.2	兄妹中的妹妹胆小羞变成太阳	
W1570.3.2.3	洪水后，兄妹中的妹妹变成太阳	
W1570.3.3	姐弟中的姐姐变成太阳	
W1570.3.4	夫妇中的妻子变成太阳	
W1570.3.4.1	妻子因得到火珠变成太阳	
W1570.4	人死后变成太阳	【1825】
W1570.5	恶人变成太阳	【1825】
W1571	动物变成太阳	【1825】
W1571.1	乌鸦变成太阳	【1825】
W1571.1.1	10只乌鸦变成	

		10个太阳			变成太阳
W1571.2		太阳是三足乌 【1825】	W1572.2.5.1		盘古的左眼变成太阳
W1571.2.1		太阳中有三足乌			
W1571.2.2		三足乌力量胜过太阳	W1572.2.5.2		盘瓠的左眼变成太阳
W1571.2.3		太阳是三足老鸹	W1572.2.5.2a		盘皇的左眼变成太阳
W1571.2.4		三足金乌鸟变成太阳	W1572.2.5.3		天女的左眼变成太阳
W1571.2.5		太阳是三脚小乌鸦	W1572.2.5.4		撑天者的左眼变成太阳
W1571.2.6		太阳是三条腿乌鸦	W1572.2.6		神性人物的右眼变成太阳
W1571.2.7		太阳是金色三足乌鸦	W1572.2.6.1		天女的右眼变成太阳
W1571.2.8		太阳是三只脚的神鸦	W1572.2.6.2		撑天者的右眼变成太阳
W1571.3		鸡变成太阳 【1827】	W1572.2.7		人的眼睛变成太阳
W1571.3.1		太阳是公鸡	W1572.2.7.1		人的左眼变成太阳
W1571.4		金翅鸟变成太阳 【1827】	W1572.2.7.2		人的右眼变成太阳
W1571.4.1		水中的9个金翅鸟变成9个太阳	W1572.2.8		动物的眼睛变成太阳
W1571.5		龙变成太阳 【1828】	W1572.2.8.1		猴娃的眼睛变成太阳
W1571.6		猴子变成太阳 【1828】	W1572.2.8.2		鸟的右眼变成太阳
W1572		特定的肢体变成太阳 【1828】	W1572.2.8.3		巨鸟的左眼变成太阳
W1572.1		头颅变成太阳 【1828】	W1572.2.8.3a		人面鸟身的鸟左眼变成太阳
W1572.1.1		人的头变成太阳			
W1572.1.2		鸟头变成太阳	W1572.2.8.4		鹿的眼睛变成太阳
W1572.1.2.1		鸟的9头变成9个太阳	W1572.2.8.4.1		马鹿的左眼变成太阳
W1572.2		眼睛变成太阳 【1829】	W1572.2.8.4.2		马鹿的1只眼变成太阳
W1572.2.1		神的眼睛变成太阳			
W1572.2.1.1		神的眼睛挂在天空变成太阳	W1572.2.8.5		牛的左眼变成太阳
W1572.2.2		神的左眼变成太阳	W1572.2.8.5.1		龙牛的左眼变成太阳
W1572.2.3		神的右眼变成太阳			
W1572.2.4		神性人物的眼睛变成太阳			
W1572.2.5		神性人物的左眼			

W1572.2.8.5a	神牛的右眼变成太阳		W1573.4	果核变成太阳	【1839】
W1572.2.8.6	龙的眼睛变成太阳		W1573.5	仙葫芦籽变成太阳	【1839】
W1572.2.8.6.1	阳龙睁得大的眼睛变成太阳		W1573.6	茶果变成太阳	【1839】
W1572.2.9	无生命物的眼睛变成太阳		W1574	无生命物变成太阳	【1840】
W1572.2.10	与眼睛变成太阳有关的其他母题		W1574.1	被抛到空中的物体变成太阳	【1840】
W1572.2.10.1	巨兽的没有腐烂的眼变成太阳		W1574.1.1	云神抛到空中的铜球变成太阳	
W1572.2.10.2	仙人把蛤蟆的没有腐烂的眼变成太阳		W1574.1.2	神撒到空中的仙葫芦籽变成太阳	
			W1574.2	火变成太阳	【1840】
W1572.2.10.3	青蛙的黑眼球变成太阳		W1574.2.1	太阳是火把（火把变成太阳）	
W1572.2.10.4	癞蛤蟆的一只眼珠变成太阳		W1574.2.2	火的精气变成太阳	
W1572.2.10.5	亮又热的眼睛变成太阳		W1574.2.3	太阳是妖魔喷出的火	
W1572.2.10.5.1	大物的又热又亮的眼睛变成太阳		W1574.2.4	火堆升起变成太阳	
			W1574.2.4.1	巨人升起的火堆变成太阳	
W1572.3	肺变成太阳	【1837】	W1574.2.5	火团变成太阳	
W1572.3.1	怪物的肺变成太阳		W1574.2.5.1	神造的火团变成太阳	
W1572.4	其他肢体变成太阳	【1837】	W1574.2.5.2	天上火海的火团变成太阳	
W1573	植物变成太阳	【1838】	W1574.2.6	火球变成太阳	
W1573.1	桃花变成太阳	【1838】	W1574.2.6.1	天皇地皇烧出的火球变成太阳	
W1573.1.1	桃花的花瓣变成太阳		W1574.2.6.2	文化英雄烧出的火球变成太阳	
W1573.2	白天开花的梭罗树变成太阳	【1838】	W1574.2.6.3	风神踢出的火球变成太阳	
W1573.2.1	梭罗树的花变成太阳		W1574.2.6.4	太阳是红色的火球	
W1573.3	红果变成太阳	【1839】	W1574.2.6.5	太阳是天神放出的火球	
W1573.3.1	人种树结出的红果变成太阳		W1574.2.6.6	石狮吐出的红火球	

		变成太阳	W1575.3	鼓变成太阳　【1849】
W1574.2.6.7	太阳是天上燃烧的松枝火球		W1575.3.1	雷神的铜鼓变成太阳
W1574.2.7	火聚成太阳		**W1576**	**与变成太阳有关的其他母题【1849】**
W1574.2.8	乌龙吐火形成太阳		W1576.1	蛋变成太阳（卵变成太阳）【1849】
W1574.2a	**光变成太阳　【1844】**		W1576.1.1	太阳是一个巨大的热球
W1574.2a.1	太阳是云墙漏出的金光		W1576.2	气变成太阳　【1850】
W1574.2a.2	女神画成的火球发出的火光形成太阳		W1576.2.1	火气变成太阳
W1574.2a.3	目光变成太阳		W1576.2.2	天吐的一团白气变成太阳
W1574.2a.4	真主的光变成太阳		W1576.3	火盆变成太阳　【1850】
W1574.3	**石头变成太阳　【1845】**		W1576.3.1	太阳是大火盆
W1574.3.1	山中滚出的红石头变成太阳		W1576.4	用魔法变出太阳　【1850】
W1574.3.2	闪光的石头抛到天上变成太阳		W1576.4.1	盘古用魔法把"日"字变成太阳
W1574.3.3	阳雀造的9个石盘变成9个太阳		W1576.5	饭团变成太阳　【1851】
			W1576.6	铜弹变成太阳　【1851】
W1574.3.4	天地卵炸碎的石头变成太阳		W1576.6.1	抛向东方的铜弹子变成太阳
W1574.3.5	太阳是陨石		W1576.7	抽象物变化成太阳　【1851】
W1575	**人造物变成太阳　【1847】**		W1576.7.1	"真"和"实"变化成太阳
W1575.1	灯变成太阳　【1847】		W1576.7.2	"九"演变成太阳
W1575.1.1	太阳是天灯		**W1577**	**与太阳的产生有关的其他母题【1852】**
W1575.1.1.1	太阳是玉帝的天灯		W1577.0	太阳产生的前兆【1852】
W1575.1.2	太阳是一盏神灯		W1577.0.1	太阳产生前先产生影子
W1575.1.3	太阳是东海龙王的灯		W1577.1	火石碰撞形成太阳　【1852】
W1575.1.4	太阳是佛祖赐的灯笼			
W1575.2	**镜子变成太阳　【1848】**			
W1575.2.1	太阳是火焰镜			
W1575.2.2	铜镜变成太阳			
W1575.2.3	金铜镜变成太阳			

W1577.2	祈祷后产生太阳 【1853】		W1577.5	补太阳	【1857】
W1577.2.1	文化英雄祈祷天神后产生太阳		W1577.5.0	补太阳者	
			W1577.5.0.1	工匠神补太阳	
W1577.3	太阳与动物是同胞 【1853】		W1577.5.1	用神牛补太阳	
			W1577.5.2	用金料补太阳	
W1577.4	太阳出现的时间 【1853】		W1577.5.2.1	用金子补太阳不成功	
W1577.4.1	太阳的生日				
W1577.4.1.0	太阳的生日是正月初六		W1577.6	太阳是特定的光	【1858】
			W1577.6.1	太阳是无穷无尽的安拉之光	
W1577.4.1.0a	太阳的生日是农历二月初一		W1577.7	太阳是特定的洞	【1858】
W1577.4.1.0b	太阳的生日是农历三月十九		W1577.7.1	太阳是天上戳出的窟窿	
W1577.4.1.1	太阳的生日是六月初六		✿ W1580	月亮的产生	【1859】
			W1581	月亮来源于某个地方或自然存在	【1859】
W1577.4.1.2	太阳的生日是冬月十九（十一月十九日）				
			W1581.1	月亮是天上的洞	【1859】
			W1581.1.1	月亮是闪白光的圆洞	
W1577.4.2	太阳在世界造出后产生				
			W1581.2	月亮是云洞中漏出的光	【1859】
W1577.4.3	补天后出现太阳				
W1577.4.3.1	女娲补天后出现太阳		W1581.2.1	月亮是天上戳出的洞眼	
W1577.4.4	洪水后出现太阳		W1581.2.2	月亮是云墙漏出的银光	
W1577.4.4.1	青蛙吸干洪水后出现太阳				
			W1581.3	天空突然出现1个月亮	【1860】
W1577.4.5	特定属相日出现太阳				
W1577.4.5.1	鸡年鸡月鸡日出现2个太阳		✱ W1582	月亮是造出来的（造月亮）	【1860】
W1577.4.5.2	虎年产生太阳		W1582a	造月亮的原因	【1861】
W1577.4.6	盘古开天地时出现太阳		W1582a.1	为了降低太阳的热度造月亮	【1861】
W1577.4.7	尧帝时出现太阳				
W1577.4.8	1万年前出现太阳		W1583	神或神性人物造月亮	【1861】
W1577.4.9	众多太阳产生的时间		W1583.0	神造月亮	【1861】

代码	母题	页码
W1583.1	天神造月亮（天王造月亮）	【1862】
W1583.1.1	2个天神造月亮	
W1583.1.2	12个天王兄弟造月亮	
W1583.1a	地神造月亮	【1862】
W1583.2	女神造月亮	【1862】
W1583.2.1	女神在唾涎四周画圈变成月亮	
W1583.2.2	女天神吐出月亮	
W1583.2a	天女造月亮	【1863】
W1583.3	真主造月亮	【1863】
W1583.3.1	真主让夜晚出现月亮	
W1583.4	神人造月亮	【1864】
W1583.4.1	月亮是神人在天上画的圆圈	
W1583.5	祖先造月亮	【1864】
W1583.5.1	女祖先造月亮	
W1583.5.2	男祖先造月亮	
W1583.5.2.1	男祖先造12个月亮	
W1583.6	其他神或神性人物造月亮	【1865】
W1583.6.0	盘古造月亮	
W1583.6.0.1	盘古上天造月亮	
W1583.6.0.2	盘古开天辟地后造月亮	
W1583.6.1	天公用雨水拌银沙造月亮	
W1583.6.2	玉皇仇恨人类放出多个太阳	
W1583.6.3	天皇地皇造月亮	
W1583.6.4	德帕神造月亮	
W1583.6.5	高辛造月亮	
W1583.6.6	王造月亮	
W1584	人造月亮	【1867】
W1584.1	人织出月亮	【1867】
W1584.1.1	月姐织出月亮	
W1584a	动物造月亮	【1867】
W1584a.1	阳雀造月亮	【1867】
W1584a.1.1	阳雀造的石盘成为月亮	
W1585	造月亮的材料	【1868】
W1585.1	用眼睛造月亮	【1868】
W1585.1.1	用牛的右眼做月亮	
W1585.1.2	用牛的左眼做月亮	
W1585.2	用银子造月亮	【1868】
W1585.2.1	女神厄莎用360万斤银子炼出月亮	
W1585.3	用石头造月亮	【1869】
W1585.3.1	用白岩石造月亮	
W1585.3.2	用玉石造月亮	
W1585.3.3	用火石造月亮	
W1585.3.4	用一定数量的石头造成月亮	
W1585.3.5	用石磨造月亮	
W1585.4	用光和热造月亮	【1870】
W1585.5	磨镜造月亮	【1870】
W1585.6	用植物编月亮	【1870】
W1585.6.1	高辛用杨柳条编月亮	
W1585.7	与造月亮材料与关的其他母题	【1870】
W1585.7.1	用雨水拌银沙造月亮	
W1585.7.2	用银丝织月亮	
W1585.7.3	月亮为七宝合成	
W1586	与造月亮有关的其他母题	【1872】
W1586.1	水中搅出月亮	【1872】

代码	母题	页码
W1586.1.1	天神在海水中搅出月亮	
W1586.1.1.1	天神两兄弟用法棍在海水中搅出月亮	
W1586.1.2	天上的两兄弟下凡在海水中搅出月亮	
W1586.1.3	天神三兄弟中的老大在石锅中搅出月亮	
W1586.1.3	天神三兄弟中的老二在石锅中搅出月亮	
W1586.2	撞击产生月亮	【1873】
W1586.2.1	二郎神撞天产生月亮	
W1586.3	织月亮	【1873】
W1586.3.1	用丝线织出月亮	
✻W1587	月亮是生育产生的（生月亮）	【1874】
W1588	神或神性人物生月亮	【1874】
W1588.0	神生月亮	【1874】
W1588.0.1	神生的银球变成月亮	
W1588.1	月亮是最高神王的女儿	【1874】
W1588.2	月亮是月亮神的女儿	【1874】
W1588.3	月亮是神孕生的银球	【1875】
W1588.4	神性女子生月亮	【1875】
W1588.4.1	帝俊之妻生月亮	
W1588.4.2	常羲生12个月亮	
W1588.5	盘古生月亮	【1875】
W1588.5.1	月亮是盘古的儿子	
W1589	特定的人生月亮	【1875】
W1589.1	第一对夫妇生出月亮	【1876】
W1589.2	月亮是梭罗树人的女儿	【1876】
W1589.3	女子感生月亮	【1876】
W1589.3.1	女子吃牛头和虎爪生的女儿变成月亮	
W1590	与生育月亮有关的其他母题	【1876】
W1590.0	太阳生月亮	【1876】
W1590.1	葫芦生月亮	【1877】
W1590.2	天地结婚生月亮	【1877】
W1590.3	星星生月亮	【1877】
W1590.4	月亮神和太阳神婚生月亮	【1877】
W1590.5	鬼姐弟婚生月亮	【1877】
W1590.6	虚与假婚生月亮	【1877】
W1590.7	卵生月亮	【1878】
W1590.7.1	蝴蝶的卵生月亮	
W1590.7.2	怪鸟生的银蛋成为月亮	
W1590.8	种出月亮	【1878】
W1590.8.1	观音撒地种生出月亮	
✻W1591	月亮是变化产生的	【1878】
W1592	神或神性人物变成月亮	【1878】
W1592.1	神的子孙变成月亮	【1879】
W1592.2	妖魔变成月亮	【1879】
W1592.2.1	九头熊妖的头变成	

1.4 日月

	月亮	
W1592.3	冷神变成月亮	【1879】
W1592.4	与神或神性人物变成月亮有关的其他母题	【1880】
W1593	**人变成月亮**	【1880】
W1593.1	男子变成月亮	【1880】
W1593.1.1	月亮是漂亮的少年	
W1593.1.1.1	举着镜子奔跑的男子变成月亮	
W1593.1.2	兄妹中的哥哥变成月亮	
W1593.1.2.1	兄妹俩中胆大的哥哥变成月亮	
W1593.1.3	姐弟俩中的弟弟变成月亮	
W1593.1.4	夫妻中的丈夫变成月亮	
W1593.2	人死后变成月亮	【1881】
W1593.3	女子变成月亮	【1882】
W1593.3.1	老奶奶变成月亮	
W1593.3.2	一个受虐待的媳妇变成月亮	
W1593.3.2.1	受婆婆虐待的媳妇升天变成月亮	
W1593.3.3	飞到天上的女人变成月亮	
W1593.3.3.1	吞下元宝的女子飞到天上变成月亮	
W1593.3.4	姐弟中的姐姐变成月亮	
W1593.3.5	天上的女子变成月亮	
W1593.3.6	月亮是公主的脸	
W1593.3.7	嫂子升天时把一半光和热给了妹妹变成月亮	
W1593.4	好人变成月亮	【1884】
W1593.4.1	好官变成月亮	
W1593.5	恶人变成月亮	【1884】
W1593.5.1	恶妇变成月亮	
W1593.6	人吃特定物后变成月亮	【1884】
W1593.6.1	人吃珍珠变成月亮	
W1594	**动物变成月亮**	【1885】
W1594.1	熊变成月亮	【1885】
W1594.2	兔子变成月亮	【1885】
W1594.3	鸡变成月亮	【1885】
W1594.3.1	月亮是草鸡（母鸡变成月亮）	
W1594.4	动物的肢体变成月亮	【1885】
W1595	**特定人物的肢体变成月亮**	【1886】
W1595.1	神或神性人物的头变成月亮	【1886】
W1595.1.1	盘古的头变成月亮	
W1595.2	眼睛变成月亮	【1886】
W1595.2.1	神的眼睛变成月亮	
W1595.2.2	神性人物的眼睛变成月亮	
W1595.2.2.1	盘古死后右眼变成月亮	
W1595.2.2.2	盘瓠的右眼变成月亮	
W1595.2.2.2a	盘皇的右眼变成月亮	

W1595.2.2.3	仙女的右眼变成月亮	W1595.2.5.1	牛的右膀做成月亮
W1595.2.2.3a	1个后生的左眼变成月亮	W1595.2.5.2	神牛的左眼变成月亮
W1595.2.2.4	天女的左眼变成月亮	W1595.2.5.3	牛的右眼变成月亮
W1595.2.2.4.1	玉皇大帝的小女儿的左眼变成月亮	W1595.2.5.3.1	龙牛的右眼变成月亮
W1595.2.2.4a	1个后生的左眼变成月亮	W1595.3	胆变成月亮 【1896】
		W1595.3.1	盘古的胆变成月亮
W1595.2.2.5	天女的右眼变成月亮	W1595.4	耳朵变成月亮 【1896】
W1595.2.3	人的眼睛变成月亮	W1595.5	肝变成月亮 【1896】
W1595.2.3.1	人的右眼变成月亮	W1595.5.1	怪物的肝变成月亮
W1595.2.3.2	人的左眼变成月亮		
W1595.2.4	动物的眼睛变成月亮	W1595.6	其他肢体变成月亮 【1896】
W1595.2.4.1	青蛙的白眼球变成月亮		
W1595.2.4.1a	癞蛤蟆腐烂的眼睛变成月亮	**W1596**	**植物变成月亮** 【1896】
		W1596.1	花变成月亮 【1896】
W1595.2.4.1b	癞蛤蟆的眼珠变成月亮	W1596.1.1	茶花变成月亮
		W1596.1.2	桃树的花蕊变成月亮
W1595.2.4.2	马鹿的一只眼变成月亮	W1596.1.3	梭罗树的花变成月亮
W1595.2.4.2a	马鹿的右眼变成月亮		
W1595.2.4.3	龙的眼睛变成月亮	W1596.1.3.1	月亮是梭罗树夜晚开的花
W1595.2.4.3.1	阳龙睁得小的眼睛变成月亮		
		W1596.2	草变成月亮 【1898】
W1595.2.4.4	虎的右眼变成月亮	W1596.3	白果变成月亮 【1898】
W1595.2.4.5	猴的眼睛变成月亮	W1596.3.1	人种树结出的白果变成月亮
W1595.2.4.6	巨鸟的右眼变成月亮		
W1595.2.4.6.1	人面巨鸟的右眼变成月亮	W1596.4	树变成月亮 【1898】
		W1596.4.1	夜里开花的梭罗树变成月亮
W1595.2.4.7	鸟的左眼变成月亮		
W1595.2.4.8	鸟的右眼变成月亮	W1596.5	葫芦变成月亮 【1898】
W1595.2.4.9	巨兽一只腐烂的眼睛变成月亮	W1596.6	仙葫芦籽变成月亮 【1899】
W1595.2.4.10	大物一只污染的眼睛变成月亮	W1596.7	其他植物变成月亮 【1899】
W1595.2.5	牛的肢体变成月亮	**W1597**	**太阳变成月亮** 【1899】

代码	母题	
W1597.1	太阳被射变成月亮	【1899】
W1597.1.1	中了毒箭的太阳变成月亮	
W1597.1.2	太阳神被射溅出的火花变成月亮	
W1597.1.3	太阳被射后吓得晚上出来变成月亮	
W1597.1.4	射日后1个太阳吓白脸变成月亮	
W1597.1.5	被射瞎一只眼的太阳变成月亮	
W1597.2	射日后1个太阳变成月亮	【1901】
W1597.2.1	射日后剩下的1个小太阳变成月亮	
W1597.2.2	射日者让1个太阳变成月亮	
W1597.3	太阳的一半变成月亮	【1902】
W1597.3.1	太阳被射成两半，一半变成月亮	
W1597.3.2	太阳被打崩一半后变成月亮	
W1597.3.3	太阳射成两半后，一半分工做了月亮	
W1597.4	太阳受伤后变成月亮（受伤的太阳变成月亮）	【1903】
W1597.4.1	被射伤的太阳热量减少变成月亮	
W1597.4.2	太阳擦去一层皮变成月亮	
W1597.5	太阳的眼睛瞎了之后变成月亮	【1904】
W1597.5.1	被射瞎眼的太阳变成月亮	
W1597.5.2	瞎了1只眼的太阳变成月亮	
W1597.6	太阳被阉割后变成月亮	【1905】
W1597.6.1	射日者阉割的太阳变成月亮	
W1597.7	胆子小的太阳变成月亮	【1906】
W1597.8	太阳的碎片变成月亮	【1906】
W1597.9	小太阳变成月亮	【1906】
W1597.9.1	射日后剩下的小太阳变成月亮	
W1597.10	太阳的壳变成月亮	【1907】
W1597.10.1	被撞破外壳的太阳变成月亮	
W1597.10.2	月亮是太阳的外壳	
W1597.11	太阳的亡魂变成月亮	【1908】
W1597.12	太阳蒙白纱巾变成月亮	【1908】
W1597.12.1	太阳被嫦娥蒙白纱巾后变成月亮	
W1597.13	太阳扔进泥潭后变成月亮	【1908】
W1597.13.1	太阳兄弟中的弟弟扔进泥潭后变成月亮	
W1597.13a	太阳遇水变成月亮	【1908】
W1597.13a.1	太阳在水中泡凉后变成月亮	
W1597.13a.2	太阳淋水后变成	

		月亮
W1597.14		与太阳变成月亮有关其他母题 【1909】
W1597.14.1		男太阳变成月亮
W1597.14.1.1		太阳兄弟中的弟弟变成月亮
W1597.14.2		始祖造的白色的太阳变成月亮
W1597.14.3		晚上出来的太阳叫做月亮
W1597.14.4		晚上落下的太阳出来时变成月亮
W1598		其他特定的物变成月亮 【1911】
W1598.1		镜子变成月亮 【1911】
W1598.1.1		月亮是嫦娥拿的镜子
W1598.1.2		月亮是天神的镜子
W1598.1.2.1		月亮是天神的铜镜
W1598.1.2.1		月亮是天神的发黄光的镜子
W1598.1.3		月亮是宝石磨成的镜子
W1598.1.4		月亮是佛祖赐的镜子
W1598.1.5		月亮是玉帝的镜子
W1598.1.6		月亮是人磨制的石镜
W1598.2		灯变成月亮 【1912】
W1598.2.1		月亮是东海龙王的灯
W1598.2.2		月亮是一盏神灯
W1598.2.3		月亮是点燃的灯笼
W1598.2.3.1		月亮是张古老造天时点燃的灯笼
W1598.2.3.1a		月亮是张古老补天时点燃的灯笼
W1598.2.3.2		月亮是月亮妹妹点燃的大灯笼
W1598.3		火变成月亮（火把变成月亮） 【1914】
W1598.3.1		月亮是火把
W1598.3.1.1		月亮是天神点的火把
W1598.3.1.2		月亮是张古老补天时点的火把
W1598.4		火球变成月亮 【1915】
W1598.4.1		女娲的火炉中滚出的火球变成月亮
W1598.4.2		石狮吐出的白色火球变成月亮
W1598.5		石头变成月亮 【1915】
W1598.5.1		山中滚出的白石头变成月亮
W1598.5.2		石盘变成月亮
W1598.5.3		补天的五彩石变成月亮
W1598.5.4		天地卵爆炸飞到天上的一块石头变成月亮
W1598.5.5		石头月亮变成月亮
W1598.5a		泥水变成月亮 【1917】
W1598.5a.1		飞到天上的泥水变成月亮
W1598.6		气变成月亮 【1917】
W1598.6.1		神吹的气合成月亮
W1598.6.2		水汽变成月亮
W1598.6.3		水的精气变成月亮
W1598.6.4		天吐的一团白气变成月亮

W1598.7	闪光的碎片变成月亮	【1918】	W1598.15.3	焚烧的圆形物变成月亮	
W1598.8	贝壳变成月亮	【1918】	W1598.15.4	饭团变成月亮	
W1598.9	白元宝变成月亮	【1918】	W1598.15.5	月亮是冰团	
W1598.9a	宝珠变成月亮	【1918】	W1598.16	假和虚变化成月亮	【1922】
W1598.9a.1	龙女扔到天上的宝珠变成月亮		W1598.17	数字变成月亮	【1922】
W1598.9a.2	龙珠升天变成月亮		W1598.17.1	八变八万八，八万变成月亮	
W1598.10	抛到空中的物体变成月亮	【1919】	W1598.18	魔法变出月亮	【1922】
W1598.10.1	抛向西方的铜蛋变成月亮		W1599	与月亮的产生有关的其他母题	【1923】
W1598.11	蛋（蛋壳）变成月亮	【1919】	W1599.0	月亮产生前的准备	【1923】
W1598.12	灵魂变成月亮	【1919】	W1599.0.1	月亮产生前先产生影子	
W1598.12.1	太阳的亡魂变成月亮		W1599.1	月亮产生的时间	【1923】
W1598.13	一个黑疙瘩变成月亮	【1919】	W1599.1.0	月亮的生日是正月初六	
W1598.13.1	猪圈中挖出的发光的黑疙瘩变成月亮		W1599.1.1	月亮的生日是农历八月十五	
W1598.14	特定的洞变成月亮	【1920】	W1599.1.2	特定的年份产生月亮	
W1598.14.1	月亮是洞眼		W1599.1.2.1	兔年产生月亮	
W1598.14.1.1	月亮是戳破的天上的洞眼		W1599.1.3	洪水后产生月亮	
W1598.14.1.2	月亮是天上戳出的窟窿		W1599.2	祈祷后产生月亮	【1924】
W1598.14.2	月亮是天上打开的地窖洞口		W1599.2.1	文化英雄祈祷出7个月亮	
W1598.15	与特定物变成月亮有关的其他母题	【1921】	W1599.3	最早出现的是月亮	【1925】
			W1599.4	神变成月亮的心脏	【1925】
W1598.15.1	天火盆炼出的渣变成月亮		W1599.5	补月亮	【1925】
W1598.15.2	月亮是天上的一个地窖盖板		W1599.5.1	工匠神补月亮	
			W1599.5.2	用银料补月亮	
			W1599.5.2.1	用银子补月亮不	

		成功		✽ W1601	太阳的性别	【1931】
W1599.5.3		用牛补月亮		W1602	太阳有男有女	【1931】
W1599.5.3.1		用神牛补月亮		W1603	太阳是男的	
W1599.5.3.2		用牛皮补月亮			（男太阳）	【1932】
W1599.5.4		玉斧修月		W1603.1	太阳在白天是	
W1599.6		青蛙吸干洪水后			男人	【1932】
		出现月亮	【1927】	W1603.2	特定的太阳是	
W1599.7		月亮是从地上			男的	【1933】
		飞到天上的	【1927】	W1603.3	太阳是男性的	
					化身	【1933】
				W1603.4	与太阳是男有	
					关的其他母题	【1933】
				W1603.4.1	太阳是一个骑马	
					的小伙	
				W1603.4.2	太阳是强悍刚烈	
					的男性	
✿ W1600		日月的性别		W1603.4.3	太阳是白天值班	
		特征	【1927】		的男神	
W1600.1		日月有男女	【1928】	W1603.4.4	太阳是魁梧的	
W1600.2		太阳男，月亮女	【1928】		男子	
W1600.2.1		太阳是刚烈男，		W1604	太阳是女的	
		月亮是温柔女			（女太阳）	【1934】
W1600.2.2		太阳是神男，		W1604.1	太阳是年轻的	
		月亮是神女			姑娘	【1936】
W1600.2.2.1		日月是神派去的		W1604.1.1	太阳姑娘	
		神男神女		W1604.1.1.1	太阳姑娘心地	
W1600.3		太阳女，月亮男	【1929】		善良	
W1600.3.1		太阳是母亲，月		W1604.1.1.2	太阳姑娘美丽	
		亮是父亲		W1604.1.1.3	太阳姑娘勤劳	
W1600.3.2		女始祖变成女太		W1604.2	太阳是少女	【1937】
		阳，男始祖变成		W1604.3	多个太阳都是	
		月亮男			女的	【1938】
W1600.4		太阳和月亮都为		W1604.3.1	12个太阳都是	
		女	【1930】		女的	
W1600.4.1		日月是美女		W1604.4	太阳妹妹	【1938】
W1600.5		与日月性别有		W1604.4.1	爱美的太阳妹妹	
		关的其他母题	【1931】			
W1600.5.1		日月被阉割				
W1600.5.1.1		射日者阉割日月				

1.4.2 日月的特征
【W1600 ~ W1629】

W1604.4.1.1	太阳妹妹穿金纱	W1610.2	日月的躯壳 【1943】
W1604.5	太阳公主 【1938】	W1610.2.1	日月把躯壳留在天上
W1604.5.1	爱美的太阳公主		
✽W1605	**月亮的性别** 【1939】	W1610.3	日月为什么赤身裸体 【1944】
W1606	月亮有男有女 【1939】	W1610.3.1	日月赤身裸体是因为衣服被锁起来
W1607	月亮是男的 【1939】		
W1607.1	月亮是男神 【1939】		
W1607.2	月亮是俊小伙 【1940】	W1610.4	残缺的日月 【1944】
W1607.3	月亮是勤劳的小伙 【1940】	W1610.4.1	瞎眼的太阳和跛腿的月亮
W1607.4	月亮是年轻的小伙 【1940】	W1610.5	日月是人兽同形 【1944】
W1607.5	月亮是爱管事的男子 【1940】	W1610.5.1	日月是人兽同形的夫妻
W1607.6	与月亮是男的有关的其他母题 【1941】	W1611	日月有特定身份 【1945】
W1607.6.1	多个月亮都是男的	W1611.1	日月是天的使者（日月是天使） 【1945】
W1607.6.1.1	12个月亮都是男的	W1611.2	日月是神（日月是仙） 【1945】
W1608	月亮是女的 【1941】	W1611.2.1	太阳是男神，月亮是女神
W1608.0	月亮是美女 【1941】		
W1608.1	月亮是女神 【1942】	W1611.3	日月是天地的眼睛 【1945】
W1608.1.1	月亮是慈善的女神		
W1608.1.2	月亮是发白光的女神	W1611.3.1	日月是天的眼睛
W1608.2	月亮是温柔恬静的女子 【1942】	W1612	日月有特殊能力 【1946】
W1608.3	月亮是文静的姑娘 【1943】	W1612.1	日月能起死回生 【1946】
		W1612.1.1	日月偷神药后能起死回生
W1608.4	月亮是端庄温和的姑娘 【1943】	W1613	与日月的特征有关的其他母题 【1946】
W1610	日月的外貌 【1943】		
W1610.1	日月是有羽毛的球 【1943】	W1613.0	日月不会死亡 【1946】
		W1613.0.1	日月不会死亡是

代码	母题	页码	代码	母题	页码
	因为吃了不死草		W1616.6.1	太阳圆是因为它没有受过伤	
W1613.0a	日月会死亡	【1946】	W1616.6.2	特定人物把太阳修整成圆形	
W1613.1	日月命短	【1947】	W1616.6.2.1	女神把太阳修整成圆形	
W1613.1.1	以前日月的寿命不长		**W1616.7**	以前太阳有棱角	【1953】
W1613.2	原来的日月是脏的	【1947】	W1616.7.1	以前造出的太阳七棱八角	
W1613.2.1	邪恶的日月		**W1616.8**	太阳面貌丑陋	【1953】
W1613.3	日月的镜子	【1948】	W1616.8.1	太阳丑却勤劳	
W1613.4	日月的灯	【1948】	**W1616.9**	太阳长着翅膀	【1954】
W1613.4.1	日月发光是他们各自提着神灯		**W1616.10**	与太阳外貌有关的其他母题	【1954】
W1613.5	日月原来绑在一起	【1948】	W1616.10.0	造太阳大小的确定	
W1613.6	日月开花	【1949】	W1616.10.1	大太阳（巨大的太阳）	
W1613.6.1	八月十五日月开花		W1616.10.2	小太阳	
W1613.7	日月的灵光	【1949】	W1616.10.2.1	以前太阳很小	
W1613.8	日月很聪明	【1949】	W1616.10.2.2	以前有9个小太阳	
✽ **W1615**	**太阳的特征**	【1949】	W1616.10.2.3	天上出现10个小太阳	
W1616	**太阳的外貌**	【1949】	W1616.10.3	太阳的斑点（太阳黑子）	
W1616.1	太阳像人类一样	【1949】	W1616.10.3.1	太阳的黑斑是泪痕	
W1616.1.1	太阳是巨人		W1616.10.3.2	太阳的斑点是疤痕	
W1616.2	太阳的心	【1950】	W1616.10.4	太阳的头发	
W1616.3	太阳的脸	【1950】	W1616.10.5	太阳像火塘	
W1616.3.1	太阳有2张脸		**W1617**	**太阳的颜色**	【1957】
W1616.3.2	太阳是麻脸		**W1617.0**	有多种颜色的太阳	【1957】
W1616.4	太阳的眼睛	【1951】	W1617.0.1	太阳有红、白、花、黑、黄、绿、灰、紫等颜色	
W1616.4.1	宝石是太阳的眼睛		W1617.0.2	五色的太阳	
W1616.5	太阳的腿	【1951】			
W1616.5.1	太阳有8条腿				
W1616.5.1.1	太阳画成有八条光线				
W1616.5a	太阳的手	【1952】			
W1616.6	太阳为什么是圆的	【1952】			

W1617.1	红太阳和绿太阳	【1958】		W1618	太阳的能力	【1963】
W1617.2	太阳是金色的	【1958】		W1618.0	太阳有不寻常的能力	【1963】
W1617.2.1	神王给太阳姑娘穿上金衣裳			W1618.1	太阳是热的球	【1963】
W1617.2.2	女始祖给太阳穿上金衣裳形成金色			W1618.1.1	太阳溅上回生水变热	
W1617.2.3	比金子还亮的太阳			W1618.2	太阳过热给人类造成痛苦	【1964】
W1617.3	太阳是红的（红太阳）	【1959】		W1618.2.1	原来的太阳比现在热	
W1617.3.1	用火烤红了太阳			W1618.3	太阳具有魔力	【1964】
W1617.3.1.1	祖先用火烤红了太阳			W1618.4	太阳浑身是火	【1964】
W1617.3.2	东方有个红太阳			W1618.4.1	太阳是一把火	
W1617.3.3	太阳吃阳极丹变成红太阳			W1618.5	太阳能变化大小	【1965】
W1617.3.4	太阳红色是害羞造成的			W1618.5.1	小太阳长大	
W1617.3.4.1	太阳哥哥看见月亮妹妹的裸体把脸羞红了			W1618.5.2	太阳吃特定食物后长大	
W1617.3.5	太阳红色是血染成的			W1618.6	太阳变鸡	【1965】
W1617.3.6	与红太阳有关的其他母题			W1618.6.1	太阳落地变成鸡	
W1617.3.6.1	太阳的红斑点是滴上血造成的			W1618.6.2	太阳的眼睫毛落到了大地上变成鸡	
W1617.3.6.2	红太阳名字叫姜阳			W1618.6.3	太阳的眼落地变成鸡	
W1617.3.6.3	暖心的红太阳			W1618.7	太阳变猪	【1966】
W1617.3a	太阳是绿色的（绿太阳）	【1962】		W1618.7.1	射落的太阳变成猪	
W1617.4	太阳是黄色的	【1962】		W1618.8	太阳变化为其他物	【1966】
W1617.5	太阳是白色的	【1962】		W1618.8.0	太阳变成老太婆	
W1617.5.1	太阳为什么看起来很白			W1618.8.1	太阳变十头鸟	
W1617.5.1.1	太阳很白是因为脸上撒了白碱			W1618.8.2	太阳变狗	
				W1618.8.3	太阳变猫	
				W1618.8.4	太阳变猫、狗、猪等动物	
W1617.6	巨亮的太阳	【1963】		W1618.8.5	射落的太阳变草坪	

W1618.8.6	太阳变成肉团		W1619.9.1	太阳急躁懒惰	
W1618.9	**太阳不死**	【1967】	W1619.9.2	太阳活泼热情	
W1618.9.1	太阳得到不死药后不死		W1619.9.3	太阳天真活泼	
			W1619.9.4	太阳性格的变化	
W1618.9a	太阳有生死	【1968】	W1619.9.4.1	射日后太阳变温和	
W1618.9a.1	年轻的太阳				
W1618.10	太阳是管理者	【1968】	**W1620**	**与太阳特征有关的其他母题**	【1975】
W1618.10.1	天上的1个太阳管陆地，8个管海洋		W1620.1	太阳的特殊现象	【1975】
W1618.10.2	太阳主阳		W1620.2	太阳润万物	【1975】
W1618.11	太阳是魂灵守护者	【1969】	W1620.3	太阳是神	【1975】
W1618.12	太阳会生育	【1969】	W1620.3.1	太阳是火神	
W1618.12.1	太阳生蛋		W1620.3.2	太阳是男神	
W1619	**太阳的性格**	【1969】	W1620.3.2.1	太阳是发光的男神	
W1619.0	健壮的太阳	【1969】	W1620.3.3	太阳是始祖母神	
W1619.1	热情的太阳	【1970】	W1620.3a	太阳是佛	【1976】
W1619.2	勤劳的太阳	【1970】	W1620.3a.1	太阳佛	
W1619.2a	懒惰的太阳	【1970】	W1620.4	太阳是天的眼睛	【1976】
W1619.3	暴躁的太阳	【1971】	W1620.5	太阳是阳类万物的主宰	【1976】
W1619.3.1	太阳暴躁是因为它是男人变的		W1620.6	太阳怕雷公电母	【1977】
W1619.3.2	太阳刚烈		W1620.7	太阳有好眼力	【1977】
W1619.3.3	太阳7兄弟性格暴烈		W1620.8	太阳有智慧	【1977】
W1619.3a	太阳急性子	【1972】	※**W1621**	**月亮的特征**	【1977】
W1619.4	泼辣的太阳	【1972】	**W1622**	**月亮的外貌**	【1977】
W1619.5	宽厚的太阳	【1972】	W1622.0	月亮是圆的	【1977】
W1619.6	善良的太阳	【1972】	W1622.0.1	月亮射去角后变圆	
W1619.7	嫉妒的太阳	【1973】	W1622.1	以前的月亮不圆	【1978】
W1619.8	凶恶的太阳	【1973】	W1622.2	有棱角的月亮	【1978】
W1619.8.1	太阳吃掉自己的孩子星星		W1622.2.1	七棱八角的月亮	
W1619.8.2	太阳两兄弟中弟弟性恶		W1622.2.2	月亮小时候的2只角长大后会消失	
W1619.8.3	太阳弟弟心不好				
W1619.9	**太阳有多重性格**	【1974】	W1622.3	月亮有9条腿	【1979】

W1622.4	美貌的月亮	【1980】		能力	【1985】
W1622.4.1	天地刚分开时月亮很漂亮		W1625.1	月亮会变化	【1985】
			W1625.2	月亮能死而复生	【1985】
W1622.4.2	月亮穿银纱		W1625.3	月亮不死	【1985】
W1622.5	丑陋的月亮	【1981】	W1625.3.1	月亮不死是因为它能躲开死亡的种子	
W1622.5.1	月亮哥哥又丑又懒				
			W1625.3.2	月亮不死是因为得到了不死药	
W1622.5.2	丑陋的女月亮				
W1622.5.2.1	月亮姐姐很丑		W1625.4	月亮生育力很强	【1986】
W1622.5.3	月亮脸上刺着黑字		W1625.5	月亮主阴	【1986】
			W1626	月亮的性格	【1986】
W1622.6	月亮全身都是眼睛	【1982】	W1626.1	懒惰的月亮	【1986】
			W1626.1.1	月亮是懒汉	
W1622.7	月亮的图形	【1982】	W1626.1.2	月亮哥哥很懒	
W1622.7.1	月亮被画成里外9圈		W1626.1.3	月亮妹妹很懒	
			W1626.1.3.1	月亮妹妹又懒又贪玩	
W1623	月亮的构造	【1982】			
W1623.1	月亮有15个门	【1982】	W1626.1a	勤劳的月亮	【1988】
W1624	月亮的颜色	【1983】	W1626.2	害羞的月亮	【1988】
W1624.1	红月亮	【1983】	W1626.2.1	月亮胆小	
W1624.1.1	月亮原来发红光		W1626.3	暴躁的月亮	【1988】
W1624.2	金月亮	【1983】	W1626.4	温柔的月亮	【1988】
W1624.3	银月亮	【1983】	W1626.4.1	月亮弟弟很温柔	
W1624.3.1	月亮银色是因为造月亮者给月亮穿上银裙		W1626.4.2	月亮妹妹很温柔	
			W1626.4.3	月亮嫂子很温柔	
			W1626.5	爱打扮的月亮	【1989】
W1624.3.2	月亮银色是因为穿着银衣裳		W1626.6	㑲脾气的月亮	【1990】
			W1626.7	慈善的月亮（月亮善良）	【1990】
W1624.4	白色的月亮（白月亮）	【1984】	W1626.7.1	月亮是慈善的妈妈	
W1624.5	黄色的月亮（黄月亮）	【1984】	W1626.8	爱嫉妒的月亮	【1990】
			W1626.9	月亮有双重性格	【1991】
W1624.6	蓝色的月亮（蓝月亮）	【1984】	W1626.9.1	月亮美却懒惰	
			W1626.10	月亮文静端庄	【1991】
W1624.6.1	神吹出的蓝色云雾变成蓝月亮		W1627	与月亮特征有关的其他母题	【1991】
W1625	月亮有不寻常的				

代码	母题	页码
W1627.1	月亮是神	【1991】
W1627.1.1	月亮是火体金身发红光的神	
W1627.1.2	月亮是发光的女神	
W1627.1.3	月亮是慈善的女神	
W1627.1.4	月亮是月神蓝娘	
W1627.1.5	月亮是时间保护神	
W1627.1.6	月亮是始祖父神	
W1627.1.7	月亮是晚上值班的神女	
W1627.2	月亮的大小	【1993】
W1627.2.1	超级月亮	
W1627.2.2	月亮中秋时最大	
W1627.2.3	月亮被烤后变小	
W1627.3	以前月亮比太阳亮	【1994】
W1627.3.1	用水煮月亮使它月亮失去光辉	
W1627.3.2	月亮发光源于回生水	
W1627.3.3	月亮发光是因为上面放了镜子	
W1627.3.4	月亮放进牛眼后发光	
W1627.3a	月亮的冷热	【1995】
W1627.3a.1	发热的月亮（热月亮）	
W1627.3a.2	以前月亮很热	
W1627.3a.3	月亮不如太阳热	
W1627.3a.4	月亮是凉的	
W1627.4	月亮是天的右眼	【1996】
W1627.5	月亮是宫殿	【1996】
W1627.5a	月亮是星星	【1996】
W1627.6	月亮告诉人四季变化	【1996】
W1627.7	月光如水	【1997】
W1627.7.1	天神梳理月光	
W1627.8	月亮行为不端	【1997】
W1627.8.1	月亮善偷	

1.4.3 日月的数量
【W1630～W1669】

代码	母题	页码
✿ W1630	日月的数量	【1997】
W1631	1个太阳和1个月亮	【1998】
W1631.1	天神造1对日月	【1998】
W1632	2个太阳和2个月亮	【1998】
W1632.1	天上突然出现2对日月	【1998】
W1633	5个太阳和5个月亮	【1999】
W1634	6个太阳和6个月亮	【1999】
W1634.1	6个太阳和7个月亮	【1999】
W1634.1.1	天地变化时出现6个太阳和7个月亮	
W1634.1.2	特定人物喊出6个太阳和7个月亮	
W1635	7个太阳和7个月亮	【2001】
W1635.0	7对日月的产生	【2002】
W1635.0.1	盘古在天上挂7对日月	
W1635.0.2	天神派出7对日月	
W1635.1	7个太阳和5个月亮	【2003】
W1635.2	7个太阳和6个月亮	【2003】
W1635.3	7个太阳和9个	

	月亮	【2003】	W1638.1.1	盘古造10个太阳9个月亮	
W1636	8个太阳和8个月亮	【2004】	W1638.1.2	10个太阳和12个月亮	
W1636.1	铜匠铁匠造8对日月	【2004】	W1639	其他数量的日月	【2011】
W1637	9个太阳和9个月亮	【2004】	W1639.0	11个太阳和11个月亮	【2011】
W1637.0	9个太阳9个月亮的产生	【2005】	W1639.0.1	日月婚生11对日月	
W1637.0.1	特定人物用铁炼造9对日月		W1639.1	12个太阳和12个月亮	【2011】
W1637.0.2	洪水后出现9对日月		W1639.1.0	12对日月的产生	
W1637.0.3	第2代人时有9对日月		W1639.1.0.0	自然存在12对日月	
W1637.1	9个太阳7个月亮	【2007】	W1639.1.0.1	造12对日月	
W1637.1.1	观音撒出9个太阳7个月亮		W1639.1.0.1.1	火神造12对日月	
W1637.2	9个太阳8个月亮	【2008】	W1639.1.0.1.2	造明之神造12对日月	
W1637.2.1	阳雀造9个太阳8个月亮		W1639.1.0.1.3	4位老人造12对日月	
W1637.2.2	仙人请来造9个太阳8个月亮		W1639.1.0.2	生育12对日月	
W1637.2.3	天神用法术请来造9个太阳8个月亮		W1639.1.0.2.1	日月婚生12对日月	
			W1639.1.1	12对日月并出	
			W1639.1.2	16个太阳和17个月亮	
W1637.3	9个太阳10个月亮	【2009】	W1639.2	36个太阳和36个月亮（36对日月）	【2015】
W1637.3.1	太阳九姊妹和月亮十弟兄		W1639.2.1	张果老造36对日月	
W1638	10个太阳和10个月亮	【2010】	W1639.3	98个太阳和98个月亮	【2016】
W1638.0	10个太阳和1个月亮	【2010】	W1639.4	99个太阳和99个月亮	【2016】
W1638.1	10个太阳和9个月亮	【2010】	W1639.4.1	99个太阳和66个	

代码	母题	页码
	月亮	
W1639.5	99个太阳和110个月亮	【2016】
W1639.5.1	桃花瓣变成99个太阳和110个月亮	
W1639.6	天上有很多日月	【2017】
W1639.7	多个日月同时出现	【2017】
W1639.7.1	因晒洪水出现多个日月	
W1639.7.2	洪水后出现多个日月	
W1639a	与日月数量有关的其他母题	【2017】
W1639a.1	日月数量的增加	【2017】
W1639a.2	日月数量的减少	【2017】
W1639a.2.1	天神收回多余的日月	
✽ W1640	太阳的数量①	【2018】
W1641	1个太阳	【2018】
W1641.0	以前只有1个太阳	【2018】
W1641.1	1个太阳的产生	【2018】
W1641.2	1个太阳的特征	【2019】
W1641.3	与1个太阳有关的其他母题	【2019】
W1641.3.1	天父怀中剩下1个发光的太阳	
W1641.3.2	剩下1个太阳	
W1642	2个太阳	【2019】
W1642.1	2个太阳的产生	【2021】
W1642.1.1	天洞中生2个太阳	
W1642.1.2	夏桀时出现2个太阳	
W1642.2	2个太阳的特征	【2021】
W1642.2.1	1男1女2个太阳	
W1642.2.2	1大1小2个太阳	
W1642.3	与2个太阳有关的其他母题	【2022】
W1642.3.1	盘古开天辟地出现2个太阳	
W1642.3.2	2个有特定名字的太阳	
W1642.3.2.1	天上有多尼和波如两个太阳	
W1643	3个太阳	【2023】
W1643.1	开天辟地时出现3个太阳	【2023】
W1644	4个太阳	【2023】
W1645	5个太阳	【2023】
W1646	6个太阳	【2024】
W1647	7个太阳	【2024】
W1647.1	7个太阳的产生	【2026】
W1647.1.1	自然产生7个太阳	
W1647.1.2	7个火神变成7个太阳	
W1647.1.2.1	火神的7个儿子变成7个太阳	
W1647.1.3	铁水和石水结成夫妻生7个太阳	
W1647.1.4	创世母亲把1个太阳分成7个太阳	
W1647.1.5	雷婆造7个太阳	

---

① 太阳的数量，此母题一般与射日母题类型中的"射日原因"密切联系。为避免重复，此类母题及编目不再出现在射日母题中。

W1647.1.6	祖先造7个太阳		W1649.0.5	九头鸟的9头变成9个太阳	
W1647.1.7	天生7个太阳		W1649.0.6	神炼制的89火球变成9个太阳	
W1647.1.8	天神放出7个太阳				
W1647.2	**7个太阳的关系**	【2029】	W1649.1	太阳9姐妹	【2038】
W1647.2.1	太阳7姊妹		W1649.2	9个太阳2男7女	【2039】
W1647.3	**与7个太阳有关的其他母题**	【2029】	W1649.3	9个太阳产生的时间	【2039】
W1647.3.1	7个太阳使庄稼每年收7次		W1649.3.1	盘古开天辟地时出现9个太阳	
W1648	**8个太阳**	【2030】	W1649.3.2	混沌初开时出现9个太阳	
W1648.1	旱魔放出8个太阳	【2030】	W1649.3.3	特定的时代出现9个太阳	
W1648.2	海里的8个太阳	【2030】			
W1649	**9个太阳（九阳）**	【2030】	**W1649.4**	**与9个太阳有关的其他母题**	【2040】
W1649.0	**9个太阳的产生**	【2033】	W1649.4.1	九日称九乌	
W1649.0.0	自然存在9个太阳		W1649.4.2	9个太阳1个管陆地，8个管海洋	
W1649.0.0.1	天地初开时自然出现9个太阳				
W1649.0.0.2	大水时代自然出现9个太阳		**W1650**	**10个太阳**	【2040】
			W1650.0	以前有10个太阳	【2042】
W1649.0.0.3	洪水后自然出现9个太阳		W1650.0.0	远古时有10个太阳	
W1649.0.0.4	以前白天时会出现9个太阳		W1650.0.0.1	盘古开天辟地时有10个太阳	
W1649.0.1	天神放出9个太阳		W1650.0.1	人类产生时有10个太阳	
W1649.0.1.1	天神挂出9个太阳				
W1649.0.1a	天神造9个太阳		W1650.0.2	以前突然出现10个太阳	
W1649.0.1b	天神的徒弟造9个太阳		W1650.0.3	尧时出现10个太阳	
W1649.0.2	地生9个太阳				
W1649.0.2a	天地婚生9个太阳		**W1650.1**	太阳10兄弟	【2044】
W1649.0.3	龙王让天生9个太阳		**W1650.2**	天神放出10个太阳	【2045】
W1649.0.4	火神的9个儿子变成9个太阳		W1650.2a	天神炼出10个太阳	【2045】

W1650.2b	10个太阳是天帝的10个孩子 【2045】			蛋孵出12个太阳	
W1650.3	10个太阳并出 【2045】		W1652.0.5	神公造12个太阳	
W1650.4	与10个太阳有关的其他母题 【2046】		W1652.0.6	盘古喊来12个太阳	
W1650.4.1	10个太阳1大9小		W1652.0.7	祖先造12个太阳	
W1650.4.2	原来的1个太阳和后来出现的9个太阳形成10个太阳		W1652.0.8	巨神造12个太阳	
			W1652.0.9	女人造12个太阳	
			W1652.0.10	天神的11个儿子和1个女儿变成12个太阳	
			W1652.0.11	原来的1个太阳和雷公造的11个太阳形成12个太阳	
W1651	**11个太阳** 【2047】				
W1651.1	雷公造11个太阳 【2047】				
W1652	**12个太阳** 【2048】				
W1652.0	12个太阳的产生 【2052】		**W1652.1**	**12个太阳的身份** 【2057】	
W1652.0.1	特定人物放出12个太阳		W1652.1.0	12个太阳身份不同	
W1652.0.1.1	玉帝放出12个太阳		W1652.1.1	12个太阳中的红太阳是姜阳	
W1652.0.1.2	雷公放出12个太阳		W1652.1.2	12个太阳中的白太阳是雷公雹	
W1652.0.1.3	雷婆放出12个太阳		W1652.1.3	12个太阳中的花太阳是老虎	
W1652.0.1.4	张果老放出12个太阳		W1652.1.4	12个太阳中的软太阳是蛇妖	
W1652.0.1.5	天王放出12个太阳		W1652.1.5	12个太阳中的黑太阳是疯牯牛	
W1652.0.1.5.1	洪水后，天王放出12个太阳		W1652.1.6	12个太阳中的圆太阳是大象	
W1652.0.2	天皇造12个太阳		W1652.1.7	12个太阳中的黄太阳是狮子	
W1652.0.2.1	第三代天皇造12个太阳		W1652.1.8	12个太阳中的长太阳是龙娇	
W1652.0.2a	汉王造12个太阳				
W1652.0.2b	仙人造12个太阳		W1652.1.9	12个太阳中的绿太阳是鸭公精	
W1652.0.3	女神生12个太阳				
W1652.0.4	卵生12个太阳		W1652.1.10	12个太阳中的灰太阳是马鹫	
W1652.0.4.1	神婆婆的12个宝				

W1652.1.11	12个太阳中的紫太阳是鹈鹈娘
W1652.1.12	12个太阳中的扁太阳是乌龟魁
W1652.1.13	太阳是天上的12个老爷儿
W1652.2	**特定时间有12个太阳**【2061】
W1652.2.1	盘古之前有12个太阳
W1652.2.2	开天辟地后出现12个太阳
W1652.2.3	远古时有12个太阳
W1652.2.4	洪水后出现12个太阳
W1652.3	**与12个太阳有关的其他母题**【2062】
W1652.3.1	12个太阳不同母
W1653	**其他数量的太阳**【2062】
W1653.1	13个太阳【2062】
W1653.1a	16个太阳【2063】
W1653.2	18个太阳【2063】
W1653.2a	19个太阳【2063】
W1653.2a.1	几万年前出现19个太阳
W1653.2b	24个太阳【2063】
W1653.3	66个太阳【2063】
W1653.4	72个太阳【2064】
W1653.5	99个太阳【2064】
W1653.5.1	桃花瓣变成99个太阳
W1653.6	100个太阳【2064】
W1653.7	108个太阳【2064】
W1653.8	多日并出【2064】
W1653.8.1	特定时间多日并出
W1653.8.1.1	六月六多日并出
W1653a	**与多个太阳有关的其他母题**【2065】
W1653a.1	多个太阳是假象【2065】
W1653a.2	多个太阳大小不同【2066】
W1653a.3	女神觉得造的太阳不够亮造出多个太阳【2066】
W1653a.4	太阳无定数【2066】
W1653a.4.1	天上有时9日有时10日
✽ **W1655**	**月亮的数量**【2066】
W1656	1个月亮【2066】
W1656.1	全世界只有1个月亮【2066】
W1657	2个月亮【2067】
W1657.1	2个冒银火的月亮【2067】
W1658	3个月亮【2067】
W1659	4个月亮【2067】
W1660	5个月亮【2067】
W1661	6个月亮【2067】
W1662	7个月亮【2067】
W1662.1	天神放出7个月亮【2068】
W1663	8个月亮【2068】
W1663.1	阳雀造的8个石盘变成8个月亮【2068】
W1664	9个月亮【2068】
W1664.1	月亮9弟兄【2068】
W1665	10个月亮【2069】
W1665.1	女神伢俣用清气造10个月亮【2069】
W1665.2	原来的1个月亮和9只白熊形成

代码	母题	页码
	10个月亮	【2069】
W1666	11个月亮	【2069】
W1667	12个月亮	【2069】
W1668	其他众多的月亮	【2070】
W1668.1	30个月亮	【2070】
W1668.1.1	月宫中有30个月亮	
W1668.2	88个月亮	【2070】
W1668.3	99个月亮	【2071】
W1668.4	110个月亮	【2071】
W1668.5	1000个月亮	【2071】
W1668.6	其他特定数量的月亮	【2071】
W1668.6.1	17个月亮	

1.4.4 日月的关系
【W1670 ~ W1689】

代码	母题	页码
✿ W1670	日月的关系	【2071】
W1671	日月是母女	【2072】
W1671.1	太阳是月亮的母亲	【2072】
W1671.2	月亮是太阳的女儿	【2072】
W1672	日月是夫妻	【2072】
W1672.1	太阳丈夫和月亮妻子	【2074】
W1672.2	太阳妻子和月亮丈夫	【2074】
W1672.3	日月是兄妹结成的夫妻	【2075】
W1672.4	太阳和月亮是恋人（情人）	【2075】
W1673	日月是兄妹	【2076】
W1673.1	太阳妹妹和月亮哥哥	【2077】
W1673.2	太阳哥哥和月亮妹妹	【2080】
W1673.3	太阳和月亮是同胞兄妹	【2081】
W1674	太阳和月亮是姐弟	【2081】
W1674.1	太阳姐姐和月亮弟弟	【2082】
W1674.2	太阳弟弟和月亮姐姐	【2082】
W1675	日月是兄弟	【2082】
W1675.1	日月是孪生兄弟	【2082】
W1675.2	太阳哥哥和月亮弟弟	【2082】
W1675.2.1	太阳哥哥和月亮弟弟是天神的两个儿子	
W1675.3	太阳弟弟和月亮哥哥	【2083】
W1676	日月是姐妹	【2083】
W1676.0	日月是两姐妹（日月是两姊妹）	【2084】
W1676.1	日月是孪生姐妹	【2085】
W1676.2	月亮姐姐和太阳妹妹	【2085】
W1676.2.1	月亮姐姐和太阳妹妹是孪生姐妹	
W1676.3	太阳姐姐和月亮妹妹	【2086】
W1676.3.1	月亮妹妹比太阳姐姐貌美	
W1676.4	多对日月是姐妹	【2087】
W1676.4.1	12对日月是姊妹	
W1677	与日月关系	

	有关的其他母题 【2087】	W1679.1.1	太阳10兄弟是玉帝的侄子
W1677.1	太阳众姐妹和月亮众兄弟 【2088】	W1680	太阳的父母 【2092】
W1677.2	太阳众兄弟和月亮众姐妹 【2088】	W1680.1	太阳的父母是神 【2092】
		W1680.1.1	太阳是玉皇大帝和王母娘娘的儿子
W1677.3	日月是姑嫂 【2088】		
W1677.3.1	太阳是小姑，月亮是嫂子	W1680.2	太阳的父亲 【2092】
		W1680.2.1	太阳是天神的孩子
W1677.3.2	太阳是嫂子，月亮是小姑	W1680.2.2	太阳是太阳神的儿子
W1677.4	日月是朋友 【2089】	W1680.2.3	太阳是创世者的儿子
W1677.5	日月与动物是兄弟【2089】		
W1677.5.1	太阳、月亮与公鸡是三兄弟	W1680.2.4	太阳是玉皇大帝的儿子
W1677.5.2	太阳、月亮和天狗是三兄弟	W1680.2.5	太阳是玉皇大帝的女儿
W1677.5.3	太阳、月亮与青蛙是三兄弟	W1680.2.5.1	太阳是玉皇大帝的小女儿
		W1680.2.6	太阳是公鸡的儿子
W1677.5a	日月和风是姊妹 【2089】	W1680.2.6.1	公鸡有10个太阳儿子
W1677.6	月亮是太阳的长工【2090】		
W1677.7	日月是仇敌 【2090】	W1680.3	太阳的母亲 【2094】
W1677.7.1	日月因争美结仇	W1680.3.1	天是太阳的母亲
W1677.7a	日月和睦相处 【2090】	W1680.3.2	大地是太阳的母亲
W1677.8	日月是孪生的仙女【2090】	W1680.3.3	地母是太阳的母亲
W1677.8.1	太阳仙女是姐姐，月亮仙女是妹妹	W1680.3.3.1	地母生太阳9姐妹
		W1680.3.4	其他特定人物是太阳的母亲
W1677.9	日月的客人 【2091】		
W1677.9.1	大地到太阳和月亮那里做客	W1680.3.4.1	西河娘娘是太阳的母亲
W1677.10	日月的子女 【2091】	W1680.3.4.2	太阳的母亲是一个白发老奶奶
W1677.10.1	日月有亿万个儿女		
		W1680.3.4.3	太阳的母亲很善良
✻W1678	太阳的关系 【2091】	W1680.4	太阳的父母有特定名称 【2095】
W1679	太阳的亲属 【2091】		
W1679.1	太阳是玉帝的侄子 【2091】	W1680.4.1	太阳的父亲叫艾

	盘加，母亲叫		W1682.1.1	大的太阳父亲和	
	兰拜			9个小太阳儿子	
W1681	**太阳的兄弟**		W1682.1.2	日月婚生儿子	
	姐妹	【2096】	W1682.1.3	太阳的99个儿子	
W1681.1	太阳的兄弟	【2096】	W1682.1.3.1	日月交配太阳生	
W1681.1.1	太阳两兄弟			99子	
W1681.1.1.1	2个太阳是亲兄弟		W1682.2	太阳的女儿	【2101】
W1681.1.1.2	太阳与鸡是兄弟		W1682.2.1	太阳有2个女儿	
W1681.1.1.3	公鸡是太阳的弟弟		**W1683**	**太阳的其他**	
W1681.1.1.4	太阳与公鸡是结拜			**亲属**	【2101】
	兄弟		W1683.1	太阳的妻子	【2101】
W1681.1.2	太阳3兄弟		W1683.2	鸡与太阳是亲戚	【2101】
W1681.1.3	太阳7兄弟		W1683.2.1	太阳是公鸡的舅舅	
W1681.1.4	天上的众多太阳是		W1683.3	太阳、月亮是一家	【2102】
	兄弟		**W1684**	**与太阳的关系**	
W1681.1.5	太阳与星星是兄弟			**有关的其他**	
W1681.1.5.1	太阳是星星的哥哥			**母题**	【2102】
W1681.2	天上的众多太阳是		W1684.0	太阳的守护	【2102】
	兄弟姐妹	【2098】	W1684.0.1	神守护太阳	
W1681.3	太阳的姐妹	【2098】	W1684.0.2	人到天上守护太阳	
W1681.3.1	7个太阳是姐妹		W1684.1	太阳的朋友	【2102】
W1681.4	太阳兄妹	【2099】	W1684.1.1	太阳和月亮是朋友	
W1681.4.1	太阳与河流是兄妹		W1684.1.2	公鸡是太阳的朋友	
W1681.4.1.1	太阳和丹巴江是		W1684.1.3	太阳与巨人是朋友	
	兄妹		W1684.2	太阳的从属	【2103】
W1681.5	与太阳的兄弟姐妹		W1684.2.1	为太阳服务的	
	有关的其他			动物	
	母题	【2099】	W1684.2.1.1	太阳的马	
W1681.5.1	天女中的七妹是		W1684.2.2	太阳的坐骑	
	太阳姑娘		W1684.2.3	太阳的车子	
W1681.5.2	云彩是太阳的姐姐		W1684.2a	太阳的工具	【2104】
W1681.5.3	太阳与地上的动物		W1684.2a.1	太阳的金盘	
	是兄弟姐妹		W1684.2a.2	太阳的火盆	
W1682	**太阳的儿女**	【2100】	W1684.2a.2.1	太阳端火盆帮人	
W1682.0	太阳有1对儿女	【2100】		晒东西	
W1682.0.1	太阳神有1对儿女		W1684.3	太阳的仇敌	【2105】
W1682.1	太阳的儿子	【2100】			

W1684.3.1	太阳与蚯蚓是仇敌（太阳与蛐蟮是仇敌）	
W1684.4	太阳的疗伤者	【2105】
W1684.4.1	玄鸟为太阳献药疗伤	
✤ W1685	月亮的关系	【2105】
W1686	月亮的亲属	【2105】
W1686.1	月亮是天之母	【2106】
W1687	月亮的父母	【2106】
W1687.1	月亮的父亲	【2106】
W1687.1.1	天神是月亮的父亲	
W1687.1.2	创世者是月亮的父亲	
W1687.1.3	人类始祖是月亮的父亲	
W1687.1.4	天是月亮的父亲	
W1687.2	月亮的母亲	【2106】
W1687.2.1	人类始祖是月亮的母亲	
W1687.2.2	大地是月亮的母亲	
W1687.2.3	星星是月亮的母亲	
W1688	月亮的兄弟姐妹	【2107】
W1688.1	月亮众兄弟	【2107】
W1688.1.1	月亮10弟兄	
W1688.2	月亮是公鸡的姐姐	【2107】
W1688a	月亮的子女	【2108】
W1688a.1	月亮生66子	【2108】
W1688a.2	月亮的女儿	【2108】
W1689	与月亮的关系有关的其他母题	【2108】
W1689.1	月亮的朋友	【2108】
W1689.2	月亮的仇敌	【2108】
W1689.2.1	月亮与火星是一对冤家	
W1689.3	月亮的疗伤者	【2109】
W1689.3.1	兔子给月亮疗伤	
W1689.4	月亮的坐骑	【2109】
W1689.4.1	月亮骑仙马	

1.4.5 与日月有关的其他母题【W1690～W1699】

W1690	日月的矛盾	【2109】
W1690.1	日月争吵是因为太阳要吃掉它们的孩子	【2110】
W1690.2	太阳被月亮诅咒	【2110】
W1691	日月相互转化	【2110】
W1691.1	月亮在晚上代替太阳	【2110】
W1691.2	日月交换名称	【2110】
W1692	与日月有关的其他母题	【2110】
W1692.0	日月的分配	【2111】
W1692.0.1	盘古分配日月	
W1692.1	日月的喂养	【2111】
W1692.1.1	女子用金汁喂太阳，银汁喂月亮	
W1692.1a	日月的患病	【2112】
W1692.1a.1	日月得眼病	
W1692.2	日月的消失	【2112】
W1692.2.1	龙偷日月（龙吞日月）	
W1692.2.1.1	公龙偷太阳，母龙偷月亮	

W1692.2.2	恶神偷日月			W1693.3	太阳宫的门	【2117】
W1692.2.3	挂日月者收回日月			W1693.3.1	太阳宫有镶金宫门	
W1692.3	**日月被遮蔽**	**【2113】**		**W1693.4**	**太阳宫的看守**	**【2118】**
W1692.4	**日月失而复得**	**【2113】**		W1693.4.1	神女把守太阳宫	
W1692.5	**日月的修补**	**【2113】**		W1693.4.2	神鸡看守太阳宫	
W1692.5.1	因日月被摔坏修补日月			**W1693.5**	**太阳宫的位置**	**【2118】**
W1692.5.1.1	日月碎成9块			W1693.5.1	太阳宫在扶桑树上	
W1692.5.2	把日月焊好			W1693.5.2	西方日宫	
W1692.6	**日月名称的来历**	**【2114】**		**W1693.6**	**与太阳宫有关的其他母题**	**【2119】**
W1692.6.1	以变成日月的人命名日月			W1693.6.1	太阳宫的设施	
W1692.6.1.1	以1对变成日月的夫妻的名字命名日月（咖道河嘎拉斯）			W1693.6.1.1	太阳宫有大火炉	
				W1693.6.2	红光环绕太阳宫	
				W1693.6.3	太阳宫之旅	
				W1693.6.4	太阳门	
				W1693.6.4.1	太阳门天堂的门	
W1692.6.1.2	以1对变成日月的兄妹的名字命名日月（当婉与冗令）			**W1693a**	**太阳城**	**【2120】**
				W1694	**特殊的太阳**	**【2120】**
				W1694.1	**毒太阳**	**【2120】**
W1692.7	**日月是宝物**	**【2116】**		W1694.1.1	雷公造毒太阳	
W1692.7.1	日月是天帝的宝物			**W1694.2**	**假太阳**	**【2121】**
				W1694.2.1	神造假太阳	
W1692.8	**天地的照明**	**【2116】**		W1694.2.1.1	火神和旱神造假太阳	
W1692.8.1	用宝蛋照明天地					
W1692.8.1.1	神婆婆孵宝蛋照明天地			W1694.2.1.2	11对假太阳	
				W1694.2.2	鸟蛋变成假太阳	
W1692.9	**与日月距离有关的母题**	**【2116】**		W1694.2.2.1	乌鸦的金蛋孵出假太阳	
W1692.9.1	日月的距离			W1694.2.2.2	怪鸟的蛋变成假太阳	
W1692.9.2	太阳到地球的距离					
W1692.9.3	月亮到地球的距离			W1694.2.2.2.1	九头怪鸟的蛋孵出8个假太阳	
W1692.9.3.1	月亮距地面二、三十尺			W1694.2.3	妖魔放出假太阳	
				W1694.2.4	恶魔的头变成假太阳	
W1693	**太阳宫**	**【2117】**				
W1693.1	太阳宫用金银建造	**【2117】**		W1694.2.5	假太阳不会升落	
W1693.2	太阳宫宽敞高大	**【2117】**		**W1694.3**	**野太阳**	**【2123】**

W1694.3.1	雾露和云团生野太阳		W1695.1.4.8	太阳是神封的神号	
			W1695.1.4.9	太阳又称金乌	
W1694.4	**金太阳**	【2123】	**W1695.2**	**太阳鸟**	【2128】
W1694.5	**银太阳**	【2123】	**W1695.3**	**太阳树**	【2129】
W1695	**与太阳有关的其他母题**	【2124】	W1695.3.1	太阳树是生死通道	
W1695.1	**太阳的名字**	【2124】	**W1695.4**	**太阳的食物**	【2129】
W1695.1.1	盘古给挂在天上的灯取名为太阳		W1695.4.1	神用金汁喂太阳	
W1695.1.2	因为夫妻中丈夫管太阳，所以叫太阳公		W1695.4.2	马齿苋用奶汁喂太阳	
W1695.1.3	用动物命名不同的太阳		W1695.4.3	太阳吃仙丹后长大	
W1695.1.4	与太阳名字有关的其他母题		**W1695.5**	**太阳的座位**	【2130】
			W1695.5.1	太阳的椅子在天的最高处	
W1695.1.4.0	太阳叫"日氐"		**W1695.6**	**太阳洗澡（太阳洗浴、洗太阳）**	【2130】
W1695.1.4.1	太阳叫"孙开"				
W1695.1.4.2	太阳叫"日头"		W1695.6.0	神洗太阳	
W1695.1.4.2.1	老头把踢到了天上的圆球叫"日头"		W1695.6.0.1	女神洗太阳	
			W1695.6.1	母亲洗太阳（母亲为太阳洗澡）	
W1695.1.4.2.2	因太阳出现在日里叫"日头"		W1695.6.1.1	羲和为太阳儿子在甘渊洗浴	
W1695.1.4.3	两个太阳分别叫"姜阳"和"鹈鹈"		W1695.6.2	太阳浴于咸池	
			W1695.6.3	太阳浴于扶桑	
			W1695.6.4	太阳到海中洗浴	
W1695.1.4.3a	两个太阳叫"多尼"和"波如"		**W1695.7**	**太阳掉入陷阱**	【2131】
W1695.1.4.4	日神叫"太阳"		**W1695.8**	**太阳被关押**	【2132】
W1695.1.4.5	太阳叫"太阳爸爸"		W1695.8.1	为控制时间关押太阳	
W1695.1.4.5a	太阳叫"爷爷"		W1695.8.1.1	田公为控制时间关押太阳	
W1695.1.4.5b	太阳叫"阿奶"		**W1695.9**	**太阳的躲藏**	【2132】
W1695.1.4.6	太阳叫"希温·乌娜吉"		W1695.9.1	太阳因害怕躲藏	
			W1695.10	**太阳受惩罚**	【2132】
W1695.1.4.7	十二天干是12个太阳的名字		W1695.10.1	太阳被阉割	
			W1695.10.1.1	为避免太阳再生	

	阉割太阳	W1695.12.5	太阳被打落
W1695.10.1.2	射日者阉割太阳	W1695.12.5.1	恶魔打落太阳
W1695.11	**太阳的死亡** 【2133】	W1695.12.6	太阳消失的情形
W1695.11.0	太阳被射死	W1695.12.6.1	太阳突然消失
W1695.11.0.1	男太阳被射死	**W1695.13**	**太阳的复出** 【2138】
W1695.11.1	太阳死后变鸟	**W1695.14**	**太阳偷人间的宝物** 【2138】
W1695.11.2	太阳被妖魔毁灭	**W1695.15**	**太阳国** 【2138】
W1695.11.3	太阳被特定的人打死	**W1695.16**	**日精** 【2138】
W1695.11.4	太阳落山就是死亡	W1695.16.1	食日精永不饥饿
		W1695.16.2	日精之根
W1695.11.5	太阳像人一样会死亡	W1695.16.2.1	日精之根在地的洞天中
		W1695.16.3	日精主昼
W1695.12	**太阳的消失** 【2134】	W1695.16.4	日精的数量
W1695.12.0	太阳被射落	W1695.16.4.1	24个日精
W1695.12.1	太阳被吞食	**W1696**	**月宫（广寒宫、月亮宫）** 【2140】
W1695.12.1.1	神吞掉太阳		
W1695.12.1.1.1	风雨云雾神吞掉太阳	**W1696.0**	**月亮上的广寒宫** 【2140】
W1695.12.1.2	动物吞吃太阳	**W1696.1**	**月宫的产生** 【2140】
W1695.12.1.2.1	狗吞吃太阳	W1696.1.1	月宫是画出来的
W1695.12.1.2.2	龙吞吃太阳	W1696.1.2	月宫是造出来的
W1695.12.1.2.2.1	巨龙吞吃太阳	W1696.1.2.1	吴刚造月宫
W1695.12.1.2.2.2	黑龙吞吃太阳	W1696.1.3	特定物变成月宫
W1695.12.1.3	其他特定人物吞吃太阳	W1696.1.3.1	月姐织的圆物变成月宫
W1695.12.2	天塌地陷时太阳消失	**W1696.2**	**月宫的居住者** 【2141】
		W1696.2.1	月宫中住着嫦娥
W1695.12.2.1	天塌地陷造成太阳破碎消失	W1696.2.2	月宫中住着玉兔
		W1696.2.3	祖先居月宫
W1695.12.3	太阳被偷后消失	W1696.2.4	月宫中住着天仙
W1695.12.3.1	特定人物偷太阳造成太阳消失	**W1696.3**	**月宫的看守者** 【2142】
		W1696.3.1	女巫和妖魔看守月宫
W1695.12.3.1.1	东海龙王偷太阳		
W1695.12.3.2	太阳藏洞中	W1696.3.2	天狗看守月宫
W1695.12.4	太阳被浇灭	**W1696.4**	**月宫之旅** 【2143】
W1695.12.4.1	星星的水浇灭太阳	W1696.4.1	人到月宫会仙女
		W1696.5	**月宫的特点** 【2143】

代码	母题	页码
W1696.5.1	月宫很华丽	
W1696.5.2	月宫很冷	
W1696.6	与月宫有关的其他母题	【2144】
W1696.6.1	月寒宫有冰天池	
W1697	**月亮的消失**	**【2144】**
W1697.1	月亮被藏（保存）起来	【2144】
W1697.1.1	月亮白天藏在地下	
W1697.1.2	月亮被藏（保存）在柜子中	
W1697.1.3	月亮被（神、魔鬼等）藏（埋）在洞穴中	
W1697.2	月亮被遮蔽	【2145】
W1697.2.1	月亮被遮蔽是因为怪物吞月亮	
W1697.3	偷月亮	【2145】
W1697.3.1	月亮被特定人物偷走	
W1697.3.1.1	风雨云雾神偷月亮	
W1697.3.2	从怪物那里把月亮偷回来	
W1697.4	动物吞吃月亮	【2146】
W1697.4.1	蜈蚣吃月亮	
W1697.4.2	狗吃月亮	
W1697.4.3	龙吞掉月亮	
W1697.5	与月亮的消失有关的其他母题	【2146】
W1697.5.1	天塌地陷时月亮消失	
W1698	**与月亮有关的其他母题**	**【2146】**
W1698.1	月亮名称的来历	【2147】
W1698.1.1	月亮是一个叫月亮的女子挂上去的，所以叫月亮	
W1698.1.2	盘古给挂在天上的灯取名为月亮	
W1698.1.3	因为夫妻中妻子管月亮，所以叫月亮婆	
W1698.1.4	与月亮名字有关的其他母题	
W1698.1.4.1	月亮叫唐末	
W1698.1.4.2	晚上出来的太阳叫做月亮	
W1698.1.4.3	月亮是神封的神号	
W1698.1.4.4	月亮叫"月氏"	
W1698.1.4.5	月亮叫"妈妈"	
W1698.2	月亮是阴类万物的主宰	【2149】
W1698.3	月亮的工具	【2149】
W1698.3.1	月亮有小刀，会割掉不敬者的耳朵	
W1698.3.2	月亮的镜子	
W1698.3.2.1	月亮姑娘夜里捧枚铜镜	
W1698.3a	月亮撒尿	【2150】
W1698.3a.1	月亮撒尿会使人生病	
W1698.4	月亮的服饰	【2150】
W1698.4.1	月亮的青丝帕	
W1698.4.2	月亮的衣服	
W1698.4.2.1	月亮穿着白麻布衣衫	
W1698.4.2.2	月亮穿着银裙	
W1698.4.2.3	月亮姑娘穿银衣	
W1698.5	月华	【2151】
W1698.5.1	月华是特定物	
W1698.5.1.1	月华是桂树叶	

W1698.5.1.2	月华是月宫树屑	
W1698.5.1.2.1	月华是月宫娑婆树的树屑	
W1698.5.2	月华可以使人发财	
W1698.5.2a	月华可以使人成仙	
W1698.5.3	拾月华	
W1698.5.3.1	八月十六拾月华	
W1698.6	假月亮	【2153】
W1698.6.1	怪鸟的蛋变假月亮	
W1698.6.2	乌鸦的银蛋孵出假月亮	
W1698.7	野月亮	【2154】
W1698.7.1	雾露与云团婚生野月亮	
W1698.8	月亮的食物	【2154】
W1698.8.1	神用银汁喂月亮	
W1698.9	月亮的护卫者	【2154】
W1698.9.1	天狗是月亮姑娘的护卫	
W1698.10	月亮受惩罚	【2154】
W1698.10.1	阉割月亮	
W1698.11	月亮的死亡	【2155】
W1698.11.1	月亮由圆变缺就是死亡	
W1698.12	月亮的魂	【2155】
W1698.12.1	月亮在广寒宫养魄	
W1698.13	月亮受赞美的来历	【2155】
W1698.13.1	月亮受人赞美源于月亮母亲的誓言	

3-3 【W1700~W1999】

1.5 星辰
【W1700~W1779】

1.5.1 星星的产生
【W1700~W1729】

✿ W1700	星星的产生	【2157】
W1700.1	以前没有星星	【2157】
W1700.1.1	洪荒时代没有星星	
W1700.1.2	天刚造出时没有星星	
W1700.1.3	太古时没有星星	
W1700.1.4	与没有星星有关的其他母题	
W1700.1.4.1	以前只有日月没有星星	
W1700.1.4.2	以前只有太阳没有星星	
W1700.1.4.3	以前没有月亮和星星	
W1700.2	星星产生的原因	【2159】
W1700.2.1	为照亮黑夜产生星星	
W1701	星星来源于某个地方	【2159】
W1701.1	人喊出星星	【2159】
W1701.2	天神放出星星	【2160】

W1701.3	星星从天洞中落下来 【2160】	W1705	特定的神或神性人物造星星【2165】
W1701.4	特定人物赐予星星【2160】	W1705.1	盘古造星星 【2165】
W1701.4.1	男始祖布洛陀送给人星星	W1705.2	真主让天空出现星星 【2165】
W1702	星星自然产生【2160】	W1705.3	牛郎神造星星 【2165】
W1702.1	动物的角刺破天后产生星星 【2161】	W1705.4	其他特定的神或神性人物造星星【2165】
W1702.2	怪鸡撞开云雾后出现星星 【2161】	W1705.4.1	神巨人造星星
W1702.3	太阳落下去后自然出现星星 【2161】	W1705.4.2	阿继神造星星
		W1705.4.3	高辛帝造星星
✽W1703	星星是造出来的（造星星）【2161】	W1706	人造星星 【2166】
		W1706.1	射日者造星星 【2166】
W1703a	造星星的原因【2161】	W1706a	动物造星星 【2167】
W1703a.1	为驱散黑暗造星星 【2161】	W1706a.1	龙造星星 【2167】
W1704	神或神性人物造星星 【2162】	W1707	造星星的材料【2167】
		W1707.1	用土和石造星星 【2167】
W1704.1	天神造星星 【2162】	W1707.1.1	布洛陀用三彩泥和孔雀石造星星
W1704.1.1	天公播出星星	W1707.2	用月亮造星星 【2168】
W1704.1.2	天神先造的小星，后造的大星	W1707.3	用牛牙做星星 【2168】
		W1707.4	用银造星星 【2168】
W1704.2	女神造星星 【2163】	W1707.5	炼石造星星 【2168】
W1704.2.1	伢俣女神造星星	W1707.5.1	炼孔雀石造星星
W1704.2.2	女神撒到天空的泥巴变成星星	W1707.6	其他特定的材料造星星 【2168】
W1704.3	创世者造星星 【2163】	W1707.6.1	神巨人用犀牛的眼造星星
W1704.4	祖先造星星 【2163】	W1707.6.2	用虎牙造星星
W1704.4.1	男祖先造星星	W1707.6.3	盘古用毛发造星星
W1704.4.1.1	男始祖布洛陀造星星		
W1704.4.2	女祖先造星星	W1708	与造星星有关的其他母题 【2169】
W1704.5	其他神或神性人物造星星 【2164】	W1708.1	星星是撒出来的【2169】
		W1708.1.1	神撒出星星
W1704.5.1	火神撒出星星	W1708.1.1.1	布星妈妈撒出

代码	母题	页码	代码	母题	页码
W1708.1.2	月亮撒的种籽变成星星			星星	
W1708.1.3	天公播撒出星星		W1713.3	人婚生星星	【2176】
W1708.1.4	神的孩子播出撒星星		W1713.3.1	人婚生的孩子带到天上成为星星	
W1708.1.5	射日者播出撒星星		W1714	卵生星星	【2176】
W1708.2	星星是磨出来的	【2171】	W1714.1	神生的卵生星星	【2176】
W1708.2.1	天神磨出星星		W1714.2	神生的卵成为星星	【2176】
W1708.3	造星星不成功	【2171】	W1715	与生育星星有关的其他母题	【2177】
W1708.3.1	用灯做星星不成功		W1715.1	牦牛的精子与天相交生星星	【2177】
✽W1709	星星是生育产生的（生星星）	【2172】	W1715.2	用种子撒出星星	【2177】
W1710	神或神性人物生星星	【2172】	W1715.2.1	有星星的种子撒出星星	
W1710.1	巨人生星星	【2172】	✽W1716	星星是变化产生的（变出星星）	【2177】
W1711	太阳生星星	【2172】	W1717	抛入空中的物变成星星	【2177】
W1711.1	太阳被阉后生的孩子很小变成星星	【2172】	W1717.1	抛到天上的玉珠变成星星	【2178】
W1712	月亮生星星	【2172】	W1718	神或神性人物变化为星星	【2178】
W1712.1	月亮每个月都生星星	【2173】	W1718.1	女娲变成星星	【2178】
W1713	婚生星星	【2173】	W1718.1.1	女娲死后身体化为星	
W1713.1	天地婚生星星	【2173】	W1718.2	仙女变成星星	【2178】
W1713.1.1	天地婚后地生星星		W1718.2.1	6个仙女变成6颗星	
W1713.2	日月婚生星星	【2173】	W1718.3	七仙女变成七星	【2178】
W1713.2.1	日月生不成熟的孩子变成星星		W1718.4	特定的神变成星星	【2179】
W1713.2.2	星星是日月的孩子		W1718.4.1	恶神变成星星	
W1713.2.3	星星是日月的子孙				
W1713.2.4	日月婚后月亮生				

代码	内容	页码
W1718.4.2	女神变成星星	
W1718.5	**其他神或神性人物变成星星**	【2179】
W1718.5.1	王母娘娘2个儿子变成星星	
W1718.6	**神或神性人物的肢体变成星星**	【2180】
W1718.6.1	神的眼睛变成星星	
W1718.6.2	天神的眼珠迸裂变成星星	
W1718.6.3	盘古的眼变成星星	
W1718.6.3a	男始祖布洛陀的眼变成星星	
W1718.6.4	盘古的汗毛孔变成星星	
W1719	**人变成星星**	【2181】
W1719.1	人升天变成星星	【2181】
W1719.1.1	到天上看守天河的人变成星星	
W1719.2	天上的人变成星星	【2181】
W1719.2.1	留在天上的人变成星星	
W1719.3	兄弟到天上变成星星	【2182】
W1719.3.1	三兄弟飞到天上化为三颗星星	
W1719.3.2	7兄弟变成7颗星	
W1719.3.2.1	7颗亮星是7兄弟在天上盖楼房	
W1719.4	姐妹变成"姐妹星"	【2182】
W1719.4.1	上天的7姐妹被玉帝吹仙气后化为七星	
W1719.5	人死后变成星星	【2183】
W1719.6	其他特定的人变成星星	【2183】
W1719.6.1	一对夫妻变成星星	
W1719.6.2	3个人变成3颗星	
W1719.6.2.1	3个人变成3颗特定的星	
W1719.6.3	盗贼变成星星	
W1719.6.3a	不孝者成星星	
W1719.6.3b	恶人变成星星	
W1719.6.4	高辛王的两个儿子变成参商二星	
W1719.6.5	妒妇被惩罚变成星星	
W1719.6.6	老人升天变成星星	
W1719.6.7	1个到天上寻找母亲的小孩变成星星	
W1719.6.7a	寻找天边的男子变成星星	
W1719.6.8	牛郎织女的2个孩子在天上变成星星	
W1719.6.9	姐弟俩到天上弟弟变成星星	
W1719.6.10	人的肢体变成星星	
W1719.6.10.1	兄妹俩的心变成星星	
W1719.6.10.2	人死升天眼睛变成星星	
W1720	**动物变成星星**	【2187】
W1720.1	动物升天变成星星	【2187】
W1720.2	鸡变成星星	【2187】

W1720.3	羊变成星星	【2187】		W1721.5	树叶变成星星	【2193】
W1720.4	龙的鳞甲变成星星	【2188】		W1721.6	特定的种子变成星星（特定的果实变成星星）	【2193】
W1720.4.1	火龙的鳞甲变成星星			W1721.6.1	天上的梭罗树的果实像星星	
W1720.4.1.1	人从火龙背上揭下鳞甲抛向天空变成星星			W1722	日月变成星星	【2194】
W1720.5	动物的眼睛变成星星	【2188】		W1722.1	日月划分成星星	【2194】
W1720.5.1	虎的眼睛变成星星			W1722.1.1	盘古把日月分成星星	
W1720.5.2	牛眼变成星星			W1722.2	日月的精气变成星星	【2194】
W1720.5.2.1	犀牛的眼睛变成星星			W1722.3	太阳的碎片变成星星（月亮的碎片变成星星）	【2194】
W1720.6	其他特定的动物或动物肢体变成星星	【2189】		W1722.3.1	太阳神被射溅出的火花变成星星	
W1720.6.1	虎尾变成星星			W1722.3.2	射碎的太阳变成星星	
W1721	植物变成星星	【2190】		W1722.3.2.1	地仙射碎的太阳变成星星	
W1721.1	花变成星星	【2190】		W1722.3.3	打碎的太阳变成星星	
W1721.1.1	梭罗树开花形成繁星			W1722.3.3.1	神祖打碎的太阳变成星星	
W1721.1.2	茶花变成星星			W1722.3.4	山猪咬碎的月亮变成星星	
W1721.1.3	兄妹坟前的小花变成星星			W1722.4	太阳经历特定事件后变成星星	【2197】
W1721.1.4	荞麦花变成星星			W1722.4.1	太阳被洒水后变成星星	
W1721.1.5	送给死者的花变成星星			W1722.5	太阳的血点变成星星（月亮的血点变成星星）	【2198】
W1721.2	芝麻变成星星	【2192】				
W1721.2.1	撒在天上的芝麻变成星星			W1722.6	太阳抖落的碎物变成星星	【2198】
W1721.2.1.1	月亮妹妹撒在天上的芝麻变成星星					
W1721.3	仙葫芦籽变成星星	【2192】				
W1721.4	草变成星星	【2193】				
W1721.4.1	神草揉碎变成星星					

代码	母题	页码
W1722.7	月亮的碎片变成星星	【2198】
W1722.7.1	射落的月亮的角变成星星	
W1723	**火星变成星星**	**【2198】**
W1723.1	神用赶山鞭抽出的火花变成星星	【2198】
W1723.2	马踏水溅起的火星变成星星	【2199】
W1723.2.1	女神骑马踏水溅到天上的火星变成星星	
W1723.3	盘古砍石的火星变成星星	【2200】
W1723.3a	二郎神与天宫撞出的火星变成星星	【2200】
W1723.4	炼太阳迸出的火星变成星星	【2200】
W1723.5	射日月迸出的火星变成星星	【2201】
W1723.5.1	射太阳溅出的金花变成星星	
W1723.5.2	射月亮迸出的火星变成星星	
W1723.6	太阳碰撞的火星变成星星	【2201】
W1723.6.1	两个太阳撞出的火星粘在天上变成星星	
W1723.7	与火星变成星星有关的其他母题	【2202】
W1723.7.1	神喷的火变成星星	
W1723.7.2	火球变成星星	
W1723.7.2.1	天皇地皇抛撒的小火球变成星星	
W1723.7.2.2	火球的碎片变成星星	
W1724	**牙齿变成星星**	**【2203】**
W1724.1	神的牙齿变成星星	【2204】
W1724.1.1	神死后牙齿变成星星	
W1724.2	神性人物的牙齿变成星星	【2204】
W1724.2.1	盘古死后牙齿变成星星	
W1724.2.1.1	盘古的小牙变成星星	
W1724.2.1a	盘皇的牙齿变成星星	
W1724.2.2	祖先的牙齿变成星星	
W1724.2.2.1	祖先的小牙变成星星	
W1724.2.3	撑天者的牙齿变成星星	
W1724.2.4	天女的牙齿变成星星	
W1724.3	动物的牙齿变成星星	【2206】
W1724.3.1	龙牙变成星星	
W1724.3.1.1	星星是补天时做钉子的龙牙	
W1724.3.1.1.1	乌龙的牙齿补天变成星星	
W1724.3.2	鹿的牙变成星星	
W1724.3.2.1	马鹿的牙变成星星	
W1724.3.3	虎牙变成星星	
W1724.3.4	牛的牙齿变成星星	
W1724.3.4.1	龙牛的牙齿变成	

W1724.3.4.2	星星 神牛的牙齿变成 星星		W1725.3.6.1	玉帝小女儿抛到 空中的珍珠变成 星星	
W1724.4	其他特定的牙齿 变成星星	【2210】	W1725.3.6a	仙女抛到空中的 珍珠变成星星	
W1724.4.1	钉天的牙齿变成 星星		W1725.3.7	老人撒到空中的 珍珠变成星星	
W1725	其他特定物变 成星星	【2211】	W1725.3.8	撒落的星神儿子 的项链变成星星	
W1725.1	金银碎片变成 星星	【2211】	W1725.3.9	盘古撒在天上的 珍珠变成星星	
W1725.2	银子变成星星	【2211】	**W1725.4**	铜镜变成星星	【2215】
W1725.2.1	神撒在天上的碎 银变成星星		W1725.4.1	神把炼出的铜镜 抛到天上变成 星星	
W1725.2.2	月亮的银石破碎 变成星星		**W1725.5**	沙子变成星星	【2216】
W1725.2a	撒到天上的金果 变成星星	【2212】	W1725.5.1	撒到天上的铜沙 变成星星	
W1725.2a.1	祖先撒到天上的 金果变成星星		**W1725.6**	石头变成星星	【2216】
W1725.3	宝珠变成星星 （珍珠变成 星星）	【2212】	W1725.6.1	撒到天上的碎亮晶 石变成星星	
			W1725.6.2	月亮上的石头变 成星星	
W1725.3.1	挂到天上的宝珠 变成星星		W1725.6.2.1	后羿射落的月亮上 的石头变成星星	
W1725.3.1.1	仙鹤挂到天上的 81颗宝珠变成 星星		W1725.6.3	补天的宝石变成 星星	
W1725.3.2	老人镶到天幕上 宝珠变成星星		W1725.6.3.1	高辛帝补天的宝石 变成星星	
W1725.3.3	女神撒珠子变成 星星		W1725.6.4	补天的五彩石变成 星星	
W1725.3.4	月亮衣服上的珠 宝变成星星		W1725.6.5	天帝在天上撒的小 石子变成星星	
W1725.3.5	夜明珠变成星星		W1725.6.6	炸开的碎石撒到 天上变成星星	
W1725.3.6	天女抛到空中的 珍珠变成星星		W1725.6.7	魔鬼抛撒的石沙 变成星星	

W1725.6.8	盘古带到天上的五色石泥变成星星				变成星星
			W1725.14.2		地母流产流出的血水变成星星
W1725.6a	泥变成星星	【2218】	W1725.14.3		神流出的血变成星星
W1725.6b	水晶碎片变成星星	【2218】			
W1725.6b.1	日月婚生的孩子弄破的水晶房碎片变成星星		W1725.14.3.1		
			W1725.14.4		青蛙的血变成星星
W1725.7	山川之精变成星星	【2219】	W1725.15	唾沫变成星星	【2224】
W1725.8	云的碎末变成星星	【2219】	W1725.15.1		天神的唾沫变成星星
W1725.8.1	老鼠啃出的云沫变成星星		W1725.16		饭粒飞到天上变成星星 【2225】
W1725.8.2	猫头鹰和老鼠弄坏的云墙碎沫变成星星		W1725.17		毛发变成星星（毛发孔变成星星） 【2225】
W1725.9	水溅到天空变成星星	【2220】	W1725.17.1		火神的毛发变成星星
W1725.9.1	回生水溅到天上产生星星		W1725.17.2		宇宙大神的毛发变成星星
W1725.10	冰变成星星	【2220】	W1725.17.3		盘古死后毛发变成星星
W1725.11	眼泪变成星星	【2220】			
W1725.11.1	盘古的眼泪变成星星		W1725.17.4		盘古死后须发变成星星
W1725.12	汗珠变成星星	【2221】			
W1725.12.1	天神的汗珠变成星星		W1725.17.5		盘古死后头发胡须变成星星
W1725.12.2	巨人的汗珠变成星星		W1725.18	针眼变成星星	【2227】
			W1725.18.1		盘古兄妹补天的针眼变成星星
W1725.12.3	上天驱云者的汗珠变成星星		W1725.18a	线头变成星星	【2228】
W1725.13	露珠变成星星	【2222】	W1725.18a.1		月亮撒落的线头变成星星
W1725.13.1	盘古头上的露珠变成星星		W1725.19	烟尘变成星星	【2229】
W1725.14	血变成星星	【2222】	W1725.19.1		月亮抽烟冒出的黄烟变成星星
W1725.14.1	太阳溅的血变成星星		W1725.20		到天上的诸物变成星星 【2229】
W1725.14.1.1	太阳流出的血点				

W1725.20.0	到天上的人和动物变成星星	W1727.0.1.1.1	盘古开天辟地后产生星星
W1725.20.0.1	到天上的人和羊变成星星	W1727.0.1.2	混沌结束后产生星星
W1725.20.1	猎人的马与猎犬以及弓箭都变成了星星	W1727.0.2	龙年产生星星
		W1727.0.3	有了黑夜后产生星星
W1725.20.2	盘古的母亲目母婆甩裙上天形成星星	W1727.1	神把星星安置在天上【2235】
		W1727.1.1	布星女神安置星星
W1725.20.3	遮天衣衫上的碎花变成星星	W1727.2	人的意愿产生星星【2235】
W1725.20.4	补天的贝壳类变成星星	W1727.3	火球相撞产生星星【2236】
W1725.20.5	牛郎掷掉的饭碗变成星星	W1727.4	星星产生前先产生影子【2236】
		W1727.5	星星的成活【2236】
W1726	与变星星有关的其他母题【2231】	W1727.5.1	造天时星星成活

1.5.2 特定星星的产生
【W1730～W1754】

W1726.0	混沌卵壳劈碎变成星星【2231】	
W1726.1	蛋壳变成星星【2231】	✿ W1730 特定星星的产生【2237】
W1726.1.1	盘古砸破鸡壳杂在清里的变成星星	✲ W1731 北斗星（北斗七星）【2237】
W1726.2	特定的痕迹变成星星【2232】	W1732 北斗星是造出来的（造北斗星）【2237】
W1726.2.1	创世母亲的手印变成星星	W1732.1 神造北斗星【2237】
W1726.3	天的心肝变成星星【2232】	W1732.1.1 神用牛的牙齿做北斗星
W1726.4	钉子变成星星【2232】	W1732.1.2 神在海里搅出北斗七星
W1726.5	船桨变成星星【2233】	W1732.1.2.1 天神在锅中的海水里搅出北斗七星
W1727	与星星产生有关的其他母题【2233】	
W1727.0	星星产生的时间【2233】	W1732.1.3 北斗七星是夜神安排的夜眼
W1727.0.1	出现天地后产生星星	
W1727.0.1.1	开天辟地后产生星星	

W1732.2	海水中搅出北斗星	【2238】
W1733	**北斗星是生育产生的**	**【2238】**
W1733.1	斗姆生北斗星	【2238】
W1733.2	人感生北斗七星	【2238】
W1733.2.1	女子洗澡时感生北斗七星	
W1733.3	日月婚生北斗星	【2239】
W1734	**北斗星是变化产生的**	**【2239】**
W1734.1	神变成北斗星	【2239】
W1734.1.1	2个天神变成北斗星	
W1734.2	7个英雄变成北斗星	【2239】
W1734.3	女英雄变成北斗星	【2240】
W1734.4	卵生的7子变成北斗星	【2240】
W1734.5	7个盗贼上天后变成北斗星	【2240】
W1734.6	7个兄弟变成北斗星	【2240】
W1734.7	7个男孩变成北斗星	【2241】
W1734.8	北斗星是七姐妹	【2241】
W1734.8.1	七星是玉皇的7个女儿	
W1734.8.2	七仙女变成北斗七星	
W1734.8a	北斗星是七姊妹	【2242】
W1734.8b	北斗星是七姊妹	【2242】
W1734.8b.1	6个哥哥和1个妹妹变成北斗星	
W1734.9	其他特定的人变成北斗星	【2242】
W1734.9.1	被追的笨女婿变成北斗七星	
W1734.9.2	天上的牧马人变成北斗星	
W1734.9.3	六仙女和一个寻找母亲的男孩变成北斗七星	
W1734.10	灵魂变成北斗星	【2243】
W1734.10.1	祖先的灵魂变成北斗星	
W1734.10.2	7个兄弟的灵魂变成北斗星	
W1734.11	金刚石变成北斗星	【2244】
W1734.12	牛的牙齿变成北斗星	【2244】
W1734.12.1	牛的最大的牙齿变成北斗星	
W1734.12.2	牛的偏牙变成北斗星	
W1734.13	仓库升天变成北斗星	【2246】
W1734.14	其他特定物变成北斗星	【2246】
W1734.14.1	北斗星是天上的木犁	
W1734.14.2	放物品的斗变成北斗星	
W1734.14.3	北斗星由飞到天上的不同物件构成	
W1734.14.4	盘古的眉变成北斗星（斗枢）	
W1735	**与北斗星有关的其他母题**	**【2247】**
W1735.0	北斗星主灾难	【2247】
W1735.0.1	北斗星主水火	
W1735.1	北斗星主生	【2248】
W1735.2	北斗星主死	【2248】

W1735.2a	北斗星主人命	【2248】		北斗星挂北方	
W1735.2b	北斗七星是北方的星主	【2248】	W1735.14.2	北斗星在北天门	
W1735.3	北斗星有四角	【2248】	W1735.15	七星是神下凡的桥	【2254】
W1735.3.1	北斗星的四角是4根柱子		W1735.16	七星中的小星	【2254】
W1735.3.2	北斗星为什么有一个角是倾斜的		W1735.16.1	七星中的小星是找妈妈的小孩	
W1735.4	北斗星是仓库神	【2250】	W1735.16.2	北斗七星柄尾上的小星是星女	
W1735.4.1	北斗星为什么叫仓库		W1735.17	七斗星	【2255】
W1735.5	北斗星是长寿星	【2250】	W1735.17.1	1个找太阳的老人变成七斗星	
W1735.5.1	北斗星象征长寿		W1735.18	北斗星的名称	【2255】
W1735.6	北斗星是吉祥星	【2251】	W1735.18.1	北斗星又叫斧子星的来历	
W1735.6.1	北斗星是婴儿的吉祥星		W1735.18.1.1	北斗星叫斧子星是因为它是斧子变成的	
W1735.7	北斗星是太阳的哥哥	【2251】	W1735.18.2	北斗星又称天罡	
W1735.8	原来天上七星变成六星	【2251】	W1735.18.3	北斗星又称玄武	
W1735.9	北斗星中最亮的1颗星星使者	【2252】	**W1736**	**北极星**	【2256】
			W1736.1	北极星是变化产生的	【2256】
W1735.9.1	北斗星中最亮的1颗星星是天上的使者		W1736.1.1	人变成北极星	
			W1736.1.1.1	一个老人变成北极星	
W1735.10	北斗七星是钩子	【2252】	W1736.1.1.2	一个小伙变成北极星	
W1735.11	北斗七星移动的原因	【2252】	W1736.1.2	拴马桩变成北极星	
W1735.11.1	北斗星移动是7兄弟需要到不同地方造房子		W1736.1.3	仙女变成北极星	
			W1736.1.3.1	水仙的女儿变成北极星	
W1735.12	北斗星很勤劳	【2253】	W1736.2	与北极星有关的其他母题	【2257】
W1735.13	北斗星离地很远	【2253】			
W1735.14	北斗星的位置	【2253】	W1736.2.1	北极五星	
W1735.14.1	北斗星在北方的来历		W1736.2.2	北极星居天的中间	
W1735.14.1.1	补好北方的天后		W1736.2.3	北极星是紫微北极	

1.5 星辰

	大帝	
W1736a	扁担星	【2258】
W1736a.1	2个扁担星在银河两边	【2258】
W1736a.1.1	直扁担星	
W1736a.1.2	曲扁担星	
W1736b	参星	【2258】
W1736b.1	特定的人物变成参星	【2259】
W1736b.1.1	高辛的大儿子阏伯变成参星	
W1736c	辰星	【2259】
W1736c.1	辰星是北方神	【2259】
W1736d	东斗四星	【2259】
W1737	南极星	【2259】
W1737.1	南极老头变成南极星	【2260】
W1737.1.1	南极星又称南极老人星	
W1737.1.2	南极星又称老人星	
W1738	南斗星	【2260】
W1738.1	南斗星主生	【2260】
W1738.2	南斗星主死	【2260】
W1738.3	南斗星主寿命	【2260】
W1738.4	南斗六星	【2261】
W1738.4.1	南斗六司	
W1739	魁星（文魁夫子、大魁夫子、大魁星君、绿衣帝君、魁星爷）	【2262】
W1739.1	魁星主文章	【2262】
W1739.2	人化为魁星	【2262】
W1739.2.1	一个丑文人化为魁星	
✽ W1740	启明星	【2262】
W1741	神或神性人物变成启明星	【2262】
W1741.1	天上的仙女变成启明星	【2263】
W1741.2	英雄变成启明星	【2263】
W1741.2.1	英雄的心变成启明星	
W1741.2.1.1	布伯的心飞到天上变成启明星	
W1741.3	盘古的心变成启明星	【2264】
W1741.3.1	盘古死后心变成启明星	
W1742	人变成启明星	【2265】
W1742.1	老人化为启明星	【2265】
W1742.1.1	老人骑仙鹤升天化为启明星	
W1742.1.2	启明星是一个老妇人	
W1742.2	盗贼变成启明星	【2266】
W1742.3	特定的女子变成启明星	【2266】
W1742.3.1	母女升天后母亲成为启明星	
W1742.3.2	1个小姑娘变成启明星	
W1742.3.3	天上避难的女子变成启明星	
W1742.4	叫启明的人变成启明星	【2267】
W1742.5	其他特定人物变成启明星	【2267】
W1742.5.1	寻找太阳的人变成启明星	
W1742.5.1.1	寻找太阳的刘春变成启明星	

W1743	珠宝变成启明星 【2268】		W1744.6	启明星叫慌忙星的来历 【2271】	
W1743.1	宝石变成北斗星 【2268】		W1744.6.1	启明星因匆忙向东走取名慌忙星	
W1743.2	启明星是抛到天上的明珠 【2268】		W1744.6a	启明星叫过天星的来历 【2272】	
W1744	与启明星有关的其他母题 【2268】		W1744.6a.1	启明星叫过天星是因为它每天要把天过一遍	
W1744.1	牛牙变成启明星 【2268】		W1744.6b	启明星即太白星 【2272】	
W1744.1.1	牛的尖牙变成启明星		W1744.6c	启明星即金星 【2272】	
W1744.1.2	牛的偏牙变成启明星		W1744.7	启明星是光明之神 【2272】	
W1744.1.3	牛的最粗的牙齿变成启明星		W1744.8	启明星象征吉祥 【2272】	
W1744.1.4	神牛的牙变成启明星		W1744.8.1	启明星预兆吉祥	
W1744.2	启明星为什么黎明时出现 【2269】		W1744.9	启明星在东方 【2273】	
W1744.2.1	启明星黎明时出现是因为变成启明星的美女是黎明时到天上的		W1744.9.1	启明星原来不在东方	
W1744.3	启明星白天值班 【2270】		W1744.10	启明星守护大地中层大门 【2273】	
W1744.4	启明星叫老人星的来历 【2270】		W1745	金星 【2274】	
W1744.4.1	启明星叫老人星是因为它是老人变成的		W1745.1	人变太白金星 【2274】	
W1744.5	启明星叫启明星的来历 【2270】		W1745.1.1	头人的心飞到天上化为太白金星	
W1744.5.1	启明星叫启明星是因为它出来天就亮		W1745.2	仙女变成金星 【2274】	
W1744.5.2	启明星叫大亮星的来历		W1745.2.1	水仙的大女儿变成金星	
W1744.5.2.1	因启明星身上有发光的鳞片取名大亮星		W1745.3	与金星有关的其他母题 【2275】	
			W1745.3.1	管西方的星称为金星	
			W1745a	金石星 【2275】	
			W1745a.1	金石星仗义 【2275】	
			W1746	彗星（扫把星、扫帚星、孛）【2275】	
			W1746.0	神造出彗星 【2275】	
			W1746.0.1	女神造出带灯的彗星	

W1746.0a	特定物变成彗星	【2276】		W1748.3	流星是风神抛出的火石	【2279】
W1746.0a.1	扫帚变成扫帚星			W1748.3a	流星天上身上带火的人在奔跑	【2280】
W1746.0a.1.1	伏羲女娲打狗的扫帚变成扫帚星			W1748.4	流星是星星射出的子弹	【2280】
W1746.0a.2	女子死后变成字（女子死后变成彗星）			W1748.5	流星是星星的粪便	【2280】
W1746.1	彗星是天缝漏下的星星	【2276】		W1748.6	与流星有关的其他母题	【2280】
W1746.2	彗星为什么有长尾巴	【2277】		W1748.6.1	流星可以使女人怀孕	
W1746.2.1	牛的尾巴做扫星星的扫把星			W1748.6.2	人身上的火变成了流星	
W1746.2.1.1	神用神牛的尾巴造扫把星			W1748.6.3	流星在99层云端	
W1746.2.2	彗星撞碎后产生长尾巴			W1748.6.4	流星是陨石神	
W1746.3	彗星作为死亡征兆	【2278】		W1748.6.5	流星是凶兆	
W1746.4	彗星的性格	【2278】		W1748.6.6	流星陨落的原因	
W1746.4.1	彗星搬弄是非			W1748.6.6.1	流星因腐败陨落	
W1746.5	与彗星有关的其他母题	【2278】		W1748.6.6.2	流星从天缝中漏下来	
W1746.5.1	鲸鱼死彗星出			W1749	昴星（七女星）	【2282】
W1746.5.2	扫帚星的妻子是葵花星			W1749.1	昴星的产生	【2282】
W1746.5.3	彗星怕指星木			W1749.1.1	天上的6个仙女形成昴星	
W1747	猎户星	【2279】		W1750	木星（岁星）	【2283】
W1747.1	猎户星的产生	【2279】		W1750.1	木星的产生	【2283】
W1748	流星（贼星）	【2279】		W1750.2	木星在东方	【2283】
W1748.0	流星是特定的火星	【2279】		W1750.3	岁星主东方	【2283】
W1748.0.1	流星是吴刚伐桂砍出的火星			W1750a	水星	【2284】
W1748.1	补天的石头化为流星	【2279】		W1750a.1	水星的产生	【2284】
				W1750a.2	水星有不同名称	【2284】
				W1750a.3	管北方的星称为水星	【2284】
W1748.2	流星是月亮落下的碎片	【2279】		W1750b	火星	【2284】
				W1750b.1	火星的产生	【2284】

W1750b.2	火星之精	【2284】			石头星	
W1750b.3	管南方星称为火星	【2285】		W1752.2e.1.1	挑着石头的人变成石头星	
W1750c	土星	【2285】		W1752.2f	箕星	【2289】
W1750c.1	土星主管中央	【2285】		W1752.2f.1	箕星是风师	
W1751	行星的产生	【2285】		W1752.2f.2	箕星在东方	
W1752	其他一些特定星星的产生	【2285】		W1752.3	天琴星的产生	【2290】
				W1752.4	天蝎星的产生	【2290】
W1752.1	毕星的产生	【2285】		W1752.4a	天车星	【2290】
W1752.1a	伯乐星	【2286】		W1752.4a.1	妯娌俩在天河上变成天车星	
W1752.2	大熊星座的产生	【2286】				
W1752.2.1	特定人物变成大熊星座			W1752.4b	天池（天池星、天渊）	【2290】
W1752.2.1.1	忏悔的7个盗贼变成大熊星座			W1752.4c	天狼星	【2291】
				W1752.4c.1	天狼星在参星东	
W1752.2.1.2	天仙的七个差役变成大熊星座			W1752.4c.2	天狼星主侵掠	
				W1752.4d	天牛星	【2291】
W1752.2.2	天枢			W1752.4d.1	天牛星做红娘	
W1752.2.2.1	日月山是天枢			W1752.4e	天王星	【2291】
W1752.2a	灯草星	【2287】		W1752.5	七姊妹星的产生	【2292】
W1752.2a.1	特定的人变成灯草星			W1752.5.1	玉帝把7个到天上的姊妹化为七姊妹星	
W1752.2a.1.1	银河中挑灯草的人变成灯草星					
				W1752.5.2	七姐妹星是1个老妇和6个女儿	
W1752.2a.2	灯草星为什么红色					
W1752.2a.2.1	灯草星红色是因为急红了眼睛			W1752.5.3	七星姊妹是月亮的妹妹	
W1752.2b	犁把星	【2288】		W1752.5a	儿女星	【2292】
W1752.2b.1	犁把飞上天变成犁把星			W1752.5a.1	牵牛星两边两个小星是儿女星	
W1752.2c	犁底星	【2288】		W1752.6	五大行星的产生（五星）	【2293】
W1752.2c.1	犁底飞上天变成犁底星					
W1752.2d	磨子星	【2289】		W1752.6.1	金、木、水、火、土五大行星是五兄弟	
W1752.2d.1	磨子星颜色暗淡					
W1752.2e	石头星	【2289】		W1752.6.2	五星	
W1752.2e.1	特定的人变成			W1752.6.2.1	西斗五星	

代码	名称	页码
W1752.6a	六星	【2294】
W1752.6a.1	北方天空的六颗明亮的星星是六个仙女	
W1752.7	三星	【2294】
W1752.7.1	一家3口变成三星	
W1752.7.2	三胎星	
W1752.7.2.1	守护太阳的3兄弟变成三胎星	
W1752.7a	商星	【2295】
W1752.7a.1	特定的人物变成商星	
W1752.7a.1.1	高辛的小儿子变成商星	
W1752.8	犁底星的产生	【2296】
W1752.9	鸡窝星的产生	【2296】
W1752.9.1	鸡窝在天上变成鸡窝星	
W1752.10	金牛星座	【2297】
W1752.10.1	金牛星被贬人间	
W1752.11	牛郎星和织女星	【2297】
W1752.11.1	牛郎织女变成牛郎星和织女星	
W1752.11.2	牵牛星	
W1752.11.2.1	牵牛星是牛郎给织女的礼物	
W1752.11.2.2	牵牛星在天河东南岸	
W1752.11.2.3	牵牛星又称河鼓	
W1752.11.3.3	织女星由3颗星造成	
W1752.11.3.4	织女星主瓜果	
W1752.11.3	织女星（天孙）	
W1752.11.3.1	织女星是天河西北岸最亮的星	
W1752.11.3.2	织女星天帝之孙	
W1752.11.3.3	织女星由3颗星组成	
W1752.11.3.4	织女星主瓜果	
W1752.11a	芍药花星	【2299】
W1752.11b	太一星	【2299】
W1752.12	文星（文昌星、文曲星）	【2300】
W1752.12.1	文星主文运	
W1752.12.2	文昌六星	
W1752.13	咸池星	【2300】
W1752.13.1	咸池星是天池星	
W1752.14	曜星	【2301】
W1752.14.1	狗变成曜星	
W1752.14.2	七曜	
W1752.14a	造父星	【2301】
W1752.15	镇星	【2301】
W1752.15.1	镇星居中央	

1.5.3 星星的特征
【W1755～W1769】

代码	名称	页码
W1755	星星的性别	【2302】
W1755.1	星星有男女	【2302】
W1755.1.1	天神将星星分为公星和母星	
W1755.2	星星是男性	【2302】
W1755.3	星星是女性	【2302】
W1755.3.1	星星是天上的姑娘	
W1756	星星的数量	【2303】
W1756.1	星星的数量众多	【2303】
W1756.1.1	星星数量数不清	
W1756.1.2	星星有千万颗	
W1756.1.3	28颗星	
W1756.2	星星为什么数量多	【2304】
W1756.2.1	星星多是因为月亮	

		经常生星星		钉子
W1756.2.2		星星多是撒了很多汗珠的缘故	W1761.1.0.2	星星是祖先补天的钉子
W1756.3		最早只有1对星星【2304】	W1761.1.1	星星是补天的特定材质的钉子
W1756.4		最早只有楼星和女星【2304】	W1761.1.1.1	星星是补天的宝石钉子
✽ W1757		星星是某种特殊的东西【2305】	W1761.1.1.2	星星是造天的金钉
W1758		星星是天上的人或动物的眼睛【2305】	W1761.1.1.3	星星是造天的铜钉
			W1761.2	星星是钉子的发光【2309】
W1758.1		星星是天上的姑娘【2305】	W1762	星星是石头【2309】
W1758.2		神巨人用犀牛的眼做星星【2305】	W1762.1	星星是天上的石头【2309】
W1759		星星是天上戳出的洞眼【2305】	W1762.1.1	星星是天神撒在天上的石头
W1759.1		星星是筛子眼里看到的天【2306】	W1762.2	星星是补天的石头【2310】
W1759.2		星星是天上的小圆孔【2306】	W1762.2.1	星星是女娲补天的小石头
W1759.3		星星是天上的小窟窿【2306】	W1762.3	星星是天上的宝石【2310】
W1759.3.1		星星是被女娲堵上的小窟窿	W1763	星星是天上的珍珠【2310】
W1759.3.2		星星是人戳出的小窟窿	W1763.1	星星是太阳身上的珠饰【2311】
W1760		星星是天眼【2307】	W1764	星星是牙齿【2311】
W1760.1		星星是造天时留下的天眼【2307】	W1764.1	星星是龙牙【2311】
			W1765	星星是火星【2311】
W1761		星星是钉子【2307】	W1765.1	星星是两个太阳（火球）在天上撞碰出的火星【2311】
W1761.1		星星是补天的钉子【2307】		
W1761.1.0		星星是特定补天者的钉子	W1765.2	星星是射太阳是溅出的火星【2312】
W1761.1.0.1		星星是仙女补天的	W1765.3	星星是太阳（月亮）抽烟冒出的火星【2312】

W1766	星星是月亮的外壳碎片	【2312】	W1769.0.1.1.1	月亮在星星中最大	
W1766.1	星星是月亮外壳上破碎的冰片	【2312】	W1769.0.1.2	巨星	
			W1769.0.1.2	巨星	
W1767	星星是天上的灵魂	【2312】	W1769.0.2	小星星	
			W1769.0.2.1	最小的星星	
W1767.1	星星是人在天上的标志物	【2312】	W1769.0.2.2	大星星生小星星	
			W1769.1	星星原来住在地上	【2316】
W1768	星星是其他特定的物	【2313】	W1769.2	星星是天上人间的守卫者	【2317】
W1768.1	星星是小天神	【2313】	W1769.2.1	星星是太阳的卫士	
W1768.2	星星是梭罗树开的花	【2313】	W1769.2.2	星星是天河的卫士	
			W1769.3	星星有一定的数量	【2318】
W1768.3	星星是天上的果子	【2313】	W1769.3.1	天上分布着二十八星宿	
W1768.4	星星是天上的羊群	【2313】	W1769.3.1.1	天上四方各有7个星宿	
W1768.5	星星是日月的牛羊	【2313】	W1769.4	星星具有魔力	【2318】
			W1769.5	星星眨眼睛	【2318】
W1768.6	星星是烟灰	【2314】	W1769.5.1	星星眨眼睛的原因	
W1768.6a	星星是泥点	【2314】	W1769.5.1.1	星星眨眼是在寻找亲人	
W1768.6a.1	星星是造地时甩到天上的黄泥点子		W1769.5.1.2	神王规定星星眨眼	
W1768.7	星星是金钗玉坠	【2314】	W1769.5.1.3	星星眨眼是在与月亮比个高低	
W1768.8	星星是手印	【2314】	W1769.6	会说话的星星	【2319】
W1768.8.1	星星是创世女神的手印		W1769.6.1	天地第5次变化时的星星会说话	
W1768.9	星星是天的心肝五脏	【2315】	W1769.6.2	星星发声的消失	
W1768.10	星星有血肉	【2315】	W1769.7	会变化的星星	【2320】
W1769	与星星的特征有关的其他母题	【2315】	W1769.7.1	星星变狗	
			W1769.7.2	星星变人	
			W1769.7.2.1	星星变成公主人	
W1769.0	星星的大小	【2315】	W1769.7a	调皮的星星	【2320】
W1769.0.1	大星星		W1769.8	星星的颜色	【2321】
W1769.0.1.1	最大的星星		W1769.8.1	以前的星星是黄色的	

W1769.8.2	白色的星星（白星）		W1770.3.1.1	东方七宿组成龙形	
W1769.8.2.1	银色的星星是逝去已久的死者的眼睛		W1770.3.1.2	西方七宿组成虎形	
			W1770.3.1.3	南方七宿组成鸟形	
			W1770.3.1.4	北方七宿组成龟形	
W1769.8.3	红色的星星（红星）		W1770.3.1.5	兄弟星座	
W1769.8.3.1	红色星星是刚逝死者的泪眼		W1771	天上的星星对应地上的人	【2325】
W1769.8.4	黑色的星星（黑星）		W1772	星星是迁徙的带路者	【2325】
W1769.9	发光的星星	【2322】	W1773	星星的消失	【2325】
W1769.9.1	光亮的星星是祖先的慧眼		W1773.1	星星被父亲太阳吃掉	【2326】
W1769.9.2	星光		W1773.2	妖魔吞食星星（怪物吞食星星）	【2326】
W1769.10	星星佩珠戴宝	【2323】			
W1769.11	星星开花	【2323】	W1773.2.1	风雨云雾之王吞食星	

1.5.4 与星星有关的其他母题
【W1770～W1779】

			W1773.3	星星被带入地下	【2326】
W1770	星座	【2323】	W1773.3.1	星星被女神带入地下	
W1770.1	玉帝把斧子变成星座	【2323】	W1773.4	星星消失是因为被吞吃	【2326】
W1770.2	星座名称来历（星星名称来历）	【2324】	W1773.5	星星消失是因为被偷走	【2326】
W1770.2.1	北斗七星星座的来历		W1773.5.1	偷星星	
W1770.2.2	特定星座有不同名称		W1773.6	与星星消失有关的其他母题	【2327】
W1770.2.2.1	北斗七星在民间也叫"斧子星"		W1773.6.1	星星陨落	
			W1773.6.1.1	星星落江中	
			W1773.6.2	星星被砸碎	
W1770.3	与星座有关的其他母题	【2324】	W1773.6.3	星星被抠掉	
			W1774	摘星星	【2328】
W1770.3.1	不同方位的星座组成不同动物形状		W1774.1	以前人可以摘星星	【2328】
			W1774.2	猫头鹰摘星星	【2328】
			W1775	星星代表灵魂	【2328】
			W1775.1	星星是人的灵魂	【2328】

代码	母题	页码
W1775a	星星是神的使者	【2328】
W1776	与星星有关的其他母题	【2329】
W1776.0	星星的名称	【2329】
W1776.0.1	彝人叫星星姐漠	
W1776.1	星星的居所	【2329】
W1776.1.0	星星为什么住天上	
W1776.1.0.1	星星被天父带到天上	
W1776.1.1	星星装在口袋中	
W1776.1.1.1	星星装在夜神的口袋	
W1776.1.2	星星的分布	
W1776.1.2.1	不同的星星各居其位	
W1776.1.2.2	盘古安置星星	
W1776.2	星星的坠落	【2331】
W1776.2.1	星星被风吹落到地上	
W1776.3	星星的亲属	【2331】
W1776.3.1	太阳、月亮和星星是一家人	
W1776.3.1.1	日月星原来是一家	
W1776.3.1.2	太阳是父亲，月亮是母亲，星星是孩子	
W1776.3.1.3	星星是日月的子女	
W1776.3.2	星星是天地的子女	
W1776.3.3	星星有2个女儿1个儿子	
W1776.4	星星的朋友	【2332】
W1776.4.1	南极星和北极星是好朋友	
W1776.4.2	星星是大地的伙伴	
W1776.4.3	星星是日月的朋友	
W1776.4.4	星星互为朋友	
W1776.5	星宿下凡	【2333】
W1776.6	星里有星	【2334】
W1776.7	捉星星	【2334】
W1776.8	星团	【2334】
W1776.9	星群	【2334】
W1776.9.1	七女星群	
W1776.9.1.1	七女星群为什么只有六颗星	
W1776.9.2	星星七姐妹	
W1776.10	星海	【2335】
W1776.11	星主	【2335】
W1776.11.1	大星星当星主	

1.6 天上其他诸物
【W1780～W1799】

1.6.1 天河（银河）
【W1780～W1789】

代码	母题	页码
✿ W1780	天河（银河）	【2336】
✽ W1781	天河（银河）产生	【2336】
W1782	神造银河	【2336】
W1782.1	天王造天河	【2336】
W1782.2	牛神开天河	【2337】
W1782.3	神挖出银河	【2337】
W1782.3.1	神造天时挖出2条银河	
W1782.4	神用肠造银河	【2337】
W1782.4.1	神用龙牛的岔肠造银河	
W1782.5	天母开天河	【2337】
W1783	特定的物变成银河	【2338】
W1783.1	头巾变成银河	【2338】

W1783.1.1	熊女的白头巾变成银河				妇女洒出的乳汁	【2342】
			W1784.4.1	女人的奶水形成银河		
W1783.2	头帕变成银河	【2338】				
W1783.2.1	巨人的头帕变成银河		**W1784.5**	王母娘娘用金簪划出天河		【2342】
W1783.2.2	女子的包头巾变成银河		W1784.5.1	王母娘娘为阻挡牛郎用金簪划出天河		
W1783.3	星星形成天河	【2339】				
W1783.3.1	星神撒星星变成天河		W1784.5a	天公划出天河		【2343】
			W1784.5a.1	天公为阻止太阳欺负星星划出天河		
W1783.4	特定人物的肠子做银河	【2339】				
W1783.4.1	牛的肠子变成银河		W1784.5b	牛郎用金簪划出天河		【2344】
W1783.4.1.1	神牛的大肠做银河		W1784.5b.1	牛郎为阻挡岳父追赶用金簪划出天河		
W1784	天河是特定的痕迹（银河是特定的痕迹）【2340】					
			W1784.6	天河（银河）是日月运行的足迹		【2344】
W1784.1	天河是神缝补天时形成的痕迹（银河是神缝补天时形成的痕迹）【2340】		W1784.7	天河是雪橇的痕迹【2344】		
			W1784.7.1	银河是神鹿拉雪橇走出的印迹		
			W1784.8	银河是炉水流成的痕迹		【2345】
W1784.1.1	仙姑用龙皮缝天缝成为天河		W1784.8.1	银河是女娲补天炼石时炉水流成的痕迹		
W1784.1.2	女娲缝天缝形成天河					
W1784.2	天神踩出一条银河【2341】		W1784.9	银河是人狩猎的痕迹		【2345】
W1784.3	祖先把蓝天踩成银河	【2341】	W1784.9.1	银河是猎手捕捉神鹿滑过的路		
W1784.3.1	男始祖遮帕麻造日月时踩出银河		**W1785**	天河是天上的一条路（银河是天上的一条路）		【2345】
W1784.3a	天上的人畜踩出的天河	【2342】				
W1784.4	天河（银河）是		W1785.1	天河是天上的灵		

1.6 天上其他诸物

代码	母题	页码
	魂的路（银河是天上的灵魂的路）	【2345】
W1785.1.1	银河是给露水留的路	
W1785.1.2	银河是给雨留的路	
W1786	天河是天上的一条河（银河是天上的一条河）	【2346】
W1787	天河是鹊桥（银河是鹊桥）	【2346】
W1787.1	灵鹊渡银河成为桥	【2346】
W1788	天河是天上的烟雾（银河是天上的烟雾）	【2346】
W1789	与天河有关的其他母题	【2346】
W1789.0	天河的特征	【2347】
W1789.0.1	天河有特定的水	
W1789.0.1.1	天河的水是银（银河的水是银）	
W1789.0.1.2	天河水是长生不老水	
W1789.0.1.3	天河的水是静止的	
W1789.0.2	天河的长度	
W1789.0.2.1	天河是最长的河	
W1789.0.3	天河9道弯	
W1789.0.4	天河的物产	
W1789.0.4.1	天河产粮米	
W1789.0.4.2	天河有鱼虾	
W1789.0.5	天河与海相通	
W1789.0.5a	银河与凡间相连	
W1789.0.6	银河是黄河	
W1789.1	天河的发源地	【2349】
W1789.1.1	天河水发源于太阳和月亮换位置的地方	
W1789.1.2	天河水源于神葫芦	
W1789.1.3	天河水是从地河运来的	
W1789.1.4	天河的源头是深潭	
W1789.1.5	天河的尽头	
W1789.1.5.1	天河的两头分别在昆仑山和大海之外	
W1789.2	天河的支撑	【2351】
W1789.2.1	天柱顶着天河	
W1789.2.1.1	天柱不周山的上端顶着天河	
W1789.3	天河的位置	【2351】
W1789.3.1	银河在第6层天	
W1789.3.2	天河在天边	
W1789.3.3	天河在南天门外	
W1789.3.4	天河是天界	
W1789.4	天河的数量	【2352】
W1789.4.1	2条天河	
W1789.5	天河的看守	【2353】
W1789.5.1	人到天上看守天河	
W1789.5.2	神羊看守天河	
W1789.5a	天河上的人物	【2353】
W1789.5a.1	银河上有做生意的仙女	
W1789.5a.2	天河边上住神仙	
W1789.6	天河的其他名称（银河的其他名称）	【2354】
W1789.6.1	天汉	
W1789.6.2	明河	
W1789.7	天河漏水	【2354】

W1789.7.1	神的争斗造成天河漏水		W1791.3	天宫的位置	【2360】
W1789.8	**补天河**	【2355】	W1791.3.1	天宫在天的上方	
W1789.8.1	雷兵补天河		W1791.3.2	天宫在云中	
W1789.9	**天河的闸门**	【2355】	W1791.3.2.1	天宫在瑞气祥云之中	
W1789.9.1	天河的铜闸门		W1791.3.2.2	天宫彩云缭绕	
W1789.10	**天河中的诸物**	【2356】	W1791.3.3	天宫在第1层天	
W1789.10.1	天河中的云兽		W1791.3.4	天宫在天的最高层	
W1789.10.2	天河中的桥		W1791.3.5	天宫离地10万8千里	
W1789.11	**银河开花**	【2356】	**W1791.4**	**天宫像云悬浮在天空中**	【2362】

1.6.2 天宫与天堂
【W1790~W1794】

✽ **W1790**	**天宫**	【2357】
W1790a	**天宫的产生**	【2357】
W1790a.1	**天神造天宫**	【2357】
W1790a.1.1	天神用金银造天宫	
W1790a.2	**天母率徒造天宫**	【2358】
W1790a.3	**始祖造天宫**	【2358】
W1790a.3.1	女始祖为生天地造天宫	
W1790a.4	**与天宫的产生有关的其他母题**	【2358】
W1790a.4.1	重造天宫	
W1791	**天宫的特征**	【2359】
W1791.0	**天宫很大**	【2359】
W1791.0.1	九霄十分广阔	
W1791.1	**天宫金碧辉煌**	【2359】
W1791.1.1	天宫金碧辉煌美丽如梦	
W1791.1a	**天宫庄严豪华**	【2360】
W1791.2	**天宫在特定的天层**	【2360】
W1791.2.1	天宫是第1层天	
W1791.2.2	17层天的天宫	
W1791.5	**天宫的数量**	【2362】
W1791.5.1	天宫八部	
W1791.5.2	天有9宫	
W1791.5.3	33座天宫	
W1791.5.4	72重宝殿	
W1791.6	**天宫有特定的门**	【2363】
W1791.6.1	天宫有12层门	
W1791.6.2	天阿是众神进出天宫的门户	
W1791.7	**天宫的墙**	【2363】
W1791.7.1	天宫的云墙	
W1791.7.2	天宫白玉为墙	
W1792	**与天宫有关的其他母题**	【2364】
W1792.0	**天庭**	【2364】
W1792.0.1	天神在光中造出天庭	
W1792.0.2	天庭景象迷人	
W1792.0.3	天庭金光闪闪	
W1792.0.4	天庭是神的世界	
W1792.1	**天宫的花园（天上的花园）**	【2365】
W1792.1.1	神在天上花园种花草	
W1792.1.2	天宫花园种仙桃	

代码	母题	页码
W1792.1.3	玉皇的后花园	
W1792.2	天上的蟠桃园	【2366】
W1792.3	灵霄宝殿	【2366】
W1792.4	九龙殿	【2367】
W1792.4.1	九龙殿在天地之间	
W1792.4a	水晶宫殿	【2367】
W1792.4a.1	33层天上的水晶宫殿	
W1792.4b	人间天宫	【2368】
W1792.4b.1	麦积山有个人间天宫	
W1792.4c	天国	【2368】
W1792.4c.1	天国由爱神主宰	
W1792.4c.2	天国里的万物迅速成长	
W1792.4d	玄都玉京	【2368】
W1792.5	天宫的造访者	【2369】
W1792.5.1	黄帝到天宫	
W1792.5.2	凡人不能进天宫	
W1792.6	天宫的守护者	【2369】
W1792.6.1	神鹰是天宫守护者	
W1792.6.2	4只神鹰守天宫	
W1792.6.3	9条巨蟒守护天宫	
W1792.6.4	龙守天宫门	
W1792.7	天宫中的差役	【2370】
W1792.7.1	动物是天宫的差役	
W1792.7a	天宫的主人（天宫的管理者）	【2371】
W1792.7a.1	玉皇大帝是天宫的主人	
W1792.8	天宫中的物件	【2371】
W1792.8.1	天宫中的树	
W1792.8.2	天宫中的房屋	
W1792.8.3	紫微宫	
W1792.8.4	天宫的亭台楼阁	
W1792.8.5	天宫有很多宝贝	
W1792.9	天宫被骚扰（闹天宫）	【2372】
W1792.9.1	乱神闹天宫	
W1792.10	天宫的倒塌	【2372】
W1792.10.1	天宫被山刺塌	
W1792.11	天宫的重建	【2373】
W1792.11.1	战后重建天宫	
W1793	天堂	【2373】
W1793.1	天堂的产生	【2373】
W1793.1.1	真主造天堂	
W1793.2	天堂的建筑	【2374】
W1793.2.1	天堂有镶玉的巨柱	
W1793.2.2	天堂到处是金砖银瓦的房子	
W1793.3	天堂很美好	【2374】
W1793.4	天堂的守护者	【2374】
W1793.4.1	特定的神守护天堂	
W1793.4.2	特定的动物守护天堂	
W1793.4.2.1	公驼、鹰等动物守护天堂	
W1793.5	升入天堂的方法	【2375】
W1793.5.1	通过宗教仪礼可以进天堂	
W1794	天上的其他建筑物	【2375】
W1794.0	天池	【2375】
W1794.0.1	南冥	
W1794.1	瑶池	【2375】
W1794.1.1	瑶池即淫水	
W1794.1.2	瑶池在昆仑山上	
W1794.2	天牢	【2376】
W1794.2.1	天牢的制造者	
W1794.2.2	天牢中的关押者	
W1794.2.2.1	魔鬼锁在天牢中	
W1794.2.2.2	人被关进天牢	
W1794.3	天上的库房	【2377】
W1794.3.1	天上的粮仓	

W1794.3.2	天上粮仓的管理者			W1797.1.2	月亮上的树	
W1794.3.2.1	天牛是天上粮仓的管理者				（月树）	
W1794.3.3	天上库房的守护者			W1798	天上的其他诸物	【2382】
W1794.3.3.1	蜘蛛看守天上的库房			W1798.1	天幕	【2382】
				W1798.1.1	杀死的犀牛皮变成天幕	
W1794.4	天上的村寨	【2378】		W1798.1.2	特定人物装饰天幕	
W1794.4.1	天上有十寨九河			W1798.1.2.1	老人把宝珠镶嵌在天幕	

1.6.3 天上其他诸物
【W1795～W1799】

				W1798.1.3	天幕五光十色	
				W1798.1.4	天幕的升高	
W1795	天门	【2378】		W1798.1.4.1	天柱支天时天幕升高	
W1795.1	天有4门	【2378】				
W1795.1.1	神造四道天门			W1798.1.5	天幕的开合	
W1795.2	天门是天神进出的路口	【2379】		W1798.1.5.1	狂风吹开天幕的四边	
W1795.3	天门的守护者	【2379】		W1798.1.6	天幕的破裂	
W1795.3.1	天门由神守护			W1798.1.6.1	恶神撕裂天幕	
W1795.3.2	天门由神兽守护			W1798.1.6.2	神的争斗造成天幕裂缝	
W1795.3.3	天门由蛇守护					
W1795.3.4	天门由吴刚守护			W1798.1a	天蓬	【2384】
W1795.3.5	天门的其他特定的守护者			W1798.1a.1	特定人物扯起天蓬	
				W1798.1a.1.1	大汉立天柱扯天蓬	
W1795.3.6	与天门守护者有关的其他母题			W1798.1a.2	天蓬像伞	
				W1798.1b	天板（天花板）	【2385】
W1796	天上的动物	【2380】		W1798.1b.1	射日月射掉天板	
W1796.1	天狗	【2380】		W1798.2	天锁	【2385】
W1796.1.1	人变成天狗			W1798.3	天衣	【2385】
W1796.1.2	天狗咬太阳			W1798.3.1	用云粉做天的衣裳	
W1796.1.3	天狗咬月亮			W1798.4	天泉	【2385】
W1796.2	天狼	【2381】		W1798.4.1	天泉在天地的尽头	
W1796.3	三足乌	【2381】		W1798.5	天街	【2386】
W1797	天上的植物	【2381】		W1798.5.1	天街的灯火	
W1797.1	天上的树	【2381】		W1798.6	天上的河流	【2386】
W1797.1.1	天上的蟠桃树			W1798.7	天上的山脉	【2386】
				W1798.7.1	天上的鬼山	

W1798.8	天上最早只有天神【2386】		1个月产生山
		W1802.4	地上最早出现山【2396】
		W1802.4.1	平地起高山

1.7 山石
【W1800～W1869】

✱W1803	山是造出来的（造山）【2396】
W1803a	造山的原因【2397】
W1803a.1	为挡风造山【2397】
W1803a.2	因地太平造山【2397】
W1803a.3	为镇地造山【2397】

1.7.1 山的产生
【W1800～W1824】

✿W1800	山的产生	【2391】
W1800a	山产生的原因	【2391】
W1800a.1	以前没有山	【2391】
W1800a.1.0	以前没有山河	
W1800a.1.1	特定的山原来不存在	
W1800a.1.2	真主创世时没有山	
W1800a.1.3	产生天地后没有山	
W1800a.2	因世界荒凉造山	【2393】
W1800a.3	为压地造山	【2393】
W1801	山来源于某个地方	【2394】
W1801.1	山从天降	【2394】
W1801.1.1	神从天上撒下山	
W1801.1.1.1	山从云上被射下来	
W1801.2	山源于水	【2394】
W1801.3	山从远处飞来	【2394】
W1801.4	山从远处赶来	【2395】
W1801.4.1	神仙从远方赶来山	
W1802	山自然产生	【2395】
W1802.1	山是支撑大地的脊背高的部分	【2395】
W1802.2	洪水落后出现山	【2395】
W1802.2.1	海水干后形成山	
W1802.3	开天辟地后出现山【2396】	
W1802.3.1	盘古开天辟地后	

W1804	神或神性人物造山	【2397】
W1804.0	神造山	【2398】
W1804.0.1	神用泥土沙石造山	
W1804.0.2	神拍出五座山	
W1804.1	天神造山	【2398】
W1804.1.1	天神犁出山	
W1804.1.2	天神用手指在地上划出山	
W1804.1.3	天神撒沙石成山	
W1804.1.4	天神捏神土造山	
W1804.1.5	天神巨手一挥造出山	
W1804.2	地神造山	【2399】
W1804.2.1	地王造山岭	
W1804.2.2	地神堆出山	
W1804.2.3	地神捏出山	
W1804.2a	山神造山	【2400】
W1804.2a.1	山王造山	
W1804.3	造地者造山	【2401】
W1804.3.1	造地者的不认真造成高山	
W1804.3.2	造地者拉拢风道口时形成山河	
W1804.4	上帝造山	【2402】
W1804.5	大力神造山	【2402】

W1804.6	造物主造山	【2402】		W1805	特定的神或神	
W1804.7	英雄造山	【2402】			性人物造山	【2407】
W1804.7.1	英雄用剑劈出山			W1805.1	盘古造山	【2407】
W1804.8	祖先造山	【2403】		W1805.1.1	盘古用泥造山	
W1804.8.1	祖先犁出高山			W1805.1.2	盘古砍出山	
W1804.8.2	始祖造山河			W1805.2	女娲造山	【2408】
W1804.8.3	祖先的战争形成山			W1805.2.1	女娲撒土造山	
W1804.8.4	特定名称的祖先造山			W1805.2.1.1	女娲撒3把土造出3座山	
W1804.8.4.1	始祖宁贯瓦造山			W1805.2.1.2	女娲抱土造山	
W1804.9	神仙造山	【2404】		W1805.3	真主造山	【2409】
W1804.9.1	仙女造山			W1805.3.1	真主造出7座大山	
W1804.9.1.1	九仙女中的大姐造山			W1805.4	喇嘛造山	【2410】
W1804.9.2	仙子劈出山			W1805.4.1	喇嘛造9座山	
W1804.9.3	仙子平整地面打造出山			W1805.4.2	喇嘛让山王造山	
				W1805.4.2.1	喇嘛让山王造9座山	
W1804.10	巨人造山	【2404】		W1805.5	其他特定的神或神性人物造山	【2410】
W1804.10.1	巨人防风用青泥造山			W1805.5.1	混沌造山	
W1804.10a	巨神造山	【2405】		W1805.5.2	诺恩造山	
W1804.10b	巨灵造山	【2405】		W1805.5.3	如来佛造山	
W1804.11	鬼造山	【2405】		W1806	人造山	【2411】
W1804.11.1	魔鬼造山			W1806.1	女子造山	【2411】
W1804.11.2	天鬼造山			W1806.1.1	洪水后幸存的姐弟中姐姐造山	
W1804.12	其他神或神性人物造山	【2406】		W1806.2	男人造山	【2412】
W1804.12.1	男神女神共同造山河			W1806.3	其他特定的人造山	【2412】
W1804.12.2	神灵把泥土堆成山			W1806.3.1	李郎造山	
W1804.12.3	无极造山			W1807	动物造山	【2412】
W1804.12.4	神人犁出大山			W1807.1	鸟造山	【2412】
W1804.12.5	巨灵造山			W1807.1.1	鸟用嘴掘地造山	
W1804.12.6	造物主造山			W1807.1.2	鸟拍打出山	
W1804.12.6.1	造物主把地劈轻的地方变成高山			W1807.2	独角兽造山	【2413】
				W1807.2.1	独角神兽造山	
				W1807.3	乌龟造山	【2413】

W1807.4	蛇造山	【2413】
W1807.4a	马鬃蛇造山	【2413】
W1807.4b	龙造山	【2413】
W1807.5	与动物造山有关的其他母题	【2414】
W1807.5.1	鱼潜水取泥造山	
W1807.5.2	虾用杂草树叶造山	
W1807.5.3	猪拱出山	
W1807.5.3.1	野猪拱出山	
W1807.5.4	蚂蚁造山	
W1808	**其他人物造山**	【2415】
W1808.1	风造山	【2415】
W1808.1.1	风用土石造山	
W1809	**造山的方法**	【2416】
W1809.1	推压大地形成山	【2416】
W1809.1.1	青蛙推压大地形成山	
W1809.2	缩地时的褶皱形成山	【2416】
W1809.2.1	抓地形成山脉	
W1809.2.2	没拉平地脉形成山	
W1809.2.2.1	造地之神没拉平地脉形成山	
W1809.2.2.2	神仙没拉平地脉形成山	
W1809.2.3	盘古缩地时的褶皱形成山	
W1809.2.4	盘古的弟弟盘生缩地时的褶皱形成山	
W1809.2.5	神修整天地产生的褶皱形成山	
W1809.2.5.1	创世女神修地时抖出的褶皱形成山	
W1809.2.5.2	天神缩地时皱巴的地方形成山	
W1809.2.6	长蛇缩地形成山河	
W1809.2.6a	龙王箍地形成山	
W1809.2.7	赶地时形成的褶皱变成山	
W1809.3	缩地时凸起的地方形成山	【2420】
W1809.3.0	盘古缩地时凸起的地方形成山	
W1809.3.1	神造成的大地凸起形成山	
W1809.3.1.1	神用斧子撞击大地时凸起的地方形成山	
W1809.3.2	大地因寒冷冷缩出山	
W1809.3.3	大地缩身体时鼓出的地方变成山	
W1809.3.4	祖先箍地形成的凸起变成山	
W1809.3a	补地时的失误形成山	【2422】
W1809.3a.1	张古老补地时的用力过猛形成山	
W1809.3a.2	李张古老补地时捏出的疙瘩形成山	
W1809.4	积土成山	【2422】
W1809.4.1	动物堆出山	
W1809.4.2	独角神兽堆石为山	
W1809.4.3	水中积土成山	
W1809.4.3.1	土堡子填水塘变山	
W1809.4.4	尘土堆积成山	
W1809.4.4.1	巨人修天落到地上的粉尘聚成山	
W1809.4.4.2	洪水时蜘蛛水上结网积尘土高的地方形成山	

W1809.4.5	神挑的土落地成山				成山
W1809.4.5.1	二郎神担山时倒的鞋中土形成山		W1809.8.3.1		文化英雄的儿子用锤敲击大地形成山
W1809.4.6	泥巴堆积成山				
W1809.4.7	始祖挑土造山		**W1809.9**	**劈砍形成山**	【2431】
W1809.4.8	天神积土成山		W1809.9.1	盘古用斧子劈出山	
W1809.4.9	地神积土成山		W1809.9.2	劈坏地面形成山	
W1809.4.10	筑堤成山		W1809.9.3	用宝刀造山	
W1809.4a	**积沙成山**	【2426】	**W1809.10**	**犁出山**	【2432】
W1809.4a.1	二郎神倒的鞋中沙子形成山		W1809.10.1	神或神性人物犁出山	
W1809.4a.2	女子沙袋中漏的沙子形成山		W1809.10.1.1	天神犁出山	
			W1809.10.1.1.1	天神用天牛犁出山	
W1809.4a.3	积沙成为沙山		W1809.10.1.2	祖先犁出山	
W1809.4a.3.1	沙山		W1809.10.2	牛耙出高山	
W1809.4b	**积灰成山**	【2428】	W1809.10.3	天牛犁地犁出高山	
W1809.4b.1	二郎神留下的灰堆变成山		W1809.10.4	犀牛犁地形成高山	
			W1809.11	**山是刻出来的**	【2433】
W1809.5	**积石成山（堆石造山）**	【2428】	W1809.11.1	神刻出山	
			W1809.11.2	玉帝刻出山	
W1809.5.0	神或神性人物堆石成山		W1809.11.2.1	玉帝用剑刻出山	
			W1809.12	**山是画出来的**	【2434】
W1809.5.0.1	祖先堆石成山		W1809.12.1	盘古的儿子盘生画出山	
W1809.5.0.2	神兽先堆石成山				
W1809.5.1	动物堆石成山		**W1809.13**	**山是挑来的**	【2434】
W1809.5.2	女子垒石成山		W1809.13.1	二郎神担山追日时挑来山	
W1809.5.3	神抛石成山				
W1809.6	**赶石成山**	【2429】	W1809.13.2	大力神挑来山	
W1809.7	**潜水取泥造山**	【2429】	**W1809.13a**	**山是挑出来的**	【2434】
W1809.8	**击打形成山**	【2429】	W1809.13a.1	颛顼用宝剑挑成山	
W1809.8.1	神击打出山				
W1809.8.1.1	天母击打出山		**W1809.14**	**山是踩出来的**	【2435】
W1809.8.2	在地上顿斧头形成山		W1809.14.1	神在地上行走时踩出了山	
W1809.8.2.1	盘古在地上顿斧头形成山		**W1809.15**	**山是抛撒出来的**	【2435】
W1809.8.3	用锤敲击大地形		W1809.15.1	天神向地上撒金子、石头、泥巴，	

1.7 山石

代码	母题	页码
	撒得多的地方变成山	
W1809.15.2	玉帝撒的彩纸碎片变成山	
W1809.16	**其他造山方法**	【2436】
W1809.16.1	神捏出山	
W1809.16.1a	神人捏出山	
W1809.16.2	神抓出山	
W1809.16.3	神造地时用斧子打得重的地方成为高山	
W1809.16.4	搬山治水形成山水	
W1809.16.5	用魔法造出山	
W1809.16.5.1	天神用魔法造山	
W1809.16.5.2	巨灵神用道术造山	
W1810	**与造山有关的其他母题**	【2438】
W1810.0	最初没有造山	【2438】
W1810.1	造山的材料	【2438】
W1810.1.1	用牛骨头造山	
W1810.1.2	用牛肋造高山	
W1810.1.3	用土造山	
W1810.1.3.1	用神土造山	
W1810.1.4	用乳房造山	
W1810.1.5	用泥造山	
W1810.1.5.1	神用泥块造山	
W1810.1.5.2	神人用泥土捏山	
W1810.1.5.3	如来佛用水、沙土、石块和成泥浆撒在水上造山	
W1810.1.5.4	盘古用泥捏山	
W1810.1.5.5	大力士用泥捏山	
W1810.1.6	用污垢造山	
W1810.1.6.1	神用身上的污垢造山	
W1810.1.7	用珍珠垒山	
W1810.1.8	用多种物质造山	
W1810.1.8.1	人用泥巴、石头和沙粒造山	
W1810.2	山是水冲刷出来的	【2442】
W1810.2.1	洪水造成高山	
W1810.2.1.1	洪水冲刷岩石形成山	
W1810.2.2	大雨冲出山川	
W1810.2.3	水的流动冲出山川	
W1810.3	拉天缝地形成山脉	【2443】
W1810.4	争斗时形成山	【2443】
W1810.4.1	青牛斗火神时形成山	
W1810.4.2	天神斩的魔鬼尸体形成山	
W1810.5	铺地不平形成山	【2444】
W1810.5.1	皇天爷皇天姆铺地不平形成山	
✤ **W1811**	**山是生育产生的**	【2444】
W1812	**神或神性人物生山**	【2444】
W1812.1	山是神的儿女	【2444】
W1812.2	巨人生山川	【2444】
W1812.3	神的种子种出山	【2445】
W1812.4	神婚生山	【2445】
W1812.4.1	昆仑山女神与玉龙雪山神婚生山	
W1813	**卵生山**	【2445】
W1813.0	神的卵生山	【2445】
W1813.0.1	神的卵生大山和小山	
W1813.1	精灵的卵生山	【2445】
W1813.1.1	精灵感水珠生的蛋中生出山	
W1813.2	鸟卵生山	【2446】
W1814	**与生育产生山**	

	有关的其他母题	【2446】	W1816.7	神的孩子变成山	【2452】
W1814.0	地生山	【2446】	W1816.7.1	女山神的后代变成特定的山	
W1814.0.1	地因为打赌失败长出山		W1817	人变成山（人变成山峰）	【2453】
W1814.1	山是大地的孩子	【2446】	W1817.1	世界上最早的人死后的肉变山	【2453】
W1814.2	地的裂缝中生出山	【2447】	W1817.2	1对夫妻变成山	【2453】
W1814.3	木火土铁水五种元素中产生山	【2447】	W1817.2a	1对兄妹变成山	【2453】
＊W1815	山是变化产生的	【2447】	W1817.2a.1	1对托日月升天的兄妹变成山	
W1816	神或神性人物变化为山	【2447】	W1817.3	特定的人死后变成山	【2453】
W1816.1	巨人变成山	【2447】	W1817.4	小伙变成山	【2454】
W1816.1.1	巨人的身体变成山		W1817.5	姑娘变成山	【2454】
W1816.1.1.1	巨人夸父的尸体变成山		W1817.5.1	寻找太阳的女子变成山	
W1816.2	盘古变成山	【2448】	W1817.6	人被火炼成山	【2454】
W1816.2.0	盘古死后变成山		W1817.6.1	莫拉被大火炼成红石山	
W1816.2.1	盘古的手足四肢变成山		W1817.7	人身体增大后变成山	【2454】
W1816.2.2	盘古的两只角变成山		W1818	动物或动物肢体变化成山	【2455】
W1816.2.3	盘古死后骨架变成山		W1818.1	牛变成山	【2455】
W1816.3	仙女变成山	【2450】	W1818.1.1	神牛死后变成山	
W1816.3.1	天女变成山		W1818.1.2	水牛变成山	
W1816.4	龙女变成山	【2451】	W1818.2	鱼变成山	【2455】
W1816.5	神或神性人物的尸体变成山	【2451】	W1818.2.1	鱼背露出水面变成山	
W1816.5.0	水神的尸体变成山		W1818.2.1.1	鳗鱼背露出水面变成山	
W1816.5.1	神灵死后肉变成山		W1818.3	蛇变成山	【2456】
W1816.5.2	祖先化身为山岗		W1818.3.1	马鬃蛇的背脊变成山	
W1816.5.3	英雄死后变成山		W1818.3.2	怪蛇变成山	
W1816.5.4	妖魔的尸骨变成山		W1818.3.2.1	羲男羲女婿生的	
W1816.6	神物变成山	【2452】			

	怪蛇的头变成山		W1819.2.6	巨人杀死后的骨骼	
W1818.4	鸟变成山	【2456】		变成山	
W1818.4.1	鸟的筋络变成山		W1819.2.7	猴骨变成山	
W1818.4.1.1	人面大鸟的筋络		W1819.2.8	盘古氏的骨骼变	
	变成山			成山	
W1818.5	其他动物变成山	【2457】	W1819.3	头颅变成山	【2463】
W1818.5.1	骆驼变成山		W1819.3.1	神的头颅变成山	
W1818.5.1.1	野公骆驼变成山		W1819.3.2	盘古的头变成四岳	
W1818.5.2	蜂的尸体堆积成山		W1819.3.3	盘古死后头变成山	
W1818.5.3	鹿的内脏变成山		W1819.4	鼻子变成山	【2463】
W1818.5.3.1	马鹿的心变成山		W1819.4.1	盘古死后鼻子变成	
W1818.5.3.2	马鹿的胆变成山			笔架山	
W1818.5.4	骡子变成狮子山		W1819.5	毛发变成山	【2464】
W1818.5.4a	狮子变成狮子山		W1819.5.1	头发变成山	
W1818.5.5	凤凰公主变成山		W1819.5.1.1	盘古死后头发变	
W1818.5.6	龙变成山			成山	
W1818.5.7	蛟龙的尸体变成		W1819.5.2	毛发和胡子变成山	
	山		W1819.5.2.1	盘古的毛发和胡子	
W1819	特定的肢体			变成山	
	变成山	【2460】	W1819.5a	指甲变成山	【2464】
W1819.1	神或神性人物的		W1819.5a.1	巨人的指甲变成山	
	肢体变成山	【2460】	W1819.6	四肢变成山	【2465】
W1819.1.0	神的乳房变成山		W1819.6.1	盘古死后四肢	
W1819.1.1	地母的两个乳房			变成山	
	变成山		W1819.6.2	女娲死后四肢	
W1819.1.2	祖先死后奶头			变成山	
	变成大山		W1819.7	手变成山	【2465】
W1819.1.2.1	男始祖的乳房变成		W1819.7.0	神或神性人物的	
	山			手变成山	
W1819.2	骨骼变成山	【2461】	W1819.7.1	盘古死后手变成鸡	
W1819.2.1	天女的骨头变成山			足山	
W1819.2.2	星星的骨骼变成山		W1819.7.2	盘古的手臂变成山	
W1819.2.3	最早的人死后骨骼		W1819.7.3	大禹的手掌变成山	
	变成山		W1819.8	拳头变成山	【2466】
W1819.2.3a	人的尸骨变成山		W1819.8.1	盘古的拳头变成山	
W1819.2.4	精灵的骨骼变成山		W1819.8.2	盘皇的拳头变成山	
W1819.2.5	龙骨变成山		W1819.9	乳房变成山	【2467】

代码	母题	页码		代码	母题	页码
W1819.9.1	神的乳房变成山				变成山	
W1819.9.2	天公的乳房变成山			W1821.4.3	射日者抛的石头	
W1819.9.3	祖先的乳头变成山				变成山	
W1819.10	**心变成山**	【2467】		W1821.4.4	磨盘变成山	
W1819.10.1	鹿心变成山			**W1821.5**	**泥土变成山**	【2473】
W1819.11	**胆变成山**	【2468】		W1821.5.1	神撒的土块变成山	
W1819.11.1	鹿胆变成山			W1821.5.1.1	天神扔出的天河泥	
W1819.12	**皮变成山**	【2468】			变成山	
W1819.12.1	鹿皮变成山			W1821.5.2	烧的泥变成山	
W1819.13	**筋络变成山**	【2468】		W1821.5.3	尘土变成山	
W1819.13.1	鸟的筋络变成山			W1821.5.4	鼓出的地变成山	
W1819.14	**生殖器变成山**	【2468】		W1821.5.4.1	神捶地凸起的地方	
W1819.14.1	女始祖的阴部变成山				成为山	
				W1821.5.4.2	神拖地凸起的地方	
W1819.15	**其他特定肢体变成山**	【2469】			成为山	
W1819.15.1	角变成山			W1821.5.4.3	神推地成山	
W1819.15.2	脚趾手指变成山梁			W1821.5.5	人撒的黄泥变成山	
W1819.15.3	脑髓变成山			W1821.5.6	造地时翻出的	
W1819.15.3.1	青蛙的脑髓变成山				土堆成为山	
W1820	**植物变成山**	【2469】		W1821.5.7	造人剩下的泥巴	
W1820.1	树变成山	【2469】			变成山	
W1820.1.1	树干变成山			**W1821.6**	**天上的落物变成山**	【2475】
W1820.2	茶叶铺地最厚的地方成为高山	【2470】		W1821.6.1	落到地上的天梭变成山	
W1820.3	神草变成山	【2470】		W1821.6.2	太阳被射落后变成山	
W1821	**自然物或无生命物变化成山**	【2470】		**W1821.7**	**水凝固变成山**	【2476】
W1821.1	天柱变成山	【2470】		**W1821.8**	**气变成山**	【2476】
W1821.2	地变成山	【2471】		W1821.8.1	魔气化成山	
W1821.2.1	赶地成山			**W1821.9**	**排泄物变成山**	【2477】
W1821.3	金银变成山	【2471】		W1821.9.1	粪便变成山	
W1821.4	**石头变成山（山脉）**	【2471】		W1821.9.1.1	神的粪便变成山	
W1821.4.1	不断增大的宝石变成山			W1821.9.1.1.1	日月的子女的粪便变成山	
W1821.4.2	夸父支锅的石头			W1821.9.1.2	巨人排泄肚子中的土与水变成山	
				W1821.9.1.3	祖先屙屎变成山	

1.7 山石

代码	母题	页码
W1821.9.1.4	鸟的粪便变成山	
W1821.10	其他无生命物变成山	【2479】
W1821.10.1	扁担变成山	
W1821.10.1a	神棍变成山	
W1821.10.2	地与天打赌比输后变丑形成山	
W1821.10.3	4根顶天柱变成4座高山	
W1821.10.4	焚烧的残余物变成山	
W1821.10.5	岛变成高山	
W1821.10.6	水中的沫变成山	
W1822	与变成山有关的其他母题	【2480】
W1822.1	蛋壳变成山	【2480】
W1822.1.1	世界卵的壳变成山	
W1822.2	特定的混合物变成山	【2481】
W1822.2.1	盘古的眼泪与石头混合形成山	
W1822.3	特定的地方变成山	【2481】
W1822.3.1	仙女自尽的火坑变成山	
W1823	与山的产生有关的其他母题	【2481】
W1823.0	水消失后形成山	【2481】
W1823.0.1	大水退去出现高山	
W1823.0.2	海水退去出现高山	
W1823.0.2.1	海水退去形成山川	
W1823.0.3	海水干后形成山	
W1823.1	特定事件形成山	【2483】
W1823.1.1	大火导致山的产生	
W1823.1.2	地震形成山	
W1823.1.3	山崩形成特定的山	
W1823.1.4	塌的一块天堆成山	
W1823.1.5	填湖成山	
W1823.1.6	山是神搏斗的痕迹	
W1823.2	种出山	【2484】
W1823.2.1	天神给下凡的女儿山的种子	
W1823.2a	影子中产生山	【2484】
W1823.2a.1	山影中产生山	
W1823.2a.1.1	山的前身是山的影子	
W1823.3	地面隆起形成山	【2485】
W1823.3.1	突然冒出山	
W1823.4	土的增长形成山	【2485】
W1823.4.1	土日日长，地日日沉形成山	
W1823.5	山产生的时间	【2486】
W1823.5.1	最早产生的1座山	
W1823.5.2	世界最早只有1座山	
W1823.5.3	最早产生的3座山	
W1823.5.3.1	最早的3座山是太阳山、月亮山和地面山	
W1823.5.4	地上最先产生山	
W1823.6	土山	【2487】
W1823.6.1	土山的产生	
W1823.6.1.1	积土形成土山	
W1823.6.1.2	祖先造土山	
W1823.6.1.3	人死后变成土山	
W1823.6.2	与土山有关的其他母题	
W1823.6.2.1	土堆	
W1823.6.2.1.1	凤凰堆	
W1823.6.2.1.2	振履堆	
W1823.6.2.2	土岭	
W1823.6.2.2.1	石狮化为土岭	
W1823.6a	土丘	【2489】

W1823.6a.1	会长的土丘			W1825.5.1	祖先用鞭子打出很多小山	
W1823.7	有关联的两座山	【2489】		W1825.5.2	最早的山很小	
W1823.7.1	两座山同时产生			W1826	山的颜色	【2494】
W1823.8	无宝不成山	【2490】		W1826.1	红色的山	【2494】
				W1826.1.1	山的红色是血液染成的	

1.7.2 山的特征
【W1825～W1834】

				W1826.1.1.1	山的红色是火龙的血染成的	
W1825	山的大小（山的高低）	【2490】		W1826.1.2	红土山	
W1825.0	山为什么大小不同	【2490】		W1826.1.2.1	二郎神吐血染出红土山	
W1825.0.1	山的大小与造山的材料有关			W1826.2	黄色的山	【2495】
W1825.0.1.1	山大小不一是因为造山的骨头大小不同			W1826.2.1	黄龙化成的山是黄色	
				W1826.2.2	木火土铁水五种元素生金黄色的山	
W1825.1	巨大无比的山（高山）	【2491】		W1826.3	黑色的山（黑山）	【2496】
W1825.1.1	能挡住神出行的高山			W1826.3.1	黑龙化成的山是黑色	
W1825.2	高不可攀的山	【2491】		W1826.4	白色的山（白山）	【2496】
W1825.2.1	特定的山高于日月			W1826.5	绿色的山	【2496】
W1825.3	山为什么高矮不同	【2491】		W1826.6	有多种颜色的山	【2496】
W1825.3.1	有的山矮是被踢断的结果			W1826.6.1	五色山	
				W1826.7	会变色的山	【2497】
W1825.3.2	最高的山			W1827	山的位置的确定	【2497】
W1825.3.2.1	邑赤山是最高的山					
W1825.3.2.2	珠穆朗玛峰是最高的山			W1827.0	山的方位	【2497】
W1825.3.2.3	不周山是最高的山			W1827.0.1	山的方位自然产生	
W1825.3.3	最矮的山			W1827.1	山的放置	【2497】
W1825.3.3.1	矮山			W1827.1.1	天神定排山的位置	
W1825.3.3.1.1	最早造出的山都是矮山			W1827.1.2	山神定排山的位置	
				W1827.1.3	盘古把山放在天地的西南角	
W1825.4	大山	【2493】				
W1825.5	小山	【2494】		W1827.1.4	盘古安排山的位置	

代码	条目	代码	条目
W1827.2	以前的山在云与天堂之间【2498】		3截
W1827.3	大山居于水与大地之上的来历【2499】	W1830.1.1.5.2	射日者把山砍为2截
W1827.3.1	大山居于水与大地之上是造物主的安排	W1830.1.1.5.3	天神把山砍为3截
		W1830.1.1.6	山被扁担压成三截
		W1830.1.1.6.1	山被二郎神的扁担压成三截
W1828	会行走的山【2499】	W1830.1.2	山腰被斩断
W1828.1	以前山会行走【2499】	W1830.1.2.1	山腰被砍成三截
W1828.1.1	以前山会行走还会飞	W1830.2	山争吵后不再相连【2504】
W1829	会飞的山【2500】	W1830a	山与山相连【2504】
W1829.1	会飞的山被砍掉翅膀【2500】	W1830a.1	山川在地下有孔相连【2504】
W1829.2	会飞的山被射落在现在的地方【2500】	W1831	山多石头多的来历【2504】
		W1831.1	神的耙子坏齿造成山多石头多【2504】
W1829.3	会飞的山失去行走能力【2500】	W1831.2	有些地方为什么山多【2504】
W1830	山不相连的原因【2500】	W1831.2.1	有些地方山多是赶山造成的
W1830.1	山被劈为几段【2500】		
W1830.1.1	特定的人物把山劈开	W1832	山的形状【2505】
W1830.1.1.1	神把山劈成3截	W1832.1	山形是特定的痕迹【2505】
W1830.1.1.1.1	天神把山劈成几段	W1832.1.1	山形是神的指头痕迹
W1830.1.1.1.2	巨灵神把山劈成2段	W1832.2	山为什么是尖的【2505】
W1830.1.1.2	龙把山劈成两半	W1832.2.1	特定人物把山弄尖
W1830.1.1.3	始祖把山劈断	W1832.2.1.1	金姑娘用金棍子把山擀尖
W1830.1.1.3.1	布洛陀用鞭把山劈开	W1832.3	有的山圆形的来历【2506】
W1830.1.1.4	大禹用脚把山蹬成两半	W1832.3.1	特定人物把山变圆
		W1832.3.1.1	金姑娘用金棍子把山擀圆
W1830.1.1.5	特定的人把山砍断	W1832.4	山的形状与特定人物有关【2506】
W1830.1.1.5.1	小伙把山砍为	W1832.4.1	二郎担山时造成山的凸起

W1832.5	象形山	【2507】	W1833.7	宝山	【2512】
W1832.5.1	像人鸟的山		W1833.7.1	喷火的宝山	
W1833	**与山的特征有关的其他母题**	【2507】	**W1833.8**	**群山**	【2513】
			W1833.8.1	缩地时推出群山	
			W1833.8.2	特定人物的粪便变成群山	
W1833.0	山的性别	【2507】			
W1833.0.1	山的雌雄的产生		W1833.8.3	山脉	
W1833.0.1.1	为造人分出山的雌雄		W1833.8.3.1	造山者为山分支脉	
			W1833.8.3.2	神或神性人物造山脉	
W1833.0.2	雌山（女山）		W1833.8.3.2.1	神造山脉	
W1833.0.2.1	雌山有像乳房的山头		W1833.8.3.2.2	天神撒土形成山脉	
W1833.0.2.2	女山为白色		W1833.8.3.2.3	神拍地指缝中凸出来山脉	
W1833.0.2.3	女山叫将姆				
W1833.0.2.4	美女山		W1833.8.3.3	筋络变成山脉	
W1833.0.3	雄山（男山）		W1833.8.3.3.1	鸟的筋络变成山脉	
W1833.0.3.1	雄山有尖尖的山头		W1833.8.3.4	骨骼变成山脉	
W1833.0.3.2	男山为黑色		W1833.8.3.4.1	神牛的骨头变成山脉	
W1833.0.3.3	男山叫将莫				
W1833.0.3.4	粗犷的男山		W1833.8.3.4.2	盘古死后骨骼变成山脉	
W1833.0.3.5	白马神山是雄山				
W1833.1	**神奇之山（魔力之山）**	【2510】	W1833.8.3.5	特定人物的五官变成山脉	
W1833.1.1	有生命的山		W1833.8.3.5.1	盘古的耳鼻变成山脉	
W1833.1.2	会复原的山				
W1833.2	**山的寿命**	【2511】	W1833.8.3.6	大山生出山脉	
W1833.2.1	山为什么不会老		**W1833.9**	**山为什么是直立的**	【2516】
W1833.2.1.1	山不会老是因为洒上不老药		W1833.9.1	神把山拉直	
			W1833.10	**有的山为什么倾斜**	【2517】
W1833.3	**山的温度**	【2511】	W1833.10.1	山被特定人物撬斜	
W1833.3.1	山由热变凉		W1833.10.1.1	山被布洛陀撬斜	
W1833.3.2	寒冷的高山		W1833.10.2	山思念恋人变倾斜	
W1833.3.3	清凉山为什么清凉		W1833.10.3	山因斗气变倾斜	
W1833.4	**通天的山**	【2512】	**W1833.11**	**有的山为什么秃（山秃的来历）**	【2518】
W1833.5	**无影山**	【2512】			
W1833.6	**可以居住人的山**	【2512】	W1833.11.1	因在山顶撒灰山变秃	

W1833.11.2	大火烧成秃山		W1835.3.4	山被挖低	
			W1835.3.4.1	人取石把山变矮	
1.7.3 与山有关的其他母题【W1835~W1854】

W1835.3.5	山被踩低	
W1835.3.5.1	二郎神把山踩低	
W1835.4	山的移动	【2524】
W1835.4.1	神移山	
W1835	**山的变化**	**【2518】**
W1835.1	会成长的山（会增长的山）	【2519】
W1835.1.1	山在洪水中长高	
W1835.1.1	石狮子山在洪水中长高	
W1835.1.2	山每年长高五丈	
W1835.2	山的升高（山的变大）	【2519】
W1835.2.0	特定人物把山变高	
W1835.2.0.1	萨满把山变大	
W1835.2.0.2	龙把山撑高	
W1835.2.1	天升高造成山的升高	
W1835.2.2	山下埋特定物造成山的升高	
W1835.2.2.1	山下埋了巨人尸体后不断升高	
W1835.2.3	山停止长高	
W1835.2.3.1	鸡叫后山不再增高	
W1835.2.3.2	鸡叫使山不再升高	
W1835.3	山的变低（山的变小）	【2521】
W1835.3.0	山变小的原因	
W1835.3.0.1	祖先因地上人变多把山变小	
W1835.3.1	山被砸低	
W1835.3.1.1	女娲把山砸低	
W1835.3.2	山被削低	
W1835.3.2.1	祖先把山削低削小	
W1835.3.3	山被砍低	
W1835.3.3.1	雷公把山砍矮	
W1835.4.1.1	天神移山	
W1835.4.2	佛祖移山	
W1835.4.3	二郎担山	
W1835.4.4	人移山	
W1835.4.4.1	人担山移山	
W1835.4.4.2	大禹移山	
W1835.4.5	负山之龟移山	
W1835.4.6	山的移动的停止	
W1835.4.6.1	罗汉镇后山不再移动	
W1835.5	山的变软	【2526】
W1835.5.1	洪水后山变软	
W1835.6	山变凉爽	【2526】
W1835.6.1	龙居山中使山凉爽	
W1835.7	两山相合	【2527】
W1835.7.1	神令山相合	
W1836	**山的倒塌**	**【2527】**
W1836.1	山被撞倒	【2527】
W1836.1.1	火神把山撞倒	
W1836.1.2	水神把山撞倒	
W1836.2	山被撒上死亡的种子后开始会倒塌	【2528】
W1836a	**山的裂缝**	**【2528】**
W1836a.1	神劈出山的裂缝	【2528】
W1836a.1.1	神用开天斧劈出雪山的裂缝	
W1837	**山的丫口的来历**	**【2528】**
W1837.1	山的丫口是踩出来的	【2528】
W1837.1.1	山的丫口是两兄妹	

		踩出来的	W1839.7.1.2		山腰一圈白色的来历
W1838		一山分两界【2529】	W1839.7.2		山的阶梯
W1838.1		一山分黑白两界【2529】	W1839.7.2.1		神砍出山的阶梯
W1839		与山有关的其他母题【2529】	**W1839.8**		高山与流水的分野【2534】
			W1839.9		山的影子【2534】
W1839.0		奇特的山【2529】	**W1839.10**		山冈【2534】
W1839.0.1		怪山	W1839.10.1		山冈的产生
W1839.0.1.1		怪山压杀多人	W1839.10.1.1		缩地时形成山冈
W1839.0.2		横断山	W1839.10.2		特定的山冈
W1839.0.2.1		神斧劈出横断山	W1839.10.2.1		金牛冈
W1839.0.3		魔力掌控着山	**W1839.11**		山尖（山顶、山巅）【2535】
W1839.1		圣山【2530】			
W1839.1.1		祖先居住的山是圣山	W1839.11.1		特定山尖的来历
			W1839.11.1.1		山尖是特定人物造成的
W1839.1a		仙山【2531】			
W1839.1a.1		五座仙山	W1839.11.2		山巅是天的一部分
W1839.1a.1.1		五座仙山是岱舆、员峤、蓬莱、瀛洲、方丈	**W1839.12**		山门【2536】
			W1839.12.1		山的石门
			W1839.12.2		特定的山的山门
W1839.2		山是神（仙）的使者【2531】	W1839.12.2.1		果洛山有6个门
			W1839.12.3		开山的钥匙
W1839.2.1		华山是玉帝花园的使者	W1839.12.3.1		仙女有开山的钥匙
W1839.3		山是地钉【2531】	**W1839.12a**		山口【2537】
W1839.3.1		山是祖先造地时的地钉	W1839.12a.1		特定物变成山口
			W1839.12a.1.1		碓柱变成山口
W1839.4		定山针【2532】	**W1839.13**		山峡【2537】
W1839.4.1		大禹的肋骨变成定山针	W1839.13.1		伊阙
			W1839.13.1.1		伊阙即龙门
W1839.5		顶山柱【2532】	W1839.13.2		三门峡
W1839.5.1		山作为顶山柱	W1839.13.2.1		大禹凿出三门峡
W1839.6		镇山石【2532】	W1839.13.2.2		三门峡有神门、鬼门和人门三门
W1839.6a		定水石【2532】			
W1839.6a.1		神女用定水石定水			
W1839.7		山上的景物【2533】	W1839.13.2.3		三门峡又称三门山
W1839.7.1		山上的印迹	W1839.13.3		长江三峡
W1839.7.1.1		山上的巨人的脚印	W1839.13.3.1		瑶姬劈出长江三峡

代码	母题	页码
W1839.13.3.2	大禹凿开三峡	
W1839.13.4	错开峡	
W1839.13.5	虎跳峡	
W1840	**火山**	【2539】
W1840.1	火山的产生	【2540】
W1840.1.1	盗天火时扔的火种形成火山	
W1840.1.1.1	盘老大盗天火时扔的火种形成火山	
W1840.1.2	太阳落地形成火山	
W1840.1.2.1	太阳的碎片形成火山	
W1840.1.3	火魔吐火形成火山	
W1840.2	火山的特征	【2541】
W1840.2.1	火山昼夜不息	
W1840.2.2	火山常年喷火	
W1840.2.3	火山爆发规律	
W1840.3	与火山有关的其他母题	【2542】
W1840.3.1	火山在特定的地方	
W1840.3.2	地下有1万零1座火山	
W1841	**火焰山**	【2542】
W1841.1	火焰山产生	【2542】
W1841.1.1	神造火焰山	
W1841.1.1.1	天神为降恶龙造火焰山	
W1841.1.2	燧人氏无法灭火形成火焰山	
W1841.1.3	火龙驹的尸骨变成火焰山	
W1841.2	火焰山的特征	【2543】
W1841.2.1	火焰山温度极高	
W1841.2.1.1	火焰山能把飞鸟化为灰烬	
W1841.2.1.2	火焰山能烧化金子	
W1841.2.2	火焰山越扇火越旺	
W1841.2.3	火焰山有八百里火焰	
W1841.3	与火焰山有关的其他母题	【2544】
W1841.3.1	火焰山在遥远的地方	
W1841.3.1.1	火焰山在遥远的西方	
W1841.3.1.2	西方火焰山	
W1841.3.1.3	火焰山在西天边	
W1841.3.2	炎火山	
W1841.3.2.1	炎火山在南方	
W1842	**雪山**	【2546】
W1842.1	雪山是变成产生的	【2546】
W1842.1.1	头顶变成雪山	
W1842.1.1.1	大地死后头顶变成雪山	
W1842.1.2	白石变成雪山	
W1842.1.3	特定的人物变成雪山	
W1842.1.3.1	雨神被泼水盖雪后变成雪山	
W1842.2	有的山为什么终年有积雪	【2547】
W1842.2.1	山终年积雪是山神的满头白发	
W1842.2.2	雪山的白雪是仙女的白发	
W1842.3	与雪山有关的其他母题	【2548】
W1842.3.1	雪山拔地而起	
W1842a	**冰山**	【2548】

W1842a.1	冰山的产生 【2548】		W1843.4	敲打大地形成丘陵【2553】	
W1842a.1.1	眼泪结成冰山		W1843.4.1	神用棍棒敲打大地形成丘陵	
W1842a.2	冰山的特征 【2548】		W1843.4.2	人敲土成丘陵	
W1842a.3	与冰山有关的其他母题 【2548】		W1843.4.3	特定人物锤出山地	
W1842a.3.1	冰山之父		W1843.4.3.1	文化英雄锤地不认真形成山地	
W1843	丘陵（山岭、山丘、山地）【2549】		W1843.5	特定的物（肢体）变成丘陵 【2554】	
W1843.0	造山岭 【2549】		W1843.5.1	脊背变丘陵	
W1843.0.1	女娲抓出山岭		W1843.5.1.1	鱼的脊背变丘陵	
W1843.0.2	文化英雄挑山造山岭		W1843.5.1.2	地死后的脊骨变成丘陵	
W1843.1	推压大地形成丘陵【2550】		W1843.5.2	神或神性人物的尸体变成山岭	
W1843.1.1	造地者推压大地形成丘陵		W1843.5.2.1	盘古的尸体化成山丘	
W1843.1.2	祖先缩地时的褶皱成为山岭		W1843.5.2.2	恶神的尸体变成山岭	
W1843.1.3	修整大地时鼓出的地方形成山岭		W1843.5.2.3	国王的尸体变成山岭	
W1843.1.4	地母缩身体时凸出的地方形成丘陵		W1843.5.3	骨骼变成山岭	
W1843.2	抛撒物变成丘陵 【2551】		W1843.5.3.1	盘古的骨头变成山丘	
W1843.2.1	神从天上撒石沙（金银、泥巴等），不均匀的地方成为丘陵		W1843.5.4	积沙成岭	
			W1843.5.5	特定动物变成山岭	
			W1843.5.5.1	蟒变成山岭	
W1843.2.2	天神抛物治水时撒得不多的地方变成丘陵		W1843.5.5.2	动物的尸骨变成岭	
			W1843.5.5.2.1	石狮的尸骨变成岭	
W1843.2.3	茶叶铺地厚的地方成为山丘		W1843.5.5.3	鳗鱼变成丘陵	
			W1843.6	与山岭的产生有关的其他母题 【2557】	
W1843.2.4	天女撒土变成丘陵		W1843.6.0	山岭自然存在	
W1843.3	撒漏的泥沙形成山丘 【2552】		W1843.6.1	无意中造出丘陵	
W1843.3.1	神造山时筐里漏下来的泥沙形成山丘		W1843.6.1.1	造地者无意中踩出丘陵	
			W1843.6.2	补地时形成山岭	

W1843.6.3	混沌捏泥造岭		W1843.9.2	丘陵的变化
W1843.6.4	扁担变成山岭		**W1844**	山峰 【2564】
W1843.6.4.1	二郎神的扁担变成山岭		**W1844.1**	山峰的产生 【2564】
W1843.6.4.1.1	杨二郎的扁担变成山岭		W1844.1.1	山峰自然产生
			W1844.1.1.1	山峰自然演化产生
W1843.6.4.2	李二郎的扁担变成山岭		W1844.1.2	山峰是造出来的
			W1844.1.2.1	神用乳房造山峰
W1843.6.5	大雨在平原上冲出丘陵		W1844.1.2.2	始祖用泥团造山峰
			W1844.1.2.3	创世母亲挑土造山峰
W1843.6.6	洪水冲出山岭		W1844.1.3	特定人物变成山峰
W1843.6.6.1	洪水退去出现丘陵		W1844.1.3.1	巨人变成山峰
W1843.6.7	海浪冲大地后高处成为山岭		W1844.1.3.2	罗汉变成山峰
			W1844.1.3.3	女子化为山峰
W1843.6.8	天塌形成山岭		W1844.1.3a	特定物变成山峰
W1843.6.9	地震形成山岭		W1844.1.3a.1	土块变成山峰
W1843.7	特定名称的山岭 【2560】		W1844.1.3a.1.1	巨神撒的土块变成山峰
W1843.7.1	赤岭		W1844.1.3a.1.2	天神抛的泥团变成山峰
W1843.7.2	大兴安岭			
W1843.7.3	凤凰岭		W1844.1.3a.2	蛋壳化为山峰
W1843.7.4	金鸡岭		W1844.1.3a.3	射落的日月的碎片变成山峰
W1843.7.5	七指岭			
W1843.7.6	秦岭		W1844.1.3a.4	掉落的星星变成山峰
W1843.8	特定名称的山丘 【2562】			
W1843.8.0	九丘		W1844.1.3a.5	坠落的陨石变成山峰
W1843.8.1	平丘			
W1843.8.1a	蛇丘		W1844.1.3a.6	龙的尸骨变成山峰
W1843.8.1a.1	蛇丘多蛇		W1844.1.3a.7	树枝变成山峰
W1843.8.2	轩辕丘		W1844.1.3a.8	烟凝结成山峰
W1843.8.2.1	轩辕丘无草木		W1844.1.3a.9	神射的箭变成山峰
W1843.8.3	珠丘		W1844.1.3a.10	女娲补天炼石的碎渣堆积成山峰
W1843.8.3.1	舜墓名珠丘			
W1843.8.4	卫丘		W1844.1.3.4	仙化为山峰
W1843.9	与山陵有关的其他母题 【2564】		W1844.1.4	与山峰产生有关的其他母题
W1843.9.1	丘陵的特征			
W1843.9.1.1	丘陵漫漫无边		W1844.1.4.1	神犁天耙天时耙漏

	的地方形成山峰	W1845.1.1.2	鸟用嘴掘地造山谷
W1844.1.4.2	叠山成峰	W1845.1.1.3	神仙为流水造出沟壑
W1844.1.4.3	山被水冲刷出山峰	W1845.1.1.4	巨人抓出山沟
W1844.1.4.4	地山被火烧后形成山峰	W1845.1.1.5	天鬼造山谷
W1844.1.4.5	妖魔把佛塔拉成了山峰	W1845.1.1.6	丽山氏造山谷
		W1845.1.1.7	女子在地上砍出山沟
W1844.2	山峰特征的来历【2572】	W1845.1.2	劈出山谷（砍出山谷）
W1844.2.1	很高的山峰		
W1844.2.1.1	山峰挡住神的出路	W1845.1.2.1	劈山形成山谷
W1844.2.2	最高的山峰	W1845.1.2.2	人劈坏地面形成山谷
W1844.2.2.1	最高的山峰在3万座大山的东方	W1845.1.2.3	一位母亲砍出山沟
W1844.3	与山峰有关的其他母题【2573】	W1845.1.3	犁出山谷
		W1845.1.3.1	神犁出山谷
W1844.4	特定名称的山峰【2573】	W1845.1.3.2	神人犁出山谷
W1844.4.1	飞来峰	W1845.1.3.3	犀牛犁地形成沟壑
W1844.4.2	雷祖峰	W1845.1.3.4	地神犁出的地沟变成峡谷
W1844.4.3	华山峰		
W1844.4.4	玉女峰	W1845.1.4	推出山谷
W1844.4.5	丈人峰	W1845.1.4.1	天神推出山谷
W1844.4.6	祝融峰	W1845.1.4.2	地神推出山谷
W1844.4.7	上霄峰	W1845.1.5	挤压出山谷
W1844.4.4a	神女峰	W1845.1.5.1	造地者挤压出山谷
W1844.4.4a.1	神女化为神女峰	W1845.1.5.2	创世母亲挤压出山谷
W1844.4.4a.2	瑶姬化为神女峰	W1845.1.5.3	天老爷挤地挤出山谷
W1845	山谷（沟壑、峡谷、山洼、山沟）【2575】	W1845.1.5.4	地母缩身体时凹陷的地方形成峡谷
W1845.1	山谷的产生【2575】	W1845.1.6	用鞭抽出山沟
W1845.1.0	以前没有山谷（以前没有沟壑）	W1845.1.6.1	神鞭抽出山沟
		W1845.1.6.2	二郎神用鞭抽出山沟
W1845.1.1	造出山谷		
W1845.1.1.0	神造山谷	W1845.1.7	拱出山谷
W1845.1.1.0.1	神蹬出山谷	W1845.1.7.1	猪八戒拱出山谷
W1845.1.1.1	始祖创造高山深谷		

W1845.1.8	地的褶皱变成山谷		W1845.1.11.1	神钻地形成山谷
W1845.1.8.1	地神缩地的褶皱成为沟壑		W1845.1.11.2	人妖争斗时脚蹬出沟
W1845.1.8.2	盘古缩地的褶皱形成山谷		W1845.1.11.3	神耙地时耙出沟壑
W1845.1.8.3	造地者缩地的褶皱形成山谷		W1845.1.11.4	龙钻出裂沟
W1845.1.8.4	创世女神缩地的褶皱形成山谷		W1845.1.11.5	神撒土不均形成山谷
W1845.1.9	地的凹陷处变成山谷		W1845.1.11.5a	天神抛泥坨形成峡谷
W1845.1.9.1	缩地时低的地方形成峡谷		W1845.1.11.6	雷神用天枪插地形成山谷
W1845.1.9.1.1	地母缩地陷下去的地方形成峡谷		W1845.1.11.7	大力神用脚踢出山谷
W1845.1.9.2	修整大地时凹下的地方成为山谷		W1845.1.11.8	野猪神划出山谷
W1845.1.9.2.1	1对公婆捏地时凹下的地方成为山谷		W1845.1.11.8.1	野猪神用獠牙划出山谷
W1845.1.9.3	地上的脚印成为山谷		W1845.1.11.9	造地者手脚忙乱形成山谷
W1845.1.9.3.1	地神在地上留下的脚印成为山谷		W1845.1.12	山谷产生的其他方式
W1845.1.9.4	争斗在地上形成的凹陷成为山谷		W1845.1.12.1	箭射开山形成峡谷
W1845.1.9.4.1	神的争斗在地上顶出的凹陷成为山谷		W1845.1.12.2	地震形成山沟
			W1845.1.12.3	神跺脚形成山谷
			W1845.1.12.4	神挡石形成峡谷
W1845.1.9.5	大地缩身体时低陷的地方变成峡谷		**W1845.2**	**山谷的特征** 【2592】
			W1845.2.1	山谷为什么很深
W1845.1.9.6	神整地时锤出沟壑		W1845.2.1.1	无底山谷
W1845.1.9.7	神仙锤出沟壑		**W1845.3**	**与山谷（沟壑、峡谷）有关的其他母题** 【2592】
W1845.1.9.8	雷公的舂白槌落地砸出山谷			
W1845.1.10	动物变成山谷		W1845.3.0	奇特的山谷
W1845.1.10.1	牛的小肠变成井沟		W1845.3.0.1	神秘谷
W1845.1.10.2	马鹿的心肝肺变成峡谷		W1845.3.1	沟是砍出来的
			W1845.3.1.1	沟是天女砍出来的
			W1845.3.2	沟是敲打出来的
			W1845.3.2.1	人用锤敲打出沟
W1845.1.11	特定的行为形成山谷		W1845.3.3	沟是冲出来的

代码	条目	代码	条目
W1845.3.3.1	大雨在平原上冲出沟壑	W1846.1.1	山洞是螃蟹挖出来的
W1845.3.3.2	洪水造成沟壑	W1846.1.2	雷公电母劈山为洞
W1845.3.4	沟是挑出来的	W1846.1.2.1	雷神凿出山洞
W1845.3.4.1	空行母用拐杖挑出沟	W1846.1.3	虎神刨出山洞
W1845.3.5	沟是挖出来的	W1846.1.4	神钻出山洞
W1845.3.5.1	天神挖出大沟	W1846.1.4.1	神为捉妖钻出山洞
W1845.3.5.2	天神挖水沟	W1846.1.5	龙开出山洞
W1845.3.6	沟壑是堆出来的	W1846.1.5.1	神龙为排水开山洞
W1845.3.6.1	地神用泥堆出深谷	W1846.1.5.2	龙在山中乱窜形成山洞
W1845.3.7	渠	W1846.1.6	英雄戳出山洞
W1845.3.7.1	李二郎担山造渠	W1846.1.6.1	莫一大王用伞把戳出山洞
W1845.3.7.2	天神用金锄开渠	W1846.1.7	神造山时造出岩洞
W1845.3.8	山箐	W1846.1.7.1	神造山时用扁担穿出岩洞
W1845.3.8.1	巨人开辟山箐	W1846.2	特定物变成山洞 【2605】
W1845.3.8.2	野猪拱出山箐	W1846.2.1	嘴巴变成山洞
W1845.3.8.3	山箐的影子生山箐	W1846.2.1.1	神死后嘴变成山洞
W1845.4	**特定名称的沟壑 【2598】**	W1846.2.2	女祖先的阴道变成山洞
W1845.4.0	大壑	W1846.2.3	混沌卵的壳劈碎后大的变成山
W1845.4.0.1	大壑在东海之外	**W1846.2a**	**石头融化形成岩洞【2605】**
W1845.4.1	归墟	**W1846.2b**	**岩洞是山神挑山的痕迹 【2606】**
W1845.4.1.1	归墟是无底之谷	**W1846.3**	**与山洞有关的其他母题 【2606】**
W1845.4.2	蒙谷（昧谷）	W1846.3.1	山洞是地的嘴
W1845.4.3	汤谷（旸谷、阳谷）	W1846.3.2	石洞（石穴、岩洞）
W1845.4.3.1	汤谷是日出之地	W1846.3.2.1	石户
W1845.4.3.2	汤谷上有扶木	W1846.3.2.2	梦幻石穴
W1845.4.3.3	汤谷水热	W1846.3.2.3	九女闲
W1845.4.3.4	汤谷即温源谷	W1846.3.3	溶洞
W1845.4.4	禺谷（虞渊）	W1846.3.3.1	山被烧出溶洞
W1845.4.4.1	虞渊是日落之所	**W1846.4**	**特定名称的洞 【2607】**
W1845.4.5	飞谷		
W1845.4.6	天门郡仙谷		
W1846	**山洞 【2601】**		
W1846.1	**特定的人物挖出山洞 【2601】**		

W1846.4.1	白龙洞	W1847.1.1.1	神垒出山坡
W1846.4.2	蝴蝶洞	W1847.1.1.2	熊公嫦婆垒出山坡
W1846.4.3	华阳洞	W1847.1.1.3	地王造出山坡
W1846.4.4	罗汉洞	W1847.1.2	盘古造山坡
W1846.4.5	群仙洞	W1847.1.2.1	盘古用草造山坡
W1846.4.6	水帘洞	W1847.1.2.2	盘古用斧子砍出山坡
W1846.4.6.1	水帘洞在华山		
W1846.4.7	水母洞	W1847.1.3	祖先抓地皮造山坡
W1846.4.8	通天洞	W1847.1.3.1	布洛陀抓地皮缩地形成山坡
W1846.4.8.1	龙王造通天洞		
W1846.4.9	王母洞	W1847.1.4	神整地时锤出坡
W1846.4.9.1	西王母石室	W1847.1.4a	仙人整地时锤出山坡
W1846.4.10	无底洞		
W1846.4.10.1	龙洞是无底洞	W1847.1.4a.1	仙人整地时打出山坡
W1846.4.11	仙猫洞		
W1846.4.12	仙女洞	W1847.1.5	文化英雄为生草造山坡
W1846.4.13	禹洞（禹穴）		
W1846.4.14	玉女洞	W1847.1.6	文化英雄架起炉来铸山坡
W1846.4.15	张公洞		
W1846.4.16	其他一些特定的洞穴	W1847.1.7	祖先用砂泥造山坡
		W1847.2	**特定的肢体变成山坡** 【2619】
W1846.4.16.1	金牛穴		
W1846.4.16.2	神农窟（神农穴）	W1847.2.1	神死后手和脚变成山坡
W1846.4.16.3	熊穴		
W1846.4.16.4	母猪神洞	W1847.2.2	文化英雄的胳膝和手腕变成山坡
W1846.5	**奇特的洞** 【2614】		
W1846.5.1	能流出特定物的洞	W1847.2.2.1	撑天者死后膝盖手腕变成山坡
W1846.5.1.1	流出瓜叶的瓜穴		
W1846.5.2	能穿越的洞	W1847.2.3	神死后骨头变成坡头
W1846.5.2.1	马穿穴		
W1846.5.3	通大海的洞	**W1847.3**	**鼓出的地方成为山坡** 【2620】
W1846.5.3.1	巨蛇洞通大海		
W1846.5.4	火洞（火穴）	**W1847.4**	**与山坡有关的其他母题** 【2620】
W1847	**山坡** 【2615】		
W1847.1	**山坡是造出来的** 【2615】	W1847.4.1	犁头变成山坡
W1847.1.1	神或神性人物垒出山坡	W1847.4.2	碓嘴变成山坡
		W1847.4.3	山坡的变小

W1847.4.3.1	特定人物把山坡变小		W1849.3.1	推压大地形成山坳	
			W1849.3.2	特定物变成山坳	
W1848	**山峦的产生**	【2621】	W1849.3.2.1	射落的太阳变成山坳	
W1849	**山的其他形态的形成**	【2621】	W1849.3.2.2	猛马变成山坳	
W1849.1	悬崖的产生（山崖的产生）	【2622】	W1849.3.2.3	牛轭变成山坳	
W1849.1.1	特定物变成山崖		W1849.3.3	特定人物砸出山坳	
W1849.1.1.1	神的耳朵变成悬崖		W1849.3.3.1	巨人用锤在平地上砸出山坳	
W1849.1.1.2	火星落地变成山崖		W1849.3.4	山坳像马鞍的来历	
W1849.1.2	特定人物造出山崖		W1849.3.4.1	山坳像马鞍是神造的结果	
W1849.1.2.1	神撬出山崖				
W1849.1.2.2	悬崖峭壁是被特定人物砍出来的		W1849.3.5	与山坳有关的其他母题	
W1849.1.2.2.1	悬崖峭壁是人砍出来的		W1849.3.5.1	垭口	
W1849.1.2.3	神用巴掌打出山崖		**W1850**	**昆仑山**	【2628】
W1849.1.3	山崖朝向的来历		**W1850.1**	**昆仑山的产生**	【2628】
W1849.1.3.1	山崖思乡形成寻找的抽象		W1850.1.0	昆仑山是造出来的	
W1849.1.4	与山崖产生有关的其他母题		W1850.1.0.1	真主造昆仑山	
			W1850.1.0.2	盘古踢出昆仑山	
W1849.1.5	山崖的特征		W1850.1.1	撒土成为昆仑山	
W1849.1.5.1	山崖为什么险要		W1850.1.1.1	华胥撒土挡洪水时高的变成昆仑山	
W1849.1.6	特定名称的山崖				
W1849.1.6.1	万佛崖		W1850.1.2	尸体变成昆仑山	
W1849.1.6.2	珠崖		W1850.1.2.1	盘古的尸体变成昆仑山	
W1849.1.6.3	红石崖		W1850.1.2.2	浪荡子的五节尸体化成昆仑山	
W1849.1.6.3.1	女娲的补天浆糊变成红石崖		W1850.1.3	掉下的天梭变成昆仑山	
W1849.2	**山涧的形成**	【2625】	W1850.1.4	特定的山生昆仑山	
W1849.2.1	拐杖划出山涧		W1850.1.4.1	昆仑山是真主造的七座大山的后代	
W1849.2.1.1	神农以杖划地为涧				
W1849.2.2	与山涧有关的其他母题		W1850.1.5	特定肢体变成昆仑山	
W1849.2.2.1	神农涧		W1850.1.5.1	盘古的乳房变成	
W1849.3	**山坳的形成**	【2625】			

	昆仑山		W1850.3.2	昆仑山原来很小
W1850.2	昆仑山的特征 【2631】		W1850.3.3	登昆仑山不死
W1850.2.1	昆仑山有9层		W1850.3.3.1	登昆仑之凉风山能不死
W1850.2.2	昆仑山每层相隔万里		W1850.3.4	西王母治昆仑西北隅
W1850.2.3	昆仑山的高度		W1850.3.5	昆仑山是仙人居所
W1850.2.3.1	昆仑山高2500余里		W1850.3.6	昆仑山是天心地胆所在
W1850.2.3.2	昆仑山高1万1千余里		W1850.3.6.1	昆仑山在地中央
W1850.2.3.3	昆仑山高万仞		W1850.3.7	有不同的昆仑山
W1850.2.3a	昆仑山的方圆		W1850.3.7.1	特定的山叫昆仑山
W1850.2.3a.1	昆仑山方圆8百里		W1850.3.7.2	西昆仑
W1850.2.4	昆仑山山山相连		W1850.3.7.3	东昆仑
W1850.2.5	昆仑山是神山		W1850.3.7.4	东海方丈即昆仑山
W1850.2.5.1	昆仑山有灵性		W1850.3.8	昆仑竹山
W1850.2.5.2	昆仑山生元气		W1850.3.9	昆仑宫
W1850.2.5.3	昆仑山可朝圣		W1850.3.10	昆仑铜柱
W1850.2.5.4	昆仑山是神的居所		W1850.3.10.1	昆仑铜柱是天柱
W1850.2.5.5	昆仑山通天		W1850.3.11	昆仑山顶称县圃
W1850.2.6	昆仑山的形状		**W1851**	五岳 【2639】
W1850.2.6.1	昆仑山呈五龙形		**W1851.0**	五岳的产生 【2639】
W1850.2.6.2	昆仑山会变形		W1851.0.1	盘古化生五岳
W1850.2.7	昆仑山发光		W1851.0.1.1	盘古的四肢五体变成五岳
W1850.2.8	昆仑山有多层		W1851.0.1.2	盘古的头和四肢变成五岳
W1850.2.8.1	昆仑山有三级		W1851.0.1.3	盘古氏的头变成五岳
W1850.2.8.1.1	昆仑山有樊桐、玄圃、天庭三级		W1851.0.1.4	盘古的身体变成五岳
W1850.2.9	昆仑山的景物		W1851.0.1.5	盘古的身体和四肢变成五岳
W1850.2.9.1	昆仑山的疏圃		W1851.0.1.6	盘古的五体变成五岳
W1850.2.9.2	昆仑山有许多动物		W1851.0.2	盘古的五世孙分管五岳
W1850.2.10	昆仑山有多个门			
W1850.2.10.1	昆仑山有九门			
W1850.2.11	昆仑山多冰			
W1850.3	与昆仑山有关的其他母题 【2636】			
W1850.3.1	昆仑山的瑶池			

W1851.0.3	女始祖造五岳	W1851.2.1.1	盘古氏的左臂为南岳
W1851.0.3.1	始祖婆伢俣造五岳	W1851.2.1a	盘古的膝变成南岳
W1851.1	**泰山（东岳）　【2642】**	W1851.2.2	动物变成衡山
W1851.1.0	特定人物造泰山	W1851.2.2.1	仙鸟化为衡山
W1851.1.0.1	女始祖造泰山	W1851.2.3	衡山五岳独秀的来历
W1851.1.1	盘古的头化为东岳泰山	W1851.2.4	衡山为什么冬暖夏凉
W1851.1.1a	盘古的腔变成泰山	W1851.2.4.1	蛟龙使衡山冬暖夏凉
W1851.1.2	泰山是地府	W1851.2.5	南海有衡山
W1851.1.3	泰山五岳独尊的来历	W1851.2.6	衡山有炎帝殿
W1851.1.3.1	泰山是群山之祖	W1851.2.7	与衡山有关的其他母题
W1851.1.3.2	泰山是五岳之祖	W1851.2.7.1	衡山主掌星象分野
W1851.1.4	泰山奶奶的来历	W1851.2.7.2	衡山管水族
W1851.1.5	泰山石敢当的来历	**W1851.3**	**嵩山（中岳）　【2648】**
W1851.1.5.1	石敢当镇百鬼	W1851.3.1	盘古的肚皮化生中岳嵩山
W1851.1.6	大小泰山	W1851.3.1.1	盘古的肚子变成中岳
W1851.1.6.1	小泰山称东泰山	W1851.3.1a	盘古的头和身子变成中岳嵩山
W1851.1.6.2	泰山又称西泰山	W1851.3.2	始祖婆伢俣造中岳嵩山
W1851.1.7	泰山是天帝孙	W1851.3.3	中岳泰室山
W1851.1.7.1	泰山又称天孙	W1851.3.4	中岳是神山
W1851.1.8	泰山为什么神多	W1851.3.5	嵩山是神
W1851.1.8.1	泰山神多是因为集中了各地的神	W1851.3.5.1	嵩山是主牛羊食啖之神
W1851.1.9	泰山很高	W1851.3.6	嵩山为什么高大
W1851.1.9.1	泰山顶通南天门	W1851.3.6.1	嵩山高大是因为它是由盘古的头变成的
W1851.1.9.2	泰山通天		
W1851.1.10	与泰山有关的其他母题	W1851.3.7	与嵩山有关的其他母题
W1851.1.10.1	福建的泰山		
W1851.1.10.2	泰山管人的灵魂		
W1851.1.10.2.1	泰山主召人魂魄		
W1851.2	**衡山（南岳）　【2646】**		
W1851.2.0	特定人物造衡山		
W1851.2.0.1	女始祖造衡山		
W1851.2.1	盘古的左胳膊化为衡山		

W1851.3.7.1	嵩山为什么称中岳			改名黄山
W1851.4	**华山（西岳、太华山）【2651】**	**W1852.2**	**庐山**	**【2655】**
		W1852.3	**五指山**	**【2655】**
W1851.4.1	盘古的脚化为西岳华山	W1852.3.1	海南五指山的来历	
W1851.4.2	盘古的脚趾化为西岳华山	W1852.3.1.0	海南以前没有五指山	
W1851.4.3	与华山有关的其他母题	W1852.3.1.1	五个兄弟的坟墓变成五指山	
W1851.4.3.1	华山在燕国	W1852.3.1.2	雷公的兄弟推出五指山	
W1851.4.3.2	华山高5千仞	W1852.3.1.3	五指山是神的巨掌	
W1851.4.3.3	华山掌管金银铜铁	W1852.3.1.4	女子的手变成五指山	
W1851.5	**恒山（北岳）【2652】**	W1852.3.2	其他地区五指山的来历	
W1851.5.1	盘古的右胳膊化为北岳恒山	W1852.3.2.1	5个孩子变成五指山	
W1851.5.1.1	盘古氏的右臂为北岳	W1852.3.3	与五指山有关的其他母题	
W1851.5.2	女始祖造恒山	W1852.3.3.1	五指山原名邪山	
W1851.5.3	与北岳恒山有关的其他母题	W1852.3.3.2	五指山一带原来是平原	
W1851.5.3.1	北岳最早在河北曲阳	W1852.3.3.3	五子山后来称为五指山	
W1851.5.3.2	恒山主宰江河淮济	**W1852.4**	**长白山**	**【2658】**
W1851.6	**与五岳有关的其他母题【2653】**	W1852.4.0	特定人物造长白山	
W1851.6.1	五岳各放一国	W1852.4.0.1	禹王爷担石造9节长白山	
W1851.6.2	三山五岳	W1852.4.1	长白山是神山	
W1851.6.2.1	盘古的头和四肢化作三山五岳	W1852.4.2	长白山是圣山	
W1852	**其他特定的山【2654】**	W1852.4.3	长白山为什么药材多	
W1852.1	**黄山** **【2654】**	W1852.4.3.1	长白山药材多是仙女撒下的	
W1852.1.1	黄山的来历	**W1852.5**	**九华山**	**【2659】**
W1852.1.2	黄山36峰	W1852.5.1	蜈蚣精化为九华山	
W1852.1.3	黄山因黄帝得名	**W1852.6**	**其他特定的山的**	
W1852.1.3.1	因黄帝炼丹的黟山改名黄山			
W1852.1.3.2	因黄帝游黟山遂			

		来历	【2660】	W1852.6.14.1.1	马化为马山
W1852.6.0		阿里山		W1852.6.14.2	金马山
W1852.6.0.1		阿里山本名秃山		W1852.6.15	白水山
W1852.6.1		苍山		W1852.6.16	百鸟山
W1852.6.1.1		盘古死后左脚变成苍山		W1852.6.17	百丈山
				W1852.6.18	半边山
W1852.6.2		骊山		W1852.6.19	笔架山
W1852.6.2.1		骊山是二郎神挑来的		W1852.6.19.1	鼻子变成笔架山
				W1852.6.19.2	神放笔的地方变成笔架山
W1852.6.3		九龙山			
W1852.6.3.1		9条龙死后变成山叫九龙山		W1852.6.20	不死山
				W1852.6.20.1	不死山即员丘
W1852.6.4		天山		W1852.6.21	不周山
W1852.6.4.1		真主造天山		W1852.6.21.1	不周山在西北方
W1852.6.4.1.1		真主造的7座大山形成天山		W1852.6.21.2	不周山在昆仑西北
				W1852.6.21.3	不周山在西北海之外
W1852.6.5		峨眉山			
W1852.6.5.1		祖先化身为峨眉山		W1852.6.21.4	不周山是幽都之门
W1852.6.5.2		峨眉山是仙山		W1852.6.21.5	不周山上的植物
W1852.6.5.3		峨眉山离天三尺三		W1852.6.21.6	不周山名称的来历
W1852.6.6		不死山		W1852.6.22	常羊山（常阳山）
W1852.6.7		红石山		W1852.6.22.1	日月落常阳山
W1852.6.7.1		英雄变成一座红石山		W1852.6.22.2	常阳山在大荒之中
				W1852.6.23	承筐
W1852.6.8		金山		W1852.6.23.1	女娲生于承筐山
W1852.6.8.1		无极造金山		W1852.6.24	仇夷山
W1852.6.8.2		金山有金子		W1852.6.25	大别山
W1852.6.9		银山		W1852.6.26	大虫山
W1852.6.9.1		无极造银山		W1852.6.27	大翩山
W1852.6.9.2		银山上全是白金		W1852.6.28	大荒山
W1852.6.10		鏖鏊钜山		W1852.6.28.1	日月入大荒山
W1852.6.11		八宝山		W1852.6.29	大明山
W1852.6.12		八公山		W1852.6.30	大凉山
W1852.6.12a		八子山		W1852.6.31	大人之市（大人山）
W1852.6.13		白鹤山		W1852.6.32	大言山
W1852.6.14		白马山		W1852.6.32.1	大言山为日月所出
W1852.6.14.1		马山		W1852.6.33	丹山

W1852.6.34	狄山	W1852.6.57.1	会稽山即涂山
W1852.6.35	砥柱	W1852.6.57.2	会稽山原名茅山
W1852.6.35.1	大禹造砥柱山	W1852.6.58	鸡笼山
W1852.6.36	吊鸟山	W1852.6.59	鸡足山
W1852.6.37	钓鱼山	W1852.6.60	积石山
W1852.6.38	东极山	W1852.6.60.0	大禹积石成为积石山
W1852.6.39	独山		
W1852.6.39.1	担山落得石头成为独山	W1852.6.60.1	女娲堆出积石山
		W1852.6.60.2	禹积石山疏水
W1852.6.40	方丈（方壶）	W1852.6.60.3	积石山流水
W1852.6.40.1	方丈是群仙居所	W1852.6.61	稷王山
W1852.6.41	飞浮山	W1852.6.62	金华山
W1852.6.41a	飞来山	W1852.6.62.1	女山神的儿子变成金华山
W1852.6.42	风山		
W1852.6.42.1	风山有风穴	W1852.6.63	金牛山
W1852.6.43	封山	W1852.6.64	缙云山
W1852.6.44	凤凰山	W1852.6.65	九陇山
W1852.6.44.1	凤凰变成凤凰山	W1852.6.66	九嶷山（九疑山）
W1852.6.45	扶桑山	W1852.6.66.1	九嶷山的来历
W1852.6.45.1	扶桑山有玉鸡	W1852.6.66.2	九嶷山有9个峰
W1852.6.46	浮山	W1852.6.66.3	九嶷山在苍梧
W1852.6.46.1	浮在水上的山	W1852.6.67	鞠陵于天山
W1852.6.47	浮来山	W1852.6.67.1	鞠陵于天山是日月所出之山
W1852.6.48	覆船山		
W1852.6.49	覆釜山（釜山）	W1852.6.68	君山（老君山）
W1852.6.49a	伏牛山	W1852.6.68.1	盘古的右脚变成老君山
W1852.6.50	高骊山		
W1852.6.51	姑射山	W1852.6.68.2	湘夫人居君山
W1852.6.52	龟山	W1852.6.69	空桑山
W1852.6.52.1	乌龟变成龟山	W1852.6.69.1	空桑山无草木
W1852.6.52.2	山形似龟命名龟山	W1852.6.70	崆峒（空同、空桐）
W1852.6.53	合虚山		
W1852.6.54	壑明俊疾山	W1852.6.70.1	崆峒为仙人居所
W1852.6.54.1	日月出壑明俊疾山	W1852.6.71	孔子山
W1852.6.55	花果山	W1852.6.72	夸父山
W1852.6.56	会骸山	W1852.6.72.1	夸父的尸体变成夸父山
W1852.6.57	会稽山		

代码	母题	代码	母题
W1852.6.72.2	夸父山上有桃林	W1852.6.87.2	龙穴山为化龙之所
W1852.6.73	昆吾山	W1852.6.88	庐山
W1852.6.73.1	昆吾山下多金	W1852.6.88.1	庐山即匡山
W1852.6.73.2	昆吾山出铜	W1852.6.88.2	庐山名称的来历
W1852.6.73.3	昆吾山在流洲	W1852.6.89	螺峰山
W1852.6.74	阆风	W1852.6.89.1	螺峰山是天柱
W1852.6.75	离瞀山	W1852.6.90	马当山
W1852.6.75.1	离瞀山为日月所出	W1852.6.91	马迹山
W1852.6.76	黎母山	W1852.6.92	马岭山
W1852.6.76.1	子孙们为纪念祖先黎母命名黎母山	W1852.6.93	马穴山
		W1852.6.94	孟门山
W1852.6.77	历山	W1852.6.95	明星山
W1852.6.78	灵山	W1852.6.95.1	明星山为日月出之山
W1852.6.78.1	捣衣山即灵山		
W1852.6.78.2	神造灵山	W1852.6.96	木客山
W1852.6.78.3	灵山在南海	W1852.6.97	木枥山
W1852.6.78.4	灵山在大荒之中	W1852.6.98	木叶山
W1852.6.78.5	灵山名称的来历	W1852.6.99	南山
W1852.6.79	灵台山	W1852.6.99a	南极山
W1852.6.79.1	灵台山即天柱山	W1852.6.100	鸟山
W1852.6.80	龙巢山	W1852.6.101	女床山
W1852.6.81	龙池山	W1852.6.102	女观山
W1852.6.82	龙门（龙门山）	W1852.6.103	女回山
W1852.6.82.1	禹凿龙门	W1852.6.104	女几山
W1852.6.82.2	伊阙即龙门	W1852.6.105	女郎山
W1852.6.83	龙母山	W1852.6.106	盘古山
W1852.6.84	龙盘山	W1852.6.106.1	为纪念盘古夫妻命名盘古山
W1852.6.85	龙山		
W1852.6.85.1	龙山为日月所入	W1852.6.106.2	盘古死后尸体变成盘古山
W1852.6.85.2	龙山在大荒之中		
W1852.6.85.3	龙山为仙人居所	W1852.6.106.3	盘古山一带风调雨顺的来历
W1852.6.85.4	与龙山有关的其他母题		
		W1852.6.106.4	盘古山又称盘古川
W1852.6.85.4.1	青龙山	W1852.6.106.4a	盘古山本名盘山
W1852.6.86	龙首山	W1852.6.106.5	公母盘古山
W1852.6.87	龙穴山	W1852.6.106.6	盘古山是九州的中心
W1852.6.87.1	龙血变成龙穴山		

W1852.6.107	蓬莱山（蓬邱）		W1852.6.125	舜哥山（舜王山）
W1852.6.107.1	蓬莱山在海中		W1852.6.126	太行山
W1852.6.107.2	蓬莱山是仙人居所		W1852.6.126.1	五行山即今太行山
W1852.6.107.3	蓬莱山在鳌鱼背上		W1852.6.127	太姥山
W1852.6.108	桥山		W1852.6.127.1	太姥山有36峰
W1852.6.109	青城山		W1852.6.127.2	太姥山有36奇
W1852.6.109.1	青城山通昆仑山		W1852.6.128	太阳山
W1852.6.110	青丘山		W1852.6.128.1	太阳山高10万8千丈
W1852.6.111	穷山			
W1852.6.112	日月山		W1852.6.128.2	太阳山很美
W1852.6.112.1	男始祖的两个乳房变成太阳山和月亮山		W1852.6.129	太阴山
			W1852.6.129a	汤山
			W1852.6.129a.1	汤山即"狄山"
W1852.6.112.2	日月山为日月所入		W1852.6.130	天池（天池山）
W1852.6.112.3	日月山在大荒之中		W1852.6.131	天耳山
W1852.6.113	三尖山		W1852.6.132	天姥山
W1852.6.113.1	3个找太阳的姑娘化为三尖山		W1852.6.133	天神山
			W1852.6.134	天坛山
W1852.6.114	三清山		W1852.6.135	天柱山
W1852.6.115	三神山		W1852.6.136	桐柏山
W1852.6.115.1	三神山即蓬莱、方丈、瀛洲		W1852.6.136.1	盘古造桐柏山
			W1852.6.137	涂山
W1852.6.116	三天子都		W1852.6.138	万户山
W1852.6.117	三王山（三首山）		W1852.6.139	万花山
W1852.6.118	三危（三危山）		W1852.6.140	王屋山
W1852.6.118.1	三危山有3个峰		W1852.6.141	望夫山
W1852.6.118.2	三危山上的居住者		W1852.6.142	委羽山
W1852.6.118.2.1	青鸟居三危山		W1852.6.143	沃焦山（尾闾山）
W1852.6.118.2.2	三苗居三危山		W1852.6.143.1	尾闾山为海水聚集处
W1852.6.119	三峻山			
W1852.6.120	少室山		W1852.6.144	武当山
W1852.6.120a	韶山		W1852.6.145	五妇山
W1852.6.121	石城山		W1852.6.146	五神山
W1852.6.122	石鸡山		W1852.6.146.1	五神山即岱舆、员峤、方壶、瀛洲、蓬莱
W1852.6.123	石燕山			
W1852.6.123a	石狮子山			
W1852.6.124	双牙山		W1852.6.147	武夷山

W1852.6.148	西王母山		W1852.6.167.5	群玉山即玉笥山
W1852.6.149	喜马拉雅山		W1852.6.168	玉垒山
W1852.6.149.1	喜马拉雅山以前是洪水		W1852.6.169	玉石山
W1852.6.149.2	喜马拉雅山以前被洪水包围		W1852.6.169.1	神丢的玉坠变成玉石山
W1852.6.150	系舟山		W1852.6.170	元天（元天山）
W1852.6.151	仙鸡山		W1852.6.171	员丘山
W1852.6.152	仙桃山		W1852.6.171.1	员丘山上有不死树
W1852.6.153	县圃（玄圃、玄圃、悬圃）		W1852.6.171a	月亮山
W1852.6.153.1	县圃即阆风		W1852.6.171a.1	月亮山通天
W1852.6.153.2	玄圃即平圃		W1852.6.172	云雨山
W1852.6.154	星山		W1852.6.173	长右山
W1852.6.155	须弥山		W1852.6.174	丈人山
W1852.6.155.1	须弥山以前很小		W1852.6.175	钟山
W1852.6.155.2	须弥山是地上最高的山		W1852.6.175.1	钟山石首
W1852.6.156	轩辕山		W1852.6.175.2	钟山即春山
W1852.6.157	崦嵫（弇兹）		W1852.6.175.3	钟山之神烛阴
W1852.6.158	雁门山		W1852.6.175a	终南山
W1852.6.159	羊飞山		W1852.6.175a.1	终南山又名地肺
W1852.6.160	尧山		W1852.6.176	中天山
W1852.6.160.1	立尧祠的山名尧山		W1852.6.177	中皇山
W1852.6.161	猗天苏门山		W1852.6.177.1	九州之中中皇山
W1852.6.161.1	猗天苏门山为日月所出			
W1852.6.162	夜飞山			
W1852.6.163	鱼山			
W1852.6.164	羽山			
W1852.6.165	雨母山			
W1852.6.166	玉女山			
W1852.6.167	玉山（群玉山）			
W1852.6.167.1	玉山有五色			
W1852.6.167.2	玉山多玉			
W1852.6.167.3	玉山是西王母的居所			
W1852.6.167.4	玉山出洪水			

1.7.4 石头（岩石）
【W1855 ~ W1869】

✽ W1855	石头的产生	【2735】
W1855a	石头产生的原因	【2735】
W1855a.1	以前没有石头	【2735】
W1855a.1.1	世界刚形成时没有石头	
W1855a.1.1.1	刚造出天地时没有石头	
W1856	石头来源于某个地方或自然	

	产生 【2735】	W1858.3	与生石头有关的
W1856.1	石头来源于天上 【2735】		其他母题 【2740】
W1856.1.1	打开天门出现石头	W1858.3.1	人婚生的石头上
W1856.1.2	神从天上取来石头		生成岩石
W1856.1.3	从天上掉下特定的	W1859	石头是变化
	石头		产生的 【2740】
W1856.1.3.1	从月宫掉下月牙石	W1859.1	特定的人物变成
W1856.1a	石头源于地下 【2736】		石头 【2740】
W1856.1a.1	地壳划破后石头从	W1859.1.1	神变成石头
	地下出来	W1859.1.1.1	地母体内的神变成
W1856.2	天神留下岩石 【2737】		石头
W1856.3	与石头自然产生	W1859.1.2	神性人物变成石头
	有关的其他母题 【2737】	W1859.1.2.1	巨人变成石头
W1856.3.1	开天辟地后自然	W1859.1.2.2	祖先变成岩石
	出现岩石	W1859.1.2.3	盘古死后变成岩石
W1857	石头是造	W1859.1.2.4	山鬼被砍下的上半
	出来的 【2737】		身变成巨石
W1857.1	石头是神筛子中	W1859.1.2.5	妖魔的尸骨变成
	落下来的 【2737】		岩石
W1857.2	特定的人物造石头【2737】	W1859.1.2.6	防风的头变成岩石
W1857.2.0	天神造石头	W1859.1.3	人变成石头
W1857.2.0.1	天神在山顶造石头	W1859.1.3.1	1家3口变成石头
W1857.2.1	盘古造石头	W1859.1.3.2	兄弟2人化为石
W1857.2.2	老鼠造石头	W1859.1.3.3	争斗的人化为石
W1857.3	与造石头有关的	W1859.1.3.4	望夫的女子化为石
	其他母题 【2739】	W1859.1.3.5	高辛氏之女化为石
W1857.3.1	造石头的材料	W1859.1.4	动物变化为石头
W1857.3.1.1	神用泥造石头	W1859.1.5	植物变化为石头
W1858	石头是生育	W1859.1.6	与变化产生石头
	产生的 【2739】		有关的其他
W1858.1	神或神性人物		母题
	生石头 【2739】	W1859.2	骨头变成石头
W1858.1.1	山神生石头		（骨骼变成岩石）【2743】
W1858.1.1.1	石头是山神的儿子	W1859.2.0	神的骨骼变成石头
W1858.2	山生石头 【2739】	W1859.2.0.1	山神的儿子死后骨
W1858.2.1	石头生石头		骼变成石头
		W1859.2.1	盘古死后骨头变成

		石头	**W1859.3**	牙齿变成石头　【2750】
W1859.2.2	怪物的骨头变成石头		W1859.3.1	天神的牙齿变成
W1859.2.2a	人的骨头变成石头			石头
W1859.2.2a.1	弟弟被哥哥杀死后		W1859.3.2	盘古死后牙齿变成
	骨头变成石头			石头
W1859.2.3	兽的骨头变成石头		W1859.3.2.1	盘古的大牙变成
W1859.2.3.1	巨兽的骨头变成石头			石头
W1859.2.3.2	天地生的兽类的		W1859.3.3	妖魔的牙齿变成
	骨头变成石头			石头
W1859.2.4	巨鸟的骨头变成石头		**W1859.4**	自然物变成石头　【2752】
W1859.2.4.1	世上最早出现的		W1859.4.1	星星变成石头
	巨鸟的骨头		W1859.4.1.1	射落的星星变成
	变成石头			石头
W1859.2.4.2	人面大鸟的骨头		W1859.4.1.2	涂上血的星星变成
	变成石头			石头
W1859.2.5	牛的骨头变成石头		W1859.4.2	泥土变成石头
W1859.2.5.0	神牛的骨头变成石头		W1859.4.2.1	盘古开天地时重的
W1859.2.5.0.1	铁神牛死后骨头			下沉变成石头
	变成石头		W1859.4.2.2	地母身上的泥化为
W1859.2.5.1	犀牛骨变成石头			山岩
W1859.2.5.1.1	巨人把犀牛骨头		W1859.4.3	太阳的光变成石头
	变成石头		W1859.4.3a	太阳残核变成石头
W1859.2.5.2	龙牛的骨头化为石头		W1859.4.4	海的泡沫变成石头
W1859.2.5.3	牛蹄趾变成石头		W1859.4.5	金银变成岩石
W1859.2.6	其他人物的骨头		**W1859.5**	其他特定的物体
	变成石头			变成石头　【2754】
W1859.2.6.0	撑天者的骨头变成		W1859.5.1	鳞甲变成石头
	石头		W1859.5.1.1	龙的鳞甲化为石块
W1859.2.6.1	大力士的骨头变成		W1859.5.2	蛋壳变成石头
	石头		W1859.5.2.1	混沌卵的蛋壳碎后
W1859.2.6.2	巨人的骨头变成石头			变成岩石
W1859.2.6.3	天父地母的儿子		W1859.5.2.1.1	盘古砸碎混沌卵的
	死后骨头变成			蛋壳变成石头
	石头		W1859.5.2.2	混沌卵的壳掺杂在
W1859.2.6.4	蛤蟆的骨头变成石头			黄中变成岩石
W1859.2.6.4.1	青蛙吐出的骨头		W1859.5.3	生殖器变成石头
	变成石头		W1859.5.3.1	造物者的生殖器

	变成石头		来的	
W1859.5.3a	心脏变成石头	W1860.3	魔法产生石头	【2759】
W1859.5.3a.1	祖先的心脏变成石头	W1860.4	特定事件中产生岩石	【2759】
W1859.5.4	粮食变成石头	W1860.4.1	洪水造成岩石	
W1859.5.4.1	大禹废弃的余粮变成石头	✳ W1861	石头的特征（岩石的特征）	【2760】
W1859.5.5	排泄物变成石头	W1862	岩石上的凹痕（岩石上的痕迹）	【2760】
W1859.5.5.1	鬼子排泄的偷吃的灵丹妙药变成石头	W1862.1	岩石上的凹痕是人留下的脚印	【2760】
W1859.5.6	特定植物变成石头	W1862.1.1	石头上的脚印是找太阳的人踩出来的	
W1859.5.6.1	树干变成岩石	W1862.2	岩石上的凹痕是仙人留下的脚印	【2760】
W1859.5.7	血变成石头			
W1859.5.7.1	龙血化为石头	W1862.3	岩石上的凹痕是动物（马、牛等）的脚印	【2760】
W1859.5.8	雾变成石头			
W1859.5.8.1	重的雾下落变成石头	W1862.4	岩石上的缺口是神刻出来的	【2761】
W1859.5.9	宝剑变成岩石	W1862.5	岩石上的缺口是巨人造成的	【2761】
W1859.6	与变化产生石头有关的其他母题	【2757】		
		W1862.6	岩石上的凹痕是神作战的痕迹	【2761】
W1859.6.1	因惩罚变成石头			
W1859.6.2	经演化变成石头	W1862.7	石痕是被特定人物鞭抽的痕迹	【2761】
W1859.6.3	经吞吐变成石头			
W1859.6.4	经沉淀变成石头	W1862.8	与岩石痕迹有关的其他母题	【2761】
W1859.6.5	特定物变成特定的石头			
W1859.6.5.1	僧帽变成特定的石头	W1863	岩石上的洞	【2761】
		W1863.1	岩石上的洞是巨人戳的	【2761】
W1860	与石头的产生有关的其他母题	【2759】		
		W1864	岩石的颜色（石头的颜色）	【2761】
W1860.1	岩石的产生源于惩罚	【2759】		
W1860.2	特定的石头的产生	【2759】		
W1860.2.1	特定的石头是神移			

W1864.1	红石	【2761】			哑巴说话	
W1864.1.1	血染出红石			W1865.4	石头的寿命	【2769】
W1864.1.2	牛的红骨变成红石			W1865.4.1	石头的寿命1万岁	
W1864.1.3	鸡血石			W1865.4.2	石头不死	
W1864.1.4	红沙石			W1865.5	石头会喝水	【2770】
W1864.2	黑石	【2763】		W1865.5.1	石头喝干河水	
W1864.2.1	牛的黑骨变黑石			W1865.6	石头会行走	【2770】
W1864.3	白石	【2764】		W1865.6a	会飞的石头	【2770】
W1864.3.1	龙化身白石			W1865.6a.1	遇雨会飞的石头	
W1864.4	绿石（碧石、绿松石）	【2764】		W1865.7	石头为什么不能行走	【2771】
W1864.4.1	白天变化出碧石			W1865.7.1	天神规定不能乱动	
W1864.4.2	孔雀石的来历			W1865.7.2	特定的语言使石头不再行走	
W1864.4.3	绿松石的来历					
W1864.5	紫石	【2765】		W1865.8	石头会跳舞	【2772】
1864.6	会变色的石头（变色石）	【2765】		W1865.8a	石头会爆炸	【2772】
				W1865.8a.1	以前石头会爆炸	
1864.6.1	阴雨时变红色的石头			W1865.9	石头为什么坚硬	【2772】
				W1865.9.1	岩石为了避免被吃掉变硬	
W1865	与石头的特征有关的其他母题	【2765】		W1865.9.2	顽石	
				W1865.10	石头为什么腐烂	【2772】
				W1865.10.1	腐石	
W1865.0	石头的性别（石头的雌雄）	【2765】		W1865.11	石头的开裂	【2773】
				W1865.11.1	滴血使石头开裂	
W1865.0.1	雌石			W1865.12	石头有灵魂	【2773】
W1865.0.2	雄石			W1865.13	石头会繁殖	【2773】
W1865.0.2.1	尖的石头是雄石			W1865.14	石头以前很软	【2774】
W1865.1	以前石头会变化	【2766】		W1865.14.1	岩石以前像烂泥	
W1865.2	石头会生长	【2766】		W1866	特定名称的石头	【2774】
W1865.2.1	以前石头会生长					
W1865.3	石头会说话	【2768】		W1866.1	陨石（雷石）	【2774】
W1865.3.1	青色白石会说话			W1866.1.1	陨石的产生	
W1865.3.2	石头发出动物的叫声			W1866.1.1.1	陨石是从天上落下的神射出的箭	
W1865.3a	石头为什么不会说话	【2769】		W1866.1.1.2	陨石是星星屙的屎	
W1865.3a.1	创世者把石头打成			W1866.1.1.3	陨石是坠落的箭镞	

W1866.1.1.4	陨石是天上掉下的泥	
W1866.1.2	陨石的特征	
W1866.1.2.1	绿色的陨石	
W1866.1.3	陨石的功用	
W1866.1.3.1	陨石做巫师的法器	
W1866.2	**火山石**	【2777】
W1866.2.1	天降火山石	
W1866.2a	**火石**	【2777】
W1866.2a.1	水变成火石	
W1866.2a.2	牙齿变成火石	
W1866.2b	**礁石**	【2777】
W1866.2b.1	铁拐李的断裂的铁杖变成礁石	
W1866.3	**玛瑙（玛瑙石）**	【2778】
W1866.3.1	神树生玛瑙	
W1866.4	**玉石（玉、宝石）**	【2778】
W1866.4.1	蛋变玉石	
W1866.4.1.1	龙女生的神蛋变玉石	
W1866.4.2	尸体（肢体）化生玉石	
W1866.4.3	骨骼化生玉石	
W1866.4.3.1	盘古的骨头牙齿变成玉石	
W1866.4.3.2	盘古的牙齿变成玉石	
W1866.4.3a	精髓变作玉	
W1866.4.3a.1	盘古的精髓变成玉	
W1866.4.3a.2	盘古用精髓造玉	
W1866.4.3b	石头变成玉	
W1866.4.3b.1	仙女挖的石头变成玉	
W1866.4.4	牙齿化生玉石	
W1866.4.5	玉石的颜色	
W1866.4.5.1	白玉	
W1866.4.5.1.1	白石变成白玉	
W1866.4.5.1.1a	盘古的牙齿、骨干、骨髓变成白玉	
W1866.4.5.1.2	羊脂白玉	
W1866.4.5.1.3	青白玉	
W1866.4.5.2	青玉	
W1866.4.5.2.1	碧玉	
W1866.4.5.2.1.1	青石变成碧玉	
W1866.4.5.3	黄玉	
W1866.4.5.4	红玉（赤玉）	
W1866.4.5.5	墨玉	
W1866.4.5.6	紫玉	
W1866.4.5.7	彩玉	
W1866.4.6	玉石的特征	
W1866.4.6.1	玉是水之精	
W1866.4.6.2	美玉	
W1866.4.7	与玉石有关的其他母题	
W1866.4.7.1	独玉	
W1866.4.7.2	和田玉	
W1866.4.7.3	唐玉	
W1866.4.7.4	蓝田玉	
W1866.4.7.5	岫玉（岫岩玉）	
W1866.4.7.6	观日玉	
W1866.4.7.7	玉线	
W1866.4.7.8	玉膏	
W1866.4.7.8.1	玉膏如酒	
W1866.4.7.9	玉荣	
W1866.4.7.9a	玉髓	
W1866.4.7.10	玉英	
W1866.4.7.11	藻玉	
W1866.4.7.12	玉液	
W1866.4.7.12.1	王母娘娘瑶池的玉液	
W1866.4.7.13	水玉	
W1866.4.7.13.1	水玉即水精（水晶）	
W1866.4a	**翡翠**	【2786】

W1866.4a.1	七星翡翠		W1867.1.5	流血石
W1866.5	**鹅卵石（鸭蛋石）**【2786】		W1867.1.6	鸣石（叫石、响石）
W1866.5.1	海岛上的圆石		W1867.1.6.1	鸣石能与人应答
W1866.5.2	特定物变成鹅卵石		W1867.1.7	燃石
W1866.5.2.1	面疙瘩变成鹅卵石		W1867.1.7.1	燃烧的怪石
			W1867.1.7.2	燃石遇水则燃
W1866.6	**压地石**【2787】		W1867.1.8	有耳目的石头
W1866.7	**金石**【2787】		W1867.1.9	发光的石头（萤石）
W1866.7.1	用骨骼造金石			
W1866.7.1.1	盘古用牙齿和骨骼造金石		W1867.1.10	有生命的石头
			W1867.1.11	有吸力的石头
W1866.7.1.2	盘古的齿骨变成金石		W1867.1.12	能出物品的岩石
			W1867.1.12.1	能出米的岩石
W1866.8	**灵石**【2788】		**W1867.2**	**魔力可控制石头**【2795】
W1866.8.1	白石是灵石		W1867.2.1	魔法使石头增长
W1866.8.2	灵石即逃石		W1867.2.2	求雨石
W1866.8.2.1	因灵石会逃走称逃石		**W1867.3**	**石林的来历**【2795】
			W1867.3.1	天神赶石形成石林
W1866.8.3	千年灵石		W1867.3.2	撒特定物变成石林
W1866.9	**磁石**【2789】		W1867.3.2.1	撒太阳给的菜籽变成石林
W1866.9.1	磁石能吸铁			
W1866.10	**砚石**【2789】		**W1867.4**	**特定名称的石头**【2796】
W1867	**与石头有关的其他母题**【2789】		W1867.4.1	巴林石
			W1867.4.1a	巴子石
W1867.1	**不平常的岩石（奇特的石头）**【2789】		W1867.4.2	大理石
			W1867.4.2.1	玉女画稿变成大理石
W1867.1.1	怪石			
W1867.1.1.1	人化为怪石		W1867.4.2a	大母石
W1867.1.1.2	恶魔化为怪石		W1867.4.3	斧劈石
W1867.1.2	浮石		W1867.4.3.1	神香救母形成斧劈石
W1867.1.2.1	浮石随水涨落			
W1867.1.3	画马石		W1867.4.3a	果老石
W1867.1.3.1	画马石有马出入		W1867.4.3b	黄牛岩
W1867.1.4	雷击石		W1867.4.3c	分人石
W1867.1.4.1	雷击石能保健康		W1867.4.4	金鸡石
W1867.1.4.2	雷击石能保平安		W1867.4.4.1	金鸡化为金鸡石

W1867.4.4.2	神鸡居金鸡石	
W1867.4.4.3	金鸡石生金鸡	
W1867.4.5	龙驹石	
W1867.4.5a	龙王石	
W1867.4.5a.1	龙王石能浮在水上	
W1867.4.5b	龙像岩	
W1867.4.6	罗刹封石	
W1867.4.7	昆石（昆山石）	
W1867.4.8	灵璧石	
W1867.4.8a	马牙石	
W1867.4.8a.1	妖精的骨头变马牙石	
W1867.4.8b	蟒猊石（魔鬼石）	
W1867.4.8c	女娲石	
W1867.4.9	启母石	
W1867.4.9a	七星岩	
W1867.4.10	青田石	
W1867.4.11	韶石	
W1867.4.11.1	韶石高百仞	
W1867.4.11.2	韶石能奏韶乐	
W1867.4.12	寿山石	
W1867.4.13	试剑石	
W1867.4.14	太湖石	
W1867.4.14a	天石	
W1867.4.15	望夫石	
W1867.4.15.1	贞妇化为望夫石	
W1867.4.15.2	孟姜女化为望夫石	
W1867.4.16	五彩石	
W1867.4.16.1	东海的五彩石	
W1867.4.17	五谷石	
W1867.4.18	五块石	
W1867.4.19	五色石	
W1867.4.19.1	山吐的血变成五色石	
W1867.4.20	五羊石	
W1867.4.21	洗石	
W1867.4.21a	仙迹岩	
W1867.4.22	阴阳石	
W1867.4.23	鱼石	
W1867.4.23.1	鱼王石是灵石	
W1867.4.24	照石（镜子石）	
W1867.4.25	贞女石	
W1867.4.25.1	人化贞女石	
W1867.4.26	支机石	
W1867.4.26.1	天河织女的支机石	
W1867.4.26.2	紫色支机石	
W1867.4.27	走石	
W1867.5	石匮（石柜）	【2808】
W1867.6	石髓	【2808】
W1867.6.1	龙穴石髓	
W1867.7	石胆	【2809】
W1867.7.1	凿石取石胆	

1.8 江河湖海（水）
【W1870～W1979】

1.8.1 水的概说
【W1870～W1899】

✿ **W1870**	水的产生	【2810】
W1870.1	以前没有水	【2810】
W1870.1.1	天地刚形成时没有水	
W1870.1.1.1	混沌初开时地上没有水	
W1870.1.2	以前中界没有水	
W1870.1.2.1	以前地上没有水	
W1870.1.2.2	最早地球上没有水	
W1870.1.3	第二代人时没有水	
✿ **W1871**	水来源于某个地方或自然存在	【2812】

W1872	水来源于天上	【2812】		✱ W1874	水是造出来的	
W1872.1	水从天泉流出来	【2812】			（造水）	【2817】
W1872.2	水源于天河	【2812】		W1875	神或神性人物	
W1872.2.1	玉皇大帝放天河的水				造水	【2817】
W1872.2.2	文化英雄到天河取水			W1875.1	神造水	【2818】
				W1875.1.0	天神造水	
W1872.3	天神给下凡的女儿水的种子	【2813】		W1875.1.0.1	天神用万能的手创造水	
W1872.4	天龙放水给人类	【2813】		W1875.1.1	女神造水	
W1872.4.1	龙母赐水			W1875.1.1.1	天神女侍从造水	
W1872.5	打开天门出现水	【2814】		W1875.1.2	神抽陀螺地上冒出水	
W1872.6	神从天上取来水	【2814】		W1875.1.3	神用汗水造水	
W1872.7	上界给人间水	【2814】		W1875.1.4	神犁地犁出水	
W1872.7.1	上界用雨的形式给人间水			W1875.2	祖先造水	【2819】
				W1875.2.1	女始祖密洛陀造水	
W1872.8	盘古天上取水	【2815】				
W1872.9	姆六甲天塘取水	【2815】		W1875.3	水王造水	【2820】
W1873	水源于其他地方	【2815】		W1875.3.1	喇嘛让水王造水	
				W1875.4	造物主造水	【2820】
W1873.0	水源于地下	【2815】		W1875.5	其他特定的人物造水	【2820】
W1873.0.1	神射地出水			W1875.5.1	伏羲造水	
W1873.1	水来源于深坑	【2816】		W1875.5.2	盘古造水	
W1873.2	水源于石（山）	【2816】		W1875.5.3	神人江沽造水	
W1873.2.1	雨神让儿子从岩石里取水			W1876	龙造水	【2821】
W1873.2.2	射石出水			W1876.1	龙造五湖四海	【2821】
W1873.3	水源于特定的动物	【2816】		W1876.2	龙王造水	【2821】
				W1876.2.1	龙王打井造水	
W1873.3.1	射龟出水			W1876.2.1.1	龙王在第9层海打井造水	
W1873a	与水来源于某个地方有关的其他母题	【2817】		W1876.2.2	龙王为灭火造水	
				W1876a	蛇造水	【2822】
W1873a.1	水的源头	【2817】		W1876a.1	蛇的活动产生水	【2822】
W1873a.1.1	三江源			W1877	与造水有关的其他母题	【2822】
W1873a.1.2	武陵源					

代码	母题	页码	代码	母题	页码
W1877.1	创世的第一天造出水	【2822】	W1884.1	云生水	【2828】
			W1884.1.1	云母生水	
W1877.2	水是画出来的	【2823】	W1884.2	石生水	【2828】
W1877.2.1	水是盘古的儿子盘生画出来的		W1884.2.1	棒击岩石生出水	
			W1884.2.2	劈石出水	
W1877.3	魔鬼造出毒水	【2823】	W1884.2a	山生水	【2828】
W1877.4	人造水	【2823】	W1884.2a.1	乌山生三水	
W1877.4.1	1对公婆造水		W1884.3	气生水	【2829】
W1877.5	鞭抽容器生水	【2823】	W1884.3.1	寒气生水	
W1877.5.1	鞭抽瓮生水		W1884.4	光生水	【2829】
W1877.6	神的意愿产生水	【2824】	W1884.4.1	天吐出的光中生水	
✻ W1878	水是生育产生的	【2824】	W1884.5	婚生水	【2829】
W1879	神生水	【2824】	W1884.5.1	水父和水母交配产生水	
W1879.1	神的女儿生水	【2824】			
W1880	神性人物生水	【2824】	W1884.6	水的影子中产生水	【2830】
W1881	动物生水	【2824】			
W1881.1	螃蟹生水	【2824】	W1884.6.1	水的前身是水的影子	
W1881.2	龙马生水	【2825】			
W1882	植物生水	【2825】	✻ W1885	水是变化产生的	【2830】
W1882.1	砍树生出水	【2825】			
W1882.2	银杏树吐水	【2825】	W1886	汗变成水	【2830】
W1883	卵生水	【2825】	W1886.1	天神的汗变成水	【2830】
W1883.1	蛋炸出水	【2825】	W1886.2	神性人物的汗变成水	【2830】
W1884	与生水有关的其他母题	【2826】			
			W1886a	唾液变成水	【2831】
W1884.0	天地生水	【2826】	W1886a.1	女神的唾液变成水	【2831】
W1884.0.0	地生水				
W1884.0.1	戳地出水		W1887	血变成水	【2831】
W1884.0.2	缩地时产生水		W1887.1	神的血变成水	【2831】
W1884.0.3	神仙撬开天地产生水		W1887.1.1	鬼神死后血变成水	
			W1887.2	怪物的血变成水	【2831】
W1884.0.3.1	仙子撬地产生水		W1887.3	动物的血变成水	【2832】
W1884.0.4	神撬开地洞产生水		W1887.3.1	犀牛的血变成水	
			W1887.3.2	马鹿的血变成水	
W1884.0.5	天生水		W1887.3.3	鸟的血液变成水	

W1887.3.3.1	世上最早出现的鸟的血液变成水		W1891	与水的产生有关的其他母题	【2838】
W1888	**尿变成水**	【2833】	W1891.0	水产生的时间	【2838】
W1888.1	神性人物的尿化成水	【2834】	W1891.0.1	开天辟地时产生水	
W1889	**眼泪变成水**	【2834】	W1891.1	水是大洪水剩下的	【2839】
W1889.1	神的眼泪化成水	【2834】	W1891.2	宝瓶滴水	【2839】
W1889.2	仙女的眼泪变成水	【2834】	W1891.2.1	观音的宝瓶滴水	
W1889.2.1	冰山仙女的眼泪变成水		W1891.3	人不会造水	【2839】
W1889.3	动物的眼泪变成水	【2834】	W1891.3.1	人不会造水的原因	
W1889.3.1	蟾的眼泪形成水		W1891.3.1.1	人因为不窥视没有获得造水方法	
W1890	**与变化为水有关的其他母题**	【2835】	W1891.4	水泡的产生	【2840】
W1890.0	石头变成水	【2835】	W1891.4.1	造物主创造了水泡	
W1890.0.1	圆石的一半变成水		W1891.5	水火同时产生	【2840】
W1890.1	混沌演变成水	【2835】	W1891.5.1	圆石的一半变成火，一半变成水	
W1890.1.1	混沌卵的一部分变成水		W1891.6	水的发现	【2840】
W1890.2	气变成水	【2836】	W1891.6.1	跟随特定动物发现水	
W1890.2.1	女天神呼出的气变成水		W1891.6.1.1	人跟着白头翁发现水	
W1890.2.2	寒气变成水		W1891.6.2	螃蟹找到水	
W1890.3	水是地母的乳汁	【2837】	✻ **W1892**	**水的特征**	【2841】
W1890.4	魔法变出水	【2837】	**W1893**	**水的雌雄**	【2841】
W1890.5	特定物变成特定的水	【2837】	**W1894**	**水的居所**	【2841】
			W1894.1	天神定水的位置	【2841】
W1890.5.1	骨骼变成水		W1894.2	水藏在地下	【2841】
W1890.6	雪化为水	【2837】	W1894.3	水在西方	【2842】
W1890.7	冰变成水	【2837】	**W1895**	**水的颜色**	【2842】
W1890.7.1	冰是水的源泉		W1895.1	水的颜色的来历	【2842】
W1890.8	烟变成水	【2838】	W1895.1.1	水的颜色与水姑娘穿的衣服颜色有关	
W1890.9	云雾变成水	【2838】	W1895.2	白水	【2842】
			W1895.2.1	白水即丹水	
			W1895.3	黑水	【2843】

代码	母题	页码
W1895.4	黄水	【2843】
W1895.4.1	金黄色的水	
W1895.5	绿水	【2844】
W1895.5.1	水姑娘穿玉衣形成水的绿色	
W1896	**与水的特征有关的其他母题**	**【2844】**
W1896.1	水的味道	【2844】
W1896.1.1	水没有味道	
W1896.1.2	甜水	
W1896.1.3	苦水	
W1896.1.4	咸水	
W1896.1.4.1	特定人物的骨骼变成咸水	
W1896.1.5	酸水	
W1896.1.6	有酒味的水	
W1896.2	水的流动	【2845】
W1896.2.1	水为什么会流动	
W1896.2.1.1	天地分开后水有了流向	
W1896.2.2	水流向四方	
W1896.2.3	水为什么向东流	
W1896.2.3.1	水向东流是因为巨人把东方的地踩低了	
W1896.2.3.2	水向东流是因为地势西高东低	
W1896.2.3.3	水向东流是因为犁地成河时由西向东犁地造成的	
W1896.2.4	水为什么向西流	
W1896.2.5	水为什么向南流	
W1896.2.5a	水为什么向东南流	
W1896.2.5a.1	水流向东南是因为东南塌陷	
W1896.2.6	水流到天上	
W1896.2.6a	水流向天地相连处的天柱	
W1896.2.7	水流入海洋	
W1896.2.7.1	原始大水流入海洋	
W1896.2.7a	水从落水洞落入大海	
W1896.2.8	水流进特定的石洞	
W1896.2.8.1	天下江河湖海里多余的水都流进天边的山洞	
W1896.2.9	以前水会往高处流	
W1896.2.9a	水往低处流	
W1896.2.10	水为什么不倒流	
W1896.3	水为什么能照出影子	【2850】
W1896.3.1	水能映像源于承诺	
W1896.4	水的形态变化	【2851】
W1896.4.1	水气	
W1896.4.1.1	水受热形成水汽	
W1896.5	水的性格	【2851】
W1896.5.1	水的性格温和	
W1897	**与水有关的其他母题**	**【2851】**
W1897.1	神奇的水（奇特的水）	【2851】
W1897.1.1	如意水	
W1897.1.1.1	如意水不受旱涝影响	
W1897.1.2	回生水（使人死而复生的水）	
W1897.1.2.1	回生水在西天	
W1897.1.2.2	特定的泉是回生水	
W1897.1.2.3	特定的井水是回生水	
W1897.1.3	长生水（不死水）	
W1897.1.3.1	长生水的获得	
W1897.1.4	忘情水	

W1897.1.5	智慧水		失灵
W1897.1.5.1	青蛙舅舅给人喝智慧水	W1897.3.7	与哑水有关的其他母题
W1897.1.6	圣水	W1897.3.7.1	哑水的选择
W1897.1.6.1	特定的湖中的水是圣水	**W1897.4**	**能使人增长力量的水** 【2859】
W1897.1.6.2	特定的河水是圣水	W1897.4.1	喝石龙嘴里流出的水力量大增
W1897.1.6a	仙水		
W1897.1.6a.1	仙水能把黑脸洗白	**W1897.5**	**能赋予语言能力的水** 【2859】
W1897.1.6a.2	天上有仙水		
W1897.1.6a.2.1	天上有2种仙水	W1897.5.1	使人获得语言能力的水
W1897.1.6a.3	仙水能起死回生		
W1897.1.7	怀胎水	W1897.5.2	能使动物说话的水
W1897.1.7.1	鱼拨起的水花是怀胎水	**W1897.6**	**会唱歌的水** 【2860】
		W1897.7	**能改变人的体征的水** 【2860】
W1897.1.8	没有浮力的水		
W1897.1.9	与神奇的水有关的其他母题	W1897.7.1	使人返老还童的水
		W1897.7.1.1	天上的水能使人返老还童
W1897.1.9.1	神奇的水洞		
W1897.1.9.2	能疗疮的水	W1897.7.2	使人变形的水
W1897.2	**冰** 【2856】	W1897.7.2.1	天水使独眼人变成直眼人
W1897.2.1	仙女的眼泪变成冰		
W1897.2.2	水结冰	**W1897.8**	**生命之水** 【2861】
W1897.2.2.1	海水结冰	W1897.8.1	使植物长青的水（甘露）
W1897.2.2.1.1	圣母娘娘让海水结冰		
		W1897.8.1.1	天女洗浴的甘露能使植物长青
W1897.3	**哑水** 【2857】		
W1897.3.1	神把露水、雨水、泥塘水作为哑水	W1897.8.2	让人焕发青春的水（活力水）
W1897.3.2	哑水从天上带来	**W1897.9**	**生死之水** 【2861】
W1897.3.3	哑水比其他水清澈	W1897.9.1	死亡之水
W1897.3.4	哑水装在精美的容器里	**W1897.10**	**毒水** 【2862】
		W1897.10.1	人受野猿的启发认识了毒水
W1897.3.5	哑水是神对人的惩罚		
W1897.3.6	失灵的哑水	W1897.10.2	毒水会把人变成石头
W1897.3.6.1	祭献水神后哑水	**W1897.11**	**水不能淹没大地的**

	原因	【2862】	W1897.17.3a	善水	
W1897.12	水中漩涡的产生	【2862】	W1897.17.3b	美水	
W1897.13	水的控制	【2862】	W1897.17.4	玉水	
W1897.13.1	魔力掌控着水		W1897.17.4.1	玉水专祭龙神	
W1897.13.2	以前的水听人使唤		W1897.17.5	阴阳水	
W1897.13.3	地上水的分配		W1897.17.6	明月水	
W1897.13.3.1	天神让鸭子分配地上的水		**W1897.18**	水眼（水洞）	【2869】
			W1897.19	水中的特定物	【2870】
W1897.14	水的储存	【2863】	W1897.19.1	水中的宫殿	
W1897.14.1	水储存在天河中				

1.8.2　江河湖海
【W1900～W1964】

W1897.14.2	水聚集到特定的地方	
W1897.14.2.1	水聚集在天柱周围	
W1897.14.3	五湖四海的水盛在特定容器中	
W1897.14.4	水在天上的金盆中	
W1897.15	水的消失	【2864】
W1897.15.1	水逃向天宫	
W1897.15.2	水被喝干	
W1897.15.2.1	河水被怪物喝干	
W1897.15.2.2	地上水被水鹰吸干	
W1897.15.2.3	河水被妖魔喝干	
W1897.15.3	水从地孔中流入地心	
W1897.15.4	水被晒蒸发	
W1897.16	以前水与火是朋友	【2866】
W1897.16a	水与火是仇敌	【2866】
W1897.16a.1	水为什么水火不相容	
W1897.16a.1.1	天帝规定以水治火，以火煮水	
W1897.17	特定名称的水	【2867】
W1897.17.1	上池水	
W1897.17.2	天水	
W1897.17.2.1	蓝色天水	
W1897.17.3	地水（真水）	
W1897.17.3.1	真水育百花	

✿ **W1900**	江河湖海的产生	【2870】
W1900a	以前没有江河湖海	【2870】
W1900a.1	以前没有江河	【2870】
W1900a.1.1	盘古死以前没有江河	
W1901	江河湖海自然存在	【2871】
W1902	江河湖海是造出来的	【2871】
W1902.1	特定的人物造江河湖海	【2871】
W1902.1.0	天神开辟江河	
W1902.1.1	始祖造江河湖海	
W1902.1.2	真主造江河	
W1902.1.2.1	真主安拉造河	
W1902.1.3	文化英雄造江河	
W1902.1.3.1	壮士造五湖四海	
W1902.1.3.2	禹挖出江河	
W1902.1.4	地王造五湖四海	
W1902.1.5	女娲挖出江河湖海	
W1902.1.5.1	女娲挖的洞眼溢水	

		形成江河湖海	W1903	江河湖海是生育产生的 【2877】
W1902.1.6		众神造江河湖海		
W1902.1.7		龙造江河湖海	W1904	江河湖海是变化产生的 【2877】
W1902.2		砸出江湖河海 【2873】		
W1902.2.1		湖海是砸出的坑	W1904.1	肢体化生为江河湖海 【2877】
W1902.2.1.1		盘古砸出湖海		
W1902.2.2		太阳落地砸出的大坑成为湖海	W1904.1.1	肠胃化江河湖泊
			W1904.1.1.1	神的大小肠变成江河湖泊
W1902.2.2.1		后羿射落的太阳砸出	W1904.1.1.2	天女的肠胃化江河湖泊
W1902.3		特定行为造成江河湖海 【2874】	W1904.1.2	血变成江河湖海
W1902.3.1		治水时形成江河湖海	W1904.1.2.1	神或神性人物的血变成江河湖海
W1902.3.2		战争形成江湖河海	W1904.1.2.1.1	盘古死后血变成江河湖海
W1902.3.2.1		河流湖泊是神搏斗的痕迹	W1904.1.2.1.1.1	盘古的血液变成江湖
W1902.3.2.2		河流湖泊是天神战恶神时弄出的沟洼	W1904.1.2.1.1.2	盘古氏的血脉变成江湖
W1902.3.3		缩地时形成江湖河海	W1904.1.2.1.1.2a	盘古氏的血管变成江河
W1902.3.3.1		神缩地时低洼处形成江湖河海	W1904.1.2.1.1.3	盘古死后血肉变成江河
W1902.3.3.2		盘古缩地时形成江河海洋	W1904.1.2.1.1.4	盘古氏的脂膏变成江海
W1902.3.3.3		女始祖缩地时凹陷形成江河湖海	W1904.1.2.1.2	山神的血变成江河湖泽
W1902.3.4		修整大地时整出的褶皱成为江河湖海	W1904.1.2.1.3	地母流的血变成江海泽
			W1904.1.2.2	人的血变成江河湖海
W1902.3.4.1		神修整大地时整出的褶皱成为江河湖海	W1904.1.2.3	动物的血变成江河湖海
W1902.3.5		造人挖泥低的地方变成江河湖海	W1904.1.3	眼泪变成江河湖海
W1902.3.6		洒水成江河湖海	W1904.1.3.1	神或神性人物的眼泪变成
W1902.3.6.1		神踢翻造地的一碗水形成江河湖海		

1.8 江河湖海（水）

代码	母题	页
	江河湖海	
W1904.1.3.1.1	天下婆的眼泪变成江河湖海	
W1904.1.3.1.2	盘古泣为江河	
W1904.1.3.2	人的眼泪变成江河湖海	
W1904.1.3.3	动物的眼泪变成江河湖海	
W1904.1.3.4	其他特定物的眼泪变成江河湖海	
W1905	与江河湖海产生有关的其他母题	【2882】
W1905.1	大海退后形成河流湖泊	【2882】
W1905.1.1	海浪冲大地后低凹积水成为江河湖海	
W1905.2	水滴聚成江河湖海	【2882】
W1905.3	雨形成江河湖海	【2882】
W1905a	与江河湖海有关的其他母题	【2883】
W1905a.1	江河湖海的特征	【2883】
W1905a.1.1	江河湖海为什么守规矩	
W1905a.1.1.1	吸引力使江河湖海变规矩	
W1905a.1.2	江河湖海的流向	
W1905a.1.2.1	江河湖泽向东南流	
✽ **W1910**	江河的产生	【2883】
W1910.1	以前没有江河	【2884】
W1910.1.1	以前没有江	
✽ **W1911**	江河自然产生	【2884】
W1912	河源于天上	【2884】
W1912.1	河是天上漏下的水	【2885】
W1912.2	江河源于云中	【2885】
W1912.3	从天神那里搬来江河	【2885】
W1913	河流源于其他地方	【2885】
W1913.1	天地的汇合处是河的来源	【2886】
W1913.2	河流从山的下面产生	【2886】
W1913.3	江源于山上的水潭	【2886】
✽ **W1914**	江河是造出来的（造江河）	【2886】
W1914a	造江河的原因	【2886】
W1914a.1	为排洪水造河	【2886】
W1914a.1.1	特定人物为排洪水造河	
W1914a.2	撒土治水形成江河	【2887】
W1914a.2.1	天女撒土治水形成江河	
W1915	特定的人物造江河	【2887】
W1915.1	神或神性人物造江河	【2887】
W1915.1.0	神造河	
W1915.1.1	天神地神造河	
W1915.1.1.1	天神造河	
W1915.1.1.2	地神造河	
W1915.1.1.2a	地王造河	
W1915.1.2	祖先造江河	
W1915.1.2.1	男始祖造河	
W1915.1.2.2	女始祖造河	
W1915.1.3	女神造河	
W1915.1.4	雷神戳地成河	

W1915.1.5	神的儿子造河				分成99条大河
W1915.1.6	造物主造江		W1916.4	龙造江河	【2897】
W1915.1.6.1	造物主造出9条江		W1916.4.1	水龙降水冲出河	
W1915.1.6a	上帝造江河		W1916.4.2	龙王造江河	
W1915.1.7	造地者造河		W1916.4.2.1	龙王溅出的水形成江河	
W1915.1.7.1	造地的女人抓出河				
W1915.1.7a	山神造河		W1916.5	蚂蚁造江河	【2898】
W1915.1.8	水神开辟江河		W1916.5.1	蚂蚁变鱼造江河	
W1915.1.9	大力神造江河		W1916.6	猪拱出河	【2898】
W1915.1.10	神的子女造江河		W1916.6.1	野猪拱出河	
W1915.1.10.1	造人之神的女儿造河		W1916.6.2	箭猪拱出河	
			W1916.7	龙马造成河	【2899】
W1915.1.11	盘古造江河		W1916.7.1	龙马造成七里八河	
W1915.1.12	女娲造江河				
W1915.1.13	黄帝造江河		W1916.8	其他动物造江河	【2900】
W1915.1.14	王母娘娘用银簪划出河		W1916.8.1	巨兽造江河	
			W1916.8.2	鳄鱼造江河	
W1915.2	**神仙造江河**	**【2894】**	W1916.8.3	喜鹊开河	
W1915.2.1	仙女造江河		**W1917**	**地面凹下去的地方成为江河**	**【2900】**
W1915.2.1.1	仙女舀天池的水造江河		**W1917.1**	**造地时的褶皱变成江河**	**【2900】**
W1915.2.2	9个仙子开河		W1917.1.1	创世女神抓地的褶皱变成江河	
W1915.2a	**文化英雄造江河**	**【2894】**			
W1915.3	**特定的人造江河**	**【2895】**	W1917.1.2	天神缩地的褶皱变成江河	
W1915.3.1	女人用手指抓出河				
W1915.3.2	喇嘛造河		W1917.1.3	祖先耙地的褶皱变成江河	
W1915.3.3	大禹造河				
W1915.3.4	向王天子造河		**W1917.2**	**造地者踩出江河**	**【2901】**
W1916	**动物造江河**	**【2895】**	W1917.2.1	李古老补地踩出江河	
W1916.1	**鱼造江河**	**【2896】**			
W1916.1.1	金鱼扇动尾巴造出江河		**W1917.3**	**地往下落形成江河**	**【2902】**
W1916.2	**牛造河**	**【2896】**	**W1917.4**	**大地凹陷的地方成为江河**	**【2902】**
W1916.2.1	最早出现的牛挖出河		W1917.4.1	神修地时用石锤开沟造河	
W1916.3	**鸭子造河**	**【2896】**			
W1916.3.1	鸭子把地上的水		W1917.4.2	众神拖地时形成河	

代码	母题	页码
W1917.4.3	神造人时挖土形成的坑变成河	
W1917.4.4	神在地上砸出的坑变成河	
W1918	**造河流的材料（造江河的工具）**	【2903】
W1918.1	用血造江河	【2903】
W1918.1.1	用牛血造河流	
W1918.1.1.1	用龙牛血造河流	
W1918.1.1.2	用神牛血造河流	
W1918.1.2	盘古用血液造江河	
W1918.2	用肠造江河	【2904】
W1918.2.1	用牛小肠造江河	
W1918.2.2	用虎的小肠造河	
W1918.2.3	用虎的大肠造江	
W1918.3	用聚水瓶造江河	【2905】
W1918.4	用葫芦造江河	【2905】
W1918.4.1	黄帝的儿子用葫芦造江河	
W1918.5	用肠子造河	【2906】
W1919	**与造江河有关的其他母题**	【2906】
W1919.1	魔法造江河	【2906】
W1919.2	挖出江河	【2906】
W1919.2.1	神灵挖出河	
W1919.2.2	野猫挖水沟形成河道	
W1919.2.3	造人时挖土形成河	
W1919.2.4	神的儿子挖出河	
W1919.2.5	神用手挖出河	
W1919.2.6	螃蟹挖河	
W1919.3	泼水成河	【2907】
W1919.3.1	两兄妹泼水成河	
W1919.3.2	两兄妹倒水成江	
W1919.3.3	两姐弟倒水成江	
W1919.3.4	人到天上泼水形成河	
W1919.4	凿石开河	【2908】
W1919.4.1	神凿石开河	
W1919.4.2	大禹开山成河	
W1919.5	击打成河	【2909】
W1919.5.1	神拍地形成河	
W1920	**江河是生育产生的**	【2909】
W1920.1	山生江河	【2909】
W1920.1.1	雪山生江河	
W1920.1.1.1	江河是雪山之王的儿女	
W1920.1.2	白水出白水山	
W1920.1.3	白水出昆仑山	
W1920.2	石生江河	【2910】
W1920.2.1	特定的石头生河	
W1920.2.1.1	老男子与丑女婚生的石头生出河流	
W1920.3	湖海生江河	【2910】
W1920.3.1	江河是湖的子女	
✻ **W1921**	**江河是变化形成的**	【2911】
W1922	**河是某物的化身**	【2911】
W1923	**神或神性人物变成江河**	【2911】
W1923.1	女神变成江河	【2911】
W1923.2	蛇仙变成江河	【2911】
W1923.3	其他神或神性人物变成江河	【2911】
W1924	**人变成江河**	【2911】
W1924.1	女子变成河	【2911】

W1924.2	三姐妹变成江河 【2911】		W1927.2.1	龙牛的血变成河	
W1925	动物变成江河【2912】		W1927.2.2	神牛的血变成河	
W1925.1	水龙变成江河 【2912】		W1927.3	鸟的血变成江河 【2919】	
W1926	眼泪变成江河【2912】		W1927.3.1	巨鸟的血变成江河	
W1926.0	神或神性人物的眼泪变成河 【2913】		W1927.4	与血变成江河有关的其他母题 【2919】	
W1926.0.1	盘古的眼泪变成河		W1927.4.1	射日时血流成江河	
W1926.0.2	女娲的眼泪形成江河		W1927.4.2	妖魔的血变成江河	
W1926.0.3	巨人妻子的泪水流成河		W1927.4.3	落到地上的星星的血液变成河流	
W1926.0.4	后土的泪水流成河		W1928	特定的水变成江河 【2920】	
W1926.1	龙的泪水形成江河【2914】		W1928.1	汗水变成江河 【2920】	
W1926.2	仙女的眼泪形成江河 【2914】		W1928.1.1	神的汗水形成河	
W1926.2.1	仙女幸福的眼泪形成河		W1928.1.1.1	大力神的汗水形成河	
W1926.2.2	荷花仙女的眼泪变成河		W1928.1.2	巨人的汗水形成江河	
W1926.3	其他人物的眼泪形成江河 【2915】		W1928.1.3	天神的汗水形成江河	
W1926.3.1	兄妹的眼泪形成河		W1928.1.4	地母的汗水形成江河	
W1926.3.2	嫦娥的眼泪变成河		W1928.2	海水溅的水珠成江河 【2921】	
W1926.3.3	公主的眼泪变成河流		W1928.2a	湖水排水形成河流【2921】	
W1927	血液变成江河【2916】		W1928.3	龙溅出的浪形成河流 【2921】	
W1927.1	盘古的血变成河流【2916】		W1928.4	洗澡水变成河 【2922】	
W1927.1.1	盘古死后血变成江河		W1928.4.1	两兄妹的洗澡水变成河	
W1927.1.1.1	盘古的鼻血变成江河		W1928.5	地下冒出的水形成江河 【2922】	
W1927.1.2	盘古的血脉变成河流		W1928.6	龙吐水形成江河 【2922】	
W1927.1a	盘瓠的血化为河 【2917】		W1928.6.1	水龙吐水形成江河	
W1927.2	牛的血变成江河 【2918】				

W1928.7	地褶皱处流出的水形成江河 【2923】		W1931.1	神或神性人物死后肠子变成江河 【2927】
W1928.7.1	盘古缩地褶皱处流出的水形成江河		W1931.1.0	神的肠子变成河
			W1931.1.1	盘古的肠子变成河
W1929	**排泄物变成江河** 【2923】		W1931.1.1.1	盘古死后小肠变成河
W1929.1	神的排泄物变成江河 【2923】		W1931.1.1.2	盘古死后大肠变成河
W1929.1a	神性人物的排泄物变成江河 【2923】		W1931.1.1.3	盘古的膀胱变成百川
W1929.1a.1	巨人的排泄物变成河		W1931.2	人死后肠子变成江河 【2929】
W1929.2	尿变成江河 【2923】		W1931.3	动物的肠子变成江河 【2929】
W1929.2.1	神的尿变成河流		W1931.3.1	鹿的肠子变成江河
W1929.2.1.1	女神的尿变成河		W1931.3.1.1	马鹿的大肠变成江河
W1929.2.1.2	天神的尿变成河流		W1931.3.2	牛肠子变成河
W1929.2.2	始祖撒尿成河		W1931.3.2.1	牛的大肠变成江河
W1929.2.2.1	男始祖布洛陀撒尿成河		W1931.3.2.2	神牛的小肠变成江河
W1929.2.3	天神夫妻的尿变成河		W1931.3.3	虎的小肠变成河
W1929.2.4	盘古的尿变成河		W1931.3.4	虎的大肠变成江河
W1929.2.5	日月的子女的尿变成河		W1931.3.5	虎的肠胃化为江海
W1929.3	鼻涕变成江河 【2926】		W1931.4	江河是地的肠子 【2931】
W1929.3.1	龙神的鼻涕流成河		W1931.5	脂膏变成江河 【2931】
W1930	**植物的液汁变成江河** 【2926】		W1931.5.1	盘古死后脂膏变成江河
W1930.1	桃子烂后的水变成江河 【2926】		**W1932**	**与变化为江河有关的其他母题** 【2931】
W1930.2	树根变成江河 【2927】		W1932.1	四肢变成江河 【2932】
W1930.2.1	树根烂后变成地下河		W1932.1.1	盘古的手臂变成江河
W1930.3	葫芦中流出的水成为江河 【2927】		W1932.1.1.1	盘古多余的4个手臂变成江河
W1931	**肠子变成江河** 【2927】			

代码	母题	页码	代码	母题	页码
W1932.1.2	女娲的四肢变成江河		W1935.1.4	祖先犁出江河	
			W1935.1.4.1	祖先野牛国神牛犁出江河	
W1932.2	**种子变成江河**	【2932】	**W1935.2**	**冲刷出江河**	【2938】
W1932.2.1	文化英雄撒的种子变成江河		W1935.2.1	眼泪冲出江河	
W1932.3	**湖变成江河**	【2933】	W1935.2.2	大雨冲出江河	
W1932.3.1	湖水决口变成江河		W1935.2.2.1	龙王下大雨冲出江河	
W1932.3.2	湖水被山挤成河		W1935.2.3	洗澡水雨冲出江河	
W1932.4	**衣带变成江河**	【2933】	W1935.2.3.1	两兄妹的洗澡水冲出江河	
W1932.4.1	仙女的衣带变成江河		**W1935.3**	**砍出江河**	【2939】
W1932.5	**其他特定物变成江河**	【2933】	W1935.3.1	神用刀砍出河流	
W1932.5.1	筋络血液变成江河		W1935.3.1a	神仙用刀砍出河流	
W1932.5.2	海水溅的水珠变成江河		W1935.3.2	盘古砍出江河	
✽ **W1933**	**江河产生的其他方式**	【2934】	**W1935.4**	**划出江河**	【2939】
			W1935.4.1	神划的痕迹变成江河	
W1934	**泉水流成河**	【2934】	W1935.4.2	神用剑划出江河	
W1934a	**特定的水流成河**	【2934】	W1935.4.2a	神用棍棒划出河	
W1934a.1	洪水流成河	【2935】	W1935.4.2b	造地者用杖划出河	
W1934a.2	山上流水形成河	【2935】	W1935.4.2c	仙人用拐杖划出河	
W1934a.3	洞出水形成河	【2935】	W1935.4.3	女人的五个手指抓出河	
W1934a.3.1	神射洞出水形成河		W1935.4.4	动物划出的沟成为河流	
W1934a.4	雨水成河	【2935】	W1935.4.4.1	蚂蚁划出的沟成为河流	
W1934a.5	回生水形成河	【2936】	W1935.4.4.1.1	蚂蚁变成的鱼划出的沟成为河流	
W1934a.6	聚小流成江河	【2936】			
W1934a.7	水的流动形成江河	【2936】	W1935.4.5	王母娘娘用金簪划出河	
W1935	**江河是特定的痕迹**	【2936】	W1935.4.6	画地成河	
			W1935.4.6.1	方士画地成河	
W1935.1	**犁出江河**	【2936】	W1935.4.7	箭划出河	
W1935.1.1	天神犁出江河				
W1935.1.2	神牛犁出河				
W1935.1.3	犀牛犁出江河				

W1935.4.8	李古老用脚划出江河		W1936.2.1.1	造地者推压大地形成河谷
W1935.5	用棍棒扯拉出江河【2943】		W1936.2.1.2	地面产生的褶皱形成河谷
W1935.5.1	空行母用神杖挑出河流		W1936.2.2	犁出河谷
W1935.6	用箭射出江河 【2943】		W1936.2.2.1	天神犁出河谷
W1935.6.1	射神箭留下的痕迹成为江河		W1936.2.2.2	牛犁出河谷
W1935.7	龙的脚印形成江河【2943】		W1936.2.2.2.1	天牛犁地犁出河谷
W1935.7.1	仙人变成的龙的脚印形成江河		W1936.2.3	特定物变成河谷
W1935.8	地的裂缝形成河流【2944】		W1936.2.3.1	大地的脸变成河谷
W1935.8.1	火烧大地造成的裂缝形成河流		W1936.2.3.2	人变成河山谷
W1935.9	特定人物的痕迹形成江河 【2944】		W1936.2.4	地的凹陷处变成河谷
W1935.9.1	怪物的足迹形成江		W1936.2.4.1	修整大地时凹下去的地方形成河谷
W1935.10	用鞭子抽出河 【2944】		W1936.2.4.2	树倒掉时砸出河谷
W1935.10.1	山神用鞭子抽出河		W1936.2.5	洪水造成河谷
W1935.11	雷电劈出河 【2945】		W1936.2.6	与河谷有关的其他母题
W1936	与河的产生有关的其他母题 【2945】		W1936.2.6.1	造山时间留的空隙成为河谷
W1936.1	河道的来历 【2945】		**W1936.3**	河岸的产生 【2950】
W1936.1.1	天神推出河道		W1936.3.1	河岸是巨兽拍打出来的
W1936.1.2	地神推出河道		**W1936.4**	河产生的时间 【2950】
W1936.1.3	神凿开水道		W1936.4.1	天地产生2个月后出现河流
W1936.1.4	与河道有关的其他母题		✽ **W1937**	江河的特征 【2951】
W1936.1.4.1	河流改道		**W1938**	江河的流向 【2951】
W1936.1.4.2	神人修整大地时留下水走的路		**W1938.0**	河的流向自然产生【2951】
W1936.2	河谷的产生 【2947】		**W1938.1**	河水流向源于动物行为 【2951】
W1936.2.0	河谷是造出来的		**W1938.2**	河水为什么向东流【2951】
W1936.2.0.1	神造河谷		W1938.2.1	最早造出的河头在西方所以东流
W1936.2.0.2	人制造河谷		**W1938.3**	河水为什么向西流【2951】
W1936.2.1	推压大地产生河谷			

W1938.3.1	山推着水向西流			W1940.5	隐藏在石头下的河	【2955】
W1938.3.2	猪把河道拱得东高西低所以向西流			W1940.6	河与海相通	【2956】
				W1940.6a	江河相通	【2956】
W1938.4	河水往低处流	【2952】		W1940.6a.1	江河被神挖得连通	
W1938.5	河流商量各自的走向	【2952】		W1940.7	有的江为什么汹涌	【2956】
				W1940.7.1	性格暴躁的江	
W1938.6	特定人物规定江河流向	【2952】		W1940.7.2	江水湍急是特定人物造成的	
W1938.6.1	伏羲规定江河流向			W1940.8	江河的颜色	【2957】
				W1940.8.1	江水白色是白石白水造成的	
W1939	**河流弯曲的原因**	【2953】		W1940.8.2	江水为什么颜色不同	
W1939.1	神（人、龙）逃亡时造成河流弯曲	【2953】		W1940.8.2.1	江水颜色不同是因为变江河的动物喝的水颜色不同	
W1939.2	动物造河时形成河湾	【2953】		W1940.8.3	河水由清变浊的来历	
W1939.2.1	泥鳅造河时形成河湾			**W1941**	**长江**	【2958】
W1939.3	水龙摇摆形成河湾	【2953】		W1941.1	长江的产生	【2958】
W1939.3a	蝌蚪龙的挣扎造成河湾	【2953】		W1941.1.1	山的眼泪形成长江	
W1939.3b	龙翻滚形成河湾	【2954】		W1941.1.1.1	昆仑山的眼泪形成长江	
W1939.4	河流弯曲的其他原因	【2954】		W1941.1.2	长江是特定人物挖出来的	
W1939.4.1	因谎言造成河流转弯			W1941.1.2.1	禹挖出长江	
				W1941.2	长江的特征	【2959】
W1940	**与江河的特征有关的其他母题**	【2954】		W1941.3	与长江有关的其他母题	【2959】
				W1942	**黄河**	【2959】
W1940.1	河绕大地流淌	【2954】		W1942.0	以前没有黄河	【2959】
W1940.2	会说话的河	【2954】		W1942.1	黄河的产生	【2959】
W1940.3	最早的河很小	【2954】		W1942.1.1	黄河是特定人物造出来的	
W1940.4	河的变化	【2955】				
W1940.4.1	河的变宽			W1942.1.1.1	禹劈出黄河	
W1940.4.1.1	萨满把河变宽			W1942.1.1.2	老君造黄河	

W1942.1.2	黄龙游走的地方成为黄河	
W1942.1.2.1	黄龙钻出黄河	
W1942.1.2a	黑龙游走的地方成为黄河	
W1942.1.2a.1	黑龙滚出黄河	
W1942.1.3	山的眼泪形成黄河	
W1942.1.3.1	纳可穆玛山的泪水成为黄河	
W1942.1.4	雪水汇成黄河	
W1942.1.4.1	黄河是雪山的女儿	
W1942.2	**黄河的特征**	【2962】
W1942.2.1	黄河的水为什么是浑的	
W1942.2.1.1	黄河是被盘古搅浑的	
W1942.2.2	黄河九曲	
W1942.2.2.1	盘古造九曲黄河	
W1942.2.3	黄河古道多的来历	
W1942.2.3.1	黄河古道多是伏羲用鞭抽打出来的	
W1942.2.4	黄河与天河相通	
W1942.3	**与黄河有关的其他母题**	【2963】
W1942.3.1	黄河的源头	
W1942.3.1.1	黄河的源头是天河	
W1942.3.1.2	黄河的源头是昆仑山上的泉	
W1942.3.2	黄河与白河是孪生姐妹	
W1942.3.3	黄河泛滥	
W1942.3.4	不到黄河不死心的来历	
W1942.3.5	黄河是人类的母亲	
W1942.3.6	有关黄河名称的母题	
W1942.3.6.1	盘古命名黄河	
W1942.3.6.2	管银河钥匙的丫环名叫黄河	
W1943	**其他特定的江河的产生**	【2965】
W1943.0	**赤水**	【2965】
W1943.0.1	赤水出昆仑山东南	
W1943.0a	**丹水**	【2966】
W1943.0a.1	丹水源于龙巢山	
W1943.0b	**大运河**	【2966】
W1943.1	**怒江**	【2966】
W1943.1.1	神拍打出怒江	
W1943.1.2	蛇仙变成怒江	
W1943.2	**红河**	【2967】
W1943.2.1	男始祖开红河	
W1943.2.2	红河水红色是被血染成的	
W1943.2a	**红水河**	【2968】
W1943.2a.1	撑天者死后大肠变成红水河	
W1943.2a.2	血染红的河成为红水河	
W1943.2b	**黑水（黑河）**	【2969】
W1943.2b.1	黑水出幽都山	
W1943.2b.2	黑水出昆仑西北	
W1943.2c	**黑龙江**	【2969】
W1943.2c.1	黑龙造成黑龙江	
W1943.2d	**寒暑之水**	【2970】
W1943.3	**陇川河**	【2970】
W1943.3.1	龙的眼泪形成陇川河	
W1943.4	**溱水**	【2970】
W1943.4.1	玄嚣葫芦里流出的河叫溱水，昌意葫芦里流出的河叫洧水	
W1943.5	**花江河**	【2971】

W1943.5.1	撑天者死后小肠变成花江河		W1943.14	淄水	【2977】
W1943.6	淮河	【2971】	W1944	与江河有关的其他母题	【2977】
W1943.6.1	淮夷部落开淮河		W1944.1	神秘（魔力）之河	【2977】
W1943.6.2	淮河源于大腹山		W1944.2	奇特的河（神奇的河）	【2977】
W1943.6.3	盘古的血变成淮渎		W1944.2.1	热水河	
W1943.6a	金沙江	【2972】	W1944.2.1.1	远方有条热水河	
W1943.6a.1	龙引水走过的地方形成金沙江		W1944.2.1.2	龙女引出热水河	
W1943.6a.2	金沙江是特定的英雄射箭造成的		W1944.2.2	分水河	
W1943.6a.3	金沙江时而汹涌时而平静是英雄的情绪变化造成的		W1944.2.2.1	分水河半边是混水，半边是清水	
			W1944.2.3	血河	
			W1944.2.3.1	去阴间要经过血河	
W1943.6b	漓江	【2973】	W1944.2.4	与神奇的河有关的其他母题	
W1943.6b.1	漓江九十九湾的来历		W1944.2.4.1	不老河	
W1943.6c	牡丹江	【2973】	W1944.3	河沟	【2979】
W1943.6d	若水	【2974】	W1944.3.1	河沟是砍出来的	
W1943.6e	弱水	【2974】	W1944.3.1.1	河沟是天女砍出来的	
W1943.6e.1	弱水鸿毛不浮				
W1943.6e.1a	弱水鹅毛不浮		W1944.4	魔力掌控着河	【2980】
W1943.6e.1b	弱水鸟毛不浮		W1944.5	河流的关系	【2980】
W1943.6e.2	弱水在昆仑山下		W1944.5.1	江河是雪山之王的儿女	
W1943.6f	松花江	【2975】	W1944.5.2	兄弟关系的河	
W1943.6g	淮泗	【2975】	W1944.5.2.1	娘江河、达旺河和普龙河是三兄弟	
W1943.6g.1	盘古的小肠为淮泗				
W1943.7	太阳河	【2975】	W1944.6	阴河（暗河）	【2981】
W1943.8	天马河	【2976】	W1944.6.1	地下河的来历	
W1943.9	火焰河	【2976】	W1944.6.1	水神造暗河	
W1943.10	盐水	【2976】	W1944.7	冰河	【2981】
W1943.11	玉河	【2976】	W1944.7.1	地下有10001条冰河	
W1943.11.1	血水变成玉河				
W1943.12	夷水	【2977】	W1944.8	河的渡口	【2982】
W1943.13	淫水	【2977】			

代码	母题	页码
W1944.8.1	妒妇津	
W1944.9	**河床**	【2982】
W1944.9.1	水神犁出河床	
W1944.10	**河滩**	【2983】
W1944.10.1	河滩的产生	
W1944.10.1.1	开河时形成滩	
W1944.10.1.2	河滩是鞭子打出来的	
W1944.10.2	滩的特征	
W1944.10.3	特定名称的滩	
W1944.10.3.1	来斯滩	
W1944.10.3.2	断犁滩	
W1944.10.3.3	卧牛滩	
W1944.10.4	与滩有关的其他母题	
W1944.10.4.1	滩涂	
W1944.10.4.1.1	大水过后形成滩涂	
❋ **W1945**	**湖的产生（湖泊的产生）**	【2985】
W1945a	**湖产生的原因**	【2985】
W1945a.1	以前没有湖泊	【2985】
W1945a.2	为灌溉造湖	【2985】
W1946	**湖是造出来的（造湖）**	【2985】
W1946.1	**耕地耕出湖**	【2985】
W1946.1.1	神耕地耕出湖	
W1946.2	**神或神性人物造湖**	【2986】
W1946.2.0	神造湖	
W1946.2.0.1	神修地时造湖	
W1946.2.1	地神挖出湖泊	
W1946.2.2	女神造湖泊	
W1946.2.2.1	女神织出湖泊	
W1946.2.2a	神女造湖	
W1946.2.3	雷公挑山砸出的坑形成湖泊	
W1946.2.4	开天辟地者捅出湖泊	
W1946.2.5	神敲击出的凹坑形成湖泊	
W1946.2.6	女娲造湖泊	
W1946.2.7	空行母造湖	
W1946.2.8	天鬼造湖泊	
W1946.2.9	地王造湖泊	
W1946.3	**特定的人造湖**	【2988】
W1946.3.1	大禹挖出湖	
W1946.4	**湖（泊）是挖出来的**	【2989】
W1946.4.1	神挖地成湖	
W1946.4.1.1	地神挖地浅的地方形成湖	
W1946.4.2	用手在地上抓挖出湖	
W1946.4.2.1	神用手在地上挖出湖	
W1946.4.2.2	女娲用手在地上挖出湖	
W1946.5	**用牛肚子造湖泊**	【2990】
W1946.5.1	众神用牛肚子造湖泊	
W1946.6	**与造湖有关的其他母题**	【2990】
W1946.6.1	人把水洒在地上造出湖	
W1946.6.2	野猪大象拱出湖泊	
W1946.6.3	在地中央造湖	
W1947	**湖是生育产生的**	【2991】
W1947.1	神或神性人物生育湖	【2991】
W1947.2	湖从露珠中产生	【2991】

W1947.3	木火土铁水五种元素中生出湖 【2991】		W1948.7.4	卵的内部液汁变成白色湖	
W1948	湖是变化产生的 【2992】		W1948.7.5	蛇尾变成五湖	
			W1948.7.6	眼睛变成湖泊	
W1948.1	肝变成湖泊 【2992】		W1948.7.6.1	盘古的眼睛变成湖泊	
W1948.1.1	盘古死后肝变湖泊		W1948.7.7	竹筒变成湖泊	
W1948.2	肺变成湖泊 【2992】		W1948.8	与变化产生湖泊有关的其他母题 【2997】	
W1948.2.1	马鹿的肺变湖泊		W1948.8.1	太阳碎片变成湖水	
W1948.3	四肢变成湖泊 【2993】		W1948.8.2	洪水使平坝变成湖	
W1948.3.1	女娲的四肢变成湖泊		W1949	湖产生的其他方式 【2997】	
W1948.4	血变成湖泊 【2993】		W1949.1	特定的水汇集成湖泊 【2997】	
W1948.4.1	青蛙的血变成湖泊		W1949.1.1	洒水成湖泊	
W1948.4.2	星星的血变成湖泊		W1949.1.1.1	葫芦洒水成湖泊	
W1948.4.3	鹿血变成湖泊		W1949.1.2	地下冒水形成湖泊	
W1948.5	眼泪变成湖泊 【2994】		W1949.1.3	汇四面八方之水成湖泊	
W1948.5.1	太阳、月亮、星星的泪水落到地上汇成许多湖泊		W1949.1.4	泉水形成湖泊	
			W1949.1.5	海水退去出现湖泊	
W1948.6	尿变成湖泊 【2994】		W1949.1.6	神修地时积水成湖泊	
W1948.6.1	神的尿变成湖泊				
W1948.6.2	日月子女神的尿变成湖泊		W1949.1.7	女子倒竹筒的水成为湖	
W1948.6a	汗水变成湖泊 【2995】		W1949.2	海水溅的水珠成为湖泊 【3000】	
W1948.6a.1	神的汗水变成湖泊		W1949.3	低洼处形成湖泊 【3000】	
W1948.7	其他特定物变化为湖泊 【2995】		W1949.3.1	火烧大地造成的低洼处形成湖泊	
W1948.7.1	浸水的山谷变成湖泊		W1949.3.2	铁弹子在地打出的凹处形成湖泊	
W1948.7.2	海水变成湖泊		W1949.3.3	神造地时踩出的脚印形成湖泊	
W1948.7.3	龙溅出的浪形成湖泊		W1949.3.4	雷公补地留下的坑形成湖泊	

W1949.3.5	缝地时凹陷的地方形成湖泊			湖水变甜	
W1949.4	**山岭围水成湖泊**	【3001】	W1950.0.2.3	有的湖水为什么苦涩	
W1949.5	**特定物的肚子做湖泊**	【3002】	W1950.0.2.3.1	妖魔在湖中洗浴使湖水变苦涩	
W1949.5.1	神牛的肚子造湖泊		W1950.0.3	湖的分布	
			W1950.0.3.1	神安排湖的分布	
W1949a	**与湖的产生有关的其他母题**	【3002】	W1950.0.4	与湖的特征有关的其他母题	
			W1950.0.4.1	湖泊是镜子	
W1949a.1	陷下去的地成为湖泊	【3002】	W1950.0.4.2	湖中为什么有漂浮物	
W1949a.1.1	地母缩身体时凹陷的地方形成湖泊		W1950.0.4.2.1	湖中漂浮物源于神的行为	
W1950	**与湖有关的其他母题**	【3003】	W1950.0.4.3	湖里的水满后流向大海	
W1950.0	**湖的特征**	【3003】	**W1950.1**	**神秘之湖（有魔力的湖）**	【3007】
W1950.0.1	湖的颜色		W1950.1.1	魔湖	
W1950.0.1.1	蓝色的湖		**W1950.2**	**奇特的湖**	【3007】
W1950.0.1.2	白色的湖		W1950.2.1	不生养生命的湖	
W1950.0.1.3	金色的湖		W1950.2.2	有酒味的湖	
W1950.0.1.4	黑色的湖		W1950.2.2.1	药撒湖中使湖有了酒味	
W1950.0.1.4.1	妖魔洗浴使湖水变成黑色		W1950.2.3	有咸味的湖	
W1950.0.1.5	绿色的湖		W1950.2.4	会涨水的湖	
W1950.0.1.6	红色的湖		**W1950.3**	**海子的来历**	【3009】
W1950.0.1.6.1	盐湖红色是蚩尤血染的		W1950.3.1	龙王造海子	
W1950.0.2	湖的味道		W1950.3.1.1	地下龙王造海子	
W1950.0.2.1	有的湖水为什么咸		W1950.3.2	缩地时凹陷的地方形成海子	
W1950.0.2.1.1	湖水变成是妖魔的血造成的		W1950.3.3	月亮落地变成海子	
W1950.0.2.2	有的湖水为什么甜		W1950.3.3.1	射落的月亮变成海子	
W1950.0.2.2.1	神在湖中洗浴使		W1950.3.4	洪水形成海子	
			W1950.3.4.1	洪水退去留下山上的海子	

W1950.3.5	流血形成海子		W1950.6.12	纳木错湖
W1950.3.5.1	巨人杀鹿流的血形成海子		W1950.6.13	女坟湖
			W1950.6.14	鄱阳湖
W1950.3.6	其他特定物变成海子		W1950.6.15	青海湖
			W1950.6.15.1	龙王发水形成青海湖
W1950.3.6.1	神的肚脐眼变海子			
W1950.3.6.2	巨人变成海子		W1950.6.16	弱水湖
W1950.3.6.3	神流泪形成海子		W1950.6.17	赛里木湖
W1950.3.7	与海子有关的其他母题		W1950.6.18	松花湖
			W1950.6.19	太湖
W1950.3.7.1	海子是黄河的儿子		W1950.6.20	微山湖
W1950.3.7.2	血形成红色的海子		W1950.6.21	兴凯湖
W1950.4	**世界正中央的湖**【3012】		W1950.6.22	银水湖
W1950.4a	**山上的湖**【3012】		W1950.6.23	与特定名称的湖有关的其他水体
W1950.4a.1	特定人物造出山上的湖			
			W1950.6.23.1	白洋淀
W1950.5	**魔力掌控着湖**【3013】		W1950.6.23.2	巢湖
W1950.6	**特定名称的湖**【3013】		W1950.6.23.3	滇池
W1950.6.1	洞庭湖		W1950.6.23.4	抚仙湖
W1950.6.1.1	盘古的面轮变成洞庭		W1950.6.23.5	九寨沟
			W1950.6.23.6	居延海
W1950.6.2	鼎湖		W1950.6.23.7	巨野泽
W1950.6.3	洪泽湖		W1950.6.23.8	千岛湖
W1950.6.4	呼伦湖		W1950.6.23.9	邛海
W1950.6.4a	黑水湖		W1950.6.23.10	五大连池
W1950.6.5	金水湖		W1950.6.23.10.1	五大连池有药泉
W1950.6.6	镜湖（鉴湖）		W1950.6.23.11	西湖
W1950.6.7	镜泊湖		W1950.6.23.12	盐湖
W1950.6.7.1	天河水汇成镜泊湖		W1950.6.23.12.1	盐湖中有盐
W1950.6.7.2	黑山神看守镜泊湖		**W1950.7**	**地上的天池**【3019】
W1950.6.8	九鲤湖		W1950.7.1	天池的产生
W1950.6.9	历阳湖		W1950.7.1.1	雪水形成天池
W1950.6.10	喀纳斯湖		W1950.7.1.2	火山口形成天池
W1950.6.11	泸沽湖		W1950.7.1.3	火山口注水成为天池
W1950.6.11.1	泸沽湖是虎神刨出来的			
			W1950.7.1.4	雷神雨神造天池
W1950.6.11a	莲花天湖		W1950.7.1.5	天池的水为什么是

		凉的		W1953.5	仙人踏出海	【3026】
W1950.7.1.5.1		特定的事件造成池水变凉		W1953.6	特定的人造海	【3026】
W1950.7.1.6		天池的水为什么有热气		W1953.6.1	九官牵龙造海	
				W1953.6.2	天王造的人造海	
W1950.7.1.6.1		神让天池的水有热气		**W1953.7**	**龙造海**	【3027】
				W1953.7.1	金龙造海	
W1950.7.2		长白山天池		W1953.7.2	龙神造海	
W1950.7.3		天山天池		**W1953.8**	**搬山造海**	【3027】
W1950.7.4		天池的特征		W1953.8.1	众人搬山造海	
W1950.7.4.1		天池水面如镜		W1953.8.2	螃蟹搬山造海	
W1950.8		**五湖四海**	【3022】	**W1953.9**	**挖地成海**	【3028】
W1950.8.1		地神造五湖四海		**W1953.10**	**与造海有关的其他母题**	【3028】
W1950.8.2		大禹率众挖出五湖四海		W1953.10.1	神破冰造海	
				W1953.10.2	在地脚旁造海	
＊W1951		**海的产生**	【3022】	**W1954**	**海是生育产生的**	【3029】
W1952		**海自然产生**	【3022】			
W1952.1		海从地上的洞中出来	【3023】	W1954.1	海是天地之子	【3029】
				W1955	**海是变化产生的**	【3029】
W1952.1.1		海水地上的无底洞涌出		**W1955.1**	**卵化生海**	【3029】
W1952.2		**雨水形成海**	【3023】	W1955.1.1	鸟蛋变成海	
W1952.3		**洪水形成海**	【3023】	W1955.1.1.1	鹏鸟的蛋变成海	
W1952.3.1		洪水使地球变成海洋		**W1955.2**	**蛋的特定部分变成海**	【3030】
W1952.3.2		洪水聚集形成海		W1955.2.1	宇宙卵的蛋白变成海	
W1953		**海是造出来的**	【3024】			
W1953.1		**天神造海**	【3024】	W1955.2.2	鸡蛋的蛋白变成海	
W1953.1.1		天神撒泥治水没撒到的地方变成海		**W1955.3**	**尸体化生为海（肢体变成海）**	【3030】
W1953.1.2		天神用虎肚造海		W1955.3.0	特定人物变成海	
W1953.2		**地神造海**	【3025】	W1955.3.0.1	盘古死后身体变成海	
W1953.3		**女神造海**	【3025】			
W1953.3.1		地母造海		W1955.3.1	肠子变成海	
W1953.3.2		女始祖造海		W1955.3.1.1	盘古死后大肠变成海	
W1953.4		**巨人开辟海**	【3026】			

W1955.3.2	肺变成海		W1955.9	汗水变成海	【3038】
W1955.3.2.1	盘古死后肺变成海		W1955.9.1	神的汗水变海	
W1955.3.3	胃变成海		W1955.9.2	神把汗水变成海	
W1955.3.3.1	神的胃化生海		W1955.9.3	创世者的汗水变成海	
W1955.3.4	心变成海				
W1955.3.4.1	马鹿的心变成海		W1955.10	泪水变成海	【3039】
W1955.3.5	虎肚变成海		W1955.10.1	盘古的泪水变成海	
W1955.3.6	盘古的腹部变成海				
W1955.3.6a	盘古的臂膊变成海		W1955.10.2	人的泪水聚成海	
W1955.3.7	浪荡子死后尸体化为海		W1955.11	圣水变成海	【3039】
			W1955.11.1	天神洒的圣水变成海	
W1955.3.8	蛇的尸体腐烂变成海		W1955.12	尿变成海	【3040】
W1955.4	海是某物的化身	【3033】	W1955.13	植物的液汁变成海	【3040】
W1955.5	雾气变成海	【3033】	W1955.13.1	桃子烂后的水变海	
W1955.5.1	云雾水气变成海		W1955.14	排泄物变成海	【3040】
W1955.5.2	雾神哈出的雾气变成海		W1955.14.1	女神的尿变成海	
			W1955.15	凹陷的地方变成海	【3040】
W1955.6	白露变成海	【3034】	W1955.15.1	盘古的眼窝变成海洋	
W1955.6.1	3滴白露变化成3个大海				
			W1955.15.2	天上坠物砸出海洋	
W1955.6.2	天地之气生的白露凝为海		W1955.15.3	缩地时凹陷的地方变成海	
W1955.6.3	白云酿出的白露变成海		W1955.16	冰川变成海	【3041】
			W1955.16.1	暖神把冰川化成海	
W1955.6.4	声音和气息婚生的白露变成海		W1955.17	与变化产生海有关的其他母题	【3042】
W1955.6.5	雾露滚动形成海		W1955.17.1	使用法术变出海	
W1955.7	霜落地上变成海	【3036】	W1955.17.1.1	观音用法术把牛肚子变成海	
W1955.7.1	天上下的霜变成海				
W1955.8	血液变成海	【3037】	W1955.17.1.2	河变成海	
W1955.8.1	地母流的血变成大海		W1956	海的其他产生方式	【3042】
W1955.8.2	地母流产流出的血水变成海		W1956.1	堵河成海	【3042】
			W1956.1.1	河流被阻变成海	
W1955.8.3	虎血变成海		W1956.1.1.1	蛟龙堵河变成海	
W1955.8.4	人的血浆变成大海		W1956.1.1.2	恶龙堵河变成海	

W1956.1.2	河被堵涨水成海		W1957.7	世界上最早产生的是海	【3049】
W1956.2	**天河水形成海**	【3043】	W1957.7.1	世界最早出现白海和白石	
W1956.2.1	天河漏水形成海		✱ **W1958**	**海的特征**	【3049】
W1957	**与海的产生有关的其他母题**	【3044】	**W1959**	**海的大小**	【3049】
W1957.1	**洪水使陆地变成海**	【3044】	W1959.1	海最初很小	【3049】
W1957.1.1	洪水汇聚形成海		W1959.1.1	最早的海像小溪	
W1957.1.2	留下的一些洪水成为海		W1959.2	以前的海没有边沿（大海无涯）	【3050】
W1957.1.3	抛物治水时没有撒到的地方变成海		W1959.3	海的宽度	【3050】
			W1959.3.1	海宽4万丈	
W1957.1.4	洪水退后出现海		W1959.4	海的深度	【3050】
W1957.2	**造地时留下海**	【3046】	W1959.4.1	海深3万丈	
W1957.2.1	佛祖造地时留下海		**W1960**	**海的颜色**	【3051】
W1957.3	**赶水成海**	【3046】	W1960.1	海为什么是蓝的	【3051】
W1957.3.1	盘古赶江河水形成海		**W1961**	**海的温度**	【3051】
W1957.4	**百川汇海**	【3046】	W1961.1	海水为什么是温的	【3051】
W1957.4.1	河流到低处汇成海		W1961.2	以前的海水像滚烫的开水	【3051】
W1957.4.2	江河汇集成海				
W1957.4.2.1	巨人流汗形成的河汇集成海		W1961.2.1	太阳把海水烤得很热	
W1957.4.2.2	后土流泪形成的河汇集成海		**W1962**	**海的味道**	【3052】
W1957.4.2a	江河聚成湖海		W1962.1	海水为什么是咸的	【3052】
W1957.4.3	特定的水汇集成海		W1962.1.1	海里的盐神磨使海水变咸	
W1957.4.3.1	仙人骨头流出的水汇集成海		W1962.1.1a	海里的金磨使海水变咸	
W1957.4.4	积水成海		W1962.1.1b	海里的神磨使海水变咸	
W1957.4.4.1	水汇集特定的坑中形成海		W1962.1.2	汗水把海水变咸	
W1957.4.5	水东流成海		W1962.1.2.1	天神的汗水把海水变咸	
W1957.5	**影子中产生海**	【3048】	W1962.1.2.2	行人的汗水把海水	
W1957.6	**混沌集水成海**	【3049】			

W1962.1.3	海中洒进泪水变咸				地方
W1962.1.4	龙王把盐放到海水中		W1963.2.11	第11层海道路交错	
W1962.2	**海水是淡的**	【3054】	W1963.2.12	第12层海是最深的海	
W1962.2.1	海水以前是淡的		W1963.2.13	海的其他层数	
W1962.3	**海水是甜的**	【3054】	**W1963.3**	**海的气味**	【3058】
W1962.3.1	海水原来是甜的		W1963.3.1	海有腥味	
W1963	**与海的特征有关的其他母题**	【3055】	**W1964**	**与海有关的其他母题**	【3059】
W1963.0	**海的特定位置**	【3055】	**W1964.0**	**海水**	【3059】
W1963.0.1	海洋在九重天下		W1964.0.1	海水的产生	
W1963.0.2	海夹在天地中间		W1964.0.1.1	露珠变成海水	
W1963.1	**海上为什么有泡沫**【3055】		W1964.0.1.2	虎血变成海水	
W1963.2	**海有12层（12层海）**	【3056】	W1964.0.2	海水的特征	
			W1964.0.2.1	海水以前滚烫	
W1963.2.1	第1层海是虾的居所		W1964.0.3	与海水有关的其他母题	
W1963.2.2	第2层海是石蚌的居所		W1964.0.3.1	海水被特定物吸引	
W1963.2.3	第3层海是鲤鱼的居所		W1964.0.3.2	海水为什么不淹陆地	
W1963.2.4	第4层海是海螺的居所		W1964.0.3.3	撑天的山下有海水	
W1963.2.5	第5层海是龙女的居所		W1964.0.3.4	海水的汇合	
W1963.2.6	第6层海是龙宫		W1964.0.3.5	海水流入特定的山	
W1963.2.7	第7层海是犀牛的居所		**W1964.1**	**海水干涸**	【3062】
W1963.2.8	第8层海是鹅鸭的居所		W1964.1.1	海为什么不会干	
			W1964.1.1.1	海不会干是因为月华掉到了海里	
W1963.2.9	第9层海是龙王造井、造水的地方		**W1964.2**	**海的稳定**	【3062】
			W1964.2.1	定海神针	
W1963.2.10	第10层海是龙女晾晒织物的		W1964.2.1.1	定海铁柱	
			W1964.2.2	定海石	
			W1964.2.3	制铁定海眼	

W1964.2.4	海的支撑		W1964.4.9.5	绿海
W1964.2.4.1	海底无数石柱支撑着海		W1964.4.9.6	红海
			W1964.4.9.7	黑海
W1964.3	**奇特之海** 【3063】		W1964.4.9.8	其他颜色的海
W1964.3.1	神秘之海（魔力之海）		W1964.4.9.9	冥海
			W1964.4.9.9.1	冥海即天池
W1964.3.2	无风起浪的海		W1964.4.9.10	紫泥海
W1964.4	**特定的海** 【3063】		W1964.4.9.11	天海
W1964.4.0	五大洋		W1964.4.9.11.1	3个天海
W1964.4.0.1	天神划出五大洋		W1964.4.9.11.2	九大天海
W1964.4.0.2	出现四大洲后形成五大洋		**W1964.5**	**海眼** 【3070】
			W1964.5.0	海眼的产生
W1964.4.0a	七大洋		W1964.5.0.1	特定人物凿出海眼
W1964.4.0a.1	七大汪洋来天外		W1964.5.1	一口井是通往海的海眼
W1964.4.1	地球上有四个海			
W1964.4.1.1	四海		W1964.5.2	特定的洞是海眼
W1964.4.1.2	四海即天下		W1964.5.2.1	山脚的大石洞是海的水眼
W1964.4.1.3	四海之门			
W1964.4.2	东海		W1964.5.3	海眼在特定的石头下
W1964.4.2.1	东海有东海龙王			
W1964.4.3	南海		W1964.5.4	海眼的控制
W1964.4.4	西海		W1964.5.4.1	用钱镇海眼
W1964.4.5	北海		W1964.5.5	海眼中的情形
W1964.4.5.1	北海称北冥		W1964.5.5.1	海眼中住着特定动物
W1964.4.6	黄海			
W1964.4.6.1	露珠变成黄色的海		W1964.5.6	海眼喷出水柱
W1964.4.7	渤海		**W1964.5a**	**海心** 【3072】
W1964.4.8	洱海		**W1964.6**	**魔物（力）掌控着海** 【3072】
W1964.4.8.1	大海缩小变成洱海			
W1964.4.8.2	雨水汇成洱海		**W1964.7**	**与海相通的通道** 【3073】
W1964.4.8.3	洱海的出口		**W1964.8**	**海浪的产生（波浪的产生）** 【3073】
W1964.4.9	其他特定名称的海			
W1964.4.9.1	毒海		W1964.8.1	海浪是灵魂之所
W1964.4.9.2	死海		W1964.8.2	海浪是某物的化身
W1964.4.9.2.1	死海的产生		W1964.8.3	海浪是海神的马
W1964.4.9.3	金海		W1964.8.4	丢到水里的碎物形成波浪
W1964.4.9.4	蓝海			

W1964.8.4.1	神向水中丢的木偶形成波浪	
W1964.8.5	特定人物的行动形成海浪	
W1964.8.5.1	水仙寻人时形成海浪	
W1964.9	**海浪的声音（涛声）**	**【3074】**
W1964.10	**有魔力的波浪**	**【3074】**
W1964.10.1	魔力掌控着海浪	
W1964.11	**与海浪有关的其他母题**	**【3074】**
W1964.11.1	特定名称的浪	
W1964.11.1.1	三口浪	
W1964.11.1.2	海中的气浪	
W1964.11.2	海浪的平息	
W1964.11.3	海啸	
W1964.11.3.1	太阳落到海里形成海啸	
W1964.12	**潮汐**	**【3076】**
W1964.12.1	潮汐的产生	
W1964.12.1.1	潮汐是妖魔呼吸形成的	
W1964.12.1.2	潮水应石鸡叫声涨落	
W1964.12.2	涨潮	
W1964.12.2.1	涨潮是大地晃动造成的	
W1964.12.2.2	涨潮是海龙王兴风作浪	
W1964.12.3	退潮	
W1964.12.3.1	射箭退潮	
W1964.12.4	特定名称的潮	
W1964.12.4.1	钱塘潮	
W1964.12.4.1.1	伍子胥的怨气形成钱塘潮	
W1964.12.4.2	海潮	
W1964.12.4.2.1	9万层海潮	
W1964.13	**海峡**	**【3078】**
W1964.13.1	海峡的产生	
W1964.14	**海堤（海岸）**	**【3078】**
W1964.14.1	海堤的产生	
W1964.14.1.1	神造海堤	
W1964.14.1.1.1	天神堆出海堤	
W1964.14.1.1.2	地神堆出海堤	
W1964.15	**海底**	**【3079】**
W1964.15.1	海底大无边	
W1964.16	**海中的生活**	**【3079】**
W1964.16.1	海中晾晒衣物	
W1964.16.2	海洋是水族的世界	
W1964.17	**海中的烟雾**	**【3080】**
W1964.17.1	神鱼喷吐海中的烟雾	

1.8.3 其他一些常见的水体
【W1965～W1979】

✷ **W1965**	**泉的产生（泉水的产生）**	**【3080】**
W1966	**泉源于某个特定地方**	**【3080】**
W1966.1	泉从天上流下来	【3080】
W1966.2	石裂生出泉水	【3081】
W1966.3	树心流出泉水	【3081】
W1967	**泉是造出来的**	**【3081】**
W1967.0	神造泉	【3081】
W1967.0.1	水神造泉	
W1967.1	天女造泉	【3081】
W1967.2	始祖造泉	【3082】
W1967.2.1	女始祖造泉	
W1967.3	仙人造泉	【3082】
W1967.3a	观音造泉	【3082】

W1967.3a.1	观音用净水瓶造泉			W1968.2a.2	岩下生泉	
W1967.4	龙造泉	【3082】		**W1968.2b**	山生泉	【3088】
W1967.4.1	龙吐泉水			W1968.2b.1	剌山生泉	
W1967.4.1.1	九头龙造泉			W1968.2b.2	挖山出泉	
W1967.4.2	龙王踏出的洞化作泉			W1968.3	埋妖魔眼珠的地方流出泉	【3088】
W1967.4.3	蛟龙造泉			**W1968.4**	金水钵生泉	【3089】
W1967.5	螃蟹造泉	【3084】		W1968.4.1	圣母的金水钵生泉	
W1967.5.1	螃蟹爬进岩缝泉造出泉水			**W1968.5**	坑洞生泉	【3089】
W1967.6	鹅造泉	【3084】		W1968.5.1	龙洞出泉水	
W1967.6.1	神鹅带来泉水			**W1968.6**	其他特定的物生泉	【3089】
W1967.7	其他特定人物造泉	【3085】		W1968.6.1	葫芦生泉	
W1967.7.1	喇嘛用拐杖在石崖上捅出泉水			W1968.6.1.1	神的葫芦生泉	
W1967.8	与造泉有关的其他母题	【3085】		W1968.6.2	树下生泉	
W1967.8.1	以前人不会造泉			W1968.6.2.1	泉隐藏在大树下	
W1968	**泉是生出来的**	【3085】		W1968.6.3	特定的坟上冒出泉水	
W1968.0	神或神性人物生泉	【3085】		W1968.6.4	祈雨的人化石后口中生泉	
W1968.0.1	地神生泉			**W1969**	**泉是变化产生的**	【3091】
W1968.1	龙生泉	【3086】		**W1969.0**	特定人物变成泉	【3091】
W1968.1.1	埋龙头的地方流出泉			W1969.0.1	好人死后变成泉水	
W1968.1.2	龙女吐出清泉			**W1969.1**	动物化泉	【3091】
W1968.1.3	龙眼中生泉			W1969.1.1	地龙化为泉	
W1968.1.4	不同的龙生不同的泉			W1969.1.2	蛇化为泉	
W1968.2	地生泉	【3087】		**W1969.2**	眼泪变成泉	【3091】
W1968.2.1	拳击地出泉			W1969.2.1	动物的眼泪形成泉水	
W1968.2.2	剑插地出泉			W1969.2.1.1	猴的眼泪形成泉水	
W1968.2.3	刀插地出泉			W1969.2.1.2	鸟的眼泪变成泉	
W1968.2a	石生泉	【3087】		W1969.2.2	文化英雄的眼泪变成泉	
W1968.2a.1	泉从岩石流出			W1969.2.3	莲目老祖母的眼泪变成泉	

W1969.2.4	女子的眼泪变成泉			W1970.6.1	宝物温凉盖产生泉	
W1969.2a	汗水变成泉	【3093】		W1970.7	砸地出泉	【3097】
W1969.2a.1	地母的汗水变成泉			W1970.7.1	宝珠落地砸出泉	
W1969.2b	鼻涕变成泉	【3093】		W1970.8	抽陀螺冒出泉	【3098】
W1969.2b.1	山鬼的鼻涕变成泉			W1970.8.1	天神在地上抽陀螺冒出泉	
W1969.3	尿变成泉	【3093】		W1970.9	撬石得泉水	【3098】
W1969.3.1	马的尿变成泉			W1971	与泉的产生有关的其他母题	【3098】
W1969.4	血变成泉	【3094】		W1971.1	魔法造泉	【3098】
W1969.5	神的乳汁变成泉	【3094】		W1971.2	马的脚印形成泉	【3098】
W1969.5.1	泉是山神的乳汁			W1971.3	插剑处形成泉	【3098】
W1969.6	灵魂变成泉	【3094】		W1971.4	神赐泉水	【3099】
W1969.6.1	露水王的魂变成泉			W1971.4.1	地神赐泉	
W1970	特定的活动形成泉	【3094】		W1971.4a	玉皇大帝赐泉水	【3099】
W1970.1	箭射出泉	【3095】		W1971.5	神马带来泉水	【3099】
W1970.1.1	小伙射地面拔箭出泉			W1971.6	变形后产生泉	【3100】
W1970.2	射树出泉	【3095】		W1971.6.1	祈雨者变成石头后口中流出泉	
W1970.3	劈山出泉	【3095】		W1971.7	大雨造成泉	【3100】
W1970.4	戳地出泉	【3095】		W1971.8	从天上取来泉水的种子	【3100】
W1970.4.1	梯子戳地出泉			W1971.8.1	英雄从天上取来泉水的种子	
W1970.4.2	簪子戳地出泉			W1972	与泉有关的其他母题	【3101】
W1970.4.2.1	大禹用妻子的银簪戳地出泉			W1972.1	神奇的泉	【3101】
W1970.4.3	扁担戳地出泉			W1972.1.1	使人返老还童的泉（返老还童泉）	
W1970.4.3.1	二郎神用扁担戳山腰出泉			W1972.1.2	长命泉	
W1970.4.4	拐杖戳地出泉			W1972.1.3	能治病的泉水	
W1970.4.4.1	喇嘛用拐杖戳山岩出泉			W1972.1.3a	能疗伤的泉水	
W1970.5	龙溅出的水形成泉	【3097】		W1972.1.3b	喝了能充饥的泉水	
W1970.5.1	龙王天上落海中溅出的水形成泉			W1972.1.4	会行走的泉	
W1970.6	宝物中产生泉	【3097】		W1972.1.5	能使人长翅膀的泉	
				W1972.1.6	起死回生泉	

W1972.1.7	怪泉		W1972.3.6	浴温泉增精神	
W1972.1.7.1	怪泉出物		W1972.3.6.1	黄帝浴温泉增精神	
W1972.1.8	神泉		W1972.3.7	与温泉有关的其他	
W1972.1.8.1	神泉润万物			母题	
W1972.1.8.2	神泉水能使人长		W1972.3.7.1	汤山温泉	
	出翅膀		**W1972.4**	**咸的泉水**	【3109】
W1972.1.9	生命之泉		W1972.4.1	特定地方的泉是	
W1972.1.9.1	生命泉能疗伤			咸的	
W1972.1.10	药泉		**W1972.4a**	**甜的泉水**	【3110】
W1972.1.10.1	药泉能疗伤		W1972.4a.1	天堂里的泉水	
W1972.2	**泉的涨落**	【3105】		很甜	
W1972.2.1	地龙呼吸造成泉		**W1972.5**	**黄泉**	【3110】
	水涨落		W1972.5.1	黄泉在地下	
W1972.2.2	间歇泉		**W1972.6**	**酒泉**	【3110】
W1972.2.2.1	间歇泉喷水是泉		W1972.6.1	天神造酒泉	
	下龙咳嗽造成的		W1972.6.2	酒泉流出的是酒	
W1972.2.3	喷泉		W1972.6.3	酒泉的酒使人长生	
W1972.2.3.1	龙喝的水太多形成			不老	
	喷泉		**W1972.6a**	**山泉**	【3111】
W1972.3	**温泉的产生**		W1972.6a.1	猪婆龙钻出山泉	
	（温泉）	【3106】	**W1972.7**	**魔力掌控着泉**	【3112】
W1972.3.1	太阳被射落水中		**W1972.8**	**泉水的消失**	【3112】
	形成温泉		W1972.8.1	龙把泉水吸干	
W1972.3.1.1	后羿射日形成温泉		W1972.8.2	龙王使泉水断流	
W1972.3.2	太阳放在水中形成		**W1972.9**	**其他特定名称的泉**【3112】	
	温泉		W1972.9.1	半阳泉	
W1972.3.2a	太阳的照晒形成		W1972.9.2	趵突泉	
	温泉		W1972.9.2a	宝泉	
W1972.3.3	神奇的金簪划出		W1972.9.2a.1	宝泉无论春夏秋冬	
	温泉			从不枯竭	
W1972.3.4	妖魔的眼泪变成		W1972.9.3	不老泉	
	温泉		W1972.9.4	不歇泉	
W1972.3.4a	温泉是女始祖的		W1972.9.5	赤泉	
	生殖器		W1972.9.5.1	饮赤泉不老	
W1972.3.4a.1	温泉的温水是		W1972.9.6	毒泉	
	女始祖的尿		W1972.9.7	妒女泉（蚳女泉）	
W1972.3.5	温泉热气如烟		W1972.9.7.1	妒女泉能兴风雨	

W1972.9.8	甘泉（甘水）		水塘
W1972.9.8.1	天上流下甘泉	W1976.1	特定人物造池塘 【3121】
W1972.9.8.2	甘水即醴泉	W1976.1.1	天神挖水塘
W1972.9.8.3	甘山出甘水	W1976.1.2	地神造地时凹陷的
W1972.9.8.4	灵山脚下的甘泉		地方成为水塘
	有回生水	W1976.1.3	动物造池塘
W1972.9.9	蝴蝶泉	W1976.1.3.1	野猪拱出塘
W1972.9.9.1	殉情化蝶的泉	W1976.2	池塘是变化产生的【3122】
	称谓蝴蝶泉	W1976.2.1	女人化为水坑
W1972.9.9.2	四月二十五日	W1976.2.2	神的眼睛变水坑
	蝴蝶聚蝴蝶泉	W1976.2.3	英雄死后心变成
W1972.9.10	虎跑泉		鱼塘
W1972.9.11	九圣泉	W1976.3	特定的事件形成
W1972.9.12	醴泉		池塘 【3123】
W1972.9.13	龙泉	W1976.3.1	天上落下的火球
W1972.9.13.1	灰龙泉		砸出水泡子
W1972.9.14	吕泉（笑泉）	W1976.3.2	水坑是洪水的遗留
W1972.9.15	马跑泉	W1976.4	特定人物踩出池塘【3123】
W1972.9.16	哭泉	W1976.4.1	神踩出水塘
W1972.9.17	羽泉	W1976.4.2	英雄踏出池塘
W1972.9.18	玉醴泉	W1976.4.3	马踏出池塘
W1972.9.18.1	玉醴泉使人长生	W1976.4.4	龙踩下的脚窝成为
	不老		水塘
W1972.9.19	玉女泉	W1976.5	与池塘有关的母题【3124】
W1972.9.20	一碗水泉	W1976.5.1	消水坑（消水洞）
W1972.9.21	珍珠泉	W1976.5.1.1	神死后眼睛变消
W1972.9.21.1	舜的妻子的泪珠		水坑
	化为珍珠泉	W1976.5.2	积水成塘
✱ W1975	其他水体的	W1976.5.3	特定名称的池塘
	产生 【3120】	W1976.5.3.1	咸池
W1976	池塘（水坑、	W1976.5.3.2	浴仙池
	池、水池、水	W1976.5.3.3	龙池
	塘、鱼塘、	W1976.5.3.4	芦塘
	泡子） 【3120】	W1977	潭 【3126】
W1976.0	池塘自然存在 【3121】	W1977.1	潭的产生 【3126】
W1976.0.1	古时地上有个大	W1977.1.1	泪水形成潭
		W1977.1.1.1	天神的泪水形成潭

W1977.1.1.2	神仙的泪水形成潭	W1977.4.2	潭的消失	
W1977.1.1.3	罗汉的泪水形成潭	W1977.4.3	特定名称的潭	
W1977.1.2	龙翻滚身体形成水潭	W1977.4.3.0	白龙潭	
		W1977.4.3.1	百花潭	
W1977.2	**潭的特征** 【3127】	W1977.4.3.2	黑龙潭	
W1977.2.1	潭水为什么不干	W1977.4.3.3	金锁潭（犀牛潭）	
W1977.2.2	潭与海底相通	W1977.4.3.4	雷公潭	
W1977.3	**龙潭的来历（龙潭）** 【3128】	W1977.4.3.5	龙马潭	
		W1977.4.3.6	牛潭	
W1977.3.1	神死后肚皮变成龙潭	W1977.4.3.7	七星潭	
		W1977.4.3.8	青龙潭	
W1977.3.2	龙潭是地的肚皮	W1977.4.3.9	日月潭	
W1977.3.3	用牛肚造龙潭	W1977.4.3.10	天龙潭	
W1977.3.3.1	龙牛的肚子成为龙潭	W1977.4.3.11	羊龙潭	
		W1977.4.4	渊	
W1977.3.4	用膀胱造龙潭	W1977.4.4.1	从渊	
W1977.3.4.1	用牛的尿泡做龙潭	W1977.4.4.2	甘渊	
		W1977.4.4.3	深渊	
W1977.3.4.2	神牛的膀胱做龙潭	W1977.4.4.4	虞渊（禺谷）	
		W1977.4.4.5	羽渊	
W1977.3.5	鹿血变成龙潭	W1977.4.5	水池	
W1977.3.5.1	马鹿的血变成龙潭	W1977.4.5.1	温池	
		W1977.4.5.2	汤池	
W1977.3.6	与龙潭有关的其他母题	W1977.4.5.2.1	火放入水中形成汤池	
W1977.3.6.1	龙潭有公母	**W1978**	**井** 【3136】	
W1977.3.6.2	龙潭的水门	**W1978.1**	**井是造出来的（打井）** 【3136】	
W1977.3.6.3	龙潭水有苦甜之分			
W1977.3.6.4	龙潭深不可测	W1978.1.1	神造井	
W1977.4	**与潭有关的其他母题** 【3131】	W1978.1.1.1	神用手指戳出井	
		W1978.1.2	神性人物造井	
W1977.4.0	潭水的来历	W1978.1.2.1	仙女造水井	
W1977.4.0.1	海溅出的浪花变成潭水	W1978.1.2.2	百花仙子造井	
		W1978.1.2.3	舜掘地成井	
W1977.4.1	奇特的潭	W1978.1.2.4	二郎神抠地成井	
W1977.4.1.1	水取之不尽的潭	W1978.1.2.5	伯益造井	
		W1978.1.3	其他特定人物造井	

W1978.1.3.1	龙王在海里打井		W1978.5.1.8	舜井（舜泉）
W1978.1.3.2	彩虹姑娘在天脚下打井。		W1978.5.1.8.1	舜井在历山
			W1978.5.1.9	文君井
W1978.1.3.3	稼用弓戳出井		W1978.5.1.10	巫支祈井（无支祈井）
W1978.1.3.4	金人以杵戳地成井			
W1978.1.3.5	金人以杖撞地成井		W1978.5.1.11	仙人井
W1978.2	**井是变化产生的（特定物变成井）【3139】**		W1978.5.1.12	尧井
			W1978.5.1.13	银井
W1978.2.1	嘴巴变成水井		W1978.5.1.14	禹井
W1978.2.1.1	神死后嘴巴变成水井		W1978.5.1.14.1	禹井在会稽山
			W1978.5.2	井槛
W1978.2.2	垂死化生为井		W1978.5.2.1	玉为井槛
W1978.2.2.1	仙女死后化为水井		W1978.5.3	九井
			W1978.5.3.0	神农造九井
W1978.3	**与井的产生有关的其他母题【3140】**		W1978.5.3.1	九井在昆仑
			W1978.5.3.2	九井即老子井
W1978.3.1	龙涎精滴出龙井		W1978.5.3.3	九井即神农井
W1978.4	**井的特征【3140】**		W1978.5.3.4	九井井水相连
W1978.4.1	很深的井		W1978.5.4	九十九井
W1978.4.1.1	接多条绳子不能到井底		W1978.5.4.1	周仙王开九十九井
W1978.5	**与井有关的其他母题【3141】**		**W1979**	**与水体有关的其他母题【3149】**
W1978.5.0	奇特的井		**W1979.1**	**沼泽的产生【3149】**
W1978.5.0.1	能生风雨的井		W1979.1.1	造地时的褶皱变成沼泽
W1978.5.0.2	能生金银的井			
W1978.5.0.3	长生不老井		W1979.1.2	用牛的血造沼泽
W1978.5.1	特定名称的井		W1979.1.2.1	杀神牛的血槽变成沼泽
W1978.5.1.1	八角井			
W1978.5.1.1a	并蒂莲井		W1979.1.3	天上坠物砸出的凹陷成为沼泽
W1978.5.1.2	厄井			
W1978.5.1.3	金井		W1979.1.3.1	碎星落地砸出的凹陷成为沼泽
W1978.5.1.4	金鸡井			
W1978.5.1.4a	龙井		W1979.1.4	积水形成沼泽
W1978.5.1.5	倾井（扳倒井）		W1979.1.4.1	泪水形成沼泽
W1978.5.1.6	拳扔井		W1979.1.4.2	洪水聚成沼泽
W1978.5.1.7	石井		W1979.1.5	混沌是沼泽

W1979.1.6	特定名称的泽	
W1979.1.6.1	大泽	
W1979.1.6.1.1	大泽方圆千里	
W1979.1.6.2	稷泽	
W1979.1.6.3	雷泽（震泽）	
W1979.1.6.3.1	雷泽在黄河上游的尽头	
W1979.1.6.4	青邱泽	
W1979.1.6.5	盐泽	
W1979.1.6.5.1	蚩尤血为盐泽	
W1979.2	**瀑布的产生**	【3152】
W1979.2.1	剪水形成瀑布	
W1979.2.1.1	剪水形成瀑布	
W1979.2.2	泪水化为瀑布	
W1979.3	**溪流的产生**	【3153】
W1979.3.0	特定人物造溪	
W1979.3.0.1	盘古挖出溪流	
W1979.3.0.2	天女造溪流	
W1979.3.1	鞭子抽出溪流	
W1979.3.2	小溪是海的孩子	
W1979.3.3	小溪是尿的痕迹	
W1979.3.3.1	日月的子女撒尿成溪	
W1979.3.4	特定的人物化为溪流	
W1979.3.4.1	祖先化身为溪流	
W1979.3.5	宝珠化为溪	
W1979.3.5.1	仙女投到山上的宝珠化为溪	
W1979.3.6	眼泪化为溪	
W1979.3.6.1	五兄弟的泪水化为5条溪	
W1979.3.6.2	日月星的眼泪成为溪流	
W1979.3.7	血形成溪	
W1979.3.7.1	星星的血液变成溪流	
W1979.3.8	泉形成溪	
W1979.3.9	特定名称的溪	
W1979.3.9.1	龙溪	
W1979.3.9.1.1	龙神造龙溪	
W1979.3.9.2	禹迹溪	
W1979.3.9.3	玉妃溪	
W1979.3.9.4	香溪	
W1979.4	**水坝的产生**	【3157】
W1979.4.1	用牛尾做水坝	
W1979.4.2	猴子筑坝	

1.9 其他物质与生物
【W1980～W1999】

1.9.1 金属
【W1980～W1984】

W1980	**金属的产生（金属的获得）**	【3158】
W1980.0	金属自然存在或源于特定地方	【3158】
W1980.0.1	金属源于特定的方位	
W1980.0.1.1	金银来自西方	
W1980.0.1.2	金银在东方龙王处	
W1980.0.2	金属源于水中	
W1980.0.2.1	金银在水中龙王那里	
W1980.0.2.2	金银源于水塘中	
W1980.0.3	特定动物体内有金属	
W1980.0.3.1	鱼内脏中有金银	
W1980.0.4	金属源于山中	
W1980.0.4.1	金银源于特定的山	
W1980.0.4.2	金银在山崖高处	

代码	母题	代码	母题
W1980.0.5	金属源于岩石下面	W1980.2.4.1	神的血变成金属
W1980.0.5.1	通过撬岩得到金银	W1980.2.4.2	盘古的血变金银铜铁锡
W1980.0.6	金属源于岩洞中	W1980.2.4.3	巨兽的血脉化为金属
W1980.0.6.1	金银源于岩洞中	W1980.2.5	皮变成金属
W1980.0.7	金属源于地下	W1980.2.5.1	龙的皮变金属
W1980.0.7.1	铜铁埋在地下	W1980.2.6	血脉变成金属
W1980.0.7.2	月亮上有金银	W1980.2.6.1	巨兽的血脉变金银铜铁
W1980.1	**特定的人物给人类金属** 【3161】	**W1980.3**	**卵变成金银铜铁锡**【3166】
W1980.1.1	龙王给人金银铜铁	**W1980.4**	**屎变成金银铜铁锡**【3166】
W1980.1.1.1	龙王送金银种子	**W1980.5**	**金属产生的其他方式** 【3167】
W1980.1.2	神赐金银	W1980.5.1	气变成金属
W1980.1.2.1	有了金属神后产生金属	W1980.5.1.1	始祖的灵气变成金银铜铁锡
W1980.1.2.2	天神将金银带到人间	W1980.5.1.1.1	人祖阿丹的灵气变成金银铜铁锡
W1980.2	**特定的肢体变成金属** 【3163】	W1980.5.2	造金属（炼金属）
W1980.2.1	神或神性人物的肢体变成金属	W1980.5.2.1	用动物的血造金银铜铁
W1980.2.1.1	盘古的牙齿、骨头、骨髓等变成金属	W1980.5.2.1.1	用蛤蟆的血造金银铜铁
W1980.2.1.2	盘古的骨头、牙齿变成金银铜铁	W1980.5.2.2	烧炼金银
W1980.2.2	骨骼变成金属	W1980.5.2.3	山神造金银
W1980.2.2.1	巨人的骨骼变成金属	W1980.5.3	打开地户冒出金银铜铁
W1980.2.2.2	盘古的骨骼变成金属	W1980.5.3.1	地生金银
W1980.2.2.3	盘古的骨骼变成金银	W1980.5.3.2	土生金银
W1980.2.3	牙齿变成金属	W1980.5.3a	水生金
W1980.2.3.1	盘古的牙齿变成金银	W1980.5.4	砍宝树得金银
W1980.2.4	血液变成金属	W1980.5.5	龙献金银铜铁
		W1980.6	**与金属产生有关的其他母题** 【3170】
		W1980.6.1	特定人物发现了金属

代码	母题	页码
W1980.6.1.1	神发现了金属	
W1980.6.2	祖先寻找金银	
W1980.6.3	播种金银	
W1980.6.3.1	在岩石中播种金银	
W1980a	**金属的特征**	【3171】
W1980a.1	金属坚硬	【3171】
W1980a.1.1	世上金银最硬	
W1980a.2	金属为什么金光闪闪	【3171】
W1980a.3	金属为什么藏土中（金属为什么在地下）	【3171】
W1980a.3.1	神把金属埋在地下	
W1980a.3.2	仙人把金属埋在地下	
W1980a.3.2.1	仙人把金银铜铁埋在地下	
W1980a.4	与金属特征有关的其他母题	【3172】
W1980a.4.1	奇特的金属	
W1980a.4.1.1	会行走的金银	
W1980a.4.1.1.1	金银飞到天上	
W1980a.4.1.2	金银铜铁无处不在	
W1981	**金的产生**	【3173】
W1981.0	金源于特定地方	【3173】
W1981.0.1	金源于天上	
W1981.0.2	金源于水中（金源于江中）	
W1981.0.2.1	金沙江出金子	
W1981.0.3	土生金	
W1981.0.3.1	地出黄金	
W1981.1	**真主降黄金**	【3174】
W1981.1a	**天神赐金银**	【3174】
W1981.2	**龙产生金**	【3175】
W1981.2.1	龙皮变成黄金	
W1981.2.1.1	黄龙的皮变成黄金	
W1981.2.2	龙屎变成金	
W1981.3	**骨髓变成金**	【3176】
W1981.3.1	虎的骨髓变金子	
W1981.4	**蛋变成金**	【3176】
W1981.4.1	黄色金蛋变成金	
W1981.4.1.1	鹏鸟的黄色金蛋变成金	
W1981.4a	**其他特定物变成金**	【3177】
W1981.4a.1	唾液变成黄金	
W1981.4a.1.1	鸡的唾液变成黄金	
W1981.4a.2	牙齿变成金石	
W1981.4b	**金是造出来的**	【3177】
W1981.4b.1	用清气与浊气造金	
W1981.4b.1.1	天神用清气与浊气造金	
W1981.4b.2	炼金	
W1981.4b.3	特定人物吐金子	
W1981.4b.3.1	吃了金雀的人能吐金	
W1981.4c	**金是生出来的（生金子）**	【3179】
W1981.4c.1	金子生金子	
W1981.4c.1.1	金山上的金子埋到地里会生金子	
W1981.5	**与金有关的其他母题**	【3179】
W1981.5.1	黄金埋在地下的原因	
W1981.5.1.1	黄金埋在地下是对人不惜金的惩罚	
W1981.5.2	以前遍地黄金	
W1981.5.2.1	太阳出来的地方遍地黄金	
W1981.5.3	金片的产生	
W1981.5.3.1	公鸡把金团劈成金片	

W1981.5.4	狗头金		W1983.0.3	铁源于地下	
W1981.5.4.1	狗头金是神撒到人间的		W1983.0.4	土里为什么有铁	
W1981.5.5	白金		W1983.0.4.1	土里有铁是射日时融化的箭头造成的	
W1982	**银的产生**	【3181】	**W1983.1**	**铁是造出来的**	【3186】
W1982.0	银源于特定的地方	【3181】	W1983.1.1	特定的人物造铁	
W1982.0.1	银源于河底		W1983.1.1.1	雷神打铁	
W1982.0.2	银源于江中		W1983.1.2	用浊气造铁	
W1982.0.2.1	银沙江生银		**W1983.1a**	**特定人物变成铁**	【3186】
W1982.1	**特定的物变成银**	【3182】	W1983.1a.1	特定人物的肉变成铁	
W1982.1.1	骨头和牙齿化为银		W1983.1a.1.1	鬼死后的肉变成铁	
W1982.1.1.1	盘古的骨头和牙齿化银		**W1983.2**	**动物变成铁**	【3187】
W1982.1.1.2	虎的骨头变成银		W1983.2.1	虎变成铁	
W1982.1.1.2.1	虎的小骨变成银		W1983.2.1.1	黑虎被击成的碎片变成铁	
W1982.2	**生育产生银（生银）**	【3183】	W1983.2.2	虎肝变成铁	
W1982.2.1	石生银		**W1983.3**	**植物变成铁**	【3188】
W1982.2.1.1	银的父母是石头		**W1983.4**	**与铁的产生有关的其他母题**	【3188】
W1982.3	**造银**	【3183】	W1983.4.1	铁的获得	
W1982.3.1	银是造天柱剩下的碎料		W1983.4.1.1	特定的扫帚能扫出铁	
W1982.3.2	神用清气与浊气造银		W1983.4.2	特定的人物发现铁	
W1982.4	**与银的产生有关的其他母题**	【3184】	W1983.4.2.1	啄木鸟拣铁	
W1982a	**银的特征**	【3184】	W1983.4.2.2	两兄弟找到铁矿	
W1982b	**与银有关的其他母题**	【3184】	W1983.4.3	泥里有铁砂	
			W1983.4.4	开发铁矿	
W1983	**铁的产生**	【3184】	W1983.4.4.1	神开铁矿	
W1983.0	铁源于特定地方	【3184】	W1983.4.5	铁山	
W1983.0.1	从特定的山上滚下铁		W1983.4.5.1	无极造铁山	
W1983.0.2	铁在特定的山上		**W1984**	**与金属有关的其他母题**	【3190】
W1983.0.2.1	少室山多铁		**W1984.1**	**铜的产生**	【3190】
			W1984.1.1	特定人物给予铜	
			W1984.1.1.1	铜神献铜	
			W1984.1.2	铜在某个地方	

W1984.1.2.1	铜在深山中				
W1984.1.2.1.1	昆吾山有铜		1.9.2 矿物		
W1984.1.2.2	岩石中有青铜		【W1985～W1989】		
W1984.1.2.3	铜在九重天山坡				
W1984.1.2.4	黄帝采首山铜		W1985	矿物的产生	【3197】
W1984.1.3	炼造产生铜		W1985.1	文化英雄垂死化生矿物	【3197】
W1984.1.3.1	采石炼铜		W1985.2	特定人物的骨骼化为矿物	【3197】
W1984.1.3.2	神人炼铜				
W1984.1.3.3	用清气造铜		W1985.2.1	盘古的骨骼化为矿物	
W1984.1.4	变化产生铜				
W1984.1.4.1	虎肺变成铜		W1985.3	特定人物的皮肤变成矿物	【3197】
W1984.1.5	铜的特征				
W1984.1.5.1	青铜		W1985.3.1	盘古的皮肤变成矿物	
W1984.1.5.2	红铜				
W1984.1.6	与铜有关的其他母题		W1985.4	与矿物产生有关的其他母题	【3198】
W1984.1.6.1	神开铜矿		W1985.4.1	动物死后化为矿物	
W1984.2	**锡的产生**	【3194】	W1985.4.2	宝藏	
W1984.2.1	犀牛死后化为锡		W1985.4.2.1	盘古的皮肤和汗毛变成宝藏	
W1984.2.2	虎腱变成锡				
W1984.2a	**钢**	【3194】	W1985.4.2.2	一对天神死后内脏变成宝藏	
W1984.2a.1	钢是一个懒汉				
W1984.3	**金属在地下与泥巴混在一起**	【3195】	**W1985a**	**矿物的特征**	【3198】
			W1985a.1	矿物在地下	【3198】
W1984.3.1	金银因为做错了事住在地下		W1985a.1.1	神把矿石埋在地下	
			W1985a.1.1.1	矿石	
W1984.3.2	天神把金子、石头、泥土夹在一起撒在地下		W1985a.1.1.1.1	盘古骨头化为各种矿石	
			W1985b	**矿物的数量**	【3199】
W1984.4	**金属的采集**	【3196】	W1985b.1	矿物1200种	【3199】
W1984.4.1	动物采金银		**W1986**	**煤的产生**	【3199】
W1984.4.1.1	鹅鸭采金银		W1986.1	煤是神留给人间的	【3199】
W1984.5	**金属的保存**	【3196】	W1986.2	特定的物变成煤	【3200】
W1984.5.1	金银的保存		W1986.2.1	铁变成煤	
W1984.5.1.1	用青苔包金银		W1986.2.2	太阳的神狗毛变煤	

W1986.2.3	火盆的残渣变煤	
W1986.2.4	铸造日月的炉子 变成煤	
W1986.3	造日月的剩料 形成煤	【3201】
W1986.4	煤是特定的人物 埋在地下的	【3201】
W1986.4.1	神地下埋煤	
W1986.4.2	煤是老君埋下的	
W1986.5	与煤的产生有关 的其他母题	【3201】
W1986.5.1	特定的人发现了煤	
W1986.5.1.1	黄帝的孙女发现 了煤	
W1987	炭的产生	【3201】
W1987.1	神地下埋炭	【3201】
W1987.2	木人被火烧成炭	【3202】
W1987.2.1	盘古造的木人烧 死后变成炭	
W1987.3	与炭有关的其他 母题	【3202】
W1988	与矿物有关的 其他母题	【3202】
W1988.1	翡翠的产生	【3202】
W1988.2	磁石的产生	【3202】
W1988.3	朱砂的产生	【3202】
W1988.4	金石的产生	【3202】
W1988.4.1	齿骨变成金石	
W1988.5	矿藏的管理	【3203】
W1988.5.1	土地神管矿藏	

1.9.3 生命（生物）
【W1990～W1999】

✷ W1990	生命的产生 （生物的产生）	【3203】
W1990a	以前没有生命 （以前没有 生物）	【3203】
W1990a.1	太古时没有生命	【3204】
W1990a.2	洪荒时代没有生命	【3204】
W1990a.3	以前地上没有生命	【3204】
W1990a.4	世界混沌时没有 生物	【3204】
W1991	自然出现生命	【3205】
W1991.1	有了地后自然 产生生物	【3205】
W1991.2	洪水后生命自然 产生	【3205】
W1992	生命是造 出来的	【3205】
W1992.1	神或神性人物 制造生命	【3205】
W1992.1.0	女娲造生命	
W1992.1.1	祖先造生命	
W1992.1.1.1	姆六甲造生命	
W1992.1.2	女神造生命	
W1992.1.2.1	女神用海底的 五彩泥捏出 生物	
W1992.1.3	天神造生命	
W1992.1.4	灵部造生命	
W1992.2	兄妹造生命	【3207】
W1992.2.1	兄妹用泥土捏 生物	
W1992.3	其他特定人物造 生命	【3207】
W1992.4	与造生命有关的 其他母题	【3207】
W1992.4.1	造生物时先做 试验	
W1993	生命是生育	

1.9 其他物质与生物

	产生的	【3208】		产生了生灵	
W1993.0	大地孕育生命	【3208】	W1995.4.2	洪水后出现生命	
W1993.1	天地婚生生灵	【3208】	W1995.4.2a	洪水后生物再生	
W1993.2	卵生生命	【3208】	W1995.4.3	天地分开后出现	
W1993.2.1	卵的粘液中生生命			生命	
W1993.3	植物生命	【3208】	W1995.5	生命的获得	【3213】
W1993.3.1	草里生出生灵		W1995.5.0	创世主赋予万物	
W1993.4	日月婚生生命	【3209】		生命	
W1993.4.1	日月交配产生生物		W1995.5.0a	女神赋予万物生命	
W1993.5	葫芦孕育生命	【3209】	W1995.5.0b	生命源于神的意愿	
W1993.5.1	神的金葫芦中产生		W1995.5.1	神赋予特定物生命	
	生命		W1995.5.2	洗涤后产生生物	
W1993.6	天神撒下生命的		W1995.6	生命产生的方式	【3215】
	种子	【3210】	W1995.6.1	卵生、胎生、暖生	
W1993.7	雪生生命	【3210】		化生生命	
W1994	生命是变化		W1996	最早产生的	
	产生的	【3210】		生命	【3215】
W1994.1	神变出生命卵	【3210】	W1996.0	世界最早产生的	
W1994.2	雪变成生物	【3210】		生命是混沌	【3215】
W1994.3	气变成生命	【3211】	W1996.0a	世界最早产生的	
W1994.3.1	分开天地时浊气			是卵	【3215】
	下沉化为生灵		W1996.1	世界最早产生的	
W1995	与生命的产生			是人	【3215】
	有关的其他		W1996.1.1	世界最早产生1对	
	母题	【3211】		男女	
W1995.0	生命源于火	【3211】	W1996.1.2	世界最早产生1个	
W1995.0.1	火是生命之源			宗教人物	
W1995.0a	生命源于水	【3211】	W1996.1.2.1	世界最早产生1个	
W1995.0a.1	水是生命之源			聪明的师父	
W1995.1	生命源于气	【3211】	W1996.2	世界最早产生的	
W1995.2	生命生于卵	【3212】		是动物	【3216】
W1995.3	万物生命源于日		W1996.2.0	世界最早产生的	
	月运动	【3212】		是飞禽走兽	
W1995.4	生命产生的特定		W1996.2.1	世界最早产生的	
	时间	【3212】		是鱼	
W1995.4.1	神降生人间时		W1996.2.1.1	世界最早产生的	
				是大金鱼	

W1996.2.2	世界最早产生的是青蛙			是植物 【3223】
W1996.2.3	世界最早产生的是鸭	W1996.3.1	世界最早出现的是树
W1996.2.4	世界最早产生的是犀牛	W1996.3.1.1	世界最早只有一棵大树
W1996.2.5	世界最早产生的是鸟	W1996.3.1.2	世界最早出现的是森林
W1996.2.5.1	世界最早产生的是三白鸟	W1996.3.1.3	世界最早出现的是水中生的神树
W1996.2.5.2	世界最早出现的是一只人面大鸟	W1996.3.1.4	世界最早只有几棵香樟树
W1996.2.6	世界最早产生的是虫子	W1996.3.2	世界最早出现的是葫芦
W1996.2.6.1	世界最早产生的是硬壳虫	W1996.3.2.1	世界最早出现的是冰葫芦
W1996.2.6.2	世界最早产生2条虫子	W1996.3.3	世界最早出现的是树和草
W1996.2.6.3	世界最早产生一些大爬虫	W1996.3.4	地上最早产生的是草
W1996.2.6.4	世界最早产生1只蜘蛛	W1996.3.4.1	世界最早只有水和草
W1996.2.6.5	世界最早产生是人形肉虫	W1996.3.5	世界最早出现的是花
W1996.2.7	世界最早是其他特定动物	W1996.3.5.1	世界最早出现的1朵鲜花
W1996.2.7.1	世界最早产生的是蛇	**W1996.4**	世界最早产生的是动物和植物（世界最早产生的是动植物） 【3225】
W1996.2.7.2	世界最早产生的生命是鹿	**W1996.5**	世上产生最早的其他生命 【3226】
W1996.2.7.3	世界最早产生的是蚯蚓	W1996.5.1	世界最早只有神（世界最早只有仙）
W1996.2.7.4	世界最早出现的是鸟和鱼	W1996.5.1.1	世界最早只有树精夫妻（精灵）
W1996.2.7.4.1	世界最早出现是1只鸟和1条鱼	W1996.5.1.2	以前，地上只有1个人，其余都是
W1996.3	世界最早产生的		

	神灵			和植物
W1996.5.1.3	世界最早出现1个神		W1996.5.4	世界最早只有盘古和狗
W1996.5.1.3.1	世界最早出现1个女神		W1996.5.4a	世界最早只有妖怪和猴子
W1996.5.1.4	世界最早出现2个神		W1996.5.5	世界最早只有鬼神
W1996.5.1.4.1	世界最早出现太阳神和月亮神		W1996.5.5.1	世界最早只有几个鬼神
W1996.5.1.4.2	世界最早出现田公和地母		W1996.5.5.2	世界最早只有妖魔鬼怪
W1996.5.1.4.3	开天辟地时只有盘古和张天时		W1996.5.6	世上最早出现的是巨人
W1996.5.1.5	世界最早只有创世主		W1996.5.7	世界最早只有水族、土族、木族三族
W1996.5.1.5a	世界最早只有真主		**W1997**	**与生命有关的其他母题** 【3234】
W1996.5.1.6	世界最早只有神仙		**W1997.1**	**生命的特征** 【3234】
W1996.5.1.6.1	世界最早只有天上的神仙		W1997.1.1	生命能传递
W1996.5.1.7	世界最早产生男性神仙		W1997.1.1.1	生命可以通过树传递
W1996.5.1.8	世界最早产生天神、地神和魔鬼		W1997.1.2	生命可以感知
W1996.5.1.9	世界最早出现的是巨人		W1997.1.3	生命不一定只在体内
W1996.5.1.9.1	世界最早出现的巨人只有肺		W1997.1.4	生命各异的来历
W1996.5.1.10	世界最早出现的是天主与众神		W1997.1.4.1	因怀孕的部位不同使生命各异
W1996.5.2	世界最早是怪物		W1997.1.5	会发光的生命
W1996.5.2.1	世界最早出现1个大眼睛怪物		**W1997.2**	**生命的种类** 【3236】
W1996.5.2.2	世界最早出现人面鸟身的鸟		W1997.2.1	生物类别的产生
W1996.5.2.3	世界最早出现是有翅膀不会飞的怪物		W1997.2.1.1	水洗出生物的类别
			W1997.2.2	生灵有6类
			W1997.2.3	生灵有12类
			W1997.2.4	生灵有100类
			W1997.2.5	生命有1亿1千余种
W1996.5.3	世界最早只有地神		**W1997.3**	**生命卵** 【3237】

W1997.3.1	白色生命卵			着地上万物的生命	
W1997.4	**生命的根本**		**W1997.5**	**特定的神管天下的**	
	（命根）	【3237】		生命	【3238】
W1997.4.1	特定物是命根		W1997.5.1	洪钧老祖管天下的	
W1997.4a	**生命的关联物**	【3238】		生命	
W1997.4a.1	天上的特定物关联		**W1997.6**	**生命力**	【3239】
	着万物生命		W1997.6.1	生命力存在于生命	
W1997.4a.1.1	天上的梭罗树关联			物的各个器官	

附录 2

中国神话母题 W 编目十大类型简目[①]

0 神与神性人物（代码 W0000～W0999）

0.1 神的概述（W0000～W0179）

0.1.1 神的产生（W0000～W0059）

0.1.2 神的特征（W0060～W0089）

0.1.3 神的生活（W0090～W0119）

0.1.4 神的地位与性质（W0120～W0129）

0.1.5 神的能力（W0130～W0134）

0.1.6 神的工具与武器（W0135～W0139）

0.1.7 神的关系（W0140～W0174）

0.1.8 神的寿命与死亡（W0175～W0179）

0.2 与方位相关的神（W0180～W0269）

0.2.1 天神（W0180～W0229）

0.2.2 地神（W0230～W0239）

0.2.3 冥神（W0240～W0249）

0.2.4 其他方位神（W0250～W0269）

0.3 与自然现象（物）有关的神（W0270～W0419）

0.3.1 日月星辰神（W0270～W0289）

0.3.2 与天气有关的神（W0290～W0389）

0.3.3 与自然物有关的神（W0390～W0419）

0.4 与职能、行业相关的神（W0420～W0499）

0.4.1 创造神与破坏神（W0420～W0429）

0.4.2 与管理或保护有关的神（W0430～

[①] 本简目中只列举了中国神话母题 W 编目 10 大类型中主要的母题类型。借此可以帮助读者了解"中国创世神话母题（代码 W1000～W1999）"之外其他 9 个神话母题类型及编目范围，以便于关联母题及母题实例的查找和对叙事结构的总体认知。该 10 种类型的三级母题详目常见《中国神话母题 W 编目》（中国社会科学出版社 2013 年版）。该编目母题三个层级的母题数量总数为 33469 个，其中，一级母题 3398 个，二级母题 13832，三级母题 15468 个。其中人类起源神话母题总数为 3357 个，包括一级母题 421 个，二级母题 1488，三级母题 1448 个。在此后的 10 大类型的"实例与索引"创作过程中，对原来《中国神话母题 W 编目》（2013 年版）进行了全面修订，增加为 5 个母题层级，母题总数量近 10 万个，其中在《中国创世神话母题实例与索引》（2018 版）中，创世神话母题总数量为 12583 个。

W0449）

0.4.3　与功能或行业有关的神（W0450～W0499）

0.5　与具体的物相关的神（W0500～W0559）

0.5.1　动物神（W0500～W0539）

0.5.2　植物神（W0540～W0549）

0.5.3　无生命物神（W0550～W0599）

0.6　神性人物（W0560～W0769）

0.6.1　文化英雄（W0560～W0629）

0.6.2　半神半人与合体神（W0630～W0639）

0.6.3　祖先（祖先神、始祖神）（W0640～W0659）

0.6.4　巨人（W0660～W0669）

0.6.5　常见的典型神性人物（W0670～W0769）

0.7　与民间信仰相关的神或神性人物（W0770～W0829）

0.7.1　民间信仰中常见的神或神性人物（W0770～W0784）

0.7.2　民间信仰中其他神或神性人物（W0785～W0799）

0.7.3　仙人（神仙）（W0800～W0829）

0.8　妖魔与怪物（W0830～W0919）

0.8.1　妖魔（W0830～W0854）

0.8.2　怪人、怪物（W0855～W0869）

0.8.3　灵魂（鬼）（W0870～W0919）

0.9　神或神性人物的其他母题（W0920～W0999）

0.9.1　神物（W0920～W0969）

0.9.2　与神或神性人物有关的其他母题（W0970～W0999）

1　世界与自然物（代码　W1000～W1999）

1.1　世界（宇宙）起源概说（W1000～W1099）

1.1.1　世界的产生（W1000～W1009）

1.1.2　世界的创造与创世者（W1010～W1034）

1.1.3　世界最早的情形（W1035～W1059）

1.1.4　世界的特征（W1060～W1069）

1.1.5　三界及相关母题（W1070～W1089）

1.1.6　与世界有关的其他母题（W1090～W1099）

1.2　天地（W1090～W1099）

1.2.1　天地的产生与特征（W1100～W1129）

1.2.2　天的产生与特征（W1130～W1169）

1.2.3　地的产生与特征（W1170～W1269）

1.2.4　天地的合离与支撑（W1270～W1359）

1.2.5　天地的修整（W1360～W1399）

1.2.6　天地通（W1400～W1424）

1.2.7　天梯与其他上天工具（W1425～W1489）

1.2.8　与天地有关的其他母题（W1490～W1499）

1.3　万物（W1500～W1539）

1.3.1　万物的产生（W1500～W1529）

1.3.2　万物的特征（W1530～W1534）

1.3.3　与万物有关的母题（W1535～W1539）

1.4　日月（W1540～W1699）

1.4.1　日月的产生（W1540～W1599）

1.4.2 日月的特征（W1600～W1629）

1.4.3 日月的数量（W1630～W1669）

1.4.4 日月的关系（W1670～W1689）

1.4.5 与日月相关的其他母题（W1690～W1699）

1.5 星辰（W1700～W1779）

1.5.1 星星的产生（W1700～W1729）

1.5.2 特定星星的产生（W1730～W1754）

1.5.3 星星的特征（W1755～W1769）

1.5.4 与星星有关的其他母题（W1770～W1779）

1.6 天上其他诸物（W1780～W1799）

1.6.1 天河（银河）（W1780～W1789）

1.6.2 天宫与天堂（W1790～W1794）

1.6.3 天上其他诸物（W1795～W1799）

1.7 山石（W1800～W1869）

1.7.1 山的产生（W1800～W1824）

1.7.2 山的特征（W1825～W1834）

1.7.3 与山相关的其他母题（W1835～W1854）

1.7.4 石头（岩石）（W1855～W1869）

1.8 江河湖海（水）（W1870～W1979）

1.8.1 水的概说（W1870～W1899）

1.8.2 江河湖海（W1900～W1964）

1.8.3 其他一些常见的水体（W1965～W1979）

1.9 其他物质与生物（W1980～W1999）

1.9.1 金属（W1980～W1984）

1.9.2 矿物（W1985～W1989）

1.9.3 生命（生物）（W1990～W1999）

2 人与人类（代码 W2000～W2999）

2.1 人类产生概说（W2000～W2019）

2.1.1 人产生的原因（W2000～W2009）

2.1.2 人产生的时间（W2010～W2014）

2.1.3 人产生的地点（W2015～W2019）

2.2 人自然存在或来源于某个地方（W2020～W2029）

2.2.1 人自然存在（W2020～W2024）

2.2.2 人源于某个地方（W2025～W2029）

2.3 造人（W2030～W2129）

2.3.1 造人的时间（W2030～W2039）

2.3.2 造人的原因（W2040～W2049）

2.3.3 造人者（W2050～W2079）

2.3.4 造人的材料（W2080～W2099）

2.3.5 造人的方法（W2100～W2109）

2.3.6 造人的结果（W2110～W2124）

2.3.7 与造人有关的其他母题（W2125～W2129）

2.4 生育产生人（W2130～W2299）

2.4.1 神或神性人物生人（W2130～W2149）

2.4.2 人生人（W2150～W2154）

2.4.3 动物生人（W2155～W2169）

2.4.4 植物生人（W2170～W2199）

2.4.5 无生命物生人（W2200～W2219）

2.4.6 卵生人（W2220～W2229）

2.4.7 感生人（W2230～W2279）

2.4.8 与生人有关的其他母题（W2280～

W2299）

2.5 变化产生人（W2300~W2399）

2.5.1 神或神性人物变化为人（W2300~W2309）

2.5.2 人变化为人（W2310~W2314）

2.5.3 动物变化为人（W2315~W2349）

2.5.4 植物变化为人（W2350~W2359）

2.5.5 自然物与无生命物变化生人（W2360~W2379）

2.5.6 怪胎、怪物或肢体变化生人（W2380~W2389）

2.5.7 与变化产生人有关的其他母题（W2390~W2399）

2.6 婚配产生人（W2400~W2499）

2.6.1 神或神性人物婚生人（W2400~W2414）

2.6.2 人与神或神性人物婚生人（W2415~W2419）

2.6.3 人的婚生人（W2420~W2449）

2.6.4 人与动物婚生人（W2450~W2474）

2.6.5 人与植物的婚生人（W2475~W2479）

2.6.6 人与无生命物的婚生人（W2480~W2484）

2.6.7 其他特殊的婚生人（W2485~W2489）

2.6.8 与婚生人有关的其他母题（W2490~W2499）

2.7 人类再生（W2500~W2579）

2.7.1 人类再生概说（W2500~W2529）

2.7.2 洪水后人类再生（W2530~W2559）

2.7.3 其他灾难后人类再生（W2560~W2569）

2.7.4 与人类再生相关的其他母题（W2570~W2579）

2.8 怀孕与生育（W2580~W2699）

2.8.1 怀孕（W2580~W2589）

2.8.2 生育与特殊的出生（W2590~W2599）

2.8.3 人生怪胎（W2600~W2669）

2.8.4 弃婴（弃儿）（W2670~W2689）

2.8.5 人的抚养（W2690~W2699）

2.9 与人的产生相关的母题（W2700~W2749）

2.9.1 人产生的数量（W2700~W2729）

2.9.2 人与异类的同源（W2730~W2739）

2.9.3 与人的产生有关的其他母题（W2740~W2749）

2.10 人类的特征及相关母题（W2750~W2929）

2.10.1 人的性别特征（W2750~W2799）

2.10.2 人的体征（W2800~W2899）

2.10.3 人的其他特征（W2900~W2914）

2.10.4 特定特征的人（W2915~W2929）

2.11 与人相关的其他母题（W2930~2999）

2.11.1 人的关系（W2930~W2939）

2.11.2 人的寿命与死亡（W2940~W2989）

2.11.3 与人相关的其他母题（W2990~W2999）

3 动物与植物（代码 W3000~W3999）

3.1 动物概说（W3000~W3099）

3.1.1 动物的产生（W3000~W3034）

3.1.2 动物的特征（W3035~W3064）

3.1.3 动物的生活与习性（W3065~W3069）

3.1.4 其他特定性质的动物（W3070~

W3079）

3.1.5 与动物有关的其他母题（W3080～W3099）

3.2 **哺乳动物（W3100～W3299）**

3.2.1 哺乳动物概说（W3100～W3104）

3.2.2 常见哺乳动物（W3105～W3274）

3.2.3 一般哺乳动物（W3275～W3299）

3.3 **鸟类动物（W3300～W3399）**

3.3.1 鸟类概说（W3300～W3329）

3.3.2 常见的鸟（W3330～W3384）

3.3.3 一般鸟类（W3385～W3399）

3.4 水中动物（W3400～W3449）

3.4.1 水中动物概说（W3400～W3409）

3.4.2 鱼、虾、蟹（W3410～W3439）

3.4.3 其他水中动物（W3440～W3449）

3.5 **昆虫（W3450～W3499）**

3.5.1 昆虫概说（W3450～W3459）

3.5.2 常见的昆虫（W3460～W3479）

3.5.3 一般昆虫（W3480～W3499）

3.6 **两栖、爬行与其他动物（W3500～W3599）**

3.6.1 两栖与爬行类动物概说（W3500～W3504）

3.6.2 常见的两栖与爬行类动物（W3505～W3549）

3.6.3 龙、凤类动物（W3550～W3594）

3.6.4 其他一些难以分类的动物（W3595～W3599）

3.7 **植物概说（W3600～W3699）**

3.7.1 植物的产生（W3600～W3639）

3.7.2 植物的特征及成因（W3640～W3684）

3.7.3 与植物相关的其他母题（W3685～W3699）

3.8 **各类植物（W3700～W3899）**

3.8.1 树木概说及常见的树木（W3700～W3799）

3.8.2 花草概说及常见的花草（W3800～W3839）

3.8.3 作物概说及常见的作物（W3840～W3879）

3.8.4 果蔬概说及常见的果蔬（W3880～W3899）

3.9 与植物相关的其他母题（W3900～3999）

3.9.1 种子（粮种）概说（W3900～W3949）

3.9.2 种子的获取（盗取）（W3950～W3999）

4 自然现象与自然秩序（代码 W4000～W4999）

4.1 自然现象概说（W4000～W4099）

4.1.1 一般自然现象（W4000～W4079）

4.1.2 神奇的自然现象（W4080～W4099）

4.2 **与日月有关的自然现象（W4100～W4249）**

4.2.1 与太阳相关的现象（W4100～W4124）

4.2.2 与月亮相关的现象（W4125～W4199）

4.2.3 与星星有关的现象（W4200～W4209）

4.2.4 日食月食与其他母题（W4210～W4249）

4.3 天气与其他自然现象（W4250～W4619）

4.3.1　天气现象概说（W4250～W4259）

4.3.2　风雨（W4260～W4374）

4.3.3　雷电（W4375～W4439）

4.3.4　云霞霓虹（W4440～W4509）

4.3.5　雪霜雾露等（W4510～W4559）

4.3.6　与天气相关的其他母题（W4560～W4569）

4.3.7　无具体形态的现象（W4570～W4619）

4.4 秩序与自然秩序概说（W4620～W4769）

4.4.1　秩序概说（W4620～W4634）

4.4.2　时间秩序（W4635～W4699）

4.4.3　空间秩序（W4700～W4754）

4.4.4　抽象的秩序（W4755～W4769）

4.5 季节（W4770～W4849）

4.5.1　季节的来历（W4770～W4799）

4.5.2　季节的管理（W4800～W4809）

4.5.3　二十四节气（W4810～W4839）

4.5.4　与季节有关的其他母题（W4840～W4849）

4.6 天体的秩序（W4850～W4969）

4.6.1　天地的秩序与管理（W4850～W4869）

4.6.2　日月的秩序（W4870～W4959）

4.6.3　与天体运行和秩序有关的其他母题（W4960～W4969）

4.7 与自然秩序有关的其他母题（W4970～W4999）

4.7.1　山川河流等的秩序与管理（W4970～W4979）

4.7.2　动物的秩序与管理（W4980～W4989）

4.7.3　植物的秩序与管理（W4990～W4999）

5 社会组织与社会秩序（代码 W5000～W5999）

5.1 社会秩序概说（W5000～W5084）

5.1.1　社会秩序的建立（W5000～W5029）

5.1.2　首领与首领的产生（W5030～W5074）

5.1.3　与社会秩序有关的其他母题（W5075～W5084）

5.2 家庭、村庄（W5085～W5249）

5.2.1　家庭的产生（W5085～W5094）

5.2.2　家庭与社会关系成员（W5095～W5199）

5.2.3　与家庭相关的其他母题（W5200～W5229）

5.2.4　村寨与城池（W5230～W5249）

5.3 氏族、部落（W5250～W5399）

5.3.1　氏族（W5250～W5299）

5.3.2　部落（W5300～W5359）

5.3.3　泛指的族体及有关母题（W5360～W5399）

5.4 民族（W5400～W5829）

5.4.1　民族的产生（W5400～W5459）

5.4.2　民族的识别（W5460～W5489）

5.4.3　民族的特征（W5490～W5539）

5.4.4　特定民族的产生与特征（W5540～W5729）

5.4.5　与民族有关的其他母题（W5730～W5829）

5.5 国家（W5830~W5959）

5.5.1 国家的产生（W5830~W5859）

5.5.2 国王与臣民（W5860~W5899）

5.5.3 与国家有关的其他母题（W5900~W5959）

5.6 与社会秩序相关的其他母题（W5960~W5999）

5.6.1 神界与动物界秩序（W5960~W5974）

5.6.2 契约与誓约（W5975~W5984）

5.6.3 律法与规则（W5985~W5999）

6 有形文化与无形文化（代码 W6000~W6999）

6.1 与生产有关的文化（W6000~W6109）

6.1.1 文化概说（W6000~W6009）

6.1.2 采集与渔猎（W6010~W6039）

6.1.3 耕种与饲养（W6040~W6074）

6.1.4 生产者与生产工具（W6075~W6099）

6.1.5 与生产相关的其他母题（W6100~W6109）

6.2 与生活有关的文化（W6110~W6279）

6.2.1. 服饰（W6110~W6139）

6.2.2 饮食（W6140~W6159）

6.2.3 人的居所（W6160~W6209）

6.2.4 人的行走（出行）（W6210~W6229）

6.2.5 医药（医术）（W6230~W6249）

6.2.6 特定生活用品（器物）（W6250~W6279）

6.3 图腾与崇拜（W6280~W6449）

6.3.1 图腾概说（W6280~W6289）

6.3.2 常见的图腾类型（W6290~W6349）

6.3.3 与图腾有关的其他母题（W6250~W6359）

6.3.4 崇拜的产生（W6360~W6369）

6.3.5 常见的崇拜物（W6370~W6439）

6.3.6 与崇拜有关的其他母题（W6440~W6449）

6.4 信仰与禁忌（W6450~W6549）

6.4.1 信仰概说（W6450~W6469）

6.4.2 祭祀（W6470~W6509）

6.4.3 禁忌（W6510~W6549）

6.5 习俗（W6550~W6699）

6.5.1 习俗的产生（W6550~W6559）

6.5.2 生产习俗（W6560~W6579）

6.5.3 生活习俗（W6580~W6599）

6.5.4 节日习俗（W6600~W6629）

6.5.5 婚葬习俗（W6630~W6679）

6.5.6 生育习俗（W6680~W6689）

6.5.7 与习俗相关的其他母题（W6690~W6699）

6.6 常见的其他文化现象（W6700~W6899）

6.6.1 语言、文字与文学（W6700~W6769）

6.6.2 知识、智慧（W6770~W6799）

6.6.3 道德（W6800~W6819）

6.6.4 姓氏与姓名（W6820~W6899）

6.7 与文化、文明有关的其他母题（W6900~W6999）

6.7.1 音乐、体育等其他艺术（W6900~W6909）

6.7.2 火的获取（W6910～W6969）

6.7.3 其他发明或与文化相关的母题（W6970～W6999）

7 婚姻与性爱（代码 W7000～W7999）

7.1 婚姻概说（W7000～W7129）

7.1.1 婚姻的产生（W7000～W7019）

7.1.2 婚姻中的人物（W7020～W7049）

7.1.3 婚姻中的事件（W7050～W7099）

7.1.4 与婚姻有关的其他母题（W7100～W7129）

7.2 性爱（W7130～W7199）

7.2.1 性爱的产生（W7130～W7169）

7.2.2 性爱的特征与类型（W7170～W7184）

7.2.3 与性爱有关的其他母题（W7185～W7199）

7.3 神或神性人物之间的婚姻（W7200～W7259）

7.3.1 神的婚姻（W7200～W7239）

7.3.2 神性人物的婚姻（W7240～W7254）

7.3.3 与神或神性人物婚姻有关的其他母题（W7255～W7259）

7.4 人的婚姻（W7260～W7399）

7.4.1 人与神或神性人物的婚姻（W7260～W7284）

7.4.2 血缘婚、人的异辈血缘婚（W7285～W7299）

7.4.3 人的同辈血缘婚（W7300～W7359）

7.4.4 正常男女婚（W7360～W7379）

7.4.5 群体间的婚姻（W7380～W7389）

7.4.6 与人的婚姻相关的其他母题（W7390～W7399）

7.5 其他特殊的婚母题（W7400～W7539）

7.5.1 人与动物的婚配（W7400～W7489）

7.5.2 人与植物的婚配（W7490～W7499）

7.5.3 人与自然物、无生命物的婚配（W7500～W7509）

7.5.4 动物之间的婚配（W7510～W7529）

7.5.5 与婚配有关的其他母题（W7530～W7539）

7.6 婚配的条件与实现（W7540～W7699）

7.6.1 与指令、裁决有关的婚姻（W7540～W7559）

7.6.2 与媒人、劝说有关的婚姻（W7560～W7599）

7.6.3 与求婚（求爱）、巧遇有关的婚姻（W7600～W7659）

7.6.4 与命运、机缘有关的婚姻（W7660～W7669）

7.6.5 与婚姻的条件与形成有关的其他母题（W7670～W7699）

7.7 婚姻难题考验或验证天意（W7700～W7899）

7.7.1 婚姻难题考验（W7700～W7739）

7.7.2 婚前出难题者（W7740～W7759）

7.7.3 婚前难题的形式（W7760～W7819）

7.7.4 婚前难题的解决（W7820～W7859）

7.7.5 婚前占卜或询问（W7860～W7889）

7.7.6 与婚姻难题有关的其他母题（W7890～W7899）

7.8 与婚姻、性爱有关的其他母题（W7900～W7999）

7.8.1 婚中的变形（W7900～W7909）

7.8.2 婚后的情形（W7910～W7939）

7.8.3 婚姻、性爱的其他母题（W7940～W7999）

8 灾难与争战
（代码 W8000～W8999）

8.1 灾难概说（W8000～W8099）

8.1.1 灾难的时间（W8000～W8004）

8.1.2 灾难的地点（W8005～W8009）

8.1.3 灾难的原因（W8010～W8029）

8.1.4 灾难的预言与征兆（W8030～W8059）

8.1.5 灾难制造者（W8060～W8064）

8.1.6 躲避灾难（W8065～W8079）

8.1.7 灾难幸存与丧生（W8080～W8094）

8.1.8 灾难的消除与结果（W8095～W8099）

8.2 洪水（W8100～W8549）

8.2.1 洪水时间、地点（W8100～W8114）

8.2.2 洪水原因（W8115～W8199）

8.2.3 洪水预言（W8200～W8269）

8.2.4 洪水制造者（W8270～W8289）

8.2.5 洪水的情形（W8290～W8299）

8.2.6 避水方式与工具（W8300～W8399）

8.2.7 洪水幸存者与丧生者（W8400～W8499）

8.2.8 洪水的消除（W8500～W8539）

8.2.9 与洪水相关的其他母题（W8540～W8549）

8.3 常见的灾难（W8550～W8699）

8.3.1 地震（W8550～W8569）

8.3.2 天塌地陷（W8570～W8589）

8.3.3 城陷为湖（陆地陷海、陆沉）（W8590～W8599）

8.3.4 旱灾（W8600～W8619）

8.3.5 火灾（W8620～W8639）

8.3.6 瘟疫、疾病（W8640～W8659）

8.3.7 黑暗、寒冷（W8660～W8669）

8.3.8 世界末日（W8670～W8674）

8.3.9 与灾难有关的其他母题（W8675～W8699）

8.4 争战概说（W8700～W8789）

8.4.1 争战的时间与原因（W8700～W8719）

8.4.2 争战预言与准备（W8720～W8729）

8.4.3 军队与战士（W8730～W8739）

8.4.4 武器（W8740～W8754）

8.4.5 争战的手段（W8755～W8769）

8.4.6 争战中的帮助者（W8770～W8779）

8.4.7 争战的结果（W8780～W8789）

8.5 与神或神性人物有关的争战（W8790～W8899）

8.5.1 神的战争（W8790～W8799）

8.5.2 神性人物间的争斗（W8800～W8819）

8.5.3 人与神、神性人物之争（W8820～W8829）

8.5.4 斗妖魔（W8830～W8869）

8.5.5 斗雷公（W8870～W8879）

8.5.6 斗龙（W8880～W8894）

8.5.7 与神或神性人物之争有关的其他母题（W8895～W8899）

8.6 人之间的争战（矛盾）（W8900～W8949）

8.6.1 人的群体间的争战（W8900～W8919）

8.6.2 家庭内部之争（残杀）（W8920～

W8939）

8.6.3 与人的矛盾有关的其他母题（W8940~W8949）

8.7 与争战有关的其他母题（W8950~W8999）

8.7.1 与动植物、无生命物有关的争战（矛盾）（W8950~W8959）

8.7.2 争吵与纠纷（W8960~W8969）

8.7.3 抓捕与关押（W8970~W8979）

8.7.4 营救与逃脱（W8980~W8989）

8.7.5 与争战有关的其他母题（W8990~W8999）

9 其他母题
（代码 W9000~W9999）

9.1 魔法与巫术（W9000~W9199）

9.1.1 魔法（W9000~W9014）

9.1.2 魔物（W9015~W9099）

9.1.3 魔力（W9100~W9119）

9.1.4 巫师（W9120~W9149）

9.1.5 巫术、咒语（W9150~W9189）

9.1.6 占卜（W9190~W9199）

9.2 征兆与预言（W9200~W9299）

9.2.1 征兆（W9200~W9239）

9.2.2 象征（W9240~W9249）

9.2.3 预言（W9250~W9289）

9.2.4 梦（W9290~W9299）

9.3 复活与转世（W9300~W9399）

9.3.1 复活（再生）（W9300~W9349）

9.3.2 转世、投胎（W9350~W9379）

9.3.3 复原（W9380~W9399）

9.4 因果与命运（W9400~W9499）

9.4.1 因果报应（W9400~W9424）

9.4.2 报恩与报复（W9425~W9479）

9.4.3 命运（W9480~W9499）

9.5 变形与化生（W9500~W9599）

9.5.1 变形概说（W9500~W9524）

9.5.2 神与神性人物的变形（W9525~W9529）

9.5.3 人的变形（W9530~W9559）

9.5.4 动植物的变形（W9560~W9574）

9.5.5 自然物、无生命物的变形（W9575~W9579）

9.5.6 与变形有关的其他母题（W9580~W9589）

9.5.7 与化生有关母题（W9590~W9599）

9.6 考验与欺骗（W9600~W9649）

9.6.1 考验（W9600~W9619）

9.6.2 竞赛（比赛）（W9620~W9634）

9.6.3 欺骗（W9635~W9649）

9.7 宝物（W9650~W9699）

9.7.1 宝物概说（W9650~W9669）

9.7.2 器物工具类宝物（W9670~W9689）

9.7.3 动植物类宝物（W9690~W9694）

9.7.4 其他宝物（W9695~W9699）

9.8 射日月与救日月（W9700~W9899）

9.8.1 射日（月）的原因与时间（W9700~W9714）

9.8.2 射日者（W9715~W9764）

9.8.3 射日（月）的过程（W9765~W9789）

9.8.4 射日（月）的结果（W9790~W9799）

9.8.5 找日月（W9800~W9854）

9.8.6 救日月（W9855~W9864）

9.8.7 与射日月有关的其他母题（W9865~W9899）

9.9 其他典型事件母题（W9900~W9999）

9.9.1 奖励与惩罚（W9900~W9929）

9.9.2 寻找与巧遇（W9930~W9949）

9.9.3 其他典型事件（W9950~W9959）

9.9.4 特定风物的来历（W9960~W9979）

9.9.5 其他难以归类的母题（W9980~W9999）